CAMPING
FRANCE 2011

Sélection 2011

Près de **2500** terrains sélectionnés dont :
2 050 avec chalets, bungalows, mobile-homes
1395 pour camping-cars

Selection 2011	Auswahl 2011	Selectie 2011
Nearly **2 500** selected sites including: **2 050** with chalets, bungalows, mobile homes **1395** with camper van facilities	Eine Auswahl von etwa **2 500** Campingplätzen, darunter : **2 050** mit Chalets, Bungalows, Mobil-Homes **1395** ausgestattet für Wohnmobile	Een selectie van ongeveer **2 500** campings, waarvan : **2050** met huisjes, bungalows, stacaravans **1395** geschikt voor campers

2

Cher lecteur

Amateur d' « hébergement au grand air », sous tente, en caravane, en camping-car, dans un bungalow ou dans un mobile home à louer, pour vous Michelin a préparé avec le plus grand soin ce guide qui est une sélection des meilleurs terrains et emplacements en France, ceux qui offrent les cadres les plus agréables et des services de qualité.

Fidèle à l'esprit de classification cher à Michelin, ce guide vous propose en outre de connaître en un coup d'œil le niveau de chaque terrain grâce à un symbole, allant de 1 à 5 tentes.

Quelques clefs pour utiliser ce guide

→ *Pour choisir un terrain*

Le guide est découpé en 21 régions. Reportez-vous donc d'abord à la carte (p. 6) et au sommaire des régions (p .7). Votre choix fait, vous trouverez pour chaque région, reconnaissable à son bandeau de couleur, une carte détaillée où sont situées toutes les localités où se trouve au moins un terrain.

→ *Pour retrouver une localité*

Reportez-vous à l'index en fin de guide qui répertorie par ordre alphabétique toutes les localités citées.

→ *Pour décider selon certains critères*

Dans l'index thématique par régions (p. 790 à 815) sont spécifiés des aménagements ou services particuliers comme la piscine, ou des animations.

→ *Pour une description détaillée*

Pour bien profiter de la présentation de chaque terrain, consultez dans votre langue la légende des « Signes conventionnels » (p. 10 à 29), puis reportez vous aux descriptions des terrains à partir de la page 33.

→ *Pour les non francophones*

Reportez-vous au lexique (p.30) qui vous permettra de mieux comprendre les renseignements et descriptions.

Liebe Leser,

für Sie als Liebhaber der „Freiluftunterkunft" jeglicher Art – ob im Zelt, im Wohnwagen, in einem gemieteten Bungalow oder Mobil-Home – hat Michelin mit größter Sorgfalt diesen Führer zusammengestellt. Er enthält eine Auswahl der besten Camping- und Stellplätze in Frankreich, die eine angenehme Umgebung und gute Dienstleistungen bieten.

Dank der von Michelin vorgenommenen Art der Klassifizierung können Sie außerdem anhand dieses Führers durch das Zelte-Symbol (1 bis 5 Zelte) auf einen Blick die Einstufung der Plätze erkennen.

Einige Hinweise zur Benutzung des Führers

→ *Auswahl eines Campingplatzes*

Der Führer ist in 21 Regionen unterteilt. Schauen Sie sich zunächst die Karte (S. 6) und das Verzeichnis der Regionen (S. 7) an. Nachdem Sie so eine Auswahl getroffen haben, finden Sie zu jeder Region, die an ihrer farbigen Markierung zu erkennen ist, eine Detailkarte mit allen Orten, die mindestens einen Platz besitzen.

→ *Ortswahl*

Im Register am Ende dieses Bandes sind alle aufgeführten Orte alphabetisch aufgelistet.

→ *Auswahl nach bestimmten Kriterien*

Ortstabelle (S. 790 bis 815) sind Besonderheiten der Ausstattung oder Dienstleistungen, wie beispielsweise ein Swimmingpool, oder Freizeitangebote, angegeben.

→ *Detaillierte Beschreibung*

Um die Beschreibung eines jeden Platzes voll nutzen zu können, sollten Sie sich zunächst mit der „Zeichenerklärung" (S. 10 bis 29) in Ihrer Sprache vertraut machen. Ab S. 33 finden Sie die Beschreibung der Campingplätze.

→ *Für nicht französischsprachige Leser*

Das Glossar (S. 30) hilft Ihnen, die Informationen und Beschreibungen besser zu verstehen.

 Dear Reader,

If you love the outdoor life – in a tent, a caravan, a camper van, a bungalow or a rental mobile home – this Michelin guide is for you. We have carefully prepared this selection of the best camping grounds in France, those with the nicest surroundings and the best facilities.

In the Michelin tradition of classification, this guide offers a quick reference for evaluating the category of the site: from 1 to 5 tents.

A few tips for using the guide

→ **To select a campsite**

The guide covers 21 regions. First, look at the map (p. 6) and at the table of regions (p .7). Once you have narrowed down your choice, turn to the detailed map for that region, easily recognized by the coloured band, where you can see all of the localities that have at least one camping ground.

→ **To find a specific locality**

Turn to the index at the end of the guide, where all the places are listed in alphabetical order.

→ **To make a selection based on specific criteria**

In the table of localities (p. 790 to 815) all of the facilities and services can be seen at a glance: swimming pool, activities, etc.

→ **For a detailed description**

To get the most information about a given camping site, look at the key to "Conventional Signs" (p. 10 to 29) to understand the symbols for each site, descriptions for which start on page 33.

→ **To understand French terms**

For further assistance in reading the descriptions, turn to the Lexicon (p. 30) for a translation of common terms

 Beste lezer,

Als liefhebber van een "verblijf in de buitenlucht", waarbij u in een tent, caravan, camper, bungalow of stacaravan overnacht, heeft Michelin met de grootste zorg deze gids voor u gemaakt, een selectie van de beste kampeerterreinen in Frankrijk, die stuk voor stuk in een mooie omgeving liggen en uitstekende kwaliteit bieden.

Zoals u weet maakt Michelin graag een indeling in categorieën, zodat u in deze gids in één oogopslag kunt zien welke klasse elk kampeerterrein heeft, dankzij een symbool van 1 tot 5 tenten.

Aanwijzingen voor een optimaal gebruik van deze gids

→ **Om een kampeerterrein te kiezen**

De gids is onderverdeeld in 21 streken. U kunt dus het beste eerst naar de kaart (blz. 6) en het overzicht van de streken (blz. 7) gaan. Als u uw keuze hebt bepaald, vindt u voor elke streek een gedetailleerde kaart waarop alle plaatsnamen staan vermeld die ten minste één kampeerterrein hebben. De streken zijn gemakkelijk terug te vinden dankzij de kleurstroken.

→ **Om een plaatsnaam terug te vinden**

In de index achter in de gids staan alle genoemde plaatsen op alfabetische volgorde.

→ **Om op basis van bepaalde criteria te beslissen**

In de lijst van plaatsnamen (blz. 790-815) staat vermeld welke voorzieningen of bijzondere diensten worden aangeboden, zoals een zwembad, of een animatieprogramma.

→ **Voor een gedetailleerde beschrijving**

Om een zo goed mogelijk beeld te krijgen van elk kampeerterrein, kunt u in uw taal de legenda van de "tekens" (blz. 10-29) raadplegen en daarna de beschrijvingen van de kampeerterreinen doornemen (vanaf blz. 33).

→ **Voor wie geen Frans spreekt**

Aan de hand van de woordenlijst (blz. 30) kunt u de gegevens en beschrijvingen beter begrijpen.

4

5

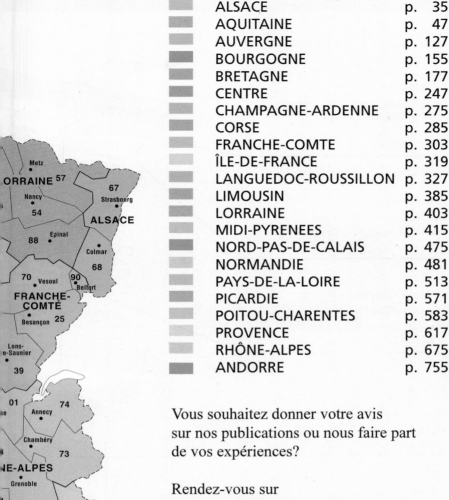

7

Vous souhaitez donner votre avis
sur nos publications ou nous faire part
de vos expériences?

Rendez-vous sur
www.votreaviscartesetguides.michelin.fr

Nous vous en remercions par avance.

Informations pratiques sur la localité et référence
des publications Michelin

Practical information for each location and cross-reference
to Michelin publications

Praktische Hinweise zu dem Ort und anderen
Michelin-Publikationen

Praktische inlichtingen over de plaats en verwijzing naar
de Michelin-uitgaven

Classement Michelin des terrains
Michelin classification of selected sites
Michelin-Klassifizierung des Campingplatzes
Classificatie van de kampeerterreinen volgens Michelin

Coordonnées et fonctionnement du terrain
Addresses and facilities
Adresse und Ausstattung des Campingplatzes
Adressen en service van het kampeerterrein

Descriptif du terrain
Description of the site
Beschreibung des Campingplatzes
Beschrijving van het kampeerterrein

Tarifs haute saison
Peak season rates
Tarif in der Hochsaison
Tarieven hoogseizoen

Types de locations proposées et tarifs
Hire options and rates
Optionen und Preise
Huurmogelijkheden en tarieven

AQUITAINE

SARBAZAN
40120 – **335** J10 – 1 083 h. – alt. 90
Paris 685 – Barbotan-les-Thermes 27 – Captieux 32 –
▲ **Municipal** (location exclusive de chale
fin oct.
℘ 0558456493, mairiedesarbazan@wa
Fax 0558456991 – empl. traditionnels
disponibles
1 ha non clos, plat, herbeux
Location (Prix 2009)   ᕁ : 6   ⌂
270€/sem.
Pour s'y rendre : 93 rte du Graba (à
A savoir : sous de grands pins, près

SARE
64310 – **342** C5 – G. Pays Basque – 2 271 h.
🛈 Office de tourisme, Herriko Etxea ℘ 055
Paris 794 – Biarritz 26 – Cambo-les-Bains 1
▲▲ **La Petite Rhune** de mi-juin
℘ 0559542397, la-petite-rhu
Fax 0559542342, www.lapeti
limitées pour le passage
1,5 ha (56 empl.) peu incliné,
Tarif : (Prix 2009) 23,80€ ✷✷
suppl. 4,80€ – frais de réser
Location (Prix 2009) (pe
à 6 pers.) - 220 à 620€/se
– frais de réservation 10
Pour s'y rendre : quartie
rte reliant D 406 et D 306

132

SARLAT-LA-CANÉDA
24200 – **329** I6 – G. Périgord Qu
🛈 Office de tourisme, rue Tour
Paris 526 – Bergerac 74 – Brive
▲▲ **La Palombière**
℘ 0553594234, la
Fax 0553284540,
pour le passage
8,5 ha/4 campab
terrasses, pierre
Tarif : ✷ 7,70€ ◂
réservation 22 €
Location : 45
– 10   ⌂ (4
réservation
Pour s'y ren
▲▲ "Les Caste
mi-sept.
℘ 055359
Fax 05535
8 ha (200
herbeux,
Tarif : 34
de réser
Locatic
de rés
Pour
ouest
A sav

8

e-Marsan 25.

Nature : 🦢 ⛵
Loisirs : ⚽
Services : 🛁
A prox. : 🎣 🎾 🏃 parcours de
santé

Longitude : -0.31332
Latitude : 44.02504

5429 15
n-de-Luz 14 – St-Pée-sur-Nivelle 9.

Nature : 🦢 ≤ ⛵
Loisirs : 🛁 ⚽ ⛵ 🏊 (petite
piscine) terrain multisports
Services : 🚿 ♻ 🧺 laverie
A prox. : 🍴 🎣

Longitude : -1.58264
Latitude : 43.3052

5 🏠 (4
ts – 1 gîte

au sud par

145
Fax 05 53 59 19 44
ors 60 – Périgueux 77.
-sept.
100 fr,
r – places limitées

Nature : 🦢 🍴 ⛵
Loisirs : 🍴🍴🍴🍴🏊
⛵🏃🍴🏊
Services : 🚿 ♻ GB 🧺🧺🧺
🚻 laverie 🍴 🍴

Longitude : 1.2872
Latitude : 44.9042

cliné et en

0A) 3€ – frais de

s.) 290 à 960€/sem.
960€/sem. – frais de

er (9 km au nord-est)
Roch 🍴 – de mi-mai à

h@wanadoo.fr.
-du-roch.com ✉
é et en terrasses,

A) – pers. suppl. 9,50€ – frais

ers.) 260 à 930€/sem. – frais

e des Eyzies (10 km au nord-
un ruisseau)
périgourdin

Confort, services et loisirs proposés
Comfort, service and leisure facilities available
Komfort, Serviceangebot und Freizeitmöglichkeiten
Comfort, voorzieningen en ontspanningsmogelijkhed

G P S

Nombres d'aires de service pour camping-cars -
redevance pour l'utilisation de la borne
Number of campervan service bays - rental charge
for use of the hook-up point
**Anzahl der Service-Einrichtungen für Wohnmobile -
Gebühr für die Benutzung der Versorgungsanschlüsse**
Aantal serviceplaatsen voor campers - tarief voor gel:
van de aansluitpaal

Nature : 🦢 🍴 ⛵
Loisirs : 🍴 🍴 🍴 🍴 🏊 ⚽ 🏊
turne 🍴 🍴 ⛵ 🏊 🍴
Services : 🚿 ♻ GB 🧺🧺🧺
🚻 laverie 🍴 🍴

Longitude : 1.11522
Latitude : 44.90822

Mention d'accès au camping
Directions to the camp site
Anfahrtsweg zum Campingplatz
Aanduiding toegangswegen naar het terrein

Particularités du camping
Characteristics of the camp site
Besonderheiten des Campingplatzes
Bijzondere kenmerken van het terrein

Pour les légendes détaillées se reporter aux pages 12 à 15
For detailed legends see pages 16 to 19
Einzelheiten der Zeichenerklärung siehe Seite 20 bis 23
Gedetailleerde verklaring van de tekens, zie blz. 24 en 27

TERRAINS

Catégories

ᴧᴧᴧᴧ ᴧᴧᴧᴧ	Très confortable, parfaitement aménagé
ᴧᴧᴧ ᴧᴧᴧ	Confortable, très bien aménagé
ᴧᴧᴧ ᴧᴧᴧ	Bien aménagé, de bon confort
ᴧᴧ ᴧᴧ	Assez bien aménagé
ᴧ ᴧ	Simple mais convenable

● **Les terrains sont cités par ordre de préférence dans chaque catégorie. Notre classification indiquée par un nombre de tentes (ᴧᴧᴧ ... ᴧ) est indépendante du classement officiel établi en étoiles par les préfectures.**

Ouvertures

juin-sept.	terrain ouvert du 1ᵉʳ juin au 30 septembre
Permanent	terrain ouvert toute l'année

● **Les dates de fonctionnement des locations sont précisées lorsqu'elles diffèrent de celles du camping. Exemple : Location (avril-sept.) :** 🏠

Sélections particulières

❄	caravaneige – campings spécialement équipés pour les séjours d'hiver (chauffage, branchements électriques de forte puissance, salle de séchage etc.).
👫	structure adaptée à l'accueil des enfants, proposant, entre autres, des sanitaires pour les tout-petits, des aires de jeux et des animations encadrées par des professionnels

Exceptionnel dans sa catégorie

ᴧᴧᴧ ... ᴧ	particulièrement agréable pour le cadre, la qualité et la variété des services.
🦢🦢	terrain très tranquille, isolé – tranquille surtout la nuit
≼≼	vue exceptionnelle – vue intéressante ou étendue

Situation et fonctionnement

✆	Téléphone
Accès	nord – sud – est – ouest (indiquée par rapport au centre de la localité)
o━┱ o━┱	Présence d'un gardien ou d'un responsable pouvant être contacté 24h sur 24 mais ceci ne signifie pas nécessairement une surveillance effective – gardé le jour seulement.
🐕	Accès interdit aux chiens – En l'absence de ce signe, la présentation d'un carnet de vaccination à jour est obligatoire.
Ⓟ	Parking obligatoire pour les voitures en dehors des emplacements
℞	Pas de réservation
🚫	Cartes Bancaires non acceptées
🚫	Chèques-vacances non acceptés

Caractéristiques générales

3 ha	Superficie en hectares
60 ha/ 3 campables	Superficie totale (d'un domaine) et superficie du camping proprement dit
(90 empl.)	Capacité d'accueil : en nombre d'emplacements
⬭	Emplacements nettement délimités
🌳 🌳🌳 🌳🌳🌳	Ombrage léger – moyen – fort (sous-bois)
⛵	Au bord de l'eau avec possibilité de baignade

Confort

▥	Installations chauffées
♿	Locatif et installations sanitaires accessibles aux handicapés physiques
⌂	Salle de bains pour bébés
⚲ ⚲	Branchements individuels : Eau – Évacuation

Services

🚐	Service pour camping-cars
🚐 borne 4 €	Type de borne et prix
3 ▣ 15,50 €	Emplacements aménagés pour camping-cars – nombre d'emplacements – redevance journalière pour l'emplacement.
🌙	Formule Stop accueil camping-car FFCC
8 à 13 €	Redevance journalière pour la formule
▣	Lave-linge, sèche-linge
🛒 🍽	Supermarché — Magasin d'alimentation
🍲	Plats cuisinés à emporter
(ᵗᵢ)	Borne internet et Wifi

Loisirs

▼ ✕	Bar (licence III ou IV) – Restauration
▦	Salle de réunion, de séjour, de jeux
🎭	Animations diverses (sportives, culturelles, détente)
👫	Club pour enfants
🛌 ♨	Salle de remise en forme – Sauna
🛝	Jeux pour enfants
🚲 ⌖	Location de vélos – Tir à l'arc
✂ 🎾	Tennis : découvert – couvert
⛳ m	Golf miniature
🏊 🏊	Piscine : couverte – découverte
🏖	Bains autorisés ou baignade surveillée

🛝	Toboggan aquatique
🐟	Pêche
⛵	Voile (école ou centre nautique)
🐎	Promenade à cheval ou équitation

● **La plupart des services et certains loisirs de plein air ne sont généralement accessibles qu'en saison, en fonction de la fréquentation du terrain et indépendamment de ses dates d'ouverture.**

À prox. | Nous n'indiquons que les aménagements ou installations qui se trouvent dans les proches environs.

Tarifs en €

Redevances journalières :

🜨 5 €	par personne
🚗 2 €	pour le véhicule
▣ 7,50 €	pour l'emplacement (tente/caravane)
[⚡] 2,50 € (4A)	pour l'électricité (nombre d'ampères)

Redevances forfaitaires :

25 € 🜨🚗▣ [⚡] (10A)	emplacement pour 2 personnes, véhicule et électricité compris

● **Les prix ont été établis en automne 2010 et s'appliquent à la haute saison (à défaut, nous mentionnons les tarifs pratiqués l'année précédente). Dans tous les cas, ils sont donnés à titre indicatif et susceptibles d'être modifiés si le coût de la vie subit des variations importantes.**

● **Le nom des campings est inscrit en caractères maigres lorsque les propriétaires ne nous ont pas communiqué tous leurs tarifs.**

11

Locations et tarifs

12 🏠	Nombre de mobile homes
20 🏠	Nombre de chalets
6 🛏	Nombre de chambres
Nuitée 30 à 50 €	Prix mini/maxi à la nuitée
Sem. 300 à 1000 €	Prix mini/maxi à la semaine

LOCALITÉS

23700	Numéro de code postal
343 B8	N° de la carte Michelin et coordonnées de carroyage
Rennes 47	Distance en kilomètres
1 050 h.	Population
alt. 675	Altitude de la localité
♨	Station thermale
✉ 05000 Gap	Code postal et nom de la commune de destination
1 200/1 900 m	Altitude de la station et altitude maximum atteinte par les remontées mécaniques
2 🚡	Nombre de téléphériques ou télécabines
14 🚠	Nombre de remonte-pentes et télésièges
⛷	Ski de fond
⛴	Transports maritimes
🛈	Informations touristiques

LÉGENDE DES CARTES

Voirie

▬▬	Autoroute
═══	Double chaussée de type autoroutier
❶ ❷	Échangeurs numérotés : complet, partiel
▬▬	Route principale
═══	Itinéraire régional ou de dégage ment
───	Autre route
──┼	Sens unique – Barrière de péage
─ ─ ─	Piste cyclable – Chemin d'exploitation, sentier
≫≫≫	Pentes (Montée dans le sens de la flèche) 5 à 9 % – 9 à 13 % – 13 % et plus
⊃≍⊂ Ⓑ △	Col – Bac – Pont mobile
─┴─	Voie ferrée, gare – Voie ferrée touristique
③	Limite de charge (indiquée au-dessous de 5 tonnes)
2̲8̲	Hauteur limitée (indiquée au-dessous de 3 m)

Curiosités

⌂ ⊥ ⊨	Église, chapelle – Château
⸿ ⵟ ∩	Phare – Monument mégalithique – Grotte
∴ ▲	Ruines – Curiosités diverses
⁑ ⸵ ⩾	Table d'orientation, panorama – Point de vue

CAMPING&CO.com

OFFRE DECOUVERTE :

40€
de réduction
sur votre séjour*
avec votre code promo :
SOLEIL

Mobil-homes, chalets, cabanes, yourtes, tipis...
les hébergements d'aujourd'hui n'ont pas fini de vous surprendre !

300 campings haut de gamme de 3 à 5*****
Des sites exceptionnels dans toute l'Europe (France, Italie, Espagne, Portugal, Croatie...)
Camping club, camping nature, camping de charme...
Randonnée, gastronomie, club enfants, parc aquatique...

... tous les goûts et tous les choix sont sur

zao+stratecrea

www.camping-and-co.com
Le meilleur plan pour changer d'air !

Repères

 Localité possédant un plan dans le Guide Michelin France

🅱 ⊠ Information touristique – Bureau de poste principal

🏠 ♀ Église, chapelle – Château

 Ruines – Monument – Château d'eau

 Hôpital – Usine

☆ ☾ Fort – Barrage – Phare

↑ ↑↑↑ Calvaire – Cimetière

 Aéroport – Aérodrome – Vol à voile

 Stade – Golf – Hippodrome

 Centre équestre – Zoo – Patinoire

 Téléphérique ou télésiège – Forêt ou bois

 Piscine découverte – couverte – Baignade

◆ ⚐ ✂ Base de loisirs – Centre de voile – Tennis

 Centre commercial

● Localité possédant au moins un terrain de camping sélectionné

■ Localité dont un terrain au moins propose des locations

Vannes Localité possédant au moins un terrain avec des emplacements pour camping-cars

Moyaux Localité disposant d'au moins un terrain agréable

 Aire de service sur autoroute pour camping-cars

● Certaines prestations (piscine, tennis) de même que la taxe de séjour peuvent être facturées en sus.

● Les enfants bénéficient parfois de tarifs spéciaux ; se renseigner auprès du propriétaire.

● En cas de contestation ou de différend, lors d'un séjour sur un terrain de camping, au sujet des prix, des conditions de réservation, de l'hygiène ou des prestations, efforcez-vous de résoudre le problème directement sur place avec le propriétaire du terrain ou son représentant.

● Faute de parvenir à un arrangement amiable, et si vous êtes certain de votre bon droit, adressez-vous aux Services compétents de la Préfecture du département concerné.

● En ce qui nous concerne, nous examinons attentivement toutes les observations qui nous sont adressées afin de modifier, le cas échéant, les mentions ou appréciations consacrées aux campings recommandés dans notre guide, mais nous ne possédons ni l'organisation, ni la compétence ou l'autorité nécessaires pour arbitrer et régler les litiges entre propriétaires et usagers.

GPS : SÉLECTION 2011

● Les coordonnées GPS sont en caractères gras lorsque les campings nous les ont fournies de façon précise. Sinon elles sont calculées au mieux d'après l'adresse postale, voire à la localité.

14

CAMPING SITES

Categories

Very comfortable, ideally equipped
Comfortable, very well equipped
Well equipped, good comfort
Reasonably comfortable
Quite comfortable

- **Camping sites are listed in order of preference within each category.**
The classification we give (...) is totally independent of the official star classification awarded by the local « préfecture ».

Opening periods

juin-sept.	Site open from beginning June to end September
Permanent	Site open all year round

- **Opening dates for rented accommodation are given where they are different from the camping site opening dates: Exemple: Location (avril-sept.):**

Special features

Winter caravan sites – These sites are specially equipped for a winter holiday in the mountains. Facilities generally include central heating, high power electric points and drying rooms for clothes and equipment.
Child-friendly facility offering toilets for young children, playgrounds and activities monitored by professionals, among other things

Peaceful atmosphere and setting

Particularly pleasant setting, quality and range of services available.
Quiet isolated site – Quiet site, especially at night

Exceptional view – Interesting or extensive view

Location and access

Telephone
Accès	Direction from nearest listed locality : north – south – east – west
	24 hour security – a warden will usually live on site and can be contacted during reception hours, although this does not mean round-the-clock surveillance outside normal hours – day only
	No dogs. In all other cases a current vaccination certificate is required.
P	Cars must be parked away from pitches
R	Reservations not accepted
	Credit cards not accepte
	Chèque-vacances not accepted

General characteristics

3 ha	Area available (in hectares; 1ha = 2.47 acres)
60 ha/ 3 campables	Total area of the property and area used for camping
(90 empl.)	Capacity (number of spaces)
	Marked off pitches
	Shade – Fair amount of shade – Well shaded
	Waterside location with swimming area

Comfort

	Heating installations
	Installations for the physically handicapped
	Baby changing facilities
	Running water

☆ ⚐	Each bay is equipped with water – drainage

Facilities

	Services for camper vans
borne 4 €	Type of points and rates
3 Ⓔ 15,50 €	Sites equipped for campervans – number of sites – daily fee per site.
	Special price for camper on the site
	Washing machines, laundry
	Supermarket – Food shop
	Take away meals
	Internet point

Recreational facilities

♟ ✕	Bar (serving alcohol) – Eating places (restaurant, snack-bar)
	Common room – Games room
	Miscellaneous activities (sports, culture, leisure)
	Children's club
	Exercice room – Sauna
	Playground
⚲ ◉	Cycle hire – Archery
✄ ✄	Tennis courts : open air – covered
⚑ m	Mini golf
⛆ ⛆	Swimming pool : covered – open air
≋	Bathing allowed or supervised bathing
⚊	Water slide
⚞	Fishing

⚓	Sailing (school or centre)
🐴	Pony trekking, riding

● **The majority of outdoor leisure facilities are only open in season and in peak periods opening does not necessarily correspond to the opening of the site.**

À prox.	We only feature facilities in close proximity to the camping site

Charges in

Daily charge :

🕴 5 €	per person
🚗 2 €	per vehicle
Ⓔ 7,50 €	per pitch (tent/caravan)
⚡ 2,50 € (4A)	for electricity (by no of amperes)

Rates included :

25 € 🕴 🚗 Ⓔ ⚡ (10A)	pitch for 2 people including vehicle and electricity

● **We give the prices which were supplied to us by the owners in Autumn 2010 (if this information was not avail-able we show those from the previous year). In any event these should be regarded as basic charges and may alter due to fluctuations in the cost of living.**

● **Listings in light typeface indicate that not all revised tariff information has been provided by the owners.**

● **Supplementary charges may apply to some facilities (swimming pool, tennis) as well as for long stays.**

● **Special rates may apply for children – ask owner for details.**

17

Renting and charges

12 ⌘	Number of mobile home
20 ⌂	Number of chalet
6 🛏	Number of rooms to rent
Nuitée 30 à 50 €	Mini/maxi rates for one night
Sem. 300 à 1000 €	Mini/maxi rates for one week

LOCALITIES

23700	Postal code number
343 B8	Michelin map number and fold
Rennes 47	Distance in kilometres
1 050 h.	Population
alt. 675	Altitude (in metres)
♨	Spa
✉ 05000 Gap	Postal number and name of the postal area
1 200/1 900 m	Altitude (in metres) of resort and highest point reached by lifts
2 🚡	Number of cable-cars
14 🎿	Number of ski and chair-lifts
🎿	Cross country skiing
⛴	Maritime services
🅱	Tourist information Centre

KEY TO THE LOCAL MAPS

Roads

▬▬▬	Motorway
══════	Dual carriageway with motorway characteristics
❶ ❷	Numbered junctions: complete, limited
═══	Major road
═══	Secondary road network
══	Other road
═══╫	One-way road – Toll barrier
─ ─ ─	Cycle track – Cart track, footpath
≫≫≫	Gradient (ascent in the direction of the arrow) 1:20 to 1:12; 1:11 to 1:8; + 1:7
═╤═ B ⚠	Pass – Ferry – Drawbridge or swing bridge
─□─ ⊔⊔⊔	Railway, station – Steam railways
③	Load limit (given when less than 5tons)
2·8	Headroom (given when less than 3m)

Sights of interest

🅑 ⳨ ⛫	Church, chapel – Castle, château
🔦 🐎 ∩	Lighthouse – Megalithic monument – Cave
⁂ ▲	Ruins – Miscellaneous sights
☀ ⋗	Viewing table, panoramic view – Viewpoint

18

Landmarks

 Towns having a plan in the Michelin Guide

🅱 ⊗ Tourist Information Centre – General Post Office

⛪ ♟ Church, chapel – Castle, château

🔆 ▪ 🏛 Ruins – Statue or building – Water tower

⊞ ✿ Hospital – Factory or power station

☆ ☾ Fort – Dam – Lighthouse

† ††† Wayside cross – Cemetery

✈ 🛬 ▲ Airport – Airfield – Gliding airfield

▢ Vannes Stadium – Golf course – Racecourse

🏇 Ψ Horse riding – Zoo – Skating rink

•-o-o-• Cable-car or chairlift – Forest or wood

🏊 Outdoor or indoor, Swimming pool – Bathing spot

◆ ♦ ⚘ Outdoor leisure park/centre – Sailing – Tennis courts

🛒 Shopping centre

● Town with at least one selected camping site

■ Locality with at least one selected site offering renting

Vannes Locality with at least one selected site with areas reserved for camper vans

Moyaux Locality with at least one selected very quiet, isolated site

🅟 Motorway service area for camper vans

● If during your stay in a camping site you have grounds for complaint concerning your reservation, the prices, standards of hygiene or facilities offered, try in the first place to resolve the problem with the propri-etor or the person responsible.

● If the disagreement cannot be solved in this way, and if you are sure that you are within your rights, it is possible to take the matter up with the Prefecture of the « département » in question.

● We welcome all suggestions and comments, be it criticism or praise, relating to camping sites recommended in our guide. We do, however, stress the fact that we have neither facilities, nor the authority to deal with matters of complaint between campers and proprietors.

GPS : SELECTION 2011

● The GPS coordinates are in boldface when the information was provided in a precise manner by the campground. In other cases, we have calculated as nearly as possible using the postal address or the name of the town.

19

CAMPINGPLÄTZE

Kategorie

🏔🏔 🏔🏔	Sehr komfortabel, ausgezeichnet ausgestattet
🏔 🏔	Komfortabel, sehr gut ausgestattet
🏔 🏔	Mit gutem Komfort ausgestattet
🏔 🏔	Ausreichend ausgestattet
🏔 🏔	Einfach, aber ordentlich

● **Die Reihenfolge der Campingplätze innerhalb einer Kategorie entspricht unserer Empfehlung.**
Unsere Klassifizierung, durch eine entsprechende Anzahl von Zelten (🏔🏔...🏔) ausgedrückt, ist unabhängig von der offiziellen Klassifizierung durch Sterne, die von den Präfekturen vorgenommen wird.

Öffnungszeiten

juin-sept.	Campingplatz geöffnet von Anfang Juni bis Ende September
Permanent	Campingplatz ganzjährig geöffnet

● **Vermietungszeit : Sie wird extra angegeben, wenn sie sich von der Öffnungszeit des Campingplatzes unterscheidet.**
Beispiel : Location (avril-sept.) : 🏠

Besondere Merkmale

❄	Diese Gelände sind speziell für Wintercamping in den Bergen ausgestattet (Heizung, Starkstromanschlüsse, Trockenräume usw.).
👥	Kinderfreundliches Konzept, das u. a. Sanitäranlagen für die Kleinsten, Spielplätze und ein Animations-Programm durch geschultes Personal bietet

Besonders schöne und ruhige Lage

🏔🏔...🏔	Besonders schöne Lage, gutes und vielfältiges Serviceangebot.
🐦 🐦	Ruhiger, abgelegener Campingplatz – Ruhiger Campingplatz, besonders nachts
≪ ≪	Eindrucksvolle Aussicht – Interessante oder weite Sicht

Lage und Dienstleistungen

📞 ✉	Telefon – Postanschrift
Accès	Richtung : Norden – Süden – Osten – Westen (Angabe ab Ortszentrum).
o—🔑	Eine Aufsichtsperson kann Tag und Nacht bei Bedarf erreicht werden: Dies bedeutet jedoch nicht, dass der Platz bewacht ist – nur tagsüber.
🚫🐕	Hunde nicht erlaubt – wenn dieses Zeichen nicht vorhanden ist, muss ein gültiger Impfpass vorgelegt werden.
🅿	Parken nur auf vorgeschriebenen Parkplätzen außerhalb der Stellplätze.
🇷	Keine Reservierung
🚫	Keine Kreditkarten
🚫	Keine « Chèques vacances »

Allgemeine Beschreibung

3 ha	Nutzfläche (in Hektar)
60 ha/ 3 campables	Gesamtfläche (eines Geländes) und Nutzfläche für Camping.
(90 empl.)	Anzahl der Stellplätze
🛏	Abgegrenzte Stellplätze
🌳 🌳🌳 🌳🌳🌳	Leicht schattig – ziemlich schattig – sehr schattig.
⛱	Am Wasser mit Bademöglichkeit.

Komfort

▥	Beheizte sanitäre Anlagen
♿	Mietunterkünfte und Sanitäreinrichtungen behindertengerecht
♨	Wickelraum
⚲	Wasserstelle
⚱ ⚙	Individuelle Anschlüsse : Wasser – Abwasser

Dienstleistungen

⛟	Service-Einrichtungen für Wohnmobile (Stromanschluss, Ver-/Entsorgung Wasser)
⛟ borne 4 €	Art der Ver- u. Entsorgungsstation und Preis
3 ▣15,50 €	Stellplatz für Wohnmobile – Anzahl der Stellplätze – Tagespreis/Stellplatz.
🌙	Sonderpreis für Wohnmobil auf dem Campingplatz
▣	Camping-car FFCC Miet-Waschmaschinen
🛒 ⚖	Supermarkt – Lebensmittelgeschäft
♨	Fertiggerichte zum Mitnehmen
(((ᵀ)))	Internetanschluss

Freizeitmöglichkeiten

♟ ✕	Bar mit Alkoholausschank – Restaurant, Snack-Bar
🏠	Gemeinschaftsraum, Aufenthaltsraum, Spielhalle ...
☺	Diverse Freizeitangebote (Sport, Kultur, Entspannung)
🧒	Kinderspielraum
🏋 ⚟s	Fitness-Center – Sauna
🛝	Kinderspielplatz
🚲 ◉	Fahrradverleih – Bogenschießen
✗ ▨	Tennisplatz –

	Hallentennisplatz
ⓂΓ	Minigolfplatz
▨ ▨	Hallenbad – Freibad
≈	Baden erlaubt, teilweise mit Aufsicht
⚞	Wasserrutschbahn
⚲	Angeln
⛵	Segeln (Segelschule oder Segelclub)
🏇	Reiten

● **Die meisten dieser Freizeitmöglichkeiten stehen nur in der Hauptsaison zur Verfügung oder sie sind abhängig von der Belegung des Platzes. Auf keinen Fall sind sie identisch mit der Öffnungzeit des Platzes.**

À proximité	Wir geben nur die Einrichtungen an, welche sich in der Nähe des Platzes befinden.

Preise in

Tagespreise:

♟ 5 €	pro Person
⛪ 2 €	für das Auto
▣ 7,50 €	Platzgebühr (Zelt/Wohnwagen)
[⚡] 2,50 € (4A)	Stromverbrauch (Anzahl der Ampere)

Pauschalgebühren:

25 € ♟ ⛪▣ [⚡] (A)	Stellplatz für 2 Personen Fahrzeug und Strom

● **Die Preise wurden uns im Herbst 2010 mitgeteilt, es sind Hochsaisonpreise (falls nicht, sind die Preise des Vorjahres angegeben). Die Preise sind immer nur als Richtpreise zu betrachten. Sie können sich bei steigenden Lebenshaltungskosten ändern.**

● **Der Name eines Campingplatzes ist dünn gedruckt, wenn der Eigentümer uns keine Preise genannt hat.**

● **Für einige Einrichtungen (Schwimmbad, Tennis) sowie die Kurtaxe können separate Gebühren erhoben werden.**

● **Für Kinder erhält man im Allgemeinen spezielle Kindertarife, erkundigen Sie sich beim Eigentümer.**

21

	## Vermietung und Preise	
12 🚐	Anzahl die Wohnmobilen	
20 🏠	Anzahl die Chalets	
6 🛏	Anzahl die Zimmern	
Nuitée 30 à 50 €	Mindest-/Höchstpreis pro Nacht	
Sem. 300 à 1000 €	Mindest-/Höchstpreis pro Woche	

ORTE

23700	Postleitzahl
343 B8	Nr. der Michelin-Karte und Falte
Rennes 47	Entfernung in Kilometern
1 050 h.	Einwohnerzahl
alt. 675	Höhe
⚕	Heilbad
✉ 05000 Gap	Postleitzahl und Name des Verteilerpostamtes
1 200/1 900 m	Höhe des Wintersport-geländes und Maximal-Höhe, die mit Kabinenbahn oder Lift erreicht werden kann
2 ⛷	Anzahl der Kabinenbahnen
14 ⛷	Anzahl der Schlepp -oder Sessellifte
⛷	Langlaufloipen
🚢	Schiffsverbindungen
🄳	Informationsstelle

KARTENSKIZZEN

Straßen

▬▬▬	Autobahn
══════	Schnellstraße (kreuzungsfrei)
❶ ❷	Nummerierte Anschlussstelle: Autobahneinfahrt- und/oder -ausfahrt
══════	Hauptverkehrsstraße
══════	Regionale Verbindungsstraße oder Entlastungsstrecke
══════	Andere Straße
═══╪═	Einbahnstraße – Gebührenstelle
– – –	Radweg – Wirtschaftsweg, Pfad
⋙⋙⋙	Steigungen, Gefälle (Steigung in Pfeilrichtung 5-9 %, 9-13 %, 13 % und mehr)
⇒⋈⇐ Ⓑ ⚠	Pass – Fähre – Bewegliche Brücke
▭ ⊔⊔	Bahnlinie und Bahnhof – Museumseisenbahn-Linie
③	Höchstbelastung (angegeben bis 5t)
2·8	Zulässige Gesamthöhe (angegeben bis 3 m)

Sehenswürdigkeiten

⛪ 🕆 ⚔	Kirche, Kapelle – Schloss, Burg
✦ ⧆ ⋂	Leuchtturm – Menhir, Megalithgrab – Höhle
∴ ▲	Ruine – Sonstige Sehenswürdigkeit
⁂ ⧁	Orientierungstafel, Rundblick – Aussichtspunkt

Orientierungspunkte

	Ort mit Stadtplan im Michelin-Führer
🄳 ⊗	Informationsstelle – Hauptpost

campingsourire

Choisissez les vacances qui vous ressemblent,
dans l'un des 65 Kawan Villages.

Toujours fidèle à ses valeurs, la chaine vous propose une multitude
d'activités pour vous et vos enfants dans des établissements
aux prestations de qualité et des environnements paysagers préservés.

kawan VILLAGES

camping | caravaning | mobil-home | camping-car

FRANCE / ITALIE / ESPAGNE / PAYS-BAS

depuis la France   depuis un autre pays

N° Indigo   **0825 740 730**   **00333 59 59 03 59**   **kawan-villages.com**
0,15€/min TTC

🏠 ♂	Kirche, Kapelle – Schloss, Burg
⚬ ■ 🗼	Ruine – Denkmal – Wasserturm
⊞ ⚙	Krankenhaus – Fabrik
☆ (⚓	Festung – Staudamm – Leuchtturm
↑ †††	Bildstock – Friedhof
✈ 🛩 ▲	Flughafen – Flugplatz – Segelflugplatz
⬭ ⚑ 🏇	Stadion – Golfplatz – Pferderennbahn
🐎 ↟ 🏅	Reitanlage – Zoo – Schlittschuhbahn
•–⚬–• ▬	Seilschwebebahn oder Sessellift – Wald oder Gehölz
🏊 🏊 🏖	Freibad – Hallenbad – Strandbad
◆ ⚓ ✂	Freizeiteinrichtungen – Segelzentrum – Tennisplatz
🛒	Einkaufszentrum
●	Ort mit mindestens einem ausgewählten Campingplatz
■	Ort mit mindestens einem Campingplatz mit Vermietung
Vannes	Ort mit mindestens einem Campingplatz mit Stellplätzen die nur für Wohnmobile reserviert sind
Moyaux	Ort mit mindestens einem sehr ruhigen Campingplatz
🚐	Autobahnrastplätze mit Wartungsmöglichkeiten für Wohnmobile

● **Falls bei Ihrem Aufenthalt auf dem Campingplatz Schwierigkeiten bezüglich der Preise, Reservierung, Hygiene o. ä. auftreten, sollten Sie versuchen, diese direkt an Ort und Stelle mit dem Campingplatzbesitzer oder seinem Vertreter zu regeln.**

● **Wenn Sie von Ihrem Recht überzeugt sind, es Ihnen jedoch nicht gelingt, zu einer allseits befriedigenden Lösung zu kommen, können Sie sich an die entsprechende Stelle bei der zuständigen Präfektur wenden.**

● **Unsererseits überprüfen wir sorgfältig alle bei uns eingehenden Leserbriefe und ändern gegebenenfalls die Platzbewertung im Führer. Wir besitzen jedoch weder die rechtlichen Möglichkeiten noch die nötige Autorität, um Rechtsstreitigkeiten zwischen Platzeigentümern und Platzbenutzern zu schlichten.**

GPS : AUSWAHL 2011

● **Die GPS-Koordinaten sind fett gedruckt, sofern die Campingplätze sie uns detailliert angegeben haben. Ansonsten sind sie so genau wie möglich nach Adresse oder Ortsangabe errechnet.**

TERREINEN

Categorie

ᴧᴧᴧᴧᴧ ᴧᴧᴧᴧᴧ	Buitengewoon comfortabel, uitstekende inrichting
ᴧᴧᴧᴧ ᴧᴧᴧᴧ	Comfortabel, zeer goede inrichting
ᴧᴧᴧ ᴧᴧᴧ	Goed ingericht, geriefelijk
ᴧᴧ ᴧᴧ	Behoorlijk ingericht
ᴧ ᴧ	Eenvoudig maar behoorlijk

● **De terreinen worden voor iedere categorie opgegeven in volgorde van voorkeur.**
Onze classificatie wordt aangegeven met een aantal tenten (ᴧᴧᴧᴧ ... ᴧ). Zij staat los van de officiële classificatie die wordt uitgedrukt in sterren.

Openingstijden

juin-sept.	Terrein geopend van begin juni tot eind september
Permanent	Terrein het gehele jaar geopend

● **Wanneer de data voor het verhuren verschillen van die van het kampeerterrein, dan worden zij gepreciseerd.**
Bijv. Location (avril-sept.) : 🏠

Bijzondere kenmerken

❄	Geselecteerd caravaneige – Deze terreinen zijn speciaal ingericht voor winterverblijf in de bergen (verwarming, electriciteitsaansluiting met hoog vermogen, droogkamer, enz.).
👥	Kindvriendelijk etablissement met o.a. speciaal sanitair voor de kleintjes, speeltuintje en kinderactiviteiten onder begeleiding van professionals

Aangenaam en rustig verblijf

ᴧᴧᴧ ... ᴧ	Bijzonder aangenaam vanwege de omgeving, de kwaliteit en de diversiteit van de voorzieningen.
🦆🦆	Zeer rustig, afgelegen terrein – Rustig, vooral 's nachts
≼≼	Bijzonder mooi uitzicht – Interessant uitzicht of vergezicht

Ligging en service

☎ ✉	Telefoon – Postadres
Accès	Richting : Noord – Zuid – Oost – West (gezien vanuit het centrum van de plaats)
⚿	Er is een bewaker of een toezichthouder aanwezig die 24 uur per dag bereikbaar is. Dit betekent echter niet noodzakelijkerwijs dat er sprake is van een daadwerkelijke bewaking – alleen overdag bewaakt.
🚫🐕	Honden niet toegelaten – Bij afwezigheid van dit teken dient men een recent vaccinatieboekje te kunnen tonen.
🅿	Verplichte parkeerplaats voor auto's buiten de staanplaatsen
℞	Reservering niet mogelijk
🚫💳	Creditcards niet geaccepteerd
🚫	Reischeques niet geaccepteerd

Algemene kenmerken

3 ha	Oppervlakte in hectaren
60 ha/ 3 campables	Totale oppervlakte (van een landgoed) en oppervlakte van het eigenlijke kampeerterrein
(90 empl.)	Maximaal aantal staanplaatsen
▭	Duidelijk begrensde staanplaatsen

♀ ♀♀ ♀♀♀	Weinig tot zeer schaduwrijk
☖	Aan de waterkant met mogelijkheid tot zwemmen

Comfort

▥	Verwarmde installaties
♿	Huuraccomodaties en sanitaire installaties voor lichamelijk gehandicapten
⊟	Individuele wasgelegenheid of wastafels (met of zonder warm water)
♨	Wasplaats voor baby's
♨	Waslokalen – Stromend water
♨ ⚐	Individuele aansluitingen : Watertoevoer en-afvoer

Voorzieningen

🚐	Serviceplaats voor campingcars
🚐 borne 4 €	Type aansluitpalen en prijs
3 ▣ 15,50 €	Serviceplaats voor camping cars – aantal plaatsen – dagtarief voor de plaats.
🌙	Ter plaatse speciale formule voor camper
⬛	Wasmachines, waslokaal
🛒 ⬛	Supermarkt – Kampwinkel
🍽	Dagschotels om mee te nemen
((•))	Internetpaal

Ontspanning

🍷 ✗	Bar (met vergunning) – Eetgelegenheid (restaurant, snackbar)
⛩	Zaal voor bijeenkomsten, dagverblijf of speelzaal
🎭	Diverse activiteiten (sport, cultuur, ontspanning)
🧒	Kinderopvang
🚴 ♨	Fitness – Sauna
🛷	Kinderspelen
🚲 ◉	Verhuur van fietsen – Boogschieten
✗✗ ⬛	Tennis: overdekt – open-

	lucht
⛳	Mini-golf
⊠ ⊠	Zwembad : overdekt – openlucht
≋	Vrije zwemplaats of zwemplaats met toezicht
⋟	Waterglijbaan
⤵	Hengelsport
⚓	Zeilsport (school of watersportcentrum)
🐴	Tochten te paard, paardrijden

● **De meeste voorzieningen en bepaalde recreatiemogelijkheden in de open lucht zijn over het algemeen alleen toegankelijk tijdens het seizoen. Dit is afhankelijk van het aantal gasten op het terrein en staat los van de openingsdata.**

À proximité	Wij vermelden alleen de faciliteiten of voorzieningen die zich in de omgeving van de camping bevinden.

Tarieven in

Dagtarieven:

🧍 5 €	per persoon
🚗 2 €	voor het voertuig
▣ 7,50 €	voor de staanplaats (tent, caravan)
[⚡] 2,50 € (4A)	voor elektriciteit (aantal ampères)

Vaste tarieven:

25 € 🧍🚗▣ [⚡] (10A)	Staanplaats voor 2 personen, voertuig en elektriciteit inbegrepen

● **De prijzen zijn vastgesteld in het najaar van 2010 en gelden voor het hoogseizoen (indien deze niet beschikbaar zijn, vermelden wij de tarieven van het afgelopen jaar).**

● De prijzen worden steeds ter indicatie gegeven en kunnen gewijzigd worden indien de kosten voor levensonderhoud belangrijke veranderingen ondergaan.

● Wanneer de naam van de camping niet in vetgedrukte letters staat, betekent dit dat de eigenaar niet alle tarieven heeft doorgegeven.

● Bepaalde faciliteiten (zwembad, tennisbaan), evenals de toeristenbelasting, kunnen extra in rekening worden gebracht.

Voor kinderen geldt soms een speciaal tarief ; informatie hierover bij de eigenaar.

Verhuur en tarieven

12 ⊡	Aantal stacaravans
3 🏠	Aantal huisjes
6 🛏	Aantal kamers
Nuitée 30 à 50 €	Minimum/maximum prijs voor één nacht
Sem. 300 à 1000 €	Minimum/maximum prijs voor een week

PLAATSEN

23700	Postcodenummer
343 B8	Nummer Michelinkaart en vouwbladnummer
G. Bretagne	Zie de Groene Michelingids Bretagne
Bourges 47	Afstanden in kilometers
1 050 h.	Aantal inwoners
alt. 675	Hoogte
⚓	Kuuroord
⊠ 05000 Gap	Postcode en plaatsnaam bestemming
1 200/1 900 m	Hoogte van het station en maximale hoogte van de mechanische skiliften
2 🚡	Aantal kabelbanen
14 🎿	Aantal skiliften en stoeltjesliften
🎿	Langlaufen

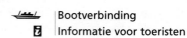

⛴	Bootverbinding
🇿	Informatie voor toeristen

VERKLARING TEKENS

Wegen en spoorwegen

	Autosnelweg
	Dubbele rijbaan van het type autosnelweg
❶ ❷	Genummerde knooppunten : volledig, gedeeltelijk
	Hoofdweg
	Regionale of alternatieve route
	Andere weg
	Eenrichtingsverkeer – Tol
	Fietspad – Bedrijfsweg, voetpad
≫≫≫	Hellingen (pijlen in de richting van de helling) 5 tot 9 %, 9 tot 13 %, 13 % of meer
⇒×⇐ Ⓑ ⚠	Pas – Veerpont – Beweegbare brug
⊏ ⊔	Spoorweg, station – Spoorweg toeristentrein
③	Maximum draagvermogen (aangegeven onder 5 ton)
2‑8	Vrije hoogte (aangegeven onder 3 m)

Bezienswaardigheden

🏰 ✝ ⌂	Kerk, kapel – Kasteel
🗼 🗿 ∩	Vuurtoren – Megaliet – Grot
∴ ▲	Ruïnes – Andere bezienswaardigheden
※ ≋	Oriëntatietafel, panorama – Uitzichtpunt

Ter oriëntatie

	Plaats met een plattegrond in de Michelingids
🇿 ⊗	Informatie voor toeristen – Hoofdpostkantoor

⏚ ♂	Kerk, kapel – Kasteel
♂ ▪ ♖	Ruïnes – Monument – Watertoren
⊞ ☆	Ziekenhuis – Fabriek
☆ ℂ ⚓	Fort – Stuwdam – Vuurtoren
⚔ ✝✝✝	Calvarie – Begraafplaats
✈ ☷ ▲	Luchthaven – Vliegveld – Zweefvliegen
▭ ⚐ ⛳	Stadion – Golf – Renbaan
🐎 ❦ ⚔	Manege – Dierentuin – Schaatsbaan
•-o-• ▨	Kabelbaan of stoeltjeslift – Bos
⚓ ◩ ≋	Zwembad : openlucht, overdekt – Zwemgelegenheid
◆ ⛵ ✗	Recreatieoord – Zeilvereniging – Tennisbaan
⛻	Winkelcentrum
●	Plaats met tenminste één geselekteerd kampeerterrein
■	Plaats met minstens één terrein met huurmogelijkheden
Lourdes	Plaats met minstens één terrein met plaatsen die alleen bestemd zijn voor campers
Moyaux	Plaats met minstens één zeer rustig terrein
🚐	Serviceplaats langs de autosnelweg voor campers

● **Indien er tijdens uw verblijf op een kampeerterrein een meningsverschil zou ontstaan over prijzen, reserverings- voorwaarden, hygiëne of dienstverle- ning, tracht dan ter plaatse met de eigenaar van het terrein of met zijn vervanger een oplossing te vinden.**

● **Mocht u op deze wijze niet tot over- eenstemming komen, terwijl u over- tuigd bent van uw goed recht, dan kunt u zich wenden tot de prefectuur van het betreffende departement.**

● **Van onze kant bestuderen wij zorg- vuldig alle opmerkingen die wij ont- vangen, om zo nodig wijzigingen aan te brengen in de omschrijving en waar- de-ring van door onze gids aanbevolen terreinen. Onze mogelijkheden zijn echter beperkt en ons personeel is niet bevoegd om als scheidsrechter op te treden of geschillen te regelen tussen eigenaren en kampeerders.**

GPS : SELECTIE 2011

● **De GPS-coordinaten staan in het vet wanneer de campings ons die exact hebben aangeleverd. Zoniet werden die zo correct mogelijk berekend op basis van het postadres en ook de plaats.**

LEXIQUE	LEXICON	GLOSSAR	WOORDENLIJST
accès difficile	difficult approach	schwierige Zufahrt	moeilijke toegang
accès direct à	direct access to...	Zufahrt zu...	rechtstreekse toegang tot...
accidenté	uneven, hilly	uneben	heuvelachtig
adhésion	membership	Beitritt	lidmaatschap
août	August	August	augustus
après	after	nach	na
Ascension	Ascension Day	Himmelfahrt	Hemelvaartsdag
assurance obligatoire	insurance cover compulsory	Versicherungspflicht	verzekering verplicht
automne	autumn	Herbst	herfst
avant	before	vor	voor
avenue (av.)	avenue	Avenue	laan
avril	April	April	april
baie	bay	Bucht	baai
base de loisirs	leisure facilities	Freizeitanlagen	recreatiepark
bois, boisé	wood, wooded	Wald, bewaldet	bebost
bord de...	shore	Ufer, Rand	aan de oever van...
boulevard (bd)	boulevard	Boulevard	boulevard
au bourg	in the town	im Ort	in het dorp
«Cadre agréable»	pleasant setting	angenehme Umgebung	aangename omgeving
«Cadre sauvage»	wild setting	urwüchsige Umgebung	woeste omgeving
carrefour	crossroads	Kreuzung	kruispunt
cases réfrigérées	refrigerated food storage facilities	Kühlboxen	Koelvakken
centre équestre	horseriding stables	Reitzentrum	manege
château	castle	Schloss, Burg	kasteel
chemin	path	Weg	weg
conseillé	advisable	empfohlen	aanbevolen
cotisation obligatoire	membership charge obligatory	ein Mitgliedsbeitrag wird verlangt	verplichte bijdrage
croisement difficile	difficult access	schwierige Überquerung	gevaarlijk Kruispunt
en cours d'aménagement, de transformations,	work in progress rebuilding	wird angelegt, wird umgebaut	in aanbouw, wordt verbouwd
crêperie	pancake restaurant, stall-	Pfannkuchen-Restaurant	pannekoekenhuis
décembre (déc.)	December	Dezember	december
«Décoration florale»	floral decoration	Blumenschmuck	bloemversiering
derrière	behind	hinter	achter
discothèque	disco	Diskothek	discotheek
à droite	to the right	nach rechts	naar rechts
église	church	Kirche	kerk
électricité (élect.)	electricity	Elektrizität	elektriciteit
entrée	way in, entrance	Eingang	ingang
«Entrée fleurie»	flowered entrance	blumengeschmückter Eingang	door bloemen omgeven ingang
étang	pond, pool	Teich	vijver
été	summer	Sommer	zomer
exclusivement	exclusively	ausschließlich	uitsluitend
falaise	cliff	Steilküste	steile kust
famille	family	Familie	gezin
fermé	closed	geschlossen	gesloten
février (fév.)	February	Februar	februari
forêt	forest, wood	Wald	bos
garage	parking facilities	überdachter Abstellplatz	parkeergelegenheid
garage pour caravanes	garage for caravans	Unterstellmöglichkeit für Wohnwagen	garage voor caravans

LEXIQUE	LEXICON	GLOSSAR	WOORDENLIJST
garderie (d'enfants)	children's crèche	Kindergarten	kinderdagverblijf
gare (S.N.C.F.)	railway station	Bahnhof	station
à gauche	to the left	nach links	naar links
gorges	gorges	Schlucht	bergengten
goudronné	surfaced road	geteert	geasfalteerd
gratuit	free, no charge	kostenlos	kosteloos
gravier	gravel	Kies	grint
gravillons	fine gravel	Rollsplitt	steenslag
herbeux	grassy	mit Gras bewachsen	grasland
hiver	winter	Winter	winter
hors saison	out of season	außerhalb der Saison	buiten het seizoen
île	island	Insel	eiland
incliné	sloping	abfallend	hellend
indispensable	essential	unbedingt erforderlich	noodzakelijk, onmisbaar
intersection	crossroads	Kreuzung	kruispunt
janvier (janv.)	January	Januar	januari
juillet (juil.)	July	Juli	juli
juin	June	Juni	juni
lac	lake	See	meer
lande	heath	Heide	hei
licence obligatoire	camping licence or international camping carnet	Lizenz wird verlangt	vergunning verplicht
lieu-dit	spot, site	Flurname, Weiler	oord
mai	May	Mai	mei
mairie	town hall	Bürgermeisteramt	stadhuis
mars	March	März	maart
matin	morning	Morgen	morgen
mer	sea	Meer	zee
mineurs non accompagnés non admis	people under 18 must be accompanied by an adult	Minderjährige ohne Begleitung nicht zugelassen	minderjarigen zonder geleide niet toegelaten
montagne	mountain	Gebirge	gebergte
Noël	Christmas	Weihnachten	Kerstmis
non clos	open site	nicht eingefriedet	niet omheind
novembre (nov.)	November	November	november
océan	ocean	Ozean	oceaan
octobre (oct.)	October	Oktober	oktober
ouverture prévue	opening scheduled	Eröffnung vorgesehen	vermoedelijke opening
Pâques	Easter	Ostern	Pasen
parcours de santé	fitness trail	Fitness-Pfad	trimbaan
passage non admis	no touring pitches	kein Kurzaufenthalt	niet toegankelijk voor kampeerders op doorreis
pente	slope	Steigung, Gefälle	helling
Pentecôte	Whitsun	Pfingsten	Pinksteren
personne (pers.)	person	Person	persoon
pierreux	stony	steinig	steenachtig
pinède	pine grove	Kiefernwäldchen	dennenbos
place (pl.)	square	Platz	plein
places limitées pour le passage	limited number of touring pitches	Plätze für kurzen Aufenthalt in begrenzter Zahl vorhanden	beperkt aantal plaatsen voor kampeerders op doorreis

31

plage	beach	Strand	strand
plan d'eau	stretch of water	Wasserfläche	watervlakte
plat	flat	eben	vlak
poneys	ponies	Ponys	pony's
pont	bridge	Brücke	brug
port	port, harbour	Hafen	haven
prairie	grassland	Wiese	weide
près de...	near	nahe bei...	bij...
presqu'île	peninsula	Halbinsel	schiereiland
prévu	projected	geplant	verwacht, gepland
printemps	spring	Frühjahr	voorjaar
en priorité	giving priority to...	mit Vorrang	voorrangs...
à proximité	nearby	in der Nähe von	in de nabijheid
quartier	(town) quarter	Stadtteil	wijk
Rameaux	Palm Sunday	Palmsonntag	Palmzondag
réservé	reserved	reserviert	gereserveerd
rive droite, gauche	right, left bank	rechtes, linkes Ufer	rechter, linker oever
rivière	river	Fluss	rivier
rocailleux	stony	steinig	vol kleine steentjes
rocheux	rocky	felsig	rotsachtig
route (rte)	road	Landstraße	weg
rue (r.)	street	Straße	straat
ruisseau	stream	Bach	beek
sablonneux	sandy	sandig	zanderig
saison	(tourist) season	Reisesaison	seizoen
avec sanitaires individuels	with individual sanitary arrangements	mit sanitären Anlagen für jeden Stellplatz	met eigen sanitair
schéma	local map	Kartenskizze	schema
semaine	week	Woche	week
septembre (sept.)	September	September	september
site	site	Landschaft	landschap
situation	situation	Lage	ligging
sortie	way out, exit	Ausgang	uitgang
sous-bois	underwood	Unterholz	geboomte
à la station	at the filling station	an der Tankstelle	bij het benzinestation
supplémentaire (suppl.)	additional	zuzüglich	extra
en terrasses	terraced	in Terrassen	terrasvormig
toboggan aquatique	water slide	Wasser-rutschbahn	waterglijbaan
torrent	torrent	torrent	bergstroom
Toussaint	All Saints' Day	Wildbach Allerheiligen	Allerheiligen
tout compris	everything included	alles inbegriffen	alles inbegrepen
vacances scolaires	school holidays	Schulferien	schoolvakanties
vallonné	undulating	hügelig	heuvelachtig
verger	orchard	Obstgarten	boomgaard
vers	in the direction of	nach (Richtung)	naar (richting)
voir	see	sehen, siehe	zien, zie

Les **terrains** sélectionnés ■

Selected **camping** sites ■

Ausgewählten **Campingplätze** ■

De geselekteerde **terreinen** ■

ALSACE

R. Mattes/Michelin

Si l'Alsace vous était contée, l'histoire décrirait le romantisme des châteaux forts érigés au pied des Vosges, les douces collines submergées d'une mer de ceps ou la féerie des villages de poupée égayant la plaine. Elle exalterait Colmar et l'adorable « petite Venise » avec ses balcons fleuris et ses cigognes, et inviterait à flâner dans Strasbourg dont le marché de Noël fait resplendir la cathédrale... Il se dégage de la capitale de l'Europe une chaleur que même la rudesse de l'hiver ne peut atténuer : nid douillet de la « Petite France » dont les belles maisons à colombages se reflètent dans l'Ill, ambiance conviviale des brasseries propices à la dégustation d'une bonne bière, et pittoresque décor des winstubs aptes à calmer les appétits les plus féroces avec force choucroutes, bäeckeoffes et kouglofs.

Alsace is perhaps the most romantic of France's regions, a place of fairy-tale castles, gentle vine-clad hills and picture-perfect villages perched on rocky outcrops or nestling in lush green valleys. From Colmar's Little Venice with its flower-decked balconies and famous storks to the lights of Strasbourg's Christmas market or the half-timbered houses reflected in the meanders of the River Ill, Alsace radiates a warmth that even the winter winds cannot chill. So make a beeline for the boisterous atmosphere of a brasserie and sample a real Alsace beer or head for a local "winstub" and tuck into a steaming dish of choucroute — sauerkraut with smoked pork — and a huge slice of kugelhof cake, all washed down with a glass of fruity Sylvaner or Riesling

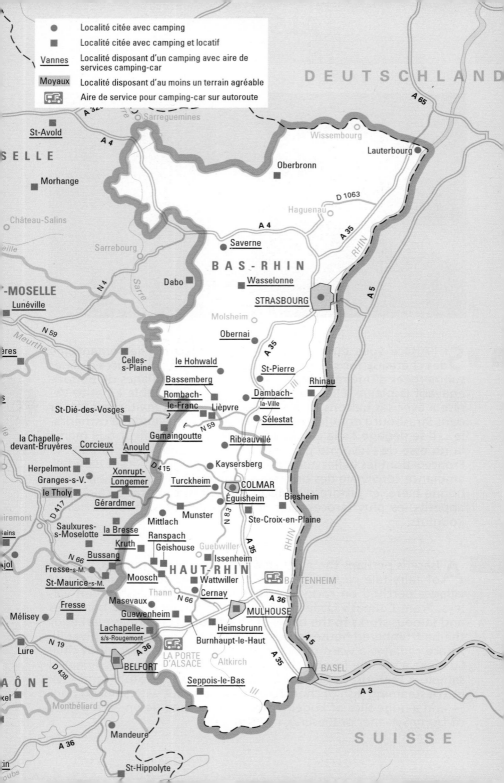

BASSEMBERG

67220 – **315** H7 – 273 h. – alt. 280

◘ Paris 432 – Barr 21 – St-Dié 35 – Sélestat 19

⚠ **Campéole Le Giessen** de déb. avr. à mi-sept.
℘ 0388589814, *giessen@campeole.com*,
Fax 0388570233, *www.camping-vosges.net*
4 ha (175 empl.) plat, herbeux
Tarif : 25€ ⚐ ⚐ ⟿ 🅴 (6A) – pers. suppl. 6€
Location : (de déb. avr. à mi-sept.) 🚿 – 31 ⊡
– 20 ⬚ – 15 bungalows toilés. Nuitée 23 à 140€
– Sem. 161 à 980€ – frais de réservation 25€
⟳ borne autre 5€ – 8 🅴 25€
Pour s'y rendre : rte de Villé (sortie nord-est sur D 39,
au bord du Giessen)

À savoir : près d'un complexe aquatique

Nature : ⟨ ⊏⊐
Loisirs : ⟙ ⟟diurne ⟿
Services : ⚹ ⟿ ⊞ ⟆ ⟆ ⟿ ⟟ 🖻
À prox. : ⟐ ⟿ 🅇 ⟆ ⟆ skate-park

Longitude : 7.31207
Latitude : 48.35158

BIESHEIM

68600 – **315** J8 – 2 299 h. – alt. 189

◘ Paris 520 – Strasbourg 85 – Freiburg im Breisgau 37 – Basel 68

⚠ **Intercommunal l'Ile du Rhin** de déb. avr. à déb.
oct.
℘ 0389725795, *camping@paysdebrisach.fr*,
Fax 0389721421, *www.campingiledurhin.com*
3 ha (251 empl.) plat et peu incliné, herbeux
Tarif : (Prix 2010) 18,95€ ⚐ ⚐ ⟿ 🅴 (10A) – pers.
suppl. 4,40€
Location : (Prix 2010) – 14 ⊡. Nuitée 53 à 103€
– Sem. 314 à 628€
Pour s'y rendre : zone touristique de l' Île du Rhin
(5 km à l'est par N 415, rte de Fribourg)

À savoir : site et cadre agréables entre le Rhin et le canal
d'Alsace

Nature : ♀
Loisirs : snack ⟆⟆ ⟟diurne (juil.-août) ⟲⟲
Services : ⚹ ⟿ ⟆ ⟿ laverie ⟆ ⟆
À prox. : 🅇 ⟆ ⟆ ⟍ ski nautique, port de plaisance

Longitude : 7.54519
Latitude : 48.03858

BURNHAUPT-LE-HAUT

68520 – **315** G10 – 1 598 h. – alt. 300

◘ Paris 454 – Altkirch 16 – Belfort 32 – Mulhouse 17

⚠ **Les Castors** de déb. avr. à fin oct.
℘ 0389487858, *camping.les.castors@wanadoo.fr*,
Fax 0389627466, *www.camping-les-castors.fr*
2,5 ha (135 empl.) plat, herbeux
Tarif : (Prix 2010) 17€ ⚐ ⚐ ⟿ 🅴 (10A) – pers.
suppl. 4€ – frais de réservation 3€
Pour s'y rendre : 4 rte de Guewenheim (2,5 km au
nord-ouest par D 466)

À savoir : cadre champêtre en bordure de rivière et d'un
étang

Nature : ♀
Loisirs : ⟙ ✕ ⟿ ⟲⟲ ⟍ ⟍
Services : ⚹ ⟿ ⟆ ⟟ laverie

Longitude : 7.14022
Latitude : 47.74109

CERNAY

68700 – **315** H10 – 11 118 h. – alt. 275

🛈 *1, rue Latouche* ℘ *0389755035*

◘ Paris 461 – Altkirch 26 – Belfort 39 – Colmar 37

⚠ **Les Acacias** de déb. avr. à déb. oct.
℘ 0389755697, *campoland.cernay@orange.fr*,
Fax 0389397229, *www.camping-les-acacias.fr*
3,5 ha (204 empl.) plat, herbeux
Tarif : (Prix 2010) 15,50€ ⚐ ⚐ ⟿ 🅴 (5A) – pers.
suppl. 3,50€ – frais de réservation 6€
⟳ borne artisanale
Pour s'y rendre : 16 r. René Guibert (sortie rte de
Belfort puis à dr. apr. le pont, au bord de la Thur)

Nature : ♀
Loisirs : ⟆⟆
Services : ⚹ ⟿ ⊞ ⟆ 🖻
À prox. : ⟐ ⟿ 🅇 (découverte en saison) poneys

Longitude : 7.17153
Latitude : 47.80314

COLMAR

68000 – **315** I8 – 66 560 h. – alt. 194

🛈 *4, rue d'Unterlinden* ✆ *03 89 20 68 92*

▶ Paris 450 – Basel 68 – Freiburg 51 – Nancy 140

L'Ill de fin mars à déb. janv.
✆ 03 89 41 15 94, *cadelill@calixo.net*, Fax 03 89 41 15 94,
www.campingdelill.com
2,2 ha (200 empl.) plat et terrasses, herbeux
Tarif : (Prix 2010) 19 € ★★ ⬅ 🅴 🔌 (10A) – pers.
suppl. 4 €
borne artisanale
Pour s'y rendre : 2 km à l'est par N 415, rte de
Fribourg, au bord de l'Ill

Nature : 🌳🌳
Loisirs : 🍽 snack 🎱 🛝 🎣
Services : 🔧 ⚡ 🚿 🚽 🍽 🚗

Longitude : 7.38611
Latitude : 48.08278

DAMBACH-LA-VILLE

67650 – **315** I7 – 1 924 h. – alt. 210

🛈 *11, place du Marché* ✆ *03 88 92 61 00*

▶ Paris 443 – Barr 17 – Obernai 24 – Saverne 61

Les Reflets du Vignoble de déb. avr. à mi-déc.
✆ 06 77 11 16 48, *camping-de-l-ours@orange.fr*
1,8 ha (120 empl.) plat, herbeux
Tarif : (Prix 2010) 12 € ★★ ⬅ 🅴 🔌 (10A) – pers.
suppl. 2 €
borne autre 4 € – 10 🅴 11 € – 🚐🔌 10 €
Pour s'y rendre : 2 r. du stade (1,2 km à l'est par D 210,
rte d'Ebersheim et chemin à gauche)

À savoir : cadre ombragé

Nature : 🌳🌳
Services : 🔧 ⚡ 🚿 🚮 🏪
À prox. : 🍴

Longitude : 7.44142
Latitude : 48.32318

*Demandez à votre libraire le catalogue des **publications MICHELIN**.*

ÉGUISHEIM

68420 – **315** H8 – 1 572 h. – alt. 210

🛈 *22a, Grand'Rue* ✆ *03 89 23 40 33*

▶ Paris 452 – Belfort 68 – Colmar 7 – Gérardmer 52

Des Trois Châteaux de déb. avr. à fin oct.
✆ 03 89 23 19 39, *camping.eguisheim@wanadoo.fr*,
Fax 03 89 24 10 19, *www.eguisheimcamping.fr*
2 ha (121 empl.) plat et peu incliné, herbeux, gravier
Tarif : 16 € ★★ ⬅ 🅴 🔌 (6A) – pers. suppl. 4 € – frais de
réservation 6 €
Location : (de déb. avr. à fin oct.) – 8 🛖. Nuitée
50 à 90 € – Sem. 320 à 610 € – frais de réservation 6 €
borne artisanale 3 €
Pour s'y rendre : 10 r. du Bassin (à l'ouest)

À savoir : situation agréable près du vignoble

Nature : 🏞 ≤ 🌳
Services : 🔧 ⚡ 🍽 🏪

Longitude : 7.3003
Latitude : 48.04272

GEISHOUSE

68690 – **315** G9 – 481 h. – alt. 730

▶ Paris 467 – Belfort 53 – Bussang 23 – Colmar 55

Au Relais du Grand Ballon Permanent
✆ 03 89 82 30 47, *aurelaisgeishouse@wanadoo.fr*,
www.aurelaisdugrandballon.com – places limitées pour
le passage
0,3 ha (24 empl.) plat herbeux
Tarif : 18 € ★★ ⬅ 🅴 🔌 (10A) – pers. suppl. 5 €
Location : (permanent) – 4 🛖. Nuitée 60 € – Sem.
420 €
Pour s'y rendre : 17 Grand-Rue (sortie sud)

Nature : 🏞 🚗 🌳
Loisirs : 🍽 🍴
Services : 🔧 ⚡ 🚿 🛖 🍽 laverie

Longitude : 7.05865
Latitude : 47.88061

GUEWENHEIM

68116 – **315** G10 – 1 191 h. – alt. 323
◘ Paris 458 – Altkirch 23 – Belfort 36 – Mulhouse 21

⚑ **La Doller** de déb. avr. à fin oct.
 ℰ 0389825690, *campeurs-doller@wanadoo.fr*,
 Fax 0389828231, *www.campingdoller.com*
 0,8 ha (40 empl.) plat, herbeux
 Tarif : 15€ **⚬⚬** ⇔ ▣ ⑵ (6A) – pers. suppl. 4€
 ⊞ borne artisanale 4€ – ⊑ 11€
 Pour s'y rendre : r. du Cdt Charpy (1 km au nord par
 D 34, rte de Thann et chemin à dr., au bord de la Doller)
 À savoir : ambiance familiale dans un cadre verdoyant et
 fleuri

Nature : ⬧ ♀
Loisirs : ♈ ⛾ ♨ ⚹ ⚲ ⚑
Services : ⚴ ⚬⚴ ⚏ ⚱ ⚶ ⚵
⚬ ⚼
À prox. : ⚔ ⚓

Longitude : 7.09827
Latitude : 47.75597

HEIMSBRUNN

68990 – **315** H10 – 1 419 h. – alt. 280
◘ Paris 456 – Altkirch 14 – Basel 50 – Belfort 34

⚑ **Parc la Chaumière** Permanent
 ℰ 0389819343, *reception@camping-lachaumiere.
 com*, Fax 0389819343, *www.camping-lachaumiere.com*
 – places limitées pour le passage
 1 ha (66 empl.) plat, herbeux, gravillons
 Tarif : 14€ **⚬⚬** ⇔ ▣ ⑵ (10A) – pers. suppl. 4€
 Location : (permanent) – 4 ⛺. Nuitée 35 à 70€
 – Sem. 250 à 490€
 ⊞ 6 ▣ 14€ – ⊑ 9€
 Pour s'y rendre : 62 r. de Galfingue (sortie sud par D 19,
 rte d'Altkirch)
 À savoir : dans un agréable cadre arbustif

Nature : ⬧ ⊟ ♀
Loisirs : ♨ ⚲ (petite piscine)
Services : ⚬⚴ ⚏ ⚬ ⚵

Longitude : 7.22611
Latitude : 47.72163

LE HOHWALD

67140 – **315** H6 – 480 h. – alt. 570 – Sports d'hiver : 600/1 100 m ⚡1 ⚡
▤ *square Kuntz* ℰ 0388083392
◘ Paris 430 – Lunéville 89 – Molsheim 33 – St-Dié 46

⚑ **Municipal** Permanent
 ℰ 0388083090, *lecamping.herrenhaus@orange.fr*,
 Fax 0388083090 – alt. 615
 2 ha (100 empl.) accidenté, en terrasses, herbeux,
 gravillons
 Tarif : (Prix 2010) ⚬ 4€ ⇔ 2€ ▣ 2€ – ⑵ (6A) 2€
 ⊞ borne autre 4€
 Pour s'y rendre : 28 r. du Herrenhaus (sortie ouest par
 D 425, rte de Villé)
 À savoir : à la lisière d'une forêt

Nature : ♀♀
Loisirs : ⛾ ♨ parcours
sportif
Services : ⚬⚴ ⚏ ⚵

Longitude : 7.32548
Latitude : 48.40491

39

ISSENHEIM

68500 – **315** H9 – 3 418 h. – alt. 245
◘ Paris 487 – Strasbourg 98 – Colmar 24 – Mulhouse 22

⚑ **Le Florival** de mi-avr. à mi-oct.
 ℰ 0389742047, *contact@camping-leflorival.com*,
 Fax 0389811000, *www.camping-leflorival.com*
 3,5 ha (85 empl.) plat, pierreux, herbeux
 Tarif : (Prix 2010) 16€ **⚬⚬** ⇔ ▣ ⑵ (10A) – pers.
 suppl. 4€
 Location : (Prix 2010) (de mi-avr. à mi-oct.)
 – 20 ⛺. Nuitée 66€ – Sem. 428€
 ⊞ borne sanistation
 Pour s'y rendre : rte de Soultz (2,5 km au sud-est par
 D 430, rte de Mulhouse et D 5 à gauche, rte d'Issenheim)

Nature : ⊟
Loisirs : ⛾ ♨
Services : ⚴ ⚬⚴ ⚏ ⚲ laverie
À prox. : ⚑ ⚶ ⚺

Longitude : 7.21842
Latitude : 47.90163

KAYSERSBERG

68240 – **315** H8 – 2 720 h. – alt. 242

🛈 *39, rue du Gal-de-Gaulle* ✆ *03 89 78 22 78*

▶ Paris 438 – Colmar 12 – Gérardmer 46 – Guebwiller 35

⚠ **Municipal** de déb. avr. à fin sept.
✆ 03 89 47 14 47, *camping@ville-kaysersberg.fr*,
Fax 03 89 47 14 47, *www.ville-kaysersberg.fr* 🚫 (de déb.
juil. à fin août)
1,6 ha (120 empl.) plat, herbeux
Tarif : 17€ 🏕🏕 🚐 🔌 (13A) – pers. suppl. 4€
Pour s'y rendre : r. des Acacias (sortie nord-ouest par
N 415, rte de St-Dié et à droite, au bord de la Weiss)

Nature : ≤ ♀	
Loisirs : 🏓 ⚒	
Services : 🚰 🛁 ♨ 🚮 ⚏ laverie	

Longitude : 7.25234
Latitude : 48.14847

Pour une meilleure utilisation de cet ouvrage,
LISEZ ATTENTIVEMENT les premières pages du guide.

KRUTH

68820 – **315** F9 – 1 019 h. – alt. 498

▶ Paris 453 – Colmar 63 – Épinal 68 – Gérardmer 31

⚠ **Le Schlossberg** de déb. avr. à déb. oct.
✆ 03 89 82 26 76, *info@schlossberg.fr*, Fax 03 89 82 20 17,
www.schlossberg.fr
5,2 ha (200 empl.) peu incliné, terrasse, herbeux
Tarif : ★ 4€ 🚐 🔌 4€ – 🔌 (6A) 3€ – frais de
réservation 10€
Location : (permanent) – 9 🏠. Nuitée 70€ – Sem.
550€ – frais de réservation 10€
Pour s'y rendre : rue du Bourbaach (2,3 km au nord-
ouest par D 13b, rte de La Bresse et rte à gauche, au
bord de la Bourbach)
À savoir : site agréable au cœur du Parc des Ballons

Nature : 🌲 ≤ ♀	
Loisirs : ▾ 🏓	
Services : 🛁 🚰 ▦ ♨ ⚏ laverie	

Longitude : 6.9546
Latitude : 47.94535

40

LAUTERBOURG

67630 – **315** N3 – 2 216 h. – alt. 115

🛈 *21, rue de la 1ère Armée* ✆ *03 88 94 66 10*

▶ Paris 519 – Haguenau 40 – Karlsruhe 22 – Strasbourg 63

⚠ **Municipal des Mouettes** de mi-mars à mi-nov.
✆ 03 88 54 68 60, *camping-lauterbourg@wanadoo.fr*,
Fax 03 88 54 68 60 – places limitées pour le passage 🚫
2,7 ha (136 empl.) plat, herbeux
Tarif : (Prix 2010) ★ 3,70€ 🚐 3,70€ 🔌 3,70€ – 🔌 (6A) 3,60€
Pour s'y rendre : 1,5 km au sud-ouest par D 3 et
chemin à gauche, à 100 m d'un plan d'eau (accès direct)

Loisirs : ▾ snack	
Services : 🛁 🚰 🚗 🍴 ▦ ⚏ 🔲	
À prox. : 🏓 🏊 🎣 ♨	

Longitude : 8.17723
Latitude : 48.97462

LIEPVRE

68660 – **315** H7 – 1 741 h. – alt. 272

▶ Paris 428 – Colmar 35 – Ribeauvillé 27 – St-Dié-des-Vosges 31

⚠ **Haut-Koenigsbourg** de mi-mars à mi-oct.
✆ 03 89 58 43 20, *camping.haut-koenigsbourg@orange.*
fr, Fax 03 89 58 98 29, *www.liepvre.fr/camping*
1 ha (77 empl.) plat et peu incliné, herbeux
Tarif : 13€ 🏕🏕 🚐 🔌 🔌 (8A) – pers. suppl. 3€
Location : (de mi-mars à mi-oct.) 🚫 – 6 🏠. Nuitée
50 à 95€ – Sem. 265 à 500€
Pour s'y rendre : rte de La Vancelle (900 m à l'est par
C1 rte de la Vancelle)
À savoir : entrée bordée par un séquoia centenaire

Nature : 🌲 ♀	
Loisirs : 🎮 🏓	
Services : 🛁 🚰 ▦ ⚏ 🔲	

Longitude : 7.28874
Latitude : 48.27188

MASEVAUX

68290 – **315** F10 – 3 234 h. – alt. 425
🛈 *1, place Gayardon* 𝄞 *03 89 82 41 99*
▶ Paris 440 – Altkirch 32 – Belfort 24 – Colmar 57

   Le Masevaux de mi-mars à fin oct.
     𝄞 03 89 82 42 29, *contact@camping-masevaux.com*,
     Fax 03 89 82 42 29, *www.camping-masevaux.com*
     3,5 ha (149 empl.) plat, herbeux
     Tarif : 17 € ★★ ⇔ 🔳 🔌 (6A) – pers. suppl. 4 €
     Pour s'y rendre : 3 r. du Stade (au bord de la Doller)

     À savoir : agréable cadre boisé et fleuri

Nature : 🌊 ♤♤
Loisirs : snack 🎬 ⚡ 🏊
Services : ♿ ⚡ 🛒 🍖 🍴 laverie
À prox. : 🎯 🍴 🔳 🏊 terrain multisports

Longitude : 6.99374
Latitude : 47.77634

MITTLACH

68380 – **315** G8 – 314 h. – alt. 550
▶ Paris 467 – Colmar 28 – Gérardmer 42 – Guebwiller 44

   Municipal Langenwasen de mi-avr. à mi-oct.
     𝄞 03 89 77 63 77, *mairiemittlach@wanadoo.fr*,
     Fax 03 89 77 74 36, *www.mittlach.fr* – alt. 620
     3 ha (150 empl.) peu incliné, plat et terrasses, herbeux,
     gravier
     Tarif : ★ 3 € ⇔ 1 € 🔳 3 € – 🔌 (10A) 6 €

     Location : (de mi-avr. à mi-oct.) – 1 studio.
     Pour s'y rendre : chemin du Camping (3 km au sud-
     ouest, au bord d'un ruisseau)

     À savoir : site boisé au fond d'une vallée

Nature : 🌊 ≤ 🏕 ♤
Loisirs : 🎬 ⚡
Services : ⚡ (juil.-août) 🖨

Longitude : 7.01867
Latitude : 47.98289

MOOSCH

68690 – **315** G9 – 1 815 h. – alt. 390
▶ Paris 463 – Colmar 51 – Gérardmer 42 – Mulhouse 28

   La Mine d'Argent de mi-avr. à mi-oct.
     𝄞 03 89 82 30 66, *moosch@camping-la-mine-argent.
     com*, *www.camping-la-mine-argent.com* – places
     limitées pour le passage
     2 ha (75 empl.) peu incliné, plat, en terrasses, herbeux
     Tarif : 10 € ★★ ⇔ 🔳 🔌 (10A) – pers. suppl. 4 €

     Location : (de mi-avr. à mi-oct.) – 4 🏚. Nuitée
     30 à 47 € – Sem. 210 à 375 € – frais de réservation 16 €
     🔧 borne artisanale
     Pour s'y rendre : r. de la Mine d'Argent (1,5 km au sud-
     ouest par r. de la Mairie, au bord d'un ruisseau)

     À savoir : dans un site vallonné et verdoyant

Nature : 🌊 ≤ ♤
Loisirs : 🎬 ⚡
Services : ⚡ laverie

Longitude : 7.04102
Latitude : 47.8549

41

MULHOUSE

68100 – **315** I10 – 111 394 h. – alt. 240
🛈 *9, avenue du Maréchal Foch* 𝄞 *03 89 35 48 48*
▶ Paris 465 – Basel 34 – Belfort 43 – Besançon 130

   L'Ill de déb. avr. à mi-oct.
     𝄞 03 89 06 20 66, *campingdelill@wanadoo.fr*,
     Fax 03 89 61 18 34, *www.camping-de-lill.com*
     5 ha (210 empl.) plat, herbeux
     Tarif : (Prix 2010) 15 € ★★ ⇔ 🔳 🔌 (10A) – pers.
     suppl. 4 € – frais de réservation 5 €

     Location : (Prix 2010) (permanent) 🚐 – 8 🏚
     – 45 🏠 – 3 bungalows toilés. Nuitée 30 à 75 € – Sem.
     155 à 450 € – frais de réservation 15 €
     🔧 borne eurorelais 5 € – 16 🔳 15 € – ⚡ 🔌 11 €
     Pour s'y rendre : 1 r. Pierre de Coubertin (au sud-ouest,
     par autoroute A 36, sortie Dornach)

     À savoir : cadre boisé en bordure de rivière

Nature : ♤♤
Loisirs : 🎬
Services : ♿ ⚡ 🍴 📷 🏊
À prox. : patinoire 🎾 ⛳ 🔳 🏊 pistes de bi-cross et skate-board

Longitude : 7.32283
Latitude : 47.73424

MUNSTER

68140 – **315** G8 – 4 990 h. – alt. 400

🛈 *1, rue du Couvent* ℘ *0389773180*

▶ Paris 458 – Colmar 19 – Gérardmer 34 – Guebwiller 40

△△ **Village Center Le Parc de la Fecht** de mi-juin à mi-sept.
℘ 0825002030, *resa@village-center.com*,
Fax 0467516389, *www.village-center.fr/C13*
4 ha (260 empl.) plat, herbeux
Tarif : (Prix 2010) 16€ ✱✱ ⇔ 🅴 ⬧ (10A) – pers. suppl. 4€

Location : (Prix 2010) (de mi-juin à mi-sept.)
– 81 🛏. Nuitée 34 à 96€ – Sem. 167 à 672€ – frais de réservation 30€
Pour s'y rendre : rte de Gunsbach (1 km à l'est par D 10, rte de Turckheim)

À savoir : cadre boisé, au bord de la Fecht

Nature : ♀♀	
Loisirs : 🎱 ☼diurne (Juil.-août) nocturne (Juil.-août) 🏊	
Services : ⚬🚿 🖥	
À prox. : ⌇	

Longitude : 7.15586
Latitude : 48.04464

OBERBRONN

67110 – **315** J3 – 1 526 h. – alt. 260

▶ Paris 460 – Bitche 25 – Haguenau 24 – Saverne 36

△△△ **L'Oasis** de mi-mars à mi-nov.
℘ 0388097196, *oasis.oberbronn@laregie.fr*,
Fax 0388099787, *www.oasis-alsace.com*
2,5 ha (148 empl.) plat et peu incliné, herbeux, pierreux
Tarif : (Prix 2010) ✱ 4,40€ ⇔ 2,20€ 🅴 4,50€ –
⬧ (6A) 4,30€

Location : (Prix 2010) – 28 🏠 – 11 huttes, 1 gîte d'étape. Sem. 265 à 595€
🚐 borne eurorelais 4€ – 7 🅴
Pour s'y rendre : 3 r. du Frohret (1,5 km au sud par D 28, rte d'Ingwiller et chemin à gauche)

À savoir : à la lisière d'une forêt

Nature : ⬥ ≼	
Loisirs : ☕ snack 🎱 🏊 🎿 ⌇ parcours sportif, centre de remise en forme "l'Oasis"	
Services : ⚒ ⚬🚿 🖥 ⛺ 🖥 🏊	
À prox. : 🏇	

Longitude : 7.60756
Latitude : 48.94082

OBERNAI

67210 – **315** I6 – 10 947 h. – alt. 185

🛈 *place du Beffroi* ℘ *0388956413*

▶ Paris 488 – Colmar 50 – Erstein 15 – Molsheim 12

△△ **Municipal le Vallon de l'Ehn** Permanent
℘ 0388953848, *camping@obernai.fr*, Fax 0388483147,
www.obernai.fr
3 ha (150 empl.) plat, peu incliné, herbeux
Tarif : 17€ ✱✱ ⇔ 🅴 ⬧ (16A) – pers. suppl. 4€
🚐 borne eurorelais 2€ – 29 🅴 17€
Pour s'y rendre : 1 r. de Berlin (sortie ouest par D 426, rte d'Ottrott, pour caravanes : accès conseillé par rocade au sud de la ville)

Nature : ≼	
Loisirs : 🎱 🏊 🏇	
Services : ⚒ ⚬🚿 🖥 ⛺ 🚐 🗑 ⚑ laverie	
À prox. : 🎿 🎣 ⌇ 🏇 (centre équestre) parc public	

Longitude : 7.46773
Latitude : 48.46445

RANSPACH

68470 – **315** G9 – 853 h. – alt. 430

▶ Paris 459 – Belfort 54 – Bussang 15 – Gérardmer 38

△△ **Les Bouleaux** Permanent
℘ 0389826470, *contact@alsace-camping.com*,
Fax 0389391417, *www.alsace-camping.com*
1,75 ha (100 empl.) plat, herbeux
Tarif : 22€ ✱✱ ⇔ 🅴 ⬧ (6A) – pers. suppl. 5€ – frais de réservation 8€

Location : (permanent) – 1 roulotte – 20 🏠
– 2 studios. Nuitée 53 à 60€ – Sem. 265 à 525€ – frais de réservation 8€
🚐 borne autre 3€ – 2 🅴 22€
Pour s'y rendre : 8 r. des Bouleaux (au sud du bourg par N 66)

Nature : ≼ ♀	
Loisirs : ☕ snack 🎱 🏇 ⌇	
Services : ⚒ ⚬🚿 ⛺ ⚑ laverie	

Longitude : 7.01037
Latitude : 47.88085

RHINAU

67860 – **315** K7 – 2 613 h. – alt. 158

🏠 *35, rue du Rhin* ℰ 03 88 74 68 96

▶ Paris 525 – Marckolsheim 26 – Molsheim 38 – Obernai 28

Ferme des Tuileries de déb. avr. à fin sept.
ℰ 03 88 74 60 45, *camping.fermetuileries@neuf.fr*,
Fax 03 88 74 85 35, *www.fermedestuileries.com* – ℞ ⚡
4 ha (150 empl.) plat, herbeux
Tarif : 🕴 4 € ⟲ 🅴 4 € – (ᵷ) (6A) 3 €
Location : (de déb. avr. à fin déc.) ⚡ – 5 🏠. Nuitée
50 à 85 € – Sem. 350 à 600 €
🔩 borne artisanale 2 € – 15 🅴 15 €
Pour s'y rendre : 1 r. des Tuileries (sortie nord-ouest,
rte de Benfeld)

Nature : 🐟 ♀	
Loisirs : snack 🍽 🚲 🎯 🚣 ⛱	
(plan d'eau) 🏊 🎣	
Services : 🔌 🚮 🏧 🛁 laverie	
🚿	

Longitude : 7.6986
Latitude : 48.32224

RIBEAUVILLÉ

68150 – **315** H7 – 4 916 h. – alt. 240

▶ Paris 439 – Colmar 16 – Gérardmer 56 – Mulhouse 60

Municipal Pierre-de-Coubertin de mi-mars à mi-nov.
ℰ 03 89 73 66 71, *camping.ribeauville@wanadoo.fr*,
www.camping-alsace.com/ribeauville/index.htm – ℞
3,5 ha (260 empl.) plat, herbeux
Tarif : 17 € 🕴🕴 ⟲ 🅴 (ᵷ) (16A) – pers. suppl. 4 €
🔩 borne artisanale – 18 🅴
Pour s'y rendre : 23 r. de Landau (sortie est par D 106
puis r. à gauche)

Nature : 🐟 ≪ ♀♀	
Loisirs : 🍽 🎯 🎯	
Services : 🚿 🔌 🏧 🛁 🏊 📶 °	
🖥 🧺 sèche-linge	
À prox. : 🔲 🎣 🏊	

Longitude : 7.336
Latitude : 48.195

ROMBACH-LE-FRANC

68660 – **315** H7 – 905 h. – alt. 290

▶ Paris 431 – Colmar 38 – Ribeauvillé 30 – St-Dié 34

Municipal les Bouleaux de mi-avr. à mi-oct.
ℰ 03 89 58 41 56, *camping.rombach@calixo.net*,
Fax 03 89 58 93 21, *www.valdargent.com/camping-rombach-les-bouleaux.htm* – croisement difficile pour
caravanes
1,3 ha (50 empl.) non clos, plat et peu incliné, herbeux
Tarif : 🕴 2 € ⟲ 2 € 🅴 2 € – (ᵷ) (13A) 2 €
Location : (permanent) ⚡ – 5 🏠. Sem. 255 à 380 €
🔩 5 🅴 3 €
Pour s'y rendre : rte de la Hingrie (1,5 km au nord-ouest)
À savoir : dans un vallon entouré de sapins et traversé
par un ruisseau

Nature : 🐟 ♀	
Loisirs : 🍽 🎯	
Services : 🚿 🚮	

Longitude : 7.2402
Latitude : 48.2877

ST-PIERRE

67140 – **315** I6 – 594 h. – alt. 179

▶ Paris 498 – Barr 4 – Erstein 21 – Obernai 12

Les Reflets de St-Pierre de déb. avr. à fin oct.
ℰ 03 89 58 64 31, *reflets@calixo.net*, Fax 03 89 58 64 31,
www.les-reflets.com
0,6 ha (47 empl.) plat, herbeux
Tarif : 🕴 5,20 € ⟲ 🅴 4,20 € – (ᵷ) (5A) 3,30 € – frais de
réservation 15 €
🔩 10 🅴 14,70 €
Pour s'y rendre : r. de l'Eglise (au bourg, derrière
l'église, au bord du Muttlbach)

Nature : 🔲	
Loisirs : 🎯	
Services : 🚮	
À prox. : 🎯	

Longitude : 7.47197
Latitude : 48.3827

STE-CROIX-EN-PLAINE

68127 – **315** I8 – 2 552 h. – alt. 192
▶ Paris 471 – Belfort 78 – Colmar 10 – Freiburg-im-Breisgau 49

   ▲ **Clairvacances** de mi-avr. à mi-oct.
      ℘ 03 89 49 27 28, *clairvacances@wanadoo.fr*,
      Fax 03 89 49 31 37, *www.clairvacances.com* �〆
      4 ha (135 empl.) plat, herbeux
      Tarif : 25 € ✶✶ ⇔ 🔲 ⚡ (10A) – pers. suppl. 7 € – frais
      de réservation 10 €
      Location : (de mi-avr. à mi-oct.) ✒ – 10 🚐. Nuitée
      50 à 100 € – Sem. 320 à 710 € – frais de réservation
      10 €
      Pour s'y rendre : Rte de Herrlisheim (2,7 km au nord-
      ouest par D 1)
      À savoir : agréable décoration arbustive

> Nature : ☐
> Loisirs : 🔲 ⚿ ◌ 🏊
> Services : ⚅ ⌾ 🔟 🅿 ⚲ laverie
>
> Longitude : 7.35289
> Latitude : 48.01454

SAVERNE

67700 – **315** I4 – 11 966 h. – alt. 200
🅱 37, Grand'Rue ℘ 03 88 91 80 47
▶ Paris 450 – Lunéville 88 – St-Avold 89 – Sarreguemines 65

   ▲ **Municipal** de déb. avr. à fin sept.
      ℘ 03 88 91 35 65, *info@campingsaverne.com*,
      Fax 03 88 91 35 65, *www.campingsaverne.com*
      2,1 ha (140 empl.) peu incliné, plat, herbeux
      Tarif : (Prix 2010) 12 € ✶✶ ⇔ 🔲 ⚡ (16A) – pers.
      suppl. 3,50 €
      🚐 borne artisanale
      Pour s'y rendre : r. Knoepffler (1,3 km au sud-ouest par
      D 171)

> Nature : ≤ ♀
> Loisirs : 🔲 ⚿
> Services : ⚅ ⌾ 🔟 ⚲ laverie
> À prox. : ✕ 🐎 poneys (centre
> équestre)
>
> Longitude : 7.3559
> Latitude : 48.73228

44

SÉLESTAT

67600 – **315** I7 – 19 303 h. – alt. 170
🅱 boulevard Leclerc ℘ 03 88 58 87 20
▶ Paris 441 – Colmar 24 – Gérardmer 65 – St-Dié 44

   ▲ **Municipal les Cigognes** de déb. avr. à fin déc.
      ℘ 03 88 92 03 98, *camping-selestat@orange.fr*,
      Fax 03 88 92 17 64, *www.selestat-tourisme.com*
      0,7 ha (48 empl.) plat, herbeux
      Tarif : (Prix 2010) 15 € ✶✶ ⇔ 🔲 ⚡ (6A) – pers.
      suppl. 4 €
      🚐 borne autre 5 €
      Pour s'y rendre : 1 r. de la 1ère Division France Libre

> Nature : ♀
> Services : ⌾ ⚲ 🔟 🔳
> À prox. : ✕ 🎣 🏊
>
> Longitude : 7.44828
> Latitude : 48.25444

SEPPOIS-LE-BAS

68580 – **315** H11 – 1 080 h. – alt. 390
▶ Paris 454 – Altkirch 13 – Basel 42 – Belfort 38

   ▲ **Village Center Les Lupins** de fin juin à déb. sept.
      ℘ 03 89 25 65 37, *dirlupins@village-center.com*,
      Fax 03 89 25 56 92, *www.village-center.com*
      3,5 ha (158 empl.) plat, terrasses, herbeux
      Tarif : 16 € ✶✶ ⇔ 🔲 ⚡ (6A) – pers. suppl. 3 € – frais de
      réservation 30 €
      Location : (de fin juin à déb. sept.) 🅿 – 10 🚐. Nuitée
      54 à 96 € – Sem. 378 à 672 € – frais de réservation 30 €
      🚐 5 🔲 16 €
      Pour s'y rendre : 1 r. de la gare (sortie nord-est par D 17
      2, rte d'Altkirch)
      À savoir : sur le site verdoyant de l'ancienne gare

> Nature : 🌳 ♀♀
> Loisirs : 🔲 ☺ ⚿ 🏊
> Services : ⚅ ⌾ 🔟 🅿 ⚲ laverie
> À prox. : ✗ ✕
>
> Longitude : 7.18
> Latitude : 47.53912

STRASBOURG

67000 – **315** K5 – 272 123 h. – alt. 143
▶ Paris 488 – Stuttgart 160 – Baden-Baden 63 – Karlsruhe 87

⚠ **La Montagne Verte** Permanent
℘ 03 88 30 25 46, *aquadis1@orange.fr*, Fax 03 86 37 95 83,
www.aquadis-loisirs.com
2,5 ha (190 empl.) plat, herbeux
Tarif : 18 € ♣♣ ⟺ 🅴 🌃 (10A) – pers. suppl. 4 € – frais
de réservation 8 €
🚐 15 🅴 18 €
Pour s'y rendre : 2 r. Robert Forrer

| Nature : 🌳 |
| Loisirs : 🍽 snack 🛖 |
| Services : 🚿 ⚡ 🏖 🛁 🛎 laverie |
| À prox. : 🏊 🍴 |

| Longitude : 7.71441 |
| Latitude : 48.57537 |

The Guide changes, so renew your guide every year.

TURCKHEIM

68230 – **315** H8 – 3 731 h. – alt. 225
🏛 *Corps de Garde* *℘* 03 89 27 38 44
▶ Paris 471 – Colmar 7 – Gérardmer 47 – Munster 14

⚠ **Les Cigognes** de déb. mars à fin déc.
℘ 03 89 27 02 00, *municipc@calixo.net*, *www.camping-turckheim.com*
2,5 ha (117 empl.) plat, herbeux
Tarif : (Prix 2010) ♣ 3,60 € ⟺ 🅴 3,90 € – 🌃 (5A) 3,10 €
🚐 borne artisanale – 🛥 9 €
Pour s'y rendre : à l'ouest du bourg, derrière le stade -
accès par chemin entre le passage à niveau et le pont
À savoir : au bord d'un petit canal et près de la Fecht

| Nature : ⬜ 🌳 |
| Loisirs : 🛖 |
| Services : 🚿 ⚡ 🏪 🛁 laverie |
| À prox. : 🍴 |

| Longitude : 7.27818 |
| Latitude : 48.08689 |

WASSELONNE

67310 – **315** I5 – 5 571 h. – alt. 220
🏛 *22, place du Général Leclerc* *℘* 03 88 59 12 00
▶ Paris 464 – Haguenau 42 – Molsheim 15 – Saverne 15

⚠ **Municipal** de mi-avr. à mi-oct.
℘ 03 88 87 00 08, *camping-wasselonne@wanadoo.fr*,
Fax 03 88 64 84 90, *www.camping-wasselonne.com/*
1,5 ha (100 empl.) en terrasses, herbeux
Tarif : 15 € ♣♣ ⟺ 🅴 🌃 (8A) – pers. suppl. 4 €

Location : (permanent) – 12 🏠. Nuitée 63 € – Sem.
445 €
🚐 borne eurorelais 2 € – 10 🅴 8 € – 🛥 🌃 14 €
Pour s'y rendre : r. des Sapins (1 km à l'ouest par D 224,
rte de Wangenbourg)
À savoir : dans l'enceinte du centre de loisirs

| Nature : ≤ 🌳 |
| Loisirs : 🏊 🖼 |
| Services : ⚡ laverie ⚖ |
| À prox. : 🎯 🍴 🎪 |

| Longitude : 7.44869 |
| Latitude : 48.63691 |

WATTWILLER

68700 – **315** H10 – 1 721 h. – alt. 356
▶ Paris 478 – Strasbourg 116 – Freiburg im Breisgau 81 – Basel 56

⚠ **Les Sources** ♣♠ – de fin avr. à fin sept.
℘ 03 89 75 44 94, *camping.les.sources@wanadoo.fr*,
Fax 03 89 75 71 98, *www.camping-les-sources.com*
15 ha (360 empl.) en terrasses, pierreux, gravier
Tarif : 30 € ♣♣ ⟺ 🅴 🌃 (5A) – pers. suppl. 7 € – frais de
réservation 10 €
Location : (déb. avr. à fin sept.) – 59 🚐 – 19 🏠.
Nuitée 30 à 115 € – Sem. 180 à 805 € – frais de
réservation 10 €
🚐 borne artisanale 10 €
Pour s'y rendre : rte des Crêtes

| Nature : 🌊 ⬜ 〰 |
| Loisirs : 🍽 ✕ pizzeria 🛖 🎯 |
| diurne (juil.-août) 🎪 🏊 🍴 |
| 🎠 🖼 🛝 |
| Services : 🚿 ⚡ 🏖 🛎 laverie |
| ⚖ 🔧 |
| À prox. : poneys |

| Longitude : 7.16736 |
| Latitude : 47.83675 |

AQUITAINE

S. Sauvignier/Michelin

Bienvenue en Aquitaine, immuable terre d'accueil où déjà l'homme préhistorique avait élu domicile. La région se compose d'une mosaïque de paysages, mais tous ses habitants partagent le même sens de l'hospitalité. Après une visite aux maîtres ès foies gras et confits du Périgord et du Quercy, suivie d'un crochet par le Bordelais, ses châteaux et son vignoble si justement réputé, direction la Côte d'Argent, ses surfeurs, ses bars à tapas et ses amateurs de rugby ou de corridas élevés au gâteau basque et au piment d'Espelette… On cultive ici le goût du défi et de la fête, comme en témoignent ces paisibles villages préparant derrière leurs façades à colombages et volets rouges de fougueuses réjouissances où danses, jeux et chants célèbrent l'identité d'un peuple aux traditions toujours vivantes.

Aquitaine has welcomed mankind throughout the ages. Its varied mosaic of landscapes is as distinctive as its inhabitants' hospitality and good humour: a quick stop to buy confit of goose can easily lead to an invitation to look around the farm! No stay in Aquitaine would be complete without visiting at least one of Bordeaux' renowned vineyards. Afterwards head for the « Silver Coast », loved by surfers and rugby fans alike, have a drink in a tapas bar or even take ringside seats for a bullfight! This rugged, sunny land between the Pyrenees and the Atlantic remains fiercely proud of its identity: spend a little time in a sleepy Basque village and you'll soon discover that, at the first flourish of the region's colours, red and green, the locals still celebrate their traditions in truly vigorous style.

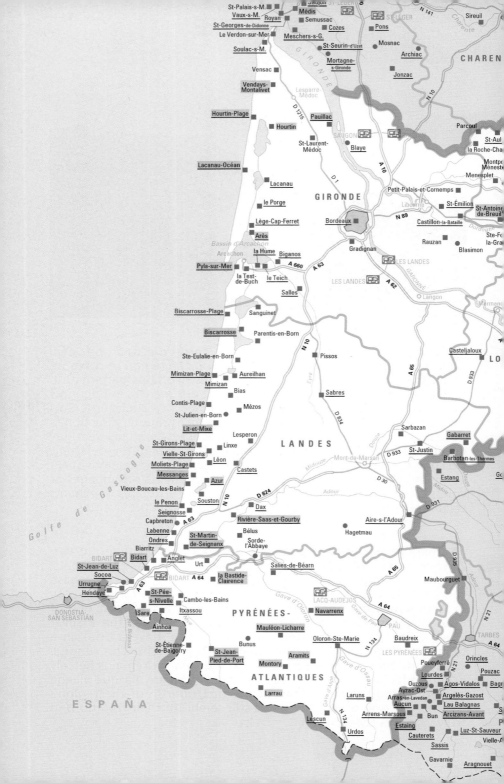

AGEN

47000 – **336** F4 – 33 863 h. – alt. 50

🛈 *38, rue Garonne* ℰ *05 53 47 36 09*

◻ Paris 662 – Auch 74 – Bordeaux 141 – Pau 159

⚠ **Le Moulin de Mellet** de déb. avr. à fin sept.
ℰ 05 53 87 50 89, *moulin.mellet@wanadoo.fr*,
www.camping-moulin-mellet.com
5 ha/3,5 campables (48 empl.) plat, herbeux, ruisseau,
petit étang
Tarif : 26€ ✶✶ ⇐ 🔲 (4) (10A) – pers. suppl. 6€
Location : (permanent) ⌁ – 2 🛏 – 2 🏠. Sem.
222 à 653€
🚐 15 🔲 22€
Pour s'y rendre : rte de Prayssas (8 km au nord-ouest
par N 113 et à dr. par D 107)

| Nature : 🞶🞶 |
| Loisirs : 🛏 🚣 ⛲ 🎣 |
| Services : 🐕 ⚡ 🚮 🅰 ⚑ 🔳 |

| Longitude : 0.54305 |
| Latitude : 44.24347 |

*Die Klassifizierung (1 bis 5 Zelte, **schwarz** oder **rot**),
mit der wir die Campingplätze auszeichnen, ist eine Michelin-eigene Klassifizierung.
Sie darf nicht mit der staatlich-offiziellen Klassifizierung
(1 bis 5 Sterne) verwechselt werden.*

AINHOA

64250 – **342** C3 – 658 h. – alt. 130

◻ Paris 791 – Bayonne 28 – Biarritz 29 – Cambo-les-Bains 11

⚠ **Xokoan** Permanent
ℰ 05 59 29 90 26, *etchartenea@orange.fr*,
Fax 05 59 29 73 82
0,6 ha (30 empl.) plat, peu incliné, herbeux
Tarif : 16€ ✶✶ ⇐ 🔲 (4) (10A) – pers. suppl. 5€
Location : (permanent) ⌁ – 2 🛏. Nuitée 90€
– Sem. 450€
🚐 borne artisanale 5€ – 5 🔲 14€
Pour s'y rendre : à Dancharia (2,5 km au sud-ouest puis
à gauche av. la douane, au bord d'un ruisseau (frontière))

| Nature : 🏞 🞶🞶 |
| Loisirs : 🍽 ✕ 🛏 |
| Services : 🐕 ⚡ 🚿 laverie 🠖 |
| À prox. : 🚲 |

| Longitude : -1.50369 |
| Latitude : 43.29139 |

⚠ **Aire Naturelle Harazpy** de déb. mai à fin sept.
ℰ 05 59 29 89 38, Fax 05 59 29 89 38
1 ha (25 empl.) peu incliné, terrasses, herbeux
Tarif : 16€ ✶✶ ⇐ 🔲 (4) (10A) – pers. suppl. 5€
🚐 borne artisanale 5€ – 5 🔲 14€
Pour s'y rendre : quartier Gastelu-Gaïna (au nord-ouest
du bourg, derrière l'église)

| Nature : 🏞 ⩽ 🞶 |
| Loisirs : 🛏 |
| Services : 🐕 ⚡ 🚿 laverie |

| Longitude : -1.50172 |
| Latitude : 43.3089 |

AIRE-SUR-L'ADOUR

40800 – **335** J12 – 6 070 h. – alt. 80

🛈 *20, bis rue Carnot* ℰ *05 58 71 64 70*

◻ Paris 722 – Auch 84 – Condom 68 – Dax 77

⚠ **Les Ombrages de l'Adour** de déb. avr. à fin oct.
ℰ 05 58 71 75 10, *hetapsarl@yahoo.fr*, Fax 05 58 71 32 59,
www.camping-adour-landes.com
2 ha (100 empl.) plat, herbeux
Tarif : (Prix 2010) 17€ ✶✶ ⇐ 🔲 (4) (10A) – pers.
suppl. 4€
Location : (Prix 2010) (de déb. avr. à fin oct.) – 8 🛏
– 2 bungalows toilés. Nuitée 40 à 64€ – Sem.
195 à 385€
🚐 borne – 20 🔲 10€
Pour s'y rendre : r. des Graviers (près du pont, derrière
les arènes, au bord de l'Adour)

| Nature : 🞶🞶 |
| Loisirs : 🚣 |
| Services : ⚡ ⚑ 🔳 |

| Longitude : -0.25574 |
| Latitude : 43.7026 |

ALLAS-LES-MINES

24220 – **329** H6 – 206 h. – alt. 85

▶ Paris 564 – Bordeaux 193 – Périgueux 61 – Cahors 83

⚠️ **Domaine Le Cro-Magnon** ▲▲ – de fin juin à déb. sept.
  𝒫 0553291370, *contact@domaine-cro-magnon.com*, Fax 0553291579, *www.domaine-cro-magnon.com*
  22 ha/6 campables (160 empl.) plat, pierreux, herbeux
  Tarif : 30€ ✚✚ ⬅️ 🔲 🔋 (6A) – pers. suppl. 7€ – frais de réservation 19€
  Location : (de fin juin à déb. sept.) – 11 🚐 – 20 🏠.
  Nuitée 71€ – Sem. 264 à 847€ – frais de réservation 25€
  Pour s'y rendre : au lieu-dit : Le Raisse (1,5 km au sud - accès fortement conseillé par Berbiguières sur la D 50)
  À savoir : cadre naturel et boisé

Nature : 🌿 🔲 ⚲	
Loisirs : 🍴 snack 🎯 🎱 🚴 🏍️ 🎯 ♨️ 🔲 🏊 🏄 terrain multisports	
Services : 🔧 🚿 🧺 laverie 🏧 🍖	
Longitude : 1.06241	
Latitude : 44.83621	

ALLES-SUR-DORDOGNE

24480 – **329** G6 – 335 h. – alt. 70

▶ Paris 534 – Bergerac 36 – Le Bugue 12 – Les Eyzies-de-Tayac 22

⚠️ **Port de Limeuil** de déb. mai à fin sept.
  𝒫 0553632976, *didierbonvallet@aol.com*, Fax 0553630419, *www.leportdelimeuil.com*
  7 ha/4 campables (90 empl.) plat, herbeux, sablonneux
  Tarif : 30€ ✚✚ ⬅️ 🔲 🔋 (10A) – pers. suppl. 6,50€ – frais de réservation 15€
  Location : (de fin avr. à déb. oct.) – 11 🚐 – 1 gîte.
  Sem. 190 à 950€ – frais de réservation 15€
  🚐 borne artisanale
  Pour s'y rendre : 3 km au nord-est sur D 51e, près du pont de Limeuil, au confluent de la Dordogne et de la Vézère

Nature : 🌿 🏞️ ⛰️	
Loisirs : 🍴 🏓 🏄 🚴 🏊 🔲 canoë	
Services : 🔧 🚿 🍖 🧺 laverie	
À prox. : ✕ 🐎	
Longitude : 0.88599	
Latitude : 44.87969	

51

Si vous recherchez :

🎭 *un terrain offrant des animations sportives, culturelles ou de détente,*

🌿 *un terrain agréable ou très tranquille,*

L-M *un terrain effectuant la location de caravanes, de mobile homes, de bungalows ou de chalets,*

P *un terrain ouvert toute l'année,*

🚐 *un terrain possédant une aire de services pour camping-cars,*

consultez le tableau des localités

ANGLET

64600 – **342** C2 – 37 934 h. – alt. 20

🏢 *1, avenue de la Chambre d'Amour* 𝒫 0559037701

▶ Paris 773 – Bordeaux 187 – Pamplona 108 – Donostia-San Sebastián 51

⚠️ **Le Parme** de Pâques à Toussaint
  𝒫 0559230300, *campingdeparme@wanadoo.fr*, Fax 0559412955, *www.campingdeparme.com*
  3,5 ha (187 empl.) en terrasses, plat, peu incliné, herbeux, gravier
  Tarif : (Prix 2010) 35€ ✚✚ ⬅️ 🔲 🔋 (6A) – pers. suppl. 6,50€ – frais de réservation 20€
  Location : (Prix 2010) 🏄 (juil-août) – 85 🚐 – 14 🏠 – 30 bungalows toilés. Nuitée 85 à 168€ – Sem. 240 à 1 015€ – frais de réservation 20€
  🚐 borne eurorelais
  Pour s'y rendre : 2 allée Etchecopar

Nature : 🔲 🏞️	
Loisirs : 🍴 ✕ snack 🎮 🎭 🎯 🏄 🏍️ 🏊 terrain multisports	
Services : 🔧 🚿 🧺 laverie 🏧 🍖	
Longitude : -1.53238	
Latitude : 43.4643	

ANGOISSE

24270 – **329** H3 – 602 h. – alt. 345
▶ Paris 445 – Bordeaux 180 – Périgueux 51 – Limoges 53

Rouffiac en Périgord Permanent
📞 05 53 52 68 79, *contact@semitour.com*,
Fax 05 53 06 30 94, *www.semitour.com* – empl.
traditionnels également disponibles
54 ha/6 campables (40 empl.) peu incliné, plat, herbeux
Tarif : (Prix 2010) ⭑ 5 € 🅴 8 € 🕅 (10A)
Location : (Prix 2010) (permanent) – 6 🛏 – 7 🏠.
Nuitée 90 à 180 € – Sem. 170 à 630 €
Pour s'y rendre : à la base de loisirs de Rouffiac (4 km
au sud-est par D 80, rte de Payzac, à 150 m d'un plan
d'eau (accès direct))

À savoir : organisation de séjours culturels et sportifs
autour de la base nautique

| Nature : 🏊 ⌨ 🞉🞉 |
| Loisirs : 🍸 🎱 |
| Services : 🚿 🛒 🞉 🖥 |
| À prox. : 🚴 🏹 🚡 (plage) 🛶 |
| 🐎 mur d'escalade, téléski nautique, canoë, pédalos, painball, accrobranche |

| Longitude : 1.16648 |
| Latitude : 45.41449 |

To select the best route and follow it with ease,
To calculate distances,
To position a site precisely from details given in the text :
Get the appropriate **MICHELIN regional map.**

ANTONNE-ET-TRIGONANT

24420 – **329** F4 – 1 200 h. – alt. 106
▶ Paris 484 – Bordeaux 139 – Périgueux 10 – Limoges 91

Au Fil de l'Eau de mi-juin à mi-sept.
📞 05 53 06 17 88, *campingaufildeleau@wanadoo.fr*,
Fax 05 53 08 97 76, *www.campingaufildeleau.com*
1,5 ha (50 empl.) non clos, plat, herbeux
Tarif : 16 € ⭑⭑ 🚐 🅴 🕅 (5A) – pers. suppl. 4 €
Location : (Prix 2010) (de mi-juin à mi-sept.) 🏕 (de
mi-juin à mi-sept.) – 4 🛏 – 6 bungalows toilés.
Nuitée 35 à 60 € – Sem. 200 à 430 €
Pour s'y rendre : à Antonne, 6 allées des Platanes
(sortie nord-est et rte d'Escoire à dr., au bord de l'Isle,
sur la D 6)

| Nature : 🞉🞉 |
| Loisirs : 🏖 🛶 canoë |
| Services : 🚿 🛒 🞉 🖥 |

| Longitude : 0.83754 |
| Latitude : 45.213 |

ARAMITS

64570 – **342** H4 – 667 h. – alt. 293
▶ Paris 829 – Mauléon-Licharre 27 – Oloron-Ste-Marie 15 – Pau 49

Barétous-Pyrénées de mi-fév. à fin oct.
📞 05 59 34 12 21, *atso64@hotmail.com*,
Fax 05 59 34 67 19, *www.camping-pyrenees.com*
2 ha (61 empl.) plat, herbeux
Tarif : (Prix 2010) 25 € ⭑⭑ 🚐 🅴 🕅 (10A) – pers.
suppl. 6 € – frais de réservation 17 €
Location : (Prix 2010) (fermé de fin oct. à mi-déc.) 🚿
(chalet) – 8 🛏 – 10 🏠 – 3 bungalows toilés. Sem.
215 à 585 € – frais de réservation 17 €
Pour s'y rendre : quartier Ripaude (sortie ouest par
D 918, rte de Mauléon-Licharre, au bord du Vert de
Barlanes)

À savoir : chalets bois de bon confort (en formule
hôtelière sur demande)

| Nature : 🏊 ⌨ 🞉🞉 |
| Loisirs : 🍸 snack 🎱 🞉 jacuzzi 🏖 🚴 ⛷ |
| Services : 🚿 🛒 🎽 laverie 🧺 |

| Longitude : -0.73243 |
| Latitude : 43.12135 |

ARES _____

33740 – **335** E6 – 5 472 h. – alt. 6
i *esplanade G. Dartiquelongue* ☎ *05 56 60 18 07*
▶ Paris 627 – Arcachon 47 – Bordeaux 48

Les Goëlands de déb. mars à fin oct.
☎ 05 56 82 55 64, *contact@goelands.com*,
Fax 05 56 82 07 51, *www.goelands.com*
10 ha/6 campables (400 empl.) plat, sablonneux
Tarif : (Prix 2010) 32,50€ **♟♟** **⟚** 🅴 (🕯) (6A) – pers.
suppl. 7€ – frais de réservation 16,50€

Location : (Prix 2010) (de déb. mars à fin oct.) – 20 🛖.
Sem. 300 à 750€ – frais de réservation 16,50€
Pour s'y rendre : 64 av. de la Libération (1,7 km au sud-est, près d'étangs et à 500 m du bassin)

Nature : 🏞 ⌁ 🌳🌳
Loisirs : 🍸 snack 🎲 🏕 🏊 ♿
🏃 🏊
Services : ⚷ ⚒ 🚃 laverie 🏧 🐟
À prox. : ✕ 🚤 (étang) 🎣 🛶

Longitude : -1.11979
Latitude : 44.75747

Village Vacances Les Rives de St-Brice (location
exclusive de maisonnettes) Permanent
☎ 05 57 26 99 31, *info@nemea.fr*, Fax 05 57 26 99 27,
www.nemea.fr
4 ha sablonneux

Location : ⚷ 🅟 – 110 🛖. Nuitée 50 à 122€ – Sem.
129 à 1 277€
Pour s'y rendre : 61 r. Jean Briaud (1,7 km au sud-est,
près d'étangs et à 450 m du bassin)

Nature : 🏞 🌳🌳
Loisirs : 🎲 🛝 🏊 ♿ 🎲 🏊
Services : ⚒ 🏧 🍴 laverie lave-
vaisselle 🐟
À prox. : 🍸 ✕ 🛶

Longitude : -1.11899
Latitude : 44.75735

La Cigale de fin avr. à fin sept.
☎ 05 56 60 22 59, *contact@camping-lacigale-ares.com*,
Fax 05 57 70 41 66, *www.camping-lacigale-ares.com*
– places limitées pour le passage
2,4 ha (75 empl.) plat, herbeux, sablonneux
Tarif : 37€ **♟♟** **⟚** 🅴 (🕯) (6A) – pers. suppl. 7€ – frais de
réservation 16€

Location : (de mi-avr. à fin sept.) – 6 🛖. Sem.
310 à 830€ – frais de réservation 16€
Pour s'y rendre : 53 r. du Général De Gaulle (sortie nord)

Nature : 🏞 ⌁ 🌳🌳
Loisirs : 🍸 snack 🎲 🏊 🏊
Services : ⚷ ⚒ 🍴 laverie 🐟
À prox. : ✕

Longitude : -1.14188
Latitude : 44.77287

53

Les Abberts de déb. juin à mi-sept.
☎ 05 56 60 26 80, *campinglesabberts@wanadoo.fr*,
Fax 05 56 60 26 80, *www.lesabberts.com*
2 ha (125 empl.) plat, sablonneux, herbeux
Tarif : 32€ **♟♟** **⟚** 🅴 (🕯) (6A) – pers. suppl. 6€ – frais de
réservation 15€

Location : (de déb. avr. à mi-sept.) – 15 🛖. Sem.
199 à 759€ – frais de réservation 15€
Pour s'y rendre : 17 r. des Abberts (sortie nord puis r.
à gauche)

Nature : 🏞 🌳🌳
Loisirs : 🍸 snack 🎲 🏊 🎲 🏊
(petite piscine)
Services : ⚷ ⚒ laverie 🐟

Longitude : -1.1444
Latitude : 44.77163

Pasteur de mi-mars à mi-nov.
☎ 05 56 60 33 33, *pasteur.vacances@wanadoo.fr*,
www.atlantic-vacances.com – places limitées pour le
passage
1 ha (50 empl.) plat, herbeux, sablonneux
Tarif : (Prix 2010) **♟** 5€ **⟚** 4€ 🅴 25€ – (🕯) (6A) 4€ – frais
de réservation 16€

Location : (Prix 2010) (permanent) – 10 🛖 – 14 🛖.
Sem. 235 à 720€ – frais de réservation 16€
🚐 10 🅴 14€ – 🚌 11€
Pour s'y rendre : 1 r. du Pilote (sortie sud-est, à 300 m
du bassin)

Nature : 🏞 🌳🌳
Loisirs : 🏊 🎲 🏊 (petite
piscine)
Services : ⚷ ⚒ 🍴 🔲

Longitude : -1.13681
Latitude : 44.76174

ATUR

24750 – **329** F5 – 1 693 h. – alt. 224

▶ Paris 499 – Bordeaux 134 – Périgueux 6 – Brive 83

Iris Parc Le Grand Dague ♣♣ – de mi-avr. à fin sept.
℘ 0553042101, *info@legranddague.fr*,
Fax 0553042201, *www.legranddague.fr*
22 ha/12 campables (242 empl.) en terrasses, plat, herbeux
Tarif : (Prix 2010) 21€ ★★ ⇔ 🅴 (10A) – pers. suppl. 5€ – frais de réservation 18€

Location : (Prix 2010) (de mi-avr. à fin sept.) 🖕 ⚡
🅿 – 152 🛏 – 60 tentes. Nuitée 17 à 113€ – Sem. 102 à 791€ – frais de réservation 18€
Pour s'y rendre : rte du Grand Dague (3 km au sud-est par rte de St-Laurent-sur-Manoire et chemin, par déviation sud - venant de Brive ou Limoges : prendre dir. Bergerac et chemin à dr.)

À savoir : jeux pour enfants de qualité et couverts

Nature : 🐟 ⌂ 🌳	
Loisirs : 🍴 ✕ snack 🎮 🎱 ⛹ painball	
Services : ♿ ⛽ 🚿 🧺 laverie ⚒	

Longitude : 0.77656
Latitude : 45.14816

Si vous désirez réserver un emplacement pour vos vacances, faites-vous préciser au préalable les conditions particulières de séjour, les modalités de réservation, les tarifs en vigueur et les conditions de paiement.

AUREILHAN

54

40200 – **335** D9 – 858 h. – alt. 10

▶ Paris 689 – Bordeaux 103 – Mont-de-Marsan 79 – La Teste 59

Village Center Aurilandes ♣♣ – de mi-juin à déb. sept.
℘ 0825002030, *resa@village-center.com*,
Fax 0467516389, *www.village-center.fr/C20*
6 ha (520 empl.) plat, sablonneux, herbeux
Tarif : (Prix 2010) 24€ ★★ ⇔ 🅴 (10A) – pers. suppl. 6€

Location : (Prix 2010) (de fin juin à déb. sept.) – 78 🛏 – 47 bungalows toilés – 28 tentes. Nuitée 39 à 122€ – Sem. 167 à 854€ – frais de réservation 30€
Pour s'y rendre : 1 km au nord-est, près du lac

Nature : 🌳 ⛰	
Loisirs : 🎮 🎱 ⛹ 🎯 ♨ jacuzzi 🚣 🚴 ⚡ terrain multi-sports, ponton d'amarrage	
Services : ♿ ⛽ 🧺 laverie ⚒	
À prox. : 🐴 poneys	

Longitude : -1.20314
Latitude : 44.22306

AZUR

40140 – **335** D12 – 523 h. – alt. 9

▶ Paris 730 – Bayonne 54 – Dax 25 – Mimizan 79

FranceLoc La Paillotte ♣♣ – de fin avr. à fin sept.
℘ 0558481212, *paillotte@franceloc.fr*,
Fax 0558481073, *www.paillotte.com* ⚡
7 ha (310 empl.) plat, sablonneux, herbeux
Tarif : (Prix 2010) 39€ ★★ ⇔ 🅴 (10A) – pers. suppl. 8€ – frais de réservation 15€

Location : (de fin avr. à fin sept.) ⚡ – 133 🛏 – 50 🏠. Nuitée 97 à 183€ – Sem. 413 à 1 281€ – frais de réservation 15€
Pour s'y rendre : 66 rte des Campings (1,5 km au sud-ouest, au bord du lac de Soustons)

À savoir : Cadre, plantations et chalets aux couleurs exotiques

Nature : 🐟 ⌂ 🌳 ⛰	
Loisirs : 🍴 ✕ 🎮 🎯 🚣 🎱 ⚡ canoë, pédalos	
Services : ♿ ⛽ 🚿 🧺 laverie ⚒	
À prox. : 🚴 🎣 ⛹ ⚓	

Longitude : -1.30736
Latitude : 43.78502

Municipal Azur Rivage de déb. mai à fin sept.
℘ 05 58 48 30 72, *info@campingazurivage.com*,
Fax 05 58 48 25 56, *www.campingazurivage.com*
6,5 ha (250 empl.) plat, sablonneux, pierreux, herbeux
Tarif : (Prix 2010) 22 € **† †** ⏚ 🔲 (2) (10A) – pers.
suppl. 4 € – frais de réservation 12 €

Location : (Prix 2010) (de déb. avr. à fin oct.) – 30 ⏚⏚.
Sem. 196 à 660 € – frais de réservation 12 €
⏚⏚ borne artisanale
Pour s'y rendre : 720 rte des Campings (2 km au sud, à
100 m du lac de Soustons)

À savoir : Piscine ludique

Nature : 🏞 ♁♁
Loisirs : 🏊 🎣 ⚓
Services : 🚿 ⛽ (juil.-août) 🅿 🛒
🔥 🚮 🛒 cases réfrigérées
À prox. : 🚲 ⛵ 🍴 ⛷ 🏊 canoë,
pédalos

Longitude : -1.279
Latitude : 43.7768

BADEFOLS-SUR-DORDOGNE

24150 – **329** F6 – 200 h. – alt. 42
▶ Paris 542 – Bergerac 27 – Périgueux 54 – Sarlat-la-Canéda 47

Les Bö Bains de déb. avr. à fin sept.
℘ 05 53 73 52 52, *info@bo-bains.com*, Fax 05 53 73 52 55,
www.bo-bains.com – places limitées pour le passage
5 ha (97 empl.) en terrasses, plat, herbeux
Tarif : 13 € **† †** ⏚ 🔲 (2) (10A) – pers. suppl. 3 € – frais
de réservation 16 €

Location : (de déb. avr. à fin sept.) 🚿 – 55 ⏚⏚
– 25 ⏚⏚. Nuitée 40 à 100 € – Sem. 250 à 799 € – frais
de réservation 23 €
⏚⏚ borne artisanale – 3 🔲 13 €
Pour s'y rendre : rte de Bergerac (sortie ouest, par
D 29, au bord de la Dordogne)

Nature : ≪ ⏚ ♁♁
Loisirs : 🍴 🍴 snack 🔲 ⏚noc-
turne 🎪 🏓 🎣 🚲 ⛷ 🏊 🎣
⚓ canoë
Services : 🚿 ⛽ 🅿 ⏚ ⏚ laverie
🛒
À prox. : ✂

Longitude : 0.78541
Latitude : 44.84155

BARBASTE

47230 – **336** D4 – 1 483 h. – alt. 45
🚩 *place de la Mairie* ℘ 05 53 65 84 85
▶ Paris 700 – Agen 34 – Condom 29 – Damazan 17

Village de Gîtes La Forestière (location exclusive
de chalets) Permanent
℘ 05 53 95 16 64, *agence.gsv@gmail.com*,
Fax 05 53 47 31 68, *www.grandsudvacances.com*
5 ha plat, sablonneux

Location : – 20 ⏚⏚. Sem. 247 à 495 €
Pour s'y rendre : au lieu-dit : Las Mourelles (2 km au
sud-est par rte de Réaup et à gauche, chemin du stade)

À savoir : cadre sauvage et boisé, au milieu des fougères

Nature : 🏞 ♁♁
Loisirs : 🏊
Services : 🚿 ⏚ 🔲

Longitude : 0.28702
Latitude : 44.17007

LA BASTIDE-CLAIRENCE

64240 – **342** E4 – 972 h. – alt. 50
🚩 *Place des Arceaux* ℘ 05 59 29 65 05
▶ Paris 767 – Bayonne 26 – Hasparren 9 – Peyrehorade 29

Village Vacances Les Collines Iduki (location
exclusive d'appartements et maisonnettes) Permanent
℘ 05 59 70 20 81, *_iduki@iduki.net*, Fax 05 59 70 20 25,
www.iduki.net
2,5 ha en terrasses

Location : 🚿 (1 appartement) – 36 appartements.
Nuitée 76 à 143 € – Sem. 280 à 990 €
Pour s'y rendre : lieu-dit : Pont de Port

À savoir : jolies constructions basques

Nature : 🏞 ≪ ♁♁
Loisirs : 🍴 🔲 🎣 🏊
Services : 🚿 ⛽ 🅿 ⏚ laverie
À prox. : ✂

Longitude : -1.25742
Latitude : 43.43324

▲▲ **Village Vacances Les Chalets de Pierretoun**
(location exclusive de chalets) de déb. mars à fin oct.
℘ 05 59 29 68 88, *pierretoun@wanadoo.fr*,
www.chalets-de-pierretoun.com
5 ha en terrasses, très fort dénivelé
Location : – 16 ⌂. Nuitée 60 € – Sem. 300 à 800 €
Pour s'y rendre : à Pessarou (7 km au sud-est par
D 123)
À savoir : préférer les chalets rénovés !

Nature : ≋ ≤ ○ ○	
Loisirs : ⌂⌂ ⅃ promenades à dos d'ânes	
Services : ○━ ⓣ ▣ ⅌	
Longitude : -1.20944	
Latitude : 43.4108	

BAUDREIX

64800 – **342** K3 – 563 h. – alt. 245 – Base de loisirs
▶ Paris 791 – Argelès-Gazost 39 – Lourdes 26 – Oloron-Ste-Marie 48

▲▲▲ **Les Ôkiri** Permanent
℘ 05 59 92 97 73, *les-okiri@wanadoo.fr*, Fax 05 59 13 93 77,
www.lesokiri.net
20 ha/2 campables (60 empl.) plat, herbeux
Tarif : (Prix 2010) 22 € ✹✹ ⇌ ▣ ⅌ (6A) – pers.
suppl. 6 € – frais de réservation 10 €
Location : (Prix 2010) (permanent) ≋ ⓟ (chalets)
– 10 ⌂⌂ – 24 ⌂ – 5 bungalows toilés. Nuitée
50 à 115 € – Sem. 290 à 695 € – frais de réservation
10 €
⌒ borne – 2 ▣ 18 €
Pour s'y rendre : av. du Lac (à la base de loisirs)

Nature : ≋ ⌒ ○ ○ ▲	
Loisirs : ⍏ ✗ snack ⚓ ⚙ ≈ (plage) ⟈ ≋ canoë, pédalos, sports en eaux vives, mur d'esca-lade, terrain multisports, parcours de santé	
Services : ⅊ ○━ (juil.-août) ⓣ laverie ⅌	
Longitude : -0.26124	
Latitude : 43.20439	

Consultez le site **Voyage.ViaMichelin.fr**

BEAUVILLE

47470 – **336** H4 – 582 h. – alt. 208
🛈 *place de la Mairie* ℘ 05 53 47 63 06
▶ Paris 641 – Agen 26 – Moissac 32 – Montaigu-de-Quercy 16

▲ **Les 2 Lacs** de déb. avr. à fin oct.
℘ 05 53 95 45 41, *camping-les-2-lacs@wanadoo.fr*,
Fax 05 53 95 45 41, *www.les2lacs.info*
22 ha/2,5 campables (80 empl.) non clos, plat et terrasse,
herbeux
Tarif : (Prix 2010) ✹ 4,30 € ⇌ ▣ 6,50 € – ⅌ (6A) 2,50 €
Location : (Prix 2010) (de déb. avr. à fin oct.) – 2 ⌂⌂
– 5 bungalows toilés. Sem. 150 à 610 €
Pour s'y rendre : rte de Bourg de Visa (900 m au sud-
est par D 122)

Nature : ≋ ⌒ ○ ○	
Loisirs : ⚓ ⚙ ≈ ≋ canoë, barque	
Services : ⅊ ○━ laverie	
Longitude : 0.88818	
Latitude : 44.27221	

BÉLUS

40300 – **335** E13 – 592 h. – alt. 135
▶ Paris 749 – Bayonne 37 – Dax 18 – Orthez 36

▲▲ **La Comtesse** de déb. avr. à fin sept.
℘ 05 58 57 69 07, *campinglacomtesse@wanadoo.fr*,
Fax 05 58 57 62 50, *www.campinglacomtesse.com*
6 ha (115 empl.) plat, herbeux
Tarif : (Prix 2010) ✹ 3,20 € ⇌ 1,50 € ▣ 5 € –
⅌ (10A) 3,10 € – frais de réservation 15 €
Location : (Prix 2010) (permanent) ≋ – 18 ⌂⌂.
Sem. 240 à 650 € – frais de réservation 15 €
Pour s'y rendre : au lieu-dit : Claquin (2,5 km au nord-
ouest par D 75 et rte à dr.)
À savoir : agréable peupleraie autour de l'étang

Nature : ≋ ⌒ ○ ○	
Loisirs : ⍏ ⌂⌂ ⚓ ⚙ ⅃ ⟈ ◊	
Services : ⅊ ○━ ⊟ laverie	
À prox. : ✗ ⅌	
Longitude : -1.10894	
Latitude : 43.59143	

BELVÈS

24170 – **329** H7 – 1 482 h. – alt. 175

🏠 *1, rue des Filhols* 𝒫 *0553291020*

▶ Paris 553 – Bergerac 52 – Le Bugue 24 – Les Eyzies-de-Tayac 25

🔺 **FranceLoc Les Hauts de Ratebout** ⚌⚌ – de mi-avr. à mi-sept.
𝒫 0553290210, *ratebout@franceloc.fr*,
Fax 0553290828, *www.camping-hauts-ratebout.fr*
12 ha/6 campables (200 empl.) en terrasses, plat, peu incliné, herbeux
Tarif : (Prix 2010) 32 € ✦✦ ⬅ 🅴 🄵 (10A) – pers. suppl. 5 € – frais de réservation 26 €
Location : (Prix 2010) (de mi-avr. à mi-sept.)
– 115 ▭ – 3 tentes – 4 gîtes. Nuitée 37 à 84 € – Sem. 147 à 1 029 € – frais de réservation 26 €
Pour s'y rendre : à Ste-Foy-de-Belves, au lieu-dit : Ratebout (7 km au sud-est par D 710, rte de Fumel, D 54 et rte à gauche)
À savoir : Jolie ferme périgourdine restaurée et jeux pour enfants de qualité

| Nature : 🌲 ≤ ⚲⚲ |
| Loisirs : 🍷 ✕ snack 🎦 🔥 ⛹ |
| ⚶ ⚅ ♣ 🔥 🎠 🏊 ⚓ |
| Services : 🚿 ⚒ 🏛 🍴 ⚗ ⚱ |
| laverie ⚒ ⚓ |

| Longitude : 1.04529 |
| Latitude : 44.74151 |

🔺 **RCN Le Moulin de la Pique** ⚌⚌ – de déb.-avr. à déb. oct.
𝒫 0553290115, *info@rcn-lemoulindelapique.fr*,
Fax 0553282909, *www.rcn-campings.fr*
15 ha/6 campables (200 empl.) terrasse, plat, herbeux
Tarif : 43,90 € ✦✦ ⬅ 🅴 🄵 (6A) – pers. suppl. 4,90 € – frais de réservation 17,95 €
Location : – 46 ▭ – 3 maisons. Nuitée 39 à 111 € – Sem. 243 à 973 € – frais de réservation 17,95 €
Pour s'y rendre : au lieu-dit : Moulin de la Pique (3 km au sud-est par D 710, rte de Fumel, au bord de la Nauze, d'un étang et d'un bief)
À savoir : autour d'un joli moulin du 18e s. et de ses dépendances

| Nature : ▭ ⚲⚲ |
| Loisirs : 🍷 ✕ snack 🎦 🔥 ⛹ |
| ⚶ ⚲ ♣ 🔥 🏊 ⚓ ⚓ |
| Services : 🚿 ⚒ 🏛 🍴 ⚗ ⚱ |
| laverie ⚓ |

| Longitude : 1.01371 |
| Latitude : 44.7305 |

🔺 **Flower Les Nauves** ⚌⚌ – de mi-avr. à fin sept.
𝒫 0553291264, *campinglesnauves@hotmail.com*,
www.lesnauves.com
40 ha/5 campables (100 empl.) incliné, peu incliné, herbeux
Tarif : 26 € ✦✦ ⬅ 🅴 🄵 (6A) – pers. suppl. 5 € – frais de réservation 17 €
Location : (de mi-avr. à fin sept.) – 30 ▭ – 7 bungalows toilés – 4 tentes. Nuitée 28 à 93 € – Sem. 145 à 651 € – frais de réservation 17 €
Pour s'y rendre : au lieu-dit : Le Bos Rouge (4,5 km au sud-ouest par D 53, rte de Monpazier et rte de Larzac à gauche)

| Nature : 🌲 ▭ ⚲⚲ |
| Loisirs : 🍷 ✕ snack 🎦 ⛹ |
| ⚶ 🏊 |
| Services : 🚿 ⚒ 🍴 ⚱ 📷 ⚓ |
| À prox. : 🐎 poneys |

| Longitude : 0.98184 |
| Latitude : 44.75497 |

BEYNAC-ET-CAZENAC

24220 – **329** H6 – 511 h. – alt. 75

🏠 *La Balme* 𝒫 *0553294308*

▶ Paris 537 – Bergerac 62 – Brive-la-Gaillade 63 – Fumel 60

🔺 **Le Capeyrou** de mi-avr. à fin sept.
𝒫 0553295495, *lecapeyrou@wanadoo.fr*,
Fax 0553283627, *www.campinglecapeyrou.com*
4,5 ha (120 empl.) plat, herbeux
Tarif : 🚶 6 € ⬅ 🅴 7 € – 🄵 (10A) 4 € – frais de réservation 10 €
Location:(demi-avr.àfinsept.)–3tentes.Nuitée40à100€ – Sem. 270 à 640 € – frais de réservation 10 €
⛽ borne artisanale 6 €
Pour s'y rendre : rte de Sarlat (sortie Est, par la D 57, au bord de la Dordogne)

| Nature : ≤ château de Beynac ⚲⚲ |
| Loisirs : 🍷 🎦 ⚶ 🏊 ≋ ⚓ |
| canoë |
| Services : 🚿 ⚒ ⚗ ⚱ ⚱ |
| laverie |
| À prox. : 🍴 ✕ snack ⚓ ✂ |

| Longitude : 1.14843 |
| Latitude : 44.83828 |

BIARRITZ

64200 – **342** C4 – 26 828 h. – alt. 19

🅸 *square d'Ixelles - Javalquinto* 𝒫 *05 59 22 37 00*

◗ Paris 772 – Bayonne 9 – Bordeaux 190 – Pau 122

⚠ **Biarritz-Camping** de déb. avr. à déb. oct
𝒫 05 59 23 00 12, *biarritz.camping@wanadoo.fr*,
Fax 05 59 43 74 67, *www.biarritz.camping.fr* ✂
3 ha (190 empl.) en terrasses, incliné, plat, herbeux
Tarif : 32 € ✹✹ ⇔ 🅴 🄸 (10A) – pers. suppl. 5,50 €
– frais de réservation 15 €

Location : (de déb. avr. à déb. oct) ✂ – 70 🚐.
Nuitée 45 à 60 € – Sem. 300 à 795 € – frais de réservation
15 €
Pour s'y rendre : 28 r. Harcet (à 300 m du musée de la
Mer)
À savoir : à 700 m de la plage

Nature : ♀♀	
Loisirs : 🍸 snack jacuzzi 🏊 ⎯	
Services : ⛔ ⍾ 🛁 laverie 🔌 ⛽	
À prox. : 🐎 golf (18 trous)	

Longitude : -1.56685
Latitude : 43.46199

BIAS

40170 – **335** D10 – 696 h. – alt. 41

◗ Paris 706 – Castets 33 – Mimizan 7 – Morcenx 30

⚠ **Municipal Le Tatiou** de mi-avr. à fin sept.
𝒫 05 58 09 04 76, *campingletatiou@wanadoo.fr*,
Fax 05 58 82 44 30, *www.campingletatiou.com*
10 ha (460 empl.) plat, sablonneux, herbeux
Tarif : (Prix 2010) 15 € ✹✹ ⇔ 🅴 🄸 (10A) – pers.
suppl. 5 € – frais de réservation 19 €

Location : (Prix 2010) (de fin avr. à fin sept.) – 154 🚐.
Sem. 400 à 600 €
Pour s'y rendre : rte de Lespecier (2 km à l'ouest)

Nature : ⌇ ♀♀	
Loisirs : 🍸 snack, pizzeria 🎯 🚴 🎾 🏊	
Services : ⛔ ⍾ 🛁 laverie 🔌 ⛽	

Longitude : -1.2356
Latitude : 44.14605

BIDART

64210 – **342** C2 – 5 718 h. – alt. 40

🅸 *rue d'Erretegia* 𝒫 *05 59 54 93 85*

◗ Paris 783 – Bordeaux 196 – Pau 119 – Bayonne 13

⚠⚠ **"Les Castels" Le Ruisseau des Pyrénées** ♣♣
– (location exclusive de mobile homes) de fin avr. à mi-
sept.
𝒫 05 59 41 94 50, *francoise.dumont3@wanadoo.fr*,
Fax 05 59 41 95 73, *www.camping-le-ruisseau.fr* – empl.
traditionnels également disponibles
15 ha/7 campables (440 empl.) en terrasses, plat,
herbeux

Location : – 60 🚐 – 50 🏠. Nuitée 38 à 100 € – Sem.
270 à 725 €
🚐 borne autre
Pour s'y rendre : r. Burruntz (2 km à l'est, au bord de
l'Ouhabia et d'un ruisseau - en deux parties distinctes)
À savoir : beaux espaces aquatiques

Nature : ⌂ ♀♀	
Loisirs : 🍸 snack 🎯 🎮 ⛹ 🎣 🏓 jacuzzi 🏊 🚴 🎾 🏊 🔲 ⎯ 🏸 🎏 parcours de santé	
Services : ⛔ ⍾ 🛁 laverie 🔌 ⛽	
À prox. : 🐎	

Longitude : -1.56835
Latitude : 43.43704

⚠⚠ **Yelloh! Village Ilbarritz** ♣♣ – de déb. avr. à fin
sept.
𝒫 05 59 23 00 29, *contact@camping-ilbarritz.com*,
Fax 05 59 41 24 59, *www.camping-ilbarritz.com*
6 ha (400 empl.) en terrasses, peu incliné, herbeux,
sablonneux
Tarif : 42 € ✹✹ ⇔ 🅴 🄸 (10A) – pers. suppl. 8 €

Location : (de déb. avr. à fin sept.) – 100 🚐 – 58 🏠.
Nuitée 39 à 135 € – Sem. 273 à 945 €
Pour s'y rendre : av. de Biarritz (2 km au nord)

Nature : ⌂ ♀♀	
Loisirs : 🍸 snack 🎯 🎮 ⛹ 🏊 🔲 (découverte en saison) terrain multisport, école de surf	
Services : ⛔ ⍾ 🛁 laverie 🛒 ⛽ cases réfrigérées, point d'informations touristiques	
À prox. : 🏌 golf (18 trous), discothèque	

Longitude : -1.57374
Latitude : 43.45315

Sunêlia Berrua ♣♦ – de déb. avr. à fin sept.
📞 0559549666, *contact@berrua.com*,
Fax 0559547830, *www.berrua.com*
5 ha (270 empl.) peu incliné et en terrasses, herbeux
Tarif : 42€ ♣♦ ♦ ▣ ⑭ (6A) – pers. suppl. 5€ – frais de
réservation 35€

Location : (de déb. avr. à fin sept.) – 135 ⬛⬛ – 10 ⬛.
Nuitée 44 à 158€ – Sem. 455 à 1 106€ – frais de
réservation 35€
⬛ borne artisanale 20€
Pour s'y rendre : r. Berrua (500 m à l'est, rte d'Arbonne)
À savoir : cadre soigné et fleuri

Oyam ♣♦ – de déb. avr. à fin sept.
📞 0559549161, *accueil@camping-oyam.com*,
Fax 0559547687, *www.camping-oyam.com*
7 ha (350 empl.) plat, peu incliné, terrasse, herbeux
Tarif : (Prix 2010) 36€ ♣♦ ♦ ▣ ⑭ (6A) – pers.
suppl. 7€ – frais de réservation 20€

Location : (Prix 2010) (permanent) ♒ (de fin juin
à déb. sept.) – 80 ⬛⬛ – 18 ⬛ – 14 appartements
– 5 bungalows toilés – 10 tentes. Nuitée 43 à 107€
– Sem. 189 à 896€ – frais de réservation 20€
⬛ borne artisanale 15€ – 11 ▣ 22€
Pour s'y rendre : chemin Oyhamburua (1 km à l'est par
rte d'Arbonne puis rte à dr.)

Ur-Onea de déb. avr. à mi-sept.
📞 0559265361, *uronea@wanadoo.fr*, Fax 0559265394,
www.uronea.com
5 ha (280 empl.) peu incliné et en terrasses, herbeux,
sablonneux
Tarif : 33€ ♣♦ ♦ ▣ ⑭ (10A) – pers. suppl. 7€ – frais
de réservation 26€

Location : (de mi-mars à fin sept.) ♒ – 51 ⬛⬛
– 5 ⬛. Sem. 208 à 750€ – frais de réservation 40€
⬛ 15 ▣ 33€
Pour s'y rendre : r. de la Chapelle (300 m à l'est, à
500 m de la plage)

Pavillon Royal de mi-mai à fin sept.
📞 0559230054, *info@pavillon-royal.com*,
Fax 0559234447, *www.pavillon-royal.com* ♒
5 ha (303 empl.) plat et en terrasses, sablonneux,
herbeux
Tarif : 51€ ♣♦ ♦ ▣ ⑭ (5A) – pers. suppl. 11€ – frais
de réservation 25€

Location : ♒ – 3 ⬛ – 1 studio – 1 appartement.
Sem. 452 à 1 017€ – frais de réservation 25€
Pour s'y rendre : av. du Prince de Galles (2 km au nord,
au bord de la plage)
À savoir : situation privilégiée entre golf, château et
océan

Les Terrasses d'Harrobia de déb. avr. à mi-oct.
📞 0559265471, *info@harrobia.fr*, Fax 0559265471,
www.camping-leparc.com
3 ha (200 empl.) en terrasses, herbeux
Tarif : (Prix 2010) 34€ ♣♦ ♦ ▣ ⑭ (10A) – pers.
suppl. 6,50€ – frais de réservation 20€

Location : (Prix 2010) (de fin mars à mi-oct.) – 50 ⬛⬛
– 2 ⬛ – 2 appartements – 20 bungalows toilés.
Nuitée 40 à 120€ – Sem. 220 à 1 200€ – frais de
réservation 20€
⬛ borne artisanale
Pour s'y rendre : quartier Maurice Pierre (1,2 km au
sud, à 400 m de la plage)

Nature : ⬛ 🌳🌳
Loisirs : 🍴 snack ⬛ ☺♣ ham-
mam ♣ 🚲 ♦ ✂ 🎱 terrain
multisports
Services : ♿ ⛽ ♨ 🍴 laverie
⬛ ♣
À prox. : école de surf

Longitude : -1.58176
Latitude : 43.43824

Nature : ⬛ 🌳🌳
Loisirs : 🍴 snack ⬛ ♣ ♣ 🎱
terrain multisports
Services : ♿ ⛽ ⬛ laverie ♣

Longitude : -1.58278
Latitude : 43.43501

Nature : 🌳🌳
Loisirs : 🍴 snack ⬛ ♣ 🎱
Services : ♿ ⛽ ♨ 🍴 laverie
♣ cases réfrigérées, réfrigérateurs

Longitude : -1.59035
Latitude : 43.43416

59

Nature : ♣ ◀⬛♀⛰
Loisirs : 🍴 ✗ snack ⬛ ⛷ salon
de beauté, massages ♣ 🎱
école de surf
Services : ♿ ⛽ Ⓟ (tentes) ♨ ♣
🍴 laverie ⬛ ♣
À prox. : ⛳ golf (18 trous), discothèque

Longitude : -1.57642
Latitude : 43.45469

Nature : ⬛ 🌳🌳
Loisirs : 🍴 ⬛ ♣ 🎱
Services : ♿ ♨ ▣

Longitude : -1.59903
Latitude : 43.42773

BIGANOS

33380 – **335** F7 – 8 861 h. – alt. 16

🏠 *rue Jean Zay* ℘ 05 57 70 67 56

▶ Paris 629 – Andernos-les-Bains 15 – Arcachon 27 – Bordeaux 47

  🔺 **Le Marache** de mi-mars à fin oct.
    ℘ 05 57 70 61 19, *contact@marachevacances.com*,
    Fax 05 56 82 62 60, *www.marachevacances.com*
    2 ha (115 empl.) plat, herbeux, sablonneux
    Tarif : 32 € ★★ ⇔ 🅴 🅰 (16A) – pers. suppl. 6 € – frais
    de réservation 15 €

    Location : (de mi-mars à fin oct.) – 26 🛖 – 3 🏠
    – 6 bungalows toilés. Sem. 180 à 750 € – frais de
    réservation 20 €
    🅿 borne artisanale 5 € – 6 🅴 10 €
    Pour s'y rendre : 25 r. Gambetta (sortie nord par D 3,
    rte d'Audenge et rte à dr.)

Nature : 🌳 ⚲⚲
Loisirs : 🍴 snack 🎱 🏊 terrain multisports (sable)
Services : 🚿 🔌 🛁 🍴 🔒 🚮

Longitude : -0.97943
Latitude : 44.65081

BIRON

24540 – **329** G8 – 178 h. – alt. 200

▶ Paris 583 – Beaumont 25 – Bergerac 46 – Fumel 20

  🔺 **FranceLoc Le Moulinal** ♣♣ – de déb. avr. à mi-sept.
    ℘ 05 53 40 84 60, *lemoulinal@franceloc.fr*,
    Fax 05 53 40 81 49, *www.campings-franceloc.fr* – places
    limitées pour le passage
    10 ha/5 campables (300 empl.) en terrasses, plat,
    herbeux
    Tarif : (Prix 2010) 37 € ★★ ⇔ 🅴 🅰 (10A) – pers.
    suppl. 7 € – frais de réservation 10 €

    Location : (Prix 2010) (de déb. avr. à mi-sept.)
    – 150 🛖 – 52 🏠 – 15 bungalows toilés – 12 tentes.
    Nuitée 40 à 134 € – Sem. 161 à 938 € – frais de
    réservation 26 €
    Pour s'y rendre : au lieu-dit : Étang du Moulinal (4 km
    au sud, rte de Lacapelle-Biron puis 2 km par rte de
    Villeréal à dr.)

    À savoir : situation agréable au bord d'un étang,
    végétation luxuriante et variée

Nature : 🌊 ≤ 🌳 ⚲⚲
Loisirs : 🍴 ✗ 🎱 🕐 🏕 salle d'animation 🚣 🚲 🎯 🎣 🏊 🏊 💧 (plage) ⛳ 🏑 terrain multisports, canoë
Services : 🚿 🔌 🛁 🚮 💧 🍴 laverie 🚮 🚮

Longitude : 0.87116
Latitude : 44.60031

60

FranceLoc Le Moulinal (*voir page précédente*)

Entre les vignobles de Bergerac et la cité de Sarlat, Biron – en plein Périgord noir – est célèbre pour son château et... son village-vacances : FranceLoc Le Moulinal, pour les « mordus » du camping ! Des bâtiments périgourdins abritent la réception, le bar-restaurant ainsi que les différents sanitaires. Cette importante infrastructure propose, sur un domaine de 18 ha, vallonné et ombragé, plusieurs types d'hébergement : mobile homes, chalets, bungalows toilés ou tentes et caravanes pour ceux qui ont leur matériel. Côté animations, elles sont concentrées autour du superbe et important parc aquatique, en partie couvert, ou, pour les plus proches de la nature, au bord du petit lac propice à la pêche et au canoë-kayak.

Ph. Gallet/MICHELIN

61

▲▲▲ **Village Vacances Castelwood** (location exclusive de chalets) Permanent
℘ 05 53 57 96 08, *info@castelwood.fr*, Fax 05 53 73 18 66, *www.castelwood.fr*
1 ha
Location : ♿ – 15 🏠. Nuitée 31 à 114€ – Sem. 254 à 798€
Pour s'y rendre : au lieu-dit : Bois du Château-Les Fargues (1 km au sud par D 53, rte de Lacapelle-Biron)

| Nature : 🏞 〰 |
| Loisirs : 🏊 |
| Services : ⚬ 🎪 🚾 🛉 🏧 |

| Longitude : 0.87701 |
| Latitude : 44.62495 |

40600 – **335** E8 – 12 209 h. – alt. 22
🛈 *55, place Georges Dufau* ℘ 05 58 78 20 96
▶ Paris 656 – Arcachon 40 – Bayonne 128 – Bordeaux 74

▲▲▲ **Mayotte Vacances** 👥 – de déb. avr. à déb. oct.
℘ 05 58 78 00 00, *camping@mayottevacances.com*, Fax 05 58 78 83 91, *www.mayottevacances.com*
15 ha (730 empl.) plat, sablonneux, herbeux
Tarif : 45€ ♟♟ 🚐 🔲 🅜 (16A) – pers. suppl. 7€ – frais de réservation 30€
Location : (de déb. avr. à déb. oct.) 🚫 – 223 🏕 – 25 🏠 – 12 tentes. Nuitée 36 à 164€ – Sem. 252 à 1 148€ – frais de réservation 30€
Pour s'y rendre : 368 chemin des Roseaux (6 km au nord par rte de Sanguinet puis, à Goubern, 2,5 km par rte à gauche, à 150 m de l'étang de Cazaux (accès direct))

| Nature : 🏞 〰 〰 |
| Loisirs : 🍴 ✕ snack 🍿 🎮 🎯 🎰 🎵 hammam discothèque, balnéo 🏌 🚲 🎱 🏊 🛝 terrain multisports |
| Services : ♿ ⚬ 🛉 🚾 🛉 laverie 🏧 |
| À prox. : 🚤 🎣 🚣 |

| Longitude : -1.15579 |
| Latitude : 44.43568 |

Domaine de la Rive ♣♣ – de déb. avr. à mi-sept.
℘ 05 58 78 12 33, *info@larive.fr*, Fax 05 58 78 12 92,
www.larive.fr
15 ha (640 empl.) plat, sablonneux, herbeux
Tarif : 47 € ♣♣ ⚌ ▣ ⚥ (6A) – pers. suppl. 9 € – frais de
réservation 30 €
Location : (de déb. avr. à mi-sept.) ⚥ – 430 ⟦⟧
– 30 🏠. Nuitée 65 à 240 € – Sem. 485 à 1 710 € – frais
de réservation 30 €
⟦⟧ borne autre
Pour s'y rendre : rte de Bordeaux (8 km au nord-est par
D 652, rte de Sanguinet, puis 2,2 km par rte à gauche, au
bord de l'étang de Cazaux)

À savoir : bel ensemble aquatique avec décoration florale
et arbustive

Nature : ⚏ ♧♧
Loisirs : ⵎ ✕ snack ⟦⟧ ⚥ ⵝ 🏊 🚲 ✕ ♬ ⟦⟧ 🎿 🚤 (plage) 🚣 🎿 ♪ terrain multisports, ski nautique, théâtre de plein air
Services : ⚒ ⚒ ⚒ ⚒ ⚒ ⚒ 🚿 🚻 cases réfrigérées

Longitude : -1.13327
Latitude : 44.46294

Les Écureuils ♣♣ – de déb. avr. à fin sept.
℘ 05 58 09 80 00, *camping.les.ecureuils@wanadoo.fr*,
Fax 05 58 09 81 21, *www.ecureuils.fr* – places limitées
pour le passage
6 ha (230 empl.) plat, herbeux, sablonneux
Tarif : (Prix 2010) 43 € ♣♣ ⚌ ▣ ⚥ (10A) – pers.
suppl. 8 € – frais de réservation 32 €
Location : (Prix 2010) (de déb. avr. à fin sept.) ⚥
– 3 ⟦⟧ – 2 🏠. Sem. 350 à 950 € – frais de réservation
32 €
⟦⟧ borne artisanale 3 €
Pour s'y rendre : 646 chemin de Navarrosse (4,2 km au
nord par rte de Sanguinet et rte de Navarrosse à gauche,
à 400 m de l'étang de Cazaux)

À savoir : belle décoration arbustive et florale

Nature : ⟦⟧ ♧
Loisirs : ⵎ snack ⟦⟧ ⵝ jacuzzi 🏊 🚲 ✕ ♬ 🚣 (plage) canoë
Services : ⚒ ⚒ ⚒ laverie 🚿 🚻
À prox. : 🛒 🎿 ♪

Longitude : -1.16826
Latitude : 44.42946

Bimbo de déb. mai à fin avr.
℘ 05 58 09 82 33, *campingbimbo@wanadoo.fr*,
Fax 05 58 09 80 14, *www.campingbimbo.fr* – places
limitées pour le passage
6 ha (177 empl.) plat, sablonneux, herbeux
Tarif : 40 € ♣♣ ⚌ ▣ ⚥ (6A) – pers. suppl. 9 € – frais de
réservation 25 €
Location : (permanent) – 40 ⟦⟧ – 10 🏠. Nuitée
37 à 100 € – Sem. 255 à 700 € – frais de réservation 25 €
Pour s'y rendre : 176 chemin de Bimbo (3,5 km au nord par
rte de Sanguinet et rte de Navarrosse au nord)

Nature : ⟦⟧ ♧♧
Loisirs : ⵎ snack ⟦⟧ 🏊 ✕ 🚣 🎿 terrain multisports
Services : ⚒ ⚒ ⚒ ⚒ laverie 🚿 🚻 cases réfrigérées
À prox. : 🚲 🎿

Longitude : -1.16137
Latitude : 44.42588

Village Vacances La Fontaine de Nava (location
exclusive de mobile homes) de déb. juil. à fin août
℘ 05 58 09 83 11, *info@lesfontainesdenava.com*,
Fax 05 58 09 82 62, *www.lesfontainesdenava.com*
12 ha/7 campables plat, sablonneux, herbeux
Location : ⚥ – 35 ⟦⟧. Sem. 530 à 880 € – frais de
réservation 30 €
Pour s'y rendre : chemin de Bimbo, au lieu-dit :
Navarrosse (3,5 km au nord par rte de Sanguinet et rte de
Navarrosse)

Nature : ⚏ ⟦⟧
Loisirs : ⵎ snack ⟦⟧ ⟦⟧ 🎿
Services : ⚒ 🚿 🚻

Longitude : -1.16763
Latitude : 44.39439

Campéole de Navarrosse ♣♣ – de mi-avr. à mi-sept.
℘ 05 58 09 84 32, *navarrosse@campeole.com*,
Fax 05 58 09 86 22, *www.camping-navarrose.com*
9 ha (500 empl.) plat, sablonneux, herbeux
Tarif : (Prix 2010) 27 € ♣♣ ⚌ ▣ ⚥ (10A) – pers.
suppl. 9 € – frais de réservation 25 €
Location : (Prix 2010) (de mi-avr. à mi-sept.) ⚒ – 46 ⟦⟧
– 86 🏠 – 64 bungalows toilés. Nuitée 23 à 170 € – Sem.
161 à 1 190 € – frais de réservation 25 €
⟦⟧ borne flot bleu 4 € – ⵣ ⚥ 14 €
Pour s'y rendre : 712 chemin de Navarrosse (5 km au
nord, rte de Sanguinet et rte de Navarrosse à gauche, au
bord de l'étang de Cazaux)

Nature : ⚏ ♧♧
Loisirs : ⟦⟧ ⵝ 🏊 ✕ 🚤 🚣 ponton d'amarrage
Services : ⚒ ⚒ ⚒ laverie 🛒 🚿
À prox. : 🚲 ♪

Longitude : -1.15896
Latitude : 44.43004

BISCARROSSE-PLAGE

40600 – **335** E8

▶ Paris 669 – Bordeaux 91 – Mont-de-Marsan 100

ᴹᴹ **Campéole le Vivier** de fin avr. à mi-sept.
𝒫 05 58 78 25 76, *vivier@campeole.com*,
Fax 05 58 78 35 23, *www.camping-biscarosse.info*
17 ha (830 empl.) plat, vallonné, sablonneux, herbeux
Tarif : (Prix 2010) 31,70 € ✱✱ ⟞ 🄴 🛇 (10A)

Location : (Prix 2010) 🏃 – 58 🏠 – 186 mobil-homes
sans sanitaire et bungalows. Nuitée 34 à 55 € – Sem.
455 à 1 190 €
🏕 borne artisanale
Pour s'y rendre : 681 r. du Tit (au nord de la station, à
700 m de la plage)

> Nature : 🌳🌳
> Loisirs : 🍴 🏠 🛇 🏋 salle d'ani-
> mation ⟞ 🚲 🎾 ⛷
> Services : 🏃 🚿 laverie ⟞ cases
> réfrigérées, point d'informations
> touristiques
> À prox. : 🛥 🎣 🐴 canoe-kayak

> Longitude : -1.24844
> Latitude : 44.44535

BLASIMON

33540 – **335** K6 – 861 h. – alt. 80

🅑 5, Vignotte 𝒫 05 56 71 59 62

▶ Paris 607 – Bordeaux 47 – Mérignac 63 – Pessac 60

ᴬ **Le Lac** de déb. juin à mi-sept.
𝒫 05 56 71 59 62, *blasimon@entredeuxmers.com*,
Fax 05 56 71 53 37, *www.entredeuxmers.com*
50 ha/0,5 (39 empl.) plat, herbeux
Tarif : ✱ 4 € ⟞ 5 € 🄴 5 € – 🛇 (4A) 4 €
Pour s'y rendre : Domaine départemental Volny Favory
(à la base de loisirs)

> Nature : 🦅 🗔 🌳
> Loisirs : 🏠
> Services : 🏃 🚿 ⟞ 🗑 ⁿ
> **à la base de loisirs : snack** ⟞ 🏋
> 🎾 🏊 (plage) 🎣

> Longitude : -0.08757
> Latitude : 44.75541

BLAYE

33390 – **335** H4 – 4 894 h. – alt. 7

🅑 allées Marines 𝒫 05 57 42 12 09

▶ Paris 546 – Bordeaux 49 – Jonzac 52 – Libourne 45

ᴬ **Municipal de la Citadelle** de déb. mai à fin sept.
𝒫 05 57 42 00 20, *mairie@blaye.fr*, *www.blaye.fr* – 🅁
1 ha (47 empl.) plat, peu incliné, terrasses, herbeux
Tarif : (Prix 2010) 10 € ✱✱ ⟞ 🄴 – pers. suppl. 6 €
Pour s'y rendre : à l'ouest, dans l'enceinte de la
citadelle

> Nature : 🦅 < 🗔 🌳🌳
> Services : 🗑 🔪

> Longitude : -0.66634
> Latitude : 45.12943

BORDEAUX

33000 – **335** H5 – 235 178 h. – alt. 4

🅑 12, cours du 30 juillet 𝒫 05 56 00 66 00 12, Cours du 30 Juillet 𝒫 05 56 00 66 00

▶ Paris 572 – Mont-de-Marsan 138

ᴹᴹ **International de Bordeaux Lac** Permanent
𝒫 05 57 87 70 60, *contact@camping-bordeaux.com*,
Fax 05 57 87 70 61, *www.camping-bordeaux.com*
13 ha/6 campables (193 empl.) plat, herbeux
Tarif : 31 € ✱✱ ⟞ 🄴 🛇 (10A) – pers. suppl. 9 € – frais
de réservation 25 €

Location : (permanent) 🏃 – 119 🏠 – 9 🏠. Nuitée
35 à 120 € – Sem. 245 à 840 € – frais de réservation
25 €
🏕 borne artisanale 16 € – 40 🄴 16 €
Pour s'y rendre : à Bordeaux Lac (commune de Bruges,
bd Jacques Chaban-Delmas (Rocade sortie n° 5 : Parc des
expositions)

À savoir : autour de plusieurs jolis petits étangs

> Nature : 🌳🌳
> Loisirs : ✗ 🏠 🏋 🚲 ⛷
> Services : 🏃 🚿 🍴 🍽 🗑 🚽 ⁿ
> laverie 🛥 ⟞
> À prox. : 🎣 🏌 golf

> Longitude : -0.5827
> Latitude : 44.89759

BRANTÔME

24310 – **329** E3 – 2 122 h. – alt. 104
🛈 *boulevard Charlemagne* ℰ 0553058052
▸ Paris 470 – Angoulême 58 – Limoges 83 – Nontron 23

△ **Brantôme - Peyrelevade** de déb. mai à fin sept.
ℰ 0553057524, *info@camping-dordogne.net*,
Fax 0553048730, *www.camping-dordogne.net*
5 ha (170 empl.) plat, herbeux
Tarif : 21€ **★★** ⊕ 🅴 (2) (10A) – pers. suppl. 5€ – frais
de réservation 10€

Location : (de déb. mai à fin sept.) – 11 🛏. Sem.
250 à 680€ – frais de réservation 10€
🚰 borne raclet 2€ – 10 🅴 10€
Pour s'y rendre : av. André Maurois (1 km à l'est par
D 78, au bord de la Dronne)

Nature : 🦐 ⌨ 🞁🞁
Loisirs : 🏊 ⚙ ⚓ ≈ (plage) ⚲
Services : 🚿 ⛽ 🐕 ᵀ laverie
À prox. : canoë kayak
Longitude : 0.66043
Latitude : 45.36107

LE BUGUE

24260 – **329** G6 – 2 760 h. – alt. 62
🛈 *Rue Jardin Public* ℰ 0553072048
▸ Paris 522 – Bergerac 47 – Brive-la-Gaillarde 72 – Cahors 86

△△ **Vagues-Océanes La Linotte** 👥 – de déb. avr. à mi-
sept.
ℰ 0553071761, *info@vagues-oceanes.com*,
Fax 0553541696, *www.vagues-oceanes.com*
13 ha/2,5 campables (120 empl.) en terrasses, peu
incliné, plat, herbeux
Tarif : 19€ **★★** ⊕ 🅴 (2) (5A) – pers. suppl. 4€ – frais de
réservation 26€

Location : (de déb. avr. à mi-sept.) – 4 roulottes
– 75 🛏 – 6 🏠. Nuitée 29 à 107€ – Sem. 203 à 903€
– frais de réservation 26€
🚰 borne artisanale – 4 🅴 – 🔧 7.50€
Pour s'y rendre : 3,5 km au nord-est par D 710, rte de
Périgueux, D 32e à dr., rte de Rouffignac et chemin

Nature : 🦐 ≤ ⌨ 🞁🞁
Loisirs : 🍴 🛋 🏸 jacuzzi 🏄 ⚓ 🏊 terrain multisports
Services : 🚿 ⛽ 🐕 ᵀ laverie 🧺
Longitude : 0.93659
Latitude : 44.93386

△ **Les Trois Caupain** de déb. avr. à fin oct.
ℰ 553072460, *info@camping-bugue.com*,
Fax 0553087266, *www.camping-des-trois-caupain.com*
4 ha (160 empl.) plat, herbeux
Tarif : 22€ **★★** ⊕ 🅴 (2) (16A) – pers. suppl. 5€ – frais
de réservation 5€

Location : (de déb. avr. à fin oct.) – 33 🛏. Nuitée
35 à 64€ – Sem. 159 à 600€ – frais de réservation 12€
🚰 borne artisanale 5€ – 10 🅴 10€ – 🔧 (2) 14€
Pour s'y rendre : allée Paul-Jean Souriau

Nature : 🦐 🞁🞁
Loisirs : ✗ 🏊 canoë-kayak, ter-rain multisports
Services : 🚿 ⛽ 🐕 🧺 🚐 ᵀ laverie 🧺
À prox. : ⚲ grand aquarium
Longitude : 0.93178
Latitude : 44.90916

LE BUISSON-DE-CADOUIN

24480 – **329** G6 – 2 151 h. – alt. 63
🛈 *place André Boissière* ℰ 0553220609
▸ Paris 532 – Bergerac 38 – Périgueux 52 – Sarlat-la-Canéda 36

△ **Domaine de Fromengal** 👥 – de déb. avr. à fin oct.
ℰ 0553631155, *fromengal@domaine-fromengal.com*,
Fax 0553730328, *www.domaine-fromengal.com*
22 ha/3 campables (90 empl.) en terrasses, herbeux, bois
attenant
Tarif : (Prix 2010) 31€ **★★** ⊕ 🅴 (2) (5A) – pers.
suppl. 8€ – frais de réservation 19€

Location : (Prix 2010) (de déb. avr. à fin oct.) – 26 🛏
– 21 🏠 – 4 bungalows toilés. Nuitée 26 à 110€ – Sem.
180 à 770€ – frais de réservation 19€
Pour s'y rendre : au lieu dit : La Combe (6,5 km au
sud-ouest par D 29, rte de Lalinde, D 2 à gauche, rte de
Cadouin et chemin à dr.)

Nature : 🦐 ⌨ 🞁🞁
Loisirs : 🛋 🏸 🏄 🚲 🎯 ⚙ 🏊 🏖
Services : 🚿 ⛽ 🐕 🧺 🚐 ᵀ laverie 🚰 🧺
Longitude : 0.86006
Latitude : 44.82292

BUNUS

64120 – **342** F3 – 136 h. – alt. 186

▶ Paris 820 – Bayonne 61 – Hasparren 38 – Mauléon-Licharre 22

Inxauseta de fin juin à fin août
📞 05 59 37 81 49, *inxauseta@laposte.net*,
Fax 05 59 37 81 49, *www.inxauseta.com*
0,8 ha (40 empl.) peu incliné, terrasses, herbeux
Tarif : ✦ 4 € ⬅ 🅴 4 € – 🔌 (5A) 3 €
Pour s'y rendre : au bourg, près de l'église

À savoir : belles salles de détente dans une ancienne maison basque rénovée

| Nature : ⬚ ⬚ ⬚ |
| Loisirs : ⬚ |
| Services : ⬚ ⬚ |

| Longitude : -1.06794 |
| Latitude : 43.20974 |

CAMBO-LES-BAINS

64250 – **342** D2 – 5 849 h. – alt. 67 – ✚ (fin février-mi déc.)

🛈 *avenue de la Mairie* 📞 05 59 29 70 25

▶ Paris 783 – Bayonne 20 – Biarritz 21 – Pau 115

Bixta Eder de déb. avr. à fin oct.
📞 05 59 29 94 23, *contact@campingbixtaeder.com*,
www.campingbixtaeder.com
1 ha (90 empl.) incliné, plat, herbeux, gravier
Tarif : 22 € ✦✦ ⬅ 🅴 🔌 (10A) – pers. suppl. 5 € – frais
de réservation 15 €

Location : (de déb. mars à fin nov.) – 8 ⬚ – 3 ⬚.
Nuitée 28 à 70 € – Sem. 180 à 600 € – frais de réservation
15 €

⬚ borne artisanale
Pour s'y rendre : 52 av. d'Espagne (1,3 km au sud-ouest
par D 918, rte de St-Jean-de-Luz)

| Nature : ⬚ ⬚ ⬚ |
| Loisirs : ⬚ |
| Services : ⬚ ⬚ (juin-sept.) ⬚ ⬚ laverie |
| À prox. : ⬚ ⬚ |

| Longitude : -1.41448 |
| Latitude : 43.35567 |

CAMPAGNE

24260 – **329** G6 – 323 h. – alt. 60

▶ Paris 542 – Bergerac 51 – Belvès 19 – Les Eyzies-de-Tayac 7

Le Val de la Marquise ⬚⬚ – de déb. avr. à fin sept.
📞 05 53 54 74 10, *contact@levaldelamarquise.com*,
Fax 05 53 54 00 70, *www.levaldelamarquise.com*
4 ha (104 empl.) en terrasses, plat, herbeux, étang
Tarif : 23 € ✦✦ ⬅ 🅴 🔌 (15A) – pers. suppl. 5 €

Location : (de déb. avr. à fin sept.) ⬚ – 16 ⬚
– 8 ⬚. Sem. 224 à 665 € – frais de réservation 18 €
⬚ borne artisanale 11 €
Pour s'y rendre : au lieu-dit : Le Moulin (500 m à l'est
par D 35, rte de St-Cyprien)

| Nature : ⬚ ⬚ ⬚ |
| Loisirs : snack ⬚ ⬚ ⬚ ⬚ ⬚ |
| Services : ⬚ ⬚ ⬚ ⬚ ⬚ laverie ⬚ |

| Longitude : 0.9743 |
| Latitude : 44.90637 |

Gebruik de gids van het lopende jaar.

CAPBRETON

40130 – **335** C13 – 7 652 h. – alt. 6

🛈 *avenue Georges Pompidou* 📞 05 58 72 12 11

▶ Paris 749 – Bayonne 22 – Biarritz 29 – Mont-de-Marsan 90

Municipal Bel Air
📞 05 58 72 12 04, *secretariat-general@capbreton.fr*
1,5 ha (119 empl.) plat, sablonneux
Pour s'y rendre : sortie nord par D 152, rte d'Hossegor,
près du Parc des Sports

| Nature : ⬚ ⬚ |
| Services : ⬚ ⬚ laverie |
| À prox. : ⬚ |

| Longitude : -1.4338 |
| Latitude : 43.63817 |

65

CARSAC-AILLAC

24200 – **329** I6 – 1 466 h. – alt. 80
▶ Paris 536 – Brive-la-Gaillarde 59 – Gourdon 18 – Sarlat-la-Canéda 9

Le Plein Air des Bories de mi-avr. à mi-sept.
℘ 0553281567, *contact@camping-desbories.com*,
Fax 0553281567, *www.camping-desbories.com*
3,5 ha (110 empl.) plat, herbeux, sablonneux
Tarif : 21€ ★★ ⇔ 圁 ⏃ (6A) – pers. suppl. 6€ – frais de
réservation 16€

Location : (de mi-avr. à mi-sept.) 🚫 – 25 ⬛. Nuitée
33 à 38€ – Sem. 230 à 500€ – frais de réservation 16€
Pour s'y rendre : au lieu-dit : Les Bories (1,3 km au sud
par D 703, rte de Vitrac et chemin à gauche, au bord de
la Dordogne)

| Nature : 🏞 🗂 ♤♤ |
| Loisirs : 🎱 🏊 🏓 (découverte en saison) 🛶 canoë |
| Services : 🚿 ⚡ 🛁 🍴 🖼 |

| Longitude : 1.2684 |
| Latitude : 44.83299 |

Le Rocher de la Cave de déb. mai à fin sept.
℘ 0553281426, *rocher.de.la.cave@wanadoo.fr*,
Fax 0553282710, *www.rocherdelacave.com*
5 ha (150 empl.) plat, herbeux
Tarif : (Prix 2010) ★ 5€ ⇔ 圁 7€ – ⏃ (10A) 3€

Location : (Prix 2010) (de déb. mai à fin sept.)
– 23 ⬛ – 13 bungalows toilés. Nuitée 22 à 93€
– Sem. 160 à 650€
Pour s'y rendre : au lieu-dit : La Pommarède (1,7 km au
sud par D 703, rte de Vitrac et chemin à gauche, au bord
de la Dordogne)

| Nature : 🏞 ♤♤ |
| Loisirs : 🍷 🏊 🏓 🛶 canoë |
| Services : 🚿 ⚡ 🛁 🍴 laverie 🧺 |

| Longitude : 1.26719 |
| Latitude : 44.82977 |

CASTELJALOUX

47700 – **336** C4 – 4 598 h. – alt. 52 – Base de loisirs
🛈 *Maison du Roy* ℘ 0553930000
▶ Paris 674 – Agen 55 – Langon 55 – Marmande 23

Village Vacances Les Chalets de Clarens
(location exclusive de chalets) Permanent
℘ 0553930745, *castel.chalets@orange.fr*,
Fax 0553930745, *www.castel-chalets.com*
4 ha plat, sablonneux

Location : – 24 ⬛. Nuitée 50 à 70€ – Sem. 275 à 480€
⬛ borne eurorelais 10€ – 20 圁 10€
Pour s'y rendre : rte de Mont de Marsan, au Lac
de Clarens (2,5 km au sud-ouest par D 933, rte
de Mont-de-Marsan, au bord du lac et près de
la base de loisirs)

| Nature : 🏞 ⟨ ♤♤ ⛰ |
| Loisirs : 🎱 🏊 🏓 |
| Services : 🚿 ⚡ 🛒 🖼 🍴 |
| À prox. : 🍷 ✗ snack 🍖 🎣 🐴 (centre équestre) golf, pédalos, VTT |

| Longitude : 0.0725 |
| Latitude : 44.29278 |

CASTELMORON-SUR-LOT

47260 – **336** E3 – 1 750 h. – alt. 49
🛈 *rue Gabriel Charrier* ℘ 0553849036
▶ Paris 600 – Agen 33 – Bergerac 63 – Marmande 35

Village Vacances Port-Lalande (location exclusive
de chalets) de déb. avr. à déb. nov.
℘ 0553793704, *resa@grandbleu.fr*, Fax 0553793704,
www.grandbleu.fr
4 ha plat, herbeux

Location : 🅿 – 60 ⬛. Nuitée 52 à 82€ – Sem.
189 à 910€
Pour s'y rendre : 1,5 km au sud-est, au bord du Lot et
d'un petit port de plaisance

À savoir : au bord du Lot et d'un petit port de plaisance

| Nature : 🏞 ⟨ |
| Loisirs : 🎱 🏊 🎯 ⛵ hammam balnéo 🏊 🏓 🛶 ponton d'amarrage |
| Services : 🚿 ⚡ 🖼 laverie |

| Longitude : 0.49451 |
| Latitude : 44.39737 |

CASTELNAUD-LA-CHAPELLE

24250 – **329** H7 – 461 h. – alt. 140

▶ Paris 539 – Le Bugue 29 – Les Eyzies-de-Tayac 27 – Gourdon 25

⚲ **Lou Castel** de déb. juin à mi-sept.
   * * 0553298924, *loucastel2@wanadoo.fr*,
Fax 0553289485, *www.loucastel.com*
5,5 ha/2,5 campables (110 empl.) plat, herbeux, pierreux,
bois attenant
Tarif : (Prix 2010) 🧍 6€ 🚗 🅴 8€ – 🔌 (16A) 4€

Location : (Prix 2010) (permanent) – 23 🛏 – 10 🏠
– 13 bungalows toilés. Sem. 180 à 720€
Pour s'y rendre : au lieu-dit : Prente Garde (sortie sud
par D 57 puis 3,4 km par rte du château à dr. - pour
caravanes, accès fortement conseillé par Pont-de-Cause
et D 50, rte de Veyrines-de-Domme)

À savoir : agréable chênaie

Nature : 🏞 🌲 🎋
Loisirs : 🎱 ⛹ 🏊 🎿 terrain multisports
Services : ⚕ ⚡ 🍴 🗑 ♨ laverie

Longitude : 1.13182
Latitude : 44.79746

⚲ **Maisonneuve** de déb. avr. à fin oct.
   * * 0553295129, *contact@campingmaisonneuve.com*,
Fax 0553302706, *www.campingmaisonneuve.com*
6 ha/3 campables (140 empl.) non clos, plat, herbeux
Tarif : 🧍 6€ 🚗 🅴 8€ – 🔌 (10A) 5€

Location : (de déb. avr. à fin oct.) 🚿 (de déb. juil.
à fin août) – 10 🛏 – 1 gîte. Nuitée 50 à 100€ – Sem.
270 à 670€
🚐 borne artisanale 10€
Pour s'y rendre : chemin de Maisonneuve (1 km au
sud-est par D 57 et chemin à gauche, au bord du Céou)

À savoir : ancienne ferme restaurée et fleurie

Nature : ≤ 🌲 🎋
Loisirs : 🍴 snack 🎱 ⛹ 🎣 🏊 🏊 🎿
Services : ⚕ ⚡ 🍴 ♨ laverie 🚿

Longitude : 1.15822
Latitude : 44.80482

CASTELS

67

24220 – **329** H6 – 541 h. – alt. 50

▶ Paris 551 – Bordeaux 181 – Montauban 145 – Brive-la-Gaillarde 73

⚲ **Village Vacances La Noyeraie** (location exclusive
de chalets) Permanent
   * * 0553312443, *contact@chaletlanoyeraie.fr*,
Fax 0553312443, *www.chaletlanoyeraie.fr*
1,5 ha plat, herbeux

Location : 🅿 – 13 🏠. Nuitée 35 à 50€ – Sem.
220 à 670€ – frais de réservation 15€
Pour s'y rendre : au lieu-dit : Le Grelat (1 km au sud-est
par la D 703, rte de Sarlat)

Nature : 🎋
Loisirs : 🎱 ⛹ 🏊
Services : ⚡ 🚿 🧺 laverie

Longitude : 1.08071
Latitude : 44.85004

CASTETS

40260 – **335** E11 – 1 896 h. – alt. 48

ℹ *place Pierre Barrère* * * 0558894479

▶ Paris 710 – Dax 21 – Mimizan 40 – Mont-de-Marsan 61

⚲ **Municipal Le Galan** de déb. fév. à fin nov.
   * * 0558894352, *contact@camping-legalan.com*,
Fax 0558550007, *www.camping-legalan.com*
4 ha (200 empl.) plat, peu incliné, sablonneux, herbeux
Tarif : (Prix 2010) 🧍 4€ 🚗 1€ 🅴 6€ 🔌 (10A)

Location : (Prix 2010) (de déb. fév. à fin nov.) – 8 🛏
– 5 🏠 – 3 bungalows toilés. Sem. 85 à 575€
🚐 borne artisanale 3€ – 🚐 🔌 11€
Pour s'y rendre : 73 rue du Stade (1 km à l'est par D 42,
rte de Taller et rte à dr.)

À savoir : "accueil pèlerins"

Nature : 🌲 🎋
Loisirs : 🎱 ⛹
Services : ⚕ ⚡ 🗑 🗑 ♨ 📻
À prox. : 🍴

Longitude : -1.13767
Latitude : 43.88061

CASTILLON LA BATAILLE

33350 – **335** K5 – 3 181 h. – alt. 17

🛈 *7, allée de la République* 🕾 *0557402758*

▶ Paris 549 – Bergerac 46 – Libourne 18 – Montpon-Ménestérol 27

⚠ **Municipal La Pelouse** de déb. mai à mi-oct.
🕾 0557400422, *camping.la.pelouse@orange.fr*,
www.castillonlabataille.fr
0,5 ha (38 empl.) plat, herbeux
Tarif : 12€ ★★ ⌷ 🔳 ⚡ (15A) – pers. suppl. 4€
🚐 borne artisanale 8€
Pour s'y rendre : 2 prom. Dubourdieu (à l'est du bourg,
au bord de la Dordogne)

Nature : 🏞 ΩΩ
Loisirs : 🎣
Services : 🚿 ⛽ 🚐 🚹 🔳

Longitude : -0.03569
Latitude : 44.85337

CASTILLONNÈS

47330 – **336** F2 – 1 471 h. – alt. 119

🛈 *place des Cornières* 🕾 *0553368744*

▶ Paris 561 – Agen 64 – Bergerac 27 – Marmande 44

⚠ Municipal La Ferrette
🕾 0553369468, *rouquet47@hotmail.fr*,
Fax 0553368877
1 ha (32 empl.) non clos, plat et peu incliné, herbeux
Location : – gîtes.
Pour s'y rendre : sortie nord par N 21, rte de Bergerac

Nature : 🏕 ΩΩ
Services : 🚿 ⛽ 🔳
À prox. : ✂ 🛶

Longitude : 0.59137
Latitude : 44.65439

CÉNAC-ET-ST-JULIEN

24250 – **329** I7 – 1 207 h. – alt. 70

▶ Paris 537 – Le Bugue 34 – Gourdon 20 – Sarlat-la-Canéda 12

⚠ **Le Pech de Caumont** de déb. avr. à fin sept.
🕾 0553282163, *info@pech-de-caumont.com*,
www.pech-de-caumont.com
2,2 ha (100 empl.) en terrasses, peu incliné, herbeux
Tarif : 20€ ★★ ⌷ 🔳 ⚡ (10A) – pers. suppl. 5€ – frais
de réservation 13€
Location : (de déb. avr. à fin sept.) 🏠 – 17 ⛺
– 6 🏡. Nuitée 31 à 80€ – Sem. 205 à 565€ – frais de
réservation 13€
🚐 10 🔳 20€
Pour s'y rendre : 2 km au sud

À savoir : domine la vallée de la Dordogne, face au village
de Domme

Nature : 🏞 ≤ 🏕 ΩΩ
Loisirs : 🍸 🎱 🛝 🛶
Services : 🚿 ⛽ 🚿 🚽 🚹 🔳 🛁

Longitude : 1.20908
Latitude : 44.78654

LA CHAPELLE-AUBAREIL

24290 – **329** I5 – 450 h. – alt. 230

▶ Paris 515 – Brive-la-Gaillarde 40 – Les Eyzies-de-Tayac 21 – Montignac 9

⚠ **La Fage** de déb. mai à fin sept.
🕾 0553507650, *camping.lafage@wanadoo.fr*,
Fax 0553507650, *www.camping-lafage.com*
5 ha (60 empl.) en terrasses, peu incliné, herbeux
Tarif : (Prix 2010) ★ 6€ ⌷ 🔳 8€ – ⚡ (10A) 4€ – frais de
réservation 10€
Location : (Prix 2010) (de déb. mai à fin sept.) – 16 ⛺
– 4 🏡 – 1 cabane dans les arbres – 3 bungalows
toilés. Nuitée 28 à 110€ – Sem. 195 à 755€ – frais de
réservation 10€
🚐 borne artisanale – 10 🔳 8€
Pour s'y rendre : au lieu-dit : La Fage (1,2 km au
nord-ouest par rte de St-Amand-de-Coly (vers D 704) et
chemin à gauche)

Nature : 🏞 🏕 ΩΩ
Loisirs : snack 🎱 🛝 🛶
Services : 🚿 ⛽ 🚿 🚽 🚹
laverie 🛁

Longitude : 1.1882
Latitude : 45.01745

CLAIRAC

47320 – **336** E3 – 2 464 h. – alt. 52
🛈 16, place Viçoze 🖉 05 53 88 71 59
▶ Paris 690 – Agen 42 – Casteljaloux 34 – Marmande 24

⚠ **Municipal La Plage** de déb. juil. à fin sept.
🖉 05 53 84 22 21 – ☗
0,8 ha (50 empl.) plat, herbeux
Tarif : (Prix 2010) 11 € 🏕🏕 ⇔ 🗐 🕽 (6A) – pers.
suppl. 4 €
Pour s'y rendre : au bourg (au bord du Lot)

| Nature : 🔲 ⊙⊙ |
| Services : ⚹ ☞ ⌷ 🗐 |
| À prox. : ☇ (plage) ⬎ ponton d'amarrage |

| Longitude : 0.37669 |
| Latitude : 44.36049 |

COLY

24120 – **329** I5 – 231 h. – alt. 113 – Base de loisirs
▶ Paris 504 – Brive-la-Gaillarde 29 – Lanouaille 45 – Périgueux 53

⚠⚠ **Village Vacances Goelia Les Cottages du Lac**
(location exclusive de chalets) de déb. avr. à fin oct.
🖉 05 53 50 94 42, info.coly@goelia.com,
Fax 05 53 50 94 43, www.vacances-lascaux-dordogne.com
18 ha plat, herbeux, étangs

Location : ⚹ (1 chalet) – 73 🏠. Nuitée 98 à 154 €
– Sem. 245 à 1 260 €
Pour s'y rendre : au lieu-dit : La Prade (2 km au sud-est
par D 62, rte de la Cassagne, au bord d'un plan d'eau)

| Nature : ⬎ ⪕ ♀ |
| Loisirs : 🛶 🚲 ✗ ⛴ ⬎ terrain multisports, canoë, parcours de santé |
| Services : ☞ 🏦 laverie |

| Longitude : 1.27945 |
| Latitude : 45.07271 |

CONTIS-PLAGE

40170 – **335** D10
▶ Paris 714 – Bayonne 87 – Castets 32 – Dax 52

⚠⚠ **Yelloh! Village Lous Seurrots** ♣♣ – de mi-avr. à
mi-sept.
🖉 05 58 42 85 82, info@lous-seurrots.com,
Fax 05 58 42 49 11, www.lous-seurrots.com
14 ha (610 empl.) plat et vallonné, incliné, sablonneux,
herbeux
Tarif : 41 € 🏕🏕 ⇔ 🗐 🕽 (10A) – pers. suppl. 7 €

Location : (de mi-avr. à mi-sept.) – 150 🛖 – 106 🏠
– 12 bungalows toilés. Nuitée 32 à 189 € – Sem.
224 à 1 323 €
🔁 borne artisanale
Pour s'y rendre : Contis-Plage (sortie sud-est par D 41,
près du Courant de Contis, à 700 m de la plage)

| Nature : 🔲 ⅏ |
| Loisirs : ♈ ✗ pizzeria 🎴 ☺ 🎯 🛶 🚲 🏌 ✗ ⛴ théâtre de plein air |
| Services : ⚹ ☞ 🏦 ♨ ⚲ laverie 🔲 ⚲ cases réfrigérées |
| À prox. : 🎣 ⚡ école de surf |

| Longitude : -1.31836 |
| Latitude : 44.08782 |

CORNILLE

24750 – **329** F4 – 655 h. – alt. 190
▶ Paris 482 – Bordeaux 148 – Périgueux 10 – Coulounieix-Chamiers 17

⚠⚠ **Village Vacances Le Parc de la Forêt** (location
exclusive de chalets) Permanent
🖉 05 53 03 82 20, leparcdelaforet@wanadoo.fr,
www.leparcdelaforet.fr
50 ha/6 campables vallonné, herbeux

Location : (Prix 2010) ⓟ – 48 🏠. Sem. 170 à 720 €
– frais de réservation 19 €
Pour s'y rendre : 3 km au sud par D8 et rte de
Périgueux
À savoir : village équestre

| Nature : ⬎ ⪕ ♀ |
| Loisirs : ♈ snack 🎴 hammam 🛶 ✗ 🏌 ⛴ 🐎 poneys (centre équestre) |
| Services : ☞ 🏦 laverie ⚲ |

| Longitude : 0.77198 |
| Latitude : 45.22571 |

COURBIAC

47370 – **336** I3 – 110 h. – alt. 145
▶ Paris 623 – Bordeaux 172 – Agen 46 – Montauban 59

Le Pouchou fermé de mi-déc. à mi-janv.
   *0553407268, le.pouchou@wanadoo.fr,
   www.camping-le-pouchou.com*
   15 ha/2 campables (20 empl.) non clos, peu incliné,
   herbeux
   Tarif : 20€ ✚✚ ⇔ ▣ ⑭ (10A) – pers. suppl. 5€
   Location : (permanent) ⅙ (1 chalet) – 1 🚐 – 7 🏠.
   Nuitée 52 à 70€ – Sem. 238 à 462€
   ⊕ borne raclet – 3 ▣ 5€ – 🔋 12€
   Pour s'y rendre : à Courbiac (1,8 km à l'ouest par rte de
   Tournon-d'Agenais et chemin à gauche)

   À savoir : cadre agréable, vallonné autour d'un petit
   étang

| Nature : 🏞 ≤ ♀ |
| Loisirs : 🍷 🎮 🚲 🛶 🎣 départ |
| sentiers pédestres, billard |
| Services : ⅙ ⚬ 🏕 🚿 🍴 laverie |

| Longitude : 1.01812 |
| Latitude : 44.3782 |

COUX-ET-BIGAROQUE

24220 – **329** G7 – 944 h. – alt. 85
▶ Paris 548 – Bergerac 44 – Le Bugue 14 – Les Eyzies-de-Tayac 17

Les Valades de déb. avr. à fin oct.
   *0553291427, info@lesvalades.com, http://
   www.lesvalades.com*
   11 ha (85 empl.) en terrasses, herbeux, vallonné, petit
   plan d'eau, sous bois
   Tarif : 25€ ✚✚ ⇔ ▣ ⑭ (10A) – pers. suppl. 6€
   Location : (permanent) ⅙ (1 chalet) 🚱 – 6 🚐
   – 19 🏠. Sem. 240 à 680€
   Pour s'y rendre : au lieu-dit : Les Valades (4 km au nord-
   ouest par D 703, rte des Eyzies puis à gauche)

| Nature : 🏞 ≤ 🛶 ♀♀ |
| Loisirs : snack 🎮 🎣 🛶 🏖 |
| (plage) 🛶 canoë |
| Services : ⅙ ⚬ 🏕 🚿 – 10 sani- |
| taires individuels (🚿 💧 🚽 wc) 🅿 |
| 🚱 🍴 laverie 🚿 |

| Longitude : 0.96367 |
| Latitude : 44.8599 |

COUZE-ET-ST-FRONT

24150 – **329** F7 – 775 h. – alt. 45
▶ Paris 544 – Bergerac 21 – Lalinde 4 – Mussidan 46

Les Moulins de déb. avr. à fin oct.
   *0689857624, camping-des-moulins@wanadoo.
   fr, Fax 0553611836, www.campingdesmoulins.com*
   – places limitées pour le passage
   2,5 ha (50 empl.) peu incliné, plat, herbeux
   Tarif : 27€ ✚✚ ⇔ ▣ ⑭ (10A) – pers. suppl. 6€ – frais
   de réservation 10€
   Location : (de mi-mars à fin oct.) – 38 🚐. Nuitée
   50 à 75€ – Sem. 220 à 600€ – frais de réservation 10€
   ⊕ borne artisanale 6€ – 8 ▣ 12€ – 🔋⑭ 12€
   Pour s'y rendre : au lieu-dit : Les Maury Bas (sortie sud-
   est par D 660, rte de Beaumont et à dr., près du terrain
   de sports, au bord de la Couze)

   À savoir : cadre verdoyant face au village perché sur un
   éperon rocheux

| Nature : ≤ 🛶 ♀♀ |
| Loisirs : 🍷 🎮 🏸 🎣 🛶 ❄ 🍴 |
| 🛶 🛶 |
| Services : ⅙ ⚬ 🍴 laverie |

| Longitude : 0.70448 |
| Latitude : 44.82646 |

CUZORN

47500 – **336** H2 – 842 h. – alt. 95
▶ Paris 581 – Bergerac 59 – Cahors 55 – Fumel 7

Village Vacances Les Loges de Mélis (location
   exclusive de chalets) saison
   *0553409646, contact@loges-melis.com,
   Fax 0553408403, www.loges-melis.com*
   7 ha/1 campable en terrasses, herbeux
   Pour s'y rendre : au lieu-dit : Melis (3 km au nord par
   D 710 et chemin à gauche)

| Nature : 🏞 ≤ |
| Loisirs : 🎮 🎣 🚲 ❄ 🛶 golf |
| (4 trous) |
| Services : ⅙ ⚬ 🅿 🏕 ▥ 🖥 |

| Longitude : 0.94797 |
| Latitude : 44.56897 |

DAGLAN

24250 – **329** I7 – 541 h. – alt. 101
🏠 *le Bourg* ☎ *05 53 29 88 84*
▶ Paris 547 – Cahors 48 – Fumel 40 – Gourdon 18

△△△ **Airotel Le Moulin de Paulhiac** ▲▲ – de mi-mai à
mi-sept.
☎ 05 53 28 20 88, *francis.armagnac@wanadoo.fr*,
Fax 05 53 29 33 45, *www.moulin-de-paulhiac.com*
5 ha (150 empl.) plat, herbeux
Tarif : ★ 8 € ⟐ 2 € 🔲 10 € – 🔋 (10A) 5 € – frais de
réservation 8 €

Location : (de mi-mai à mi-sept.) – 12 ⟐ – 2 tentes.
Nuitée 50 à 110 € – Sem. 300 à 870 € – frais de
réservation 10 €
Pour s'y rendre : rte de St-Cybranet (4 km au nord-
ouest par D 57, au bord du Céou)

| Nature : 🌿 ⟐ ♨️ |
| Loisirs : 🍷 ✗ snack ⟐ 🎯 ⛷️ |
| 🏊 (découverte en saison) 🏖️ |
| 🎣 🦢 |
| Services : ♿ ⟐ 🚿 🧺 ♨️ |
| laverie 🧺 🚐 |
| Longitude : 1.17654 |
| Latitude : 44.76772 |

△△ **La Peyrugue** de déb. avr. à fin sept.
☎ 05 53 28 40 26, *camping@peyrugue.com*,
www.peyrugue.com
5 ha/2,5 campables (85 empl.) terrasse, non clos, peu
incliné à incliné, herbeux, pierreux
Tarif : ★ 6 € ⟐ 🔲 10 € – 🔋 (6A) 4 €

Location : (de déb. avr. à fin sept.) ♿ (2 chalets)
– 5 ⟐ – 10 ⟐. Nuitée 40 à 100 € – Sem. 280 à 700 €
Pour s'y rendre : au lieu-dit : La Peyrugue (1,5 km au
nord par D 57, rte de St-Cybranet, à 150 m du Céou)

| Nature : 🌿 ♨️ |
| Loisirs : 🍷 ⟐ 🎯 ⛷️ |
| Services : ♿ ⟐ 🚿 ♨️ laverie 🚐 |
| Longitude : 1.18798 |
| Latitude : 44.75267 |

DAX

40100 – **335** E12 – 20 860 h. – alt. 12 – ♨
🏠 *11, cours Foch* ☎ *05 58 56 86 86*
▶ Paris 727 – Bayonne 54 – Biarritz 61 – Bordeaux 144

71

△△△ **Les Pins du Soleil** ▲▲ – de déb. avr. à fin oct.
☎ 05 58 91 37 91, *info@pinsoleil.com*, *www.pinsoleil.com*
6 ha (145 empl.) plat et peu incliné, herbeux, sablonneux
Tarif : 24 € ★★ ⟐ 🔲 🔋 (10A) – pers. suppl. 6 € – frais
de réservation 10 €

Location : (de déb. avr. à fin oct.) – 39 ⟐ – 10 ⟐
– 4 bungalows toilés. Nuitée 38 à 100 € – Sem.
265 à 699 € – frais de réservation 17 €
⟐ borne artisanale – 🔋 14 €
Pour s'y rendre : rte des Minières (5,8 km au nord-
ouest par N 124, rte de Bayonne à gauche par D 459)

| Nature : ⟐ ♨️ |
| Loisirs : snack ⟐ 🎯 ⛷️ 🚲 🎣 |
| Services : ♿ ⟐ 🚿 🧺 ♨️ |
| laverie 🚐 |
| Longitude : -1.09373 |
| Latitude : 43.72057 |

△△△ **Les Chênes** ▲▲ – de mi-mars à déb. nov.
☎ 05 58 90 05 53, *camping-chenes@wanadoo.fr*,
Fax 05 58 90 42 43, *www.camping-les-chenes.fr*
5 ha (230 empl.) plat, herbeux, sablonneux, gravillons
Tarif : (Prix 2010) 18 € ★★ ⟐ 🔲 🔋 (5A) – pers.
suppl. 6 € – frais de réservation 8 €

Location : (Prix 2010) (de mi-mars à déb. nov.)
– 34 ⟐ – 20 appartements. Nuitée 45 à 61 € – Sem.
309 à 521 € – frais de réservation 8 €
⟐ borne artisanale 6 €
Pour s'y rendre : allée du Bois de Boulogne (1,8 km à
l'ouest du centre ville, au bois de Boulogne, à 200 m de
l'Adour)
À savoir : agréable chênaie près d'un étang

| Nature : 🌿 ⟐ ♨️ |
| Loisirs : ⟐ 🎯 ⛷️ 🚲 🎣 |
| Services : ♿ ⟐ 🏧 🚿 🧺 ♨️ |
| laverie ♨️ |
| À prox. : 🍷 ✗ 🎣 🐎 practice |
| de golf |
| Longitude : -1.07174 |
| Latitude : 43.71138 |

⚠ **Abesses** de mi-mars à fin oct.
℘ 0558916534, *chenes@thermesadour.com*,
Fax 0558916534, *www.thermes-dax.com*
4 ha (198 empl.) plat, herbeux, sablonneux, petit étang
Tarif : ✦ 4€ ▣ 5€ – ⓖ (10A) 3€
Location : (permanent) – 16 ⬛ – 22 ⌂ – 4 studios.
Nuitée 43 à 47€ – Sem. 265 à 301€
Pour s'y rendre : 7,5 km au nord-ouest par rte de
Bayonne, D 16 à dr. et chemin d'Abesse
À savoir : locations minimum 20 nuits

Nature : ⌇ ⊏ ⍎⍎
Loisirs : ⌂
Services : ⚒ ☞ ⊞ ⎐ ⚐ laverie

Longitude : -1.05541
Latitude : 43.70946

⚠ **L'Étang d'Ardy** de déb. avr. à fin oct.
℘ 0558975774, *info@etangardy.com*, *www.etangardy.com*
5 ha/3 campables (102 empl.) plat, herbeux, sablonneux
Tarif : 26€ ✦✦ ⇔ ▣ ⓖ (10A) – pers. suppl. 5€
Location : (de déb. avr. à fin oct.) – 21 ⬛ – 7 ⌂.
Sem. 265 à 615€
Pour s'y rendre : allée d'Ardy (5,5 km au nord-ouest
par N 124, rte de Bayonne puis av. la bretelle de
raccordement, 1,7 km par chemin à gauche, au bord
d'un étang)

Nature : ⌇ ⊏ ⍎⍎
Loisirs : ⌂ ⎐ ⍨
Services : ⚒ ☞ – 56 sanitaires individuels (⌂ ⇗ ⌂ wc) ⎐ ⍌ ⚐ ▣

Longitude : -1.12256
Latitude : 43.72643

⚠ **Le Bascat** de mi-mars à déb. nov.
℘ 0558561668, *info@campinglebascat.com*,
Fax 0558562056, *www.campinglebascat.com*
3,5 ha (160 empl.) plat, en terrasses, gravier, herbeux
Tarif : ✦ 4€ ⇔ ▣ 6€ – ⓖ (6A) 2€ – frais de
réservation 5€
Location : (de mi-mars à déb. nov.) – 37 ⬛. Nuitée
45€ – Sem. 310€ – frais de réservation 5€
⬛ borne artisanale 16€ – 10 ▣ 16€ – ⬛ 10€
Pour s'y rendre : r. de Jouandin (2,8 km à l'ouest du
centre ville par le bois de Boulogne, accès à partir du Vieux
Pont (rive gauche) et av. longeant les berges de l'Adour)

Nature : ⌇ ⍎⍎
Loisirs : ⌂
Services : ⚒ ☞ ⊞ ⎐ ⍌ ⚐ laverie ⎐

Longitude : -1.07028
Latitude : 43.70536

DOMME

24250 – **329** I7 – 1 019 h. – alt. 250
🛈 *place de la Halle* ℘ 0553317100
▶ Paris 538 – Cahors 51 – Fumel 50 – Gourdon 20

⚠ **Village Vacances Les Ventoulines** (location
exclusive de chalets) de mi-mars à mi-nov.
℘ 0553283629, *lesventoulines@wanadoo.fr*,
www.gites-dordogne-sarlat.fr
3 ha non clos, en terrasses, herbeux
Location : (Prix 2010) ⓟ – 18 ⌂. Nuitée 35 à 125€
– Sem. 210 à 870€
Pour s'y rendre : au lieu-dit : Les Ventoulines (3,6 km
au sud-est)

Nature : ⌇ ⍎⍎
Loisirs : ⌂ ⍨ ⎐
Services : ⚒ ☞ ⊞ ⚐ laverie

Longitude : 1.22588
Latitude : 44.84048

⚠ **Perpetuum** ♣ – de déb. mai à mi-oct.
℘ 0553283518, *leperpetuum.domme@wanadoo.fr*,
Fax 0553296364, *www.campingleperpetuum.com*.
4,5 ha (120 empl.) plat, herbeux
Tarif : (Prix 2010) ✦ 6€ ⇔ 3€ ▣ 6€ – ⓖ (10A) 4€ – frais
de réservation 12€
Location : (Prix 2010) (de déb. mai à fin sept.) ⌇
– 30 ⬛. Nuitée 90€ – Sem. 700€ – frais de réservation
12€
⬛ borne raclet 11€ – ⬛ ⓖ 11€
Pour s'y rendre : 2 km au sud par la D 50 et chemin à
droite, au bord de la Dordogne

Nature : ⌇ ⊏ ⍎⍎
Loisirs : snack ⌂ ⍨ salle d'animation ⎐ ⍨ ⍌ ⍨ terrain multisports
Services : ⚒ ☞ ⍌ ⎐ ⚐ laverie ⎐

Longitude : 1.22065
Latitude : 44.81542

� **Village Vacances de la Combe** (location exclusive de chalets) de mi-mars à fin oct.
📞 0553297742, *lacombe24@wanadoo.fr*, *www.villagedelacombe.com*
2 ha plat, en terrasses, herbeux

Location : ♿ (1 chalet) 🅿 – 12 🏠. Nuitée 65 à 80€
– Sem. 355 à 725€ – frais de réservation 18€
Pour s'y rendre : au lieu-dit : Le Pradal (1,5 km au sud-est)
À savoir : location 2 nuits minimum hors sais.

| Nature : 🐟 ♨♨ |
| Loisirs : 🎲 🏊 |
| Services : ⚡ 🚐 🍖 ▥ ♒ 🔌 |

| Longitude : 1.22243 |
| Latitude : 44.8161 |

� **Le Bosquet** de déb. avr. à fin sept.
📞 0553283739, *info@lebosquet.com*, Fax 0553294195, *www.lebosquet.com*
1,5 ha (60 empl.) non clos, plat, herbeux
Tarif : 🧍 4€ 🚗 2€ 🔲 5€ – 💡 (6A) 3€ – frais de réservation 7€

Location : (de déb. avr. à fin sept.) – 20 🚍. Sem. 200 à 540€ – frais de réservation 7€
🚐 borne artisanale 2€ – 🛥 9€
Pour s'y rendre : au lieu-dit : La Rivière (à 900 m au sud de Vitrac-Port, par la D 46)

| Nature : 🐟 ← 🏕 ♨♨ |
| Loisirs : snack 🎲 🏄 🏊 |
| Services : ♿ 🚐 🍖 ♒ ▥ 🚣 |
| À prox. : canoë |

| Longitude : 1.22555 |
| Latitude : 44.82185 |

� **Le Moulin de Caudon** de fin mai à mi-sept.
📞 0553310369, *camping.moulin.caudon@wanadoo.fr*, *www.campingdordogne.com*
2 ha (60 empl.) plat, herbeux
Tarif : 🧍 4€ 🚗 🔲 3€ – 💡 (10A) 3€
Location : (de fin mai à mi-sept.) 🛏 – 4 🚍. Sem. 350 à 500€
Pour s'y rendre : au lieu-dit :Caudon (6 km au nord-est par la D 46e et la D 50, rte de Groléjac, près de la Dordogne - pour les caravanes, accès conseillé par Vitrac-Port)

| Nature : 🏕 ♨♨ |
| Loisirs : 🎲 🏄 |
| Services : ♿ 🚐 (saison) 🍖 ♒ ▥ |
| À prox. : 🏊 |

| Longitude : 1.24466 |
| Latitude : 44.82061 |

73

EYMET

24500 – **329** D8 – 2 539 h. – alt. 54
🅱 *place de la Bastide* 📞 0553237495
▶ Paris 560 – Bergerac 24 – Castillonnès 19 – Duras 22

� **Municipal Le Château** de mi-avr. à fin sept.
📞 0553238028, *eymetcamping@aol.com*, *www.eymetcamping.com*
1,5 ha (66 empl.) plat, herbeux, jardin public attenant
Tarif : 15€ 🧍🧍 🚗 🔲 💡 (10A) – pers. suppl. 4€
Pour s'y rendre : r. de la Sole (derrière le château, au bord du Dropt)

À savoir : Site agréable bordé par la rivière, le parc et les remparts

| Nature : 🐟 🏕 ♨♨ |
| Loisirs : 🚲 🎣 canoë |
| Services : ♿ 🚐 🍖 ✂ ♒ ▥ |

| Longitude : 0.39584 |
| Latitude : 44.66925 |

LES EYZIES-DE-TAYAC

24620 – **329** H6 – 839 h. – alt. 70
🅱 *19, av. de la Préhistoire* 📞 0553069705 *19, av. de la Préhistoire* 📞 0553069705
▶ Paris 536 – Brive-la-Gaillarde 62 – Fumel 62 – Lalinde 35

⚛🔺 **Vacances Directes Le Mas** 🔺🔺 – (location exclusive de mobile homes et chalets) de fin mai à mi-sept.
📞 0553296806, *mas@vacances-directes.com*, Fax 0553311273, *www.vacances-directes.com*
5 ha en terrasses, herbeux

Location : – 115 🚍 – 6 🏠. Nuitée 37 à 109€ – Sem. 259 à 763€ – frais de réservation 15€
Pour s'y rendre : 7 km à l'Est par D 47 rte de Sarlat-la-Canéda puis 2,5 km par rte de Sireuil à gauche

| Nature : 🐟 🏕 ♨♨ |
| Loisirs : 🍷 snack 🏓 🏄 🎱 🏊 🏊 |
| Services : ♿ 🚐 🧺 laverie 🍴 🚣 |
| À prox. : ✕ (ferme-auberge) |

| Longitude : 1.0849 |
| Latitude : 44.93675 |

La Rivière de déb. avr. à fin oct.
℘ 05 53 06 97 14, *la-riviere@wanadoo.fr*,
Fax 05 53 35 20 85, *www.lariviereleseyzies.com*
7 ha/3 campables (120 empl.) plat, herbeux
Tarif : ★ 6€ ⇌ 🅴 10€ – ⚡ (10A) 5€ – frais de réservation 4€

Location : (de déb. avr. à fin oct.) – 10 🚐 – 6 🛏️.
Nuitée 45 à 90€ – Sem. 225 à 840€ – frais de réservation 4€
🚐 borne artisanale 4€ – 🚰 10€
Pour s'y rendre : 3 rte du Sorcier (1 km au nord-ouest par D 47, rte de Périgueux et rte à gauche apr. le pont, à 200 m de la Vézère)

Nature : 🌊 00	
Loisirs : 🍸 snack 🚤 🏊 🛶	
Services : 👤 🔌 🏪 🚿 🚽 🚐 laverie 🧺	
À prox. : canoë kayak	

Longitude : 1.00582
Latitude : 44.93732

La Ferme du Pelou de déb. avr. à mi-oct.
℘ 05 53 06 98 17, *contact@leseyzies.com*,
Fax 05 53 06 98 17, *www.lafermedupelou.com*
1 ha (65 empl.) peu incliné, plat, herbeux
Tarif : (Prix 2010) 12€ ★★ ⇌ 🅴 ⚡ (1A) – pers. suppl. 3€

Location : (Prix 2010) (de déb. avr. à mi-oct.) – 12 🚐.
Sem. 170 à 460€
🚐 borne artisanale 3€
Pour s'y rendre : au lieu-dit : Le Pelou (4 km au nord-est par D 706, rte de Montignac puis rte à dr.)

À savoir : camping à la ferme

Nature : 🌿 🌊 00	
Loisirs : 🏠 🛶	
Services : 👤 🔌 laverie	
À prox. : 🐎	

Longitude : 1.04472
Latitude : 44.95527

FUMEL

47500 – **336** H3 – 5 230 h. – alt. 70
🛈 *place Georges Escande* ℘ 05 53 71 13 70
▶ Paris 594 – Agen 55 – Bergerac 64 – Cahors 48

Village Vacances Domaine de Guillalmes
(location exclusive de chalets) de déb. avr. à fin oct.
℘ 05 53 71 01 99, *contact@domainedeguillalmes.com*,
Fax 05 53 71 02 57, *www.domainedeguillalmes.com*
3 ha plat, herbeux

Location : – 1 roulotte – 18 🏠. Nuitée 60 à 90€ – Sem. 250 à 650€ – frais de réservation 10€
🚐 borne autre 6€ – 9 🅴 20€
Pour s'y rendre : 3 km à l'est par D 911, rte de Cahors puis à la sortie de Condat, 1 km par rte à dr., au bord du Lot

Nature : 🌿 00	
Loisirs : 🍸 snack 🚲 🎾 🛶 ♦ canoë	
Services : 👤 🔌 🅿 🏪 🚽 🖼 🧺	

Longitude : 1.00836
Latitude : 44.48406

Les Catalpas Permanent
℘ 05 53 71 11 99, *les-catalpas@wanadoo.fr*,
Fax 05 53 71 11 99, *www.les-catalpas.com*
2,3 ha (80 empl.) plat, herbeux, goudronné
Tarif : 20€ ★★ ⇌ 🅴 ⚡ (10A) – pers. suppl. 5€

Location : (permanent) – 2 🚐 – 1 🏠. Nuitée 60€ – Sem. 620€
🚐 8 🅴 13€ – 🚰 12€
Pour s'y rendre : La Tour (2 km à l'est par D 911, rte de Cahors puis, à la sortie de Condat, 1,2 km par rte à dr., au bord du Lot)

Nature : 🌿 00	
Loisirs : 🛶 🏊 (bassin)	
Services : 🔌 🏪 🚽 🖼	

Longitude : 0.99628
Latitude : 44.48775

GABARRET

40310 – **335** L11 – 1 217 h. – alt. 153

🛈 *111, rue Armagnac* 𝄢 *0558443495*

▶ Paris 715 – Agen 66 – Auch 76 – Bordeaux 140

⚠ **Parc Municipal Touristique la Chêneraie** de déb. mars à fin oct.
𝄢 0558449262, *la-cheneraie@orange.fr*,
Fax 0558443538
0,7 ha (36 empl.) peu incliné, plat, herbeux, sablonneux
Tarif : 12 € ★★ 🚐 🔲 ⚡ (10A) – pers. suppl. 5 €
Location : (permanent) – 4 🛖 – 10 🏠 – 10 gîtes.
Nuitée 50 à 55 € – Sem. 180 à 295 €
Pour s'y rendre : sortie est par D 35, rte de Castelnau-d'Auzan et chemin à dr.

| Nature : 🐾 �︎ ⛰ |
| Loisirs : 🛝 🚲 |
| Services : 🚿 ⚙ 🚽 ▥ 🏧 |
| À prox. : 🎣 ⛵ |

| Longitude : 0.01622 |
| Latitude : 43.98361 |

GRADIGNAN

33170 – **335** H6 – 23 096 h. – alt. 26

▶ Paris 592 – Bordeaux 9 – Lyon 550 – Nantes 336

⚠ **Beausoleil** Permanent
𝄢 0556891766, *campingbeausoleil@wanadoo.fr*,
Fax 0556891766, *www.camping-gradignan.com*
0,5 ha (31 empl.) peu incliné, plat, herbeux, gravillons
Tarif : 21 € ★★ 🚐 🔲 ⚡ (10A) – pers. suppl. 4 €
Location : (permanent) 🍴 – 3 🛖. Sem. 250 à 350 €
Pour s'y rendre : 371 cours du Général de Gaulle (sur rocade : sortie 16, Gradignan)

À savoir : navettes bus pour le tram de Bordeaux

| Nature : �︎ ⛰ |
| Services : 🚿 ⚙ 🚽 ▥ 🏖 ⚓ 🍴 laverie |

| Longitude : -0.6278 |
| Latitude : 44.75573 |

GROLÉJAC

24250 – **329** I7 – 610 h. – alt. 67

▶ Paris 537 – Gourdon 14 – Périgueux 80 – Sarlat-la-Canéda 13

⛰ **Les Granges** ♣♦ – de fin avr. à mi-sept.
𝄢 0553281115, *contact@lesgranges-fr.com*,
Fax 0553285713, *www.lesgranges-fr.com* – places limitées pour le passage
6 ha (188 empl.) plat, incliné et en terrasses, herbeux
Tarif : 28 € ★★ 🚐 🔲 ⚡ (6A) – pers. suppl. 8 € – frais de réservation 30 €
Location : (de fin avr. à mi-sept.) – 50 🛖 – 20 🏠.
Sem. 291 à 757 € – frais de réservation 30 €
Pour s'y rendre : au bourg

| Nature : 🐾 �︎ ⛰ |
| Loisirs : 🍴 ✗ snack 🎱 🌙 nocturne 🎣 🚲 🎯 ⛵ 🏖 ⚖ |
| Services : 🚿 ⚙ 🛢 ⚓ 🍴 laverie 🛒 |
| À prox. : ⛵ |

| Longitude : 1.29117 |
| Latitude : 44.81579 |

⛰ **Village Vacances le Pech de Sireuil** (location exclusive de chalets) Permanent
𝄢 0565326027, *lepechdesireuil@orange.fr*,
www.pechdesireuil.com
5 ha plat, vallonné, non clos
Location : (Prix 2010) – 14 🏠. Sem. 275 à 630 €
Pour s'y rendre : 2 km au nord par D 704 et à dr., rte de Milhac

| Nature : 🐾 🚫 ⛰ |
| Loisirs : ⛵ |
| Services : 🚿 ⚙ Ⓟ 🚽 ✗ ▥ 🏧 |

| Longitude : 1.30107 |
| Latitude : 44.81858 |

75

▲ **Le Lac de Groléjac** de mi-avr. à mi-sept.
  ℘ 0553594870, contact@camping-dulac-dordogne.
  com, Fax 0553293974, *www.camping-dulac-dordogne.*
  com
  2 ha (92 empl.) non clos, plat, herbeux
  Tarif : 16€ ✦✦ 🚐 🔲 ⅰ (8A) – pers. suppl. 4€ – frais de
  réservation 15€

  Location : (de mi-avr. à mi-sept.) ✈ – 8 🔲
  – 4 bungalows toilés. Nuitée 45 à 55€ – Sem. 210 à 510€
  – frais de réservation 15€
  🚐 borne artisanale – 🔋 9€
  Pour s'y rendre : au plan d'eau (2 km au sud par D 704,
  D 50, rte de Domme et rte de Nabirat à gauche)

Nature : 🐟 ⟨ 🛏 ♋♋ ⚠
Loisirs : 🛶 canoë, pédalos, barques
Services : 🚿 🗝 (juil.-août) ⛺ 🚮 🚽 🔲
À prox. : 🎣

Longitude : 1.29441
Latitude : 44.802

40700 – **335** H13 – 4 549 h. – alt. 96
🛈 *place de la République ℘ 0558793826*
▶ Paris 737 – Aire-sur-l'Adour 34 – Dax 45 – Mont-de-Marsan 29

▲ **Municipal de la Cité Verte**
  ℘ 0558797979, *laciteverte@netcourrier.com*,
  Fax 0558797999, *www.laciteverte.com*
  0,4 ha (24 empl.) plat, herbeux
  Tarif : (Prix 2010) 22€ ✦✦ 🚐 🔲 ⅰ (16A) – pers.
  suppl. 6€
  Pour s'y rendre : Chemin des Loussets (au sud par av.
  du Dr-Édouard-Castera, près des arènes et de la piscine,
  au bord d'une rivière)

  À savoir : proche des structures municipales sportives et
  de loisirs

Nature : 🐟 🛏 ♋♋
Loisirs : self-service 🍴 🛶 🎣
Services : 🗝 🅿 🚮 – 24 sanitaires individuels (🚿 ⚲ 🚽 wc) 🚮 🚮
À prox. : 🍴 🔲 🏊 parcours sportif, golf

Longitude : -0.58993
Latitude : 43.64858

24390 – **329** H4 – 1 110 h. – alt. 160
🛈 *place du Marquis J. F. de Hautefort ℘ 0553504027*
▶ Paris 466 – Bordeaux 190 – Périgueux 60 – Brive-la-Gaillarde 57

▲ **Village Vacances Les Sources** (location exclusive
  de chalets) de déb. avr. à mi-nov.
  ℘ 0553519656, *info@dordogne-gite.fr*,
  www.dordogne-gite.fr
  30 ha/5 campables vallonné
  Location : 🅿 – 15 🏠. Nuitée 50 à 75€ – Sem.
  230 à 980€
  Pour s'y rendre : à La Génèbre (2,6 km au sud par la
  D 704 et la D 62E4)

Nature : 🐟 ⟨ château de Hautefort
Loisirs : 🍴 🍴 🛶 🏊 quad, paintball
Services : 🚿 🗝 🔲 🍴 laverie

Longitude : 1.12641
Latitude : 45.25085

64700 – **342** B4 – 13 969 h. – alt. 30
🛈 *67, boulevard de la Mer ℘ 0559200034*
▶ Paris 799 – Biarritz 31 – Pau 143 – St-Jean-de-Luz 12

▲ **Ametza** de déb. mai à fin sept.
  ℘ 0559200705, *ametza@neuf.fr*, Fax 0559203216,
  www.camping-ametza.com
  4,5 ha (280 empl.) en terrasses, plat, peu incliné, herbeux
  Tarif : (Prix 2010) 30€ ✦✦ 🚐 🔲 ⅰ (6A) – pers.
  suppl. 5,40€ – frais de réservation 15€
  Location : (Prix 2010) (de déb. mai à fin sept.) 🚿
  (1 mobile home) – 30 🏠. Nuitée 65 à 85€ – Sem.
  300 à 800€ – frais de réservation 15€
  🚐 borne artisanale – 3 🔲
  Pour s'y rendre : bd de l'Empereur (1 km à l'est)

Nature : ♋♋
Loisirs : 🍴 snack 🍴 🏓 🛶 🍴 🏊
Services : 🚿 🗝 laverie 🚮 🚮

Longitude : -1.75578
Latitude : 43.37285

▲▲▲ **Eskualduna** de déb. juin à fin sept.

    ℘ 0559200464, *contact@camping-eskualduna.fr*,
Fax 0559206928, *www.camping-eskualduna.fr*
10 ha (330 empl.) vallonné, en terrasses, plat, incliné, herbeux
Tarif : (Prix 2010) ♣ 6€ ⟷ 6€ 🅴 6€ – 🔌 (10A) 6€ – frais de réservation 20€

Location : (Prix 2010) (de déb. mai à fin oct.) – 60 🚐.
Nuitée 60 à 120€ – Sem. 270 à 830€ – frais de réservation 20€
🚮 borne eurorelais 5€
Pour s'y rendre : rte de la Corniche (2 km à l'est, rte de la Corniche, au bord d'un ruisseau)

À savoir : navette gratuite pour la plage - Préférer les emplacements éloignés de la route

| Nature : 🌳🌳 |
| Loisirs : 🍴 ✖ snack 🎦 🎲 🏓 🏊 🍹 |
| Services : ⚬🚿 🚻 🚽 🚰 laverie 🧺 🚰 réfrigérateurs |
| Longitude : -1.73925 Latitude : 43.37555 |

▲▲ **Dorrondeguy** de déb. avr. à mi-oct.

    ℘ 0559202616, *camping.dorrondeguy@wanadoo.fr*,
Fax 0559202616, *www.camping-dorrondeguy.com*
4 ha (120 empl.) terrasse, plat, peu incliné, herbeux
Tarif : 25€ ♣♣ ⟷ 🅴 🔌 (8A) – pers. suppl. 6€ – frais de réservation 10€

Location : (permanent) ♿ 🚿 (de déb. avr. à mi-oct.) 🅿 – 27 🚐 – 9 🏠 – 4 bungalows toilés. Sem. 200 à 650€ – frais de réservation 20€
🚮 6 🅴 11€
Pour s'y rendre : r. de la Glacière

| Nature : 🌊 🚣 🌳🌳 |
| Loisirs : 🍴 🎦 🏊 🏊 fronton pelote basque |
| Services : ♿ ⚬🚿 🚽 🚰 laverie 🚰 |
| Longitude : -1.74727 Latitude : 43.36867 |

Michelinkaarten en -gidsen zijn te koop in de meeste boekhandels.

33990 – **335** E3 – 2 528 h. – alt. 18
🏢 *Hourtin Port* ℘ 0556091900
▶ Paris 638 – Andernos-les-Bains 55 – Bordeaux 65 – Lesparre-Médoc 17

▲▲▲ **La Rotonde - Le Village Western** 👥 – de déb. avr. à fin sept.

    ℘ 0556091060, *la-rotonde@wanadoo.fr*,
Fax 0556738137, *www.village-western.com*
17 ha/11 campables (300 empl.) plat, herbeux, sablonneux
Tarif : (Prix 2010) 31€ ♣♣ ⟷ 🅴 🔌 (10A) – pers. suppl. 7€ – frais de réservation 18€

Location : (Prix 2010) (de déb. avr. à fin sept.) – 82 🚐 – 10 🏠 – 12 tipis – 5 bungalows toilés. Nuitée 30 à 98€ – Sem. 210 à 725€ – frais de réservation 18€
Pour s'y rendre : chemin de Bécassine (1,5 km à l'ouest par av. du Lac et chemin à gauche, à 500 m du lac (accès direct))

À savoir : original décor Western autour du centre équestre

| Nature : 🌊 🌿 |
| Loisirs : 🍴 snack 🎦 🎲 nocturne 🏊 🏊 🚲 🏊 🏓 🐎 (centre équestre) |
| Services : ♿ ⚬🚿 🚽 🚰 🚽 laverie 🧺 🚰 |
| À prox. : ✖ 🎯 |
| Longitude : -1.07468 Latitude : 45.17935 |

▲▲ **Les Ourmes** 👥 – de déb. mai à fin sept.

    ℘ 0556091276, *info@lesourmes.com*,
Fax 0556092390, *www.lesourmes.com*
7 ha (300 empl.) plat, herbeux, sablonneux
Tarif : 32€ ♣♣ ⟷ 🅴 🔌 (10A) – pers. suppl. 6€ – frais de réservation 16€

Location : (de déb. mai à fin sept.) 🚿 – 35 🚐.
Nuitée 40 à 110€ – Sem. 240 à 760€ – frais de réservation 16€
🚮 borne artisanale 25€ – 15 🅴 32€
Pour s'y rendre : 90 av. du Lac (1,5 km à l'ouest)

| Nature : 🌊 🌳🌳 |
| Loisirs : 🍴 snack 🎦 🎲 nocturne 🏊 🏊 🏊 |
| Services : ♿ ⚬🚿 (juil.-août) 🚽 🚰 laverie 🧺 🚰 |
| À prox. : ✖ 🎯 🐎 (centre équestre) |
| Longitude : -1.07584 Latitude : 45.18204 |

Aires Naturelles l'Acacia et le Lac de mi-juin à fin sept.
05 56 73 80 80, *camping.lacacia@orange.fr*, *www.camping-lacacia.com*
5 ha/2 campables (50 empl.) plat, herbeux, sablonneux, pinède attenante
Tarif : 19€ (9A) – pers. suppl. 6€
Pour s'y rendre : rte de Carcans (7 km au sud-ouest par D 3 et chemin à dr.)

Nature :
Loisirs :
Services : laverie

Longitude : -1.06361
Latitude : 45.13561

HOURTIN-PLAGE

33990 – **335** D3
Paris 556 – Andernos-les-Bains 66 – Bordeaux 76 – Lesparre-Médoc 26

Airotel La Côte d'Argent – de mi-mai à mi-sept.
05 56 09 10 25, *info@camping-cote-dargent.com*, Fax 05 56 09 24 96, *www.cca33.com*
20 ha (870 empl.) vallonné, en terrasses, plat, sablonneux
Tarif : 45€ (10A) – pers. suppl. 9€ – frais de réservation 35€
Location : (de mi-mai à mi-sept.) – 252 – 12 . Nuitée 49 à 125€ – Sem. 196 à 1 211€ – frais de réservation 35€
borne raclet et artisanale – 50 51€
Pour s'y rendre : à 500 m de la plage

Nature :
Loisirs : snack terrain multisports
Services : laverie cases réfrigérées

Longitude : -1.16446
Latitude : 45.22259

Le coup de cœur de Bib

Si le Médoc est connu et reconnu pour son vignoble, il abrite aussi sur ses plages océanes d'importants complexes pour les vacances. L'Airotel La Côte d'Argent en fait partie, bien implanté à l'ombre d'une magnifique pinède qui n'a rien à envier au département des Landes. Ce domaine boisé, à quelques centaines de mètres de l'Océan, a su créer une ambiance familiale et prodiguer à chaque génération ses animations favorites. Les adultes trouveront des emplacements spacieux, des mobile homes grand confort et des installations sanitaires de qualité. Pour les animations, ils s'adonneront à l'aquagym, à divers tournois (volley, pétanque, tennis...) et en fin de journée à des soirées musicales ou plus culturelles. Les adolescents seront eux aussi pris en charge par des moniteurs diplômés, avec de nombreuses activités sportives dont le surf, très prisé dans la région. Enfin, les tout-petits sont peut-être ici les plus choyés avec, rien que pour eux, des jeux et un encadrement particulièrement adapté.

La Côte d'Argent

LA HUME

33470 – **335** E7
▶ Paris 645 – Bordeaux 59 – Mérignac 62 – Pessac 56

△ **Verdalle** de déb. avr. à déb. oct.
ℎ 05 56 66 12 62, *camping.verdalle@wanadoo.fr*,
Fax 05 56 66 12 62, *www.campingdeverdalle.com*
1,5 ha (108 empl.) plat, sablonneux, pierreux
Tarif : 24€ ♣♣ ⛺ 🔲 (🔋) (10A) – pers. suppl. 6€ – frais
de réservation 12€

Location : (de déb. avr. à déb. oct.) – 7 bungalows
toilés. Nuitée 35 à 80€ – Sem. 200 à 490€ – frais de
réservation 15€
🚐 borne artisanale – 20 🔲 12€
Pour s'y rendre : 2 allée de l'Infante (au nord, par av. de
la Plage et chemin à dr., au bord du bassin, accès direct
à la plage)

Nature : 🐟 ⚓ 🏞 ♨	
Services : 🚿 ⛽ ♨ 🗑	
À prox. : 🏊	

Longitude : -1.11099
Latitude : 44.64397

Si vous recherchez :

🎭   *un terrain offrant des animations sportives, culturelles ou de détente,*
🐟   *un terrain agréable ou très tranquille,*
L-M *un terrain effectuant la location de caravanes,*
       de mobile homes, de bungalows ou de chalets,
P   *un terrain ouvert toute l'année,*
🚐   *un terrain possédant une aire de services pour camping-cars,*
consultez le tableau des localités

ITXASSOU

64250 – **342** D3 – 1 998 h. – alt. 39
▶ Paris 787 – Bayonne 24 – Biarritz 25 – Cambo-les-Bains 5

△△△ **Hiriberria** Permanent
ℎ 05 59 29 98 09, *hiriberria@wanadoo.fr*,
Fax 05 59 29 20 88, *www.hiriberria.com*
4 ha (228 empl.) terrasse, peu incliné, plat, herbeux,
gravillons
Tarif : ♣ 6€ ⛺ 🔲 7€ – (🔋) (10A) 4€

Location : (de déb. mars à fin nov.) – 13 🚐 – 17 🏠.
Nuitée 100€ – Sem. 625€
🚐 borne artisanale 4€ – 10 🔲 22€
Pour s'y rendre : 1 km au nord-ouest par D 918, rte de
Cambo-les-Bains et chemin à dr.
À savoir : joli petit village de chalets

Nature : ⚓ 🏞 ♨	
Loisirs : 🎮 🏖 🏊 (découverte en saison)	
Services : 🚿 ⛽ ♨ 🗑 🛁 🚿 ♨ laverie	

Longitude : -1.40137
Latitude : 43.33887

LABENNE

40530 – **335** C13 – 4 431 h. – alt. 12
🛈 6, rue des écoles ℎ 05 59 45 40 99
▶ Paris 755 – Bayonne 12 – Capbreton 6 – Dax 36

△ **Municipal Les Pins Bleus** de déb. avr. à fin oct.
ℎ 05 59 45 41 13, *camping@lespinsbleus.com*,
Fax 05 59 45 44 70, *www.lespinsbleus.com*
plat, sablonneux, herbeux
Tarif : 18€ ♣♣ ⛺ 🔲 (🔋) (16A) – pers. suppl. 5€ – frais
de réservation 17€

Location : (Prix 2010) (de déb. avr. à fin oct.) 🚿 (1
chalet) – 2 🚐 – 22 🏠 – 14 bungalows toilés. Nuitée
21 à 84€ – Sem. 31 à 535€ – frais de réservation 17€
🚐 borne autre 2€ – 14 🔲 11€ – 🚐 9€
Pour s'y rendre : av. de l'Océan

Nature : ♨	
Loisirs : snack 🎮 🚸 🏊 🚴 🏊	
Services : ⛽ ♨ laverie , cases réfrigérées	

Longitude : -1.45844
Latitude : 43.60263

LABENNE-OCÉAN

40530 – **335** C13

▶ Paris 763 – Bordeaux 185 – Mont-de-Marsan 98 – Pau 129

Yelloh! Village le Sylvamar ♣♣ – de déb. avr. à déb. nov.
ℱ 05 59 45 75 16, *camping@sylvamar.fr*,
Fax 05 59 45 46 39, *www.sylvamar.fr*
20 ha/10 campables (580 empl.) plat, sablonneux, herbeux
Tarif : 44€ ♣♣ ⬅ 回 ⓘ (10A) – pers. suppl. 8€
Location : (de déb. avr. à déb. nov.) ⚡ – 190 ⬚
– 60 ⬚ – 1 cabane dans les arbres. Nuitée 43 à 299€
– Sem. 301 à 896€
Pour s'y rendre : av. de l'Océan (par D 126, rte de la Plage, près du Boudigau)
À savoir : bel ensemble aquatique et quelques chalets grand confort

Nature : ⬚ ⬚ ♡♡
Loisirs : ⬚ snack, pizzeria ⬚
⬚ ⬚ ⬚ hammam jacuzzi ⬚
⬚ ⬚ ⬚ ⬚ théâtre de plein air, terrain multisports
Services : ⬚ ⬚ ⬚ ⬚ ⬚ ⬚ laverie ⬚ ⬚ cases réfrigérées, point d'informations touristiques
À prox. : ⬚ ⬚ parc animalier

Longitude : -1.43107
Latitude : 43.5928

Le coup de cœur de Bib

Aventurez-vous en pleine pinède : le Sylvamar s'y cache. Situé sur la commune de Labenne-Océan, station balnéaire de la côte landaise, le camping vous réserve une large gamme d'hébergements allant des emplacements nus à la Palombière, belle cabane perchée au contact des arbres. Cottages et chalets grand confort complètent cette offre. Il ne vous reste ensuite que l'embarras du choix pour vous occuper entre les activités sportives, le grand espace aquatique et ses deux bassins chauffés. Et pour ceux qui veulent voir du pays, l'Espagne et les Pyrénées ne se trouvent qu'à deux pas.

Yelloh! Village Sylvamar

Côte d'Argent ♣♣ – de déb. avr. à fin oct.
ℱ 05 59 45 42 02, *info@camping-cotedargent.com*,
Fax 05 59 45 73 31, *www.camping-cotedargent.com*
4 ha (215 empl.) plat, herbeux, sablonneux
Tarif : (Prix 2010) 30€ ♣♣ ⬅ 回 ⓘ (6A) – pers. suppl. 5€ – frais de réservation 25€
Location : (Prix 2010) (de déb. avr. à fin oct.) – 22 ⬚
– 35 ⬚ – 3 appartements – 6 bungalows toilés. Sem. 190 à 800€ – frais de réservation 25€
⬚ borne artisanale 3€
Pour s'y rendre : 60 av. de l'Océan (par D 126, rte de la plage)

Nature : ⬚ ♡♡
Loisirs : ⬚ snack, pizzeria ⬚
diurne ⬚ ⬚ ⬚ ⬚ ⬚ terrain omnisports
Services : ⬚ ⬚ ⬚ ⬚ ⬚ ⬚ ⬚ laverie ⬚
À prox. : ⬚ ⬚ parc aquatique

Longitude : -1.4565
Latitude : 43.59545

LACANAU

33680 – **335** E5 – 4 243 h. – alt. 17

▶ Paris 625 – Bordeaux 47 – Mérignac 45 – Pessac 51

ᴀᴀᴀ **Talaris Vacances** ♣♣ – saison
℘ 05 56 03 04 15, *camping@talaris-vacances.fr*,
Fax 05 56 26 21 56, *www.talaris-vacances.fr*
10 ha (336 empl.) plat, herbeux, petit étang
Tarif : (Prix 2010) 44€ ♦♦ ⟺ 🅴 🄷 (6A) – pers.
suppl. 8€

Location : (Prix 2010) (saison) – 120 🛏 – 6 🏠
– 10 bungalows toilés – 8 tentes – avec et sans
sanitaires. Nuitée 29 à 190€ – Sem. 217 à 1 330€
🛒 borne artisanale
Pour s'y rendre : au Moutchic, rte de l'Océan (5 km à
l'ouest par D6, rte de Lacanau-Océan)
À savoir : agréable cadre boisé

Nature : 🌿 ♨	
Loisirs : 🍸 snack 🎬 👁 ♣♣ 🏊 🚴 ✂ 🎱 🎯 🏊 terrain multisports	
Services : 👤 ⛽ ⛺ 🏊 laverie 🛒	
Longitude : -1.11236	
Latitude : 45.008	

ᴀᴀ **Le Tedey** ♣♣ – de fin avr. à mi-sept.
℘ 05 56 03 00 15, *camping@le-tedey.com*,
Fax 05 56 03 01 90, *www.le-tedey.com* ✂ (juil-août)
14 ha (700 empl.) plat, sablonneux, dunes boisées
attenantes
Tarif : 26€ ♦♦ ⟺ 🅴 🄷 (10A) – pers. suppl. 6€ – frais
de réservation 20€

Location : (de fin avr. à mi-sept.) ✂ – 36 🛏. Sem.
330 à 715€ – frais de réservation 20€
Pour s'y rendre : au Moutchic, rte de Longarisse (3 km
au sud et chemin à gauche)
À savoir : agréable site au bord du lac de Lacanau, sous
les pins mais au confort sanitaire faible

Nature : 🌿 🚤 ♨ ⛰	
Loisirs : 🍸 👁 ♣♣ ♣♣ 🚴 🎱 ♪ canoë	
Services : 👤 ⛽ 🏊 🕎 laverie 🛒	
Longitude : -1.13652	
Latitude : 44.9875	

ᴀ **Villages Vacances Le Gîte Autrement** (location
exclusive de chalets) Permanent
℘ 05 57 17 22 47, *gites-autrement@orange.fr*,
Fax 06 77 70 62 65, *www.gite-autrement.com*
1 ha plat, herbeux, sablonneux
Location : (Prix 2010) ✂ – 6 🏠. Nuitée 56 à 70€
– Sem. 282 à 770€
Pour s'y rendre : lieu-dit : Narsot (2,5 km au nord-est
par la D104E4 rte de Brach)

Nature : ♨	
Loisirs : ♣♣ 🚴 🖥 (découverte en saison)	
Services : ⛽ 🚮 ✂ 🎱 🕎	
Longitude : -1.04908	
Latitude : 44.98457	

81

LACANAU-OCÉAN

33680 – **335** D4 – 3 142 h.
🛈 *438, place de L'Europe* ℘ 05 56 03 21 01
▶ Paris 636 – Andernos-les-Bains 38 – Arcachon 87 –
Bordeaux 63

ᴀᴀᴀ **Yelloh! Village Les Grands Pins** ♣♣ – de mi-avr. à
fin sept.
℘ 05 56 03 20 77, *reception@lesgrandspins.com*,
Fax 05 57 70 03 89, *www.lesgrandspins.com*
11 ha (570 empl.) en terrasses, vallonné, sablonneux
Tarif : 47€ ♦♦ ⟺ 🅴 🄷 (10A) – pers. suppl. 9€ – frais
de réservation 30€

Location : (de mi-avr. à fin sept.) – 186 🛏. Nuitée
39 à 205€ – Sem. 273 à 1 435€
🛒 borne artisanale 1€ – 20 🅴 47€
Pour s'y rendre : Plage Nord (au nord de la station, à
500 m de la plage -accès direct-)

Nature : 🌿 🚤 ♨	
Loisirs : 🍸 🍴 snack 🎬 👁 ♣♣ 🎪 ♨ hammam jacuzzi balnéo ♣♣ 🚴 ✂ 🖥 🏊 terrain multisports, parcours de santé et de VTT	
Services : 👤 ⛽ 🅿 (saison) 🏊 🕎 laverie 🛒 🛒 cases réfrigérées	
Longitude : -1.19517	
Latitude : 45.01088	

Le coup de cœur de Bib

Yelloh! Village Les Grands Pins *(voir page précédente)*

Lacanau… et plus précisément Lacanau-Océan ! Cette adresse s'explique parfaitement puisque le camping est à quelques mètres de la plage. Mais pourquoi encore camping ? En effet, si beaucoup souhaitent se faire appeler « hôtellerie de plein air », ici le nom n'est pas usurpé : une apparence exemplaire, un relief vallonné, ombragé par une pinède digne des Landes et bien sûr des services de qualité. On évoquera les bassins aquatiques et ludiques en partie couverts, le petit centre commercial qui facilitera le séjour, sans oublier le parc locatif équipé en mobile homes au grand confort. Certains s'intègrent même à l'environnement avec un habillage en bois qui rappelle la verticalité des pins. Enfin, toujours dans un respect de la nature et du bien-être des vacanciers, plus particulièrement des familles avec enfants, une partie du terrain est interdite aux voitures !

Yelloh! Village Les Grands Pins

Airotel de l'Océan ♣♦ – de déb. avr. à fin sept.
☎ 05 56 03 24 45, *airotel.lacanau@wanadoo.fr*,
Fax 05 57 70 01 87, *www.airotel-ocean.com*
9 ha (550 empl.) plat et en terrasses, vallonné, sablonneux
Tarif : (Prix 2010) 44 € ♣♦ ⇔ ▣ (15A) – pers. suppl. 8 € – frais de réservation 28 €

Location : (de déb. avr. à fin sept.) ※ – 175 ▥.
Nuitée 38 à 122 € – Sem. 215 à 850 € – frais de réservation 28 €
⊞ 40 ▣ 26 €
Pour s'y rendre : 24 r. du Repos (Plage Nord)

Nature : 🌳🌳
Loisirs : ▦ ✗ snack 🎬 ⊡ 🏋 ♨ discothèque 🛶 🚲 ✗ 🏊 ⛵ école de surf
Services : ♿ ⊶ 🚿 laverie 🛒 cases réfrigérées

Longitude : -1.1928
Latitude : 45.00868

LAMONZIE-MONTASTRUC

24520 – **329** E6 – 586 h. – alt. 50
▶ Paris 587 – Bordeaux 131 – Périgueux 46 – Agen 103

L'Escapade ♣♦ – de déb. avr. à mi-sept.
☎ 05 53 57 23 79, *contact@campinglescapade.com*,
Fax 05 53 57 23 79, *www.campinglescapade.com*
4,5 ha (85 empl.) en terrasses, plat, herbeux, vallonné
Tarif : 28 € ♣♦ ⇔ ▣ (10A) – pers. suppl. 7 € – frais de réservation 26 €

Location : (de déb. mars à mi-sept.) ♿ – 62 ▥
– 8 ▥. Nuitée 50 à 110 € – Sem. 300 à 750 € – frais de réservation 26 €
Pour s'y rendre : au lieu-dit : Les Roussilloux (rte de St-Alvère)

Nature : 🌊 🏞
Loisirs : ▦ ✗ snack 🎬 🏋 🎣 hammam jacuzzi 🛶 🚲 ♨ 🏓 🏊 ⛵ promenades à dos d'ânes
Services : ♿ ⊶ 🚿 laverie

Longitude : 0.60793
Latitude : 44.88636

LANOUAILLE

24270 – **329** H3 – 988 h. – alt. 209 – Base de loisirs

🛈 *4, place Thomas Robert Bugeaud* ✆ *05 53 62 17 82*

▶ Paris 446 – Brantôme 47 – Limoges 55 – Périgueux 46

Village Vacances Le Moulin de la Jarousse (location exclusive de chalets, yourtes, cabanes dans les arbres, gîtes) Permanent

✆ 05 53 52 37 91, *contact@location-en-dordogne.com*, *www.location-en-dordogne.com*

8 ha en terrasses, lac, forêt

Location : ♿ (1 gîte) – 8 🏠 – 8 yourtes – 8 🛏 – 3 cabanes dans les arbres – 3 gîtes. Nuitée 40 à 50€ – Sem. 212 à 840€

Pour s'y rendre : à Payzac, au lieu-dit : La Jarousse (9 km au nord-est par la D 704 jusqu'à l'Hépital, puis à drte par la D 80)

À savoir : cadre sauvage et boisé dominant le lac

Nature : 🐾 ≤ 💧
Loisirs : 🚣 🚴 🎣 🖼 (découverte en saison) 🏖 🎿 quad enfant, animaux de la ferme, canoë, pédalos
Services : ⚷ 🅿 🚿 🏪 🍴 🔥

Longitude : 1.18411
Latitude : 45.43694

Give use your opinion of the camping sites we recommend. Let us know of your remarks and discoveries.

LARRAU

64560 – **342** C4 – 209 h. – alt. 636

▶ Paris 840 – Bordeaux 254 – Pamplona 110 – Donostia-San Sebastián 142

Village Vacances Les Chalets d'Iraty (location exclusive de chalets) Permanent

✆ 05 59 28 51 29, *info@chalets-pays-basque.com*, Fax 05 59 28 72 38, *www.chalets-pays-basque.com* – alt. 1 327

2 000 ha/4 campables

Location : (Prix 2010) 🅿 (hiver) – 4 🚐. Sem. 275 à 325€

Pour s'y rendre : au col de Bagargui (14 km à l'ouest par D 19, rte de St-Jean-Pied-de-Port)

À savoir : disséminés dans la forêt d'Iraty, entre les cols de Bagargui et Hegui Xouri

Nature : 🐾 💧
Loisirs : 🚴 ✂
Services : ⚷ 🏪 🍴 🔥
À prox. : 🏖 🍷 🍴 🎣 🚣 🐴 ski de fond

Longitude : -1.03532
Latitude : 43.03638

83

LARUNS

64440 – **342** J5 – 1 365 h. – alt. 523

🛈 *Maison de la Vallée d'Ossau* ✆ *05 59 05 31 41*

▶ Paris 811 – Argelès-Gazost 49 – Lourdes 51 – Oloron-Ste-Marie 34

Les Gaves Permanent

✆ 05 59 05 32 37, *campingdesgaves@wanadoo.fr*, Fax 05 59 05 47 14, *www.campingdesgaves.com* – places limitées pour le passage

2,4 ha (101 empl.) plat, herbeux, gravier

Tarif : (Prix 2010) 24€ ✶✶ 🚗 🔲 🅵 (10A) – pers. suppl. 5€ – frais de réservation 17€

Location : (Prix 2010) (permanent) 🅿 (chalets) – 11 🚐 – 5 🏠 – 5 appartements. Nuitée 50 à 116€ – Sem. 252 à 679€ – frais de réservation 20€

🚐 4 🔲 14€ – 🔌 10€

Pour s'y rendre : quartier Pon (1,5 km au sud-est par rte du col d'Aubisque et chemin à gauche, au bord du Gave d'Ossau)

Nature : ❄ 🐾 ≤ 🏕 💧
Loisirs : 🍷 🎱 🚣
Services : ⚷ 🏪 🚿 🚰 🍴 laverie

Longitude : -0.41772
Latitude : 42.98306

LÈGE-CAP-FERRET

33950 – **335** E6 – 7 321 h. – alt. 9
🛈 *1, avenue du Général de Gaulle* 𝒫 05 56 03 94 49
▶ Paris 629 – Arcachon 65 – Belin-Beliet 56 – Bordeaux 50

⚠ **La Prairie** de déb. mars à mi-oct.
𝒫 05 56 60 09 75, *camping.la.prairie@wanadoo.fr*,
www.campinglaprairie.com
2,5 ha (118 empl.) plat, herbeux, sablonneux
Tarif : (Prix 2010) 18€ 🏕🏕 🚗 🅴 🕭 (10A) – pers.
suppl. 4€

Location : (Prix 2010) (de déb. avr. à fin sept.) – 16 🚐
– 5 bungalows toilés. Nuitée 25 à 100€ – Sem.
155 à 622€
🚐 borne artisanale – 🔋 9€
Pour s'y rendre : 93 av. du Médoc (1 km au nord-est
par D 3, rte du Porge)

Nature : 🏞 ♀	
Loisirs : 🏠 ♨ ⛷	
Services : ♿ 🔌 🚐 🖨	
Longitude : -1.13375	
Latitude : 44.80271	

LÉON

40550 – **335** D11 – 1 695 h. – alt. 9
🛈 *65, place Jean Baptiste Courtiau* 𝒫 05 58 48 76 03
▶ Paris 724 – Castets 14 – Dax 30 – Mimizan 42

⚠⚠⚠ **Lou Puntaou** 🛖 – de fin mars à déb. oct.
𝒫 05 58 48 74 30, *reception@loupuntaou.com*,
Fax 05 58 48 70 42, *www.loupuntaou.com* – places
limitées pour le passage
14 ha (720 empl.) plat, herbeux, sablonneux
Tarif : (Prix 2010) 35€ 🏕🏕 🚗 🅴 🕭 (15A) – pers.
suppl. 6€ – frais de réservation 28€

Location : (Prix 2010) (de fin mars à déb. oct.). Sem.
155 à 890€ – frais de réservation 28€
Pour s'y rendre : 1315 av. du Lac (1,5 km au nord-ouest
par D 142, à 100 m de l'étang de Léon)

Nature : 🏞 ♀♀		
Loisirs : 🍴 snack 🏠 🕭 🏕 ♨		
🚲 🎿 🎱 ⛷ 🏊		
Services : ♿ 🔌 🚿 🚻 laverie		
🏧 🚰		
À prox. : ✖ 🎿 🚢 🎣		
Longitude : -1.30291		
Latitude : 43.87587		

LESCUN

64490 – **342** I5 – 184 h. – alt. 900
▶ Paris 846 – Lourdes 89 – Oloron-Ste-Marie 37 – Pau 70

⚠ **Le Lauzart** de déb. mai à mi-sept.
𝒫 05 59 34 51 77, *campinglauzart@wanadoo.fr*
1 ha (50 empl.) plat, peu incliné, en terrasses, pierreux,
herbeux, rochers
Tarif : 🏕 3€ 🚗 1€ 🅴 4€ – 🕭 (10A) 4€
🚐 borne artisanale – 11 🅴 5€
Pour s'y rendre : 1,5 km au sud-ouest par D 340

À savoir : magnifique site de montagne avec
malheureusement des installations sanitaires
vieillissantes

Nature : 🏔 ⬍ ♀♀	
Services : ♿ 🔌 🚐 🚿 🛒 🏧 🖨	
Longitude : -0.64217	
Latitude : 42.92761	

LESPERON

40260 – **335** E11 – 968 h. – alt. 75
▶ Paris 698 – Castets 12 – Mimizan 34 – Mont-de-Marsan 59

⚠ **Parc de Couchoy** de déb. juin à mi-oct.
𝒫 05 58 89 60 15, *colinmrose@aol.com*, Fax 05 58 89 60 15,
www.parcdecouchoy.com
1,3 ha (71 empl.) plat, herbeux, sablonneux
Tarif : 26€ 🏕🏕 🚗 🅴 🕭 (6A) – pers. suppl. 8€
Location : (permanent) 🍴 – 12 🚐. Sem.
175 à 520€
Pour s'y rendre : rte de Linxe (3 km à l'ouest par D 331)

Nature : 🏔 ♀♀	
Loisirs : 🍴 ⛷	
Services : 🔌 🚿 🏧 🚰 🖨	
Longitude : -1.10352	
Latitude : 43.96836	

LIMEUIL

24510 – **329** G6 – 345 h. – alt. 65
🛈 *Le Bourg* ☎ 05 53 63 38 90
▶ Paris 528 – Bergerac 43 – Brive-la-Gaillarde 78 – Périgueux 48

⛺ **La Ferme des Poutiroux** Permanent
☎ 05 53 63 31 62, *infos@poutiroux.com*, *www.poutiroux.com*
2,5 ha (45 empl.) en terrasses, plat, peu incliné, herbeux
Tarif : ♣ 5 € 🔲 6 € – (½) (6A) 6 € – frais de réservation 13 €
Location : (permanent) ♿ – 20 🚐. Nuitée 26 à 66 €
– Sem. 170 à 460 € – frais de réservation 13 €
🚐 borne artisanale 3 € – 5 🔲 9 €
Pour s'y rendre : sortie nord-ouest par D 31, rte de
Trémolat puis 1 km par chemin de Paunat à dr.

| Nature : 🏞 ≤ ♤♤ |
| Loisirs : 🏠 🚣 ⛷ |
| Services : ♿ ⊶ 🚮 🛁 ⚒ laverie |

| Longitude : 0.87946 |
| Latitude : 44.89332 |

LINXE

40260 – **335** D11 – 1 159 h. – alt. 33
🛈 *57, route de l'Océan* ☎ 05 58 42 93 01
▶ Paris 712 – Castets 10 – Dax 31 – Mimizan 37

⛺ **Municipal Le Grandjean**
☎ 05 58 42 90 00, *camping.grandjean@wanadoo.fr*,
Fax 05 58 42 94 67
2 ha (100 empl.) plat, sablonneux, gravillons
Location : – 2 🚐.
Pour s'y rendre : 190, rte de Mixe (1,5 km au nord-
ouest par D 42, rte de St-Girons et D 397, rte à dr.)
À savoir : agréable pinède

| Nature : ♤♤ |
| Loisirs : 🏠 🚣 |
| Services : ♿ ⊶ 🚮 laverie |

| Longitude : -1.26154 |
| Latitude : 43.94138 |

LIT-ET-MIXE

40170 – **335** D10 – 1 455 h. – alt. 13
🛈 *23, rue de l'Église* ☎ 05 58 42 72 47
▶ Paris 710 – Castets 21 – Dax 42 – Mimizan 22

⛺ **Village Center Les Vignes** ♣♣ – (location exclusive
de mobile homes, chalets et bungalows toilés) de déb.
avr. à déb. oct.
☎ 05 58 42 85 60, *resa@village-center.com*,
Fax 05 58 42 74 36, *www.village-center.fr/C10*
15 ha plat
Location : (Prix 2010) – 292 🚐 – 28 🏠 – 29 bungalows
toilés. Nuitée 44 à 165 € – Sem. 216 à 1 155 € – frais de
réservation 30 €
Pour s'y rendre : 2,7 km au sud-ouest par D 652 et
D 88, à dr., rte du Cap de l'Homy
À savoir : bel ensemble agrémenté de plantations
variées

| Nature : ♀ |
| Loisirs : 🍸 🍴 snack 🏠 🎱 🏃 chapiteau d'animations 🚣 🚲 ✂ ⚲ ⛷ 🏊 🐎 terrain multisports |
| Services : ♿ ⊶ 🛁 🚮 ⚒ laverie ⚖ ♨ |

| Longitude : -1.28275 |
| Latitude : 44.02401 |

Si vous recherchez :
♣♣ *un terrain offrant des équipements et des loisirs adaptés aux enfants,*
🏞 *un terrain agréable ou très tranquille,*
L-M *un terrain effectuant la location de caravanes, de mobile homes,*
    de bungalows ou de chalets,
P *un terrain ouvert toute l'année,*
🚐 *un terrain possédant une aire de services pour camping-cars,*
consultez le tableau des localités.

Village Center Les Vignes *(voir page précédente)*

Installé sur un parc de 15 ha, le camping Les Vignes à Lit-et-Mixe a tout prévu pour vous occuper ! Cela va du parc aquatique aux nombreuses activités sportives : tournois de pétanque et de ping-pong, gym aquatique, fitness, stretching, beach-volley... il y en a pour tous les goûts. D'autant qu'à proximité se trouvent aussi des pistes cyclables et des sentiers de randonnée et que, l'été, des navettes gratuites vous conduisent à la plage (à 5 km) pour profiter de l'Océan et de ses rouleaux.

Village Center Les Vignes

86

Municipal du Cap de l'Homy de déb. mai à fin sept.
℘ 05 58 42 83 47, *contact@camping-cap.com*,
Fax 05 58 42 49 79, *www.camping-cap.com*
10 ha (474 empl.) plat, vallonné, sablonneux
Tarif : (Prix 2010) 25 € ✛✛ ⇔ 🅴 🄗 (7A) – pers.
suppl. 6 € – frais de réservation 30 €

Location : (Prix 2010) (de déb. mai à fin sept.) 🏕
– 15 bungalows toilés. Sem. 210 à 570 € – frais de réservation 30 €
🚐 borne autre 5 €
Pour s'y rendre : à Cap-de-l'Homy (8 km à l'ouest par D 652 et D 88 à dr., à 300 m de la plage (accès direct))

Nature : 🌊 〰
Loisirs : 🛏
Services : ♿ ⚡ ⚙ 🛒 🏧 ♨
🅰 🔒
À prox. : 🍽 snack 🚲 🏄 surf

Longitude : -1.33724
Latitude : 44.03896

MARCILLAC-ST-QUENTIN

24200 – **329** I6 – 769 h. – alt. 235
◪ Paris 522 – Brive-la-Gaillarde 48 – Les Eyzies-de-Tayac 18 – Montignac 21

Les Tailladis de déb. mars à fin nov.
℘ 05 53 59 10 95, *tailladis@wanadoo.fr*, Fax 05 53 29 47 56,
www.tailladis.com
25 ha/8 campables (90 empl.) plat, en terrasses et incliné, herbeux, pierreux
Tarif : ✛ 6 € ⇔ 🅴 7 € – 🄗 (10A) 4 € – frais de réservation 10 €

Location : (Prix 2010) (de déb. avr. à mi-nov.) – 3 🚐
– 4 🏠 – 5 bungalows toilés. Nuitée 20 à 54 € – Sem. 140 à 720 € – frais de réservation 10 €
Pour s'y rendre : lieu-dit : Les Tailladis (2 km au nord, à prox. de la D 48, au bord de la Beune et d'un petit étang)

Nature : 🌊 🛏 〰
Loisirs : 🍽 ✖ 🛶 🎣
Services : ♿ 🔒 ⏧ ♨ 🍳 laverie
🏧 🚲

Longitude : 1.18789
Latitude : 44.97465

MAULÉON-LICHARRE

64130 – **342** G5 – 3 228 h. – alt. 140
🛈 *Place des Allées* 𝒫 *0559280237*
▶ Paris 802 – Oloron-Ste-Marie 31 – Orthez 39 – Pau 60

Uhaitza - Le Saison de déb. mars à mi-nov.
𝒫 0559281879, *camping.uhaitza@wanadoo.fr*,
Fax 0559280623, *www.camping-uhaitza.com*
1 ha (50 empl.) plat, herbeux
Tarif : (Prix 2010) 24€ ♣♣ ⇔ 🅴 🏠 (10A) – pers.
suppl. 6€ – frais de réservation 10€

Location : (Prix 2010) (permanent) 🏕 (juil. -août)
– 2 🚐 – 5 🏠 . Sem. 580€ – frais de réservation 10€
🚰 borne chêne-sanilis 5€
Pour s'y rendre : 1,5 km au sud par D 918, rte de
Tardets-Sorholus, au bord du Saison

Nature : 🌳 🏕 ♾️	
Loisirs : 🍴 🎮 ⛷️ 🏊 🎣	
Services : 🚿 ⚡ 🚽 🧺 🔧	
laverie	

Longitude : -0.8972
Latitude : 43.20789

Aire Naturelle La Ferme Landran de mi-avr. à fin
sept.
𝒫 0559281955, *landran@wanadoo.fr*, Fax 0559282320,
www.gites64.com/la-ferme-landran
1 ha (25 empl.) incliné et en terrasses, herbeux
Tarif : 13€ ♣♣ ⇔ 🅴 🏠 (6A) – pers. suppl. 3€

Location : (Prix 2010) (permanent) – 2 🏠 – 1 gîte.
Nuitée 50€ – Sem. 220 à 330€
🚰 borne eurorelais 3€
Pour s'y rendre : à Ordiarp, quartier Larréguy (4,5 km
au sud-ouest par D 918, rte de St-Jean-Pied-de-Port puis
1,5 km par chemin de Lambarre à dr.)

À savoir : camping à la ferme

Nature : 🌳 ≤ ♾️	
Loisirs : 🎮 ⛷️	
Services : 🚿 ⚡ 🧺 🔧	

Longitude : -0.93933
Latitude : 43.20185

MÉNESPLET

87

24700 – **329** B5 – 1 551 h. – alt. 43
▶ Paris 532 – Bergerac 44 – Bordeaux 69 – Libourne 35

Camp'Gîte
𝒫 0553818439, *aquabrite@hotmail.com*,
Fax 0553816274, *www.camp-gite.com*
1 ha (29 empl.) plat, herbeux
Pour s'y rendre : au lieu-dit : Les Loges (3,8 km au sud-
ouest du bourg, par rte de Laser)

Nature : 🌳 🏕 ♾️	
Loisirs : 🎮	
Services : 🚿 ⚡ laverie	

Longitude : 0.0717
Latitude : 44.9987

MESSANGES

40660 – **335** C12 – 919 h. – alt. 8
🛈 *route des Lacs* 𝒫 *0558489310*
▶ Paris 734 – Bayonne 45 – Castets 24 – Dax 33

Airotel Le Vieux Port ♣♣ – de déb. avr. à fin sept.
𝒫 0825704040, *contact@levieuxport.com*,
Fax 0558480169, *www.levieuxport.com*
40 ha/30 campables (1406 empl.) vallonné, plat,
sablonneux, herbeux
Tarif : 57€ ♣♣ ⇔ 🅴 🏠 (8A) – pers. suppl. 9€ – frais de
réservation 38€

Location : (de déb. avr. à fin sept.) 🏕 – 300 🚐
– 75 🏠 . Nuitée 65 à 185€ – Sem. 280 à 1 764€ – frais
de réservation 38€
Pour s'y rendre : rte de la plage sud (2,5 km au sud-
ouest par D 652, rte de Vieux-Boucau-les-Bains puis
800 m par chemin à dr., à 500 m de la plage -accès
direct)

À savoir : agréable parc aquatique paysagé

Nature : ♾️	
Loisirs : 🍴 ✕ snack, 🎮 🏸 🎯	
⛷️ 🚲 ✂️ 🎣 🎱 🏊 🏇 po-	
neys , terrain multisports	
Services : 🚿 ⚡ 🧺 🔧 lave-	
rie 🛒 cases réfrigérées	

Longitude : -1.40704
Latitude : 43.79857

Airotel Le Vieux Port *(voir page précédente)*
À deux pas de l'Océan et des grandes plages landaises de sable fin, Le Vieux Port vous accueillera sur un terrain avantageusement arboré. Vous pourrez aussi délaisser l'Atlantique puisque le parc aquatique du camping comporte plusieurs bassins, une pataugeoire et des toboggans pour les plus jeunes (à partir de 3 ans) comme pour les plus âgés (à partir de 10 ans). Centre équestre, aires de sport et animations sauront aussi vous séduire.

Airotel Le Vieux Port

Village Vacances Airotel Lou Pignada 👥 –
(location exclusive de caravanes, mobile homes et chalets)
de déb. avr. à mi-sept.
📞 0825704040, *contact@loupignada.com*,
Fax 0558482653, *www.loupignada.com*
8 ha plat

Location : – 125 🚐 – 25 🏠. Nuitée 166€ – Sem. 1 162€ – frais de réservation 38€
Pour s'y rendre : rte d'Azur (2 km au sud par D 652 puis 500 m par rte à gauche)

Nature : 🏞 ⚲⚲	
Loisirs : ♟ ✕ snack 🍴 🏸 🎣	
🍹 🚴 🏓 🎯 🏊 🛝 terrain multisports	
Services : ⚵ ⛽ 🛁 laundry laverie	
🛒 cases réfrigérées	
À prox. : 🛒	

Longitude : -1.40111
Latitude : 43.79778

La Côte de déb. avr. à fin sept.
📞 0558489494, *info@campinglacote.com*,
Fax 0558489444, *www.campinglacote.com*
3,5 ha (143 empl.) plat, herbeux, sablonneux
Tarif : 25€ ✶✶ 🚐 🔲 🚾 (10A) – pers. suppl. 5€ – frais de réservation 16€

Location : (de déb. avr. à fin sept.) – 11 🚐 – 1 gîte. Sem. 240 à 690€ – frais de réservation 20€
🚰 borne artisanale
Pour s'y rendre : 2,3 km au sud-ouest par D 652, rte de Vieux-Boucau-les-Bains et chemin à dr.

Nature : 🏖 ⚲⚲	
Loisirs : 🏊 jacuzzi 🏓 🛝	
Services : ⚵ ⛽ 🛁 🚾	
laverie , cases réfrigérées	
À prox. : 🛒	

Longitude : -1.39174
Latitude : 43.80034

Les Acacias de fin mars à fin oct.
📞 0558480178, *lesacacias@lesacacias.com*,
Fax 0558482312, *www.lesacacias.com*
1,7 ha (128 empl.) plat, herbeux, sablonneux
Tarif : 21€ ✶✶ 🚐 🔲 🚾 (10A) – pers. suppl. 4€ – frais de réservation 10€

Location : (de mi-mars à fin oct.) – 10 🚐. Sem. 240 à 540€ – frais de réservation 10€
🚰 borne autre 8€ – 6 🔲 21€
Pour s'y rendre : quartier Delest - Rte d'Azur (2 km au sud par D 652, rte de Vieux-Boucau-les-Bains puis 1 km par rte à gauche)

Nature : 🏖 ⚲	
Loisirs : 🏓 🏊	
Services : ⚵ ⛽ 🛁 🚾 laverie	
À prox. : 🛒	

Longitude : -1.38194
Latitude : 43.79844

MÉZOS

40170 – **335** E10 – 848 h. – alt. 23

🏠 *Avenue de la Gare* 𝒫 *05 58 42 64 37*

▶ Paris 700 – Bordeaux 118 – Castets 24 – Mimizan 16

Le Village Tropical Sen Yan ♣♣ – de déb. juin à mi-sept.

𝒫 05 58 42 60 05, *reception@sen-yan.com*,
Fax 05 58 42 64 56, *www.sen-yan.com*

8 ha (310 empl.) plat, sablonneux

Tarif : 39 € ♣♣ ⇔ 🔲 [¿] (6A) – pers. suppl. 8 € – frais de réservation 26 €

Location : (de déb. juin à mi-sept.) ⚡ – 120 🚐 – 41 🏠. Nuitée 61 à 125 € – Sem. 427 à 889 € – frais de réservation 26 €

Pour s'y rendre : av. de la Gare (1 km à l'est par rte du Cout)

À savoir : bel ensemble avec piscines, palmiers, plantations et un plan d'eau filtré naturellement

Nature : 🐚 ⛱ ♨
Loisirs : ▲ ✗ snack 🎱 🎮 🎯 🎣 ⛵ 🚣 🚴 🛶 ✗ 🎿 🔲 🏊 🏖 (plage) 🏔 terrain multisports, plan d'eau
Services : 🚿 🔑 🛏 🚿 🚽 🍴 laverie 🎩 ✂

Longitude : -1.15657
Latitude : 44.07164

Le coup de cœur de Bib

Piscines découvertes, piscine couverte si le temps n'est pas au beau fixe, toboggans aquatiques, pool-house de remise en forme et plusieurs bassins comme perdus dans une végétation luxuriante : bananiers, fougères géantes, palmiers et roseaux ! L'un des premiers parcs aquatiques dignes de ce nom, qui a fait et fait toujours le bonheur des vacanciers, petits et grands. Mais il fallait encore innover pour surprendre, et le Sen Yan vient donc de réaliser une nouvelle attraction : « La baie des Naufragés » ! Un très joli plan d'eau qui, pour respecter l'environnement, filtre l'eau naturellement grâce à de nouvelles plantes aquatiques. Autour de ce petit lac, une superbe plage de sable blanc équipée de transats bleu azur bientôt à l'ombre des palmiers…

Sen Yan

MIALET

24450 – **329** G2 – 681 h. – alt. 320

▶ Paris 436 – Limoges 49 – Nontron 23 – Périgueux 51

Village Vacances L'Étang de Vivale (location exclusive de chalets) de fin mars à fin oct.

𝒫 05 53 52 66 05, *vivale@orange.fr*, Fax 05 53 52 47 94, *www.vivaledordogne.com*

30 ha plat, vallonné

Location : ⚡ – 15 🏠. Sem. 480 à 740 €

Pour s'y rendre : 32 av. de Nontron (700 m à l'ouest par D 79, rte de Nontron, au bord du lac)

Nature : 🐚 ⛱ ♨
Loisirs : ▲ 🎱 🎣 🚴 🎿 🎣 canoë, barques
Services : 🚿 🔑 🅿 📖

Longitude : 0.89788
Latitude : 45.54793

AQUITAINE

MIMIZAN

40200 – **335** D9 – 6 806 h. – alt. 13
🛈 *38, avenue Maurice Martin* ℰ *0558091120*
▶ Paris 692 – Arcachon 67 – Bayonne 109 – Bordeaux 109

⚲ **Les Écureuils** de déb. juin à déb. sept.
ℰ 0558090051, *contact@campinglesecureuils.fr*,
Fax 0558090051, *www.campinglesecureuils.fr*
2,7 ha (100 empl.) plat, sablonneux, herbeux
Tarif : (Prix 2010) 21€ ✶✶ ⇌ 🄴 (6A) – pers.
suppl. 6€

Location : (de déb. avr. à mi-oct.) 🚫 (juil.-août)
– 14 🛏 – 7 🏠 – 1 studio. Nuitée 41 à 53€ – Sem.
230 à 720€
Pour s'y rendre : rte de Bayonne (2,5 km au sud par
D 652, rte de Bias)

| Nature : 🌳🌳 |
| Loisirs : 🎱 ⛵ ⛸ |
| Services : 🚿 ⚡ 🍴 🗄 ♨ |

| Longitude : -1.22704 |
| Latitude : 44.18279 |

⚲ **Municipal du Lac**
ℰ 0558090121, *lac@mimizan-camping.com*,
Fax 0558094306, *www.mimizan-camping.com*
8 ha (466 empl.) plat, sablonneux, herbeux

Location : – 16 bungalows toilés.
🚰 borne flot bleu
Pour s'y rendre : av. de Woolsack (2 km au nord par
D 87, rte de Gastes, au bord de l'étang d'Aureilhan)

| Nature : 🌿 |
| Loisirs : ⛵ |
| Services : 🚿 ⚡ 🗄 🖥 ♨ |
| À prox. : ⛵ 🎣 🏌️ golf, pédalos, canoë 🚲 |

| Longitude : -1.22917 |
| Latitude : 44.22 |

MIMIZAN-PLAGE

40200 – **335** D9
▶ Paris 706 – Bordeaux 128 – Mont-de-Marsan 84

⛰ **Airotel Club Marina-Landes** ⛺ – de mi-mai à mi-sept.
ℰ 0558091266, *contact@clubmarina.com*,
Fax 0558091640, *www.marinalandes.com*
9 ha (583 empl.) plat, sablonneux, plat, sablonneux
Tarif : (Prix 2010) 49€ ✶✶ ⇌ 🄴 (10A) – pers.
suppl. 8€ – frais de réservation 35€

Location : (Prix 2010) (de mi-mai à mi-sept.) – 88 🛏
– 6 🏠 – 24 studios – 10 bungalows toilés. Nuitée
29 à 163€ – Sem. 203 à 1 140€ – frais de réservation
35€
🚰 borne artisanale et euro-relais 2€ – 50 🄴 49€
Pour s'y rendre : 8, r. Marina (500 m de la plage Sud)

| Nature : 🏕 🌳🌳 |
| Loisirs : 🍴 ✗ snack 🎱 🎮 🏇 🎣 salle d'animation, discothèque ⛵ 🚴 🎾 ⛸ |
| Services : 🚿 ⚡ 🗄 🍴 🖥 ♨ |
| À prox. : 🏇 |

| Longitude : -1.2909 |
| Latitude : 44.204 |

⛰ **Municipal de la Plage** ⛺ – de déb. avr. à fin sept.
ℰ 0558090032, *contact@mimizan-camping.com*,
Fax 0558094494, *www.mimizan-camping.com*
16 ha (680 empl.) plat, vallonné, sablonneux, herbeux
Tarif : 21€ ✶✶ ⇌ 🄴 (10A) – pers. suppl. 9€ – frais
de réservation 18€

Location : (de déb. avr. à fin sept.) 🅿 (chalets)
– 21 🛏 – 15 🏠. Sem. 200 à 720€ – frais de
réservation 18€
🚰 borne flot bleu 2€ – 18 🄴 19€
Pour s'y rendre : bd de l'Atlantique (quartier nord)

| Nature : 🏕 |
| Loisirs : 🎮 🏇 ⛵ terrain multisports, mur d'escalade |
| Services : 🚿 ⚡ 🗄 🍴 🖥 ♨ cases réfrigérées |

| Longitude : -1.28384 |
| Latitude : 44.21719 |

♨ ✗ *ATTENTION :*
these facilities are not necessarily available throughout
the entire period that the camp is open - some are only
available in the summer season.

MOLIETS-PLAGE

40660 – **335** C11
◪ Paris 716 – Bordeaux 156 – Mont-de-Marsan 89 – Bayonne 67

▲▲▲ **Le Saint-Martin** ▲▲ – de mi-avr. à déb. nov.
℘ 0558485230, *contact@camping-saint-martin.fr*,
Fax 0558485073, *www.camping-saint-martin.fr*
18 ha (660 empl.) vallonné, plat, peu incliné, sablonneux
Tarif : 44€ ★★ ⇋ 回 ⚡ (10A) – pers. suppl. 8€ – frais
de réservation 35€

Location : (de mi-avr. à déb. nov.) – 115 🏠. Nuitée
60 à 89€ – Sem. 220 à 620€ – frais de réservation 35€
🚐 borne artisanale – 44 回 26€
Pour s'y rendre : av. de L'Océan (sur D 117, accès direct
à la plage)

Nature : 🗇 ዒዒ
Loisirs : 🍴 ✗ pizzeria, snack 🎦
🎲 🎣 🖹 ⚡ 🔳 ⚐ terrain
multisports
Services : ⚐ ⛐ 🖉 ⚐ ⚐ ⚐
laverie 🖉 🖉
À prox. : 🚲 ✗ golf (27 trous)

Longitude : -1.3866
Latitude : 43.85242

MONPAZIER

24540 – **329** G7 – 530 h. – alt. 180
🚹 *place des Cornières* ℘ 0553226859
◪ Paris 575 – Bergerac 47 – Fumel 26 – Périgueux 75

▲▲▲ **Village Center Le Moulin de David** ▲▲ – de fin
juin à déb. sept.
℘ 0825002030, *resa@village-center.com*,
Fax 0467516389, *www.village-center.fr/C08*
16 ha/4 campables (160 empl.) plat, terrasse, herbeux
Tarif : (Prix 2010) 16€ ★★ ⇋ 回 ⚡ (10A) – pers.
suppl. 3€ – frais de réservation 30€

Location : (Prix 2010) (de fin juin à déb. sept.)
– 61 🚐. Nuitée 44 à 112€ – Sem. 216 à 784€ – frais
de réservation 30€
Pour s'y rendre : 3 km au sud-ouest par D 2, rte de
Villeréal et chemin à gauche, au bord d'un ruisseau

Nature : 🐾 🗇 ዒዒ
Loisirs : 🍴 ✗ snack 🎦 🎲 🎣
⚐ 🔳 🏊 (plan d'eau) ⚐
Services : ⚐ ⛐ 🖉 ⚐ ⚐ ⚐
laverie 🖉 🖉

Longitude : 0.87873
Latitude : 44.65979

91

MONTIGNAC

24290 – **329** H5 – 2 870 h. – alt. 77
🚹 *place Bertran-de-Born* ℘ 0553518260
◪ Paris 513 – Brive-la-Gaillarde 39 – Périgueux 54 – Sarlat-la-Canéda 25

▲▲ **Le Moulin du Bleufond** de déb. avr. à mi-oct.
℘ 0553518395, *info@bleufond.com*, Fax 0553511992,
www.bleufond.com
1,3 ha (84 empl.) plat, herbeux
Tarif : (Prix 2010) ★ 6€ ⇋ 回 7,50€ – ⚡ (10A) 3,50€

Location : (Prix 2010) – 17 🚐. Sem. 218 à 660€
Pour s'y rendre : 500 m au sud par D 65 rte de Sergeac,
près de la Vézère

À savoir : beaux emplacements disposés autour de
l'ancien moulin

Nature : 🐾 🗇 ዒዒ
Loisirs : snack 🎦 🎣 jacuzzi
🔳 🔳
Services : ⚐ ⛐ 🖩 🖉 ⚐ ⚐
laverie 🖉
À prox. : ✗ ⚐ canoë

Longitude : 1.15864
Latitude : 45.05989

MONTORY

64470 – **342** H4 – 335 h. – alt. 350
◪ Paris 827 – Bordeaux 241 – Pamplona 121 – Pau 56

▲ **Village Vacances Les Chalets de Soule** (location
exclusive de mobile homes) Permanent
℘ 0559285328, *leschaletsdesoule@wanadoo.fr*, *www.
leschaletsdesoule.com*
2 ha plat, herbeux

Location : (Prix 2010) 🅿 – 11 🚐. Nuitée 48 à 68€
– Sem. 295 à 480€
Pour s'y rendre : quartier Cazenave

Nature : 🐾 🗇 ዒዒ
Loisirs : 🔳 🔳ₘ
Services : ⛐ 🖩 🖩 🖩
À prox. : ✗ quad

Longitude : -0.81399
Latitude : 43.09458

MONTPON-MÉNESTÉROL

24700 – **329** B5 – 5 667 h. – alt. 93

▯ *place Clemenceau* ✆ 05 53 82 23 77

▣ Paris 532 – Bergerac 40 – Bordeaux 75 – Libourne 43

△ **Le Port Vieux** de déb. avr. à fin sept.
✆ 05 53 80 22 16, *daniel.taillez455@orange.fr*,
www.leportvieux.power-heberg.com
2 ha (120 empl.) plat, herbeux
Tarif : (Prix 2010) 14 € �▯�▯ ⇔ ▣ ▯ (10A) – pers.
suppl. 4 €

Location : (Prix 2010) (de déb. avr. à fin sept.)
– 3 ▯▯ – 2 bungalows toilés. Nuitée 40 à 70 € – Sem.
220 à 370 €
Pour s'y rendre : sortie nord par D 708, rte de Ribérac
et à gauche av. le pont, au bord de l'Isle

À savoir : au bord de l'Isle

Nature : ▭ 00	
Loisirs : ▭ ⌐	
Services : ⅙ ⊶ ⚲ ▽ ▨	
À prox. : ⚓ canoë	

Longitude : 0.15839
Latitude : 45.01217

NAVARRENX

64190 – **342** H3 – 1 160 h. – alt. 125

▯ *place des Casernes* ✆ 05 59 66 54 80

▣ Paris 787 – Oloron-Ste-Marie 23 – Orthez 22 – Pau 43

△△ **Beau Rivage** de fin mars à mi-oct.
✆ 05 59 66 10 00, *beaucamping@free.fr*,
www.beaucamping.com
2,5 ha (67 empl.) en terrasses, plat, herbeux, gravillons
Tarif : 25 € �▯�▯ ⇔ ▣ ▯ (10A) – pers. suppl. 6 €

Location : (Prix 2010) (de fin mars à mi-oct.) ⅙ (1
chalet) – 10 ▯. Sem. 320 à 645 €
Pour s'y rendre : allée des Marronniers (à l'ouest du
bourg, entre le Gave d'Oloron et les remparts du village)

Nature : ⟆ ▭ 00	
Loisirs : ▭ ⚴ ⌐	
Services : ⅙ ⊶ ▥ ⌂ ⚲ ▽ ⚲ laverie	
À prox. : ⚒ ⌐	

Longitude : -0.76121
Latitude : 43.32003

NONTRON

24300 – **329** E2 – 3 458 h. – alt. 260

▯ *3, avenue du Général Leclerc* ✆ 05 53 56 25 50

▣ Paris 464 – Bordeaux 175 – Périgueux 49 – Angoulême 47

△ **Camping De Nontron** fermé de mi-déc. à déb. janv.
✆ 05 53 56 02 04, *camping-de-nontron@orange.fr*,
Fax 05 53 56 80 45, *www.campingdenontron.com*
2 ha (70 empl.) plat, herbeux, bord de rivière
Tarif : (Prix 2010) 16 € �▯�▯ ⇔ ▣ ▯ (10A) – pers.
suppl. 4 €

Location : (Prix 2010) (fermé de mi-déc. à déb. janv.)
⚒ – 2 ▯▯ – 1 ▭ – 7 studios. Sem. 250 à 470 €
⚲ borne artisanale 3 € – ⚲ 9 €
Pour s'y rendre : à St-Martial-de-Valette (1 km au sud
sur D 675, rte de Périgueux)

Nature : ▭ 00	
Loisirs : ▭ ⌐	
Services : ⅙ ⊶ ▥ ⌂ ▨ ⚲	
À prox. : ⚒ hammam jacuzzi ▨ ⚲	

Longitude : 0.65807
Latitude : 45.51951

OLORON-STE-MARIE

64400 – **342** I5 – 11 141 h. – alt. 224
🅱 *allée du Comte de Tréville* 𝒫 05 59 39 98 00
◨ Paris 809 – Bayonne 105 – Dax 83 – Lourdes 58

 ⚠ **Le Stade** de déb. mai à fin sept.
  𝒫 05 59 39 11 26, *camping-du-stade@wanadoo.fr*,
  Fax 05 59 39 11 26, *www.camping-du-stade.com*
  5 ha (170 empl.) plat, herbeux
  Tarif : (Prix 2010) 19 € 🚻 ⛺ 🅴 (🚿) (6A) – pers.
  suppl. 4 € – frais de réservation 10 €

  Location : (Prix 2010) (permanent) – 11 🛖. Sem.
  285 à 550 € – frais de réservation 10 €
  🚐 borne artisanale 4 €
  Pour s'y rendre : chemin de la Gravette (4,5 km au sud,
  dir. Saragosse)

  À savoir : entrée gratuite au parc aquatique à proximité
  en juillet et août

Nature : 〜 ⌶ ♤♤	
Loisirs : 🎱 ♨	
Services : ♿ ⛽ 🚽 🛒 🧺 ♻ 🔌	
À prox. : ⛳ snack ✗ 🎿 🚣 ⛷	

Longitude : -0.62386
Latitude : 43.17848

 Verwar niet :
 ⚠.... tot ... ⚠⚠⚠ : *MICHELIN indeling*
 en
 ★ ... tot ... ★★★★★ : *officiële classificatie*

ONDRES

40440 – **335** C13 – 4 328 h. – alt. 37
🅱 *Les Floralies - RD 810* 𝒫 05 59 45 19 19
◨ Paris 761 – Bayonne 8 – Biarritz 15 – Dax 48

93

 ⚠ **Du Lac** Permanent
  𝒫 05 59 45 28 45, *contact@camping-du-lac.fr*,
  Fax 05 59 45 29 45, *www.camping-du-lac.fr*
  3 ha (100 empl.) plat, terrasses, herbeux, sablonneux
  Tarif : 34 € 🚻 ⛺ 🅴 (🚿) (10A) – pers. suppl. 7 € – frais
  de réservation 20 €

  Location : (permanent) 🏕 (juil-août) – 1 roulotte
  – 24 🛖 – 2 🛖 – 7 bungalows toilés. Nuitée
  34 à 135 € – Sem. 44 à 945 € – frais de réservation 20 €
  🚐 borne raclet
  Pour s'y rendre : 518 r. de Janin (2,2 km au nord par
  N 10 puis D 26, rte d'Ondres-Plage puis dir. le Turc,
  chemin à dr., près d'un étang)

Nature : 〜 ⌶ ♤♤	
Loisirs : 🍴 ✗ 🎱 ♒ hammam	
♨ 🚣	
Services : ♿ ⛽ 🛒 🅿 ♻ laverie	
🧺	
À prox. : ⛳	

Longitude : -1.4533
Latitude : 43.56418

PARCOUL

24410 – **329** B4 – 355 h. – alt. 70
◨ Paris 503 – Bergerac 69 – Blaye 72 – Bordeaux 75

 ⚠ **Le Paradou** Permanent
  𝒫 05 53 91 42 78, *le.paradou.24@wanadoo.fr*,
  Fax 05 53 90 49 92, *www.leparadou24.fr*
  20 ha/4 campables (100 empl.) plat, herbeux,
  pierreux
  Tarif : ♦ 5 € 🅴 12 € (🚿) (10A) – frais de réservation 10 €
  Location : (permanent) ♿ (1 chalet) – 32 🛖 – 4 🛖
  – 4 tentes. Nuitée 58 € – Sem. 156 à 405 € – frais de
  réservation 10 €
  Pour s'y rendre : à la base de de loisirs à Vaures (2 km
  au sud-ouest par D 674, rte de La Roche-Chalais)

Nature : ⌶ ♤♤	
Loisirs : 🎱 🚣 ✗ ♒ 🚣 🏊	
(plan d'eau) ♨ 〜	
Services : ♿ ⛽ 🅿 🧺 laverie	
réfrigérateurs, TV	
À prox. : ⛳ snack 🚲 pédalos	

Longitude : 0.02578
Latitude : 45.19038

PARENTIS-EN-BORN

40160 – **335** E8 – 4 951 h. – alt. 32

🛈 *place du Général-de-Gaulle* 𝒫 *0558784360*

▣ Paris 658 – Arcachon 43 – Bordeaux 76 – Mimizan 25

⚏ **Municipal Pipiou** de mi-fév. à mi-nov.
𝒫 0558785725, *pipiou@parentis.com*,
Fax 0558789317, *www.campingpipiou.parentis.com/*
6 ha (324 empl.) plat, sablonneux
Tarif : (Prix 2010) 23€ ✳✳ 🚐 🅴 (ᵻ) (10A) – pers.
suppl. 5€ – frais de réservation 20€

Location : (Prix 2010) (de mi-fév. à mi-nov.) – 20 🛏.
Nuitée 39 à 49€ – Sem. 139 à 689€ – frais de réservation
20€
🛒 147 🅴 9€
Pour s'y rendre : rte des Campings (2,5 km à l'ouest par
D 43 et rte à dr., à 100 m de l'étang)

Nature : 🏝 🔺
Loisirs : 🍷 snack 🏊
Services : 🚿 ⊶ 🏪 🔥 🛒 ☂
laverie 🧺 🔥
À prox. : 🎣 🛶 🚣

Longitude : -1.10376
Latitude : 44.34714

⚏ **L'Arbre d'Or** de déb. avr. à fin oct.
𝒫 0558784156, *arbre-dor@hotmail.fr*,
Fax 0558784962, *www.arbre-dor.com*
4 ha (200 empl.) non clos, plat, sablonneux, herbeux
Tarif : (Prix 2010) 22€ ✳✳ 🚐 🅴 (ᵻ) (10A) – pers.
suppl. 5€

Location : (Prix 2010) (de déb. avr. à fin oct.) 🏊
– 11 🛏 – 4 🛖. Nuitée 55 à 95€ – Sem. 235 à 749€
Pour s'y rendre : 75 rte du lac (1,5 km à l'ouest par
D 43, rte de l'Étang)

Nature : 🌳🌳
Loisirs : 🍷 snack 🏓 🏊 🏊 🏊
terrain multisports
Services : 🚿 ⊶ (juil.-août) 🍴
laverie 🔥

Longitude : -1.08176
Latitude : 44.34897

PAUILLAC

33250 – **335** G3 – 5 265 h. – alt. 20

🛈 *La Verrerie* 𝒫 *0556590308*

▣ Paris 625 – Arcachon 113 – Blaye 16 – Bordeaux 54

⚏ **Municipal les Gabarreys** de déb. avr. à mi-oct.
𝒫 0556591003, *camping.les.gabarreys@wanadoo.fr*,
Fax 0556733068, *www.pauillac-medoc.com*
1,6 ha (59 empl.) plat, herbeux, gravillons
Tarif : (Prix 2010) 19€ ✳✳ 🚐 🅴 (ᵻ) (6A) – pers.
suppl. 5€ – frais de réservation 10€

Location : (Prix 2010) (de déb. avr. à mi-oct.) 🚿
(1 mobile home) – 7 🛏. Nuitée 40 à 65€ – Sem.
230 à 400€ – frais de réservation 10€
🛒 borne artisanale 4€ – 🛒 14€
Pour s'y rendre : rte de la Rivière (1 km au sud, près de
la Gironde)

À savoir : jacuzzi avec vue panoramique sur la Gironde !

Nature : 🦆 🏝 🌳🌳
Loisirs : 🏓 ⊜ jacuzzi 🏊 🎣
Services : 🚿 ⚡ 🍴 laverie

Longitude : -0.74226
Latitude : 45.18517

LE PENON

40510 – **335** C13

▣ Paris 752 – Bordeaux 166 – Mont-de-Marsan 89 – Bayonne 29

⚏ **Village Camping Océliances** 👥 – de fin avr. à fin
sept.
𝒫 0558433030, *oceliances@wanadoo.fr*,
Fax 0558416421, *www.oceliances.com*
15 ha (542 empl.) plat, vallonné, sablonneux
Tarif : (Prix 2010) 30€ ✳✳ 🚐 🅴 (ᵻ) (6A) – pers.
suppl. 5€ – frais de réservation 20€

Location : (Prix 2010) (de fin avr. à fin sept.) 🏊
– 165 🛏 – 20 🛖 – 18 bungalows toilés. Sem.
200 à 1 250€ – frais de réservation 20€
🛒 10 🅴 33€
Pour s'y rendre : par D 79e, à 500 m de la plage

Nature : 🌳🌳
Loisirs : 🍷 snack, pizzeria 🏓 🎢
🤾 🏊 🎠 🏊 surf
Services : 🚿 ⚡ 🔥 🛒 ☂ 🍴 lave-
rie 🧺 🔥 cases réfrigérées
À prox. : ✖ terrain multisports,
golf (18 trous), parc de loisirs
aquatiques (1,5 km)

Longitude : -1.42953
Latitude : 43.6949

PETIT-PALAIS-ET-CORNEMPS

33570 – **335** K5 – 636 h. – alt. 35
▸ Paris 532 – Bergerac 51 – Castillon-la-Bataille 18 – Libourne 20

▲ **Le Pressoir** Permanent
℘ 05 57 69 73 25, *contact@campinglepressoir.com*,
Fax 05 57 69 77 36, *www.campinglepressoir.com*
2 ha (100 empl.) peu incliné, plat, herbeux
Tarif : 29€ ✚✚ ⇔ ▣ (¥) (10A) – pers. suppl. 7,50€
– frais de réservation 15€

Location : (permanent) ⇌ – 25 ⏍ – 8 tentes. Nuitée
32 à 70€ – Sem. 160 à 777€ – frais de réservation 15€
⏍ 8 ▣ – ⬱(¥) 16.50€
Pour s'y rendre : 1,7 km au nord-ouest par D 21, rte de
St-Médard-de-Guizières et chemin à gauche

| Nature : ⬳ < ⏍ ♨♨ |
| Loisirs : ▾ ✕ ⬳ 🚣 ⬙ 🚲 ⏃ |
| Services : ⚷ ⚡ ⚒ ▾ laverie |

| Longitude : -0.06301 |
| Latitude : 44.99693 |

PEYRIGNAC

24210 – **329** I5 – 503 h. – alt. 200
▸ Paris 508 – Brive-la-Gaillarde 33 – Juillac 33 – Périgueux 44

▲ **La Garenne** Permanent
℘ 05 53 50 57 73, *s.lagarenne@wanadoo.fr*,
www.lagarennedordogne.com
4 ha/1,5 (70 empl.) plat, peu incliné, herbeux
Tarif : ✚ 4€ ⇔ ▣ 4€ – (¥) (10A) 4€ – frais de
réservation 11€

Location : (permanent) – 28 ⏍ – 8 ⌂ – 2 bungalows
toilés – 1 tente – 1 gîte. Nuitée 22 à 45€ – Sem.
200 à 475€ – frais de réservation 11€
⏍ 2 ▣ 11€ – ⬱(¥) 15€
Pour s'y rendre : au lieu-dit : Le Combal (800 m au nord
du bourg, près du stade)

| Nature : ⬳ ♨♨♨ |
| Loisirs : 🎮 🚣 ⏃ |
| Services : ⚷ ⚡ ▥ ⬙ ⬱ ▾ ▾ |
| 🎮 ⬱ |
| À prox. : ✕ 🎣 |

| Longitude : 1.1837 |
| Latitude : 45.16175 |

PEYRILLAC-ET-MILLAC

24370 – **329** J6 – 205 h. – alt. 88
▸ Paris 521 – Brive-la-Gaillarde 45 – Gourdon 23 – Sarlat-la-Canéda 22

▲ **Au P'tit Bonheur** de déb. avr. à fin sept.
℘ 05 53 29 77 93, *auptitbonheur@wanadoo.fr*,
www.camping-auptitbonheur.com
2,8 ha (113 empl.) en terrasses, incliné, herbeux, pierreux
Tarif : 21€ ✚✚ ⇔ ▣ (¥) (10A) – pers. suppl. 5€ – frais
de réservation 16€

Location : (de déb. avr. à fin sept.) – 28 ⏍ – 8 ⌂ .
Nuitée 39 à 99€ – Sem. 260 à 693€ – frais de réservation
16€
Pour s'y rendre : au lieu-dit : Combe de Lafon (2,5 km
au nord par rte du Bouscandier)

| Nature : ⬳ ⏍ ♨♨ |
| Loisirs : ▾ snack 🎮 ⬳ jacuzzi |
| 🚣 🚲 ⏃ |
| Services : ⚷ ⚡ ⬙ ⬱ 🎮 ⬱ |

| Longitude : 1.40356 |
| Latitude : 44.93214 |

PISSOS

40410 – **335** G9 – 1 237 h. – alt. 46
▸ Paris 657 – Arcachon 72 – Biscarrosse 34 – Bordeaux 75

▲ **Municipal de l'Arriu** de déb. juil. à mi-sept.
℘ 05 58 08 90 38, *mairie.pissos@wanadoo.fr*,
Fax 05 58 08 92 93, *www.pissos.fr* – ℞
3 ha (74 empl.) plat, sablonneux
Tarif : ✚ 3€ ⇔ ▣ 5€ – (¥) (12A) 2€

Location : (de déb. juil. à mi-sept.) – 3 bungalows
toilés. Sem. 261€
Pour s'y rendre : 525 Chemin de l'Arriu (1,2 km à l'est
par D 43, rte de Sore et chemin à dr., après la piscine)

| Nature : ⬳ ♨♨ |
| Services : ⚷ ⬙ ⬱ ▾ |
| À prox. : 🎮 🎮 🚲 ⬙ ✕ ⏃ 🐎 |

| Longitude : -0.77811 |
| Latitude : 44.30859 |

95

AQUITAINE

PLAZAC

24580 – **329** H5 – 722 h. – alt. 110

▶ Paris 527 – Bergerac 65 – Brive-la-Gaillarde 53 – Périgueux 40

Le Lac ▲▲ – de déb. mai à fin sept.
℘ 05 53 50 75 86, *contact@campinglelac-dordogne.com*,
Fax 05 53 50 58 36, *www.campinglelac-dordogne.com*
7 ha/2,5 campables (130 empl.) peu incliné et plat, en terrasses, herbeux
Tarif : ♦ 6 € ⇌ 回 6 € – (½) (10A) 4 € – frais de réservation 12 €
Location : (de déb. mai à fin sept.) ⅙ (1 mobile home) – 38 ⅏ – 4 ⅏. Sem. 235 à 720 € – frais de réservation 12 €
⅏ 5 回 14 €
Pour s'y rendre : au lac (800 m au sud-est par D 45, rte de Thonac)
À savoir : au bord du lac entre noyers et chênes verts

Nature : ⬡ ⬡ ⬡ ⬡ ⬡
Loisirs : ⬡ snack ⬡ ⬡ ⬡ ⬡ ⬡ ⬡ ⬡ terrain multisports
Services : ⬡ ⬡ ⬡ ⬡ ⬡ laverie ⬡

Longitude : 1.14794
Latitude : 45.03125

PONT-DU-CASSE

47480 – **336** G4 – 4 305 h. – alt. 67

▶ Paris 658 – Bordeaux 147 – Toulouse 122 – Montauban 96

Village Vacances de Loisirs Darel (location exclusive de chalets) Permanent
℘ 05 53 67 96 41, Fax 05 53 67 51 05
34 ha/2 campables vallonné
Location : ⬡ ℗ – 15 ⅏. Sem. 175 à 359 €
Pour s'y rendre : 7 km au nord-est par D 656, rte de Cahors et à dr. dir. St-Ferréol
À savoir : situation agréable en sous-bois, proche du centre équestre

Nature : ⬡ ⬡
Loisirs : ⬡ ⬡ ⬡ poneys
Services : ⬡ ⬡ ⬡
À prox. : golf

Longitude : 0.68375
Latitude : 44.21618

LE PORGE

33680 – **335** E5 – 2 298 h. – alt. 8

🛈 *3, place Saint-Seurin* ℘ 05 56 26 54 34

▶ Paris 624 – Andernos-les-Bains 18 – Bordeaux 47 – Lacanau-Océan 21

Municipal la Grigne ▲▲ – de déb. avr. à fin sept.
℘ 05 56 26 54 88, *info@lagrigne.com*, Fax 05 56 26 52 07, *www.leporge.fr*
30 ha (700 empl.) vallonné, plat, sablonneux
Tarif : 25 € ♦♦ ⇌ 回 (½) (10A) – pers. suppl. 5 € – frais de réservation 15 €
Location : (de déb. avr. à fin sept.) ⬡ – 22 ⅏ – 10 bungalows toilés. Nuitée 26 à 115 € – Sem. 185 à 805 € – frais de réservation 15 €
⅏ borne artisanale 2 € – 17 回 25 €
Pour s'y rendre : 35 av. de l'Océan (9,5 km à l'ouest par D 107, à 1 km du Porge-Océan)

Nature : ⬡ ⬡
Loisirs : ⬡ snack ⬡ ⬡ ⬡ ⬡ ⬡ ⬡ ⬡
Services : ⬡ ⬡ ⬡ ⬡ ⬡ laverie ⬡ ⬡
À prox. : acrobranches, école de surf

Longitude : -1.20314
Latitude : 44.89363

*Pour choisir et suivre un itinéraire,
pour calculer un kilométrage,
pour situer exactement un terrain (en fonction des indications fournies dans le texte) :
utilisez les **cartes MICHELIN**,
compléments indispensables de cet ouvrage.*

PYLA-SUR-MER

33115 – **335** D7

🛈 *2 , avenue Ermitage* 📞 *05 56 54 02 22*

▶ Paris 648 – Arcachon 8 – Biscarrosse 34 – Bordeaux 66

Yelloh! Village Panorama du Pyla ▲▪ – de mi-avr. à déb. oct.
📞 05 56 22 10 44, *mail@camping-panorama.com*,
Fax 05 56 22 10 12, *www.camping-panorama.com*
15 ha/10 campables (450 empl.) vallonné, en terrasses, plat, sablonneux
Tarif : 43 € 🚻 ⛲ 🅴 🔌 (6A) – pers. suppl. 6 €

Location : (de mi-avr. à déb. oct.) – 80 🏠 – 10 🏠.
Nuitée 39 à 149 € – Sem. 273 à 1 225 €

🚐 borne autre

Pour s'y rendre : rte de Biscarrosse (7 km au sud par D 218)

À savoir : accès piétonnier à la plage par escalier abrupt et chemin.

Nature : 🏞 ⋜ ⌂ ⌕⌕
Loisirs : 🍷 ✗ snack 🎬 ☺ 🏃
🍴 ⚿ ✗ ♪ ⛳ ⚲ delta-plane, parapente, piste de skate
Services : ⛐ ☎ 🛁 🍴 laverie 🛒
🧊 cases réfrigérées

Longitude : -1.22502
Latitude : 44.57738

Le coup de cœur de Bib

Dans un cadre fantastique face à la réserve naturelle du Banc d'Arguin et à deux pas de l'imposante dune du Pilat, le « Panorama » est un des seuls campings de la région avec vue sur la mer. Le terrain s'étend tout en longueur sur plus de 15 ha de pinède, entre le bord de mer et la forêt domaniale de La Teste. Les emplacements sont disposés sur de petites terrasses au sol sablonneux. Pour un séjour de plus longue durée dans le plus grand confort, vous opterez pour une location en cottage ou chalet, surplombant l'immensité océane et l'aire de décollage des parapentes. Le lieu est paisible, baigné par les senteurs de la forêt de pins. Voler (en parapente), marcher, nager, faire du vélo, de la voile, du surf… avec un pareil choix d'activités, il vous sera pourtant difficile de rester inactifs. Le bar-restaurant, avec sa terrasse aussi belle que le pourtour de la piscine, vous permettra d'apprécier dans les meilleures conditions le panorama sur l'Océan et la forêt landaise au coucher du soleil…

97

Ph. Gallet/MICHELIN

FranceLoc Domaine Le Petit Nice ♦♦ – de déb. avr. à mi-sept.

   ℘ 0556227403, *petit-nice@franceloc.fr*, Fax 0556221431, *www.petitnice.com*

5 ha (209 empl.) en terrasses, plat, sablonneux, très fort dénivelé

Tarif : (Prix 2010) 39€ ♦♦ ⟺ 🅴 (🖐) (10A) – pers. suppl. 7€ – frais de réservation 30€

Location : (Prix 2010) (de déb. avr. à mi-sept.) – 90 🛏️ – 5 tentes. Nuitée 44 à 117€ – Sem. 175 à 1 169€ – frais de réservation 30€

🅿️ 30 🅴 19€

Pour s'y rendre : rte de Biscarrosse (au pied de la Dune du Pyla)

Nature : 🐚 ⪡ban d'Arguin 🌳🌳
Loisirs : 🍸snack 🎮 🎯 🏋️ ⛷️ ⛵ 🏊 ⚓terrain multisports
Services : 🚿 ⚷ 🏧 ⛺ 🍴laverie 🔌 🧊 cases réfrigérées
À prox. : parapente

Longitude : -1.22043
Latitude : 44.57274

Village Center La Forêt ♦♦ – de déb. avr. à déb. oct.

   ℘ 0556227328, *dirlaforet@village-center.fr*, Fax 0556830422, *www.village-center.fr*

8 ha (460 empl.) vallonné, plat, peu incliné, sablonneux

Tarif : (Prix 2010) 34€ ♦♦ ⟺ 🅴 (🖐) (11A) – pers. suppl. 8€ – frais de réservation 10€

Location : (Prix 2010) (de déb. avr. à déb. oct.) 🚹 (2 mobile homes) – 95 🛏️ – 12 🏠. Nuitée 27 à 160€ – Sem. 189 à 1 120€ – frais de réservation 30€

🅿️ 50 🅴 25€

Pour s'y rendre : 3 km au sud sur la D 218, rte Biscarrosse (au pied de la Dune du Pyla)

Nature : 🌳🌳
Loisirs : 🍸snack 🎮 🎯 🏋️ ⛷️ 🚲 ✂️ 🔭 🏊 terrain multisports (sable)
Services : 🚿 ⚷ ⛺ 🍴laverie 🔌 🧊

Longitude : -1.20857
Latitude : 44.58542

RAUZAN

33420 – **335** K6 – 1 121 h. – alt. 69

🅱 *12, rue de la Chapelle* ℘ 0557840388

▶ Paris 596 – Bergerac 57 – Bordeaux 39 – Langon 35

Le Vieux Château de mi-mars à fin oct.

   ℘ 0557841538, *contact@camping-levieuxchateau.com*, Fax 0557841538, *www.camping-levieuxchateau.com*

2,5 ha (74 empl.) non clos, plat, peu incliné, herbeux

Tarif : 23€ ♦♦ ⟺ 🅴 (🖐) (10A) – pers. suppl. 5€ – frais de réservation 5€

Location : (de mi-mars à fin oct.) – 6 🛏️ – 2 🏠 – 2 bungalows toilés. Nuitée 30 à 110€ – Sem. 190 à 540€ – frais de réservation 5€

🅿️ 2 🅴 15€ – 🔌(🖐) 16€

Pour s'y rendre : sortie nord rte de St-Jean-de-Blaignac et chemin à gauche (1,2 km)

À savoir : au pied des ruines d'une forteresse du 12e s., chemin piétonnier reliant le camping au village

Nature : 🐚 🌳🌳
Loisirs : 🍸snack 🎮 🏊
Services : 🚿 ⚷ 🍴 📷

Longitude : -0.12715
Latitude : 44.78213

RIVIÈRE-SAAS-ET-GOURBY

40180 – **335** E12 – 1 131 h. – alt. 50
◻ Paris 742 – Bordeaux 156 – Mont-de-Marsan 68 – Bayonne 44

△ **Lou Bascou** de déb. avr. à fin oct.
℘ 05 58 97 57 29, *loubascou@orange.fr*,
http://www.campingloubascou.fr
1 ha (60 empl.) plat, herbeux
Tarif : 21€ ♦♦ ⇔ 🔲 🔌 (10A) – pers. suppl. 8€

Location : (permanent) – 12 🏠. Nuitée 49 à 64€
– Sem. 272 à 454€
🚐 borne artisanale 12€ – 18 🔲 12€
Pour s'y rendre : 250 rte de Houssat (au nord-est du bourg)

| Nature : 🏊 ≤ 🏕 ☆ |
| Loisirs : 🔲 salle d'animation |
| Services : 🖭 ⊶ 🚮 ¶ laverie |
| À prox. : 🐟 🍴 |

| Longitude : -1.0859 |
| Latitude : 43.4052 |

LA ROCHE-CHALAIS

24490 – **329** B5 – 2 799 h. – alt. 60
🛈 9, place du Puits qui Chante ℘ 05 53 90 18 95
◻ Paris 510 – Bergerac 62 – Blaye 67 – Bordeaux 68

△ **Municipal de Gerbes** de mi-avr. à fin sept.
℘ 05 53 91 40 65, *campinggerbes@orange.fr*,
Fax 05 53 90 32 01, *www.larochechalais.com*
3 ha (100 empl.) plat et terrasses, herbeux, petit bois attenant
Tarif : (Prix 2010) ♦ 2€ ⇔ 🔲 3€ – 🔌 (10A) 3€

Location : (Prix 2010) (de mi-avr. à fin sept.) – 2 🚐
– 3 🏠. Nuitée 50€ – Sem. 150 à 300€ – frais de réservation 15€
Pour s'y rendre : lieu-dit : Les Gerbes (1 km à l'ouest, au bord de la rivière)

| Nature : 🏊 🏕 ♀♀ |
| Loisirs : 🔲 🏓 🛶 canoë |
| Services : 🖭 ⊶ 🚮 ¶ 🔲 |

| Longitude : -0.00245 |
| Latitude : 45.14849 |

LA ROQUE-GAGEAC

24250 – **329** I7 – 416 h. – alt. 85
🛈 le Bourg ℘ 05 53 29 17 01
◻ Paris 535 – Brive-la-Gaillarde 71 – Cahors 53 – Fumel 52

△ **Le Beau Rivage** ▲▲ – de fin avr. à mi-sept.
℘ 05 53 28 32 05, *camping.beau.rivage@wanadoo.fr*,
Fax 05 53 29 63 56, *www.beaurivagedordogne.com*
8 ha (199 empl.) plat et en terrasses, herbeux, sablonneux
Tarif : 26,15€ ♦♦ ⇔ 🔲 🔌 (6A) – pers. suppl. 55,50€
– frais de réservation 30€

Location : (de fin avr. à mi-sept.) – 44 🚐. Sem. 196 à 847€ – frais de réservation 30€
Pour s'y rendre : au lieu-dit : Le Gaillardou (4 km à l'est sur la D 46, au bord de la Dordogne)

| Nature : ♀♀ ⚲ |
| Loisirs : ¶ snack 🔲 🌙 nocturne 🏃 🏓 🎿 🛶 canoë |
| Services : 🖭 ⊶ 🔲 🔲 🚮 laverie 🐟 🚿 |
| À prox. : 🚲 |

| Longitude : 1.21422 |
| Latitude : 44.81587 |

ROUFFIGNAC

24580 – **329** G5 – 1 542 h. – alt. 300
◻ Paris 531 – Bergerac 58 – Brive-la-Gaillarde 57 – Périgueux 32

△ **La Ferme Offrerie** de déb. avr. à déb. oct.
℘ 05 53 35 33 26, *campingoffrerie@gmail.com*,
www.camping-ferme-offrerie.com
3,5 ha (48 empl.) plat, peu incliné, terrasses, herbeux
Tarif : ♦ 5€ ⇔ 🔲 6€ – 🔌 (10A) 3€

Location : (de déb. avr. à déb. oct.) – 18 🚐. Nuitée 45 à 67€ – Sem. 255 à 470€
🚐 borne artisanale 3€ – 2 🔲 11€ – 🚐 11€
Pour s'y rendre : au lieu-dit : Le Grand Boisset (2 km au sud par D 32, rte des Grottes de Rouffignac et à dr.)

| Nature : 🏊 🏕 ♀♀ |
| Loisirs : ✗ snack 🔲 🏓 ♪ 🎿 |
| Services : ⊶ 🚮 🔲 🔲 🚿 |

| Longitude : 0.97109 |
| Latitude : 45.02775 |

99

▲▲ **La Nouvelle Croze** de déb. mai à fin oct.
℘ 0553053890, *contact@lanouvellecroze.com*,
www.lanouvellecroze.com
1,3 ha (40 empl.) plat, herbeux
Tarif : ✚ 5€ ⇌ 🅴 6€ – 🅷 (5A) 3€

Location : (Prix 2010) (de déb. avr. à fin oct.) – 15 ⬛⬛
– 1 gîte. Sem. 193 à 535€
Pour s'y rendre : 2,5 km au sud-est par D 31, rte de
Fleurac et chemin à dr.

| Nature : 🐟 ♡♡ |
| Loisirs : ♟ snack 🎮 ⚓ ⛳ golf (9 trous) |
| Services : ♿ ⊶ 🛒 ▽ ♨ 🔲 |
| Longitude : 0.99783 |
| Latitude : 45.02412 |

▲▲ **Bleu Soleil** de mi-avr. à mi-sept.
℘ 0553054830, *infos@camping-bleusoleil.com*,
www.camping-bleusoleil.com
41 ha/7 campables (110 empl.) en terrasses, peu incliné,
plat, herbeux
Tarif : ✚ 6€ ⇌ 🅴 10€ – 🅷 (10A) 4€

Location : (de fin mars à déb. oct.) – 19 🏠. Nuitée
28 à 62€ – Sem. 196 à 434€
Pour s'y rendre : au lieu-dit : Domaine Touvent (1,5 km
au nord par D 31, rte de Thenon et rte à dr.)

| Nature : 🐟 ≤ ♡♡ |
| Loisirs : ♟ ✗ 🎮 ⚓ ⛳ terrain multisports |
| Services : ♿ ⊶ 🛒 ♨ 🔲 🛠 cases réfrigérées |
| Longitude : 0.98586 |
| Latitude : 45.05507 |

SABRES

40630 – **335** G10 – 1 193 h. – alt. 78
▶ Paris 676 – Arcachon 92 – Bayonne 111 – Bordeaux 94

▲ **Le Domaine de Peyricat**
℘ 0558075188, *aquitaine-reservation@relaisoleil.com*,
Fax 0558075188, *www.relaisoleil.com/sabres*
20 ha/2 campables (69 empl.) plat, sablonneux, herbeux
Location : – 8 🏠.
🛢 borne eurorelais
Pour s'y rendre : sortie sud
À savoir : nombreuses activités sportives

| Nature : 🎋 ♡♡ |
| Services : ♿ ⊶ |
| au Village Vacances : 🔲 ♟ ✗ 🎮 🎿 ⛳ terrain multisports |
| Longitude : -0.74027 |
| Latitude : 44.1484 |

100 ST-AMAND-DE-COLY

24290 – **329** I5 – 390 h. – alt. 180
▶ Paris 515 – Bordeaux 188 – Périgueux 58 – Cahors 104

▲▲▲ **Yelloh! Village Lascaux Vacances** 👥 – de déb.
avr. à déb. sept.
℘ 0553508157, *mail@campinglascauxvacances.com*,
Fax 0553507626, *www.campinglascauxvacances.com*
12 ha (150 empl.) en terrasses, plat, pierreux, fort
dénivelé
Tarif : 31€ ✚✚ ⇌ 🅴 🅷 (10A) – pers. suppl. 6€

Location : (de déb. avr. à déb. sept.) – 80 ⬛⬛ – 10 🏠.
Nuitée 39 à 105€ – Sem. 273 à 735€
🛢 borne sanistation
Pour s'y rendre : au lieu-dit : Les Malénies (1 km au sud
par la D 64 rte de St-Geniès)

| Nature : 🐟 🎋 ♡♡ |
| Loisirs : ♟ snack 🎮 ⚓ 🚲 ♨ 🎿 🛶 terrain multisports |
| Services : ♿ ⊶ 🛒 ♨ laverie 🛠 |
| Longitude : 1.24191 |
| Latitude : 45.05461 |

ST-ANTOINE-D'AUBEROCHE

24330 – **329** G5 – 149 h. – alt. 152
▶ Paris 491 – Brive-la-Gaillarde 96 – Limoges 105 – Périgueux 24

▲▲ **La Pélonie** de mi-avr. à déb. oct.
℘ 0553075578, *lapelonie@aol.com*, Fax 0553037427,
www.lapelonie.com
5 ha (60 empl.) non clos, plat, herbeux
Tarif : ✚ 5€ ⇌ 🅴 7€ – 🅷 (10A) 4€ – frais de
réservation 10€

Location : (de mi-avr. à déb. oct.) – 18 ⬛⬛ – 3 tentes.
Sem. 230 à 540€ – frais de réservation 10€
🛢 borne autre – 5 🅴 13€
Pour s'y rendre : au lieu-dit : La Pélonie (1,8 km au sud-
ouest en dir. de Milhac-Gare - de Fossemagne, 6 km par
RN 89 et chemin à dr.)

| Nature : 🐟 🎋 ♡♡ |
| Loisirs : ♟ snack ⚓ 🎿 |
| Services : ♿ ⊶ 🏧 ♨ ♨ laverie 🛠 |
| Longitude : 0.92845 |
| Latitude : 45.13135 |

ST-ANTOINE-DE-BREUILH

24230 – **329** B6 – 2 035 h. – alt. 18
▶ Paris 555 – Bergerac 30 – Duras 28 – Libourne 34

⚐ **Flower La Rivière Fleurie** de mi-avr. à mi-sept.
    ℘ 0553248280, *info@la-riviere-fleurie.com*,
Fax 0553248280, *www.la-riviere-fleurie.com*
2,5 ha (60 empl.) plat, herbeux
Tarif : 26€ ♦♦ ⇌ 🅴 (🄗) (10A) – pers. suppl. 6€ – frais
de réservation 15€

Location : (de mi-avr. à mi-sept.) – 18 🛖 – 4 studios
– 3 bungalows toilés. Sem. 195 à 595€ – frais de
réservation 15€
Pour s'y rendre : à St-Aulaye-de-Breuilh, 180 r.
Théophile-Cart (3 km au sud-ouest, à 100 m de la
Dordogne)

| Nature : 🏞 🖾 ♧♧ |
| Loisirs : 🍸 snack 🎲 ⛵ 🛝 |
| Services : ♿ ⛽ 🅿 🚰 laverie ♨ |
| À prox. : ♋ canoë |

Longitude : 0.12235
Latitude : 44.82879

ST-AULAYE

24410 – **329** B4 – 1 359 h. – alt. 61
🛈 *place Pasteur* ℘ 0553906374
▶ Paris 504 – Bergerac 56 – Blaye 79 – Bordeaux 81

⚐ **Municipal de la Plage** de mi-juin à mi-sept.
    ℘ 0553906220, *camping-staulaye@voila.fr*,
Fax 0553905989, *www.saint-aulaye.com*
1 ha (70 empl.) plat, herbeux
Tarif : 11€ ♦♦ ⇌ 🅴 (🄗) (10A) – pers. suppl. 2€
Location : (de déb. juin à mi-sept.) – 13 🛖 – 14 🏠.
Sem. 85 à 378€
🚐 borne artisanale 3€
Pour s'y rendre : Les Ponts (sortie nord par D 38, rte de
Aubeterre, au bord de la Dronne)

| Nature : 🖾 ♧♧ |
| Loisirs : 🎲 ⛵ 🚴 ♋ 🛝 🛝 ♨ canoë |
| Services : ♿ ⛽ 🚿 🅿 🚰 laverie |
| À prox. : snack ♨ 🏖 (plage) |

Longitude : 0.13274
Latitude : 45.20786

101

ST-AVIT-DE-VIALARD

24260 – **329** G6 – 139 h. – alt. 210
▶ Paris 520 – Bergerac 39 – Le Bugue 7 – Les Eyzies-de-Tayac 17

⚐ **"Les Castels" St-Avit Loisirs** ♣♦ – de déb. avr. à
mi-sept.
    ℘ 0553026400, *contact@saint-avit-loisirs.com*,
Fax 0553026439, *www.saint-avit-loisirs.com* – places
limitées pour le passage
55 ha/15 campables (400 empl.) vallonné, plat, herbeux,
sous-bois
Tarif : 40,40€ ♦♦ ⇌ 🅴 (🄗) (6A) – pers. suppl. 10,20€
– frais de réservation 19€

Location : (fermé de mi-déc. à déb. janv.) – 7 🛖
– 35 🏠 – 30 ⛺ – 15 appartements. Nuitée 88€
– Sem. 372 à 1 029€ – frais de réservation 25€
Pour s'y rendre : au lieu-dit : Malefon (1,8 km au nord-
ouest)

À savoir : vaste domaine vallonné et boisé, bel espace
aquatique

| Nature : 🏞 🖾 ♧♧ |
| Loisirs : 🍸 ✗ snack 🎲 🎱 ⛱ 🎿 jacuzzi salle d'animation ⛵ 🚴 ♨ ♋ 🛝 🎮 🛝 ♨ terrain multi-sports, quad, visites guidées, |
| Services : ♿ ⛽ 🅿 🚰 laverie 🔧 ♨ |

Longitude : 0.84971
Latitude : 44.95174

Le coup de cœur de Bib

"Les Castels" St-Avit Loisirs *(voir page précédente)*
Au milieu des champs, en pleine nature périgourdine, la famille Léger a su, sur ses terres agricoles, reconstituer une ferme en pierres avec l'architecture locale, pour abriter les différents services de ce « centre de vacances ». Piscine couverte, boutique, restaurant gastronomique, pizzeria et bien sûr le bar qui, de sa terrasse ensoleillée, domine l'impressionnant parc aquatique. Celui-ci, avec bassins, plantations et rivière à contre-courant, épouse à merveille le relief vallonné. Un petit tour s'imposera aussi du côté du magnifique minigolf paysagé…Le terrain se divise en trois parties : camping pour emplacements nus et sanitaires grand confort ; locatifs mobile homes ou chalets ; bâtiments en dur pour les appartements-studios. Un des premiers campings à investir massivement pour devenir un vrai village de vacances !

Ph. Gallet/MICHELIN

ST-AVIT-SÉNIEUR

24440 – **329** F7 – 436 h. – alt. 164
▶ Paris 545 – Bergerac 33 – Cahors 77 – Périgueux 65

Village Vacances Le Hameau des Laurières
(location exclusive de chalets) Permanent
℘ 0553237699, *efeyfant@club-internet.fr*,
Fax 0553237702, *www.hameau-laurieres.com*
1 ha en terrasses

Location : ঔ – 10 🏠. Nuitée 30 à 100€ – Sem. 278 à 830€
Pour s'y rendre : lieu-dit : Les Gaudounes (1 km au sud-est, dir. Montferrand)

À savoir : possiblité de louer en 1/2 pension

Nature :	🦢 ♀
Loisirs :	🛶 ⅄
Services :	⊶ Ⓟ ▥ ⸬ laverie
À prox. :	✗

Longitude : 0.82653
Latitude : 44.77577

*La catégorie (1 à 5 tentes, **noires** ou **rouges**) que nous attribuons*
aux terrains sélectionnés dans ce guide est une appréciation qui nous est propre.
Elle ne doit pas être confondue avec le classement (1 à 5 étoiles)
établi par les services officiels.

ST-CRÉPIN-ET-CARLUCET

24590 – **329** I6 – 486 h. – alt. 262

▶ Paris 514 – Brive-la-Gaillarde 40 – Les Eyzies-de-Tayac 29 – Montignac 21

Les Peneyrals ▲▲ – de mi-mai à mi-sept.

✆ 0553288571, *camping.peneyrals@wanadoo.fr*,
Fax 0553288099, *www.peneyrals.com*
12 ha/8 campables (250 empl.) en terrasses, herbeux,
pierreux, fort dénivelé, étang
Tarif : ✝ 9€ ⇔ 🅿 13€ – 🔋 (10A) 4€ – frais de
réservation 18€

Location : (de mi-mai à mi-sept.) 🦽 (1 chalets)
– 36 🚐 – 27 🏠. Sem. 290 à 1 030€ – frais de
réservation 30€

🚰 borne artisanale
Pour s'y rendre : à St Crépin (1 km au sud par la D 56,
rte de Proissans)

À savoir : cadre vallonné avec emplacements en sous-
bois ou au bord d'un étang

| Nature : 🐟 🛏 ♨♨ |
| Loisirs : 🍸 ✕ snack 🎮 🎯 🏃 🚣 🚴 ✂ ♫ 🅿 🏊 🏄 🎣 |
| Services : 🦽 🔌 🏢 👕 laverie 🔁 🚿 |

Longitude : 1.27267
Latitude : 44.95785

Le coup de cœur de Bib

Rien que le nom de la commune de St-Crépin-et-Carlucet fait penser aux vacances ! Dès
l'entrée du joli complexe des Peynerals, on imagine tout de suite que rien n'a été laissé
au hasard. Des bâtiments de style périgourdin abritent le bureau d'accueil du camping,
qui comporte aussi un bar et un restaurant. Les activités aquatiques ravissent les enfants
comme les sportifs grâce aux toboggans et aux bassins couverts ou découverts. Enfin,
bien loin de toute agitation, un peu en contrebas, se trouve un étang dédié à la pêche.
En plus des emplacements verdoyants pour tentes et caravanes, des chalets et mobile
homes accueillent jusqu'à 7 personnes dans 3 chambres. Un réel confort pour les grandes
familles.

Les Peneyrals

Village Vacances Les Gîtes de Combas (location
exclusive de gîtes) Permanent
✆ 0553286400, *combas@perigordgites.com*,
Fax 0553286409, *www.perigordgites.com*
4 ha vallonné, herbeux

Location : (Prix 2010) 🦽 🅿 – 15 🏠. Nuitée 40 à 100€
– Sem. 280 à 1 090€
Pour s'y rendre : au lieu-dit : Les Combas (2 km au sud
par la D 56, rte de Proissans)

À savoir : pour certains, anciens bâtiments de ferme, en
pierre, réaménagés en gîtes

| Nature : 🐟 ♀ |
| Loisirs : 🍸 🎮 🚣 ✂ 🎱 🏊 |
| Services : 🔌 🏢 👕 📷 🚿 |

Longitude : 1.27718
Latitude : 44.94871

ST-CYBRANET

24250 – **329** I7 – 370 h. – alt. 78

▶ Paris 542 – Cahors 51 – Les Eyzies-de-Tayac 29 – Gourdon 21

△ **Bel Ombrage** de déb. juin à déb. sept.
℘ 0553283414, *belombrage@wanadoo.fr*,
Fax 0553596464, *www.belombrage.com*
6 ha (180 empl.) plat, herbeux
Tarif : ⋆ 5€ ⇔ 国 7€ – ⅜ (10A) 4€
Pour s'y rendre : sur la D 50 (800 m au nord-ouest, au bord du Céou)

Nature : 🏊 🏕 ⚐⚐ ▲
Loisirs : 🎣 🏓 🏊
Services : ⅙ ⊶ 🚿 💈 🕈 laverie
À prox. : ✗

Longitude : 1.16244
Latitude : 44.79082

ST-ÉMILION

33330 – **335** K5 – 2 090 h. – alt. 30

🅸 *place des Créneaux* ℘ 0557552828

▶ Paris 584 – Bergerac 58 – Bordeaux 40 – Langon 49

△△ **Yelloh! Village Le Domaine de la Barbanne**
👥 – de mi-avr. à mi-sept.
℘ 0557247580, *info@camping-saint-emilion.com*,
Fax 0557246968, *www.camping-saint-emilion.com*
4,5 ha (160 empl.) plat, herbeux
Tarif : 39€ ⋆⋆ ⇔ 国 ⅜ (10A) – pers. suppl. 8€ – frais de réservation 30€
Location : (de mi-avr. à mi-sept.) – 25 🛖. Nuitée 29 à 97€ – Sem. 203 à 679€ – frais de réservation 30€
🚐 borne autre – 20 国 39€
Pour s'y rendre : rte de Montagne (3 km au nord par D 122, rte de Lussac et rte à dr. - traversée de St-Émilion interdite aux caravanes et camping-cars)
À savoir : navette gratuite pour St-Émilion

Nature : 🏊 🏕 ⚐⚐
Loisirs : snack 🎣 🏃 centre de documentations touristiques 🏓 🚲 ✗ ⋒ 🏊 ⛱ 🎣 canoë, pédalos, parcours de santé
Services : ⅙ ⊶ 🚿 🕈 laverie 🏪 🐎

Longitude : -0.14241
Latitude : 44.91675

ST-ÉTIENNE-DE-BAIGORRY

64430 – **342** D3 – 1 607 h. – alt. 163

🅸 *place de l'Église* ℘ 0559374728

▶ Paris 820 – Bordeaux 241 – Pau 160 – Pamplona 69

△ **Municipal l'Irouleguy** de déb. mars à fin nov.
℘ 0559374396 -, *comstetiennebaigorry@wanadoo.fr*,
Fax 0559374820
1,5 ha (67 empl.) plat, herbeux
Tarif : (Prix 2010) 12€ ⋆⋆ ⇔ 国 ⅜ (6A) – pers. suppl. 3€
Pour s'y rendre : quartier Borciriette (sortie nord-est par D 15, rte de St-Jean-Pied-de-Port et chemin à gauche devant la piscine et derrière la coopérative du vin Irouléguy, au bord de la Nive)
À savoir : cadre verdoyant bordé par la rivière

Nature : ≤ ⚐⚐
Loisirs : 🏃
Services : ⅙ ⊶ 💈 🖥
À prox. : 🍴 🍽 snack ✗ 🏊

Longitude : -1.33551
Latitude : 43.18386

ST-GENIÈS

24590 – **329** I6 – 955 h. – alt. 232

▶ Paris 515 – Brive-la-Gaillarde 41 – Les Eyzies-de-Tayac 29 – Montignac 13

△△ **La Bouquerie** 👥 – de mi-avr. à mi-sept.
℘ 0553289822, *labouquerie@wanadoo.fr*,
Fax 0553291975, *www.labouquerie.com* – places limitées pour le passage
8 ha/4 campables (183 empl.) plat, peu incliné et en terrasses, herbeux, pierreux, étang
Tarif : ⋆ 7€ ⇔ 国 9€ – ⅜ (10A) 4€ – frais de réservation 15€
Location : (de mi-avr. à mi-sept.) – 105 🛖. Nuitée 36 à 93€ – Sem. 250 à 650€ – frais de réservation 15€
Pour s'y rendre : 1,5 km au nord-ouest par D 704, rte de Montignac et chemin à dr.
À savoir : beaux emplacements sous une chênaie

Nature : 🏊 🏕 ⚐⚐
Loisirs : 🍴 ✗ snack 🎣 🌙 nocturne 🏃 🏓 ✗ 🏊 ⛱
Services : ⅙ ⊶ 🖥 💈 🕈 laverie 🏪 🐎
À prox. : 🐎

Longitude : 1.24594
Latitude : 44.99892

ST-GIRONS-PLAGE

40560 – **335** C11

▶ Paris 728 – Bordeaux 142 – Mont-de-Marsan 79 – Bayonne 73

ᴀᴀᴀ **Eurosol** ♣♣ – de mi-mai à mi-sept.
℘ 0558479014, contact@camping-eurosol.com,
Fax 0558477674, www.camping-eurosol.com
18 ha (590 empl.) vallonné, plat, incliné, sablonneux,
herbeux
Tarif : 35€ ♦♦ ⬌ 回 🗲 (10A) – pers. suppl. 5€ – frais
de réservation 25€

Location : (de mi-mai à mi-sept.) ⟋⟋ – 139 ⌷⌷⌷
– 16 🏠. Nuitée 45 à 120€ – Sem. 315 à 840€ – frais
de réservation 25€
🚐 borne eurorelais 18€ – 10 回 18€
Pour s'y rendre : rte de la Plage (350 m de la plage)

| Nature : ♨♨♨ |
| Loisirs : ⛴ snack 🍴 ⚅ 🕯 ⚗ 🚲 ✂ 🎯 🔲 ⤙ terrain multis-ports, surf |
| Services : ♿ ⚷ ⚖ ♨ ♻ ⛲ laverie 🧺 ♨ |
| À prox. : 🐎 |

| Longitude : -1.36265 |
| Latitude : 43.95254 |

ᴀ **Campéole les Tourterelles** de déb. mai à fin sept.
℘ 0558479312, tourterelles@campeole.com,
Fax 0558479203, www.camping-tourterelles.com
18 ha (822 empl.) plat, incliné, vallonné, sablonneux
Tarif : (Prix 2010) 32€ ♦♦ ⬌ 回 🗲 (10A) – pers.
suppl. 10€ – frais de réservation 25€

Location : (Prix 2010) (de déb. mai à fin sept.)
– 102 ⌷⌷⌷ – 20 🏠 – 115 bungalows toilés. Nuitée
28 à 138€ – Sem. 199 à 903€ – frais de réservation
25€
🚐 borne flot bleu 2€ – 40 回 13€
Pour s'y rendre : rte de la plage (5,2 km à l'ouest par
D 42, à 300 m de l'océan -accès direct)

| Nature : ♨♨♨ |
| Loisirs : ✂ ⤙ 🚲 🛴 🔲 |
| Services : ♿ ⚷ ♨ ⛲ 🖼 |

| Longitude : -1.36265 |
| Latitude : 43.95254 |

De gids wordt jaarlijks bijgewerkt.
Doe als wij, vervang hem, dan blift je bij.

105

ST-JEAN-DE-LUZ

64500 – **342** C4 – 13 728 h. – alt. 3

🚺 place du Maréchal Foch ℘ 0559260316
▶ Paris 785 – Bayonne 24 – Biarritz 18 – Pau 129

ᴀᴀᴀ **Airotel Itsas Mendi** de déb. avr. à mi-oct.
℘ 0559265650, itsas@wanadoo.fr, Fax 0559265444,
www.itsas-mendi.com
8,5 ha (472 empl.) en terrasses et incliné, herbeux
Tarif : (Prix 2010) 38€ ♦♦ ⬌ 回 🗲 (10A) – pers.
suppl. 8€ – frais de réservation 10€

Location : (Prix 2010) (de déb. avr. à mi-oct.) ⟋⟋
– 110 ⌷⌷⌷. Nuitée 50 à 106€ – Sem. 255 à 825€ – frais
de réservation 10€
🚐 borne artisanale – 10 回 16€
Pour s'y rendre : quartier Acotz, chemin Duhartia (5 km
au nord-est, à 500 m de la plage)
À savoir : bel espace aquatique

| Nature : ♨♨ |
| Loisirs : ⛴ ✕ snack ⚅ ✂ jacuzzi ⤙ ✂ 🔲 ⌓ école de surf |
| Services : ♿ ⚷ ♨ laverie 🧺 ♨ cases réfrigérées |

| Longitude : -1.61726 |
| Latitude : 43.41347 |

ᴀᴀᴀ **Atlantica** de déb. avr. à fin sept.
℘ 0559477244, info@campingatlantica.com,
Fax 0559547227, www.campingatlantica.com
3,5 ha (200 empl.) plat, en terrasses, herbeux
Tarif : (Prix 2010) 34€ ♦♦ ⬌ 回 🗲 (6A) – pers.
suppl. 7€ – frais de réservation 25€

Location : (Prix 2010) (de déb. avr. à fin sept.) ⟋⟋
– 95 ⌷⌷⌷ – 6 🏠. Nuitée 45 à 125€ – Sem. 270 à 875€
– frais de réservation 25€
🚐 borne autre
Pour s'y rendre : quartier Acotz, chemin Miquélénia
(5 km au nord-est, à 500 m de la plage)

| Nature : ⛰ ♨♨ |
| Loisirs : ⛴ snack 🍴 ≋s jacuzzi ⤙ 🛴 🔲 terrain multisports |
| Services : ♿ ⚷ ⚖ ♨ ♻ ⛲ 🖼 ♨ cases réfrigérées |

| Longitude : -1.61688 |
| Latitude : 43.41525 |

Inter-Plages
℘ 05 59 26 56 94, *www.campinginterplages.com*
2,5 ha (100 empl.) plat, incliné, herbeux
Location : – 10 – 5 .
borne artisanale – 3
Pour s'y rendre : quartier Acotz, route des Plages (5 km au nord-est, à 150 m de la plage (accès direct))
À savoir : belle situation surplombant l'océan

| Nature : |
| Loisirs : |
| Services : |
| À prox. : snack école de surf |
| Longitude : -1.62667 |
| Latitude : 43.41527 |

La Ferme Erromardie de mi-mars à déb. oct
℘ 05 59 26 34 26, *contact@camping-erromardie.com*,
Fax 05 59 51 26 02, *www.camping-erromardie.com*
2 ha (176 empl.) plat, herbeux
Tarif : (Prix 2010) 26,30€ (6A) – pers. suppl. 5,80€ – frais de réservation 18€
Location : (Prix 2010) (de mi-mars à déb. oct) – 36 .
Nuitée 43€ – Sem. 230 à 720€ – frais de réservation 18€
borne artisanale 8€
Pour s'y rendre : 40 chemin Erromardie (1,8 km au nord-est, près de la plage)

| Nature : |
| Loisirs : snack |
| Services : laverie |
| Longitude : -1.64202 |
| Latitude : 43.40564 |

Les Tamaris-Plage – Permanent
℘ 05 59 26 55 90, *tamaris1@wanadoo.fr*,
Fax 05 59 47 70 15, *www.tamaris-plage.com*
1,5 ha (79 empl.) plat et peu incliné, herbeux
Tarif : 27€ (10A) – pers. suppl. 8€
Location : (permanent) (1 pavillon) – 35 – 4 studios – 1 appartement – 10 bungalows toilés.
Nuitée 30 à 111€ – Sem. 210 à 777€ – frais de réservation 30€
borne sanistation 2€ – 2 14€ – 14€
Pour s'y rendre : quartier Acotz, 720 rte de Plages (5 km au nord-est, à 80 m de la plage)

| Nature : |
| Loisirs : hammam jacuzzi |
| Services : laverie |
| À prox. : snack école de surf |
| Longitude : -1.62387 |
| Latitude : 43.41804 |

Merko-Lacarra de déb. avr. à déb. oct.
℘ 05 59 26 56 76, *contact@merkolacarra.com*,
Fax 05 59 54 73 81, *www.merkolacarra.com*
2 ha (123 empl.) en terrasses, incliné, plat, herbeux
Tarif : 32€ (16A) – pers. suppl. 6€ – frais de réservation 16€
Location : (de déb. avr. à déb. oct.) – 27 .
Sem. 273 à 756€ – frais de réservation 28€
borne raclet 6€
Pour s'y rendre : quartier Acotz, 820 rte des Plages (5 km au nord-est, à 150 m de la plage d'Acotz)

| Loisirs : |
| Services : laverie |
| À prox. : école de surf |
| Longitude : -1.62366 |
| Latitude : 43.41855 |

ST-JEAN-PIED-DE-PORT

64220 – **342** E4 – 1 521 h. – alt. 159
14, place Charles-de-Gaulle ℘ 05 59 37 03 57
Paris 817 – Bayonne 54 – Biarritz 55 – Dax 105

Narbaïtz de déb. mai à mi-sept.
℘ 05 59 37 10 13, *camping-narbaitz@wanadoo.fr*,
Fax 05 59 37 21 42, *www.camping-narbaitz.com*
2,5 ha (133 empl.) plat et peu incliné, herbeux
Tarif : 30€ (10A) – pers. suppl. 5€ – frais de réservation 18€
Location : (Prix 2010) (permanent) – 12 – 3 . Sem. 290 à 1 050€ – frais de réservation 18€
borne artisanale
Pour s'y rendre : à Ascarat (2,5 km au nord-ouest par D 918, rte de Bayonne et à gauche, à 50 m de la Nive et au bord d'un ruisseau)

| Nature : sur le vignoble "Irou-léguy" |
| Loisirs : |
| Services : laverie |
| À prox. : |
| Longitude : -1.25911 |
| Latitude : 43.17835 |

▲▲▲ **Europ'Camping** de déb. avr. à fin sept.
    ℘ 0559371278, *europcamping64@orange.fr*,
Fax 0559372982, *www.europ-camping.com*
2 ha (110 empl.) peu incliné, plat, herbeux
Tarif : (Prix 2010) 24 € ♣♣ ⇔ 🅴 – pers. suppl. 6 €
– frais de réservation 22 €

Location : (Prix 2010) (de déb. avr. à fin sept.) 🏕
– 39 🛖. Sem. 230 à 660 € – frais de réservation 22 €
🚐 borne artisanale 25 € – 5 🅴 25 €
Pour s'y rendre : à Ascarat (2 km au nord-ouest par
D 918, rte de Bayonne et chemin à gauche)

Nature : 🌿 ← sur le vignoble "Irouléguy" ♤♤
Loisirs : 🍴 snack 🎱 🕳 🏊
Services : ♿ ⊶ 🚿 ♨ laverie 🛁
À prox. : 🎣
Longitude : -1.25398
Latitude : 43.17279

ST-JULIEN-DE-LAMPON

24370 – **329** J6 – 590 h. – alt. 120
▶ Paris 528 – Brive-la-Gaillarde 51 – Gourdon 17 – Sarlat-la-Canéda 17

▲ **Le Mondou** de déb. avr. à mi-oct.
    ℘ 0553297037, *lemondou@camping-dordogne.info*,
www.camping-dordogne.info
1,2 ha (60 empl.) peu incliné, pierreux, herbeux
Tarif : (Prix 2010) ♣ 5 € ⇔ 🅴 6 € – 🔌 (6A) 4 €

Location : (Prix 2010) (de déb. avr. à mi-oct.) 🏕
– 4 🛖 – 8 tentes. Sem. 175 à 600 €
Pour s'y rendre : au lieu-dit : Le Colombier (1 km à l'est
par D 50, rte de Mareuil et chemin à dr.)

Nature : 🌿 🗖 ♤♤
Loisirs : 🎱 ⛵ 🏊
Services : ♿ ⊶ 🚿 🛁 ♨ 🅿 🛁
À prox. : laverie
Longitude : 1.36691
Latitude : 44.86295

*Inclusion in the **MICHELIN Guide** cannot be achieved by pulling strings
or by offering favours.*

ST-JULIEN-EN-BORN

107

40170 – **335** D10 – 1 415 h. – alt. 22
🛈 *rue des Écoles ℘ 0558428980*
▶ Paris 706 – Castets 23 – Dax 43 – Mimizan 18

▲▲▲ **Municipal la Lettre Fleurie** de déb. avr. à fin
sept.
    ℘ 0558427409, *contact@camping-municipal-plage.
com*, Fax 0558427409, *www.camping-municipal-plage.
com*
8,5 ha (457 empl.) plat et sablonneux
Tarif : (Prix 2010) ♣ 5 € ⇔ 2 € 🅴 4 € – 🔌 (10A) 4 € – frais
de réservation 15 €
Pour s'y rendre : La Lette (4 km au nord-ouest par rte
de Mimizan)

Nature : 🌿 ♤♤
Loisirs : 🍴 🎱 ⛵ 🎿 🏊
Services : ♿ ⊶ 🚿 ♨ laverie 🛒 🛁 cases réfrigérées
Longitude : -1.22601
Latitude : 44.06182

ST-JUSTIN

40240 – **335** J11 – 873 h. – alt. 90
🛈 *place des Tilleuls ℘ 0558448606*
▶ Paris 694 – Barbotan-les-Thermes 19 – Captieux 41 – Labrit 31

▲▲▲ **Le Pin** de déb. mars à fin oct.
    ℘ 0558448891, *camping.lepin@wanadoo.fr*,
Fax 0558448891, *www.campinglepin.com*
3 ha (70 empl.) plat, herbeux, sablonneux
Tarif : 21 € ♣♣ ⇔ 🅴 🔌 (6A) – pers. suppl. 5 € – frais de
réservation 19 €

Location : (de déb. mars à fin oct.) – 7 🛖 – 10 🏠
– 5 bungalows toilés. Nuitée 30 à 96 € – Sem. 150 à 580 €
– frais de réservation 19 €
🚐 borne artisanale 6 € – 10 🅴 12 € – 🛒 🔌 12 €
Pour s'y rendre : rte de Roquefort (2,3 km au nord sur
D 626, au bord d'un petit étang)

Nature : ♧♧♧
Loisirs : 🍴 ✕ ⛵ 🏊 🎣 🐎
Services : ♿ ⊶ 🛁 ♨ 🅿 🛁
Longitude : -0.23424
Latitude : 44.00069

ST-LAURENT-MEDOC

33112 – **335** G4 – 3 774 h. – alt. 6
🆔 5, rue du Général-de-Gaulle ℘ 05 56 59 92 66
▶ Paris 603 – Bordeaux 45 – Mérignac 41 – Pessac 48

⚠ **Le Paradis** de déb. avr. à mi-oct.
℘ 05 56 59 42 15, *leparadismedoc@orange.fr*,
Fax 05 56 59 42 15, *www.leparadis-medoc.com*
3 ha (70 empl.) plat, herbeux
Tarif : ✚ 14 € ⬌ 🅴 – 🔌 (10A) 4 € – frais de
réservation 12 €
Location : (de déb. avr. à mi-oct.) – 18 🏠 – 4 🏡
– 1 gîte. Nuitée 95 € – Sem. 245 à 565 € – frais de
réservation 12 €
Pour s'y rendre : au lieu-dit : Fourthon (2,5 km au nord
par la D 1215, rte de Lesparre)

Nature : 🌳 ⚏ 🄞🄞	
Loisirs : 🍸 🏊 🎣	
Services : 🚿 🔌 🗑 🔲 🚰	
Longitude : -0.83995	
Latitude : 45.17495	

ST-LÉON-SUR-VÉZÈRE

24290 – **329** H5 – 429 h. – alt. 70
▶ Paris 523 – Brive-la-Gaillarde 48 – Les Eyzies-de-Tayac 16 – Montignac 10

⚠ **Le Paradis** 🔱 – de déb. avr. à mi-oct.
℘ 05 53 50 72 64, *le-paradis@perigord.com*,
Fax 05 53 50 75 90, *www.le-paradis.fr*
7 ha (200 empl.) plat, herbeux
Tarif : (Prix 2010) 31 € ✚✚ ⬌ 🅴 🔌 (10A) – pers.
suppl. 8 € – frais de réservation 20 €
Location : (Prix 2010) (de déb. avr. à mi-oct.) – 27 🏠
– 2 tentes. Nuitée 46 à 130 € – Sem. 322 à 910 € – frais
de réservation 20 €
🚗 borne artisanale 2 €
Pour s'y rendre : au lieu-dit : La Rebeyrolle (4 km au
sud-ouest par D 706, rte des Eyzies-de-Tayac, au bord de
la Vézère)
À savoir : Installations de qualité autour d'une ancienne
ferme restaurée

Nature : 🌿 ⚏ 🄞🄞	
Loisirs : 🍸 ✗ snack 🎬 🎱 🎯	
🏊 🚲 ✂ 🎣 canoë, terrain	
multisports	
Services : 🚿 🔌 🗑 🚰 🚽	
laverie 🧺 🚰	
Longitude : 1.0712	
Latitude : 45.00161	

Le coup de cœur de Bib

Au cœur du Périgord Noir, ce terrain à la végétation luxuriante s'étend jusque sur les bords de la Vézère, une rivière où la baignade est autorisée et qui permet de joyeuses randonnées en canoë-kayak. Chaque emplacement est bien délimité grâce à de nombreuses plantations : fleurs, arbustes et arbres. On dénombre d'ailleurs plus d'une centaine de variétés d'essences végétales. Coté hébergement, il existe quelques mobile homes. Dernièrement, de vraies tentes canadiennes ont même été installées : idéales pour un retour à la nature, avec 25 m² sur un plancher en bois et une terrasse couverte. Certaines, au bord de la rivière, ont pratiquement les pieds dans l'eau !

Ph. Gallet/MICHELIN

ST-MARTIAL-DE-NABIRAT

24250 – **329** I7 – 629 h. – alt. 175
▶ Paris 546 – Cahors 42 – Fumel 45 – Gourdon 11

⌂ **Calmésympa** de mi-juin à mi-sept.
℘ 0553284315, *duarte-jacqueline@wanadoo.fr*,
www.tourisme-ceou.com/calmesympa.htm
2,7 ha (50 empl.) en terrasses et peu incliné, herbeux
Tarif : 14€ ★★ ⇌ 🅴 🗓 (8A) – pers. suppl. 4€

Location : (de fin mars à fin sept.) – 8 🛏 – 7 gîtes.
Nuitée 40 à 70€ – Sem. 170 à 470€
Pour s'y rendre : au lieu-dit : Lagrèze (2,2 km au nord-
ouest par D 46, rte de Domme et chemin à gauche)

À savoir : à l'ombre de châtaigners 5 fois centenaires !

Nature : ⌐⌐ 🌳🌳	
Loisirs : 🌊	
Services : & ⚡ 🖥	
Longitude : 1.23951	
Latitude : 44.75444	

ST-MARTIN-DE-SEIGNANX

40390 – **335** C13 – 4 715 h. – alt. 57
▶ Paris 766 – Bayonne 11 – Capbreton 15 – Dax 42

⌂ **Lou P'tit Poun** ▲▲ – de déb. juin à mi-sept.
℘ 0559565579, *contact@louptitpoun.com*,
Fax 0559565371, *www.louptitpoun.com*
6,5 ha (168 empl.) plat et peu incliné, en terrasses,
herbeux
Tarif : 34€ ★★ ⇌ 🅴 🗓 (10A) – pers. suppl. 8€ – frais
de réservation 30€

Location : (de déb. juin à mi-sept.) ✗ – 8 🛏
– 12 🏠. Sem. 465 à 755€ – frais de réservation 30€
🔄 borne artisanale 7€ – 🔋 🗓 11€
Pour s'y rendre : 110 av. du Quartier Neuf (4,7 km au
sud-ouest par N 117, rte de Bayonne et un chemin à
gauche)

Nature : ⌐⌐ 🌳🌳	
Loisirs : 🎮 🏓 🚣 🌊	
Services : & ⚡ 🍴 🏪 🖥	
Longitude : -1.41229	
Latitude : 43.52468	

ST-PÉE-SUR-NIVELLE

64310 – **342** C4 – 5 251 h. – alt. 30
🛈 *place du Fronton* ℘ *0559541169*
▶ Paris 785 – Bayonne 22 – Biarritz 17 – Cambo-les-Bains 17

⌂ **Goyetchea** de déb. juin à mi-sept.
℘ 0559541959, *info@camping-goyetchea.com*,
www.camping-goyetchea.com
3 ha (140 empl.) plat et peu incliné, herbeux
Tarif : 25€ ★★ ⇌ 🅴 🗓 (6A) – pers. suppl. 5€ – frais de
réservation 11€

Location : (de fin avr. à mi-sept.) ✗ – 30 🛏. Nuitée
46 à 83€ – Sem. 250 à 580€ – frais de réservation 11€
Pour s'y rendre : quartier Ibarron (1k 800 m au nord par
D 855, rte d'Ahetze et à dr.)

Nature : 🌿 🌳🌳	
Loisirs : snack 🎮 🏓 🚣	
Services : & ⚡ 🍴 🏪 laverie 🧺	
Longitude : -1.56683	
Latitude : 43.36275	

⌂ **L'Ibarron** de déb. mai à fin sept.
℘ 0559541043, *camping.dibarron@wanadoo.fr*,
Fax 0559545195, *www.camping-ibarron.com*
2,9 ha (142 empl.) plat, herbeux
Tarif : (Prix 2010) 23€ ★★ ⇌ 🅴 🗓 (6A) – pers.
suppl. 5€ – frais de réservation 10€

Location : (Prix 2010) (de déb. mai à fin sept.) ✗
– 21 🛏. Sem. 250 à 600€ – frais de réservation 10€
🔄 borne artisanale 5€ – 25 🗓 17€
Pour s'y rendre : quartier Ibarron (2 km, sortie ouest,
sur la D 918, rte de St-Jean-de-Luz, près de la Nivelle)

Nature : 🌳🌳	
Loisirs : 🎮 🏓 🚣	
Services : & ⚡ 🍴 laverie	
À prox. : 🏓 🍴 🍽 🧺 🚲	
Longitude : -1.5749	
Latitude : 43.3576	

*Pour visiter une ville ou une région : utilisez les **Guides Verts MICHELIN.***

109

ST-RÉMY

24700 – **329** C6 – 450 h. – alt. 80
▶ Paris 542 – Bergerac 33 – Libourne 46 – Montpon-Ménestérol 10

⚠ **Les Cottages en Périgord** (location exclusive de chalets) Permanent
📞 0553805946, *lescottagesenperigord@orange.fr*,
Fax 0553805946, *www.cottagesenperigord.com*
7 ha/1 campable plat, petit étang, bois attenant
Location : 🚻 (1 chalet) – 8 🏠. Nuitée 50 à 100€
– Sem. 250 à 650€ – frais de réservation 10€
Pour s'y rendre : au lieu-dit : Les Pommiers (au Nord rte de Montpon-Ménestérol par la D 708)

Nature : 🏞 ♀♀	
Loisirs : 🎱 ⛲ jacuzzi ⛵ ↝	
Services : ☎ ♨ 🏧 ⛺ 🍴 🔥	
Longitude : 0.16333	
Latitude : 44.96024	

ST-SAUD-LACOUSSIÈRE

24470 – **329** F2 – 856 h. – alt. 370
▶ Paris 443 – Brive-la-Gaillarde 105 – Châlus 23 – Limoges 57

⚠ **Kawan Village Château Le Verdoyer** ♣♣ –
📞 0553569464, *chateau@verdoyer.fr*, Fax 0553563870,
www.verdoyer.fr
15 ha/5 campables (170 empl.) en terrasses, peu incliné, herbeux, pierreux, étangs
Tarif : 38,50€ ★★ 🚐 🔲 🅙 (10A) – pers. suppl. 6,50€
– frais de réservation 20€
Location : – 2 roulottes – 20 🏚 – 10 🏠 – 5 🛶
– 2 bungalows toilés. Nuitée 70 à 100€ – Sem. 285 à 700€ – frais de réservation 20€
🚰 borne artisanale
Pour s'y rendre : 2,5 km au nord-ouest par D 79, rte de Nontron et D 96, rte d'Abjat-sur-Bandiat, près d'étangs

Nature : 🏞 ⛰ ♀♀	
Loisirs : 🍴 ✕ snack 🎱 ⛹ ⚽ 🚴 ⛳ ⛵ ↝ canoë	
Services : 🚻 ☎ 🏧 ♻ laverie ⛲ ⛱ cases réfrigérées	
À prox. : 🏖 (plage)	
Longitude : 0.79595	
Latitude : 45.55133	

ST-VINCENT-DE-COSSE

24220 – **329** H6 – 378 h. – alt. 80
▶ Paris 540 – Bergerac 61 – Brive-la-Gaillarde 65 – Fumel 58

⚠ **Le Tiradou** de déb. mai à fin sept.
📞 0553303073, *contact@camping-le-tiradou.com*,
Fax 0553311624, *www.camping-le-tiradou.com*
2 ha (60 empl.) plat, herbeux
Tarif : (Prix 2010) ★ 5€ 🚐 🔲 7€ – 🅙 (6A) 3€ – frais de réservation 10€
Location : (Prix 2010) (de déb. mai à fin sept.) 🚫
– 15 🏚 – 5 🏠. Nuitée 50 à 150€ – Sem. 230 à 630€
– frais de réservation 15€
Pour s'y rendre : au lieu-dit : Larrit (500 m au sud-ouest du bourg, au bord d'un ruisseau)

Nature : ⛰ ♀♀	
Loisirs : snack 🎱 jacuzzi ⛵ ⛵	
Services : 🚻 ☎ 🏧 🍴 laverie ⛲	
Longitude : 1.11268	
Latitude : 44.83747	

STE-EULALIE-EN-BORN

40200 – **335** D9 – 1 017 h. – alt. 26
▶ Paris 673 – Arcachon 58 – Biscarrosse 98 – Mimizan 11

⚠ **Les Bruyères** de déb. mai à fin sept.
📞 0558097336, *bonjour@camping-les-bruyeres.com*,
Fax 0558097558, *www.camping-les-bruyeres.com*
3 ha (177 empl.) plat, sablonneux, herbeux
Tarif : 26€ ★★ 🚐 🔲 🅙 (10A) – pers. suppl. 7€ – frais de réservation 16€
Location : (de déb. mai à fin sept.) – 22 🏚 – 1 🏠.
Nuitée 40 à 103€ – Sem. 280 à 720€ – frais de réservation 16€
Pour s'y rendre : 719 rte de Laffont (2,5 km au nord par D 652)
À savoir : produits régionaux maison à déguster et à emporter

Nature : 🏞 ⛰ ♀♀	
Loisirs : 🍴 snack 🎱 ⚽ ⛵	
Services : 🚻 ☎ ⛲ 🍴 🔥 ⛱ ⛲	
Longitude : -1.17877	
Latitude : 44.29334	

STE-FOY-LA-GRANDE

33220 – **335** M5 – 2 560 h. – alt. 10

🏠 *102, rue de la République* 📞 *05 57 46 03 00*

▶ Paris 555 – Bordeaux 71 – Langon 59 – Marmande 53

⚠ **La Bastide** de déb. avr. à fin oct.
📞 *05 57 46 13 84, contact@camping-bastide.com*,
Fax *05 57 46 13 84, www.camping-bastide.com* ✂
1,2 ha (38 empl.) plat, herbeux
Tarif : 21€ ✱✱ ⬅ 回 [J] (10A) – pers. suppl. 5€
Location : (de déb. avr. à fin oct.) ✂ – 10 🛏. Sem.
250 à 600€ – frais de réservation 10€
Pour s'y rendre : à Pineuilh, allée du Camping (sortie
nord-est par D 130, au bord de la Dordogne)

> Nature : 🌊 ♣♣
> Loisirs : 🎮 🚤 🛝
> Services : 🚻 ⊙🚿 ¶ laverie
> À prox. : 🐟

> Longitude : 0.22462
> Latitude : 44.84403

SALIES-DE-BÉARN

64270 – **342** G4 – 4 803 h. – alt. 50 – ♨

🏠 *rue des Bains* 📞 *05 59 38 00 33*

▶ Paris 762 – Bayonne 60 – Dax 36 – Orthez 17

⚠ **Municipal de Mosqueros** de mi-mars à mi-oct.
📞 *05 59 38 12 94, campingmunicipal.salies@orange.fr*,
Fax *05 59 38 06 43, www.tourisme-bearn-gaves.com*
0,7 ha (60 empl.) en terrasses, herbeux, gravier
Tarif : (Prix 2010) ✱ 3€ ⬅ 回 6€ – [J] (10A) 3€
Location : (Prix 2010) (de mi-mars à mi-oct.) – 2 🛏.
Sem. 265 à 435€
🚐 borne autre 9€ – 16 回 9€
Pour s'y rendre : av. Al Cartero (sortie ouest par D 17,
rte de Bayonne, à la base de plein air)

> Nature : 🌊 ♣♣
> Loisirs : 🎮
> Services : 🚻 ⊙🚿 ⬜ 🛁 ✇ laverie
> À prox. : ✂ 🛝 terrain multis-
> ports

> Longitude : -0.93814
> Latitude : 43.47643

SALIGNAC-EYVIGUES

24590 – **329** I6 – 1 128 h. – alt. 297

🏠 *place du 19 Mars 1962* 📞 *05 53 28 81 93*

▶ Paris 509 – Brive-la-Gaillarde 34 – Cahors 84 – Périgueux 70

⛰ **Flower Le Temps de Vivre** de fin avr. à fin sept.
📞 *05 53 28 93 21, contact@temps-de-vivre.com*,
www.temps-de-vivre.com
4,5 ha (50 empl.) en terrasses, herbeux, bois attenant
Tarif : 26€ ✱✱ ⬅ 回 [J] (10A) – pers. suppl. 5€ – frais
de réservation 10€
Location : (de déb. avr. à déb. oct.) – 18 🛏
– 2 bungalows toilés. Nuitée 36 à 84€ – Sem. 180 à 588€
– frais de réservation 20€
Pour s'y rendre : 1,5 km au sud par D 61 et chemin à dr.

> Nature : 🌊 ⬜ ♣♣
> Loisirs : 🍴 🎮 🚤 🛝
> Services : 🚻 ⊙🚿 🛁 ¶ laverie 🛒

> Longitude : 1.32817
> Latitude : 44.96355

SALLES

33770 – **335** F7 – 5 758 h. – alt. 23

🏠 *rue de la Haute Landes* 📞 *05 56 88 30 11*

▶ Paris 632 – Arcachon 36 – Belin-Béliet 11 – Biscarrosse 122

⛰ **Le Park du Val de l'Eyre** 👥 – de déb. mars à fin
oct.
📞 *05 56 88 47 03, levaldeleyre2@wanadoo.fr*,
Fax *05 56 88 47 27, www.valdeleyre.com*
13 ha/4 campables (150 empl.) peu incliné, plat, herbeux,
sablonneux
Tarif : 32€ ✱✱ ⬅ 回 [J] (10A) – pers. suppl. 3€
Location : (de déb. mars à fin oct.) – 42 🛏 – 8 🏠.
Nuitée 90€ – Sem. 545€ – frais de réservation 20€
Pour s'y rendre : 8 rte du Minoy (sortie sud-ouest par
D 108e S, rte de Lugos, au bord de l'Eyre et d'un étang -
par A 63 : sortie 21)

> Nature : 🌊 ♣♣
> Loisirs : 🍴 snack 🎮 🏃 🚤 ♠
> 🛝 🛶 canoë
> Services : 🚻 ⊙🚿 🏧 🛁 🛁 laverie
> 🛒
> À prox. : 🛒

> Longitude : -0.87399
> Latitude : 44.54606

SALLES

47150 – **336** H2 – 306 h. – alt. 120

▶ Paris 588 – Agen 59 – Fumel 12 – Monflanquin 11

    ⚠ **Des Bastides** de déb. avr. à fin oct.
        ℘ 0553408309, *info@campingdesbastides.com*,
        Fax 0553408176, *www.campingdesbastides.com*
        6 ha (96 empl.) en terrasses, herbeux
        Tarif : 27 € ★★ ⟺ 🅴 🅗 (6A) – pers. suppl. 5 € – frais de
        réservation 18 €

        Location : (permanent) ⬎ – 10 🔳 – 3 🏠
        – 4 bungalows toilés. Nuitée 37 à 99 € – Sem. 258 à 695 €
        – frais de réservation 18 €
        Pour s'y rendre : lieu-dit : Terre Rouge (1 km au nord-
        est, rte de Fumel, au croisement des D 150 et D 162)

> Nature : ▭ 요요
> Loisirs : ▼ snack 🏸 ♦ 🏊
> terrain multisports
> Services : ♿ ⚬🗕 🏧 🔥 ☂ laverie
> ☂

> Longitude : 0.88341
> Latitude : 44.55483

SANGUINET

40460 – **335** E8 – 3 026 h. – alt. 24

🏢 1, place de la Mairie ℘ 0558786772

▶ Paris 643 – Arcachon 27 – Belin-Béliet 26 – Biscarrosse 120

    ⚠ **Municipal Lou Broustaricq** ♨ – de déb. avr. à fin oct.
        ℘ 0558827482, *loubrousta@wanadoo.fr*,
        Fax 0558821074, *www.lou-broustaricq.com* – places
        limitées pour le passage ⬎
        18,8 ha (570 empl.) plat, sablonneux
        Tarif : (Prix 2010) 37 € ★★ ⟺ 🅴 🅗 (10A) – pers.
        suppl. 6 € – frais de réservation 25 €

        Location : (de mi-avr. à fin oct.) ⬎ – 142 🔳. Nuitée
        36 à 139 € – Sem. 476 à 973 € – frais de réservation
        25 €
        Pour s'y rendre : 2315 rte Langeot (2,8 km au nord-ouest
        par rte de Bordeaux, à 300 m de l'étang de Cazaux)

> Nature : ♨ ▭ 요
> Loisirs : ▼ snack 🏠 🎦 🎣 🏸
> ♦ ✂ 🔥 🏊 🏊
> Services : ♿ ⚬🗕 🏧 ☂ 🔥 laverie
> 🖥 ☂
> À prox. : ≈

> Longitude : -1.07279
> Latitude : 44.50009

112

SARBAZAN

40120 – **335** J10 – 1 084 h. – alt. 90

▶ Paris 685 – Barbotan-les-Thermes 27 – Captieux 32 – Labrit 24

    ⚠ **Village Vacances Municipal** (location exclusive de
        chalets) de déb. mai à fin sept.
        ℘ 0558456493, *mairiedesarbazan@wanadoo.fr*,
        Fax 0558456991 – empl. traditionnels également
        disponibles
        1 ha non clos, plat, herbeux

        Location : (Prix 2010) ♿ – 5 🏠. Sem. 120 à 260 €
        Pour s'y rendre : 93 rte du Graba (à l'est du bourg)
        À savoir : sous de grands pins, près d'un petit étang

> Nature : ♨ 요요
> Loisirs : 🏸
> Services : ✂ ✗ 🏧 🖩
> À prox. : 🏠 ✗ 🎣 parcours de
> santé

> Longitude : -0.31332
> Latitude : 44.02504

SARE

64310 – **342** C5 – 2 286 h. – alt. 70

🏢 Herriko Etxea ℘ 0559542014

▶ Paris 794 – Biarritz 26 – Cambo-les-Bains 19 – Pau 138

    ⚠ **La Petite Rhune** de mi-juin à mi-sept.
        ℘ 0559542397, *la-petite-rhune@wanadoo.fr*,
        Fax 0559542342, *www.lapetiterhune.com* – places
        limitées pour le passage
        1,5 ha (56 empl.) en terrasses, peu incliné, incliné,
        herbeux
        Tarif : (Prix 2010) 25 € ★★ ⟺ 🅴 🅗 (10A) – pers.
        suppl. 5 € – frais de réservation 10 €

        Location : (Prix 2010) (permanent) ⬎ – 15 🏠
        – 3 gîtes. Sem. 220 à 580 € – frais de réservation 10 €
        Pour s'y rendre : quartier Lehenbiscaye (2 km au sud
        par rte reliant D 406 et D 306)

> Nature : ♨ ≤ 요요
> Loisirs : 🏠 🏸 ✗ 🏊 (petite
> piscine) terrain multisports
> Services : ⚬🗕 ✂ ☂ laverie
> À prox. : ▼ ✗

> Longitude : -1.58771
> Latitude : 43.30198

SARLAT-LA-CANÉDA

24200 – **329** I6 – 9 381 h. – alt. 145
🛈 3, rue Tourny ℘ 05 53 31 45 45
▶ Paris 526 – Bergerac 74 – Brive-la-Gaillarde 52 – Cahors 60

⚠ **La Palombière** ♣♦ – de mi-avr. à mi-sept.
℘ 05 53 59 42 34, la.palombiere@wanadoo.fr,
Fax 05 53 28 45 40, www.lapalombiere.fr – places limitées
pour le passage
8,5 ha/4 campables (177 empl.) peu incliné et en
terrasses, pierreux, herbeux
Tarif : 🛉 8 € ⛟ 🅿 11 € – 🔌 (10A) 3 € – frais de
réservation 22 €
Location : (de mi-avr. à mi-sept.) – 45 🛖 – 10 🏠.
Nuitée 44 à 123 € – Sem. 305 à 855 € – frais de
réservation 22 €
Pour s'y rendre : à Ste Nathalène, au lieu-dit : Galmier
(9 km au nord-est sur D 43 et à gauche)

Nature : 🏞 ⛺ 〰	
Loisirs : 🍸 🍴 🅿 🏕 🛝 🚴	
🔧 ⛲ 🏊 🎠	
Services : ♿ ⚷ 🚿 🔋 🚽 🍴	
laverie 🧺 🚿	

Longitude : 1.29157
Latitude : 44.90639

Le coup de cœur de Bib

Tout proche de Sarlat, une des plus célèbres villes du Sud-Ouest, la petite commune de
Ste-Nathalène abrite un camping agréablement ombragé sous une pinède. Il a pour atouts
des infrastructures de qualité avec un parc aquatique sur plusieurs niveaux et agrémenté
de verdure, un court de tennis, des jeux pour enfants variés et adaptés à tous les âges.
Les adultes désireux d'entretenir leur corps peuvent profiter de la salle de fitness avec de
nombreux agrès. Les soirs en saison, il est possible de dîner au restaurant, dans une salle
nouvellement décorée d'un design contemporain. Puis, pour bien terminer la journée, des
animateurs vous proposeront entre autres une soirée disco ou casino. Un lieu idéal pour des
vacances en famille !

Ph. Gallet/MICHELIN

113

⚠ **"Les Castels" Le Moulin du Roch** ♣♦ – de mi-mai
à mi-sept.
℘ 05 53 59 20 27, moulin.du.roch@wanadoo.fr,
Fax 05 53 59 20 95, www.moulin-du-roch.com ✂
8 ha (200 empl.) en terrasses, peu incliné, plat, herbeux,
petit étang
Tarif : 35 € 🛉🛉 ⛟ 🅿 🔌 (6A) – pers. suppl. 10 € – frais
de réservation 15 €
Location : (de mi-mai à mi-sept.) ✂ – 50 🛖. Sem.
270 à 950 € – frais de réservation 15 €
Pour s'y rendre : à St-André d'Allas, sur la D 47 (10 km
au nord-ouest, rte des Eyzies, au bord d'un ruisseau)
À savoir : autour d'un ancien moulin périgourdin

Nature : ⛺ 🌳	
Loisirs : 🍸 🍴 snack 🎱 🅿 🏕	
🛝 ⛲ 🏊 🎣	
Services : ♿ ⚷ 🏪 🏧 ♨ 🚿 🚽 🍴	
laverie 🧺 🚿	

Longitude : 1.11481
Latitude : 44.90843

△△△ **La Châtaigneraie** ♣♣ – de fin avr. à mi-sept.
℘ 0553590361, *lachataigneraie@orange.fr*,
Fax 0553298616, *www.lachataigneraie24.com*
9 ha (140 empl.) en terrasses, plat, herbeux, sablonneux
Tarif : 31,50€ ♣♣ ⚎ 🅴 🚰 (10A) – pers. suppl. 7,60€
– frais de réservation 20€

Location : (de fin avr. à mi-sept.) ⚓ (juil-août)
– 60 🛏 – 11 🏠 – mobile home sans sanitaire.
Nuitée 43€ – Sem. 200 à 960€ – frais de réservation
20€

Pour s'y rendre : à Prats de Carlux, au lieu-dit : La
Garrigue Basse (10 km à l'est par la D 47 et à droite à Ste
Nathalène)

À savoir : jolie parc aquatique et ludique entourée de
murets en pierres du pays

Nature : 🌊 🗲 🚮
Loisirs : 🍹 snack 🎱 🏓 🛶 ⚏ 🎯 ⛳ piste de bi-cross, parcours sportif
Services : ♿ ⚷ 🛁 🚿 ⚐ laverie 🚮 ♨

Longitude : 1.29871
Latitude : 44.90056

△△△ **Les Grottes de Roffy** ♣♣ – de mi-avr. à mi-sept.
℘ 0553591561, *contact@roffy.fr*, Fax 0553310911,
www.roffy.fr
5 ha (165 empl.) non clos, en terrasses, plat, herbeux
Tarif : 22€ ♣♣ ⚎ 🅴 🚰 (6A) – pers. suppl. 6€ – frais de
réservation 15€

Location : (de mi-avr. à mi-sept.) – 22 🛏
– 2 appartements. Nuitée 43 à 107€ – Sem. 270 à 903€
– frais de réservation 15€
Pour s'y rendre : à Ste-Nathalène, au lieu-dit : Roffy
(8 km à l'est, par la D 47)

Nature : 🌊 ⚘ 🚮 ♨♨
Loisirs : 🍹 ✗ snack 🎱 🏓 🛶 ⚏ 🎯
Services : ♿ ⚷ 🛁 🚿 ⚐ 🍴 laverie 🚮 ♨

Longitude : 1.28211
Latitude : 44.90417

△△△ **Domaine de Loisirs le Montant** ♣♣ – de mi-mai à
mi-sept.
℘ 0553591850, *contact@camping-sarlat.com*,
Fax 0553593773, *www.camping-sarlat.com*
70 ha/8 campables (135 empl.) en terrasses, vallonné,
plat, herbeux, fort dénivelé
Tarif : ♣ 8€ ⚎ 🅴 10€ – 🚰 (10A) 7€ – frais de
réservation 19€

Location : (de déb. avr. à déb. nov.) – 16 🛏 – 33 🏠
– 2 gîtes. Nuitée 50 à 117€ – Sem. 339 à 749€ – frais de
réservation 25€

Pour s'y rendre : au lieu-dit : Négrelat (2 km au sud-
ouest par D 57, rte de Bergerac puis 2,3 km par chemin
à dr.)

À savoir : locatif varié et de qualité dans un cadre sauvage,
vallonné et boisé

Nature : 🌊 ⚘ 🚮 ♨♨
Loisirs : 🍹 ✗ snack 🎱 🌙 noc-turne 🏓 jacuzzi 🛶 🚲 ⚏ 🎯 ⛳ terrain multisports
Services : ♿ ⚷ 🏛 🛁 🚿 ⚐ 🍴 laverie ♨

Longitude : 1.18903
Latitude : 44.86573

△△△ **Domaine Des Chênes Verts** ♣♣ – de déb. avr. à mi-
oct.
℘ 0553592107, *chenes-verts@wanadoo.fr*,
Fax 0553310551, *www.chenes-verts.com* – places
limitées pour le passage
8 ha (143 empl.) plat, peu incliné, en terrasses, herbeux
Tarif : (Prix 2010) 24€ ♣♣ ⚎ 🅴 🚰 (6A) – pers.
suppl. 4€

Location : (Prix 2010) (de déb. avr. à mi-nov.) – 20 🛏
– 80 🏠 – 14 bungalows toilés. Nuitée 30 à 90€ – Sem.
190 à 750€ – frais de réservation 18€
🛏 borne artisanale
Pour s'y rendre : rte de Sarlat et Souillac (8,5 km au
sud-est)

Nature : 🌊 🚮 ♨♨
Loisirs : 🍹 snack 🎱 🏓 🛶 🚲 ⚏ 🎯
Services : ♿ ⚷ 🛁 🍴 laverie 🚮 ♨

Longitude : 1.2972
Latitude : 44.86321

114

---

*To visit a town or region : use the **MICHELIN Green Guides**.*

La Ferme de Villeneuve ♣♦ – de déb. avr. à fin oct.
℘ 0553303090, *contact@fermedevilleneuve.com*,
Fax 0553302444, *www.fermedevilleneuve.com*
20 ha/2,5 campables (100 empl.) en terrasses, peu
incliné, plat, herbeux, sous-bois, étang
Tarif : ♣ 6€ ⬚ 🅴 7€ – 🄗 (6A) 4€ – frais de
réservation 8€
Location : (de déb. avr. à fin sept.) 🛇 – 2 roulottes
– 8 🏚 – 3 tipis. Nuitée 37 à 89€ – Sem. 260 à 618€
– frais de réservation 8€
Pour s'y rendre : à St-André-d'Allas, au lieu-dit :
Villeneuve (8 km au nord-ouest par D 47, rte des Eyzies-
de-Tayac et rte à gauche)
À savoir : camping à la ferme

| Nature : 🐾 ≤ 🗔 🙌 |
| Loisirs : ⛱ snack 🎯 🏋 🚲 🛝 |
| Services : ♿ ⚷ 🅱 ⛺ laverie 🧺 |
| À prox. : salle d'animation |

| Longitude : 1.14051 |
| Latitude : 44.90438 |

Les Terrasses du Périgord de fin avr. à fin sept.
℘ 0553590225, *terrasses-du-perigord@wanadoo.fr*,
Fax 0553591648, *www.terrasses-du-perigord.com*
5 ha (85 empl.) en terrasses, plat, herbeux
Tarif : 18€ ♣♣ ⬚ 🅴 🄗 (16A) – pers. suppl. 5€ – frais
de réservation 8€
Location : (de fin avr. à mi-sept.) – 9 🏚 – 7 🏠.
Nuitée 95€ – Sem. 640€ – frais de réservation 10€
🚐 borne artisanale – 2 🅴 24€
Pour s'y rendre : à Proissans, au lieu-dit : Pech d'Orance
(2,8 km au nord-est)

| Nature : 🐾 ≤ 🗔 🙌 |
| Loisirs : snack 🏓 🏋 ♟ 🛝 piste de bi-cross |
| Services : ♿ ⚷ ⛁ 🅱 🧺 ⛺ laverie 🧺 |

| Longitude : 1.23658 |
| Latitude : 44.90617 |

Village Vacances d'Argentouleau (location
exclusive de chalets) fermé de mi-nov. à fin fév.
℘ 0553593023, *vilvac.argentouleau@wanadoo.fr*,
Fax 0553593023, *www.sarlat-location.com*
2 ha plat, herbeux, gravier
Location : ♿ 🛇 🅿 – 1 🏚 – 22 🏠. Nuitée
45 à 100€ – Sem. 260 à 690€ – frais de réservation
16€
Pour s'y rendre : 2 rte d'Argentouleau

| Nature : 🐾 ≤ 🙌 |
| Loisirs : 🏓 🏋 🛝 |
| Services : ⚷ ⛁ laverie |

| Longitude : 1.20467 |
| Latitude : 44.89484 |

Les Périères de déb. avr. à fin sept.
℘ 0553590584, *les-perieres@wanadoo.fr*,
Fax 0553285751, *www.lesperieres.com*
11 ha/4 campables (100 empl.) en terrasses, herbeux
Tarif : (Prix 2010) 28€ ♣♣ ⬚ 🅴 🄗 (6A) – pers.
suppl. 6€ – frais de réservation 10€
Location : (Prix 2010) (de déb. avr. à fin sept.) – 15 🏠
– 1 studio. Sem. 300 à 836€ – frais de réservation 10€
🚐 borne artisanale
Pour s'y rendre : r. Jean Gabin (1 km au nord-est, à la
sortie de la ville)

| Nature : 🙌 |
| Loisirs : ⛱ 🏓 ⛴ 🏋 ✂ 🔲 🛝 parcours sportif |
| Services : ♿ ⚷ ⛁ 🧺 ⛺ laverie |

| Longitude : 1.22767 |
| Latitude : 44.89357 |

Les Charmes de déb. avr. à mi-oct.
℘ 0553310289, *les.charmes@wanadoo.fr*,
Fax 0553310632, *www.campingleschamesdordogne.com*
5,5 ha/1,8 (100 empl.) plat et peu incliné, en terrasses,
herbeux
Tarif : (Prix 2010) 22€ ♣♣ ⬚ 🅴 🄗 (6A) – pers.
suppl. 6€ – frais de réservation 6€
Location : (Prix 2010) (de déb. avr. à mi-oct.) – 6 🏚
– 6 🏠 – 5 bungalows toilés. Nuitée 35 à 70€ – Sem.
168 à 624€ – frais de réservation 6€
🚐 borne artisanale 15€
Pour s'y rendre : à St-André-d'Allas, au lieu-dit :
Malartigue Haut (10 km à l'ouest par D 47, rte des
Eyzies-de-Tayac puis 2,8 km par rte à gauche et D 25
à gauche)

| Nature : 🐾 🗔 🙌 |
| Loisirs : ⛱ 🏋 🔲 🛝 🏄 terrain multisports |
| Services : ♿ ⚷ ⛺ 🔲 🧺 |

| Longitude : 1.11365 |
| Latitude : 44.89412 |

▲ **Les Acacias** de déb. avr. à fin sept.
    ℘ 0553310850, *camping-acacias@wanadoo.fr*,
www.acacias.fr
4 ha (122 empl.) plat, peu incliné, terrasses, herbeux
Tarif : 17€ ✦✦ ⟺ 🅴 (⅄) (10A) – pers. suppl. 5€ – frais
de réservation 10€

Location : (permanent) ⌇ – 11 ⌷. Sem. 230 à 670€
– frais de réservation 10€
⌷ borne artisanale
Pour s'y rendre : au bourg de la Canéda, r. Louis
de Champagne (6 km au sud-est par D 704 et à dr. à
l'hypermarché Leclerc)

À savoir : navette en bus pour Sarlat

Nature : ⟨ ⌷ 🌳🌳	
Loisirs : ☂ ⛵ 🚲 ⛴ terrain multisports	
Services : ♿ ⛽ 🏧 ♨ ⚡ ♈ laverie 🔧	

Longitude : 1.23699
Latitude : 44.85711

SAUVETERRE-LA-LÉMANCE

47500 – **336** I2 – 598 h. – alt. 100
▶ Paris 572 – Agen 68 – Fumel 14 – Monflanquin 27

▲ **Moulin du Périé** de mi-mai à mi-sept.
    ℘ 0553406726, *moulinduperie@wanadoo.fr*,
Fax 0553406246, *www.camping-moulin-perie.com*
4 ha (125 empl.) plat, herbeux
Tarif : ✦ 7€ ⟺ 🅴 10€ – (⅄) (10A) 7€ – frais de
réservation 20€

Location : (permanent) ⌇ – 15 ⌷ – 4 ⌂
– 7 bungalows toilés. Nuitée 36 à 111€ – Sem.
216 à 777€ – frais de réservation 35€
⌷ borne artisanale – 5 🅴 10€
Pour s'y rendre : au lieu-dit : Moulin du Périé (3 km à
l'est par rte de Loubejac, au bord d'un ruisseau)

Nature : 🌿 ⌷ 🌳🌳	
Loisirs : ☂ ✕ 🎮 ⛵ 🚲 ⛴ ⛵ (petit étang)	
Services : ♿ ⛽ 🔧 🍴 🔧	

Longitude : 1.04923
Latitude : 44.59003

SEIGNOSSE

40510 – **335** C12 – 2 955 h. – alt. 15
🛈 *avenue des Lacs* ℘ 0558433215
▶ Paris 747 – Biarritz 36 – Dax 32 – Mont-de-Marsan 85

▲▲ **La Pomme de Pin** de déb. avr. à fin sept.
    ℘ 0558770071, *info@camping-lapommedepin.com*,
Fax 0558771147, *www.camping-lapommedepin.com*
5 ha (229 empl.) plat, herbeux, sablonneux
Tarif : (Prix 2010) 27€ ✦✦ ⟺ 🅴 (⅄) (5A) – pers.
suppl. 6€ – frais de réservation 20€

Location : (Prix 2010) (de déb. avr. à fin sept.) – 45 ⌷.
Sem. 340 à 860€ – frais de réservation 20€
⌷ borne artisanale
Pour s'y rendre : rte de Seignosse (2 km au sud-est par
D 652 et D 337, rte de Saubion)

À savoir : bel espace aquatique

Nature : ⌷ 🌳🌳	
Loisirs : ☂ snack 🎮 jacuzzi ⛵ 🔲 (découverte en saison)	
Services : ♿ ⛽ 🔧 ♈ laverie 🔧 🔧 cases réfrigérées	

Longitude : -1.35744
Latitude : 43.67873

SÉRIGNAC-PÉBOUDOU

47410 – **336** F2 – 173 h. – alt. 139
▶ Paris 567 – Agen 64 – Bergerac 34 – Marmande 41

▲ **La Vallée de Gardeleau** de déb. mars à fin oct.
    ℘ 0553369696, *valleegardeleau@wanadoo.fr*,
Fax 0553369696, *www.perso.wanadoo.fr/camping.
valleegardeleau.fr*
2 ha (33 empl.) plat, peu incliné, herbeux
Tarif : (Prix 2010) ✦ 4€ ⟺ 🅴 6€ – (⅄) (10A) 6€ – frais de
réservation 10€

Location : (Prix 2010) (permanent) ⌇ – 7 ⌷
– 4 bungalows toilés. Nuitée 40 à 56€ – Sem. 190 à 495€
– frais de réservation 10€
⌷ 1 🅴 10€ – ⊏ (⅄) 12€
Pour s'y rendre : au lieu-dit : Gardeleau (2,2 km à
l'ouest par rte de St-Nazaire et chemin à gauche)

Nature : 🌿 ⌷ 🌳🌳	
Loisirs : ☂ brasserie ⛵ ♨ ⛴	
Services : ♿ ⛽ 🏧 🔧 🔧 🔧	

Longitude : 0.51726
Latitude : 44.61746

SIORAC-EN-PÉRIGORD

24170 – **329** G7 – 993 h. – alt. 77

🏢 *place de Siorac* 𝒫 *0553316351*

◪ Paris 548 – Bergerac 45 – Cahors 68 – Périgueux 60

△ **Le Port** de mi-mai à fin sept.
𝒫 0553316381, *contact@campingduport.net*,
www.campingduport.net
2,5 ha (83 empl.) plat, herbeux
Tarif : 15€ ✹✹ 🚐 🗉 ⚡ (10A) – pers. suppl. 4€

Location : (de fin avr. à déb. nov.) – 8 🛏. Nuitée
35 à 70€ – Sem. 155 à 450€
Pour s'y rendre : au nord-est du bourg, accès par
D 25, rte de Buisson-Cussac et chemin devant Carrefour
Market, au bord de la Dordogne et de la Nauze

> Nature : 🎄 💧
> Loisirs : 🎮 🏋 ⛱ 🎣
> Services : 🕭 ⚡ (mi-juil.- mi-
> août) 🚿 🔳
> À prox. : 🛒 🍽 snack 🎿 canoë,
> piste de skate, golf

> Longitude : 0.98755
> Latitude : 44.82472

SORDE-L'ABBAYE

40300 – **335** E13 – 641 h. – alt. 17

◪ Paris 758 – Bayonne 47 – Dax 27 – Oloron-Ste-Marie 63

△ **Municipal la Galupe** de déb. juil. à fin août
𝒫 0558731813, *mairie.sordelabbaye@wanadoo.fr*,
Fax 0558731641
0,6 ha (28 empl.) plat, herbeux, pierreux
Tarif : (Prix 2010) 10€ ✹✹ 🚐 🗉 ⚡ (6A) – pers.
suppl. 3€
🚐 borne artisanale – 5 🗉 10€ – 🔋 ⚡ 10€
Pour s'y rendre : 242 chemin du Camping (1,3 km à
l'ouest par D 29, rte de Peyrehorade, D 123 à gauche et
chemin av. le pont, près du Gave d'Oloron)

> Nature : 🐟 🎄 💧
> Services : 🕭 🚿

> Longitude : -1.0561
> Latitude : 43.52983

SOULAC-SUR-MER

33780 – **335** E1 – 2 679 h. – alt. 7

🏢 *68, rue de la plage* 𝒫 *0556098661*

◪ Paris 515 – Bordeaux 99 – Lesparre-Médoc 31 – Royan 12

△△△ **Les Lacs** 🏖 – de déb. avr. à déb. nov.
𝒫 0556097663, *info@camping-les-lacs.com*,
Fax 0556099802, *www.camping-les-lacs.com*
5 ha (228 empl.) plat, herbeux, sablonneux
Tarif : (Prix 2010) 33€ ✹✹ 🚐 🗉 ⚡ (5A) – pers.
suppl. 5€

Location : (Prix 2010) (de déb. avr. à déb. nov.) 🕭
(1 mobile home) – 62 🛏 – 12 🏠. Sem. 190 à 950€
🚐 2 🗉 15€ – 🔋 ⚡ 15€
Pour s'y rendre : 126 rte des Lacs (3 km à l'est par
D 101)

À savoir : organisation d'excursions en car

> Nature : 🐟 🎄 💧
> Loisirs : 🍽 snack 🎮 🎯 🏋 🏋
> 🎣 🏊 🛝 ⛸ terrain multisports
> Services : 🕭 ⚡ 🚿 🛁 🔧 💈
> laverie 🧺 🛒
> À prox. : 🐎

> Longitude : -1.11932
> Latitude : 45.48328

△△△ **Yelloh! Village Le Lilhan** 🏖 – de mi-avr. à mi-
sept.
𝒫 0556097763, *info@yellohvillage-soulacsurmer.*
com, Fax 0556097878, *www.yellohvillage.fr/camping/*
yelloh_soulac_sur_mer
4 ha (170 empl.) plat, sablonneux
Tarif : 39€ ✹✹ 🚐 🗉 ⚡ (10A) – pers. suppl. 7€ – frais
de réservation 18€

Location : (de mi-avr. à mi-sept.) – 60 🛏. Nuitée
35 à 119€ – Sem. 245 à 833€ – frais de réservation
18€
Pour s'y rendre : 2,8 km à l'est par D 101e 2 et D 101

> Nature : 🐟 💧
> Loisirs : 🍽 🍴 snack 🎮 🏋 ⛸s
> jacuzzi 🏋 🎯 🛝 🏊
> Services : 🕭 ⚡ (juil.août) 🛁 💈
> laverie 🧺 🛒

> Longitude : -1.11886
> Latitude : 45.48563

Nos **guides hôtels,** *nos* **guides touristiques** *et nos* **cartes routières**
sont complémentaires. Utilisez-les ensemble.

△ **L'Océan** de déb. juin à mi-sept.
ℊ 05 56 09 76 10, *camping.ocean@orange.fr*,
Fax 05 56 09 74 75, *www.perso.wanadoo.fr/camping.ocean*
6 ha (300 empl.) gravier, sablonneux, plat, herbeux
Tarif : ☺ 5 € ≓ 13 € – (9) (10A) 4 € – frais de
réservation 12 €
Pour s'y rendre : 62 allée de la Négade (sortie est par
D 101e 2 et D 101, à 300 m de la plage)
À savoir : cadre naturel et boisé

Nature : 🌊 ␣
Loisirs : 🍷 📺 🚲 ✂
Services : ♿ 🔒 ⟶ 🍽 laverie
⛰ 🚤

Longitude : -1.14533
Latitude : 45.48043

SOUSTONS

40140 – **335** D12 – 6 941 h. – alt. 9
🕑 *Grange de Labouyrie* ℊ 05 58 41 52 62
▶ Paris 732 – Biarritz 53 – Castets 23 – Dax 29

△△△ **L'Airial** de déb. avr. à mi-oct.
ℊ 05 58 41 12 48, *contact@camping-airial.com*,
Fax 05 58 41 53 83, *www.camping-airial.com*
16 ha (480 empl.) plat, vallonné, sablonneux
Tarif : (Prix 2010) 29 € ☺☺ ≓ 🔲 (9) (10A) – pers.
suppl. 6 € – frais de réservation 19 €

Location : (Prix 2010) (de déb. avr. à mi-oct.) ✂
– 60 🛏 – 28 🏠. Nuitée 85 € – Sem. 300 à 830 € – frais
de réservation 19 €
Pour s'y rendre : 67 av. de Port d'Albret (2 km à l'ouest
par D 652, rte de Vieux-Boucau-les-Bains, à 200 m de
l'étang de Soustons)

Nature : ◟◟
Loisirs : 🍷 📺 ♖diurne 🎒 🚲
✂ ⛰ 🔲 🪄 terrain multisports
Services : ♿ 🔒 ⛰ laverie 🚤,
cases réfrigérées

Longitude : -1.35195
Latitude : 43.75433

△△△ **Village Vacances Framissima Nature** (location
exclusive de mobile homes, chalets et tentes-lodges) de
déb. avr. à mi-oct.
ℊ 05 58 77 70 00, *resa.soustons@fram.fr*,
Fax 05 58 77 78 00, *fram.fr*
8 ha (250 empl.) plat, sablonneux

Location : ♿ (1 mobile home) ✂ ⓑ – 200 🛏
– 13 🏠 – 37 tentes. Nuitée 35 à 105 € – Sem.
245 à 735 €
Pour s'y rendre : au lieu-dit : Nicot-les-Pins, 63 av. Port
d'Albret (rte des Lacs)
À savoir : organisation d'excursions à thème - piscine
biologique

Nature : ◟◟
Loisirs : 🍷 ✕ 📺 ♖ 🎒 🪄 👴
hammam jacuzzi balnéo 🚲
✂ 🪄 terrain multisports
Services : 🔒 ⛰ laverie 🚤

Longitude : -1.35999
Latitude : 43.75593

△ **Village Vacances Le Dunéa** (location exclusive de
chalets) de déb. avr. à mi-oct.
ℊ 05 58 48 00 59, *dubdunea@libertysurf.fr*,
Fax 05 58 48 03 22, *www.club-dunea.com*
0,5 ha plat, vallonné, sablonneux
Location : ✂ – 20 🏠. Nuitée 90 € – Sem. 250 à 920 €
Pour s'y rendre : 1 square de l'Herté (à 200 m du lac)

Nature : 🌊 ◟
Loisirs : 📺 🪄
Services : 🔒 ⓑ ⛰ 📷
À prox. : ✂ 🐴 golf

Longitude : -1.40121
Latitude : 43.77273

LE TEICH

33470 – **335** E7 – 6 284 h. – alt. 5
🕑 *Place Pierre Dubernet* ℊ 05 56 22 80 46
▶ Paris 633 – Arcachon 20 – Belin-Béliet 34 – Bordeaux 50

△△△ **Ker Helen** 👥 – de déb. avr. à fin oct.
ℊ 05 56 66 03 79, *camping.kerhelen@wanadoo.fr*,
Fax 05 56 66 51 59, *www.kerhelen.com*
4 ha (170 empl.) plat, herbeux
Tarif : (Prix 2010) ☺ 5 € ≓ 🔲 13 € – (9) (10A) 3,70 € – frais
de réservation 16 €

Location : (Prix 2010) (de déb. avr. à fin oct.) ♿ (1
chalet) – 45 🛏 – 10 🏠 – 12 bungalows toilés. Nuitée
27 à 56 € – Sem. 236 à 720 € – frais de réservation 16 €
🚘 borne artisanale 10 € – 7 🔲 – 💪 (9) 13.5 €
Pour s'y rendre : 119 av. de la Côte d'Argent (2 km à
l'ouest par D 650, rte de Gujan-Mestras)

Nature : 🛌 ◟◟
Loisirs : 🍷 snack ♖nocturne 🎒
💪 🚲 🪄
Services : ♿ 🔒 ⟶ 🍽 🚤 ⛰ 📷
laverie 🚤

Longitude : -1.04284
Latitude : 44.63975

TERRASSON-LAVILLEDIEU

24120 – **329** I5 – 6 214 h. – alt. 90

8 *Rue Jean Rouby* ℰ *0553503756*

▶ Paris 497 – Brive-la-Gaillarde 22 – Juillac 28 – Périgueux 53

⚠ La Salvinie de déb. avr. à fin oct.
℘ 0553500611, *camping.lasalvinie@orange.fr*,
www.camping-salvinie.com
2,5 ha (70 empl.) plat, herbeux
Tarif : ★ 5€ ⬅ 🅴 5€ – (½) (6A) 4€

Location : (de déb. avr. à fin oct.) – 9 🏠. Nuitée
40 à 85€ – Sem. 240 à 570€
🚐 10 🅴 17€
Pour s'y rendre : au lieu-dit : Bouillac Sud (sortie sud
par D 63, rte de Chavagnac puis 3,4 km par rte de
Condat, à dr. apr. le pont)

| Nature : ← 🏕 ⚲⚲ |
| Loisirs : 🎱 💪 🏊 |
| Services : ⚕ ⊶ 🚿 🖲 laverie |

| Longitude : 1.26216 |
| Latitude : 45.12069 |

⚠ Village Vacances le Clos du Moulin (location
exclusive de chalets) Permanent
℘ 0553516895, *ledosdumoulin@orange.fr*,
Fax 0553516895, *www.ledosdumoulin.com*
1 ha plat, herbeux
Location : 🅿 – 14 🏠 – 2 🛏. Sem. 350 à 930€ – frais
de réservation 16€
Pour s'y rendre : au lieu-dit : Le Moulin de Bouch (6 km
à l'ouest de Terrasson-Lavilledieu par N 89, rte de St-
Lazare et D 62, rte de Coly, au bord de rivière)

| Nature : ⚲ |
| Loisirs : 🍸 🚲 🏊 |
| Services : ⚕ 🏢 🚿 🖲 climatisation |

| Longitude : 1.26337 |
| Latitude : 45.10288 |

LA TESTE-DE-BUCH

33260 – **335** E7 – 24 616 h. – alt. 5

8 *place Jean Hameau* ℰ *0556546314*

▶ Paris 642 – Andernos-les-Bains 35 – Arcachon 5 – Belin-Béliet 44

⚠ FranceLoc La Pinèda ♣♣ – de déb. avr. à fin sept.
℘ 0556222324, *info@campinglapinede.net*,
Fax 0556229803, *www.campinglapinede.net*
5 ha (200 empl.) plat, sablonneux, herbeux
Tarif : (Prix 2010) 28€ ★★ ⬅ 🅴 (½) (6A) – pers.
suppl. 5€ – frais de réservation 22€

Location : (Prix 2010) (de déb. avr. à fin sept.)
⚕ (1 mobile home) – 131 🏠 – 6 🏠 – 8 tentes.
Nuitée 37 à 80€ – Sem. 147 à 665€ – frais de réservation
27€
Pour s'y rendre : rte de Cazaux (11 km au sud par
D 112, au bord du canal des Landes - à 2,5 km de Cazaux)

| Nature : 🐟 🏕 ⚲⚲ |
| Loisirs : 🍸 snack 🎱 ⊙ 🎯 💪 |
| 🚲 🎿 🏊 ⛵ ponton d'amarrage |
| Services : ⚕ ⊶ 🚿 🚿 laverie 🧺 |
| À prox. : base de ski nautique |

| Longitude : -1.15055 |
| Latitude : 44.55516 |

THENON

24210 – **329** H5 – 1 291 h. – alt. 194

8 *25, avenue de la IVe République* ℰ *0553063510*

▶ Paris 515 – Brive-la-Gaillarde 41 – Excideuil 36 – Les Eyzies-de-Tayac 33

⚠ Le Verdoyant de déb. avr. à fin sept.
℘ 0553052078, *contact@campingleverdoyant.fr*,
Fax 0567340500, *www.campingleverdoyant.fr*
9 ha/3 campables (67 empl.) non clos, en terrasses, plat,
herbeux
Tarif : 17€ ★★ ⬅ 🅴 (½) (10A) – pers. suppl. 4€
Location : (permanent) – 9 🏠 – 5 🏠 – 1 tente.
Sem. 181 à 540€
🚐 borne artisanale 3€ – 10 🅴 17€
Pour s'y rendre : rte de Montignac-Lascaux (4 km au
sud-est par D 67, près de deux étangs)

| Nature : ← ⚲⚲ |
| Loisirs : 🍸 snack 🏊 🎣 |
| Services : ⚕ ⊶ 🏢 🚿 laverie |
| 🧺 |

| Longitude : 1.09102 |
| Latitude : 45.11901 |

THIVIERS

24800 – **329** G3 – 3 174 h. – alt. 273

🛈 *place du Marechal Foch* 𝒫 *05 53 55 12 50*

▶ Paris 449 – Brive-la-Gaillarde 81 – Limoges 62 – Nontron 33

🏕 **Le Repaire** Permanent
  𝒫 05 53 52 69 75, *camping.le.repaire@gmail.com*,
  www.camping-le-repaire.fr
  10 ha/4,5 campables (100 empl.) plat, peu incliné,
  terrasses, herbeux, bois attenants
  Tarif : 🕴 4,20€ 🚗 🔲 6€ – 🔌 (10A) 3€

  Location : (permanent) 🅿 – 10 🏠 – 2 yourtes
  – gîte d'étape (pélerins St-Jacques-de-Compostelle).
  Nuitée 50€ – Sem. 201 à 425€
  🚐 borne artisanale
  Pour s'y rendre : 2 km au sud-est par D 707, rte de
  Lanouaille et chemin à dr.

  À savoir : beaux emplacements autour d'un petit étang

Nature : 🏞 🌳
Loisirs : 🏛 🛝 🎣 parcours de santé
Services : 🔥 ⚡ (saison) 🖼
À prox. : 🍴 🏖 (plage)

Longitude : 0.9321
Latitude : 45.41305

TOCANE-ST-APRE

24350 – **329** D4 – 1 587 h. – alt. 95

🛈 *Mairie* 𝒫 *05 53 90 44 94*

▶ Paris 498 – Brantôme 24 – Mussidan 33 – Périgueux 25

🏕 **Municipal le Pré Sec** de déb. mai à fin sept.
  𝒫 05 53 90 40 60, *mairie.tocane@wanadoo.fr*,
  Fax 05 53 90 25 03
  1,8 ha (80 empl.) non clos, plat, herbeux
  Tarif : (Prix 2010) 🕴 1,85€ 🚗 🔲 4,35€ – 🔌 1,70€

  Location : (Prix 2010) (permanent) – 14 🏠. Sem.
  234 à 369€
  Pour s'y rendre : au nord du bourg par D 103, rte de
  Montagrier, près du stade, au bord de la Dronne

Nature : 🏞 🌳 🌿
Loisirs : 🏛 🛶 🍴 🏖 (plage) 🎣 canoë, piste de skate
Services : 🔥 ⚡ 🛒 🧺 🖼

Longitude : 0.49685
Latitude : 45.25649

TRENTELS

47140 – **336** H3 – 817 h. – alt. 50

▶ Paris 607 – Agen 42 – Bergerac 72 – Cahors 60

🏕 **Village Vacances Municipal de Lustrac** (location
  exclusive de chalets) Permanent
  𝒫 05 53 70 77 22, *mairie.trentels@wanadoo.fr*,
  Fax 05 53 40 03 41 – empl. traditionnels également
  disponibles
  0,5 ha plat, herbeux

  Location : 🔥 – 7 🏠. Sem. 440€
  Pour s'y rendre : à Lustrac (2,5 km au nord-est par
  D 911, rte de Fumel et chemin à dr., dir. Lustrac, au bord
  du Lot)

Nature : 🏞 🌳 🌿
Loisirs : 🏛 💧 canoë
Services : 🛒 🧺 laverie
À prox. : 🍴

Longitude : 0.88814
Latitude : 44.43366

TURSAC

24620 – **329** H6 – 321 h. – alt. 75

▶ Paris 536 – Bordeaux 172 – Périgueux 48 – Brive-la-Gaillarde 57

🏕 **Le Vézère Périgord** de mi-avr. à fin sept.
  𝒫 05 53 06 96 31, *info@levezereperigord.com*,
  Fax 05 53 06 79 66, *www.levezereperigord.com*
  3,5 ha (103 empl.) en terrasses et peu incliné, herbeux,
  pierreux
  Tarif : 🕴 5,50€ 🚗 🔲 8,20€ – 🔌 (10A) 3,10€

  Location : (de mi-avr. à fin sept.) – 24 🏠
  – 4 bungalows toilés – 2 tentes. Nuitée 32 à 100€
  – Sem. 224 à 700€
  🚐 borne artisanale
  Pour s'y rendre : 800 m au nord-est par D 706, rte de
  Montignac et chemin à dr.

Nature : 🏞 🌳 🌿
Loisirs : 🍴 snack 🏛 jacuzzi 🛝 🚴 🍴 🏖
Services : 🔥 ⚡ 🧺 laverie 🐾
À prox. : canoë

Longitude : 1.04637
Latitude : 44.97599

URDOS

64490 – **342** I7 – 66 h. – alt. 780
▶ Paris 850 – Jaca 38 – Oloron-Ste-Marie 41 – Pau 75

⚠ **Municipal Le Gave d'Aspe**
📞 0559348826, *info@campingaspe.com*,
www.campingaspe.com
1,5 ha (80 empl.) non clos, plat et peu incliné, terrasse,
herbeux, pierreux
🚐 borne eurorelais
Pour s'y rendre : r. du Moulin de la Tourette (1,5 km au
nord-ouest par N 134 et chemin devant l'ancienne gare,
au bord du Gave d'Aspe)

| Nature : 🏞 ≤ 🏔 |
| Loisirs : 🏓 🎯 🚣 |
| Services : 🚿 ⛟ laverie |

| Longitude : -0.55642 |
| Latitude : 42.87719 |

URRUGNE

64122 – **342** B4 – 7 759 h. – alt. 34
🅿 *place Renê Soubelet* 📞 0559546080
▶ Paris 791 – Bayonne 29 – Biarritz 23 – Hendaye 8

⛰ **Col d'Ibardin** 🚶 – de mi-avr. à fin sept.
📞 0559543121, *info@col-ibardin.com*,
Fax 0559546228, *www.col-ibardin.com*
8 ha (150 empl.) vallonné, en terrasses, peu incliné, plat,
herbeux
Tarif : 35€ – ✶✶ 🚗 🔲 🔌 (10A) – pers. suppl. 7€ – frais
de réservation 30€
Location : (de déb. avr. à mi-nov.) 🚿 (1 mobile home)
🏠 – 45 🛏 – 24 🏡 – 4 tentes. Nuitée 50 à 75€
– Sem. 350 à 800€ – frais de réservation 30€
🚐 2 🔲 15€
Pour s'y rendre : rte d'Olhette (4 km au sud par D 4, rte
d'Ascain et du col d'Ibardin, au bord d'un ruisseau)
À savoir : au milieu d'une forêt de chênes, emplacements
bordés par un ruisseau

| Nature : 🏞 🛖 🏔 |
| Loisirs : 🍴✕ snack 🏓 🏃 🚣 🎯 ⚖ terrain multisports |
| Services : 🚿 ⛟ 🚻 ⚖ laverie |

| Longitude : -1.68461 |
| Latitude : 43.33405 |

⛰ **Larrouleta** Permanent
📞 0559473784, *info@larrouleta.com*, Fax 0559474254,
www.larrouleta.com
5 ha (263 empl.) plat, herbeux
Tarif : ✶ 7€ 🚗 🔲 6€ – 🔌 (5A) 3€
🚐 borne artisanale 20€ – 40 🔲 20€
Pour s'y rendre : quartier Socoa, 210 rte de Socoa
(3 km au sud)
À savoir : très agréable site autour d'un plan d'eau
aménagé pour la baignade

| Nature : 🏔 |
| Loisirs : 🍴 snack 🏓 🚣 🎯 🏊 (découverte en saison) 🏖 (plage) 🚣 pédalos |
| Services : 🚿 ⛟ 🚻 ⚖ laverie |

| Longitude : -1.6859 |
| Latitude : 43.37036 |

URT

64240 – **342** E4 – 2 028 h. – alt. 41
🅿 *Place du Marchê* 📞 05.59.56.24.65
▶ Paris 757 – Bayonne 17 – Biarritz 24 – Cambo-les-Bains 28

⛰ **Etche Zahar** de déb. mars à mi-nov.
📞 0559562736, *info@etche-zahar.fr*, *www.etche-zahar.fr* (août)
1,5 ha (43 empl.) non clos, plat, peu incliné, herbeux
Tarif : ✶ 4€ 🚗 2€ 🔲 11€ – 🔌 (10A) 4€ – frais de
réservation 12€
Location : (de déb. mars à mi-nov.) 🚿 (2 chalets)
– 6 🛏 – 8 🏡 – 5 bungalows toilés – 3 tentes. Nuitée
37 à 80€ – Sem. 259 à 560€ – frais de réservation 12€
🚐 2 🔲 10€
Pour s'y rendre : allée de Mesplès (1 km à l'ouest par
D 257, dir. Urcuit et à gauche)

| Nature : 🏞 🛖 🌿 |
| Loisirs : 🏓 🎯 🚲 🚣 |
| Services : 🚿 ⛟ 🚻 laverie |
| À prox. : 🛒 |

| Longitude : -1.29668 |
| Latitude : 43.4918 |

VENDAYS-MONTALIVET

33930 – **335** E2 – 2 162 h. – alt. 9
🛈 *62, avenue de l'Océan* 𝒫 *0556093012*
▶ Paris 535 – Bordeaux 82 – Lesparre-Médoc 14 – Soulac-sur-Mer 21

⚠ **La Chesnays** de déb. mai à fin sept.
𝒫 *0556417274, lachesnays@camping-montalivet.com,*
Fax 0556417274, *www.camping-montalivet.com*
1,5 ha (59 empl.) plat, herbeux
Tarif : (Prix 2010) 23 € 👫 ⟺ 🔳 (10A) – pers.
suppl. 5 € – frais de réservation 13 €

Location : (Prix 2010) (de mi-avr. à fin sept.) – 6 ⛺
– 2 bungalows toilés. Nuitée 37 à 95 € – Sem. 200 à 650 €
– frais de réservation 13 €
Pour s'y rendre : 8 rte de Soulac, à Mayan

| Nature : 🌲 |
| Loisirs : 🎯 🚲 🛝 |
| Services : 👤 🔧 🍳 |

| Longitude : -1.08262 |
| Latitude : 45.37602 |

⚠ **Le Mérin** de déb. avr. à fin oct.
𝒫 *0556417864, contact@campinglemerin.com,*
Fax 0556417303, *www.campinglemerin.com*
3,5 ha (165 empl.) plat, herbeux, sablonneux
Tarif : ★ 3 € ⟺ 🔳 5 € – (10A) 3 €

Location : (de déb. avr. à fin oct.) – 10 chalets et
mobile-homes (sans sanitaire). Sem. 395 €
Pour s'y rendre : 7 rte du Mérin (3,7 km au nord-ouest
par D 102, rte de Montalivet et chemin à gauche)

| Nature : 🌲 |
| Loisirs : 🏊 |
| Services : 🔧 |

| Longitude : -1.09932 |
| Latitude : 45.36703 |

Si vous désirez réserver un emplacement pour vos vacances,
faites-vous préciser au préalable les conditions particulières de séjour,
les modalités de réservation, les tarifs en vigueur et les conditions de paiement.

VENSAC

33590 – **335** E2 – 772 h. – alt. 5
▶ Paris 528 – Bordeaux 82 – Lesparre-Médoc 14 – Soulac-sur-Mer 18

⚠ **Les Acacias** de déb. mai à fin sept.
𝒫 *0556095881, contact@les-acacias-du-medoc.fr,*
Fax 0556095067, *www.les-acacias-du-medoc.fr*
3,5 ha (175 empl.) plat, herbeux, sablonneux
Tarif : (Prix 2010) 25 € 👫 ⟺ 🔳 (6A) – pers.
suppl. 5 €

Location : (Prix 2010) (de déb. avr. à fin oct.)
– 30 ⛺. Nuitée 100 € – Sem. 410 € – frais de
réservation 15 €
Pour s'y rendre : 44 rte de St-Vivien (1,5 km au nord-
est par N 215, rte de Verdon-sur-Mer et chemin à dr.)

| Nature : 🌲 |
| Loisirs : ✗ snack 🎯 nocturne 🛝 |
| Services : 👤 🔧 🍳 laverie |

| Longitude : -1.03252 |
| Latitude : 45.40887 |

LE-VERDON-SUR-MER

33123 – **335** E2 – 1 369 h. – alt. 3
🛈 *2, rue des frères Tard* 𝒫 *0556096178*
▶ Paris 514 – Bordeaux 100 – La Rochelle 80

⚠ **Sunêlia La Pointe du Médoc** 👥 – de mi-avr. à mi-
sept.
𝒫 *0556733999, info@camping-lapointedumedoc.com,*
Fax 0556733996, *www.camping-lapointedumedoc.com*
6,5 ha (260 empl.) en terrasses, plat, sablonneux
Tarif : 30 € 👫 ⟺ 🔳 (10A) – pers. suppl. 6 € – frais
de réservation 10 €

Location : (de mi-avr. à mi-sept.) 👤 (1 mobile home)
– 130 ⛺ – 30 🏠 – 2 tentes. Nuitée 48 à 175 € – Sem.
336 à 1 225 € – frais de réservation 30 €
Pour s'y rendre : rte de la Pointe de Grave (sur la
D 1215)

| Nature : 🌳 |
| Loisirs : ☕ ✗ snack 🎯 🎪 salle d'animation 🚲 🛝 terrain multisports |
| Services : 👤 🔧 🍳 laverie |

| Longitude : -1.07965 |
| Latitude : 45.54557 |

VÉZAC

24220 – **329** I6 – 607 h. – alt. 90

▶ Paris 535 – Bergerac 65 – Brive-la-Gaillarde 60 – Fumel 53

Les Deux Vallées Permanent
℘ 0553295355, *contact@campingles2vallees.com*,
Fax 0553310981, *www.campingles2vallees.com*
2,5 ha (100 empl.) plat, herbeux
Tarif : (Prix 2010) ⭑ 6€ ⬅ 🄴 9€ – (½) (10A) 4€ – frais de
réservation 15€

Location : (Prix 2010) (de fin mars à fin oct.) – 17 🛖
– 10 tentes – 2 gîtes. Nuitée 39 à 110€ – Sem. 215 à 850€
– frais de réservation 15€
🚐 3 🄴 17€
Pour s'y rendre : au lieu dit : La Gare (à l'ouest, derrière
l'ancienne gare, au bord d'un petit étang)

À savoir : vue imprenable sur le château de Beynac pour
quelques emplacements

Nature : 🐟 ← 🏕 🌿
Loisirs : 🍷 snack 🎱 🏊 🚲 🏓 🎣 🎿
Services : 🔧 🕳 🏧 🛁 🍴 laverie 🧊 réfrigérateurs

Longitude : 1.15844
Latitude : 44.83542

VIELLE-ST-GIRONS

40560 – **335** D11 – 1 118 h. – alt. 27
🅱 *route de Linxe* ℘ *0558479494*
▶ Paris 719 – Castets 16 – Dax 37 – Mimizan 32

Sunêlia Le Col Vert 👥 –
de déb. avr. à mi-sept.
℘ 0890710001, *contact@colvert.com*,
Fax 0558429188, *www.colvert.com*
24 ha (800 empl.) plat, sablonneux, herbeux
Tarif : 43€ ⭑⭑ ⬅ 🄴 (½) (6A) – pers. suppl. 7€ –
frais de réservation 30€

Location : (de déb. avr. à mi-sept.) – 290 🛖 – 34 🏠
– 38 bungalows toilés. Nuitée 19 à 113€ – Sem.
133 à 791€ – frais de réservation 30€
🚐 borne artisanale 4€ – 25 🄴 12€ – 🚰 12€
Pour s'y rendre : lieu-dit : Le Lac (5,5 km au sud par
D 652, au bord de l'étang de Léon)

À savoir : balnéo et jeux pour enfants de qualité - navettes
gratuites pour St-Girons-Plage

Nature : 🌿 ⛰
Loisirs : 🍷 snack, pizzeria 🎱 🃏 🏋 💆 hammam jacuzzi 🏊 🚲 🎣 🎾 🎣 🎿 🏊 🎣 terrain multisports
Services : 🔧 🕳 🛁 – 6 sanitaires individuels (🚿 🍳 🚽 wc) 🛁 🍴 laverie 🧺 🧊 cases réfrigérées
À prox. : ✗ 🏓 🏊 🐎 poneys canoë, pédalos, barques

Longitude : -1.30946
Latitude : 43.90416

123

L'Océane de mi-mai à fin sept.
℘ 0558429437, *campingloceane@wanadoo.fr*,
Fax 0558420048, *www.camping-oceane.fr* – places
limitées pour le passage
3 ha (50 empl.) non clos, plat, sablonneux, herbeux
Tarif : 24€ ⭑⭑ ⬅ 🄴 (½) (10A) – pers. suppl. 9€

Location : (de mi-mai à fin sept.) – 41 🛖. Nuitée
30 à 100€ – Sem. 210 à 695€ – frais de réservation
25€
Pour s'y rendre : rte des Lacs (1 km au nord)
À savoir : agréable pinède

Nature : 🌲
Loisirs : 🍷 🎱 🏊 🚲 🎿
Services : 🕳 (juil.-août) 🍴 laverie 🧊

Longitude : -1.30611
Latitude : 43.92278

Le Parc du Bel Air de déb. mai à déb. sept.
℘ 0558429928, *camping-belair2@wanadoo.fr*,
Fax 0558429928, *www.camping-belair.fr*
1 ha (50 empl.) plat, sablonneux, herbeux
Tarif : 20€ ⭑⭑ ⬅ 🄴 (½) (10A) – pers. suppl. 3€
Location : (de déb. juin à déb. sept.) – 5 🛖. Sem.
337 à 582€
Pour s'y rendre : rte de Moliets (5,2 km au
sud-ouest par D 652, rte de Léon et D 328,
rte de Pichelèbe à dr.)

Nature : 🐟 🌿
Loisirs : 🏊
Services : 🔧 🕳 🚫 🄴

Longitude : -1.31875
Latitude : 43.91458

VIEUX-BOUCAU-LES-BAINS

40480 – **335** C12 – 1 591 h. – alt. 5
🛈 *11 Mail André Rigal* 𝄞 *05 58 48 13 47*
🚩 Paris 740 – Bayonne 41 – Biarritz 48 – Castets 28

Ⓜ **Municipal les Sablères** de déb. avr. à mi-oct.
𝄞 05 58 48 12 29, *camping-lessableres@wanadoo.fr*,
Fax 05 58 48 20 70, *www.les-sableres.com*
11 ha (560 empl.) vallonné, sablonneux, herbeux
Tarif : (Prix 2010) 22 € 👤👤 🚐 🅴 (½) (10A) – pers.
suppl. 3 € – frais de réservation 15 €

Location : (Prix 2010) (de déb. avr. à mi-oct.) – 7 🛖
– 11 🏠 – 3 bungalows toilés. Nuitée 42 à 120 € – Sem.
210 à 750 € – frais de réservation 15 €
Pour s'y rendre : au nord-ouest, à 250 m de la plage
(accès direct)

Nature : 🌳
Loisirs : 🏸 terrain multisports
Services : 👤 🍴 🛁 🚿 🚽
laverie , cases réfrigérées
À prox. : 🚲 🍴 snack pizzeria 🍴

Longitude : -1.40578
Latitude : 43.79382

VIEUX-MAREUIL

24340 – **329** E3 – 329 h. – alt. 129
🚩 Paris 499 – Bordeaux 166 – Périgueux 43 – Angoulême 43

Ⓜ **L'Étang Bleu** Permanent
𝄞 05 53 60 92 70, *letangbleu@orange.fr*,
Fax 05 53 56 66 66, *www.letangbleu.com*
10 ha/6 campables (167 empl.) plat, herbeux, bois
attenant, étang
Tarif : 23 € 👤👤 🚐 🅴 (½) (10A) – pers. suppl. 6 € – frais
de réservation 25 €

Location : (de déb. avr. à fin sept.) 🏠 – 5 🛖. Nuitée
35 à 85 € – Sem. 220 à 565 € – frais de réservation 25 €
🚐 15 🅴 12 € – 🔌 (½) 12 €
Pour s'y rendre : 2 km au nord par D 93, rte de St-
Sulpice-de-Mareuil

Nature : 🦢 🚤 🌳
Loisirs : 🍴 snack 🎮 🏸 🏊 🎣
Services : 👤 🔌 🚽 laverie 🛒

Longitude : 0.50855
Latitude : 45.44617

VILLERÉAL

47210 – **336** G2 – 1 255 h. – alt. 103
🛈 *place de la Halle* 𝄞 *05 53 36 09 65*
🚩 Paris 566 – Agen 61 – Bergerac 35 – Cahors 76

Ⓜ **Château de Fonrives** ♣♣ – de déb. avr. à fin sept.
𝄞 05 53 36 63 38, *contact@campingchateaufonrives.com*,
Fax 05 53 36 09 98, *www.campingchateaufonrives.com*
20 ha/10 campables (200 empl.) plat, peu incliné,
terrasses, pierreux
Tarif : 36 € 👤👤 🚐 🅴 (½) (6A) – pers. suppl. 5 € – frais de
réservation 25 €

Location : (de déb. avr. à fin sept.) – 100 🛖 – 40 🏠.
Nuitée 45 à 185 € – Sem. 180 à 1 300 € – frais de
réservation 25 €
🚐 borne artisanale – 5 🅴 36 €
Pour s'y rendre : rte d'Issigeac (2,2 km au nord-ouest
par D 207 et à gauche, au château)

Nature : 🦢 🌊 🚤 🌳🌳
Loisirs : 🍴 🍴 🎮 🏸 hammam
jacuzzi 🏸 🚲 🏹 🔦 🛝 🏊 🎣
parcours sportif
Services : 👤 🔌 🛁 🚿 🚽
laverie 🚲 🛒

Longitude : 0.7407
Latitude : 44.64495

Ⓜ **Fontaine du Roc** de déb. avr. à fin sept.
𝄞 05 53 36 08 16, *fontaine.du.roc@wanadoo.fr*,
Fax 05 53 61 60 23, *www.fontaineduroc.com*
2 ha (50 empl.) plat, herbeux
Tarif : 👤 6 € 🚐 🅴 8 € – (½) (10A) 5 €

Location : (de déb. avr. à fin sept.) – 4 🏠. Nuitée
60 à 95 € – Sem. 350 à 574 €
🚐 borne artisanale
Pour s'y rendre : au lieu-dit : Dévillac (7,5 km au sud-est
par D 255 et à gauche)

Nature : 🦢 🌊 🌳🌳
Loisirs : 🎮 🛎 jacuzzi 🏸 🏊
Services : 👤 🔌 🛁 🖥

Longitude : 0.81861
Latitude : 44.61444

VITRAC

24200 – **329** I7 – 835 h. – alt. 150

🛈 *lieu-dit le bourg* 𝒫 0553285780

▶ Paris 541 – Brive-la-Gaillarde 64 – Cahors 54 – Gourdon 23

Domaine Soleil Plage ▲♪ – de mi-avr. à fin sept.
𝒫 0553283333, *info@soleilplage.fr*, Fax 0553283024,
www.soleilplage.fr
8 ha/5 campables (199 empl.) plat, herbeux
Tarif : (Prix 2010) 35€ ♦♦ ⊕ 🔲 [½] (16A) – pers.
suppl. 8€ – frais de réservation 39€

Location : (Prix 2010) (de mi-avr. à mi-nov.) 🅿
(chalets) – 42 ⬛ – 27 🏠. Nuitée 55 à 103€ – Sem.
290 à 720€ – frais de réservation 39€
🚐 borne artisanale 5€ – 8 🔲 15€ – 🚌[½] 15€
Pour s'y rendre : au lieu-dit : Caudon (au bord de la
Dordogne)

À savoir : joli petit village de chalets "grand confort"

Nature : 🐟 ⟵ 🏕 ♤♤
Loisirs : ♟ ✗ snack 🎮 🎯 🏃
🏊♀️ ⛳ 🏓 🏋 ≋ (plage) 🪁 🎣
canoë, terrain multisports
Services : 🚿 ⊶ 🏕 🚽
laverie 🏧 🚗
À prox. : golf, practice de golf

Longitude : 1.25374
Latitude : 44.82387

Le coup de cœur de Bib

Les activités de ce camping niché au creux des méandres de la Dordogne sont principalement tournées vers la rivière. Une vraie base de canoës et de kayaks n'attend que vous. Des moniteurs diplômés organisent des excursions, pour tous les âges et tous les niveaux. Choisissez donc votre embarcation et partez ensuite pour 17 km de bonheur au fil de l'eau, avec des vues incroyables sur les nombreux châteaux qui bordent la Dordogne. Après une telle dépense physique, plusieurs possibilités se présentent à vous : piscine et toboggans aquatiques, terrains multisports mais aussi farniente au bar ou au restaurant, tous deux installés dans les bâtiments d'une ancienne ferme restaurée.

Ph. Gallet/MICHELIN

La Bouysse de Caudon de mi-avr. à fin sept.
𝒫 0553283305, *info@labouysse.com*, Fax 0553303852,
www.labouysse.com
6 ha/3 campables (160 empl.) plat, herbeux, noyeraie
Tarif : ♦ 6€ ⊕ 🔲 8€ – [½] (10A) 4€ – frais de
réservation 20€

Location : (de mi-mars à fin sept.) 🦮 🅿 (chalets)
– 4 ⬛ – 9 🏠 – 4 appartements – 2 gîtes. Sem.
250 à 750€ – frais de réservation 20€
🚐 borne artisanale 3€ – 🚌[½] 11€
Pour s'y rendre : à Caudon (2,5 km à l'est, près de la
Dordogne)

Nature : 🐟 🏕 ♤♤
Loisirs : ♟ 🏊♀️ ⛳ 🏋 ≋ (plage)
🎣 canoë
Services : 🚿 ⊶ 🏕 🍴 laverie 🏧
🧊 réfrigérateurs
À prox. : golf, practice de golf

Longitude : 1.25063
Latitude : 44.82357

AUVERGNE

J.L. Damase/Michelin

Chut... ! Chefs d'orchestre d'une symphonie muette depuis des millénaires, imperturbables sanctuaires de la nature à l'état brut, les volcans d'Auvergne dorment paisiblement. Seuls remous perceptibles : les grondements de Vulcania où de spectaculaires animations célèbrent ces titans assoupis... Dômes et puys sculptés par le feu forment un immense château d'eau se déversant en une multitude de lacs, de rivières et de sources pures, élixirs chargés de vertus légendaires. Pour mieux s'abandonner à ces « thermes de Jouvence », les curistes en quête de bien-être s'immergent dans l'ambiance élégante des villes d'eau où la tentation reste grande, malgré les conseils diététiques, de céder à la chaleur revigorante d'une potée, aux effluves d'un cantal affiné ou à l'inimitable saveur sucrée-salée d'un pounti.

Shhh! Auvergne's volcanoes are dormant and have been for many millennia, forming a natural rampart against the inroads of man and ensuring that this beautiful wilderness will never be entirely tamed. If you listen very carefully, you may just make out a distant rumble from Vulcania, where spectacular theme park attractions celebrate these sleeping giants. The region's domes and peaks are the source of countless mountain springs that cascade down the steep slopes into brooks, rivers and crystal-clear lakes. Renowned for the therapeutic qualities of its waters, the region has long played host to well-heeled curistes in its elegant spa resorts, but many visitors find it impossible to follow doctor's orders when faced enticing aroma of a country stew or a full-bodied Cantal cheese!

ABREST

03200 – **326** H6 – 2 591 h. – alt. 290 – Base de loisirs
▶ Paris 361 – Clermont-Ferrand 70 – Moulins 63 – Montluçon 94

▲▲ **La Croix St-Martin** de déb. avr. à mi-oct.
℘ 04 70 32 67 74, *camping-vichy@orange.fr*,
www.camping-vichy.com
3 ha (100 empl.) plat, herbeux
Tarif : (Prix 2010) **♣** 5 € ⇔ 回 6 € – 冽 (10A) 3 €

Location : (Prix 2010) (de déb. avr. à mi-oct.) – 12 ⌂⌂.
Nuitée 31 à 57 € – Sem. 259 à 395 €
⇱ borne artisanale 5 € – 30 回 15 €
Pour s'y rendre : 99 av. des Graviers (au nord, près de
l'Allier)

Nature : ♀
Loisirs : ⌁
Services : ઙ o━ᴛ ⅏ laverie
À prox. : ⋟ casino ⅍ ♫ ♫ ⌁ ⌁ golf, canoë, swin golf
Longitude : 3.44012
Latitude : 46.10819

ALLEYRAS

43580 – **331** E4 – 175 h. – alt. 779
▶ Paris 549 – Brioude 71 – Langogne 43 – Le Puy-en-Velay 32

▲ **Municipal Au Fil de l'Eau** de mi-avr. à mi-oct.
℘ 04 71 57 56 86, *mairie.alleyras@akeonet.com*,
Fax 04 71 57 56 86, *www.campingmunicipalaufildeleau.*
wifeo.com – alt. 660
0,9 ha (60 empl.) plat et peu incliné, terrasse, herbeux
Tarif : 13 € **♣♣** ⇔ 回 冽 (6A) – pers. suppl. 4 €

Location : (de mi-avr. à mi-oct.) – 6 ⌂. Nuitée
35 à 41 € – Sem. 138 à 285 €
⇱ borne flot bleu 3 € – 15 回 10 € – ⬥ 冽 13 €
Pour s'y rendre : Le Pont-d'Alleyras (2,5 km au nord-
ouest, accès direct à l'Allier)

Nature : ⌇ ⩤
Loisirs : ⌁
Services : ઙ o━ (juil.-août) laverie
À prox. : ⌁ ⅍ ⌁ canoë
Longitude : 3.67295
Latitude : 44.91891

AMBERT

63600 – **326** J9 – 7 016 h. – alt. 535
🛈 4, place de Hôtel de Ville *℘* 04 73 82 61 90
▶ Paris 438 – Brioude 63 – Clermont-Ferrand 77 – Montbrison 47

▲▲ **Municipal Les Trois Chênes** de déb. mai à fin
sept.
℘ 04 73 82 34 68, *tourisme@ville-ambert.fr*,
Fax 04 73 82 34 68, *www.camping-ambert.com*
3 ha (120 empl.) plat, herbeux
Tarif : 19 € **♣♣** ⇔ 回 冽 (10A) – pers. suppl. 4 €

Location : (permanent) – 18 ⌂. Sem. 258 à 665 €
⇱ borne raclet 2 € – ⬥ 冽 11 €
Pour s'y rendre : rte du Puy (1,5 km au sud par D 906,
rte de la Chaise-Dieu, près de la Dore)

À savoir : agréable cadre verdoyant

Nature : ⩤ ⌇ ♀♀
Loisirs : ⌂ ⌁ ⌁
Services : ઙ o━ ⌁ ⌁ ⌁ ⅏ laverie
Au plan d'eau : ♈ ⌁ ♫ ⌁ ⌁ terrain multisports, parcours de santé - ⋟ snack⌁
Longitude : 3.7291
Latitude : 45.53953

129

ARNAC

15150 – **330** B4 – 153 h. – alt. 620
▶ Paris 541 – Argentat 38 – Aurillac 35 – Mauriac 36

▲▲ **Village Vacances La Gineste** (location exclusive de
mobile homes et chalets) Permanent
℘ 04 71 62 91 90, *contact@village-vacances-cantal.com*,
Fax 04 71 62 92 72, *www.village-vacances-cantal.com*
3 ha en terrasses, herbeux

Location : (Prix 2010) **ⓟ** – 60 ⌂⌂ – 40 ⌂. Sem.
260 à 600 € – frais de réservation 10 €
⇱ borne eurorelais 2 € –
Pour s'y rendre : au lieu-dit : La Gineste (3 km au nord-
ouest par D 61, rte de Pleaux puis 1,2 km par chemin à
dr.)

À savoir : situation agréable sur une presqu'île du lac
d'Enchanet

Nature : ⩤ ⩤ ⌇ ♀
Loisirs : ♈ ✕ ⌂ ⌁ ⌁ ⅍ ⌁ ≈ (plage) ⌁ ⌁ (centre équestre)
Services : o━ ⌁ ⌁ ⌁
À prox. : sports nautiques
Longitude : 2.2121
Latitude : 45.08285

AUVERGNE

ARPAJON-SUR-CÈRE

15130 – **330** C5 – 5 924 h. – alt. 613
◘ Paris 559 – Argentat 56 – Aurillac 5 – Maurs 44

▲ **La Cère** de déb. juin à fin sept.
📞 0471645507, *s.pradel@caba.fr*, Fax 0471645507,
www.caba.fr
2 ha (106 empl.) plat, herbeux
Tarif : (Prix 2010) 14,10€ ✹✹ ⇔ 🗉 (½) (10A) – pers.
suppl. 3,50€
Location : (Prix 2010) (de déb. avr. à fin oct.) – 10 🚐.
Sem. 250 à 470€
Pour s'y rendre : au sud de la ville, accès par D 920, face
à la station Esso, au bord de la rivière
À savoir : cadre boisé et soigné

| Nature : 🏞 ♀ |
| Loisirs : 🏓 🚲 ⛏ |
| Services : 🔥 ⚡ 🗐 |
| À prox. : 🅿 ☂ ✗ ⊞ golf (9 trous) |

Longitude : 2.46241
Latitude : 44.8988

AURILLAC

15000 – **330** C5 – 28 943 h. – alt. 610
🛈 7 rue des Carmes 📞 0471484658
◘ Paris 557 – Brive-la-Gaillarde 98 – Clermont-Ferrand 158 – Montauban 174

▲ **Municipal l'Ombrade** de mi-juin à mi-sept.
📞 0471482887, *tourisme@caba.fr*, Fax 0471482887,
www.campin.caba.fr
7,5 ha (200 empl.) plat et en terrasses, herbeux
Tarif : (Prix 2010) 11€ ✹✹ ⇔ 🗉 (½) (10A) – pers.
suppl. 4€
🚽 borne artisanale – 30 🗉 11€
Pour s'y rendre : 1 km au nord par D 17 et chemin du
Gué-Bouliaga à dr., de part et d'autre de la Jordanne

| Nature : ♀♀ |
| Loisirs : 🏓 |
| Services : 🔥 ⚡ 🍴 ⏚ 🗐 |
| À prox. : 🅿 |

Longitude : 2.4559
Latitude : 44.93562

AYDAT

63970 – **326** E9 – 1 982 h. – alt. 850
🛈 le Lac 📞 0473793769
◘ Paris 438 – La Bourboule 33 – Clermont-Ferrand 21 – Issoire 38

▲▲ **Lac d'Aydat** de déb. juin à mi-sept.
📞 0473793809, *info@camping-lac-aydat.com*,
Fax 0473793412, *www.camping-lac-aydat.com*
7 ha (150 empl.) accidenté et plat, en terrasses, herbeux,
pierreux
Tarif : 15€ ✹✹ ⇔ 🗉 (½) (10A) – pers. suppl. 5€ – frais
de réservation 20€
Location : (permanent) – 30 🚐 – 17 🏠. Nuitée
40 à 115€ – Sem. 280 à 665€ – frais de réservation
20€
Pour s'y rendre : au bord du lac Foret du lot (2 km au
nord-est par D 90 et chemin à dr., près du lac)
À savoir : agréable pinède

| Nature : ♀♀ |
| Loisirs : 🍽 snack 🏓 ☺ 🚲 |
| Services : 🔥 ⚡ 🎰 ♨ ⚐ laverie |
| À prox. : 🏊 ⛵ 🚤 🚴 ⛴ (plage) |
| 🎣 🐾 parcours dans les arbres |

Longitude : 2.98907
Latitude : 45.66903

BAGNOLS

63810 – **326** C9 – 503 h. – alt. 862
◘ Paris 483 – Bort-les-Orgues 19 – La Bourboule 23 – Bourg-Lastic 38

▲ **Municipal la Thialle** de déb. avr. à déb. nov.
📞 0473222800, *mairie.bagnols63@wanadoo.fr*,
Fax 0473222004, *www.bagnols63.fr*
2,8 ha (70 empl.) plat, herbeux, gravillons
Tarif : ✹ 4€ ⇔ 2€ 🗉 2€ – (½) (3A) 3€
Location : (de déb. avr. à déb. nov.) – 8 🏠. Nuitée
48 à 56€ – Sem. 225 à 520€
Pour s'y rendre : rte de St-Donat (sortie sud-est par
D 25, au bord de la Thialle)

| Nature : ♀ |
| Loisirs : 🏓 🚲 🛝 ⛏ (petite piscine) 🎣 |
| Services : 🔥 ⚡ (saison) ⚐ 🎰 laverie |
| À prox. : 🎱 🍴 ✗ |

Longitude : 2.63466
Latitude : 45.49758

BILLOM

63160 – **326** H8 – 4 619 h. – alt. 340
🛈 *13, rue Carnot 𝒫 0473683985*
▶ Paris 437 – Clermont-Ferrand 28 – Cunlhat 30 – Issoire 31

⚠ **Municipal le Colombier** de mi-juin à mi-sept.
  𝒫 0473689150, *mairie-billom@wanadoo.fr*,
  Fax 0473733760, *www.billom.fr*
  1 ha (40 empl.) plat et peu incliné, herbeux
  Tarif : (Prix 2010) 🛉 3€ ⬅ 1€ 🔲 2€ – ⚡ (10A) 3€

  Location : (permanent) – 12 🏠. Nuitée 70 à 130€
  – Sem. 330 à 380€
  Pour s'y rendre : r. Carnot (au nord-est de la localité par
  rte de Lezoux)

Nature : 🏞 ⚲	
Loisirs : 🛏 ♨	
Services : ♿ ⊶ 🚿 ⛽ 📷	
À prox. : 🛒 🍴 🎣 🏊 ⛵ 🐎	

Longitude : 3.3459
Latitude : 45.72839

♨ ✘ *LET OP :*
🛏 *deze gegevens gelden in het algemeen alleen in het seizoen,*
🏊 🐎 *wat de openingstijden van het terrein ook zijn.*

LA BOURBOULE

63150 – **326** D9 – 2 031 h. – alt. 880 – ♨ (début fév.-fin oct.)
🛈 *place de la République 𝒫 0473655771*
▶ Paris 469 – Aubusson 82 – Clermont-Ferrand 50 – Mauriac 71

⚠ **Les Clarines** fermé de mi-oct. à mi-déc.
  𝒫 0473810230, *clarines.les@wanadoo.fr*,
  Fax 0473810934, *www.camping-les-clarines.com*
  3,75 ha (194 empl.) incliné, peu incliné, en terrasses,
  herbeux, gravillons
  Tarif : (Prix 2010) 20€ 🛉🛉 ⬅ 🔲 ⚡ (10A) – pers.
  suppl. 5€

  Location : (Prix 2010) (fermé de mi-oct. à mi-déc.)
  – 30 🛖 – 1 gîte. Sem. 250 à 430€
  🚐 borne artisanale 5€ – 10 🔲 10€
  Pour s'y rendre : 1424 av. du Maréchal Leclerc

Nature : ⚲⚲	
Loisirs : 🍴 🛏 ⚙diurne ♨ ⛵	
Services : ⊶ 🚿 🛁 ⚰ ⛽ laverie	
À prox. : 🛒 🛏	

Longitude : 2.76222
Latitude : 45.59463

131

⚠ **les Vernières** de mi-fév. à mi-oct.
  𝒫 0473811020, *campinglesvernieres@orange.fr*,
  Fax 0473655498, *www.campinglesvernieres.com*
  1,5 ha (165 empl.) plat et terrasse, herbeux
  Tarif : 15€ 🛉🛉 ⬅ 🔲 ⚡ (10A) – pers. suppl. 4€

  Location : (de mi-fév. à mi-oct.) – 2 tipis. Nuitée
  40 à 55€ – Sem. 220 à 265€
  🚐 borne artisanale 5€ – 10 🔲 15€ – 🚌 11€
  Pour s'y rendre : av. du Maréchal de Lattre de Tassigny
  (sortie est par D 130, rte du Mont-Dore, près de la
  Dordogne)

Nature : ≤ 🏞 ⚲	
Loisirs : 🍴 snack 🛏 ♨ ⛵	
Services : ♿ ⊶ 🚿 🛏 ⛽ 🛁	
À prox. : 🛒 ✘ 🍴 🎣 🏊	

Longitude : 2.75285
Latitude : 45.58943

BRAIZE

03360 – **326** C2 – 279 h. – alt. 240
▶ Paris 297 – Dun-sur-Auron 30 – Cérilly 16 – Culan 35

⚠ **Le Champ de la Chapelle** de mi-avr. à fin oct.
  𝒫 0470061545, *champdelachapelle@wanadoo.fr*,
  www.champdelachapelle.com – 🐞
  5,6 ha (80 empl.) plat et peu incliné, accidenté, herbeux
  Tarif : 18€ 🛉🛉 ⬅ 🔲 ⚡ (10A) – pers. suppl. 3€
  Location : (de mi-avr. à fin oct.) 🏖 – 2 🛖. Nuitée
  50 à 65€ – Sem. 320 à 400€
  Pour s'y rendre : Champ de la Chapelle (5,7 km au sud
  par D 28, rte de Meaulnes et D 978a à gauche, rte de
  Tronçais puis 1 km par chemin empierré, à gauche)
  À savoir : agréable situation en forêt

Nature : 🌲 ⚲⚲	
Loisirs : ♨ 🏖 (plage)	
Services : ♿ ⊶ 🛁 ⛽ 📷	
à l'étang de St-Bonnet : 🍴 ✘ 🍴	
🧗 ♪ club nautique	

Longitude : 2.65558
Latitude : 46.64304

CEAUX-D'ALLEGRE

43270 – **331** E2 – 448 h. – alt. 905
▶ Paris 523 – Allègre 5 – La Chaise-Dieu 21 – Craponne-sur-Arzon 23

⚠ **La Vie Moderne** de fin avr. à fin sept.
  ℘ 0471007966, *lavie.moderne@laposte.net*,
  www.laviemoderne.com
  0,5 ha (35 empl.) plat, herbeux, pierreux
  Tarif : ✱ 3€ ⇔ 1€ 🅴 3€ – (🗲) (10A) 2€

  Location : (de fin avr. à fin sept.). Nuitée 45€ – Sem.
  250€ – frais de réservation 40€
  Pour s'y rendre : Langlade (1 km au nord-est par D 134,
  rte de Bellevue-la-Montagne et chemin à gauche, au
  bord de la Borne et près d'un étang)

| Nature : 🦌 🏞 |
| Services : 🚿 (juil.-août) 🍴 🚰 |
| À prox. : 🍴 🎣 |

| Longitude : 3.74686 |
| Latitude : 45.18255 |

CEYRAT

63122 – **326** F8 – 5 435 h. – alt. 560
🛈 *1, rue Frédéric Brunmurol* ℘ *0473615323*
▶ Paris 423 – Clermont-Ferrand 6 – Issoire 36 – Le Mont-Dore 42

⚠⚠ **Le Chanset** Permanent
  ℘ 0473613073, *camping.lechanset@wanadoo.
  fr*, Fax 0473613073, *www.campingdeceyrat63.com*
  – alt. 600
  5 ha (140 empl.) plat et incliné, herbeux
  Tarif : ✱ 4€ ⇔ 2€ 🅴 6€ – (🗲) (10A) 4€

  Location : (permanent) – 20 🛖 – 14 🏠. Nuitée
  49 à 95€ – Sem. 190 à 648€
  🚐 borne artisanale
  Pour s'y rendre : r. du Camping (av. J.-B.-Marrou)

| Nature : ♀ |
| Loisirs : 🍴 snack 🎱 🛝 🏊 |
| Services : 🚿 🌐 🏧 🍴 🚰 🍴 🌐 laverie 🚮 🚰 |

| Longitude : 3.06196 |
| Latitude : 45.73852 |

LA CHAISE-DIEU

43160 – **331** E2 – 806 h. – alt. 1 080
🛈 *Place de la Mairie* ℘ *0471000116*
▶ Paris 503 – Ambert 29 – Brioude 35 – Issoire 59

⚠ **Municipal les Prades** de déb. juin à fin sept.
  ℘ 0471000788, *andre.brivadis@orange.fr*,
  Fax 0471000343
  3 ha (100 empl.) peu incliné, herbeux
  Tarif : (Prix 2010) 13€ ✱✱ ⇔ 🅴 (🗲) (10A) – pers.
  suppl. 3€

  Location : (Prix 2010) (de déb. juin à fin sept.)
  – 10 bungalows toilés. Nuitée 22 à 45€ – Sem.
  102 à 183€ – frais de réservation 5€
  🚐 25 🅴 10€
  Pour s'y rendre : 2 km au nord-est par D 906, rte
  d'Ambert, près du plan d'eau de la Tour (accès direct)

| Nature : ♀♀ |
| Loisirs : 🛝 |
| Services : 🚿 🌐 🍴 📷 |
| À prox. : 🍴 🛝 🐎 poneys |

| Longitude : 3.70496 |
| Latitude : 45.33321 |

CHAMBON-SUR-LAC

63790 – **326** E9 – 350 h. – alt. 885 – Sports d'hiver : 1 150/1 760 m ⚡9 🎿
▶ Paris 456 – Clermont-Ferrand 37 – Condat 39 – Issoire 32

⚠⚠⚠ **Le Pré Bas** 🔱 – de fin avr. à mi-sept.
  ℘ 0473886304, *prebas@campingauvergne.com*,
  Fax 0473886593, *www.campingauvergne.com*
  3,8 ha (180 empl.) plat et peu incliné, herbeux
  Tarif : (Prix 2010) ✱ 6€ ⇔ 🅴 17€ – (🗲) (6A) 5€ – frais de
  réservation 17€

  Location : (Prix 2010) (de fin avr. à mi-sept.) – 107 🛖
  – 1 gîte. Nuitée 39 à 125€ – Sem. 234 à 874€ – frais de
  réservation 17€
  🚐 borne artisanale – 30 🅴 24€ – 🚐 14€
  Pour s'y rendre : près du lac (accès direct)

  À savoir : belle décoration florale et arbustive

| Nature : ≼ 🏞 ♀ |
| Loisirs : 🍴 ✗ snack, pizzeria 🎱 🎮 🛝 🏊 jacuzzi balnéo 🛝 🎱 🏊 ⛱ terrain multisports, family-center |
| Services : 🚿 🌐 🍴 🍴 laverie 🚰 |
| À prox. : 🏊 hammam 🏊 🎣 💧 🐎 canoë, quad |

| Longitude : 2.91427 |
| Latitude : 45.57516 |

Les Bombes de déb. mai à mi-sept.
📞 0473886403, les-bombes.camping@orange.fr,
www.camping-les-bombes.com
5 ha (150 empl.) plat, herbeux
Tarif : ★ 5€ ⇔ 🅴 8€ – 🔌 (16A) 5€ – frais de
réservation 12€

Location : (de déb. mai à mi-sept.) – 2 roulottes
– 15 🛖 – 1 tente. Nuitée 42 à 85€ – Sem. 193 à 592€
– frais de réservation 12€
🚐 borne flot bleu 6€
Pour s'y rendre : Chemin de Pétary (à l'est de
Chambon-sur-Lac vers rte de Murol et à dr., au bord de la
Couze de Chambon)

Nature : 🏞 ≼ Vallée de Chau- defour ♀ Loisirs : 🍴 snack 🎱 🏹 🚲 🏊 Services : 🚿 ⚡ 🗑 ♨ ⁑ laverie 🔧 Au lac : 🎣 ≌ (plage) 🛶 🐎
Longitude : 2.90188 Latitude : 45.56994

Serrette de déb. mai à mi-sept.
📞 0473886767, camping.de.serrette@wanadoo.
fr, Fax 0473888173, www.campingdeserrette.com
– alt. 1 000
2 ha (75 empl.) en terrasses, incliné, herbeux, pierreux
Tarif : (Prix 2010) 22€ ★★ ⇔ 🅴 🔌 (6A) – pers.
suppl. 5€ – frais de réservation 12€

Location : (Prix 2010) (de déb. mai à mi-sept.) – 8 🛖
– 3 🏠. Nuitée 38 à 89€ – Sem. 268 à 690€ – frais de
réservation 12€
Pour s'y rendre : Serrette (2,5 km à l'ouest par D 996,
rte du Mont-Dore et D 636 (à gauche) rte de Chambon
des Neiges)

À savoir : magnifique vue dominante sur le lac et ses
environs

Nature : 🏞 ≼ lac et montagnes ♀ Loisirs : 🍴 🎱 🖼 (découverte en saison) Services : 🚿 ⚡ ⁑ 📷 Au lac : 🏊 🎣 ≌ (plage) 🐎
Longitude : 2.89105 Latitude : 45.57099

LE CHAMBON-SUR-LIGNON

43400 – **331** H3 – 2 662 h. – alt. 967
🛈 2, route de Tence 📞 0471597156
▶ Paris 573 – Annonay 48 – Lamastre 32 – Le Puy-en-Velay 45

133

Les Hirondelles de déb. juil à fin août
📞 0471597384, les.hirondelles.bader@wanadoo.
fr, Fax 0471658880, www.campingleshirondelles.fr
– alt. 1 000
1 ha (45 empl.) plat, en terrasses, herbeux
Tarif : (Prix 2010) 22,15€ ★★ ⇔ 🅴 🔌 (6A) – pers.
suppl. 4,20€

Location : (Prix 2010) (saison) 🚫 – 3 🏠 – 2 🛏
– 1 appartement. Sem. 240 à 480€
🚐 borne artisanale 18€ – 5 🅴 18€
Pour s'y rendre : rte de la Suchère (1 km au sud par
D 151 et D 7 à gauche)

À savoir : cadre agréable dominant le village

Nature : 🏞 ≼ 🏕 ♀ Loisirs : 🍴 🎱 🏹 Services : 🚿 ⚡ 🏕 📷 🔧 Au plan d'eau : 🎣 🏊 📺 ≌ 🐎 (centre équestre) parcours sportif, golf
Longitude : 4.2986 Latitude : 45.05436

Le Lignon de mi-mai à fin sept.
📞 0471597286, fvalla@campingdulignon.eu,
Fax 0471597286, www.campingdulignon.eu – alt. 1 000
2 ha (130 empl.) plat, herbeux
Tarif : 15€ ★★ ⇔ 🅴 🔌 (10A) – pers. suppl. 5€

Location : (de déb. mai à mi-oct.) 🚫 – 2 🛖. Sem.
250 à 400€
Pour s'y rendre : rte du Stade (sortie sud-ouest par
D 15, rte de Mazet-sur-Voy et à dr. av. le pont, près de
la rivière)

Nature : ♀ Loisirs : 🎱 🏹 🚲 Services : 🚿 ⚡ 🗑 🏧 ♨ 📷 au plan d'eau : 🎣 🏊 📺 ≌ 🪝 🐎 (centre équestre) - parcours sportif, golf, parcours dans les arbres
Longitude : 4.29582 Latitude : 45.06

*Pour une meilleure utilisation de cet ouvrage,
LISEZ ATTENTIVEMENT les premières pages du guide.*

CHAMPAGNAC-LE-VIEUX

43440 – **331** D1 – 241 h. – alt. 880
▣ Paris 486 – Brioude 16 – La Chaise-Dieu 25 – Clermont-Ferrand 76

△ **Le Chanterelle** de mi-avr. à mi-oct.
 ℮ 0471763400, *camping@champagnac.com*,
Fax 0471763400, *www.champagnac.com*
4 ha (90 empl.) en terrasses, herbeux, gravillons
Tarif : 19€ ✦✦ ⇔ 🗐 [½] (10A) – pers. suppl. 4€
Location : (de mi-avr. à mi-oct.) – 20 🏠 – 10 bungalows
toilés. Nuitée 28 à 88€ – Sem. 196 à 616€
Pour s'y rendre : Le Prat Barrat (1,4 km au nord par D 5,
rte d'Auzon, et chemin à dr.)
À savoir : dans un site verdoyant, près d'un plan d'eau

Nature : 🐟 ⊡ ♀♀	
Loisirs : 🎣 ⚡ 🚲	
Services : 🔥 🚿 🏢 🛁 🗑 🚰 laverie	
À prox. : 🛶 🎾 ≌ (plage) 🎣 🐎 (centre équestre) parcours de santé	

Longitude : 3.50575
Latitude : 45.3657

CHAMPS-SUR-TARENTAINE

15270 – **330** D2 – 1 030 h. – alt. 450
🅱 Mairie *℮* 0471787974
▣ Paris 500 – Aurillac 90 – Clermont-Ferrand 82 – Condat 24

△ **Les Chalets de l'Eau Verte** (location exclusive de
chalets) Permanent
 ℮ 0471787878, *contact@auvergne-chalets.fr*,
Fax 0473832030, *www.auvergne-chalets.fr*
8 ha peu incliné, plat, herbeux
Location : 🅿 – 10 🏠. Nuitée 39 à 80€ – Sem.
273 à 749€
Pour s'y rendre : Le Jagounet
À savoir : location 2 nuits minimum hors sais.

Nature : 🐟	
Loisirs : 🛖	
Services : 🚰 📶	
À prox. : ✗ ≌ ⚓ 🐎	

Longitude : 2.63853
Latitude : 45.40595

134

CHÂTELGUYON

63140 – **326** F7 – 6 224 h. – alt. 430 – ♨ (déb. mai-fin sept.)
🅱 1, avenue de l'Europe *℮* 0473860117
▣ Paris 411 – Aubusson 93 – Clermont-Ferrand 21 – Gannat 31

△△ **Clos de Balanède** ♣♣ – Permanent
 ℮ 0473860247, *clos-balanede.sarl-camping@wanadoo.fr*, Fax 0473860564, *www.balanede.com*
4 ha (285 empl.) plat et peu incliné, herbeux
Tarif : (Prix 2010) 21€ ✦✦ ⇔ 🗐 [½] (10A) – pers.
suppl. 4€
Location : (permanent) – 2 roulottes – 38 🚐 – 2 🏠
– 3 tipis. Nuitée 58 à 180€ – Sem. 290 à 400€
⛽ borne autre 4€ – 12 🗐 23€
Pour s'y rendre : rte de la Piscine (sortie sud-est par
D 985, rte de Riom)

Nature : ♀♀	
Loisirs : 🍴 snack 🛖 🎣 👫 ⚡ 🚲 ⛳ 🏊	
Services : 🔥 🚿 🛁 🗑 🚰 📶 laverie 🛒	

Longitude : 3.07732
Latitude : 45.91491

CHAUDES-AIGUES

15110 – **330** G5 – 970 h. – alt. 750 – ♨ (fin avril-fin oct.)
🅱 29 Av Pierre Vialard *℮* 0471235275
▣ Paris 538 – Aurillac 94 – Entraygues-sur-Truyère 62 – Espalion 54

△ **Le Château du Couffour** de déb. mai à fin oct.
 ℮ 0471235708, Fax 0471235902 – alt. 900
2,5 ha (170 empl.) plat, peu incliné, terrasses, herbeux
Tarif : (Prix 2010) ✦ 2,50€ ⇔ 1,50€ 🗐 1,50€ –
[½] (6A) 2,50€
⛽ borne artisanale
Pour s'y rendre : au stade (2 km au sud par D 921, rte
de Laguiole puis chemin à dr.)

Nature : 🐟 ≤ ♀	
Loisirs : 🛖 ⚡ 🎾	
Services : 🔥 🚿 🛁 🏢 📶 📶	
À prox. : casino 🚲 🏊 escalade	

Longitude : 3.00071
Latitude : 44.8449

COULEUVRE

03320 – **326** E2 – 580 h. – alt. 267

▶ Paris 289 – Bourbon-l'Archambault 18 – Cérilly 10 – Cosne-d'Allier 27

△ **Municipal la Font St-Julien** de déb. avr. à fin oct.
𝒫 0470661045, *mairie-couleuvre@wanadoo.fr*,
Fax 0470661009, *www.couleuvre-troncais.fr*
2 ha (50 empl.) peu incliné, herbeux
Tarif : (Prix 2010) ✱ 1,90€ ⬌ 1€ 🔲 1,15€ –
🔌 (12A) 2,40€
Pour s'y rendre : lieu-dit : La Font St-Julien (sortie sud-ouest par D 3, rte de Cérilly et à dr.)

À savoir : au bord d'un étang

Nature : 🦅 ♀	
Loisirs : 🏊 🎾 ⛵ 🚣 parc animalier	
Services : 🚮 🛄	

Longitude : 2.90438
Latitude : 46.67163

COURNON-D'AUVERGNE

63800 – **326** G8 – 18 501 h. – alt. 380 – Base de loisirs

▶ Paris 422 – Clermont-Ferrand 12 – Issoire 31 – Le Mont-Dore 54

△△ **Municipal le Pré des Laveuses** Permanent
𝒫 0473848130, *camping@cournon-auvergne.fr*,
Fax 0473846590, *www.cournon-auvergne.fr/camping*
5 ha (150 empl.) plat, herbeux, pierreux, gravier
Tarif : (Prix 2010) 22€ ✱✱ ⬌ 🔲 🔌 (10A) – pers. suppl. 5€

Location : (Prix 2010) (permanent) – 12 🛏 – 18 🏠
– 10 bungalows toilés. Sem. 168 à 500€
🚮 borne flot bleu 5€
Pour s'y rendre : 1,5 km à l'est par rte de Billom et rte de la plage à gauche

À savoir : entre un plan d'eau aménagé et l'Allier

Nature : ♀♀ ⚠	
Loisirs : 🍽 snack 🎱 🏊 ⛵	
Services : ♿ 🚿 🏧 🍴 laverie	
À prox. : 🛒 🔭 ⛵ canoës, kayaks	

Longitude : 3.22271
Latitude : 45.74029

COURPIÈRE

63120 – **326** I8 – 4 521 h. – alt. 320

🛈 *place de la Cité Administrative* 𝒫 0473512027

▶ Paris 399 – Ambert 40 – Clermont-Ferrand 50 – Issoire 53

△ **Municipal les Taillades** de déb. juin à fin août
𝒫 0473530121, *mairie@ville-courpiere.fr*,
Fax 0473512155, *www.ville-courpiere.fr*
0,5 ha (40 empl.) plat, herbeux
Tarif : (Prix 2010) 13,30€ ✱✱ ⬌ 🔲 🔌 (10A) – pers. suppl. 3€
Pour s'y rendre : Les Taillades (sortie sud par D 906, rte d'Ambert, D 7 à gauche, rte d'Aubusson-d'Auvergne et chemin à dr., à la piscine et près d'un ruisseau)

Nature : 🦅 🏞	
Loisirs : 🏖 ⛵	
Services : ♿ 🚿 🚮 🍴	
À prox. : 🛒 🚲 🎾 🐎 (centre équestre)	

Longitude : 3.5487
Latitude : 45.75354

CUNLHAT

63590 – **326** I9 – 1 328 h. – alt. 700

🛈 *8, Grande Rue* 𝒫 0473825700

▶ Paris 420 – Ambert 26 – Clermont-Ferrand 58 – Issoire 38

△△ **Révéa La Barge** de fin mai à mi-sept.
𝒫 0473825710, *contact@revea-vacances.com*,
www.revea-vacances.fr/campings
6 ha/1 campable plat et en terrasses, herbeux
Tarif : (Prix 2010) 9€ ✱✱ ⬌ 🔲 🔌 (10A) – pers. suppl. 3€ – frais de réservation 10€

Location : (Prix 2010) (de déb. avr. à fin oct.) – 20 🏠.
Nuitée 64 à 90€ – Sem. 170 à 370€ – frais de réservation 20€
Pour s'y rendre : 46 bd Pasteur (1,2 km au sud par D 105, rte de St-Amant-Roche-Savine, près d'un plan d'eau)

Nature : ⛰	
Loisirs : 🎱 🎾	
Services : ♿ 🍴	
Au plan d'eau : 🍽 ✕ 🏊 🛶 🔭 🎣 (plage) 🏊	

Longitude : 3.57257
Latitude : 45.63503

DOMPIERRE-SUR-BESBRE

03290 – **326** J3 – 3 293 h. – alt. 234

🛈 *145, Grande Rue* ✆ *0470346131*

▶ Paris 324 – Bourbon-Lancy 19 – Decize 46 – Digoin 27

⛺ **Municipal Les Bords de Bresbe** de mi-mai à mi-sept.
✆ 0470345557, *camping.dompierre@free.fr*,
Fax 0470481139
2 ha (70 empl.) plat, herbeux
Tarif : (Prix 2010) ⚲ 2€ ⚘ 🅴 2€ – ⚡ (10A) 2€
🚐 borne artisanale 2€
Pour s'y rendre : La Madeleine (sortie sud-est par N 79, rte de Digoin, près de la Besbre et à prox. d'un étang)
À savoir : décoration arbustive et florale

Nature : 🐟 ☐ ♀	
Loisirs : 🛶 🚴 ✗	
Services : ⚡ 🗑 🏢 🛢 🚾 🏧	
À prox. : 🐎 ⛵ parc animalier et parc d'attractions	

Longitude : 3.6819
Latitude : 46.52131

Pour choisir et suivre un itinéraire,
pour calculer un kilométrage,
pour situer exactement un terrain (en fonction des
indications fournies dans le texte) :
utilisez les cartes MICHELIN,
compléments indispensables de cet ouvrage.

GANNAT

03800 – **326** G6 – 5 881 h. – alt. 345

🛈 *11, place Hennequin* ✆ *0470901778*

▶ Paris 383 – Clermont-Ferrand 49 – Montluçon 78 – Moulins 58

⛺ **Municipal Le Mont Libre** de déb. avr. à fin oct.
✆ 0470901216, *camping.gannat@wanadoo.fr*,
Fax 0470901216, *www.camping-gannat.fr*
1,5 ha (70 empl.) en terrasses, herbeux
Tarif : 10€ ⚲⚲ ⚘ 🅴 ⚡ (10A) – pers. suppl. 2€
Location : (de déb. avr. à fin oct.) – 10 🛖. Sem. 218 à 389€
🚐 borne autre 4€ – 6 🅴 11€ – 🚐⚡ 13€
Pour s'y rendre : 10 rte de la Batisse (1 km au sud par N 9 et rte à dr.)

Nature : ≤ ☐ ♀	
Loisirs : 🍴 🛶 ⛴ (petite piscine)	
Services : ♿ ⚡ 🏢	
À prox. : 🐎 ✗ 🎣 🏊	

Longitude : 3.19403
Latitude : 46.0916

ISLE-ET-BARDAIS

03360 – **326** D2 – 284 h. – alt. 285

▶ Paris 280 – Bourges 60 – Cérilly 9 – Montluçon 52

⛺ **Les Écossais** de déb. avr. à fin sept.
✆ 0470666257, *association.paysdetroncais@wanadoo.fr*, *www.campingstroncais.com*
2 ha (70 empl.) plat, peu incliné, herbeux
Tarif : (Prix 2010) ⚲ 3€ ⚘ 1€ 🅴 1€ – ⚡ (10A) 3€ – frais de réservation 15€
Location : (Prix 2010) (de déb. avr. à fin sept.) – 2 🛖 – 7 gîtes. Nuitée 45 à 60€ – Sem. 175 à 448€ – frais de réservation 15€
Pour s'y rendre : 1 km au sud par rte des Chamignoux
À savoir : Au bord de l'étang de Pirot et à l'orée de la forêt de Tronçais

Nature : 🐟 ☐ ♀♀	
Loisirs : 🍴 🛶 ✗ 🎣 ≊ (plage)	
Services : ⚡ laverie	
À prox. : 🛶 ⛵	

Longitude : 2.78814
Latitude : 46.68278

ISSOIRE

63500 – **326** G9 – 13 996 h. – alt. 400
i *place Charles de Gaulle* ℰ *0473891590*
▶ Paris 446 – Aurillac 121 – Clermont-Ferrand 36 – Le Puy-en-Velay 94

△△△ **Château La Grange Fort** de déb. avr. à déb. nov.
ℰ 0473710243, *chateau@lagrangefort.eu*,
Fax 0473710769, *www.lagrangefort.eu* – par A 75 sortie
13 dir. Parentignat
23 ha/4 campables (120 empl.) plat, peu incliné, herbeux
Tarif : **†** 6€ ⇔ ▣ 15€ – 🔌 (6A) 4€ – frais de
réservation 25€

Location : (permanent) – 12 🚐 – 8 🏠 – 4 ⛺
– 3 appartements – 1 cabane dans les arbres
– 11 bungalows toilés – 2 gîtes. Nuitée 45 à 96€ – Sem.
250 à 750€ – frais de réservation 25€
🚐 borne artisanale 6€ – 10 ▣ 13€ – 🔌 13€
Pour s'y rendre : 4 km au sud-est par D 996, rte de la
Chaise-Dieu puis à dr, 3 km par D 34, rte d'Auzat-sur-
Allier
À savoir : autour d'un pittoresque château médiéval
dominant l'Allier

| Nature : 🌳 ≤ 🏡 ♀ |
| Loisirs : ♟ ✗ snack 🎱 🎣 |
| jacuzzi 🏊 🚲 ✗ 🖥 🛷 |
| Services : ♿ ⚡ Ⓟ 🗑 🚿 ‼ |
| laverie 🧺 |
| Longitude : 3.28501 |
| Latitude : 45.50859 |

△△ **Municipal du Mas** de déb. avr. à déb. nov.
ℰ 0473890359, *camping-mas@wanadoo.fr*,
Fax 0473894105, *www.camping-issoire.com*
3 ha (138 empl.) plat, herbeux
Tarif : 19€ **††** ⇔ ▣ 🔌 (8A) – pers. suppl. 5€

Location : (de déb. avr. à déb. nov.) – 2 🚐 – 6 🏠
– 3 bungalows toilés. Nuitée 32 à 72€ – Sem.
202 à 459€
🚐 borne flot bleu 3€ – 8 ▣ 19€
Pour s'y rendre : r. du Dr Bienfait (2,5 km à l'est par D 9,
rte d'Orbeil et à dr., à 50 m d'un plan d'eau et à 300 m de
l'Allier, par A 75 sortie 12)

| Nature : 🌳 ♀ |
| Loisirs : 🎱 🌙diurne 🏊 ㎞ |
| Services : ⚡ 🗑 🚿 🚽 ‼ |
| laverie |
| À prox. : 🐴 ✗ 🚲 🎣 ✗ |
| bowling, VTT |
| Longitude : 3.27397 |
| Latitude : 45.55108 |

137

Do not confuse :
△ *... to ...* △△△ *: MICHELIN classification*
and
★ *... to ...* ★★★★★ *: official classification*

LACAPELLE-DEL-FRAISSE

15120 – **330** C6 – 287 h. – alt. 830
▶ Paris 624 – Clermont-Ferrand 174 – Aurillac 23 – Rodez 74

△ **Village Vacances Les Chalets du Veinazes**
(location exclusive de chalets) de mi-mars à mi-nov.
ℰ 0471625690, *info@cantal-chalets.com*, *www.cantal-
chalets.com*
2,5 ha plat, herbeux
Location : (Prix 2010) 🏠 – 13 🏠. Nuitée 44 à 57€
– Sem. 212 à 519€
Pour s'y rendre : au lieu-dit : La Case (2 km au sud-est
par D 20)

| Nature : 🌳 ≤ |
| Loisirs : 🛷 |
| Services : 🚐 ✗ |
| À prox. : ♟ ✗ |
| Longitude : 2.46271 |
| Latitude : 44.76068 |

AUVERGNE

LANOBRE

15270 – **330** D2 – 1 410 h. – alt. 650
▶ Paris 493 – Bort-les-Orgues 7 – La Bourboule 33 – Condat 30

△△ **Les Ch'tis de la Siauve** de déb. avr. à fin oct.
        ℘ 0471403185, *campingdeschtisdelasiauve@orange.fr*,
www.camping-chtis-15.com – alt. 660
8 ha (220 empl.) en terrasses, herbeux
Tarif : 20€ ✚✚ ⊜ ▣ (▨) (8A) – pers. suppl. 4€ – frais de
réservation 10€

Location : (de déb. avr. à fin oct.) – 18 ⊡⊡ – 19 ⊡.
Nuitée 35 à 55€ – Sem. 345 à 525€ – frais de réservation
10€
⊟ borne artisanale 3€
Pour s'y rendre : r. du Camping (3 km au sud-ouest par
D 922, rte de Bort-les-Orgues et rte à dr., à 200 m du lac
(accès direct))

| Nature : ⬚ ◁ ⊡ ♀ |
| Loisirs : ♟ pizzeria ⊡ ◷ diurne ⬚ ⬚ |
| Services : ⬚ ⊶ ⬚ ⬚ ⬚ ▣ |
| À prox. : ⬚ ⬚ ⬚ (plage) base nautique |

Longitude : 2.50407
Latitude : 45.4306

LAPALISSE

03120 – **326** I5 – 3 196 h. – alt. 280
🛈 *26, rue Winston Churchill* ℘ 0470990839
▶ Paris 346 – Digoin 45 – Mâcon 122 – Moulins 50

△ **Camping Communautaire** de déb. avr. à fin sept.
        ℘ 0470992631, *office.tourisme@cc-paysdelapalisse.fr*,
Fax 0470993353, *www.cc-paysdelapalisse.com*
0,8 ha (66 empl.) plat, herbeux
Tarif : ✚ 2€ ⊜ 2€ ▣ 2€ – (▨) (10A) 2€

Location : (de déb. mars à fin nov.) ⬚ – 2 ⊡⊡
– 6 ⊡. Nuitée 30 à 60€ – Sem. 150 à 370€
⊟ borne autre – ⬚ 8€
Pour s'y rendre : r. des Vignes (sortie sud-est par
N 7, au bord de la Besbre, chemin piétonnier reliant le
camping au centre-ville)

| Nature : ♀ |
| Loisirs : ⬚ ⬚ ⬚ parcours de santé |
| Services : ⬚ ⊶ ⬚ ⬚ |

Longitude : 3.6395
Latitude : 46.2433

LAPEYROUSE

63700 – **326** E5 – 575 h. – alt. 510
▶ Paris 350 – Clermont-Ferrand 74 – Commentry 15 – Montmarault 14

△△ **Municipal les Marins** Permanent
        ℘ 0473523706, *63lapeyrouse@free.fr*,
Fax 0473520389, *www.63lapeyrouse.free.fr*
2 ha (68 empl.) plat, herbeux
Tarif : (Prix 2010) 12€ ✚✚ ⊜ ▣ (▨) (15A) – pers.
suppl. 2€

Location : (Prix 2010) (permanent) – 6 ⊡⊡ – 6 ⊡.
Nuitée 50€ – Sem. 150 à 450€
Pour s'y rendre : Etang de La Loge (2 km au sud-est par
D 998, rte d'Echassières et D 100 à dr., rte de Durmignat)

À savoir : décoration arbustive des emplacements, près
d'un plan d'eau

| Nature : ⬚ ⊡ |
| Loisirs : ⊡ ⬚ ⬚ ⬚ (plage) ⬚ |
| Services : ⬚ ⊶ ⬚ ⬚ ▣ |
| À prox. : ♟ ⬚ |

Longitude : 2.8837
Latitude : 46.22125

LAVOÛTE-SUR-LOIRE

43800 – **331** F3 – 724 h. – alt. 561
▶ Paris 540 – La Chaise-Dieu 37 – Craponne-sur-Arzon 28 – Le Puy-en-Velay 13

△ **Municipal les Longes**
        ℘ 0471081879, *mairie.lavoutesurloire@wanadoo.fr*,
Fax 0471081696, *www.cc/emblavez.fr*
1 ha (57 empl.) plat, herbeux
⊟ borne
Pour s'y rendre : au lieu-dit : Les Longes (1 km à l'est
par D 7, rte de Rosières puis 400 m par r. à gauche, près
de la Loire (accès direct))

| Nature : ◁ ⊡ |
| Loisirs : ⬚ |
| Services : ⬚ ⊶ ▣ |
| À prox. : ⬚ ⬚ |

Longitude : 3.92255
Latitude : 45.12283

MASSIAC

15500 – **330** H3 – 1 825 h. – alt. 534
🛈 *24, rue du Dr Mallet* ℰ *0471230776*
▶ Paris 484 – Aurillac 84 – Brioude 23 – Issoire 38

🔺 **L'Allagnon** de déb. mai à fin oct.
ℰ 0471230393, *camping.allagnon15@orange.fr*,
Fax 0471230393, *www.campingallagnon.com*
2,5 ha (90 empl.) plat, herbeux
Tarif : (Prix 2010) 🧍 2€ 🚗 2€ 🅴 2€ – 🔌 (10A) 2€

Location : (Prix 2010) (de déb. mai à fin oct.) – 2 🚐
– 1 tente. Nuitée 12 à 65€ – Sem. 84 à 235€
🚐 borne artisanale 5€ – 🔌 10€
Pour s'y rendre : 800 m à l'ouest par N 122, rte de
Murat, au bord de la rivière

Nature : ⩽ 🕭🕭
Loisirs : 🛶🏖 🎣
Services : 👍 🚿 ⛺ 🖪
À prox. : ✕ 👟 ※ 🏊

Longitude : 3.19222
Latitude : 45.24863

MAURIAC

15200 – **330** B3 – 3 898 h. – alt. 722
🛈 *1, rue Chappe d'Auteroche* ℰ *0471673026*
▶ Paris 490 – Aurillac 53 – Le Mont-Dore 77 – Riom-és-Montagnes 37

🔺🔺 **Val St-Jean** de déb. mai à fin oct.
ℰ 0471673113, *valsaintjean@mauriac.fr*
3,5 ha (100 empl.) en terrasses, peu incliné, herbeux
Tarif : (Prix 2010) 23,10€ 🧍🧍 🚗 🅴 🔌 (10A) – pers.
suppl. 5,40€

Location : (permanent) 👍 (1 chalet) – 20 🏠 – 10
bungalows (sans sanitaires). Nuitée 63€ – Sem.
139 à 595€
Pour s'y rendre : Base de Loisirs (2,2 km à l'ouest par
D 681, rte de Pleaux et D 682 à dr., accès direct à un plan
d'eau)

Nature : 🏞 ⩽ 🕭 🌳
Loisirs : 🛖 🍴diurne 🎠
Services : 👍 🚿 🛁 🚿 laverie
À prox. : 🍴snack 🛶🏖 🎣 🏊
🏊(plage) ⛷ 🎣 golf, pédalos

Longitude : 2.31657
Latitude : 45.21835

MAURS

15600 – **330** B6 – 2 265 h. – alt. 290
🛈 *place de l'Europe* ℰ *04.71.46.94.82*
▶ Paris 568 – Aurillac 43 – Entraygues-sur-Truyère 50 – Figeac 22

🔺 **Municipal le Vert** de déb. mai à fin sept.
ℰ 0471490415, *mairie@ville-maurs.fr*,
Fax 0471490081, *www.ville-maurs.fr*
1,2 ha (58 empl.) plat, herbeux
Tarif : (Prix 2010) 🧍 3€ 🚗 1,50€ 🅴 6€ 🔌 (20A)

Location : (Prix 2010) (de déb. mai à fin sept.) – 4 🏠.
Sem. 280 à 455€
Pour s'y rendre : av. du stade (800 m au sud-est par
D 663, rte de Décazeville, au bord de la Rance)

Nature : 🕭 🕭🕭
Loisirs : 🛖 🛶🏖 ※ 🏊
Services : 👍 🚿 🛁 🚿 👟 🛁
🚐 🖪
À prox. : 🎣 🎠 🐎

Longitude : 2.2064
Latitude : 44.70507

LE MAYET-DE-MONTAGNE

03250 – **326** J6 – 1 519 h. – alt. 535
🛈 *rue Roger Degoulange* ℰ *0470593840*
▶ Paris 369 – Clermont-Ferrand 81 – Lapalisse 23 – Moulins 73

🔺 **Municipal du Lac** de mi-mars à fin oct.
ℰ 0470597052, *accueil.mairie.lemayetdemontagne@
wanadoo.fr*, Fax 0470593838,
www.lemayetdemontagne.planet-allier.com
1 ha (50 empl.) peu incliné, plat, herbeux
Tarif : (Prix 2010) 8€ 🧍🧍 🚗 🅴 🔌 (10A) – pers.
suppl. 2€

Location : (Prix 2010) (de mi-avr. à mi-sept.) ※
– 1 🚐. Nuitée 20 à 50€ – Sem. 120 à 280€
Pour s'y rendre : chemin de Fumouse (1,2 km au sud
par D 7, rte de Laprugne)

À savoir : près du lac des Moines

Nature : 🏞 🕭 🌳
Loisirs : 🛖 🛶🏖 ※
Services : 👍 (juil.-août) 🚐 🖪
À prox. : 🎣 🏊 🎣

Longitude : 3.66854
Latitude : 46.06104

MONISTROL-D'ALLIER

43580 – **331** D4 – 218 h. – alt. 590
▶ Paris 535 – Brioude 58 – Langogne 56 – Le Puy-en-Velay 28

▲ **Municipal le Vivier** de mi-avr. à mi-sept.
    ℘ 0471572414, *mairie.monistroldallier@orange.fr*,
    Fax 0471572503, *www.monistroldallier.com*
    1 ha (48 empl.) plat, herbeux, pierreux
    Tarif : 13€ ♣♣ ⟞ 🅴 (🔌) (10A) – pers. suppl. 3€
    Pour s'y rendre : au sud, près de l'Allier (accès direct)

Nature : ≤ ♀
Loisirs : 🔲
Services : ♿ ⚡ 🚻
À prox. : pizzeria ⤢ 🎣 ⚔ ⛺ 🚣 **sports en eaux vives**

Longitude : 3.65348
Latitude : 44.96923

*Avant de prendre la route, consultez **www.ViaMichelin.fr** :*
votre meilleur itinéraire, le choix de votre hôtel, restaurant,
des propositions de visites touristiques.

LE MONT-DORE

63240 – **326** D9 – 1 427 h. – alt. 1 050 – ⚑ (déb. mai-fin oct.) – Sports d'hiver : 1 050/1 850 m – ⛄ 2 ⛷ 18 ⛷
🅱 *avenue de la Libération* ℘ 0473652021
▶ Paris 462 – Aubusson 87 – Clermont-Ferrand 43 – Issoire 49

▲▲ **Municipal l'Esquiladou** de mi-avr. à fin oct.
    ℘ 0473652374, *camping.esquiladou@orange.fr*,
    Fax 0473652374, *www.camping-mont-dore.fr* – alt. 1 010
    1,8 ha (100 empl.) en terrasses, gravillons
    Tarif : ♣ 4€ ⟞ 🅴 4€ – (🔌) (10A) 5€

    Location : (fermé de fin oct. à fin déc.) – 17 🛖.
    Nuitée 47 à 85€ – Sem. 260 à 520€
    Pour s'y rendre : rte des Cascades (par D 996, rte de
    Murat-le-Quaire et rte à dr., à Queureuilh)

    À savoir : dans un site montagneux, verdoyant et boisé

Nature : 🌳 ≤ 🏞
Loisirs : 🔲 jacuzzi spa ⤢ 🏊
Services : ♿ ⚡ 🏧 laverie
À prox. : ⚔ ⛺ 🐴

Longitude : 2.80162
Latitude : 45.58706

140

MURAT-LE-QUAIRE

63150 – **326** D9 – 477 h. – alt. 1 050
▶ Paris 478 – Clermont-Ferrand 45 – Aurillac 120 – Cournon d'Auvergne 60

▲▲ **Le Panoramique** de mi-mai à fin sept.
    ℘ 0473811879, *info@campingpanoramique.fr*,
    Fax 0473655734, *www.campingpanoramique.fr/*
    – alt. 1 000
    3 ha (85 empl.) en terrasses, herbeux
    Tarif : 22,20€ ♣♣ ⟞ 🅴 (🔌) (10A) – pers. suppl. 6€

    Location : (fermé de fin oct. à fin déc.) – 6 🛖. Sem.
    300 à 730€
    🚐 borne artisanale 4€
    Pour s'y rendre : 1,4 km à l'est par D 219, rte du Mont-
    Dore et chemin à gauche

    À savoir : belle situation dominante

Nature : 🌳 ≤ Les Monts Dore et la vallée
Loisirs : ♟ snack 🔲 ⤢ 🏊
Services : ♿ ⚡ 🚻 🏧 🔳 🔻 ⚡ 🚿 🔲

Longitude : 2.74779
Latitude : 45.596

▲ **Municipal les Couderts** saison
    ℘ 0473655481, *campinglescouderts@orange.fr*,
    Fax 0473811744, *www.camping-couderts.e-monsite.*
    com/ – alt. 1 040
    1,7 ha (58 empl.) plat, peu incliné, en terrasses, herbeux
    Tarif : (Prix 2010) 13,50€ ♣♣ ⟞ 🅴 – (🔌) (10A) 5€ – pers.
    suppl. 2,80€

    Location : (Prix 2010) (de déb. mars à fin oct.) – 1 🛖
    – 5 🛖. Nuitée 35 à 80€ – Sem. 138 à 515€
    🚐 borne autre 8€ – 5 🅴 8€
    Pour s'y rendre : Les Couderts (sortie nord, au bord
    d'un ruisseau)

Nature : 🌳 ≤ 🏞 ♀
Loisirs : ⤢
Services : ♿ 🚻 🔳 🏧 laverie

Longitude : 2.73511
Latitude : 45.59937

MUROL

63790 – **326** E9 – 552 h. – alt. 830

▶ Paris 456 – Besse-en-Chandesse 10 – Clermont-Ferrand 37 – Condat 37

Sunêlia La Ribeyre ♣♣ – de déb. mai à mi-sept.
℘ 0473886429, *info@laribeyre.com*, Fax 0473886841,
www.laribeyre.com
10 ha (460 empl.) plat, herbeux, étang
Tarif : ✦ 20€ ⇄ 国 – ⃗ (10A) 11€ – frais de
réservation 20€

Location : (de déb. mai à mi-sept.) ⅙ ⃗⃗ – 96 ⃝.
Nuitée 56 à 157€ – Sem. 392 à 1 099€ – frais de
réservation 20€
Pour s'y rendre : Lieu-dit Jassat (1,2 km au sud, rte de
Jassat, au bord d'un ruisseau)

À savoir : magnifique parc aquatique

| Nature : ⃗ ≤ ♡♡ |
| Loisirs : ▮ ✗ snack ⃗ ⃗ 🏹 |
| jacuzzi ⃗ ⃗ 🏊 🏊 🏊 (plan |
| d'eau) ⃗ |
| Services : ⅙ ⃗ ⅋ ⃗ ⃗ laverie |
| ⃗ ⃗ |
| À prox. : ⃗ canoë |

Longitude : 2.93719
Latitude : 45.56232

Le coup de cœur de Bib

Proche de Murol et de son château féodal, La Ribeyre est située dans la plaine de Jassat,
magnifique site calme et verdoyant. Créé de toutes pièces par la famille Pommier, ce
camping est devenu au fil du temps un des meilleurs d'Auvergne. Structures d'accueil,
d'animation et de service sont de qualité. Les emplacements traditionnels côtoient des
locatifs récents et bien agencés. Les points forts du site sont les installations réservées
aux activités aquatiques : piscine couverte, espace aquatique avec toboggans, rivière à
contre-courant et jets d'eau, ensemble complété par un étang avec plage où baignade
et canotage sont autorisés.

M. Chaput/MICHELIN

141

Le Repos du Baladin de fin avr. à déb. sept.
℘ 0473886193, *reposbaladin@free.fr*, Fax 0473886641,
www.camping-auvergne-france.com
1,6 ha (88 empl.) plat et peu incliné, terrasses, herbeux
Tarif : ✦ 5€ ⇄ 国 9€ – ⃗ (6A) 5€ – frais de
réservation 13€

Location : (de fin avr. à déb. sept.) – 18 ⃝. Nuitée
40 à 47€ – Sem. 230 à 587€ – frais de réservation 13€
Pour s'y rendre : Groire (1,5 km à l'est par D 146, rte de
St-Diéry)

| Nature : ≤ ⃗ ♡♡ |
| Loisirs : ▮ snack ⃗ ⃗ ⃗ 🏊 |
| Services : ⅙ ⃗ ⃗ ⃗ ⃗ ⃗ |

Longitude : 2.95728
Latitude : 45.57379

*Nos **guides hôtels**, nos **guides touristiques** et nos **cartes routières***
sont complémentaires. Utilisez-les ensemble.

NÉBOUZAT

63210 – **326** E8 – 748 h. – alt. 860

▶ Paris 434 – La Bourboule 34 – Clermont-Ferrand 20 – Pontgibaud 19

ᴁ **Les Dômes** de déb. mai à mi-sept.
℘ 0473871406, *camping.les-domes@orange.fr*, *www.les-domes.com* – alt. 815
1 ha (65 empl.) plat, herbeux
Tarif : 22,20€ ✦✦ ⇔ 🔲 🄵 (10A) – pers. suppl. 6,90€
Location : (de déb. mai à mi-sept.) – 5 🛖 – 5 🏠 – 5 bungalows (sans sanitaire). Nuitée 42 à 95€ – Sem. 192 à 661€ – frais de réservation 5€
Pour s'y rendre : Les Quatre Routes de Nébouzat (par D 216, rte de Rochefort-Montagne)
À savoir : entrée fleurie, cadre verdoyant soigné

Nature : ≤ ♀
Loisirs : 🔲 🔲 (découverte en saison)
Services : ⚯ 🐕 🛁 🚮 🖪
À prox. : 🍷 ✗ 🍽 🌢 🐎

Longitude : 2.89028
Latitude : 45.72538

*Avant de prendre la route, consultez **www.ViaMichelin.fr** : votre meilleur itinéraire, le choix de votre hôtel, restaurant, des propositions de visites touristiques.*

NÉRIS-LES-BAINS

03310 – **326** C5 – 2 728 h. – alt. 364

🛈 *carrefour des Arènes ℘ 0470031103*

▶ Paris 336 – Clermont-Ferrand 86 – Montluçon 9 – Moulins 73

ᴁ **Municipal du Lac** de fin mars à déb. nov.
℘ 0470032470, *campingdulac-neris@orange.fr*, Fax 0470037999, *www.ville-neris-les-bains.fr* – ℞
3,5 ha (135 empl.) plat, peu incliné, terrasse, herbeux, gravillons
Tarif : (Prix 2010) 14€ ✦✦ ⇔ 🔲 🄵 (10A) – pers. suppl. 4€
Location : (Prix 2010) (permanent) – 19 🏠 – 2 🛏 – 7 appartements. Nuitée 32 à 42€ – Sem. 226 à 294€
🚐 borne autre 7€
Pour s'y rendre : av. Marx Dormoy (au sud-ouest par D 155, rte de Villebret, au bord de la rivière)
À savoir : situation agréable près de l'ancienne gare et d'un lac

Nature : ⚲ 🏕 ♀
Loisirs : 🍷 snack 🔲 🚴 ⚽ 🥏
Services : 🚿 ⚯ 🛁 🖪
À prox. : 🚲 ✗ 🔲 🏊 🔲 parcours de santé, golf

Longitude : 2.65174
Latitude : 46.28702

NEUSSARGUES-MOISSAC

15170 – **330** F4 – 973 h. – alt. 834

🛈 *Mairie ℘ 0471205669*

▶ Paris 509 – Aurillac 58 – Brioude 49 – Issoire 64

ᴁ **Municipal de la Prade** de déb. juin à fin août
℘ 0471205021, *campingdelaprade.neussargues@wanadoo.fr, www.neussargues-moissac.fr*
1 ha (32 empl.) en terrasses, plat, herbeux, petit bois
Tarif : 11€ ✦✦ ⇔ 🔲 🄵 (10A) – pers. suppl. 2€
Location : (permanent) 🅿 (chalets) – 6 🛖 – 6 🏠. Sem. 228 à 480€
Pour s'y rendre : rte de Murat (sortie ouest par D 304, rte de Murat, au bord de l'Alagnon)

Nature : ⚲ ≤ 🏕 ♀♀
Loisirs : 🔲 ⚽ 🥏
Services : 🚿 🚿 🛁 🛁 🚮 🚽 🖪

Longitude : 2.96695
Latitude : 45.12923

NEUVÉGLISE

15260 – **330** F5 – 1 151 h. – alt. 938

🛈 le Bourg ℰ 0471238543

▶ Paris 528 – Aurillac 78 – Entraygues-sur-Truyère 70 – Espalion 66

▲▲ **Le Belvédère** de mi-avr. à mi-oct.
ℰ 0471235050, *belvedere.cantal@wanadoo.fr*,
Fax 0471235893, *www.campinglebelvedere.com* – accès
aux emplacements par forte pente, mise en place et
sortie des caravanes à la demande – alt. 670
5 ha (120 empl.) en terrasses, herbeux, pierreux
Tarif : 25€ ★★ ⇌ 🄴 (6A) – pers. suppl. 6€ – frais de
réservation 17€
Location : (de mi-avr. à mi-oct.) – 23 🛏️ – 7 🏠.
Nuitée 42 à 80€ – Sem. 220 à 730€ – frais de réservation
17€
🛱 borne artisanale 4€ – 🚐 10€
Pour s'y rendre : Lanau (6,5 km au sud par D 48, D 921,
rte de Chaudes-Aigues et chemin de Gros à dr.)
À savoir : agréable situation dominante

> Nature : 🐟 ≤ gorges de la
> Truyère ⌖ ♀
> Loisirs : ♟ snack 🎱 🎮 🎯 ⛱
> 🏊
> Services : ♿ ⛽ 🛁 🚿 🚽 ⚐
> laverie 🛒

> Longitude : 3.00045
> Latitude : 44.89534

NONETTE

63340 – **326** G10 – 317 h. – alt. 480

▶ Paris 467 – Clermont-Ferrand 51 – Cournon-d'Auvergne 47 – Riom 66

▲▲ **Les Loges** de déb. avr. à fin sept.
ℰ 0473716582, *les.loges.nonette@wanadoo.fr*,
Fax 0473716723, *www.lesloges.com*
4 ha (126 empl.) plat, herbeux
Tarif : (Prix 2010) ★ 17€ ⇌ 🄴 – 🄴 (6A) 4€ – frais de
réservation 6€
Location : (Prix 2010) (de déb. avr. à fin sept.)
– 24 🛏️. Nuitée 33 à 43€ – Sem. 150 à 520€ – frais
de réservation 6€
Pour s'y rendre : 2 km au sud par D 722, rte du Breuil-
sur-Couze puis 1 km par chemin près du pont, au bord
de l'Allier

> Nature : 🐟 ⌖ ♀
> Loisirs : ♟ sandwicherie 🎯 🏊
> 🛶 canoë-kayak
> Services : ♿ ⛽ 🛁 🖥 🚿
> À prox. : ✗

> Longitude : 3.27158
> Latitude : 45.47367

143

*En juillet et août, beaucoup de terrains sont saturés
et leurs emplacements retenus longtemps à l'avance.
N'attendez pas le dernier moment pour réserver.*

ORCET

63670 – **326** G8 – 2 719 h. – alt. 400

▶ Paris 424 – Billom 16 – Clermont-Ferrand 14 – Issoire 25

▲▲ **Clos Auroy** de déb. janv. à mi-nov.
ℰ 0473842697, *123orcet@wanadoo.fr*,
Fax 0473842697, *www.camping-le-dos-auroy.com*
3 ha (91 empl.) plat et en terrasses, herbeux
Tarif : ★ 6€ ⇌ 🄴 12€ – 🄴 (10A) 5€ – frais de
réservation 20€
Location : (de déb. avr. à fin oct.) 🏠 – 8 🛏️. Nuitée
55€ – Sem. 275 à 725€ – frais de réservation 20€
🛱 borne eurorelais 4€
Pour s'y rendre : 15 r. de la Narse (200 m au sud du
bourg, près de l'Auzon)
À savoir : belle délimitation arbustive des emplacements

> Nature : ⌖
> Loisirs : snack 🎱 🎮 diurne (juil.-
> août) 🛁 jacuzzi 🎯 🏊
> Services : ♿ ⛽ 🖥 🚿 🚽 ⚐
> laverie
> À prox. : ✗

> Longitude : 3.16912
> Latitude : 45.70029

AUVERGNE

ORLÉAT

63190 – **326** H7 – 1 872 h. – alt. 380
▶ Paris 440 – Clermont-Ferrand 34 – Roanne 76 – Vichy 38

⚠ **Le Pont-Astier** Permanent
📞 0473536440, *camping.le.pont.astier@orange.fr*,
Fax 650519517, *www.camping-lepont-astier.fr*
2 ha (90 empl.) plat, herbeux
Tarif : (Prix 2010) 17€ 👫 🚗 🅴 🔌 (10A) – pers.
suppl. 5€
Location : (Prix 2010) (permanent) – 9 🏠. Nuitée
50€ – Sem. 220 à 330€
Pour s'y rendre : base de loisirs (5 km à l'est par D 85,
D 224 et chemin à gauche, au bord de la Dore)

Nature : ≤ 🏕
Loisirs : 🍴 ✗ 🛶 🎮 🎣 ⛲
Services : 🔧 🚿 📮 🗑
À prox. : 🎣

Longitude : 3.47664
Latitude : 45.86813

PAULHAGUET

43230 – **331** D2 – 982 h. – alt. 562
ℹ *place Lafayette* 📞 0471766267
▶ Paris 495 – Brioude 18 – La Chaise-Dieu 24 – Langeac 15

⚠ **La Fridière** de déb. avr. à fin sept.
📞 0471766554, *camping.paulhaguet@wanadoo.fr*,
www.campingfr.nl
3 ha (45 empl.) plat, herbeux
Tarif : (Prix 2010) 👤 3,50€ 🚗 🅴 6€ – 🔌 (16A) 3,50€
🚐 borne eurorelais – 5 🅴 8€
Pour s'y rendre : 6 rte d'Esfacy (au sud-est par D 4, au
bord de la Senouire)

Nature : 🌳 🏕
Loisirs : 🍴 🛖 🛶 🎣
Services : 🔧 🚿 📮 ✗ 📷 🗑 🗑

Longitude : 3.52
Latitude : 45.199

PERS

15290 – **330** B5 – 295 h. – alt. 570
▶ Paris 547 – Argentat 45 – Aurillac 25 – Maurs 24

⚠ **Le Viaduc** de mi-avr. à mi-oct.
📞 0471647008, *campingduviaduc@wanadoo.fr*,
www.camping-cantal.com
1 ha (65 empl.) en terrasses, herbeux, gravillons
Tarif : (Prix 2010) 18€ 👫 🚗 🅴 🔌 (10A) – pers.
suppl. 4€ – frais de réservation 12€
Location : (Prix 2010) (de mi-avr. à mi-oct.) – 8 🏠
– 1 🏠. Sem. 280 à 530€ – frais de réservation 12€
🚐 borne artisanale 6€
Pour s'y rendre : Le Ribeyrès (5 km au nord-est par
D 32, D 61 et chemin du Ribeyres à gauche, au bord du
lac de St-Etienne-Cantalès)
À savoir : situation agréable

Nature : 🌳 ≤ 🏕 🎣
Loisirs : 🍴 🛖 🛶 🎿 🚣 🎣 ◯
canoë kayak
Services : 🔧 🚿 🍴 laverie 🔧
À prox. : sports nautiques

Longitude : 2.2556
Latitude : 44.90602

PIERREFITTE-SUR-LOIRE

03470 – **326** J3 – 512 h. – alt. 228
▶ Paris 324 – Bourbon-Lancy 20 – Lapalisse 50 – Moulins 42

⚠ **Municipal le Vernay** de mi-mars à fin oct.
📞 0470470249, *mairie.pierrefitte-sur-loire@wanadoo.
fr*, Fax 0470470372, *www.pierrefitte03.fr*
2 ha (35 empl.) plat, herbeux
Tarif : 👤 2€ 🚗 🅴 3€ – 🔌 (6A) 2€
Location : (de mi-mars à fin oct.) – 12 🏠. Nuitée 60€
– Sem. 220 à 300€
🚐 borne artisanale
Pour s'y rendre : Le Vernay (sortie nord-ouest par N 79,
rte de Dompierre, D 295 à gauche, rte de Saligny-sur-
Roudon puis 900 m par chemin à dr. apr. le pont, à
200 m du canal)
À savoir : près d'un plan d'eau

Nature : ≤ 🏕
Services : 🔧 🚿 (juil.août) 📮
📷 🗑
À prox. : 🍴 ✗ 🛶 🎮 🚣 (plage)
🎣 parcours de santé, pédalos,
canoë

Longitude : 3.80334
Latitude : 46.51734

144

PLEAUX

15700 – **330** B4 – 1 645 h. – alt. 641
🛈 *place Georges Pompidou* ℰ 0471409140
▶ Paris 534 – Argentat 29 – Aurillac 46 – Égletons 44

⚠ **Municipal de Longayroux** de déb. avr. à mi-oct.
ℰ 0471404830, *pleaux@wanadoo.fr*, Fax 0471404903,
www.mairie.wanadoo.fr/pleaux/ – croisement difficile
sur 6 km – places limitées pour le passage
0,6 ha (48 empl.) peu incliné, herbeux, gravillons
Tarif : (Prix 2010) 15€ ✦✦ ⬅ 🅴 🄑 (5A) – pers.
suppl. 3€

Location : (Prix 2010) (de déb. avr. à mi-oct.)
– 9 bungalows toilés. Nuitée 35 à 43€ – Sem. 138 à 321€
– frais de réservation 19€
Pour s'y rendre : à Longayroux (15 km au sud par
D 6, rte de St-Christophe-les-Gorges, au bord du lac
d'Enchanet)

À savoir : dans un site agréable

Nature : 🐟 < 🖵 🌳
Loisirs : 🍸 🚗 🏖 (plage) 🎣
Services : ♿ ⊶ (juil.-août) 🚮 🏢

Longitude : 2.22753
Latitude : 45.0813

PONTGIBAUD

63230 – **326** E8 – 760 h. – alt. 735
🛈 *rue du Commerce* ℰ 0473889099
▶ Paris 432 – Aubusson 68 – Clermont-Ferrand 23 – Le Mont-Dore 37

⚠ **Municipal de la Palle** de mi-avr. à fin sept.
ℰ 0473889699, *camping.pontgibaud@orange.fr*,
Fax 0473887777, *www.campongibaud.free.fr*
4,5 ha (85 empl.) plat, herbeux
Tarif : (Prix 2010) 14€ ✦✦ ⬅ 🅴 🄑 (16A) – pers.
suppl. 4€

Location : (Prix 2010) (permanent) ♿ (1 chalet)
– 5 🏠. Nuitée 60€ – Sem. 250 à 470€
🚐 borne artisanale 3€
Pour s'y rendre : rte de la Miouze (500 m au sud-ouest
par D 986, rte de Rochefort-Montagne, au bord de la
Sioule)

Nature : 🖵
Loisirs : 🎣 🚗 🎣
Services : ♿ ⊶ 🅱 💈 laverie
À prox. : 🍸 ✗

Longitude : 2.84516
Latitude : 45.82982

145

LE PUY-EN-VELAY

43000 – **331** F3 – 18 885 h. – alt. 629
🛈 *2, place du Clauzel* ℰ 0471093841
▶ Paris 539 – Aurillac 168 – Clermont-Ferrand 129 – Lyon 134

⚠ **Bouthezard** saison
ℰ 0471095509
1 ha (80 empl.) plat, herbeux
Tarif : (Prix 2010) 14,50€ ✦✦ ⬅ 🅴 🄑 (6A) – pers.
suppl. 3,20€
🚐 borne flot bleu – 3 🄴 10€
Pour s'y rendre : à Aiguilhe (au nord-ouest, au bord de
la Borme)

Nature : 🌿
Loisirs : 🎣
Services : ♿ ⊶ 🚮 💈 🏢
À prox. : ✗ 🎿 🏊

Longitude : 3.88069
Latitude : 45.04753

PUY-GUILLAUME

63290 – **326** H7 – 2 698 h. – alt. 285
▶ Paris 374 – Clermont-Ferrand 53 – Lezoux 27 – Riom 35

⚠ **Municipal de la Dore** saison
ℰ 0473947851, *mairie.puyguillaume@wanadoo.fr*,
www.puy-guillaume.com
3 ha (100 empl.) plat, herbeux
Tarif : (Prix 2010) ✦ 3,70€ ⬅ 🅴 4,35€ – 🄑 (6A) 3,70€
Pour s'y rendre : 86 r. Joseph-Claussat (sortie ouest par
D 63, rte de Randan et à dr. av. le pont, près de la rivière)

Nature : 🌿
Loisirs : 🎣 🚗 🏊 🎣
Services : ♿ ⊶ 🚮 🏢
À prox. : 🍸 ✗ 🎿 parcours de santé

Longitude : 3.46623
Latitude : 45.96223

LE ROUGET

15290 – **330** B5 – 964 h. – alt. 614
▶ Paris 613 – Clermont-Ferrand 177 – Aurillac 24 – Figeac 41

⚠️ Village Vacances Le Moulin du Teil (location exclusive de chalets)

10 ha plat, herbeux
Location : ♿ – 20 🏠.
Pour s'y rendre : 1 r. des Chalets

| Loisirs : ♈ 🕐 nocturne ♨️ 🏊 🎣 balnéo, base nautique, canoë, pédalos |
| Services : laverie |
| À prox. : ✗ 🎣 ♋ 🎣 poneys parcours de santé |

Longitude : 2.22766
Latitude : 44.84939

ROYAT

63130 – **326** F8 – 4 613 h. – alt. 450 – ♨️ (fin mars-fin oct.)
🅱️ 1, avenue Auguste Rouzaud ℘ 0473297470
▶ Paris 423 – Aubusson 89 – La Bourboule 47 – Clermont-Ferrand 5

⚠️ **Indigo Royat** ♙♙ – de déb. avr. à fin oct.
℘ 0473359705, royat@camping-indigo.com,
Fax 0473356769, www.camping-indigo.com
7 ha (200 empl.) en terrasses, peu incliné, gravier, herbeux
Tarif : (Prix 2010) 27€ ♙♙ 🚐 🅴 (10A) – pers. suppl. 6€ – frais de réservation 10€
Location : (Prix 2010) (de déb. avr. à fin oct.) – 31 🛖 – 6 🏠 – 9 tentes. Nuitée 41 à 117€ – Sem. 215 à 819€ – frais de réservation 10€
🚐 borne autre 4€
Pour s'y rendre : rte de Gravenoire (2 km au sud-est par D 941c, rte du Mont-Dore et à dr. D 5, rte de Charade)
À savoir : agréable cadre verdoyant et ombragé

| Nature : 🏞️ ♀ |
| Loisirs : ♈ snack, pizzeria 🍴 🕐 🏓 ♨️ 🚲 ♋ 🎣 |
| Services : ♿ ⛽ 🚿 🧺 🛒 |

Longitude : 3.05452
Latitude : 45.75868

*De gids wordt jaarlijks bijgewerkt.
Doe als wij, vervang hem, dan blift je bij.*

SAIGNES

15240 – **330** C2 – 896 h. – alt. 480
▶ Paris 483 – Aurillac 78 – Clermont-Ferrand 91 – Mauriac 26

⚠️ **Municipal Bellevue** de déb. mai à fin oct.
℘ 0471406840, saignes.mairie@wanadoo.fr,
Fax 0471406165, www.saignes-mairie.fr
1 ha (42 empl.) plat, herbeux
Tarif : (Prix 2010) ♙ 2,10€ 🚐 1,10€ 🅴 1,25€ – (½) 2,30€
Location : (Prix 2010) (de déb. mai à fin oct.) – 3 🛖.
Sem. 250 à 310€
Pour s'y rendre : sortie nord-ouest, au stade

| Nature : ≤ 🏞️ ♀ |
| Loisirs : 🍴 ♨️ ·🎯 |
| Services : ♿ ⛽ 🚮 🛒 |
| À prox. : ♋ 🎣 |

Longitude : 2.47416
Latitude : 45.33678

ST-AMANT-ROCHE-SAVINE

63890 – **326** I9 – 537 h. – alt. 950
▶ Paris 474 – Ambert 12 – La Chaise-Dieu 39 – Clermont-Ferrand 65

⚠️ **Municipal Saviloisirs** de déb. mai à fin oct.
℘ 0473957360, saviloisirs@wanadoo.fr,
Fax 0473957262, www.saviloisirs.com
1,3 ha (19 empl.) en terrasses, herbeux
Tarif : ♙ 3€ 🚐 3€ 🅴 2€ (½) (16A)
Location : (permanent) – 30 🏠. Nuitée 63 à 75€ – Sem. 233 à 338€
🚐 borne eurorelais – 🚐 (½) 11€
Pour s'y rendre : 7 pl. de la Liberté (à l'est du bourg)

| Nature : ≤ 🏞️ |
| Loisirs : 🍴 🏓 ♨️ |
| Services : ♿ ⛽ 🚮 🛒 🛁 🚻 laverie |
| À prox. : 🏊 ♈ ✗ ♋ terrain multisports |

Longitude : 3.63389
Latitude : 45.64347

ST-BONNET-TRONÇAIS

03360 – **326** D3 – 760 h. – alt. 224
▶ Paris 301 – Bourges 57 – Cérilly 12 – Montluçon 44

Centre de Tourisme de Champ Fossé de déb. avr. à fin sept.
    ℘ 0470061130, *champfosse@campingstroncais.com*, *www.campingstroncais.com*
3 ha (110 empl.) peu incliné, herbeux
Tarif : (Prix 2010) ✶ 4€ ⇔ 1€ ▣ 4€ – ⒧ (10A) 3€ – frais de réservation 15€

Location : (Prix 2010) (de déb. avr. à fin sept.) – 11 ⌂ – 10 gîtes. Nuitée 70 à 150€ – Sem. 190 à 508€ – frais de réservation 15€
Pour s'y rendre : pl. du Champ de Foire (700 m au sud-ouest)

À savoir : belle situation au bord de l'étang de St-Bonnet

Nature : ⧖ ⊰ ♀
Loisirs : 🍴 🏛 ⊿ ⋇
Services : ⊶ 🍴 laverie
À prox. : ⚹ 🚲 ⚲ ⌂ ≅ (plage) ⛱ ⊰ canoë, pédalos

Longitude : 2.68841
Latitude : 46.65687

ST-DIDIER-EN-VELAY

43140 – **331** H2 – 3 302 h. – alt. 830
🛈 11, rue de l'ancien Hôtel de Ville ℘ 0471662572
▶ Paris 538 – Annonay 49 – Monistrol-sur-Loire 11 – Le Puy-en-Velay 58

La Fressange de fin avr. à fin sept.
    ℘ 0471662528, *camping.lafressange@orange.fr*,
Fax 0471662528, *www.saint-didier.com/camping*
1,5 ha (104 empl.) incliné, peu incliné, en terrasses, herbeux
Tarif : (Prix 2010) 17€ ✶✶ ⇔ ▣ ⒧ (15A) – pers. suppl. 5€

Location : (Prix 2010) (de déb. avr. à fin oct.) – 11 ⌂ .
Nuitée 45 à 68€ – Sem. 155 à 470€
Pour s'y rendre : 800 m au sud-est par D 45, rte de St-Romain-Lachalm et à gauche, au bord d'un ruisseau

Loisirs : ⚹ 🚲
Services : ♿ ⊶ 🍴 ▣
À prox. : ⚲ ⊿ parcours sportif

Longitude : 4.28302
Latitude : 45.30119

147

Avant de vous installer, consultez les tarifs en cours,
affichés obligatoirement à l'entrée du terrain,
et renseignez-vous sur les conditions particulières de séjour.
Les indications portées dans le guide ont pu être modifiées depuis la mise à jour.

ST-ÉLOY-LES-MINES

63700 – **326** E6 – 3 817 h. – alt. 490
▶ Paris 358 – Clermont-Ferrand 64 – Guéret 86 – Montluçon 31

Municipal la Poule d'Eau de déb. juin à fin sept.
    ℘ 0473854547, *selm.maire@wanadoo.fr*,
Fax 0473850775 – ℟
1,8 ha (50 empl.) peu incliné, herbeux
Tarif : (Prix 2010) 11€ ✶✶ ⇔ ▣ ⒧ (6A) – pers. suppl. 3€
🚐 borne eurorelais 2€ – 10 ▣
Pour s'y rendre : r. de la Poule d'Eau (sortie sud par N 144, rte de Clermont puis à dr., 1,3 km par D 110, rte de Pionsat)

À savoir : cadre verdoyant au bord de deux plans d'eau

Nature : ⊰ ⌂ ♀ ⚠
Loisirs : ⚹ ⊰
Services : ♿ ⊶ ⊅ ⚶
À prox. : 🍴 🍴 snack ⚲ ▨ ⊿ ≅ (plage) parcours de santé

Longitude : 2.83057
Latitude : 46.15064

ST-FLOUR

15100 – **330** G4 – 6 637 h. – alt. 783
🛈 *17 bis, place d'Armes* ℰ 04 71 60 22 50
▶ Paris 513 – Aurillac 70 – Issoire 67 – Millau 132

⚏ **International Roche-Murat** de déb. avr. à fin oct.
ℰ 04 71 60 43 63, *courrier@camping-saint-flour.com*,
Fax 04 71 60 02 10, *www.camping-saint-flour.com*
3 ha (119 empl.) en terrasses, herbeux, pinède attenante
Tarif : (Prix 2010) 14,30€ ★★ ⇔ 🔲 💧 (10A) – pers.
suppl. 2,95€

Location : (Prix 2010) (permanent) ♿ (1 chalet)
– 11 🏠. Nuitée 45 à 60€ – Sem. 278 à 440€
⛽ borne artisanale
Pour s'y rendre : rte de Clermont-Ferrand (4,7 km au
nord-est par D 921, N 9 et av. l'échangeur de l'autoroute
A 75, chemin à gauche, au rd-pt - par A 75 : sortie 28)

Nature : ⟨ 🛏
Loisirs : 🖵 ⚓
Services : ♿ ⊶ 🗑 ▥ 🛆 ⛟ laverie

Longitude : 3.10792
Latitude : 45.05056

LES GUIDES VERTS MICHELIN
Paysages, monuments
Routes touristiques
Géographie
Histoire, Art
Circuits de visite
Plans de villes et de monuments

ST-GERMAIN-L'HERM

63630 – **326** I10 – 524 h. – alt. 1 050
🛈 *route de la Chaise-Dieu* ℰ 04 73 72 05 95
▶ Paris 476 – Ambert 27 – Brioude 33 – Clermont-Ferrand 66

⚏ **St-Éloy** de déb. avr. à fin sept.
ℰ 04 73 72 05 13, *camping.le.st.eloy@orange.fr*,
www.camping-le-saint-eloy.fr
3 ha (63 empl.) plat, en terrasses et vallonné, herbeux
Tarif : 17,50€ ★★ ⇔ 🔲 💧 (8A) – pers. suppl. 4€ – frais
de réservation 10€

Location : (permanent) – 10 🏠 – huttes. Nuitée
15 à 65€ – Sem. 90 à 520€ – frais de réservation 10€
Pour s'y rendre : rte de la Chaise-Dieu (sortie sud-est,
sur D 999)

Nature : ⟨
Loisirs : snack 🖵 ⚓ 🚲 🏊
Services : ♿ ⊶ 🛆 🖥
À prox. : 🚿 ✕ 🍴 🍴

Longitude : 3.54781
Latitude : 45.45653

ST-GÉRONS

15150 – **330** B5 – 180 h. – alt. 526
▶ Paris 538 – Argentat 35 – Aurillac 24 – Maurs 33

⚏ **Les Rives du Lac** de mi-avr. à mi-oct.
ℰ 04 71 62 27 98, *info@lesrivesdulac.fr*, Fax 04 71 62 27 98,
www.lesrivesdulac.fr
3 ha (105 empl.) peu incliné, herbeux, bois
Tarif : 18€ ★★ ⇔ 🔲 💧 (6A) – pers. suppl. 4€

Location : (permanent) – 20 🚐 – 5 🏠. Nuitée 50€
– Sem. 250 à 500€
Pour s'y rendre : 8,5 km au sud-est par rte d'Espinet, à
300 m du lac de St-Étienne-Cantalès
À savoir : dans un site agréable

Nature : 🏖 🛏 🌳
Loisirs : 🍸 , snack ⚓ 🐴 🏊
Services : ♿ ⊶ 🍴 🖥 🚿
À prox. : snack 🍴 🍴 (plage) 🎣

Longitude : 2.23057
Latitude : 44.93523

ST-GERVAIS-D'AUVERGNE

63390 – **326** D6 – 1 343 h. – alt. 725 – Base de loisirs
🏛 *rue du Général Desaix* 🖉 *04 73 85 80 94*
▶ Paris 377 – Aubusson 72 – Clermont-Ferrand 55 – Gannat 41

ᴍ **Municipal de l'Étang Philippe** de déb. avr. à fin sept.
🖉 04 73 85 74 84, *campingstgervais@wanadoo.fr*,
Fax 04 73 85 74 84, *www.ville-stgervais-auvergne.fr*
3 ha (130 empl.) plat et peu incliné, herbeux
Tarif : (Prix 2010) 11 € ★★ ⇐ ▣ ⓖ (10A) – pers.
suppl. 2 € – frais de réservation 20 €

Location : (Prix 2010) (permanent) – 6 🛖. Sem.
220 à 390 € – frais de réservation 20 €
🔄 borne flot bleu 2 €
Pour s'y rendre : Mazières (sortie nord par D 987, rte de
St-Éloy-les-Mines, près d'un plan d'eau)

| Nature : ⛺ ♀ ⚠ |
| Loisirs : 🔄 |
| Services : ⚫ ⊶ 🚻 🖼 |
| À prox. : 🛒 ⚓ 🎾 🚿 ≌ (plage) 🐎 |

Longitude : 2.81921
Latitude : 46.04063

ST-HIPPOLYTE

63140 – **326** F7
▶ Paris 409 – Clermont-Ferrand 20 – Montluçon 77 – Vichy 46

ᴍ **La Croze** de mi-avr. à fin oct.
🖉 04 73 86 08 27, *info@campingcroze.com*,
Fax 04 73 86 43 32, *www.campingcroze.com*
3,7 ha (100 empl.) plat, peu incliné et en terrasses,
herbeux, pierreux
Tarif : ★ 3 € ⇐ 2 € ▣ 4 € – ⓖ (10A) 3 €

Location : (Prix 2010) (de mi-avr. à fin oct.) ⚫ (1
chalet) – 16 🛖 – 9 🛖. Nuitée 50 à 65 € – Sem.
290 à 480 €
🔄 4 ▣ 14 €
Pour s'y rendre : rte de Mozac St-Hippolyte (1 km au
sud-est par D 227, rte de Riom)

| Nature : ⛰ ♀ |
| Loisirs : snack, ⚓ ≋ |
| Services : ⚫ ⊶ 🚻 ♒ laverie |

Longitude : 3.06083
Latitude : 45.90589

149

ST-JUST

15320 – **330** H5 – 203 h. – alt. 950
▶ Paris 531 – Chaudes-Aigues 29 – Ruynes-en-Margeride 22 – St-Chély-d'Apcher 16

ᴀ **Municipal** de fin avr. à fin sept.
🖉 04 71 73 70 48, *info@saintjust.com*, Fax 04 71 73 71 44,
www.saintjust.com
2 ha (60 empl.) plat et peu incliné, terrasse, herbeux
Tarif : 12 € ★★ ⇐ ▣ ⓖ (10A) – pers. suppl. 2 €

Location : (permanent) – 7 🛖 – 5 🛖 – 7 gîtes. Sem.
188 à 418 €
🔄 borne 2 € – 6 ▣ 10 € – 🔋 ⓖ 10 €
Pour s'y rendre : au Bourg (au sud-est, au bord d'un
ruisseau - par A 75 : sortie 31 ou 32 -)

| Nature : ⛰ ♀ |
| Loisirs : 🔄 🕯 nocturne 🚲 |
| Services : ⊶ 🚻 ♒ laverie |
| À prox. : 🍺 🍷 🍴 🛶 🎾 ≋ |

Longitude : 3.20938
Latitude : 44.88993

ST-MAMET-LA-SALVETAT

15220 – **330** B5 – 1 411 h. – alt. 680
🏛 *le Bourg* 🖉 *04 71 46 94 82*
▶ Paris 555 – Argentat 53 – Aurillac 20 – Maurs 24

ᴀ **Municipal** de déb. avr. à fin oct.
🖉 04 71 64 75 21, *campingstmamet15@hotmail.fr*,
Fax 04 71 64 79 80
0,8 ha (30 empl.) peu incliné, herbeux
Tarif : 11,90 € ★★ ⇐ ▣ ⓖ (16A) – pers. suppl. 2,35 €

Location : (de déb. avr. à fin oct.) – 3 🛖 – 7 🛖.
Nuitée 40 € – Sem. 120 à 420 €
Pour s'y rendre : chemin du Stade (à l'est, accès par
D 20, rte de Montsalvy)

| Nature : ⛰ ⛺ |
| Loisirs : 🔄 ⚓ |
| Services : ⚫ ⊶ 🚻 ♒ 🖼 |
| À prox. : 🎾 ≋ 🏊 |

Longitude : 2.30958
Latitude : 44.85407

ST-MARTIN-VALMEROUX

15140 – **330** C4 – 866 h. – alt. 646
🛈 *le Bourg* 𝒫 0471692762
▶ Paris 510 – Aurillac 33 – Mauriac 21 – Murat 53

    ⚠ **Municipal Le Moulin du Teinturier** de mi-juin à mi-sept.
      𝒫 0471694312, *lemoulinduteinturier@orange.fr*,
      Fax 0471692452, *saint-martin-valmeroux.fr*
      3 ha (100 empl.) plat, herbeux
      Tarif : (Prix 2010) 10€ ★★ ⇔ 回 ⑭ (10A) – pers.
      suppl. 3€ – frais de réservation 30€

      Location : (permanent) – 10 ⌂. Sem. 230 à 500€
      – frais de réservation 30€
      ⛽ borne sanistation 2€ – 4 回
      Pour s'y rendre : 9 r. de Montjoly (sortie ouest, sur
      D 37, rte de Ste-Eulalie-Nozières, au bord de la Maronne)

Nature : ⩽ 🖼
Loisirs : 🎮 🏌 🎣
Services : 🔧 ⚡ 🚐 ♨ 🚿 🚽 🖥
À prox. : 🎣 🏌 ⛷ poneys

Longitude : 2.42336
Latitude : 45.11619

ST-NECTAIRE

63710 – **326** E9 – 719 h. – alt. 700 – ♨ (mi avril-mi oct.)
🛈 *les Grands Thermes* 𝒫 0473885086
▶ Paris 453 – Clermont-Ferrand 43 – Issoire 27 – Le Mont-Dore 24

    ⚠ **Le Viginet**
      info@camping-viginet.com, www.camping-viginet.com
      2 ha (61 empl.) plat, peu incliné et incliné, herbeux,
      pierreux

      Location : – 10 ⌂ – huttes.
      Pour s'y rendre : sortie sud-est par D 996 puis 600 m
      par chemin à gauche (face au garage Ford)
      À savoir : situation dominante

Nature : 🏊 ⩽ 🖼 ⚲
Loisirs : 🎮 🏌 ⛷
Services : 🔧 ⚡ 🖥
À prox. : 🎣 🏌 parcours de santé,

Longitude : 3.00269
Latitude : 45.57945

    ⚠ **La Clé des Champs** de déb. avr. à déb. oct.
      𝒫 0473885233, *campingcledeschamps@free.fr*,
      www.campingdedeschamps.com
      1 ha (84 empl.) plat, peu incliné et en terrasses, herbeux
      Tarif : (Prix 2010) 21€ ★★ ⇔ 回 ⑭ (6A) – pers.
      suppl. 5€ – frais de réservation 16€

      Location : (Prix 2010) (permanent) – 20 🛖 – 9 ⌂.
      Nuitée 29 à 85€ – Sem. 160 à 780€ – frais de réservation
      16€
      ⛽ borne eurorelais 4€ – 3 回 10€ – 🚐 10€
      Pour s'y rendre : sortie sud-est par D 996 et D 642,
      rte des Granges, au bord d'un ruisseau et à 200 m de la
      Couze de Chambon

Nature : 🖼 ⚲
Loisirs : 🍴 snack 🎮 🏌 ⛷ 🎣
Services : 🔧 ⚡ 🚐 🚽 🍴 🖥 🚿

Longitude : 2.99934
Latitude : 45.57602

ST-PAULIEN

43350 – **331** E3 – 2 254 h. – alt. 795
🛈 *Place Saint-Georges* 𝒫 0471005001
▶ Paris 529 – La Chaise-Dieu 28 – Craponne-sur-Arzon 25 – Le Puy-en-Velay 14

    ⚠ **La Rochelambert** de déb. avr. à fin sept.
      𝒫 0471005402, *infos@camping-rochelambert.com*,
      Fax 0471005402, *www.camping-rochelambert.com*
      3 ha (100 empl.) plat, herbeux, en terrasses
      Tarif : (Prix 2010) 20€ ★★ ⇔ 回 ⑭ (16A) – pers.
      suppl. 5€ – frais de réservation 6€

      Location : (Prix 2010) (de déb. avr. à fin sept.)
      – 12 ⌂. Nuitée 58 à 70€ – Sem. 225 à 520€ – frais de
      réservation 6€
      ⛽ borne autre 3€ – 4 回 12€ – 🚐 11€
      Pour s'y rendre : rte de Lanthenas (2,7 km au sud-ouest
      par D 13, rte d'Allègre et D 25 à gauche, rte de Loudes,
      près de la Borne (accès direct))

Nature : 🖼
Loisirs : 🍴 snack 🏌 🎣 ⛷
Services : 🔧 ⚡ ♨ 🍴 laverie

Longitude : 3.81192
Latitude : 45.13547

ST-POURÇAIN-SUR-SIOULE

03500 – **326** G5 – 5 045 h. – alt. 234

🛈 *29, rue Marcellin Berthelot* ℰ *04 70 45 32 73*

▶ Paris 325 – Montluçon 66 – Moulins 33 – Riom 61

⚠ **L'Ile de la Ronde** de déb. mai à fin sept.
ℰ 04 70 45 45 43, *campingdelaronde@hotmail.fr*,
Fax 04 70 45 55 27, *www.campingiledelaronde.fr*
1,5 ha (50 empl.) plat, herbeux
Tarif : 🛉 2,20€ 🚐 1,90€ 🔲 6,45€ – 🔌 (4A) 2,20€
🔃 borne flot bleu 2€
Pour s'y rendre : quai de la Ronde
À savoir : dans un parc public, en bordure de la Sioule

| Nature : 🔲 ♀ |
| Loisirs : 🛶 🚲 🐎 |
| Services : 🕭 🛉 🗑 🖨 |
| À prox. : 🍴 🍽 🛶 🔃 |

| Longitude : 3.29265 |
| Latitude : 46.30605 |

Informieren Sie sich über die gültigen Gebühren,
bevor Sie Ihren Platz beziehen. Die Gebührensätze
müssen am Eingang des Campingplatzes angeschlagen sein.
Erkundigen Sie sich auch nach den Sonderleistungen.
Die im vorliegenden Band gemachten Angaben
können sich seit der Überarbeitung geändert haben.

ST-RÉMY-SUR-DUROLLE

63550 – **326** I7 – 1 798 h. – alt. 620

▶ Paris 395 – Chabreloche 13 – Clermont-Ferrand 55 – Thiers 7

⚠ **Révéa Les Chanterelles** de fin avr. à mi-sept.
ℰ 04 73 94 31 71, *contact@revea-vacances.com*,
Fax 04 73 94 31 71, *www.revea-vacances.fr/campings*
5 ha (150 empl.) incliné et en terrasses, herbeux
Tarif : 20€ 🛉🛉 🚐 🔲 🔌 (10A) – pers. suppl. 4€ – frais
de réservation 10€
Location : (de fin avr. à mi-sept.) – 8 🏠. Nuitée 60€
– Sem. 210 à 530€ – frais de réservation 25€
Pour s'y rendre : 3 km au nord-est par D 201 et chemin
à dr. - par A 72 : sortie 3
À savoir : situation agréable de moyenne montagne à
proximité d'un plan d'eau

| Nature : ≤ ♀ |
| Loisirs : 🔲 🛶 |
| Services : 🕭 🛉 🖨 |
| Au plan d'eau : 🍴 🛶 🍹 ✕ 🍽 🖼 |
| 🔥 🛶 ⛵ (plage) 🏊 🐍 squash |

| Longitude : 3.59918 |
| Latitude : 45.90308 |

STE-SIGOLÈNE

43600 – **331** H2 – 5 827 h. – alt. 808

🛈 *place du 8 mai* ℰ *04 71 66 13 07*

▶ Paris 551 – Annonay 50 – Monistrol-sur-Loire 8 – Montfaucon-en-Velay 14

⚠ **Kawan Village de Vaubarlet** 🛉🛉 – de déb. mai à
fin sept.
ℰ 04 71 66 64 95, *camping@vaubarlet.com*,
Fax 04 71 66 11 98, *www.vaubarlet.com* – alt. 600
15 ha/3 campables (131 empl.) plat, herbeux
Tarif : 23€ 🛉🛉 🚐 🔲 🔌 (6A) – pers. suppl. 4€ – frais de
réservation 15€
Location : (de déb. mai à fin sept.) 🕭 (2 chalets)
– 18 🏠 – 5 🏠 – 9 bungalows toilés. Nuitée 30 à 89€
– Sem. 180 à 620€ – frais de réservation 30€
🔃 borne artisanale 20€
Pour s'y rendre : 6 km au sud-ouest par D 43, rte de
Grazac
À savoir : dans une vallée verdoyante traversée par la
Dunière

| Nature : 🏞 ≤ |
| Loisirs : 🍹 snack 🔲 🕙 diurne 🎯 |
| 🛶 🚲 🛶 |
| Services : 🕭 🛉 🖨 ⁋ laverie 🔃 |

| Longitude : 4.21254 |
| Latitude : 45.21634 |

SAUGUES

43170 – **331** D4 – 1 898 h. – alt. 960
🛈 *Cours Dr Gervais* ✆ 0471777138
▶ Paris 529 – Brioude 51 – Mende 72 – Le Puy-en-Velay 43

⚠ **Municipal Sporting de la Seuge** de mi-juin à mi-sept.
✆ 0471778062, *campingsaugues@orange.fr*,
Fax 0471776640, *www.mairie-saugues.com*
3 ha (112 empl.) plat, herbeux, pierreux
Tarif : 11€ ★★ ⇔ 🅔 🔌 (16A) – pers. suppl. 3€
Location : (permanent) –15 🏠 – 8 ⤵ – 2 gîtes. Sem. 220 à 459€
🚐 borne artisanale – 3 🅔 7€
Pour s'y rendre : sortie ouest par D 589, rte du Malzieu-Ville et à dr., au bord de la Seuge et près de deux plans d'eau et d'une pinède

Nature : ≤ ♀	
Loisirs : 🎠 🏋 ⛳ 🎣	
Services : 🚿 ⛽ 🚲 🍴 laverie	
À prox. : 🏇 🚴 🔲 🎿 parcours sportif, terrain multisports, pédalos	

Longitude : 3.54073
Latitude : 44.95818

SAZERET

03390 – **326** E4 – 153 h. – alt. 370
▶ Paris 348 – Gannat 44 – Montluçon 34 – Montmarault 4

⚠ **La Petite Valette** de déb. avr. à fin sept.
✆ 0470076457, *la.petite.valette@wanadoo.fr*,
www.valette.nl – croisement difficile à certains endroits (chemin)
4 ha (55 empl.) plat, peu incliné, herbeux, étang
Tarif : 23€ ★★ ⇔ 🅔 🔌 (6A) – pers. suppl. 5€ – frais de réservation 16€
Location : (de déb. avr. à fin sept.) – 7 🛖 – 2 🏠 – 2 tentes. Sem. 275 à 595€ – frais de réservation 16€
🚐 2 🅔 30€
Pour s'y rendre : 5,5 km au nord-est, accès par rte des Deux-Chaises longeant la N 79 et chemin des Prugnes à gauche, par A 71 sortie 11 puis 1 km par D 46 et 4 km à gauche par rte des Deux-Chaises longeant la N 79
À savoir : décoration arbustive et florale autour d'une ancienne ferme

Nature : 🌳 🎯 ♀	
Loisirs : ✗ 🚲 🎣	
Services : 🚿 ⛽ 🍴 🍴 🔲	
À prox. : ⛳ 🏇	

Longitude : 2.99231
Latitude : 46.3596

SINGLES

63690 – **326** C9 – 192 h. – alt. 737
▶ Paris 484 – Bort-les-Orgues 27 – La Bourboule 23 – Bourg-Lastic 20

⚠ **Le Moulin de Serre** ⚤ – de mi-avr. à mi-sept.
✆ 0473211606, *moulindeserre@orange.fr*,
Fax 0473211606, *www.moulindeserre.com*
7 ha/2,6 campables (90 empl.) plat, herbeux
Tarif : 23€ ★★ ⇔ 🅔 🔌 (10A) – pers. suppl. 4€ – frais de réservation 15€
Location : (Prix 2010) (de mi-avr. à mi-sept.) – 23 🛖 – 12 bungalows toilés. Nuitée 29 à 69€ – Sem. 140 à 483€ – frais de réservation 15€
🚐 borne artisanale 4€ – 4 🅔 5€
Pour s'y rendre : 1,7 km au sud de la Guinguette, par D 73, rte de Bort-les-Orgues, au bord de la Burande
À savoir : cadre verdoyant dans une petite vallée

Nature : 🌳 ≤ 🎯 ♀	
Loisirs : 🍴 snack 🎠 🎯 🏋 🚴 ⛳ 🎣 canoë	
Services : 🚿 ⛽ 🔲 🍴 laverie 🚰	

Longitude : 2.54235
Latitude : 45.54357

We recommend that you consult the up to date price list posted at the entrance of the site.
Inquire about possible restrictions.
The information in this Guide may have been modified since going to press.

TAUVES

63690 – **326** C9 – 787 h. – alt. 820

▶ Paris 474 – Bort-les-Orgues 27 – La Bourboule 13 – Bourg-Lastic 29

⚠ **Les Aurandeix** de déb. avr. à fin sept.
   ℰ 0473211406, *camping.les.aurandeix@orange.fr*,
Fax 0473211406, *www.camping-les-aurandeix.fr*
2 ha (50 empl.) plat, en terrasses, incliné, herbeux
Tarif : (Prix 2010) 20€ ✶✶ ⇌ 回 (๗) (10A) – pers.
suppl. 4€ – frais de réservation 10€

Location : (Prix 2010) (de déb. fév. à fin sept.)
– 6 ⴲ. Nuitée 49 à 95€ – Sem. 209 à 530€ – frais de
réservation 19€
⊑⊒ borne artisanale 5€ – ⛟ 10€
Pour s'y rendre : au Stade (à l'est du bourg)

Nature : ⴲ ♀
Loisirs : ⴲ ⚿ ⚿ ⚿ ⚿
Services : ⛟ ○⟿ ⚿ ♨ ⁿ laverie
À prox. : au plan d'eau à la Tour d'Auvergne : parcours de santé ⴲ⛟⛟

Longitude : 2.62473
Latitude : 45.56101

TREIGNAT

03380 – **326** B4 – 452 h. – alt. 450

▶ Paris 342 – Boussac 11 – Culan 27 – Gouzon 25

⚠ **Municipal de l'Étang d'Herculat** de mi-avr. à fin sept.
   ℰ 0470070389, *mairie-treignat@pays-allier.com*,
Fax 0470024825
1,6 ha (35 empl.) incliné, peu incliné, plat, herbeux
Tarif : (Prix 2010) ✶ 6€ ⇌ 回 – (๗) (10A) 2€

Location : (Prix 2010) (de mi-avr. à fin sept.) – 6 ⴲ.
Nuitée 40 à 43€ – Sem. 179 à 321€
Pour s'y rendre : 2,3 km au nord-est, accès par chemin
à gauche, apr. l'église

À savoir : situation agréable au bord de l'étang

Nature : ⴲ ⴲ ⴲ
Loisirs : ⴲ ⚿ ⚿ ⚿
Services : ⛟ ○⟿ (juil.-août) ⚿ ⚿ ⚿

Longitude : 2.3673
Latitude : 46.35611

VALLON-EN-SULLY

03190 – **326** C3 – 1 717 h. – alt. 192

▶ Paris 313 – La Châtre 55 – Cosne-d'Allier 23 – Montluçon 25

⚠ **Municipal les Soupirs** de mi-juin à mi-sept.
   ℰ 0470065096, *mairie.vallonensully@wanadoo.fr*,
Fax 0470065118, *mondocher.com*
2 ha (50 empl.) plat, herbeux, étang
Tarif : (Prix 2010) ✶ 2€ ⇌ 2€ 回 2€ – (๗) (3A) 4€
Pour s'y rendre : 1 km au sud-est par D 11, entre le
Cher et le Canal du Berry, et chemin à dr.

Nature : ⴲ ♀
Loisirs : ⴲ ⚿
Services : ○⟿ (juil.-août) ⚿ ⚿ ⁿ
À prox. : ♟ snack ⚿ ⚿

Longitude : 2.61437
Latitude : 46.53032

VIC-SUR-CÈRE

15800 – **330** D5 – 1 960 h. – alt. 678

🄑 *avenue André Mercier* *ℰ* 0471475068

▶ Paris 549 – Aurillac 19 – Murat 29

⚠ **La Pommeraie** de déb. juin à mi-sept.
   ℰ 0471475418, *pommeraie@wanadoo.fr*,
Fax 0471496330, *www.camping-la-pommeraie.com*
– alt. 750
2,8 ha (100 empl.) en terrasses, herbeux, pierreux
Tarif : (Prix 2010) 26€ ✶✶ ⇌ 回 (๗) (6A) – pers.
suppl. 6€ – frais de réservation 17€

Location : (Prix 2010) (de déb. mai à fin sept.)
– 40 ⴲ. Nuitée 40 à 80€ – Sem. 280 à 560€ – frais de
réservation 17€
⊑⊒ 3 回 26€
Pour s'y rendre : Daïsses (2,5 km au sud-est par D 54,
D 154 et chemin à dr.)

À savoir : belle situation dominante

Nature : ⴲ ⩽ les monts, la vallée et la ville ⴲ ♀
Loisirs : ♟ ✗ ⴲ ⊝nocturne ⚿ ⚿ ⚿ ⚿ ⚿ centre de randonnées
Services : ⛟ ○⟿ ⴲ ♨ ⚿ ⚿ ⁿ laverie ⚿ ⚿

Longitude : 2.63307
Latitude : 44.9711

VIVEROLS

63840 – **326** K10 – 390 h. – alt. 860

▶ Paris 463 – Ambert 25 – Clermont-Ferrand 103 – Montbrison 38

⚠ **Municipal le Pradoux** de déb. avr. à fin oct.
℘ 0473953431, viverols@wanadoo.fr, Fax 0473953307
– places limitées pour le passage
1,2 ha (49 empl.) plat, herbeux
Tarif : (Prix 2010) ★ 2€ ⇔ 2€ 🅴 2€ – 🔌 (6A) 3€
🚐 borne flot bleu 2€ – 4 🅴
Pour s'y rendre : Quartier Le Ruisseau (au sud-ouest du
bourg par D 111, rte de Medeyrolles, près de la Ligonne)

| Loisirs : 🏛 🏊 |
| Services : 🚿 🚮 ♨ 📷 |
| À prox. : ✂ 🎣 |

Longitude : 3.88224
Latitude : 45.43159

VOREY

43800 – **331** F2 – 1 435 h. – alt. 540

🛈 rue Louis Jouvet ℘ 0471013067

▶ Paris 544 – Ambert 53 – Craponne-sur-Arzon 18 – Le Puy en Velay 23

🏕 **Les Moulettes** de déb. mai à mi-sept.
℘ 0471037048, contact@camping-les-moulettes.fr,
www.camping-les-moulettes.fr
1,3 ha (45 empl.) plat, herbeux
Tarif : (Prix 2010) ★ 5€ ⇔ 🅴 7€ – 🔌 (10A) 3€

Location : (Prix 2010) (de déb. mai à fin sept.) – 6 🚐
– 6 🏠. Sem. 270 à 540€
🚐 borne artisanale 3€ – 5 🅴 2€
Pour s'y rendre : Chemin de Félines (à l'ouest du centre
bourg, au bord de l'Arzon)

| Nature : 🏞 00 |
| Loisirs : 🍴 snack 🏛 🏊 🛝 🏓 |
| Services : 🚿 ♨ 🚮 ♨ 🚾 🍴 📷 |
| À prox. : ✂ 🎣 |

Longitude : 3.90363
Latitude : 45.18637

Le val d'Allier

BOURGOGNE

S. Sauvignier/Michelin

Découvrir la Bourgogne c'est un peu se transporter, avec une machine à remonter le temps, à l'époque des grands-ducs d'Occident. Nés de leur goût d'absolu, nobles châteaux et riches abbayes témoignent d'un passé où grandiloquence rimait avec prestige. Qui oserait leur reprocher cette folie des grandeurs après avoir visité Dijon, cité d'art par excellence ? Et comment leur contester le titre de « princes des meilleurs vins de la chrétienté » lorsque des légions de gourmets sillonnent la Côte d'Or pour explorer ses caves, antres capiteux où mûrissent des crus d'exception ? Les ripailles se poursuivent autour de moelleuses gougères, d'un odorant époisses ou d'un délicieux pain d'épice. Après ces péchés gourmands, un retour à des plaisirs plus sages s'impose, telle une promenade en péniche au fil des canaux.

A visit to Burgundy takes travellers back through time to an era when its mighty Dukes rivalled even the kings of France; stately castles and rich abbeys still bear witness to a golden age of ostentation and prestige. As we look back now, it is difficult to reproach them for the flamboyance which has made Dijon a world-renowned city of art. And who would dispute Burgundy's claim to the "best wines in Christendom« when wine-lovers still flock to the region in search of the finest vintages? A dedication to time-honoured traditions also rules the region's cuisine, from strongsmelling époisses cheese to gingerbread dripping with honey. After such extravagant pleasures, what could be better than a barge trip down the region's canals and rivers to digest in peace amid unspoilt countryside?

MARNE

Revigny-s-Ornain

Verdelot

la Ferté-s/s-Jouarre

ines

Commercy

Bar-le-Duc

x-les-Sablons

Vitry-le-François

SOMMESOUS

St-Dizier

Éclaron
Braucourt

Giffaumont-Champaubert

Thonnance-les-Moulins

Neufch

ET-

Nogent-sur-Seine

Lac du Der-Chantecoq

MARNE

Soulaines-Dhuys
Radonvilliers
Dienville

Géraudot
Lac de la
Ft d'Orient

Andelot
Ste-M

Bour

VILLEROY

Sens

Aix-en-Othe

TROYES

HAUTE-MARNE

VILLENEUVE-L'ARCHEVÊQUE

Mesnil-St-Père

Bar-s-Aube

Chaumont

VILLEROY

Montigny-le-Roi

JARDIN DES ARBRES

Ervy-le-Châtel

AUBE

Bannes

Migennes

Ligny-le-Châtel

Marcenay

Châtillon-s-Seine

Langres

YONNE

Auxerre

Chablis

Tonnerre

Ancy-le-Franc

St-Sauveur-en-Puisaye

Vermenton

Montbard

l'Isle-s-Serein

Venarey-les-Laumes

Andryes

Asquins

Avallon

CÔTE-   D'OR

Clamecy

Varzy

Cosne-Cours-sur-Loire

Saulieu

DIJON

Prémery

Crux-la-Ville

les Settots

Pouilly-en-Auxois

Vandenesse-en-Auxois

PONT-CHÊNE-D'ARGENT

la Charité-sur-Loire

Montigny-en-Morvan

Arnay-le-Duc

Savigny-lès-Beaune

NIÈVRE

St-Péreuse

Corancy
Château-Chinon

Bligny-s-Ouche

Beaune

Vignoles

Nevers

St-Léger-de-Fougeret

Meursault

Chevenon

Épinac

Nolay

Gimouille

St-Honoré-les-Bains

Autun

Couches

Santenay

Chagny

Luzy

CHALON-S-SAÔNE

St-Germain-du-Bois

Lons-le-S

Issy-l'Évêque

Gueugnon

Laives

Gigny-s-S.

Couleuvre

Bonnet-Trançais

Bourbon-Lancy

Tournus

Louhans

Dompierre-s-Besbre

Salornay-s-Guye

POULET DE BRESSE

ALLIER

Pierrefitte-s-Loire

Palinges

Cormatin

Pont-de-Vaux

Digoin

SAÔNE - ET - LOIRE

Sazeret

Charolles

Cluny

St-Point

Montrevel-en-Bresse

Lapalisse

Dompierre-les-Ormes

Chavannes-s-Suran

St-Pourçain-s-Sioule

Chambilly

Matour

Crêches-s-Saône

Cormoranche-s-Saône

Hautecou

Lapeyrouse

Chauffailles

Fleurie

Bourg-en-Bresse

Abrest

le Mayet-de-Montagne

la Pacaudière

Belmont-de-la-Loire

Poule-les-Écharmeaux

Châtillon-s-Chalaronne

AI

Gannat

Pouilly-s/s-Charlieu

Cublize

les Noës

Villefranche-s-Saône

Villars-les-

Puy-Guillaume

Cordelle

RHÔNE

Anse

ANCY-LE-FRANC

89160 – **319** H5 – 1 062 h. – alt. 180

🏠 *59, Grande Rue* ℰ *03 86 75 03 15*

▶ Paris 215 – Auxerre 54 – Châtillon-sur-Seine 38 – Montbard 27

⚠ **Municipal** de mi-juin à mi-sept.
ℰ 03 86 75 13 21, *mairie.ancylefranc@orange.fr*,
Fax 03 86 75 19 51, *www.cc-ancylefranc.net*
0,5 ha (30 empl.) plat, herbeux
Tarif : (Prix 2010) ⚹ 2€ ⟲ 1€ 🅴 3€ – ⚡ (5A) 3€
🚐 borne artisanale
Pour s'y rendre : sortie sud par D 905, rte de Montbard,
face au château, au bord d'un ruisseau et près d'un
étang

| Nature : 🌳 🌿🌿 |
| Services : ⚐ 🚿 ✗ |
| À prox. : ✗ |

| Longitude : 4.16472 |
| Latitude : 47.77342 |

ANDRYES

89480 – **319** D6 – 480 h. – alt. 162

▶ Paris 204 – Auxerre 39 – Avallon 44 – Clamecy 10

⚠ **Au Bois Joli** de déb. avr. à fin oct.
ℰ 03 86 81 70 48, *info@campingauboisjoli.com*,
Fax 03 86 81 70 48, *www.campingauboisjoli.com/fr*
5 ha (100 empl.) incliné et en terrasses, herbeux, pierreux
Tarif : 25€ ⚹⚹ ⟲ 🅴 ⚡ (10A) – pers. suppl. 5€ – frais
de réservation 8€

Location : (de déb. avr. à fin oct.) 🏕 – 4 🚐
– 2 tentes. Sem. 225 à 548€ – frais de réservation 8€
Pour s'y rendre : rte de Villeprenoy (800 m au sud-
ouest)

À savoir : cadre boisé

| Nature : 🏞 🌿🌿 |
| Loisirs : 🏠 🏊 🚲 ⛵ quad |
| Services : ⚐ ⚡ ⅲ 🧺 🚽 🚰 🔥 |
| À prox. : ✗ |

| Longitude : 3.47969 |
| Latitude : 47.51655 |

ARNAY-LE-DUC

21230 – **320** G7 – 1 690 h. – alt. 375

🏠 *15, rue Saint-Jacques* ℰ *03 80 90 07 55*

▶ Paris 285 – Autun 28 – Beaune 36 – Chagny 38

⚠ **L'Étang de Fouché** de mi-avr. à mi-oct.
ℰ 03 80 90 02 23, *info@campingfouche.com*,
Fax 03 80 90 11 91, *www.campingfouche.com*
8 ha (209 empl.) plat, peu incliné, herbeux
Tarif : (Prix 2010) 24,30€ ⚹⚹ ⟲ 🅴 ⚡ (6A) – pers.
suppl. 5,90€ – frais de réservation 15€

Location : (Prix 2010) – 12 🚐 – 19 🏡. Sem.
135 à 728€ – frais de réservation 30€
🚐 borne – 10 🅴
Pour s'y rendre : r. du 8 mai 1945 (700 m à l'est par
D 17c, rte de Longecourt)

À savoir : situation plaisante au bord d'un étang

| Nature : 🏞 🌲 🏕 ♨ ⛰ |
| Loisirs : 🍸 snack, brasserie 🏠 🎡 |
| diurne 🏃 🏊 🚲 🎣 |
| Services : ⚐ ⚡ ⅲ 🧺 🚽 🚰 |
| laverie 🔥 🛁 |
| À prox. : ✗ 🏖 (plage) ⛷ |

| Longitude : 4.49913 |
| Latitude : 47.13468 |

*En juillet et août, beaucoup de terrains sont saturés
et leurs emplacements retenus longtemps à l'avance.
N'attendez pas le dernier moment pour réserver.*

ASQUINS

89450 – **319** F7 – 316 h. – alt. 146

▶ Paris 219 – Dijon 123 – Auxerre 49 – Avallon 17

⚠ **Municipal le Patis** de déb. juin à mi-sept.
ℰ 03 86 33 30 80, *mairie.asquins@wanadoo.fr*,
Fax 03 86 33 20 07
1 ha (33 empl.) plat, herbeux
Tarif : (Prix 2010) ⚹ 2€ ⟲ 2€ 🅴 2€ – ⚡ (16A) 3€
Pour s'y rendre : 17 r. de la Cèvrerie

| Nature : ♨ |
| Loisirs : 🏠 🏊 |
| Services : ⚐ 🚿 ⅲ 🛁 🔥 |
| À prox. : 🏖 |

| Longitude : 3.7678 |
| Latitude : 47.493 |

AUTUN

71400 – **320** F8 – 15 069 h. – alt. 326
🛈 *13, rue du Général Demetz* 🖉 *0385868038*
▶ Paris 287 – Auxerre 128 – Avallon 78 – Chalon-sur-Saône 51

🏕 **Municipal de la Porte d'Arroux** de déb. avr. à fin oct.
🖉 0385521082, *contact@camping-autun.com*,
Fax 0385528856, *www.camping-autun.com*
2,8 ha (104 empl.) plat, herbeux
Tarif : (Prix 2010) 🏕 4€ 🚐 2€ 🅴 5€ – 🔌 (16A) 3€
Location : (Prix 2010) (de déb. avr. à fin oct.) – 2 🛏.
Nuitée 47 à 67€ – Sem. 210 à 465€
🚐 borne artisanale 3€ – 🖙 11€
Pour s'y rendre : Les Chaumottes (sortie nord par D 980, rte de Saulieu, faubourg d'Arroux, au bord du Ternin)
À savoir : beaux emplacements ombragés au bord du Ternin

Nature : 🔲 🞈🞈
Loisirs : 🍷 brasserie 🎪 🚣 🚲 🛶 canoë
Services : 🚿 🔌 🚰 🔳 🚽

Longitude : 4.29358
Latitude : 46.96447

AUXERRE

89000 – **319** E5 – 37 218 h. – alt. 130
🛈 *1-2, quai de la République* 🖉 *0386520619*
▶ Paris 166 – Bourges 144 – Chalon-sur-Saône 176 – Chaumont 143

🏕 **Municipal** de mi-avr. à fin sept.
🖉 0386521115, *camping.mairie@auxerre.com*,
Fax 0386511754
4,5 ha (220 empl.) plat, herbeux
Tarif : 🏕 4€ 🚐 🅴 3€ – 🔌 (6A) 3€
🚐 borne artisanale 3€
Pour s'y rendre : 8 rte de Vaux (au sud-est de la ville, près du stade, à 150 m de l'Yonne)

Nature : 🞈🞈
Loisirs : 🎪 🚣 🞈
Services : 🚿 🔌 🔳 🚰 laverie 🞈
À prox. : 🍴 🎯 🛶 🞈

Longitude : 3.59972
Latitude : 47.78107

AVALLON

89200 – **319** G7 – 7 366 h. – alt. 250
🛈 *6, rue Bocquillot* 🖉 *0386341419*
▶ Paris 220 – Dijon 106 – Auxerre 55 – Autun 80

🏕 **Municipal Sous Roches** de déb. avr. à mi-oct.
🖉 0386341039, *campingsousroche@ville-avallon.fr*,
Fax 0386341039, *www.ville-avallon.fr*
2,7 ha (402 empl.) en terrasses, herbeux, plat
Tarif : (Prix 2010) 🏕 4€ 🚐 3€ 🅴 3€ – 🔌 (6A) 4€
🚐 borne autre 5€ – 8 🅴 5€
Pour s'y rendre : rte de Méluzien

Nature : 🞈
Loisirs : 🎪 🚣 🞈
Services : 🚿 🔌 🚰 laverie

Longitude : 3.91471
Latitude : 47.47987

BEAUNE

21200 – **320** I7 – 22 012 h. – alt. 220
🛈 *Porte Marie de Bourgogne 6, boulevard Perpeuil* 🖉 *0380262130*
▶ Paris 308 – Autun 49 – Auxerre 149 – Chalon-sur-Saône 29

🏕 **Municipal les Cent Vignes** de mi-mars à fin oct.
🖉 0380220391, *campinglescentvignes@mairie-beaune.fr*, Fax 0380201551
2 ha (116 empl.) plat, herbeux, gravillons
Tarif : (Prix 2010) 17€ 🏕🏕 🚐 🅴 🔌 (16A) – pers. suppl. 4€
Pour s'y rendre : sortie nord par r. du Faubourg-St-Nicolas et D 18 à gauche
À savoir : belle délimitation des emplacements et entrée fleurie

Nature : 🔲 🞈
Loisirs : 🍷 🍴 snack 🎪 🚣 terrain omnisports
Services : 🚿 🔌 🔳 🚽 🚰 laverie 🞈

Longitude : 4.8386
Latitude : 47.03285

BLIGNY-SUR-OUCHE

21360 – **320** I7 – 832 h. – alt. 360
🛈 *21, place de l'Hôtel de Ville* ℰ *0380201651*
▶ Paris 295 – Dijon 63 – Chalon-sur-Saône 48 – Le Creusot 62

▲ **Les Isles** de déb. mai à fin sept.
ℰ 0380200064, *dngiord@yahoo.fr*, Fax 0380200064,
www.camping-des-isles.fr
1,2 ha (70 empl.) plat, herbeux
Tarif : (Prix 2010) 14,10€ 🛉🛉 ⇌ 🗉 🕲 (6A) – pers.
suppl. 4,40€
🖼 borne – 6 🗉 13,60€
Pour s'y rendre : 2 allée de la Gare

Nature : 🔾🔾
Services : 🕹 ⛽ 🗑 ✗ ⓟ laverie
À prox. : ✗

Longitude : 4.6648
Latitude : 47.11285

BOURBON-LANCY

71140 – **320** C10 – 5 401 h. – alt. 240 – ⚕ – Base de loisirs
🛈 *place d'Aligre* ℰ *0385891827*
▶ Paris 308 – Autun 62 – Mâcon 110 – Montceau-les-Mines 55

▲▲ **Saint-Prix** de déb. avr. à fin oct.
ℰ 0385892098, *aquadis1@orange.fr*, Fax 0386379583,
www.aquadis-loisirs.com – camping en 2 parties
distinctes
2,5 ha (128 empl.) plat, peu incliné et en terrasses,
herbeux
Tarif : 16€ 🛉🛉 ⇌ 🗉 🕲 (10A) – pers. suppl. 4€ – frais
de réservation 8€
Location : (de déb. avr. à fin oct.) – 4 🛖 – 22 🏠.
Nuitée 81 à 85€ – Sem. 285 à 540€ – frais de réservation
16€
Pour s'y rendre : r. St-Prix (vers sortie sud-ouest, rte de
Digoin, à la piscine)
À savoir : à 200 m d'un plan d'eau

Nature : 🏞 🔾🔾
Loisirs : 🎣 🚲
Services : ⛽ 🏢 ⚂ 🗑 ⓟ 🖪
À prox. : 🍴 🍽 snack 🏊 ✗ 🚣 🏖 (plage) ➰ 🏇 terrain multisports, cinéma

Longitude : 3.76646
Latitude : 46.62086

159

CHABLIS

89800 – **319** F5 – 2 472 h. – alt. 135
🛈 *1, rue du Maréchal de Lattre* ℰ *0386428080*
▶ Paris 181 – Dijon 138 – Orléans 172 – Troyes 76

▲ **Municipal du Serein** de mi-juin à mi-sept.
ℰ 0386424439, *ot-chablis@chablis.net*,
Fax 0386424971, *www.chablis.net*
2 ha (50 empl.) plat, herbeux
Tarif : 13€ 🛉🛉 ⇌ 🗉 🕲 (6A) – pers. suppl. 3€
Pour s'y rendre : quai Paul Louis Courier (600 m à
l'ouest par D 956, rte de Tonnerre et chemin à dr. apr. le
pont, au bord du Serein)

Nature : 🏞 🔾
Loisirs : 🎣
Services : ⛽

Longitude : 3.80315
Latitude : 47.81484

CHAGNY

71150 – **320** I8 – 5 391 h. – alt. 215
🛈 *2, place des Halles* ℰ *0385872595*
▶ Paris 327 – Autun 44 – Beaune 15 – Chalon-sur-Saône 20

▲▲ **Le Pâquier Fané** de déb. avr. à fin oct.
ℰ 0385872142, *camping-chagny@orange.fr*,
www.camping-chagny.com
1,8 ha (85 empl.) plat, herbeux
Tarif : (Prix 2010) 19€ 🛉🛉 ⇌ 🗉 🕲 (6A) – pers.
suppl. 4€
🖼 borne autre
Pour s'y rendre : à l'ouest, au bord de la Dheune
À savoir : cadre agréable au bord de la Dheune

Nature : 🏞 🔾
Loisirs : snack 🚲
Services : 🕹 ⛽ ⓟ laverie 🍷
À prox. : ✗ 🚣

Longitude : 4.74547
Latitude : 46.91188

CHAMBILLY

71110 – **320** E12 – 526 h. – alt. 249
▶ Paris 363 – Chauffailles 28 – Digoin 27 – Dompierre-sur-Besbre 55

⚠ **La Motte aux Merles** de déb. avr. à fin oct.
  ℰ 0385253767, *campingpicard@yahoo.fr*
  1 ha (25 empl.) plat, peu incliné, herbeux
  Tarif : ⋆ 3€ ⇌ 🅴 4€ – (½) (8A) 2€
  🚰 4 🅴 4€
  Pour s'y rendre : rte de la Palisse (5 km au sud-ouest par D 990 et chemin à gauche)

Nature : 🦅 ≤
Loisirs : 🎣 🚲 🛝 (petite piscine)
Services : 🚿 ⛽ 🚽 🏠

Longitude : 3.95755
Latitude : 46.26443

🍴 ✗ *HINWEIS :*
🛶 *Diese Einrichtungen sind im allgemeinen nur während*
🛝 🐎 *der Saison in Betrieb -unabhängig von den Öffnungszeiten des Platzes.*

LA CHARITÉ-SUR-LOIRE

58400 – **319** B8 – 5 362 h. – alt. 170
🛈 *5, place Sainte-Croix* ℰ *0386701506*
▶ Paris 212 – Bourges 51 – Clamecy 54 – Cosne-sur-Loire 30

⚠ **Municipal la Saulaie** de mi-avr. à fin sept.
  ℰ 0386700083, *contact@lacharitesurloire-tourisme. com*, Fax 0386700083, *www.lacharitesurloire-tourisme. com*
  1,7 ha (100 empl.) plat, herbeux
  Tarif : (Prix 2010) ⋆ 6€ ⇌ 🅴 – (½) (10A) 3€
  Location : (Prix 2010) (de déb. avr. à fin sept.) 🚫
  – 2 roulottes. Nuitée 75 à 110€ – Sem. 525 à 770€
  Pour s'y rendre : quai de La Saulaie (sortie sud-ouest)
  À savoir : dans l'Île de la Saulaie, près de la plage

Nature : ♀
Loisirs : 🏠 🛝 🎣
Services : 🚿 ⛽ 🚽 🚐 🚮 🚰
À prox. : ✂ 🎟 canoë

Longitude : 3.02005
Latitude : 47.17971

CHAROLLES

71120 – **320** F11 – 2 829 h. – alt. 279
🛈 *24, rue Baudinot* ℰ *0385240595*
▶ Paris 374 – Autun 80 – Chalon-sur-Saône 67 – Mâcon 55

⚠ **Municipal** de déb. avr. à fin sept.
  ℰ 0385240490, *camping.charolles@orange.fr*
  1 ha (60 empl.) plat, herbeux, gravillons
  Tarif : (Prix 2010) ⋆ 2€ ⇌ 2€ 🅴 4€ – (½) (10A) 2€
  Location : (Prix 2010) (de déb. avr. à fin sept.) 🚫
  – 4 🛖. Sem. 200 à 330€
  🚰 borne raclet 3€ – 8 🅴 3€
  Pour s'y rendre : rte de Viry (sortie nord-est, rte de Mâcon et D 33 à gauche)
  À savoir : cadre agréable au bord de l'Arconce

Nature : 🌲 ♀
Loisirs : 🏓
Services : 🚿 ⛽ 🚐 🚮 🚰 🏠
À prox. : 🏠 🛝 🎣

Longitude : 4.28598
Latitude : 46.43962

CHÂTEAU-CHINON

58120 – **319** G9 – 2 196 h. – alt. 510
▶ Paris 281 – Autun 39 – Avallon 60 – Clamecy 65

⚠ **Municipal du Perthuy d'Oiseau** de déb. mai à fin sept.
  ℰ 0386850817, *mairiechateauchinonville@wanadoo.fr*, Fax 0386850100
  1,8 ha (52 empl.) peu incliné à incliné, herbeux
  Tarif : (Prix 2010) ⋆ 2€ ⇌ 3€ 🅴 2€ – (½) (10A) 3€
  🚰 borne flot bleu
  Pour s'y rendre : r. du Perthuy d'Oiseau (sortie sud par D 27, rte de Luzy et à dr.)
  À savoir : à l'orée d'une forêt

Nature : 🦅 ≤ 🌲 ♀
Loisirs : 🏠
Services : 🚿 🚽 🚐

Longitude : 3.92902
Latitude : 47.05563

CHÂTILLON-SUR-SEINE

21400 – **320** H2 – 5 801 h. – alt. 219
🛈 *place Marmont* ℰ *03 80 91 13 19*
▶ Paris 233 – Auxerre 85 – Avallon 75 – Chaumont 60

⚠ **Municipal Louis-Rigoly** de déb. avr. à fin sept.
ℰ 03 80 91 03 05, *tourism-chatillon-sur-seine@wanadoo. fr*, Fax 03 80 91 21 46, *www.mairie-chatillon-sur-seine.fr*
0,8 ha (54 empl.) peu incliné, plat, herbeux, goudronné
Tarif : ✱ 4 € ⇌ 2 € 🅴 3 € – 🔌 (6A) 5 €
🚐 borne raclet 4 €
Pour s'y rendre : esplanade St-Vorles (par rte de Langres)

À savoir : sur les hauteurs ombragées de la ville

Nature : 🌿 ☐ ♀
Services : 🚿 ⚷ 🚾 🖨
À prox. : 🍸 ✗ ♨ 🖾 🏊

Longitude : 4.56969
Latitude : 47.87051

CHAUFFAILLES

71170 – **320** G12 – 3 980 h. – alt. 405
🛈 *1, rue Gambetta* ℰ *03 85 26 07 06*
▶ Paris 404 – Charolles 32 – Lyon 77 – Mâcon 64

⚠ **Municipal les Feuilles** de déb. mai à fin sept.
ℰ 03 85 26 48 12, *campingchauffailles@orange.fr*,
Fax 03 85 26 55 02, *camping-les-feuilles.chauffaillescity. com*
4 ha (75 empl.) plat et peu incliné, herbeux, gravillons
Tarif : (Prix 2010) 16 € ✱✱ ⇌ 🅴 🔌 (10A) – pers. suppl. 4 €

Location : (de déb. mai à fin sept.) – 16 🏠. Nuitée 32 à 37 € – Sem. 138 à 285 €
🚐 borne autre
Pour s'y rendre : au sud-ouest par r. du Chatillon
À savoir : cadre verdoyant au bord du Botoret

Nature : ☐ ♀
Loisirs : 🏠 🏊 ❊ 🎣
Services : 🚿 ⚷ 🚾 🕯 🖨
À prox. : 🏊

Longitude : 4.33817
Latitude : 46.20004

CHEVENON

58160 – **319** C10 – 620 h. – alt. 190
▶ Paris 251 – Dijon 188 – Moulins 51 – Tours 231

⚠ **Municipal** Permanent
ℰ 03 86 68 71 71
4 ha/2 campables (63 empl.) plat et peu incliné, herbeux, en terrasses
Tarif : (Prix 2010) ✱ 2,25 € ⇌ 1,15 € 🅴 1,75 € – 🔌 (6A) 4,45 €
Pour s'y rendre : allée des Loisirs (1,4 km au sud-ouest par D 200, rte de Magny-Cours)

Nature : ☐ ♀♀
Services : 🚿 ⚷ 🚾
À prox. : ♨ ≋ (plage) ⛱ 🎣

Longitude : 3.22996
Latitude : 46.92058

CLAMECY

58500 – **319** E7 – 4 424 h. – alt. 144
🛈 *7-9, rue du Grand Marché* ℰ *03 86 27 02 51*
▶ Paris 208 – Auxerre 42 – Avallon 38 – Bourges 105

⚠ **Le Pont Picot** de déb. avr. à déb. oct.
ℰ 03 86 27 05 97, *tourism.clamecy@wanadoo.fr*,
Fax 03 86 27 20 65, *www.vaux-yonne.com*
1 ha (90 empl.) plat, herbeux
Tarif : (Prix 2010) 14,50 € ✱✱ ⇌ 🅴 🔌 (16A) – pers. suppl. 3 €
🚐 borne
Pour s'y rendre : r. de Chevroches (au sud, au bord de l'Yonne et du canal du Nivernais, accès conseillé par Beaugy)

À savoir : situation agréable dans une petite île

Nature : 🌿 ♀
Loisirs : 🎣
Services : 🚿 ⚷ 🚾 laverie
À prox. : canoë

Longitude : 3.52379
Latitude : 47.45545

CLUNY

71250 – **320** H11 – 4 585 h. – alt. 248
🛈 *6, rue Mercière* ℰ *03 85 59 05 34*
▣ Paris 384 – Chalon-sur-Saône 49 – Charolles 43 – Mâcon 25

⚠ Municipal St-Vital de fin avr. à déb. oct.
ℰ 03 85 59 08 34, *camping.st.vital@orange.fr*,
Fax 03 85 59 08 34, *www.cluny-camping.blogspot.com*
3 ha (174 empl.) plat, herbeux, peu incliné
Tarif : (Prix 2010) 16 € ✶✶ ⇔ 🅴 (ᵇ) (6A) – pers.
suppl. 4 €
Pour s'y rendre : 30 r. des Griottons (sortie est par D 15,
rte d'Azé)

Nature : ⬚
Services : ⬚
À prox. : ⬚

Longitude : 4.66754
Latitude : 46.42908

Ne prenez pas la route au hasard !
Michelin *vous apporte à domicile*
ses conseils routiers,
touristiques, hôteliers : **www.ViaMichelin.fr !**

CORANCY

58120 – **319** G9 – 351 h. – alt. 368
▣ Paris 275 – Château-Chinon 7 – Corbigny 38 – Decize 59

⚠ Les Soulins Permanent
ℰ 03 86 78 01 62, *campingcorancy@orange.fr*,
www.corancy.com
1,2 ha (42 empl.) plat et peu incliné, herbeux
Tarif : (Prix 2010) 17 € ✶✶ ⇔ 🅴 (ᵇ) (10A) – pers.
suppl. 4 €
Pour s'y rendre : 3,5 km au nord-ouest par D 12, D 161,
rte de Montigny-en-Morvan et D 230 à gauche apr. le
pont
À savoir : près du lac

Nature : ⬚
Loisirs : ⬚
Services : ⬚
À prox. : ⬚

Longitude : 3.94805
Latitude : 47.10273

162

CORMATIN

71460 – **320** I10 – 513 h. – alt. 212
🛈 *le bourg* ℰ *03 85 50 71 49*
▣ Paris 371 – Chalon-sur-Saône 37 – Mâcon 36 – Montceau-les-Mines 41

⚠ Le Hameau des Champs de déb. avr. à fin sept.
ℰ 03 85 50 76 71, *camping.cormatin@wanadoo.fr*,
Fax 03 85 50 76 98, *www.le-hameau-des-champs.com*
5,2 ha (60 empl.) plat, herbeux
Tarif : (Prix 2010) ✶ 4 € ⇔ 🅴 6 € – (ᵇ) (13A) 3 €
Location : (Prix 2010) (permanent) – 10 ⌂. Nuitée
63 € – Sem. 351 à 405 €
🚐 borne autre 3 €
Pour s'y rendre : sortie nord par D 981, rte de Chalon-
sur-Saône, à 150 m d'un plan d'eau et de la Voie Verte
Givry-Cluny

Nature : ⬚
Loisirs : ⬚ snack ⬚
Services : ⬚
À prox. : ⬚

Longitude : 4.68693
Latitude : 46.54383

COUCHES

71490 – **320** H8 – 1 486 h. – alt. 320
🛈 *3, Grande Rue* ℰ *03 85 49 69 47*
▣ Paris 328 – Autun 26 – Beaune 31 – Le Creusot 16

⚠ Municipal la Gabrelle de déb. juin à fin sept.
ℰ 03 85 45 59 49, *camping-la-gabrelle@orange.fr*
1 ha (50 empl.) en terrasses, herbeux
Tarif : (Prix 2010) ✶ 2 € ⇔ 4 € 🅴 3,20 € – (ᵇ) (6A) 2,80 €
🚐 borne artisanale
Pour s'y rendre : 1,7 km au nord-ouest par D 978, rte
d'Autun, près d'un petit plan d'eau

Nature : ⬚
Loisirs : ⬚ snack ⬚
Services : ⬚

Longitude : 4.57117
Latitude : 46.87054

CRÈCHES-SUR-SAÔNE

71680 – **320** I12 – 2 826 h. – alt. 180
🛈 *466, route nationale 6* ✆ *0385374832*
▶ Paris 398 – Bourg-en-Bresse 45 – Mâcon 9 – Villefranche-sur-Saône 30

⚠ **Municipal Port d'Arciat** de mi-mai à mi-sept.
✆ 0385371183, *camping-creches.sur.saone@orange.fr*, Fax 0385365791, *http://pagesperso-orange.fr/campingduportdarciat/*
5 ha (160 empl.) plat, herbeux
Tarif : (Prix 2010) 15€ ✶✶ ⟵ 🅔 🔌 (6A) – pers. suppl. 4€
borne artisanale
Pour s'y rendre : rte du Port d'Arciat (1,5 km à l'est par D 31, rte de Pont de Veyle)

À savoir : en bordure de Saône et près d'un plan d'eau, accès direct

Nature : ♀
Loisirs : 🚣 🎣
Services : ♿ ⚡ 🚿 🔲
À prox. : 🍷 snack 🛶 ⛴ ⛷

Longitude : 4.80581
Latitude : 46.24037

Des vacances réussies sont des vacances bien préparées !
Ce guide est fait pour vous y aider... mais :
– n'attendez pas le dernier moment pour réserver
– évitez la période critique du 14 juillet au 15 août.
Pensez aux ressources de l'arrière-pays,
à l'écart des lieux de grande fréquentation.

CRUX-LA-VILLE

58330 – **319** E9 – 410 h. – alt. 319
▶ Paris 248 – Autun 85 – Avallon 138 – La Charité-sur-Loire 45

⚠ **Le Merle** de déb. avr. à fin oct.
✆ 0386583842, *aquadis1@orange.fr*, Fax 0386379583, *www.aquadis-loisirs.com*
2,6 ha (100 empl.) plat, peu incliné, herbeux
Tarif : 17€ ✶✶ ⟵ 🅔 🔌 (10A) – pers. suppl. 4€ – frais de réservation 8€

Location : (de déb. avr. à déb. nov.) – 10 🛏 – 5 🏠.
Nuitée 54 à 67€ – Sem. 190 à 470€ – frais de réservation 16€
borne autre 4€
Pour s'y rendre : au lieu-dit : Le Merle (4,5 km au sud-ouest par D 34, rte de St-Saulge et D 181 à dr., rte de Ste-Marie, au bord de l'étang)

Nature : 🌊 ♀♀ ⛰
Loisirs : snack 🍴 🚣 🚴 🎣
Services : ♿ ⚡ 🚿 🔲
À prox. : pédalos, canoë

Longitude : 3.52478
Latitude : 47.1624

DIGOIN

71160 – **320** D11 – 8 493 h. – alt. 232
🛈 *8, rue Guilleminot* ✆ *0385530081*
▶ Paris 337 – Autun 69 – Charolles 26 – Moulins 57

⚠ **La Chevrette** de mi-mars à mi-oct.
✆ 0385531149, *lachevrette@wanadoo.fr*, Fax 0385885970, *www.lachevrette.com*
1,6 ha (100 empl.) plat et terrasse, herbeux, gravillons
Tarif : 19€ ✶✶ ⟵ 🅔 🔌 (10A) – pers. suppl. 4€

Location : (de mi-mars à mi-oct.) 🚲 – 2 🏠 – 2 tentes. Nuitée 38 à 70€ – Sem. 250 à 450€
borne artisanale – 10 🅔 15€
Pour s'y rendre : r. de la Chevrette (sortie ouest en dir. de Moulins, vers la piscine municipale, près de la Loire)

Nature : 🌳 ♀
Loisirs : snack 🍴 🚴
Services : ♿ ⚡ 🔲 🛁 🚻 🚿 laverie
À prox. : 🎣 ⛴ 🎣

Longitude : 3.96825
Latitude : 46.48021

DIJON

21000 – **320** K6 – 151 543 h. – alt. 245

🛈 *11, rue des Forges* 🌐 *0892700558*

▶ Paris 316 – Besançon 93 – Chalon-sur-Saône 72 – Le Creusot 91

⚠ **du Lac Kir** de déb. avr. à mi-oct.
🌐 0380435472, *campingdijon@wanadoo.fr*,
Fax 0380455706, *www.camping-dijon.com*
2,5 ha (121 empl.) plat, herbeux
Tarif : 18 € ♦♦ 🚗 🔲 🚿 (10A) – pers. suppl. 4 € – frais
de réservation 5 €
Location : (Prix 2010) (de déb. avr. à mi-oct.) – 11 🛏.
Nuitée 57 à 87 € – Sem. 399 à 609 € – frais de réservation
15 €
🚐 borne autre 5 € – 20 🔲 18 €
Pour s'y rendre : 3 bd du Chanoine Kir

Nature : 🏞 🌳	
Services : 🚿 ⛽ 🚽 🔲	
À prox. : 🏊 🚿 🛶 🐟	

Longitude : 5.01166
Latitude : 47.32163

Raadpleeg, voordat U zich op een kampeerterrein installeert,
de tarieven die de beheerder verplicht
is bij de ingang van het terrein aan te geven.
Informeer ook naar de speciale verblijfsvoorwaarden.
De in deze gids vermelde gegevens kunnen
sinds het verschijnen van deze hereditie gewijzigd zijn.

DOMPIERRE-LES-ORMES

71520 – **320** G11 – 851 h. – alt. 480

▶ Paris 405 – Chauffailles 28 – Cluny 23 – Mâcon 35

⚠ **Le Village des Meuniers** de mi-mars à déb. nov.
🌐 0385503660, *contact@villagedesmeuniers.com*,
www.villagedesmeuniers.com
3 ha (113 empl.) en terrasses, plat et peu incliné, herbeux
Tarif : 28 € ♦♦ 🔲 🚿 (16A) – pers. suppl. 7 € – frais
de réservation 6 €
Location : (permanent) – 16 🛏 – 12 🏠 – 3 gîtes.
Nuitée 40 à 110 € – Sem. 280 à 770 € – frais de
réservation 15 €
🚐 5 🔲 15 € – 🚿 14 €
Pour s'y rendre : sortie nord-ouest par D 41, rte de la
Clayette et chemin à dr., près du stade
À savoir : situation dominante et panoramique

Nature : 🌿 ≤ 🏞	
Loisirs : 🍴 snack 🎱 🎶 nocturne	
🎯 🏓 ⛳ 🏊	
Services : 🚿 ⛽ 🅿 🚿 🚽 🔲	
À prox. : ⚽ terrain multisports	

Longitude : 4.47468
Latitude : 46.36393

ÉPINAC

71360 – **320** H8 – 2 398 h. – alt. 340

🛈 *10, rue Roger Salengro* 🌐 *0385820420*

▶ Paris 304 – Arnay-le-Duc 20 – Autun 19 – Chagny 29

⚠ **Municipal le Pont Vert** de déb. avr. à fin oct.
🌐 0385820026, *info@campingdupontvert.com*,
Fax 0385821367, *www.campingdupontvert.com*
2,9 ha (71 empl.) plat, herbeux
Tarif : (Prix 2010) 17 € ♦♦ 🚗 🔲 🚿 (10A) – pers.
suppl. 3 € – frais de réservation 10 €
Location : (Prix 2010) (de déb. avr. à fin oct.) – 1 🛏.
Nuitée 43 à 48 € – Sem. 172 à 405 € – frais de réservation
10 €
🚐 borne eurorelais 2 €
Pour s'y rendre : sortie sud par D 43 et chemin à dr., au
bord de la Drée

Nature : 🌿 🏞 🌳	
Loisirs : 🎱	
Services : 🚿 ⛽ 🚽 🔲	
À prox. : 🍴 snack 🎯 🏊	

Longitude : 4.50617
Latitude : 46.98577

GIGNY-SUR-SAÔNE

71240 – **320** J10 – 519 h. – alt. 178

▶ Paris 355 – Chalon-sur-Saône 29 – Le Creusot 51 – Louhans 30

Domaine de l'Épervière ♣♠ – de déb. avr. à fin sept.

℘ 03 85 94 16 90, *info@domaine-eperviere.com*, Fax 03 85 94 16 97, *www.domaine-eperviere.com* – places limitées pour le passage

7 ha (100 empl.) plat, herbeux, gravillons

Tarif : 34€ ★ ★ ⇆ 🔲 🚿 (10A) – pers. suppl. 8€ – frais de réservation 10€

Location : (de déb. avr. à fin sept.) ⚓ – 5 🛖 – 3 appartements. Sem. 809€ – frais de réservation 20€

🚐 borne artisanale – 20 🔲 12€

Pour s'y rendre : r. du Château (1 km au sud, à l'Épervière)

À savoir : agréable parc boisé au bord d'un étang

Nature : 🏞 🏕 ♨♨
Loisirs : 🍹 ✕ pizzeria 🛋 ⛹ 🎣 jacuzzi pataugeoire pour enfants 🏊 🚲 🔲 🛝 🏊 (bassin) 🎣
Services : 🕭 ⚡ 🛒 🏪 🗑 🚿
À prox. : ✂

Longitude : 4.94386
Latitude : 46.65446

Le coup de cœur de Bib

Convivialité et terroir sont les maîtres mots en Bourgogne. Le camping du château de l'Épervière n'y fait pas exception. Situé entre Beaune et Mâcon, il vous accueillera dans son grand parc boisé. Vous pourrez disposer de l'espace aquatique du domaine et, pour ceux qui souhaitent rester dans le ton de la région, profiter des dégustations de vin organisées dans les caves du château, avec modération bien sûr. Quant aux amateurs de vélo, ils pourront emprunter la Voie Verte (de Givry à Cluny) qui sillonne entre vignobles et villages du cru.

Domaine de l'Épervière

165

GIMOUILLE

58470 – **319** B10 – 487 h. – alt. 210

▶ Paris 257 – Dijon 195 – Nevers 11 – Bourges 59

Village Vacances Domaine du Grand Bois (location exclusive de chalets) de déb. avr. à déb. nov.

℘ 03 86 21 09 21, *reservation@grand-bois.com*, Fax 03 86 21 09 22, *www.grand-bois.com*

15 ha vallonné, herbeux

Location : 🕭 (5 chalets) 🅿 – 67 🛖 . Nuitée 90 à 245€ – Sem. 350 à 1 300€ – frais de réservation 10€

Pour s'y rendre : rte de Fertôt

Nature : 🏞
Loisirs : 🍹 🛋 🎏 🏊 🚲 ✂ 🔲 🛝 🎣 🐎 poneys (centre équestre) canoë, parc aventure
Services : 🕭 ⚡ laverie 🗑
À prox. : ✕

Longitude : 3.09379
Latitude : 46.92954

GUEUGNON

71130 – **320** E10 – 7 826 h. – alt. 243
▶ Paris 335 – Autun 53 – Bourbon-Lancy 27 – Digoin 16

△ **Municipal de Chazey**
  ℰ 03 85 85 23 11, Fax 03 85 85 35 40,
  www.ccpaysgueugnon.fr
  1 ha (20 empl.) plat, herbeux
  Location : – 3 🏠.
  Pour s'y rendre : zone de Chazey (4 km au sud par
  D 994, rte de Digoin et chemin à dr.)
  À savoir : près d'un petit canal et de deux plans d'eau

Nature : 🐟 🖙
Loisirs : 🛖 ⚓
Services : ⚓ ⟶ 🚿 🛒
À prox. : 🎣 ⚓ (plage) 🐟

Longitude : 4.05892
Latitude : 46.5711

L'ISLE-SUR-SEREIN

89440 – **319** H6 – 764 h. – alt. 190
▶ Paris 209 – Auxerre 50 – Avallon 17 – Montbard 36

△ **Municipal le Parc du Château**
  ℰ 03 86 33 93 50, *mairie-isle-sur-serein@wanadoo.fr*,
  Fax 03 86 33 91 81, *www.isle-sur-serein.com*
  1 ha (40 empl.) plat, herbeux
  Location : (Prix 2010) 🚐 – 4 🚐.
  🚐 borne artisanale – 2 🔲
  Pour s'y rendre : rte d'Avallon (800 m au sud par D 86,
  au stade, à 150 m du Serein)

Nature : 🌳
Services : ⟶ ⚪ 🚿
À prox. : ⚓ ⚓ parcours sportif

Longitude : 4.00582
Latitude : 47.58046

ISSY-L'EVÊQUE

71760 – **320** D9 – 865 h. – alt. 310
▶ Paris 325 – Bourbon-Lancy 25 – Gueugnon 17 – Luzy 12

△△ **L'Étang Neuf** de mi-mai à mi-sept.
  ℰ 03 85 24 96 05, *info@issy-camping.com*, *www.issy-camping.com*
  6 ha/3 campables (71 empl.) plat, peu incliné, herbeux,
  gravillons
  Tarif : 20€ ✶✶ 🚐 🔲 🄰 (6A) – pers. suppl. 4€
  Location : (de mi-mai à mi-sept.) 🚐 – 2 🚐 – 6 🏠.
  Nuitée 45 à 78€ – Sem. 315/546€
  🚐 borne artisanale
  Pour s'y rendre : 1 km à l'ouest par D 42, rte de Grury
  et chemin à dr.
  À savoir : situation agréable en bordure d'un étang et
  d'un bois

Nature : 🐟 ≤ 🖙
Loisirs : 🍽 🛖 ⚓ 🏊
Services : ⚓ ⟶ 🚽 🛒
À prox. : 🎣 ⚓ 🐟 🐴

Longitude : 3.9602
Latitude : 46.7078

LAIVES

71240 – **320** J10 – 1 002 h. – alt. 198
▶ Paris 355 – Chalon-sur-Saône 20 – Mâcon 48 – Montceau-les-Mines 49

△△ **Les Lacs de Laives - la Héronnière** de fin avr. à
  mi-sept.
  ℰ 03 85 44 98 85, *contact@camping-laheronniere.com*,
  Fax 03 85 44 98 85, *www.camping-laheronniere.com*
  1,5 ha (80 empl.) plat, herbeux
  Tarif : 25€ ✶✶ 🚐 🔲 🄰 (10A) – pers. suppl. 5€ – frais
  de réservation 10€
  Location : (de fin avr. à mi-sept.) – 2 🏠 – 2 bungalows
  toilés. Nuitée 55 à 80€ – Sem. 294 à 490€ – frais de
  réservation 10€
  🚐 borne artisanale – 9 🔲 25€
  Pour s'y rendre : rte de la Ferté (4,2 km au nord par
  D 18, rte de Buxy et rte à dr.)
  À savoir : près des lacs de Laives

Nature : 🐟 🖙 🌳
Loisirs : 🚲 🏊
Services : ⚓ ⟶ 🛒
À prox. : 🍽 snack ⚓

Longitude : 4.83426
Latitude : 46.67448

LIGNY-LE-CHÂTEL

89144 – **319** F4 – 1 314 h. – alt. 130
◧ Paris 178 – Auxerre 22 – Sens 60 – Tonnerre 28

⏶ **Parc de la Noue Marou** de déb. mai à fin sept.
    ℘ 03 86 47 56 99, *camping.lignylechatel@orange.fr*,
    Fax 03 86 47 44 02
    2 ha (42 empl.) plat, herbeux
    Tarif : (Prix 2010) 12 € ✶✶ ⇎ ▣ 🕪 (10A) – pers.
    suppl. 2,50 €
    ⛽ borne – 🛒🕪 12 €
    Pour s'y rendre : sortie sud-ouest par D 8, rte
    d'Auxerre et chemin à gauche, au bord du Serein

| Nature : 🐟 |
| Loisirs : 🎣 |
| Services : & ⚡ 🚿 🧺 |
| À prox. : 🚵🏇 🎿 🛒 |

Longitude : 3.7566
Latitude : 47.8984

LOUHANS

71500 – **320** L10 – 6 420 h. – alt. 179
🛈 1, Arcade Saint-Jean ℘ 03 85 75 05 02
◧ Paris 373 – Bourg-en-Bresse 61 – Chalon-sur-Saône 38 – Dijon 85

⏶ **Municipal** de déb. mai à fin sept.
    ℘ 03 85 75 19 02, *villedelouhansag@wanadoo.fr*,
    Fax 03 85 76 75 11, *www.louhans-chateaurenaud.fr*
    1 ha (60 empl.) plat, herbeux, gravillons
    Tarif : (Prix 2010) ✶ 2 € ⇎ 2 € ▣ 2 € – 🕪 (6A) 4 €
    ⛽ borne autre 4 € – 23 ▣ 5 €
    Pour s'y rendre : au lieu-dit : La Chapellerie (1 km au
    sud-ouest par D 971, rte de Tournus et D 12, rte de
    Romenay, à gauche apr. le stade)

    À savoir : cadre verdoyant en bordure de rivière

| Nature : 🏞 ♨♨ |
| Services : & ⚡ (juil.-août) 🚽 🍴 |
| À prox. : 🎿 ⚓ 🎣 |

Longitude : 5.21687
Latitude : 46.62429

LUZY

58170 – **319** G11 – 2 043 h. – alt. 275
🛈 place Chanzy ℘ 03 86 30 02 65
◧ Paris 314 – Autun 34 – Château-Chinon 39 – Moulins 62

⏶⏶ **Château de Chigy** ♟ – de fin avr. à fin sept.
    ℘ 03 86 30 10 80, *reception@chateaudechigy.com.fr*,
    Fax 03 86 30 09 22, *www.chateaudechigy.com.fr*
    70 ha/15 campables (200 empl.) plat, peu incliné et en
    terrasses, herbeux
    Tarif : 28 € ✶✶ ⇎ ▣ 🕪 (6A) – pers. suppl. 7 €

    Location : (Prix 2010) (de fin avr. à fin sept.) – 6 🛖
    – 30 🏠 – 3 appartements – 10 tentes – 6 gîtes. Nuitée
    22 à 112 € – Sem. 132 à 784 €
    Pour s'y rendre : 4 km au sud-ouest par D 973, rte de
    Bourbon-Lancy puis chemin à gauche

    À savoir : vaste domaine autour d'un château : prairies,
    bois, étangs

| Nature : 🏞 ≼ |
| Loisirs : 🍽 🍴 snack 🎱 🎮 🎠 |
| 🚣 ⛵ 🏊 (découverte en saison) |
| 🎿 🚴 🎣 terrain multisports |
| Services : & ⚡ 🗑 🧺 🚿 |

Longitude : 3.94472
Latitude : 46.758

MARCENAY

21330 – **320** G2 – 114 h. – alt. 220
◧ Paris 232 – Auxerre 72 – Chaumont 73 – Dijon 89

⏶ **Les Grèbes du Lac** de déb. mai à fin sept.
    ℘ 03 80 81 61 72, *info@campingmarcenaylac.com*,
    Fax 03 25 81 02 64, *www.campingmarcenaylac.com*
    2,4 ha (90 empl.) plat, herbeux
    Tarif : 21 € ✶✶ ⇎ ▣ 🕪 (10A) – pers. suppl. 6 €

    Location : (de déb. mai à fin sept.) – 5 🛖. Nuitée
    45 à 65 € – Sem. 252 à 392 €
    ⛽ borne artisanale 6 € – 5 ▣ 14 € – 🛒🕪 14 €
    Pour s'y rendre : 800 m au nord

    À savoir : situation agréable près d'un lac

| Nature : 🏞 ▱ ⚑ |
| Loisirs : 🍽 🎱 |
| Services : & ⚡ 🛗 🗑 🍴 🧺 🚿 |
| À prox. : 🍴 🚴 ⛴ (plage) |

Longitude : 4.40554
Latitude : 47.87095

MATOUR

71520 – **320** G12 – 1 074 h. – alt. 500

🛈 *Maison des Associations* 𝄞 03 85 59 72 24

▶ Paris 405 – Chauffailles 22 – Cluny 24 – Mâcon 36

⚠ **Le Paluet** de déb. mai à fin sept.
𝄞 03 85 59 70 92, *lepaluet@matour.fr*, Fax 03 85 59 74 54,
www.matour.com
3 ha (75 empl.) plat et peu incliné, terrasses, herbeux,
gravillons
Tarif : (Prix 2010) ✸ 4€ ⟺ 🄴 6€ – (🄹) (10A) 3€

Location : (Prix 2010) (de mi-mars à mi-nov.) – 10 🏠
– 2 tentes. Nuitée 50 à 92€ – Sem. 260 à 512€ – frais
de réservation 10€
🛒 6 🄴
Pour s'y rendre : 2 r. de la Piscine (à l'ouest, rte de la
Clayette et à gauche)
À savoir : au bord d'un étang et proche d'un complexe
de loisirs

Nature : 🏞 🔭 ♀
Loisirs : 🎱 ⚽ 🚲 🎿 ♪ 🛶 🏊 🌊 terrain multisports
Services : ♿ ⟲ (saison) 🚾 🚽 laverie

Longitude : 4.48232
Latitude : 46.30677

*Raadpleeg, voordat U zich op een kampeerterrein installeert,
de tarieven die de beheerder verplicht
is bij de ingang van het terrein aan te geven.
Informeer ook naar de speciale verblijfsvoorwaarden.
De in deze gids vermelde gegevens kunnen
sinds het verschijnen van deze herEditie gewijzigd zijn.*

MEURSAULT

21190 – **320** I8 – 1 563 h. – alt. 243

🛈 *place de l'Hôtel de Ville* 𝄞 03 80 21 25 90

▶ Paris 326 – Dijon 56 – Chalon-sur-Saône 28 – Le Creusot 40

⚠ **La Grappe d'Or** de déb. avr. à mi-oct.
𝄞 03 80 21 22 48, *info@camping-meursault.com*,
Fax 03 80 21 65 74, *www.camping-meursault.com*
4,5 ha (170 empl.) en terrasses, peu incliné, plat,
herbeux, gravillons
Tarif : 22€ ✸✸ ⟺ 🄴 (🄹) (12A) – pers. suppl. 4€ – frais
de réservation 10€

Location : (de fin avr. à mi-oct.) 🏕 – 20 🛖
– 2 gîtes. Nuitée 42 à 70€ – Sem. 294 à 490€ – frais de
réservation 15€
🛒 borne artisanale 4€
Pour s'y rendre : 2 rte de Volnay

Nature : ⩽ ♀
Loisirs : ✗ snack ⚽ 🚲 🎿 🛶 🏊
Services : ⟲ 🚽 🗑 🚿

Longitude : 4.77085
Latitude : 46.98717

MIGENNES

89400 – **319** E4 – 7 373 h. – alt. 87

🛈 *1, place François Mitterrand* 𝄞 03 86 80 03 70

▶ Paris 162 – Dijon 169 – Auxerre 22 – Sens 46

⚠ **Les Confluents** de déb. avr. à déb. nov.
𝄞 03 86 80 94 55, *planethome2003@yahoo.fr*,
Fax 03 86 80 94 55, *www.les-confluents.com*
1,5 ha (63 empl.) plat, herbeux
Tarif : ✸ 4€ ⟺ 🄴 5€ – (🄹) (10A) 4€

Location : (de déb. avr. à déb. nov.) – 12 🛖. Nuitée
36€ – Sem. 210 à 420€
🛒 borne artisanale 3€ – 8 🄴 5€
Pour s'y rendre : allée Léo Lagrange

Nature : 🔭 ♀
Loisirs : snack 🎱 ⚽ 🚲 🛶
Services : ⟲ 🏧 🗑 🚾 🚽 🚿 🍴 🖼 🚿
À prox. : 🎣 🎿 🛶 canoë sports nautiques

Longitude : 3.50788
Latitude : 47.9555

MONTBARD

21500 – **320** G4 – 5 582 h. – alt. 221

🛈 *place Henri Vincenot* ℰ *03 80 92 53 81*

▶ Paris 240 – Autun 87 – Auxerre 81 – Dijon 81

⚠ **Municipal** de déb. mars à fin oct.
ℰ 03 80 92 69 50, *camping.montbard@wanadoo.fr*,
Fax 03 80 92 21 60, *www.montbard.com*
2,5 ha (80 empl.) plat, herbeux, gravillons
Tarif : (Prix 2010) ♣ 5 € ⇦ 2 € 🔲 5 € – [½] (16A) 4 €

Location : (Prix 2010) – 2 🛏 – huttes. Sem. 250 à 550 €
– frais de réservation 30 €
🖭 borne artisanale
Pour s'y rendre : r. Michel Servet (par D 980 déviation
nord-ouest de la ville, près de la piscine)

À savoir : agréable décoration arbustive des
emplacements

Nature : ≼ 🏕 ♀
Loisirs : 🏠 🏄
Services : 🕹 ⚡ 🏛 🗑 ♿ 🖥
À prox. : 🚍 hammam 🎿 🛶 ⚓ (centre aquatique)

Longitude : 4.33258
Latitude : 47.63228

MONTIGNY-EN-MORVAN

58120 – **319** G9 – 327 h. – alt. 350

▶ Paris 269 – Château-Chinon 13 – Corbigny 26 – Nevers 64

⚠ **Municipal du Lac** de déb. mai à fin sept.
ℰ 03 86 84 71 77, *mairie.montigny-en-morvan@orange.*
fr, Fax 03 86 84 76 46 – ℞
2 ha (59 empl.) vallonné, plat, pierreux, herbeux
Tarif : ♣ 3 € ⇦ 2 € 🔲 2,50 € – [½] (30A) 2 €
Pour s'y rendre : 2,3 km au nord-est par D 944, D 303
rte du barrage de Pannecière-Chaumard et chemin à dr.

À savoir : site agréable près d'un lac

Nature : 🌲 ♀
Loisirs : 🏄 🎣
Services : 🕹 🚮
À prox. : 🍴

Longitude : 3.8735
Latitude : 47.15573

NOLAY

169

21340 – **320** H8 – 1 482 h. – alt. 299

🛈 *24, rue de la République* ℰ *03 80 21 80 73*

▶ Paris 316 – Autun 30 – Beaune 20 – Chalon-sur-Saône 34

⚠ **La Bruyère** Permanent
ℰ 03 80 21 87 59, *esat-le-mirande@mfcoy.fr*,
Fax 03 80 21 87 59
1,2 ha (22 empl.) plat, terrasses, herbeux
Tarif : 17,50 € ♣♣ ⇦ 🔲 [½] (3A) – pers. suppl. 2,30 €

Location : 🛖 – 3 🏡. Nuitée 123 à 140 € – Sem.
293 à 332 €
Pour s'y rendre : r.de Moulin Larché (1,2 km à l'ouest
par D 973, rte d'Autun et chemin à gauche)

Nature : 🌲 ≼
Loisirs : 🏠
Services : 🕹 ⚡ 🏛 laverie

Longitude : 4.63405
Latitude : 46.95196

PALINGES

71430 – **320** F10 – 1 504 h. – alt. 274

▶ Paris 352 – Charolles 16 – Lapalisse 70 – Lyon 136

⚠ **Le Lac** de déb. avr. à fin oct.
ℰ 03 85 88 14 49, *camping.palinges@hotmail.fr*,
www.campingdulac.eu
1,5 ha (44 empl.) en terrasses, peu incliné, herbeux
Tarif : (Prix 2010) 20 € ♣♣ ⇦ 🔲 [½] (10A) – pers.
suppl. 3 €

Location : (Prix 2010) (de déb. avr. à fin oct.) – 6 🏡.
Nuitée 50 à 70 € – Sem. 250 à 480 €
🖭 borne artisanale
Pour s'y rendre : au lieu-dit : Lac du Fourneau (1 km au
nord-est par D 128, rte de Gênelard)

À savoir : près d'un plan d'eau

Nature : 🏕
Loisirs : 🏠 🏄 🚲
Services : 🕹 ⚡ 🚮 🛁 ♿ 🖥 réfrigérateur, congélateur
À prox. : 🍴 🍴 (plage) 🎣

Longitude : 4.22521
Latitude : 46.56106

BOURGOGNE

POUILLY-EN-AUXOIS

21320 – **320** H6 – 1 474 h. – alt. 390

🏛 *le Colombier* ✆ 0380907424

▶ Paris 270 – Avallon 66 – Beaune 42 – Dijon 44

⚠ **Le Vert Auxois** de mi-avr. à fin sept.
✆ 0380907189, *vert.auxois@wanadoo.fr*, *http:// camping.vertauxois.free.fr*
1 ha (70 empl.) plat, herbeux
Tarif : 🚶 3€ ⛺ 1€ 🏕 4€ – 🔌 (6A) 4€

Location : (permanent) – 5 🚐. Nuitée 40 à 55€ – Sem. 250 à 350€
🚐 borne artisanale 3€ – 3 🏕 5€ – 🚙 9€
Pour s'y rendre : 15 r. du Vert Auxois (vers sortie nord-ouest et r. du 8-Mai à gauche après l'église)

Services : ☕ 🚫 ♨ ⛱ 🍴 laverie
Longitude : 4.55038
Latitude : 47.26434

PRÉMERY

58700 – **319** C8 – 2 042 h. – alt. 237

🏛 *Tour du Château* ✆ 0386379907

▶ Paris 231 – La Charité-sur-Loire 28 – Château-Chinon 57 – Clamecy 41

⚠ **Municipal** de déb. mai à fin sept.
✆ 0386379942, *mairie-premery@wanadoo.fr*, Fax 0386379872
1,6 ha (46 empl.) plat et peu incliné, herbeux, gravillons
Tarif : (Prix 2010) 9,80€ 🚶🚶 ⛺ 🏕 🔌 (6A) – pers. suppl. 3,25€

Location : – 10 🏠.
Pour s'y rendre : sortie nord-est par D 977, rte de Clamecy et chemin à dr.

À savoir : près de la Nièvre et d'un plan d'eau

Loisirs : 🎣
Services : ♿ ☕ (juil.-août) 🚫 ♨ 🏕
À prox. : 🚣 ✂ 🏊
Longitude : 3.33094
Latitude : 47.17671

170

ST-GERMAIN-DU-BOIS

71330 – **320** L9 – 1 890 h. – alt. 210

▶ Paris 367 – Chalon-sur-Saône 33 – Dole 58 – Lons-le-Saunier 29

⚠ **Municipal de l'Étang Titard** de déb. mai à mi-sept.
✆ 0385720615, *mairie-71330-saint-germain-du-bois@ wanadoo.fr*, Fax 0385720038, *st-germaindubois.fr*
1 ha (40 empl.) plat, terrasse, peu incliné, herbeux
Tarif : (Prix 2010) 🚶 2€ ⛺ 1€ 🏕 1€ – 🔌 (6A) 2€

Location : (Prix 2010) (permanent) 🚫 – 5 🏠. Sem. 280 à 380€
Pour s'y rendre : rte de Louhans (sortie sud par D 13)
À savoir : près d'un étang

Nature : ♀
Loisirs : 🎪
Services : ♿ 🚫 🏕 🌳
À prox. : ✂ 🏊 🚣 🎣 parcours sportif
Longitude : 5.24618
Latitude : 46.74509

ST-HONORÉ-LES-BAINS

58360 – **319** G10 – 844 h. – alt. 300 – ♨ (2 avril-13 oct.)

🏛 *13, rue Henri Renaud* ✆ 0386307170

▶ Paris 303 – Château-Chinon 28 – Luzy 22 – Moulins 69

⚠⚠ **Camping et Gîtes des bains** 👥 – de déb. avr. à fin oct.
✆ 0386307344, *camping-les-bains@wanadoo.fr*, Fax 0386306188, *www.campinglesbains.com*
4,5 ha (130 empl.) plat, herbeux
Tarif : 20€ 🚶🚶 ⛺ 🏕 🔌 (6A) – pers. suppl. 5€

Location : (permanent) – 4 🚐 – 19 gîtes. Nuitée 70€ – Sem. 490€
🚐 borne artisanale 3€ – 🚙 11€
Pour s'y rendre : 15 av. Jean Mermoz (sortie ouest, rte de Vandenesse)

Nature : 🌳 ♀
Loisirs : 🍴 snack 🎣 🏸 🏊 poneys
Services : ♿ ☕ 🏕 🍴 laverie 🌿
À prox. : 🍴
Longitude : 3.82683
Latitude : 46.907

△ **Municipal Plateau du Gué** de déb. avr. à fin oct.
𝄢 03 86 30 76 00, *mairie-de-st-honore-les-bains@
wanadoo.fr*, Fax 03 86 30 73 33
1,2 ha (73 empl.) peu incliné et plat, herbeux
Tarif : (Prix 2010) ✶ 3 € ⟵ 2 € 🅴 2 € – 🔌 3 €
🚐 borne flot bleu 2 € – 10 🅴 2 €
Pour s'y rendre : 13 r. Eugène-Collin (au bourg, à 150 m de la poste)

| Nature : ♀ |
| Loisirs : 🛏 ⚡ |
| Services : ♿ ⊟ 🏪 🏞 |

Longitude : 3.84068
Latitude : 46.90548

ST-LÉGER-DE-FOUGERET

58120 – **319** G9 – 312 h. – alt. 500
▶ Paris 308 – Dijon 122 – Nevers 65 – Le Creusot 69

△ **L'Etang de Fougeraie** de déb. avr. à fin oct.
𝄢 03 86 85 11 85, *campingfougeraie@orange.fr*,
www.campingfougeraie.com ✄
7 ha (60 empl.) plat et vallonné, terrasses, herbeux
Tarif : 17 € ✶✶ ⟵ 🅴 🔌 (6A) – pers. suppl. 5 € – frais de réservation 5 €

Location : (permanent) ✄ – 3 🏠. Nuitée 66 à 80 €
– Sem. 330 à 480 € – frais de réservation 5 €
Pour s'y rendre : au lieu-dit : Hameau de champs
(2,4 km au sud-est par D 157, rte d'Onlay)

À savoir : cadre champêtre autour d'un étang

| Nature : 🦋 ≼ |
| Loisirs : 🍷 ✕ 🚴 🛶 🎣 |
| Services : ♿ ⌿ 🏠 🍴 laverie 🧺 |
| réfrigérateur |

Longitude : 3.90899
Latitude : 47.0027

🦞 ✕ **ATTENTION...**
🛶 *ces éléments ne fonctionnent généralement qu'en saison,*
🛷 🐎 *quelles que soient les dates d'ouverture du terrain.*

ST-PÉREUSE

171

58110 – **319** F9 – 278 h. – alt. 355
▶ Paris 289 – Autun 54 – Château-Chinon 15 – Clamecy 57

△△△ **"Les Castels" Manoir de Bezolle** Permanent
𝄢 03 86 84 42 55, *info@camping-bezolle.com*,
Fax 03 86 84 43 77, *www.camping-bezolle.com* ✄
8 ha/5 campables (140 empl.) en terrasses, plat, peu incliné, herbeux, petits étangs
Tarif : 31 € ✶✶ ⟵ 🅴 🔌 (10A) – pers. suppl. 6 € – frais de réservation 5 €

Location : (permanent) ✄ – 4 🏕 – 12 🏠
– 4 tentes. Nuitée 35 à 115 € – Sem. 245 à 810 € – frais de réservation 5 €
Pour s'y rendre : au sud-est par D 11, à 300 m de la
D 978, rte de Château-Chinon

À savoir : dans le parc du Manoir

| Nature : 🦋 ≼ ♀♀ |
| Loisirs : 🍷 ✕ 🛏 ⚡ 🎣 🛷 🏹 |
| Services : ♿ ⌿ 🍴 🏠 🧺 🚿 🍴 |
| laverie 🦞 🧺 |

Longitude : 3.8158
Latitude : 47.05732

ST-POINT

71520 – **320** H11 – 329 h. – alt. 335
▶ Paris 396 – Beaune 90 – Cluny 14 – Mâcon 26

△ **Lac de St-Point-Lamartine** de déb. avr. à mi-oct.
𝄢 03 85 50 52 31, *reservation@campingsaintpoint.com*,
www.campingsaintpoint.com
3 ha (102 empl.) plat et peu incliné, terrasses, herbeux
Tarif : 17 € ✶✶ ⟵ 🅴 🔌 (13A) – pers. suppl. 4 €

Location : (permanent) – 2 🏕 – 11 🏠. Nuitée
30 à 50 € – Sem. 200 à 300 €
🚐 borne artisanale – 10 🅴 14 € – 🚐 🔌 12 €
Pour s'y rendre : sortie sud par D 22, rte de Tramayes,
au bord d'un lac

| Nature : 🦋 ≼ 🏞 |
| Loisirs : 🛏 ⚡ 🚴 🎣 |
| Services : ♿ ⌿ 🏠 🍴 🏞 |
| À prox. : 🍷 snack 🛶 🎣 terrain |
| multisports, pédalos |

Longitude : 4.61175
Latitude : 46.33703

BOURGOGNE

ST-SAUVEUR-EN-PUISAYE

89520 – **319** C6 – 956 h. – alt. 259
🏛 *place du Château* ☎ 0386456131
▶ Paris 174 – Dijon 184 – Moulins 146 – Tours 242

⚐ **Parc des Joumiers** de fin mars à mi-oct.
☎ 0386456628, *campingmoteljoumiers@wanadoo.fr*,
Fax 0386456027, *www.camping-motel-joumiers.com*
21 ha/7 campables (100 empl.) plat et peu incliné,
herbeux, étang
Tarif : ⚹ 4€ ⇔ 3€ ▣ 5€ – ⚡ (10A) 4€
Location : (de fin mars à mi-oct.) – 15 ⛺ – 3 🏠
– 10 ⛵. Nuitée 59 à 76€ – Sem. 295 à 781€
🚐 borne autre 5€ – 15 ▣ 14€
Pour s'y rendre : 2,3 km au nord-ouest par D 7 et
chemin à dr.
À savoir : au bord d'un étang

| Nature : 🦢 🚰 ⛲ |
| Loisirs : ✗ 🏊 🎣 |
| Services : 🚿 ⛽ 🍴 🏪 |
| À prox. : pédalos |

Longitude : 3.1804
Latitude : 47.63921

Benutzen Sie
– zur Wahl der Fahrtroute
– zur Berechnung der Entfernungen
– zur exakten Lokalisierung eines Campingplatzes (mit Hilfe der Angaben im Ortstext)
die für diesen Führer unentbehrlichen **MICHELIN-Karten.**

172

SALORNAY-SUR-GUYE

71250 – **320** H10 – 808 h. – alt. 210
▶ Paris 377 – Chalon-sur-Saône 51 – Cluny 12 – Paray-le-Monial 44

⚐ **Municipal de la Clochette** de fin mai à déb. sept.
☎ 0385599011, *mairie.salornay@wanadoo.fr*,
Fax 0385594752
1 ha (60 empl.) plat et terrasse, herbeux
Tarif : ⚹ 3€ ⇔ ▣ 3€ – ⚡ (10A) 3€ – frais de
réservation 5€
🚐 borne artisanale 5€
Pour s'y rendre : pl. de la Clochette (au bourg, accès
par chemin devant la poste)
À savoir : au bord de la Gande

| Nature : 🚰 🌳 |
| Loisirs : 🎣 |
| Services : 🚿 🍴 🏪 |
| À prox. : ✗ |

Longitude : 4.59907
Latitude : 46.51659

SANTENAY

21590 – **320** I8 – 839 h. – alt. 225
🏛 *gare SNCF* ☎ 0380206315
▶ Paris 330 – Autun 39 – Beaune 18 – Chalon-sur-Saône 25

⚐ **Les Sources** de mi-avr. à fin oct.
☎ 0380206655, *info@campingsantenay.com*,
Fax 0380206736, *www.campingsantenay.com*
3,1 ha (150 empl.) peu incliné et plat, herbeux
Tarif : 22€ ⚹⚹ ⇔ ▣ ⚡ (6A) – pers. suppl. 4€ – frais de
réservation 5€
Location : (de déb. mai à déb. sept.) ✗ – 2 ⛺.
Nuitée 48 à 70€ – Sem. 350 à 450€ – frais de réservation
15€
🚐 borne sanistation 5€
Pour s'y rendre : av. des Sources (1 km au sud-ouest
par rte de Cheilly-les-Maranges, près du centre thermal)

| Nature : ⛰ 🌳 |
| Loisirs : snack 🎣 |
| Services : 🚿 ⛽ 🍴 🏪 |
| À prox. : ✗ 🏊 |

Longitude : 4.68676
Latitude : 46.90832

SAULIEU

21210 – **320** F6 – 2 616 h. – alt. 535
🏠 *24, rue d'Argentine RN6* 𝄐 *03 80 64 00 21*
▶ Paris 248 – Autun 40 – Avallon 39 – Beaune 65

⚠ **Municipal le Perron** de déb. avr. à fin oct.
𝄐 03 80 64 16 19, *aquadis1@orange.fr*, Fax 03 86 37 95 83,
www.aquadis-loisirs.com
8 ha (157 empl.) plat et peu incliné, herbeux
Tarif : 18€ ★★ ⟵ 🅴 (10A) – pers. suppl. 3€ – frais
de réservation 8€

Location : (de déb. avr. à fin oct.) – 4 🚐 – 6 🏡
– 20 bungalows toilés. Nuitée 22 à 67€ – Sem.
102 à 470€ – frais de réservation 16€
🚐 borne artisanale 4€
Pour s'y rendre : 1 km au nord-ouest par N 6, rte de
Paris, près d'un étang

| Loisirs : 🏠 ♨ 🚲 ✂ m 🏊 |
| Services : ♿ ⊕ 🎱 🚿 ♨ ♛ 🖼 |

Longitude : 4.21779
Latitude : 47.2927

SAVIGNY-LÈS-BEAUNE

21420 – **320** I7 – 1 373 h. – alt. 237
🏠 *13, rue Vauchey Very* 𝄐 *03 80 26 12 56*
▶ Paris 314 – Dijon 39 – Mâcon 93 – Lons-le-Saunier 109

⚠ **Les Premiers Prés** de mi-mai à mi-oct.
𝄐 03 80 26 15 06, *contact.camping@x-treme-bar.fr*,
Fax 03 80 26 15 06, *www.camping-savigny-les-beaune.fr*
1,5 ha (90 empl.) plat et peu incliné, herbeux
Tarif : 15€ ★★ ⟵ 🅴 (6A) – pers. suppl. 3€
🚐 borne flot bleu
Pour s'y rendre : rte de Bouilland (1 km au nord-ouest
par D 2)

À savoir : cadre verdoyant au bord d'un ruisseau

| Nature : 🌳🌳 |
| Loisirs : ♨ |
| Services : ♿ ⊕ ♛ |

Longitude : 4.82192
Latitude : 47.06246

173

LES SETTONS

58230 – **319** H8 – Base de loisirs
▶ Paris 259 – Autun 41 – Avallon 44 – Château-Chinon 25

⚠ **Les Mésanges** de mi-mai à mi-sept.
𝄐 03 86 84 55 77, *campinglesmesanges@orange.fr*,
Fax 03 86 84 55 77, *www.campinglesmesanges.fr*
5 ha (100 empl.) peu incliné et en terrasses, herbeux,
étang
Tarif : (Prix 2010) ★ 5€ ⟵ 3€ 🅴 4€ – 🅷 (16A) 3€
🚐 borne artisanale – 🔋 11€
Pour s'y rendre : rive gauche, L'Huis-Gaumont (4 km au
sud par D193, D 520, rte de Planchez et rte de Chevigny
à gauche, à 200 m du lac)

À savoir : situation agréable au bord d'un étang

| Nature : 🦅 🏞 🌳 |
| Loisirs : ♨ 🎣 |
| Services : ♿ ⊕ 🚿 ♨ ♛ laverie |
| À prox. : 🏊 |

Longitude : 4.04539
Latitude : 47.18388

⚠ **Plage du Midi** de mi-avr. à mi-oct.
𝄐 03 86 84 57 77, *campplagedumidi@aol.com*,
Fax 03 86 84 57 31, *www.settons-camping.com*
4 ha (160 empl.) peu incliné, herbeux
Tarif : 18€ ★★ ⟵ 🅴 (10A) – pers. suppl. 4€

Location : (de mi-avr. à mi-oct.) – 20 🏡. Nuitée
45 à 85€ – Sem. 390 à 720€
🚐 borne artisanale – 🔋 🅷 10€
Pour s'y rendre : Rive Droite Lac des Settons, Les
Branlasses (2,5 km au sud-est par D 193 et rte à dr.)

À savoir : au bord d'un lac

| Nature : ≤ 🌳 ⛰ |
| Loisirs : ♛ 🖼 (découverte en saison) |
| Services : ♿ ⊕ 🚿 ♨ laverie 🚗 |
| À prox. : ✗ ✂ pédalos |

Longitude : 4.07056
Latitude : 47.18578

⚠ **La Plage des Settons** de déb. mai à fin sept.
𝄞 03 86 84 51 99, *camping-plages-des-settons@
wanadoo.fr*, *www.camping-chalets-settons.com*
2,6 ha (68 empl.) en terrasses, gravillons, herbeux
Tarif : ✦ 4€ ⇔ 2€ 🗐 3€ – 🕃 (15A) 6€

Location : (de déb. avr. à mi-nov.) – 6 🏠. Nuitée
45 à 80€ – Sem. 360 à 510€
🚐 45 🗐 3€ – 🛥 🕃 11€
Pour s'y rendre : Rive Gauche-Lac des Settons (300 m
au sud du barrage)

À savoir : agréables emplacements en terrasses, face au
lac

Nature : 🏊 ⪡ 🗔 △
Loisirs : 🎏 🚣
Services : 🕭 ⊶ 🖥
À prox. : 🍴 ✕ 🎣 ✗

Longitude : 4.06132
Latitude : 47.18958

TONNERRE

89700 – **319** G4 – 5 274 h. – alt. 156
🅱 *place Marguerite de Bourgogne* 𝄞 *03 86 55 14 48*
▶ Paris 199 – Auxerre 38 – Montbard 45 – Troyes 60

⚠ Municipal de la Cascade
𝄞 03 86 55 15 44, *ot.tonnerre@wanadoo.fr*,
www.tonnerre.fr
3 ha (115 empl.) plat, herbeux
🚐 borne artisanale – 8 🗐
Pour s'y rendre : av. Aristide-Briand (sortie nord par
D 905, rte de Troyes et D 944, dir. centre-ville, au bord du
canal de l'Yonne)

Nature : ♀
Loisirs : snack 🎏 🚲
Services : 🕭 ⊶ 🖥
À prox. : 🏊 🎣

Longitude : 3.97921
Latitude : 47.86017

TOURNUS

71700 – **320** J10 – 5 941 h. – alt. 193
🅱 *2, place de l'Abbaye* 𝄞 *03 85 27 00 20*
▶ Paris 360 – Bourg-en-Bresse 70 – Chalon-sur-Saône 28 –
Lons-le-Saunier 58

⚠ **Municipal En Bagatelle** de déb. avr. à fin sept.
𝄞 03 85 51 16 58, *reception@camping-tournus.com*,
Fax 03 85 51 16 58, *www.camping-tournus.com*
2 ha (90 empl.) plat, herbeux
Tarif : ✦ 6€ ⇔ 🗐 9€ – 🕃 (6A) 5€ – frais de
réservation 5€
🚐 borne artisanale 5€ – 16 🗐 9€
Pour s'y rendre : 14 r. des Canes (1 km au nord de la
localité par r. St-Laurent, en face de la gare, attenant à la
piscine et à 150 m de la Saône (accès direct))

Loisirs : 🎏
Services : 🕭 ⊶ ᵀ 🖥
À prox. : ✗ 🎏 🛥

Longitude : 4.90932
Latitude : 46.57375

VANDENESSE-EN-AUXOIS

21320 – **320** H6 – 271 h. – alt. 360
▶ Paris 275 – Arnay-le-Duc 16 – Autun 42 – Châteauneuf 3

⚠ **Sunêlia Le Lac de Panthier** ♣ᵅ – de déb. avr. à
déb. oct.
𝄞 03 80 49 21 94, *info@lac-de-panthier.com*,
Fax 03 80 49 25 80, *www.lac-de-panthier.com*
5,2 ha (207 empl.) en terrasses, plat et peu incliné,
herbeux
Tarif : 28€ ✦✦ ⇔ 🗐 🕃 (6A) – pers. suppl. 7€ – frais de
réservation 15€
Location : (de déb. avr. à déb. oct.) – 64 🚐 – 14 🏠.
Nuitée 40 à 111€ – Sem. 280 à 777€ – frais de
réservation 15€
Pour s'y rendre : 2,5 km au nord-est par D 977bis, rte
de Commarin et rte à gauche, près du lac

Nature : 🏊 ⪡ 🗔 ♀ △
Loisirs : 🍴 ✕ pizzeria, grill 🎏 🛝 🎿 🚲 🏊 🛥
Services : 🕭 ⊶ 🖥 🛒
À prox. : 🏊 ◊

Longitude : 4.62507
Latitude : 47.24935

VARZY

58210 – **319** D7 – 1 358 h. – alt. 249
🏠 *rue Delangle* ℰ *0386297408*
▶ Paris 224 – La Charité-sur-Loire 37 – Clamecy 17 – Cosne-sur-Loire 43

⚠ **Municipal du Moulin Naudin** de mi-mai à fin sept.
ℰ 0386294312, *mairievarzy@wanadoo.fr*,
Fax 0386297273 ✂
3 ha (50 empl.) plat, peu incliné et terrasse, herbeux
Tarif : 12 € ★★ ⟵ 🄴 (5A) – pers. suppl. 3 €
Pour s'y rendre : rte de Corvol (1,5 km au nord par D 977)

À savoir : près d'un plan d'eau

Nature : ▱ ♀
Loisirs : ⌇
Services : 🚽 🛠 🏊 ⬇ 🅿
À prox. : ✗ ≝

Longitude : 3.34354
Latitude : 47.39357

VENAREY-LES-LAUMES

21150 – **320** G4 – 3 052 h. – alt. 235
🏠 *place Bingerbrück* ℰ *0380968913*
▶ Paris 259 – Avallon 54 – Dijon 66 – Montbard 15

⚠ **Municipal Alésia** Permanent
ℰ 0380960776, *camping.venarey@wanadoo.fr*,
Fax 0380960776
1,5 ha (67 empl.) plat, herbeux, gravillons
Tarif : (Prix 2010) ★ 4 € ⟵ 1 € 🄴 4 € – 🄵 (16A) 3 €
Location : (Prix 2010) (permanent) – 5 🏠 – 1 🛏.
Nuitée 40 à 60 € – Sem. 160 à 350 €
Pour s'y rendre : sortie ouest par D 954, rte de Semur-en-Auxois et r. à dr., av. le pont, au bord de la Brenne et près d'un plan d'eau

Nature : ▱ ♀
Loisirs : 🎱 🚣 ⌇
Services : ♿ ⚷ 📷 🏊 ⬇ 🅿
À prox. : ✗ ≝ (plage)

Longitude : 4.45151
Latitude : 47.54425

VERMENTON

89270 – **319** F6 – 1 203 h. – alt. 125
🏠 *25, rue Général-de-Gaulle* ℰ *0386815426*
▶ Paris 190 – Auxerre 24 – Avallon 28 – Vézelay 28

⚠ **Municipal les Coullemières** de déb. avr. à fin sept.
ℰ 0386815302, *camping.vermenton@gmail.com*,
Fax 0386815302, *www.camping.vermenton.com*
1 ha (50 empl.) plat, herbeux
Tarif : (Prix 2010) 15 € ★★ ⟵ 🄴 🄵 (6A) – pers. suppl. 3,35 €
Location : (Prix 2010) – 4 🛖. Nuitée 60 à 70 € – Sem. 350 à 500 €
🚐 5 🄴 14,90 €
Pour s'y rendre : au lieu-dit : Les Coullemières (au sud-ouest de la localité, derrière la gare)

À savoir : cadre agréable près de la Cure (plan d'eau)

Nature : ♀ ⛰
Loisirs : 🎱 🚣 🚴 ✗
Services : ♿ ⚷ (saison) 📷 🅿 ⬇
À prox. : ≝ (plage) canoë, parcours sportif

Longitude : 3.73405
Latitude : 47.66508

VIGNOLES

21200 – **320** J7 – 729 h. – alt. 202
▶ Paris 317 – Dijon 40 – Chalon 34 – Le Creusot 51

⚠ **Les Bouleaux** Permanent
ℰ 0380222688, Fax 0380222688
1,6 ha (46 empl.) plat, herbeux
Tarif : (Prix 2010) ★ 4 € ⟵ 2 € 🄴 3 € – 🄵 (6A) 5 €
Pour s'y rendre : 11 r. Jaune (à Chevignerot, au bord d'un ruisseau)

Nature : ▱ ♀♀
Loisirs : 🎱
Services : ♿ ⚷ 🚽 🛠 📷 🅿
À prox. : 🎣 🐎

Longitude : 4.88247
Latitude : 47.02756

BRETAGNE

R. Deschamps/Michelin

Brute comme ses côtes de granit, riante comme ses petits ports de pêche avec leurs flottes colorées, émouvante comme ses calvaires et ses enclos paroissiaux, mystérieuse comme ses dolmens, ses menhirs et ses forêts enchantées, la Bretagne doit son charme à son essence maritime, à la variété de ses paysages et à l'originalité de sa culture. Attachés à leurs légendes, leur langue et leurs coutumes héritées d'un lointain passé celte, les Bretons cultivent leur identité à travers force manifestations folkloriques, festoù-noz et autres rassemblements où se défient bardes, sonneurs et bagadoùs. Des pauses friandes ponctuent généreusement cette riche palette festive de bolées de cidre, de crêpes, de galettes-saucisses et de tous les trésors gourmands qui font la réputation de la gastronomie locale.

Brittany — Breizh to its inhabitants — is a region of harsh granite coastlines, mysterious forests, pretty ports and brightly painted fishing boats. Its charm lies in its brisk sea breeze, its incredibly varied landscapes and the people themselves, born, so they say, with a drop of salt water in their blood. Proud of the language handed down from their Celtic ancestors, today's Bretons nurture their identity with intense and vibrant celebrations of folklore and custom. Of course, such devotion to culture requires plenty of good, wholesome nourishment: sweet and savoury pancakes, thick slices of butter cake and mugs of cold cider. However, Brittany's gastronomic reputation extends much further and gourmets can feast on the oysters, lobster and crab for which it is famous.

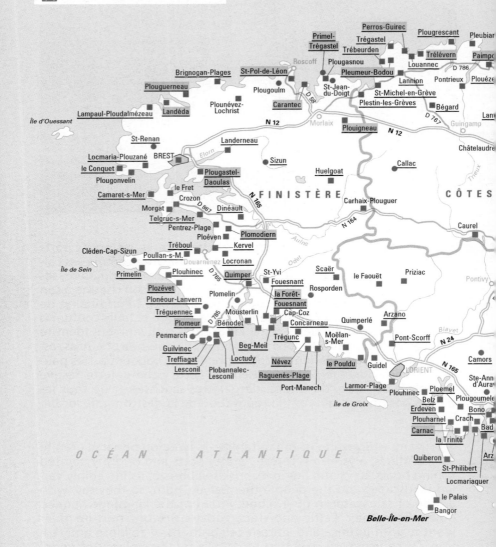

MANCHE

Localité citée avec camping
Localité citée avec camping et locatif
Vannes Localité disposant d'un camping avec aire de services camping-car
Moyaux Localité disposant d'au moins un terrain agréable
Aire de service pour camping-car sur autoroute

Île d'Ouessant

Perros-Guirec
Primel-Trégastel
Trégastel
Trébeurden
Plougrescant
Pleubian
Tréléven
Paimpo
Plouéze
Plougasnou
Louannec
D 786
Brignogan-Plages
St-Pol-de-Léon
Pleumeur-Bodou
Roscoff
Pontrieux
Plouguerneau
Plougoulm
St-Jean-du-Doigt
Lannion
St-Michel-en-Grève
Plounévez-Lochrist
Carantec
Plestin-les-Grèves
Bégard
Lanw
Lampaul-Ploudalmézeau
Landéda
N 12
Morlaix
Plouigneau
N 12
Guingamp

St-Renan
Landerneau
Châtelaudre
Locmaria-Plouzané
BREST
Sizun
Callac
le Conquet
Elorn
Huelgoat
Plougonvelin
Plougastel-Daoulas
le Fret
Camaret-s-Mer
Crozon
FINISTÈRE
CÔTES
Morgat
Dinéault
Carhaix-Plouguer
Telgruc-s-Mer
D 887
N 165
Pentrez-Plage
N 164
Caurel
Ploéven
Plomodiern
Aulne
Tréboul
Kervel
Odet
Cléden-Cap-Sizun
Poullan-s-M.
Locronan
Scaër
Priziac
Île de Sein
Douarnenez
Plouhinec
Quimper
St-Yvi
le Faouët
Pontivy
Primelin
D 765
Fouesnant
Plozévet
Plomelin
la Forêt-Fouesnant
Rosporden
Plonéour-Lanvern
Mousterlin
Cap-Coz
Arzano
Tréguennec
D 785
Bénodet
Concarneau
Quimperlé
Pont-Scorff
N 24
Plomeur
Trégunc
Moëlan-s-Mer
Blavet
Penmarch
Beg-Meil
Camors
Guilvinec
Loctudy
Névez
le Pouldu
Guidel
LORIENT
N 165
Treffiagat
Lesconil
Plobannalec-Lesconil
Raguenès-Plage
Larmor-Plage
Ste-Ann
d'Aura
Port-Manech
Plouhinec
Ploemel
Plougoumele
Île de Groix
Belz
Bono
OCÉAN ATLANTIQUE
Erdeven
Crach
Plouharnel
Bad
Carnac
la Trinité
Arz
Quiberon
St-Philibert
Locmariaquer
le Palais
Bangor
Belle-Île-en-Mer

AMBON

56190 – **308** P9 – 1 559 h. – alt. 30
🏠 *1, place du Requerio* 𝄞 *0297412049*
▶ Paris 465 – Muzillac 7 – Redon 42 – La Roche-Bernard 22

△△△ **Le Bédume** ♣♦ – de déb. avr. à mi-oct.
𝄞 02 97 41 68 13, *cledelles.ambon@free.fr*,
Fax 02 97 41 56 79, *www.bedume.com*
5 ha (200 empl.) plat, herbeux
Tarif : (Prix 2010) 22 € ★★ ⇔ 🔲 ⒨ (10A) – pers.
suppl. 5 € – frais de réservation 10 €

Location : (Prix 2010) (de déb. avr. à mi-oct.) – 18 🛖.
Sem. 305 à 735 € – frais de réservation 10 €
Pour s'y rendre : 40 r. du Bédume (6 km au sud-est, à Betahon-Plage)

Nature : 🔲 ♀ ⚠	
Loisirs : ♛ 🔲 ☺ ⛹ ⚓ ⛵ 🏊	
terrain multisports	
Services : ♿ ⊙ 🚿 ♨ laverie 🚿	
Longitude : -2.50828	
Latitude : 47.52484	

△△ **D'Arvor** de déb. avr. à fin oct.
𝄞 02 97 41 16 69, *info@campingdarvor.com*,
Fax 02 97 48 10 77, *www.campingdarvor.com* – places limitées pour le passage
4 ha (140 empl.) plat, herbeux, étang
Tarif : ★ 5 € ⇔ 🔲 9 € – ⒨ (6A) 4 € – frais de réservation 6 €

Location : (de déb. avr. à fin oct.) ♿ (1 chalet)
– 29 🛖 – 1 🏠. Nuitée 47 à 107 € – Sem. 159 à 750 €
– frais de réservation 17 €
Pour s'y rendre : 1,5 km à l'ouest par D 20, rte de Sarzeau et à gauche, rte de Brouel

Nature : ♀	
Loisirs : ♛ snack 🔲 ☺ ⛹ ⚓	
🚲 🏊 ⚠ 🎣	
Services : ♿ ⊙ ♨ laverie	
Longitude : -2.57221	
Latitude : 47.55654	

🛢 ✗ *ATTENTION...*
🚿 *ces éléments ne fonctionnent généralement qu'en saison,*
🏊 🐎 *quelles que soient les dates d'ouverture du terrain.*

180

ARRADON

56610 – **308** O9 – 5 215 h. – alt. 40
🏠 *r Bouruet Aubertot* 𝄞 *0297447744*
▶ Paris 467 – Auray 18 – Lorient 62 – Quiberon 49

△△△ **Penboch** ♣♦ – de déb. avr. à fin sept.
𝄞 02 97 44 71 29, *camping.penboch@wanadoo.fr*,
Fax 02 97 44 79 10, *www.camping-penboch.fr*
3,5 ha (175 empl.) plat, peu incliné, herbeux
Tarif : 39 € ★★ ⇔ 🔲 ⒨ (10A) – pers. suppl. 6 €

Location : (Prix 2010) (de déb. avr. à fin sept.) – 40 🛖
– 4 🏠. Sem. 285 à 795 € – frais de réservation 20 €
🚐 borne artisanale 3 € – 🚐 14 €
Pour s'y rendre : 9 chemin de Penboch (2 km au sud-est par rte de Roguedas, à 200 m de la plage)
À savoir : cadre verdoyant et ombrage plaisant

Nature : 🌿 🔲 ♀♀	
Loisirs : ♛ snack 🔲 ⛹ jacuzzi	
⚓ 🎯 🏊 ⚠ terrain multis-	
ports	
Services : ♿ ⊙ 🎀 ♨ – 4 sanitai-	
res individuels (🚿 ⚲ wc) 🚿 🚐 ♨	
laverie 🚿 location réfrigérateurs	
À prox. : ⚓ 🎣	
Longitude : -2.80015	
Latitude : 47.62014	

△△ **L'Allée** de déb. avr. à fin sept.
𝄞 02 97 44 01 98, *contact@camping-allee.com*,
Fax 02 97 44 73 74, *www.camping-allee.com*
3 ha (148 empl.) plat et peu incliné, herbeux
Tarif : (Prix 2010) 24 € ★★ ⇔ 🔲 ⒨ (10A) – pers.
suppl. 5 € – frais de réservation 20 €

Location : (Prix 2010) (de déb. avr. à fin sept.) – 26 🛖.
Sem. 230 à 660 €
🚐 borne
Pour s'y rendre : 1,5 km à l'ouest par rte du Moustoir et à gauche

Nature : 🌿 🔲 ♀	
Loisirs : 🔲 ⚓ 🏊	
Services : ♿ ⊙ (juil.-août) 🚿	
laverie	
À prox. : ✂	
Longitude : -2.84025	
Latitude : 47.62109	

ARZANO

29300 – **308** K7 – 1 363 h. – alt. 91

▶ Paris 508 – Carhaix-Plouguer 54 – Châteaulin 82 – Concarneau 40

"Les Castels" Ty Nadan ♣♣ – de déb. avr. à déb. sept.

℘ 02 98 71 75 47, *info@tynadan-vacances.fr*, Fax 02 98 71 77 31, *www.tynadan-vacances.fr*

20,5 ha/5 campables (325 empl.) plat, peu incliné, herbeux

Tarif : 46 € ♣♣ ⬠ 🅴 (⨍) (10A) – pers. suppl. 9 € – frais de réservation 25 €

Location : (de déb. avr. à déb. sept.) – 84 🛖 – 9 🏠 – 2 appartements – 4 bungalows toilés – 6 tentes. Nuitée 47 à 119 € – Sem. 282 à 833 € – frais de réservation 30 €

🛢 borne artisanale

Pour s'y rendre : à Locunolé, rte d'Arzano (3 km à l'ouest par rte de Locunolé, au bord de l'Ellé)

À savoir : parc aquatique en partie couvert et nombreuses activités sportives et de loisirs

Nature : 🐟 ⛩ ♤♤ ⚓
Loisirs : ♟ ✗ snack 🍴 ⊙ 🏋 jacuzzi salle d'animation 🛝 ⚅ -☀ 🎱 🔲 🛝 ♨ (plage) 🏔 🐎 poneys mur d"escalade, parcours dans les arbres, canoë de mer, quad
Services : 🚿 ⊶ 🛁 🗑 ♨ ⚐ laverie 🏧 🖫

Longitude : -3.4747
Latitude : 47.90461

ARZON

56640 – **308** N9 – 2 173 h. – alt. 9

🏢 *rond-point du Crouesty* ℘ *02 97 53 69 69*

▶ Paris 487 – Auray 52 – Lorient 94 – Quiberon 81

Municipal le Tindio de déb. avr. à déb. nov.

℘ 02 97 53 75 59, *letindio@arzon.fr*, Fax 02 97 53 91 23, *www.camping-arzon.fr*

5 ha (220 empl.) plat et peu incliné, herbeux

Tarif : (Prix 2010) ♣ 3 € ⬠ 🅴 8 € – (⨍) (10A) 3 €

Location : (Prix 2010) (de déb. avr. à déb. nov.) 🚿 (3 chalets) – 18 🏠. Sem. 250 à 650 €

🛢 borne autre 2 € – 19 🅴 10 € – 💧 10 €

Pour s'y rendre : 2 r. du Bilouris, à Kermers (800 m au nord-est)

À savoir : en bordure de mer

Nature : ♤
Loisirs : 🍴 🛝 ♨ terrain multisports
Services : 🚿 ⊶ 🛁 🗑 ♨ ⚐ laverie

Longitude : -2.88222
Latitude : 47.55582

We recommend that you consult the up to date price list posted at the entrance of the site. Inquire about possible restrictions.

The information in this Guide may have been modified since going to press.

BADEN

56870 – **308** N9 – 3 976 h. – alt. 28

▶ Paris 473 – Auray 9 – Lorient 52 – Quiberon 40

Mané Guernehué ♣♣ – de déb. avr. à fin oct.

℘ 02 97 57 02 06, *info@camping-baden.com*, Fax 02 97 57 15 43, *www.camping-baden.com*

18 ha/8 campables (377 empl.) vallonné, en terrasses, plat, peu incliné, herbeux, étangs, et sous-bois

Tarif : 43 € ♣♣ ⬠ 🅴 (⨍) (10A) – pers. suppl. 8 € – frais de réservation 20 €

Location : (Prix 2010) (de déb. avr. à fin oct.) – 4 roulottes – 100 🛖 – 14 🏠 – 4 gîtes. Nuitée 68 à 183 € – Sem. 238 à 1 281 € – frais de réservation 20 €

🛢 borne artisanale 6 €

Pour s'y rendre : 52 r. Mané Er Groëz (1 km au sud-ouest par rte de Mériadec et à dr.)

À savoir : bel espace balnéo couvert

Nature : 🐟 ⛩ ♤
Loisirs : ♟ ✗ snack 🍴 ⊙ 🏋 🎣 ♨ hammam jacuzzi salle d'animation, espace balnéo 🛝 ⚅ -☀ ♔ 🔲 🛝 🏔 ♨ 🐎 poneys terrain multisports, tyroliennes
Services : 🚿 ⊶ 🛁 🗑 ♨ ⚐ laverie 🏧 🖫
À prox. : ✗ golf

Longitude : -2.9252
Latitude : 47.61369

Le coup de cœur de Bib

Mané Guernehué *(voir page précédente)*
Dans le golfe du Morbihan, la petite commune de Baden abrite l'un des plus beaux campings de la région. Les hébergements se font en tentes ou caravanes, mais aussi en mobile homes, en chalets et maintenant en roulottes ! Qui dit roulottes (même si elles ne bougent guère) dit aussi chevaux et poneys avec, depuis peu, la création d'une vraie ferme équestre. Côté divertissements et loisirs, la liste est longue et on évoquera seulement le centre aquatique, en partie couvert, avec ses toboggans. Pour ceux qui préfèrent les vacances de détente, un tout nouvel espace bien-être est à tester : jacuzzi, sauna, hammam, salle de fitness et massages, soins du visage… Une adresse à retenir !

Ph. Gallet/MICHELIN

182

BÉGARD

22140 – **309** C3 – 4 562 h. – alt. 142
▶ Paris 499 – Rennes 147 – St-Brieuc 51 – Quimper 132

⋀⋀⋀ **Donant** de déb. avr. à fin sept.
🖉 02 96 45 46 46, *camping.begard@wanadoo.fr*,
Fax 02 96 45 46 48, *www.camping-donant-bretagne.com*
4 ha (91 empl.) en terrasses, plat, herbeux
Tarif : (Prix 2010) 🏕 3 € ⬅ 2 € 🅴 3 € – 🛅 (10A) 3 €
Location : (de déb. avr. à fin oct.) – 15 🏠
– 5 bungalows toilés. Sem. 129 à 455 €
🚐 borne artisanale 4 € – 🚐 🛅 14 €
Pour s'y rendre : à Gwénézhan

| Nature : 🏕 |
| Loisirs : 🎦 Salle d'animation 🛝 |
| Services : 🚿 ⌾ (juil.-août) laverie |
| À prox. : 🍽 🛝 🏊 🎣 ⛵ |
| Longitude : -3.30119 |
| Latitude : 48.62999 |

*Benutzen Sie die **Grünen MICHELIN-Reiseführer**,
wenn Sie eine Stadt oder Region kennenlernen wollen.*

BEG-MEIL

29170 – **308** H7
▶ Paris 562 – Rennes 211 – Quimper 23 – Brest 95

⋀⋀⋀ **La Piscine** 👥 – de mi-mai à mi-sept.
🖉 02 98 56 56 06, *contact@campingdelapiscine.com*,
Fax 02 98 56 57 64, *www.campingdelapiscine.com*
3,8 ha (185 empl.) plat, herbeux, petit étang
Tarif : 32 € 🏕🏕 ⬅ 🅴 🛅 (10A) – pers. suppl. 7 € – frais de réservation 20 €
Location : (de mi-avr. à mi-sept.) 🏖 – 36 🚐 – 4 🏠.
Sem. 230 à 660 € – frais de réservation 20 €
🚐 borne autre 5 €
Pour s'y rendre : 51 Hent Kerleya (4 km au nord-ouest)

| Nature : 🏊 🏕 🌳 |
| Loisirs : 🎦 🏓 🎱 🛝 🎣 🏊 |
| 🚴 piste de bi-cross |
| Services : 🚿 ⌾ 🛁 🧺 |
| laverie 🧊 🚗 |
| Longitude : -4.01555 |
| Latitude : 47.86598 |

⚠ **La Roche Percée** ♣♣ – (location exclusive de mobile homes) de déb. avr. à fin sept.
℘ 0298949415, *contact@camping-larochepercee.com*, Fax 0298944805, *www.camping-larochepercee.com*
2 ha plat, peu incliné, herbeux

Location : – 60 🏠. Sem. 270 à 840€ – frais de réservation 16€
Pour s'y rendre : 30 Hent Kerveltrec (1,5 km au nord par D 45, rte de Fouesnant, à 500 m de la plage de Kerveltrec)

Nature : 🦢 🏕
Loisirs : 🍽 🛝 🏊 🚲 🏓 🎣 ♨
Services : ⚬🔌 🖥 ♨ laverie
À prox. : ✕ crêperie 🎾 🐎 golf

Longitude : -3.98995
Latitude : 47.86938

⚠ **Le Kervastard** de déb. avr. à fin sept.
℘ 0298949152, *camping.le.kervastard@wanadoo.fr*, Fax 0298949983, *www.campinglekervastard.com*
2 ha (128 empl.) plat, herbeux
Tarif : 28€ ✶✶ 🚗 🔟 (10A) – pers. suppl. 6€ – frais de réservation 16€

Location : (de déb. avr. à fin sept.) – 20 🏠. Sem. 280 à 580€ – frais de réservation 16€
🚐 borne eurorelais 3€ – 4 🔟 28€
Pour s'y rendre : chemin de Kervastard (à 150 m du bourg)

Nature : 🏕 🌳
Loisirs : 🛝 🏊 🎣
Services : ⚙ ⚬🔌 ♨ laverie
À prox. : 🛥 🍽 ✕

Longitude : -3.98882
Latitude : 47.8599

BELLE-ÎLE-EN-MER

56360 – **308** – 2 457 h. – alt. 7
✉ *En été réservation indispensable pour le passage des véhicules et des caravanes. Départ Quiberon (Port-Maria), arrivée au Palais - Traversée 45 mn - renseignements et tarifs : Société Morbihannaise de Navigation, 56360 Le Palais (Belle-Île-en-Mer) ℘ 08 20 05 60 00*
🅱 *quai Bonnelle, Le Palais ℘ 0297318193*

Bangor 56360 – **308** L11 – 894 h. – alt. 45

⚠ **Municipal de Bangor** de déb. avr. à fin sept.
℘ 0297318975, *camping.bangor@orange.fr*
0,8 ha (55 empl.) incliné, peu incliné, herbeux
Tarif : (Prix 2010) ✶ 3€ 🚗 1€ 🔟 3€ – 🔌 (6A) 2€

Location : (Prix 2010) (de déb. avr. à fin sept.) – 6 🏠 – 16 🏚 – 1 gîte. Sem. 255 à 510€
Pour s'y rendre : à l'ouest du bourg

Nature : 🦢 🏕
Services : ⚬🔌
À prox. : 🎾 🐎 poneys

Longitude : -3.19103
Latitude : 47.31453

Le Palais 56360 – **308** M10 – 2 522 h. – alt. 7

⚠ **Bordenéo** de déb. avr. à déb. oct.
℘ 0297318896, *camping.bordeneo@wanadoo.fr*, Fax 0297318777, *www.bordeneo.com*
3 ha (202 empl.) plat, herbeux
Tarif : ✶ 4€ 🚗 2€ 🔟 5€ – 🔌 (5A) 4€

Location : (de déb. avr. à déb. oct.) – 51 🏠 – 12 🏡 – 4 studios. Sem. 320 à 800€ – frais de réservation 15€
🚐 borne artisanale
Pour s'y rendre : 1,7 km au nord-ouest par rte de Port Fouquet, à 500 m de la mer

À savoir : décoration florale et arbustive

Nature : 🦢 🏕 ♨♨
Loisirs : 🍽 snack 🛝 🏊 🚲 🎾 🎣 ♨ 🐎 poneys
Services : ⚙ ⚬🔌 🖥 🚿 ♨ 🔥 🛒
À prox. : 🅿 🎣 ⬧ canoë de mer, école de plongée

Longitude : -3.16711
Latitude : 47.35532

⚠ **L'Océan** Permanent
℘ 0297318636, *ocean-belle-ile@wanadoo.fr*, Fax 0297318760, *www.camping-ocean-belle-ile.com*
2,7 ha (125 empl.) plat, peu incliné, herbeux
Tarif : (Prix 2010) ✶ 6€ 🚗 🔟 9€ – 🔌 (10A) 4€ – frais de réservation 8€

Location : (Prix 2010) (permanent) – 2 roulottes – 52 🏠 – 8 bungalows toilés. Nuitée 32 à 79€ – Sem. 219 à 585€ – frais de réservation 8€
Pour s'y rendre : à Rosboscer (au sud-ouest du bourg, à 500 m du port)

Nature : 🦢 🏕 ♨♨
Loisirs : snack, crêperie 🏊 🎣
Services : ⚙ ⚬🔌 🚿 🔥 🛒
À prox. : 🅿 🎾 🎣 ⬧ 🐎 poneys école de plongée, canoë de mer, golf

Longitude : -3.16771
Latitude : 47.34432

183

BELZ

56550 – **308** L8 – 3 440 h. – alt. 12
▶ Paris 494 – Rennes 143 – Vannes 34 – Lorient 25

⚓ **Le Moulin des Oies** de déb. mai à fin sept.
℘ 02 97 55 53 26, *moulindesoies@wanadoo.fr*, *http://lemoulindesoies.free.fr*
1,9 ha (90 empl.) plat, herbeux
Tarif : 18 € ✶✶ ⇌ 🅴 🄵 (6A) – pers. suppl. 5 € – frais de réservation 13 €

Location : (de déb. avr. à fin sept.) – 22 🚐. Sem. 228 à 615 € – frais de réservation 13 €
🚐 borne autre 3 €
Pour s'y rendre : 21 r. de la Côte
À savoir : en bordure de la Ria d'Étel

| Nature : 🐟 ⛱ ♀ |
| Loisirs : 🎮 🏖 🌊 (bassin d'eau de mer) terrain multisports |
| Services : 🚿 ⛽ 🍴 laverie |

Longitude : -3.17603
Latitude : 47.68045

BÉNODET

29950 – **308** G7 – 3 168 h.
🛈 29, avenue de la Mer ℘ 02 98 57 00 14
▶ Paris 563 – Concarneau 19 – Fouesnant 8 – Pont-l'Abbé 13

⚓ **Sunêlia La Pointe St-Gilles** 👫 – de fin avr. à fin sept.
℘ 02 98 57 05 37, *sunelia@stgilles.fr*, Fax 02 98 57 27 52, *www.stgilles.fr* – places limitées pour le passage ✄
11 ha/7 campables (480 empl.) plat, herbeux
Tarif : 42 € ✶✶ ⇌ 🅴 🄵 (10A) – pers. suppl. 8 € – frais de réservation 30 €

Location : (de fin avr. à fin sept.) ✄ – 146 🚐. Nuitée 57 à 175 € – Sem. 399 à 1 225 € – frais de réservation 30 €
Pour s'y rendre : Corniche de la mer
À savoir : agréable situation face à l'océan, près de la plage. Séjours en pension et 1/2 pension

| Nature : 🐟 ⛱ ♀♀ |
| Loisirs : 🍴 ✕ pizzeria 🎮 ◷ 🏃 🎣 ♨ hammam jacuzzi, salle d'animation 🏖 🚴 ✕ 🔲 🎱 ✍ parc aquatique en partie couvert, espace balnéo couvert |
| Services : 🚿 ⛽ 🍴 🏧 ♨ 🗑 laverie 🔌 ♨ |
| À prox. : 🚣 🏇 |

Longitude : -4.09669
Latitude : 47.86325

Le coup de cœur de Bib

Appartenant au groupe Sunêlia qui gère plusieurs campings haut de gamme, La Pointe St-Gilles, en Bretagne sud, est idéalement située au bord de l'Océan, sur la Corniche de la mer. Sur place on trouve un important parc aquatique chauffé et en partie couvert, avec des plages aménagées et ombragées par de jolies paillotes. Certains soirs en saison, il fait nocturne, au plus grand plaisir des fans de toboggans et autres jeux d'eau. Pour les autres soirées, sont organisées des animations cabaret, quiz, karaoké. Que vous veniez avec votre propre matériel (tentes, caravanes) ou que vous soyez hébergé dans un mobile home grand confort, vous serez sur un emplacement bien délimité d'une superficie d'au moins 100 m².

Sunêlia La Pointe St-Gilles

⛰️ Le Letty 👫 – de mi-juin à déb. sept.

📞 02 98 57 04 69, *reception@campingduletty.com*,
Fax 02 98 66 22 56, *www.campingduletty.com*
10 ha (493 empl.) plat, herbeux
Tarif : 🏃 8 € ⟵ 2 € 📇 15 € – 🔌 (10A) 4 €
🚐 borne artisanale
Pour s'y rendre : impasse de Creisanguer
À savoir : agréable situation en bordure de plage

Nature : 🌿 🞐🞐 ⛰️
Loisirs : 🍴 rôtisserie 📺 🎯 🏃 🏋️ ⛲ hammam jacuzzi biblio-thèque, salle d'animation 🏓 ⛳ ✗ squash, canoë kayak
Services : 🚿 🔌 🚻 ♿ 🚮 💈 laverie 🛒 🔧
À prox. : 🎣 🏇 🚣

Longitude : -4.09037
Latitude : 47.86629

Le coup de cœur de Bib

Si à marée basse la plage s'étend à perte de vue, à marée haute ce camping se trouve vraiment au bord de l'Océan. Ceux qui le souhaitent profitent donc d'emplacements les pieds dans l'eau, les embruns venant jusqu'à eux pour des vacances iodées ! Ce camping accueille tentes et caravanes, sans autre type d'hébergement : pas de mobile home ni de chalet, fait assez rare pour être souligné. Sur les 10 ha, de nombreux services sont à la disposition des vacanciers : supérette, traiteur, boulangerie, espace coiffure, une salle de bains pour bébés, ainsi qu'un espace toilettage pour votre compagnon à quatre pattes. Côté animations, l'année 2011 promet d'être riche avec l'arrivée d'un imposant complexe aquatique (en partie couvert) qui regroupera, entre autres, deux piscines chauffées, des toboggans, des jacuzzis et jets hydromassants.

Camping du Letty

⛰️ Le Poulquer de mi-mai à fin sept.

📞 02 98 57 04 19, *campingdupoulquer@wanadoo.fr*,
Fax 02 98 66 20 30, *www.campingdupoulquer.com*
3 ha (215 empl.) plat et peu incliné, herbeux
Tarif : 🏃 6 € ⟵ 3 € 📇 7 € – 🔌 (10A) 5 € – frais de réservation 16 €

Location : (permanent) 🏠 – 28 🚍. Nuitée 50 à 89 € – Sem. 250 à 620 € – frais de réservation 16 €
Pour s'y rendre : 23 r. du Poulquer (150 m de la mer)
À savoir : cadre verdoyant et ombragé

Nature : 🞐🞐
Loisirs : 🍴 snack 📺 salle d'ani-mation 🏓 ⛲ 🏊
Services : 🚿 🔌 🚻 laverie
À prox. : ✗ 🎣 🏇 🚣

Longitude : -4.09759
Latitude : 47.86783

Donnez-nous votre avis sur les terrains que nous recommandons.
Faites-nous connaître vos observations et vos découvertes
par mail à l'adresse : leguidecampingfrance@fr.michelin.com.

185

BINIC

22520 – **309** F3 – 3 482.h. – alt. 35
🛈 *avenue du Général-de-Gaulle* 𝒫 *02 96 73 60 12*
▶ Paris 463 – Guingamp 37 – Lannion 69 – Paimpol 31

⚠ **Le Panoramic** de déb. avr. à fin sept.
𝒫 02 96 73 60 43, *camping.le.panoramic@wanadoo.fr*,
Fax 02 96 69 27 66, *www.lepanoramic.net*
4 ha (150 empl.) terrasse, peu incliné, plat, herbeux
Tarif : (Prix 2010) 25 € 🏕🏕 ⇔ 🔳 🚶 (10A) – pers.
suppl. 6 € – frais de réservation 10 €
Location : (Prix 2010) (de déb. avr. à fin sept.) – 32 🛖
– 8 🏠. Nuitée 43 à 82 € – Sem. 215 à 574 € – frais de
réservation 10 €
🚐 borne artisanale 3 € – 15 🔳 15 €
Pour s'y rendre : r. Gasselin (1 km au sud)

Nature : 🗖 🛝🛝
Loisirs : 🍴 snack 🎱 🚣 🔳 (découverte en saison)
Services : 🔧 🚰 🏪 🛉 🛎 laverie
Longitude : -2.82304
Latitude : 48.59098

⚠ **Municipal des Fauvettes**
𝒫 02 96 73 60 83, *campingfauvettesbinic@orange.fr*,
www.ville-binic.fr
1 ha (83 empl.) en terrasses, plat, peu incliné, herbeux
Location : (Prix 2010) 🛖 – 3 🛖 – 3 studios.
🚐 borne sanistation – 6 🔳 – 🚌 8 €
Pour s'y rendre : r. des Fauvettes
À savoir : en juillet et août, locations réservées à la
Gendarmerie (surveillance des plages)

Nature : 🐾 ⇐ sur la baie de St-Brieuc 🛝
Loisirs : 🚣
Services : 🔧 🏪
Longitude : -2.82201
Latitude : 48.60607

LE BONO

56400 – **308** N9 – 2 148 h. – alt. 10
▶ Paris 475 – Auray 6 – Lorient 49 – Quiberon 37

⚠ **Parc-Lann** de fin avr. à déb. oct.
𝒫 02 97 57 93 93, *campingdupardann@wanadoo.fr*,
Fax 02 97 57 93 93, *campingdupardann.free.fr*
2 ha (60 empl.) plat, herbeux
Tarif : 17 € 🏕🏕 ⇔ 🔳 🚶 (6A) – pers. suppl. 4 €
Location : (permanent) – 3 roulottes. Nuitée 50 à 70 €
– Sem. 260 à 480 €
🚐 borne artisanale 17 € – 10 🔳 17 €
Pour s'y rendre : r. Thiers (1,2 km au nord-est par
D 101ᵉ, rte de Plougoumelen)

Nature : 🐾 🗖 🛝🛝
Loisirs : 🎱 🚣
Services : 🔧 🚰 (juil.-août) 🛒 🛉 🛎 laverie
A prox. : 🍴
Longitude : -2.93746
Latitude : 47.64411

*To visit a town or region : use the **MICHELIN Green Guides.***

BREST

29200 – **308** E4 – 142 722 h. – alt. 35
🛈 *Place de la Liberté* 𝒫 *02 98 44 24 96*
▶ Paris 596 – Lorient 133 – Quimper 72 – Rennes 246

⚠ **Le Goulet** 🏕 – Permanent
𝒫 02 98 45 86 84, *campingdugoulet@wanadoo.fr*,
www.campingdugoulet.com
4,5 ha (155 empl.) en terrasses, herbeux, gravier
Tarif : 26 € 🏕🏕 ⇔ 🔳 🚶 (10A) – pers. suppl. 5 € – frais
de réservation 10 €
Location : 🛖 – 33 🛖. Sem. 252 à 510 € – frais de
réservation 10 €
Pour s'y rendre : chemin de Lanhouarnec (6 km à
l'ouest par D 789, rte du Conquet puis à gauche rte de
Ste-Anne-du-Portzic, à 500 m de la mer)

Nature : 🐾 🗖 🛝
Loisirs : 🍴 snack 🎱 🛝 salle d'animation 🚣 🎯 🛝
Services : 🔧 🚰 🏪 🛉 🛒 🛎 laverie
Longitude : -4.49213
Latitude : 48.40122

BRIGNOGAN-PLAGES

29890 – **308** F3 – 835 h. – alt. 17
🛈 7, avenue du Général-de-Gaulle ℰ 02 98 83 41 08
▶ Paris 585 – Brest 41 – Carhaix-Plouguer 83 – Landerneau 27

La Côte des Légendes de déb. avr. à déb. nov.
ℰ 02 98 83 41 65, camping-cote-des-legendes@wanadoo.
fr, Fax 02 98 83 59 94, www.campingcotedeslegendes.
com
3,5 ha (150 empl.) plat, herbeux, sablonneux
Tarif : (Prix 2010) ⭑ 3 € ⬌ 🅴 4 € – (½) (10A) 4 €

Location : (Prix 2010) (de déb. avr. à déb. nov.)
– 11 🛏 – 3 🏠 – 4 bungalows toilés. Nuitée 33 à 76 €
– Sem. 226 à 526 €
🚐 borne artisanale 2 € – 4 🅴 8 € – 🥄 (½) 13 €
Pour s'y rendre : rte de la Plage (2 km au nord-ouest)

À savoir : au bord de la Plage des Crapauds

| Nature : 🏖 🚽 🛁 ⛲ |
| Loisirs : 🎮 🏊 |
| Services : 🕭 ⚡ (juil.- août) 🛀 ☕ 🖥 |
| À prox. : 🛶 canoë-kayak |

Longitude : -4.32928
Latitude : 48.67284

CALLAC

22160 – **309** B4 – 2 363 h. – alt. 172
🛈 Mairie ℰ 02 96 45 59 34
▶ Paris 510 – Carhaix-Plouguer 22 – Guingamp 28 – Morlaix 41

Municipal Verte Vallée
ℰ 02 96 45 58 50, commune@mairie-callac.fr,
Fax 02 96 45 91 70
1 ha (60 empl.) peu incliné, plat, herbeux, étang
🚐 borne flot bleu – 12 🅴
Pour s'y rendre : pl. Jean Auffret (sortie ouest par D 28,
rte de Morlaix et av. Ernest-Renan à gauche, à 50 m d'un
plan d'eau)

| Nature : 🏖 🚽 🛁 |
| Loisirs : 🍴 🏓 |
| Services : 🕭 ⚡ |

Longitude : -3.43292
Latitude : 48.40341

CAMARET-SUR-MER

29570 – **308** D5 – 2 614 h. – alt. 4
🛈 15, quai Kleber ℰ 02 98 27 93 60
▶ Paris 597 – Brest 4 – Châteaulin 45 – Crozon 11

Le Grand Large de déb. avr. à fin sept.
ℰ 02 98 27 91 41, contact@campinglegrandlarge.com,
Fax 02 98 27 93 72, www.campinglegrandlarge.com
2,8 ha (123 empl.) plat et peu incliné, herbeux
Tarif : ⭑ 5 € ⬌ 🅴 14 € – (½) (10A) 4 € – frais de
réservation 16 €
Location : (de déb. avr. à fin sept.) – 27 🛏 – 3 🏠.
Nuitée 39 à 107 € – Sem. 273 à 750 € – frais de
réservation 16 €
🚐 borne artisanale
Pour s'y rendre : à Lambézen (3 km au nord-est par
D 355 et rte à dr., à 400 m de la plage)

| Nature : 🏖 ≼ 🚽 |
| Loisirs : 🍴 🎮 🏊 🏓 🏊 ⛳ |
| Services : 🕭 ⚡ 🛀 🛁 🚿 🖥 laverie 🧺 ☕ |

Longitude : -4.56472
Latitude : 48.28083

CAMORS

56330 – **308** M7 – 2 709 h. – alt. 113
▶ Paris 472 – Auray 24 – Lorient 39 – Pontivy 31

Municipal du Petit Bois de déb. juil. à fin août
ℰ 02 97 39 18 36, commune.de.camors@wanadoo.fr,
Fax 02 97 39 28 99, www.camors56.com
1 ha (30 empl.) en terrasses, plat, herbeux
Tarif : (Prix 2010) ⭑ 3 € ⬌ 2 € 🅴 2 € – (½) (6A) 3 €
🚐 borne artisanale 3 €
Pour s'y rendre : r. des Mésanges (1 km à l'ouest par
D 189, rte de Lambel-Camors)

À savoir : près d'étangs et d'une forêt domaniale

| Nature : 🏖 🛁 |
| Services : 🕭 🚽 🛀 🚿 🖥 |
| À prox. : 🏊 🏓 parcours sportif |

Longitude : -3.01304
Latitude : 47.84613

CANCALE

35260 – **309** K2 – 5 293 h. – alt. 50

🅱 44, rue du Port 🖉 02 99 89 63 72

▶ Paris 398 – Avranches 61 – Dinan 35 – Fougères 73

⚠ **Le Bois Pastel** de déb. avr. à fin sept.
🖉 02 99 89 66 10, camping.bois-pastel@wanadoo.fr,
Fax 02 99 89 60 11, www.campingboispastel.fr
5,2 ha (250 empl.) plat, herbeux
Tarif : (Prix 2010) ✶ 5€ ⇌ 2€ 🅴 11€ – 🅷 (6A) 4€ – frais
de réservation 15€
Location : (Prix 2010) (de déb. avr. à fin sept.)
– 18 🛏. Nuitée 60 à 100€ – Sem. 290 à 660€ – frais
de réservation 15€
🅿 borne artisanale 4€
Pour s'y rendre : 13 r. de la Corgnais (7 km au nord-ouest par D 201, rte côtière et à gauche)

Nature :	🌊 🗻🗻	
Loisirs :	🍽 ♨ 🏊 (découverte en saison)	
Services :	🚿 ⛽ 🍴 laverie 🖼 🚿	

Longitude : -1.86863
Latitude : 48.68903

CAP-COZ

29170 – **308** H7

▶ Paris 558 – Rennes 207 – Quimper 22 – Brest 93

⚠ **Pen an Cap** de déb. mai à mi-sept.
🖉 02 98 56 09 23, contact@penancap.com,
www.penancap.com
1,3 ha (100 empl.) peu incliné, herbeux, verger
Tarif : 18€ ✶✶ ⇌ 🅴 🅷 (6A) – pers. suppl. 4€
Location : (de déb. mai à mi-sept.) – 8 🛏. Nuitée
80€ – Sem. 570€
🅿 borne artisanale 7€
Pour s'y rendre : 27 rte du Port Cap Coz (au nord de la station, à 300 m de la plage)

Nature :	🌊 🗻🗻	
Loisirs :	🖼 ♨ 🏊	
Services :	⛽ 🚲 laverie	
À prox. :	✂ 🍸	

Longitude : -3.98915
Latitude : 47.89132

188

En juillet et août, beaucoup de terrains sont saturés et leurs emplacements retenus longtemps à l'avance. N'attendez pas le dernier moment pour réserver.

CARANTEC

29660 – **308** H2 – 3 232 h. – alt. 37

🅱 4, rue Pasteur 🖉 02 98 67 00 43

▶ Paris 552 – Brest 71 – Lannion 53 – Morlaix 14

⚠ **Yelloh! Village Les Mouettes** 👥 – de mi-mai à mi-sept.
🖉 02 98 67 02 46, camping@les-mouettes.com,
Fax 02 98 78 31 46, www.les-mouettes.com – places
limitées pour le passage
7 ha (273 empl.) plat et en terrasses, herbeux, étang
Tarif : 44€ ✶✶ ⇌ 🅴 🅷 (10A) – pers. suppl. 8€
Location : (de mi-mai à mi-sept.) 🅿 (chalets et
certains mobile-homes) – 154 🛏 – 34 🏠. Nuitée
39 à 211€ – Sem. 235 à 1 477€
🅿 borne artisanale
Pour s'y rendre : 50 rte de la Grande Grève (1,5 km au
sud-ouest par rte de St-Pol-de-Léon et rte à dr.)
À savoir : parc aquatique paysager avec toboggans
géants, et village locatif de qualité

Nature :	🌊 🏕 🍸	
Loisirs :	🍽 crêperie, snack, pizzeria 🖼 🎮 🏸 🍴 jacuzzi bibliothèque, salle d'animation, espace balnéo ♨ 🚲 🎯 🏊 🏊 💦	
Services :	🚿 ⛽ 🛁 🚿 🍴 laverie 🖼 🚿	

Longitude : -3.92255
Latitude : 48.66064

Le coup de cœur de Bib

Yelloh! Village Les Mouettes *(voir page précédente)*

Rarement une structure en hôtellerie de plein air a atteint ce niveau de tenue et d'entretien. Ici, tout, ou presque, est exemplaire. Un domaine de 7 ha paysagé avec palmiers, arbustes et fleurs multicolores. Certains vastes emplacements sont équipés de chalets grand confort avec de jolies petites terrasses privatives. Côté loisirs, la famille Bellec apporte une attention et un soin particuliers à toutes les installations pour que les vacanciers passent un très agréable séjour. Par exemple, le parc aquatique vient de s'adjoindre un espace couvert, « Balnéoh ! » : massages, bains à bulles… et, pour les très jeunes, « Jojo » le serpent arroseur et « Boom » l'éléphant rigolo ! Du vrai confort à tous les niveaux.

Yelloh! Village Les Mouettes

CARHAIX-PLOUGUER

29270 – **308** J5 – 7 667 h. – alt. 138

🏢 *rue Brizeux* 🕾 *02 98 93 04 42*

▶ Paris 506 – Brest 86 – Concarneau 66 – Guingamp 49

⚠ **Municipal de la Vallée de l'Hyères** de déb. mai à fin sept.

🕾 02 98 99 10 58, *valleedelhyeres@wanadoo.fr*, *www.ville-carhaix.com*

1 ha (62 empl.) plat, herbeux

Tarif : 10,15 € ★★ ⇔ 🔲 🔌 (6A) – pers. suppl. 2,10 €

Location : – 3 🏠. Nuitée 50 à 60 € – Sem. 240 à 295 €

Pour s'y rendre : rte de Kerniguez (2,3 km à l'ouest en dir. de Morlaix et rte devant la gendarmerie, au bord de l'Hyères et d'étangs)

À savoir : belle décoration arbustive autour des étangs

Nature : 🌿 ♧♧
Loisirs : 🍹
Services : ⚬🚿 🧺 laverie
À prox. : 🐎 poneys (centre équestre) parcours de santé, canoë, golf (9 trous), parcours dans les arbres

Longitude : -3.60177
Latitude : 48.27749

Si vous recherchez :

🎭 *un terrain offrant des animations sportives, culturelles ou de détente,*

🌿 *un terrain agréable ou très tranquille,*

L-M *un terrain effectuant la location de caravanes, de mobile homes, de bungalows ou de chalets,*

P *un terrain ouvert toute l'année,*

🚐 *un terrain possédant une aire de services pour camping-cars,*

consultez le tableau des localités

CARNAC

56340 – **308** M9 – 4 436 h. – alt. 16
🔲 *74, avenue des Druides* 📞 *02 97 52 13 52*
▶ Paris 490 – Auray 13 – Lorient 49 – Quiberon 19

Ph. Gallet/MICHELIN

"Les Castels" La Grande Métairie ▲▲ – de déb.
avr. à mi-sept.
📞 02 97 52 24 01, *info@lagrandemetairie.com*,
Fax 02 97 52 83 58, *www.lagrandemetairie.com* – places
limitées pour le passage
15 ha/11 campables (575 empl.) plat et peu incliné,
herbeux
Tarif : 🚶 8 € 🚗 3 € 🅴 24 € – (½) (6A) 4 €

Location : (de déb. avr. à mi-sept.) – 6 roulottes
– 150 🏠 – 2 cabanes dans les arbres. Nuitée
70 à 250 € – Sem. 245 à 1 100 €
🚐 borne artisanale
Pour s'y rendre : rte de Kerlescan (2,5 km au nord-est)
À savoir : domaine au bord de l'étang de Kerloquet

Nature : 🏞 🞊
Loisirs : 🍽 ✖ snack 🎬 🎭 🏃
jacuzzi discothèque 🛷 🚲 🎯
✂ 🎣 🖼 🏊 🛝 poneys théâtre
de plein air, piste de bi-cross,
baptème de l'air, parcours acro-
batique
Services : ♿ 🔑 🚿 🧺 ♨
laverie 🧺 🚰

Longitude : -3.06054
Latitude : 47.59737

Le coup de cœur de Bib

Cette adresse sera facile à trouver ! En effet, toute personne qui se rend à Carnac ira visiter
les alignements de Kermario, peut-être les plus importants de Bretagne. Alors, une fois face
à ces majestueuses pierres alignées, il est impossible de ne pas voir le camping. Passé le
tout petit bureau d'accueil, un imposant parc aquatique en partie couvert s'offre au regard,
dominé par la terrasse panoramique du restaurant. Ensuite, au milieu d'allées verdoyantes,
viennent les emplacements et les différents modes d'hébergements, des classiques mobile
homes aux cabanes de pêcheurs toutes bleu azur, en passant par les roulottes et les paillotes
exotiques en bois. Pour les plus intrépides, il existe une cabane dans les arbres prévue pour
accueillir une famille avec enfants.

Le Moustoir ▲▲ – de déb. avr. à fin sept.
📞 02 97 52 16 18, *info@lemoustoir.com*,
Fax 02 97 52 88 37, *www.lemoustoir.com*
5 ha (165 empl.) plat, peu incliné, herbeux
Tarif : 🚶 5 € 🚗 🅴 18 € – (½) (10A) 5 €

Location : (de déb. avr. à fin sept.) – 1 roulotte
– 75 🏠 – 8 🏡. Nuitée 84 € – Sem. 196 à 840 €
🚐 borne artisanale
Pour s'y rendre : 71 rte du Moustoir (3 km
au nord-est)

Nature : 🏞 🞊
Loisirs : 🍽 brasserie, pizzeria 🎬
🎭 🏃 🛷 ✂ 🎣 🖼 🏊 🛝 poneys
tyroliennes
Services : ♿ 🔑 🚿 🧺 ♨
laverie 🧺 🚰

Longitude : -3.0635
Latitude : 47.60922

Moulin de Kermaux 🏕 – de déb. mai à mi-sept.
📞 02 97 52 15 90, *moulin-de-kermaux@wanadoo.fr*,
Fax 02 97 52 83 85, *www.camping-moulinkermaux.com*
3 ha (150 empl.) plat et peu incliné, herbeux
Tarif : (Prix 2010) 🧍 5 € 🚗 🅴 15 € – 🔌 (10A) 4 € – frais de
réservation 12 €

Location : (Prix 2010) (de déb. avr. à mi-sept.) ♿
– 55 🛖 – 3 bungalows toilés. Nuitée 45 à 90 € – Sem.
190 à 620 € – frais de réservation 20 €
🚐 borne raclet 2 €
Pour s'y rendre : rte de Kerlescan (2,5 km au
nord-est)

Nature : 🌿 ⛺ ♀
Loisirs : 🍹 🎴 🎲 🏓 ⛵ jacuzzi
🚣 ♨ 🏊 (découverte en saison)
⛹ terrain multisports
Services : ♿ 🔌 (juil.-août) 🛒 🍴
laverie 🧺
À prox. : 🐎

Longitude : -3.05951
Latitude : 47.59882

Le Lac de mi-avr. à mi-sept.
📞 02 97 55 78 78, *camping.dulac@wanadoo.fr*,
www.camping-carnac.com
2,5 ha (140 empl.) en terrasses, plat, herbeux
Tarif : (Prix 2010) 🧍 5 € 🚗 🅴 10 € – 🔌 (6A) 4 € – frais de
réservation 20 €

Location : (Prix 2010) (de mi-avr. à mi-sept.) – 10 🛖.
Nuitée 35 à 40 € – Sem. 220 à 700 € – frais de réservation
20 €
🚐 borne artisanale
Pour s'y rendre : Passage du Lac (6,3 km au nord-est,
au bod du lac)

Nature : 🌿 ≤ ⛺ ♀♀
Loisirs : 🎴 ♨ 🚣 🎲 🏊
terrain multisports
Services : ♿ 🔌 🛒 🧺 laverie 🏪
À prox. : 🐎

Longitude : -3.02912
Latitude : 47.61117

Kérabus de déb. mai à mi-sept.
📞 02 97 52 24 90, *contact@camping-kerabus.com*,
Fax 02 97 52 63 17, *www.camping-kerabus.com*
1,4 ha (86 empl.) plat, herbeux
Tarif : 🧍 5 € 🚗 🅴 9 € – 🔌 (6A) 3 €

Location : (de déb. avr. à fin sept.) – 9 🛖. Nuitée
79 € – Sem. 550 €
🚐 borne eurorelais 4 €
Pour s'y rendre : 13 allée des Alouettes (2 km au nord-
est)

Nature : 🌿 ⛺ ♀♀
Loisirs : 🚣 🏊 terrain multis-
ports
Services : 🔌 🛒 laverie

Longitude : -3.07648
Latitude : 47.59641

191

Les Bruyères de déb. avr. à fin sept.
📞 02 97 52 30 57, *contact@camping-lesbruyeres.com*,
Fax 02 97 52 30 57, *www.camping-lesbruyeres.com*
2 ha (115 empl.) plat, herbeux
Tarif : 🧍 5 € 🚗 🅴 9 € – 🔌 (6A) 4 € – frais de
réservation 10 €

Location : (Prix 2010) (de déb. avr. à fin sept.)
– 18 🛖 – 3 bungalows toilés. Nuitée 22 à 84 € – Sem.
154 à 588 € – frais de réservation 20 €
🚐 borne autre
Pour s'y rendre : à Kérogile (3 km au nord)

Nature : 🌿 ♀♀
Loisirs : 🎴 🚣 🎾
Services : 🔌 🛒 🍴 📺
À prox. : bowling

Longitude : -3.08884
Latitude : 47.60437

L'Étang de déb. avr. à mi-oct.
📞 02 97 52 14 06, *www.camping-etang.fr*
2,5 ha (165 empl.) plat, herbeux
Tarif : (Prix 2010) 🧍 5,30 € 🚗 6,70 € 🅴 – 🔌 (6A) 3 €

Location : (Prix 2010) – 9 🛖. Sem. 220 à 650 €
Pour s'y rendre : à Kerlann (2 km au nord par D 119 dir.
Auray puis à gauche, à 50 m d'un étang)

Nature : 🌿 ⛺ ♀
Loisirs : 🍹 🚣 🎾 🏊 ⛹ terrain
multisports
Services : 🔌 (été) 🛒 laverie
À prox. : 🎣

Longitude : -3.07892
Latitude : 47.60214

Vacances Directes Le Domaine de Kermario
(location exclusive de mobile homes et gîtes) de déb. avr.
à fin sept.
📞 08 25 13 34 00, *kermario@vacances-directes.com*,
Fax 02 97 52 65 66, *www.campingkermario.com*
4 ha plat, étang

Location : 🅿 – 123 🛖. Sem. 231 à 679 €
Pour s'y rendre : 1 chemin de Kerluir (2 km au nord-est)

À savoir : gîtes aménagés dans un ancien corps de ferme
joliment restauré

Nature : 🌿 ♀♀
Loisirs : snack 🎴 🎲 🏓 salle
d'animation 🚣 🏊
Services : 🔌 🍴 laverie 🧺

Longitude : -3.9821
Latitude : 47.59545

CARNAC-PLAGE

56340 – **308** M9
▶ Paris 494 – Rennes 143 – Vannes 34

Les Menhirs ♣♣ – de déb. mai à fin sept.
℘ 02 97 52 94 67, *contact@lesmenhirs.com*,
Fax 02 97 52 25 38, *www.lesmenhirs.com* – places limitées
pour le passage
6 ha (360 empl.) plat, herbeux
Tarif : (Prix 2010) 39,90 € ♣♣ ⇔ 🔲 (½) (10A) – pers.
suppl. 8 € – frais de réservation 20 €

Location : (Prix 2010) (de déb. mai à fin sept.)
– 44 🏠. Nuitée 82 à 163 € – Sem. 280 à 966 € – frais
de réservation 20 €
🚐 borne artisanale
Pour s'y rendre : allée Saint Michel

À savoir : à 400 m de la plage et du centre ville

Nature :
Loisirs : 🍸 snack 🔲 ⊕ 🎣
🔲 jacuzzi salle d'animation,
espace forme 🏋 🎾 🔲 ⚓ ⚑
poneys , terrain multisports
Services : 🚿 ⚓ 🏕 🚮 laverie
À prox. : 🚲

Longitude : -3.06846
Latitude : 47.57573

Le coup de cœur de Bib

Cet établissement bénéficie d'une situation privilégiée puisqu'il se trouve à quelque 300 m du centre de la jolie station balnéaire de Carnac-Plage et de la plage de sable blanc. Idéal pour poser la voiture et se déplacer à pied ou à vélo. Il propose un véritable club, de nombreuses animations sportives, un parc aquatique avec les toboggans pour petits et grands et une zone couverte, véritable « espace forme » avec jacuzzis, sauna et massages. Un terrain multisport, un tennis et une salle de fitness contenteront aussi les plus sportifs. Le soir, si vous ne profitez pas de la proximité du centre-ville, des soirées à thème et des concerts sont organisés dans la superbe salle de spectacle construite à cet effet. En tente, caravane ou en location dans un des nombreux mobile homes, vous serez installés confortablement sur des emplacements bien délimités et un peu ombragés.

Les Menhirs

Les Druides de déb. avr. à déb. sept.
℘ 02 97 52 08 18, *contact@camping-les-druides.com*,
www.camping-les-druides.com
2,5 ha (110 empl.) plat, peu incliné, herbeux
Tarif : (Prix 2010) 35 € ♣♣ ⇔ 🔲 (½) (10A) – pers.
suppl. 6 € – frais de réservation 20 €

Location : (Prix 2010) (de déb. avr. à déb. sept.)
– 13 🏠 – 3 appartements. Sem. 280 à 750 € – frais de
réservation 20 €
🚐 borne artisanale 29 €
Pour s'y rendre : 55 ch. de Beaumer (à l'est, quartier
Beaumer, à 500 m de la plage)

Nature : 🌳🌳
Loisirs : 🔲 🏋 🔲 terrain
multisports
Services : 🚿 ⚓ 🏕 🚮 ⚑
laverie
À prox. : 🛒

Longitude : -3.05689
Latitude : 47.58012

▲ **Le Men-Du** de déb. avr. à déb. oct.
    ℘ 0297520423, *mendu@wanadoo.fr*, Fax 0297520423,
www.camping-mendu.com
1,5 ha (100 empl.) plat, peu incliné, herbeux
Tarif : 27 € ♣♣ ⬌ 🅔 🕲 (10A) – pers. suppl. 5 € – frais
de réservation 15 €

Location : (de déb. avr. à déb. oct.) ♿ (1 mobile
home) – 17 🛏️ – 3 🏠. Sem. 240 à 620 € – frais de
réservation 15 €
Pour s'y rendre : 22bis ch.de Beaumer (quartier le Men-
Du, à 300 m de la plage)

Nature : 🏞️ ♀
Loisirs : snack
Services : ♿ ⬌ 🚿 🕯️ laverie
À prox. : 🍴 🐎 🚶

Longitude : -3.05522
Latitude : 47.57941

▲ **L'Océan** de déb. avr. à fin oct.
    ℘ 0631650075, *contact@camping-delocean.com*,
www.camping-delocean.com – places limitées pour le
passage
0,5 ha (50 empl.) plat et peu incliné, herbeux
Tarif : 23 € ♣♣ ⬌ 🅔 🕲 (10A) – pers. suppl. 5 € – frais
de réservation 15 €

Location : (de déb. avr. à fin oct.) – 26 🛏️. Nuitée 70 €
– Sem. 280 € – frais de réservation 15 €
🚐 borne artisanale 4 €
Pour s'y rendre : Quartier : le Men-Du, impasse des
Gabelous (par D 186 direction La Trinité sur Mer et
chemin de Beaumer, à 250 m de la plage)

Nature : ♀
Loisirs : 🏊
Services : ♿ ⬌ 🏕️ 🕯️ 🖥️
À prox. : 🛒 🍴 🐎 🐴

Longitude : -3.05327
Latitude : 47.57849

CAUREL

22530 – **309** D5 – 381 h. – alt. 188
◼ Paris 461 – Carhaix-Plouguer 45 – Guingamp 48 – Loudéac 24

▲ **Nautic International** de mi-mai à fin sept.
    ℘ 0296285794, *contact@campingnautic.fr*,
Fax 0296260200, *www.campingnautic.fr*
3,6 ha (120 empl.) en terrasses, peu incliné, plat,
herbeux, fort dénivelé
Tarif : (Prix 2010) ♣ 6 € ⬌ 1,80 € 🅔 9 € – 🕲 (10A) 4,90 €
– frais de réservation 15 €

Location : (Prix 2010) (de déb. mai à fin sept.) – 5 🛏️.
Sem. 272 à 610 € – frais de réservation 22 €
Pour s'y rendre : rte de Beau Rivage (2 km au sud-
ouest, au bord du lac de Guerlédan)

À savoir : cadre verdoyant et très boisé

Nature : 🏖️ 🏞️ 🔗 ⛰️
Loisirs : 🎮 🏊 🍴 🎣 ↺
ponton d'amarrage
Services : ♿ ⬌ 🏕️ ↻ laverie 🖥️
À prox. : 🍴 🍴 crêperie canoë,
ski-nautique

193

Longitude : -3.03474
Latitude : 48.21618

*Toutes les insertions dans ce guide sont entièrement gratuites
et ne peuvent en aucun cas être dues à une prime ou à une faveur.*

LA CHAPELLE-AUX-FILTZMEENS

35190 – **309** L4 – 627 h. – alt. 40
◼ Paris 388 – Rennes 39 – Saint-Malo 42 – Fougères 83

▲ **Le Domaine du Logis** de déb. avr. à déb. nov.
    ℘ 0299452545, *domainedulogis@wanadoo.fr*,
Fax 0299453040, *www.domainedulogis.com*
20 ha/6 campables (180 empl.) plat, herbeux
Tarif : 27 € ♣♣ ⬌ 🅔 🕲 (10A) – pers. suppl. 5 € – frais
de réservation 10 €

Location : (de déb. avr. à déb. nov.) – 14 🛏️. Nuitée
60 à 100 € – Sem. 280 à 640 € – frais de réservation
10 €
Pour s'y rendre : au lieu-dit : Le Logis (1,5 km à l'ouest
sur D 13, rte de St-Domineuc)

Nature : 🏞️ ♀
Loisirs : 🍴 snack (le soir) 🎮 🏹
🏋️ 🏊 ⛵ 🎿 piste bi-cross
Services : ♿ ⬌ 🕯️ laverie 🖥️
À prox. : 🎣

Longitude : -1.83494
Latitude : 48.38231

CHÂTEAUGIRON

35410 – **309** M6 – 6 302 h. – alt. 45

🛈 *16 rue de Rennes* 🕾 *02 99 37 89 02*

▶ Paris 336 – Angers 114 – Châteaubriant 45 – Fougères 56

⚠ **Les Grands Bosquets** de déb. avr. à déb. oct.
🕾 02 99 37 41 69, *office.tourisme@cc-payschateaugiron.*
fr, Fax 02 99 37 43 55, *www.tourisme-payschateaugiron.*
fr – **🖈** 🏕
0,6 ha (33 empl.) plat, herbeux
Tarif : (Prix 2010) **†** 1,80 € 🚐 🅴 2,70 € – 🔌 (16A) 2,30 €
Pour s'y rendre : rte d'Ossé (sortie est par D 34)
À savoir : au bord d'un plan d'eau

| Nature : 🔾🔾 |
| Loisirs : 🏖 (plage) 🗞 |
| Services : 🚿🛠 |
| À prox. : 🚣 🎯 terrain multisports |

Longitude : -1.50256
Latitude : 48.04695

CHÂTELAUDREN

22170 – **309** E3 – 983 h. – alt. 105

🛈 *31, rue de la gare* 🕾 *02 96 79 77 71*

▶ Paris 469 – Guingamp 17 – Lannion 49 – St-Brieuc 18

⚠ **Municipal de l'Étang** de déb. mai à fin sept.
🕾 02 96 74 10 38, *mairiechatelaudren@wanadoo.fr*,
Fax 02 96 74 22 19, *www.chatelaudren.fr* – **🖈**
0,2 ha (17 empl.) non clos, plat, herbeux
Tarif : (Prix 2010) **†** 3 € 🚐 1 € 🅴 3 € – 🔌 (10A) 3 €
Pour s'y rendre : r. de la Gare (au bourg, au bord d'un
grand et bel étang)

| Nature : 🏕 🔾 |
| Loisirs : 🗞 |
| Services : 🚿 |
| À prox. : 🚣 |

Longitude : -2.97235
Latitude : 48.53694

CHÂTILLON-EN-VENDELAIS

35210 – **309** O5 – 1 663 h. – alt. 133

▶ Paris 311 – Fougères 17 – Rennes 49 – Vitré 13

⚠ **Municipal du Lac** de déb. mai à fin sept.
🕾 02 99 76 06 32, *accueil.mairie@chatillon-en-vendelais.*
fr, Fax 02 99 76 12 39 – **🖈**
0,6 ha (61 empl.) peu incliné, herbeux
Tarif : **†** 2 € 🚐 1 € 🅴 2 € – 🔌 (6A) 3 €
Location : (permanent) 🏕 – 1 🏚. Nuitée 41 €
– Sem. 204 €
🚐 borne artisanale – 🛢 8 €
Pour s'y rendre : rte de Parce, au lieu-dit : l'Épine
(500 m au nord par D 108, au bord de l'étang de
Châtillon)
À savoir : site agréable et cadre verdoyant

| Nature : 🏞 ⛰ 🏕 🔾🔾 ⚠ |
| Loisirs : 🗞 |
| Services : 🚿 🏧 |
| À prox. : 🍴 crêperie 🎯 pédalos |

Longitude : -1.17502
Latitude : 48.23247

194

*De categorie (1 tot 5 tenten, in **zwart** of **rood**) die wij aan de geselecteerde*
terreinen in deze gids toekennen, is onze eigen indeling.
Niet te verwarren met de door officiële instanties gebruikte classificatie (1 tot 5 sterren).

CLÉDEN-CAP-SIZUN

29770 – **308** D6 – 981 h. – alt. 30

▶ Paris 608 – Audierne 11 – Douarnenez 27 – Quimper 46

⚠ **La Baie** Permanent
🕾 02 98 70 64 28
0,4 ha (27 empl.) peu incliné et terrasse, herbeux
Tarif : (Prix 2010) **†** 3,30 € 🚐 2 € 🅴 3,40 € – 🔌 (8A) 2,50 €
Pour s'y rendre : à Lescleden (2,5 km à l'ouest)

| Nature : 🏞 ⛰ |
| Loisirs : 🍴 🗡 |
| Services : 🚰 🚿🛠 🏧 |

Longitude : -4.6826
Latitude : 48.04856

CONCARNEAU

29900 – **308** H7 – 20 280 h. – alt. 4

🛈 *quai d'Aiguillon* 🕿 *02 98 97 01 44*

▶ Paris 546 – Brest 96 – Lorient 49 – Quimper 22

⚠ **Les Sables Blancs** 🏕🏕 – de déb. avr. à fin oct.
🕿 02 98 97 16 44, *campingsablesblancs@free.fr*,
Fax 02 98 97 16 44, *www.camping-lessablesblancs.com*
3 ha (149 empl.) en terrasses, peu incliné, plat, herbeux
Tarif : 24€ 🏕🏕 ⛺ 🅴 🅷 (10A) – pers. suppl. 7€

Location : (de déb. avr. à fin oct.) – 30 🚐. Nuitée
30 à 80€ – Sem. 200 à 600€
🚰 borne artisanale 5€
Pour s'y rendre : r. des Fleurs (à 100 m de la plage)

À savoir : vue mer pour quelques emplacements

| Nature : 🌊 🚽 ⛰⛰ |
| Loisirs : 🍽 snack 🎪 🏇 ⛷ 🏊 poneys |
| Services : ♿ ⚡ ⛽ ℡ laverie 🚿 |
| À prox. : 🎣 |

Longitude : -3.9293
Latitude : 47.88295

⚠ **Les Prés Verts** de déb. mai à déb. sept.
🕿 02 98 97 09 74, *info@presverts.com*, *www.presverts.com*
3 ha (150 empl.) peu incliné, incliné, plat, herbeux
Tarif : (Prix 2010) 25€ 🏕🏕 ⛺ 🅴 🅷 (6A) – pers.
suppl. 6€

Location : (Prix 2010) (de déb. mai à déb. sept.) 🛫
– 4 🚐 – 6 🏠. Sem. 301 à 651€ – frais de réservation
20€
🚰 borne artisanale
Pour s'y rendre : Kernous-Plage BP 612 (3 km au nord-
ouest par rte du au bord de mer et à gauche, à 250 m
de la plage (accès direct))

À savoir : vue mer pour certains emplacements

| Nature : 🌊 |
| Loisirs : 🎪 🏇 ⛰ 🏊 |
| Services : ⚡ ℡ laverie |
| À prox. : 🛒 |

Longitude : -3.93333
Latitude : 47.88333

LE CONQUET

29217 – **308** C4 – 2 573 h. – alt. 30

🛈 *parc de Beausèjour* 🕿 *02 98 89 11 31*

▶ Paris 619 – Brest 24 – Brignogan-Plages 59 – St-Pol-de-Léon 85

⚠ Les Clédelles Les Blancs Sablons
🕿 02 98 89 06 90, *dedelles.conquet@wanadoo.fr*,
Fax 02 98 89 06 90, *www.lesdedelles.com*
12 ha (360 empl.) plat, herbeux, sablonneux

Location : 8 🚐.
🚰 borne eurorelais
Pour s'y rendre : au lieu-dit : Le Théven (5 km au nord-
est par D 67 et D 28, rte de la plage des Blancs Sablons, à
400 m de la plage - passerelle pour piétons reliant la ville)

À savoir : cadre un peu sauvage, naturel

| Nature : 🌊 🚽 |
| Loisirs : 🍽 crêperie 🏇 🏊 |
| Services : ♿ ⚡ laverie |

Longitude : -4.77316
Latitude : 48.35889

Consultez le site **Voyage.ViaMichelin.fr**

CRACH

56950 – **308** M9 – 3 260 h. – alt. 35

▶ Paris 482 – Auray 6 – Lorient 46 – Quiberon 29

⚠ Le Fort Espagnol
🕿 02 97 55 14 88, *fort-espagnol@wanadoo.fr*, *www.fort-
espagnol.com*
5 ha (190 empl.) peu incliné et plat, herbeux

Location : – 16 🚐 – 4 🏠 – 10 bungalows toilés.
Pour s'y rendre : rte du Fort Espagnol (800 m à l'est,
rte de la Rivière d'Auray)

| Nature : 🌊 🚽 ⛰⛰ |
| Loisirs : 🍽 snack 🎪 🏇 🏊 ⛱ |
| Services : ♿ ⚡ 🚿 laverie 🚿 |
| À prox. : 🛒 🍴 🎣 |

Longitude : -2.98988
Latitude : 47.61539

CROZON

29160 – **308** E5 – 7 682 h. – alt. 85
🚩 *boulevard de Pralognan* 🕿 02 98 27 07 92
▶ Paris 587 – Brest 60 – Châteaulin 35 – Douarnenez 40

⛰ **Les Pins** de fin avr. à déb. nov.
🕿 06 60 54 40 09, *camping.lespins@presquile-crozon.com*, Fax 02 98 26 23 16, *www.camping-crozon-lespins.com*
4 ha (155 empl.) non clos, plat, incliné, herbeux, sablonneux
Tarif : ✦ 5 € ⟵ 🚗 🔲 9 € – ⚡ (10A) 3 €
Location : (de déb. avr. à déb. nov.) 🚹 – 10 🛖 – 13 🏠. Sem. 300 à 600 €
Pour s'y rendre : rte de Dinan (2 km au sud-ouest par D 308 rte de la Pointe de Dinan)

Nature : 🌳🌳
Loisirs : 🏊‍♂️ 🔲 (petite piscine)
Services : 🚹 🕭 🚿 ♨
À prox. : parcours dans les arbres

Longitude : -4.51462
Latitude : 48.24153

⛰ **Les Pieds dans l'Eau** de mi-juin à mi-sept.
🕿 02 98 27 62 43, *lespiedsdansleau@free.fr*, *www.lespiedsdansleau.free.fr*
1,8 ha (118 empl.) peu incliné, herbeux
Tarif : ✦ 4,20 € ⟵ 🚗 2,30 € 🔲 4,40 € – ⚡ (6A) 3,50 € – frais de réservation 25 €
Pour s'y rendre : Saint-Fiacre (6 km au nord-ouest par rte de Roscanvel et à dr., au bord de la mer)

Nature : 🐚 🌳🌳 🏔
Loisirs : 🛖 ⛺ 🎣
Services : 🚹 🕭 🚿 ♨ 🔲

Longitude : -4.52855
Latitude : 48.28478

DINÉAULT

29150 – **308** G5 – 1 702 h. – alt. 160
▶ Paris 560 – Rennes 208 – Quimper 36 – Brest 54

⛰ **Ty Provost** de déb. juin à mi-sept.
🕿 02 98 86 29 23, *contact@typrovost.com*, *www.typrovost.com*
1,2 ha (44 empl.) terrasses, plat et peu incliné, herbeux
Tarif : ✦ 4 € ⟵ 🚗 3 € 🔲 5 € – ⚡ (6A) 3 €
Location : (permanent) 🚹 (2 chalets) – 5 🛖 – 7 🏠 – 2 gîtes. Nuitée 47 à 67 € – Sem. 196 à 397 €
🚐 borne artisanale – 4 🔲 10 € – 🚐 10 €
Pour s'y rendre : 4 km au sud-est par C 1, rte de Châteaulin et chemin à gauche
À savoir : cadre et situation agréables

Nature : ≤ 🌿
Loisirs : 🍽 🛖 🏊‍♂️
Services : 🚹 🕭 ♨ 🍽 laverie

Longitude : -4.12398
Latitude : 48.20709

DOL-DE-BRETAGNE

35120 – **309** L3 – 4 807 h. – alt. 20
🚩 *3, Grande Rue des Stuarts* 🕿 02 99 48 15 37
▶ Paris 378 – Alençon 154 – Dinan 26 – Fougères 54

⛰ **"Les Castels" Domaine des Ormes** de mi-mai à déb. sept.
🕿 02 99 73 53 00, *info@lesormes.com*, Fax 02 99 73 53 55, *www.lesormes.com* – places limitées pour le passage
160 ha/40 campables (750 empl.) peu incliné, plat, herbeux, forêt
Tarif : ✦ 8 € ⟵ 🚗 🔲 25 € – ⚡ (10A) 5 € – frais de réservation 20 €
Location : (permanent) – 60 🛖 – 26 🏠 – 49 🛏 – 11 studios – 25 appartements – 35 cabanes dans les arbres – 5 gîtes. Nuitée 116 € – Sem. 378 à 1 246 € – frais de réservation 20 €
🚐 borne artisanale
Pour s'y rendre : au lieu-dit : Épiniac (7,5 km au sud par D 795, rte de Combourg puis chemin à gauche)
À savoir : grands espaces et nombreuses activités autour d'un château du 16e s.

Nature : 🐚 ≤ 🌳🌳
Loisirs : 🍽 ✕ pizzeria, crêperie 🛖 🎯 🎣 discothèque, salle d'animation 🏊‍♂️ 🚴 ♨ 🎱 🎣 🏊 🛶 ⛵ 🎣 🐎 poneys (centre équestre) golf, practice de golf, terrain multisports, pédalos, parcours dans les arbres, parcs aquatiques en partie couvert
Services : 🚹 🕭 🍽 laverie 🛒 🚐

Longitude : -1.72667
Latitude : 48.49

Le coup de cœur de Bib

"Les Castels" Domaine des Ormes *(voir page précédente)*

Si l'on vient au domaine des Ormes avec en tête l'image du camping des premiers congés payés, on risque d'être stupéfait voire totalement désorienté ! Nous sommes bien loin de l'aire naturelle au confort modeste puisque cet établissement, de plus de 200 ha de forêts, lacs et prairies vallonnées, offre des services et des loisirs haut de gamme.En effet, cette « hôtellerie de plein air » fait partie de la chaîne des « Castels » : les propriétaires habitent un château (ici, du 18ᵉ s.), ce qui agrémente fortement le décor. Si on y ajoute un golf 18 trous d'une tenue exemplaire, tout est là pour satisfaire une clientèle souvent exigeante. Autres loisirs sur place, un centre équestre (50 chevaux et poneys), un espace aquatique et aqualudique (en partie couvert) pour les baignades en toute saison, et aussi des clubs enfants ou adolescents aux animations adaptées à leur âge. Mais nous sommes bien dans un camping… et, pour vos nuits, le choix proposé est aussi diversifié et de qualité que les loisirs : un hôtel cité dans le Guide Michelin, des chambres dans le club-house, de jolis chalets en bois avec terrasse, une trentaine de cabanes dans les arbres, des mobile homes et… les puristes seront rassurés : des emplacements nus pour tentes et caravanes !

Les Castels Domaine des Ormes

197

Le Vieux Chêne de mi-mai à mi-sept.
📞 02 99 48 09 55, *vieux.chene@wanadoo.fr*,
Fax 02 99 48 13 37, *www.camping-vieuxchene.fr*
4 ha/2 campables (199 empl.) peu incliné, plat, herbeux
Tarif : 34€ ★★ 🚗 🔲 (10A) – pers. suppl. 6€

Location : (de déb. avr. à mi-sept.) – 10 🚐 – 18 🏠.
Sem. 259 à 649€
🚐 borne artisanale 5€ – 5 🔲 34€ – 🛒 16€
Pour s'y rendre : rte de Pontorson (5 km à l'est, par N 176, rte de Pontorson, à l'est de Baguer-Pican sur D 57 - Accès conseillé par la déviation, sortie Dol-de-Bretagne-Est et D 80, D 576)

À savoir : situation plaisante autour d'étangs

| Nature : 🏊 🛏 ♨️ |
| Loisirs : 🍴 snack, crêperie 🎭 🚣 ✂️ ♨️ 🏹 🎱 ⛵ poneys |
| Services : 🚿 ⊶ 🏧 🗑 🧺 laverie 🧊 🌿 |
| Longitude : -1.68361 |
| Latitude : 48.54945 |

ERDEVEN

56410 – **308** M9 – 3 240 h. – alt. 18
🅱 7, rue Abbé-Le-Barh 📞 02 97 55 64 60
▶ Paris 492 – Auray 15 – Carnac 10 – Lorient 28

Les Mégalithes de déb. mai à mi-sept.
📞 02 97 55 68 76, *campingdesmegalithes@orange.fr*
4,3 ha (100 empl.) plat, herbeux
Tarif : (Prix 2010) ★ 5€ 🚗 🔲 10€ – (10A) 4€
🚐 borne raclet
Pour s'y rendre : à Kerfélicité (1,5 km au sud par D 781, rte de Carnac et rte à dr.)

| Nature : 🛏 ♨️ |
| Loisirs : 🚣 ✂️ ♨️ |
| Services : 🚿 ⊶ 🧺 laverie |
| Longitude : -3.14825 |
| Latitude : 47.63197 |

▲▲ **La Croëz-Villieu** de déb. mai à fin sept.
℘ 02 97 55 90 43, *camping-la-croez-villieu@wanadoo.
fr, www.la-croez-villieu.com* – places limitées pour le
passage
3 ha (158 empl.) plat, herbeux
Tarif : (Prix 2010) ✶ 6€ ⟵ 3€ 🔲 7€ – (6A) 4€

Location : (Prix 2010) (de déb. avr. à mi-oct.) – 21 🚐.
Sem. 200 à 730€
Pour s'y rendre : au lieu-dit : Kernogan, rte de Kerhillio
(1 km au sud-ouest par rte de la plage de Kerhillio)
À savoir : parc aquatique en partie couvert

| Nature : 🐟 🏕 ♀ |
| Loisirs : 🍴 🎦 hammam jacuzzi 🏊 🔲 ⛸ ⚓ |
| Services : ⚬ 🚫 🛁 🍴 laverie |
| À prox. : 🏇 |

Longitude : -3.15838
Latitude : 47.63199

▲ **L' Idéal** de déb. avr. à fin sept.
℘ 02 97 55 67 66, *info@camping-l-ideal.com,
www.camping-l-ideal.com* – places limitées pour le
passage
0,6 ha (30 empl.) plat, herbeux
Tarif : ✶ 5€ ⟵ 🔲 13€ – (10A) 5€ – frais de
réservation 20€

Location : (permanent) – 23 🚐 – 3 🏠
– 4 appartements. Sem. 300 à 760€ – frais de
réservation 20€
Pour s'y rendre : rte de la plage

| Nature : 🐟 ♀ |
| Loisirs : 🍴 🎦 🔲 |
| Services : ⚓ ⚬ 🍴 laverie |

Longitude : -3.16317
Latitude : 47.62115

ERQUY

22430 – **309** H3 – 3 764 h. – alt. 12
🛈 3, rue du 19 Mars 1962 ℘ 02 96 72 30 12
▶ Paris 451 – Dinan 46 – Dinard 39 – Lamballe 21

▲▲▲ **Le Vieux Moulin** ♣♦ – de déb. avr. à mi-sept.
℘ 02 96 72 34 23, *camp.vieux.moulin@wanadoo.fr,*
Fax 02 96 72 36 63, *www.camping-vieux-moulin.com*
2,5 ha (173 empl.)
Tarif : ✶ 6€ ⟵ 🔲 20€ – (10A) 6€ – frais de
réservation 10€

Location : (de déb. avr. à mi-sept.) – 70 🚐. Nuitée
50 à 115€ – Sem. 340 à 995€ – frais de réservation
10€
Pour s'y rendre : 14 r. des Moulins (2 km à l'est)
À savoir : cadre verdoyant et soigné

| Nature : 🏕 ♀♀ |
| Loisirs : 🍴 pizzeria, grill 🎦 ⚡ 🏋 spa 🏊 🔲 ⛸ ⚓ |
| Services : ⚓ ⚬ 🛁 🏕 🍴 laverie 🗜 🛒 |
| À prox. : 🍴 🎯 🏊 |

Longitude : -2.44699
Latitude : 48.63816

▲▲▲ **Yelloh! Village Les Pins** ♣♦ – de fin avr. à mi-sept.
℘ 02 96 72 31 12, *camping.des.pins@wanadoo.fr,*
Fax 02 96 63 67 94, *www.yellohvillage.fr/camping/
les_pins.com*
10 ha (385 empl.) peu incliné, plat, herbeux
Tarif : 36€ ✶✶ ⟵ 🔲 (6A) – pers. suppl. 6€ – frais de
réservation 30€

Location : (de fin avr. à mi-sept.) – 141 🚐 – 6 🏠
– 11 bungalows toilés. Nuitée 29 à 179€ – Sem.
203 à 1 253€
Pour s'y rendre : au lieu-dit : Le Guen (1 km au nord)
À savoir : agréable espace aquatique

| Nature : 🐟 🏕 ♀♀ |
| Loisirs : 🍴 snack, pizzeria 🎦 🀄 ⚡ 🏋 ⚓ jacuzzi balnéo 🏊 🎯 🔲 ⛸ ⚓ |
| Services : ⚓ ⚬ 🛁 🍴 laverie 🗜 🛒 |

Longitude : -2.4502
Latitude : 48.64423

▲▲▲ **Bellevue** de déb. avr. à fin sept.
℘ 02 96 72 33 04, *campingbellevue@yahoo.fr, http://
www.campingbellevue.fr*
2 ha (140 empl.) plat, herbeux
Tarif : 26€ ✶✶ ⟵ 🔲 (10A) – pers. suppl. 6€

Location : (de déb. avr. à mi-sept.) 🚫 – 22 🚐
– 4 tentes. Sem. 250 à 690€
🚐 borne artisanale – 100 🔲 16€ – 🔋 14€
Pour s'y rendre : re de la Libération (5,5 km au sud-
ouest)

À savoir : entrée fleurie et décoration arbustive des
emplacements

| Nature : 🏕 ♀♀ |
| Loisirs : 🍴 🎦 🏊 🪜 🔲 (découverte en saison) terrain multisports |
| Services : ⚓ ⚬ 🛁 🍴 laverie |
| À prox. : 🗜 crêperie |

Longitude : -2.48453
Latitude : 48.59347

St-Pabu de déb. avr. à mi-oct.
  ℘ 02 96 72 24 65, *camping@saintpabu.com*,
  Fax 02 96 72 87 17, *www.saintpabu.com*
  5,5 ha (409 empl.) en terrasses, plat, herbeux
  Tarif : 20€ ✶✶ ⇔ 🅿 🄳 (10A) – pers. suppl. 5€ – frais
  de réservation 20€

  Location : (de déb. avr. à mi-oct.) – 35 🛖. Nuitée
  100€ – Sem. 670€ – frais de réservation 20€
  ⛽ borne artisanale
  Pour s'y rendre : au lieu-dit : St-Pabu (à la plage de
  Saint-Pabu, 4 km au sud-ouest)

  À savoir : face à la baie d'Erquy

Nature : 🐦 < 🏕 ⛰
Loisirs : 🍴 🛖 🏖
Services : 🔥 🚿 🐕 ⛲ laverie 🔌
À prox. : 🌊 école de plongée, char à voile

Longitude : -2.4921
Latitude : 48.60091

Les Roches de déb. avr. à fin sept.
  ℘ 02 96 72 32 90, *info@camping-les-roches.com*,
  Fax 02 96 63 57 84, *www.camping-les-roches.com*
  3 ha (160 empl.) plat, terrasse, herbeux
  Tarif : ✶ 4€ ⇔ 3€ 🅿 5€ – 🄳 (10A) 4€ – frais de
  réservation 7€

  Location : (Prix 2010) (de déb. avr. à déb. nov.)
  – 18 🛖. Nuitée 40 à 70€ – Sem. 224 à 540€ – frais
  de réservation 7€
  ⛽ borne artisanale
  Pour s'y rendre : r. Pierre Vergos (3 km au sud-ouest)

  À savoir : sur les hauteurs de Caroual Village

Nature : 🐦 🌿
Loisirs : 🛖 🏖 🎣
Services : 🔥 🚿 📷 🐕 ⛲ laverie 🔌

Longitude : -2.4769
Latitude : 48.6094

Des Hautes Grées de déb. avr. à déb. oct.
  ℘ 02 96 72 34 78, *hautesgrees@wanadoo.fr*,
  Fax 02 96 72 30 15, *www.camping-hautes-grees.com*
  3 ha (177 empl.) plat, herbeux
  Tarif : ✶ 5,20€ ⇔ 🅿 9,20€ – 🄳 (10A) 4,80€ – frais de
  réservation 15,50€

  Location : (de déb. avr. à déb. oct.) – 30 🛖. Nuitée
  42 à 58€ – Sem. 240 à 650€ – frais de réservation
  15,50€
  ⛽ borne sanistation – 10 🅿 16,90€ – 🚐 16.90€
  Pour s'y rendre : 123 r. St Michel, au lieu-dit : Les
  Hopitaux (3,5 km au nord-est, à 400 m de la plage St-
  Michel)

Nature : 🐦 🏕
Loisirs : 🛖 🎠 🚣 🏖 🎣
Services : 🔥 🚿 ⛲ laverie

Longitude : -2.43089
Latitude : 48.63879

199

ÉTABLES-SUR-MER

22680 – **309** E3 – 2 920 h. – alt. 65
🅱 *9, rue de la République* *℘* 02 96 70 65 41
▶ Paris 467 – Guingamp 31 – Lannion 56 – St-Brieuc 19

  L'Abri-Côtier de déb. mai à mi-sept.
  ℘ 02 96 70 61 57, *camping.abricotier@wanadoo.fr*,
  Fax 02 96 70 65 23, *www.camping-abricotier.fr*
  2 ha (140 empl.) plat et peu incliné, herbeux
  Tarif : ✶ 5€ ⇔ 🅿 8€ – 🄳 (10A) 4€

  Location : (de mi-mai à mi-sept.) – 14 🛖 – 1 🏠
  – 5 bungalows toilés. Nuitée 45 à 80€ – Sem.
  250 à 500€
  ⛽ borne artisanale 2€
  Pour s'y rendre : 12 r. De Robien (1 km au nord par rte
  de St-Quay-Portrieux et à gauche)

Nature : 🐦
Loisirs : 🍴 jacuzzi 🚣
Services : 🔥 🚿 📷 🐕 🏖 🌊 ⛲ laverie 🔌 🐕
À prox. : ⚽ 🎣 🌊 🐎 poneys golf, canoë de mer

Longitude : -2.83539
Latitude : 48.63603

LE FAOUËT

56500 – **308** J6 – 2 806 h. – alt. 68
🖪 *3, rue des Cendres* 🖉 02 97 23 23 23
▶ Paris 516 – Carhaix-Plouguer 35 – Lorient 40 – Pontivy 47

   ⚠ **Municipal Beg er Roch** de mi-mars à fin sept.
    🖉 02 97 23 15 11, *camping.lefaouet@wanadoo.fr*,
    Fax 02 97 23 11 66
    3 ha (65 empl.) plat, herbeux
    Tarif : (Prix 2010) 🛉 4 € 👜 2 € 🔲 4 € – ⚡ (10A) 3 € – frais
    de réservation 9 €
    Location : (Prix 2010) (de mi-mars à fin sept.)
    – 8 🏚. Nuitée 55 à 58 € – Sem. 212 à 410 € – frais de
    réservation 15 €
    Pour s'y rendre : rte de Lorient (2 km au sud-est par
    D 769, rte de Lorient)
    À savoir : cadre agréable au bord de l'Ellé

Nature : ⚲
Loisirs : 🎱 🏊 ⛳ 🐎
Services : 🚿 ⚡ 🏢 🧺 laverie
Longitude : -3.46973
Latitude : 48.01794

FEINS

35440 – **309** M5 – 780 h. – alt. 104
▶ Paris 369 – Avranches 55 – Fougères 44 – Rennes 30

   ⚠ **Municipal l'Étang de Boulet** de déb. avr. à fin
   oct.
    🖉 02 99 69 70 69, *contact@pays-aubigne.fr*,
    Fax 02 99 55 69 88
    1,5 ha (40 empl.) plat, herbeux
    Tarif : (Prix 2010) 🛉 4 € 👜 1 € 🔲 3 € – ⚡ (10A) 3 €
    Pour s'y rendre : 2 km au nord-est par D 91, rte de
    Marcillé-Raoul et chemin à gauche
    À savoir : situation agréable au bord du lac

Nature : 🏞 < 🏕 ⚲ 🌳
Loisirs : 🎱 🏊 🐎
Services : 🚿 ⚡ (juil.-août) 🧺 🔧
🍴 laverie cases réfrigérées
À prox. : 🐴 🐎 (centre équestre) base nautique
Longitude : -1.63863
Latitude : 48.33845

LA FORÊT-FOUESNANT

29940 – **308** H7 – 3 211 h. – alt. 19
🖪 *2, rue du Vieux Port* 🖉 02 98 51 42 07
▶ Paris 553 – Rennes 202 – Quimper 18 – Brest 94

   ⚠ **Kerleven** 🛉🛉 – de mi-avr. à fin sept.
    🖉 02 98 56 98 83, *contact@campingdekerleven.com*,
    Fax 02 98 56 82 22, *www.campingdekerleven.com*
    4 ha (235 empl.) en terrasses, plat, herbeux
    Tarif : (Prix 2010) 33 € 🛉🛉 👜 🔲 ⚡ (10A) – pers.
    suppl. 8 € – frais de réservation 9 €
    Location : (de mi-avr. à fin sept.) – 36 🏚. Nuitée
    50 à 110 € – Sem. 200 à 770 € – frais de réservation 9 €
    🚐 borne eurorelais 2 €
    Pour s'y rendre : au lieu-dit : à Kerleven, 11 rte de Port
    La Forêt, (2 km au sud-est, à 200 m de la plage)

Nature : 🏕 ⚲⚲
Loisirs : 🍴 snack 🎱 📺 🏓 🏊 ⛳ 🎣 🍿 🏊
Services : 🚿 ⚡ 🔧 🍴 laverie 🔧
À prox. : 🐎
Longitude : -3.96788
Latitude : 47.89807

   ⚠ **Kéranterec** 🛉🛉 – de déb. avr. à mi-sept.
    🖉 02 98 56 98 11, *info@camping-keranterec.com*,
    Fax 02 98 56 81 73, *www.camping-keranterec.com*
    6,5 ha (265 empl.) en terrasses, peu incliné, plat,
    herbeux, fort dénivelé
    Tarif : 34 € 🛉🛉 👜 🔲 ⚡ (10A) – pers. suppl. 9 € – frais
    de réservation 30 €
    Location : (de déb. avr. à mi-sept.) – 50 🏚. Nuitée
    100 € – Sem. 850 € – frais de réservation 30 €
    🚐 borne eurorelais 4 €
    Pour s'y rendre : à Kerleven (2,8 km au sud-est)
    À savoir : autour d'une ancienne ferme restaurée et au
    bord de l'océan

Nature : 🏞 🏕 ⚲ 🌳
Loisirs : 🍴 snack 🎱 📺 🏓 salle d'animation ⛳ 🏸 🏊 🏊 🏊
Services : 🚿 ⚡ 🔧 🍴 laverie
Longitude : -3.95538
Latitude : 47.89903

🔺 **Les Saules** 👥 – de déb. mai à fin sept.
📞 02 98 56 98 57, *info@camping-les-saules.com*,
Fax 02 98 56 86 60, *www.camping-les-saules.com*
4 ha (242 empl.) peu incliné, plat, herbeux
Tarif : 31 € 👫 🚐 🔲 🚿 (6A) – pers. suppl. 7 € – frais de
réservation 17 €
Location : (de déb. avr. à mi-oct.) ♿ (1 mobile home)
– 38 🚏 – 2 🏠. Nuitée 45 à 127 € – Sem. 195 à 890 €
– frais de réservation 17 €
Pour s'y rendre : à Kerléven, 54 rte de la Plage (2,5 km
au sud-est, au bord de la plage de Kerléven (accès
direct))
À savoir : en 2 parties distinctes

Nature :
Loisirs : 🍺 snack
Services : 🛁 laverie
À prox. :

Longitude : -3.9611
Latitude : 47.899

🔺 **Manoir de Penn ar Ster** de fin fév. à mi-nov.
📞 02 98 56 97 75, *info@camping-pennarster.com*,
www.camping-pennarster.com
3 ha (105 empl.) en terrasses, plat, herbeux
Tarif : 27 € 👫 🚐 🔲 🚿 (10A) – pers. suppl. 7 € – frais
de réservation 15 €
Location : (de fin fév. à mi-nov.) ♿ – 8 🚏 – 2 🏠.
Nuitée 70 € – Sem. 650 € – frais de réservation 15 €
🚐 borne artisanale 5 € – 5 🔲 17 €
Pour s'y rendre : 2 ch. de Penn-Ar-Ster (sortie nord-est,
rte de Quimper et à gauche)
À savoir : joli manoir en pierre agrémenté d'un jardin

Nature :
Loisirs :
Services : laverie
À prox. : golf

Longitude : -3.98148
Latitude : 47.91201

🔺 **FranceLoc Domaine du St-Laurent** de déb. avr.
à fin sept.
📞 02 98 56 97 65, *saintlaurent@franceloc.fr*,
Fax 02 98 56 92 51, *www.camping-du-saint-laurent.fr*
5,4 ha (230 empl.) en terrasses, plat, herbeux
Tarif : 29 € 👫 🚐 🔲 🚿 (10A) – pers. suppl. 7 € – frais
de réservation 27 €
Location : (de déb. avr. à fin sept.) ♿ (1 mobile
home) – 138 🚏. Nuitée 35 à 98 € – Sem. 140 à 1 067 €
– frais de réservation 27 €
Pour s'y rendre : à Kerleven (3 km au sud-est, à 500 de
la grande plage de Kerleven)
À savoir : vue mer et Îles du Glénan pour quelques
emplacements

Nature :
Loisirs : terrain multisports
Services : laverie
À prox. :

Longitude : -3.96576
Latitude : 47.89822

201

*Utilisez les **cartes MICHELIN**,
complément indispensable de ce guide.*

FOUESNANT

29170 – **308** G7 – 9 793 h. – alt. 30
🛈 *Espace Kernevelech* 📞 02 98 51 18 88
▶ Paris 555 – Carhaix-Plouguer 69 – Concarneau 11 – Quimper 16

🔺 **Sunêlia L'Atlantique** 👥 – de fin avr. à mi-sept.
📞 02 98 56 14 44, *sunelia@latlantique.fr*,
Fax 02 98 56 18 67, *www.l-atlantique.fr* – places limitées
pour le passage
10 ha (432 empl.) plat, herbeux
Tarif : 41 € 👫 🚐 🔲 🚿 (6A) – pers. suppl. 7 €
Location : (de fin avr. à mi-sept.) – 140 🚏 – 6 🏠
– 10 tentes. Nuitée 29 à 122 € – Sem. 203 à 854 € – frais
de réservation 30 €
🚐 borne artisanale 22 €
Pour s'y rendre : 4,5 km au sud, vers la Chapelle de
Kerbader, à 400 m de la plage (accès direct)
À savoir : bel ensemble aquatique et balnéo

Nature :
Loisirs : 🍺 snack, crêperie, pizzeria hammam salle d'animation, balnéo poneys
Services : laverie

Longitude : -3.98
Latitude : 47.85611

BRETAGNE

FOUGÈRES

35300 – **309** O4 – 20 678 h. – alt. 115

2, *rue Nationale* ✆ *02 99 94 12 20*

➡ Paris 326 – Caen 148 – Le Mans 132 – Nantes 158

△ **Municipal de Paron** de déb. mai à fin sept.
✆ 02 99 99 40 81, *campingmunicipal35@orange.fr*,
Fax 02 99 99 70 83
2,5 ha (90 empl.) plat, peu incliné, herbeux
Tarif : (Prix 2010) ★ 3 € ⇦ 3 € 🖪 6 € – (½) (10A) 4 €
⊡ borne autre
Pour s'y rendre : rte de la Chapelle-Janson (1,5 km à
l'est par D 17, accès recommandé par rocade est)
À savoir : agréable cadre arbustif

| Nature : 🐾 ⊑ 🟢🟢 |
| Loisirs : 🛝 |
| Services : ⊶ laverie |
| À prox. : 🎴 ✖ 🖼 🏛 🐎 |

| Longitude : -1.18132 |
| Latitude : 48.35406 |

LE FRET

29160 – **308** D5

➡ Paris 591 – Rennes 239 – Quimper 56 – Brest 10

△ **Gwel Kaër** de déb. avr. à fin sept.
✆ 02 98 27 61 06, *info@camping-gwel-kaer.com*,
Fax 02 98 27 61 06, *www.camping-gwel-kaer.com*
2,2 ha (98 empl.) en terrasses, plat et peu incliné,
herbeux
Tarif : ★ 4 € ⇦ 2 € 🖪 4 € – (½) (8A) 4 €
Location : (de déb. avr. à fin sept.) ✖ – 7 ⓛⓣⓟ.
Nuitée 45 à 55 € – Sem. 295 à 515 €
Pour s'y rendre : 40 r. de Pen-An-Ero (sortie sud-est par
D 55, rte de Crozon, au bord de mer)

| Nature : 🐾 ≤ 🌳 ⚠ |
| Loisirs : 🛝 |
| Services : 👌 ⊷ (de mi-Juin à mi-sept.) 🖶 🖾 |

| Longitude : -4.50267 |
| Latitude : 48.27876 |

LE GUERNO

56190 – **308** Q9 – 741 h. – alt. 60

➡ Paris 460 – Muzillac 8 – Redon 30 – La Roche-Bernard 17

△ **Municipal de Borg-Néhué** de déb. avr. à fin oct.
✆ 02 97 42 94 76, *mairie.leguerno@wanadoo.fr*,
Fax 02 97 42 84 36, *www.leguerno.fr*
1,4 ha (50 empl.) plat, herbeux
Tarif : (Prix 2010) 11 € ★★ ⇦ 🖪 (½) (10A) – pers.
suppl. 3 €
Location : (Prix 2010) (permanent) – 9 🏠. Sem.
156 à 416 €
⊡ borne autre
Pour s'y rendre : r. du Borg Nehué (500 m au nord-
ouest par rte de Noyal-Muzillac)

| Nature : 🐾 ⊑ 🟢🟢 |
| Loisirs : 🛝 |
| Services : 👌 🚮 🖶 🖾 |
| À prox. : ✖ |

| Longitude : -2.41557 |
| Latitude : 47.58251 |

GUIDEL

56520 – **308** K8 – 9 973 h. – alt. 38

2 *9, rue Saint-Maurice* ✆ *02 97 65 01 74*

➡ Paris 511 – Nantes 178 – Quimper 60 – Rennes 162

△△△ **Les Jardins de Kergal** de déb. avr. à fin sept.
✆ 06 83 46 53 08, *jardins.kergal@wanadoo.fr*,
Fax 02 97 32 88 27, *www.camping-lorient.com*
5 ha (153 empl.) plat, herbeux
Tarif : ★ 7 € ⇦ 🖪 16 € (½) (12A) – frais de réservation 20 €
Location : (de déb. avr. à mi-nov.) – 30 ⓛⓣⓟ – 40 🏠.
Nuitée 50 € – Sem. 200 à 795 € – frais de réservation
20 €
⊡ borne autre – 🐟 (½) 13 €
Pour s'y rendre : rte des Plages (3 km au sud-ouest par
D 306, rte de Guidel-Plages et chemin à gauche)
À savoir : agréable cadre boisé

| Nature : 🐾 🟢🟢 |
| Loisirs : 🍴 🎦 🛝 🚲 ✖ 🏛 🔲 🏊 ⛰ terrain multisports |
| Services : 👌 ⊶ 🖶 🍴 laverie |
| À prox. : 🚣 🐎 (centre équestre) parcours sportif |

| Longitude : -3.50734 |
| Latitude : 47.77464 |

GUILVINEC

29730 – **308** F8 – 3 051 h. – alt. 5

🛈 *62, rue de la Marine* ℰ *02 98 58 29 29*

▶ Paris 584 – Douarnenez 44 – Pont-l'Abbé 10 – Quimper 30

⚬⚬⚬ **Yelloh! Village La Plage** ♣♣ – de déb. avr. à mi-sept.
ℰ 02 98 58 61 90, *info@yellohvillage-la-plage.com*,
Fax 02 98 58 89 06, *www.villagelaplage.com*
7 ha (410 empl.) plat, herbeux, sablonneux
Tarif : 41 € ♣♣ ⇔ 🅴 (½) (10A) – pers. suppl. 7 €

Location : (de déb. avr. à mi-sept.) – 196 🖾 – 4 🏠
– 2 cabanes dans les arbres – 8 tentes. Nuitée
29 à 179 € – Sem. 203 à 1 253 €
🖙 borne artisanale 7 €
Pour s'y rendre : rte des Fusillés de Poulguen (2 km
à l'ouest, rte de la pointe de Penmarc'h, à 100 m de la
plage (accès direct))

Nature : 🌳
Loisirs : 🍷 crêperie, pizzeria, snack 🎮 ⛲ 🏀 🚴 🎾 ⛳ 🏊 🏊 terrain multisports
Services : 🚿 ⚡ 🛁 🧺 laverie
À prox. : 🌊

Longitude : -4.31194
Latitude : 47.8035

This Guide is not intended as a list of all the camping sites in France ;
its aim is to provide a selection of the best sites in each category.

HUELGOAT

29690 – **308** I4 – 1 612 h. – alt. 149

🛈 *Moulin du Chaos* ℰ *02 98 99 72 32*

▶ Paris 523 – Brest 66 – Carhaix-Plouguer 18 – Châteaulin 36

⚬⚬ **La Rivière d'Argent** de mi-mars à mi-déc.
ℰ 02 98 99 72 50, *campriviere@orange.fr*,
www.lariviouredargent.com
5 ha (90 empl.) plat, herbeux
Tarif : (Prix 2010) ♣ 4 € ⇔ 2 € 🅴 5 € – (½) (10A) 4 € – frais
de réservation 12 €

Location : (Prix 2010) (de déb. mars à fin oct.) – 12 🖾
– 1 tipi – 1 tente. Nuitée 20 à 72 € – Sem. 120 à 590 €
– frais de réservation 16 €
🖙 borne artisanale 3 €
Pour s'y rendre : au lieu-dit : La Coudraie (3,4 km à l'est
par D 769a, rte de Locmaria-Berrien et chemin à dr.)

À savoir : agréable situation en bordure de rivière et en
lisière de forêt

Nature : 🏞 🌲 〰
Loisirs : 🍷 🚣 🎿 🌊
Services : 🚿 ⚡ 🛁 🧺 🖾

Longitude : -3.7151
Latitude : 48.3648

203

⚬ **Municipal du Lac** de déb. juil. à fin août
ℰ 02 98 99 78 80, *mairie.huelgoat@wanadoo.fr*,
Fax 02 98 99 75 72
1 ha (85 empl.) plat, herbeux
Tarif : (Prix 2010) ♣ 3,30 € ⇔ 1,20 € 🅴 3,60 € –
(½) (10A) 3,50 €
🖙 borne AireServices – 10 🅴
Pour s'y rendre : au lieu-dit : Le Fao (800 m à l'ouest
par rte de Brest, au bord d'une rivière et du lac)

Nature : 〰 🌳
Loisirs : 🎣
Services : 🚿 ⚡ 🛁 🌊
À prox. : 🎾 🌊

Longitude : -3.75647
Latitude : 48.33134

ÎLE-AUX-MOINES

56780 – **308** N9 – 542 h. – alt. 16

▶ Paris 483 – Rennes 132 – Vannes 15 – Lorient 59

⚬ **Municipal du Vieux Moulin** de mi-mai à mi-sept.
ℰ 02 97 26 30 68, *mairie@mairie-ileauxmoines.fr*,
Fax 02 97 26 38 27, *www.mairie-ileauxmoines.fr*
1 ha (44 empl.) plat et peu incliné, herbeux
Tarif : ♣ 6 €
Pour s'y rendre : au lieu-dit : Le Vieux Moulin (sortie
sud-est du bourg, rte de la Pointe de Brouel)

À savoir : réservé aux tentes

Nature : 🏞
Loisirs : 🚣
Services : ⚡
À prox. : 🎾

Longitude : -2.84546
Latitude : 47.59238

JOSSELIN

56120 – **308** P7 – 2 578 h. – alt. 58

𝟐 *place de la Congrégation*   02 97 22 36 43

▶ Paris 428 – Dinan 86 – Lorient 76 – Pontivy 35

△ **Le Bas de la Lande** de déb. avr. à fin oct.
  02 97 22 22 20, *campingbasdelalande@wanadoo.fr*,
www.josselin.com / *www.guegon.fr*
2 ha (60 empl.) plat, peu incliné et en terrasses, herbeux,
pinède attenante
Tarif : (Prix 2010) **🏕** 3 € 🚗 2 € 🔲 3 € – 🔌 (6A) 3 €

Location : (Prix 2010) (de déb. avr. à fin oct.) 🏠
– 4 🛖. Sem. 315 à 375 €
Pour s'y rendre : 2 km à l'ouest par D 778 et D 724,
rte de Guégon à gauche, à 50 m de l'Oust, sortie ouest
Guégon par voie rapide

Nature : 🏞 🌳	
Loisirs : 🍽 🏛 🏖	
Services : 🚿 🔌 🧺 laverie	
À prox. : 🎣	

Longitude : -2.57148
Latitude : 47.95266

Do not confuse :
△... to ... △△△ : *MICHELIN classification*
and
★ ... to ... ★★★★★ : *official classification*

JUGON-LES-LACS

22270 – **309** I4 – 1 593 h. – alt. 29

𝟐 *place du Martray*   02 96 31 70 75

▶ Paris 417 – Lamballe 22 – Plancoët 16 – St-Brieuc 59

△△△ **Au Bocage du Lac** de déb. avr. à mi-sept.
  02 96 31 60 16, *contact@campinglacbretagne.com*,
Fax 02 96 31 75 04, *www.campinglacbretagne.com*
4 ha (180 empl.) plat et peu incliné, herbeux
Tarif : **🏕** 6 € 🚗 🔲 11 € – 🔌 (10A) 5 € – frais de
réservation 17 €

Location : (de déb. avr. à mi-oct.) – 8 🛖 – 28 🏠
– 3 gîtes. Nuitée 76 à 107 € – Sem. 273 à 750 € – frais de
réservation 17 €
🚐 borne artisanale 3 €
Pour s'y rendre : r. du Bocage (1 km au sud-est par
D 52, rte de Mégrit)
À savoir : au bord du grand étang de Jugon

Nature : 🏞 🌳	
Loisirs : 🍽 🏛 🎮 🏖 🎣 🏊 🛶	
poneys parc animalier	
Services : 🚿 🔌 🏖 🍴 laverie	
À prox. : 🚲 🏓 🛶 canoë de mer	

Longitude : -2.31663
Latitude : 48.40165

KERVEL

29550 – **308** F6

▶ Paris 586 – Rennes 234 – Quimper 24 – Brest 67

△△△ **FranceLoc Domaine de Kervel** 👥 – de déb. avr. à
mi-sept.
  02 98 92 51 54, *kervel@franceloc.fr*, Fax 02 98 92 54 96,
www.campings-franceloc.com
7 ha (300 empl.) plat, herbeux
Tarif : (Prix 2010) 35 € **🏕🏕** 🚗 🔲 🔌 (10A) – pers.
suppl. 8 € – frais de réservation 26 €

Location : (de déb. avr. à mi-sept.) 🚿 – 111 🛖
– 3 🏠. Nuitée 37 à 54 € – Sem. 147 à 826 € – frais de
réservation 27 €
🚐 borne flot bleu – 🚐 15 €
Pour s'y rendre : à Kervel

Nature : 🌳🌳	
Loisirs : 🍽 🏛 🎮 🎯 🏖 🚲 🏓	
🎣 🖥 🏊 ⛰ terrain multisports	
Services : 🚿 🔌 🏖 🧺 🍴	
laverie 🏪 🏖	

Longitude : -4.27454
Latitude : 48.11567

KERVOYAL

56750 – **308** P9
▶ Paris 471 – Rennes 124 – Vannes 30 – Lorient 87

△ **Oasis** de déb. avr. à mi-oct.
    ✆ 02 97 41 10 52, *camping-loasis@wanadoo.fr*,
Fax 02 97 41 10 52, *www.campingloasis.com* – ℞
3 ha (150 empl.) plat, herbeux
Tarif : 20 € ✝✝ ⟺ 🅴 (💧) (6A) – pers. suppl. 4 €

Location : (de mi-avr. à fin sept.) – 11 ▢▤
– 2 appartements. Sem. 199 à 580 €
🚰 borne eurorelais 5 €
Pour s'y rendre : r. Port Lestre (100 m de la plage)

| Nature : 🐟 ♨♨ |
| Loisirs : 🏖 |
| Services : ⛽ 🚿 🍴 laverie |
| Longitude : -2.55013 |
| Latitude : 47.51897 |

Consultez le site **Voyage.ViaMichelin.fr**

LAMPAUL-PLOUDALMEZEAU

29830 – **308** D3 – 700 h. – alt. 24
▶ Paris 613 – Brest 27 – Brignogan-Plages 36 – Ploudalmézeau 4

△ **Municipal des Dunes**
    ✆ 02 98 48 14 29, *lampaul-ploudalmezeau.mairie@*
wanadoo.fr, Fax 02 98 48 19 32
1,5 ha (150 empl.) non clos, plat, sablonneux, herbeux,
dunes
🚰 borne artisanale
Pour s'y rendre : au lieu-dit : Le Vourc'h (700 m au nord
du bourg, à côté du terrain de sports et à 100 m de la
plage (accès direct))

| Nature : 🐟 |
| Loisirs : 🏖 |
| Services : ♿ ⛽ laverie |
| Longitude : -4.65888 |
| Latitude : 48.5663 |

LANDÉDA

29870 – **308** D3 – 3 555 h. – alt. 52
▶ Paris 604 – Brest 28 – Brignogan-Plages 25 – Ploudalmézeau 17

⚠ **Les Abers** ♣♣ – de déb. mai à fin sept.
    ✆ 02 98 04 93 35, *info@camping-des-abers.com*,
Fax 02 98 04 84 35, *www.camping-des-abers.com*
4,5 ha (180 empl.) en terrasses, plat, sablonneux,
herbeux, dunes
Tarif : 18 € ✝✝ ⟺ 🅴 (💧) (10A) – pers. suppl. 4 €

Location : (de déb. mai à fin sept.) – 22 ▢▤ – 1 studio
– 1 appartement. Sem. 270 à 570 €
🚰 borne artisanale
Pour s'y rendre : 51 Toull Tréaz (2,5 km au nord-ouest,
aux dunes de Ste-Marguerite)

À savoir : situation agréable au bord de la plage et table
d'orientation explicative sur le site

| Nature : 🐟 ≤ ⛰ |
| Loisirs : 🏖 🎮 🎣 🏖 🚲 |
| Services : ♿ ⛽ 🍴 laverie 🔌 |
| À prox. : 🍸 ✗ |
| Longitude : -4.60306 |
| Latitude : 48.59306 |

LANLOUP

22580 – **309** E2 – 271 h. – alt. 58
▶ Paris 484 – Guingamp 29 – Lannion 44 – St-Brieuc 36

⚠ **Le Neptune** de déb. avr. à mi-oct.
    ✆ 02 96 22 33 35, *contact@leneptune.com*,
Fax 02 96 22 68 45, *www.leneptune.com*
2 ha (84 empl.) plat, peu incliné, herbeux
Tarif : (Prix 2010) ✝ 6 € ⟺ 🅴 9 € – (💧) (10A) 4 €

Location : (Prix 2010) (de déb. avr. à mi-oct.) – 11 ▢▤
– 10 🏠. Nuitée 50 à 80 € – Sem. 220 à 560 €
🚰 borne artisanale 8 €
Pour s'y rendre : à Kerguistin 3 (sortie ouest du bourg)

À savoir : cadre arbustif plaisant

| Nature : ⛱ ♀ |
| Loisirs : 🍸 🏖 🏖 🚲 🔥 🔲 (dé-couverte en saison) |
| Services : ♿ ⛽ 🍴 laverie 🔌 |
| À prox. : 🍴 |
| Longitude : -2.96704 |
| Latitude : 48.71372 |

205

LANNION

22300 – **309** B2 – 19 773 h. – alt. 12
🔖 *Quai d'Aiguillon* 🖉 *02 96 46 41 00*
▶ Paris 516 – Brest 96 – Morlaix 42 – St-Brieuc 65

Les Plages de Beg-Léguer de déb. avr. à déb. nov.
🖉 02 96 47 25 00, *info@campingdesplages.com*,
Fax 02 96 47 27 77, *www.campingdesplages.com*
5 ha (240 empl.) peu incliné, plat, herbeux
Tarif : ⚓ 7 € ⟷ 🔲 9 € – 🅖 (6A) 4 €
Location : (de déb. avr. à déb. nov.) 🅿 – 30 ⬜
– 7 🏠 – 4 bungalows toilés. Nuitée 32 à 105 € – Sem.
224 à 735 €
🚐 borne artisanale
Pour s'y rendre : rte de la Côte (6 km à l'ouest par rte
de Trébeurden et rte à gauche, à 500 m de la plage)

| Nature : 🐟 ⟷ 💧💧 |
| Loisirs : 🍴 crêperie, pizzeria 🎰 🏍️ 🎾 🔲 (découverte en saison) |
| Services : ⛟ 🔌 🐾 🏧 laverie 🧺 |

| Longitude : -3.545 |
| Latitude : 48.73834 |

Municipal des 2 Rives Permanent
🖉 02 96 46 31 40, *camping.des2rives@ville-lannion.fr*,
Fax 02 96 46 31 40, *www.ville-lannion.fr*
2,3 ha (116 empl.) plat, herbeux
Tarif : (Prix 2010) ⚓ 3 € ⟷ 2 € 🔲 5 € – 🅖 (10A) 2 €
Location : (Prix 2010) (permanent) ⛟ (1 chalet)
– 14 🏠 – 8 bungalows toilés. Nuitée 31 à 64 € – Sem.
213 à 445 €
🚐 borne autre 8 €
Pour s'y rendre : r. du Moulin du Duc (2 km au sud-est
par D 767, rte de Guingamp et rte à dr. apr. le centre
commercial Leclerc)

À savoir : plaisante décoration arbustive sur les deux rives
du Léguer

| Nature : 🐟 💧 |
| Loisirs : 🍴 ⟷ 🎣 |
| Services : ⛟ 🔌 🐾 🏧 🧺 laverie |
| À prox. : 🚶 sentier pédestre, canoë |

| Longitude : -3.44584 |
| Latitude : 48.72293 |

LANTIC

22410 – **309** E3 – 1 407 h. – alt. 50
▶ Paris 466 – Brest 139 – Lorient 133 – Rennes 116

Les Étangs de mi-avr. à fin sept.
🖉 02 96 71 95 47, *contact@campinglesetangs.com*,
Fax 02 96 71 95 47, *www.campinglesetangs.com*
1,5 ha (110 empl.) terrasse, peu incliné, plat, herbeux
Tarif : 18 € ⚓⚓ ⟷ 🔲 🅖 (10A) – pers. suppl. 4 €
Location : (de déb. avr. à fin sept.) – 10 ⬜
– 2 bungalows toilés. Nuitée 25 à 90 € – Sem.
170 à 630 €
🚐 borne artisanale 16 € – 🧺 10 €
Pour s'y rendre : 2 km à l'est par D 4, rte de Binic, près
de deux étangs

| Nature : 🐟 💧💧 |
| Loisirs : 🎰 ⟷ 🎣 |
| Services : ⛟ 🔌 🐾 🏧 🔲 |
| À prox. : 🎣 |

| Longitude : -2.86254 |
| Latitude : 48.6068 |

LARMOR-PLAGE

56260 – **308** K8 – 8 415 h. – alt. 4 – Base de loisirs
▶ Paris 510 – Lorient 7 – Quimper 74 – Vannes 66

La Fontaine Permanent
🖉 02 97 33 71 28, *contact@campingdelafontaine.fr*,
Fax 02 97 33 70 32, *www.campingdelafontaine.fr*
4 ha (130 empl.) plat, peu incliné, herbeux
Tarif : (Prix 2010) ⚓ 5 € 🔲 9 € 🅖 (16A) – frais de
réservation 14 €
Location : (Prix 2010) (permanent) – 11 ⬜ – 1 studio.
Sem. 245 à 503 €
🚐 borne autre 6 € – 8 🔲 10 € – 🧺 🅖 10 €
Pour s'y rendre : au lieu-dit : Kerdeff, r. de Quéhello (à
l'ouest de la station, à 300 m du D 152 (accès conseillé))

| Nature : 🐟 ⟷ 💧💧 |
| Loisirs : 🎰 🚸 ⟷ |
| Services : ⛟ 🔌 🔲 🧺 laverie |

| Longitude : -3.39212 |
| Latitude : 47.70912 |

LESCONIL

29740 – **308** F8

▶ Paris 581 – Douarnenez 41 – Guilvinec 6 – Loctudy 7

▲ **La Grande Plage** de déb. avr. à fin sept.
& 0298878827, *campinggrandeplage@hotmail.com*,
Fax 0298878827, *www.campinggrandeplage.com*
2,5 ha (120 empl.) plat, peu incliné, herbeux
Tarif : 24€ ★★ ⇌ 🔲 (6A) – pers. suppl. 5€
Location : (de déb. avr. à fin sept.) – 9 ⬜
– 5 bungalows toilés. Nuitée 40 à 100€ – Sem.
250 à 650€ – frais de réservation 30€
🚐 borne eurorelais 5€
Pour s'y rendre : 71 r. Paul Langevin (1 km à l'ouest, rte
de Guilvinec, à 300 m de la plage (accès direct))

Nature : ⚏ 🎆	
Loisirs : 🎣 🏊	
Services : ♿ ⛽ 🅿 ☕ laverie	

Longitude : -4.22897
Latitude : 47.79804

▲ **Les Dunes** de déb. mai à mi-sept.
& 0298878178, *contact@camping-lesdunes-29.com*,
Fax 0298822705, *www.camping-lesdunes-29.com*
2,8 ha (120 empl.) plat, herbeux
Tarif : (Prix 2010) ★ 5€ ⇌ 2€ 🔲 9€ – 🔌 (10A) 4€
Location : (de déb. mai à mi-sept.) – 4 ⬜.
Pour s'y rendre : 67 r. Paul-Langevin (1 km à l'ouest, rte
de Guilvinec, à 150 m de la plage (accès direct))

Nature : ⚏ 🎆	
Loisirs : 🎣 🏊	
Services : ♿ ⛽ 🅿 ☕ laverie	

Longitude : -4.2256
Latitude : 47.79495

▲ **Keralouet** de déb. avr. à fin sept.
& 0298822305, *campingkeralouet@wanadoo.fr*,
www.campingkeralouet.com
1 ha (64 empl.) plat, herbeux
Tarif : 17€ ★★ ⇌ 🔲 🔌 (8A) – pers. suppl. 4€
Location : (de déb. avr. à fin sept.) ♿ (2 chalets) ⚡
– 3 ⬜ – 8 🏠 – 4 bungalows toilés. Nuitée 45 à 90€
– Sem. 220 à 535€
Pour s'y rendre : 11 r. Eric Tabarly (1 km à l'est sur rte
de Loctudy)
À savoir : ensemble soigné, agréable

Nature : 🎆	
Loisirs : 🏊	
Services : ♿ ⛽ 🚿 ☕ 🍴 🖨	
À prox. : 🎣	

Longitude : -4.20595
Latitude : 47.80424

207

Avant de vous installer, consultez les tarifs en cours,
affichés obligatoirement à l'entrée du terrain,
et renseignez-vous sur les conditions particulières de séjour.
Les indications portées dans le guide ont pu être modifiées depuis la mise à jour.

LOCMARIA-PLOUZANÉ

29280 – **308** D4 – 4 827 h. – alt. 65

▶ Paris 610 – Brest 15 – Brignogan-Plages 50 – Ploudalmézeau 23

▲ **Municipal de Portez** de déb. mai à fin sept.
& 0298484985, *camping-portez@locmaria-plouzane.fr*,
Fax 0298484985
2 ha (110 empl.) non clos, en terrasses, plat, herbeux
Tarif : (Prix 2010) ★ 3€ ⇌ 4€ 🔲 4€ – 🔌 (8A) 3€ – frais
de réservation 30€
Location : (Prix 2010) (de déb. mai à fin sept.) – 3 ⬜.
Nuitée 70€ – Sem. 430€
🚐 borne eurorelais 4€ – 7 🔲 4€ – 🔋 4€
Pour s'y rendre : au lieu-dit : Portez (3,5 km au sud-
ouest par D 789 et rte de la plage de Trégana, à 200 m
de la plage)

Nature : 🌊 ≼ ⚏ 🎆	
Loisirs : 🎣 🏊	
Services : ♿ ⛽ (15 juin-	
15 sept.) 🚿 ☕ laverie	
À prox. : 🍴 crêperie pizzeria	

Longitude : -4.66344
Latitude : 48.3582

LOCMARIAQUER

56740 – **308** N9 – 1 632 h. – alt. 5

🛈 *rue de la Victoire* 🕿 *02 97 57 33 05*

◫ Paris 488 – Auray 13 – Quiberon 31 – La Trinité-sur-Mer 10

   ▲ **Lann-Brick** de déb. avr. à déb. oct.
     🕿 02 97 57 32 79, *camping.lannbrick@wanadoo.fr*,
     Fax 02 97 57 45 47, *www.camping-lannbrick.com*
     1,2 ha (98 empl.) plat, herbeux
     Tarif : (Prix 2010) 22 € ★ ★ ⇔ 🔲 (ᶀ) (6A) – pers.
     suppl. 5 € – frais de réservation 15 €
     Location : (Prix 2010) (de déb. avr. à déb. oct.) – 14 🛖
     – 11 bungalows toilés. Sem. 200 à 590 € – frais de
     réservation 15 €
     Pour s'y rendre : au lieu-dit : Lann Brick - rte de Kérinis
     (2,5 km au nord-ouest par rte de Kérinis, à 200 m de la
     plage)

| Nature : ⌂ ♀ |
| Loisirs : ♟ 🎦 🏊 🚴 🛶 balnéo |
| Services : 🚿 ⚡ 🧺 laverie |
| À prox. : ✂ 🔥 ♨ |

| Longitude : -2.98527 |
| Latitude : 47.58268 |

Benutzen Sie
– zur Wahl der Fahrtroute
– zur Berechnung der Entfernungen
– zur exakten Lokalisierung eines Campingplatzes (mit Hilfe der Angaben im Ortstext)
*die für diesen Führer unentbehrlichen **MICHELIN-Karten.***

LOCRONAN

29180 – **308** F6 – 800 h. – alt. 105

🛈 *place de la Mairie* 🕿 *02 98 91 70 14*

◫ Paris 580 – Rennes 229 – Quimper 17

   ▲ **Le Locronan** de déb. avr. à déb. nov.
     🕿 02 98 91 87 76, *contact@camping-locronan.fr*,
     www.camping-locronan.fr
     2,6 ha (103 empl.) en terrasses, plat, herbeux, fort
     dénivelé
     Tarif : 20 € ★ ★ ⇔ 🔲 (ᶀ) (10A) – pers. suppl. 5 € – frais
     de réservation 15 €
     Location : (de déb. avr. à déb. nov.) – 11 🛖
     – 6 bungalows toilés. Nuitée 30 à 99 € – Sem. 215 à 695 €
     – frais de réservation 15 €
     🚐 borne artisanale
     Pour s'y rendre : r. de la Troménie

| Nature : 🌊 ⌂ ♀♀ |
| Loisirs : 🏊 🖼 |
| Services : 🚿 ⚡ 🧺 🍴 laverie |

| Longitude : -4.19918 |
| Latitude : 48.09582 |

LOCTUDY

29750 – **308** F8 – 4 101 h. – alt. 8

🛈 *place des Anciens Combattants* 🕿 *02 98 87 53 78*

◫ Paris 578 – Bénodet 18 – Concarneau 35 – Pont-l'Abbé 6

   ▲ **Les Hortensias** de déb. avr. à fin sept.
     🕿 02 98 87 46 64, *leshortensias@libertysurf.fr*,
     www.camping-loctudy.com
     1,5 ha (100 empl.) plat, herbeux
     Tarif : 22 € ★ ★ ⇔ 🔲 (ᶀ) (6A) – pers. suppl. 4 €
     Location : (de déb. avr. à fin sept.) ⛺ – 18 🛖. Sem.
     195 à 615 €
     🚐 borne artisanale 5 € – 10 🔲 18 €
     Pour s'y rendre : 38 r. des Tulipes (3 km au sud-ouest
     par rte de Larvor, à 500 m de la plage de Lodonnec)

| Nature : ♀♀ |
| Loisirs : 🏊 🔥 🛶 |
| Services : 🚿 ⚡ 🍴 laverie |
| À prox. : ♟ ✕ |

| Longitude : -4.17941 |
| Latitude : 47.81242 |

LOUANNEC

22700 – **309** B2 – 2 853 h. – alt. 53
▶ Paris 527 – Rennes 175 – St-Brieuc 77 – Lannion 10

🔺🔺🔺 **Municipal Ernest Renan** de déb. mai à déb. oct.
    ℘ 02 96 23 11 78, *camping-louannec2@wanadoo.*
fr, Fax 02 96 49 04 47, *www.louannec.com/camping-*
louannec.html
4 ha (265 empl.) plat, herbeux
Tarif : (Prix 2010) 17 € ✷✷ ⟺ 🅴 (🗲) (16A) – pers.
suppl. 3 € – frais de réservation 30 €

Location : (Prix 2010) (de déb. avr. à déb. oct.)
– 8 🛖. Nuitée 48 à 83 € – Sem. 250 à 580 € – frais de
réservation 90 €
🚐 borne artisanale 4 € – 10 🅴 10 €
Pour s'y rendre : 1 km à l'ouest, au bord de mer

Nature : ≤ ⛰
Loisirs : 🍸 🔲 🕤diurne 🏊
🏊 🌀
Services : 🚿 🔞 🍴 ⚒ 🚰 🍽
laverie 🔲 🗻
À prox. : 🐎

Longitude : -3.42723
Latitude : 48.79666

MARCILLÉ-ROBERT

35240 – **309** N7 – 931 h. – alt. 65
▶ Paris 333 – Bain-de-Bretagne 33 – Châteaubriant 30 – La Guerche-de-Bretagne 11

🔺 **Municipal de l'Étang** Permanent
    ℘ 06 61 82 69 57, *camping.marcillerobert@yahoo.fr*,
Fax 02 99 43 54 34
0,5 ha (22 empl.) en terrasses, plat, herbeux
Tarif : (Prix 2010) 10 € ✷✷ ⟺ 🅴 (🗲) (10A) – pers.
suppl. 3 € – frais de réservation 10 €
Pour s'y rendre : r. des Bas Gasts (sortie sud par D 32,
rte d'Arbrissel)

À savoir : cadre agréable surplombant un étang

Nature : ≤ 🔲 ♉♉
Services : 🚿 🏖
À prox. : 🏊 🍴 🚣 pédalos

Longitude : -1.36369
Latitude : 47.94795

MARTIGNÉ-FERCHAUD

35640 – **309** O8 – 2 598 h. – alt. 90
🅱 *place Sainte-Anne* ℘ 02 99 47 84 37
▶ Paris 340 – Bain-de-Bretagne 31 – Châteaubriant 15 – La Guerche-de-Bretagne 16

🔺 **Municipal du Bois Feuillet** de déb. juin à fin sept.
    ℘ 02 99 47 84 38, *mairie-de-martigne-ferchaud@*
wanadoo.fr, Fax 02 99 47 84 65, *www.ville-martigne-*
ferchaud.fr
1,7 ha (50 empl.) en terrasses, herbeux, plat
Tarif : (Prix 2010) ✷ 3 € ⟺ 🅴 2 € – (🗲) (15A) 2 €
🚐 borne artisanale
Pour s'y rendre : lieu-dit : Étang de la Forge (nord-est
du bourg)

Nature : ≤ 🔲 ♉♉
Loisirs : 🔲
Services : 🚿 🔞 (juil.-août) 🏖
🗻 🍽 🖼
À prox. : 🏊 🍴 🚣 (plage) 🚣
🌀 pédalos

Longitude : -1.3
Latitude : 47.83333

MATIGNON

22550 – **309** I3 – 1 560 h. – alt. 70
🅱 *place du Général-de-Gaulle* ℘ 02 96 41 12 53
▶ Paris 425 – Dinan 30 – Dinard 23 – Lamballe 23

🔺 **Le Vallon aux Merlettes** de déb. mai à fin sept.
    ℘ 02 96 41 11 61, *giblanchet@wanadoo.fr*,
www.camping-matignon.com
3 ha (100 empl.) peu incliné, plat, herbeux
Tarif : ✷ 4 € ⟺ 🅴 6 € – (🗲) (8A) 3 €

Location : (de déb. avr. à mi-oct.) – 5 🛖. Nuitée
40 à 50 € – Sem. 200 à 450 € – frais de réservation 10 €
🚐 borne artisanale 2 € – 4 🅴 14 € – 🐚 (🗲) 11 €
Pour s'y rendre : 43 r. du Dr-Jobert (au sud-ouest par
D 13, rte de Lamballe, au stade)

Nature : 🌊 🌿
Loisirs : 🔲 🍴 🖼
Services : 🚿 🔞 ⚒ 🍽 laverie
À prox. : 🍴

Longitude : -2.29512
Latitude : 48.59301

MERDRIGNAC

22230 – **309** H5 – 2 921 h. – alt. 140

▶ Paris 411 – Dinan 47 – Josselin 33 – Lamballe 40

   ▲ **Manche Océan** de déb. mai à fin sept.
     ℰ 02 96 28 47 98, *camping.merdrignac@orange.fr*,
     Fax 02 96 26 55 44, *www.valdelandrouet.com*
     15 ha/2 campables (50 empl.) peu incliné, plat, herbeux
     Tarif : ★ 4€ ⇌ 🗐 4€ – 🔌 (5A) 3€

     Location : (permanent) – 5 ⬛ – 30 gîtes. Nuitée
     38 à 68€ – Sem. 260 à 450€ – frais de réservation 15€
     🛒 borne artisanale 8€ – 5 🗐 8€ – 🚐 🔌 8€
     Pour s'y rendre : 14 Rue du Gouède (0,8 km au nord,
     près de la piscine et de deux plans d'eau, à la base de
     loisirs)

| Nature : ☁ 🗆 ♀♀ |
| Loisirs : ♈ ♫ |
| Services : 🕭 o🚻 ♨ ♈ 🗐 |
| À prox. : ⛵ ✗ 🎣 ⚓ ⛳ swing golf |

| Longitude : -2.41525 |
| Latitude : 48.19843 |

Avant de vous installer, consultez les tarifs en cours,
affichés obligatoirement à l'entrée du terrain,
et renseignez-vous sur les conditions particulières de séjour.
Les indications portées dans le guide ont pu être modifiées depuis la mise à jour.

MEUCON

56890 – **308** 08 – 2 011 h. – alt. 80

▶ Paris 467 – Rennes 116 – Vannes 8 – Lorient 62

   ▲▲▲ **Le Haras** Permanent
     ℰ 02 97 44 66 06, *contact@campingvannes.com*,
     Fax 02 97 44 49 41, *www.campingvannes.com*
     14 ha/2,5 campables (140 empl.) plat, peu incliné,
     herbeux, bois
     Tarif : 20€ ★★ ⇌ 🗐 🔌 (10A) – pers. suppl. 4€ – frais
     de réservation 20€

     Location : (permanent) 🕭 (1 chalet) – 33 ⬛ – 7 🏠.
     Sem. 224 à 630€ – frais de réservation 20€
     🛒 borne artisanale – 8 🗐 17€
     Pour s'y rendre : à Kersimon (de Vannes : au nord par
     D 767 puis D 778 E, derrière aéroclub de Vannes-
     Meucon-Bretagne-Sud)

| Nature : ☁ 🗆 ♀♀ |
| Loisirs : ♈ snack ⛵ 🚲 ✗ ♫ ⚓ 🏊 terrain multisports, petit parc animalier |
| Services : 🕭 o🚻 🛒 ♨ ♨ ♻ ♈ laverie |
| À prox. : ✗ 🐎 poneys (centre équestre) ULM, école de para-chutisme |

| Longitude : -2.72795 |
| Latitude : 47.73035 |

MOËLAN-SUR-MER

29350 – **308** J8 – 6 879 h. – alt. 58

🛈 *20, place de l'Église* ℰ 02 98 39 67 28

▶ Paris 523 – Carhaix-Plouguer 66 – Concarneau 27 – Lorient 27

   ▲ **L'Île Percée** Permanent
     ℰ 02 98 71 16 25, *camping-ilepercee-am@orange.fr*,
     www.camping-ile-percee.fr
     1 ha (65 empl.) plat, herbeux
     Tarif : (Prix 2010) 20€ ★★ ⇌ 🗐 🔌 (10A) – pers.
     suppl. 4€ – frais de réservation 58€

     Location : (Prix 2010) (de déb. avr. à mi-sept.) – 4 ⬛.
     Sem. 290 à 550€
     Pour s'y rendre : plage de Trenez (5,8 km à l'ouest
     par D 116, rte de Kerfany-les-Pins, puis 1,7 km par rte à
     gauche)
     À savoir : agréable site sauvage surplombant l'océan

| Nature : ☁ ‹ ♀ ▲ |
| Loisirs : ♈ kayak |
| Services : 🕭 o🚻 ♻ ♨ ♈ 🗐 |
| À prox. : snack 🐎 sentiers pédestres |

| Longitude : -3.70241 |
| Latitude : 47.78872 |

MORGAT

29160 – **308** E5 – 7 535 h.
▣ Paris 590 – Rennes 238 – Quimper 55 – Brest 15

△ **Les Bruyères** de déb. mai à fin sept.
℮ 02 98 26 14 87, *info@camping-bruyeres-crozon.com*,
Fax 02 98 26 17 73, *www.camping-bruyeres-crozon.com*
4 ha (130 empl.) plat, peu incliné, herbeux
Tarif : 🚲 5 € ↤ 3 € ℙ 5 € – ⚝ (5A) 4 €

Location : (de déb. avr. à fin sept.) ⌿ – 10 🚣. Sem.
260 à 595 €

Pour s'y rendre : au lieu-dit : Le Bouis (1,5 km par
D 255, rte du Cap de la Chèvre et chemin à droite)

À savoir : cadre naturel avec accès à Morgat par chemin
pédestre

| Nature : 🐓 ⚲ |
| Loisirs : 🚴 |
| Services : ⏱ ♻ laverie |

| Longitude : -4.53183 |
| Latitude : 48.22293 |

🚲 ✕ *ATTENTION...*
⛴ *ces éléments ne fonctionnent généralement qu'en saison,*
🏊 *quelles que soient les dates d'ouverture du terrain.*

MOUSTERLIN

29170 – **308** G7
▣ Paris 563 – Rennes 212 – Quimper 22 – Brest 94

△△△ **FranceLoc Le Grand Large** 👥 – de déb. avr. à mi-
sept.
℮ 02 98 56 04 06, *grandlarge@franceloc.fr*,
Fax 02 98 56 58 26, *www.campings-franceloc.fr* – places
limitées pour le passage
5,8 ha (287 empl.) plat, herbeux
Tarif : (Prix 2010) 29 € 🚲🚲 ↤ ℙ ⚝ (10A) – pers.
suppl. 7 € – frais de réservation 26 €

Location : (Prix 2010) (de déb. avr. à mi-sept.) ♿
– 220 🚣 – 3 tentes. Nuitée 33 à 138 € – Sem.
133 à 966 € – frais de réservation 26 €
Pour s'y rendre : 48 rte du Grand Large (près de la
plage)

| Nature : 🐓 ⚲ |
| Loisirs : 🍴 📚 ☺ 🏊 ⛴ jacuzzi 🚴 🚴 ⛶ ⚣ ⛲ terrain mul-tisports |
| Services : ♿ ⏱ ♻ ⛱ 🍽 laverie 🚲 ⛴ |
| À prox. : brasserie pizzeria |

| Longitude : -4.0407 |
| Latitude : 47.854 |

△△ **Kost-Ar-Moor** de mi-avr. à mi-sept.
℮ 02 98 56 04 16, *kost-ar-moor@wanadoo.fr*,
Fax 02 98 56 65 02, *www.camping-fouesnant.com*
3,5 ha (177 empl.) plat, herbeux
Tarif : 27 € 🚲🚲 ↤ ℙ ⚝ (10A) – pers. suppl. 6 € – frais
de réservation 15 €

Location : (de mi-avr. à mi-sept.) – 20 🚣
– 5 appartements. Nuitée 45 à 100 € – Sem. 230 à 595 €
– frais de réservation 15 €
Pour s'y rendre : rte du grand large - Mousterlin (500 m
de la plage)

| Nature : 🐓 ⚲⚲ |
| Loisirs : 🍴 📚 🚴 ⚣ ⛶ |
| Services : ♿ ⏱ ⛱ laverie |
| À prox. : ⛳ golf |

| Longitude : -4.03421 |
| Latitude : 47.85106 |

NAIZIN

56500 – **308** O7 – 1 662 h. – alt. 106
▣ Paris 454 – Ploërmel 40 – Pontivy 16 – Rennes 106

△ **Municipal de Coetdan** de mi-mai à fin sept.
℮ 02 97 27 43 27, *mairie-de-naizin@wanadoo.fr*,
Fax 02 97 27 46 82, *naizin.fr* – ❖
0,7 ha (28 empl.) plat et peu incliné, herbeux
Tarif : 🚲 2 € ↤ 1,50 € ℙ 1,80 € – ⚝ (9A) 2 €
Pour s'y rendre : r. des Peupliers (600 m à l'est par D 17
et D 203 dir. Réguiny)

À savoir : cadre agréable près d'un plan d'eau

| Nature : 🚬 ⚲⚲ |
| Loisirs : ⛵ |
| Services : ♿ 🍽 |
| À prox. : 🚴 ⛶ parcours de santé, pédalos, ferme animalière |

| Longitude : -2.82616 |
| Latitude : 47.99336 |

211

NÉVEZ

29920 – **308** I8 – 2 641 h. – alt. 40
🏛 *18 place de l' Église* 📞 *02 98 06 87 90*
▶ Paris 541 – Concarneau 14 – Pont-Aven 8 – Quimper 40

△ **Les Chaumières** de mi-mai à mi-sept.
📞 02 98 06 73 06, *campingdeschaumieres@wanadoo.fr*,
Fax 02 98 06 78 34, *camping-des-chaumieres.com*
3 ha (110 empl.) plat, herbeux
Tarif : 20€ ♦♦ ⊞ 📵 (10A) – pers. suppl. 5€

Location : (de déb. avr. à mi-sept.) 🏕 (de déb. juil.
à fin août) – 6 🛖. Nuitée 45 à 70€ – Sem. 230 à 550€
– frais de réservation 10€
🚐 borne artisanale
Pour s'y rendre : 24 Hameau de Kerascoët (3 km au sud
par D 77 direction Port Manec'h puis rte à dr.)

Nature : 🏞 🌲 ♀	
Loisirs : 🏖	
Services : 🚿 ⊕🚻 (juil.-août) laverie	
À prox. : 🍴 crêperie	

Longitude : -3.77433
Latitude : 47.79598

Des vacances réussies sont des vacances bien préparées !
Ce guide est fait pour vous y aider... mais :
– n'attendez pas le dernier moment pour réserver
– évitez la période critique du 14 juillet au 15 août.
Pensez aux ressources de l'arrière-pays,
à l'écart des lieux de grande fréquentation.

NOYAL-MUZILLAC

56190 – **308** Q9 – 2 277 h. – alt. 52
▶ Paris 468 – Rennes 108 – Vannes 31 – Lorient 88

⋀⋀ **Moulin de Cadillac** de déb. mai à fin sept.
📞 02 97 67 03 47, *infos@moulin-cadillac.com*,
Fax 02 97 67 00 02, *www.camping-moulin-cadillac.com*
7 ha (192 empl.) plat, herbeux, étangs, bois attenant
Tarif : (Prix 2010) ♦ 6€ ⇔ ⊞ 10€ – 📵 (10A) 4€

Location : (Prix 2010) (de mi-avr. à fin sept.) – 26 🛖
– 16 🏠 – 4 bungalows toilés. Sem. 150 à 600€ – frais
de réservation 10€
🚐 borne artisanale – 5 ⊞ 25€
Pour s'y rendre : 4,5 km au nord-ouest par rte de
Berric

À savoir : entrée fleurie et cadre agréable, au bord du
Kervily

Nature : 🏞 🌲 ♀	
Loisirs : 🍴 🎮 🌙 nocturne salle d'animation 🏖 🎾 🧗 🎣 🚣 parc animalier, terrain multisports	
Services : 🚿 ⚡ 🐕 🚻 laverie 🚰	
À prox. : poneys	

Longitude : -2.50199
Latitude : 47.61412

PAIMPOL

22500 – **309** D2 – 7 756 h. – alt. 15
🏛 *19, rue du Général Leclerc* 📞 *02 96 20 83 16*
▶ Paris 494 – Guingamp 29 – Lannion 33 – St-Brieuc 46

△ **Municipal de Cruckin-Kérity** de déb. avr. à fin
sept.
📞 02 96 20 78 47, *contact@camping-paimpol.com*,
Fax 02 96 20 75 00, *www.camping-paimpol.com*
2 ha (130 empl.) plat, herbeux
Tarif : 12€ ♦♦ ⇔ ⊞ 📵 (10A) – pers. suppl. 4€ – frais
de réservation 20€

Location : – 5 bungalows toilés. Sem. 200 à 330€
🚐 10 ⊞ 12€
Pour s'y rendre : au lieu-dit : Kérity (2 km au sud-est
par D 786, rte de St-Quay-Portrieux, attenant au stade, à
100 m de la plage de Cruckin)

Nature : 🏞 🌲 ♀	
Loisirs : 🎮 🏖	
Services : 🚿 🐕 🚻 laverie	
À prox. : crêperie 🏃 terrain multis-ports-parcours de santé	

Longitude : -3.02513
Latitude : 48.76897

PAIMPONT

35380 – **309** I6 – 1 636 h. – alt. 159

🏛 *5, esplanade de Brocéliande* 🌸 *02 99 07 84 23*

▶ Paris 390 – Dinan 60 – Ploërmel 26 – Redon 47

⛺ **Municipal Paimpont Brocéliande** de déb. avr. à déb. oct.
🌸 02 99 07 89 16, *camping.paimpont@orange.fr*,
www.camping-paimpont-broceliande.com
1,5 ha (90 empl.) plat, herbeux
Tarif : (Prix 2010) 🧍 3 € 🚗 1 € 🔲 3 € – 🔌 (5A) 3 €

Location : (Prix 2010) (permanent) 🦽 (1 chalet)
– 6 🏠. Sem. 260 à 490 €
🚐 borne autre 4 € – 6 🔲 8 €
Pour s'y rendre : 2 r. du Chevalier Lancelot du Lac
(sortie nord par D 773, à prox. de l'étang)

Nature : 🏕	
Loisirs : 🏛 🏊	
Services : 🦽 (juil.-août) 🚰 laverie	
À prox. : 🍴	
Longitude : -2.17265	
Latitude : 48.02348	

To make the best possible use of this Guide,
READ CAREFULLY THE EXPLANATORY NOTES.

PÉNESTIN

56760 – **308** Q10 – 1 813 h. – alt. 20

🏛 *allée du Grand Pré* 🌸 *02 99 90 37 74*

▶ Paris 458 – La Baule 29 – Nantes 84 – La Roche-Bernard 18

⛰ **Le Cénic** 🚻 – de mi-avr. à mi-sept.
🌸 02 99 90 45 65, *info@lecenic.com*, Fax 02 99 90 45 05,
www.lecenic.com
5,5 ha (310 empl.) plat, peu incliné, herbeux
Tarif : 31 € 🧍🧍 🚗 🔲 🔌 (6A) – pers. suppl. 6 € – frais de
réservation 15 €

Location : (de mi-avr. à mi-sept.) – 40 🛖 – 6 🏠.
Nuitée 70 à 99 € – Sem. 250 à 680 € – frais de réservation
15 €
🚐 borne artisanale 3 € – 10 🔲 16 €
Pour s'y rendre : rte de La Roche-Bernard (1,5 km à
l'est par D 34, au bord d'un étang)

À savoir : parc aquatique en partie couvert

Nature : 🏕 🌳🌳	
Loisirs : 🍸 🏛 🎮 🏹 salle d'animation 🏊 📺 🎣 🎯 🏐 🎿	
Services : 🦽 🔥 🧺 laverie	
Longitude : -2.45547	
Latitude : 47.47889	

⛰ **Les Îles** 🚻 – de déb. avr. à déb. oct.
🌸 02 99 90 30 24, *contact@camping-des-iles.fr*,
Fax 02 99 90 44 55, *www.camping-des-iles.fr*
3,5 ha (184 empl.) plat, herbeux, étang
Tarif : 40 € 🧍🧍 🚗 🔲 🔌 (10A) – pers. suppl. 6 €

Location : (de déb. avr. à déb. oct.) 🦽 (1 chalet)
– 62 🛖 – 11 🏠 – 5 tentes. Sem. 250 à 1 000 €
🚐 borne artisanale 5 € – 🚐 🔌 14 €
Pour s'y rendre : à la Pointe du Bile (4,5 km au sud par
D 201 à dr., à la Pointe du Bile)

À savoir : au bord de la plage

Nature : 🏕 🌳🌳 ⛰	
Loisirs : 🍸 snack 🏛 🌙 nocturne 🏹 🏊 🚲 🍴 🎿 🎯 terrain multisports	
Services : 🦽 🔥 🧺 🚰 laverie 🎿 🚿	
À prox. : 🐴 poneys	
Longitude : -2.48426	
Latitude : 47.44561	

⛰ **Yelloh! Village Le Domaine d'Inly** 🚻 – de déb. avr. à mi-sept.
🌸 02 99 90 35 09, *inly-info@wanadoo.fr*,
Fax 02 99 90 40 93, *www.camping-inly.com* – places
limitées pour le passage
30 ha/12 campables (500 empl.) plat, herbeux, pierreux
Tarif : 40 € 🧍🧍 🚗 🔲 🔌 (10A) – pers. suppl. 6 €

Location : (de déb. avr. à mi-sept.) – 110 🛖. Nuitée
39 à 185 € – Sem. 273 à 1 295 €
🚐 borne eurorelais 3 €
Pour s'y rendre : rte de Couarne (2 km au sud-est par
D 201 et rte à gauche)

Nature : 🌊 🏕 🌳🌳	
Loisirs : 🍸 🍴 snack 🏛 🌙 🏹 🏊 🚲 🍴 📺 🎿 🚣 🎯 🏹 poneys canoë, pédalos	
Services : 🔥 🚿 🎿 🚽 🚰 laverie 🎿 🚿	
Longitude : -2.46694	
Latitude : 47.47138	

⛰ **Les Parcs** de déb. avr. à déb. oct.
🖉 0299903059, *camplesparcs@free.fr*,
Fax 0299903742, *www.camping-lesparcs.com*
3 ha (100 empl.) plat, incliné, herbeux
Tarif : 24€ ✶✶ ⇔ 🔲 🔌 (6A) – pers. suppl. 5€ – frais de
réservation 15€

Location : (de déb. avr. à déb. oct.) – 18 🚐. Sem.
190 à 590€ – frais de réservation 15€
Pour s'y rendre : rte de la Roche-Bernard (500 m à l'est
par D 34)

Nature : 🔲 ♀♀	
Loisirs : ▼ 🔲 (découverte en saison)	
Services : ♿ ⚬🚿 🎱 🍴 laverie	
À prox. : 🛒	
Longitude : -2.46583	
Latitude : 47.48166	

PENMARCH

29760 – **308** E8 – 5 662 h. – alt. 7
🛈 *place Maréchal Davout* 🖉 0298588144
▶ Paris 585 – Audierne 40 – Douarnenez 45 – Pont-l'Abbé 12

⛰ **Municipal de Toul ar Ster** de mi-juin à mi-sept.
🖉 0298588688, *mairie@penmarch.fr*, Fax 0298584157
3 ha (202 empl.) plat, herbeux, sablonneux
Tarif : ✶ 2,95€ ⇔ 2,05€ 🔲 2,85€ – 🔌 (6A) 2,50€ – frais
de réservation 50€
Pour s'y rendre : 110 r. Edmond Michelet (1,4 km au
sud-est par rte de Guilvinec par la côte et rte à dr., à
100 m de la plage (accès direct))

Nature : 🐾	
Services : ♿ ⚬🚿 (juil.-août) laverie	
À prox. : 🌊	
Longitude : -4.33726	
Latitude : 47.81246	

PENTREZ-PLAGE

29550 – **308** F5
▶ Paris 566 – Brest 55 – Châteaulin 18 – Crozon 18

⛰ **Homair Vacances Le Ker'Ys - Les Tamaris** 👥 –
de déb. avr. à mi-sept.
🖉 0820201207, *info@homair.com*, Fax 0442950363,
www.ker-ys.com – places limitées pour le passage
3 ha (190 empl.) plat, peu incliné, herbeux
Tarif : (Prix 2010) 35€ ✶✶ ⇔ 🔲 🔌 (6A) – pers.
suppl. 6€ – frais de réservation 10€

Location : (de déb. avr. à mi-sept.) – 144 🚐. Nuitée
85€ – Sem. 595€ – frais de réservation 25€
Pour s'y rendre : rte de la Dune (face à la plage)

Nature : 🔲 ♀	
Loisirs : 🎬 ⏰diurne 🏃 🚣 🏊 🏖	
Services : ♿ ⚬🚿 🎱 🍴 laverie	
À prox. : ▼ crêperie	
Longitude : -4.30103	
Latitude : 48.19558	

PERROS-GUIREC

22700 – **309** B2 – 7 333 h. – alt. 60
🛈 *21, place de l'Hôtel de Ville* 🖉 0296232115
▶ Paris 527 – Lannion 12 – St-Brieuc 76 – Tréguier 19

⛰ **Yelloh! Village Le Ranolien** 👥 – de déb. avr. à mi-
sept.
🖉 0296916565, *info@yellohvillage-ranolien.com*,
Fax 0296914190, *www.leranolien.fr*
16 ha (520 empl.) plat, peu incliné, herbeux, rochers, fort
dénivelé
Tarif : 41€ ✶✶ ⇔ 🔲 🔌 (10A) – pers. suppl. 8€

Location : (de déb. avr. à mi-sept.) – 4 roulottes
– 330 🚐. Nuitée 39 à 185€ – Sem. 273 à 1 295€
🚐 borne artisanale – 8 🔲 30€
Pour s'y rendre : à Ploumanac'h (1 km au sud-est par
D 788, à 200 m de la mer)

À savoir : très agréable centre de balnéo ouvert toute
l'année

Nature : ≤ 🔲 ♀	
Loisirs : ▼ crêperie, snack, pizze-ria 🎬 ⏰ 🏃 🛝 🚡 hammam jacuzzi salle d'animation, disco-thèque, balnéo, spa 🚣 🎿 🔲 🏊 🏖 terrain multisports	
Services : ♿ ⚬🚿 🚽 🎱 laverie 🛒 🍴	
Longitude : -3.47537	
Latitude : 48.82839	

214

Le coup de cœur de Bib

Yelloh! Village Le Ranolien *(voir page précédente)*

Le Domaine du Ranolien présente de multiples facettes : celle du camping avec des emplacements pour tente ou caravane, celle de l'hôtellerie de plein air (mobile home), celle plus bohème de l'hébergement en roulotte et, enfin, celle du grand confort dans les cottages ! Ces derniers proposent des prestations haut de gamme dont une literie de 180 cm, deux écrans plats, une mini-chaîne et un lave-vaisselle. De plus, Le Ranolien, c'est aussi un club vacances aux nombreuses activités, sportives en journée, divertissantes ou culturelles en soirée, sans oublier l'exceptionnel espace détente et soins : spa, hammam, sauna, massage, coiffure… avec une situation privilégiée au cœur d'un site naturel protégé !

Yelloh! Village Le Ranolien

Claire Fontaine de déb. juin à mi-sept.
℘ 02 96 23 03 55, Fax 02 96 49 06 19,
www.camping-claire-fontaine.com
3 ha (180 empl.) peu incliné, plat, herbeux
Tarif : (Prix 2010) 23 € ✶✶ ⊟ 🔲 🔌 (10A) – pers.
suppl. 8 € – frais de réservation 10 €

Location : (Prix 2010) (de déb. mai à fin sept.) – 2 🏠
– 6 ⊨ – 1 gîte. Sem. 320 à 650 €
🚐 borne artisanale 2 €
Pour s'y rendre : 2,6 km au sud-ouest par r. des Frères-Mantrier, rte de Pleumeur-Bodou et rte à dr.

À savoir : cadre agréable autour d'une ancienne ferme de caractère rénovée

Nature : 🌊 ♤♤	
Loisirs : 🎮	
Services : ⚬🔫 🚿 ♨ ⊤ laverie	

Longitude : -3.43703
Latitude : 48.81557

LE PERTRE

35370 – **309** P6 – 1 393 h. – alt. 174
▣ Paris 303 – Châteaubriant 55 – Laval 25 –
Redon 116

Municipal le Chardonneret de déb. avr. à fin août
℘ 06 79 50 41 77, *mairielepertre@lepertre.fr*,
Fax 02 99 96 98 92, *www.lepertre.fr*
1 ha (31 empl.) peu incliné, plat, herbeux
Tarif : (Prix 2010) ✶ 3 € ⊟ 🔲 2 € – 🔌 (12A) 2 €

Location : (Prix 2010) (de déb. avr. à fin août) 🚫 (de déb. avr. à fin août) – 2 🏕. Sem. 187 à 335 €
Pour s'y rendre : r. du Chardonneret (sortie sud-ouest par D 43, rte de Brielles et r. à dr.)

À savoir : près d'un plan d'eau

Nature : 🌊 ▱ ♤♤	
Services : ♿ 🚿 🞨 🏛	
À prox. : ⛷ 🎾 🖼 ⛴ (plage) 🚣	

Longitude : -1.04131
Latitude : 48.0329

PLANCOËT

22130 – **309** I3 – 2 962 h. – alt. 41
🏠 *1, rue des Venelles* ℘ *0296840057*
▣ Paris 417 – Dinan 17 – Dinard 20 – St-Brieuc 46

△ **Municipal Les Vergers** de déb. juin à fin sept.
℘ 0296840342, *mairie-plancoet@wanadoo.fr*,
Fax 0296841949
1,2 ha (100 empl.) plat, herbeux
Tarif : (Prix 2010) 8,45€ ✷✷ 🚗 🗉 🛱 (16A) – pers.
suppl. 2,45€
Pour s'y rendre : r. du Verger (vers sortie sud-est, rte
de Dinan, derrière la caserne des sapeurs-pompiers, au
bord de l'Arguenon et d'un petit plan d'eau)

Nature : ≤ le village 🏠 ♀
Loisirs : 🎣
Services : ♿ ☎ (juil.-août) 🗑 ⚡ laverie
À prox. : 🛶 canoë, kayak

Longitude : -2.23221
Latitude : 48.52004

PLANGUENOUAL

22400 – **309** G3 – 1 773 h. – alt. 76
▣ Paris 440 – Guingamp 52 – Lannion 84 – St-Brieuc 19

△ **Municipal** de mi-juin à mi-sept.
℘ 0296327193, *mairie.planguenoual@wanadoo.fr*
1,5 ha (64 empl.) en terrasses, plat, herbeux
Tarif : (Prix 2010) 12,15€ ✷✷ 🚗 🗉 🛱 (8A) – pers.
suppl. 3,55€
Pour s'y rendre : lieu-dit : Le Val (2,5 km au nord-ouest
par D 59)

Nature : 🌊 ≤ 🏠 ♀
Services : ☎ (juil.-août) 🗑 🔲

Longitude : -2.59601
Latitude : 48.54523

PLÉNEUF-VAL-ANDRÉ

22370 – **309** G3 – 3 957 h. – alt. 52
🏠 *1, rue Winston Churchill* ℘ *0296722055*
▣ Paris 446 – Dinan 43 – Erquy 9 – Lamballe 16

△ **Campéole Les Monts Colleux** ♨♨ – de déb. avr. à
fin sept.
℘ 0296729510, *monts-colleux@campeole.com*,
Fax 0296631049
5 ha/200 campables terrasse, plat, herbeux
Tarif : 22€ ✷✷ 🚗 🗉 🛱 (10A) – pers. suppl. 7,60€
– frais de réservation 25€

Location : (de déb. avr. à fin sept.) ♿ (1 mobile
home) – 43 🏠 – 22 🏠. Nuitée 35 à 112€ – Sem.
175 à 736€ – frais de réservation 25€
Pour s'y rendre : 26 r. Jean Lebrun

Nature : 🌊 ≤
Loisirs : ♨♨ 🛶
Services : ☎ 🔥laverie ⚡
À prox. : 🔲

Longitude : -2.55023
Latitude : 48.58992

PLESTIN-LES-GRÈVES

22310 – **309** A3 – 3 701 h. – alt. 45
🏠 *place de la Mairie* ℘ *0296356193*
▣ Paris 528 – Brest 79 – Guingamp 46 – Lannion 18

△ **Municipal St-Efflam** de déb. avr à fin sept.
℘ 0296356215, *campingmunicipalplestin@wanadoo.*
fr, Fax 0296350975, *www.camping-municipal-bretagne.*
com
4 ha (190 empl.) en terrasses, peu incliné, plat, herbeux
Tarif : (Prix 2010) ✷ 2,90€ 🚗 1,90€ 🗉 3,70€ –
🛱 (10A) 2,60€

Location : (Prix 2010) – 9 🏠 – 8 🏠. Nuitée 40 à 55€
– Sem. 190 à 390€
🚐 borne raclet 2€
Pour s'y rendre : r. de Lan-Carré (3,5 km au nord-est, à
St-Efflam, par N 786, rte de St-Michel-en-Grève, à 200 m
de la mer)

Nature : ≤ ♀
Loisirs : 🍽 🎱 🛶 🔲
Services : ♿ ☎ (juil.-août) 🔥 laverie
À prox. : ✗ 🔥

Longitude : -3.59973
Latitude : 48.66839

⚠️ **Aire Naturelle Ker-Rolland** de mi-juin à déb. sept.
📞 02 96 35 08 37, *eric.thomas0633@orange.fr*,
Fax 02 96 35 08 37, *www.camping-ker-rolland.com*
1,6 ha (22 empl.) plat, herbeux
Tarif : (Prix 2010) 12 € ★★ ⟵ 🅔 [½] (8A) – pers. suppl. 3 €

Location : (permanent) – 3 🛖. Nuitée 35 à 52 € – Sem. 200 à 360 € – frais de réservation 50 €
Pour s'y rendre : 2,2 km au sud-ouest par D 786, rte de Morlaix et à gauche, rte de Plouégat-Guérand
À savoir : camping à la ferme (maraîchers)

| Nature : 🐟 |
| Loisirs : 🎮 |
| Services : 🚿 ⚡ 🛒 🍽️ ⛽ 📷 |

| Longitude : -3.6311 |
| Latitude : 48.65535 |

PLEUBIAN

22610 – **309** D1 – 2 508 h. – alt. 48
🅭 *place du Château* 📞 *02.96.22.16.45*
▶ Paris 506 – Lannion 31 – Paimpol 13 – St-Brieuc 58

⚠️ **Le Port la Chaîne** de déb. avr. à mi-sept.
📞 02 96 22 92 38, *info@portlachaine.com*,
Fax 02 96 22 87 92, *www.portlachaine.com*
4,9 ha (200 empl.) en terrasses, peu incliné, plat, herbeux
Tarif : 26 € ★★ ⟵ 🅔 [½] (16A) – pers. suppl. 6 €

Location : (de déb. avr. à mi-sept.) – 43 🛖. Nuitée 41 à 93 € – Sem. 208 à 651 €
Pour s'y rendre : 2 km au nord par D 20, rte de Larmor-Pleubian et rte à gauche
À savoir : bel ombrage de pins maritimes centenaires, au bord de la mer

| Nature : 🐟 💧 ⛰️ |
| Loisirs : 🍹 🎮 🏊 🏸 |
| Services : 🚿 ⚡ 🛒 🚮 🚰 🍽️ laverie |

| Longitude : -3.12993 |
| Latitude : 48.85909 |

⚠️ ... ⚠️

Besonders angenehme Campingplätze, ihrer Kategorie entsprechend.

217

PLEUMEUR-BODOU

22560 – **309** A2 – 3 996 h. – alt. 94
🅭 *11, rue des Chardons* 📞 *02 96 23 91 47*
▶ Paris 523 – Lannion 8 – Perros-Guirec 10 – St-Brieuc 72

⚠️ **Le Port** de fin avr. à déb. oct.
📞 02 96 23 87 79, *renseignements@camping-du-port-22. com*, *www.camping-du-port-22.com*
2 ha (80 empl.) non clos, plat et peu incliné, herbeux, rochers
Tarif : 20 € ★★ ⟵ 🅔 [½] (15A) – pers. suppl. 6 €

Location : (de fin avr. à déb. oct.) – 18 🛖 – 6 🏠 – 2 bungalows toilés. Nuitée 35 à 60 € – Sem. 150 à 600 € – frais de réservation 15 €
🛖 5 🅔 10 €
Pour s'y rendre : 3 ch. des Douaniers (6 km au nord, au sud de Trégastel-Plage)
À savoir : au bord de la mer, les "pieds dans l'eau" pour certains emplacements

| Nature : 🐟 ≤ ⛰️ |
| Loisirs : 🍹 snack 🏸 🚲canoë |
| Services : 🚿 ⚡ 🚮 🚰 🍽️ laverie |

| Longitude : -3.54278 |
| Latitude : 48.81029 |

PLÉVEN

22130 – **309** I4 – 631 h. – alt. 80
▶ Paris 431 – Dinan 24 – Dinard 28 – St-Brieuc 38

⚠️ **Municipal** de déb. avr. à mi-nov.
📞 02 96 84 46 71, *camping.pleven@wanadoo.fr*,
Fax 02 96 84 46 71, *www.pleven.fr*
1 ha (40 empl.) plat et peu incliné, herbeux
Tarif : ★ 2 € ⟵ 1 € 🅔 2 € – [½] (16A) 2 €
Pour s'y rendre : Le bourg (dans le parc de la mairie)

| Nature : 💧 |
| Services : 🚿 ⚡ 🚮 |
| À prox. : 🛒 🍴 |

| Longitude : -2.31915 |
| Latitude : 48.48991 |

PLOBANNALEC-LESCONIL

29740 – **308** F8 – 3 315 h. – alt. 16

▣ Paris 578 – Audierne 38 – Douarnenez 38 – Pont-l'Abbé 6

△△△ **Yelloh! Village L'Océan Breton** ♣♣ – de fin mai à mi-sept.

℘ 02 98 82 23 89, *info@yellohvillage-loceanbreton.com*, Fax 02 98 82 26 49, *www.oceanbreton.com* – places limitées pour le passage

12 ha/8 campables (240 empl.) plat, herbeux

Tarif : 40€ ★★ ⇎ 🅴 🄶 (10A) – pers. suppl. 7€

Location : (de fin mai à mi-sept.) – 172 🚐 – 5 tentes. Nuitée 29 à 175€ – Sem. 203 à 1 225€

Pour s'y rendre : rte de Plobannalec, au lieu-dit : Le Manoir de Kerlut (1,6 km au sud par D 102, rte de Lesconil et chemin à gauche)

À savoir : accès à la plage par navettes gratuites - terrain au confort sanitaire faible et ancien

Nature : 🖵 ♀
Loisirs : 🍴 🎦 🉐 🏃 🎣 🛶 🛥️ 🚴 ⚹ 🔲 ⏳ ⛵ ⤳ parcours dans les arbres
Services : 👌 ⊶ 🎪 🍴 laverie 🔁 🚿

Longitude : -4.22574
Latitude : 47.81167

Pour une meilleure utilisation de cet ouvrage, LISEZ ATTENTIVEMENT les premières pages du guide.

PLOEMEL

56400 – **308** M9 – 2 429 h. – alt. 46

▣ Paris 485 – Auray 8 – Lorient 34 – Quiberon 23

△△ **Municipal St-Laurent** Permanent

℘ 02 97 56 85 90, *camping.saint.laurent@wanadoo.fr*, Fax 02 97 56 85 90, *www.campingdesaintlaurent.com*

3 ha (90 empl.) plat, peu incliné, herbeux

Tarif : (Prix 2010) 18€ ★★ ⇎ 🅴 🄶 (10A) – pers. suppl. 4€ – frais de réservation 5€

Location : (Prix 2010) (permanent) – 9 🚐 – 2 bungalows toilés. Sem. 135 à 590€ – frais de réservation 5€

🚐 borne autre 2€ – 🛒 10€

Pour s'y rendre : au lieu-dit : Kergonvo (2,5 km au nord-ouest, rte de Belz, à prox. du carr. D 22 et D 186)

Nature : 🖵 ♀♀
Loisirs : snack 🏊 🔲
Services : ⊶ 🎪 🍴 🔲 🚿
À prox. : golf

Longitude : -3.10094
Latitude : 47.65969

△△ **Kergo** de déb. mai à fin sept.

℘ 02 97 56 80 66, *camping.kergo@wanadoo.fr*, Fax 02 97 56 80 66, *www.campingkergo.com*

2,5 ha (135 empl.) peu incliné, plat, herbeux

Tarif : (Prix 2010) ★ 4€ ⇎ 2€ 🅴 5€ – 🄶 (10A) 3€

Location : (Prix 2010) (de déb. avr. à fin oct.) – 14 🚐. Nuitée 35 à 75€ – Sem. 225 à 560€ – frais de réservation 10€

🚐 borne artisanale 6€

Pour s'y rendre : 2 km au sud-est par D 186, rte de la Trinité-sur-Mer et à gauche

Nature : 🐾 ♀
Loisirs : 🎦 🏃 🚴
Services : 👌 ⊶ 🎪 🍴 🔲

Longitude : -3.05344
Latitude : 47.64576

PLOÉVEN

29550 – **308** F6 – 480 h. – alt. 60

🅱 *Mairie* ℘ 02 98 81 51 84

▣ Paris 585 – Brest 64 – Châteaulin 15 – Crozon 25

△ **La Mer** de déb. juin à fin sept.

℘ 02 98 81 29 19, *campingdelamer29@orange.fr*, Fax 02 98 81 29 19, *www.campingdelamer29.fr*

1 ha (54 empl.) plat, herbeux

Tarif : ★ 3€ ⇎ 2€ 🅴 3€ – 🄶 (10A) 3€

Location : (de déb. juin à mi-sept.) ⚡ – 6 bungalows toilés. Nuitée 42 à 50€ – Sem. 140 à 340€

Pour s'y rendre : lieu-dit : Ty Anquer Plage (3 km au sud-ouest, à 300 m de la plage)

Nature : ♀
Services : ⊶ 🖨 🍴 🔲

Longitude : -4.26796
Latitude : 48.14806

PLOMEUR

29120 – **308** F7 – 3 494 h. – alt. 33
🏠 *1, place Mairie* 🅹 *02 98 82 09 05*
▶ Paris 579 – Douarnenez 39 – Pont-l'Abbé 6 – Quimper 26

  ▲ **Aire Naturelle Kéraluic** de déb. mai à fin oct.
    🅹 02 98 82 10 22, *camping@keraluic.fr*, Fax 02 98 82 10 22,
    www.keraluic.fr ✸ (de déb. juil. à fin août)
    1 ha (25 empl.) plat, herbeux
    Tarif : 18€ ✚✚ ⇐⇒ 🅴 (½) (6A) – pers. suppl. 4€
    Location : (permanent) ✸ (de déb. juil. à fin
    août) – 3 studios – 1 appartement – 2 tentes. Sem.
    435 à 535€
    Pour s'y rendre : au lieu-dit : Keraluic (4,3 km au nord-
    est par D 57, rte de Plonéour-Lanvern)
    À savoir : ancien corps de ferme joliement rénové

Nature :	⟋ ♀
Loisirs :	▱ ⚗
Services :	⚒ ⊶ ♨ ⌓ ▣

Longitude : -4.26624
Latitude : 47.86148

  ▲ **Lanven** de déb. avr. à fin sept.
    🅹 02 98 82 00 75, *campinglanven@wanadoo.fr*,
    Fax 02 98 82 04 37, *www.campinglanven.com*
    3,7 ha (159 empl.) plat, herbeux
    Tarif : 17€ ✚✚ ⇐⇒ 🅴 (½) (6A) – pers. suppl. 4€
    Location : (de déb. avr. à fin sept.) – 7 ⌂. Nuitée
    40 à 70€ – Sem. 170 à 490€
    Pour s'y rendre : au lieu-dit : La Chapelle de Beuzec
    (3,5 km au nord-ouest par D 57, rte de Plonéour-Lanvern
    puis chemin à gauche)
    À savoir : présence de colonies de vacances

Nature :	⟋ ▱ ♀
Loisirs :	🍽 snack ⚗
Services :	⊶ ♨ laverie

Longitude : -4.30663
Latitude : 47.8505

*Demandez à votre libraire le catalogue des **publications MICHELIN**.*

219

PLOMODIERN

29550 – **308** F5 – 2 142 h. – alt. 60
🏠 *place de l'Église* 🅹 *02 98 81 27 37*
▶ Paris 559 – Brest 60 – Châteaulin 12 – Crozon 25

  ▲ **L'Iroise** de déb. avr. à fin sept.
    🅹 02 98 81 52 72, *campingiroise@orange.fr*,
    Fax 02 98 81 26 10, *www.camping-iroise.fr*
    2,5 ha (132 empl.) en terrasses, plat, peu incliné, herbeux
    Tarif : ✚ 7€ ⇐⇒ 🅴 12€ – (½) (10A) 4€ – frais de
    réservation 16€
    Location : (de déb. avr. à fin sept.) – 2 roulottes
    – 15 ⌂ – 15 ⌂. Nuitée 55 à 93€ – Sem. 265 à 650€
    – frais de réservation 16€
    ⌁ borne autre
    Pour s'y rendre : Plage de Pors-Ar-Vag (5 km au sud-
    ouest, à 100 m de la plage)

Nature :	⟋ ≤ Baie de Douarne-nez ♀
Loisirs :	🍽 ▱ jacuzzi ⚗ ⏷ ▱ △
Services :	⚒ ⊶ ♨ △ ⟲ ♨ laverie ⌕
À prox. :	✗ club nautique

Longitude : -4.29397
Latitude : 48.17006

PLONÉOUR-LANVERN

29720 – **308** F7 – 5 511 h. – alt. 71
🏠 *place Charles-de-Gaulle* 🅹 *02 98 82 70 10*
▶ Paris 578 – Douarnenez 25 – Guilvinec 14 – Plouhinec 21

  ▲ **Municipal de Mariano** de mi-juin à mi-sept.
    🅹 02 98 87 74 80, *camping@ploneour-lanvern.fr*,
    Fax 02 98 82 66 09, *www.ploneour-lanvern.fr*
    1 ha (59 empl.) plat, herbeux
    Tarif : (Prix 2010) ✚ 2€ ⇐⇒ 2€ 🅴 4€ – (½) (16A) 3€
    Location : (Prix 2010) (de mi-juin à mi-sept.) – 3 ⌂.
    Nuitée 60€ – Sem. 390€
    ⌁ borne eurorelais 2€
    Pour s'y rendre : Impasse du Plateau (au nord par D 57)

Nature :	⟋ ▱ ♀♀
Loisirs :	▱ ⚗ ✸
Services :	⚒ ⊶ ⟿ laverie

Longitude : -4.28339
Latitude : 47.90602

PLOUÉZEC

22470 – **309** E2 – 3 322 h. – alt. 100
🛈 *2, route de Saint-Brieuc* ℘ *02 96 22 72 92*
▶ Paris 489 – Guingamp 28 – Lannion 39 – Paimpol 6

Domaine du Launay de déb. avr. à fin sept.
℘ 02 96 20 63 15, *domainedulaunay@wanadoo.fr*,
Fax 02 96 16 43 86, *www.domaine-du-launay.com*
4 ha (90 empl.) en terrasses, herbeux
Tarif : (Prix 2010) ✶ 4€ 回 7€ – 🄵 (16A) 3€ – frais de
réservation 10€

Location : (Prix 2010) (de déb. avr. à fin sept.)
– 10 🏠 – 2 bungalows toilés. Nuitée 50 à 85€ – Sem.
180 à 490€ – frais de réservation 10€
🚐 borne artisanale 3€ – 10 回 13€ – 🅆🄵 13€
Pour s'y rendre : 11 rte De Toul Veign (3,1 km au sud-
ouest par D 77, rte de Yvias et rte à dr.)

À savoir : belle décoration arbustive

> Nature : 🌳 ≤ 🏞 ♀
> Loisirs : 🍴 🎳 salle d'animation
> 🏊 🚲 🏓 🏊 swin-golf
> Services : 🚿 ⚡ 🍴 laverie
> À prox. : 🎣 🚣 🐎 poneys

> Longitude : -3.0076
> Latitude : 48.73791

Le Cap Horn de déb. avr. à fin sept.
℘ 02 96 20 64 28, *lecaphorn@hotmail.com*,
Fax 02 96 20 63 88, *www.lecaphorn.com*
4 ha (149 empl.) en terrasses et peu incliné, herbeux,
pierreux
Tarif : 26,50€ ✶✶ 🚐 回 🄵 (10A) – pers. suppl. 5,50€
– frais de réservation 8€

Location : 🏕 (juil.-août) – 22 🏠. Nuitée 28 à 113€
– Sem. 196 à 791€ – frais de réservation 12€
Pour s'y rendre : r. de Port Lazo (2,3 km au nord-est par
D 77, accès direct à la plage)

À savoir : situation dominant l'Anse de Paimpol et l'Ile
de Bréhat

> Nature : 🌳 ≤ 🏞
> Loisirs : 🍴 🎳 🏊 🚲 🏊 kayak
> de mer
> Services : 🚿 ⚡ 🛖 🍴 laverie 🚐
> À prox. : 🎣 🏓 🚣 🐎 poneys

> Longitude : -2.96132
> Latitude : 48.75792

220

To select the best route and follow it with ease,
To calculate distances,
To position a site precisely from details given in the text :
Get the appropriate MICHELIN regional map.

PLOUGASNOU

29630 – **308** I2 – 3 217 h. – alt. 55
🛈 *place du Général Leclerc* ℘ *02 98 67 31 88*
▶ Paris 545 – Brest 76 – Guingamp 62 – Lannion 34

Domaine de Mesqueau de mi-juin à mi-sept.
℘ 02 96 47 28 58, *domaine-de-mesqueau@orange.fr*,
Fax 02 96 47 28 58, *www.camping-bretagne-mer.com*
7,5 ha (100 empl.) plat, herbeux
Tarif : 17€ ✶✶ 🚐 回 🄵 (6A) – pers. suppl. 5€
Location : (de déb. avr. à fin sept.) 🅿 – 11 🏠.
Nuitée 36 à 100€ – Sem. 189 à 559€
🚐 borne artisanale 8€ – 🅆🄵 8€
Pour s'y rendre : 870 rte de Mesqueau (3,5 km au sud
par D 46, rte de Morlaix puis 800 m par rte à gauche, à
100 m d'un plan d'eau (accès direct))

> Nature : 🌳 ♀♀
> Loisirs : 🎳 🏊 🎣 🏊 terrain
> multisports
> Services : 🚿 🚐 🛖 🍴 🖥
> À prox. : crêperie 🚣 🎣

> Longitude : -3.78101
> Latitude : 48.66462

PLOUGASTEL-DAOULAS

29470 – **308** E4 – 13 065 h. – alt. 113
🛈 *4 bis, place du Calvaire* 𝒫 *02 98 40 34 98*
▶ Paris 596 – Brest 12 – Morlaix 60 – Quimper 64

⛰ **St-Jean** de déb. avr. à fin sept.
𝒫 02 98 40 32 90, *info@campingsaintjean.com,*
www.campingsaintjean.com
1,6 ha (125 empl.) en terrasses, plat, peu incliné,
herbeux, gravier
Tarif : 24€ ✶✶ ⇔ 🔲 (¼) (10A) – pers. suppl. 6€

Location : (de déb. avr. à fin sept.) – 38 🛏 – 6 🏠.
Nuitée 45 à 70€ – Sem. 220 à 700€ – frais de réservation
15€
🚐 borne artisanale 4€ – 10 🔲 14€
Pour s'y rendre : au lieu-dit : Saint-Jean (4,6 km au
nord-est par D 29 et N 165, sortie centre commercial
Leclerc)

À savoir : situation et site agréables au bord de l'Estuaire
de l'Elorn

Nature : 🌿 ⌑ ♀ ⚠
Loisirs : ♟ 🏠 ⚄ 🔲 ⚁ kayak
de mer, terrain multisports
Services : 🚻 ⚬ ▥ ♨ ♒ laverie
🚿

Longitude : -4.35262
Latitude : 48.4005

PLOUGONVELIN

29217 – **308** C4 – 3 565 h. – alt. 44
🛈 *boulevard de la Mer* 𝒫 *02 98 48 30 18*
▶ Paris 616 – Brest 21 – Brignogan-Plages 56 – Quimper 95

⛰ **Les Terrasses de Bertheaume** (location exclusive
de mobile homes) Permanent
𝒫 02 98 48 32 37, *sarl.alb@orange.fr, www.camping-*
brest.com – empl. traditionnels également disponibles
2 ha en terrasses, herbeux
Location : – 34 🛏. Nuitée 38 à 70€ – Sem.
167 à 440€
Pour s'y rendre : rte de Perzel

Nature : 🌿 ≼
Loisirs : 🏠 ⚄ ⚁ (petite
piscine)
Services : ⚬ ♒ laverie
À prox. : école de plongée

Longitude : -4.70731
Latitude : 48.34143

221

PLOUGOULM

29250 – **308** G3 – 1 770 h. – alt. 60
▶ Paris 560 – Brest 58 – Brignogan-Plages 27 – Morlaix 24

⛰ **Municipal du Bois de la Palud** de mi-juin à mi-
sept.
𝒫 02 98 29 81 82, *mairie-de-plougoulm@wanadoo.fr,*
Fax 02 98 29 92 26, *www.plougoulm.fr*
0,7 ha (34 empl.) en terrasses et peu incliné, herbeux
Tarif : 16€ ✶✶ ⇔ 🔲 (¼) (8A) – pers. suppl. 4€
Pour s'y rendre : 900 m à l'ouest du carr. D 10-D 69
(croissant de Plougoulm), par rte de Plouescat et chemin
à dr.

Nature : 🌿 ≼ ⌑ ♀♀
Services : 🚻 ⚁
À prox. : ⚄

Longitude : -4.0564
Latitude : 48.67008

PLOUGOUMELEN

56400 – **308** N9 – 2 301 h. – alt. 27
▶ Paris 471 – Auray 10 – Lorient 51 – Quiberon 39

⛰ **La Fontaine du Hallate** de déb. avr. à fin oct.
𝒫 06 16 30 08 33, *degloanic@orange.fr, www.camping-*
hallate.fr
3 ha (94 empl.) peu incliné, plat, herbeux, étang
Tarif : 18€ ✶✶ ⇔ 🔲 (¼) (6A) – pers. suppl. 3€

Location : (de déb. avr. à fin oct.) – 12 🛏. Nuitée
57 à 100€ – Sem. 180 à 560€
Pour s'y rendre : 8 ch. de Poul Fetan (3,2 km au sud-est
vers Ploeren et rte de Baden à dr., au lieu-dit Hallate)

Nature : 🌿 ≼ ⌑ ♀
Loisirs : ⚄
Services : 🚻 ⚬ ▱ ▥ ⚁ laverie

Longitude : -2.8989
Latitude : 47.6432

⚠ **Municipal Kergouguec** de déb. juil. à fin août
𝒫 02 97 57 88 74, *mairie.plougoumelen@wanadoo.fr*,
Fax 02 97 57 95 22, *www.plougoumelen.fr/*
1,5 ha (80 empl.) plat, herbeux
Tarif : (Prix 2010) ★ 3 € ⟵ 2 € 🄴 2 € – ⟨½⟩ (6A) 3 €
Pour s'y rendre : r. Notre-Dame-de-Bequerel (500 m au
sud du bourg, par rte de Baden, au stade)

Nature : 🟤🟤
Loisirs : ✂
Services : ♿ 🔲

Longitude : -2.92446
Latitude : 47.64881

PLOUGRESCANT

22820 – **309** C1 – 1 353 h. – alt. 53
▣ Paris 516 – Lannion 26 – Perros-Guirec 23 – St-Brieuc 68

⚠ **Le Gouffre** de déb. avr. à fin sept.
𝒫 02 96 92 02 95, *campingdugouffre@orange.fr*,
Fax 02 96 92 52 99, *www.camping-gouffre.com* – places
limitées pour le passage
3 ha (130 empl.) peu incliné, plat, herbeux
Tarif : ★ 4 € ⟵ 🄴 5 € – ⟨½⟩ (16A) 3 € – frais de
réservation 15 €

Location : (de déb. avr. à fin sept.) – 9 🛖. Nuitée
40 à 120 € – Sem. 180 à 550 € – frais de réservation
15 €
🚐 borne artisanale – 🚐 12 €
Pour s'y rendre : au lieu-dit : Hent Crec'h Kermorvant
(2,7 km au nord par rte de la pointe du Château)

Nature : 🌊 🏖
Services : ♿ ⚷ (juil.-août) 🔲

Longitude : -3.22858
Latitude : 48.8587

⚠ **Le Varlen** de déb. avr. à mi-nov.
𝒫 02 96 92 52 15, *info@levarlen.com*, Fax 02 96 92 50 34,
www.levarlen.com
1 ha (65 empl.) plat, herbeux
Tarif : ★ 4 € ⟵ 2 € 🄴 4 € – ⟨½⟩ (10A) 4 € – frais de
réservation 8 €

Location : (de déb. avr. à mi-nov.) – 13 🛖 – 3 studios
– 3 bungalows toilés. Nuitée 50 à 80 € – Sem. 190 à 550 €
– frais de réservation 8 €
🚐 borne artisanale 12 € – 🚐 12 €
Pour s'y rendre : 4. Pors Hir (2 km au nord-est, à 200 m
de la mer)

Nature : 🌊 🏖
Loisirs : 🍴 🏠 🛶
Services : ♿ ⚷ 🚮 🍴 laverie 🚿
À prox. : crêperie

Longitude : -3.21873
Latitude : 48.86078

222

Campeurs...
N'oubliez pas que le feu est le plus terrible ennemi de la forêt.
Soyez prudents !

PLOUGUERNEAU

29880 – **308** D3 – 6 162 h. – alt. 60
🛈 *place de l'Europe* 𝒫 02 98 04 70 93
▣ Paris 604 – Brest 27 – Landerneau 33 – Morlaix 68

⚠⚠ **La Grève Blanche** de déb. avr. à mi-oct.
𝒫 02 98 04 70 35, *lroudaut@free.fr*, Fax 02 98 04 63 97,
www.campinggreveblanche.com
2,5 ha (100 empl.) plat, peu incliné, herbeux, sablonneux,
rochers
Tarif : (Prix 2010) ★ 3 € ⟵ 2 € 🄴 3 € – ⟨½⟩ (9A) 3 €

Location : (Prix 2010) (permanent) 🚫 – 2 roulottes
– 2 🛖. Nuitée 60 à 80 € – Sem. 300 à 530 €
🚐 borne artisanale 4 € – 50 🄴 12 € – 🚐 9 €
Pour s'y rendre : lieu-dit : St-Michel (4 km au nord par
D 32, rte du Mont-St-Michel et à gauche, au bord de
plage)

À savoir : cadre naturel autour de rochers dominant la
plage

Nature : ≤ ⛰
Loisirs : 🍴 🛶
Services : ♿ ⚷ 🚿 🍴

Longitude : -4.523
Latitude : 48.6305

⚠ **Du Vougot** de déb. avr. à fin oct.
℘ 02 98 25 61 51, *campingduvougot@hotmail.fr*,
Fax 02 98 25 61 51, *www.campingplageduvougot.com*
2,5 ha (55 empl.) plat, sablonneux, herbeux
Tarif : 20€ ✱✱ ⬤ 🅴 🅗 (10A) – pers. suppl. 4€

Location : (de déb. avr. à fin oct.) – 16 🛖. Nuitée 75€
– Sem. 255 à 520€
🚐 borne artisanale
Pour s'y rendre : rte de Prat Ledan (7,4 km au nord-est
par D 13 et D 10, rte de Guisseny, puis D 52 grève du
Vougot, à 250 m de la mer)

| Nature : 🌿 ⌂ ♀ |
| Loisirs : 🚣 |
| Services : o─ ⁰ᵀ laverie |
| À prox. : centre nautique |

| Longitude : -4.45 |
| Latitude : 48.63132 |

PLOUHA

22580 – **309** E2 – 4 535 h. – alt. 96
🛈 5, avenue Laënnec ℘ 02 96 20 24 73
▶ Paris 479 – Guingamp 24 – Lannion 49 – St-Brieuc 31

⛰ **"Les Castels" Domaine de Keravel** de mi-mai à
fin sept.
℘ 02 96 22 49 13, *keravel@wanadoo.fr*, *www.keravel.com*
5 ha/2 campables (116 empl.) en terrasses, peu incliné,
herbeux
Tarif : 28€ ✱✱ ⬤ 🅴 🅗 (10A) – pers. suppl. 7€

Location : (permanent) – 6 🛖 – 4 appartements
– 3 gîtes. Nuitée 105€ – Sem. 740€
🚐 6 🅴 28€
Pour s'y rendre : lieu-dit : La Trinité (2 km au nord-est
par rte de la Trinité, près de la chapelle)
À savoir : dans l'agréable parc d'un manoir

| Nature : 🌿 ⌂ ♀♀ |
| Loisirs : 🍴 ⁎ ⚒ 🏊 |
| Services : 🏍 o─ ⁰ ⁰ ⁰ᵀ laverie |
| À prox. : ♫ ☕ 🎣 ♀ 🐎 poneys golf, canoë de mer |

| Longitude : -2.9092 |
| Latitude : 48.68936 |

Wilt u een stad of streek bezichtigen ?
Raadpleed de groene Michelingidsen.

223

PLOUHARNEL

56340 – **308** M9 – 1 923 h. – alt. 21
🛈 Rond-Point de l'Océan ℘ 02 97 52 32 93
▶ Paris 490 – Auray 13 – Lorient 33 – Quiberon 15

⛰ **Kersily** de déb. avr. à fin oct.
℘ 02 97 52 39 65, *camping.kersily@wanadoo.fr*,
Fax 02 97 52 44 76, *www.camping-kersily.com*
2,5 ha (120 empl.) peu incliné, plat, herbeux
Tarif : (Prix 2010) ✱ 5€ ⬤ 2€ 🅴 6€ – 🅗 (10A) 4€ – frais
de réservation 10€

Location : (Prix 2010) (de déb. avr. à fin oct.) – 23 🛖.
Nuitée 42 à 67€ – Sem. 210 à 470€ – frais de réservation
10€
🚐 borne artisanale 2€
Pour s'y rendre : au lieu-dit : Ste-Barbe (2,5 km au
nord-ouest par D 781, rte de Lorient et rte de Ste-Barbe,
à gauche)

| Nature : 🌿 ♀♀ |
| Loisirs : 🍴 snack 🎱 ⁰ nocturne salle d'animation 🚣 ⚒ 🏊 |
| Services : 🏍 o─ ⁰ ⁰ ⁰ᵀ laverie |

| Longitude : -3.1316 |
| Latitude : 47.61107 |

⚠ **Les Goélands** de déb. mai à fin sept.
℘ 02 97 52 31 92, *contact@camping-lesgoelands.com*
1,6 ha (80 empl.) plat, herbeux
Tarif : 20€ ✱✱ ⬤ 🅴 🅗 (10A) – pers. suppl. 5€ – frais
de réservation 15€

Location : (de mi- avr. à mi-oct.) ⚒ – 3 🛖. Nuitée
50€ – Sem. 240 à 540€ – frais de réservation 15€
🚐 borne artisanale
Pour s'y rendre : lieu-dit : Kergonan (1,5 km à l'est par
D 781, rte de Carnac puis 500 m par rte à gauche)

| Nature : 🌿 ♀ |
| Loisirs : 🚣 🏊 |
| Services : o─ ⁰ ⁰ ⁰ |
| À prox. : 🍴 |

| Longitude : -3.09657 |
| Latitude : 47.59461 |

PLOUHINEC

29780 – **308** E6 – 4 215 h. – alt. 101

🛈 *place Jean Moulin* ✆ 02 98 70 74 55

▶ Paris 594 – Audierne 5 – Douarnenez 18 – Pont-l'Abbé 27

⌂ **Kersiny-Plage** de mi-mai à mi-sept.
✆ 02 98 70 82 44, *info@kersinyplage.com*,
Fax 09 56 08 64 82, *www.kersinyplage.com*
2 ha (70 empl.) en terrasses, peu incliné, herbeux
Tarif : 18€ ★★ ⛌ 🅴 🔌 (8A) – pers. suppl. 5€ – frais de
réservation 10€

Location : (de déb. avr. à fin sept.) 🛏 – 4 🛖 – 3 🏠.
Sem. 240 à 530€ – frais de réservation 10€
🚰 borne artisanale
Pour s'y rendre : 1 r. Nominoé (sortie ouest par D 784,
rte d'Audierne puis 1 km au sud par rte de Kersiny, à
100 m de la plage (accès direct))

À savoir : Agréable situation

Nature : 🏞 ≤ mer 🏖	
Services : ⛽ 🚿 🍴 🏪	
À prox. : ✂	

Longitude : -4.50819
Latitude : 48.00719

🛏 ✗ *LET OP :*
🚿 *deze gegevens gelden in het algemeen alleen in het seizoen,*
🛶 🐎 *wat de openingstijden van het terrein ook zijn.*

PLOUHINEC

224

56680 – **308** L8 – 4 731 h. – alt. 10

▶ Paris 503 – Auray 22 – Lorient 18 – Quiberon 30

⛰ **Moténo** ★★ – de déb. avr. à fin sept.
✆ 02 97 36 76 63, *info@camping-moteno.com*,
Fax 02 97 85 81 84, *www.camping-le-moteno.com*
4 ha (230 empl.) plat, herbeux
Tarif : 34€ ★★ ⛌ 🅴 🔌 (10A) – pers. suppl. 7€ – frais
de réservation 22€

Location : (de déb. avr. à fin sept.) – 69 🛖 – 29 🏠.
Nuitée 88€ – Sem. 616€ – frais de réservation 22€
Pour s'y rendre : r. du Passage d'Étel (4,5 km au sud-est
par D 781 et à dr., rte du Magouër)

Nature : 🏖 🌳	
Loisirs : 🍴 ✗ snack 🎱 🎮 ⛹ 🎣	
jacuzzi , salle d'animation 🏇 🚲	
🏓 🛶 ⛸ terrain multisports	
Services : ♿ ⛽ 🐕 🍴 laverie	
🛏 🚿	

Longitude : -3.21873
Latitude : 47.66328

PLOUIGNEAU

29610 – **308** I3 – 4 491 h. – alt. 156

▶ Paris 526 – Brest 72 – Carhaix-Plouguer 43 – Guingamp 44

⛰ **Aire Naturelle la Ferme de Croas Men** de déb.
avr. à fin oct.
✆ 02 98 79 11 50, *fermecroasmen@free.fr*, *http://ferme-de-croasmen.com*
1 ha (25 empl.) plat, herbeux, verger
Tarif : (Prix 2010) 15€ ★★ ⛌ 🅴 🔌 (6A) – pers.
suppl. 3€

Location : (Prix 2010) (permanent) – 25 roulottes
– 1 🏠 – 2 tentes. Nuitée 55 à 70€ – Sem. 320 à 480€
🚰 borne artisanale 15€
Pour s'y rendre : au lieu-dit : Croas Men (2,5 km au
nord-ouest par D 712 et D 64, rte de Lanmeur puis
4,7 km par rte de Lanleya à gauche et rte de Garlan)

À savoir : ferme pédagogique en activité, musée d'outils
paysans

Nature : 🏞 🌳	
Loisirs : 🎱 🏇	
Services : ♿ ⛽ 🚿 laverie	
À prox. : 🐎	

Longitude : -3.73792
Latitude : 48.60465

PLOUNÉVEZ-LOCHRIST

29430 – **308** F3 – 2 377 h. – alt. 70
▶ Paris 576 – Brest 41 – Landerneau 24 – Landivisiau 22

🔺 **Municipal Odé-Vras** de mi-juin à déb. sept.
    ✆ 02 98 61 65 17, *accueil@plounevez-lochrist.fr*,
www.plounevez-lochrist.fr
3 ha (135 empl.) plat, sablonneux, herbeux
Tarif : (Prix 2010) ♣ 3 € ⇦ 1 € ▣ 1 € – ⬙ (6A) 2 €
Location : (Prix 2010) (de mi-juin à déb. sept.) – 1 ▦.
Sem. 325 à 435 €
Pour s'y rendre : lieu-dit : Ode Vras (4,5 km au nord, par
D 10, à 300 m de la baie de Kernic (accès direct))

Nature : ▱ ♀	
Loisirs : ▱ ⛹	
Services : ⊶ ⊘ ♨ laverie	

Longitude : -4.23942
Latitude : 48.64564

PLOZÉVET

29710 – **308** E7 – 2 921 h. – alt. 70
🅱 *place Henri Normant* ✆ 02 98 91 45 15
▶ Paris 588 – Audierne 11 – Douarnenez 19 – Pont-l'Abbé 22

🔺 **La Corniche** de déb. avr. à déb. oct.
    ✆ 02 98 91 33 94, *infos@campinglacorniche.com*,
Fax 02 98 91 41 53, *www.campinglacorniche.com*
2 ha (120 empl.) plat, herbeux
Tarif : 22 € ♣♣ ⇦ ▣ ⬙ (10A) – pers. suppl. 5 € – frais
de réservation 10 €
Location : (de déb. avr. à déb. oct.) – 6 ▦ – 13 🏠.
Nuitée 67 à 78 € – Sem. 230 à 550 € – frais de réservation
10 €
▦ borne artisanale
Pour s'y rendre : ch. de la Corniche (sortie sud par rte
de la mer)

Nature : ❧	
Loisirs : ♈ ▱ ⛹ ♨	
Services : ⚕ ⊶ ♨ ⊘ ⇶ laverie	

Longitude : -4.4286
Latitude : 47.98231

PLURIEN

22240 – **309** H3 – 1 368 h. – alt. 48
🅱 *Manoir de Montangué* ✆ 02 96 72 18 52
▶ Paris 436 – Dinard 34 – Lamballe 25 – Plancoët 23

🔺 **Municipal la Saline** de déb. juin à mi-sept.
    ✆ 02 96 72 17 40, *commune.plurien@orange.fr* – 🅁
3 ha (150 empl.) en terrasses, plat, herbeux
Tarif : (Prix 2010) ♣ 3 € ⇦ 1 € ▣ 2 € – ⬙ (6A) 2 €
Pour s'y rendre : r. du Lac, au lieu-dit : Sables d'or-Les
Pins (1,2 km au nord-ouest par D 34, rte de Sables-d'Or-
les-Pins, à 500 m de la mer)

Nature : ≤ ♀	
Loisirs : ⛹	
Services : ⚕ ⊶ ⊘ laverie	

Longitude : -2.40413
Latitude : 48.62638

PONTRIEUX

22260 – **309** D2 – 1 110 h. – alt. 13
🅱 *place de Trocquer* ✆ 02 96 95 14 03
▶ Paris 491 – Guingamp 18 – Lannion 27 – Morlaix 67

🔺 **Traou-Mélédern** Permanent
    ✆ 02 96 95 69 27, *campingpontrieux@free.fr*, *http://
campingpontrieux.free.fr*
1 ha (50 empl.) peu incliné, plat, herbeux
Tarif : ♣ 4 € ⇦ ▣ 5 € – ⬙ (7A) 3 €
Location : (permanent) – 1 ▦ – 2 gîtes. Nuitée 50 €
– Sem. 260 à 360 €
Pour s'y rendre : 400 m au sud du bourg, au bord du
Trieux

Nature : ▱ ♀♀	
Loisirs : ⛹	
Services : ⚕ ⊶ (de mi-juin à mi-sept.) ⊘ ▣	
À prox. : port de plaisance	

Longitude : -3.16355
Latitude : 48.6951

22

PONT-SCORFF

56620 – **308** K8 – 3 087 h. – alt. 42
🛈 *route de Lorient* 🖉 *02 97 32 50 27*
▶ Paris 509 – Auray 47 – Lorient 11 – Quiberon 56

   ⚠ **Ty Nénez** Permanent
    🖉 02 97 32 51 16, *camping-ty-nenez@wanadoo.fr*,
    Fax 02 97 32 43 77, *www.lorient-camping.com*
    2,5 ha (75 empl.) plat, peu incliné, herbeux
    Tarif : 13 € ★★ ⇔ 🗉 💧 (16A) – pers. suppl. 3 €
    Location : (permanent) – 10 🏠 – 2 tentes. Nuitée
    35 à 77 € – Sem. 245 à 539 €
    🚐 borne raclet 2 € – 7 🗉 10 € – 🚐💧 13 €
    Pour s'y rendre : rte de Lorient (1,8 km au sud-ouest
    par D 6)

Nature : 🗁 🌳
Loisirs : 🍷 🏌
Services : 🔥 ⚬🔫 🏧 🔥 🍴 laverie
Longitude : -3.40238
Latitude : 47.8307

Ce guide n'est pas un répertoire de tous les terrains de camping
mais une sélection des meilleurs campings dans chaque catégorie.

PORDIC

22590 – **309** F3 – 5 674 h. – alt. 97
▶ Paris 459 – Guingamp 33 – Lannion 65 – St-Brieuc 11

   ⚠ **Les Madières** de déb. avr. à fin oct.
    🖉 02 96 79 02 48, *campinglesmadieres@wanadoo.fr*,
    www.campinglesmadieres.com
    1,6 ha (93 empl.) peu incliné, plat, herbeux
    Tarif : (Prix 2010) 22 € ★★ ⇔ 🗉 💧 (10A) – pers.
    suppl. 3 €
    Location : (Prix 2010) (de déb. avr. à fin oct.) – 9 🏠.
    Sem. 290 à 550 € – frais de réservation 10 €
    🚐 5 🗉 17 €
    Pour s'y rendre : au lieu-dit : Le Vau Madec (2 km au
    nord-est par rte de Binic et à dr.)
    À savoir : agréable cadre verdoyant et ombragé avec
    quelques emplacements vue sur mer et port de St-Quay-
    Portrieux

Nature : 🌊 🗁 🌳
Loisirs : 🍷 snack 🏊
Services : 🔥 ⚬🔫 🏧 laverie
Longitude : -2.80593
Latitude : 48.58196

   ⚠ **Le Roc de l'Hervieu** de déb. mai à fin sept.
    🖉 02 96 79 30 12, *le.roc.de.lhervieu@wanadoo.fr*,
    Fax 02 96 79 30 12, *www.campinglerocdelhervieu.fr*
    – places limitées pour le passage
    2,5 ha (166 empl.) plat, herbeux
    Tarif : ★ 5 € ⇔ 4 € 🗉 5 € – 💧 (10A) 4 € – frais de
    réservation 30 €
    🚐 borne artisanale 3 €
    Pour s'y rendre : 19 r. d'Estienne d'Orves (3 km au
    nord-est par rte de la Pointe de Pordic et chemin à dr.)

Nature : 🌊 🗁
Loisirs : 🎏 🏌
Services : 🔥 ⚬🔫 🛒 🖼
Longitude : -2.81681
Latitude : 48.5707

PORT-MANECH

29920 – **308** I8
▶ Paris 545 – Carhaix-Plouguer 73 – Concarneau 18 – Pont-Aven 12

   ⚠ **St-Nicolas** de déb. mai à mi-sept.
    🖉 02 98 06 89 75, *info@campinglesaintnicolas.com*,
    Fax 02 98 06 74 61, *www.campinglesaintnicolas.com*
    3 ha (180 empl.) plat, incliné et en terrasses, herbeux
    Tarif : 22 € ★★ ⇔ 🗉 💧 (10A) – pers. suppl. 6 €
    Location : (de déb. avr. à fin sept.) – 11 🏠. Sem.
    220 à 695 €
    Pour s'y rendre : à Port-Manech (au nord du bourg, à
    200 m de la plage)
    À savoir : décoration arbustive et florale

Nature : 🗁 🌳
Loisirs : 🎏 🏌 🏊
Services : 🔥 ⚬🔫 🍴 laverie
À prox. : 🍷 💧
Longitude : -3.74541
Latitude : 47.80512

LE POULDU

29360 – **308** J8

▶ Paris 521 – Concarneau 37 – Lorient 25 – Moëlan-sur-Mer 10

▲▲▲ **Les Embruns** de déb. avr. à mi-sept.
℘ 02 98 39 91 07, *camping-les-embruns@wanadoo.fr*,
Fax 02 98 39 97 87, *www.camping-les-embruns.com*
4 ha (180 empl.) plat et peu incliné, herbeux, sablonneux, verger
Tarif : 31 € ⚏ ⚏ ⟵ 🅴 (¾) (10A) – pers. suppl. 6 € – frais de réservation 20 €
Location : (de déb. avr. à mi-sept.) – 30 🛏️ – 2 🏠.
Sem. 250 à 690 € – frais de réservation 20 €
🛒 borne autre 4 € – 13 🅴 14 € – 🚐 14 €
Pour s'y rendre : r. du Philosophe Alain (au bourg, à 350 m de la plage)
À savoir : Belle décoration arbustive et florale

Nature : 🏞️ 🌳 ⚌
Loisirs : 🍽️ 🔲 ☀️diurne 🏊 🎯
🔲 (découverte en saison)
Services : & ⊶ 🏧 🍴 🚿 🚽 💈
laverie
À prox. : 🏖️ ✕ 🚴 🎾 ⚓

Longitude : -3.54524
Latitude : 47.76854

▲▲ **Keranquernat** de fin mai à déb. sept.
℘ 02 98 39 92 32, *camping.keranquernat@wanadoo.fr*,
www.camping.keranquernat.com
1,5 ha (100 empl.) plat et peu incliné, herbeux
Tarif : ✚ 4 € ⟵ 🅴 9 € – (¾) (10A) 4 € – frais de réservation 8 €
Location : (de fin mai à déb. sept.) 🚫 – 10 🛏️.
Nuitée 90 € – Sem. 490 €
Pour s'y rendre : Keranquernat (au rond-point, sortie nord-est)
À savoir : cadre agréable sous les pommiers, au milieu des fleurs

Nature : 🏕️ 🌳 ⚌
Loisirs : 🔲 🎣 🏊 ⚊
Services : & ⊶ (juil.-août) 🚿 🍴
💈 laverie
À prox. : 🏖️ ✕ 🎾 ⚓

Longitude : -3.54332
Latitude : 47.7727

▲ **Locouarn** de déb. juin à mi-sept.
℘ 02 98 39 91 79, *info@camping-locouarn.com*,
Fax 02 98 39 91 79, *www.camping-locouarn.com*
2,5 ha (100 empl.) peu incliné, plat, herbeux, non clos
Tarif : ✚ 3 € ⟵ 🅴 6 € – (¾) (10A) 4 €
Location : (de déb. mai à mi-sept.) – 15 🛏️. Nuitée 50 à 75 € – Sem. 160 à 540 € – frais de réservation 5 €
Pour s'y rendre : 2 km au nord par D 49, rte de Quimperlé

Nature : ⚊
Loisirs : ⚊
Services : & ⊶ 🚿 🍴 💈 laverie
À prox. : 🏖️ 🍽️ crêperie 🐎 poneys

Longitude : -3.54793
Latitude : 47.7855

227

▲ **Les Grands Sables** de déb. avr. à mi-sept.
℘ 02 98 39 94 43, *campinglesgrandssables@orange.fr*,
Fax 09 70 62 08 08, *www.camping-lesgrandssables.com*
2,4 ha (133 empl.) plat, peu incliné, terrasses, herbeux, sablonneux
Tarif : (Prix 2010) 19 € ⚏ ⚏ ⟵ 🅴 (¾) (6A) – pers. suppl. 5 € – frais de réservation 8 €
Location : (Prix 2010) (de déb. avr. à mi-sept.) – 13 🛏️. Nuitée 40 € – Sem. 195 à 420 € – frais de réservation 8 €
Pour s'y rendre : 22 r. Philosophe Alain (au bourg, à 200 m de la plage)
À savoir : Dans un cadre verdoyant et ombragé avec vue sur la jolie chapelle : Notre-Dame-de-la-Paix

Nature : ⚊
Loisirs : 🏊
Services : ⊶ 🚿 🍴 💈 laverie
À prox. : 🏖️ ✕ 🎾 ⚓

Longitude : -3.54716
Latitude : 47.7683

▲ **Croas An Ter** de mi-mai à mi-sept.
℘ 02 98 39 94 19, *campingcroasanter@orange.fr*,
Fax 02 98 39 94 19, *www.campingcroasanter.com*
3,5 ha (90 empl.) plat, incliné, herbeux
Tarif : 15 € ⚏ ⚏ ⟵ 🅴 (¾) (6A) – pers. suppl. 4 €
Location : (permanent) – 4 🛏️ – 1 tente. Sem. 350 à 440 €
Pour s'y rendre : lieu-dit : Quelvez (1,5 km au nord par D49, rte de Quimperlé)

Nature : 🏕️ 🌳 ⚌
Loisirs : pizzeria 🏊
Services : & ⊶ 🚿 🍴 💈 📺
À prox. : 🍽️ 🚴

Longitude : -3.54104
Latitude : 47.78515

POULLAN-SUR-MER

29100 – **308** E6 – 1 470 h. – alt. 79
▶ Paris 596 – Rennes 244 – Quimper 30 – Brest 80

Flower Le Pil Koad ♣♨ – de déb. avr. à mi-sept.
🖉 0298742639, *info@pil-koad.com*, Fax 0298745597,
www.pil-koad.com
5,7 ha (190 empl.) plat, herbeux
Tarif : 31 € ♀♀ ⇌ 🖃 (½) (10A) – pers. suppl. 5 €
Location : (de déb. avr. à mi-sept.) – 63 🖫 – 20 🏠
– 3 tentes. Nuitée 40 à 135 € – Sem. 210 à 945 €
🚐 borne artisanale 2 € – 🍷 (½) 13 €
Pour s'y rendre : 30 r. Luc Robet (600 m à l'est du
bourg par D7)

| Nature : 🏊 ▭ ♨♨ |
| Loisirs : ♇ ✗ 🎦 🕙nocturne 🏇 ⛷ 🎮 ⚒ 🎿 🎣 terrain multisports |
| Services : 🕭 ⚬➤ 🍴 🚿 ♻ ♀ laverie ♨ 🧹 |

Longitude : -4.40634
Latitude : 48.08162

PRIMEL-TRÉGASTEL

29630 – **308** I2
▶ Paris 554 – Rennes 198 – Quimper 105 – Brest 79

Municipal de la Mer de déb. juin à fin sept.
🖉 0298723706, *camping-plougasnou@orange.fr*,
www.mairie-plougasnou.fr – ℝ
1 ha (63 empl.) plat et peu incliné, terrasse, herbeux
Tarif : (Prix 2010) ♀ 4 € ⇌ 1 € 🖃 7 € (½) (13A)
🚐 borne artisanale
Pour s'y rendre : 15 rte de Karreg An Ty (4 km au nord
par D 46)

À savoir : Situation exceptionnelle d'un site en bord de
mer

| Nature : 🏊 ≼Île de Batz et Roscoff ⛰ |
| Loisirs : 🎦 ⛷ |
| Services : 🕭 ⚬➤ (juil.-août) ♀ laverie |
| À prox. : ♇ snack crêperie |

Longitude : -3.81527
Latitude : 48.71477

PRIMELIN

29770 – **308** D6 – 743 h. – alt. 78
▶ Paris 605 – Audierne 7 – Douarnenez 28 – Quimper 44

Municipal de Kermalero de déb. mars à fin oct.
🖉 0298748475, *campingkermalero@wanadoo.fr*,
Fax 0298748475, *www.mairie-primelin.fr*
1 ha (75 empl.) plat et peu incliné, herbeux
Tarif : 15 € ♀♀ ⇌ 🖃 (½) (6A) – pers. suppl. 4 € – frais de
réservation 10 €

Location : (de déb. mars à fin oct.) – 5 roulottes. Nuitée
30 à 40 € – Sem. 210 à 280 € – frais de réservation 10 €
🚐 borne autre 2 € – 6 🖃 3 €
Pour s'y rendre : rte de l'Océan (sortie ouest vers le
port)

| Nature : 🏊 ≼ ▭ |
| Loisirs : 🎦 ⛷ |
| Services : 🕭 ⚬➤ (juil.-août) 🚮 🚿 ♻ ♀ laverie |
| À prox. : ✗ |

Longitude : -4.61067
Latitude : 48.02544

PRIZIAC

56320 – **308** K6 – 1 026 h. – alt. 163
▶ Paris 498 – Concarneau 55 – Lorient 42 – Pontivy 39

Municipal Bel Air de mi-avr. à fin sept.
🖉 0297346355, *mairie.priziac@wanadoo.fr*,
Fax 0297346467
1,5 ha (60 empl.) plat, herbeux
Tarif : (Prix 2010) ♀ 3 € ⇌ 1 € 🖃 2 € – (½) (5A) 2 €

Location : (Prix 2010) (de déb. avr. à mi-oct.) – 4 🖫.
Nuitée 40 € – Sem. 180 à 352 €
Pour s'y rendre : à l'Etang du Bel Air (500 m au nord par
D 109 et à gauche)

À savoir : cadre verdoyant et ombragé près d'un plan
d'eau

| Nature : 🏊 ♨♨ ⛰ |
| Loisirs : 🎦 |
| Services : 🕭 🧹laverie |
| À prox. : ♇ ⛷ ✗ 🏊 (plage) 🎣 ⛵pédalos, base nautique, canoë |

Longitude : -3.41418
Latitude : 48.06155

QUIBERON

56170 – **308** M10 – 5 052 h. – alt. 10
🛈 *14, rue de Verdun* 𝒫 *0825135600*
▶ Paris 505 – Auray 28 – Concarneau 98 – Lorient 47

Le Bois d'Amour ♣♣ – de déb. avr. à fin sept.
𝒫 0442204725, *info@homair.com*, Fax 0442950363,
www.camping-leboisdamour.com
4,6 ha (272 empl.) plat, sablonneux, herbeux
Tarif : (Prix 2010) 40 € ✶✶ ⇔ 🄴 💧 (10A) – pers.
suppl. 6 € – frais de réservation 10 €

Location : (Prix 2010) (de déb. avr. à fin sept.)
– 184 ⌷⌷⌷. Nuitée 31 à 106 € – Sem. 217 à 742 € – frais
de réservation 25 €
Pour s'y rendre : r. Saint-Clément (1,5 km au sud-est, à
300 m de la mer et du centre de thalassothérapie)

Nature : 🖵 ♀
Loisirs : 🍸 snack 🄬 ▣ 🏃 🚡 🚴 🛶
Services : 🚿 ⊶ 🛁 ⁋ laverie 🧺
À prox. : 🎿 🎣 🌊 🐎 (centre équestre) practice de golf

Longitude : -3.11036
Latitude : 47.47854

Do.Mi.Si.La.Mi. ♣♣ – de déb. avr. à fin oct.
𝒫 0297502252, *camping@domisilami.com*,
Fax 0297502669, *www.domisilami.com*
4,4 ha (350 empl.) peu incliné, plat, herbeux
Tarif : (Prix 2010) ✶ 4,40 € ⇔ 🄴 12,50 € – 💧 (10A) 4,30 €

Location : (Prix 2010) 🎿 – 45 ⌷⌷⌷. Nuitée 44 à 125 €
– Sem. 264 à 750 €
🚐 borne artisanale 14 € – 15 🄴 14 €
Pour s'y rendre : au lieu-dit : St-Julien, 31 r. de la Vierge
(600 m au nord, à 100 m de la plage)
À savoir : navette gratuite pour Quiberon

Nature : 🖵 ♀
Loisirs : 🍸 snack, pizzeria 🄬 🏃 🚡 🚴 terrain omnisports
Services : 🚿 ⊶ 🛁 🛀 ⁋ laverie 🍽 🧺

Longitude : -3.12245
Latitude : 47.49912

Les Joncs du Roch de déb. avr. à fin sept.
𝒫 0297502437, *camping@lesjoncsduroch.com*,
Fax 0297502437, *www.lesjoncsduroch.com*
2,3 ha (163 empl.) plat, herbeux
Tarif : (Prix 2010) 20 € ✶✶ ⇔ 🄴 💧 (10A) – pers.
suppl. 5 € – frais de réservation 29 €

Location : (Prix 2010) (permanent) – 12 ⌷⌷⌷. Sem.
245 à 585 €
Pour s'y rendre : r. de l'Aérodrome (2 km au sud-est, à
500 m de la mer)

Nature : 🖵 ♀
Loisirs : 🄬 salle d'animation 🚡 terrain multisports
Services : 🚿 ⊶ 🛁 🛀 ⁋ 🍽 laverie
À prox. : 🎿 🎣 🌊 🐎 poneys (centre équestre) practice de golf

Longitude : -3.10098
Latitude : 47.47946

Beauséjour de mi-avr. à fin sept.
𝒫 0297304493, *info@campingbeausejour.com*,
Fax 0297504473, *www.campingbeausejour.com*
2,4 ha (160 empl.) peu incliné, plat, herbeux, sablonneux
Tarif : (Prix 2010) ✶ 4 € ⇔ 🄴 14 € – 💧 (10A) 5 € – frais de
réservation 18 €

Location : (de mi-avr. à fin sept.) – 15 ⌷⌷⌷. Sem.
300 à 660 € – frais de réservation 18 €
🚐 borne artisanale 4 €
Pour s'y rendre : bd du Parco (800 m au nord, à 50 m
de la plage)

Loisirs : 🄬 🚡
Services : 🚿 ⊶ (juil.-août) 🛁 🛀 🍽 ⁋ laverie
À prox. : 🍹 🍸 ✕ 🧺

Longitude : -3.12027
Latitude : 47.5003

QUIMPER

29000 – **308** G7 – 63 961 h. – alt. 41 – Base de loisirs

🛈 *place de la Résistance* 𝒫 *02 98 53 04 05*

▶ Paris 564 – Brest 73 – Lorient 67 – Rennes 215

△△△ **"Les Castels" L'Orangerie de Lanniron** ♣♣ – de mi-mai à mi-sept.

𝒫 02 98 90 62 02, *camping@lanniron.com*, Fax 02 98 52 15 56, *www.lanniron.com*

38 ha/6,5 campables (199 empl.) plat, herbeux

Tarif : 🛉 8 € 🚐 5 € 🔳 15 € – 🔌 (10A) 5 € – frais de réservation 20 €

Location : (permanent) 🚐 – 30 🛏 – 5 🏠 – 12 🛏 – 11 studios – 1 appartement – 5 gîtes. Nuitée 55 à 105 € – Sem. 336 à 886 € – frais de réservation 20 €

🚐 borne autre 5 € – 15 🔳 20 € – 🚐 🔌 35 €

Pour s'y rendre : allée de Lanniron (3 km au sud par bd périphérique puis sortie vers Bénodet et rte à dr., près de la zone de loisirs de Creac'h Gwen)

À savoir : dans les magnifiques parc et jardins d'un manoir du XVe s., au bord de l'Odet

Nature : 🐟 ♨♨
Loisirs : 🍴 ✕ 🎱 ⊙ 👫 🎣 🚴 ✂ 🎿 🛶 ⛵ poneys arc aquatique, golf (9 trous), practice, canoë-kayac de mer
Services : 🔥 🔑 🛏 🔌 🚿 🚽 laverie 🔲 🛒

Longitude : -4.11049
Latitude : 47.97861

Le coup de cœur de Bib

« La vie de château au grand air » pourrait être le slogan de vos vacances en ce lieu ! Au bord d'une rivière, l'Odet, les châtelains, d'une réelle gentillesse, laissent aux vacanciers un libre accès à la quasi-totalité des splendides jardins et parcs du château, sans oublier l'Orangerie. Le lieu est particulièrement chargé d'histoire avec des plantes qui viennent de nombreuses régions du monde. Côté pratique, rien n'est oublié. C'est à l'entrée de la propriété, afin de préserver la tranquillité des campeurs comme des résidents en mobile home, que sont installés dans les anciennes dépendances du château le restaurant, le bar et le tout nouveau parc aquatique. Enfin, le golf est là aussi pour agrémenter le cadre verdoyant du lieu.

Ph. Gallet/MICHELIN

Si vous désirez réserver un emplacement pour vos vacances,
faites-vous préciser au préalable les conditions particulières de séjour,
les modalités de réservation, les tarifs en vigueur et les conditions de paiement.

QUIMPERLÉ

29300 – **308** J7 – 10 877 h. – alt. 30
🏛 45, place Saint-Michel ☎ 02 98 96 04 32
▶ Paris 517 – Carhaix-Plouguer 57 – Concarneau 32 – Pontivy 76

△ **Municipal de Kerbertrand**
☎ 02 98 39 31 30, contact@quimperletourisme.com,
Fax 02 98 96 16 12, www.quimperle-tourisme.com
1 ha (40 empl.) plat, herbeux
Pour s'y rendre : r. du Camping (1,5 km à l'ouest par
D 783, rte de Concarneau et chemin à dr., après le stade,
face au centre Leclerc)

Nature : 🌳 ♢♢
Loisirs : 🔲 ♠
Services : ☎
À prox. : 🔦 ✗ 🎣 🔲
Longitude : -3.54836
Latitude : 47.87136

RAGUENÈS-PLAGE

29920 – **308** I8
▶ Paris 545 – Carhaix-Plouguer 73 – Concarneau 17 – Pont-Aven 12

▲▲▲ **Les Deux Fontaines** de déb. mai à mi-sept.
☎ 02 98 06 81 91, info@les2fontaines.fr,
Fax 02 98 06 71 80, www.les2fontaines.com
8 ha (293 empl.) plat, herbeux
Tarif : 37 € ♦♦ 🚗 🔳 🔌 (10A) – pers. suppl. 6 € – frais
de réservation 15 €
Location : (de déb. mai à mi-sept.) – 35 🏠 – 11 🏠.
Nuitée 45 à 130 € – Sem. 168 à 900 € – frais de
réservation 15 €
🚐 borne artisanale 5 € – 🛥 🔌 15 €
Pour s'y rendre : au lieu-dit : Feunten Vihan (1,3 km au
nord par rte de Névez et rte de Trémorvezen)
À savoir : parc aquatique en partie couvert

Nature : 🌳 ▱ ♢♢
Loisirs : 🍴 snack 🔲 ♦ 🎣 ♠ 🏊 ✗ 🔲 🏊 golf (6 trous), practice de golf
Services : ♿ ☎ ♨ 🚿 🗑 laverie 🔲 🚿
Longitude : -3.79029
Latitude : 47.79947

▲▲▲ **Le Raguenès-Plage** ♣ – de déb. avr. à fin sept.
☎ 02 98 06 80 69, info@camping-le-raguenes-plage.com,
Fax 02 98 06 89 05, www.camping-le-raguenes-plage.com
6 ha (287 empl.) plat, herbeux
Tarif : (Prix 2010) 35 € ♦♦ 🚗 🔳 🔌 (10A) – pers.
suppl. 6 €
Location : (Prix 2010) (de déb. avr. à fin sept.) – 61 🏠.
Nuitée 36 à 118 € – Sem. 252 à 820 €
Pour s'y rendre : 19 r. des Îles (à 400 m de la plage,
accès direct)

Nature : ♢♢
Loisirs : 🍴 ✗ snack 🔲 ♦ 🎣 ⛲ ♠ 🏊
Services : ♿ ☎ ♨ 🚿 🗑 laverie 🔲 🚿
Longitude : -3.80085
Latitude : 47.79373

▲▲▲ **Le Vieux Verger - Ty Noul** de mi-avr. à fin sept.
☎ 02 98 06 86 08, contact@campingduvieuxverger.com,
Fax 02 98 06 63 07, www.campingduvieuxverger.com
2,5 ha (110 empl.) plat, herbeux
Tarif : ♦ 5 € 🚗 3 € 🔳 6 € – 🔌 (10A) 4 € – frais de
réservation 10 €
Location : (de mi-avr. à fin sept.) 🔲 – 10 🏠. Sem.
210 à 660 € – frais de réservation 10 €
Pour s'y rendre : 20 Kéroren (sortie nord, rte de Névez)
À savoir : en 2 partie distinctes et joli petit parc
aquatique

Nature : ♀
Loisirs : ♠ 🚲 🏊 🔲
Services : ♿ ☎ 🔲
Longitude : -3.79777
Latitude : 47.79663

△ **L'Océan** de mi-mai à mi-sept.
☎ 02 98 06 87 13, campingocean@orange.fr,
Fax 02 98 06 78 26, www.camping-ocean.fr
2,2 ha (150 empl.) plat, herbeux, sablonneux
Tarif : 26 € ♦♦ 🚗 🔳 🔌 (10A) – pers. suppl. 6 €
Location : (de mi-mai à mi-sept.) 🔲 – 7 🏠. Sem.
320 à 560 €
🚐 borne artisanale
Pour s'y rendre : 15 Imp. des Mouettes, à Kéroren
(sortie nord, rte de Névez et à dr., à 350 m de la plage
(accès direct))

Nature : 🌳 ◁ ▱ ♀
Loisirs : 🔲 ♠ 🔲 (découverte en saison)
Services : ♿ ☎ 🚿 laverie
À prox. : ✗ ♦
Longitude : -3.79789
Latitude : 47.79471

RENNES

35000 – **309** L6 – 207 922 h. – alt. 40

🛈 *11, rue Saint-Yves* 📞 *02 99 67 11 11*

◪ Paris 349 – Angers 129 – Brest 246 – Caen 185

⚠ **Municipal des Gayeulles** Permanent
📞 02 99 36 91 22, *camping.rennes@wanadoo.fr*,
Fax 02 23 20 06 34, *www.camping-rennes.com*
3 ha (179 empl.) plat, herbeux
Tarif : (Prix 2010) 🏕 4 € ⟵ 2 € 🅴 7 € – [𝔥] (16A) 3 €
🔲 borne eurorelais 2 €
Pour s'y rendre : r. Maurice-Audin (sortie nord-est vers N 12, rte de Fougères puis av. des Gayeulles, près d'un étang)
À savoir : au milieu de l'immense parc boisé "Les Gayeulles"

Nature : 🌳 ⌨ 🌿🌿
Loisirs : 🏓
Services : ♿ ⌨ (juil.-août) 🍴 ⚱ 🚿 laverie
À prox. : 🏒 patinoire ⛳ 🎾 🎣 ⛏ 🔲 (découverte en saison) parc animalier

Longitude : -1.64794
Latitude : 48.13451

En juin et septembre les campings sont plus calmes, moins fréquentés et pratiquent souvent des tarifs " hors saison ".

LA ROCHE-BERNARD

56130 – **308** R9 – 755 h. – alt. 38

🛈 *14, rue du Docteur Cornudet* 📞 *02 99 90 67 98*

◪ Paris 444 – Nantes 70 – Ploërmel 55 – Redon 28

⚠ **Municipal le Pâtis** de déb. avr. à fin sept.
📞 02 99 90 60 13, *camping.lrb@orange.fr*,
Fax 02 99 90 88 28
1 ha (58 empl.) plat, herbeux
Tarif : (Prix 2010) 19 € 🏕🏕 ⟵ 🅴 [𝔥] (6A) – pers. suppl. 4 €
🔲 borne 2 € – 15 🅴 9 €
Pour s'y rendre : 3 ch.du Pâtis (à l'ouest du bourg vers le port de plaisance)
À savoir : au bord de la Vilaine, face au port

Nature : ⌨ 🌿
Loisirs : 🛏 🚲
Services : ♿ ⌨ (juil.-août) 🍴 ⚱ laverie
À prox. : salon de thé 🏓 🛶 canoë

Longitude : -2.30523
Latitude : 47.51923

ROCHEFORT-EN-TERRE

56220 – **308** Q8 – 710 h. – alt. 40

🛈 *7, place du Puits* 📞 *02 97 43 33 57*

◪ Paris 431 – Ploërmel 34 – Redon 26 – Rennes 82

⚠ **Le Moulin Neuf** de mi-mai à fin août
📞 02 97 43 37 52, *ian.hetherington@orange.fr*,
Fax 02 97 43 35 45, *www.campingdumoulinneuf.com*
2,5 ha (60 empl.) incliné, plat, herbeux
Tarif : 🏕 5,50 € ⟵ 🅴 8 € – [𝔥] (10A) 4,40 € – frais de réservation 10 €
Pour s'y rendre : 1 km au sud-ouest par D 774, rte de Péaule et chemin à dr., à 500 m d'un plan d'eau

Nature : 🌳
Loisirs : 🏓 🎾 ⛱
Services : ♿ ⚡ ⚒ ⛱ laverie
À prox. : ✕ ⛴ (plage) 🐟

Longitude : -2.33727
Latitude : 47.69913

ROHAN

56580 – **308** O6 – 1 581 h. – alt. 55

◪ Paris 451 – Lorient 72 – Pontivy 17 – Quimperlé 86

⚠ **Municipal le Val d'Oust** de déb. juin à mi-sept.
📞 02 97 51 57 58, *mairie.rohan@wanadoo.fr*,
Fax 02 97 51 52 11, *rohan.fr*
1 ha (45 empl.) plat, herbeux
Tarif : (Prix 2010) 🏕 3 € ⟵ 1 € 🅴 2 € – [𝔥] (10A) 3 €
Pour s'y rendre : r. de St-Gouvry (sortie nord-ouest)
À savoir : au bord du canal de Nantes-à-Brest et près d'un plan d'eau

Nature : 🌿🌿
Loisirs : 🏓 🐟
Services : ♿ 🚽 🔲
À prox. : 🍴 snack 🎾 ⛴ (plage) parcours sportif, halte fluviale

Longitude : -2.7548
Latitude : 48.07077

ROSPORDEN

29140 – **308** I7 – 6 928 h. – alt. 125

🚉 *rue Hippolyte Lebas* ℰ *02 98 59 27 26*

▶ Paris 544 – Carhaix-Plouguer 51 – Châteaulin 50 – Concarneau 15

⚠ **Municipal Roz-an-Duc** de mi-juin à déb. sept.
ℰ 02 98 59 90 27, *mairie.rosporden@fr.oleane.com*,
Fax 02 98 59 92 00 *mairie*, *www.rosporden.fr* – ⛪
1 ha (49 empl.) non clos, en terrasses, plat, herbeux
Tarif : (Prix 2010) 🛉 2,50 € ⬌ 1,35 € ▣ 2,40 € –
⚡ (6A) 2,45 €
Pour s'y rendre : rte de Coray (1 km au nord par D 36,
rte de Châteauneuf-du-Faou et à dr., à la piscine, à
100 m d'un étang)

À savoir : agréable cadre boisé au bord de l'Aven

| Nature : 🏊 ☐ 🌳🌳 |
| Services : 🚿 ☎ 🧺 laverie |
| À prox. : 🍽 🎾 🗺 🏓 🏊 par-cours sportif |

| Longitude : -3.82974 |
| Latitude : 47.96546 |

ROZ-SUR-COUESNON

35610 – **309** M3 – 1 001 h. – alt. 65

▶ Paris 365 – Rennes 82 – Caen 134 – St-Lô 99

⚠ **Les Couesnons** de déb. avr. à déb. nov.
ℰ 02 99 80 26 86, *courrier@lescouesnons.com*,
www.lescouesnons.com
1 ha (57 empl.)
Tarif : 19 € 🛉🛉 ⬌ ▣ ⚡ (6A) – pers. suppl. 5 €
Location : – 3 🛖. Sem. 280 à 500 €
Pour s'y rendre : l'Hopital (2 km au sud-est sur la D 797)

| Nature : ☐ 🌳🌳 |
| Loisirs : 🍽 crêperie 🏠 |
| Services : 🚿 ☎ 🛍 🍽 🔥 |

| Longitude : -1.59175 |
| Latitude : 48.58844 |

ST-BRIAC-SUR-MER

35800 – **309** J3 – 1 949 h. – alt. 30

🚉 *49, Grande Rue* ℰ *02 99 88 32 47*

▶ Paris 411 – Dinan 24 – Dol-de-Bretagne 34 – Lamballe 41

⚠⚠ **Émeraude** de déb. avr. à mi-sept.
ℰ 02 99 88 34 55, *camping.emeraude@wanadoo.fr*,
Fax 02 99 88 99 13, *www.camping-emeraude.com*
3,2 ha (194 empl.) peu incliné, plat, herbeux
Tarif : 🛉 7 € ⬌ ▣ 15 € – ⚡ (6A) 4 € – frais de
réservation 10 €
Location : (de déb. avr. à mi-sept.) 🚿 – 55 🛖 – 14 🏡.
Nuitée 100 € – Sem. 700 € – frais de réservation 10 €
🚐 borne eurorelais 3 €
Pour s'y rendre : 7 ch. de la Souris

À savoir : bel espace aquatique

| Nature : 🏊 ☐ 🌳 |
| Loisirs : 🍽 snack 🏠 salle d'ani-mation 🎮 🎣 🎯 🏊 🏓 |
| Services : 🚿 ☎ 🔥 🍽 laverie 🛒 |
| À prox. : golf 18 trous |

| Longitude : -2.13012 |
| Latitude : 48.62735 |

ST-CAST-LE-GUILDO

22380 – **309** I3 – 3 420 h. – alt. 52

🚉 *place Charles-de-Gaulle* ℰ *02 96 41 81 52*

▶ Paris 427 – Avranches 91 – Dinan 32 – St-Brieuc 50

⚠⚠ **"Les Castels" Le Château de Galinée** 🏕 – de
mi-mai à mi-sept.
ℰ 02 96 41 10 56, *contact@chateaudegalinee.com*,
Fax 02 96 41 03 72, *www.chateaudegalinee.com*
12 ha (272 empl.) plat, herbeux
Tarif : 🛉 7 € ⬌ ▣ 20 € – ⚡ (10A) 5 € – frais de
réservation 20 €
Location : (de mi-avr. à mi-sept.) 🚿 – 2 roulottes
– 56 🛖 – 4 🏡 – 6 bungalows toilés. Nuitée 37 à 131 €
– Sem. 259 à 917 € – frais de réservation 20 €
🚐 borne artisanale
Pour s'y rendre : r. de Galinée (7 km au sud, accès par
D 786, près du carrefour avec la rte de St-Cast-le-Guildo)

| Nature : 🏊 ☐ 🌳🌳 |
| Loisirs : 🍽 snack, pizzeria 🏠 🎪 🎮 🎾 🎣 🗺 🏊 🏓 |
| Services : 🚿 ☎ 🛍 🔥 🍽 🛒 laverie 🛒 |

| Longitude : -2.26121 |
| Latitude : 48.58273 |

233

"Les Castels" Le Château de Galinée *(voir page précédente)*
Cet établissement possède deux atouts : la partie pour camper, très au calme car éloignée de l'espace vie et les installations sanitaires particulièrement adaptées aux familles avec jeunes enfants. Les emplacements spacieux et bien ombragés sont tout en longueur. Chacun aura son indépendance grâce aux différentes haies de belle hauteur. Récemment, pour les adeptes de la location, le choix s'est élargi avec l'installation de roulottes qui donnent une impression de voyage et d'évasion. En plus du club enfants qui les prend en charge en fonction de leur âge, les installations sanitaires sont très bien aménagées : espace adéquat, couleurs vives, hauteur adaptée et grand confort des cabines de douche, lavabos…L'adresse vraiment idéale pour les familles à la recherche d'une adresse en Bretagne nord !

Les Castels Le Château de Galinée

234

△△△ **Le Châtelet** ♣♣ – de fin avr. à mi-sept.
℘ 02 96 41 96 33, *info@lechatelet.com*, Fax 02 96 41 97 99, *www.lechatelet.com* – places limitées pour le passage
7,6 ha/3,9 campables (180 empl.) en terrasses, plat, herbeux, petit étang, fort dénivelé
Tarif : ♣ 7 € ⇌ 🅴 22 € – 🚻 (8A) 6 € – frais de réservation 23 €

Location : (de fin avr. à mi-sept.) – 51 🚐 – 4 tentes. Nuitée 48 à 130 € – Sem. 330 à 910 € – frais de réservation 23 €
🚐 borne eurorelais
Pour s'y rendre : r. des Nouettes (1 km à l'ouest, à 250 m de la plage (accès direct))

À savoir : situation dominant la baie de la Frênaye

Nature :	🐚 ⇐ 🛏 ♀
Loisirs :	♟ snack 🎲 ⛱ 🎠 🐎 ⛵ 🐟
Services :	♿ ⚷ 🛁 ♨ ⚰ ♨ laverie ♨ 🚿

Longitude : -2.26728
Latitude : 48.63749

△△ **Vert-Bleu Les Mielles** (location exclusive de mobile homes) Permanent
℘ 02 96 41 87 60, *info@campings-vert-bleu.com*, Fax 02 96 81 04 77, *www.campings-vert-bleu.com*
3,5 ha (160 empl.) plat, herbeux

Location : – 30 🚐. Sem. 345 à 765 € – frais de réservation 17 €
🚐 borne artisanale
Pour s'y rendre : bd de la Vieux-Ville (sortie sud par D 19, rte de St-Malo, attenant au stade et à 200 m de la plage)

À savoir : ouvert de mi-mars à déb. janv. pour camping-car

Nature :	🛏 ♀
Loisirs :	🎲 🐎 🛝
Services :	♿ ⚷ 🛁 ♨ laverie
À prox. :	🍴 🖼 ♦

Longitude : -2.25402
Latitude : 48.62694

ST-COULOMB

35350 – **309** K2 – 2 348 h. – alt. 35
▶ Paris 398 – Cancale 6 – Dinard 18 – Dol-de-Bretagne 21

△△ **Le Tannée** de déb. avr. à mi-oct.
🖉 02 99 89 41 20, *campingdetannee@orange.fr*,
Fax 02 99 89 41 20, *www.campingdetannee.com* – places
limitées pour le passage
0,6 ha (30 empl.) peu incliné, plat
Tarif : 21 € ✱✱ ⚊ 🅴 🕅 (10A) – pers. suppl. 4 € – frais
de réservation 10 €
Location : (de déb. avr. à mi-oct.) – 10 🛖. Sem.
250 à 580 € – frais de réservation 10 €
Pour s'y rendre : au lieu-dit : Saint-Méloir

| Nature : 🏞 ⬅ 🛏 |
| Loisirs : 🚲 🅽 (découverte en saison) |
| Services : 🚿 ⚬ 🛒 🔧 🛁 🍴 laverie |
| Longitude : -1.889 |
| Latitude : 48.68655 |

△ **Du Guesclin** de fin mars à déb. nov.
🖉 02 99 89 03 24, *reservation@camping-duguesclin.com*,
www.camping-duguesclin.com – places limitées pour le
passage
0,9 ha (43 empl.) peu incliné, plat, herbeux
Tarif : 20 € ✱✱ ⚊ 🅴 🕅 (10A) – pers. suppl. 5 €
Location : (de fin mars à déb. nov.) – 15 🛖. Sem.
280 à 550 € – frais de réservation 15 €
Pour s'y rendre : r. de Tannée (2,5 km au nord-est par
D 355, rte de Cancale et rte à gauche)

| Nature : 🏞 ⬅ 🛏 🍶 |
| Loisirs : 🍴 🚲 |
| Services : 🚿 ⚬ 🛒 🛁 ♨ 🍴 🔲 |
| Longitude : -1.89027 |
| Latitude : 48.68628 |

ST-GILDAS-DE-RHUYS

56730 – **308** N9 – 1 625 h. – alt. 10
🛈 *rue St Goustan* 🖉 02 97 45 31 45
▶ Paris 483 – Arzon 9 – Auray 48 – Sarzeau 7

△△ **Le Menhir** ⚲ – de fin avr. à mi-sept.
🖉 02 97 45 22 88, *contact@camping-bretagnesud.com*,
www.camping-bretagnesud.com
5 ha/3 campables (180 empl.) peu incliné, plat, herbeux
Tarif : 34 € ✱✱ ⚊ 🅴 🕅 (6A) – pers. suppl. 7 € – frais de
réservation 19 €
Location : (de fin avr. à mi-sept.) 🍽 – 40 🛖. Nuitée
70 € – Sem. 229 à 700 € – frais de réservation 19 €
🛖 borne artisanale – 🔌 🕅 34 €
Pour s'y rendre : rte de Port-Crouesty (3,5 km au nord
- accès conseillé par D 780, rte de Port-Navalo)

| Nature : 🛏 🍶🍶 |
| Loisirs : 🍷 snack 🏊 🎯 🚣 ✂ ♒ 🅽 🔲 |
| Services : 🚿 ⚬ 🛁 ♨ 🍴 laverie 🔲 🔲 |
| Longitude : -2.8472 |
| Latitude : 47.52882 |

△ **Goh'Velin** de déb. avr. à mi-sept.
🖉 02 97 45 21 67, *gohvelin@cegetel.net*,
Fax 02 97 45 21 67, *www.gohvelin.fr*
1 ha (93 empl.) herbeux, plat, herbeux
Tarif : (Prix 2010) ✱ 5 € ⚊ 1 € 🅴 7 € – 🕅 (10A) 4 € – frais
de réservation 10 €
Location : (Prix 2010) (de déb. avr. à mi-sept.)
– 12 🛖. Nuitée 50 à 78 € – Sem. 250 à 580 € – frais de
réservation 10 €
Pour s'y rendre : 89 r. Guernevé (1,5 km au nord, à
300 m de la plage)

| Nature : 🛏 🍶 |
| Loisirs : 🏊 🚣 🏊 |
| Services : ⚬ 🍴 🔲 |
| À prox. : 🏇 🚣 |
| Longitude : -2.84515 |
| Latitude : 47.51204 |

ST-JEAN-DU-DOIGT

29630 – **308** I2 – 636 h. – alt. 15
▶ Paris 544 – Brest 77 – Guingamp 61 – Lannion 33

△ **Municipal du Pont Ar Gler** de fin juin à fin août
🖉 02 98 67 32 15, *st-jean-du-doigt-mairie@wanadoo.fr*,
Fax 02 98 67 84 64
1 ha (34 empl.) en terrasses, plat, herbeux
Tarif : (Prix 2010) ✱ 3 € ⚊ 2 € 🅴 3 € – 🕅 (10A) 3 €
Pour s'y rendre : au lieu-dit : Pont ar Gler (au bourg)

| Nature : 🏞 🛏 🍶 |
| Loisirs : 🏊 🚣 |
| Services : 🚿 ⚬ 🛒 🛁 🔲 |
| Longitude : -3.77377 |
| Latitude : 48.69447 |

235

BRETAGNE

ST-JOUAN-DES-GUÉRETS

35430 – **309** K3 – 2 686 h. – alt. 31
▶ Paris 396 – Rennes 63 – St-Helier 10 – St-Brieuc 85

    ▲▲▲ **Le P'tit Bois ▲⚑** – de déb. avr. à mi-sept.
        ✆ 02 99 21 14 30, *camping.ptitbois@wanadoo.fr*,
        Fax 02 99 81 74 14, *www.ptitbois.com*
        6 ha (274 empl.) plat, herbeux
        Tarif : �$ 8€ ⇌ 4€ 🅴 19€ – (ᵻ) (10A) 6€ – frais de
        réservation 10€

        Location : (de déb. avr. à mi-sept.) – 130 🛏
        – 4 appartements. Nuitée 37 à 142€ – Sem. 259 à 994€
        – frais de réservation 10€
        🚐 borne artisanale 7€
        Pour s'y rendre : au lieu-dit : La Chalandouze (accès par
        N 137)

        À savoir : bel ensemble paysager

Nature : 🖵 ♀
Loisirs : ♟ pizzeria, snack 🍴 ⑬ ✶ hammam jacuzzi salle d'animation 🎯 ✗ ⚲ 🔲 ⛴ ⚐ terrain multisports
Services : 🚿 ⚓ 🏪 🗙 ▽ ♟ laverie ⚘ ⤴
Longitude : -1.98099 Latitude : 48.60891

ST-LUNAIRE

35800 – **309** J3 – 2 315 h. – alt. 20
🗓 72, boulevard du Général-de-Gaulle ✆ 02 99 46 31 09
▶ Paris 410 – Rennes 76 – St-Helier 16 – St-Brieuc 83

    ▲▲▲ **La Touesse** de déb. avr. à fin sept.
        ✆ 02 99 46 61 13, *camping.la.touesse@wanadoo.fr*,
        Fax 02 99 16 02 58, *www.campinglatouesse.com*
        2,5 ha (141 empl.) plat, herbeux
        Tarif : (Prix 2010) 25€ ✸✸ ⇌ 🅴 (ᵻ) (10A) – pers.
        suppl. 6€ – frais de réservation 16€

        Location : (Prix 2010) (de déb. avr. à fin sept.) – 65 🛏
        – 3 studios – 9 appartements – 1 gîte. Nuitée 35 à 97€
        – Sem. 245 à 679€ – frais de réservation 16€
        🚐 borne artisanale 6€
        Pour s'y rendre : 171 r. Ville Géhan (2 km à l'est par
        D 786, rte de Dinard, à 400 m de la plage)

Nature : ♀♀
Loisirs : ♟ snack, pizzeria 🍴 🛝 🎯
Services : 🚿 ⚓ 🗙 🏪 🏠 🗙 ▽ ♟ laverie ⚘ ⤴
À prox. : 🐎 poneys
Longitude : -2.08425 Latitude : 48.63086

236

ST-MALO

35400 – **309** J3 – 48 563 h. – alt. 5
🗓 esplanade Saint-Vincent ✆ 08 25 13 52 00
▶ Paris 404 – Alençon 180 – Avranches 68 – Dinan 32

    ▲▲▲ **Domaine de la Ville Huchet ▲⚑** – de déb. avr. à
    mi-sept.
        ✆ 02 99 81 11 83, *info@lavillehuchet.com*,
        Fax 02 99 81 51 89, *www.lavillehuchet.com*
        6 ha (198 empl.) plat, herbeux
        Tarif : 34€ ✸✸ ⇌ 🅴 (ᵻ) (6A) – pers. suppl. 6€ – frais de
        réservation 16€

        Location : (de déb. avr. à mi-sept.) 🚿 (1 mobile-
        home) – 71 🛏 – 7 🏠 – 3 appartements. Nuitée
        45 à 88€ – Sem. 224 à 903€ – frais de réservation 16€
        🚐 borne artisanale 5€
        Pour s'y rendre : rte de la Passagère, au lieu-dit :
        Quelmer (5 km au sud par D 301, rte de Dinard et rte
        de la Grassinais à gauche devant le concessionnaire
        Mercedes)
        À savoir : agréable terrain autour d'un joli petit château

Nature : 🖵 ♀♀
Loisirs : ♟ snack, crêperie 🍴 ✶ 🎯 🚲 ⚲ ⛴ ⚐
Services : 🚿 ⚓ 🗙 ♟ laverie ⚘ ⤴
Longitude : -1.98704 Latitude : 48.61545

Ihre Meinung über die von uns empfohlenen Campingplätze interessiert uns.
Teilen Sie uns Ihre Erfahrungen mit und schreiben Sie uns auch,
wenn Sie eine gute Entdeckung gemacht haben.

ST-MARCAN

35120 – **309** M3 – 428 h. – alt. 60
▶ Paris 370 – Dinan 42 – Dol-de-Bretagne 14 – Le Mont-St-Michel 17

  Le Balcon de la Baie de déb. avr. à fin oct.
    02 99 80 22 95, *contact@lebalcondelabaie.com*,
    Fax 02 99 80 22 95, *www.lebalcondelabaie.com*
    2,8 ha (66 empl.) plat, herbeux
    Tarif : (Prix 2010) ★ 4,80€ ⬛ 5,40€ – (½) (6A) 4€
    Location : (Prix 2010) (de déb. avr. à fin oct.) – 12 🛖.
    Nuitée 60€ – Sem. 300 à 520€
    Pour s'y rendre : lieu-dit : Le Verger (500 m au sud-est
    par D 89, rte de Pleine-Fougères et après le cimetière, à
    gauche)

Nature : ≤ Baie du Mont-St-Michel
Loisirs :
Services : laverie

Longitude : -1.62903
Latitude : 48.58811

ST-MICHEL-EN-GRÈVE

22300 – **309** A2 – 473 h. – alt. 12
🛈 rue de la Côte-des-Bruyères ✆ 02 96 35 74 87
▶ Paris 526 – Guingamp 43 – Lannion 11 – Morlaix 31

  Les Capucines de fin mars à déb. oct.
    02 96 35 72 28, *les.capucines@wanadoo.fr*,
    Fax 02 96 35 78 98, *www.lescapucines.fr*
    4 ha (100 empl.) peu incliné, plat, herbeux
    Tarif : 27€ ★★ ⬛ (½) (7A) – pers. suppl. 6€ – frais de
    réservation 15€
    Location : (de fin mars à déb. oct.) (1 chalet)
    – 1 roulotte – 9 🛖 – 5 🛖. Sem. 260 à 700€ – frais
    de réservation 15€
    borne artisanale – 14€
    Pour s'y rendre : ancienne Voie Romaine, à Kervourdon
    (1,5 km au nord par rte de Lannion et chemin à gauche)

Nature :
Loisirs : (découverte en saison) terrain multisports
Services : laverie

Longitude : -3.55694
Latitude : 48.69278

ST-PÈRE

35430 – **309** K3 – 2 178 h. – alt. 50
▶ Paris 392 – Cancale 14 – Dinard 15 – Dol-de-Bretagne 16

  Bel Évent de déb. avr. à fin sept.
    02 99 58 83 79, *contact@camping-bel-event.com*,
    Fax 02 99 58 82 24, *www.camping-bel-event.com*
    2,5 ha (115 empl.) plat, herbeux
    Tarif : ★ 4€ ⬛ 2€ 9€ – (½) (10A) 4€ – frais de
    réservation 15€
    Location : (permanent) – 17 🛖 – 1 🛖. Sem.
    240 à 730€ – frais de réservation 15€
    Pour s'y rendre : au lieu-dit : Bellevent (1,5 km au sud-
    est par D 74 rte de Châteauneuf et chemin à dr.)

Nature :
Loisirs : terrain multisports
Services : laverie

Longitude : -1.91838
Latitude : 48.57347

ST-PHILIBERT

56470 – **308** N9 – 1 467 h. – alt. 15
▶ Paris 486 – Auray 11 – Locmariaquer 7 – Quiberon 27

  Les Palmiers de déb. mars à fin sept.
    02 97 55 01 17, *contact@campinglespalmiers.com*,
    Fax plus de fax, *www.campinglespalmiers.com*
    3 ha (115 empl.) plat, peu incliné, herbeux
    Tarif : 25€ ★★ ⬛ (½) (10A) – pers. suppl. 6€ – frais
    de réservation 17€
    Location : (de déb. mars à fin sept.) – 40 🛖. Nuitée
    70€ – Sem. 795€ – frais de réservation 17€
    borne artisanale 8€ – 11€
    Pour s'y rendre : au lieu-dit : Kernivilit (2 km à l'ouest, à
    500 m de la rivière de Crach (mer))
    À savoir : autour d'une ancienne ferme restaurée

Nature :
Loisirs : crêperie, pizzeria salle d'animation
Services : laverie
À prox. :

Longitude : -3.0168
Latitude : 47.58738

▲▲ **Le Chat Noir** de déb. avr. à mi-oct.
📞 02 97 55 04 90, *chatnoir@campinglechatnoir.com*,
Fax 02 97 55 04 90, *www.campinglechatnoir.com*
1,7 ha (98 empl.) plat et peu incliné, herbeux
Tarif : 24 € ♣♣ 🚐 🔲 (10A) – pers. suppl. 6 € – frais
de réservation 20 €
Location : (de déb. avr. à fin sept.) – 31 🏠. Nuitée
70 € – Sem. 250 à 555 € – frais de réservation 20 €
Pour s'y rendre : rte de la Trinité sur Mer (1 km au nord)

Nature : 🏕 ♀♀
Loisirs : 🏠 🏊 🛶
Services : 🔧 ⚡ 🚿 🍴 laverie
À prox. : 🛒 🍽 ◑

Longitude : -2.99778
Latitude : 47.59591

LESEN SIE DIE ERLÄUTERUNGEN aufmerksam durch,
damit Sie diesen Camping-Führer mit der Vielfalt der gegebenen
Auskünfte wirklich ausnutzen können.

ST-POL-DE-LÉON

29250 – **308** H2 – 7 053 h. – alt. 60
🅱 *place Evêché* 📞 02 98 69 05 69
▶ Paris 557 – Brest 62 – Brignogan-Plages 31 – Morlaix 21

▲▲▲ **Ar Kleguer** de déb. avr. à fin sept.
📞 02 98 69 18 81, *info@camping-ar-kleguer.com*,
www.camping-ar-kleguer.com
5 ha (173 empl.) plat, peu incliné, vallonné, herbeux,
rochers
Tarif : ♣ 6 € 🚐 3 € 🔲 8 € – 🔌 (10A) 4 € – frais de
réservation 18 €
Location : (de déb. avr. à fin sept.) – 44 🏠 – 4 🏠.
Sem. 270 à 715 € – frais de réservation 18 €
🚐 borne autre
Pour s'y rendre : plage Ste-Anne (à l'est de la ville, rte
de Ste-Anne, près de la plage)
À savoir : agréable parc paysager et animalier

Nature : 🏖 < 🏕 ♀ ⚠
Loisirs : 🍴 🏠 ⓘ 🏊 🍽 🛶 🏑
terrain multisports couvert
Services : 🔧 ⚡ (juil.-août) 🚿
🍴 laverie

Longitude : -3.96667
Latitude : 48.69139

▲▲ **Le Trologot** de déb. mai à fin sept.
📞 02 98 69 06 26, *camping-trologot@wanadoo.fr*,
Fax 02 98 29 18 30, *www.camping-trologot.com*
2 ha (100 empl.) plat, herbeux
Tarif : (Prix 2010) ♣ 5 € 🚐 2 € 🔲 7 € – 🔌 (10A) 3 € – frais
de réservation 10 €
Location : (Prix 2010) (de déb. avr. à fin sept.)
– 15 🏠. Nuitée 40 à 90 € – Sem. 240 à 600 € – frais de
réservation 15 €
🚐 borne eurorelais – 10 🔲 18 €
Pour s'y rendre : au lieu-dit : Grève du Man (à l'est
de l'îlot St-Anne, près de la plage)

Nature : 🏕 ♀
Loisirs : 🍴 🏊 🛶
Services : 🔧 ⚡ 🚿 🍴 laverie

Longitude : -3.9698
Latitude : 48.6935

ST-RENAN

29290 – **308** D4 – 7 292 h. – alt. 50
🅱 *place du Vieux Marché* 📞 02 98 84 23 78
▶ Paris 605 – Brest 14 – Brignogan-Plages 43 – Ploudalmézeau 14

▲ **Municipal de Lokournan** de déb. juin à mi-sept.
📞 02 98 84 37 67, *mairie@saint-renan.fr*,
Fax 02 98 32 43 20, *www.saint-renan.com*
0,8 ha (30 empl.) sablonneux, plat, herbeux
Tarif : (Prix 2010) ♣ 3 € 🚐 🔲 3 € – 🔌 (10A)
🚐 borne eurorelais 2 € – 8 🔲
Pour s'y rendre : rte de l'Aber (sortie nord-ouest par
D 27 et chemin à dr., près du stade)
À savoir : près d'un petit lac

Nature : 🏖 🏕 ♀♀
Loisirs : 🏠
Services : 🔧 ✉
À prox. : 🎣

Longitude : -4.6363
Latitude : 48.43865

238

ST-SAMSON-SUR-RANCE

22100 – **309** J4 – 1 469 h. – alt. 64
▶ Paris 401 – Rennes 57 – St-Brieuc 64 – St-Helier 34

Municipal Beauséjour de déb. juin à fin sept.
℘ 02 96 39 53 27, *contact@beausejour-camping.com*,
www.beausejour-camping.com
3 ha (120 empl.) plat, herbeux
Tarif : (Prix 2010) ✝ 4€ ⬅ ▣ 5€ – 🔌 (10A) 3€
Location : (Prix 2010) (permanent) – 4 ⬛ – 13 ▭.
Nuitée 60€ – Sem. 480€
🔌 borne autre 3€ – 🔌 10€
Pour s'y rendre : au lieu-dit : La Hisse (3 km à l'est, par
D 57 et D 12 à dr., à 200 m du port - accès par forte
pente)
À savoir : jolis gîtes en pierres du pays

| Nature : 🏞 |
| Loisirs : ⬛ 🏊 |
| Services : 🚿 🔌 laverie |
| À prox. : 🍴 🏹 |

| Longitude : -2.00889 |
| Latitude : 48.48889 |

ST-YVI

29140 – **308** H7 – 2 733 h. – alt. 105
▶ Paris 563 – Rennes 212 – Quimper 17 – Vannes 119

Village Center Le Bois de Pleuven de fin juin à
déb. sept.
℘ 0825 00 20 30, *resa@village-center.com*,
Fax 04 67 51 63 89, *www.village-center.fr/C24*
17 ha/10 campables (280 empl.) plat, herbeux
Tarif : (Prix 2010) 22€ ✝✝ ⬅ ▣ 🔌 (10A) – pers.
suppl. 6€
Location : (Prix 2010) (de fin juin à déb. sept.)
– 143 ⬛. Nuitée 49 à 119€ – Sem. 241 à 833€ – frais
de réservation 30€
Pour s'y rendre : rte de Saint-Yvi (4 km au sud-
ouest par rte de la Forêt-Fouesnant)
À savoir : cadre naturel, sauvage en sous bois

| Nature : 🏞 🌲 |
| Loisirs : 🍴 ⬛ 🎯 🚴 🏊 |
| ⬛ 🏊 |
| Services : 🚿 🔌 laverie |

| Longitude : -3.97056 |
| Latitude : 47.95028 |

STE-ANNE-D'AURAY

56400 – **308** N8 – 2 175 h. – alt. 42
🅱 *26, rue de Vannes* ℘ 02 97 57 69 16
▶ Paris 475 – Auray 7 – Hennebont 33 – Locminé 27

Municipal du Motten de déb. juin à fin sept.
℘ 02 97 57 60 27, *contact@sainte-anne-auray.com*,
Fax 02 97 57 72 33
1,5 ha (115 empl.) plat, herbeux
Tarif : (Prix 2010) ✝ 2,80€ ⬅ 1,80€ ▣ 2,40€ –
🔌 (10A) 3,20€
Pour s'y rendre : allée des Pins (1 km au sud-ouest par
D 17, rte d'Auray et r. du Parc à dr.)

| Nature : 🌲 |
| Loisirs : ⬛ 🛶 🏊 |
| Services : 🚿 🔌 ▣ |
| À prox. : 🏊 |

| Longitude : -2.96251 |
| Latitude : 47.69831 |

239

SARZEAU

56370 – **308** O9 – 7 330 h. – alt. 30

🏠 rue du Père Coudrin 𝒫 02 97 41 82 37

▶ Paris 478 – Nantes 111 – Redon 62 – Vannes 23

FranceLoc An Trest ♣♣ – de déb. avr. à mi-sept.
𝒫 02 97 41 79 60, an.trest@franceloc.fr,
Fax 02 97 41 36 21, www.an-trest.com
5 ha (225 empl.) plat, herbeux, terrasse
Tarif : (Prix 2010) 27 € ✶✶ 📧 (10A) – pers.
suppl. 7 € – frais de réservation 22 €

Location : (Prix 2010) (de déb. avr. à mi-sept.) ♿
(Mobil-home) – 90 ⛺. Nuitée 35 à 75 € – Sem.
146 à 910 € – frais de réservation 22 €
Pour s'y rendre : rte du Roaliguen (2,5 km au sud)

Nature : 🌿
Loisirs : 🍽 🏛 🌙nocturne 🎠 ♿ 🚴 🎣 🏊 ♨
Services : ♿ ⚡ 🧺laverie 🔧
À prox. : 🐴
Longitude : -2.7442
Latitude : 47.52427

Le Bohat ♣♣ – de fin avr. à fin sept.
𝒫 02 97 41 78 68, contact@domainelebohat.com,
Fax 02 97 41 70 97, www.domainelebohat.com
15 ha/10 campables (250 empl.) plat, herbeux, forêt
attenante
Tarif : 33 € ✶✶ 📧 (10A) – pers. suppl. 5 € – frais
de réservation 15 €

Location : (de fin avr. à fin sept.) – 19 ⛺ – 6 🏡
– 3 bungalows toilés. Nuitée 28 à 101 € – Sem.
190 à 707 € – frais de réservation 15 €
🚐 borne autre
Pour s'y rendre : au lieu-dit : Le Bas Bohat (2,8 km à
l'ouest)

Nature : 🌳 🌿
Loisirs : 🍽 snack 🏛 🎠 🚴 🎣 🏊 ♨ poneys
Services : ♿ ⚡ 🧺 laverie 🔧
Longitude : -2.79745
Latitude : 47.52219

Ferme de Lann Hoedic de déb. avr. à fin oct.
𝒫 02 97 48 01 73, contact@camping-lannhoedic.fr,
www.camping-lannhoedic.fr
3,6 ha (128 empl.) peu incliné, plat, herbeux
Tarif : 21 € ✶✶ 📧 (10A) – pers. suppl. 5 € – frais
de réservation 10 €

Location : (de déb. avr. à fin oct.) 🐕 – 10 ⛺. Sem.
240 à 650 € – frais de réservation 13 €
🚐 borne artisanale – 🚰 11 €
Pour s'y rendre : r. Jean de La Fontaine

Nature : 🌳 🌿
Loisirs : 🚴 🚴
Services : ♿ ⚡ 🚿 🧺 🔧 laverie
Longitude : -2.76249
Latitude : 47.5068

La Grée Penvins de déb. avr. à fin sept.
𝒫 02 97 67 33 96, info@campinglagreepenvins.com,
Fax 02 97 67 40 70, www.campinglagreepenvins.com ℞
2,5 ha (125 empl.) terrasse, sablonneux, plat, herbeux
Tarif : 16 € ✶✶ 📧 (6A) – pers. suppl. 3 €

Location : (de déb. avr. à fin sept.) 🐕 – 12 ⛺. Sem.
165 à 575 € – frais de réservation 12 €
Pour s'y rendre : 8 rte de la Chapelle (9 km au sud-est
par D 198)
À savoir : accès direct à la plage de la Pointe de Penvins

Nature : 🌳 🌿 ⛰
Services : ♿ ⚡ 🚿 🧺 🔧
À prox. : 🍽 snack 🍹
Longitude : -2.68242
Latitude : 47.49665

SCAËR

29390 – **308** I6 – 5 139 h. – alt. 190

🏠 Place de la Libération 𝒫 02 98 59 49 37

▶ Paris 544 – Carhaix-Plouguer 38 – Concarneau 29 – Quimper 35

Municipal de Kérisole de mi-juin à fin août
𝒫 02 98 57 60 91, mairie@ville-scaer.fr, www.ville-scaer.fr
4 ha/2,3 campables (83 empl.) peu incliné, plat, herbeux
Tarif : (Prix 2010) ✶ 2,55 € 📧 1,75 € 📧 3,05 € –
(10A) 2,65 €

Location : (Prix 2010) (de mi-juin à fin août) – 3 ⛺.
Sem. 280 à 331 €
🚐 borne artisanale – 10 📧 4,80 €
Pour s'y rendre : r. Louis Pasteur (sortie est par rte du
Faouët)

Nature : 🌳 🌿
Loisirs : 🚴
Services : ♿ 🧺laverie
À prox. : 🎿 🏊 parcours de santé
Longitude : -3.70134
Latitude : 48.02753

SÉRENT

56460 – **308** P8 – 2 909 h. – alt. 80
▶ Paris 432 – Josselin 17 – Locminé 31 – Ploërmel 19

△ **Municipal du Pont Salmon** de mi-mai à mi-sept.
℘ 02 97 75 91 98, *camping.pontsalmon@serent.fr*,
Fax 02 97 75 98 35, *www.serent.fr*
1 ha (30 empl.) plat, herbeux
Tarif : (Prix 2010) ★ 2€ ⇌ 2€ 圓 2€ – (½) (10A) 3€

Location : (Prix 2010) (permanent) ♿ (1 chalet)
– 4 🏠. Nuitée 68€ – Sem. 240 à 369€
Pour s'y rendre : 29 r. du Gal De Gaulle (au bourg, vers
rte de Ploërmel)

À savoir : accès gratuit à la piscine municipale

| Nature : 〇〇 |
| Loisirs : 🚣 |
| Services : ☛ 🚻 ▥ laverie |
| À prox. : 💥 🛥 |

| Longitude : -2.50191 |
| Latitude : 47.82506 |

SIZUN

29450 – **308** G4 – 2 168 h. – alt. 112
🏠 3, rue de l'Argoat ℘ 02 98 68 88 40
▶ Paris 572 – Brest 37 – Carhaix-Plouguer 44 – Châteaulin 36

△ **Municipal du Gollen** de mi-avr. à fin sept.
℘ 02 98 24 11 43, *mairie.sizun@wanadoo.fr*,
Fax 02 98 68 86 56, *www.mairie-sizun.fr* – ⛨
0,6 ha (30 empl.) non clos, plat, herbeux
Tarif : (Prix 2010) ★ 3€ ⇌ 2€ 圓 3€ – (½) (10A) 3€
🚐 borne eurorelais 2€
Pour s'y rendre : au lieu-dit : Le Gollen (1 km au
sud par D 30, rte de St-Cadou et à gauche,
au bord de l'Elorn)

| Nature : 🍃 🌳 |
| Loisirs : 🎣 |
| Services : ♿ 🚻 🛒 |
| À prox. : 💥 🛥 |

| Longitude : -4.07559 |
| Latitude : 48.39943 |

SULNIAC

56250 – **308** P8 – 2 993 h. – alt. 125
▶ Paris 457 – Rennes 106 – Vannes 21 – Nantes 112

△△△ **Village Vacances La Lande du Moulin** (location
exclusive de chalets et gîtes) de déb. avr. à mi-nov.
℘ 02 97 53 29 39, *info@la-lande-du-moulin.com*,
Fax 02 97 53 29 40, *www.la-lande-du-moulin.com*
12 ha en terrasses, étangs

Location : ♿ (1 chalet) – 45 🏠 – 4 studios – 13 gîtes.
Nuitée 67 à 118€ – Sem. 470 à 830€
Pour s'y rendre : au lieu-dit : le Nounène (1,5 km à l'est
par la D 104 et à drte rte de Theix)

À savoir : possibilité de séjours en pension ou 1/2
pension

| Nature : 🍃 🌳 |
| Loisirs : 🍴 ✕ snack 🍽 📺 🎯 🎠 🚣 🚲 💥 ▦ 🛥 ⛱ 🎣 |
| Services : ☛ ▥ 🍴 laverie 🧺 |

| Longitude : -2.56627 |
| Latitude : 47.66753 |

241

TADEN

22100 – **309** J4 – 1 942 h. – alt. 46
▶ Paris 404 – Rennes 71 – St-Brieuc 64 – St-Helier 34

△△△ **Municipal de la Hallerais** de mi-mars à mi-nov.
℘ 02 96 39 15 93, *camping.la.hallerais@wanadoo.fr*,
Fax 02 96 39 94 64, *http://www.wdirect.fr/hallerais.htm*
5 ha (228 empl.) en terrasses, incliné, plat, herbeux
Tarif : ★ 4€ ⇌ 圓 12€ (½) (6A)

Location : (de mi-mars à mi-nov.) – 5 🛖 – 11 🏠.
Nuitée 42 à 66€ – Sem. 194 à 450€
🚐 borne flot bleu 2€ – 17 圓 12€
Pour s'y rendre : 4 r. de la Robardais (au sud-ouest du
bourg)

| Nature : 🍃 🏞 〇〇 |
| Loisirs : 🍴 ✕ 🍽 🚣 💥 🎣 🛥 |
| Services : ♿ ☛ ▥ ⛱ 🚮 🍴 laverie 🧺 🛒 |
| À prox. : 🎿 🎣 🏊 |

| Longitude : -2.02221 |
| Latitude : 48.47193 |

TAUPONT

56800 – **308** Q7 – 2 116 h. – alt. 81

◪ Paris 422 – Josselin 16 – Ploërmel 5 – Rohan 37

⋀⋀ **La Vallée du Ninian** de déb. avr. à mi-sept.
℘ 02 97 93 53 01, *infos@camping-ninian.fr*,
Fax 02 97 93 57 27, *www.camping-ninian.fr*
2,7 ha (100 empl.) plat, herbeux, verger
Tarif : ✚ 4€ ⇌ 🔲 6€ – 🔌 (10A) 5€ – frais de
réservation 10€

Location : (de déb. avr. à mi-sept.) – 10 🛖
– 2 tentes. Nuitée 30 à 60€ – Sem. 180 à 600€ – frais
de réservation 10€
🚐 borne raclet 5€ – 6 🔲 15€
Pour s'y rendre : au lieu-dit : Ville Bonne, le Rocher
(sortie nord par D 8, rte de la Trinité-Phoët, puis 2,5 km
par rte à gauche, accès direct à la rivière)

À savoir : soirées autour du four à pain ou du pressoir
à pomme !

| Nature : 🐟 🛏 ⛰⛰ |
| Loisirs : ▾ 🎱 ⟐ 🐸 🎣 |
| Services : 🚿 ⛽ 🍴 🧺 laverie 🚽 |

| Longitude : -2.47 |
| Latitude : 47.96928 |

Verwechseln Sie bitte nicht :
⋀ *... bis ...* ⋀⋀⋀ *: MICHELIN-Klassifizierung*
und
★ *... bis ...* ★★★★★ *: offizielle Klassifizierung*

TELGRUC-SUR-MER

29560 – **308** E5 – 2 002 h. – alt. 90

🏛 *6, rue du Mènez-Hom* ℘ 02 98 27 78 06

◪ Paris 572 – Châteaulin 25 – Douarnenez 29 – Quimper 39

⋀⋀ **Armorique** de déb. avr. à fin sept.
℘ 02 98 27 77 33, *contact@campingarmorique.com*,
Fax 02 98 27 38 38, *www.campingarmorique.com*
2,5 ha (100 empl.) en terrasses, peu incliné, plat, herbeux
Tarif : (Prix 2010) ✚ 5€ ⇌ 9€ 🔲 – 🔌 (10A) 4€ – frais de
réservation 16€

Location : (Prix 2010) (permanent) – 25 🛖 – 4 🏠.
Sem. 220 à 695€
🚐 borne raclet – 10 🔲 23€
Pour s'y rendre : 112 rue de la Plage (1,2 km au sud-
ouest par rte de Trez-Bellec-Plage)

| Nature : 🐟 ⟨ 🛏 ⛰ |
| Loisirs : ▾ ✕ 🎱 ⟐ 🐸 🏊 |
| Services : 🚿 ⛽ 🍴 🚽 laverie ⛲ |

| Longitude : -4.36279 |
| Latitude : 48.23012 |

THEIX

56450 – **308** P9 – 6 799 h. – alt. 5

◪ Paris 464 – Ploërmel 51 – Redon 58 – La Roche-Bernard 33

⋀ **Rhuys** de mi-avr. à déb. oct.
℘ 02 97 54 14 77, *campingderhuys@wanadoo.fr*,
Fax 02 97 68 93 79, *http://campingderhuys.free.fr*
2 ha (66 empl.) peu incliné, herbeux
Tarif : ✚ 6€ ⇌ 🔲 10€ – 🔌 (10A) 3€

Location : (de mi-avr. à fin sept.) – 8 🛖. Sem.
175 à 640€ – frais de réservation 15€
🚐 borne artisanale – 🔧 11€
Pour s'y rendre : r. Dugay Trouin, au lieu-dit : Le Poteau
Rouge (3,5 km au nord-ouest, par N 165, venant de
Vannes : sortie Sarzeau)

| Nature : ⛰ |
| Loisirs : ⟐ 🐸 (petite piscine) |
| Services : 🚿 ⛽ 🍴 🧺 🚽 🍴 🖥 |
| À prox. : 🚴 ▾ ✕ 📺 |

| Longitude : -2.69384 |
| Latitude : 47.64091 |

TINTÉNIAC

35190 – **309** K5 – 3 163 h. – alt. 40
🛈 17, rue de la Libération 🖉 0299680962
▶ Paris 377 – Avranches 70 – Dinan 28 – Dol-de-Bretagne 30

   ⚠ **Les Peupliers** de déb. avr. à fin sept.
    🖉 0299454975, camping.les.peupliers@wanadoo.fr,
    www.les-peupliers-camping.fr
    4 ha (100 empl.) plat, herbeux
    Tarif : (Prix 2010) 21,10€ 🏕🏕 ⇌ 🅴 🅷 (6A) – pers.
    suppl. 5,50€
    Location : (Prix 2010) (de fin fév. à déb. nov.) – 7 🛖
    – 2 🏠. Nuitée 35 à 84€ – Sem. 220 à 590€
    🚐 borne artisanale – 1 🅴 17€ – 🔌 10,50€
    Pour s'y rendre : au Domaine de la Besnelais (2 km au
    sud-est par l'ancienne rte de Rennes, au bord d'étangs,
    par N 137, sortie Tinténiac Sud)

| Nature : 🌲 🌳 |
| Loisirs : 🍴 🎮 🏊 🚴 🎯 🎱 🎣 practice de golf |
| Services : ♿ 🚰 🚿 🛒 laverie |
| Longitude : -1.82167 |
| Latitude : 48.30917 |

LE TOUR-DU-PARC

56370 – **308** P9 – 1 023 h.
▶ Paris 476 – La Baule 62 – Redon 57 – St-Nazaire 81

   ⚠ **Le Cadran Solaire** de déb. avr. à fin oct.
    🖉 0297673040, cadransolaire56@yahoo.fr,
    www.campingcadransolaire.com
    2 ha (115 empl.) plat, herbeux
    Tarif : 🏕 5€ ⇌ 🅴 10€ – 🔌 (10A) 4€ – frais de
    réservation 10€
    Location : (de déb. avr. à fin oct.) 🚫 – 10 🛖. Sem.
    200 à 600€
    Pour s'y rendre : r. De Banastère (2 km au sud par
    D 324, rte de Sarzeau)

| Nature : 🌲 🌳 |
| Loisirs : 🎮 🏊 🎯 |
| Services : ♿ 🚰 🚿 🛒 laverie |
| Longitude : -2.65736 |
| Latitude : 47.5198 |

TRÉBEURDEN

22560 – **309** A2 – 3 742 h. – alt. 81
🛈 place de Crec'h Héry 🖉 0296235164
▶ Paris 525 – Lannion 10 – Perros-Guirec 14 – St-Brieuc 74

   ⚠ **L'Espérance** de déb. avr. à mi-oct.
    🖉 0786174808, accueil@camping-esperance.com,
    www.camping-esperance.com
    1 ha (70 empl.) non clos, plat, herbeux
    Tarif : (Prix 2010) 🏕 5€ ⇌ 3€ 🅴 5€ – 🔌 (15A) 4€ – frais
    de réservation 10€
    Location : (Prix 2010) (de déb. avr. à mi-oct.) – 6 🛖.
    Nuitée 40 à 50€ – Sem. 250 à 550€ – frais de réservation
    15€
    🚐 borne autre
    Pour s'y rendre : r. de Kéralégan (5 km au nord-ouest
    par D 788, rte de Trégastel, près de la mer)

| Nature : ≤ 🌲 🌳 |
| Loisirs : 🍴 🎮 |
| Services : ♿ 🚰 🚿 laverie |
| Longitude : -3.55743 |
| Latitude : 48.79096 |

⚠⚠⚠ ... ⚠
Terrains particulièrement agréables dans leur ensemble et dans leur catégorie.

TRÉBOUL

29100 – **308** E6
▶ Paris 591 – Rennes 239 – Quimper 29 – Brest 75

▲▲ **Kerleyou** de mi-avr. à mi-sept.
    ✆ 02 98 74 13 03, *campingdekerleyou@wanadoo.fr*,
    Fax 02 98 74 09 61, *www.camping-kerleyou.com*
    3,5 ha (100 empl.) peu incliné, plat, herbeux
    Tarif : (Prix 2010) ✦ 4,10€ ⇐ 🅴 8,95€ – 🅷 (10A) 3,35€
    – frais de réservation 11€
    Location : (Prix 2010) – 29 🛖 – 12 🏠. Sem.
    205 à 644€
    Pour s'y rendre : 15 ch. de Kerleyou (1 km à l'ouest)

Nature : 🏞 🖼 ♉♉
Loisirs : 🍸 🎮 🚣 ⚓
Services : ♿ ⚡ laverie 🏕

Longitude : -4.36131
Latitude : 48.09678

▲▲ **Trézulien** de déb. avr. à fin sept.
    ✆ 02 98 74 12 30, *contact@camping-trezulien.com*,
    Fax 09 70 06 31 74, *www.camping-trezulien.com*
    5 ha (199 empl.) en terrasses, peu incliné, plat, herbeux,
    dénivelé
    Tarif : ✦ 4€ ⇐ 3€ 🅴 5€ – 🅷 (10A) 4€
    Location : (de déb. avr. à fin sept.) – 11 🛖 – 2 🏠.
    Nuitée 40 à 72€ – Sem. 160 à 645€ – frais de réservation
    13€
    🚐 borne eurorelais 5€ – 50 🅴 5€
    Pour s'y rendre : 15 rte de Trezulien (par r. Frédéric-Le-
    Guyader)

Nature : 🏞 < ♀
Loisirs : 🍸 🎮 🚣 ⚓ 🏹
Services : ♿ ⚡ (saison) 🍴 laverie

Longitude : -4.35095
Latitude : 48.08992

TREFFIAGAT

29730 – **308** F8 – 2 274 h. – alt. 20
▶ Paris 582 – Audierne 39 – Douarnenez 41 – Pont-l'Abbé 8

▲ **Les Ormes** de déb. mai à fin sept.
    ✆ 02 98 58 21 27, *campingdesormes@aol.com*,
    Fax 02 98 58 91 36, *www.campingdesormes.fr.gd*
    2 ha (76 empl.) plat, herbeux
    Tarif : (Prix 2010) ✦ 3,70€ ⇐ 2,20€ 🅴 3,90€ –
    🅷 (6A) 3,20€ – frais de réservation 6,25€
    Location : (Prix 2010) (de déb. avr. à fin sept.) 🏕
    – 2 🏠. Sem. 300 à 450€
    🚐 borne artisanale – 4 🅴
    Pour s'y rendre : au lieu-dit : Kerlay (2 km au sud,
    rte de Lesconil et rte à droite à 400 m de la plage (accès
    direct))

Nature : 🏞 🖼 ♀
Loisirs : 🚣
Services : ⚡ 🏪 laverie
À prox. : 🌊

Longitude : -4.26438
Latitude : 47.80987

TRÉGASTEL

22730 – **309** B2 – 2 397 h. – alt. 58
🏢 place Sainte-Anne ✆ 02 96 15 38 38
▶ Paris 526 – Lannion 11 – Perros-Guirec 9 – St-Brieuc 75

▲▲ **Tourony-Camping** de déb. avr. à mi-sept.
    ✆ 02 96 23 86 61, *contact@camping-tourony.com*,
    Fax 02 96 15 97 84, *www.camping-tourony.com*
    2 ha (100 empl.) plat, herbeux
    Tarif : 21€ ✦✦ ⇐ 🅴 🅷 (10A) – pers. suppl. 5€ – frais
    de réservation 14€
    Location : (de déb. avr. à mi-sept.) – 17 🛖 – 2 🏠.
    Sem. 250 à 470€ – frais de réservation 14€
    🚐 borne artisanale
    Pour s'y rendre : 105 r. de Poul Palud (
    1,8 km à l'est par D 788, rte de Perros-Guirec,
    à 500 m de la plage)
    À savoir : face au port de plaisance

Nature : ♀
Loisirs : 🍸 snack 🚣
Services : ♿ ⚡ 🛁 🏕 🚻 🍴
laverie
À prox. : 🎣 🍽 🎿 terrain
multisports

Longitude : -3.49131
Latitude : 48.82565

TRÉGUENNEC

29720 – **308** F7 – 337 h. – alt. 31
▣ Paris 582 – Audierne 27 – Douarnenez 27 – Pont-l'Abbé 11

  ⚑ **Kerlaz** de déb. avr. à fin sept.
    ✆ 02 98 87 76 79, *contact@kerlaz.com*, *www.kerlaz.com*
    1,25 ha (80 empl.) plat, herbeux
    Tarif : ★ 4€ ⇔ 2€ ▣ 5€ – ⊠ (10A) 4€ – frais de
    réservation 10€
    Location : (de déb. avr. à fin sept.) – 10 ▦ – 5 ⌂.
    Nuitée 70 à 90€ – Sem. 290 à 575€ – frais de réservation
    10€
    ▱ borne artisanale 10€
    Pour s'y rendre : rte de la mer (au bourg, par D 156)

Nature : ⚲
Loisirs : ♟ ⛵ ⚲ ▨ (découverte en saison)
Services : ⊙ (juil.-août) laverie
À prox. : ⚐ crêperie ⚘ (centre équestre)
Longitude : -4.32848
Latitude : 47.89457

TRÉGUNC

29910 – **308** H7 – 6 751 h. – alt. 45
▤ *Kérambourg* ✆ 02 98 50 22 05
▣ Paris 543 – Concarneau 7 – Pont-Aven 9 – Quimper 29

  ⚑ **Le Pendruc** Permanent
    ✆ 02 98 97 66 28, *info@domainedependruc.com*,
    Fax 02 98 50 24 30, *www.domainedependruc.com*
    – places limitées pour le passage
    6 ha (200 empl.) plat, herbeux
    Tarif : (Prix 2010) ★ 5€ ⇔ 2€ ▣ 8€ – ⊠ (6A) 4€ – frais
    de réservation 10€
    Location : (Prix 2010) (permanent) ⚜ (de déb. avr. à
    fin sept.) – 45 ▦. Nuitée 30 à 100€ – Sem. 200 à 700€
    – frais de réservation 20€
    ▱ borne artisanale – 4 ▣ 15€
    Pour s'y rendre : au lieu-dit : Roz Penanguer (2,8 km au
    sud-ouest, rte de Pendruc et à gauche)

Nature : ⚲ ⛰ ⚲
Loisirs : ♟ pizzeria ⛲ ▨ ⚘ ⛵ ⚲ ▨ ⚲ terrain multisports
Services : ⊙ ⚐ laverie ⚘
À prox. : ⚑
Longitude : -3.87597
Latitude : 47.84209

  ⚑ **La Pommeraie** ♿ – de mi-mai à mi-sept.
    ✆ 02 98 50 02 73, *pommeraie@club-internet.fr*,
    www.campingdelapommeraie.com
    7 ha (198 empl.) plat, herbeux
    Tarif : 28€ ★★ ⇔ ▣ ⊠ (10A) – pers. suppl. 6€
    Location : (de déb. avr. à mi-oct.) – 32 ▦
    – 2 bungalows toilés. Nuitée 32 à 75€ – Sem. 190 à 560€
    – frais de réservation 20€
    ▱ 6 ▣ 15€ – ⚑ ⊠ 15€
    Pour s'y rendre : au lieu-dit : Kerdalidec (6 km au sud
    par D 1, rte de la Pointe de Trévignon et à gauche rte de
    St-Philibert)

Nature : ⛰ ⚲
Loisirs : ♟ ⛲ ▨ ⚘ jacuzzi salle d'animation ⚘ ⛵ ⚲ ⚲ terrain multisports
Services : ♿ ⊙ ⚐ ⚑ ⚘ ⚐ laverie ⚘
Longitude : -3.83698
Latitude : 47.80786

TRÉLÉVERN

22660 – **309** B2 – 1 392 h. – alt. 76
▣ Paris 524 – Lannion 13 – Perros-Guirec 9 – St-Brieuc 73

  ⚑ **Port-l'Épine** de déb. avr. à déb. oct.
    ✆ 02 96 23 71 94, *info@rcn-portlepine.fr*,
    Fax 02 96 23 77 83, *www.rcn-campings.fr*
    3 ha (160 empl.) terrasse, peu incliné, plat, herbeux
    Tarif : 19€ ★★ ⇔ ▣ ⊠ (16A) – pers. suppl. 5€
    Location : (Prix 2010) (de déb. avr. à déb. oct.)
    – 51 ▦. Nuitée 37 à 86€ – Sem. 182 à 602€
    ▱ borne artisanale 19€
    Pour s'y rendre : 10 Venelle de Pors Garo (1,5 km
    au nord-ouest puis un chemin à gauche,
    à Port-l'Épine)

Nature : ⚲ ≤ baie de Perros-Guirec ⚲ ⚲ ⚠
Loisirs : ♟ snack, crêperie ⚘ ⛵ ⚲
Services : ♿ ⊙ ⚐ ⚑ ⚘ ⚐ laverie ⚲
Longitude : -3.38594
Latitude : 48.8128

LA TRINITÉ-SUR-MER

56470 – **308** M9 – 1 612 h. – alt. 20
🛈 *30, cours des Quais* ☏ *02 97 55 72 21*
▶ Paris 488 – Auray 13 – Carnac 4 – Lorient 52

▲▲▲ **La Plage** ♣♨ – de mi-mai à mi-sept.
☏ 02 97 55 73 28, *camping@camping-plage.com*,
Fax 02 76 01 33 05, *www.camping-plage.com*
3 ha (200 empl.) peu incliné, sablonneux, plat, herbeux
Tarif : 37€ ♣♣ ⇔ 🅔 ⓗ (10A) – pers. suppl. 5€ – frais
de réservation 15€

Location : (de mi-mai à mi-sept.) – 34 🛏. Sem.
247 à 830€ – frais de réservation 15€
🛢 borne artisanale 4€ – 🛢 ⓗ 14€
Pour s'y rendre : plage de Kervillen (1 km au sud, accès
direct à la plage)

Nature : 🗒 🌳 ⚘
Loisirs : 🎰 🎣 ♣♣ jacuzzi 🚣 🚴 🏊 🛶 canoë de mer
Services : 🔧 ⚏ 🅟 🏕 🚻 laverie
À prox. : 🏊 🍽 ✗ snack 🚴 🎿 ⛳

Longitude : -3.02869
Latitude : 47.57562

▲▲▲ **Kervilor** de déb. avr. à mi-sept.
☏ 02 97 55 76 75, *ebideau@camping-kervilor.com*,
Fax 02 97 55 87 26, *www.camping-kervilor.com*
5 ha (230 empl.) peu incliné, plat, herbeux
Tarif : 34€ ♣♣ ⇔ 🅔 ⓗ (10A) – pers. suppl. 5€ – frais
de réservation 18€

Location : (de déb. avr. à fin sept.) – 68 🛏. Nuitée
38 à 101€ – Sem. 265 à 705€ – frais de réservation
18€
Pour s'y rendre : rte du Latz (1,6 km au nord)

Nature : 🌿 🗒 🌳
Loisirs : 🍽 🎰 🚣 🚴 🎿 ⛳ 🖳 🏊 🛶 terrain multisports
Services : 🔧 ⚏ 🅟 🚻 laverie 🏊 🛢 réfrigérateurs

Longitude : -3.03588
Latitude : 47.60168

▲▲▲ **La Baie** ♣♨ – de mi-mai à mi-sept.
☏ 02 97 55 73 42, *contact@campingdelabaie.com*,
Fax 02 76 01 33 37, *www.campingdelabaie.com* – places
limitées pour le passage
2,2 ha (170 empl.) plat, herbeux, sablonneux
Tarif : (Prix 2010) ♣ 8€ ⇔ 🅔 26€ – ⓗ (10A) 5€ – frais de
réservation 22€

Location : (Prix 2010) (de déb. mai à mi-sept.)
– 30 🛏. Sem. 259 à 784€
🛢 10 🅔 42€
Pour s'y rendre : plage de Kervillen (1,5 km au sud, à
100 m de la plage)

Nature : 🌿 🗒 🌳
Loisirs : 🎰 🎣 ♣♣ 🚣 🚴 🏊 🛶
Services : 🔧 ⚏ 🅟 🏕 🚻 laverie
À prox. : 🏊 🍽 ✗ snack 🚴 🎿 ⛳

Longitude : -3.02789
Latitude : 47.57375

▲▲▲ **Park-Plijadur** de déb. avr. à fin sept.
☏ 02 97 55 72 05, *park.plijadur@wanadoo.fr*,
Fax 02 53 46 15 13, *www.parkplijadur.com*
5 ha (198 empl.) sablonneux, plat, herbeux, étang
Tarif : (Prix 2010) 31€ ♣♣ ⇔ 🅔 ⓗ (10A) – pers.
suppl. 6€ – frais de réservation 20€

Location : (Prix 2010) (de déb. avr. à fin sept.) – 19 🛏
– 2 appartements. Nuitée 40 à 90€ – Sem. 220 à 850€
🛢 borne artisanale – 🛢 11€
Pour s'y rendre : 94 rte de Carnac (1,3 km au nord-
ouest sur D 781)

À savoir : préférer les emplacements éloignés de la route

Nature : 🗒 🌳
Loisirs : 🍽 🎰 📺 ⛲ hammam jacuzzi 🚣 🚴 ⛳ 🏊 🎣
Services : 🔧 ⚏ 🅟 🚻 laverie 🏊

Longitude : -3.04394
Latitude : 47.60464

VANNES

56000 – **308** O9 – 52 984 h. – alt. 20
🛈 *quai Tabarly* ☏ *08 25 13 56 10*
▶ Paris 459 – Quimper 122 – Rennes 110 – St-Brieuc 107

▲▲ **Municipal de Conleau**
☏ 02 97 63 13 88, *camping@mairie-vannes.fr*,
Fax 02 97 40 38 82, *www.mairie-vannes.fr*
5 ha (260 empl.) en terrasses, peu incliné, herbeux
🛢 borne artisanale – 33 🅔
Pour s'y rendre : à la Pointe de Conleau (au sud, dir.
parc du Golfe par l'av. du Mar.-Juin)

À savoir : site agréable face au Golfe du Morbihan

Nature : ≤ 🌳
Loisirs : 🍽 🎰 🚣 🚴
Services : 🔧 ⚏ 🛢 🚻 laverie , cases réfrigérées
À prox. : 🛒

Longitude : -2.75952
Latitude : 47.6549

S. Sauvignier/Michelin

La Belle au bois dormant sommeillerait encore, dit-on, dans l'un des splendides châteaux qui bordent la Loire et ses affluents : Chambord, Azay-le-Rideau, Chenonceau... Autant de logis royaux au décor de conte de fées, agrémentés de jardins étourdissants de beauté. Une foule de spectacles son et lumière y font revivre aujourd'hui les fastes de la Cour, prenant le relais des écrivains qui, de Ronsard à Genevoix en passant par Balzac et George Sand, ont immortalisé la Vallée des rois, trempé leur plume aux étangs de la giboyeuse Sologne ou dépeint l'envoûtante atmosphère du bocage berrichon. Après avoir savouré un délicieux poulet en barbouille, prêtez donc l'oreille aux histoires de loups-garous contées par vos hôtes... Vous constaterez que les gens du pays manient aussi bien les mots que les casseroles !

247

Sleeping Beauty is said to slumber still within the thick walls of one of the Loire's fairy-tale castles, like Chambord, Azay-le-Rideau or Chenonceau. A list of the region's architectural wonders and glorious gardens would be endless; but its treasures are shown to full effect in a season of «son et lumière» shows. The landscape has inspired any number of writers, from Pierre de Ronsard, "the Prince of Poets", to Balzac and Georges Sand; all succumbed to the charm of this valley of kings, without forgetting to give the game-rich woodlands their due. To savour the region's two-fold talent for storytelling and culinary arts, first tuck into a delicious chicken stew, then curl up by the fireside to hear your hosts' age-old local legends.

Légende:
- ● Localité citée avec camping
- ■ Localité citée avec camping et locatif
- Vannes Localité disposant d'un camping avec aire de services camping-car
- Moyaux Localité disposant d'au moins un terrain agréable
- 🚐 Aire de service pour camping-car sur autoroute

AUBIGNY-SUR-NÈRE

18700 – **323** K2 – 5 751 h. – alt. 180

🄘 *1, rue de l'Église* ☎ *02 48 58 40 20*

▶ Paris 180 – Bourges 48 – Cosne-sur-Loire 41 – Gien 30

⚐ **Les Étangs** de déb. avr. à fin sept.
☎ 02 48 58 02 37, *camping.aubigny@orange.fr*,
Fax 02 48 58 02 37, *www.camping-aubigny.com*
3 ha (100 empl.) plat, herbeux
Tarif : 19€ ★★ ⇌ 🄴 🄗 (6A) – pers. suppl. 4€

Location : (de déb. avr. à fin sept.) – 1 roulotte
– 3 🛏 – 6 🏠 – 2 bungalows toilés. Nuitée 50€
– Sem. 250 à 651€
Pour s'y rendre : rte de Oizon (1,4 km à l'est par D 923, près d'un étang (accès direct))

Nature : 🌳🌳	
Loisirs : 🔲 ⛵	
Services : ♿ 🚿 🔧 🚽 ᵀ 🛒	
À prox. : ✂ 🔲 ↻	

Longitude : 2.46101
Latitude : 47.48574

Si vous recherchez :

🅖   *un terrain offrant des animations sportives, culturelles ou de détente,*
🐟   *un terrain agréable ou très tranquille,*
L-M *un terrain effectuant la location de caravanes,*
       de mobile homes, de bungalows ou de chalets,
P   *un terrain ouvert toute l'année,*
🚐   *un terrain possédant une aire de services pour camping-cars,*
consultez le tableau des localités

AZAY-LE-RIDEAU

250

37190 – **317** L5 – 3 408 h. – alt. 51

🄘 *4, rue du Château* ☎ *02 47 45 44 40*

▶ Paris 265 – Châtellerault 61 – Chinon 21 – Loches 58

⚐ **Municipal le Sabot** de déb. avr. à fin oct.
☎ 02 47 45 42 72, *camping.lesabot@wanadoo.fr*,
Fax 02 47 45 49 11, *www.azaylerideau.fr*
6 ha (256 empl.) plat, herbeux
Tarif : (Prix 2010) 14€ ★★ ⇌ 🄴 🄗 (10A) – pers.
suppl. 4€
🚐 borne artisanale 5€
Pour s'y rendre : r. du Stade (sortie est par D 84, rte d'Artannes et r. à dr., à prox. du château, au bord de l'Indre)

À savoir : situation agréable, entrée fleurie

Nature : 🐟 ♀	
Loisirs : 🔲 ⛵ 🚲 ↻	
Services : ♿ 🚿 ᵀ laverie	
À prox. : ✂ 🎣 ⇄	

Longitude : 0.46491
Latitude : 47.26064

BALLAN-MIRÉ

37510 – **317** M4 – 7 604 h. – alt. 88

🄘 *1, place du 11 novembre* ☎ *02 47 53 87 47*

▶ Paris 251 – Azay-le-Rideau 17 – Langeais 20 – Montbazon 13

⚐ **La Mignardière** de déb. avr. à mi-sept.
☎ 02 47 73 31 00, *info@mignardiere.com*,
Fax 02 47 73 31 01, *www.mignardiere.com*
2,5 ha (177 empl.) plat, herbeux, petit bois attenant
Tarif : 26€ ★★ ⇌ 🄴 🄗 (10A) – pers. suppl. 6€ – frais
de réservation 12€

Location : (de déb. avr. à mi-sept.) – 4 roulottes
– 16 🛏 – 24 🏠. Nuitée 35 à 70€ – Sem. 217 à 721€
– frais de réservation 12€
🚐 borne artisanale 4€
Pour s'y rendre : 22 av. des Aubépines (2,5 km au nord-est du bourg, à prox. du plan d'eau de Joué-Ballan)

Nature : 🌲 ♀	
Loisirs : ⛵ 🚲 🏊 ✂ 🔲 ⇄	
Services : ♿ 🔌 🔧 🚽 🔧 🚽 ᵀ	
🛒 ⛽	
À prox. : 🍺 grill ⇄ 🎣 poneys golf	

Longitude : 0.63402
Latitude : 47.35524

BARAIZE

36270 – **323** F8 – 315 h. – alt. 240

▣ Paris 318 – Orléans 192 – Châteauroux 47 – Guéret 86

� **Municipal Montcocu** de déb. avr. à fin sept.
℘ 02 54 25 34 28, *syndicat.laceguzon@wanadoo.fr* – pour caravanes : à partir du lieu-dit "Montcocu", pente à 12% sur 1 km
1 ha (26 empl.) en terrasses, herbeux
Tarif : 10€ ✿✿ ⇔ 🅴 (⚡) (8A) – pers. suppl. 2€

Location : (de déb. avr. à fin sept.) – 9 bungalows toilés. Sem. 130 à 211€
Pour s'y rendre : au lieu-dit : Montcocu (4,8 km au sud-est par D 913, rte d'Éguzon et D 72, à gauche rte de Pont-de-Piles)

À savoir : situation et site agréables dans la vallée de la Creuse

| Nature : 🏞 ⊏⊐ 👁 ⚓ |
| Loisirs : 🍸 🏹 canoë |
| Services : 🚿 ⚙ 🚮 |

Longitude : 1.59429
Latitude : 46.46963

LA BAZOCHE-GOUET

28330 – **311** B7 – 1 303 h. – alt. 185

🅸 *place du Marché* ℘ 02 37 49 23 45

▣ Paris 146 – Brou 18 – Chartres 61 – Châteaudun 33

⚫ **Municipal la Rivière** de déb. avr. à déb. oct.
℘ 02 37 49 36 49, *commune-bazoche-gouet28330@ wanadoo.fr*, Fax 02 37 49 27 16
1,8 ha (30 empl.) plat, herbeux
Tarif : (Prix 2010) 10€ ✿✿ ⇔ 🅴 (⚡) (10A) – pers. suppl. 3€

Location : (Prix 2010) (de déb. avr. à déb. oct.) – 1 🚐. Nuitée 50€ – Sem. 195 à 250€
Pour s'y rendre : 1,5 km au sud-ouest par D 927, rte de la Chapelle-Guillaume et chemin à gauche

À savoir : au bord de l'Yerre et près d'étangs

| Loisirs : 🚲 🏹 |
| Services : 🚿 🚮 🖥 |

Longitude : 0.97945
Latitude : 48.13747

251

BEAULIEU-SUR-LOIRE

45630 – **318** N6 – 1 756 h. – alt. 156

🅸 *place d'Armes* ℘ 02 38 35 87 24

▣ Paris 170 – Aubigny-sur-Nère 36 – Briare 15 – Gien 27

⚫ **Municipal Touristique du Canal** de fin avr. à fin oct.
℘ 02 38 35 32 16, *renault.campingbeaulieu@orange.fr*, Fax 02 38 35 86 57, *www.beaulieu-sur-loire.fr*
0,6 ha (37 empl.) plat, herbeux
Tarif : (Prix 2010) ✿ 3€ 🅴 1€ – (⚡) (16A) 3€
🚐 borne artisanale – 🔌 (⚡) 9€
Pour s'y rendre : sortie est par D 926, près du canal (halte nautique)

| Nature : ⊏⊐ 👁 |
| Services : 🚿 🚮 🚾 |
| À prox. : ✕ 🏹 canoë |

Longitude : 2.8176
Latitude : 47.5435

LE BLANC

36300 – **323** C7 – 6 926 h. – alt. 85

🅸 *place de la Libération* ℘ 02 54 37 05 13

▣ Paris 326 – Bellac 62 – Châteauroux 61 – Châtellerault 52

⚫ **l'Isle d'Avant** de mi-avr. à fin sept.
℘ 02 54 37 88 22, *info@tourisme-leblanc.fr*, Fax 02 54 37 20 46, *www.tourisme-leblanc.fr*
1 ha (75 empl.) plat, herbeux
Tarif : 14€ ✿✿ ⇔ 🅴 (⚡) (6A) – pers. suppl. 3€

Location : (Prix 2010) (de mi-avr. à fin sept.) – 1 🚐. Nuitée 40€ – Sem. 260 à 300€
🚐 borne autre 2€
Pour s'y rendre : 60 av. Pierre Mendès-France (2 km à l'est sur N 151, rte de Châteauroux, au bord de la Creuse)

| Nature : ⊏⊐ 👁👁 |
| Loisirs : 🎮 🏹 |
| Services : (juil.-août) 🚮 🧺 laverie |
| À prox. : 🍴 ⛴ canoë |

Longitude : 1.09178
Latitude : 46.63189

BONNEVAL

28800 – **311** E6 – 4 298 h. – alt. 128
🛈 2, square Westerham ℰ 0237475589
▶ Paris 117 – Ablis 61 – Chartres 31 – Châteaudun 14

⚠ **Le Bois Chièvre** Permanent
ℰ 0237475401, camping-bonneval-28@orange.fr,
www.camping-bonneval.fr
4,5 ha/2,5 campables (130 empl.) peu incliné, plat,
herbeux, gravier, bois attenant
Tarif : 15€ ✱✱ ⇔ 🅔 🄷 (6A) – pers. suppl. 4€

Location : (permanent) – 3 🛏 – 1 studio. Nuitée 74€
– Sem. 351 à 390€
🚐 borne artisanale – 30 🅔 15€ – 🚐 11€
Pour s'y rendre : rte de Vouvray (1,5 km au sud par rte
de Conie et rte à dr., au bord du Loir)

À savoir : agréable chênaie dominant le Loir

Nature : 🌳 🖾 ♨	
Loisirs : snack 🖾 ⚓ 🔥 🚣	
Services : 👤 ⚡ 🔟 🛆 🚾 🅵 🛒	
À prox. : 🖾	

Longitude : 1.3864
Latitude : 48.1708

BOURGES

18000 – **323** K4 – 71 155 h. – alt. 153
🛈 21, rue Victor Hugo ℰ 0248230260
▶ Paris 244 – Châteauroux 65 – Dijon 254 – Nevers 69

⚠ **Municipal Robinson** de mi-mars à mi-nov.
ℰ 0248201685, camping@ville-bourges.fr,
Fax 0248503239, www.ville.bourges.fr
2,2 ha (116 empl.) plat, peu incliné, herbeux, gravier
Tarif : ✱ 4€ 🅔 5€ – 🄷 (16A) 8€
🚐 borne artisanale
Pour s'y rendre : 26 bd de l'Industrie (vers sortie sud
par N 144, rte de Montluçon et à gauche, près du Lac
d'Auron, sortie A 71 : suivre Bourges Centre)

Nature : 🖾 ♀	
Loisirs : ⚓ 🔥	
Services : 👤 ⚡ ✗ 🔟 🛆 🛆 🚾	
🍴 🅵	
À prox. : ✂ 🖾 🖾 🚣 🚴 🐎 (cen-	
tre équestre) golf, canoë	

Longitude : 2.39384
Latitude : 47.07209

BOURGUEIL

37140 – **317** J5 – 3 909 h. – alt. 42
🛈 16, place de l'église ℰ 0247979139
▶ Paris 281 – Angers 81 – Chinon 16 – Saumur 23

⚠ **Municipal Parc Capitaine** de mi-mai à mi-sept.
ℰ 0247978562, camping@bourgueil.fr,
Fax 0247978562, www.bourgueil.fr
2 ha (80 empl.) plat, herbeux
Tarif : (Prix 2010) ✱ 2€ 🅔 6€ – 🄷 (16A) 2€
Pour s'y rendre : 31 av. du Gal de Gaulle (1,5 km au sud
par D 749, rte de Chinon)

À savoir : cadre verdoyant et ombragé près d'un plan
d'eau

Nature : 🖾 ♀	
Loisirs : 🔥 🚣	
Services : 👤 ⚡ 🅵	
À prox. : 🍴 🍽 ⚓ ✂ 🖾 🖾 ⛵	
🏊	

Longitude : 0.16684
Latitude : 47.27381

BRACIEUX

41250 – **318** G6 – 1 267 h. – alt. 70
🛈 10 Les Jardins du Moulin ℰ 0254460915
▶ Paris 185 – Blois 19 – Montrichard 39 – Orléans 64

⚠ **Municipal des Châteaux** de déb. avr. à fin oct.
ℰ 0254464184, campingdebracieux@wanadoo.fr,
Fax 0254464121, www.campingdeschateaux.com
8 ha (380 empl.) plat, herbeux
Tarif : ✱ 5€ 🅔 7€ – 🄷 (3A) 3€

Location : (de déb. avr. à fin oct.) – 14 🛏 – 10 🏠.
– Sem. 109€
🚐 borne artisanale 6€
Pour s'y rendre : 11 r. Roger-Brun (sortie nord, rte de
Blois, au bord du Beuvron)

À savoir : cadre boisé composé d'essences variées

Nature : 🌳 ♀♀	
Loisirs : 🖾 ⚓ ✂ 🚣	
Services : 👤 ⚡ 🍴 🅵	

Longitude : 1.53919
Latitude : 47.55164

BRIARE

45250 – **318** N6 – 5 660 h. – alt. 135
🛈 1, place de Gaulle ℰ 02 38 31 24 51
▶ Paris 160 – Orléans 85 – Gien 11 – Montargis 50

⚠ **Le Martinet** Permanent
ℰ 02 38 31 24 50, campingbriare@recrea.fr,
Fax 02 38 31 24 50, campinglemartinet.fr
4,5 ha (160 empl.) plat, herbeux
Tarif : (Prix 2010) 12 € ✶✶ ⟚ 🄴 🄶 (10A) – pers.
suppl. 3 €

Location : (Prix 2010) (permanent) – 3 bungalows
toilés. Nuitée 41 € – Sem. 273 €
🄶 borne artisanale
Pour s'y rendre : au lieu-dit : Val Martinet (1 km au nord
par le centre-ville entre la Loire et le canal)

Nature : 🌳 ♀
Loisirs : 🛖
Services : ₲ ⟀ ⟑ ⟰ ⟏ 🄿 🄰
À prox. : 🚴 ⟱ ⟲ canoë, bateaux électriques

Longitude : 2.73896
Latitude : 47.63853

BUZANÇAIS

36500 – **323** E5 – 4 530 h. – alt. 111
🛈 55, rue Ponts ℰ 02 54 84 22 00
▶ Paris 286 – Le Blanc 47 – Châteauroux 25 – Châtellerault 78

⚠ **Municipal la Tête Noire** de déb. mai à fin sept.
ℰ 02 54 84 17 27, mairie.buzancais@buzancais.fr,
Fax 02 54 02 13 45, www.buzancais.fr
2,5 ha (134 empl.) plat, herbeux
Tarif : (Prix 2010) ✶ 3,50 € ⟚ 🄴 3,50 € – 🄶 (16A) 3,50 €
Location : (Prix 2010) – 4 🛖. Nuitée 50 € – Sem.
190 à 250 €
🄶 borne artisanale 3 € – 10 🄴
Pour s'y rendre : au nord-ouest par la r. des Ponts, au
bord de l'Indre

Nature : 🌳 ♀♀
Loisirs : 🛏 ⟿ ⟲
Services : ₲ ⟀ ⟑ 🄰
À prox. : 🍴 ⟱ terrain mulis-ports, piste de roller, skate-board

Longitude : 1.42438
Latitude : 46.88826

253

Om een reisroute uit te stippelen en te volgen,
om het aantal kilometers te berekenen,
om precies de ligging van een terrein te bepalen
(aan de hand van de inlichtingen in de tekst),
*gebruikt u de **Michelinkaarten** ,*
een onmisbare aanvulling op deze gids.

CANDÉ-SUR-BEUVRON

41120 – **318** E7 – 1 437 h. – alt. 70
🛈 10, route de Blois ℰ 02 54 44 00 44
▶ Paris 199 – Blois 15 – Chaumont-sur-Loire 7 – Montrichard 21

⚠ **La Grande Tortue** de déb. avr. à mi-sept.
ℰ 02 54 44 15 20, grandetortue@wanadoo.fr,
Fax 02 54 44 19 45, www.la-grande-tortue.com
5 ha (208 empl.) peu incliné, plat, herbeux, sablonneux
Tarif : 33 € ✶✶ ⟚ 🄴 🄶 (10A) – pers. suppl. 9 € – frais
de réservation 12 €

Location : (de déb. mars à fin oct.) – 29 🛖 – 8 🏠.
Nuitée 75 à 108 € – Sem. 525 à 756 € – frais de
réservation 12 €
🄶 borne artisanale
Pour s'y rendre : 3, rte de Pontlevoy (500 m au sud par
D 751, rte de Chaumont-sus-Loire et à gauche, rte de la
Pieuse, à prox. du Beuvron)

Nature : 🌳 ⟐ ♀♀
Loisirs : 🍴 snack 🛏 ⟿ 🖼 (découverte en saison)
Services : ₲ ⟀ ⟑ ⟰ ⟏ 🄿 ⟱

Longitude : 1.2583
Latitude : 47.48992

CHAILLAC

36310 – **323** D8 – 1 158 h. – alt. 180
▶ Paris 333 – Argenton-sur-Creuse 35 – Le Blanc 34 – Magnac-Laval 34

🔺 Municipal les Vieux Chênes
℘ 02 54 25 61 39, chaillac.mairie@wanadoo.fr,
Fax 02 54 25 65 41
2 ha (40 empl.) incliné à peu incliné, herbeux
Location : – 3 🏠.
🚐 borne autre
Pour s'y rendre : allée des vieux chênes (au sud-ouest du bourg, au terrain de sports, au bord d'un étang et à 500 m d'un plan d'eau)
À savoir : cadre verdoyant, fleuri et soigné

| Nature : 🏕 ⛲ |
| Loisirs : ⚽ 🏓 parcours de santé |
| Services : ⚡ 🏪 🚿 🖼 |
| À prox. : 🎾 ⛵ 🏊 pédalos |

| Longitude : 1.29875 |
| Latitude : 46.4347 |

CHARTRES

28000 – **311** E5 – 39 767 h. – alt. 142
🛈 *place de la Cathédrale ℘ 02 37 18 26 26*
▶ Paris 92 – Orléans 84 – Dreux 38 – Rambouillet 45

🔺 Les Bords de l'Eure
℘ 02 37 28 79 43, camping-roussel-chartres@wanadoo.fr,
Fax 02 37 28 79 43, *www.auxbordsdeleure.com* – ℞
4 ha (100 empl.) plat, herbeux
🚐 borne eurorelais – 10 🖾
Pour s'y rendre : 9 r. de Launay
À savoir : agréable cadre boisé près de la rivière

| Nature : ⛲⛲ |
| Loisirs : 🍴 ⚽ |
| Services : ♿ ⚡ 🏪 🚿 🖼 |
| À prox. : 🎾 🏊 parcours sportif |

| Longitude : 1.4951 |
| Latitude : 48.43265 |

CHÂTEAUMEILLANT

18370 – **323** J7 – 2 088 h. – alt. 247
🛈 *69, rue de la Libération ℘ 02 48 61 39 89*
▶ Paris 313 – Aubusson 79 – Bourges 66 – La Châtre 19

🔺 **Municipal l'Étang Merlin** de déb. mai à fin sept.
℘ 02 48 61 31 38, ot.chateaumeillant@wanadoo.fr,
Fax 02 48 61 33 73, *http://chalets.etang.merlin.monsite-orange.fr*
1,5 ha (30 empl.) plat, herbeux
Tarif : (Prix 2010) 👤 3 € 🖾 3 € – 🔌 (5A) 2 €
Location : (Prix 2010) (permanent) ♿ 🚐 – 2 🚐
– 6 🏠. Nuitée 26 à 47 € – Sem. 150 à 280 €
Pour s'y rendre : rte de Vicq (1 km au nord-ouest par D 70, rte de Beddes et D 80 à gauche)
À savoir : chalets agréablement situés sur la rive de l'étang

| Nature : 🏕 ⛲ |
| Loisirs : 🍴 ⚽ 🚲 🎣 |
| Services : ♿ ⚡ 🚐 🚿 🖼 🚽 🖼 |
| À prox. : 🎾 🏊 |

| Longitude : 2.19034 |
| Latitude : 46.56818 |

CHÂTEAUROUX

36000 – **323** G6 – 47 127 h. – alt. 155
🛈 *1, place de la Gare ℘ 02 54 34 10 74*
▶ Paris 265 – Blois 101 – Bourges 65 – Châtellerault 98

🔺 **Municipal le Rochat Belle-Isle** de déb. avr. à mi-oct.
℘ 02 54 08 96 29, aquadis1@orange.fr, Fax 03 86 37 95 83, www.aquadis-loisirs.com
4 ha (205 empl.) plat, herbeux, gravillons
Tarif : 19 € 👥 🚗 🖾 🔌 (10A) – pers. suppl. 4 € – frais de réservation 8 €
🚐 borne artisanale 5 €
Pour s'y rendre : 17 av. du Parc de Loisirs (au nord par av. de Paris et r. à gauche, au bord de l'Indre et à 100 m d'un plan d'eau)
À savoir : à proximité, bus gratuit pour l'accès au centre ville

| Nature : 🏕 ⛲⛲ |
| Loisirs : 🍴 ⚽ |
| Services : ♿ ⚡ 🏪 🚿 🚽 🖼 laverie |
| À prox. : 🏇 🍴 🍽 bowling 🎿 🛷 🏊 🏄 parcours de santé, cyber café |

| Longitude : 1.69472 |
| Latitude : 46.8236 |

CHÂTILLON-COLIGNY

45230 – **318** O5 – 1 912 h. – alt. 130
🏠 *2, place Coligny* ✆ *02 38 96 02 33*
▶ Paris 140 – Auxerre 70 – Gien 26 – Joigny 48

⚠ **Municipal de la Lancière** de déb. avr. à fin sept.
✆ 02 38 92 54 73, *lalanciere@wanadoo.fr* – places limitées
pour le passage – ⛺
1,9 ha (55 empl.) plat, herbeux
Tarif : (Prix 2010) ✝ 3€ ⬅ 1€ 🅴 2€ – 🔌 (6A) 3€
Pour s'y rendre : rte de la Lancière (au sud du bourg,
entre le Loing et le canal de Briare (halte fluviale))

Nature : 🌿🌿
Loisirs : 🏄 ⛵ (petite piscine)
Services : 🚿 🚮 🗄 cases réfri- gérées

Longitude : 2.84765
Latitude : 47.82418

🏊 ✗ *ATTENTION :*
these facilities are not necessarily available throughout
🚣 *the entire period that the camp is open - some are only*
🏊 🐎 *available in the summer season.*

LA CHÂTRE

36400 – **323** H7 – 4 477 h. – alt. 210
🏠 *134, rue Nationale* ✆ *02 54 48 22 64*
▶ Paris 298 – Bourges 69 – Châteauroux 37 – Guéret 53

⚠ **Intercommunal le Val Vert** de mi-juin à mi-sept.
✆ 02 54 48 32 42, *s.administratif@cc-lachatre-stesevere.
fr*, Fax 02 54 48 32 87
2 ha (77 empl.) en terrasses, plat, herbeux
Tarif : (Prix 2010) 9€ ✝✝ ⬅ 🅴 🔌 (5A) – pers. suppl. 3€
🚐 borne flot bleu – 5 🅴 9€
Pour s'y rendre : au lieu-dit : Vavres (sortie sud-est par
D 943, rte de Montluçon puis 2 km par D 83a, rte de
Briante à dr. et chemin, à prox. de l'Indre)

À savoir : dans un site campagnard très verdoyant

Nature : 🌳 🏞
Services : 🚿 🚮 ⛽ 🗄 💧
À prox. : 🎣 🐎

Longitude : 1.99618
Latitude : 46.56748

CHAUMONT-SUR-LOIRE

41150 – **318** E7 – 1 023 h. – alt. 69
🏠 *24, rue du Maréchal Leclerc* ✆ *02 54 20 91 73*
▶ Paris 201 – Amboise 21 – Blois 18 – Contres 24

⚠ **Municipal Grosse Grève** de déb. mai à fin sept.
✆ 02 54 20 95 22, *mairie.chaumontsloire@wanadoo.fr*,
Fax 02 54 20 99 61, *www.chaumont-sur-loire.fr* – ⛺
4 ha (150 empl.) vallonné, plat, herbeux, sablonneux
Tarif : (Prix 2010) ✝ 3€ ⬅ 1€ 🅴 2€ – 🔌 (10A) 2€
🚐 borne raclet 2€
Pour s'y rendre : 81 r. de Maréchal de Lattre de Tassigny
(sortie est par D 751, rte de Blois et r. à gauche, av. le
pont, au bord de la Loire)

Loisirs : 🏄 🎣
Services : 🚿 laverie
À prox. : 🚲

Longitude : 1.1999
Latitude : 47.48579

CHÉMERY

41700 – **318** F7 – 908 h. – alt. 90
🏠 *rue Nationale* ✆ *02 54 71 31 08*
▶ Paris 213 – Blois 32 – Montrichard 29 – Romorantin-Lanthenay 29

⚠ **Municipal le Gué**
✆ 02 54 71 37 11, *ot.chemery@wanadoo.fr*,
Fax 02 54 71 31 08, *www.chemery.fr*
1,2 ha (50 empl.) plat, herbeux
Location : 🏡 – 2 🛖.
🚐 borne autre
Pour s'y rendre : rte de Couddes (à l'ouest du bourg,
au bord d'un ruisseau)

Nature : 🌳 🌿
Loisirs : ⛵
Services : 🚿 🗄
À prox. : 🎣

Longitude : 1.47603
Latitude : 47.34434

CHEMILLÉ-SUR-INDROIS

37460 – **317** P6 – 215 h. – alt. 97
🛈 *Mairie* ✆ 0247926075
▶ Paris 244 – Châtillon-sur-Indre 25 – Loches 16 – Montrichard 27

    ⚠ **Les Coteaux du Lac** de fin mars à mi-oct.
      ✆ 0247927783, *lescoteauxdulac@wanadoo.fr*,
      www.lescoteauxdulac.com
      1 ha (72 empl.) peu incliné, plat, herbeux
      Tarif : 23 € ♥♥ ⚌ 🅴 [½] (10A) – pers. suppl. 6 € – frais
      de réservation 12 €

      Location : (permanent) – 15 🏠 – 4 tentes – 10 gîtes.
      Nuitée 50 à 100 € – Sem. 190 à 550 € – frais de
      réservation 12 €
      🚐 borne autre – 4 🅴 19 € – 🛒 12 €
      Pour s'y rendre : à la Base de loisirs (au sud-ouest du
      bourg)

      À savoir : agréable situation près d'un plan d'eau

Nature : ⩽
Services : 🔌 ⛲
À prox. : 🍴 brasserie 🚣 🎾 ⛷ ≈ 🎣 poneys , pédalos

Longitude : 1.15889
Latitude : 47.15772

Avant de prendre la route, consultez **www.ViaMichelin.fr :**
votre meilleur itinéraire, le choix de votre hôtel, restaurant,
des propositions de visites touristiques.

CHINON

37500 – **317** K6 – 8 202 h. – alt. 40
🛈 *place Hofheim* ✆ 0247931785
▶ Paris 285 – Châtellerault 51 – Poitiers 80 – Saumur 29

    ⚠ **Intercommunal de l'Île Auger** de déb. avr. à fin
    oct.
      ✆ 0247930835, *camping-ile-auger@hotmail.fr*,
      Fax 0247939115
      4,5 ha (277 empl.) plat, herbeux
      Tarif : (Prix 2010) 13 € ♥♥ ⚌ 🅴 [½] (13A) – pers.
      suppl. 2 €
      🚐 borne artisanale 4 € – 🛒 [½] 12 €
      Pour s'y rendre : quai Danton

      À savoir : situation agréable face au château et en
      bordure de la Vienne

Nature : ⩽ ville et château ♀
Loisirs : 🚣 🎣
Services : ♿ 🔌 (été) 🐕 ⛲ 🖥
À prox. : 🎾 ⛷ ⛷

Longitude : 0.23808
Latitude : 47.16608

CLOYES-SUR-LE-LOIR

28220 – **311** D8 – 2 641 h. – alt. 97
🛈 *25, rue Nationale* ✆ 0237985527
▶ Paris 143 – Blois 54 – Chartres 57 – Châteaudun 13

    ⚠ **Parc de Loisirs - Le Val Fleuri** de mi-mars à mi-
    nov.
      ✆ 0237985053, *info@val-fleuri.fr*, Fax 0237983384,
      www.val-fleuri.fr – places limitées pour le passage
      5 ha (196 empl.) plat, herbeux
      Tarif : 25 € ♥♥ ⚌ 🅴 [½] (6A) – pers. suppl. 6 € – frais de
      réservation 16 €

      Location : (de mi-mars à mi-nov.) – 10 🚍. Sem.
      295 à 575 € – frais de réservation 22 €
      Pour s'y rendre : rte de Montigny (sortie nord par N 10,
      rte de Chartres puis D 23 à gauche)

      À savoir : situation agréable au bord du Loir

Nature : 🌲 ♀
Loisirs : 🍴 🗙 snack, pizzeria 🎰 🚣 🚴 🎣 ⛷ 🏊 🎣 poneys , canoë, pédalos, jet-ski
Services : ♿ 🔌 🚮 ⛲ laverie ⛽ 🚿
À prox. : 🎾 ♦

Longitude : 1.23488
Latitude : 47.99766

COULLONS

45720 – **318** L6 – 2 401 h. – alt. 166
▶ Paris 165 – Aubigny-sur-Nère 18 – Gien 16 – Orléans 60

⚕ **Municipal Plancherotte** de déb. avr. à fin oct.
🖉 0238292042, *coullons.mairie@wanadoo.fr*,
www.coullons.fr
1,9 ha (60 empl.) plat, herbeux
Tarif : (Prix 2010) ✝ 2€ ⟺ 2€ 🔲 2€ – 🔋 (15A) 2€
Pour s'y rendre : rte de la Brosse (1 km à l'ouest par
D 51, rte de Cerdon et rte à gauche, à 50 m d'un plan
d'eau (accès direct))
À savoir : beaux emplacements délimités

| Nature : 🐟 ⌂ ♀ |
| Services : 🚿 ⟐ 🚗 ⚌ ⚐ 🍽 |
| À prox. : 🐎 ⚒ ⚓ 🐴 (centre équestre) piste de bi-cross |

| Longitude : 2.48523 |
| Latitude : 47.62361 |

COURVILLE-SUR-EURE

28190 – **311** D5 – 2 737 h. – alt. 170
🏛 *2, rue de l'Arsenal* 🖉 0237232222
▶ Paris 111 – Bonneval 47 – Chartres 20 – Dreux 37

⚕ **Municipal les Bords de l'Eure** de fin avr. à mi-sept.
🖉 0237237638, *accueil@orange-business.fr*,
Fax 0237180799, *www.courville-sur-eure.fr*
1,5 ha (56 empl.) plat, herbeux
Tarif : 7€ ✝✝ ⟺ 🔲 🔋 (6A) – pers. suppl. 2€
🚐 borne eurorelais 2€ – 8 🔲
Pour s'y rendre : r. Thiers (sortie sud par D 114)
À savoir : cadre arboré sur les bords de la rivière

| Nature : ⌂ ♀ |
| Loisirs : 🐟 |
| Services : 🚿 ⟐ 🚗 🔲 |
| À prox. : 🐎 ⚓ |

| Longitude : 1.24671 |
| Latitude : 48.4481 |

DESCARTES

37160 – **317** N7 – 3 841 h. – alt. 50
🏛 *rue, Blaise Pascal* 🖉 0247924220
▶ Paris 292 – Châteauroux 94 – Châtellerault 24 – Chinon 51

⚕ **Municipal la Grosse Motte** de déb. mai à fin sept.
🖉 0247598590, *otm@ville-descartes.fr*,
Fax 0247927220, *www.ville-descartes.fr*
1 ha (50 empl.) plat et vallonné, herbeux
Tarif : (Prix 2010) ✝ 2€ 🔲 2€ – 🔋 (15A) 2€
Location : (Prix 2010) (permanent) 🏕 – 8 🏠. Sem.
220 à 340€
🚐 4 🔲 9€
Pour s'y rendre : allée Léo Lagrange (sortie sud par
D 750, rte du Blanc et allée à dr., au bord de la Creuse)
À savoir : parc ombragé attenant à un complexe de loisirs
et à un jardin public

| Nature : 🐟 ⌂ ♀♀ |
| Loisirs : 🐟 |
| Services : ⟐ 🔥 🍽 |
| À prox. : 🐎 ⚒ ⚓ 🐴 ⚓ canoë |

| Longitude : 0.69934 |
| Latitude : 46.96962 |

257

ÉGUZON

36270 – **323** F8 – 1 411 h. – alt. 243 – Base de loisirs
🏛 *3, rue George Sand* 🖉 0254474369
▶ Paris 319 – Argenton-sur-Creuse 20 – La Châtre 47 – Guéret 50

⚕ **Municipal du Lac Les Nugiras** Permanent
🖉 0254474522, *nugiras@orange.fr*, Fax 0254474522,
www.campingmunicipal-eguzon.com
4 ha (180 empl.) en terrasses, peu incliné, plat, herbeux,
pierreux
Tarif : (Prix 2010) 12€ ✝✝ ⟺ 🔲 🔋 (10A) – pers.
suppl. 3€
Location : (Prix 2010) (permanent) – 7 🏠
– 5 bungalows toilés. Nuitée 29 à 94€ – Sem.
133 à 381€
🚐 borne artisanale 5€
Pour s'y rendre : rte de Messant (3 km au sud-est par
D 36, rte du lac de Chambon puis 500 m par rte à dr., à
450 m du lac)

| Nature : ⋜ ♀ |
| Loisirs : 🍴 🌊 |
| Services : 🚿 ⟐ 🚗 ⚌ ⚐ 🔲 🔌 |
| À prox. : 🚲 ⚓ (plage) ⚓ 🐟 🦆 canoë, pédalos, escalade, ski nautique |

| Longitude : 1.604 |
| Latitude : 46.433 |

FONTAINE-SIMON

28240 – **311** C4 – 870 h. – alt. 200
▶ Paris 117 – Chartres 40 – Dreux 40 – Évreux 66

⚠ **Du Perche** Permanent
    𝒫 02 37 81 88 11, *campingduperche@orange.fr*,
Fax 09 62 13 99 30, *www.campingduperche.com*
4 ha (112 empl.) plat, herbeux
Tarif : (Prix 2010) 15 € ⭐⭐ ⇔ ▣ ⒝ (6A) – pers.
suppl. 3 €

Location : (permanent) ⚌ – 1 🛏 – 2 🏠. Sem.
325 à 395 €
Pour s'y rendre : r. de la Ferrière (1,2 km au nord par
rte de Senonches et rte à gauche)

À savoir : au bord de l'Eure et d'un plan d'eau

| Loisirs : 🛝 ⤳ |
| Services : 🚿 ⛟ (juil.-août) ♨ |
| 🚽 🖼 |
| À prox. : 🍴 🚲 hammam 🖼 🏊 |
| ⛺ pédalos |

| Longitude : 1.01909 |
| Latitude : 48.51339 |

*La catégorie (1 à 5 tentes, **noires** ou **rouges**) que nous attribuons*
aux terrains sélectionnés dans ce guide est une appréciation qui nous est propre.
Elle ne doit pas être confondue avec le classement (1 à 5 étoiles)
établi par les services officiels.

FRÉTEVAL

41160 – **318** E4 – 1 032 h. – alt. 89
▶ Paris 158 – Beaugency 39 – Blois 40 – Cloyes-sur-le-Loir 17

⚠ **La Maladrerie** de déb. avr. à fin oct.
    𝒫 02 54 82 62 75, *campingdelamaladrerie@aliceadsl.fr*,
Fax 02 54 82 62 75, *www.camping-de-la-maladrerie.fr*
– places limitées pour le passage
16 ha/1,5 (107 empl.) plat, pierreux, herbeux
Tarif : 10 € ⭐⭐ ⇔ ▣ ⒝ (10A) – pers. suppl. 2,50 €

Location : – 2 🛏. Sem. 300 €
Pour s'y rendre : au nord-ouest du bourg par rte du
Plessis et chemin à gauche apr. le passage à niveau, au
bord de deux étangs

| Nature : 🌳🌳 |
| Loisirs : 🍷 🍴 ⛏ 🛶 ⤳ |
| Services : 🚿 ⛟ 🛒 🖼 |

| Longitude : 1.20971 |
| Latitude : 47.88831 |

GARGILESSE-DAMPIERRE

36190 – **323** F7 – 325 h. – alt. 220
🛈 le Bourg *𝒫* 02 54 47 85 06
▶ Paris 310 – Châteauroux 45 – Guéret 59 – Poitiers 113

⚠ **La Chaumerette** de déb. mai à fin sept.
    𝒫 02 54 47 84 22, *camping.chalets.gargilesse@orange.fr*,
www.gargilesse.fr
2,6 ha (72 empl.) plat, herbeux, pierreux
Tarif : (Prix 2010) ⭐ 2 € ▣ 6 € – ⒝ (10A) 4 €

Location : (Prix 2010) (de déb. mars à fin nov.) – 8 🏠.
Nuitée 24 à 26 € – Sem. 165 à 179 €
Pour s'y rendre : 1,4 km au sud-ouest par D 39, rte
d'Argenton-sur-Creuse et chemin à gauche menant au
barrage de la Roche au Moine

À savoir : cadre pittoresque, en partie sur une île de la
Creuse

| Nature : 🏞 🌳🌳 |
| Loisirs : 🍷 snack ⤳ |
| Services : 🚿 ⛟ 🛒 |

| Longitude : 1.58382 |
| Latitude : 46.50723 |

GIEN

45500 – **318** M5 – 15 442 h. – alt. 162

🛈 *place Jean Jaurès* ℰ 02 38 67 25 28

▶ Paris 149 – Auxerre 85 – Bourges 77 – Cosne-sur-Loire 46

⚠ **Les Bois du Bardelet** 👥 – de déb. avr. à fin sept.
ℰ 02 38 67 47 39, *contact@bardelet.com*,
Fax 02 38 38 27 16, *www.bardelet.com*
15 ha/8 campables (260 empl.) plat, herbeux, étangs
Tarif : 44 € 👫👫 🚐 🗐 [½] (16A) – pers. suppl. 7 € – frais
de réservation 9 €

Location : (de déb. avr. à fin sept.) 🅿 – 30 🚐
– 49 🏠. Nuitée 44 à 95 € – Sem. 246 à 570 € – frais de
réservation 9 €
🚐 borne artisanale – 25 🗐 19 € – 🚐 [½] 10 €
Pour s'y rendre : au lieu-dit : Le Petit Bardelet, rte de
Bourges (5 km au sud-ouest par D 940 et 2 km par rte à
gauche - pour les usagers venant de Gien, accès conseillé
par D 53, rte de Poilly-lez-Gien et 1ère rte à dr.)

À savoir : cadre agréable, au bord d'un étang et belle
piscine d'intérieur

| Nature : 🌿 |
| Loisirs : 🍴 🏊 🎮 🏃 🚴 ⛵ canoë |
| Services : ♿ 🔑 🧊 🚿 ♨ |
| laverie 🧺 |

Longitude : 2.62929
Latitude : 47.67999

Le coup de cœur de Bib

Les pieds dans l'eau. Il n'y a pas de mot plus juste pour décrire ce camping situé sur les
bords de Loire. Près d'un étang, vous trouverez des chalets disposés de façon charmante
et qui sont une réelle invitation au farniente. Bienvenue au royaume de la pêche ! Les
amateurs partageront leurs trucs et astuces ou profiteront du calme environnant.
Changez de programme le temps d'une journée et tentez une longueur dans la piscine,
une virée en canoë ou une excursion à Gien pour admirer le doyen des châteaux de la
Loire.

259

M. Chaput/MICHELIN

LA GUERCHE-SUR-L'AUBOIS

18150 – **323** N5 – 3 410 h. – alt. 184

🛈 *1, place Auguste Fournier* ℰ 0248742560

▣ Paris 242 – Bourges 48 – La Charité-sur-Loire 31 – Nevers 22

⚑ **Municipal le Robinson** de mi-avr. à mi-oct.
ℰ 0248741886, *vangeluwe.laurence@orange.fr*,
www.mairie-la-guerche-sur-laubois.com
1,5 ha (33 empl.) peu incliné, plat, herbeux
Tarif : ✱ 3€ ⇔ 2€ – 🅷 (10A) 4€

Location : (permanent) – 6 🏠. Nuitée 45 à 57€
– Sem. 280 à 390€
🚐 borne artisanale 5€
Pour s'y rendre : 2 r. de Couvache (1,4 km au sud-est
par D 200, rte d'Apremont puis à dr., 600 m par D 218 et
chemin à gauche)

À savoir : situation agréable au bord d'un plan d'eau

Nature : ⌑ ♀	
Loisirs : 🛋 ⅃ 🏊	
Services : 🛴 ⛟ 🚿 ⁱⁱ 🖥	
À prox. : ♈ 🏖 ≋ pédalos	

Longitude : 2.94913
Latitude : 46.9509

En juin et septembre les campings sont plus calmes, moins fréquentés
et pratiquent souvent des tarifs " hors saison ".

L'ÎLE-BOUCHARD

37220 – **317** L6 – 1 740 h. – alt. 41

🛈 *16, place Bouchard* ℰ 0247586775

▣ Paris 284 – Châteauroux 118 – Châtellerault 49 – Chinon 16

⚑ **Les Bords de Vienne** de déb. mars à fin oct.
ℰ 0247952359, *info@campingbordsdevienne.com*,
Fax 0247984529, *http://www.campingbordsdevienne.*
com
1 ha (90 empl.) plat, herbeux
Tarif : (Prix 2010) 20€ ✱✱ ⇔ 🅴 🅷 (16A) – pers.
suppl. 5€

Location : (Prix 2010) (permanent) – 4 🚐 – 1 gîte.
Nuitée 50 à 80€ – Sem. 200 à 490€
🚐 borne eurorelais 2€ – 🔋 11€
Pour s'y rendre : 4 allée du camping (près du quartier
St-Gilles, en amont du pont sur la Vienne, près de la
rivière)

Nature : ♀♀	
Loisirs : 🏖 🏊	
Services : 🛴 ⛟ ⁱⁱ 🖥	
À prox. : 🛒 ✗ ⌿ canoë	

Longitude : 0.42833
Latitude : 47.12139

ISDES

45620 – **318** K5 – 600 h. – alt. 152

▣ Paris 174 – Bourges 75 – Gien 35 – Orléans 40

⚑ **Municipal les Prés Bas**
ℰ 0678434628, *mail.isdes@wanadoo.fr*,
Fax 0238291253, *www.isdes.fr* – 🎏
0,5 ha (20 empl.) plat, herbeux

Location : ✂ – gîte d'étape.
Pour s'y rendre : sortie nord-est par D 59, près d'un
étang

Nature : ⌑	
Loisirs : 🏊	
Services : 🛴 ⬠ ▽	
À prox. : 🏖	

Longitude : 2.2565
Latitude : 47.6744

JARS

18260 – **323** M2 – 488 h. – alt. 285

▣ Paris 188 – Aubigny-sur-Nère 24 – Bourges 47 – Cosne-sur-Loire 21

⚑ **La Balance** de déb. avr. à fin oct.
ℰ 0248587450
0,9 ha (25 empl.) peu incliné, plat, herbeux
Tarif : (Prix 2010) ✱ 2€ ⇔ 1€ 🅴 2€ – 🅷 (5A) 2€
Pour s'y rendre : 800 m au sud-ouest par D 74 et
chemin à dr.

À savoir : près d'un étang

Nature : ♀	
Services : 🚿 ⬠	
À prox. : ♈ ✗ ⅃ ≋ 🏊 canoë	

Longitude : 2.68174
Latitude : 47.39519

LORRIS

45260 – **318** M4 – 2 890 h. – alt. 126
🛈 1, rue des Halles ☎ 02 38 94 81 42
▶ Paris 132 – Gien 27 – Montargis 23 – Orléans 55

L'Étang des Bois de déb. avr. à fin sept.
☎ 02 38 92 32 00, *canal.orleans@wanadoo.fr*,
Fax 02 38 46 82 92, *www.canal-orleans.fr*
3 ha (150 empl.) plat, gravillons
Tarif : (Prix 2010) 🛉 4€ 🔲 6€ – 🔌 (10A) 4€
Location : (Prix 2010) (de déb. avr. à fin sept.) – 2 🛖.
Nuitée 40 à 80€ – Sem. 250 à 470€
🚐 4 🔲 7€
Pour s'y rendre : 6 km à l'ouest par D 88, rte de
Châteauneuf-sur-Loire, près de l'Étang des Bois
À savoir : cadre boisé dans un site agréable

Nature : 🏕 🌳🌳
Loisirs : 🎣 ↾
Services : ⛽ 🚐 ♨ 🚽 🖧
À prox. : 🎿 🏊 (plage) 🎣 🐎
(centre équestre)

Longitude : 2.44454
Latitude : 47.87393

LUÇAY-LE-MÂLE

36360 – **323** E4 – 1 531 h. – alt. 160
▶ Paris 240 – Le Blanc 73 – Blois 60 – Châteauroux 43

Municipal la Foulquetière de mi-avr. à mi-oct.
☎ 02 54 40 43 31, *mairie@ville-lucaylemale.fr*,
Fax 02 54 40 42 47
1,5 ha (30 empl.) plat, peu incliné, herbeux
Tarif : (Prix 2010) 8€ 🛉🛉 �car 🔲 🔌 (6A) – pers. suppl. 2€
Location : (permanent) 🚐 – 3 🛖 – 2 gîtes. Nuitée
82€ – Sem. 246 à 308€
🚐 borne artisanale 3€ – 🚐 🔌 11€
Pour s'y rendre : au lieu-dit : La Foulquetière (3,8 km au
sud-ouest par D 960, rte de Loches, D 13, rte d'Ecueillé à
gauche et chemin à dr.)
À savoir : à 80 m d'un plan d'eau très prisé des pêcheurs

Nature : 🏕 🌳
Loisirs : 🏊
Services : ♿ ⛽ 🚐 🚿 🎮 ♨ 🖧
À prox. : 🍴 🍽 🚿 🎿 ↾ 🚿
(plage) 🎣 canoë, pédalos

Longitude : 1.40184
Latitude : 47.11243

261

LUNERY

18400 – **323** J5 – 1 477 h. – alt. 150
▶ Paris 256 – Bourges 23 – Châteauroux 51 – Issoudun 28

Intercommunal de Lunery de mi-avr. à déb. sept.
☎ 02 48 68 07 38, *paysflorentais@cc-fercher.fr*,
Fax 02 48 55 26 78, *www.cc-fercher.fr*
0,5 ha (37 empl.) plat, herbeux
Tarif : (Prix 2010) 16€ 🛉🛉 🚗 🔲 🔌 (10A) – pers.
suppl. 4€
Pour s'y rendre : 6 r. de l'Abreuvoir (au bourg, près de
l'église)
À savoir : autour des vestiges d'un ancien moulin, près
du Cher

Nature : 🏕 🌳
Loisirs : 🎣 🏊
Services : ♿ ⛽ 🚐
À prox. : 🍴 🍽 🎿

Longitude : 2.27009
Latitude : 46.93617

MARCILLY-SUR-VIENNE

37800 – **317** M6 – 550 h. – alt. 60
▶ Paris 280 – Azay-le-Rideau 32 – Chinon 30 – Châtellerault 29

Intercommunal la Croix de la Motte de mi-juin
à mi-sept.
☎ 02 47 65 20 38, *s.beillard@cc-saintemauredetouraine.
fr*, *www.cc-saintemauredetouraine.fr*
1,5 ha (61 empl.) plat, herbeux
Tarif : (Prix 2010) 🛉 2,25€ 🚗 🔲 2,75€ – 🔌 (10A) 2,65€
Location : (Prix 2010) – 2 🛖. Sem. 204 à 306€
🚐 borne artisanale 4€ – 🚐 7€
Pour s'y rendre : 1,2 km au nord par D 18, rte de l'Ile-
Bouchard et r. à dr.
À savoir : plaisant cadre ombragé, près de la Vienne

Nature : 🏞 🏕 🌳
Loisirs : 🏊 🎣
Services : ♿ 🚐 ♨ 🖧
À prox. : canoë

Longitude : 0.54028
Latitude : 47.04292

CENTRE

MAREUIL-SUR-CHER

41110 – **318** E8 – 1 068 h. – alt. 63
🛈 *3, rue du Passeur* 🕿 *02 54 75 31 48*
▶ Paris 225 – Blois 47 – Châtillon-sur-Indre 41 – Montrichard 16

⚠ **Municipal le Port**
🕿 02 54 32 79 51, *leportdemareuil@orange.fr*,
Fax 02 47 92 72 95, *www.campingleportdemareuil.com*
1 ha (50 empl.) plat, herbeux
Pour s'y rendre : au bourg (près de l'église et du château)
À savoir : décoration arbustive, en bordure du Cher

Nature :
Loisirs : canoë
Services :
À prox. :

Longitude : 1.32824
Latitude : 47.29327

*Si vous désirez réserver un emplacement pour vos vacances,
faites-vous préciser au préalable les conditions particulières de séjour,
les modalités de réservation, les tarifs en vigueur et les conditions de paiement.*

MENNETOU-SUR-CHER

41320 – **318** I8 – 877 h. – alt. 100
🛈 *21, Grande Rue* 🕿 *02 54 98 12 29*
▶ Paris 209 – Bourges 56 – Romorantin-Lanthenay 18 – Selles-sur-Cher 27

⚠ **Municipal Val Rose** de mi-mai à déb. sept.
🕿 02 54 98 11 02, *mairie.mennetou@wanadoo.fr*,
Fax 02 54 98 10 56
0,8 ha (50 empl.) plat, herbeux
Tarif : (Prix 2010) 👤 2 € 🔲 3 € – 🔌 (30A) 2 €
🚐 borne eurorelais 2 € – 10 🔲
Pour s'y rendre : r. de Val Rose (au sud du bourg, à dr. après le pont sur le canal, à 100 m du Cher)

Nature :
Loisirs :
Services :
À prox. : canoë

Longitude : 1.86173
Latitude : 47.26937

MESLAND

41150 – **318** D6 – 540 h. – alt. 79
▶ Paris 205 – Amboise 19 – Blois 23 – Château-Renault 20

⚠ **Yelloh! Village Le Parc du Val de Loire** 👥 – de déb. avr. à mi-sept.
🕿 02 54 70 27 18, *parcduvaldeloire@wanadoo.fr*,
Fax 02 54 70 21 71, *www.parcduvaldeloire.com*
15 ha (300 empl.) peu incliné, plat, herbeux
Tarif : 34 € 👤👤 🚐 🔲 (10A) – pers. suppl. 7 € – frais de réservation 15 €
Location : (de déb. avr. à mi-sept.) – 130 🏠 – 20 🏠.
Nuitée 37 à 102 € – Sem. 259 à 714 €
🚐 borne artisanale – 100 🔲 17 € – 🔌 13 €
Pour s'y rendre : 155 rte de Fleuray (1,5 km à l'ouest)
À savoir : cadre boisé face au vignoble

Nature :
Loisirs :
Services :

Longitude : 1.12284
Latitude : 47.50935

MONTARGIS

45200 – **318** N4 – 15 755 h. – alt. 95
🛈 *10 rue Renée de France* 🕿 *02 38 98 00 87*
▶ Paris 109 – Auxerre 252 – Nemours 36 – Nevers 126

⚠ **Municipal de la Forêt** de déb. fév. à fin nov.
🕿 02 38 98 00 20, *campings.agglo.montargoise@wanadoo.fr*, Fax 02 38 95 02 29
5,5 ha (100 empl.) pierreux, sablonneux, plat, herbeux
Tarif : (Prix 2010) 👤 3 € 🚐 2 € 🔲 3 € – 🔌 (10A) 6 €
🚐 borne raclet 3 € – 20 🔲 5 €
Pour s'y rendre : 38 av. Louis-Maurice Chautemps (sortie nord par D 943 et 1 km par D 815, rte de Paucourt)

Nature :
Loisirs :
Services :
À prox. :

Longitude : 2.75222
Latitude : 48.00822

MONTBAZON

37250 – **317** N5 – 3 936 h. – alt. 59

🏛 *esplanade du Val de l'Indre* 🖉 *02 47 26 97 87*

▶ Paris 247 – Châtellerault 59 – Chinon 41 – Loches 33

🏕 **La Grange Rouge** de mi-avr. à mi-oct.
🖉 02 47 26 06 43, *contact@camping-montbazon.com*,
Fax 02 47 26 03 13, *www.camping-montbazon.com*
2 ha (108 empl.) plat, herbeux
Tarif : 16 € ♦♦ ⇔ 🔲 ⓗ (10A) – pers. suppl. 4 € – frais
de réservation 12 €

Location : (de mi-avr. à mi-oct.) – 15 🛖. Nuitée
56 à 85 € – Sem. 380 à 520 €
🚐 borne autre 5 € – 6 🔲 12 €
Pour s'y rendre : rte de Tours, RD 910 (apr. le pont sur
l'Indre)

À savoir : situation plaisante en bordure de rivière et près
du centre ville

Nature : 🌳🌳	
Loisirs : snack, brasserie 🎱 🏊	
Services : 🚿 ⚬ᚂ 🕿 ⚐ 🖫	
À prox. : 🎿 🖼 🔥 parcours sportif	

Longitude : 0.71368
Latitude : 47.28692

Die Klassifizierung (1 bis 5 Zelte, schwarz oder rot),
mit der wir die Campingplätze auszeichnen, ist eine Michelin-eigene Klassifizierung.
Sie darf nicht mit der staatlich-offiziellen Klassifizierung
(1 bis 5 Sterne) verwechselt werden.

MONTLOUIS-SUR-LOIRE

37270 – **317** N4 – 10 381 h. – alt. 60

🏛 *4, place Abraham Courtemanche* 🖉 *02 47 45 85 10*

▶ Paris 235 – Amboise 14 – Blois 49 – Château-Renault 32

263

🏕 **Les Peupliers** de déb. avr. à mi-oct.
🖉 02 47 50 81 90, *aquadis1@orange.fr*, Fax 03 86 37 95 83,
www.aquadis-loisirs.com
6 ha (252 empl.) plat, herbeux
Tarif : 15 € ♦♦ ⇔ 🔲 ⓗ (10A) – pers. suppl. 3 € – frais
de réservation 8 €

Location : (de déb. avr. à déb. oct.) – 9 🛖. Nuitée
60 à 66 € – Sem. 250 à 465 € – frais de réservation 16 €
🚐 borne autre 5 € – 10 🔲 10 €
Pour s'y rendre : 1,5 km à l'ouest par D 751, rte de
Tours, à 100 m de la Loire

À savoir : plaisant cadre boisé

Nature : 🌲 🌳🌳	
Loisirs : 🍴 🎱 ⛵	
Services : 🚿 ⚬ᚂ 🕿 ⚐ 🖫 🏊	
À prox. : 🎿 🏊 🎣	

Longitude : 0.82737
Latitude : 47.38892

MONTOIRE-SUR-LE-LOIR

41800 – **318** C5 – 4 094 h. – alt. 65

🏛 *16, place Clemenceau* 🖉 *02 54 85 23 30*

▶ Paris 186 – Blois 52 – Château-Renault 21 – La Flèche 81

🏕 **Municipal les Reclusages** de déb. mai à mi-sept.
🖉 02 54 85 02 53, *camping.redusages@orange.fr*,
Fax 02 54 85 05 24, *www.mairie-montoire.fr*
2 ha (133 empl.) plat, herbeux
Tarif : (Prix 2010) ♦ 3 € 🔲 2 € – ⓗ (10A) 4 €

Location : (Prix 2010) (de déb. mai à fin sept.) – 4 🛖.
Nuitée 78 € – Sem. 318 €
🚐 borne eurorelais – 30 🔲
Pour s'y rendre : au lieu-dit : Les Reclusages (sortie
sud-ouest, rte de Tours et rte de Lavardin à gauche apr.
le pont)

À savoir : au bord du Loir

Nature : 🌳🌳	
Loisirs : 🍴 🎣	
Services : 🚿 ⚬ᚂ⚐ 🖫	
À prox. : 🎣 🔥 🖼 🏊	

Longitude : 0.86289
Latitude : 47.74788

MORÉE

41160 – **318** E4 – 1 073 h. – alt. 96

▶ Paris 154 – Blois 42 – Châteaudun 24 – Orléans 58

⚠ **Municipal de la Varenne** de déb. mai. à fin sept.
℘ 0254891515, *mairie-de-moree@wanadoo.fr*,
Fax 0254891510
0,8 ha (43 empl.) plat, herbeux
Tarif : (Prix 2010) 14,50 € ⚹⚹ ⌂ 🔲 (10A) – pers.
suppl. 4 €
🚐 borne artisanale 3 € – 📦 8 €
Pour s'y rendre : à l'ouest du bourg, au bord d'un
plan d'eau, accès conseillé par D 19, rte de St-Hilaire-la-
Gravelle et chemin à gauche

| Nature : 🐾 |
| Loisirs : 🏖 (plage) 🎣 |
| Services : 🚿 ⌐ 🚽 🛁 |
| À prox. : 🏃 |

| Longitude : 1.23424 |
| Latitude : 47.9031 |

*En juillet et août, beaucoup de terrains sont saturés
et leurs emplacements retenus longtemps à l'avance.
N'attendez pas le dernier moment pour réserver.*

MUIDES-SUR-LOIRE

41500 – **318** G5 – 1 317 h. – alt. 82

🅱 *place de la Libération* ℘ 0254875836

▶ Paris 169 – Beaugency 17 – Blois 20 – Chambord 9

⚠⚠ **Château des Marais** ⚹⚹ – de déb. avr. à fin sept.
℘ 0254870542, *chateau.des.marais@wanadoo.fr*,
Fax 0254870543, *www.chateau-des-marais.com*
8 ha (198 empl.) plat, herbeux
Tarif : (Prix 2010) 39 € ⚹⚹ ⌂ 🔲 (10A) – pers.
suppl. 8 €
Location : (Prix 2010) (de déb. mai à fin sept.) 🛖
– 11 �'🛖 – 10 🏠. Sem. 434 à 742 €
🚐 borne autre – 40 🔲 26 €
Pour s'y rendre : 27 r. de Chambord (au sud-est par
D 103, rte de Crouy-sur-Cosson - pour caravanes : accès
par D 112 et D 103 à dr.)

À savoir : dans l'agréable parc boisé du château (XVIIe s.)

| Nature : 🐾 🌳🌳 |
| Loisirs : 🍴 ✕ 🎮 🌙nocturne 🎯 🚣 hammam 🏊 🚲 ✂ 🎯 🔲 🏸 💆 |
| Services : 🚿 ⌐ ✂ 🛁 🛋 🚽 ⛲ 🔲 🛁 🍴 |
| À prox. : canoë |

| Longitude : 1.53432 |
| Latitude : 47.66772 |

⚠ **Municipal Bellevue**
℘ 0254870156, *mairie.muides@wanadoo.fr*,
Fax 0254870125 – 🏪
2,5 ha (100 empl.) plat, herbeux, sablonneux
🚐 borne artisanale 8 €
Pour s'y rendre : av. de la Loire (au nord du bourg par
D 112, rte de Mer et à gauche av. le pont, près de la
Loire)

| Services : 🚿 ⌐ (juin-août) 🍴 🔲 |
| À prox. : 🏃 ✂ |

| Longitude : 1.52712 |
| Latitude : 47.67175 |

NEUNG-SUR-BEUVRON

41210 – **318** H6 – 1 192 h. – alt. 102

▶ Paris 183 – Beaugency 33 – Blois 39 – Lamotte-Beuvron 20

⚠ **Municipal de la Varenne** de déb. avr. à mi-oct.
℘ 0254836852, *camping.lavarenne@wanadoo.fr*,
Fax 0254836852, *www.neung-sur-beuvron.fr*
4 ha (73 empl.) peu incliné, plat, herbeux, sablonneux
Tarif : (Prix 2010) 11 € ⚹⚹ ⌂ 🔲 (10A) – pers.
suppl. 3 €
Location : (Prix 2010) (de mi-avr. à mi-oct.) – 4 🛖.
Nuitée 55 € – Sem. 220 à 390 €
🚐 borne artisanale – 📦 11 €
Pour s'y rendre : 34 r. de Veillas (1 km au nord-est,
accès par r. à gauche de l'église, près du Beuvron)

À savoir : agréable cadre boisé

| Nature : 🐾 🏞 🌳🌳 |
| Loisirs : 🎮 ✂ 🎣 |
| Services : 🚿 ⌐ 🍴 🔲 |

| Longitude : 1.81507 |
| Latitude : 47.53849 |

NEUVY-ST-SÉPULCHRE

36230 – **323** G7 – 1 662 h. – alt. 186

▶ Paris 295 – Argenton-sur-Creuse 24 – Châteauroux 29 – La Châtre 16

⚠ **Municipal les Frênes** de mi-juin à mi-sept.
℘ 02 54 30 82 51, *campinglesfrenes@orange.fr*,
Fax 02 54 30 88 94 – 🏠
1 ha (35 empl.) plat, herbeux
Tarif : 12 € ⚹⚹ ⇔ 🔲 📳 (9A) – pers. suppl. 2 €

Location : (permanent) 🛏 – 2 📻. Nuitée 90 €
– Sem. 240 à 270 €
Pour s'y rendre : rte de l'Augère (sortie ouest par
D 927, rte d'Argenton-sur-Creuse puis 600 m par r. à
gauche et chemin à dr., à 100 m d'un étang et de la
Bouzanne)

Nature : 🏞 🗆 ♀	
Loisirs : ⚽ ⚓	
Services : ⚡ 🛁 ♿ laverie	
À prox. : ☂ snack 🎣 ⚓	

Longitude : 1.77666
Latitude : 46.58647

NIBELLE

45340 – **318** K3 – 943 h. – alt. 123

🏢 42, rue Saint-Sauveur *℘* 02 38 32 23 66

▶ Paris 102 – Chartres 91 – Châteauneuf-sur-Loire 24 – Neuville-aux-Bois 27

⚠⚠ **Parc de Nibelle** de déb. mars à fin nov.
℘ 02 38 32 23 55, *info@camping-parcdenibelle.com*,
Fax 02 38 32 03 87, *www.camping-parcdenibelle.com*
10 ha (120 empl.) plat, herbeux, pierreux
Tarif : (Prix 2010) ⚹ 12 € ⇔ 3 € 🔲 4 € 📳 (4A)

Location : (Prix 2010) – 12 📻 – 3 🏠. Nuitée
46 à 132 € – Sem. 514 à 893 €
Pour s'y rendre : rte de Boiscommun (2 km à l'est par
D 230, puis D 9 à dr.)

À savoir : agréable cadre boisé et soigné

Nature : 🏞 🗆 ♀	
Loisirs : snack 🎬 ⚓ 🚴 ⚽ 🎣 🏊	
Services : ♿ ⚡ 🚿 🛁 🔲	
À prox. : ✕	

Longitude : 2.35827
Latitude : 48.02158

NOGENT-LE-ROTROU

28400 – **311** A6 – 11 358 h. – alt. 116

🏢 44, rue Villette-Gaté *℘* 02 37 29 68 86

▶ Paris 146 – Alençon 65 – Chartres 54 – Châteaudun 55

⚠ **Municipal des Viennes**
℘ 02 37 52 80 51, *courriel@ville-nogent-le-rotrou.fr*,
Fax 02 37 29 68 69, *www.ville-nogent-le-rotrou.fr*
0,5 ha (30 empl.) plat, herbeux
Pour s'y rendre : r. des Viennes (au nord de la ville par
av. des Prés (D 103))

À savoir : au bord de l'Huisne

Nature : 🗆 ♀	
Loisirs : ⚓	
Services : ⚡ 🛁 ♿	
À prox. : 🛒 ⚽ 🎬 🎣	

Longitude : 0.81974
Latitude : 48.32452

*Utilisez les **cartes MICHELIN**,*
complément indispensable de ce guide.

NOUAN-LE-FUZELIER

41600 – **318** J6 – 2 555 h. – alt. 113

🏢 place de la Gare *℘* 02 54 88 76 75

▶ Paris 177 – Blois 59 – Cosne-sur-Loire 74 – Gien 56

⚠⚠ **La Grande Sologne**
℘ 02 54 88 70 22, *camping.lagrande.sologne@orange.fr*,
Fax 02 54 88 41 74
10 ha/4 campables (180 empl.) plat, herbeux
Location : – 4 📻.
🚐 borne
Pour s'y rendre : sortie sud par N 20 puis chemin à
gauche en face de la gare

À savoir : cadre boisé au bord d'un étang

Nature : ♀♀	
Loisirs : 🎬 ⚓ 🚴 🎣	
Services : ♿ 🚿 🛁 🔲	
À prox. : ☂ ✕ ⚽ 🏊	

Longitude : 2.03666
Latitude : 47.5362

OLIVET

45160 – **318** I4 – 20 143 h. – alt. 100
🛈 *236, rue Paul Genain* ℘ *02 38 63 49 68*
▶ Paris 137 – Orléans 4 – Blois 70 – Chartres 78

    ⚠ **Municipal** de déb. avr. à mi-oct.
    ℘ 02 38 63 53 94, *campingolivet@wanadoo.fr*,
    Fax 02 38 63 58 96, *www.camping-olivet.org*
    1 ha (46 empl.) plat, herbeux
    Tarif : (Prix 2010) 20 € ♦♦ ⇔ 🅴 💧 (16A) – pers.
    suppl. 4 €
    🛒 borne artisanale 5 €
    Pour s'y rendre : r. du Pont Bouchet (2 km au sud-est
    par D 14, rte de St-Cyr-en-Val)
    À savoir : situation agréable au confluent du Loiret et du
    Dhuy

Nature : 🌳 🔲 ♌♌	
Loisirs : 🎣	
Services : 🖐 ⛽ 🏧 🗑 🚿 🚽 💈	
À prox. : 🏇 🛶	
Longitude : 1.92583	
Latitude : 47.85614	

Wilt u een stad of streek bezichtigen ?
*Raadpleed de **groene Michelingidsen**.*

ONZAIN

41150 – **318** E6 – 3 411 h. – alt. 69
🛈 *3, rue Gustave Marc* ℘ *02 54 20 78 52*
▶ Paris 201 – Amboise 21 – Blois 19 – Château-Renault 24

    ⛰ **Village Siblu Le Dugny** ♣♣ – de déb. avr. à déb.
    nov.
    ℘ 02 54 20 70 66, *reception.ldd@siblu.fr*,
    Fax 02 54 33 71 69, *www.dugny.fr* ✂
    8 ha (302 empl.) peu incliné, herbeux, pierreux
    Tarif : (Prix 2010) 47 € ♦♦ ⇔ 🅴 💧 (10A) – pers.
    suppl. 10 €
    Location : (Prix 2010) – 150 🛖. Sem. 273 à 1 610 €
    🛒 borne – 15 🅴 47 €
    Pour s'y rendre : 4,3 km au nord-est par D 58, rte de
    Chouzy-sur-Cisse, D 45 rte de Chambon-sur-Cisse et
    chemin à gauche, au bord d'un étang

Nature : 🌿 🔲 ♌♌	
Loisirs : 🍹 ✕ snack 🎮 🎦 🏓	
jacuzzi 🛝 🚴 🏇 🎯 🏊 ⛳ 🎣	
terrain multisports	
Services : 🖐 ⛽ 🗑 🍴 🚿 🚽	
laverie 🧺 🛒	
À prox. : 🏇 stage ULM, canotage	
Longitude : 1.17352	
Latitude : 47.49974	

PIERREFITTE-SUR-SAULDRE

41300 – **318** J6 – 859 h. – alt. 125
🛈 *10, place de l'Église* ℘ *02 54 88 67 15*
▶ Paris 185 – Aubigny-sur-Nère 23 – Blois 73 – Bourges 55

    ⛰ **Les Alicourts** ♣♣ – de fin avr. à déb. sept.
    ℘ 02 54 88 63 34, *info@lesalicourts.com*,
    Fax 02 54 88 58 40, *www.lesalicourts.com*
    21 ha/10 campables (420 empl.) en terrasses, plat,
    herbeux, sablonneux
    Tarif : 45 € ♦♦ ⇔ 🅴 💧 (6A) – pers. suppl. 10 €
    Location : (de fin avr. à déb. sept.) ✂ – 162 🛖
    – 106 🏠 – 8 cabanes dans les arbres. Nuitée
    50 à 212 € – Sem. 350 à 1 484 €
    🛒 borne raclet
    Pour s'y rendre : au Domaine des Alicourts (6 km au
    nord-est par D 126 et D 126b, au bord d'un étang)
    À savoir : beau domaine aux nombreuses activités
    aquatiques

Nature : 🌿 🔲 ♌♌	
Loisirs : 🍹 ✕ 🎦 🎭 nocturne 🏓	
🌊 hammam salle d'animation	
🛝 🚴 🎯 🎣 🏊 ≋ (plage) ⛷	
🎣 golf, piste de bi-cross, piste	
de rollers et de skates, canoë,	
pédalos	
Services : 🖐 ⛽ 🚿 🚽 🚻 💈	
🧺 🛒	
Longitude : 2.15145	
Latitude : 47.51247	

Les Alicourts *(voir page précédente)*
Pas le temps de s'ennuyer au parc des Alicourts ! Le domaine comporte en effet de nombreuses activités aquatiques avec, entre autres, quatre piscines (dont une à vagues), un riche espace balnéo et un lac de 6 ha pour la baignade ou le canoë. Vous aurez l'embarras du choix entre la détente (hammam) et le sport (golf, minigolf, fitness…). La région elle-même est particulièrement généreuse : les châteaux de Chambord et de Cheverny font rêver, le musée de la Sorcellerie intrigue et le zoo-parc de Beauval vous émerveillera avec ses koalas et ses tigres blancs.

M. Chaput/MICHELIN

PREUILLY-SUR-CLAISE

37290 – **317** O7 – 1 103 h. – alt. 80
▶ Paris 299 – Le Blanc 31 – Châteauroux 64 – Châtellerault 35

🅰 **Municipal** de déb. juin à mi-sept.
    ☏ 02 47 94 50 04, *mairie-preuilly@wanadoo.fr*,
    Fax 02 47 94 63 26, *www.preuillysurclaise.fr* – ℞
    0,7 ha (37 empl.) plat, herbeux
    Tarif : (Prix 2010) 12 € ⚫⚫ 🚗 🔲 ⚡ (6A) – pers.
    suppl. 3 €

    Location : (Prix 2010) (de déb. mai à mi-oct.)
    – 2 🛖. Nuitée 50 € – Sem. 200 à 250 €
    Pour s'y rendre : au sud-ouest du bourg, près de la
    piscine, de la Claise et d'un étang

    À savoir : cadre verdoyant au milieu d'un complexe de
    loisirs

Nature : 🏞 ♀
Loisirs : 🎣
Services : 🛒 🖼
À prox. : 🏇 ✕ 🏇 🚣 parcours sportif

Longitude : 0.92618
Latitude : 46.85305

RILLÉ

37340 – **317** K4 – 287 h. – alt. 82
▶ Paris 282 – Orléans 158 – Tours 47 – Nantes 160

🅰 **Huttopia Rillé** de fin avr. à déb. nov.
    ☏ 02 47 24 62 97, *rille@huttopia.com*, Fax 02 47 24 63 61,
    www.huttopia.com
    5 ha (120 empl.) plat, herbeux
    Tarif : (Prix 2010) 30 € ⚫⚫ 🚗 🔲 ⚡ (10A) – pers.
    suppl. 7 € – frais de réservation 10 €

    Location : (Prix 2010) (de fin avr. à déb. nov.)
    – 10 roulottes – 22 🛖 – 10 tentes. Nuitée 59 à 145 €
    – Sem. 309 à 1 015 € – frais de réservation 10 €
    🔄 borne autre 5 €
    Pour s'y rendre : au Lac de Rillé (2 km Est par D49)

Nature : ♀♀
Loisirs : 🍴 ✕ 🎬 🌙 diurne 🏇 🚴 ✕ 🚣 🎣 🎿
Services : 🔥 ☎ 🅿 🧺 laundry 🛒
À prox. : 🐴 (centre équestre)

Longitude : 0.33278
Latitude : 47.44584

ROMORANTIN-LANTHENAY

41200 – **318** H7 – 17 559 h. – alt. 93
🛈 *place de la Paix* 🗺 *02 54 76 43 89*
▶ Paris 202 – Blois 42 – Bourges 74 – Châteauroux 72

   🏕 **Tournefeuille**
    🗺 02 54 95 37 08, *camping.romo@wanadoo.fr*,
    Fax 02 54 76 54 90, *www.camping-romorantin.com*
    1,5 ha (103 empl.) plat, herbeux
    Tarif : (Prix 2010) 18 € 2 pers- pers. suppl. 7 €
    Location : – 6 🏠. 330/480 € – frais de réservation 5 €
    🚐 borne artisanale – 5 🔲 – 🛢 10.5 €
    Pour s'y rendre : 32 r. des Lices (sortie est, rte de
    Salbris, r. de Long-Eaton, au bord de la Sauldre)

Nature : 🐟 ♀	
Loisirs : snack 🎱 ⚽ 🚲	
Services : 🚿 ⊶ 🏪 🛏 ♻ 📷	
À prox. : 🏓 🎿 📡 🛶 canoë	
Longitude : 1.75586	
Latitude : 47.35503	

ROSNAY

36300 – **323** D6 – 618 h. – alt. 112
▶ Paris 307 – Argenton-sur-Creuse 31 – Le Blanc 16 – Châteauroux 44

   🏕 **Municipal** Permanent
    🗺 02 54 37 80 17, *rosnay-mairie@wanadoo.fr*,
    Fax 02 54 37 02 86
    2 ha (36 empl.) plat, herbeux
    Tarif : 🛉 2 € 🚗 2 € 🔲 2 € – 🔌 (6A) 2 €
    🚐 borne autre – 9 🔲 4 €
    Pour s'y rendre : rte de St-Michel-en-Brenne (500 m au
    nord par D 44)
    À savoir : agréable structure bordée par un étang

Nature : 🐟 ♀♀	
Loisirs : 🎿 🦢	
Services : 🛒 🛏 ♻ 📷	
Longitude : 1.20002	
Latitude : 46.72225	

LESEN SIE DIE ERLÄUTERUNGEN aufmerksam durch,
damit Sie diesen Camping-Führer mit der Vielfalt der gegebenen
Auskünfte wirklich ausnutzen können.

268

ST-AMAND-MONTROND

18200 – **323** L6 – 11 464 h. – alt. 160
🛈 *place de la République* 🗺 *02 48 96 16 86*
▶ Paris 282 – Bourges 52 – Châteauroux 65 – Montluçon 56

   🏕 **Municipal de la Roche**
    🗺 02 48 96 09 36, *camping-la-roche@wanadoo.fr*,
    Fax 02 48 96 09 36, *www.ville-saint-amand-montrond.fr*
    4 ha (120 empl.) plat, peu incliné, herbeux
    Pour s'y rendre : chemin de La Roche (sortie sud-est
    par N 144, rte de Montluçon et chemin de la Roche à dr.
    av. le canal, près du Cher)

Nature : 🐟 ♀	
Loisirs : 🎱 ⚽ 🎿	
Services : 🚿 ⊶ 🏪 📷	
À prox. : 🛶	
Longitude : 2.48974	
Latitude : 46.7126	

ST-AVERTIN

37550 – **317** N4 – 14 006 h. – alt. 49
🛈 *36, rue Rochepinard* 🗺 *02 47 27 01 72*
▶ Paris 245 – Orléans 121 – Tours 7 – Blois 70

   🏕 **Les Rives du Cher** saison
    🗺 02 47 27 27 60, *contact@camping-lesrivesducher.com*,
    www.camping-lesrivesducher.com
    2 ha (90 empl.) plat, herbeux
    Tarif : (Prix 2010) 🛉 4 € 🚗 3 € 🔲 7 € – 🔌 (10A) 5 €
    Location : (Prix 2010) – 4 🛖. Nuitée 50 à 90 € – Sem.
    280 à 504 €
    🚐 borne artisanale – 20 🔲 9 €
    Pour s'y rendre : 61 r. de Rochepinard (au nord par rive
    gauche du Cher)
    À savoir : près d'un plan d'eau

Nature : 🏞 ♀	
Services : 🚿 ⊶ 🏪 🧺 laverie	
À prox. : ⚽ 🎿 📡 🦢 🎣	
Longitude : 0.72296	
Latitude : 47.37064	

ST-PÈRE-SUR-LOIRE

45600 – **318** L5 – 1 039 h. – alt. 115
▶ Paris 147 – Aubigny-sur-Nère 38 – Châteauneuf-sur-Loire 40 – Gien 25

⚠ **Hortus-Le Jardin de Sully** Permanent
℘ 02 38 36 35 94, info@camping-hortus.com,
www.hortus-sully.com
2,7 ha (80 empl.) plat, herbeux, pierreux, gravier
Tarif : 20€ 🚻 🚗 🔲 🔌 (10A) – pers. suppl. 4€ – frais
de réservation 5€

Location : (permanent) – 14 🛖 – 6 bungalows
toilés. Nuitée 25 à 80€ – Sem. 175 à 560€ – frais de
réservation 5€
🛒 borne raclet – 20 🔲 15€ – 🚐 11€
Pour s'y rendre : 1 rte de St-Benoit (à l'ouest par D 60,
rte de Châteauneuf-sur-Loire, près du fleuve)

Loisirs : 🖼 🏊
Services : 🔥 ⚡ 🔲 🚿 🔽 🕎 🔋
À prox. : ✂ 🏃 parcours de santé

Longitude : 2.36229
Latitude : 47.7718

ST-PLANTAIRE

36190 – **323** G8 – 552 h. – alt. 300
▶ Paris 339 – Orléans 214 – Châteauroux 68 – Limoges 95

⚠ **Municipal de Fougères** de déb. avr. à fin oct.
℘ 02 54 47 20 01, campingmunicipal.fougeres@orange.
fr, Fax 02 54 47 34 41, www.saint-plantaire.fr
4,5 ha (150 empl.) plat, herbeux, en terrasses, peu
incliné, pierreux
Tarif : (Prix 2010) 14€ 🚻 🚗 🔲 🔌 (10A) – pers.
suppl. 4€

Location : (Prix 2010) (de déb. mars à fin déc.) – 4 🛖
– 13 🏠 – 4 bungalows toilés. Nuitée 32 à 100€ – Sem.
130 à 520€
Pour s'y rendre : 19 plage de Fougères

À savoir : site agréable au bord du lac de Chambon

Nature : ≤ 🌳
Loisirs : 🖼 🏊 ✂ 🏊 🛶
Services : 🔥 ⚡ 🕎 laverie 🔧
À prox. : ✕ snack 🏃 pédalos,
canoë

Longitude : 1.61952
Latitude : 46.42756

ST-SATUR

18300 – **323** N2 – 1 657 h. – alt. 155
🅱 25, rue du Commerce ℘ 02 48 54 01 30
▶ Paris 194 – Aubigny-sur-Nère 42 – Bourges 50 – Cosne-sur-Loire 12

⚠ René Foltzer
℘ 02 48 54 04 67, aquadis1@wanadoo.fr,
Fax 03 86 37 95 83, www.aquadis-loisirs.com
1 ha (85 empl.) plat, herbeux
Pour s'y rendre : quai de Loire (1 km à l'est par D 2)
À savoir : près de la Loire (accès direct)

Nature : 🏕 🌳
Loisirs : 🖼 ✂
Services : 🔥 ⚡ 🚿 🔽 🔋
À prox. : 🚴 🏞 🏃 🏊 🛶 golf,
canoë

Longitude : 2.86573
Latitude : 47.33643

STE-CATHERINE-DE-FIERBOIS

37800 – **317** M6 – 653 h. – alt. 114
▶ Paris 263 – Azay-le-Rideau 25 – Chinon 37 – Ligueil 19

⚠ **"Les Castels" Parc de Fierbois** 👥 – de mi-mai à
déb. sept.
℘ 02 47 65 43 35, contact@fierbois.com,
Fax 02 47 65 53 75, www.fierbois.com
30 ha/12 campables (420 empl.) en terrasses, plat,
herbeux
Tarif : 48€ 🚻 🚗 🔲 🔌 (10A) – pers. suppl. 9€

Location : (de mi-mai à déb. sept.) – 40 🛖 – 26 🏠
– 4 cabanes dans les arbres – 8 gîtes. Nuitée 45 à 130€
– Sem. 315 à 910€
🛒 borne eurorelais – 🚐 14€
Pour s'y rendre : 1,2 km au sud

À savoir : agréable et vaste domaine avec bois, lac et parc
aquatique

Nature : 🏕 🌳 🌿
Loisirs : 🍹 ✕ pizzeria 🖼 🎣 🏇
🎮 🏊 🚴 ⚫ ✂ 🏃 🏊 🛶
(plage) 🏖 🎣 terrain multisports
Services : 🔥 ⚡ 🚿 🔽 🕎 laverie 🔧 🔥 cases réfrigérées
À prox. : canoë, pédalos, parcours
aventure

Longitude : 0.6549
Latitude : 47.1486

269

Le coup de cœur de Bib

"Les Castels" Parc de Fierbois *(voir page précédente)*
Au cœur du Val de Loire, ce vaste domaine de 30 ha (dont 12 aménagés pour le camping autour d'un lac et d'une forêt centenaire) propose 420 emplacements et 5 types d'hébergement : chalets, gîtes, mobile homes, cabanes dans les arbres et camping traditionnel.Des activités pour tous y sont organisées : pour les plus sportifs, parcours aventure, terrain multisports et tir à l'arc ; pour la famille, promenades à poney, espace aquatique, minigolf ; espace aquatique avec toboggans, piscines chauffées (découverte et couverte), jeux d'eau et pataugeoire pour les plus petits. En plus de ces prestations de nombreux services sont offerts sur le site même : bar, restaurant, épicerie, laverie, borne internet…

Les Castels Parc de Fierbois

STE-MAURE-DE-TOURAINE

37800 – **317** M6 – 4 007 h. – alt. 85
🄳 *rue du Château* ✆ 02 47 65 66 20
▶ Paris 273 – Le Blanc 71 – Châtellerault 39 – Chinon 32

⚠ **Municipal de Marans** de déb. avr. à fin sept.
✆ 02 47 65 44 93 – ⚡
1 ha (66 empl.) peu incliné, plat, herbeux
Tarif : (Prix 2010) 11 € 🚻 🚗 🅴 🄶 (16A) – pers.
suppl. 3 €
🚰 borne artisanale
Pour s'y rendre : r. de Toizelet (1,5 km au sud-est par D 760, rte de Loches, et à gauche, à 150 m d'un plan d'eau)

Loisirs : 🎾 parcours sportif
Services : 🚿 ⛽ 🚽 ⌂
À prox. : 🏊 🎣

Longitude : 0.62357
Latitude : 47.10381

SALBRIS

41300 – **318** J7 – 5 766 h. – alt. 104
🄳 *27, boulevard de la République* ✆ 02 54 97 22 27
▶ Paris 187 – Aubigny-sur-Nère 32 – Blois 65 – Lamotte-Beuvron 21

⚠ **Le Sologne** de déb. avr. à fin sept.
✆ 02 54 97 06 38, *campingdesologne@wanadoo.fr*,
http://www.campingdesologne.fr
2 ha (81 empl.) plat, herbeux
Tarif : 17 € 🚻 🚗 🅴 🄶 (10A) – pers. suppl. 5 €
Location : (de déb. avr. à fin sept.) 🛖 – 5 🚐.
Nuitée 53 € – Sem. 370 à 480 €
🚰 borne artisanale 7 €
Pour s'y rendre : 8 allée de la Sauldre (sortie nord-est par D 55, rte de Pierrefitte-sur-Sauldre, au bord d'un plan d'eau et près de la Sauldre)

Nature : 🏞 ⛲
Loisirs : 🎣
Services : 🚿 ⛽ 🚽 🚮 🍴 📷
À prox. : 🎿 🎾 🚣 🏊

Longitude : 2.05522
Latitude : 47.43026

SAVIGNY-EN-VÉRON

37420 – **317** J5 – 1 431 h. – alt. 40
▶ Paris 292 – Chinon 9 – Langeais 27 – Saumur 20

Municipal la Fritillaire de déb. avr. à déb. oct.
𝒫 02 47 58 03 79, *aquadis1@orange.fr*, Fax 03 86 37 95 83,
www.aquadis-loisirs.com
2,5 ha (100 empl.) plat, herbeux, bois attenant
Tarif : 14 € ♦♦ ⊂⊃ 🅴 (½) (10A) – pers. suppl. 3 € – frais
de réservation 8 €

Location : (de déb. avr. à fin sept.) – 1 ⌂ – 5 bungalows
toilés. Nuitée 35 à 62 € – Sem. 195 à 440 € – frais de
réservation 16 €
Pour s'y rendre : r. Basse (à l'ouest du centre bourg, à
100 m d'un étang)

| Nature : |
| Loisirs : |
| Services : |
| À prox. : |

Longitude : 0.18281
Latitude : 47.20501

SAVONNIÈRES

37510 – **317** M4 – 2 970 h. – alt. 47
▶ Paris 263 – Orléans 139 – Tours 17 – Blois 88

Confluence de déb. mai à fin sept.
𝒫 02 47 50 00 25, *camping.confluence37@orange.fr*,
Fax 02 47 50 15 71, *tourisme-en-confluence.com*

Tarif : ♦ 4 € 🅴 6 € – (½) (10A) 4 € – frais de réservation 1 €
🚐 borne eurorelais 2 €
Pour s'y rendre : sortie est du bourg par D7
À savoir : au bord du Cher et d'une piste cyclable

| Nature : |
| Loisirs : |
| Services : |
| À prox. : |

Longitude : 0.56165
Latitude : 47.35037

SENONCHES

28250 – **311** C4 – 3 262 h. – alt. 223
🛈 2, rue Louis Peuret 𝒫 02 37 37 80 11
▶ Paris 115 – Chartres 38 – Dreux 38 – Mortagne-au-Perche 42

Huttopia ♣♣ – de fin avr. à déb. nov.
𝒫 02 37 37 81 40, *senonches@huttopia.com*,
Fax 02 37 37 78 93, *www.huttopia.com*
10,5 ha (126 empl.) vallonné, plat, herbeux
Tarif : (Prix 2010) 27 € ♦♦ ⊂⊃ 🅴 (½) (10A) – pers.
suppl. 6 € – frais de réservation 10 €

Location : (Prix 2010) (de fin avr. à déb. nov.) 🅿
– 15 ⌂ – 20 tentes. Nuitée 59 à 135 € – Sem. 309 à 945 €
– frais de réservation 10 €
🚐 borne autre 5 €
Pour s'y rendre : Etang de Badouleau

À savoir : au bord de l'étang et en lisière de la forêt
domaniale de Senonches

| Nature : |
| Loisirs : pizzeria ⬚ ⊙diurne |
| Services : ⊶ 🅿 laverie |
| À prox. : poneys (centre équestre) |

Longitude : 1.04309
Latitude : 48.55232

SONZAY

37360 – **317** L3 – 1 252 h. – alt. 94
▶ Paris 257 – Château-la-Vallière 39 – Langeais 26 – Tours 25

L'Arada Parc ♣♣ – de fin mars à fin oct.
𝒫 02 47 24 72 69, *info@laradaparc.com*,
Fax 02 47 24 72 70, *www.laradaparc.com*
1,7 ha (94 empl.) peu incliné, plat, herbeux
Tarif : 27 € ♦♦ ⊂⊃ 🅴 (½) (10A) – pers. suppl. 5 € – frais
de réservation 9 €

Location : (de fin mars à fin oct.) – 15 ⬚ – 3 ⌂
– 1 bungalow toilé. Nuitée 32 à 91 € – Sem. 224 à 581 €
– frais de réservation 9 €
🚐 borne artisanale 5 €
Pour s'y rendre : r. de la Baratière (sortie ouest par
D 68, rte de Souvigné et à dr.)

| Nature : |
| Loisirs : ⬚ snack hammam jacuzzi |
| Services : laverie |
| À prox. : |

Longitude : 0.45069
Latitude : 47.52615

271

SUÈVRES

41500 – **318** F5 – 1 447 h. – alt. 83

🛈 *place de la Mairie* 🕿 *02 54 87 85 27*

▶ Paris 170 – Beaugency 18 – Blois 15 – Chambord 16

"Les Castels" Château de la Grenouillère –
de déb. avr. à mi-sept.

🕿 02 54 87 80 37, *la.grenouillere@wanadoo.fr*,
Fax 02 54 87 84 21, *www.camping-loire.com*

11 ha (250 empl.) plat, herbeux

Tarif : 26 € ♦♦ ⇔ 🔲 (10A) – pers. suppl. 5 € – frais
de réservation 20 €

Location : (de déb. avr. à mi-sept.) – 14
– 17. Nuitée 35 à 105 € – Sem. 245 à 735 € – frais
de réservation 20 €

borne autre

Pour s'y rendre : 3 km au nord-est sur RD 52

À savoir : parc boisé et verger agréable

Nature :	
Loisirs : ♥ ✕ pizzeria jacuzzi	
Services :	
laverie	

Longitude : 1.48512
Latitude : 47.68688

Le coup de cœur de Bib

Remontez dans le temps en Val de Loire. Dans la région de prédilection des rois de la Renaissance, se cache un camping appartenant à la chaîne des Castels. Le domaine de la Grenouillère s'organise autour d'une belle maison bourgeoise du 18e s. Chênes et pommiers vous accueilleront à l'ombre de leurs belles ramures après une descente de la Loire en canoë ou encore une randonnée en VTT, à la recherche d'anciens trésors. Passé et présent s'entremêlent quand, à la haute saison, des concerts aux sonorités bien plus contemporaines se déroulent dans la cour intérieure du domaine.

M. Chaput/MICHELIN

THORÉ-LA-ROCHETTE

41100 – **318** C5 – 927 h. – alt. 75

▶ Paris 176 – Blois 42 – Château-Renault 25 – La Ferté-Bernard 58

Intercommunal la Bonne Aventure de mi-mai à
fin sept.

🕿 02 54 72 00 59, *campingthore@orange.fr*,
Fax 02 54 89 41 01, *www.vendome.eu*

2 ha (60 empl.) plat, herbeux

Tarif : (Prix 2010) 11 € ♦♦ ⇔ 🔲 (5A) – pers.
suppl. 3 €

Pour s'y rendre : rte de la Cunaille (1,7 km au nord par
D 82, rte de Lunay et rte à dr., près du stade, au bord
du Loir)

Nature :	
Loisirs :	
Services :	
À prox. :	

Longitude : 0.95855
Latitude : 47.80504

272

VALENÇAY

36600 – **323** F4 – 2 665 h. – alt. 140
🛈 *2, avenue de la Résistance* ☎ *0254000442*
▶ Paris 233 – Blois 59 – Bourges 73 – Châteauroux 42

Municipal les Chênes
☎ 0254000392, *commune@mairie-valencay.fr*,
Fax 0254000392
5 ha (50 empl.) peu incliné, plat, herbeux
borne artisanale
Pour s'y rendre : 1 km à l'ouest sur D 960, rte de Luçay-le-Mâle

À savoir : agréable cadre de verdure en bordure d'étang

| Nature : ⌂ 🗱 |
| Loisirs : 🛝 🏊 🎣 |
| Services : 🚿 ⚡ 🔌 |

Longitude : 1.56984
Latitude : 47.16167

VATAN

36150 – **323** G4 – 2 022 h. – alt. 140
🛈 *place de la République* ☎ *0254497169*
▶ Paris 235 – Blois 78 – Bourges 50 – Châteauroux 31

Municipal de mi-avr. à fin sept.
☎ 0254499137, *tourisme@vatan-en-berry.com*,
Fax 0254499372, *www.vatan-en-berry.com*
2,4 ha (55 empl.) plat, herbeux, pierreux
Tarif : 🚶 5€ 🚗 🔲 – 🔌 3€

Location : (de déb. avr. à fin sept.) – 3 🏠. Sem.
200 à 250€
borne artisanale 5€
Pour s'y rendre : r. du Collège (sortie ouest par D 2, rte
de Guilly et à gauche)

À savoir : bord d'un étang d'agrément

| Nature : ⌂ 🗱 |
| Loisirs : 🛝 🏊 |
| Services : 🚿 🚮 🔌 ⚡ 🔌 |
| À prox. : 🍴 🏊 |

Longitude : 1.80646
Latitude : 47.07288

VEIGNÉ

37250 – **317** N5 – 5 938 h. – alt. 58
▶ Paris 252 – Orléans 128 – Tours 16 – Joué-lès-Tours 11

La Plage de déb. avr. à fin sept.
☎ 0247262300, *campingveigne@aol.com*,
Fax 0247731147, *www.touraine-vacance.com*
2 ha (120 empl.) plat, herbeux
Tarif : (Prix 2010) 16,40€ 🚶🚶 🚗 🔲 🔌 (6A) – pers.
suppl. 3,80€

Location : – 15 bungalows toilés.
borne flot bleu
Pour s'y rendre : rte de Tours (sortie nord par D 50)

| Nature : 🗱 |
| Loisirs : 🍴 🍽 🎮 🏋 🚲 🎯 🏊 🎣 |
| Services : 🚿 ⚡ (saison) 🔌 🚾 laverie |
| À prox. : canoë-kayak |

Longitude : 0.73642
Latitude : 47.28748

LA VILLE-AUX-DAMES

37700 – **317** N4 – 4 700 h. – alt. 50
▶ Paris 244 – Orléans 120 – Tours 7 – Blois 53

Les Acacias Permanent
☎ 0247440816, *contact@camplvad.com*,
www.camplvad.com
2,6 ha (90 empl.) plat, herbeux
Tarif : (Prix 2010) 19€ 🚶🚶 🚗 🔲 🔌 (10A) – pers.
suppl. 3€

Location : (Prix 2010) (permanent) – 3 🚐 – 4 🏠.
Nuitée 75 à 90€ – Sem. 280 à 450€
borne artisanale 6€
Pour s'y rendre : r. Berthe Morisot (au nord-est du
bourg, près du D 751)

| Nature : 🗱 |
| Loisirs : snack 🛝 |
| Services : 🚿 ⚡ 🔌 laverie |
| À prox. : 🍴 snack 🏊 🎿 parcours de santé |

Longitude : 0.77841
Latitude : 47.4021

VILLIERS-LE-MORHIER

28130 – **311** F4 – 1 329 h. – alt. 99

▶ Paris 83 – Orléans 108 – Chartres 24 – Versailles 61

Les Ilots de St-Val Permanent

℘ 02 37 82 71 30, *lesilots@campinglesilotsdestval.com*,
Fax 02 37 82 77 67, *www.campinglesilotsdestval.com*
– places limitées pour le passage
10 ha/6 campables (153 empl.) incliné, plat, herbeux,
pierreux
Tarif : **⚹** 5 € **▣** 5 € – **⚡** (10A) 7 €

Location : (permanent) – 15 – 4 . Sem.
250 à 455 €
borne eurorelais 6 €
Pour s'y rendre : Lieu-dit : Le Haut Bourray (4,5 km au
nord-ouest par D 983, rte de Nogent-le-Roi puis 1 km
par D 1013, rte de Neron à gauche)

Nature :	
Loisirs :	
Services :	
À prox. :	(centre équestre) golf

Longitude : 1.5476
Latitude : 48.6089

VITRY-AUX-LOGES

45530 – **318** K4 – 1 827 h. – alt. 120

▶ Paris 111 – Bellegarde 17 – Châteauneuf-sur-Loire 11 – Malesherbes 48

Étang de la Vallée

℘ 02 38 92 32 00, *canal.orleans@wanadoo.fr*,
Fax 02 38 46 82 92, *www.canal.orleans.monsite.wanadoo.fr*
3,7 ha (180 empl.) plat, herbeux
10 **▣**
Pour s'y rendre : 3,3 km au nord-est, à 100 m de
l'étang

À savoir : agréable cadre boisé à proximité d'une base
de loisirs

Nature :	
Loisirs :	
Services :	
À prox. :	snack (plage) pédalos

Longitude : 2.26615
Latitude : 47.94026

VOUVRAY

37210 – **317** N4 – 3 079 h. – alt. 55

🛈 *12, rue Rabelais ℘ 02 47 52 68 73*

▶ Paris 240 – Amboise 18 – Château-Renault 25 – Chenonceaux 30

Municipal Le Bec de Cisse de déb. mai à fin sept.

℘ 02 47 52 68 81, *camping.becdecisse@neuf.fr*,
Fax 02 47 52 67 76, *www.tourismevouvrey-valdeloire.com*
2 ha (33 empl.) plat, herbeux
Tarif : (Prix 2010) **⚹** 3,90 € **⟵** **▣** 6,80 € – **⚡** (16A) 4,20 €
8 **▣**
Pour s'y rendre : au sud du bourg, au bord de la Cisse

Nature :	
Services :	
À prox. :	parc de loisirs de Rochecorbon

Longitude : 0.79913
Latitude : 47.41198

CHAMPAGNE-ARDENNE

S. Sauvignier/Michelin

Le visiteur de la région Champagne-Ardenne a les yeux qui pétillent, et une soudaine effervescence s'empare de ses papilles lorsque surgit devant lui un océan de ceps. Il s'imagine déjà sablant le champagne, ce subtil breuvage baptisé « vin du diable » avant qu'un moine ne perce le secret de ses bulles. Faisant étape à Reims, il succombe à la beauté de sa cathédrale, puis à la douceur de ses biscuits roses. À Troyes, il s'éprend autant de la poésie des ruelles bordées de maisons à colombages que du fumet s'échappant de friandes andouillettes. Pour expier ses péchés, il se retire dans les profondeurs boisées des Ardennes, mais loin d'être un chemin de croix, l'escapade réserve d'agréables surprises : observation de grues cendrées, dégustation d'un ragoût de marcassin… Une autre façon de coincer la bulle !

It's easy to spot visitors bound for Champagne by the sparkle in their eyes and their delight as they look out over mile upon mile of vineyards: in their minds' eye, they are already raising a glass of the famous delicacy which was known as «devil's wine» before a monk discovered the secret of its divine bubbles. As they continue their voyage, the beautiful cathedral of Reims rises up before them. At Troyes, they drink in the sight of its half-timbered houses and feast on andouillettes, the local chitterling sausages. After these treats, our visitors can explore the Ardennes forest, by bike or along its hiking trails, but this woodland retreat, bordered by the gentle Meuse, has other delights in store: watching the graceful flight of the crane over an unruffled lake, or trying a plate of local wild boar.

AIX-EN-OTHE

10160 – **313** CA – 2 379 h. – alt. 149
🖼 *21, rue des Vannes* 🖉 *0325808171*
▶ Paris 144 – Châlons-en-Champagne 116 – Troyes 33 – Auxerre 66

△ **Municipal de la Nosle** fin avr. à fin sept.
🖉 0325467544, *mairie-aix-en-othe@wanadoo.fr*,
Fax 0325467509, *www.ville-aix-en-othe.com*
3 ha (90 empl.) plat, herbeux
Tarif : (Prix 2010) 9,35€ 🏕🏕 ⬅ 🗐 ⚡ (5A) – pers.
suppl. 2,75€
Pour s'y rendre : r. Joseph Anglade

| Nature : 🌳 |
| Services : 👤 🚻 🍴 🚿 |
| À prox. : 🍺 🍴 ✕ 🏬 🎣 |

| Longitude : 3.73727 |
| Latitude : 48.21842 |

 ... △
Terrains particulièrement agréables dans leur ensemble et dans leur catégorie.

ANDELOT

52700 – **313** L4 – 935 h. – alt. 286
🖼 *place Cantarel* 🖉 *0325037860*
▶ Paris 287 – Bologne 14 – Chaumont 23 – Joinville 33

△ **Municipal du Moulin** saison
🖉 0325033929, *info@camping-andelot.com*,
www.camping-andelot.com
1,9 ha (56 empl.) plat, herbeux
Tarif : (Prix 2010) 16,50€ 🏕🏕 ⬅ 🗐 ⚡ (9A) – pers.
suppl. 2€
Location : (Prix 2010) (saison) – 4 🛖. Nuitée 25 à 55€
– Sem. 120 à 350€
Pour s'y rendre : r. Gué (1 km au nord par D 147, rte de
Vignes-la-Côte, au bord du Rognon)
À savoir : cadre agréable en bordure de rivière

| Nature : 🌿 🌳 |
| Loisirs : 🎪 🏊 🐎 |
| Services : 👤 🚿 🍴 🍴 laverie |

| Longitude : 5.29893 |
| Latitude : 48.25219 |

277

BANNES

52360 – **313** M6 – 402 h. – alt. 388
▶ Paris 291 – Chaumont 35 – Dijon 86 – Langres 9

△ **Hautoreille** Permanent
🖉 0325848340, *campinghautoreille@orange.fr*,
Fax 0325848340, *www.campinghautoreille.com*
3,5 ha (100 empl.) plat, peu incliné, herbeux
Tarif : 🏕 5€ ⬅ 🗐 5€ – ⚡ (6A) 4€
🚐 7 🗐 15€
Pour s'y rendre : 6 r. du Boutonnier (sortie sud-ouest
par D 74, rte de Langres puis 700 m par chemin à
gauche)

| Nature : 🌊 🌳🌳 |
| Loisirs : 🍴 snack 🎪 |
| Services : 👤 🚿 🍴 🍴 🧺 |

| Longitude : 5.39519 |
| Latitude : 47.89508 |

BOURBONNE-LES-BAINS

52400 – **313** O6 – 2 279 h. – alt. 290 – ♨ (début mars-fin nov.)
🖼 *place des Bains* 🖉 *0325900171*
▶ Paris 313 – Chaumont 55 – Dijon 124 – Langres 39

△ **Le Montmorency** de fin mars à fin oct.
🖉 0325900864, *c.montmorency@wanadoo.fr*,
Fax 0971701367, *www.camping-montmorency.com*
2 ha (74 empl.) peu incliné, herbeux, gravillons
Tarif : 16€ 🏕🏕 ⬅ 🗐 ⚡ (10A) – pers. suppl. 4€
Location : (de fin mars à fin oct.) – 10 🛖. Nuitée
42€ – Sem. 280€
🚐 4 🗐 16€
Pour s'y rendre : r. du Stade (sortie ouest par rte de
Chaumont et r. à dr., à 100 m du stade)

| Nature : 🌊 ≤ 🌳🌳 |
| Services : 🚿 🍴 🚿 laverie |
| À prox. : 🍴 🏊 (découverte en saison) |

| Longitude : 5.74027 |
| Latitude : 47.95742 |

BOURG-STE-MARIE

52150 – **313** N4 – 90 h. – alt. 329
▶ Paris 330 – Châlons-en-Champagne 153 – Chaumont 50 – Metz 142

⬠ **Les Hirondelles** Permanent
℘ 03 10 20 61 64, *contact@camping-les-hirondelles.eu*,
www.camping-les-hirondelles.eu
4,6 ha (54 empl.) plat, herbeux, gravillons
Tarif : ✚ 4€ ⬛ 4€ – 📶 (10A) 4€

Location : (permanent) – 5 🏠 – 2 chalets sans
sanitaire. Nuitée 25 à 45€ – Sem. 150 à 270€
🚐 borne autre 5€ – 30 ⬛ 13€ – 🚐 📶 13€
Pour s'y rendre : à Romain-sur-Meuse, r. du Moulin de
Dona (1,5 km au sud, par la D 74, rte de Montigny-le-Roi)

Nature : 🐟 ≤ sur la campagne 🏕 ♀
Loisirs : 🎱 🏓 🚲
Services : ♿ ⊶ 🚰 🖳 🍴 laverie
Longitude : 5.55533
Latitude : 48.17234

BRAUCOURT

52290 – **313** I2
▶ Paris 220 – Bar-sur-Aube 39 – Brienne-le-Château 29 – Châlons-en-Champagne 69

⬠⬠ **Flower La Presqu'île de Champaubert** 🧍🧍 – de
mi-avr. à fin nov.
℘ 03 25 04 13 20, *ilechampaubert@free.fr*,
Fax 03 25 94 33 51, *www.ilechampaubert.free.fr*
3,6 ha (200 empl.) plat, herbeux, gravillons
Tarif : 31€ ✚✚ ⬛ 📶 (10A) – pers. suppl. 5€

Location : (de mi-avr. à fin nov.) – 50 🚐. Nuitée
45 à 99€ – Sem. 315 à 693€
🚐 borne artisanale
Pour s'y rendre : 3 km au nord-ouest par D 153

À savoir : situation agréable au bord du lac de Der-
Chantecoq

Nature : 🐟 ≤ 🏕 ♀♀ 🌳
Loisirs : 🍴 snack 🎱 🗓 🎯 🏓 ✂ 🏊
Services : ♿ ⊶ 🖳 laverie
À prox. : 🚤 🛶 canoë kayak, pédalos
Longitude : 4.562
Latitude : 48.55413

BUZANCY

08240 – **306** L6 – 369 h. – alt. 176
▶ Paris 228 – Châlons-en-Champagne 86 – Charleville-Mézières 58 – Metz 130

⬠ **La Samaritaine** de fin avr. à mi-sept.
℘ 03 24 30 08 88, *info@campinglasamaritaine.com*,
Fax 03 24 30 29 39, *www.campinglasamaritaine.com*
2 ha (110 empl.) plat, herbeux, pierreux
Tarif : 20€ ✚✚ ⬛ 📶 (10A) – pers. suppl. 4€

Location : (de fin avr. à mi-sept.) – 10 🚐 – 9 🏠.
Nuitée 55 à 85€ – Sem. 385 à 595€
🚐 borne artisanale 3€ – 3 ⬛ 6€
Pour s'y rendre : 3 r. des Étangs (1,4 km au sud-ouest
par chemin à dr. près de la base de loisirs)

Nature : 🐟 🏕 ♀
Loisirs : 🎱
Services : ♿ ⊶ 🖳 🍴 🖳
À prox. : 🚤 (plan d'eau)
Longitude : 4.9402
Latitude : 49.42365

CHÂLONS-EN-CHAMPAGNE

51000 – **306** I9 – 45 829 h. – alt. 83
🏠 3, quai des Arts ℘ 03 26 65 17 89
▶ Paris 188 – Charleville-Mézières 101 – Metz 157 – Nancy 162

⬠⬠ **Municipal** de déb. mars à déb. nov.
℘ 03 26 68 38 00, *aquadis1@orange.fr*, Fax 03 86 37 95 83,
www.aquadis-loisirs.fr
3,5 ha (148 empl.) plat, herbeux, gravier
Tarif : 22,50€ ✚✚ ⬛ 📶 (10A) – pers. suppl. 5,15€
– frais de réservation 8€

Location : (de déb. mars à déb. nov.) – 4 🚐. Nuitée
57€ – Sem. 195 à 490€ – frais de réservation 18€
🚐 borne artisanale
Pour s'y rendre : r. de Plaisance (sortie sud-est par
N 44, rte de Vitry-le-François et D 60, rte de Sarry)

À savoir : entrée fleurie et cadre agréable au bord d'un
étang

Nature : 🏕 ♀♀
Loisirs : snack 🎱 🏓 ✂ 🏊 🎯
Services : ♿ ⊶ 🚰 🖳 🍴 laverie
Longitude : 4.38309
Latitude : 48.98582

CHARLEVILLE-MÉZIÈRES

08000 – **306** K4 – 51 070 h.
🛈 *4, place Ducale* ☎ 03 24 55 69 90
◪ Paris 233 – Châlons-en-Champagne 130 – Namur 149 – Arlon 120

🔺 **Municipal du Mont Olympe** de déb. avr. à fin sept.
☎ 03 24 33 23 60, *camping-charlevillemezieres@wanadoo.fr*, Fax 03 24 33 37 76
2,7 ha (120 empl.) plat, herbeux
Tarif : (Prix 2010) 🧍 3 € ⟵ 🅴 5 € – 🔌 (10A) 4 €
🚐 8 🅴 12 €
Pour s'y rendre : 174 r. des Paquis (au centre-ville, dans un méandre de la Meuse)

À savoir : accès centre-ville et musée Rimbaud par passerelle

Nature : 🌳 ☐ 🔗🔗
Loisirs : 🎮 ⛵
Services : 🚿 ⛽ 🏕 🚃 ♨ laverie
À prox. : 🍽 ✕ snack 🛶 🚣 hammam jacuzzi ☐ ⛲ centre aquatique et balnéo couvert, halte fluviale, port de plaisance

Longitude : 4.72091
Latitude : 49.77914

LE CHESNE

08390 – **306** K5 – 976 h. – alt. 164 – Base de loisirs
◪ Paris 232 – Buzancy 20 – Charleville-Mézières 39 – Rethel 32

🔺🔺 **Homair Le Lac de Bairon**
☎ 03 24 30 11 66, *ild@homair*, Fax 03 24 30 11 66, *ild@homair*
6,8 ha (170 empl.) plat et en terrasses, herbeux, gravillons
🚐 borne flot bleu – 20 🅴
Pour s'y rendre : 2,8 km au nord-est par D 991, rte de Charleville-Mézières et rte de Sauville, à dr. - pour caravanes : accès conseillé par D 977, rte de Sedan et D 12 à gauche

À savoir : situation agréable au bord du lac

Nature : 🌳 < 🔗🔗 ⛰
Loisirs : 🎮 ⛵ 🚲 🚣
Services : 🚿 ⛽ 🚿 laverie
À prox. : ✕ 🛶 🌊 canoë

Longitude : 4.77529
Latitude : 49.53198

279

DIENVILLE

10500 – **313** H3 – 805 h. – alt. 128 – Base de loisirs
◪ Paris 209 – Bar-sur-Aube 20 – Bar-sur-Seine 33 – Brienne-le-Château 8

🔺🔺 **Le Tertre** de fin mars à mi-oct.
☎ 03 25 92 26 50, *campingdutertre@wanadoo.fr*, Fax 03 25 92 26 50, *www.campingdutertre.fr*
3,5 ha (155 empl.) plat, herbeux, gravier
Tarif : (Prix 2010) 🧍 5 € ⟵ 🅴 10 € – 🔌 (6A) 4 € – frais de réservation 12 €

Location : (Prix 2010) (permanent) – 12 🏠. Sem. 180 à 530 € – frais de réservation 12 €
Pour s'y rendre : 1 rte de Radonvilliers (sortie ouest sur D 11)

À savoir : face à la station nautique de la base de loisirs

Nature : ☐
Loisirs : 🍽 snack ⛵ 🏊
Services : 🚿 ⛽ 🏕 🚃 ♨ 🖼
À prox. : 🛶 🚣 🏄 ski nautique jet-ski

Longitude : 4.52737
Latitude : 48.34888

ÉCLARON

52290 – **313** J2 – 1 969 h. – alt. 132
◪ Paris 255 – Châlons-en-Champagne 71 – Chaumont 83 – Bar-le-Duc 37

🔺🔺🔺 **Yelloh! Village en Champagne-Les Sources du Lac** 🛁 – de déb. mars à fin nov.
☎ 03 25 06 34 24, *info@yellohvillage-en-champagne.com*, Fax 03 25 06 96 47, *www.yellohvillage.com* – places limitées pour le passage
3 ha (120 empl.) plat, herbeux, gravillons
Tarif : 32 € 🧍🧍 ⟵ 🅴 🔌 (30A) – pers. suppl. 5 €

Location : (de déb. mars à fin nov.) – 3 roulottes – 50 🛏. Nuitée 31 à 105 € – Sem. 217 à 735 €
Pour s'y rendre : RD 384 (2 km au sud, rte de Montier-en-Der, au bord du Lac de Der)

Nature : ☐ 🔗🔗 ⛰
Loisirs : 🍽 snack 🎯 🏸 ⛵ 🚲 🏊 🚣 (plage) 🏄 terrain multisports
Services : 🚿 ⛽ 🏕 🚃 ♨ laverie 🛒

Longitude : 4.84888
Latitude : 48.57195

ÉPERNAY

51200 – **306** F8 – 24 591 h. – alt. 75
🛈 7, avenue de Champagne ℰ 0326533300
▣ Paris 143 – Amiens 199 – Charleville-Mézières 113 – Meaux 96

△ **Municipal** de fin avr. à déb. oct.
ℰ 0326553214, camping@ville-epernay.fr,
Fax 0326523609, www.epernay.fr
2 ha (119 empl.) plat, herbeux
Tarif : ✦ 4€ ⬌ 2€ 🅴 3,80€ – 🗲 (5A) 3€
🚐 borne flot bleu 2€
Pour s'y rendre : allée de Cumières (1,5 km au nord par
D 301, au bord de la Marne (halte nautique))

Nature : ⌑ ００	
Loisirs : 🏊🎣 🚴	
Services : ♿ ⊶ ▥ 🕆 laverie	

Longitude : 3.95026
Latitude : 49.05784

ERVY-LE-CHÂTEL

10130 – **313** D5 – 1 191 h. – alt. 160
🛈 boulevard des Grands Fossés ℰ 0325700445
▣ Paris 169 – Auxerre 48 – St-Florentin 18 – Sens 62

△ **Municipal les Mottes** de mi-avr. à fin sept.
ℰ 0325700796, mairie-ervy-le-chatel@wanadoo.
fr, Fax 0325700252, www.ervy-le-chatel.
reseaudescommunes.fr/communes/– 🈁
0,7 ha (53 empl.) plat, herbeux
Tarif : (Prix 2010) 17€ ✦✦ ⬌ 🅴 🗲 (5A) – pers.
suppl. 4€
🚐 borne autre 17€ – 5 🅴 17€
Pour s'y rendre : chemin des Mottes (1,8 km à l'est par
D 374, rte d'Auxon, D 92 et chemin à dr. apr. le passage
à niveau)

À savoir : en bordure d'une petite rivière et d'un bois

Nature : 🦢	
Loisirs : 🎣	
Services : ♿ 🚳 🖾	

Longitude : 3.91827
Latitude : 48.04069

FISMES

51170 – **306** E7 – 5 344 h. – alt. 70
🛈 28, rue Renê Letilly ℰ 0326488128
▣ Paris 131 – Fère-en-Tardenois 20 – Laon 37 – Reims 29

△ **Municipal** de déb. mai à mi-sept.
ℰ 0326481026, camping@gee-europe.com,
Fax 0326488225, www.gee-europe.com
0,8 ha (33 empl.) plat, gravillons
Tarif : (Prix 2010) ✦ 2,10€ ⬌ 2,10€ 🅴 2,10€
Pour s'y rendre : au nord-ouest par N 31, près du stade

Nature : ♀	
Loisirs : 🛏	
Services : ⊶ 🪒 ▥	
À prox. : 🛒	

Longitude : 3.67185
Latitude : 49.30936

GÉRAUDOT

10220 – **313** F4 – 290 h. – alt. 146
▣ Paris 192 – Bar-sur-Aube 36 – Bar-sur-Seine 28 – Brienne-le-Château 26

△ **L'Épine aux Moines** de déb. mars à mi-nov.
ℰ 0325412436, camping.lepineauxmoines@orange.fr,
Fax 0325412436, www.campinglesrivesdulac.com
www.lesrivesdulac.mobi
2,8 ha (186 empl.) plat et peu incliné, herbeux
Tarif : 20€ ✦✦ ⬌ 🅴 🗲 (5A) – pers. suppl. 4€
🚐 borne artisanale 6€ – 10 🅴 11€ – 🚐 🗲 13€
Pour s'y rendre : 1,3 km au sud-est par D 43

À savoir : cadre verdoyant près du lac de la Forêt
d'Orient

Nature : ♀	
Services : ♿ ⊶ ▥ 🕆 🖾	
À prox. : 🛒 pizzeria 🎯 ≈ (plage)	
⬙	

Longitude : 4.33751
Latitude : 48.30273

GIFFAUMONT-CHAMPAUBERT

51290 – **306** K11 – 258 h. – alt. 130
🛈 *Maison du Lac* ℰ 0326726280
▶ Paris 213 – Châlons-en-Champagne 67 – St-Dizier 25 – Bar-le-Duc 52

ᐃᐃ **Village Vacances Marina-Holyder** (location
exclusive de maisonnettes) Permanent
ℰ 0326729990, *locader@wanadoo.fr*, Fax 0326729991,
www.marina-holyder.com
2 ha plat

Location : **ℙ** – 55 🏠. Nuitée 85€ – Sem. 395 à 590€
Pour s'y rendre : r. de Champaubert (presqu'Île de
Rougemer)

Nature : 🐾
Loisirs : ♈ ✗ snack 🎣 🎿 🏏 🎱 hammam jacuzzi 🛶 🖼 🐍 🌢
Services : 🔐 🏢 🍴 laverie 🧹
À prox. : 🚲

Longitude : 4.77328
Latitude : 48.54987

HAULMÉ

08800 – **306** K3 – 68 h. – alt. 175
▶ Paris 248 – Charleville-Mézières 19 – Dinant 64 – Namur 99

ᐃ **Base de Loisirs Départementale** de déb. avr. à
fin oct.
ℰ 0324328161, *campinghaulme@cg08.fr*,
Fax 0324323766 – 🏘
15 ha (405 empl.) plat, herbeux
Tarif : (Prix 2010) 14€ 🚻 🚐 🖲 🔌 (6A) – pers.
suppl. 4€
🚐 borne flot bleu – 5 🖲 14€
Pour s'y rendre : sortie nord-est, puis 800 m par
chemin à dr. apr. le pont
À savoir : au bord de la Semoy

Nature : 🐾 🌳🌳
Loisirs : 🎱 🛶 🚲 🎿 🐍
Services : 🚿 🔐 🏢 laverie
À prox. : canoë, parcours sportif

Longitude : 4.79217
Latitude : 49.85667

LANGRES

52200 – **313** L6 – 8 414 h. – alt. 466
🛈 *Place Bel Air - Square Olivier Lahalle* ℰ 0325876767
▶ Paris 295 – Châlons-en-Champagne 197 – Chaumont 36 – Dijon 79

ᐃᐃ **Kawan Le Lac de la Liez** 🏖️ – de déb. avr. à déb.
oct.
ℰ 0325902779, *campingliez@free.fr*, Fax 0325906679,
www.campingliez.com
4,5 ha (160 empl.) en terrasses, plat, herbeux
Tarif : 31€ 🚻 🚐 🖲 🔌 (10A) – pers. suppl. 8€ – frais
de réservation 15€

Location : (de déb. avr. à déb. oct.) – 6 🛖 – 24 🏠.
Nuitée 50 à 110€ – Sem. 350 à 770€ – frais de
réservation 30€
🚐 borne artisanale 6€ – 10 🖲 10€ – 🔌 11€
Pour s'y rendre : à Peigney, à la base nautique (5 km à
l'Est par D 284)

Nature : 🐾 ≤ lac, campagne ou Langres 🌳🌳
Loisirs : ♈ ✗ 🎱 🎿 🏏 🛶 🐍 🖼 🏊
Services : 🚿 🔐 🏢 🛁 🧺 🍴 laverie 🧹
À prox. : 🚲 🏊 (plage) 🐍 🌢 pédalos, canoë, ski nautique

Longitude : 5.74027
Latitude : 47.89508

MESNIL-ST-PERE

10140 – **313** G4 – 385 h. – alt. 131
▶ Paris 209 – Châlons-en-Champagne 98 – Troyes 25 – Chaumont 79

ᐃᐃ **Kawan Le Lac d'Orient** 🏖️ – de fin mars à déb.
oct.
ℰ 0325406185, *info@camping-lacdorient.com*,
Fax 0325709687, *www.camping-lacdorient .com*
4 ha (300 empl.) plat, herbeux
Tarif : 34€ 🚻 🚐 🖲 🔌 (8A) – pers. suppl. 8€ – frais de
réservation 20€

Location : (de fin mars à déb. oct.) 🚴 – 8 🛖. Nuitée
65 à 120€ – Sem. 455 à 840€ – frais de réservation
20€
🚐 borne eurorelais à prox. – 10 🖲
Pour s'y rendre : rte du Lac

Nature : 🐾 🌿
Loisirs : ♈ snack 🎱 🏏 🎿 🖼 🏊 ⛰ terrain multisports
Services : 🚿 🔐 🏢 🛁 🧺 🍴 laverie 🧹
À prox. : 🐍 🌢 🐎

Longitude : 4.34619
Latitude : 48.26296

281

CHAMPAGNE-ARDENNE

MONTIGNY-LE-ROI

52140 – **313** M6 – 2 173 h. – alt. 404

▶ Paris 296 – Bourbonne-les-Bains 21 – Chaumont 35 – Langres 23

Municipal du Château de mi-avr. à fin sept.
℘ 03 25 87 38 93, campingmontigny52@wanadoo.fr,
Fax 03 25 87 38 93, www.campingduchateau.com
6 ha/2 campables (75 empl.) plat, en terrasses, herbeux
Tarif : (Prix 2010) ♣ 5 € ⟵ 🗐 4 € – 🗓 (6A) 3 €
🚐 borne raclet 2 €
Pour s'y rendre : r. Hubert Collot (accès par centre bourg et chemin piétonnier pour accéder au village)
À savoir : dans un parc boisé dominant la vallée de la Meuse

| Nature : ⩽ 🎜🎜 |
| Loisirs : 🏊⁺ 🎯 |
| Services : 🚿 ⟲ 🗒 🖥 🍴 |
| À prox. : ✗ snack |

| Longitude : 5.4965 |
| Latitude : 48.00068 |

RADONVILLIERS

10500 – **313** H3 – 381 h. – alt. 130

▶ Paris 206 – Bar-sur-Aube 22 – Bar-sur-Seine 35 – Brienne-le-Château 6

Le Garillon de fin mars à mi-oct.
℘ 03 25 92 21 46, camping-le-garillon@wanadoo.fr,
Fax 03 25 92 21 34
1 ha (55 empl.) plat, herbeux
Tarif : 20 € ♣♣ ⟵ 🗐 🗓 (10A) – pers. suppl. 3 €
Location : (de fin mars à mi-oct.) – 13 🛏. Nuitée 30 à 80 € – Sem. 210 à 560 €
Pour s'y rendre : sortie sud-ouest par D 11, rte de Piney et à dr., au bord d'un ruisseau et à 250 m du lac, (haut de la digue par escalier)

| Loisirs : 🏊 |
| Services : 🚿 |
| À prox. : 🎯 |

| Longitude : 4.50206 |
| Latitude : 48.3586 |

SÉZANNE

51120 – **306** E10 – 5 232 h. – alt. 137

🛈 place de la République ℘ 03 26 80 51 43

▶ Paris 116 – Châlons-en-Champagne 59 – Meaux 78 – Melun 89

Municipal de déb. avr. à fin sept.
℘ 03 26 80 57 00, campingdesezanne@wanadoo.fr,
Fax 03 26 80 57 00
1 ha (79 empl.) terrasse, peu incliné, plat, herbeux
Tarif : (Prix 2010) 10 € ♣♣ ⟵ 🗐 🗓 (10A) – pers. suppl. 2 €
Pour s'y rendre : rte de Launat (sortie ouest par D 373, rte de Paris (près N 4) puis 700 m par chemin à gauche et rte à dr.)

| Nature : ♀ |
| Loisirs : 🏊⁺ 🏊 🎿 |
| Services : 🚿 ⟲ 🗒 🍴 🖥 |
| À prox. : 🎯 |

| Longitude : 3.70212 |
| Latitude : 48.72154 |

*Benutzen Sie die **Grünen MICHELIN-Reiseführer**, wenn Sie eine Stadt oder Region kennenlernen wollen.*

SOULAINES-DHUYS

10200 – **313** I3 – 297 h. – alt. 153

▶ Paris 228 – Bar-sur-Aube 18 – Brienne-le-Château 17 – Chaumont 48

La Croix Badeau de fin mars à déb. oct.
℘ 03 25 27 05 43, responsable@croix-badeau.com,
www.croix-badeau.com
1 ha (39 empl.) peu incliné, herbeux, gravier
Tarif : ♣ 3 € ⟵ 🗐 3 € – 🗓 (10A) 3 €
Location : (de fin mars à déb. oct.) – 2 🛏. Nuitée 40 à 60 € – Sem. 180 à 400 €
🚐 borne flot bleu 3 € – 20 🗐 – 🔌🗓 9 €
Pour s'y rendre : 6 r. de La Croix Badeau (au nord-est du bourg, près de l'église)

| Nature : 🖼 |
| Loisirs : 🍸 🏠 |
| Services : 🚿 ⟲ 🗒 🗒 🎿 🚽 🍴 |
| À prox. : 🏊⁺ 🎯 |

| Longitude : 4.73846 |
| Latitude : 48.37672 |

THONNANCE-LES-MOULINS

52230 – **313** L3 – 121 h. – alt. 282
▶ Paris 254 – Bar-le-Duc 64 – Chaumont 48 – Commercy 55

ᴍᴍ **"Les Castels" La Forge de Sainte Marie** ▲▴ – de
fin avr. à déb. sept.
𝒫 03 25 94 42 00, *info@laforgedesaintemarie.com*,
Fax 03 25 94 41 43, *www.laforgedesaintemarie.com*
32 ha/3 campables (133 empl.) plat et en terrasses, peu
incliné, herbeux, étang
Tarif : 32 € ✚✚ ⇌ 🅴 🅙 (10A) – pers. suppl. 8 €
Location : (de fin avr. à déb. sept.) – 16 🚐 – 4 🏠
– 15 gîtes. Sem. 250 à 720 € – frais de réservation 10 €
🗒 borne
Pour s'y rendre : rte de Joinville (1,7 km à l'ouest par
D 427, au bord du Rongeant)
À savoir : cadre agréable et verdoyant autour d'une
ancienne forge restaurée

Nature : 🖾 ⊏⊐ ♀	
Loisirs : ♟ ✗ 🚗 🖓 ⋏ 🛝 🚲 🖾 ⌇ poneys	
Services : 🔥 ⊶ 🗆 ⌂ 🗑 🍴 laverie 🔲 ⌇	

Longitude : 5.27097
Latitude : 48.40629

TROYES

10000 – **313** E4 – 61 823 h. – alt. 113
🆔 *16, boulevard Carnot 𝒫 03 25 82 62 70*
▶ Paris 170 – Dijon 185 – Nancy 186

ᴍᴍ **Municipal** de déb. avr. à mi-oct.
𝒫 03 25 81 02 64, *info@troyescamping.net*,
Fax 03 25 81 02 64, *www.troyescamping.net*
3,8 ha (110 empl.) plat, herbeux
Tarif : (Prix 2010) ✚ 5 € ⇌ 🅴 8 € – 🅙 (5A) 3 €
🗒 borne artisanale 3 €
Pour s'y rendre : 7 r. Roger Salengro à Pont Sainte-
Marie (2 km au nord-est, rte de Nancy)
À savoir : agréable décoration arbustive

Nature : ♀	
Loisirs : 🚗 ⋏ 🚲 ⋔ ⌇	
Services : 🔥 ⊶ 🗆 🍴 laverie	
À prox. : 🔲 ⌇	

Longitude : 4.09682
Latitude : 48.31112

283

CORSE

A. de Valroger/Michelin

Joyau émergeant de la Méditerranée, la Corse éblouit quiconque la visite. Les citadelles campées sur ses côtes rappellent combien accéder à ses trésors se mérite. Il faut un brin de témérité pour affronter ses routes sinueuses ou s'aventurer dans le maquis, inextricable enchevêtrement végétal. Mais heureux le promeneur qui croise une chapelle isolée, traverse un village hors du temps, tombe nez à nez avec un troupeau de mouflons ou découvre un merveilleux panorama. Les Corses défendent fièrement ce patrimoine, et savent réconforter le randonneur fourbu avec une simple assiette de cochonnailles, un morceau de fromage ou une pâtisserie maison. Quant aux adeptes du farniente, les anses sableuses de l'île de Beauté, aux eaux d'une limpidité tropicale, leur promettent de merveilleux moments de détente...

Corsica catches the eye like a jewel in the Mediterranean sun. Its citadels, high on the island's rocky flanks, will reward your efforts as you follow the twisting roads. Enjoy spectacular views and breathe in the fragrance of wild rosemary as you make your way up the rugged, maquis-covered hills: the sudden sight of a secluded chapel, a vision of a timeless village or an encounter with a herd of mountain sheep are among the memories that walkers, cyclists, riders and drivers take home with them. After exploring the island's wild interior, you will be ready to plunge into the clear, turquoise sea or just recharge your solar batteries as you bask on the warm sand. And after a long day, weary travellers can always be revived with platters of cooked meats, cheese and home-made pastries.

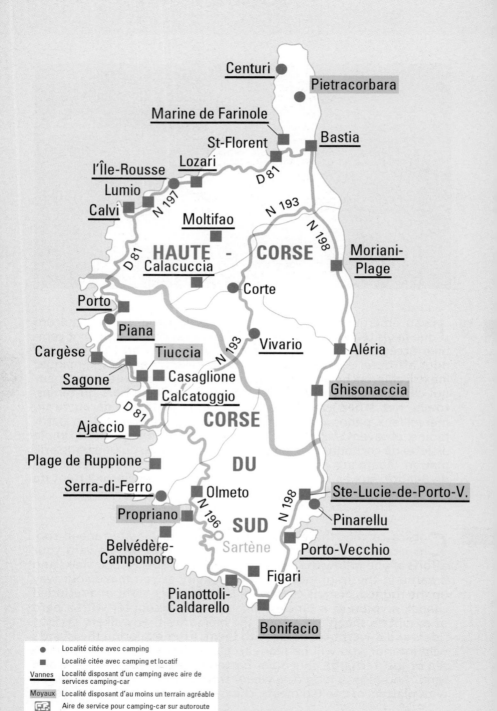

Centuri

Pietracorbara

Marine de Farinole

St-Florent

Bastia

Lozari

l'Île-Rousse

D 81

Lumio

N 197

Calvi

Moltifao

N 193

HAUTE - CORSE

N 198

Moriani-Plage

D 81

Calacuccia

Corte

Porto

Piana

N 193

Vivario

Aléria

Cargèse

Tiuccia

Sagone

Casaglione

Ghisonaccia

Calcatoggio

D 81

CORSE

Ajaccio

DU

Plage de Ruppione

Serra-di-Ferro

Olmeto

Ste-Lucie-de-Porto-V.

N 198

Propriano

N 196

SUD

Pinarellu

Sartène

Belvédère-Campomoro

Porto-Vecchio

Figari

Pianottoli-Caldarello

Bonifacio

| Localité citée avec camping |
| Localité citée avec camping et locatif |
| Vannes | Localité disposant d'un camping avec aire de services camping-car |
| Moyaux | Localité disposant d'au moins un terrain agréable |
| Aire de service pour camping-car sur autoroute |

AJACCIO

20000 – **345** B8 – 64 432 h.

⊟ SNCM quai l'Herminier ℰ 3260 dites «SNCM» (0,15 €/mn); CMN 15 bd Sampiero 0 810 20 13 20 - Fax 04 95 21 57 60

🛈 *3, boulevard du Roi Jérôme* ℰ 04 95 51 53 03

▶ Bastia 147 – Bonifacio 131 – Calvi 166 – Corte 80

△ **Les Mimosas** de déb. avr. à déb. oct.
ℰ 04 95 20 99 85, *campingmimosas@wanadoo.fr*,
Fax 04 95 10 01 77, *www.camping-lesmimosas.com* ❄
2,5 ha (70 empl.) en terrasses, plat, pierreux
Tarif : 🛉 6€ 🚗 3€ 🖲 3€ – 🔌 (6A) 3€
Location : ❄ – 12 🛏 – 1 studio. Sem. 340 à 580€
🚐 borne artisanale 8€ – 10 🖲 7€
Pour s'y rendre : rte d'Alata (5 km, sortie nord par D 61 et à gauche, rte des Milelli)

Nature : 🏞 ♨♨	
Services : 🔧 ⚷ 🚿 🚼 laverie réfrigérateurs	
Longitude : 8.73069 Latitude : 41.94066	

ALÉRIA

20270 – **345** G7 – 2 007 h. – alt. 20

🛈 *Casa Luciani RN 198* ℰ 04 95 57 01 51

▶ Bastia 71 – Corte 50 – Vescovato 52

△△ **Marina d'Aléria** de fin avr. à mi-oct.
ℰ 04 95 57 01 42, *info@marina-aleria.com*,
Fax 04 95 57 04 29, *www.marina-aleria.com*
17 ha/7 campables (252 empl.) plat, sablonneux, herbeux
Tarif : 45€ 🛉🛉 🚗 🖲 🔌 (7A) – pers. suppl. 7€ – frais de réservation 20€
Location : (permanent) ❄ – 130 🛏 – 31 🏠. Nuitée 45 à 130€ – Sem. 210 à 820€ – frais de réservation 20€
Pour s'y rendre : plage de Padulone (3 km à l'est de Cateraggio par N 200, au bord du Tavignano)

Nature : 🏞 ≤ mer ou montagne ♨♨ 🌳	
Loisirs : pizzeria, grill 🍴 🎪 diurne 🎣 🛶 🚲 ⚽ 🎣 canoë, pédalos	
Services : 🔧 ⚷ 🚿 🖲 🚮 ♨ cases réfrigérées	
À prox. : 🐎	
Longitude : 9.55 Latitude : 42.11139	

BASTIA

20200 – **345** F3 – 43 315 h.

⊟ SNCM Nouveau Port ℰ 3260 dites « SNCM » (0,15 €/mn); CMN Port de Commerce ℰ 0 810 20 13 20 - Fax 04 95 32 37 01

🛈 *place Saint-Nicolas* ℰ 04 95 54 20 40

▶ Ajaccio 148 – Bonifacio 171 – Calvi 92 – Corte 69

△△ **San Damiano** de déb. avr. à fin oct.
ℰ 04 95 33 68 02, *san.damiano@wanadoo.fr*,
Fax 04 95 30 84 10, *www.campingsandamiano.com*
12 ha (280 empl.) plat, sablonneux
Tarif : 29,40€ 🛉🛉 🚗 🖲 🔌 (6A)
Location : ❄ – 43 🏠. Nuitée 59€ – Sem. 364 à 670€
🚐 borne artisanale
Pour s'y rendre : Lido de la Marana (9 km au sud-est par N 193 et D 107 à gauche)

À savoir : quelques chalets grand confort, avec vue mer pour certains

Nature : 🏞 🏕 ♨♨ 🌳	
Loisirs : 🍹 ✕ 🍴 🎣 ⚽ 🎣 🏊	
Services : 🔧 ⚷ 🚿 laverie 🚮 🚿	
À prox. : 🐕 🐎 poneys	
Longitude : 9.45075 Latitude : 42.70214	

BELVÉDÈRE-CAMPOMORO

20110 – **345** B10 – 135 h. – alt. 5

▶ Ajaccio 88 – Bonifacio 72 – Porto 82 – Sartène 24

△ **La Vallée** de déb. mai à fin sept.
ℰ 04 95 74 21 20, *camping_la_vallee@netcourrier.com*,
Fax 04 95 74 21 20, *www.campomoro-lavallee.com*
3,5 ha (199 empl.) plat, peu incliné, pierreux, herbeux, terrasses
Tarif : 🛉 9€ 🚗 5€ 🖲 5€ – 🔌 (10A) 6€
Location : (de déb. mai à fin sept.) ❄ 🅿 – 12 🏠 – 3 appartements. Sem. 570 à 1 100€ – frais de réservation 40€
Pour s'y rendre : à Propriano

Nature : 🏞 ♀	
Services : 🔧 ⚷ 🚿 🖲	
À prox. : 🚮	
Longitude : 8.816 Latitude : 41.62909	

CORSE

20169 – **345** D11 – 2 852 h. – alt. 55

🅱 2, rue Fred Scamaroni ℱ 04 95 73 11 88

▶ Ajaccio 132 – Corte 150 – Sartène 50

Pertamina Village - U-Farniente ♣♣ – de déb. avr. à mi-oct.
ℱ 04 95 73 05 47, *pertamina@wanadoo.fr*,
Fax 04 95 73 11 42, *www.camping-pertamina.com*
15 ha/3 campables (150 empl.) plat, peu incliné, pierreux, terrasses
Tarif : 36 € ♥♥ ⇔ 🄴 (∄) (6A) – pers. suppl. 10 € – frais de réservation 23 €

Location : (de déb. avr. à mi-oct.) – 20 ⟦⟧ – 40 🏠 – 6 appartements – 10 bungalows toilés. Nuitée 41 à 142 € – Sem. 290 à 995 € – frais de réservation 25 €
🛢 borne autre
Pour s'y rendre : au lieu-dit : Canelli (5 km au nord-est par N 198, rte de Porto-Vecchio - Bastia)

À savoir : agréable domaine vallonné et bien ombragé

> Nature : 🌿 🏞 ◖◗
> Loisirs : snack 🎮 🍷 🎯 🎱 ⛵
> 🍴 🏊 ⛵
> Services : ♿ ⚡ 🏢 🧺 laverie
> 🏧 🚿 cases réfrigérées
>
> Longitude : 9.18231
> Latitude : 41.41601

Rondinara de mi-mai à fin sept.
ℱ 04 95 70 43 15, *reception@rondinara.fr*,
Fax 04 95 70 56 79, *www.rondinara.fr* – ℞
5 ha (120 empl.) en terrasses, peu incliné, plat, pierreux
Tarif : (Prix 2010) ♥ 8 € ⇔ 4 € 🄴 4 € – (∄) (6A) 4 €

Location : (de mi-mai à fin sept.) 🏄 – 36 ⟦⟧. Nuitée 80 à 130 € – Sem. 51 à 840 € – frais de réservation 16 €
🛢 borne raclet
Pour s'y rendre : au lieu-dit : Suartone (18 km au nord-est par N 198, rte de Porto-Vecchio et D 158 à dr., rte de la pointe de la Rondinara, à 400 m de la plage)

> Nature : 🌿 ◖ ◗
> Loisirs : 🍷 crêperie, pizzeria 🎮
> ⛵ 🍷
> Services : ♿ ⚡ 🏕 🧺 🚿
> snack sur la plage
> À prox. : à la plage : canoë, pédalos
>
> Longitude : 9.26887
> Latitude : 41.47089

Les Îles de déb. avr. à fin sept.
ℱ 04 95 73 11 89, *camping.des.iles.bonifacio@wanadoo.fr*, Fax 04 95 73 18 77, *www.camping-desiles.com* 🏄
8 ha (100 empl.) peu incliné, vallonné, pierreux
Tarif : (Prix 2010) ♥ 9 € ⇔ 5 € – (∄) (6A) 6 €

Location : (de déb. avr. à fin sept.) 🏄 – 15 ⟦⟧ – 20 🏠. – Sem. 330 à 500 €
Pour s'y rendre : rte de Piantarella (4,5 km à l'est, rte de Piantarella, vers l'embarcadère de Cavallo)

À savoir : vue panoramique de certains emplacements sur la Sardaigne et les îles

> Nature : ◖ ◖◗
> Loisirs : snack 🎮 ⛵ 🍴 🎱 🏊
> Services : ♿ ⚡ 🥨 🏕 🧺 🚿
>
> Longitude : 9.15939
> Latitude : 41.38738

Campo-di-Liccia de déb. avr. à fin sept.
ℱ 04 95 73 03 09, *info@campingdiliccia.com*,
Fax 04 95 73 19 94, *www.campingdiliccia.com*
5 ha (161 empl.) plat, pierreux, terrasses
Tarif : (Prix 2010) ♥ 7 € ⇔ 3 € – (∄) (10A) 4 € – frais de réservation 16 €

Location : (Prix 2010) (de déb. avr. à fin sept.) – 25 ⟦⟧ – 16 🏠. Nuitée 43 à 135 € – Sem. 260 à 790 € – frais de réservation 16 €
🛢 borne raclet 5 €
Pour s'y rendre : au lieu-dit : Parmentil (5,2 km au nord-est par N 198, rte Porto-Vecchio)

À savoir : agréable parc locatif en sous bois

> Nature : 🌿 🌳
> Loisirs : 🍷 snack, pizzeria ⛵ 🏊
> Services : ♿ ⚡ (juil.-août) 🏕 🧺
> 🏧 🚿 cases réfrigérées
>
> Longitude : 9.16882
> Latitude : 41.40493

288

Pour visiter une ville ou une région : utilisez les Guides Verts MICHELIN.

▲ **Pian del Fosse** de mi-avr. à mi-oct.
℘ 0495731634, *pian.del.fosse@wanadoo.fr*,
Fax 0495731634, *www.piandelfosse.com*
5,5 ha (100 empl.) en terrasses, plat, peu incliné, pierreux
Tarif : ★ 9€ ⇌ 5€ 🅴 5€ – (½) (10A) 5€ – frais de
réservation 15€

Location : (Prix 2010) (de mi-avr. à fin sept.) ⚡
– 1 🚐 – 4 🏠 – 6 appartements – 12 bungalows
toilés. Sem. 300 à 800€ – frais de réservation 15€
Pour s'y rendre : 3,8 km au nord-est par D 58 - ou
5 km par N 198 rte de Porto-Vecchio et D 60 rte de
Santa-Manza

Nature : 🦪 ⌑ ⚏
Loisirs : snack 🛶
Services : 🔥 ⚊ 🅿 🛁 🕆 laverie
À prox. : 🐎

Longitude : 9.20083
Latitude : 41.39972

▲ **La Trinité**
℘ 0495731091, *info@campinglatrinite.com*,
Fax 0495731690, *www.campinglatrinite.com*
4 ha (100 empl.) vallonné, plat, peu incliné, pierreux,
herbeux, rochers

Location : – 7 🏠 – bungalows sans sanitaires.
Pour s'y rendre : rte de Sartène (4,5 km au nord-ouest
par N 196)

À savoir : vue imprenable sur Bonifacio du haut du
terrain mais préférer les emplacements éloignés de la
route

Nature : ♀
Loisirs : ♟ snack 🛋 🛝
Services : 🔥 ⚊ 🔲 🚰

Longitude : 9.15939
Latitude : 41.38738

CALACUCCIA

20224 – **345** D5 – 333 h. – alt. 830
🅱 *avenue Valdoniello* ℘ 0495471262
▶ Ajaccio 107 – Bastia 76 – Porto-Vecchio 146 – Corte 27

▲ **Acquaviva** de mi-avr. à mi-oct.
℘ 0495480008, *stella.acquaviva@wanadoo.fr*,
Fax 0495480882, *http://www.acquaviva-fr.com*
4 ha (50 empl.) peu incliné, plat, herbeux, pierreux
Tarif : ★ 6€ ⇌ 3€ 🅴 6€ – (½) (8A) 4€
🚐 20 🅴 18€
Pour s'y rendre : 500 m au sud-ouest par D 84 et
chemin à gauche, face à la station service

Nature : 🦪 ≼ Lac et monta-gnes ♀
Loisirs : 🛋 🛶
Services : 🔥 🚿 🛁 🔲
À prox. : ♟ ✕ 🛥 🦪

289

Longitude : 9.01049
Latitude : 42.33341

Ne prenez pas la route au hasard !
Michelin *vous apporte à domicile*
ses conseils routiers,
*touristiques, hôteliers : **www.ViaMichelin.fr** !*

CALCATOGGIO

20111 – **345** B7 – 459 h. – alt. 250
▶ Ajaccio 23 – Bastia 156

▲ **La Liscia** de déb. avr à fin sept.
℘ 0495522065, *francois.ferraro@wanadoo.fr*,
Fax 0495523024, *www.la-liscia.com*
3 ha (100 empl.) plat, en terrasses, pierreux, herbeux
Tarif : (Prix 2010) ★ 7,50€ ⇌ 4,50€ 🅴 4€ – (½) (10A) 6€
Location : (Prix 2010) ⚡ – 5 🚐 – 3 studios. Sem.
400 à 850€
🚐 borne artisanale
Pour s'y rendre : rte de Tiuccia (5 km au nord-
ouest par D 81, au bord de la rivière, dans le golfe de la
Liscia)

Nature : ♀♀
Loisirs : ♟ snack, pizzeria 🛋 🚲
Services : 🔥 ⚊ 🚿 ✕ 🛁 🕆 laverie 🚰 réfrigérateurs

Longitude : 8.76638
Latitude : 42.02844

CALVI

20260 – **345** B4 – 5 441 h.

- CCR pour SNCM et CMN quai Landry $\wp$ 04 95 65 01 38 - fax 04 95 65 09 75
- *Port de Plaisance* $\wp$ *04 95 65 16 67*
- Bastia 92 – Corte 88 – L'Ile-Rousse 25 – Porto 73

La Pinède de déb. avr. à fin oct.
$\wp$ 04 95 65 17 80, *info@camping-calvi.com*,
Fax 04 95 65 19 60, *www.camping-calvi.com*
5 ha (262 empl.) plat, pierreux, sablonneux
Tarif : ♣ 9,50 € ⇔ 3,50 € ▣ 3,50 € – 🗲 (10A) 3,50 €

Location : (de déb. avr. à mi-nov.) ⚿ – 28 ▥
– 64 ▥. Nuitée 54 à 199 € – Sem. 320 à 1 190 €
🔄 borne eurorelais 3,50 €
Pour s'y rendre : rte de la Pinède

À savoir : préférer les emplacements éloignés de la route

Nature : ♀♀	
Loisirs : ♞ snack ⟋⟍ ✄ ♫ ⤋	
Services : ⚿ �o⇁ ⨯laverie ⚿ cases réfrigérées	
À prox. : ⤋	

Longitude : 8.76795
Latitude : 42.55318

Paduella de déb. mai à déb. oct.
$\wp$ 04 95 65 06 16, *camping.paduella@wanadoo.fr*,
Fax 04 95 31 43 90, *www.campingpaduella.com* – ℞
4,5 ha (160 empl.) plat, pierreux, sablonneux
Tarif : ♣ 8 € ⇔ 3 € ▣ 3 € – 🗲 (10A) 4 €

Location : (de déb. mai à déb. oct.) – 30 bungalows toilés. Nuitée 40 à 52 € – Sem. 280 à 364 €
Pour s'y rendre : 1,8 km au sud-est par N 197, rte de l'Ile-Rousse, à 400 m de la plage

À savoir : très agréable pinède

Nature : ♀♀	
Loisirs : ♞	
Services : ⚿ o⇁ ⨯ ⚿ ⤋ ♫ ▥ ⚿	
À prox. : ⤋	

Longitude : 8.76429
Latitude : 42.55219

Bella Vista de déb. avr. à mi-oct.
$\wp$ 04 95 65 11 76, *campingbellavista@orange.fr*,
Fax 04 95 65 03 03, *www.camping-bellavista.com*
6 ha/4 campables (156 empl.) plat, peu incliné, pierreux, sablonneux
Tarif : (Prix 2010) ♣ 9 € ⇔ 4 € ▣ 4 € – 🗲 (10A) 5 €

Location : (Prix 2010) (de déb. avr. à mi-oct.) ⨯
– 9 ▥. Sem. 350 à 900 €
🔄 borne autre – 30 ▣ 8 €
Pour s'y rendre : rte de Pietramaggiore (1,5 km au sud par N 197 direction l'Île Rousse et rte de Pietra-Major à dr.)

Nature : ♒ ♀♀	
Loisirs : pizzeria ⟋⟍	
Services : ⚿ o⇁ Ⓟ (juil.-août) ⚿ ⨯ ▽ ▥ ♫ ⚿	

Longitude : 8.75334
Latitude : 42.55068

Paradella de mi-avr. à fin sept.
$\wp$ 04 95 65 00 97, *info@camping-paradella. fr*, Fax 04 95 65 11 11, *www.camping-paradella.fr*
✉ 20214 Calenzana
5 ha (150 empl.) plat, pierreux, sablonneux
Tarif : (Prix 2010) ♣ 8 € ⇔ 3 € – 🗲 (3A) 4 € – frais de réservation 10 €

Location : (Prix 2010) (de mi-avr. à fin sept.) ⨯ (de mi-avr. à fin sept.) – 3 ▥ – 18 ▥. Sem. 380 à 690 € – frais de réservation 10 €
🔄 borne autre 5 € – 6 ▣ 23 €
Pour s'y rendre : rte de la forêt de Bonifato (9,5 km au sud-est par N 197, rte de l'Ile-Rousse et D 81 à dr., rte de l'aéroport et de Bonifato)

À savoir : préférer les emplacements éloignés de la route, ombrage de pins et d'eucalyptus

Nature : ▱ ♀♀	
Loisirs : ⟋⟍ ⤋	
Services : ⚿ o⇁ ⨯ ♫ ▥	

Longitude : 8.79166
Latitude : 42.50237

We recommend that you consult the up to date price list posted at the entrance of the site. Inquire about possible restrictions.
The information in this Guide may have been modified since going to press.

Les Castors de déb. avr. à déb. oct.
℘ 04 95 65 13 30, *lescastors2@wanadoo.fr*,
Fax 04 95 65 31 95, *www.castors.fr*
2 ha (80 empl.) plat, pierreux, herbeux
Tarif : ⚹ 12 € ⟳ 4 € ▣ 5 € – [⚡] (15A) 5 €

Location : (de déb. avr. à déb. oct.) – 36 ▦
– 34 studios. Sem. 480 à 950 € – frais de réservation
10 €

⊟ borne eurorelais
Pour s'y rendre : rte de Piétramaggiore (1 km au sud
par N 197 direction l'Île Rousse et rte de Pietra-Major
à dr.)

| Nature : ◡◡ |
| Loisirs : pizzeria 🎾 ⛸ ⛺ |
| Services : ⚬⟿ ♨ ☊ ▦ |
| Longitude : 8.7561 |
| Latitude : 42.55735 |

Dolce Vita de déb. mai à mi-sept.
℘ 04 95 65 05 99, Fax 04 95 65 31 25, *www.dolce-vita.fr*
6 ha (200 empl.) plat, pierreux, sablonneux, herbeux
Tarif : (Prix 2010) 24 € ⚹⚹ ⟳ ▣ [⚡] (10A) – pers.
suppl. 8 €
Pour s'y rendre : 4,5 km au sud-est par N 197, rte de
l'Ile-Rousse, à l'embouchure de la Figarella, à 200 m de
la mer

À savoir : passage du train Calvi-l'Île Rousse

| Nature : ◡◡◡ |
| Loisirs : snack, pizzeria 🎾 ✕ ⚓ ponton d'amarrage |
| Services : ♿ ⚬⟿ ♨ ▦ ⚍ |
| Longitude : 8.78972 |
| Latitude : 42.55582 |

⚍ ✕ *ATTENTION :*
🛶   *these facilities are not necessarily available throughout*
⛸ 🏇   *the entire period that the camp is open - some are only*
       available in the summer season.

⊙ *291*

CARGÈSE

20130 – **345** A7 – 1 137 h. – alt. 75
⊡ *rue du Dr Dragacci* ℘ *04 95 26 41 31*
▶ Ajaccio 51 – Calvi 106 – Corte 119 – Piana 21

Torraccia de fin avr. à fin sept.
℘ 04 95 26 42 39, *contact@camping-torraccia.com*,
Fax 04 95 26 42 39, *www.camping-torraccia.com*
3 ha (90 empl.) en terrasses, plat, pierreux, herbeux
Tarif : (Prix 2010) ⚹ 8 € ⟳ 4 € ▣ 4 € – [⚡] (10A) 4 € – frais
de réservation 15 €

Location : (Prix 2010) (permanent) – 25 ▦. Nuitée
55 à 125 € – Sem. 385 à 825 € – frais de réservation
15 €
Pour s'y rendre : à Bagghiuccia (4,5 km au nord par
D 81, rte de Porto)

| Nature : ≼ vallée, montagne et mer ! ◡◡ |
| Loisirs : ⛸ |
| Services : ♿ ⚬⟿ ♨ ☊ ▦ ⛲ |
| Longitude : 8.60611 |
| Latitude : 42.15583 |

CASAGLIONE

20111 – **345** B7 – 342 h. – alt. 150
▶ Ajaccio 33 – Bastia 166

U Sommalu de déb. avr. à fin sept.
℘ 04 95 52 24 21, *usommalu.camping@orange.fr*,
Fax 04 95 51 05 49, *www.usommalu-camping.fr*
4 ha (123 empl.) en terrasses, peu incliné, plat, herbeux,
pierreux
Tarif : ⚹ 8 € ⟳ 4 € ▣ 5 € – [⚡] (10A) 5 €

Location : (de déb. avr. à fin sept.) – 15 ▦ – 11 ⌂
– 2 appartements. Sem. 370 à 818 €
⊟ borne artisanale
Pour s'y rendre : Plaine du Liamone

| Nature : ⛰ ◡◡ |
| Loisirs : ☷ 🎾 ⛸ |
| Services : ⚬⟿ ♨ ☊ laverie |
| Longitude : 8.73507 |
| Latitude : 42.07267 |

CENTURI

20238 – **345** F2 – 228 h. – alt. 228
▶ Ajaccio 202 – Bastia 55

⌂ **Isulottu** de déb. mai à fin sept.
    ℘ 04 95 35 62 81, Fax 04 95 35 63 63, *www.isulottu.fr* – ฿
2,3 ha (150 empl.) peu incliné, pierreux, plat
Tarif : (Prix 2010) ⚹ 7 € ⟸ 3 € 回 4 € – 🔌 (30A) 4 €
🚐 borne artisanale – 20 回 7 €
Pour s'y rendre : au lieu-dit : Marine de Mute (par D 35 rte de Morsiglia, à 200 m de la plage)

Nature : 🐾 ♀♀
Loisirs : ♀ ⚓
Services : ♿ ⌐ ♨ laverie ♨
À prox. : plongée

Longitude : 9.35092
Latitude : 42.96132

CORTE

20250 – **345** D6 – 6 747 h. – alt. 396
🔖 *la Citadelle de Cortè* ℘ 04 95 46 26 70
▶ Ajaccio 81 – Bastia 68

⌂ **Aire Naturelle St-Pancrace** de déb. avr. à mi-oct.
    ℘ 04 95 46 09 22, *saintpancrace@live.fr*,
Fax 04 95 46 09 22, *www.campingsaintpancrace.fr* – ฿
12 ha/1 campable (25 empl.) peu incliné, pierreux, herbeux
Tarif : ⚹ 6 € ⟸ 3 € 回 3 € – 🔌 4 €
Pour s'y rendre : quartier Saint-Pancrace (1,5 km au nord par le Cours Paoli et chemin à gauche après la Sous-Préfecture)
À savoir : camping à la ferme

Nature : 🐾 ≼ ♀♀
Loisirs : 🎮
Services : ⌐ 🚻 ♨

Longitude : 9.14994
Latitude : 42.30645

FARINOLE (MARINA DE)

20253 – **345** F3 – 210 h. – alt. 250
▶ Bastia 20 – Rogliano 61 – St-Florent 13

⌂ **A Stella** de déb. juin à fin sept.
    ℘ 04 95 37 14 37, Fax 04 95 37 13 84, *www.campingastella. com*
3 ha (100 empl.) en terrasses, peu incliné, plat, pierreux
Tarif : ⚹ 7 € ⟸ 3,50 € 回 7 € – 🔌 (10A) 4 €
Location : – 3 appartements – chalets sans sanitaires. Sem. 800 €
🚐 borne artisanale
Pour s'y rendre : par D 80, au bord de la mer
À savoir : quelques emplacements ensoleillés avec vue mer, au bord d'une plage de galets

Nature : 🐾 ≼ ♨ ♨
Loisirs : 🎮
Services : ⌐ 🚻 ♨ 📦 ♨

Longitude : 9.36047
Latitude : 42.729

FIGARI

20114 – **345** D11 – 1 141 h. – alt. 80
▶ Ajaccio 122 – Bonifacio 18 – Porto-Vecchio 20 – Sartène 39

⌂ **U Moru** de mi-juin à mi-sept.
    ℘ 04 95 71 23 40, *u-moru@wanadoo.fr*,
Fax 04 95 71 26 19, *www.u-moru.com*
6 ha/4 campables (100 empl.) peu incliné, plat, sablonneux
Tarif : ⚹ 8 € ⟸ 3 € 回 4 € – 🔌 (5A) 4 €
Location : (de mi-juin à mi-sept.) ♿ – 11 🛖. Sem. 690 à 820 €
Pour s'y rendre : 5 km au nord-est par D 859

Nature : 🐾 ⌂ ♀♀
Loisirs : snack 🎮 ⚓ 🏊 (petite piscine)
Services : ⌐ 🚻 📦 ♨ réfrigérateur
À prox. : 🍴 🐴

Longitude : 9.14131
Latitude : 41.50505

Donnez-nous votre avis sur les terrains que nous recommandons.
Faites-nous connaître vos observations et vos découvertes
par mail à l'adresse : leguidecampingfrance@fr.michelin.com.

GHISONACCIA

20240 – **345** F7 – 3 360 h. – alt. 25

🏠 *route de Ghisoni* 𝒫 *04 95 56 12 38*

▶ Bastia 85 – Aléria 14 – Ghisoni 27 – Venaco 56

⋀⋀ **Arinella-Bianca** 👥 – de mi-avr. à mi-oct.
𝒫 04 95 56 04 78, *arinella@arinellabianca.com*,
Fax 04 95 56 12 54, *www.arinellabianca.com*
10 ha (416 empl.) plat, herbeux, sablonneux
Tarif : 45 € 🚿🚿 ⇔ 🔌 (6A) – pers. suppl. 11 € – frais
de réservation 40 €

Location : (de mi-avr. à mi-oct.) 🚗 – 176 ▦ – 56 🏠.
Sem. 190 à 1 300 € – frais de réservation 40 €
🚐 borne raclet 9 €
Pour s'y rendre : rte de la mer (3,5 km à l'est par D 144
puis 700 m par chemin à dr.)

Nature : 🍃🍃⚠
Loisirs : 🍸 🗙 pizzeria 🏠 🎮 🏃 🏐 🚴 🎱 🏊
Services : 🚗 ⛽ 🅿 🔧 laverie 🧺 🚿 cases réfrigérées
À prox. : 🛶

Longitude : 9.42596
Latitude : 42.00609

Le coup de cœur de Bib

Située sur la côte est de l'île de Beauté, pratiquement à mi-chemin entre Bastia et Porto-Vecchio, la commune de Ghisonaccia est une petite station balnéaire. Plusieurs campings y sont installés, mais l'Arinella Bianca se distingue par la qualité de ses services et sa situation géographique. Ses emplacements bordent la plage de sable fin et une végétation de palmiers, d'eucalyptus et de lauriers en fait un lieu de villégiature particulièrement agréable. Pour les animations, beaucoup sont en rapport avec l'eau : pêche en mer ou dans le petit lac intérieur, espace fitness en extérieur, club nautique et pour l'amusement la « banane » (bouée) ! En soirée, les occupations ne manquent pas non plus, avec des animations diverses et, certains soirs, les vacanciers en vedettes sur les planches !

Arinella Bianca

⋀⋀ **Marina d'Erba Rossa** de déb. mai à fin sept.
𝒫 04 95 56 25 14, *erbarossa@wanadoo.fr*,
Fax 04 95 56 27 23, *www.marina-erbarossa.com*
12 ha/8 campables (200 empl.) plat, herbeux
Tarif : (Prix 2010) 29,40 € 🚿🚿 ⇔ 🔌 (10A) – pers.
suppl. 10 € – frais de réservation 25 €

Location : (Prix 2010) (de déb. avr. à fin oct.) – 279 ▦
– 112 🏠. Sem. 280 à 1 250 € – frais de réservation
25 €
Pour s'y rendre : rte de la Mer (4 km à l'est par D 144,
au bord de plage)

Nature : 🏞🍃🍃⚠
Loisirs : 🍸 🗙 pizzeria 🏠 🎮 🏃 🚴 🎱 🏊 🛶 parc animalier
Services : 🚗 ⛽ 🧺 laverie 🧺 🚿 cases réfrigérées
À prox. : discothèque, plongée, canoë

Longitude : 9.42596
Latitude : 42.00609

ILE ROUSSE

20220 – **345** C4 – 2 765 h.

◼ CCR pour SNCM et CMN av. Joseph-Calizi 𝒫 04 95 60 09 56 - Fax 04 95 60 02 56

🛈 *7, place Paoli* 𝒫 04 95 60 04 35

▶ Bastia 67 – Calvi 25 – Corte 63

⚠ **Le Bodri**
  𝒫 04 95 60 10 86, *info@campinglebodri.com*, Fax 04 95 60 39 02, *www.campinglebodri.com*
  6 ha (333 empl.) plat, peu incliné, pierreux, sablonneux
  🛢 borne artisanale
  Pour s'y rendre : à Corbara (2,5 km au sud-ouest, rte de Calvi, à 300 m de la plage)

Nature : 00	
Loisirs : snack, pizzeria 🛶🏄	
Services : 🚿 🖥 🚏 cases réfrigérées	
Longitude : 8.93764	
Latitude : 42.63461	

LOZARI

20226 – **345** D4

▶ Bastia 61 – Belgodère 10 – Calvi 33 – L'Ile-Rousse 8

⚠ **Le Clos des Chênes** de mi-avr. à mi-sept.
  𝒫 04 95 60 15 13, *cdc.lozari@wanadoo.fr*, *http://www.closdeschenes.fr* ✉ 20226 Belgodere
  5 ha (235 empl.) plat, peu incliné, pierreux, herbeux
  Tarif : (Prix 2010) ✪ 9€ 🖥 9€ – ⚡ (10A) 7€
  Location : (Prix 2010) (de mi-mai à mi-sept.) – 20 🏠 – 19 🏠 – 5 🛏 – 3 appartements. Nuitée 70 à 110€ – Sem. 350 à 890€ – frais de réservation 24€
  🛢 borne eurorelais
  Pour s'y rendre : 1,5 km au sud par N 197, rte de Belgodère

Nature : 🦅 00	
Loisirs : 🍽 🏠 🛶🏄 🎿 ⛷	
Services : ⚅ 🚿 🚪 🛁 🖥 🚏 ⚙ cases réfrigérées	
Longitude : 9.00746	
Latitude : 42.63983	

⚠ **Campéole Le Belgodère** de déb. mai à fin sept.
  𝒫 04 95 60 20 20, *belgodere@campeole.com*, Fax 04 95 60 22 58, *www.campeole.com* – places limitées pour le passage
  2,5 ha (120 empl.) plat, herbeux, pierreux
  Tarif : (Prix 2010) 28€ ✪✪ 🚗 🖥 ⚡ (6A) – pers. suppl. 8€ – frais de réservation 25€
  Location : (Prix 2010) (de déb. mai à fin sept.) – 18 🏠 – 76 bungalows toilés. Nuitée 44 à 128€ – Sem. 308 à 896€ – frais de réservation 25€
  Pour s'y rendre : sur N 197, à 500 m de la plage
  À savoir : préférer les emplacements éloignés de l'entrée

Nature : ⚲	
Loisirs : 🏠 🏃	
Services : ⚅ 🚿 ⛽ 🖥	
Longitude : 9.01984	
Latitude : 42.63658	

LUMIO

20260 – **345** B4 – 1 110 h. – alt. 150

▶ Ajaccio 158 – Bastia 83 – Corte 77 – Calvi 10

⚠ **Le Panoramic** de déb. mai à fin sept.
  𝒫 04 95 60 73 13, *panoramic@web-office.fr*, Fax 04 95 60 73 13, *www.le-panoramic.com* – ℟
  6 ha (100 empl.) en terrasses, pierreux, sablonneux, fort dénivelé
  Tarif : ✪ 8€ 🚗 3€ 🖥 3€ – ⚡ (6A) 4€
  Location : (de déb. mai à fin sept.) 🏄 (de déb. mai à fin sept.) – 20 roulottes – 7 🏠. Sem. 260 à 750€
  Pour s'y rendre : rte de Lavatoggio (2 km au nord-est sur D 71, rte de Belgodère)
  À savoir : vue mer panoramique pour certains emplacements

Nature : 🦅 ⪡ 00	
Loisirs : pizzeria 🎿	
Services : 🚿 ⛽ 🖥 🚏	
Longitude : 8.83139	
Latitude : 42.57946	

MOLTIFAO

20218 – **345** D5 – 682 h. – alt. 420
▶ Ajaccio 113 – Bastia 58

⚠ **E Canicce** Permanent
   *℘ 04 95 35 16 75, campingecanicce@orange.fr, http://
www.campingecanicce.com*
1 ha (25 empl.) plat, pierreux
Tarif : 19€ ♣♣ ⟸ 🅴 🄷 (4A) – pers. suppl. 5€
Location : (permanent) 🏠 – 8 🏚 – 3 appartements
– 3 gîtes. Nuitée 55 à 70€ – Sem. 350 à 470€
🚰 borne artisanale 9€ – 🔋 🄷 19€
Pour s'y rendre : Vallée de l'Asco (3 km au sud sur D 47,
au bord de l'Asco)

| Nature : 🦅 ⩽ Monte Cinto et Scala di Santa Régina ⚘ |
| Loisirs : 🌊 |
| Services : ⚬━ 🚮 🖥 |

Longitude : 9.11667
Latitude : 42.48849

Donnez-nous votre avis sur les terrains que nous recommandons.
Faites-nous connaître vos observations et vos découvertes
par mail à l'adresse : leguidecampingfrance@fr.michelin.com.

MORIANI -PLAGE

20230 – **345** G5
▶ Bastia 40 – Corte 67 – Vescovato 21

⚠ **Merendella**
   ℘ 04 95 38 53 47, merendella@orange.fr,
Fax 04 95 38 44 01, *www.merendella.com* 🏊
7 ha (206 empl.) plat, herbeux, sablonneux
Location : (Prix 2010) – 2 🏚 – 20 🏡 – 2 studios – 6
chalets (sans sanitaires). – frais de réservation 16€
🚰 borne artisanale
Pour s'y rendre : au lieu-dit : San Nicolao (1,2 km au sud
par N 198, rte de Porto-Vecchio, au bord de plage)
À savoir : quelques emplacements ensoleillés en bord de
plage

| Nature : 🏞 〰 ⛰ |
| Loisirs : snack 🍴 ♨ jacuzzi 🛶 📺 (découverte en saison) |
| Services : 🚿 ⚬━ laverie |
| À prox. : 🌊 plongée |

Longitude : 9.5312
Latitude : 42.37476

295

OLMETO

20113 – **345** C9 – 1 199 h. – alt. 320
🛈 *Montée de L'église ℘ 04 95 74 65 87*
▶ Ajaccio 64 – Propriano 8 – Sartène 20
à la Plage SO : 7 km par D 157

⚠ **L'Esplanade** de déb. avr. à mi-oct.
   ℘ 04 95 76 05 03, campinglesplanade@orange.fr,
Fax 04 95 76 16 22, *www.camping-esplanade.com* – 🏮
4,5 ha (100 empl.) en terrasses, plat, peu incliné, rochers,
très fort dénivelé
Tarif : ♣ 8,40€ ⟸ 3,60€ 🅴 5,50€ – 🄷 (6A) 3,50€
Location : 🏊 – 53 🏡. Sem. 365 à 880€
Pour s'y rendre : 1,6 km par D 157, à 100 m de la plage
- accès direct

| Nature : 🏝 〰 |
| Loisirs : pizzeria 🍴 🛶 ⛵ |
| Services : 🚿 ⚬━ 🚮 ✂ 🖥 🚰 |

Longitude : 8.9135
Latitude : 41.70248

PIANA

20115 – **345** A6 – 439 h. – alt. 420
🛈 *Place de la mairie ℘ 04 95 27 84 42*
▶ Ajaccio 72 – Calvi 85 – Évisa 33 – Porto 13

⚠ **Plage d'Arone**
   ℘ 04 95 20 64 54 – 🏮
3,8 ha (125 empl.) non clos, en terrasses, plat, pierreux,
herbeux
🚰 borne eurorelais
Pour s'y rendre : rte Danièle Casanova (11,5 km au sud-
ouest par D 824, à 500 m de la plage - accès direct)

| Nature : 🦅 ⩽ 〰 |
| Services : 🚿 ⚬━ 🚮 🚰 |

Longitude : 8.62706
Latitude : 42.21654

PIANOTTOLI-CALDARELLO

20131 – **345** D11 – 834 h. – alt. 60
▶ Ajaccio 113 – Bonifacio 19 – Porto-Vecchio 29 – Sartène 31

⚠ **Kévano Plage**
  ✆ 04 95 71 83 22, *campingkevano@gmail.com*,
  Fax 04 95 71 83 83, *campingkevano.com*
  6 ha (100 empl.) en terrasses, peu incliné, plat, pierreux,
  rochers, fort dénivelé
  Pour s'y rendre : rte de la plage (3,3 km au sud-est par
  D 122 et rte à dr., à 500 m de la plage)

  À savoir : cadre sauvage au milieu du maquis et des
  rochers de granit

Nature : 🏖 🛏 ♨♨
Loisirs : snack ⛱
Services : ♿ ☎ 🗄 ♨ 🚿

Longitude : 9.04605
Latitude : 41.49401

PIETRACORBARA

20233 – **345** F2 – 541 h. – alt. 150
▶ Paris 967 – Ajaccio 170 – Bastia 21 – Biguglia 31

⚠ **La Pietra**
  ✆ 04 95 35 27 49, Fax 04 95 35 28 57, *www.la-pietra.com*
  – ℟
  3 ha (66 empl.) plat, herbeux, pierreux
  Pour s'y rendre : 4 km au sud-est par D 232 et chemin
  à gauche, à 500 m de la plage
  À savoir : beaux emplacements délimités

Nature : 🏖 ⪡ 🛏 ♨♨
Loisirs : snack 🍴 ⛱ 🍽 🎾
Services : ♿ ☎ 🚿 ♨ 🗄 ♨
cases réfrigérées
À prox. : 🐎

Longitude : 9.44697
Latitude : 42.84453

PINARELLU

20124 – **345** F9
▶ Ajaccio 146 – Bonifacio 44 – Porto-Vecchio 16

⚠ **California** de mi-mai à mi-oct.
  ✆ 04 95 71 49 24, *info@camping-california.net*,
  Fax 04 95 71 49 24, *www.camping-california.net*
  ✉ 20144 Ste-Lucie-de-Porto-Vecchio – ℟ 🍴 (de déb.
  juil. à fin août)
  7 ha/5 campables (100 empl.) vallonné, plat, sablonneux,
  étang
  Tarif : ♦ 9€ ⛟ 2€ 🔲 8€ – [½] (6A) 3€
  🚰 borne artisanale
  Pour s'y rendre : 800 m au sud par D 468 et 1,5 km par
  chemin à gauche, au bord de la plage

Nature : 🏖 ♨♨ ⛰
Loisirs : snack, pizzeria ⛱ 🍽
Services : ♿ ☎ ℗ (saison) 🚿 ♨
🗄 ♨ 🚿

Longitude : 9.38084
Latitude : 41.66591

PORTO

20150 – **345** B6 – 544 h.
🏢 *place de La Marine* ✆ *04 95 26 10 55 place de La Marine* ✆ *04 95 26 10 55*
▶ Ajaccio 84 – Calvi 73 – Corte 93 – Évisa 23

⚠ **Les Oliviers** de fin mars à déb. nov.
  ✆ 04 95 26 14 49, *lesoliviersporto@wanadoo.fr*,
  Fax 04 95 26 12 49, *www.camping-oliviers-porto.com*
  ✉ 20150 Ota 🍴
  5,4 ha (216 empl.) en terrasses, plat, pierreux, rochers,
  très fort dénivelé
  Tarif : ♦ 10€ ⛟ 4€ 🔲 7€ – [½] (10A) 5€ – frais de
  réservation 15€

  Location : (de fin mars à déb. nov.) 🍴 – 45 🏠.
  Nuitée 56 à 190€ – Sem. 305 à 1 563€ – frais de
  réservation 16€
  Pour s'y rendre : au pont (par D 81, au bord du Porto
  et à 100 du bourg)

  À savoir : bel espace piscine - balnéo et partie campable
  boisée dans un cadre naturel

Nature : 🏖 🛏 ♨♨♨
Loisirs : 🍴 pizzeria 👥 🎿 ⛷
hammam balnéo ⛱ ≋
Services : ☎ ℗ 🚿 ♨ laverie 🚿
cases réfrigérées
À prox. : 🚲 🎣

Longitude : 8.70562
Latitude : 42.26623

Sole e Vista Permanent
📞 04 95 26 15 71, *campingsporto@voila.fr*,
Fax 04 95 26 10 79, *www.camping-sole-e-vista.com*
✉ 20150 Ota
4 ha (170 empl.) en terrasses, plat, pierreux, rochers, très
fort dénivelé
Tarif : 30€ ★★ 🚗 ▣ 🅷 (15A) – pers. suppl. 9€
Location : (permanent) 🏠 – 24 🛏 – 24 🏠. Nuitée
40 à 100€ – Sem. 280 à 850€
🚐 borne artisanale – 30 ▣ 30€ – 🚐 26€
Pour s'y rendre : au bourg (accès principal par parking
du supermarché - accès secondaire : 1 km à l'est par
D 124, rte d'Ota, à 150 m du Porto et du bourg)
À savoir : cadre naturel et boisé

| Nature : 🐟 🚽 ⚏ |
| Loisirs : 🚲 |
| Services : ⚡ 🚽 ♨ laverie réfri- |
| gérateurs |
| À prox. : 🛒 🏊 🎣 |

Longitude : 8.71114
Latitude : 42.26313

Funtana a l'Ora de déb. avr. à déb. nov.
📞 04 95 26 11 65, *casadeltorrente@orange.fr*,
Fax 04 95 26 10 83, *www.funtanaalora.com*
2 ha (70 empl.) en terrasses, plat, peu incliné, pierreux,
rochers, fort dénivelé
Tarif : ★ 8,90€ 🚗 3,50€ ▣ 7€ – 🅷 (10A) 4€
Location : (de déb. avr. à déb. nov.) – 7 🏠. Nuitée
44 à 184€ – Sem. 280 à 1 170€ – frais de réservation
15€
Pour s'y rendre : à Ota, rte d'Évisa (1,4 km au sud-est
par D 84, à 200 m du Porto)

| Nature : 🐟 🚽 ⚏ |
| Loisirs : 🏐 🏊 terrain multis- |
| ports |
| Services : ⚙ ⚡ 🚽 laverie 🚿 |
| cases réfrigérées |

Longitude : 8.70562
Latitude : 42.26623

Le Porto
📞 04 95 26 13 67, *francoise.ceccaldi@gmail.com*,
Fax 04 95 26 10 79, *www.camping-le-porto.com*
✉ 20150 Ota
2 ha (60 empl.) en terrasses, pierreux, très fort dénivelé
Pour s'y rendre : sortie ouest par D 81, rte de Piana, à
200 m du Porto et 300 m du bourg
À savoir : belles terrasses ombragées

| Nature : ⚏ |
| Services : ⚙ ⚡ 🖼 |
| À prox. : 🏊 |

Longitude : 8.70562
Latitude : 42.26623

Casa del Torrente (location exclusive de chalets) de
déb. avr. à mi-nov.
📞 04 95 22 45 14, *casadeltorrente@orange.fr*,
www.casadeltorrente.com
1,5 ha
Location : 🏠 – 12 🏠. Nuitée 44 à 125€ – Sem.
280 à 800€ – frais de réservation 15€
Pour s'y rendre : rte Evisa (1 km au sud-est par D 84, au
bord du Porto (accès direct)

| Nature : 🐟 🌿 |
| Loisirs : 🏊 |
| Services : ⚡ 🚽 🎀 ♨ 🖼 |
| À prox. : 🏊 loisirs (piscine...) au |
| camping Funtana à l'Ora (200 m) |

Longitude : 8.71797
Latitude : 42.25624

297

PORTO-VECCHIO

20137 – **345** E10 – 11 326 h. – alt. 40
📧 SAPV pour SNCM et CMN Port de Commerce 04 95 70 06 03 - Fax 04 95 70 33 59
🛈 *rue du Docteur Camille de Rocca Serra* 📞 04 95 70 09 58
▶ Ajaccio 141 – Bonifacio 28 – Corte 121 – Sartène 59

Golfo di Sogno de déb. mai à fin sept.
📞 04 95 70 08 98, *reception@golfo-di-sogno.fr*,
Fax 04 95 70 41 43, *www.golfo-di-sogno.fr*
22 ha (650 empl.) plat, sablonneux, herbeux
Tarif : (Prix 2010) 25€ ★★ 🚗 ▣ 🅷 (10A) – pers. suppl. 7,50€
Location : (Prix 2010) 🏠 – 12 🛏 – 61 🏠 – 12 tipis
– bungalows sans sanitaires. Sem. 340 à 2 200€ – frais
de réservation 30,50€
🚐 borne flot bleu
Pour s'y rendre : rte de Cala-Rossa (6 km au nord-est
par D 468)
À savoir : quelques chalets les "pieds dans l'eau" !

| Nature : 🚽 🌴 ⛰ |
| Loisirs : 🍴 pizzeria, grill 🚤 🏄 |
| 🚣 base nautique |
| Services : ⚡ 🚽 🏧 laverie 🛒 |
| 🚿 |

Longitude : 9.27949
Latitude : 41.59099

La Vetta de déb. juin à fin sept.
℘ 0495700986, *info@campinglavetta.com*,
Fax 0495704321, *www.campinglavetta.com* – **R**
8 ha (100 empl.) en terrasses, incliné, plat, pierreux,
herbeux, rochers
Tarif : (Prix 2010) ⚹ 8€ ⟺ 3€ 🅴 5€ – ⚡ (10A) 4€
Location : (Prix 2010) (de mi-mai à fin sept.) 🚫
– 35 ⟦⟧ – 6 ⌂ – 1 appartement. Nuitée 52 à 196€
– Sem. 399 à 1 372€
Pour s'y rendre : lieu-dit : La Trinité (5,5 km au nord sur
N 198, rte de Bastia)
À savoir : cadre sauvage et naturel avec quelques chalets
vue mer

| Nature : 0̤0̤ |
| Loisirs : snack ⚓ ⨆ |
| Services : o━ ⩔ ⁿ 🖩 |

Longitude : 9.29118
Latitude : 41.62762

Arutoli
℘ 0495701273, *info@arutoli.com*, Fax 0495706395,
www.arutoli.com – **R**
4 ha (150 empl.) plat, peu incliné, pierreux, herbeux
Location : – 27 ⌂. – frais de réservation 12€
Pour s'y rendre : rte de l'Ospédale (2 km au nord-ouest
par D 368)

| Nature : 0̤0̤ |
| Loisirs : pizzeria, grill ⌂ ⨆ |
| Services : o━ 🖩 ⩔ ⨼ |
| À prox. : 🐎 |

Longitude : 9.27558
Latitude : 41.5975

Pitrera de déb. avr. mi-oct.
℘ 0495702010, *pitrera@orange.fr*, Fax 0495705443,
www.pitrera.com
3 ha (75 empl.) en terrasses, pierreux, peu incliné,
rochers, fort dénivelé
Tarif : (Prix 2010) ⚹ 7,30€ ⟺ 3,80€ 🅴 4,10€ –
⚡ (10A) 3,15€
Location : (Prix 2010) (de déb. avr. mi-oct.) 🚫
– 5 ⟦⟧ – 50 ⌂ – 1 yourte. Nuitée 60 à 181€ – Sem.
420 à 1 267€ – frais de réservation 15€
Pour s'y rendre : lieu-dit : La Trinite (5,8 km au nord par
N 198, rte de Bastia et chemin à droite)

| Nature : 0̤0̤0̤ |
| Loisirs : snack ⨆ ⛷ |
| Services : ⛨ ⊙━ ⨆ 🖩 ⨼ |

Longitude : 9.29118
Latitude : 41.62762

U Pirellu de mi-avr. à fin sept.
℘ 0495702344, *u.pirellu@wanadoo.fr*,
Fax 0495706022, *www.u-pirellu.com* – accès à certains
emplacements par forte pente – **R** 🚫
5 ha (150 empl.) en terrasses, plat, peu incliné, pierreux,
herbeux, très fort dénivelé
Tarif : (Prix 2010) ⚹ 9€ ⟺ 4€ 🅴 4€ – ⚡ (6A) 4€
Location : (Prix 2010) (de mi-avr. à fin sept.) 🚫
– 12 ⌂. Sem. 300 à 910€ – frais de réservation 8€
Pour s'y rendre : rte de Palombaggia (9 km à l'est, à
Piccovagia)
À savoir : pour certains chalets, vue panoramique mer et
pointe de la Chiapa

| Nature : ⟋ 0̤0̤ |
| Loisirs : ⧅ pizzeria ⚓ ⨆ |
| Services : ⛨ ⊙━ ℗ (tentes) ⨆ ⁿ 🖩 ⨼ ⨼ |
| À prox. : ⥁ |

Longitude : 9.34081
Latitude : 41.58228

Bella Vista de déb. juin à mi-sept.
℘ 0495705801, *camping.bellavista@wanadoo.fr*,
Fax 0495706144, *www.bella-vista.cc* 🚫
2,5 ha (100 empl.) en terrasses, herbeux, pierreux
Tarif : (Prix 2010) ⚹ 7€ ⟺ 4€ 🅴 6€ – ⚡ (6A) 4€
Location : (Prix 2010) (permanent) 🚫 – 8 ⌂. Sem.
1 380€ – frais de réservation 15€
Pour s'y rendre : rte de Palombaggia (9,3 km à l'est, à
Piccovagia)

| Nature : ⩽ 0̤0̤ |
| Loisirs : ✗ pizzeria ⨆ |
| Services : ⛨ ⊙━ ⨆ ⁿ 🖩 |

Longitude : 9.27713
Latitude : 41.5717

La Baie des Voiles
℘ 0495700123, Fax 0495700123, *www.camping-
labaiedesvoiles.com* – **R**
3 ha (180 empl.) en terrasses, sablonneux, plat, herbeux,
rochers
Pour s'y rendre : lieu-dit : La Trinité (6 km au nord-est
par D568 ou par N 198, rte de Bastia et à gauche par
D 468)

| Nature : 0̤0̤ ⩕ |
| Loisirs : ⧅ pizzeria ⨆ |
| Services : ⛨ o━ 🖩 |
| À prox. : ⨆ ◊ |

Longitude : 9.27949
Latitude : 41.59099

▲ **L'Oso** de déb. juin à mi-sept.
🕿 04 95 71 60 99, Fax 04 93 70 37 33
3,2 ha (90 empl.) plat, herbeux
Tarif : ✸ 6€ ⇌ 3€ 🅴 3€ – 🚰 4€

Location : – 20 🏠. Sem. 500 à 600€
Pour s'y rendre : rte de Cala Rossa (8 km au nord-est
sur D 468, au bord de l'Oso)

Nature : 🙶🙶	
Loisirs : 🏊	
Services : ♿ ⚡ 🚻 🖳	

Longitude : 9.27949
Latitude : 41.59099

▲ **Les Ilots d'Or** de déb. mai à mi-oct.
🕿 04 95 70 01 30, *info@campinglesilotsdor.com,*
Fax 04 95 70 01 30, *www.campinglesilotsdor.com* – ℞
4 ha (180 empl.) en terrasses, plat, sablonneux, herbeux,
rochers
Tarif : (Prix 2010) ✸ 7€ ⇌ 3€ 🅴 4€ – 🚰 (6A) 3€

Location : (Prix 2010) (de déb. mai à mi-oct.) 🏚
– 3 🛖 – 23 🏠. Sem. 350 à 700€
Pour s'y rendre : rte Pezza Cardo (6 km au nord-est par
D 568 ou par N 198 rte de Bastia et à droite par D 468 b
avant La Trinité)

À savoir : quelques emplacements les pieds dans l'eau !

Nature : 🙶🙶 ▲	
Loisirs : snack, pizzeria	
Services : ♿ ⚡ 🚻 🍽 🖳 🚿	
À prox. : 🛥	

Longitude : 9.30819
Latitude : 41.6275

PROPRIANO

20110 – **345** C9 – 3 243 h. – alt. 5
✉ Agence Maritime Sorba pour SNCM et CMN 🕿 04 95 76 21 51 - fax 04 95 76 00 98
🅱 *Port de Plaisance* 🕿 *04 95 76 01 49*
▶ Ajaccio 70 – Bastia 202 – Olbia 126 – Sassari 32

🗻 **Village Vacances U Livanti** (location exclusive de
chalets) de déb. mars à mi-nov.
🕿 04 95 76 08 06, *livanti@orange.fr,* Fax 04 95 76 25 14,
www.ulivanti.com
6 ha en terrasses

Location : (Prix 2010) 🏚 🅿 – 92 🏠. Nuitée
55 à 239€ – Sem. 290 à 1 390€ – frais de réservation
10€
Pour s'y rendre : à Portigliolo - rte de Campomoro
(8 km au sud par RN 196 et D 121, dans le golfe du
Valinco)

À savoir : agréable terrasse du restaurant les pieds dans
l'eau !

Nature : 🏞 🛥 ▲	
Loisirs : 🍷 ✗ snack 🎠	
Services : ⚡ 🍽 🖳	
À prox. : 🛥 plongée, canoë, péda-los, ski nautique	

Longitude : 8.86898
Latitude : 41.64485

299

SAGONE

20118 – **345** B7
▶ Ajaccio 38 – Calvi 119 – Corte 106 – Sartène 110

🗻 Le Sagone 👥 –
🕿 04 95 28 04 15, *sagone.camping@wanadoo.fr,*
Fax 04 95 28 08 28, *www.camping-sagone.com*
30 ha/9 campables (300 empl.) plat, herbeux

Location : (Prix 2010) – 6 🛖 – 30 🏠 – 20 bungalows
toilés. – frais de réservation 18,50€
🚐 borne artisanale
Pour s'y rendre : rte de Vico (2 km au nord par D 70)

À savoir : sur les terres agricoles avec 2500 oliviers,
orangers, mandariniers, citroniers

Nature : 🏞 🛤 🙶🙶	
Loisirs : pizzeria, snack 🎠 🎮 nocturne 🎠 🏓 🏸 🏊 terrain multisports, practice de golf	
Services : ♿ ⚡ 🍽 🧺 laverie 🧊 cases réfrigérées	
À prox. : 🛒	

Longitude : 8.70524
Latitude : 42.13097

Verwar niet :
▲.... tot ... 🗻 : MICHELIN indeling
en
★ ... tot ... ★★★★★ : officiële classificatie

ST-FLORENT

20217 – **345** E3 – 1 635 h.
🛈 *centre Administratif* ℰ 04 95 37 06 04
▶ Bastia 22 – Calvi 70 – Corte 75 – L'Île-Rousse 45

⚐ **La Pinède** de déb. mai à mi-août
ℰ 04 95 37 07 26, *camping.la.pinede@wanadoo.fr*,
Fax 04 95 37 17 73, *www.camping-la-pinede.com* – **R**
3 ha (100 empl.) en terrasses, incliné, plat, pierreux, herbeux
Tarif : (Prix 2010) 28 € ✶✶ 🚐 🅴 🔌 (10A) – pers. suppl. 7 €

Location : (Prix 2010) (de déb. mai à fin sept.) 🏕️ (de déb. mai à fin août) – 15 🏠. Nuitée 70 € – Sem. 850 €
Pour s'y rendre : au lieu-dit : Serriggio (1,8 km au sud par rte de l'Ile-Rousse et chemin à gauche apr. le pont, au bord de l'Aliso)

Nature : 🌊 ⚏
Loisirs : 🎣 ⛵ ⚓ ponton d'amarrage
Services : 🔧 ⊶ 🛒 ☂ laverie 🏪 ❄ réfrigérateurs
À prox. : 🐴 poneys

Longitude : 9.3004
Latitude : 42.66939

STE-LUCIE-DE-PORTO-VECCHIO

20144 – **345** F9
🛈 *Mairie annexe* ℰ 04 95 71 48 99
▶ Ajaccio 142 – Porto-Vecchio 16

⚐ **Acqua E Sole** (location exclusive de mobile homes et chalets) de déb. avr.à fin sept.
ℰ 04 95 50 15 75, *www.homair.com*
5 ha en terrasses, plat
Location : 🔧 – 138 🏚️ – 28 🏠 – 7 🛏️. Nuitée 34 à 175 € – Sem. 236 à 1 223 €
🚽 borne flot bleu
Pour s'y rendre : au lieu-dit : Pianu Di Conca (1 km au nord-est par N 198, rte de Solenzara et chemin à gauche)

Nature : 🌊 ⚏
Loisirs : 🍴 🎣 🏓 ⛵
Services : ⊶ 🛆 laverie 🏪
À prox. : 🐴

Longitude : 9.35621
Latitude : 41.6869

⚐ **Santa-Lucia** de mi-avr. à déb. oct.
ℰ 04 95 71 45 28, *informations@campingsantalucia.com*,
Fax 04 95 71 45 28, *www.campingsantalucia.com*
3 ha (160 empl.) peu incliné, plat, sablonneux, pierreux, rochers
Tarif : (Prix 2010) ✶ 8 € 🚐 3 € 🅴 5 € – 🔌 (6A) 3 € – frais de réservation 10 €

Location : (Prix 2010) (de déb. avr. à déb. oct.) 🏕️ – 21 🏠 – 22 bungalows toilés. Sem. 175 à 600 € – frais de réservation 15 €
Pour s'y rendre : 1 km au sud-ouest, par N 198

Nature : ⚏
Loisirs : snack 🏓 🏓 🎣 ⛵
Services : 🔧 ⊶ ☂ 🅿 🏪
À prox. : 🛒

Longitude : 9.3434
Latitude : 41.6966

⚐ **Fautea**
ℰ 04 95 71 41 51, Fax 04 95 71 57 62 – **R** 🏕️
5 ha (100 empl.) en terrasses, pierreux
Pour s'y rendre : 5 km au nord-est sur N 198, rte de Solenzara

À savoir : préférer les emplacements sur les petites terrasses vue mer, plus éloignés de la route

Nature : ≤ ⚏ ⛰
Loisirs : 🏓
Services : ⊶ 🛆 🅿 🏪
À prox. : ✗

Longitude : 9.34746
Latitude : 41.69967

300

To select the best route and follow it with ease,
To calculate distances,
To position a site precisely from details given in the text :
*Get the appropriate **MICHELIN** regional map.*

SERRA-DI-FERRO

20140 – **345** B9 – 427 h. – alt. 140

▸ Ajaccio 47 – Propriano 20 – Sartène 32

⚠ **U Casellu** de déb. juin à mi-oct.
  𝒫 04 95 74 01 80, Fax 04 95 74 07 67 – 🏖 🦟
  3,5 ha (100 empl.) plat, peu incliné, sablonneux, herbeux
  Tarif : (Prix 2010) ✦ 5,80€ ⬌ 2,80€ 🅴 8,80€ –
  🔌 (10A) 3,20€
  🚐 borne artisanale
  Pour s'y rendre : à Porto-Pollo (5 km au sud par D 155, rte
  de Propriano et D 757 à dr.)

  À savoir : agréable situation en bord de mer

Nature : ♀ ⚠	
Loisirs : 🍽 ✗ pizzeria	
Services : ♿ ⚓ 🖥	
Longitude : 8.79987	
Latitude : 41.7115	

TIUCCIA

20111 – **345** B7

▸ Ajaccio 30 – Cargèse 22 – Vico 22

⚠ **Les Couchants** de déb. juin à fin sept.
  𝒫 04 95 52 26 60, *campinglescouchants@orange.
  fr*, Fax 04 95 52 31 77, *www.lescouchants.com*
  ✉ 20111 Casaglione
  5 ha (120 empl.) en terrasses, plat, herbeux, pierreux
  Tarif : (Prix 2010) ✦ 7€ ⬌ 4€ 🅴 5,50€ – 🔌 (16A) 5€

  Location : (Prix 2010) 🏕 –8 🏠 . Sem. 530 à 700€ – frais de
  réservation 17€
  Pour s'y rendre : rte de Casaglione (4,9 km au nord par
  D 81 et D 25 à dr.)

  À savoir : emplacements au millieu des oliviers, eucalyptus
  et lauriers multicolores

Nature : 🌊 < ♀♀	
Loisirs : 🍽 ✗ pizzeria 🏊 ⛰	
Services : ♿ ⚓ 🚿 ✗ ⛺ 🖥 🍽	
Longitude : 8.78843	
Latitude : 42.06805	

VIVARIO

20219 – **345** E6 – 515 h. – alt. 850

▸ Bastia 89 – Aléria 49 – Corte 22 – Bocognano 22

⚠ **Aire Naturelle le Soleil** de mi-avr. à mi-oct.
  𝒫 04 95 47 21 16, *camping-lesoleil@orange.fr*,
  Fax 04 95 47 21 16 – alt. 800
  1 ha (25 empl.) en terrasses, peu incliné, plat, herbeux
  Tarif : ✦ 6€ ⬌ 2€ 🅴 4€ – 🔌 (20A) 3€
  🚐 borne autre 15€
  Pour s'y rendre : au lieu-dit : Tattone (6 km au sud-
  ouest par N 193, rte d'Ajaccio, près de la gare)

Nature : 🌊 < ♀	
Loisirs : 🍽 pizzeria	
Services : ⚓ ✗	
À prox. : 🎣	
Longitude : 9.14895	
Latitude : 42.1479	

301

FRANCHE-COMTÉ

G. Benoît à la Guillaume/Michelin

Il était une fois… la Franche-Comté ! Ses contes et légendes s'inspirent d'une nature mystérieuse qui réserve bien des surprises aux visiteurs curieux. La forêt de résineux s'y étend par monts et par vaux, jetant de doux sortilèges aux explorateurs de grottes, gouffres et gorges qu'elle dissimule. La magie des lieux tient aussi à l'abondance des torrents, cascades et lacs dont les larges taches bleutées contrastent avec le vert des pâturages. Les artisans comtois transforment comme par enchantement le bois en horloges, jouets et pipes pour les touristes en quête de souvenirs. Et l'éventail des arômes déployés par les produits du terroir envoûte les gastronomes : fromage de comté au goût de noisette, savoureuses charcuteries fumées et radieux cortège de vins distillant des bouquets subtils et fruités.

Once upon a time in a land called Franche-Comté…many of France's tales and legends begin in the secret wilderness of this secluded region on the Swiss border. The Jura's peaks and dales, clad in a cloak of fragrant conifers, cast a gentle charm over its explorers: the magic spell is also woven by the waterfalls, grottoes and mysterious lakes, their dark blue waters reflecting the surrounding hills. Nimble-fingered craftsmen transform the local wood into clocks, toys and pipes which will delight anyone with a love of fine craftsmanship. Hungry travellers will want to savour the rich, hazelnut tang of Comté cheese, but beware: the delicate smoked and salted meats, in which you can almost taste the pine and juniper, plus Franche-Comté's sumptuous and subtly fruity wines may lure you back for more!

ARBOIS

39600 – **321** E5 – 3 487 h. – alt. 350

🛈 *10, rue de l'Hôtel de Ville* 🕾 *03 84 66 55 50*

▶ Paris 407 – Besançon 46 – Dole 34 – Lons-le-Saunier 40

⚠ **Les Vignes** de mi-avr. à fin sept.
🕾 03 84 66 14 12, *vignes@odesia.eu*, Fax 03 84 66 14 12,
www.odesia-vacances.com
2,3 ha (139 empl.) en terrasses, peu incliné, herbeux, gravier
Tarif : (Prix 2010) 18€ ★★ ⇌ 🖹 🄵 (10A) – pers.
suppl. 4€ – frais de réservation 12€

Location : (Prix 2010) (de mi-avr. à fin sept.) – 4 🛏. Nuitée
49 à 87€ – Sem. 273 à 511€ – frais de réservation 12€
🛗 borne artisanale – 30 🖹 18€ – 🚐 🄵 14€
Pour s'y rendre : r. de la Piscine (sortie est par D 107,
rte de Mesnay, près du stade et de la piscine)

Nature : ⩽ 🏞 ⌘
Loisirs : 🎴 🏊
Services : ⛟ ⚲ 🛁 🧺 ♨ ♟ 🖹 🚿
À prox. : ⛷

Longitude : 5.78694
Latitude : 46.90417

BELFORT

90000 – **315** F11 – 51 327 h. – alt. 360

🛈 *2 bis, rue Clemenceau* 🕾 *03 84 55 90 90*

▶ Paris 422 – Lure 33 – Luxeuil-les-Bains 52 – Montbéliard 23

⚠ **L'Étang des Forges** de mi-avr. à fin sept.
🕾 03 84 22 54 92, *contact@camping-belfort.com*,
Fax 03 84 22 76 55, *www.camping-belfort.com*
3,4 ha (90 empl.) plat, herbeux, pierreux
Tarif : 20€ ★★ ⇌ 🖹 🄵 (6A) – pers. suppl. 4€

Location : (de mi-avr. à fin sept.) – 1 roulotte – 6 🛏
– 9 🛖 – 2 bungalows toilés. Nuitée 45 à 80€ – Sem.
224 à 462€
🛗 borne flot bleu
Pour s'y rendre : r. du Gal Béthouart (1,5 km au nord
par D 13, rte d'Offemont et à dr. - par A 36 sortie 13)

Nature : ⩽
Loisirs : 🎴 🏊 ⌂ 🏊 (bassin)
Services : ⛟ ⚲ 🚿 🛁 🧺 ♨ laverie
À prox. : ◊

Longitude : 6.86433
Latitude : 47.65323

BONLIEU

39130 – **321** F7 – 241 h. – alt. 785

▶ Paris 439 – Champagnole 23 – Lons-le-Saunier 32 – Morez 24

⚠ **L'Abbaye** de déb. mai à fin sept.
🕾 03 84 25 57 04, *camping.abbaye@wanadoo.fr*,
Fax 03 84 25 50 82, *www.camping-abbaye.com*
3 ha (80 empl.) incliné, plat, herbeux
Tarif : 19€ ★★ ⇌ 🖹 🄵 (6A) – pers. suppl. 5€

Location : (de déb. mai à mi-oct.) ⌇ – 4 🛏. Nuitée
45€ – Sem. 460€
Pour s'y rendre : 2 rte du Lac (1,5 km à l'est par N 78,
rte de St-Laurent-en-Grandvaux)

Nature : 🌿 ⩽ 🏞
Loisirs : ♟ ✕ 🏊
Services : ⛟ ⚲ 🛁 ♨ 🖹 🚿
À prox. : 🐎 🏊

Longitude : 5.87562
Latitude : 46.59199

BONNAL

25680 – **321** I1 – 25 h. – alt. 270

▶ Paris 392 – Besançon 47 – Belfort 51 – Épinal 106

⚠ **"Les Castels" Le Val de Bonnal** de déb. mai à déb.
sept.
🕾 03 81 86 90 87, *val-de-bonnal@wanadoo.fr*,
Fax 03 81 86 03 92, *www.camping-valdebonnal.fr*
120 ha/15 campables (320 empl.) plat, herbeux
Tarif : 45€ ★★ ⇌ 🖹 🄵 (10A) – pers. suppl. 13€ – frais
de réservation 20€

Location : (de déb. mai à déb. sept.) ⌇ – 10 🛏
– 2 🛖. Sem. 441 à 990€
🛗 borne artisanale
Pour s'y rendre : 1 ch. du Moulin

À savoir : situation agréable en bordure de l'Ognon et
près d'un plan d'eau

Nature : 🌿 🏞 ⌘
Loisirs : ♟ snack 🎴 🌙 nocturne 🏕 🏊 🚲 ⛵ 🏊 ♨
Services : ⛟ ⚲ 🛁 ♨ laverie 🚿
À prox. : ✕

Longitude : 6.35619
Latitude : 47.50734

CHALEZEULE

25220 – **321** G3 – 1 071 h. – alt. 252
▣ Paris 410 – Dijon 96 – Lyon 229 – Nancy 209

  ▲ **Municipal de la Plage** de déb. avr. à fin sept.
    ✆ 0381880426, *info@besancon-tourisme.com*,
    Fax 0381505462, *www.besancon-tourisme.com*
    1,8 ha (113 empl.) plat, terrasse, herbeux
    Tarif : (Prix 2010) 15€ ⋇⋇ ⇔ ▣ ⓖ (6A) – pers.
    suppl. 6€ – frais de réservation 5€

    Location : (de déb. avr. à mi-sept.) – 2 bungalows
    toilés. Nuitée 33 à 66€ – Sem. 225 à 440€ – frais de
    réservation 10€
    ⟳ borne artisanale 4€ – 10 ▣ 20€ – ⛟ 11€
    Pour s'y rendre : 12 rte de Belfort (4,5 km au nord-est
    par N 83, au bord du Doubs)

Nature : ♀
Loisirs : snack
Services : ⅙ ⚡ ▥ ♨laverie
À prox. : ⋇ ㅠ ☌ ⌇

Longitude : 6.07103
Latitude : 47.26445

CHAMPAGNOLE

39300 – **321** F6 – 8 133 h. – alt. 541
⊟ rue Baronne Delort ✆ 0384524367
▣ Paris 420 – Besançon 66 – Dole 68 – Genève 86

  ▲ **Municipal de Boyse** de mi-mai à fin sept.
    ✆ 0384520032, *camping.boyse@wanadoo.fr*,
    Fax 0384520116, *www.camping.champagnole.com*
    7 ha (240 empl.) plat, peu incliné, herbeux
    Tarif : 21€ ⋇⋇ ⇔ ▣ ⓖ (10A) – pers. suppl. 5€ – frais
    de réservation 4€

    Location : (de déb. mars à fin sept.) – 25 ⌂. Nuitée
    70 à 75€ – Sem. 340 à 520€ – frais de réservation 4€
    ⟳ borne autre 4€ – 5 ▣ 5€
    Pour s'y rendre : 20 r. Georges Vallerey (sortie nord-
    ouest par D 5, rte de Lons-le-Saunier et r. à gauche)
    À savoir : accès direct à l'Ain

Nature : ⋙ ♀♀
Loisirs : snack ⌨ ☺ ⚶ ㅠ ☌
Services : ⅙ ⚡ ♨ ⚏laverie ⚒
À prox. : ⋇ ⊠ ☌ , parcours sportif

Longitude : 5.89741
Latitude : 46.74643

CHANCIA

01590 – **321** D8 – 224 h. – alt. 320
▣ Paris 452 – Bourg-en-Bresse 48 – Lons-le-Saunier 46 – Nantua 30

  ▲ **Municipal les Cyclamens** de déb. mai à fin sept.
    ✆ 0474758214, *campinglescyclamens@wanadoo.fr*,
    www.camping-chancia.com – places limitées pour le
    passage
    2 ha (160 empl.) plat, herbeux
    Tarif : (Prix 2010) ⋇ 3€ ⇔ 3€ ▣ 3€ – ⓖ (10A) 3€
    Pour s'y rendre : La Presqu'île (1,5 km au sud-ouest par
    D 60e et chemin à gauche, au confluent de l'Ain et de
    la Bienne)

Nature : ⋙ ≤ ♀
Loisirs : ⌨ ⚵
Services : ⅙ ⚡ ⊟ ⚏ ⚒ ▣
À prox. : ≋ ☌ ◊ , terrain om-nisports

Longitude : 5.6311
Latitude : 46.34203

CHÂTILLON

39130 – **321** E7 – 122 h. – alt. 500
▣ Paris 421 – Champagnole 24 – Clairvaux-les-Lacs 15 – Lons-le-Saunier 19

  ▲ **Domaine de l'Épinette** de déb. juin à mi-sept.
    ✆ 0384257144, *contact@domaine-epinette.com*,
    Fax 0384257596, *www.domaine-epinette.com*
    7 ha (150 empl.) en terrasses, peu incliné, plat, herbeux,
    pierreux
    Tarif : (Prix 2010) 27€ ⋇⋇ ⇔ ▣ ⓖ (12A) – pers.
    suppl. 4,50€ – frais de réservation 30€

    Location : – 40 ⌸ – 2 ⌂. – frais de réservation
    30€
    ⟳ 4 ▣ 12€ – ⛟ ⓖ 12€
    Pour s'y rendre : 15 r. de l'Epinette (1,3 km au sud par
    D 151)

Nature : ⋙ ≤
Loisirs : ☌ ≋ ☌
Services : ⅙ ⚡ ⚏ ▣
À prox. : canoë

Longitude : 5.7242
Latitude : 46.65575

CLAIRVAUX-LES-LACS

39130 – **321** E7 – 1 518 h. – alt. 540

🛈 *36, Grande Rue* ℰ *03 84 25 27 47*

▶ Paris 428 – Bourg-en-Bresse 94 – Champagnole 34 – Lons-le-Saunier 22

Yelloh! Village Le Fayolan ♣♣ – de déb. mai à déb. sept.

ℰ 0820 005 593, *www.jura-campings.com*,
Fax 03 84 25 26 20, *www.jura-campings.com*
13 ha (516 empl.) en terrasses, peu incliné, plat, herbeux, gravier, pinède
Tarif : 38 € ♣♣ ⇔ 🅴 (4) (20A) – pers. suppl. 7 € – frais de réservation 20 €
Location : (de déb. mai à déb. sept.) – 80 🛖 – 7 🏠 – 14 tentes. Nuitée 20 à 159 € – Sem. 140 à 1 113 €
🚐 borne autre – 2 🅴 – 🔌 (4) 14 €
Pour s'y rendre : r. du Langard (1,2 km au sud-est par D 118)

À savoir : au bord du lac

Nature : ⩶ 🛶 ♀ 🏔
Loisirs : 🍴 snack 🎱 🍹 ⛷ 🎣 salle d'animation 🏊 🛝 🛶
Services : 🚿 ⊶ 🕹 🛱 🍽 🗑 🧺 ⚗
À prox. : 🎣 , parcours de santé

Longitude : 5.75
Latitude : 46.56667

Le Grand Lac de déb. juin à déb. sept.

ℰ 03 84 25 22 14, *legrandlac@rsl39.com*,
Fax 03 84 25 26 20, *www.jura-campings.com*
2,5 ha (191 empl.) peu incliné à incliné, plat, terrasses, herbeux
Tarif : (Prix 2010) 23 € ♣♣ ⇔ 🅴 (4) (10A) – pers. suppl. 5 € – frais de réservation 12 €

Location : (Prix 2010) (de déb. juin à déb. sept.) – 24 🛖. Nuitée 36 à 91 € – Sem. 252 à 637 € – frais de réservation 12 €
Pour s'y rendre : ch. du Langard (800 m au sud-est par D 118, rte de Châtel-de-Joux et chemin à dr.)

Nature : ⩶ ♀ 🏔
Services : 🚿 🕹 🍽 🗑
À prox. : 🏖 🎣 canoë

Longitude : 5.755
Latitude : 46.56979

CROMARY

70190 – **314** E8 – 222 h. – alt. 219

▶ Paris 419 – Belfort 88 – Besançon 21 – Gray 50

L'Esplanade

ℰ 03 84 91 82 00, *benttom@hotmail.com*,
Fax 03 84 91 82 00, *www.lesplanade.nl*
2,7 ha (65 empl.) plat, herbeux
Pour s'y rendre : au sud du bourg par D 276

À savoir : dans un site champêtre avec un accès direct à la rivière

Nature : 🌊 ⩶ 🛶
Loisirs : snack 🎱 🎣
Services : 🚿 ⊶ 🗑

Longitude : 6.07666
Latitude : 47.36174

DOLE

39100 – **321** C4 – 25 051 h. – alt. 220

🛈 *6, place Grévy* ℰ *03 84 72 11 22*

▶ Paris 363 – Besançon 55 – Chalon-sur-Saône 67 – Dijon 50

Le Pasquier de mi-mars à fin oct.

ℰ 03 84 72 02 61, *lola@camping-le-pasquier.com*,
Fax 03 84 79 23 44, *http://www.camping-le-pasquier.com*
2 ha (120 empl.) plat, herbeux, gravillons
Tarif : 18 € ♣♣ ⇔ 🅴 (4) (10A) – pers. suppl. 3 € – frais de réservation 10 €

Location : (de mi-mars à fin oct.) – 6 🛖. Nuitée 38 à 64 € – Sem. 260 à 450 € – frais de réservation 10 €
🚐 borne artisanale 5 €
Pour s'y rendre : 18 ch. Victor et Georges Thévenot (au sud-est par av. Jean-Jaurès)

À savoir : cadre verdoyant, près du Doubs

Nature : ♀
Loisirs : 🍴 snack 🏊 🛶 (petite piscine)
Services : 🚿 ⊶ 🕹 🛱 🍽 laverie
À prox. : 🏖 🎣

Longitude : 5.50244
Latitude : 47.09147

DOUCIER

39130 – **321** E7 – 285 h. – alt. 526
▶ Paris 427 – Champagnole 21 – Lons-le-Saunier 25

▲▲▲ **Domaine de Chalain** de fin avr. à fin sept.
℘ 03 84 25 78 78, *chalain@chalain.com*, Fax 03 84 25 70 06,
www.chalain.com
30 ha/18 campables (804 empl.) plat, herbeux, pierreux
Tarif : (Prix 2010) 37 € ★★ ⇔ 🅴 🈔 (10A) – pers.
suppl. 6 €
Location : (Prix 2010) (de fin avr. à fin sept.) ⚡
– 48 🛖 – 35 🛖. Nuitée 40 à 92 € – Sem. 240 à 644 €
🛢 borne artisanale 4 €
Pour s'y rendre : - (3 km au nord-est)
À savoir : agréablement situé entre forêts et lac de
Chalain

| Nature : ≤ 🌳 ⚠ |
| Loisirs : 🍸 snack 🎱 🎮 🛥 🏖 🚴 🎯 🎣 ♨ 🏹 🏓 🏊 ⛺ ♒, parcours VTT |
| Services : 🔥 ⚡ 🧺 🚿 🚽 🚻 🛗 🗑 🚮 🏪 |

| Longitude : 5.81395 |
| Latitude : 46.66422 |

FONCINE-LE-HAUT

39460 – **321** G7 – 1 024 h. – alt. 790
▶ Paris 444 – Champagnole 24 – Clairvaux-les-Lacs 34 – Lons-le-Saunier 62

▲ **Municipal Le Val de Saine** de mi-juin à mi-sept.
℘ 03 84 51 93 11, *foncine@juramontsrivieres.fr*,
Fax 03 84 51 90 19
1 ha (72 empl.) non clos, plat, herbeux
Tarif : (Prix 2010) ★ 2,30 € ⇔ 🅴 3 € – 🈔 1,52 €
Pour s'y rendre : sortie sud-ouest par D 437, rte de
St-Laurent-en-Grandvaux et à gauche, au stade, au bord
de la Saine

| Nature : 🌳🌳 |
| Loisirs : 🛥 ✂ 🏹 |
| Services : 🔥 ⚡ 🚿 🚽 🗑 |
| À prox. : parcours de santé |

| Longitude : 6.06879 |
| Latitude : 46.65489 |

▲ **Les Chalets du Val de Saine** (location exclusive de
chalets) Permanent
℘ 03 84 51 93 11, *foncine@juramontsrivieres.fr*,
Fax 03 84 51 90 19, *www.camping-haut-jura.com*
– alt. 900
1,2 ha plat
Location : (Prix 2010) 🅿 – 14 🛖. Sem. 250 à 450 €
Pour s'y rendre : 58 Grande-Rue

| Nature : 🌳 |
| Loisirs : 🏹 |
| Services : ✂ 🗑 |
| À prox. : 🚣 🍸 🍴 ✂ 🎣 |

| Longitude : 6.07253 |
| Latitude : 46.65888 |

Donnez-nous votre avis
sur les terrains que nous recommandons.
Faites-nous connaître vos observations et vos découvertes
par mail à l'adresse : leguidecampingfrance@fr.michelin.com.

FRESSE

70270 – **314** H6 – 713 h. – alt. 472
▶ Paris 405 – Belfort 31 – Épinal 71 – Luxeuil-les-Bains 30

▲ **La Broche** de mi-avr. à mi-oct.
℘ 03 84 63 31 40, *contact@camping.com*,
Fax 03 84 63 31 40, *www.camping-broche.com*
2 ha (50 empl.) terrasse, peu incliné, plat, herbeux
Tarif : ★ 3 € ⇔ 1,50 € 🅴 1,50 € – 🈔 (5A) 2,50 €
🛢 🚐 🈔 11.50 €
Pour s'y rendre : sortie ouest, rte de Melesey et chemin
à gauche
À savoir : dans un site vallonné et boisé, au bord d'un
étang

| Nature : 🌳 ≤ |
| Loisirs : 🏹 |
| Services : 🔥 ⚡ ✂ |

| Longitude : 6.65727 |
| Latitude : 47.75713 |

HUANNE-MONTMARTIN

25680 – **321** I2 – 79 h. – alt. 310
▶ Paris 392 – Baume-les-Dames 14 – Besançon 37 – Montbéliard 52

  ▲▲▲ **Le Bois de Reveuge** avr. à mi-sept.
       ℘ 03 81 84 38 60, *info@campingduboisdereveuge.com*,
       Fax 03 81 84 44 04, *www.campingduboisdereveuge.com*
       20 ha/11 campables (281 empl.) en terrasses, gravier,
       herbeux, sous-bois attenant
       Tarif : 39 € ★★ ⟜ 🅴 ⦶ (6A) – pers. suppl. 7,50 € – frais
       de réservation 25 €
       Location : 🛖 – 120 �ꔹ – 34 🏠. Nuitée 43 à 123 €
       – Sem. 301 à 861 € – frais de réservation 25 €
       🚐 borne artisanale – 5 🅴 20 €
       Pour s'y rendre : rte de Rougemont (1,1 km au nord
       par D 113)
       À savoir : autour de deux étangs à la lisière d'un bois

Nature : 🐟 ⥱ 💧💧
Loisirs : snack, pizzeria 🍴 🏸
🎮 🚲🛶 🎣 🏊 🏓
Services : 🕹 ⛽ 🚿 🗑 🖫 🧺
À prox. : canoë

Longitude : 6.34422
Latitude : 47.43222

LABERGEMENT-STE-MARIE

25160 – **321** H6 – 1 021 h. – alt. 859
▶ Paris 454 – Champagnole 41 – Pontarlier 17 – St-Laurent-en-Grandvaux 41

  ▲ **Le Lac** de déb. mai à fin sept.
       ℘ 03 81 69 31 24, *camping.lac.remoray@wanadoo.fr*,
       www.camping-lac-remoray.com
       1,8 ha (70 empl.) en terrasses, peu incliné, plat, herbeux
       Tarif : ★ 5 € 🅴 7 € – ⦶ (6A) 4 € – frais de réservation 5 €
       Location : (de déb. mai à fin sept.) – 4 🛖 – 4 🏠.
       Sem. 550 € – frais de réservation 5 €
       🚐 borne artisanale
       Pour s'y rendre : 10 r. du Lac (sortie sud-ouest par
       D 437, rte de Mouthe et r. à dr.)
       À savoir : à 300 m du lac de Remoray

Nature : ⇐
Loisirs : 🍹 ✗ 🍴
Services : 🕹 ⛽ 🚿 🖫 🧺
À prox. : 🎿 ⛷ 🎣

Longitude : 6.27468
Latitude : 46.77132

309

LACHAPELLE-SOUS-ROUGEMONT

90360 – **315** G10 – 509 h. – alt. 400
▶ Paris 442 – Belfort 16 – Basel 76 – Colmar 55

  ▲ **La Seigneurie** de déb. avr. à fin oct.
       ℘ 03 84 23 00 13, *mairielachapelle-rougemont@wanadoo.*
       fr, Fax 03 84 23 05 04, *www.campingdelaseigneurie.com*
       3 ha (120 empl.) plat, herbeux
       Tarif : (Prix 2010) ★ 4 € ⟜ 3 € 🅴 4 € – ⦶ (6A) 3 €
       🚐 borne eurorelais 2 €
       Pour s'y rendre : 3,2 km au nord par D 11, rte de Lauw
       À savoir : en lisière de forêt, près d'un étang

Nature : 🐟 ♀
Loisirs : 🍹 🏊
Services : 🕹 ⛽ 🖫
À prox. : ✗ 🧺

Longitude : 7.01498
Latitude : 47.73613

LEVIER

25270 – **321** G5 – 1 905 h. – alt. 719
▶ Paris 443 – Besançon 45 – Champagnole 37 – Pontarlier 22

  ▲ **La Forêt** de mi-mai à mi-sept.
       ℘ 03 81 89 53 46, *camping@camping-dela-foret.com*,
       www.camping-dela-foret.com
       1,5 ha (70 empl.) terrasse, peu incliné, plat, herbeux
       Tarif : (Prix 2010) 21 € ★★ ⟜ 🅴 ⦶ (6A) – pers.
       suppl. 4 € – frais de réservation 10 €
       Location : (Prix 2010) (permanent) – 2 🛖 – 5 🏠
       – 1 tipi. Nuitée 50 à 142 € – Sem. 300 à 660 € – frais de
       réservation 10 €
       🚐 5 🅴 17 €
       Pour s'y rendre : rte de Septfontaines (1 km au nord-
       est par D 41)
       À savoir : à la lisière d'une forêt

Nature : 🐟 💧💧
Loisirs : 🍴 ⛳ 🏊
Services : 🕹 ⛽ 🚿 🖫
À prox. : parcours sportif

Longitude : 6.13308
Latitude : 46.95915

LONS-LE-SAUNIER

39000 – **321** D6 – 18 075 h. – alt. 255 – ⚓ (début avril-fin oct.)
🛈 *place du 11 Novembre* ℰ *03 84 24 65 01*
▶ Paris 408 – Besançon 84 – Bourg-en-Bresse 73 – Chalon-sur-Saône 61

⚠ La Marjorie de fin mars à mi-oct.
ℰ 03 84 24 26 94, *info@camping-marjorie.com*,
Fax 03 84 24 08 40, *www.camping-marjorie.com*
9 ha/3 campables (204 empl.) plat, herbeux, pierreux, goudronné
Tarif : 21 € ♦♦ ⬌ 🅴 (10A) – pers. suppl. 5 € – frais de réservation 10 €

Location : (de fin mars à mi-oct.) – 4 ⟦🛏⟧ – 11 🏠.
Nuitée 40 à 70 € – Sem. 230 à 465 € – frais de réservation 15 €
⟦🚐⟧ borne artisanale 5 € – 38 🅴 15 €
Pour s'y rendre : 640 bd de l'Europe (au nord-est en dir. de Besançon par bd de Ceinture)
À savoir : agréable décoration arbustive, au bord d'un ruisseau

Nature : 🏞 ♀	
Loisirs : 🍴 🎦 ☾nocturne 🏃	
Services : ♿ ⚡ 🏪 ♨ 🚿 🚻 🍴 laverie ♨	
À prox. : 🍽 ▣ ⛱	

Longitude : 5.56855
Latitude : 46.68422

LURE

70200 – **314** G6 – 8 263 h. – alt. 290
🛈 *35, avenue Carnot* ℰ *03 84 62 80 52*
▶ Paris 387 – Belfort 37 – Besançon 77 – Épinal 77

⚠ Intercommunal de Lure de déb. juin à fin sept.
ℰ 03 84 30 43 40, *contact@pays-de-lure.fr*,
Fax 03 84 89 00 31, *www.pays-de-lure.fr*
1 ha (45 empl.) plat, herbeux
Tarif : (Prix 2010) ♦ 2,80 € ⬌ 1,40 € 🅴 1,60 € – ⌷ (2A) 2 €
Pour s'y rendre : rte de la Saline (1,4 km au sud-est par D 64 vers rte de Belfort puis 800 m par D 18 à dr., rte de l'Isle-sur-le-Doubs, à 50 m de l'Ognon (accès direct))

Loisirs : 🎦 🏊	
Services : ♿ ⚡ 🚮 🖩	
À prox. : 🛒 🍴 🐎 poneys	

Longitude : 6.49653
Latitude : 47.68339

310

To select the best route and follow it with ease,
To calculate distances,
To position a site precisely from details given in the text :
*Get the appropriate **MICHELIN regional map.***

MAICHE

25120 – **321** K3 – 4 076 h. – alt. 777
🛈 *place de la Mairie* ℰ *03 81 64 11 88*
▶ Paris 501 – Baume-les-Dames 69 – Besançon 74 – Montbéliard 43

⚠ Municipal St-Michel de déb. déc. à mi-nov.
ℰ 03 81 64 12 56, *camping.maiche@wanadoo.fr*,
Fax 03 81 64 12 56, *www.mairie-maiche.fr*
2 ha (70 empl.) en terrasses, peu incliné, herbeux, bois attenant
Tarif : (Prix 2010) ♦ 3 € ⬌ 4 € 🅴 4 € – ⌷ (20A) 4 €

Location : (Prix 2010) (de déb. déc. à mi-nov.) 🚫
– 5 🏠 – 3 🛏 – 1 gîte. Nuitée 47 à 52 € – Sem. 205 à 256 €
Pour s'y rendre : 23 r. Saint-Michel (1,3 km au sud, sur D 422 reliant la D 464, rte de Charquemont et la D 437, rte de Pontarlier - accès conseillé par D 437, rte de Pontarlier)

Nature : ♀	
Loisirs : 🏊	
Services : ♿ ⚡ 🖩 🖩	
À prox. : ♨ hammam jacuzzi ▣ ⛱ 🍴	

Longitude : 6.80109
Latitude : 47.24749

MAISOD

39260 – **321** E8 – 311 h. – alt. 520
▶ Paris 436 – Lons-le-Saunier 30 – Oyonnax 34 – St-Claude 29

⚠ **Trelachaume** de mi-avr. à déb. sept.
   ✆ 03 84 42 03 26, *info@trelachaume.fr*, Fax 09 59 73 74 70,
www.trelachaume.fr
3 ha (180 empl.) plat, peu incliné à incliné, herbeux,
pierreux
Tarif : (Prix 2010) 18 € ♦♦ ⚌ 🅴 🚿 (16A) – pers.
suppl. 4 €

Location : (Prix 2010) (de mi-avr. à mi-sept.)
⚏ – 8 🚐 – 6 🏠 – 5 bungalows toilés. Sem.
209 à 635 €
Pour s'y rendre : 50 rte du Mont du Cerf (2,2 km au sud
par D 301 et rte à dr.)

Nature : 🐟 ♀
Loisirs : 🎱 ⚤
Services : ♿ ⚡ 🚿 🖼

Longitude : 5.68875
Latitude : 46.46873

MALBUISSON

25160 – **321** H6 – 566 h. – alt. 900 – Base de loisirs
🛈 69, Grande Rue ✆ 03 81 69 31 21
▶ Paris 456 – Besançon 74 – Champagnole 42 – Pontarlier 16

⚠ **Les Fuvettes** de déb. avr. à fin sept.
   ✆ 03 81 69 31 50, *les-fuvettes@wanadoo.fr*,
Fax 03 81 69 70 46, *www.camping-fuvettes.com*
6 ha (320 empl.) plat et peu incliné, herbeux, pierreux
Tarif : 25 € ♦♦ ⚌ 🅴 🚿 (6A) – pers. suppl. 5 € – frais de
réservation 10 €

Location : (de déb. avr. à fin sept.) – 35 🚐 – 6 🏠
– 4 bungalows toilés. Nuitée 65 € – Sem. 275 à 695 €
– frais de réservation 15 €
🚰 borne artisanale 3 € – 🦆 11 €
Pour s'y rendre : 24 rte de la Plage et des Perrières
(1 km au sud-ouest)
À savoir : au bord du lac de St-Point

Nature : ⬗ ♀ ⛰
Loisirs : 🍽 snack 🎱 ⚤ 🏖 🏊 ☀ 🎣
Services : ♿ ⚡ (juil.-août) 🏧 ⛺ 🚿 🖼 🧺 🍴

Longitude : 6.30496
Latitude : 46.79949

311

MANDEURE

25350 – **321** K2 – 5 022 h. – alt. 336
▶ Paris 473 – Baume-les-Dames 41 – Maîche 34 – Sochaux 15

⚠ **Municipal les Grands Ansanges**
   ✆ 03 81 35 23 79, *mairie.mandeure@ville-mandeure.com*,
Fax 03 81 30 09 26, *www.ville-mandeure.com*
1,7 ha (96 empl.) plat, herbeux
Pour s'y rendre : 34 r. de la Libération (au nord-ouest,
sortie vers Pont-de-Roide, au bord du Doubs)

Nature : ♀
Loisirs : 🍽 🎱 ☀ 🎣
Services : 🖼

Longitude : 6.80664
Latitude : 47.45366

MARIGNY

39130 – **321** E6 – 180 h. – alt. 519
▶ Paris 426 – Arbois 32 – Champagnole 17 – Doucier 5

⚠ **La Pergola** ♦♦ – de déb. mai à mi-sept.
   ✆ 03 84 25 70 03, *contact@lapergola.com*,
Fax 03 84 25 75 96, *www.lapergola.com*
10 ha (350 empl.) en terrasses, herbeux, pierreux
Tarif : (Prix 2010) 37 € ♦♦ ⚌ 🅴 🚿 (6A) – pers.
suppl. 6 €

Location : (Prix 2010) (de déb. mai à mi-sept.)
– 190 🚐. Nuitée 53 à 105 € – Sem. 297 à 735 € – frais
de réservation 30 €
🚰 borne artisanale
Pour s'y rendre : 1 rue des vernois (800 m au sud)

À savoir : bel ensemble de piscines dominant le lac de
Chalain

Nature : ⬗ 🏞 ♀ ⛰
Loisirs : 🍽 🍴 brasserie 🎱 🎥 nocturne 🎯 ⚤ 🚲 ☀ 🏊 🎣 🛶
Services : ♿ ⚡ 🧺 🚿 🚽 🚿 🖼 🍴 🧺
À prox. : canoë

Longitude : 5.77984
Latitude : 46.67737

Le coup de cœur de Bib

La Pergola *(voir page précédente)*
Situé en plein cœur du Jura, le camping La Pergola est idéal pour les amateurs de pêche, de randonnée et de nature. Il donne sur le lac naturel de Chalain (282 ha), ses eaux tempérées et sa plage de sable fin. Mais vous pouvez aussi délaisser la baignade surveillée de la base nautique du camping pour lui préférer celle des piscines, ouvertes toute la journée, qui ont une vue imprenable sur le lac. La Pergola met à votre disposition, notamment, des équipements sportifs et des aires de jeux pour enfants. Labellisé « La Clef Verte », ce camping respecte des normes particulières de protection de l'environnement.

La Pergola

MÉLISEY

70270 – **314** H6 – 1 730 h. – alt. 330
🛈 *place de la Gare* 𝄞 03 84 63 22 80
▶ Paris 397 – Belfort 33 – Épinal 63 – Luxeuil-les-Bains 22

⚠ **La Pierre** de déb. mai à fin sept.
𝄞 03 84 20 84 38, *mairie.melisey@wanadoo.fr*,
Fax 03 84 20 87 19 – places limitées pour le passage
1,5 ha (50 empl.) peu incliné, plat, herbeux
Tarif : 🚶 3 € 🚗 1 € 🔲 3 € – 🔌 (8A) 2 €

Location : (permanent) – 4 🏠. Nuitée 45 € – Sem. 220 à 300 €
🚐 borne artisanale 6 € – 8 🔲 6 € – 🔌
Pour s'y rendre : au lieu-dit : Les Granges Baverey (2,7 km au nord sur D 293, rte de Mélay)

À savoir : cadre pittoresque dans un site boisé

Nature : 🐟 🗗	
Loisirs : 🛶	
Services : 🚻 🗑	

Longitude : 6.58257
Latitude : 47.77876

MESNOIS

39130 – **321** E7 – 193 h. – alt. 460
▶ Paris 431 – Besançon 90 – Lons 18 – Chalon 77

⚠ **Beauregard** de déb. avr. à fin sept.
𝄞 03 84 48 32 51, *reception@juracampingbeauregard. com*, Fax 03 84 48 32 51, *www.juracampingbeauregard. com*
4,5 ha (192 empl.) en terrasses, peu incliné, herbeux
Tarif : (Prix 2010) 26 € 🚶🚶 🚗 🔲 🔌 (10A) – pers. suppl. 3 € – frais de réservation 8 €

Location : (Prix 2010) (de déb. avr. à fin sept.) – 30 🛖 – 5 bungalows toilés. Nuitée 35 à 88 € – Sem. 240 à 610 € – frais de réservation 8 €
🚐 8 🔲 23 €
Pour s'y rendre : 2 Grande-Rue (sortie sud)

Nature : ≼ 🗗 ♀	
Loisirs : 🍸 🍴 🛶 🛝	
Services : 🚻 🔌 🌭 laverie	

Longitude : 5.68878
Latitude : 46.60036

MONNET-LA-VILLE

39300 – **321** E6 – 372 h. – alt. 550
▶ Paris 421 – Arbois 28 – Champagnole 11 – Doucier 10

⚠ **Du Gît** de déb. juin à fin août
℘ 0384512117, *christian.olivier22@wanadoo.fr*,
www.campingdugit.com
4,5 ha (100 empl.) peu incliné, plat, herbeux
Tarif : 15€ ✦✦ ⇆ 🔲 🐾 (5A) – pers. suppl. 4€
Location : (de déb. juin à fin août) – 2 🛏. Sem.
340 à 440€
Pour s'y rendre : à Monnet-le-Bourg, 7 ch. du Gît (1 km
au sud-est par D 40, rte de Mont-sur-Monnet et chemin
à dr.)

Nature : 🐟 ⪪
Loisirs : 🎱
Services : 🔥 ⛽ 🚐 🍽 🖥

Longitude : 5.79733
Latitude : 46.71234

⚠ **Sous Doriat** de déb. mai à fin sept.
℘ 0384512143, *camping.sousdoriat@wanadoo.fr*,
Fax 0384512143, *www.camping-sous-doriat.com*
2,5 ha (130 empl.) plat, herbeux
Tarif : ✦ 4€ ⇆ 3€ 🔲 3€ – 🐾 (10A) 3€ – frais de
réservation 10€
Location : (de déb. mai à fin sept.) – 10 🛏 – 6 🏠
– 4 bungalows toilés. Nuitée 25 à 58€ – Sem. 170 à 400€
– frais de réservation 10€
🚐 borne flot bleu –
Pour s'y rendre : 34 r. Marcel Hugon (sortie nord par
D 27e, rte de Ney)

Nature : ⪪ 🌳
Loisirs : 🎱 🚣
Services : 🔥 ⛽ 🏪 🍽 🖥
À prox. : 🏊 🍷 🍴

Longitude : 5.79779
Latitude : 46.72143

MONTAGNEY

25680 – **321** H2 – 108 h. – alt. 255
▶ Paris 386 – Baume-les-Dames 23 – Besançon 40 – Montbéliard 61

⚠ **La Forge** de déb. mai à fin sept.
℘ 0381860170, *laforge@woka.fr*, Fax 0381860170,
www.woka.fr
1,2 ha (56 empl.) plat, herbeux
Tarif : (Prix 2010) ✦ 5€ ⇆ 2€ 🔲 4€ – 🐾 (16A) 3€
Location : (Prix 2010) (de déb. mai à fin sept.) – 4 🛏
– 7 tentes. Nuitée 7 à 55€ – Sem. 49 à 360€
Pour s'y rendre : au nord du bourg
À savoir : agréable situation au bord de l'Ognon

Nature : 🐟
Loisirs : 🍴 🐟
Services : 🔥 ⛽ 🖥
À prox. : canoë

Longitude : 6.30668
Latitude : 47.4828

ORNANS

25290 – **321** G4 – 4 106 h. – alt. 355
🛈 *7, rue Pierre Vernier* ℘ 0381622150
▶ Paris 428 – Baume-les-Dames 42 – Besançon 26 – Morteau 48

⚠ **Domaine Le Chanet** de déb. avr. à mi-oct.
℘ 0381622344, *contact@lechanet.com*,
Fax 0381621397, *www.lechanet.com*
1,4 ha (95 empl.) incliné, peu incliné, herbeux
Tarif : 26€ ✦✦ ⇆ 🔲 🐾 (10A) – pers. suppl. 4€ – frais
de réservation 15€
Location : (de déb. avr. à mi-oct.) – 22 🛏 – 9 tentes
– 2 gîtes. Nuitée 42 à 84€ – Sem. 190 à 590€ – frais de
réservation 15€
🚐 borne artisanale 3€ – 7 🔲 15€
Pour s'y rendre : 9 ch. du Chanet (1,5 km au sud-ouest
par D 241, rte de Chassagne-St-Denis et chemin à dr., à
100 m de la Loue)
À savoir : piscine naturelle

Nature : 🐟 ⪪ 🌳🌳
Loisirs : 🍷 snack, pizzeria 🎱
🎯 🏊
Services : 🔥 ⛽ 🏪 🍽 🗑 🍴
laverie 🏧
À prox. : ⚒ 🐟

Longitude : 6.12779
Latitude : 47.10164

OUNANS

39380 – **321** D5 – 334 h. – alt. 230
▶ Paris 383 – Arbois 16 – Arc-et-Senans 13 – Dole 23

La Plage Blanche de déb. avr. à fin sept.
℘ 0384376963, *reservation@la-plage-blanche.com*,
Fax 0384376021, *www.la-plage-blanche.com*
5 ha (220 empl.) plat, herbeux
Tarif : 24€ ✚✚ ➡ 🅴 (6A) – pers. suppl. 6€
Location : (de déb. avr. à fin sept.) – 6 🛏
– 4 bungalows toilés. Nuitée 40 à 95€ – Sem.
275 à 660€
🚐 borne autre
Pour s'y rendre : 3 r. de la Plage (1,5 km au nord par
D 71, rte de Montbarey et chemin à gauche)
À savoir : au bord de la Loue

Nature : 🐚 ♀
Loisirs : 🍴 snack, brasserie, pizzeria 🍽 ⚽ 🏊 🎣 🐎 terrain multisports
Services : 🚿 ⚡ 🚱 laverie 🏧 ⛽
à la base de loisirs : canoë, VTT

Longitude : 5.66173
Latitude : 47.00379

Le Val d'Amour
℘ 0384376189, *camping@levaldamour.com*,
Fax 0384377869, *www.levaldamour.com*
3,7 ha (100 empl.) plat, herbeux, verger
Location : – 12 🛏 – 8 🏠 – frais de réservation 6€
🚐 borne artisanale
Pour s'y rendre : 1 r. du Val d'Amour (sortie est par
D 472, dir. Chambray)
À savoir : jolie décoration florale

Nature : 🐚 ♀♀
Loisirs : snack 🍸diurne (juil.-août) nocturne ⚽ 🚲 🏊 piste de bi-cross
Services : 🚿 ⚡ 🚱 laverie

Longitude : 5.6733
Latitude : 46.99103

PESMES

70140 – **314** B9 – 1 113 h. – alt. 205
🏠 19, rue Jacques Prévost ℘ 0687731305
▶ Paris 387 – Besançon 52 – Vesoul 64 – Dijon 69

La Colombière de déb. avr. à fin oct.
℘ 0384312015, *mairie-pesmes@wanadoo.fr*
1 ha (70 empl.) plat, herbeux
Tarif : (Prix 2010) 17€ ✚✚ ➡ 🅴 (16A) – pers. suppl. 2€ – frais de réservation 5€
Location : (Prix 2010) (permanent) – 4 🛏 – 2 🏠 – 1 gîte. Nuitée 48€ – Sem. 179 à 240€ – frais de réservation 5€
🚐 borne flot bleu 2€ – 30 🅴 13€
Pour s'y rendre : sortie sud par D 475, rte de Dole, bord de l'Ognon

Nature : ♀
Loisirs : 🍽 🎣
Services : 🚿 ⚡ 🚱 🏧 ⛽ 🗑 ⛽ 🚱
À prox. : 🍴 ✗ 🚲canoë kayak

Longitude : 5.56392
Latitude : 47.27403

Verwechseln Sie bitte nicht :
🔺 ... bis ... 🔺🔺🔺: MICHELIN-Klassifizierung
und
★ ... bis ... ★★★★★ : offizielle Klassifizierung

POLIGNY

39800 – **321** E5 – 4 279 h. – alt. 373
🏠 20, place des Déportés ℘ 0384372421
▶ Paris 397 – Besançon 57 – Dole 45 – Lons-le-Saunier 30

La Croix du Dan de mi-juin à mi-sept.
℘ 0384737758, *contact@ccgrimont.fr*,
Fax 0384737759, *cccg.tv*
1,5 ha (87 empl.) plat, herbeux
Tarif : (Prix 2010) ✚ 2€ ➡ 2€ 🅴 2€ – (4A) 7€
🚐 borne artisanale
Pour s'y rendre : rte de Lons-Le-Saunier (1 km au sudouest par N 83 dir. Lons-le-Saunier)

Nature : ≤ ♀
Loisirs : ⚽
Services : 🚿 ⚡ 🚱 🏧

Longitude : 5.70078
Latitude : 46.83424

PONTARLIER

25300 – **321** I5 – 18 939 h. – alt. 838

🏛 *14 bis, rue de la Gare* ℰ 03 81 46 48 33

▶ Paris 462 – Basel 180 – Beaune 164 – Belfort 126

⚑ **Le Larmont**
  ℰ 03 81 46 23 33, *lelarmont.pontarlier@wanadoo.fr*,
  Fax 03 81 46 23 34 – alt. 880
  4 ha (75 empl.) en terrasses, herbeux, gravier
  Location : – 7 🏠. – frais de réservation 16 €
  ⛽ borne raclet – 10 🅔 – 🛒 9 €
  Pour s'y rendre : au sud-est en dir. de Lausanne, près
  du centre équestre

| Nature : ♨ ≤ 🗀 |
| Loisirs : 🎱 🏓 🐎 poneys |
| Services : 🚿 ⛽ 🏧 👕 🧺 ♿ 🖥 |
| À prox. : parcours sportif |

| Longitude : 6.35908 |
| Latitude : 46.9021 |

PONT-DU-NAVOY

39300 – **321** E6 – 244 h. – alt. 470

▶ Paris 420 – Arbois 26 – Champagnole 11 – Lons-le-Saunier 23

⚑ **Le Bivouac** Permanent
  ℰ 03 84 51 26 95, *kawayet@aol.com*, Fax 03 84 51 29 70,
  www.bivouac-jura.com
  2,3 ha (90 empl.) plat, herbeux
  Tarif : 👤 4 € 🅔 5 € – 🔌 (16A) 3 €
  Location : (permanent) – 8 🚐 – 6 🏠 – 5 gîtes.
  Nuitée 55 à 75 € – Sem. 385 à 500 €
  Pour s'y rendre : 500 m au sud par D 27, rte de
  Montigny-sur-l'Ain, au bord de l'Ain

| Nature : ≤ |
| Loisirs : 🍸 snack 🍴 🎣 |
| Services : 🚿 ⛽ 🚰 🖥 |

| Longitude : 5.78289 |
| Latitude : 46.7275 |

QUINGEY

25440 – **321** F4 – 1 214 h. – alt. 275

▶ Paris 397 – Baume-les-Dames 40 – Besançon 23 – Morteau 78

⚑ **Municipal Les Promenades** de déb. mai à fin
  sept.
  ℰ 03 81 63 74 01, *mairie-quingey@wanadoo.fr*,
  Fax 03 81 63 74 01, *www.campingquingey.fr*
  1,5 ha (61 empl.) plat, herbeux, gravier
  Tarif : (Prix 2010) 👤 4 € 🅔 4 € – 🔌 (10A) 3 €
  Pour s'y rendre : au lieu-dit : Les Promenades (sortie
  sud, rte de Lons-le-Saunier et chemin à gauche apr. le
  pont)

| Nature : 🗀 ♨♨ |
| Loisirs : ✂ 🎣 |
| Services : 🚿 ⛽ (juil.-août) 🚿 🧺 🖥 |
| À prox. : 🏇 🚲 ⛵canoë |

| Longitude : 5.8829 |
| Latitude : 47.10321 |

315

Avant de prendre la route, consultez **www.ViaMichelin.fr :**
votre meilleur itinéraire, le choix de votre hôtel, restaurant,
des propositions de visites touristiques.

RENAUCOURT

70120 – **314** C7 – 108 h. – alt. 209

▶ Paris 338 – Besançon 58 – Bourbonne-les-Bains 49 – Épinal 98

⚑ **Municipal la Fontaine aux Fées** fin mai à déb.
  sept.
  ℰ 03 84 92 04 18, *mairie.renaucourt@wanadoo.fr*,
  Fax 03 84 92 04 18
  2 ha (24 empl.) plat, herbeux
  Tarif : (Prix 2010) 👤 2 € 🚐 🅔 2,50 € – 🔌 (13A) 2 €
  Pour s'y rendre : 1,3 km au sud-ouest par rte de Volon
  À savoir : à la lisière d'un bois, près d'un étang

| Services : ⛽ 🚐 🚿 🧺 |
| À prox. : 🏊 🎣 |

| Longitude : 5.76986 |
| Latitude : 47.63682 |

FRANCHE-COMTÉ

ST-CLAUDE

39200 – **321** F8 – 11 635 h. – alt. 450
🛈 *1, avenue de Belfort* ☎ 03 84 45 34 24
▶ Paris 465 – Annecy 88 – Bourg-en-Bresse 90 – Genève 60

⚠ **Municipal du Martinet** de déb. mai à fin sept.
☎ 03 84 45 00 40, *contact@camping-saint-claude.fr*,
www.camping-saint-claude.fr
2,9 ha (130 empl.) incliné, plat, herbeux
Tarif : (Prix 2010) 13 € ⚡⚡ ⟵ 🚐 📧 ⚡ (6A) – pers.
suppl. 3 €
Pour s'y rendre : 2 km au sud-est par rte de Genève et
D 290 à dr., au confluent du Flumen et du Tacon
À savoir : blotti dans un agréable site montagneux

Nature : ≤ 🎣🎣
Loisirs : 🍴 snack 🎰
Services : 👤 ⚡ (juil.-août) ♻
🏪 ♨
À prox. : 🍴 🎣 ⛲ 🎣

Longitude : 5.86427
Latitude : 46.39072

ST-HIPPOLYTE

25190 – **321** K3 – 918 h. – alt. 380
🛈 *place de l'Hôtel de Ville* ☎ 03 81 96 58 00
▶ Paris 490 – Basel 93 – Belfort 48 – Besançon 89

⚠ **Les Grands Champs** de déb. mars à fin sept.
☎ 03 81 96 54 53, *tourisme25190@orange.fr*, *www.ville-saint-hippolyte.fr*
2,2 ha (65 empl.) en terrasses, peu incliné, herbeux,
pierreux
Tarif : (Prix 2010) ⚡ 3 € ⟵ 🚐 3 € 📧 3 € – ⚡ (9A) 3 €
Pour s'y rendre : 1 km au nord-est par D 121, rte de
Montécheroux et chemin à dr., près du Doubs (accès
direct)

Nature : 🏞 ≤ 🎣
Loisirs : 🎣
Services : 👤 ⚡ (juil.-août) ♻ 🏪

Longitude : 6.81237
Latitude : 47.31811

*Dieser Führer stellt kein vollständiges Verzeichnis aller Campingplätze dar,
sondern nur eine Auswahl der besten Plätze jeder Kategorie.*

316

ST-LAURENT-EN-GRANDVAUX

39150 – **321** F7 – 1 736 h. – alt. 904
🛈 *7, place Charles Thevenin* ☎ 03 84 60 15 25
▶ Paris 442 – Champagnole 22 – Lons-le-Saunier 45 – Morez 11

⚠ **Municipal Champ de Mars** de déb. janv. à fin sept.
☎ 03 84 60 19 30, *champmars.camping@orange.fr*,
Fax 03 84 60 19 72, *www.st-laurent39.fr*
3 ha (150 empl.) plat et peu incliné, herbeux
Tarif : ⚡ 3 € 📧 3 € – ⚡ (10A) 2 €

Location : (de déb. janv. à fin sept.) – 10 🏠. Nuitée
120 € – Sem. 280 à 476 €
🚐 borne autre 5 € – 12 📧 9 € – 🚌 8 €
Pour s'y rendre : 8 r. du Camping (sortie est par N 5)

Nature : ❄ ≤
Loisirs : 🎰
Services : 👤 ⚡ 🏪 🛒 ♻ ⚡
laverie

Longitude : 5.96294
Latitude : 46.57616

ST-POINT-LAC

25160 – **321** H6 – 251 h. – alt. 860 – Base de loisirs
▶ Paris 453 – Champagnole 39 – Pontarlier 13 – St-Laurent-en-Grandvaux 45

⚠ **Municipal** de déb. mai à fin sept.
☎ 03 81 69 61 64, *camping-saintpointlac@wanadoo.fr*,
Fax 03 81 69 65 74, *www.campingsaintpointlac.com*
1 ha (84 empl.) plat, herbeux, gravillons
Tarif : (Prix 2010) 15 € ⚡⚡ ⟵ 🚐 📧 ⚡ (16A) – pers.
suppl. 3 € – frais de réservation 53 €
🚐 borne artisanale 6 €
Pour s'y rendre : 8 r. du Port (au bourg)
À savoir : les emplacements camping-car sont à proximité
du camping

Nature : ≤
Loisirs : 🎰 🚤
Services : 👤 ⚡ (25 juin-août)
🏪 🏪
À prox. : ⛵ 🎣, base nautique

Longitude : 6.30336
Latitude : 46.81209

SALINS-LES-BAINS

39110 – **321** F5 – 3 045 h. – alt. 340 – ♨ (début mars-fin oct.)
🏠 *place des Salines* ✆ *03 84 73 01 34*
▶ Paris 419 – Besançon 41 – Dole 43 – Lons-le-Saunier 52

⚠ Municipal
✆ 03 84 37 92 70, *www.salinscamping.com*
1 ha (44 empl.) plat, herbeux, gravillons
Location : – 3 🚐.
Pour s'y rendre : pl. de la Gare (sortie nord, rte de
Besançon)

| Nature : ≤ 🗇 |
| Loisirs : 🔲 🚣 ⛴ (petite piscine) |
| Services : 🖐 ⚬ 🖼 |

| Longitude : 5.87991 |
| Latitude : 46.9432 |

LA TOUR-DU-MEIX

39270 – **321** D7 – 216 h. – alt. 470
▶ Paris 430 – Champagnole 42 – Lons-le-Saunier 24 – St-Claude 36

🏕 **Surchauffant** de fin avr. à mi-sept.
✆ 03 84 25 41 08, *info@camping-surchauffant.fr*,
Fax 03 84 35 56 88, *www.camping-surchauffant.fr*
2,5 ha (180 empl.) plat, herbeux, pierreux
Tarif : (Prix 2010) 23 € ♦♦ ⇔ 🖲 ⑭ (10A) – pers.
suppl. 5 €

Location : (Prix 2010) (de mi-avr. à mi-sept.) 🚫
– 25 🚐 – 24 🏠. Nuitée 35 à 93 € – Sem. 245 à 651 €
🅿 borne artisanale
Pour s'y rendre : au lieu-dit : Le Pont de la Pyle (1 km
au sud-est par D 470 et chemin à gauche, à 150 m du lac
de Vouglans - accès direct)

| Nature : 🌿 ≤ 🌊 |
| Loisirs : 🔲 🚣 |
| Services : 🖐 ⚬ (juil.-août) 🅰 🖤 🖼 |
| À prox. : 🍽 ✗ 🏊 🦢 |

| Longitude : 5.6742 |
| Latitude : 46.52298 |

*Les indications d'accès à un terrain sont généralement indiquées,
dans notre guide, à partir du centre de la localité.*

317

UXELLES

39130 – **321** I2 – 55 h. – alt. 598
▶ Paris 440 – Besançon 93 – Genève 86 – Lausanne 102

🏕 **Relais Soleil les Crozats** (location exclusive de
chalets et de chambres) Permanent
✆ 03 84 25 26 19, *reservation@rsl39.com*,
Fax 03 84 25 26 20, *www.odesia.eu*
2 ha peu incliné, plat, herbeux
Location : (Prix 2010) 🚫 🅿 – 15 🏠 – 28 ⊨. Sem.
268 à 799 €
Pour s'y rendre : r. Principale

| Nature : ❄ 🌿 |
| Loisirs : 🍽 ✗ 🔲 ⑨ 🏓 ⛷ hammam |
| Services : ⚬ 🖤 laverie 🦮 |

| Longitude : 5.79146 |
| Latitude : 46.60255 |

VESOUL

70000 – **314** E7 – 16 329 h. – alt. 221 – Base de loisirs
🏠 *2, rue Gevrey* ✆ *03 84 97 10 85*
▶ Paris 360 – Belfort 68 – Besançon 47 – Épinal 91

🏕 **International du Lac** Permanent
✆ 03 84 76 22 86, *camping_dulac@yahoo.fr*,
www.camping-vesoul.com
3 ha (160 empl.) plat, herbeux
Tarif : (Prix 2010) ♦ 4 € ⇔ 3 € 🖲 4 € – ⑭ (6A) 2 €
Location : (Prix 2010) (permanent) 🚫 – 6 🚐.
Nuitée 65 à 80 € – Sem. 290 à 525 €
🅿 borne raclet 3 € – 30 🖲 16 €
Pour s'y rendre : av. des Rives du Lac (2,5 km à l'ouest)

| Nature : 🌿 🗇 |
| Loisirs : 🔲 🦢 |
| Services : 🖐 ⚬ 🎱 🖤 🅰 🗑 🖤 laverie |
| À prox. : 🍽 ✗ snack 🚣 🎾 ⛴ 🏊 |

| Longitude : 6.1559 |
| Latitude : 47.62347 |

VILLERSEXEL

70110 – **314** G7 – 1 423 h. – alt. 287
🛈 *33, rue des Cités* ✆ *0384205959*
▶ Paris 386 – Belfort 41 – Besançon 59 – Lure 18

△ **Le Chapeau Chinois**
✆ 0384634060, *villersexelcamp@aol.com*,
Fax 0384634060
2 ha (80 empl.) plat, herbeux

Location : 🏠.

Pour s'y rendre : 1 km au nord par D 486, rte de Lure et chemin à dr. apr. le pont

À savoir : au bord de l'Ognon

Nature : 🏞 ♀
Loisirs : 🛋 🍴 ≊ 🎣
Services : 🚿 ⚗
À prox. : ✕ 🏕 canoë

Longitude : 6.43466
Latitude : 47.55096

S. Sauvignier/Michelin

L'Île-de-France s'identifie à Paris. Historique, culturelle, moderne, la capitale, que domine la silhouette élancée de la tour Eiffel, mêle sans vergogne palais royaux devenus musées, édifices contemporains, petites maisons bohèmes et immeubles haussmanniens. Mille ambiances s'y côtoient : calme villageois des ruelles fleuries, effervescence des Grands Boulevards, convivialité bruyante des bistrots, intimité des ateliers d'artistes, décontraction des terrasses de café où s'affiche parfois une star du show-biz, affriolants spectacles de cabaret… Hors la métropole, la région recèle d'autres richesses : nobles demeures entourées de hautes futaies, parc enchanté de Disneyland, joyeuses guinguettes des bords de Marne… Sans oublier Versailles qui abrite « le plus beau château du monde », paré de tous ses ors.

Paris, the City of Light, is the heart of the Île de France, a chic and cosmopolitan capital where former royal palaces are adorned with glass pyramids, railway stations become museums and alleyways of bohemian houses lead off from broad, plane-planted boulevards. Paris is neverending in its contrasts: from bustling department stores to elegant cafés, from the bateaux-mouches, gliding past the city by night, to the whirlwind glitz of a cabaret. But the land along the Seine is not content to stay in the shadows of France's illustrious first city; the region is home to secluded chateaux, the magic of Disneyland and the gaiety of the summer cafés on the banks of the Marne. And who could forget the sheer splendour of Versailles, the most beautiful palace in the world?

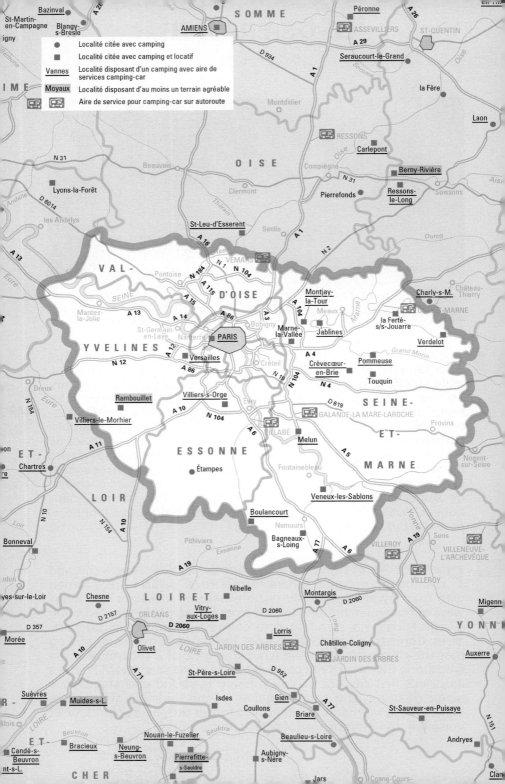

BAGNEAUX-SUR-LOING

77167 – **312** F6 – 1 604 h. – alt. 45
▶ Paris 84 – Fontainebleau 21 – Melun 39 – Montargis 30

▲▲ **Municipal de Pierre le Sault** de déb. avr. à fin oct.
   ℘ 01 64 29 24 44, *camping.bagneaux-sur-loing@orange.fr*, Fax 01 64 29 24 44 – places limitées pour le passage
3 ha (160 empl.) plat, herbeux, bois attenant
Tarif : ✹ 3 € ⇐⇒ 🅴 2 € – 🅑 (1A) 4 €

Location : (de déb. avr. à fin oct.) – 3 roulottes. Nuitée 9 à 15 € – Sem. 40 à 73 €
Pour s'y rendre : Chemin des Grèves (au nord-est de la ville, près du terrain de sports, entre le canal et le Loing, à 200 m d'un plan d'eau)

| Nature : 🌳 ♀ |
| Loisirs : 🎬 ⚽ 🏓 |
| Services : ♿ ⛽ ✂ 🏠 🔌 ⚀ laverie |
| À prox. : 🛼 piste de roller-skate |

| Longitude : 2.70473 |
| Latitude : 48.23912 |

BOULANCOURT

77760 – **312** D6 – 353 h. – alt. 79
▶ Paris 79 – Étampes 33 – Fontainebleau 28 – Melun 44

▲ **Île de Boulancourt** Permanent
   ℘ 01 64 24 13 38, *camping-ile-de-boulancourt@wanadoo.fr*, Fax 01 64 24 10 43, *www.camping-iledeboulancourt.com* – places limitées pour le passage
5 ha (100 empl.) plat, herbeux
Tarif : (Prix 2010) ✹ 4 € ⇐⇒ 🅴 5 € – 🅑 (3A) 2 €

Location : (Prix 2010) (permanent) 🏠 – 5 📱 – 1 🏠 – 1 gîte. Sem. 152 à 280 €
⚡ borne eurorelais 5 € – 4 🅴 14 € – 🚰 11 €
Pour s'y rendre : 6 allée des Marronniers (au sud par D 103a, rte d'Augerville-la-Rivière)

À savoir : cadre boisé et agréable situation dans une boucle de l'Essonne

| Nature : 🦆 ♀♀ |
| Loisirs : 🎬 ♨ |
| Services : ⛽ 🚿 🏠 🔥 🔌 |
| À la base de loisirs de Buthiers : 🏌 golf, pratice de golf - 🏓 |

| Longitude : 2.435 |
| Latitude : 48.25583 |

321

CREVECŒUR-EN-BRIE

77610 – **312** G3 – 308 h. – alt. 116
▶ Paris 51 – Melun 36 – Boulogne 59 – Argenteuil 66

▲▲ **Caravaning des 4 Vents** Permanent
   ℘ 01 64 07 41 11, *f.george@free.fr*, Fax 01 64 07 45 07, *www.caravaning-4vents.fr* – places limitées pour le passage
9 ha (199 empl.) plat, herbeux
Tarif : 27 € ✹✹ ⇐⇒ 🅴 🅑 (6A) – pers. suppl. 6 €

Location : (permanent) 🏠 – 6 🏠. Nuitée 83 € – Sem. 560 €
⚡ borne artisanale 6 € – 12 🅴
Pour s'y rendre : r. de Beauregard (1 km à l'ouest par rte de la Houssaye et rte à gauche)

| Nature : 🦆 ♀ |
| Loisirs : 🎬 ⚽ 🏌 |
| Services : ♿ ⛽ ✂ 🏠 🔌 🔥 📺 |
| À prox. : 🏓 🐴 poneys |

| Longitude : 2.89714 |
| Latitude : 48.7506 |

ÉTAMPES

91150 – **312** B5 – 22 306 h. – alt. 80 – Base de loisirs
🛈 2, place de l'Hôtel de Ville ℘ 01 69 92 69 00
▶ Paris 51 – Chartres 59 – Évry 35 – Fontainebleau 45

▲▲ **Le Vauvert** de déb. mai à mi-sept.
   ℘ 01 64 94 21 39, *caravaning.levauvert@orange.fr*, Fax 01 69 92 72 59 – places limitées pour le passage – 🐴
8 ha (288 empl.) plat, herbeux
Tarif : 17 € ✹✹ ⇐⇒ 🅴 🅑 (10A) – pers. suppl. 6 €
Pour s'y rendre : rte de Saclas (2,3 km au sud par D 49)

À savoir : cadre agréable, au bord de la Juine

| Nature : 🌳 |
| Loisirs : 🍸 🎬 ⚽ 🏓 |
| Services : ♿ ⛽ 🚿 ✂ 🏠 🔥 ⚀ 🔌 |
| À la base de loisirs : 🏊 🏌 ⛷ 🐴 (centre équestre), escalade |

| Longitude : 2.16322 |
| Latitude : 48.43712 |

LA FERTÉ-SOUS-JOUARRE

77260 – **312** H2 – 8 982 h. – alt. 58

🛈 *34, rue des Pelletiers* 📞 *01 60 01 87 99*

▶ Paris 67 – Melun 70 – Reims 83 – Troyes 116

△ **Le Caravaning des Bondons** Permanent
📞 01 60 22 00 98, *castel@chateaudesbondons.com*,
Fax 01 60 22 97 01, *www.caravaningdesbondons.com*
– places limitées pour le passage
30 ha/10 campables (247 empl.) plat et peu incliné,
herbeux, étang
Tarif : (Prix 2010) 27 € 👥 ⇔ 🅴 (½) (5A) – pers.
suppl. 8 €
Pour s'y rendre : 49 r. des Bondons (2 km à l'est par
D 407 et D 70, rte de Montmenard puis 1,4 km)

À savoir : dans le parc du Château des Bondons

Nature : 🏞 🏕 ⚲⚲
Loisirs : ✗
Services : ♿ 🚰 ✂ 🏢 🚿 🚰
À prox. : 🎯 ⚓ 🐎 (centre équestre)

Longitude : 3.14828
Latitude : 48.94782

JABLINES

77450 – **312** F2 – 628 h. – alt. 46 – Base de loisirs

▶ Paris 44 – Meaux 14 – Melun 57

△△ **L' International** de déb. avr. à déb. nov.
📞 01 60 26 09 37, *welcome@camping-jablines.com*,
Fax 01 60 26 43 33, *www.camping-jablines.com*
300 ha/4 campables (150 empl.) plat, herbeux
Tarif : 27 € 👥 ⇔ 🅴 (½) (10A) – pers. suppl. 7 € – frais
de réservation 10 €

Location : (de déb. avr. à déb. nov.) – 9 🏚. Nuitée
65 à 94 € – Sem. 455 à 660 € – frais de réservation 10 €
🔌 borne eurorelais 3 €
Pour s'y rendre : à la Base de Loisirs (2 km au sud-
ouest par D 45, rte d'Annet-sur-Marne, à 9 km du Parc
Disneyland-Paris)

À savoir : situation agréable dans une boucle de la
Marne

Nature : 🏞 🏕
Loisirs : 🏊
Services : ♿ 🚰 🏢 🚿 🚰 laverie 🍽
À la base de loisirs : 🍸 cafétéria 🏖 🏓 🎯 🎣 ⛵ (plan d'eau) 🚣 télé-ski nautique, poneys (centre équestre)

Longitude : 2.7323
Latitude : 48.91252

322

Ne prenez pas la route au hasard !
Michelin *vous apporte à domicile*
ses conseils routiers,
touristiques, hôteliers : ***www.ViaMichelin.fr !***

MELUN

77000 – **312** E4 – 37 835 h. – alt. 43

🛈 *18, rue Paul Doumer* 📞 *01 64 52 64 52*

▶ Paris 47 – Chartres 105 – Fontainebleau 18 – Meaux 55

△△ **La Belle Étoile** de fin mars à mi-oct.
📞 01 64 39 48 12, *info@campinglabelleetoile.com*,
Fax 01 64 37 25 55, *www.campinglabelleetoile.com*
3,5 ha (190 empl.) plat, herbeux
Tarif : ⋆ 6 € 🅴 7 € – (½) (6A) 4 € – frais de réservation 8 €

Location : (de fin mars à mi-oct.) – 8 🏚
– 4 🏚 – 3 bungalows toilés. Nuitée 32 à 100 € – Sem.
192 à 600 € – frais de réservation 8 €
🔌 borne artisanale 2 €
Pour s'y rendre : quai Maréchal Joffre (au sud-est par
N 6, rte de Fontainebleau, av. de la Seine et quai Joffre
(rive gauche), à la Rochette près du fleuve)

Nature : ♀
Loisirs : 🎬 🏊 ⛵ (bassin)
Services : 🚰 🏢 🏖 🚿 🚰 🍴 laverie
À prox. : ♨ hammam 🎯 🎣 🏊 (petite piscine) 🚣

Longitude : 2.66765
Latitude : 48.50929

MONTJAY-LA-TOUR

77410 – **312** E2

▶ Paris 38 – Melun 50 – Boulogne 45 – Argenteuil 41

Le Parc de Paris Permanent
℘ 01 60 26 20 79, *info@campingleparc.fr*,
Fax 01 60 27 02 75, *www.campingleparc.fr* – places
limitées pour le passage
10 ha (340 empl.) en terrasses, peu incliné, plat, gravier,
herbeux
Tarif : (Prix 2010) 29 € ♦♦ ⚐ 🄴 🄵 (6A) – pers.
suppl. 7 € – frais de réservation 25 €

Location : (Prix 2010) (permanent) – 80 🛏
– 5 bungalows toilés. Nuitée 39 à 92 € – Sem. 234 à 552 €
– frais de réservation 25 €
🚐 borne artisanale – 20 🄴 23 € – 🛒 🄵 12 €
Pour s'y rendre : r. Adèle Claret (sortie est par D 105
vers la D 104 dir. Annet)

Nature : 🏕 ♀♀	
Loisirs : snack 🎮 🄰 🏊	
Services : ♿ ⚐ 🏧 ♨ ♈ laverie	
À prox. : 🍴	

Longitude : 2.66724
Latitude : 48.91118

Donnez-nous votre avis sur les terrains que nous recommandons.
Faites-nous connaître vos observations et vos découvertes
par mail à l'adresse : leguidecampingfrance@fr.michelin.com.

PARIS

75000 Plans de Paris : n°50 à 57 – 2 181 371 h. – alt. 30

🛈 25, rue des Pyramides (1er) ℘ 08 92 68 30 00 20, bd Diderot, Gare de Lyon ℘ 08 92 68 30 00 18, rue de
Dunkerque, Gare du Nord ℘ 08 92 68 30 00 Place du 11 Novembre 1918 ℘ 08 92 68 30 00 Place du Tertre
Montmartre ℘ 08 92 68 30 00 Anvers, face au 72 Bd de Rochecouard ℘ 08 92 68 30 00 Carroussel du
Louvre ℘ 08 92 68 30 00

Au Bois de Boulogne – 75016

Du Bois de Boulogne Permanent
℘ 01 45 24 30 00, *paris@campingparis.fr*,
Fax 01 42 24 42 95, *www.campingparis.fr* – réservé aux
usagers résidant hors Île de France
7 ha (510 empl.) plat, gravillons
Tarif : (Prix 2010) 37,90 € ♦♦ ⚐ 🄴 🄵 (10A) – pers.
suppl. 6,80 € – frais de réservation 14 €

Location : (Prix 2010) – 75 🛏. Nuitée 59 à 108 €
– Sem. 413 à 759 € – frais de réservation 14 €
🚐 borne artisanale 8 €
Pour s'y rendre : 2 allée du Bord de l'Eau (entre le pont
de Suresnes et le pont de Puteaux, au bord de la Seine)

À savoir : diverses excursions au départ du camping - bus
pour la Porte Maillot

Nature : 🏕 ♀♀	
Loisirs : ♈	
Services : ♿ ⚐ 🏧 🏊 ♈ laverie 🏖 🛁	

Longitude : 2.2312
Latitude : 48.86575

POMMEUSE

77515 – **312** H3 – 2 674 h. – alt. 67

▶ Paris 58 – Château-Thierry 49 – Créteil 54 – Meaux 23

Iris Parc Le Chêne Gris ♣♣ – de mi-avr. à déb. nov.
℘ 01 64 04 21 80, *arenaudet@irisparc.com*,
Fax 01 64 20 05 89, *www.lechenegris.com*
6 ha (198 empl.) en terrasses, herbeux, gravier
Tarif : (Prix 2010) 49 € ♦♦ ⚐ 🄴 🄵 (10A) – pers.
suppl. 4 € – frais de réservation 18 €

Location : (Prix 2010) (de mi-avr. à déb. nov.) 🏕
– 228 🛏 – 85 tentes. Nuitée 25 à 107 € – Sem.
175 à 749 € – frais de réservation 18 €
Pour s'y rendre : 24 pl. de la Gare (2 km au sud-ouest,
derrière la gare de Faremoutiers-Pommeuse)

Nature : 🏕 ♀♀	
Loisirs : ✗ 🎮 🄰 ⚽ 🏊 🌊	
Services : ♿ ⚐ 🏧 🏊 ♈ ♈	
laverie 🏖	
À prox. : 🍴 🎣 🄴	

Longitude : 2.99362
Latitude : 48.8093

RAMBOUILLET

78120 – **311** G4 – 26 157 h. – alt. 160

🄸 *place de la Libération* 𝒫 0134832121

▶ Paris 53 – Chartres 42 – Étampes 44 – Mantes-la-Jolie 50

⛰ **Huttopia Rambouillet** ♣♨ – de fin mars à déb. nov.
𝒫 0130410734, *rambouillet@huttopia.com*,
Fax 0130410017, *www.huttopia.com*
8 ha (93 empl.) plat, gravier, herbeux
Tarif : (Prix 2010) 31€ ✶✶ ⇌ 🅴 [½] (10A) – pers.
suppl. 7€ – frais de réservation 10€
Location : (Prix 2010) (de fin mars à déb. nov.) 🅿
– 10 roulottes – 15 🏠 – 14 tentes. Nuitée 59 à 147€
– Sem. 371 à 1 029€ – frais de réservation 10€
🚐 borne autre 5€
Pour s'y rendre : rte du Château d'Eau (4 km au sud par
N 10, rte de Chartres)
À savoir : en bordure d'un étang, au cœur de la forêt

Nature :	🐾 🗭 ΩΩ
Loisirs :	🍴 snack 🎦 ⚓ 🎠
	🎣 🚣
Services :	🔧 🔌 🏭 🖰 🚿 🚰
laverie 🧺	
À prox. :	🏊 🏄 parc animalier

Longitude : 1.83587
Latitude : 48.63093

TOUQUIN

77131 – **312** H3 – 1 101 h. – alt. 112

▶ Paris 57 – Coulommiers 12 – Melun 36 – Montereau-Fault-Yonne 48

⛰ **Les Étangs Fleuris** de déb. avr. à mi-sept.
𝒫 0164041636, *contact@etangs-fleuris.com*,
Fax 0164041228, *www.etangs-fleuris.com*
5,5 ha (175 empl.) plat, peu incliné, herbeux
Tarif : 19€ ✶✶ ⇌ 🅴 [½] (10A) – pers. suppl. 10€
Location : (de déb. avr. à fin oct.) 🏄 – 10 🏚. Sem.
390 à 640€
🚐 6 🅴 19€
Pour s'y rendre : rte de La Couture (3 km à l'est)

Nature :	🐾 🗭 ΩΩ
Loisirs :	🍴 🎦 ⚓ 🎣 🎣 🚣 ♪
terrain omnisports	
Services :	🔌 🏭 🚿 🚰 ⚓ laverie
À prox. :	🎿 🐴 (centre équestre)

Longitude : 3.04493
Latitude : 48.73387

VENEUX-LES-SABLONS

77250 – **312** F5 – 4 743 h. – alt. 76

▶ Paris 72 – Fontainebleau 9 – Melun 26 – Montereau-Fault-Yonne 14

⛰ **Les Courtilles du Lido** de mi-avr. à mi-sept.
𝒫 0160704605, *lescourtilles-dulido@wanadoo.fr*,
http://www.les-courtilles-du-lido.fr
5 ha (196 empl.) plat, herbeux
Tarif : (Prix 2010) ✶ 4€ ⇌ 3€ 🅴 6€ – [½] (10A) 3€
Location : (Prix 2010) (de déb. avr. à fin sept.) – 16 🏚
– 2 bungalows toilés. Sem. 242 à 680€
🚐 borne autre 4€
Pour s'y rendre : ch. du Passeur (1,5 km au nord-est)

Nature :	🗭 ΩΩ
Loisirs :	🍴 ⚓ 🎣 🚣
Services :	🔌 ⚓ 🚰 laverie

Longitude : 2.80194
Latitude : 48.38333

VERDELOT

77510 – **312** J2 – 742 h. – alt. 115

▶ Paris 89 – Melun 70 – Reims 80 – Troyes 104

⛰ **Caravaning de la Fée** de mi-mars à mi-nov.
𝒫 0164048019, *caravaninglafee@wanadoo.fr*,
Fax 0164048184, *www.caravaning-de-la-fee.com*
– places limitées pour le passage – 🏫
5,8 ha (100 empl.) peu incliné, herbeux
Tarif : (Prix 2010) ✶ 6,50€ ⇌ 🅴 7,50€ – [½] (10A) 3€
🚐 borne artisanale 5€
Pour s'y rendre : 6 ch. de la Gare (500 m au sud par rte
de St-Barthélémy et à dr.)
À savoir : au bord du Petit Morin et d'un étang

Nature :	🐾 🗭 Ω
Loisirs :	⚓ 🎣 ♪
Services :	🔧 🔌 🛒 🧹 🏭
🚰 🖳	
À prox. :	🎿 🐴 (centre équestre)

Longitude : 3.3662
Latitude : 48.87541

VERSAILLES

78000 – **311** I3 – 86 979 h. – alt. 130
🛈 *2 bis, avenue de Paris* ☏ 01 39 24 88 88
▶ Paris 29 – Chartres 80 – Fontainebleau 73 – Rambouillet 35

Huttopia Versailles de fin mars à déb. nov.
☏ 01 39 51 23 61, *versailles@huttopia.com*,
Fax 01 39 53 68 29, *www.huttopia.com*
4,6 ha (180 empl.) incliné, peu incliné, en terrasses,
pierreux, herbeux
Tarif : (Prix 2010) 38€ ★★ ⇔ 🅴 (½) (10A) – pers.
suppl. 9€ – frais de réservation 10€

Location : (Prix 2010) (de fin mars à déb. nov.) ♿ (1
chalet) – 15 roulottes – 20 🏠 – 14 tentes. Nuitée
62 à 165€ – Sem. 390 à 1 039€ – frais de réservation
10€
🚐 borne autre 5€
Pour s'y rendre : 31 r. Berthelot

À savoir : cadre boisé proche de la ville

Nature : 🌿 ♨
Loisirs : snack 🏊
Services : ♿ ⚡ 🚿 ♨ laverie

Longitude : 2.15981
Latitude : 48.79424

VILLIERS-SUR-ORGE

91700 – **312** C4 – 3 917 h. – alt. 75
▶ Paris 25 – Chartres 71 – Dreux 89 – Évry 15

Le Beau Village Permanent
☏ 01 60 16 17 86, *le-beau-village@wanadoo.fr*,
Fax 01 60 16 31 46, *www.beau-village.com* – places
limitées pour le passage
2,5 ha (100 empl.) plat, herbeux
Tarif : 20€ ★★ ⇔ 🅴 (½) (10A) – pers. suppl. 6€

Location : (permanent) ⚡ – 14 🏠 – 1 studio
– 1 appartement. Nuitée 52 à 70€ – Sem. 250 à 440€
🚐 borne flot bleu 2€ – 20 🅴 18€
Pour s'y rendre : 1 voie des Prés (600 m au sud-est par
le centre-ville, au bord de l'Orge, 800 m de la gare de
St-Geneviève-des-Bois - par A 6 sortie 6)

Nature : 🌿 ♀
Loisirs : 🍽 🎱
Services : ♿ ⚡ 🚿 ♨ laverie
À prox. : ✂ 🎿

Longitude : 2.30421
Latitude : 48.65511

D. Pazery/Michelin

Kaléidoscope est le mot qui convient pour évoquer la diversité des paysages et des cultures du Languedoc-Roussillon. Au rythme endiablé des sardanes et des ferias, vous serez tour à tour conquis par la beauté vertigineuse des gorges du Tarn, l'altière splendeur des Pyrénées, l'envoûtante atmosphère des grottes, l'admirable solitude des « citadelles du vertige » cathares, les entêtants parfums de la garrigue, la splendeur des remparts de Carcassonne, l'exubérance des retables catalans, la quiétude du canal du Midi, la rude majesté des Cévennes... Cascade de sensations fortes qui mettent l'estomac à rude épreuve : à vous d'y remédier avec une assiette d'aligot, une bourride sétoise ou un cassoulet géant, suivi d'un roquefort affiné juste ce qu'il faut et arrosé d'un vin de pays à la belle couleur... rubis !

Languedoc-Roussillon is home to one of France's most diverse collages of landscape and culture: the feverish rhythm of its festivals, the dizzying beauty of the Tarn Gorges, the bewitching spell of its caves and stone statues, the seclusion of its clifftop citadels, the heady perfumes of its sunburnt garrigue, the nonchalant flamingos on its long salt flats, the splendour of Carcassonne's ramparts, the quiet waters of the Midi Canal and the harsh majesty of the Cévennes. Taking in so many sights and sensations is likely to exhaust most explorers, but remedies are close at hand: a plate of "aligot", mashed potato, garlic and cheese, and a simmering cassoulet, the famously rich combination of duck, sausage, beans and herbs, followed by a slice of Roquefort cheese and a glass of ruby-red wine.

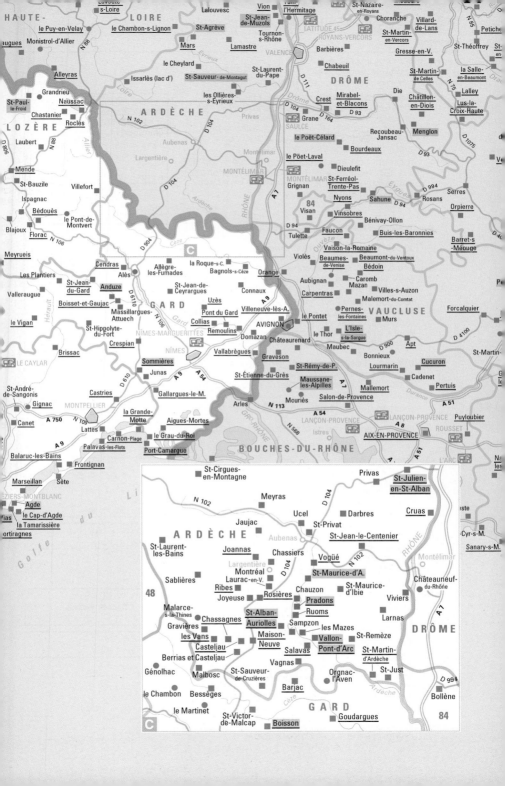

AGDE

34300 – **339** F9 – 21 104 h. – alt. 5
🖥 *1, place Molière* ✆ *04 67 94 29 68*
▶ Paris 754 – Béziers 24 – Lodève 60 – Millau 118

⛺ **Les Champs Blancs** de déb. avr. à fin sept.
✆ 04 67 94 23 42, *champs.blancs@wanadoo.fr*,
Fax 04 67 94 87 81, *www.champs-blancs.fr*
15 ha/4 campables (336 empl.) plat, gravier, herbeux
Tarif : (Prix 2010) 52 € 🚻 ⛽ 🔌 (10A) – pers.
suppl. 10 € – frais de réservation 25 €

Location : (de déb. avr. à fin sept.) 🏕 – 120 🚐
– 20 🏠. Sem. 283 à 936 € – frais de réservation 25 €
Pour s'y rendre : rte de Rochelongue (2 km au sud)

À savoir : bel espace aquatique

Nature : 🏞 ⚬⚬
Loisirs : 🍽 snack, pizzeria 🎱 🎮 ⛹ 🏋 ⚽ 🏊 ⛲ terrain omnisports
Services : 🚿 ⚬⛤ – 100 sanitaires individuels (🚽 ⚬ 🚾 wc) 🍽 laverie 🔌 🛒
À prox. : 🏪

Longitude : 3.48065
Latitude : 43.293

⛺ **Yelloh! Village Mer et Soleil** �️ – de mi-avr. à mi-oct.
✆ 04 67 94 21 14, *contact@camping-mer-soleil.com*,
Fax 04 67 94 81 94, *www.camping-mer-soleil.com*
8 ha (477 empl.) plat, sablonneux, herbeux
Tarif : 44 € 🚻 ⛽ 🔌 (6A) – pers. suppl. 8 € – frais de réservation 16 €

Location : (de mi-avr. à mi-oct.) 🚿 🏕 (de mi-avr. à mi-oct.) – 213 🚐 – 7 🏠 – 42 bungalows toilés.
Nuitée 23 à 152 € – Sem. 161 à 1 064 €
Pour s'y rendre : ch. de Notre Dame à Saint Martin, rte de Rochelongue (3 km au sud)

Nature : 🏞 ⚬⚬
Loisirs : 🍽 ✕ pizzeria, snack 🎱 🌙 nocturne ⛹ 🎮 🎳 jacuzzi 🏋 🚲 ⛲ ⚽ 🏊 ⛲ espace balnéo couvert
Services : 🚿 ⚬⛤ ⛽ 🍽 laverie 🔌 🛒
À prox. : 🐎

Longitude : 3.48065
Latitude : 43.293

⛺ **Village Vacances Les Pescalunes** (location exclusive de chalets) de fin mars à déb. nov.
✆ 04 67 01 37 06, *resa@grandbleu.fr*, *www.grandbleu.fr*
3 ha fort dénivelé

Location : (Prix 2010) 🚿 🅿 – 78 🏠. Sem. 238 à 987 €
Pour s'y rendre : rte de Luxembourg (rte du Cap-d'Agde)

Nature : ≤ ⚬⚬
Loisirs : 🎱 ⛹ 🏋 🏊
Services : ⚬⛤ 🏢 🍽 laverie

Longitude : 3.30204
Latitude : 43.30204

⛺ **Neptune** de déb. avr. à fin sept.
✆ 04 67 94 23 94, *info@campingleneptune.com*,
Fax 04 67 94 48 77, *www.campingleneptune.com*
2,1 ha (165 empl.) plat, herbeux
Tarif : 35 € 🚻 ⛽ 🔌 (10A) – pers. suppl. 7 € – frais de réservation 30 €

Location : (de mi-avr. à mi-sept.) – 30 🚐. Sem. 283 à 660 € – frais de réservation 30 €
Pour s'y rendre : 46 bd du Saint-Christ (2 km au sud, près de l'Hérault)

À savoir : décoration arbustive et florale

Nature : 🏞 ⚬
Loisirs : 🍽 🏋 🚲 🏊
Services : 🚿 ⚬⛤ (juil.-août) 🔌 🛒 ⚬ 🍽 🏢
À prox. : ⚽ 🎣 🐎 🏃

Longitude : 3.45611
Latitude : 43.29806

⛺ **Les Romarins** de déb. avr. à fin sept.
✆ 04 67 94 18 59, *contact@romarins.com*,
Fax 04 67 26 58 80, *www.romarins.com*
2 ha (120 empl.) plat, herbeux, sablonneux, gravillons
Tarif : (Prix 2010) 29 € 🚻 ⛽ 🔌 (6A) – pers. suppl. 7 € – frais de réservation 20 €

Location : (Prix 2010) (de déb. avr. à fin sept.) 🏕 – 23 🚐 – 2 studios – 10 bungalows toilés. Sem. 180 à 650 € – frais de réservation 20 €
🚐 borne eurorelais 3 €
Pour s'y rendre : rte du Grau (3 km au sud, près de l'Hérault)

Nature : 🏞 ⚬⚬
Loisirs : 🍽 snack 🏋 🏊
Services : 🚿 ⚬⛤ 🔌 🍽 🏢

Longitude : 3.4468
Latitude : 43.29131

Renouvelez votre guide chaque année.

▲▲ **Le Rochelongue** de déb. avr. à mi-oct.
℘ 04 67 21 25 51, *le.rochelongue@wanadoo.fr*,
www.camping-le-rochelongue.fr – places limitées pour
le passage
2 ha (105 empl.) plat, gravillons, herbeux
Tarif : 46 € ♦♦ ⟷ 🄴 (½) (6A) – pers. suppl. 8 € – frais de
réservation 20 €

Location : (de mi-avr. à mi-oct.) ⅀ – 25 🛏. Nuitée
140 € – Sem. 196 à 989 € – frais de réservation 20 €
🄲🄱 borne artisanale
Pour s'y rendre : rte de Rochelongue (4 km au sud, à
500 m de la plage)

Nature : 🖫 ♡♡
Loisirs : 🍴 snack, pizzeria 🏕 🚲 🏊
Services : 🖢 🕳 🔥 ⁇ laverie 🚿 🖧
À prox. : ※ 🗺 🐎 🛶 base nautique, golf, parc d'attractions aquatiques

Longitude : 3.48139
Latitude : 43.27917

AIGUES-MORTES

30220 – **339** K7 – 7 613 h. – alt. 3
🄱 place Saint-Louis ℘ *04 66 53 73 00*
▶ Paris 745 – Arles 49 – Montpellier 38 – Nîmes 42

▲▲▲ **Yelloh! Village La Petite Camargue** ♣♣ – de fin
avr. à mi-sept.
℘ 04 66 53 98 98, *info@yellohvillage-petite-camargue.
com*, Fax 04 66 53 98 80, *www.yellohvillage-petite.
camargue.com*
42 ha/10 campables (553 empl.) plat, herbeux,
sablonneux
Tarif : 44 € ♦♦ ⟷ 🄴 (½) (16A) – pers. suppl. 8 €

Location : (de fin avr. à mi-sept.) ⅀ – 283 🛏.
Nuitée 29 à 205 € – Sem. 203 à 1 435 €
🄲🄱 borne artisanale
Pour s'y rendre : 3,5 km à l'ouest par D 62, rte de
Montpellier, accès à la plage par navettes gratuites

À savoir : animations et services adaptés aux
adolescents

Nature : 🖫 ♡♡
Loisirs : 🍴 ✕ pizzeria, bodega 🗗 ⏀ 🎣 discothèque, bibliothèque 🏕 🚲 ※ 🐎 poneys (centre équestre) terrains multisports
Services : 🖢 🕳 🔥 ⁇ laverie 🚿 🖧

Longitude : 4.15963
Latitude : 43.56376

ALET-LES-BAINS

11580 – **344** E5 – 439 h. – alt. 186
🄱 avenue Nicolas Pavillon ℘ *04 68 69 93 56*
▶ Paris 786 – Montpellier 187 – Carcassonne 35 – Castelnaudary 49

▲ **Val d'Aleth** Permanent
℘ 04 68 69 90 40, *camping@valdaleth.com*,
www.valdaleth.com
0,5 ha (37 empl.) plat, pierreux, herbeux
Tarif : 20 € ♦♦ ⟷ 🄴 (½) (10A) – pers. suppl. 4 €
🄲🄱 10 🄴 15 €

Nature : 🖫 ♡♡
Loisirs : 🏕 🎣
Services : 🖢 🕳 ⁇ laverie

Longitude : 2.25564
Latitude : 42.99486

ALLÈGRE-LES-FUMADES

30500 – **339** K3 – 695 h. – alt. 135
🄱 Hameau des Fumades ℘ *04 66 24 80 24*
▶ Paris 696 – Alès 16 – Barjac 102 – La Grand-Combe 28

▲▲▲ **FranceLoc Le Domaine des Fumades** ♣♣ – de
déb. avr. à mi-sept.
℘ 04 66 24 80 78, *fumades@franceloc.fr*,
Fax 04 66 24 82 42, *www.domaine-des-fumades.com*
15 ha/6 campables (230 empl.) peu incliné, plat, herbeux,
pierreux
Tarif : 34 € ♦♦ ⟷ 🄴 (½) (6A) – pers. suppl. 7 € – frais de
réservation 27 €

Location : (de déb. avr. à mi-sept.) – 175 🛏
– 5 appartements – 5 tentes. Nuitée 33 à 154 € – Sem.
133 à 1 078 €
Pour s'y rendre : accès par D 241, à prox. de
l'Établissement thermal, au bord de l'Alauzène

Nature : 🏞 🖫 ♡♡
Loisirs : 🍴 ✕ snack 🗗 ⏀ 🎣 salle d'animation 🏕 🚲 ※ 🖳 🏊 🏊
Services : 🖢 🕳 🏕 laverie 🚿 🖧
À prox. : 🐎

Longitude : 4.26217
Latitude : 44.19652

331

ANDUZE

30140 – **339** I4 – 3 275 h. – alt. 135
🏛 *plan de Brie* 🕾 *04 66 61 98 17*
▶ Paris 718 – Alès 15 – Florac 68 – Lodève 84

△△△ **L'Arche** ▲⌂ – de déb. avr. à fin sept.
🕾 04 66 61 74 08, *camping.arche@wanadoo.fr*,
Fax 04 66 61 88 94, *www.camping-arche.fr*
5 ha (250 empl.) terrasse, plat, peu incliné, herbeux,
sablonneux
Tarif : 38€ ★★ ⇌ 🅴 🄷 (10A) – pers. suppl. 8€ – frais
de réservation 15€
Location : (de déb. avr. à fin sept.) 🏕 – 6 🛖
– 28 🏠. Sem. 310 à 1 025€ – frais de réservation 15€
🚐 borne raclet 2€ – 6 🅴 12€
Pour s'y rendre : 1105 chemin de recoulin (2 km au
nord-ouest, au bord du Gardon)

> Nature : 🏞 ⚖ 🌲
> Loisirs : 🍴 ✗ snack, pizzerieria 🖥
> 🎮 🏀 ⛲ hammam squash ⛹
> 🎱 🏊 🏓 🎣 terrain multisports
> Services : ♿ ⚡ 🏪 🍳 🧴 🚿 🍴
> laverie 🏧 🍴
> À prox. : 🛒

> Longitude : 3.97457
> Latitude : 44.06622

△△△ **Cévennes-Provence** de mi-mars à déb. oct.
🕾 04 66 61 73 10, *marais@camping-cevennes-provence.
fr*, Fax 04 66 61 60 74, *www.camping-cevennes-provence.
fr*
30 ha/15 campables (230 empl.) en terrasses, plat, peu
incliné, herbeux, pierreux, très fort dénivelé
Tarif : 27€ ★★ ⇌ 🅴 🄷 (10A) – pers. suppl. 7€ – frais
de réservation 14€
Location : (de mi-mars à déb. oct.) – 16 🏠 – 3 studios.
Sem. 310 à 580€
🚐 borne artisanale
Pour s'y rendre : à Corbès-Thoiras (au Mas du Pont, au
bord du Gardon de Mialet et près du Gardon de St-Jean)
À savoir : emplacements près de la rivière ou
panoramiques dominant la vallée

> Nature : 🏞 ⚖ 🏕 🌲
> Loisirs : 🍴 snack 🖥 ⛹ ✗
> 🏊 🎣
> Services : ♿ ⚡ 🏪 🍳 🍴 laverie
> 🏧 🍴
> À prox. : parcours aventure

> Longitude : 3.96643
> Latitude : 44.07711

△△ **Les Fauvettes** ▲⌂ – de déb. avr. à fin sept.
🕾 04 66 61 72 23, *camping-les-fauvettes@wanadoo.fr*,
www.lesfauvettes.fr
7 ha/3 campables (133 empl.) en terrasses, plat, peu
incliné, herbeux, fort dénivelé
Tarif : 26€ ★★ ⇌ 🅴 🄷 (10A) – pers. suppl. 6€ – frais
de réservation 16€
Location : (de déb. avr. à fin nov.) – 19 🛖 – 20 🏠.
Nuitée 45 à 94€ – Sem. 285 à 655€ – frais de réservation
16€
Pour s'y rendre : rte de St-Jean-du-Gard (1,7 km au
nord-ouest)

> Nature : 🏕 🌲
> Loisirs : 🍴 snack 🖥 🏀 ⛹
> 🏊 🏓
> Services : ♿ ⚡ 🍳 🍴 🖥 🍴
> À prox. : 🛒 ✗ 🚲

> Longitude : 3.97205
> Latitude : 44.06423

△ **Le Bel Eté** de mi-avr. à fin sept.
🕾 04 66 61 76 04, *contact@camping-bel-ete.com*,
Fax 04 66 61 76 04, *www.camping-bel-ete.com*
2,26 ha (97 empl.) plat, herbeux
Tarif : 30€ ★★ ⇌ 🅴 🄷 (6A) – pers. suppl. 5€ – frais de
réservation 15€
Location : (de mi-avr. à fin sept.) – 12 🛖. Sem.
350 à 680€ – frais de réservation 15€
Pour s'y rendre : 1870 rte de Nîmes (2,5 km au sud-est,
accès direct au Gardon)

> Nature : 🌲
> Loisirs : pizzeria 🖥 ⛹ ✗
> 🏊 🎣
> Services : ♿ ⚡ 🍳 🍴 🚿 🍴
> 🖥 🍴

> Longitude : 3.99468
> Latitude : 44.03827

🏧 ✗ *HINWEIS :*
🍴 *Diese Einrichtungen sind im allgemeinen nur während*
🏊 🐎 *der Saison in Betrieb -unabhängig von den Öffnungszeiten des Platzes.*

ARGELÈS-SUR-MER

66700 – **344** J7 – 9 998 h. – alt. 19
🛈 place de l'Europe ℰ 0468811585
▶ Paris 872 – Céret 28 – Perpignan 22 – Port-Vendres 9
Centre

⚐⚐⚐ **Le Front de Mer** ♣♦ – de déb. avr. à fin sept.
℘ 0468810870, front.de.mer@cegetel.net,
Fax 0468818721, www.camping-front-mer.com
10 ha (588 empl.) plat, herbeux
Tarif : 38€ ♣♦ ⇔ 🅴 🄵 (6A) – pers. suppl. 7€ – frais de
réservation 20€

Location : (de déb. avr. à fin sept.) – 130 🛖. Nuitée
55 à 170€ – Sem. 290 à 970€ – frais de réservation
20€
Pour s'y rendre : av. du Grau (250 m de la plage)
À savoir : bel espace aquatique

> Nature : 🗺 ♤♤
> Loisirs : 🍸 ✗ pizzeria 🎴 🏓
> jacuzzi 🏊 🎣 🛝 🛶 🏊
> Services : 🚿 🔓 🏪 🛒 laverie
> 🛢 🛢

> Longitude : 3.04759
> Latitude : 42.54706

⚐⚐ **Pujol** de déb. juin à mi-sept.
℘ 0468810025, postmaster@campingdepujol.com,
Fax 0468812121, www.campingdepujol.com
6,2 ha (312 empl.) plat, herbeux, sablonneux
Tarif : 29€ ♣♦ ⇔ 🅴 🄵 (6A) – pers. suppl. 6€

Location : (de déb. juin à fin sept.) 🐕 – 40 🛖.
Nuitée 95€ – Sem. 650€
Pour s'y rendre : rte du Tamariguer

> Nature : ♤♤
> Loisirs : 🍸 snack, pizzeria 🎴 noc-
> turne 🏊 🎣 🛝
> Services : 🚿 🔓 🛒 laverie 🛢
> 🛢
> À prox. : ✂ 🐎 🐎

> Longitude : 3.02768
> Latitude : 42.55532

⚐ **FranceLoc Paris-Roussillon** de déb. avr. à fin
sept.
℘ 0468811971, paris-roussillon@franceloc.fr,
Fax 0468816877, www.parisroussillon.com
3,5 ha (200 empl.) plat, herbeux
Tarif : (Prix 2010) 34€ ♣♦ ⇔ 🅴 🄵 (10A) – pers.
suppl. 7€ – frais de réservation 25€

Location : (Prix 2010) (de déb. avr. à fin sept.) – 90 🛖
– 2 studios – 2 appartements. Nuitée 46 à 67€ – Sem.
182 à 791€ – frais de réservation 25€
Pour s'y rendre : av. de la Retirada

> Nature : 🍃 ♤♤
> Loisirs : 🍸 snack, pizzeria 🎴 noc-
> turne 🏊 ✂ 🛝 🛶
> Services : 🚿 🔓 🛒 🏪 🖼 🛢
> À prox. : 🐎

> Longitude : 3.03191
> Latitude : 42.56137

33

⚐ **Le Stade** de déb. avr. à fin sept.
℘ 0468810440, info@campingdustade.com,
Fax 0874486975, www.campingdustade.com
2,4 ha (185 empl.) plat, herbeux
Tarif : 25€ ♣♦ ⇔ 🅴 🄵 (10A) – pers. suppl. 6€ – frais
de réservation 8€

Location : (de déb. avr. à fin sept.) 🐕 – 10 🛖. Sem.
300 à 620€ – frais de réservation 10€
Pour s'y rendre : 87 av. du 8 Mai (rte de la Plage)

> Nature : ♤♤
> Loisirs : 🏊
> Services : 🚿 🔓 🛒 laverie
> À prox. : 🛒 ✗ pizzeria 🛢 ✂
> 🎣 🛝

> Longitude : 3.03544
> Latitude : 42.54774

⚐ **La Massane** de déb. avr. à fin sept.
℘ 0468810685, info@camping-massane.com,
Fax 0981702506, www.camping-massane.com
2,7 ha (184 empl.) plat, herbeux
Tarif : 26€ ♣♦ ⇔ 🅴 🄵 (6A) – pers. suppl. 6€ – frais de
réservation 12€

Location : (de déb. avr. à fin sept.) 🐕 – 24 🛖. Sem.
250 à 590€ – frais de réservation 12€
Pour s'y rendre : av. Molière

> Nature : 🗺 ♤♤
> Loisirs : 🎴 🏊 🎣 🛝
> Services : 🚿 🔓 🛒 laverie 🛢
> À prox. : ✂

> Longitude : 3.03115
> Latitude : 42.55137

Ne pas confondre :
⚐ ... à ... ⚐⚐⚐⚐ : *appréciation* **MICHELIN**
et
★ ... à ... ★★★★★ : *classement officiel*

Les Ombrages de déb. juin à fin sept.
℘ 0468812983, *contact@les-ombrages.com*,
Fax 0468958187, *www.les-ombrages.com*
4,1 ha (270 empl.) plat, herbeux, sablonneux
Tarif : 29€ ★★ ⇔ 🗐 🔌 (10A) – pers. suppl. 6€ – frais
de réservation 20€

Location : (de déb. juin à fin sept.) 🚫 (de déb. juil. à
fin août) – 13 🛖 – 2 🏠. Sem. 240 à 640€ – frais de
réservation 20€
🚐 borne artisanale
Pour s'y rendre : av. du Général de Gaulle (400 m de la
plage)

Nature : 🛏 🎔
Loisirs : 🏠 ⛱ 🏊
Services : ♿ ⚷ 🛁 ⁿ laverie
À prox. : 🚴 🍴 💧

Longitude : 3.04214
Latitude : 42.55074

Comangès de déb. avr. à fin sept.
℘ 0468811562, *info@campingcomanges.com*,
Fax 0468958774, *www.campingcomanges.com*
1,2 ha (90 empl.) plat, herbeux
Tarif : 30€ ★★ ⇔ 🗐 🔌 (10A) – pers. suppl. 7€ – frais
de réservation 20€

Location : (Prix 2010) (de déb. avr. à fin sept.) – 19 🛖.
Sem. 239 à 689€
🚐 borne artisanale – 🚰 🔌 11€
Pour s'y rendre : av. Gal de Gaulle (300 m de la plage)

Nature : 🎔
Loisirs : ⛱
Services : ♿ ⚷ 🛁 ⁿ 📷
À prox. : 🚴 🍴 💧

Longitude : 3.04422
Latitude : 42.55038

Europe de déb. avr. à fin sept.
℘ 0468810810, *camping.europe@wanadoo.fr*,
Fax 0468957184, *www.camping-europe.net*
1,2 ha (91 empl.) plat, herbeux
Tarif : 27€ ★★ ⇔ 🗐 🔌 (10A) – pers. suppl. 6€ – frais
de réservation 20€

Location : (de déb. avr. à fin sept.) ♿ 🚫 (de déb.
avr. à déb. juil.) – 13 🛖. Nuitée 50 à 150€ – Sem.
220 à 680€ – frais de réservation 20€
🚐 borne artisanale
Pour s'y rendre : av. du Gal de Gaulle (500 m de la plage)

Nature : 🎔
Loisirs : ⛱
Services : ♿ ⚷ 🛁 ⁿ 📷 🚿
À prox. : 🏊

Longitude : 3.04422
Latitude : 42.55038

Nord

La Sirène et l'Hippocampe 👥 – de mi-avr. à fin
sept.
℘ 0468810461, *contact@camping-lasirene.fr*,
Fax 0468816974, *www.camping-lasirene.fr* – places
limitées pour le passage
21 ha (903 empl.) plat, herbeux, pierreux
Tarif : 43€ ★★ ⇔ 🗐 🔌 (12A) – pers. suppl. 9€

Location : (de mi-avr. à fin sept.) – 480 🛖 – 20 🏠.
Nuitée 29 à 215€ – Sem. 203 à 1 505€ – frais de
réservation 20€
Pour s'y rendre : rte de Taxo

À savoir : parc aquatique paysager

Nature : 🛏 🎔
Loisirs : 🍴 ✕ snack, pizzeria, crêperie 🎬 🛝 🏓 discothèque, Pub 🎱 🚴 🎣 🍴 🏊 ⛷ 🐴 poneys , école de plongée, terrain multisports
Services : ♿ ⚷ 🛁 🚿 ♻ laverie 🐾 🛒

Longitude : 3.0326
Latitude : 42.57058

334

Des vacances réussies sont des vacances bien préparées !
Ce guide est fait pour vous y aider... mais :
– n'attendez pas le dernier moment pour réserver
– évitez la période critique du 14 juillet au 15 août.
Pensez aux ressources de l'arrière-pays,
à l'écart des lieux de grande fréquentation.

Le coup de cœur de Bib

La Sirène et l'Hippocampe *(voir page précédente)*

Les tropiques et la montagne au même endroit ? Les campings de la Sirène et de l'Hippocampe vous l'offrent grâce à leur parc aquatique à la végétation luxuriante, entre océan et Pyrénées. Vous aurez aussi à votre disposition aires de jeux pour les enfants, minigolf, animations et soirées musicales, sans oublier la navette qui mène jusqu'à la plage d'Argelès et les excursions à la découverte de l'arrière-pays catalan. Tout ne sera alors qu'une question d'envie…

La Sirène et l'Hippocampe

Les Marsouins de mi-avr. à fin sept.
℘ 04 68 81 14 81, *marsouins@campmed.com*,
Fax 04 68 95 93 58, *www.campmed.com*
10 ha (587 empl.) plat, herbeux
Tarif : (Prix 2010) 37 € ✿✿ ⬅ 🅴 🄗 (6A) – pers.
suppl. 7 € – frais de réservation 20 €
Location : (Prix 2010) – 118 🛏. Nuitée 28 à 115 €
– Sem. 196 à 805 € – frais de réservation 20 €
🚐 borne artisanale 4 € – 10 🅴
Pour s'y rendre : av. de la Retirada

Nature : 🎄🎄
Loisirs : 🍴 snack, pizzeria, crêperie 🌙 🛝 🏊 école de plongée, terrain omnisports
Services : 🚿 ⚡ 🧺 laverie 🏧 🛒 bureau d'informations touristiques
À prox. : 🐎 poneys

Longitude : 3.03191
Latitude : 42.56137

Club Airotel Les Galets 🧑‍🤝‍🧑 – de déb. avr. à fin sept.
℘ 04 68 81 08 12, *lesgalets@campinglesgalets.fr*,
Fax 04 68 81 68 76, *www.campmed.com* – places limitées
pour le passage
5 ha (232 empl.) plat, herbeux
Tarif : 39 € ✿✿ ⬅ 🅴 🄗 (10A) – pers. suppl. 8 € – frais
de réservation 45 €
Location : (de déb. avr. à fin sept.) – 140 🛏
– 32 🏠. Nuitée 25 à 104 € – Sem. 175 à 728 € – frais
de réservation 45 €
🚐 borne autre 4 € – 2 🅴 10 € – 🚐 🄗 15 €
Pour s'y rendre : rte de Taxo à la mer

Nature : 🌳 🎄🎄
Loisirs : 🍴 pizzeria, snack 🍽
🌙 nocturne 🛝 🏊 terrain omnisports
Services : 🚿 ⚡ 🛁 laverie 🛒
À prox. : 🐎 poneys

Longitude : 3.0144
Latitude : 42.57249

Le Roussillonnais de mi-avr. à fin sept.
℘ 04 68 81 10 42, *leroussillonnais@orange.fr*,
Fax 04 68 95 96 11, *www.leroussillonnais.com*
10 ha (719 empl.) plat, sablonneux, herbeux
Tarif : (Prix 2010) 27 € ✿✿ ⬅ 🅴 🄗 (6A) – pers.
suppl. 5 € – frais de réservation 20 €
Location : (Prix 2010) (de déb. mai à fin sept.) 🛶
– 85 🛏. Sem. 380 à 700 € – frais de réservation 20 €
🚐 borne eurorelais 2 € – 18 🅴 10 € – 🚐 🄗 10 €
Pour s'y rendre : bd de la mer (près de la plage (accès
direct))
À savoir : ouvert à l'année pour les camping-cars -
navette centre ville par petit train

Nature : 🎄🎄 ⛰
Loisirs : 🍴 pizzeria, snack 🍽
🌙 nocturne 🏊 🎾 terrain
multisports
Services : 🚿 ⚡ (juil.- août) 🛁
laverie 🛒
À prox. : 🐕 🐎 poneys

Longitude : 3.04367
Latitude : 42.56842

ᴀᴀᴀ **Le Soleil** ♣♣ – de déb. mai à mi-sept.
℘ 0468811448, *camping.lesoleil@wanadoo.fr*,
Fax 0468814434, *www.campmed.com* �
17 ha (844 empl.) plat, herbeux, sablonneux
Tarif : ✳ 11€ 🗉 15€ – 🔋 (6A) 4€ – frais de
réservation 20€
Location : (de mi-mai à mi-sept.) � – 75 🛏. Nuitée
39 à 113€ – Sem. 273 à 840€ – frais de réservation
20€
Pour s'y rendre : rte du Littoral (près de la plage (accès
direct))
À savoir : cadre agréable au bord de la mer

| Nature : 🏕 ♤♤ ⚘ |
| Loisirs : 🍷 ✕ pizzeria, brasserie 🎬 ⊙nocturne 🏃‍♀️ 🎵 discothè-que 🏊 🎾 🎿 🐎 |
| Services : 🚿 ⌐ 🏠 ⚏ laverie 🥪🛒 |

Longitude : 3.04618
Latitude : 42.5744

ᴀᴀ **La Marende** de fin avr. à fin sept.
℘ 0468811209, *info@marende.com*, Fax 0468818852,
www.marende.com
3 ha (208 empl.) plat, herbeux, sablonneux
Tarif : 31€ ✳✳ � 🗉 🔋 (10A) – pers. suppl. 6€ – frais
de réservation 15€
Location : (de fin avr. à fin sept.) – 57 🛏. Nuitée
36 à 105€ – Sem. 252 à 735€ – frais de réservation
15€
🛢 borne artisanale
Pour s'y rendre : av. du Littoral (400 m de la plage)

| Nature : 🏕 ♤♤ |
| Loisirs : 🍷 snack ⊙nocturne ja-cuzzi 🏊 🎿 terrain multisports |
| Services : 🚿 ⌐ 🏠 ⚏ laverie 🥪 |
| À prox. : 🎾 🐎 🏃 |

Longitude : 3.0422
Latitude : 42.57395

Sud

ᴀᴀᴀ **"Les Castels" Les Criques de Porteils** ♣♣ – de
déb. avr. à fin oct.
℘ 0468811273, *contact@lescriques.com*,
Fax 0468958576, *www.lescriques.com*
4,5 ha (250 empl.) en terrasses, plat, incliné, pierreux,
fort dénivelé
Tarif : 47€ ✳✳ � 🗉 🔋 (5A) – pers. suppl. 10€ – frais
de réservation 25€
Location : (permanent) – 69 🛏 – 10 bungalows
toilés. Sem. 189 à 1 079€ – frais de réservation 25€
🛢 borne autre 5€ – 5 🗉 32€
Pour s'y rendre : Corniche de Collioure, RD 114
À savoir : accès direct à la plage par escalier abrupt

| Nature : ≼ baie d'Argelès-sur-Mer 🏕 ♀ ⚘ |
| Loisirs : 🍷 snack, pizzeria 🏃‍♀️ 🏊 🎾 🎿 practice de golf, plon-gée sous-marine |
| Services : 🚿 ⌐ 🏠 ⚏ laverie 🧊 🥪 cases réfrigérées |

Longitude : 3.06778
Latitude : 42.53389

ᴀᴀ **La Coste Rouge** de déb. avr. à fin sept.
℘ 0468810894, *contact@lacosterouge.com*,
Fax 0468959417, *www.lacosterouge.com* – places
limitées pour le passage
3,7 ha (145 empl.) terrasse, plat, peu incliné, herbeux,
gravier
Tarif : 31€ ✳✳ � 🗉 🔋 (6A) – pers. suppl. 5€ – frais de
réservation 20€
Location : (de déb. avr. à fin sept.) – 53 🛏 – 2 🏠
– 6 studios. Sem. 785€ – frais de réservation 20€
Pour s'y rendre : rte de Collioure (3 km au sud-est)

| Nature : 🏕 ♤♤ |
| Loisirs : 🍷 ✕ 🎬 🏊 🎿 |
| Services : 🚿 ⌐ 🏠 🔲 🥪 |
| À prox. : 🚴 🏌 💧 🏃 ski nautique, jet ski |

Longitude : 3.0313
Latitude : 42.54189

ARLES-SUR-TECH _____

66150 – **344** G8 – 2 719 h. – alt. 280
🅱 *La Place* ℘ 0468391199
▶ Paris 886 – Amélie-les-Bains-Palalda 4 – Perpignan 45 – Prats-de-Mollo-la-Preste 19

ᴀᴀ **Le Vallespir** de déb. avr. à déb. nov.
℘ 0468399000, *info@campingvallespir.com*,
Fax 0468399009, *www.camping.le.vallespir.com*
2,5 ha (135 empl.) peu incliné, plat, herbeux
Tarif : (Prix 2010) 24€ ✳✳ � 🗉 🔋 (10A) – pers.
suppl. 6€
Location : (Prix 2010) (de déb. avr. à déb. nov.)
– 37 🛏. Nuitée 35 à 60€ – Sem. 176 à 324€
Pour s'y rendre : 2 km au nord-est, rte d'Amélie-les-
Bains-Palalda, au bord du Tech

| Nature : 🏕 ♤♤ |
| Loisirs : 🍷 snack, snack le soir 🎬 🏊 🎾 🎿 |
| Services : 🚿 ⌐ 🏠 ⚏ 🔲 |

Longitude : 2.65306
Latitude : 42.46671

BAGNOLS-SUR-CÈZE

30200 – **339** M4 – 18 512 h. – alt. 51
🚉 *Espace Saint-Gilles* 🕿 0466895461
▶ Paris 653 – Alès 54 – Avignon 34 – Nîmes 56

⚠ **Les Genêts d'Or** de déb. avr. à mi-sept.
🕿 0466895867, *info@camping-genets-dor.com*,
Fax 0466895867, *www.camping-genets-dor.com* ✄
(de déb. juil. à mi-août)
8 ha/3,5 campables (95 empl.) plat, herbeux
Tarif : (Prix 2010) 29 € 👥 🚗 🔲 🔌 (10A) – pers.
suppl. 5 € – frais de réservation 10 €
Location : (Prix 2010) (de déb. avr. à mi-sept.) ✄
– 8 🏕. Sem. 317 à 599 € – frais de réservation 10 €
Pour s'y rendre : chemin de Carmignan (sortie nord par
N 86 puis 2 km par D 360 à dr., au bord de la Cèze)

| Nature : 🌳🌳 △ |
| Loisirs : 🍽 ✗ 🛝 🏊 ⛵ |
| Services : 🚿 ⚡ 🍳 🧺 laverie |
| 🚰 🛁 |
| À prox. : canoë |

| Longitude : 4.63694 |
| Latitude : 44.17358 |

BALARUC-LES-BAINS

34540 – **339** H8 – 6 130 h. – alt. 3 – ♨
🚉 *Pavillon Sévigné* 🕿 0467468146
▶ Paris 781 – Agde 32 – Béziers 52 – Frontignan 8

⚠ **Les Vignes** de déb. avr. à fin oct.
🕿 0467480493, *camping.lesvignes@free.fr*,
Fax 0467187432, *www.camping-lesvignes.com* – places
limitées pour le passage
2 ha (169 empl.) plat, gravier
Tarif : 22 € 👥 🚗 🔲 🔌 (10A) – pers. suppl. 6 €
Location : (de déb. avr. à fin oct.) – 14 🏕 – 8 🏠.
Nuitée 30 à 82 € – Sem. 205 à 570 €
🚰 borne flot bleu 6 €
Pour s'y rendre : 1 chemin des Vignes (1,7 km au
nord-est par D 129, D 2e 6, à dr., rte de Sète et chemin
à gauche)

| Nature : 🌲 🌳🌳 |
| Loisirs : snack 🛝 🏊 🛷 |
| Services : 🚿 ⚡ 🍳 🧺 🏧 |

| Longitude : 3.68882 |
| Latitude : 43.4529 |

⚠ **Le Mas du Padre** 👥 – de déb. avr. à fin oct.
🕿 0467485341, *contact@mas-du-padre.com*,
Fax 0467480894, *www.mas-du-padre.com*
1,8 ha (116 empl.) plat, peu incliné, herbeux, gravillons
Tarif : 25 € 👥 🚗 🔲 🔌 (10A) – pers. suppl. 5 € – frais
de réservation 10 €
Location : (de déb. avr. à fin oct.) – 12 🏕
– 3 bungalows toilés. Sem. 196 à 721 € – frais de
réservation 10 €
Pour s'y rendre : 4 chemin du Mas du Padre (2 km au
nord-est par D 2e et chemin à dr.)
À savoir : jolie décoration arbustive et florale

| Nature : 🌲 🌳🌳 |
| Loisirs : 🛝 🎣 🏊 🛷 |
| Services : 🚿 ⚡ 🍳 🧺 🏧 réfri- |
| gérateurs |

| Longitude : 3.6924 |
| Latitude : 43.4522 |

LE BARCARÈS

66420 – **344** J6 – 4 005 h. – alt. 3
▶ Paris 839 – Narbonne 56 – Perpignan 23 – Quillan 84

⚠ **Sunêlia Le California** 👥 – de fin avr. à déb. oct.
🕿 0468861608, *camping-california@wanadoo.fr*,
Fax 0468861820, *www.camping-california.fr*
5 ha (265 empl.) plat, herbeux, pierreux, sablonneux
Tarif : 35 € 👥 🚗 🔲 🔌 (10A) – pers. suppl. 5 € – frais
de réservation 35 €
Location : (de fin avr. à déb. oct.) – 140 🏕 – 20 🏠
– 5 bungalows toilés. Nuitée 48 à 140 € – Sem.
336 à 980 € – frais de réservation 35 €
Pour s'y rendre : rte de St-Laurent (1,5 km au sud-
ouest par D 90)

| Nature : 🌲 🌳🌳 |
| Loisirs : 🍽 snack, pizzeria 🛝 🌀 |
| 🎣 🎠 🏊 ✗ 🛷 🛶 |
| Services : 🚿 ⚡ 🍳 🧺 laverie |
| À prox. : 🤿 initiation plongée |

| Longitude : 3.02444 |
| Latitude : 42.77602 |

Yelloh! Village Le Pré Catalan ▲▲ – de mi-mai à mi-sept.
🞉 0468861260, *info@precatalan.com*,
Fax 0468864017, *www.precatalan.com*
4 ha (250 empl.) plat, sablonneux, herbeux
Tarif : 39€ ★★ ⟺ 🔲 🚰 (10A) – pers. suppl. 7€ – frais de réservation 30€

Location : (de mi-mai à mi-sept.) – 80 🛏. Nuitée 39 à 192€ – Sem. 273 à 1344€ – frais de réservation 28€
Pour s'y rendre : rte de St-Laurent-de-la-Salanque (1,5 km au sud-ouest par D 90 puis 600 m par chemin à dr.)

Nature : 🌳 ♡♡
Loisirs : 🍴 snack, pizzeria 🎮 🏊 🏃 🏋 🏊 terrain multisports
Services : ⚒ 🚿 🧺 laverie 🧹
À prox. : 🎣, initiation plongée

Longitude : 3.02272
Latitude : 42.78086

L'Europe Permanent
🞉 0468861536, *reception@europe-camping.com*,
Fax 0468864788, *www.europe-camping.com* – places limitées pour le passage
6 ha (360 empl.) plat, herbeux
Tarif : 49€ ★★ ⟺ 🔲 🚰 (16A) – pers. suppl. 8€ – frais de réservation 30€

Location : (permanent) – 60 🛏 – 25 🏠. Nuitée 40 à 145€ – Sem. 240 à 1000€ – frais de réservation 30€
Pour s'y rendre : rte de St-Laurent-de-la-Salanque (2 km au sud-ouest par D 90, à 200 m de l'Agly)

Nature : 🌳 ♡
Loisirs : 🍴 ✕ pizzeria 🎮 🏊 🏃 🏋 🏓 🏊 🏂
Services : ⚒ 🚿 – 360 sanitaires individuels (🚿 🚽 wc) 🧺 🧹 💈 🖥 🧼 🧹

Longitude : 3.02444
Latitude : 42.77602

La Croix du Sud ▲▲ – de déb. avr. à fin sept.
🞉 0468861661, *camplacroixdusud@wanadoo.fr*,
Fax 0468862003, *www.lacroixdusud.fr* – places limitées pour le passage
3,5 ha (200 empl.) plat, herbeux
Tarif : 41€ ★★ ⟺ 🔲 🚰 (10A) – pers. suppl. 9€ – frais de réservation 30€

Location : (de déb. avr. à fin sept.) – 89 🛏 – 22 🏠. Nuitée 32 à 180€ – Sem. 224 à 1260€ – frais de réservation 30€
Pour s'y rendre : rte de Saint-Laurent-de-la-Salanque (1,4 km au sud-ouest par D 90, par D 83 sortie 10)

Nature : 🌳 ♡♡
Loisirs : 🍴 🏃 🏋 🏊 terrain multsports
Services : ⚒ 🚿 🧺 laverie 🧹

Longitude : 3.02444
Latitude : 42.77602

L'Oasis ▲▲ – de fin avr. à mi-sept.
🞉 0468861243, *camping.loasis@wanadoo.fr*,
Fax 0468864683, *www.camping-oasis.com*
10 ha (496 empl.) plat, herbeux, sablonneux
Tarif : 36€ ★★ ⟺ 🔲 🚰 (10A) – pers. suppl. 8€ – frais de réservation 27€

Location : (de fin avr. à mi-sept.) – 192 🛏. Nuitée 34 à 48€ – Sem. 238 à 947€ – frais de réservation 27€
Pour s'y rendre : rte de St-Laurent-de-la-Salanque (1,3 km au sud-ouest par D 90)

Nature : 🌳 ♡
Loisirs : 🍴 snack, pizzeria 🏃 🏋 🏊 🏂
Services : ⚒ 🚿 🧺 laverie 🖥 🧹

Longitude : 3.02444
Latitude : 42.77602

Le Soleil Bleu ▲▲ – (location exclusive de mobile homes et chalets) de déb. avr. à déb. oct.
🞉 0468861550, *infos@lesoleilbleu.com*,
Fax 0468864090, *www.lesoleilbleu.com*
3 ha plat

Location : ⚒ – 143 🛏 – 24 🏠. Nuitée 50 à 110€ – Sem. 225 à 770€ – frais de réservation 30€
Pour s'y rendre : au lieu-dit : Mas de la Tourre (1,4 km au sud-ouest par D 90 rte de St-Laurent-de-la-Salanque, à 100 m de l'Agly)

Nature : 🌳 ♡♡
Loisirs : 🍴 snack, pizzeria 🎮 🏊 🏃 🏋 🚲 🏊 terrain multiports
Services : 🚿 🧺 laverie 🖥 🧹

Longitude : 3.02842
Latitude : 42.77663

▲▲▲ ... ▲

Terrains particulièrement agréables dans leur ensemble et dans leur catégorie.

▲▲ **FranceLoc Las Bousigues** ▲▲ – de déb. avr. à mi-sept.

𝒫 04 68 86 16 19, *lasbousigues@franceloc.fr*,
Fax 04 68 86 28 44, *www.campings-franceloc.fr* – places limitées pour le passage
3 ha (199 empl.) plat, sablonneux, pierreux
Tarif : (Prix 2010) 34 € ★★ ⇔ ⊞ ⚡ (10A) – pers. suppl. 7 € – frais de réservation 26 €

Location : (Prix 2010) (de déb. avr. à mi-sept.) – 143 ⌷⌷⌷ – 101 ⌂ – 4 tipis. Sem. 147 à 973 € – frais de réservation 26 €
⛽ borne autre 3 €
Pour s'y rendre : av. des Corbières (900 m à l'ouest)

Nature : ⌷ 𝟗𝟗	
Loisirs : ▼ snack 🎱 ♣ ⚓ ⛵ ◿ terrain multisports	
Services : ♿ ⊙ 🏕– 31 sanitaires individuels (🚿 ⇌ wc) ⚐ laverie ⛽	

Longitude : 3.02865
Latitude : 42.78684

▲▲ **La Presqu'Île** ▲▲ – de déb. avr. à fin sept.

𝒫 04 68 86 12 80, *contact@lapresquile.com*,
Fax 04 68 86 25 09, *www.lapresquile.com* – places limitées pour le passage
3,5 ha (163 empl.) plat, sablonneux, herbeux
Tarif : 38 € ★★ ⇔ ⊞ ⚡ (6A) – pers. suppl. 7 € – frais de réservation 35 €

Location : (de déb. avr. à fin sept.) – 80 ⌷⌷⌷ – 30 ⌂. Nuitée 45 à 120 € – Sem. 230 à 820 € – frais de réservation 35 €
Pour s'y rendre : r. de la Presquile

Nature : ⌷ 𝟗𝟗	
Loisirs : ▼ 🎱 ♣ 𝄐 jacuzzi ⚓ 🚲 ✗ ◿ ◿ ⌇ terrain multisports, ponton d'amarrage	
Services : ♿ ⊙ 🏕 ⚐ laverie ⚏ ⛽	

Longitude : 3.0281
Latitude : 42.8037

BARJAC

30430 – **339** L3 – 1 503 h. – alt. 171
🛈 *place Charles Guynet 𝒫 04 66 24 53 44*
▶ Paris 666 – Alès 34 – Aubenas 45 – Pont-St-Esprit 33

▲ **La Combe** de déb. avr. à fin sept.

𝒫 04 66 24 51 21, *camping.lacombe@wanadoo.fr*,
Fax 04 66 24 51 21, *www.campinglacombe.com*
2,5 ha (100 empl.) peu incliné, plat, herbeux
Tarif : 23 € ★★ ⇔ ⊞ ⚡ (6A) – pers. suppl. 8 €
Location : (de déb. avr. à fin sept.) – 10 ⌷⌷⌷ – 4 ⌂ – 4 bungalows toilés – 1 gîte. Nuitée 40 à 80 € – Sem. 257 à 561 € – frais de réservation 15 €
⛽ borne eurorelais 4 € – ⚡ 14 €
Pour s'y rendre : au lieu-dit : Mas de Reboul (3 km à l'ouest par D 901, rte des Vans et D 384 à dr.)

Nature : ⌇ 𝟗𝟗	
Loisirs : ▼ 🎱 ✗ ◿	
Services : ♿ ⊙ 🏕 ⚐ ⚏	

Longitude : 4.34784
Latitude : 44.30917

339

*De categorie (1 tot 5 tenten, in **zwart** of **rood**) die wij aan de geselekteerde terreinen in deze gids toekennen, is onze eigen indeling.*
Niet te verwarren met de door officiële instanties gebruikte classificatie (1 tot 5 sterren).

BÉDOUÈS

48400 – **330** J8 – 306 h. – alt. 565
▶ Paris 624 – Alès 69 – Florac 5 – Mende 39

▲▲ **Chon du Tarn** de déb. avr. à mi-oct.

𝒫 04 66 45 09 14, *info@camping-chondutarn.com*,
Fax 04 66 45 22 91, *http://www.camping-chondutarn.com*
2 ha (100 empl.) peu incliné, plat, herbeux
Tarif : 13 € ★★ ⇔ ⊞ ⚡ (6A) – pers. suppl. 4 €
⛽ borne artisanale
Pour s'y rendre : chemin du Chon du Tarn (sortie nord-est, rte de Cocurès)

À savoir : cadre agréable et verdoyant au bord du Tarn

Nature : ⌇ < 𝟗	
Loisirs : ⚓ 🏊	
Services : ♿ ⟲ 🚻 ◿ ⚐ ⚏	
À prox. : ▼ snack , escalade	

Longitude : 3.60559
Latitude : 44.3441

BELCAIRE

11340 – **344** C6 – 411 h. – alt. 1 002

🏠 *22, avenue d'Ax les Thermes* 𝒫 *0468207589*

▶ Paris 810 – Ax-les-Thermes 26 – Axat 32 – Foix 54

⚠ **Municipal le Lac** de déb. juin à fin sept.
  𝒫 0468203947, *mairie.belcaire@wanadoo.fr*,
  Fax 0468203648
  0,6 ha (37 empl.) peu incliné, herbeux
  Tarif : 🚶 3€ 🚐 📧 5€ – 🔌 (10A) 10€

  Location : (de déb. juin à fin sept.) – 2 ⬛. Sem.
  100€
  Pour s'y rendre : 4 chemin du Lac (sortie ouest par
  D 613, rte d'Ax-les-Thermes, à 150 m d'un plan d'eau)

Nature : 🌳🌳	
Loisirs : 🛶	
Services : 🚿 🚮 📧	
À prox. : ✂ 🏊 🏇 🐎	

Longitude : 1.95022
Latitude : 42.81637

BESSÈGES

30160 – **339** J3 – 3 196 h. – alt. 170

🏠 *50, rue de la République* 𝒫 *0466250860*

▶ Paris 651 – Alès 32 – La Grand-Combe 20 – Les Vans 18

⚠ **Les Drouilhèdes** de déb. avr. à fin sept.
  𝒫 0466250480, *info@campingcevennes.com*,
  Fax 0466251095, *www.campingcevennes.com*
  2 ha (90 empl.) plat, herbeux, pierreux
  Tarif : 29€ 🚶🚶 🚐 📧 🔌 (6A) – pers. suppl. 5€ – frais de
  réservation 14€

  Location : (de déb. avr. à fin sept.) – 6 ⬛. Sem.
  350 à 645€ – frais de réservation 14€
  Pour s'y rendre : 2 km à l'ouest par D 17, rte de
  Génolhac puis 1 km par D 386 à dr., au bord de la Cèze

Nature : 🏞 ⬅ 🌳🌳 ⛰	
Loisirs : 🍴 🏊 ✂ 🎯 🏓	
Services : 🚿 🔌 🛒 📧 🍽	

Longitude : 4.06978
Latitude : 44.2921

*Demandez à votre libraire le catalogue des **publications MICHELIN**.*

340

BLAJOUX

48320 – **330** I8

▶ Paris 638 – Montpellier 180 – Mende 34 – Millau 87

⚠ **Village Vacances de Blajoux** (location exclusive de
  maisonnettes) Permanent
  𝒫 0466494600, *villagegitesblajoux@yahoo.fr*,
  Fax 0466494600, *village-gite-blajoux.com*
  0,8 ha plat, terrasse

  Location : (Prix 2010) – 28 ⬛. Nuitée 72€ – Sem.
  217 à 708€ – frais de réservation 20€
  Pour s'y rendre : rte des Gorges du Tarn

Nature : 🏞 ⬅	
Loisirs : 🛶 🏊	
Services : 🚿 🔌 🅿 🛒 🍽	

Longitude : 3.48267
Latitude : 44.33752

BOISSET-ET-GAUJAC

30140 – **339** J4 – 2 238 h. – alt. 140

▶ Paris 722 – Montpellier 103 – Nîmes 53 – Alès 14

⚠ **Domaine de Gaujac** 🧒🧑 – de déb. avr. à mi-sept.
  𝒫 0466616757, *contact@domaine-de-gaujac.com*,
  Fax 0466605390, *www.domaine-de-gaujac.com*
  10 ha/6,5 campables (275 empl.) plat, herbeux, terrasse,
  peu incliné
  Tarif : 27€ 🚶🚶 🚐 📧 🔌 (6A) – pers. suppl. 6€ – frais de
  réservation 20€

  Location : (de déb. avr. à mi-sept.) – 34 ⬛ – 21 ⬛.
  Nuitée 40 à 88€ – Sem. 200 à 616€ – frais de réservation
  20€
  🚐 borne artisanale 4€ – 8 📧 10€
  Pour s'y rendre : 2406 chemin de la Madelaine

Nature : 🌳🌳	
Loisirs : 🍴 ✖ pizzeria 🛶 🎮 🏓	
jacuzzi 🏊 ✂ 🏓 🏊	
Services : 🚿 🔌 🛒 📧 🍽 🍽	
laverie ⚙ 🍽	
À prox. : 🛶	

Longitude : 4.02771
Latitude : 44.03471

BOISSON

30500 – **339** K3
▶ Paris 682 – Alès 19 – Barjac 17 – La Grand-Combe 28

▲▲▲ **"Les castels" Le Château de Boisson** ♣♠ – de mi-avr. à fin sept.
  ℘ 0466248561, *reception@chateaudeboisson.com*, Fax 0466248014, *www.chateaudeboisson.com*
  7,5 ha (165 empl.) plat, herbeux, fort dénivelé
  Tarif : 35€ ♣♣ ⇔ 🔲 (½) (6A) – pers. suppl. 8€ – frais de réservation 25€
  Location : (de mi-avr. à fin sept.) – 57 ⌑⌑ – 11 ⌂
  – 13 gîtes. Sem. 179 à 707€ – frais de réservation 25€
  ⌑⌑ borne artisanale 13€ – ⌣ (½) 13€
  Pour s'y rendre : au Hameau de Boisson

  À savoir : beaux emplacements au pied d'un château cévenol restauré

Nature : 🏞 ⌑ ۝۝
Loisirs : ♟ ✗ snack, pizzeria 🎬 ۝ ⌘ ⌣ ✗ 🔲 ⌣ 🛶
Services : ⛝ ⚬ ▥ ⌂ – 7 sanitaires individuels (⌑ ⌣ ⌣ wc) ⌣ ⌣ 🏳 laverie ⌣ ⌣ réfrigérateurs

Longitude : 4.25754
Latitude : 44.208

BOURG-MADAME

66760 – **344** C8 – 1 255 h. – alt. 1 140
🅱 *1, place Catalogne* ℘ 0468045535
▶ Paris 847 – Andorra-la-Vella 68 – Ax-les-Thermes 45 – Carcassonne 143

▲ **Mas Piques**
  ℘ 0468046211, *campiques@wanadoo.fr*, Fax 0468046832, *wwwcampingmaspiques.fr* – places limitées pour le passage
  1,5 ha (103 empl.) plat, herbeux
  Location : – 8 ⌑⌑.
  Pour s'y rendre : r. du Train Jaune (au nord de la ville, près du Rahur (frontière))

Nature : ≼ ۝۝
Loisirs : 🎬
Services : ⛝ ⚬ ▥ ⌣ 🏳 laverie
À prox. : 🏐 terrain multisports

Longitude : 1.94394
Latitude : 42.43681

BRISSAC

34190 – **339** H5 – 603 h. – alt. 145
▶ Paris 732 – Ganges 7 – Montpellier 41 – St-Hippolyte-du-Fort 19

▲▲▲ **Le Val d'Hérault** de mi-mars à fin oct.
  ℘ 0467737229, *levaldherault@orange.fr*, Fax 0467733081, *www.camping-levaldherault.com*
  4 ha (135 empl.) en terrasses, peu incliné, pierreux
  Tarif : ♣ 5€ 🔲 11€ – (½) (6A) 4€ – frais de réservation 10€
  Location : (de mi-mars à fin oct.) – 20 ⌑⌑ – 5 ⌂
  – 10 bungalows toilés. Sem. 247 à 750€ – frais de réservation 10€
  ⌑⌑ borne artisanale
  Pour s'y rendre : av. d'Issensac (4 km au sud par D 4, rte de Causse-de-la-Selle, à 250 m de l'Hérault (accès direct))

Nature : 🏞 ≼ ⌑ ۝۝
Loisirs : ♟ snack 🎬 ۝ nocturne ⌣ 🛶
Services : ⛝ ⚬ ⌣ 🏳 ⚏ 🔲 🛶 ⌣
À prox. : 🏖 (plage) escalade

Longitude : 3.70433
Latitude : 43.84677

BROUSSES-ET-VILLARET

11390 – **344** E2 – 314 h. – alt. 412
▶ Paris 768 – Carcassonne 21 – Castelnaudary 36 – Foix 88

▲▲▲ **Le Martinet-Rouge Birdie** de déb. mars à mi-sept.
  ℘ 0468265198, *camping.lemartinetrouge@orange.fr*, *www.camping-lemartinetrouge.com*
  2,5 ha (63 empl.) plat, vallonné, herbeux, pierreux, rochers
  Tarif : 19€ ♣♣ ⇔ 🔲 (½) (10A) – pers. suppl. 8€
  Location : (permanent) – 7 ⌑⌑ – 3 ⌂. Nuitée 35 à 65€ – Sem. 250 à 540€
  ⌑⌑ 4 🔲 18€
  Pour s'y rendre : 500 m au sud par D 203 et chemin à dr., à 200 m de la Dure

Nature : 🏞 ⌑ ۝۝
Loisirs : ♟ snack 🎬 🎠 ⌣ 🛶 ⌣ terrain multisports
Services : ⛝ ⚬ ⚏ ⚏ 🔲
À prox. : ✗

Longitude : 2.26
Latitude : 43.35

CANET

34800 – **339** F7 – 3 039 h. – alt. 42

▶ Paris 717 – Béziers 47 – Clermont-l'Hérault 6 – Gignac 10

Les Rivières de déb. avr. à mi-sept.
℘ 04 67 96 75 53, camping-les-rivieres@wanadoo.fr,
Fax 04 67 96 58 35, www.camping-lesrivieres.com
3 ha (90 empl.) plat, herbeux, pierreux
Tarif : (Prix 2010) 28 € ★★ ⇔ 🗉 🖾 (6A) – pers.
suppl. 5,50 € – frais de réservation 10 €

Location : (Prix 2010) (de déb. avr. à mi-sept.) 🐾.
Sem. 210 à 690 € – frais de réservation 10 €
🚐 borne artisanale
Pour s'y rendre : au lieu-dit : la Sablière (1,8 km au nord
par D 131e)

À savoir : belle situation au bord de l'Hérault

Nature : 🐾 🗂 ♨ ⛰
Loisirs : 🍷 snack, pizzeria 🖾
jacuzzi 🏊 🚲 🎯 🎱 🏹 🎣
Services : 🚿 ⚓ 🗄 🖼 🗲
À prox. : 🐎

Longitude : 3.49081
Latitude : 43.60098

CANET-PLAGE

66140 – **344** J6

▶ Paris 849 – Argelès-sur-Mer 20 – Le Boulou 35 – Canet-en-Roussillon 3

Yelloh! Village Le Brasilia ♣♣ – de mi-avr. à fin
sept.
℘ 04 68 80 23 82, camping-le-brasilia@wanadoo.fr,
Fax 04 68 73 32 97, www.brasilia.fr
15 ha (826 empl.) plat, sablonneux, herbeux
Tarif : 52 € ★★ ⇔ 🗉 🖾 (10A) – pers. suppl. 9 € – frais
de réservation 30 €

Location : (de mi-avr. à fin sept.) 🚿 – 90 🚐 – 42 🏠.
Nuitée 49 à 159 € – Sem. 343 à 1 113 €
Pour s'y rendre : av. des Anneaux du Roussillon (au
bord de la Têt et accès direct à la plage)

À savoir : emplacements verdoyants et ombragés dans
un cadre agréable

Nature : 🐾 🗂 ♨ ⛰
Loisirs : 🍷 ✗ snack, pizzeria 🖾
🎯 🎱 🎢 discothèque 🏊 🚲 🎯
🎱 terrain multisports
Services : 🚿 ⚓ 🗄 🎱 🗲 🎱
laverie 🎱 🗲
À prox. : 🎱 🐎 golf

Longitude : 3.03392
Latitude : 42.69429

342

Si vous recherchez :
♣♣   *un terrain offrant des équipements et des loisirs adaptés aux enfants,*
🐾   *un terrain agréable ou très tranquille,*
L-M *un terrain effectuant la location de caravanes, de mobile homes,*
     de bungalows ou de chalets,
P   *un terrain ouvert toute l'année,*
🚐   *un terrain possédant une aire de services pour camping-cars,*
consultez le tableau des localités.

Le coup de cœur de Bib

Yelloh! Village Le Brasilia *(voir page précédente)*

Ce camping, que l'on baptisera facilement « village de vacances » et qui s'étend sur près de 15 ha, a le privilège d'être bordé par la mer Méditerranée et par une rivière : la Têt. À l'intérieur, l'espace Agora abrite les nombreux commerces et salles d'animation dans une architecture reproduisant un petit village catalan : place centrale, clocher, palmiers, oliviers et platanes, sans oublier la couleur ocre des bâtiments. Tout est prévu en animations sportives ou plutôt culturelles pour prendre en main le vacancier, s'il le souhaite, du lever du jour à tard ou très tard dans la nuit.Et ces nuits, justement, il pourra les passer sur un emplacement nu (comme l'on dit dans le langage campeur !) s'il possède son propre matériel : caravane ou toile de tente ; mais il aura aussi la possibilité de louer sur place un mobile home ou cottage, d'où le nom de village de vacances. Quoi qu'il en soit, son emplacement sera verdoyant, arboré et les parasols en forme de paillotes sur de nombreux emplacements complètent à merveille la décoration paysagère du site.

Yelloh! Village Le Brasilia

343

⋀⋀⋀ **Ma Prairie** ♣♣ – de déb. mai à fin sept.

☎ 04 68 73 26 17, *ma.prairie@wanadoo.fr*,
Fax 04 68 73 28 82, *www.maprairie.com*
4 ha (260 empl.) plat, herbeux
Tarif : 43 € ♣♣ ⇔ 🅔 ⒟ (10A) – pers. suppl. 9 € – frais de réservation 20 €

Location : (de déb. mai à fin sept.) – 49 🚍. Nuitée 35 à 140 € – Sem. 245 à 980 € – frais de réservation 20 €
Pour s'y rendre : 1 av. des Côteaux (2,5 km à l'ouest, sortir par D 11, rte d'Elne et chemin à dr.)
À savoir : joli cadre bien arboré et fleuri

| Nature : 🌄 ♧♧ |
| Loisirs : 🍷 🗙 snack 🍽 ⊗ nocturne 🏸 🚗 🚲 ⛳ terrain omnisports |
| Services : ♿ ⚷ 🚿 ♔ laverie 🧺 |
| À prox. : 🛒 |

Longitude : 2.99777
Latitude : 42.70103

⋀⋀⋀ **Les Peupliers** de fin mai à mi-sept.

☎ 04 68 80 35 87, *contact@camping-les-peupliers.fr*,
Fax 04 68 73 38 75, *www.camping-les-peupliers.fr*
4 ha (245 empl.) plat, herbeux, pierreux
Tarif : 39 € ♣♣ ⇔ 🅔 ⒟ (8A) – pers. suppl. 7 € – frais de réservation 23 €

Location : (de fin mai à mi-sept.) – 91 🚍 – 9 🏠. Nuitée 43 à 111 € – Sem. 301 à 777 € – frais de réservation 23 €
Pour s'y rendre : av. des Anneaux-du-Rousssillon (500 m de la mer)

| Nature : 🌄 ♧♧ |
| Loisirs : 🍷 snack, pizzeria ⊗ 🚗 🏊 🧖 |
| Services : ♿ ⚷ ♔ laverie 🧺 🥤 |
| À prox. : 🛒 🗙 🎣 🎿 🐴 🏇 |

Longitude : 3.03111
Latitude : 42.70741

▲▲▲ **Mar Estang** ▲▲ – de fin avr. à mi-sept.
𝒫 04 68 80 35 53, *contact@marestang.com*,
Fax 04 68 73 32 94, *www.marestang.com*
11 ha (600 empl.) plat, herbeux
Tarif : 44 € ✝✝ ⇔ 🔲 (✝) (5A) – pers. suppl. 13 € – frais
de réservation 25 €

Location : (de fin avr. à mi-sept.) Ⓟ (bungalows
toilés) – 224 🔲 – 32 bungalows toilés. Sem.
159 à 1 029 € – frais de réservation 25 €
🔋 borne autre 4 € – 10 🔲 12 €
Pour s'y rendre : rte de Saint-Cyprien (1,5 km au sud
par D 18a, près de l'étang et de la plage - accès direct
par souterrain)

> Nature : 🔲 00
> Loisirs : 🍴 snack, pizzeria 🏖
> 🕹 ⚡ 🎿 discothèque 🚣 🚲
> 🎾 🏊 ⛷ terrain multisports,
> amphithéâtre
> Services : 👌 🔌 🛁 ☂ laverie
> 🐾 🛒

> Longitude : 3.03256
> Latitude : 42.67262

▲ **Les Fontaines** de déb. mai à mi-sept.
𝒫 04 68 80 22 57, *campinglesfontaines@wanadoo.fr*,
www.camping-les-fontaines.com
5,3 ha (160 empl.) plat, pierreux, herbeux
Tarif : 31 € ✝✝ ⇔ 🔲 (✝) (10A) – pers. suppl. 6 € – frais
de réservation 15 €

Location : (de déb. mai à mi-sept.) – 104 🔲. Nuitée
33 à 95 € – Sem. 180 à 665 € – frais de réservation 15 €
🔋 borne autre 6 €
Pour s'y rendre : rte de St-Nazaire

> Nature : 🔲
> Loisirs : 🏖 🚣 🏊
> Services : 👌 🔌 (juil.-août) 🛁
> 🛒 🗑 📱

> Longitude : 2.99965
> Latitude : 42.69108

CANILHAC

48500 – **330** G8 – 136 h. – alt. 700
▶ Paris 593 – La Canourgue 8 – Marvejols 26 – Mende 52

▲ **Municipal la Vallée** de mi-juin à mi-sept.
𝒫 04 66 32 91 14, *commune.canilhac@wanadoo.fr*,
Fax 04.66.32.80.05, *www.la-canourgue.com/tourisme/
fetes.htm*
1 ha (50 empl.) plat, herbeux
Tarif : 15 € ✝✝ ⇔ 🔲 (✝) (12A) – pers. suppl. 3 €

Location : (de mi-juin à mi-sept.) – 2 🔲. Sem.
250 à 350 €
🔋 borne artisanale
Pour s'y rendre : au lieu-dit : Miège Rivière (12 km au
nord par N 9, rte de Marvejols, D 988 à gauche, rte de
St-Geniez-d'Olt et chemin à gauche, au bord du Lot - par
A 75, sortie 40 dir. St-Laurent-d'Olt puis 5 km par D 988)
À savoir : dans une petite vallée verdoyante

> Nature : 🐑 ≼ 🔲 🎣
> Loisirs : 🏖 🚣 🏊 🚤 🎣
> Services : 👌 🔌 🗑 🛁 📱
> À prox. : 🎾

> Longitude : 3.13992
> Latitude : 44.44047

*Die Aufnahme in diesen Führer ist kostenlos
und wird auf keinen Fall gegen Entgelt oder eine andere Vergünstigung gewährt.*

LA CANOURGUE

48500 – **330** H8 – 2 116 h. – alt. 563
🅑 *rue de la Ville* 𝒫 04 66 32 83 67
▶ Paris 588 – Marvejols 21 – Mende 40 – Millau 53

▲▲▲ **Chalets du Golf - Le Val d'Urugne** (location
exclusive de chalets) de mi-avr. à mi-nov.
𝒫 04 66 32 84 00, *lozereleisure@wanadoo.fr*,
www.lozereleisure.com – empl. traditionnels également
disponibles
8 ha plat, terrasse

Location : (Prix 2010) – 22 🔲. Nuitée 120 € – Sem.
180 à 750 €
🔋 borne raclet 6 € – 🔌 (✝) 12 €
Pour s'y rendre : rte des Gorges du Tarn (3,6 km au
sud-est par D 988, rte de Chanac, après le golf, au bord
de l'Urugne)

> Nature : 🔲 00
> Loisirs : 🚣 🏊
> Services : 🔌 (saison) laverie
> À prox. : 🍴 snack , golf (18 trous)

> Longitude : 3.21655
> Latitude : 44.43036

▲▲ **Village Vacances de la Canourgue** (location exclusive de gîtes) Permanent
ℰ 0466484848, *sla@lozere-resa.com*, Fax 0466650355, *www.lozere-resa.com*
3 ha en terrasses, non clos
Location : **ⓟ** – 48 🏠. Sem. 165 à 725 € – frais de réservation 20 €
Pour s'y rendre : au lieu-dit : Les Bruguières (1,5 km à l'ouest, rte de Banassac, à dr. juste av. Intermarché)

Nature : 0̤0̤	
Loisirs : 🔲 🛝	
Services : 🚻 ⊙🔾 🔳 ⁿ laverie	
À prox. : ⅄	

Longitude : 3.2058
Latitude : 44.43642

LE CAP-D'AGDE

34300 – **339** G9
🛈 *rond-point du Bon Accueil* *ℰ* 0467010404
▣ Paris 767 – Montpellier 57 – Béziers 29 – Narbonne 59

▲▲▲ **La Clape** de déb. avr. à fin sept.
ℰ 0467264132, *contact@camping-ladape.com*, Fax 0467264525, *www.camping-ladape.com*
7 ha (450 empl.) plat, herbeux, pierreux
Tarif : (Prix 2010) 29 € ★★ ⇔ 🅴 🚽 (10A) – pers. suppl. 6 € – frais de réservation 26 €
Location : (Prix 2010) (de déb. avr. à fin sept.) 🚻
🏄 – 89 🚐 – 23 🏠 – 9 bungalows toilés. Nuitée 35 à 100 € – Sem. 205 à 680 € – frais de réservation 26 €
🚐 borne autre – 22 🅴 10 €
Pour s'y rendre : 2 r. du Gouverneur (près de la plage - accès direct)
À savoir : services et stationnements pour camping-cars extérieur au terrain

Nature : 🔲 0̤0̤	
Loisirs : 🍷 snack 🔲 🛶 🛝 terrain multisports	
Services : 🚻 ⊙🔾 🔳 🛁 laverie 🔳 🛒 réfrigérateurs	
À prox. : 🎾 🖾 ⚓	

Longitude : 3.5193
Latitude : 43.28521

CARCASSONNE

11000 – **344** F3 – 47 620 h. – alt. 110
🛈 *28, rue de Verdun* *ℰ* 0468102430
▣ Paris 768 – Albi 110 – Béziers 90 – Narbonne 61

🔵 **34**

▲▲▲ **Campéole la Cité** de mi-mars à mi-oct.
ℰ 0468251177, *cite@campeole.com*, Fax 0468473313, *www.campeoles.com*
7 ha (200 empl.) plat, herbeux
Tarif : 30 € ★★ ⇔ 🅴 🚽 (10A) – pers. suppl. 7 €
Location : (de mi-mars à mi-oct.) – 22 🚐 – 22 bungalows toilés. Nuitée 36 à 111 € – Sem. 252 à 777 € – frais de réservation 25 €
🚐 borne artisanale 1 €
Pour s'y rendre : rte de Saint-Hilaire (sortie est par N 113, rte de Narbonne puis 1,8 km par D 104, près d'un bras de l'Aude)

Nature : 🔲 0̤0̤	
Loisirs : snack, pizzeria 🔲 ⊙ ⛹ 🛝 terrain multisports	
Services : 🚻 ⊙🔾 🛁 ⁿ laverie 🔳 🛒	

Longitude : 2.33716
Latitude : 43.19874

CARNON-PLAGE

34280 – **339** I7
🛈 *rue du Levant* *ℰ* 0467505115
▣ Paris 758 – Aigues-Mortes 20 – Montpellier 20 – Nîmes 56

▲ **Les Saladelles** de déb. avr. à mi-sept.
ℰ 0467682371, *camping.saladelles@wanadoo.fr*, Fax 0467682371, *www.sivom-etang-or.fr*
7,6 ha (384 empl.) plat, sablonneux
Tarif : (Prix 2010) 19,20 € ★★ ⇔ 🅴 🚽 (15A) – pers. suppl. 3,70 €
Location : (Prix 2010) (de déb. avr. à mi-sept.) 🏄 – 40 🚐. Nuitée 50 à 65 € – Sem. 175 à 667 €
🚐 borne artisanale – 18 🅴 11 €
Pour s'y rendre : par D 59, Carnon-est, à 100 m de la plage
À savoir : stationnement pour camping-cars extérieur au terrain

Nature : 0̤0̤	
Loisirs : ⛹	
Services : 🚻 ⊙🔾 🛁 🚰 🖾	

Longitude : 3.97886
Latitude : 43.54677

CASTEIL

66820 – **344** F7 – 125 h. – alt. 780
🛈 *1, rue du Canigou* ℰ *04 68 05 67 63*
▶ Paris 878 – Montpellier 215 – Perpignan 59 – Carcassonne 126

Domaine St-Martin de déb. avr. à mi-oct.
ℰ 04 68 05 52 09, *info@domainesaintmartin.com*,
www.domainesaintmartin.com – accès aux
emplacements par forte pente, mise en place et sortie
des caravanes à la demande
4,5 ha (50 empl.) en terrasses, pierreux, rochers, fort
dénivelé
Tarif : 24 € ✶✶ 🚐 🗐 🔌 (10A) – pers. suppl. 4 € – frais
de réservation 16 €

Location : (de déb. avr. à mi-oct.) – 7 🛖 – 1 tente.
Nuitée 32 à 69 € – Sem. 227 à 482 €
🚐 10 🗐 13 € – 🔋🔌 13 €
Pour s'y rendre : 6 bd de la Cascade (sortie nord par
D 116 et chemin à dr.)

À savoir : cadre pittoresque au pied du Massif du Canigou,
près d'une cascade

Nature : 🏞 🗗 ♨	
Loisirs : 🍴 ✕ 🏠 🏊	
Services : 🚿 ⚡ 🗑 🕯 laverie	
À prox. : 🍴	

Longitude : 2.39464
Latitude : 42.53296

Campeurs...
N'oubliez pas que le feu est le plus terrible ennemi de la forêt.
Soyez prudents !

CASTRIES

34160 – **339** I6 – 5 471 h. – alt. 70
🛈 *19, rue Sainte Catherine* ℰ *04 99 74 01 77*
▶ Paris 746 – Lunel 15 – Montpellier 19 – Nîmes 44

Flower Le Fondespierre Permanent
ℰ 04 67 91 20 03, *accueil@campingfondespierre.com*,
www.campingfondespierre.com
3 ha (103 empl.) en terrasses, peu incliné, pierreux
Tarif : 29 € ✶✶ 🚐 🗐 🔌 (10A) – pers. suppl. 6 € – frais
de réservation 15 €

Location : (Prix 2010) (permanent) – 19 🛖 – 2 🏠
– 7 bungalows toilés. Nuitée 49 à 89 € – Sem. 294 à 623 €
– frais de réservation 15 €
🚐 borne artisanale 5 €
Pour s'y rendre : 277 rte de Fontmarie (2,5 km au nord-
est par N 110, rte de Sommières et rte à gauche)

Nature : 🏞 🗗 ♨♨	
Loisirs : 🛶 🚲 🏊	
Services : 🚿 ⚡ 🍳 🕯 laverie	
À prox. : 🍴	

Longitude : 3.99864
Latitude : 43.69463

CENDRAS

30480 – **339** J4 – 1 962 h. – alt. 155
▶ Paris 694 – Montpellier 76 – Nîmes 50 – Avignon 76

La Croix Clémentine de déb. avr. à mi-sept.
ℰ 04 66 86 52 69, *dementine@dementine.fr*,
Fax 04 66 86 54 84, *www.dementine.fr*
10 ha (250 empl.) en terrasses, plat, herbeux, pierreux,
rochers, fort dénivelé
Tarif : 27 € ✶✶ 🚐 🗐 🔌 (6A) – pers. suppl. 8 € – frais de
réservation 8 €

Location : (de déb. avr. à mi-sept.) – 6 🛖 – 25 🏠
– 6 bungalows toilés. Nuitée 35 à 120 € – Sem.
250 à 800 € – frais de réservation 8 €
🚐 borne eurorelais 8 € – 4 🗐 8 €
Pour s'y rendre : rte de Mende (2 km au nord-ouest
par D 916 et D 32 à gauche)

À savoir : cadre agréable et boisé

Nature : 🏞 🗗 ♨♨	
Loisirs : 🍴 snack, pizzeria 🏠 🎆	
nocturne 🛶 🚲 ✕ 🏊	
Services : 🚿 ⚡ 🍳 🚻 🕯	
laverie 🧊 ❄ réfrigérateur	
À prox. : 🐎 🥾	

Longitude : 4.04333
Latitude : 44.15167

LE CHAMBON

30450 – **339** J3 – 273 h. – alt. 260
▶ Paris 640 – Alès 31 – Florac 59 – Génolhac 10

🔺 **Municipal le Luech** de déb. juil. à fin août
   ℰ 04 66 61 51 32, *mairie-du-chambon@wanadoo.fr*,
Fax 04 66 61 47 92
0,5 ha (43 empl.) non clos, en terrasses, peu incliné,
pierreux, herbeux
Tarif : 🛉 2 € 🚐 2 € 🔲 3 € – 🔌 (4A) 3 €
Pour s'y rendre : au lieu-dit : Palanquis (600 m au nord-
ouest par D 29, rte de Chamborigaud, au bord du Luech)

Nature : 🔵🔵
Services : 👤 ☕ 🚮
À prox. : 🚴 🍴

Longitude : 4.01422
Latitude : 44.30291

CHASTANIER

48300 – **330** K6 – 92 h. – alt. 1 090
▶ Paris 570 – Châteauneuf-de-Randon 17 – Langogne 10 – Marvejols 71

🔺 **Pont de Braye** de déb. mai à fin sept.
   ℰ 04 66 69 53 04, *accueil@camping-lozere-naussac.fr*,
Fax 05 31 60 05 23, *www.camping-lozere-naussac.fr*
1,5 ha (35 empl.) en terrasses, plat, herbeux
Tarif : (Prix 2010) 15 € 🛉🛉 🚐 🔲 🔌 (6A) – pers.
suppl. 4 € – frais de réservation 7 €

Location : (Prix 2010) (de déb. mai à fin sept.)
– 2 tentes – 1 gîte. Nuitée 50 € – Sem. 385 € – frais de
réservation 7 €
🚐 borne artisanale 3 € – 🔌 12 €
Pour s'y rendre : 1 km à l'ouest, carr. D 988 et D 34, au
bord du Chapeauroux

Loisirs : 🍽 🛋
Services : 👤 ☕ 🚿 🚮 🍴 🔲 🚰
À prox. : 🍴 🐎 (centre équestre)

Longitude : 3.74755
Latitude : 44.72656

CHIRAC

48100 – **330** H7 – 1 106 h. – alt. 625
▶ Paris 587 – Montpellier 173 – Mende 37 – Marvejols 6

🔺 **Village Vacances** (location exclusive de chalets) de
mi-juin à mi-sept.
   ℰ 04 66 48 48 48, *sla@lozere-resa.com*, Fax 04 66 65 55 03,
www.lozere-resa.com
1,5 ha plat
Location : 👤 🅿 – 15 🏠. Sem. 214 à 611 € – frais de
réservation 20 €
Pour s'y rendre : sortie nord du bourg - A 75 sortie 39
puis D 809 rte de Marvejols

Nature : 🌿 ⬛
Loisirs : 🛋 🍴 🎾 terrain
multisports
Services : ☕ 🚿 🔲
À prox. : 🎣

Longitude : 3.26611
Latitude : 44.52315

347

CLERMONT-L'HÉRAULT

34800 – **339** F7 – 7 305 h. – alt. 92
🅱 *9, rue Doyen Renè Gosse ℰ 04 67 96 23 86*
▶ Paris 718 – Béziers 46 – Lodève 24 – Montpellier 42

🔺 **Municipal Campotel Lac du Salagou**
Permanent
   ℰ 04 67 96 13 13, *centretouristique@wanadoo.fr*,
Fax 04 67 96 32 12, *www.le-salagou.fr*
7,5 ha (388 empl.) en terrasses, peu incliné, plat,
herbeux, gravier
Tarif : 14 € 🛉🛉 🚐 🔲 🔌 (10A) – pers. suppl. 2 € – frais
de réservation 15 €

Location : (permanent) – 8 🏠 – 13 gîtes. Sem.
371 à 483 € – frais de réservation 15 €
🚐 borne artisanale 2 € – 5 🔲 5 €
Pour s'y rendre : au Lac du Salagou (5 km au nord-
ouest par D 156e 4, à 300 m du lac)

À savoir : situation agréable à proximité du lac et de la
base nautique

Nature : ⬛ 🔵🔵
Loisirs : 🛋 🏖
Services : 👤 ☕ 🔲 🚿 🚮 🔲
cases réfrigérées
À prox. : 🍴 🍴 pizzeria 🚣 🚴
🏊 🚿 🌊

Longitude : 3.38957
Latitude : 43.6455

COLLIAS

30210 – **339** L5 – 973 h. – alt. 45
▶ Paris 694 – Alès 45 – Avignon 32 – Bagnols-sur-Cèze 35

Le Barralet de déb. avr. à fin sept.
& 0466228452, *camping@barralet.fr*, Fax 0466228917,
www.camping-barralet.com
2 ha (120 empl.) plat, peu incliné, herbeux
Tarif : 25€ ✝✝ ⇔ 🔲 (♪) (6A) – pers. suppl. 7€ – frais de
réservation 10€
Location : (de déb. avr. à fin sept.) – 19 ⬛. Nuitée
42 à 75€ – Sem. 340 à 520€ – frais de réservation 10€
⬛ borne autre
Pour s'y rendre : 6 chemin du Grès (1 km au nord-est
par D 3, rte d'Uzès et chemin à dr.)

Nature : 🔲 ≤ 🔲
Loisirs : 🍴 pizzeria ⬛ ⬛ terrain multisports, canoë
Services : 🔲 ⬛ 🔲 🔲 ⬛
Longitude : 4.47716
Latitude : 43.95666

CONNAUX

30330 – **339** M4 – 1 624 h. – alt. 86
▶ Paris 661 – Avignon 32 – Alès 52 – Nîmes 48

Le Vieux Verger
& 0466829162, *campinglevieuxverger@wanadoo.fr*,
www.campinglevieuxverger.com
3 ha (60 empl.) en terrasses, pierreux, herbeux
Location : (Prix 2010) – 8 ⬛ – 4 ⬛ . – frais de
réservation 25€
Pour s'y rendre : av. des Platanes (au sud du bourg, à
200 m de la N 86)

Nature : 🔲 🔲
Loisirs : snack ⬛
Services : 🔲 ⬛ 🔲
À prox. : 🍴
Longitude : 4.59224
Latitude : 44.08562

*Benutzen Sie die **Grünen MICHELIN-Reiseführer**,*
wenn Sie eine Stadt oder Region kennenlernen wollen.

48

CRESPIAN

30260 – **339** J5 – 289 h. – alt. 80
▶ Paris 731 – Alès 32 – Anduze 27 – Nîmes 24

Mas de Reilhe ⬛ – de déb. avr. à mi-sept.
& 0466778212, *info@camping-mas-de-reilhe.fr*,
Fax 0466802650, *www.camping-mas-de-reilhe.fr*
2 ha (95 empl.) plat, pierreux, herbeux, terrasse, fort
dénivelé
Tarif : (Prix 2010) 26€ ✝✝ ⇔ 🔲 (♪) (10A) – pers.
suppl. 6€ – frais de réservation 19€
Location : (Prix 2010) (de déb. avr. à mi-sept.) – 14 ⬛
– 7 ⬛ – 5 bungalows toilés. Nuitée 25 à 108€ – Sem.
175 à 756€ – frais de réservation 19€
Pour s'y rendre : chemin du Mas de Reilhe (sortie sud
par N 110)

Nature : 🔲 🔲
Loisirs : 🍴 snack, pizzeria ⬛ ⬛ ⬛ ⬛
Services : ⬛ ⬛ ⬛ ⬛ ⬛ 🔲 ⬛ ⬛
À prox. : 🍴
Longitude : 4.09676
Latitude : 43.88015

DOMAZAN

30390 – **339** M5 – 844 h. – alt. 52
▶ Paris 683 – Alès 60 – Avignon 17 – Nîmes 33

Le Bois des Écureuils de déb. janv. à mi-déc.
& 0466571003, *infos@boisdesecureuils.com*,
Fax 0466571003, *www.boisdesecureuils.com*
1,5 ha (46 empl.) plat, gravillons, gravier
Tarif : 20€ ✝✝ ⇔ 🔲 (♪) (10A) – pers. suppl. 4€
Location : (de déb. janv. à mi-déc.) ⬛ – 8 ⬛. Sem.
230 à 510€
Pour s'y rendre : 4 km au nord-est par N 100

Nature : 🔲 🔲
Loisirs : ⬛ ⬛
Services : 🔲 ⬛ 🔲
Longitude : 4.66608
Latitude : 43.95205

EGAT

66120 – **344** D7 – 459 h. – alt. 1 650
▶ Paris 856 – Andorra-la-Vella 70 – Ax-les-Thermes 53 – Bourg-Madame 15

   △ **Las Clotes** fermé vac. de Toussaint
     ℘ 04 68 30 26 90, Fax 04 68 30 26 90
     2 ha (80 empl.) en terrasses, herbeux, rochers
     Tarif : 16,50 € 🏕🏕 🚐 🖿 (6A) – pers. suppl. 4 €
     🚮 borne artisanale
     Pour s'y rendre : 400 m au nord du bourg, au bord
     d'un petit ruisseau
     À savoir : agréable situation dominante à flanc de colline
     rocheuse

Nature : 🐾 ≤ Sierra del Cadi et Puigmal 🏞 ♀
Loisirs : 🎮
Services : 🚿 ⚡ 🚽 🗑 🚰 🛒

Longitude : 2.01711
Latitude : 42.50019

ERR

66800 – **344** D8 – 621 h. – alt. 1 350 – Sports d'hiver : 1 850/2 520 m ⛷ 8 🎿
▶ Paris 854 – Andorra-la-Vella 77 – Ax-les-Thermes 52 – Bourg-Madame 10

   △ **Le Puigmal** de déb. nov. à fin sept.
     ℘ 04 68 04 71 83, contact@camping-le-puigmal.fr,
     Fax 04 68 04 04 88, www.camping-le-puigmal.com
     3,2 ha (125 empl.) plat, peu incliné, herbeux
     Tarif : 18 € 🏕🏕 🚐 🖿 (6A) – pers. suppl. 4 €
     Location : (de déb. nov. à fin sept.) – 9 🛖. Nuitée
     62 € – Sem. 385 €
     Pour s'y rendre : 30 rte du Puigmal (par D 33b, au bord
     d'un ruisseau)

Nature : 🐾 ≤ ♀♀
Loisirs : 🎮 🏄
Services : 🚿 ⚡ 🗑 🚰 laverie
À prox. : 🏊 🏄 parc aqua-ludique

Longitude : 2.03539
Latitude : 42.43751

   △ **Las Closas** de déb. nov. à fin sept.
     ℘ 04 68 04 71 42, camping.las.closas@wanadoo.fr,
     www.camping-las-closas.com
     2 ha (118 empl.) plat, peu incliné, herbeux
     Tarif : 13 € 🏕🏕 🚐 🖿 (10A) – pers. suppl. 4 €
     Location : (de déb. nov. à fin sept.) – 12 🛖. Nuitée
     63 à 70 € – Sem. 370 à 420 €
     Pour s'y rendre : 1 pl. Saint-Génis (par D 33b)

Nature : ♀♀
Loisirs : 🎮 🏄
Services : 🚿 ⚡ 🗑 🚮 🚰 🛒 laverie
À prox. : 🍴 🏊 parc aqua-ludique

Longitude : 2.03138
Latitude : 42.44014

349

We recommend that you consult the up to date price list posted at the entrance of the site.
Inquire about possible restrictions.
The information in this Guide may have been modified since going to press.

ESTAVAR

66800 – **344** D8 – 470 h. – alt. 1 200
▶ Paris 861 – Montpellier 254 – Perpignan 98 – Camillo 54

   🏕🏕🏕 **L'Enclave** 🏕🏕 – de fin mars à fin sept.
     ℘ 04 68 04 72 27, contact@camping-lendave.com,
     Fax 04 68 04 07 15, www.camping.lendave.com
     3,5 ha (175 empl.) terrasse, plat, peu incliné, herbeux,
     pierreux
     Tarif : 31 € 🏕🏕 🚐 🖿 (10A) – pers. suppl. 5 € – frais
     de réservation 10 €
     Location : (de déb. déc. à fin déc.) – 23 🛖. Nuitée
     40 à 115 € – Sem. 190 à 780 € – frais de réservation
     10 €
     🚮 borne eurorelais 6 € – 🚐 10 €
     Pour s'y rendre : 2 r. Vinyals (sortie est par D 33, au
     bord de l'Angoust)

Nature : 🐾 🏞 ♀♀
Loisirs : 🎮 🎣 🛁 jacuzzi - salle d'animations 🏄 🎾 🏊 🚣 randonnées accompagnées
Services : 🚿 ⚡ 🗑 🚮 🚰 🛒 laverie
À prox. : 🍴 ✕ 🚵 ⛳

Longitude : 2.00118
Latitude : 42.47082

FLORAC

48400 – **330** J9 – 1 909 h. – alt. 542
🛈 *33, avenue J. Monestier* ☎ 04 66 45 01 14
▶ Paris 622 – Alès 65 – Mende 38 – Millau 84

⚠ **Municipal le Pont du Tarn** de déb. avr. à fin oct.
☎ 04 66 45 18 26, *contact@camping-florac.com,*
www.camping-florac.com
3 ha (181 empl.) plat, terrasse, herbeux, pierreux
Tarif : 🟊 4€ 🚐 4€ 🔲 7€ – 🔌 (10A) 4€ – frais de
réservation 12€

Location : (de déb. avr. à fin oct.) – 22 🚍
– 6 bungalows toilés. Sem. 182 à 590€ – frais de
réservation 12€
🚱 borne artisanale 5€
Pour s'y rendre : rte du Pont-de-Montvert (2 km au
nord par N 106, rte de Mende et D 998 à dr., accès direct
au Tarn)

Nature : ≼ 🌳	
Loisirs : 🏊 ᵐ 🎣 🚣 ≈	
Services : 🦽 ➥ 🚐 ♻ ⚐ 📶	
À prox. : 🍴 🐎	

Longitude : 3.59013
Latitude : 44.33625

Avant de vous installer, consultez les tarifs en cours,
affichés obligatoirement à l'entrée du terrain,
et renseignez-vous sur les conditions particulières de séjour.
Les indications portées dans le guide ont pu être modifiées depuis la mise à jour.

FONT-ROMEU

66120 – **344** D7 – 2 003 h. – alt. 1 800
🛈 *38, avenue Emmanuel Brousse* ☎ 04 68 30 68 30
▶ Paris 860 – Montpellier 245 – Perpignan 90 – Canillo 62

⚠ **Huttopia Le Menhir** de fin mai à mi-sept.
☎ 04 68 30 09 32, *font-romeu@huttopia.com,*
Fax 04 68 04 56 39, *www.huttopia.com* – alt. 1 800
7 ha (245 empl.) plat, peu incliné, herbeux
Tarif : (Prix 2010) 29€ 🟊🟊 🚐 🔲 🔌 (10A) – pers.
suppl. 6€ – frais de réservation 10€

Location : (Prix 2010) (de fin mai à mi-sept.) – 20 🏠
– 20 tentes. Nuitée 59 à 143€ – Sem. 309 à 1 001€
– frais de réservation 10€
🚱 borne autre 5€
Pour s'y rendre : rte de Mont Louis (RN 618)
À savoir : à 300 m du départ des télécabines

Nature : 🌿 🌳
Loisirs : 🍴 snack 🎱 🚴 🚣
Services : ➥ 🏢 laverie ♨

Longitude : 2.05032
Latitude : 42.5135

FORMIGUERES

66210 – **344** D7 – 437 h. – alt. 1 500
🛈 *1, place de l'Église* ☎ 04 68 04 47 35
▶ Paris 883 – Montpellier 248 – Perpignan 96

⚠ **La Devèze** Permanent
☎ 04 68 04 66 73, *campingladeveze@wanadoo.*
fr, Fax 04 68 04 66 73, *www.campingladeveze.com*
– alt. 1 600
4 ha (74 empl.) en terrasses, plat, pierreux
Tarif : (Prix 2010) 17€ 🟊🟊 🚐 🔲 🔌 (10A) – pers.
suppl. 4€

Location : (Prix 2010) (permanent) – 1 roulotte
– 15 🚍 – 3 tentes. Nuitée 45 à 60€ – Sem.
315 à 485€
🚱 borne artisanale 3€ – 15 🔲 6€ – 🚌 11€
Pour s'y rendre : rte de la Devèze

Nature : 🌿 🏞 🌳🌳
Loisirs : 🎱
Services : 🦽 ➥ 🏢 🚿 🚐 ♻
laverie ♨

Longitude : 2.10271
Latitude : 42.6144

FRONTIGNAN

34110 – **339** H8 – 23 068 h. – alt. 2

▶ Paris 775 – Lodève 59 – Montpellier 26 – Sète 10 – à Frontignan-Plage S : 1 km

▲▲▲ **Les Tamaris** ♣♣ – de déb. avr. à fin sept.
  𝒫 04 67 43 44 77, *les-tamaris@wanadoo.fr*,
  Fax 04 67 18 97 90, *www.les-tamaris.fr*
  4 ha (250 empl.) plat, herbeux, pierreux
  Tarif : 45 € ♣♣ ⚌ 🅴 (½) (10A) – pers. suppl. 9 € – frais
  de réservation 25 €

  Location : (de déb. avr. à fin sept.) 🏷 – 66 🚐
  – 28 🏠. Nuitée 29 à 152 € – Sem. 200 à 1 060 € – frais
  de réservation 25 €
  🛢 borne raclet 5 €
  Pour s'y rendre : 140 av. d'Ingril (au nord-est par D 60)
  À savoir : cadre agréable, au bord de la plage

Nature : ⌂ ♀ ⚘	
Loisirs : ▾ ✗ pizzeria 🎦 ⑦ nocturne ✳ ⌁ ⚒	
Services : ⚲ ☍ ⚑ ⚐ ⚒ ▾ laverie ⚒ ⚒ cases réfrigérées	

Longitude : 3.80208
Latitude : 43.44806

FUILLA

66820 – **344** F7 – 365 h. – alt. 547

▶ Paris 902 – Font-Romeu-Odeillo-Via 42 – Perpignan 55 – Prades 9

▲ **Le Rotja** de mi-avr. à fin oct.
  𝒫 04 68 96 52 75, *camping@camping-lerotja.com*,
  Fax 04 68 96 52 75, *www.camping-lerotja.com*
  1,6 ha (100 empl.) plat, peu incliné, herbeux, pierreux,
  verger
  Tarif : 25 € ♣♣ ⚌ 🅴 (½) (10A) – pers. suppl. 4 € – frais
  de réservation 13 €

  Location : (de mi-avr. à fin oct.) – 11 🚐. Nuitée
  40 à 80 € – Sem. 200 à 550 € – frais de réservation 13 €
  🛢 borne artisanale 13 €
  Pour s'y rendre : 34 av. de la Rotja (au bourg)

Nature : ⚘ ≤ ⌂ ♀♀	
Loisirs : snack ⚒ ⚒ (petite piscine)	
Services : ⚲ ☍ ⚑ ▾ 🔲	
À prox. : ⚒ ▾ ✗ ✗	

Longitude : 2.36126
Latitude : 42.56191

GALLARGUES-LE-MONTUEUX

30660 – **339** J6 – 3 136 h. – alt. 55

▶ Paris 727 – Aigues-Mortes 21 – Montpellier 39 – Nîmes 25

▲▲▲ **Les Amandiers** ♣♣ – de fin avr. à déb. sept.
  𝒫 04 66 35 28 02, *camping-lesamandiers@orange.fr*,
  Fax 04 66 51 48 57, *www.camping-lesamandiers.fr*
  3 ha (150 empl.) plat, herbeux, pierreux
  Tarif : (Prix 2010) 24 € ♣♣ ⚌ 🅴 (½) (16A) – pers.
  suppl. 4,50 € – frais de réservation 15 €

  Location : (Prix 2010) (de fin avr. à déb. sept.) 🏷
  – 40 🚐. Nuitée 45 à 78 € – Sem. 150 à 795 € – frais de
  réservation 15 €
  🛢 borne artisanale – 2 🅴
  Pour s'y rendre : r. des stades (sortie sud-ouest, rte de
  Lunel)

Nature : ⌂ ♀	
Loisirs : ▾ snack 🎦 ✳ ⌁ ⚒ hammam ⚒ ✗ ⚒	
Services : ⚲ ☍ ⚑ laverie ⚒ ⚒	
À prox. : ⚓	

Longitude : 4.17698
Latitude : 43.7195

GÉNOLHAC

30450 – **339** I2 – 890 h. – alt. 490

🄱 l'Arceau 𝒫 04 66 61 18 32

▶ Paris 632 – Alès 37 – Florac 49 – La Grand-Combe 26

▲ **Les Esparnettes**
  𝒫 04 66 61 44 50
  1,5 ha (63 empl.) plat, herbeux
  Pour s'y rendre : au Pont-de-Rastel (4,5 km au sud par
  D 906, rte de Chamborigaud puis 400 m par D 278 à dr.,
  au bord du Luech)

Nature : ⚘ ≤ ♀	
Loisirs : 🎦 ⚒ ⚒	
Services : ⚲ ☍ 🔲	
À prox. : ✗	

Longitude : 3.94809
Latitude : 44.35018

LANGUEDOC-ROUSSILLON

GIGNAC

34150 – **339** G7 – 5 059 h. – alt. 53
🏠 3, Parc d'activités de Camalcè ℰ 0467575883
◨ Paris 719 – Béziers 58 – Clermont-l'Hérault 12 – Lodève 25

⚑ **Municipal la Meuse** de déb. mai à fin sept.
ℰ 0467579297, *contact@campingdelameuse.com*,
Fax 0467572565, *www.ville-gignac.fr*
3,4 ha (86 empl.) plat, herbeux
Tarif : (Prix 2010) 👤 2€ 🔲 9€ – 🔌 (16A) 3€ – frais de
réservation 8€

Location : (Prix 2010) (de déb. avr. à fin sept.) 🚐
– 6 🛏. Nuitée 52 à 58€ – Sem. 360 à 400€ – frais de
réservation 8€
🔲 borne eurorelais 3€
Pour s'y rendre : 1,2 km au nord-est par D 32, rte
d'Aniane puis chemin à gauche, à 200 m de l'Hérault et
d'une base nautique

Nature : 🌳 ♦♦
Loisirs : snack 🍴
Services : ♿ ⚡ 🚿 📶
À prox. : 🏊 parcours sportif, mur d'escalade, canoë

Longitude : 3.55145
Latitude : 43.65367

Verwar niet :
⚑... tot ... ⚑⚑⚑: *MICHELIN indeling*
en
★ ... tot ... ★★★★★ : *officiële classificatie*

GOUDARGUES

30630 – **339** L3 – 1 016 h. – alt. 77
🏠 4, route de Pont-Saint-Esprit ℰ 0466823002
◨ Paris 667 – Alès 51 – Bagnols-sur-Cèze 17 – Barjac 20

⚑ **St-Michelet** de mi-avr. à mi-sept.
ℰ 0466822499, *lesaintmichelet@orange.fr*,
www.lesaintmichelet.com
4 ha (160 empl.) plat, peu incliné, terrasse, herbeux,
pierreux
Tarif : (Prix 2010) 👤 6€ 🔲 19€ – 🔌 (6A) 3€

Location : (Prix 2010) (de mi-avr. à mi-sept.) – 52 🛏.
Sem. 240 à 510€
Pour s'y rendre : rte de Frigoulet (1 km au nord-ouest
par D 371, au bord de la Cèze)

Nature : 🌊 ♦♦
Loisirs : 🍴 snack 🎏 🏊
Services : ♿ ⚡ 🚿 📶

Longitude : 4.46271
Latitude : 44.22123

⚑ **Les Amarines 2** Permanent
ℰ 0466822492, *les.amarines@wanadoo.fr*,
Fax 0466823864, *www.campinglesamarines.com*
3,7 ha (120 empl.) plat, herbeux
Tarif : (Prix 2010) 24€ 👤👤 🚗 🔲 🔌 (10A) – pers.
suppl. 6€ – frais de réservation 55€

Location : (Prix 2010) (permanent) 🚐 (de déb. avr. à
fin sept.) – 21 🛏. Nuitée 59 à 91€ – Sem. 344 à 535€
Pour s'y rendre : au lieu-dit : La Vérune Cornillon (1 km
au nord-est par D 23, au bord de la Cèze)

Nature : ♦♦
Loisirs : 🎏 🏊
Services : ♿ ⚡ 🚿 🧺 laverie réfrigérateur

Longitude : 4.48035
Latitude : 44.22184

⚑ **La Grenouille** de déb. avr. à fin sept.
ℰ 0466822136, *camping-la-grenouille@wanadoo.fr*,
www.camping-la-grenouille.com
0,8 ha (50 empl.) plat, peu incliné, herbeux, pierreux
Tarif : 24€ 👤👤 🚗 🔲 🔌 (6A) – pers. suppl. 5€
🔲 borne eurorelais
Pour s'y rendre : av. du Lavoir (près de la Cèze - accès
direct - et au bord d'un ruisseau)

Nature : 🌊 ♦♦
Loisirs : 🏊 🏊 (petite piscine)
Services : ♿ ⚡ 🚿 📶 réfrigérateurs
À prox. : 🍴

Longitude : 4.46847
Latitude : 44.21468

52

LA GRANDE-MOTTE

34280 – **339** J7 – 8 246 h. – alt. 1
🏢 *Place du 1er Octobre 1974* 𝒫 *04 67 56 42 00*
▶ Paris 747 – Aigues-Mortes 12 – Lunel 16 – Montpellier 28

ᴀᴀᴀ **Le Garden** ♣♦ – de déb. avr. à mi-oct.
𝒫 04 67 56 50 09, *campinglegarden@orange.fr*,
Fax 04 67 56 25 69, *www.legarden.fr*
3 ha (209 empl.) plat, sablonneux
Tarif : 40 € ♦♦ ⇐ 🅴 🄶 (10A) – pers. suppl. 10 €

Location : (Prix 2010) (permanent) – 116 🛖. Sem.
329 à 693 € – frais de réservation 20 €
Pour s'y rendre : av. de la Petite Motte (sortie ouest par
D 59, à 300 m de la plage)

Nature : ⊏⊐ 00	
Loisirs : 🍸 ✕ pizzeria 🏠 🏌 🛶 ⅃	
Services : 🚿 o⊸ ✗ 🖢 🔥 ⁋ laverie 🛒 ⚚	
À prox. : 🐎 poneys	
Longitude : 4.07235	
Latitude : 43.56229	

ᴀ **Les Cigales** de déb. avr. à déb. oct.
𝒫 04 67 56 50 85, *camping.cigales@paysdelor.fr*,
Fax 04 67 56 50 85, *www.sivom-etang-or.fr rubrique
camping*
2,5 ha (180 empl.) plat, sablonneux
Tarif : (Prix 2010) 20 € ♦♦ ⇐ 🅴 🄶 (10A) – pers.
suppl. 6 € – frais de réservation 10 €

Location : (Prix 2010) (de mi-avr. à fin sept.) – 20 🛖.
Sem. 237 à 665 € – frais de réservation 10 €
⛽ borne artisanale – 40 🅴 16 €
Pour s'y rendre : allée des Pins (sortie ouest par D 59)

Nature : 00	
Loisirs : 🏌	
Services : o⊸ 🔥 ♲ laverie	
À prox. : 🐎 poneys	
Longitude : 4.07576	
Latitude : 43.56703	

GRANDRIEU

48600 – **330** J6 – 762 h. – alt. 1 160
🏢 *place du Foirail* 𝒫 *04 66 46 34 51*
▶ Paris 554 – Langogne 28 – Châteauneuf-de-Randon 19 – Marvejols 61

ᴀ **Municipal le Valadio** de mi-juin à mi-sept.
𝒫 04 66 46 31 39, *mairie.grandrieu@wanadoo.fr*,
Fax 04 66 46 37 50 – alt. 1 200
1 ha (33 empl.) plat et en terrasses, peu incliné, pierreux,
herbeux
Tarif : (Prix 2010) 9 € ♦♦ ⇐ 🅴 🄶 (10A) – pers.
suppl. 2 €
Pour s'y rendre : au sud du bourg, accès par r. devant
la poste, à 100 m du Grandrieu et d'un plan d'eau

Nature : ≼	
Loisirs : 🏌 ⚓	
Services : 🚿 📯	
À prox. : ✗ 🚣	
Longitude : 3.63332	
Latitude : 44.78603	

LE GRAU-DU-ROI

30240 – **339** J7 – 8 173 h. – alt. 2
🏢 *30, rue Michel Rédarès* 𝒫 *04 66 51 67 70*
▶ Paris 751 – Aigues-Mortes 7 – Arles 55 – Lunel 22

ᴀᴀᴀ **FranceLoc Le Boucanet** ♣♦ – de mi-avr. à déb. oct.
𝒫 04 66 51 41 48, *boucanet@franceloc.fr*,
Fax 04 66 51 41 87, *www.campings-franceloc.fr* ⚡
7,5 ha (458 empl.) plat, sablonneux
Tarif : (Prix 2010) 40 € ♦♦ ⇐ 🅴 🄶 (6A) – pers.
suppl. 9 € – frais de réservation 26 €

Location : (Prix 2010) (de mi-avr. à déb. oct.) ⚡
– 230 🛖 – 8 🏠. Nuitée 65 à 203 € – Sem. 259 à 1 448 €
– frais de réservation 26 €
⛽ borne eurorelais 4 € – 5 🅴 40 €
Pour s'y rendre : rte de Carnon (2 km au nord-ouest du
Grau-du-Roi (rive droite) par rte de la Grande-Motte, au
bord de plage)

Nature : ⊏⊐ 🌳 △	
Loisirs : 🍸 ✕ 🏠 ▣ 🏌 🏊 🚲 ✗ 🅿 ⅃ 🛶	
Services : 🚿 o⊸ 🖢 ⁋ laverie 🛒 ⚚ cases réfrigérées	
À prox. : 🎬 🐎 golf	
Longitude : 4.10667	
Latitude : 43.55374	

ISPAGNAC

48320 – **330** J8 – 840 h. – alt. 518

🏠 *Le Pavillon* 𝒫 0466450114

▶ Paris 612 – Florac 11 – Mende 28 – Meyrueis 46

    ▲▲ **Municipal du Pré Morjal**
       𝒫 0466442377, *contact@lepremorjal.fr*,
       www.lepremorjal.fr
       2 ha (123 empl.) plat, herbeux

       Location : – 8 🏠. –
       🖭 borne
       Pour s'y rendre : chemin du Beldou (sortie ouest par
       D 907bis, rte de Millau et chemin à gauche, près du Tarn)

       À savoir : agréable cadre boisé aux portes des Gorges du
       Tarn

Nature : 🏞 ≤ 🏕 ♋
Loisirs : 🎱 ⚽ 🏊
Services : ♿ ⊶ 🏧 ☰ ☕ laverie
À prox. : 🚲 🎯 🐎

Longitude : 3.52888
Latitude : 44.37245

JUNAS

30250 – **339** J6 – 1 003 h. – alt. 75

▶ Paris 730 – Aigues-Mortes 30 – Aimargues 15 – Montpellier 42

    ▲ **Les Chênes** de déb. avr. à mi-oct.
       𝒫 0466809907, *chenes@wanadoo.fr*, Fax 0466513323,
       www.camping-les-chenes.com
       1,7 ha (90 empl.) en terrasses, plat, peu incliné, pierreux
       Tarif : 20€ ♛♛ ⇌ 🅴 🅹 (10A) – pers. suppl. 4€ – frais
       de réservation 10€

       Location : (de déb. avr. à mi-oct.) 🛏 – 13 🛖. Sem.
       230 à 570€ – frais de réservation 10€
       Pour s'y rendre : 95 chemin des Tuileries Basses (1,3 km
       au sud par D 140, rte de Sommières et chemin à gauche)

Nature : 🏞 ♋
Loisirs : ⚽ 🏊
Services : ♿ ⊶ 🏪 ☕ 🖥

Longitude : 4.123
Latitude : 43.76921

LANUÉJOLS

30750 – **339** F4 – 326 h. – alt. 905

▶ Paris 656 – Alès 109 – Mende 68 – Millau 35

    ▲ **Domaine de Pradines** de mi-mai à mi-sept.
       𝒫 0467827385, *contact@domaine-de-pradines.com*,
       www.domaine-de-pradines.com – alt. 800
       30 ha (75 empl.) plat, peu incliné, herbeux
       Tarif : ♛ 8€ – 🅹 (16A) 3€

       Location : (permanent) – 5 🛖 – 3 🏠 – 1 tipi
       – 4 gîtes. Nuitée 40 à 60€ – Sem. 350 à 500€
       Pour s'y rendre : rte de Millau, D28 (3,5 km à l'ouest par
       D 28, rte de Roujarie et chemin à gauche)

Nature : 🏞 ≤ ᎒
Loisirs : ✗ 🎱 ⚽ 🎯 🏊 🐎
Services : ♿ ⊶ ☕ 🖥 ☰ 🚿

Longitude : 3.34722
Latitude : 44.13306

LAROQUE-DES-ALBÈRES

66740 – **344** I7 – 1 968 h. – alt. 100

🏠 *20, rue Carbonneil* 𝒫 0468954997

▶ Paris 881 – Argelès-sur-Mer 11 – Le Boulou 14 – Collioure 18

    ▲▲ **Les Albères** de déb. avr. à mi-oct.
       𝒫 0468892364, *camping-des-alberes@wanadoo.fr*,
       Fax 0468891430, *www.camping-des-alberes.com*
       5 ha (211 empl.) en terrasses, peu incliné, plat, pierreux,
       herbeux, fort dénivelé
       Tarif : 29€ ♛♛ ⇌ 🅴 🅹 (6A) – pers. suppl. 6€ – frais de
       réservation 20€

       Location : (de déb. avr. à mi-oct.) 🛏 – 52 🛖 – 9 🏠
       – 6 tentes. Sem. 180 à 540€ – frais de réservation 20€
       Pour s'y rendre : rte du Moulin de Cassagnes (sortie
       nord-est par D 2, rte d'Argelès-sur-Mer puis 0,4 km par
       chemin à dr.)

       À savoir : petite ferme animalière

Nature : 🏞 🏕 ♋
Loisirs : 🍷 snack 🎱 🎯 🏊
Services : ♿ ⊶ ☕ 🖥 ☰ 🚿

Longitude : 2.93421
Latitude : 42.52238

LATTES

34970 – **339** I7 – 16 635 h. – alt. 3
🛈 679, avenue de Montpellier 🕾 04 67 22 52 91
▶ Paris 766 – Montpellier 7 – Nîmes 54 – Béziers 68

Ⓜ **Le Parc** de déb. avr. à fin déc.
🕾 04 67 65 85 67, camping-le-parc@wanadoo.fr,
Fax 04 67 20 20 58, www.leparccamping.com
1,6 ha (100 empl.) plat, pierreux, herbeux
Tarif : 22 € ★★ ⬅ 🅴 🔌 (10A) – pers. suppl. 5 € – frais
de réservation 15 €

Location : (de déb. avr. à fin déc.) 🏕 (de déb.
avr. à fin juin) – 28 🛏. Sem. 280 à 680 € – frais de
réservation 15 €
Pour s'y rendre : rte de Mauguio (2 km au nord-est par
D 172)

Nature : 🗆 🞡🞡
Loisirs : sandwicherie ⬅ 🔟
Services : & ⟳ 🚱 🅟 🖬
À prox. : 🖙 🍴 centre commercial

Longitude : 3.92492
Latitude : 43.57553

LAUBERT

48170 – **330** J7 – 113 h. – alt. 1 200 – Sports d'hiver : 1 200/1 264 m 🎿 1 🦌
▶ Paris 584 – Langogne 28 – Marvejols 46 – Mende 19

Ⓜ **Municipal la Pontière**
🕾 04 66 47 72 09, mairie.laubert@wanadoo.fr,
Fax 04 66 47 71 37
2 ha (33 empl.) peu incliné et accidenté, pierreux,
rochers, herbeux

Location : – 3 gîtes – Gîtes d'étape.
Pour s'y rendre : 500 m au sud-ouest par N 88 et D 6,
rte de Rieutort-de-Randon à dr.

Nature : 🞡🞡
Loisirs : 🍴 snack 🖬 ⬅
Services : & ⟳ 🎖 🖬

Longitude : 3.64071
Latitude : 44.58515

LAURENS

355

34480 – **339** E7 – 1 263 h. – alt. 140
▶ Paris 736 – Bédarieux 14 – Béziers 22 – Clermont-l'Hérault 40

Ⓜ **L'Oliveraie** ♣♣ – Permanent
🕾 04 67 90 24 36, oliveraie@free.fr, Fax 04 67 90 11 20,
www.oliveraie.com
7 ha (116 empl.) plat, peu incliné, terrasse, herbeux,
pierreux
Tarif : 27 € ★★ ⬅ 🅴 🔌 (10A) – pers. suppl. 5 € – frais
de réservation 20 €

Location : (permanent) 🏕 – 11 🛏 – 2 🏠. Sem.
400 à 670 € – frais de réservation 20 €
Pour s'y rendre : chemin de Bédarieux (2 km au nord
et chemin à dr.)

Nature : 🗆 🞡🞡
Loisirs : 🍴 pizzeria 🌙 nocturne 🎯 ⛱ ⬅ 🚲 🍴 🎣 🔟 🐎 poneys
Services : & ⟳ 🎖 🖬 🛆 ♨ ⟲ 🖬 🚿 🛠
À prox. : 🞊

Longitude : 3.19271
Latitude : 43.52913

LODÈVE

34700 – **339** E6 – 7 329 h. – alt. 165
🛈 7, place de la République 🕾 04 67 88 86 44
▶ Paris 695 – Alès 98 – Béziers 63 – Millau 60

Ⓜ **Municipal les Vailhès** de déb. avr. à fin sept.
🕾 04 67 44 25 98, tourisme@lodevoisetlarzac.fr,
Fax 04 67 44 65 97, www.lodevoisetlarzac.fr – ℞
4 ha (246 empl.) en terrasses, herbeux
Tarif : 10 € ★★ ⬅ 🅴 🔌 (10A) – pers. suppl. 4 €
Pour s'y rendre : 7 km au sud par N 9, rte de
Montpellier puis 2 km par D 148, rte d'Octon et chemin à
gauche - par voie rapide sortie 54

À savoir : belle situation au bord du lac du Salagou

Nature : 🏊 < 🗆 🞡 ⛰
Loisirs : ⬅ 🚲 🛶
Services : & ⟳ 🖬
À prox. : 🎣

Longitude : 3.36012
Latitude : 43.66865

LANGUEDOC-ROUSSILLON

LE MALZIEU-VILLE

48140 – **330** I5 – 878 h. – alt. 860

🗓 *Tour de Bodon* 𝒫 0466318273

▶ Paris 541 – Mende 51 – Le Puy-en-Velay 74 – Saint-Flour 150

⚠ **Les Chalets de la Margeride** (location exclusive de chalets) Permanent
𝒫 0466425600, *info@chalets-margeride.com*,
Fax 0466425601, *www.chalets-margeride.com*
50 ha/2 campables

Location : ♿ – 21 🏠. Sem. 281 à 675€ – frais de réservation 9€

Pour s'y rendre : au lieu-dit : Chassagnes (4,5 km au nord-ouest par D 989, rte de St-Chély-d'Apcher et D 4, rte de la Garde - par A 75 : sortie 32)

À savoir : agréable situation panoramique sur les Monts de la Margeride

| Nature : 🦌 ≤ Plateau de la Margeride |
| Loisirs : 🍴 🏓 ⛱ 🚲 🔳 (découverte en saison) 🐎 |
| Services : ⚡ 🗑 🛗 🚰 laverie 🐾 |
| À prox. : 🍽 |

Longitude : 3.30708
Latitude : 44.87027

⚠ **La Piscine**
𝒫 0466314763, Fax 0466318069
1 ha (64 empl.) peu incliné, plat, herbeux, pierreux

Location : ♿ – 13 🏠.
🚐 borne

Pour s'y rendre : 1,5 km au nord par D 989, rte de St-Chély-d'Apcher et chemin à gauche apr. le pont, près de la piscine et d'un plan d'eau

| Nature : 🦌 ≤ 🏞 🌊 |
| Loisirs : ⛱ |
| Services : ♿ ⚡ 🚿 🚰 🔳 |
| À prox. : 🍷 brasserie 🍽 🏊 ⛸ 🦌 terrain multisports, canoë, pédalos |

Longitude : 3.32989
Latitude : 44.85536

MARSEILLAN-PLAGE

34340 – **339** G8

🗓 *avenue de la Méditerranée* 𝒫 0467218243

▶ Paris 765 – Montpellier 51 – Nîmes 100 – Carcassonne 114

⚠ **Yelloh! Village Méditerranées - La Nouvelle Floride** 👥 – de mi-avr. à déb. oct.
𝒫 0467219449, *info@nouvelle-floride.com*,
Fax 0467218105, *www.lesmediterranees.com*
7 ha (475 empl.) plat, herbeux, sablonneux

Tarif : 50€ ⛺⛺ 🚗 🔳 🔌 (6A) – pers. suppl. 9€ – frais de réservation 30€

Location : (de mi-avr. à déb. oct.) 🏠 – 160 🚐.
Nuitée 35 à 239€ – Sem. 245 à 1 673€
🚐 borne autre

Pour s'y rendre : av. des Campings

À savoir : situation agréable en bordure de plage

| Nature : 🏞 🌊 🏖 |
| Loisirs : 🍷 pizzeria, brasserie, snack, crêperie 🏓 🌙 🎣 🎵 salle d'animation ⛱ 🏊 ⛸ terrain multisports |
| Services : ♿ ⚡ 🛗 🚿 🚰 🔳 🚰 laverie 🧊 🐾 |
| À prox. : 🎵 discothèque |

Longitude : 3.54543
Latitude : 43.31196

⚠ **Yelloh! Village Méditerranées - Le Charlemagne** de mi-avr. à déb. oct.
𝒫 0467219249, *info@charlemagne-camping.com*,
Fax 0467218611, *www.lesmediterranees.com*
6,7 ha (480 empl.) plat, sablonneux, herbeux

Tarif : 50€ ⛺⛺ 🚗 🔳 🔌 (10A) – pers. suppl. 9€ – frais de réservation 40€

Location : (de mi-avr. à déb. oct.) 🏠 – 140 🚐.
Nuitée 35 à 147€ – Sem. 245 à 1 029€ – frais de réservation 14€
🚐 borne artisanale

Pour s'y rendre : av. des Campings (250 m de la plage)

| Nature : 🏞 🌊 |
| Loisirs : 🍷 🍴 pizzeria 🏓 🌙 discothèque ⛱ 🏊 ⛸ |
| Services : ♿ ⚡ 🚿 🚰 🚰 🔳 laverie 🧊 🐾 |
| À prox. : 🏐 🎣 terrain multisports |

Longitude : 3.54237
Latitude : 43.30941

⚠ **Le Galet** de déb. avr. à fin sept.
𝒫 0467219561, *reception@camping-galet.com*,
Fax 0467218723, *www.camping-galet.com*
3 ha (275 empl.) plat, sablonneux, herbeux

Tarif : 39€ ⛺⛺ 🚗 🔳 🔌 (10A) – pers. suppl. 6€ – frais de réservation 25€

Location : (de déb. avr. à fin sept.) – 53 🚐. Sem. 323 à 863€ – frais de réservation 25€

Pour s'y rendre : av. des Campings (250 m de la plage)

| Nature : 🏞 🌊 |
| Loisirs : snack, pizzeria ⛱ 🏊 ⛸ |
| Services : ♿ 🚿 🧊 laverie |
| À prox. : 🍷 🍴 🍴 🐾 |

Longitude : 3.5421
Latitude : 43.31108

⚠️ **La Créole** de déb. avr. à mi-oct.
📞 04 67 21 92 69, *campinglacreole@wanadoo.fr*,
Fax 04 67 26 58 16, *www.campinglacreole.com*
1,5 ha (110 empl.) plat, sablonneux, herbeux
Tarif : 33 € 👫 ⇌ 🅿 🔌 (6A) – pers. suppl. 6 € – frais de
réservation 17 €

Location : (de déb. avr. à mi-oct.) 🚫 – 15 🛖. Sem.
230 à 620 € – frais de réservation 17 €
🔧 borne artisanale – 🚰 8 €
Pour s'y rendre : 74 av. des Campings
À savoir : en bordure d'une belle plage de sable fin

| Nature : 🏞 ⛰ ⚠️ |
| Loisirs : crêperie 🏓 |
| Services : 🚿 🔌 🏠 🍴 🖨 |
| À prox. : 🛝 🎣 🏓 🏊 🏸 🎣 🐎 |
| (centre équestre) |

| Longitude : 3.54375 |
| Latitude : 43.31047 |

MARVEJOLS

48100 – **330** H7 – 5 071 h. – alt. 650
🅸 *Place du Soubeyran* 📞 04 66 32 02 14
▶ Paris 573 – Espalion 64 – Florac 50 – Mende 28

⚠️ **VAL V.V.F. Camping et Village** de mi-mai à mi-sept.
📞 04 66 32 03 69, *marvejols@vvfvillages.fr*,
Fax 04 66 32 24 35, *www.vvf-villages.fr* 🚫
3 ha (57 empl.) plat, herbeux
Tarif : (Prix 2010) 13 € 👫 ⇌ 🅿 🔌 (5A) – pers.
suppl. 4 € – 30 €

Location : (Prix 2010) (de déb. avr. à fin sept.) 🚫
– 9 🛖 – 41 gîtes. Nuitée 33 à 105 € – Sem. 231 à 750 €
Pour s'y rendre : au lieu-dit : Le Coulagnet (1,3 km à
l'est par D 999, D 1, rte de Montrodat et chemin à dr., au
bord du Colagnet - par A 75, sortie 38)

| Nature : 🏞 ⛰ |
| Loisirs : 🎱 |
| Services : 🚿 🅿 🏠 🛗 🍴 🖨 |
| À prox. : 🏇 🏓 🏊 🛶 🐎 (cen- |
| tre équestre) terrain multisports |

| Longitude : 3.30047 |
| Latitude : 44.55088 |

MASSILLARGUES-ATTUECH

30140 – **339** J4 – 696 h. – alt. 156
▶ Paris 726 – Montpellier 56 – Nîmes 43 – Avignon 78

⚠️ **Le Fief d'Anduze** 👫 – de déb. avr. à fin sept.
📞 04 66 61 81 71, *lefief@wanadoo.fr*,
www.campinglefiefdanduze.com
5,5 ha (112 empl.) plat, herbeux
Tarif : 23 € 👫 ⇌ 🅿 🔌 (6A) – pers. suppl. 5 €

Location : (de déb. avr. à fin sept.) – 20 🛖. Nuitée
82 € – Sem. 490 €
Pour s'y rendre : à Attuech, 195 chemin du Plan d'Eau
(1,5 km au nord, par D 982, près d'un étang)

| Nature : 🏖 ⛰ |
| Loisirs : pizzeria, snack 🎱 🏓 |
| 💆 hammam jacuzzi 🏓 🏊 |
| terrain multisports |
| Services : 🔧 🏠 🍴 🖨 🎮 🚿 |
| À prox. : 🎣 |

| Longitude : 4.02576 |
| Latitude : 44.02946 |

MATEMALE

66210 – **344** D7 – 295 h. – alt. 1 514
🅸 *29, rue du Pont de l'Aude* 📞 04 68 30 59 57
▶ Paris 855 – Font-Romeu-Odeillo-Via 20 – Perpignan 92 – Prades 46

⚠️ **Le Lac** de déb. juin à fin sept.
📞 04 68 30 94 49, *camping-lac-matemale@orange.fr*,
Fax 04 68 04 35 16, *www.camping-lac-matemale.com*
– alt. 1 540 – places limitées pour le passage
3,5 ha (110 empl.) vallonné, plat, peu incliné, forêt de
sapins , attenante
Tarif : ♣ 5 € ⇌ 🅿 5 € – 🔌 (6A) 4 €
🔧 borne autre 3 €
Pour s'y rendre : 1,7 km au sud-ouest par D 52, rte des
Angles et rte à gauche, à 150 m du lac, accès direct au
village par chemin piétonnier
À savoir : dans un site agréable de haute montagne

| Nature : 🏖 ⛰ |
| Loisirs : 🎱 💆 🏓 jacuzzi en |
| extérieur |
| Services : 🚿 🔧 🛗 🏠 🍴 laverie |
| À prox. : 🍴 snack discothèque |
| 🚴 🏊 🏓 🛶 💧 🐎 base de |
| loisirs |

| Longitude : 2.10673 |
| Latitude : 42.58164 |

357

MAUREILLAS-LAS-ILLAS

66480 – **344** H8 – 2 594 h. – alt. 130

🛈 avenue Mal Joffre 🖉 04 68 83 48 00

▶ Paris 873 – Gerona 71 – Perpignan 31 – Port-Vendres 31

△ **Les Bruyères** de mi-mars à mi-nov.
🖉 04 68 83 26 64, mi-paule.grimaux@hotmail.fr,
Fax 04 68 83 14 75, www.camping-lesbruyeres.fr
4 ha (95 empl.) en terrasses, pierreux, herbeux, fort
dénivelé
Tarif : 20 € 🏕 🚐 🗉 🕪 (10A) – pers. suppl. 5 € – frais
de réservation 7 €
Location : (de mi-mars à mi-nov.) – 19 ⛺ – 4 🏠.
Nuitée 47 à 94 € – Sem. 306 à 570 €
Pour s'y rendre : rte de Céret (1,2 km à l'ouest par
D 618)
À savoir : agréable cadre boisé de chênes-lièges

Nature : ⌑ ♤♤	
Loisirs : 🎣 ⤒	
Services : ♿ ⊶ 🚿 🛁 ♨ 🍴 🖧	
À prox. : 🐎	

Longitude : 2.79509
Latitude : 42.49249

△ **Les Pins - Le Congo** de déb. mars à fin déc.
🖉 04 68 83 23 21, lespinslecongo@hotmail.fr,
Fax 04 68 83 45 64, www.campinglespinslecongo.com
2,5 ha (70 empl.) plat, herbeux
Tarif : 29,50 € 🏕 🚐 🗉 🕪 (10A) – pers. suppl. 5,50 €
– frais de réservation 5 €
Location : (de déb. mai à fin oct.) – 7 ⛺. Nuitée
35 à 150 € – Sem. 330 à 950 € – frais de réservation 5 €
Pour s'y rendre : 1 km à l'ouest par D 618, rte de Céret,
au bord d'un cours d'eau

Nature : ⌑ ♤♤	
Loisirs : 🎣 ⤒⤒ ⤒	
Services : ♿ ⊶ 🛁 laverie	
À prox. : 🐎	

Longitude : 2.81013
Latitude : 42.49164

MENDE

48000 – **330** J7 – 12 153 h. – alt. 731

🛈 Place du Foirail 🖉 04 66 94 00 23

▶ Paris 584 – Clermont-Ferrand 174 – Florac 38 – Langogne 46

△ **Tivoli** Permanent
🖉 04 66 65 00 38, camping.tivoli0601@orange.fr,
Fax 04 66 65 00 38, www.campingtivoli.com
1,8 ha (100 empl.) plat, herbeux
Tarif : (Prix 2010) 20 € 🏕 🚐 🗉 🕪 (6A) – pers.
suppl. 5 € – frais de réservation 20 €
Location : (Prix 2010) (de mi-avr. à mi-oct.) ⊗
– 18 ⛺. Sem. 250 à 560 € – frais de réservation 20 €
🅿 borne artisanale
Pour s'y rendre : 2 km au sud-ouest par N 88, rte de
Rodez et chemin à dr., face au complexe sportif, au bord
du Lot

Nature : ♤♤	
Loisirs : 🍴 🎣 ⤒⤒ ⤒	
Services : ♿ ⊶ 🚿 🏛 🍴 🖧	
À prox. : 🍽	

Longitude : 3.47485
Latitude : 44.51441

MEYRUEIS

48150 – **330** I9 – 910 h. – alt. 698

🛈 Tour de l'Horloge 🖉 04 66 45 60 33

▶ Paris 643 – Florac 36 – Mende 57 – Millau 43

△ **Capelan** de déb. mai à mi-sept.
🖉 04 66 45 60 50, camping.le.capelan@wanadoo.fr,
Fax 04 66 45 60 50, www.campingcapelan.com
2,8 ha (100 empl.) plat, herbeux
Tarif : 27 € 🏕 🚐 🗉 🕪 (10A) – pers. suppl. 6 € – frais
de réservation 16 €
Location : (de déb. mai à mi-sept.) ⊗ – 44 ⛺.
Sem. 175 à 735 € – frais de réservation 19 €
🅿 borne artisanale 5 € – 🚐 🕪 17 €
Pour s'y rendre : rte de Millau (1 km au nord-ouest
par D 996, au bord de la Jonte, accès au village par
passerelle)
À savoir : site agréable dans les gorges de la Jonte

Nature : ≤ ⌑ ♀	
Loisirs : 🍴 🎣 🎮 ⤒⤒ ⤒ ⇌	
Services : ♿ ⊶ 🛁 – 3 sanitaires	
individuels (🚿 wc) 🛁 🍴 🍴	
laverie 🛁	
À prox. : 🍽 🐎 (centre équestre)	
voies d'escalades sur rochers	

Longitude : 3.41977
Latitude : 44.18574

Le Champ d'Ayres de mi-avr. à mi-sept.
℘ 04 66 45 60 51, *campinglechampdayres@wanadoo.fr*,
Fax 04 66 45 60 51, *www.campinglechampdayres.com*
1,5 ha (85 empl.) peu incliné, herbeux
Tarif : 25 € 🏕🏕 🚐 🔲 🛗 (10A) – pers. suppl. 5 € – frais
de réservation 15 €

Location : (de mi-avr. à mi-sept.) – 19 🚐 – 3 🏠.
Nuitée 39 à 90 € – Sem. 250 à 640 € – frais de réservation
15 €
🚐 borne eurorelais 5 €
Pour s'y rendre : rte de la Brèze (500 m à l'est par D 57,
rte de Campis, près de la Brèze)

Nature : 🌿 ≤ 🏞 ♀
Loisirs : 🍴 🏠 🚣 🛶
Services : ᴗ ⚲ 🛒 🚿 🗑
À prox. : ✂ 🏇 (centre
équestre)

Longitude : 3.43536
Latitude : 44.18079

La Cascade de mi-avr. à fin sept.
℘ 04 66 45 45 45, *contact@camping-la-cascade.com*,
www.camping-la-cascade.com
1 ha (50 empl.) plat et un peu vallonné, herbeux
Tarif : 21 € 🏕🏕 🚐 🔲 🛗 (10A) – pers. suppl. 4 €

Location : (de mi-avr. à fin sept.) 🚐 – 13 🏠. Sem.
265 à 535 €
🚐 borne artisanale 3 €
Pour s'y rendre : au lieu-dit : Salvinsac (3,8 km au nord-
est par D 996, rte de Florac et chemin à dr., près de la
Jonte et d'une cascade)

À savoir : cadre et site agréables au milieu d'une nature
préservée

Nature : 🌿 ≤
Loisirs : 🏠 🚣
Services : ᴗ ⚲ 🛒 🚿 🗑
À prox. : ✂ 🛶 🏇

Longitude : 3.45567
Latitude : 44.19646

Le Pré de Charlet de mi-avr. à fin oct.
℘ 04 66 45 63 65, *info@camping-cevennes-meyrueis.
com*, Fax 04 66 45 63 65, *www.camping-cevennes-
meyrueis.com*
2 ha (70 empl.) en terrasses, peu incliné, plat, herbeux
Tarif : 15,80 € 🏕🏕 🚐 🔲 🛗 (16A) – pers. suppl. 3,40 €

Location : (de mi-avr. à fin oct.) – 6 🚐. Nuitée 44 €
– Sem. 220 à 400 €
🚐 borne artisanale 3,50 €
Pour s'y rendre : rte de Florac (1 km au nord-est par
D 996, au bord de la Jonte)

Nature : 🌿 ≤ ♀♀
Loisirs : 🏠 🚣
Services : ᴗ ⚲ 🛒 🗑
À prox. : ✂ 🛶 🏇 (centre
équestre)

Longitude : 3.42963
Latitude : 44.17943

Aire Naturelle le Pré des Amarines
℘ 04 66 45 61 65, *www.camping-amarines.com* – alt. 750
2 ha (25 empl.) plat et un peu vallonné, herbeux
Pour s'y rendre : rte de Gatuzières (5,7 km au nord-est
par D 996, rte de Florac et chemin à dr., au Castel, près
du lieu-dit Gatuzières, au bord de la Jonte)

À savoir : dans la vallée de la Jonte

Nature : 🌿 ≤ ♀
Loisirs : 🎣
Services : ᴗ ⚲ 🛒 🗑
À prox. : 🚲 ✂ 🛶 🏇 (centre
équestre)

Longitude : 3.42963
Latitude : 44.17943

359

MOLITG-LES-BAINS

66500 – **344** F7 – 217 h. – alt. 607 – ♨ (début avril-fin nov.)
🔼 *route des Bains* ℘ 04 68 05 03 28
▶ Paris 896 – Perpignan 50 – Prades 7 – Quillan 56

Municipal Guy Malé de fin mars à déb. déc.
℘ 04 68 05 02 12, *mairie.molitg.les.bains@wanadoo.fr*,
Fax 04 68 05 02 40 – alt. 607
0,3 ha (19 empl.) en terrasses, herbeux, pierreux
Tarif : (Prix 2010) 10 € 🏕🏕 🚐 🔲 🛗 (6A) – pers.
suppl. 1,55 €
🚐 borne eurorelais
Pour s'y rendre : 1,3 km au nord, au sud-est du village
de Molitg

Nature : 🌿 ≤ 🏞 ♀
Services : ᴗ 🚿 🗑
À prox. : ✂

Longitude : 2.38715
Latitude : 42.64692

Give use your opinion of the camping sites we recommend.
Let us know of your remarks and discoveries.

MONTCLAR

11250 – **344** E4 – 184 h. – alt. 210

▶ Paris 766 – Carcassonne 19 – Castelnaudary 41 – Limoux 15

△△△ **Yelloh! Village Domaine d'Arnauteille** ♣♣ – de
déb. avr. à fin sept.
℘ 04 68 26 84 53, *info@arnauteille.com*,
Fax 04 68 26 91 10, *www.camping-arnauteille.com*
115 ha/12 campables (200 empl.) plat, peu incliné,
terrasse, herbeux
Tarif : 36 € ♣♣ ⟵ 🅴 🅷 (10A) – pers. suppl. 8 €
Location : (de déb. avr. à fin sept.) – 65 🚐 – 10 🏠.
Nuitée 45 à 109 € – Sem. 315 à 763 €
🛢 borne artisanale
Pour s'y rendre : 2,2 km au sud-est par D 43
À savoir : dans un vaste et agréable domaine vallonné
et sauvage

Nature : 🏞 ≤ ⊏⊐ ♀♀
Loisirs : ✗ pizzeria 🎬 🛎 ✱ ⚡ 🏊 🐎 terrain multisports, espace balnéo
Services : 🚻 ⚡ ▦ 🛢 🕎 laverie 🛢 🛥

Longitude : 2.26092
Latitude : 43.12411

*Ce guide n'est pas un répertoire de tous les terrains de camping
mais une sélection des meilleurs campings dans chaque catégorie.*

NARBONNE

11100 – **344** J3 – 51 306 h. – alt. 13

🛈 31, rue Jean Jaurès ℘ 04 68 65 15 60

▶ Paris 787 – Béziers 28 – Carcassonne 61 – Montpellier 96

△△△ **La Nautique** de mi-fév. à mi-nov.
℘ 04 68 90 48 19, *info@campinglanautique.com*,
Fax 04 68 90 73 39, *www.campinglanautique.com*
16 ha (390 empl.) plat et peu incliné, gravillons, herbeux
Tarif : 42 € ♣♣ ⟵ 🅴 🅷 (10A) – pers. suppl. 8 € – frais
de réservation 20 €
Location : (de mi-fév. à mi-nov.) – 60 🚐 – 1 🏠.
Nuitée 40 à 115 € – Sem. 199 à 805 € – frais de
réservation 20 €
🛢 borne autre
Pour s'y rendre : 4,5 km au sud, près de l'étang de
Bages - par A 9 sortie 38 : Narbonne-Sud

Nature : ≤ ⊏⊐ ♀
Loisirs : ♟ ✗ 🎬 🛎 ✱ ⚡ 🚲 ✂ ♨ 🏊 canoë
Services : 🚻 ⚡ – 390 sanitaires individuels (🚿 ♨ wc) 🏊 🕎 🕎
À prox. : 💧

Longitude : 3.00424
Latitude : 43.14703

△△ **Les Mimosas** ♣♣ – de fin mars à déb. nov.
℘ 04 68 49 03 72, *info@lesmimosas.com*,
Fax 04 68 49 39 45, *www.lesmimosas.com*
9 ha (250 empl.) plat, herbeux, sablonneux, pierreux
Tarif : 41 € ♣♣ ⟵ 🅴 🅷 (10A) – pers. suppl. 8 € – frais
de réservation 25 €
Location : (de fin mars à déb. nov.) – 37 🚐 – 53 🏠.
Nuitée 37 à 95 € – Sem. 259 à 665 € – frais de réservation
25 €
🛢 borne artisanale
Pour s'y rendre : chaussée de Mandirac

Nature : 🏞 ⊏⊐ ♀♀
Loisirs : ♟ ✗ pizzeria 🎬 🛎 nocturne ✱ 🎮 🎪 ⚡ 🚲 ✂ ♨ 🏊 terrain omnisports
Services : 🚻 ⚡ 🛢 🏊 🕎 🕎 🛢 🛥
À prox. : 🐎 (centre équestre)

Longitude : 3.02014
Latitude : 43.13054

NASBINALS

48260 – **330** G7 – 510 h. – alt. 1 180

🛈 Village ℘ 04 66 32 55 73

▶ Paris 573 – Aumont-Aubrac 24 – Chaudes-Aigues 27 – Espalion 34

△ **Municipal** de mi-mai à fin sept.
℘ 04 66 32 51 87, *mairie.nasbinals@laposte.net*,
Fax 04 66 32 50 01 – alt. 1 100 – 🌄
2 ha (75 empl.) peu incliné, plat, herbeux
Tarif : (Prix 2010) 11 € ♣♣ ⟵ 🅴 🅷 (15A) – pers.
suppl. 3 €
Pour s'y rendre : rte de Saint-Urcize (1 km au nord-
ouest par D 12, rte de St-Urcize)

Nature : 🏞 ≤
Services : 🚻 (juil.-août)
À prox. : 🐎 (centre équestre)

Longitude : 3.01672
Latitude : 44.64943

NAUSSAC

48300 – **330** L6 – 202 h. – alt. 920 – Base de loisirs
▶ Paris 575 – Grandrieu 26 – Langogne 3 – Mende 46

Les Terrasses du Lac de mi-avr. à fin sept.
℘ 0466692962, *info@naussac.com*, Fax 0466692478, *www.naussac.com*
6 ha (180 empl.) incliné, en terrasses, herbeux, pierreux
Tarif : 16€ ✸✸ ⇔ 🅴 (10A) – pers. suppl. 5€ – frais de réservation 10€

Location : (de mi-avr. à mi-oct.) – 6 🏠 – 12 🛏. Nuitée 64 à 85€ – Sem. 299 à 590€ – frais de réservation 10€
🚐 borne artisanale – 50 🅴 16€
Pour s'y rendre : au Lac de Naussac (au nord du bourg par D 26, rte de Saugues et à gauche, à 200 m du lac (accès direct))

Nature : ≤ le lac	
Loisirs : 🍴 ✕ 🎮 ⊙nocturne 🎯 🚲 🎾 ⊿ (petite piscine)	
Services : ⅙ ⊶ 🏪 ♨ 🅿 🛒	
À prox. : discothèque 🏊 ⚓ (plage) 🏄 🛶 🐴	
Longitude : 3.83505	
Latitude : 44.73478	

PALAU-DEL-VIDRE

66690 – **344** I7 – 2 607 h. – alt. 26
🅱 Mairie ℘ 0468224620
▶ Paris 867 – Argelès-sur-Mer 8 – Le Boulou 16 – Collioure 15

Le Haras de déb. avr. à fin sept.
℘ 0468221450, *haras8@wanadoo.fr*, Fax 0468379893, *www.camping-le-haras.com*
2,3 ha (76 empl.) plat, herbeux
Tarif : 32€ ✸✸ ⇔ 🅴 (10A) – pers. suppl. 6€ – frais de réservation 20€

Location : (de déb. avr. à fin sept.) – 18 🛖. Nuitée 37 à 105€ – Sem. 259 à 735€ – frais de réservation 20€
🚐 borne artisanale
Pour s'y rendre : au Domaine Saint-Galdric (sortie nord-est par D 11)

À savoir : agréable décoration arbustive et florale

Nature : 🌳 ♨	
Loisirs : 🍴 ✕ 🎮 🏊 🐴 ⊿	
Services : ⅙ ⊶ 🚿 ♨ ☕ laverie 🛒	
Longitude : 2.96474	
Latitude : 42.57575	

361

PALAVAS-LES-FLOTS

34250 – **339** I7 – 6 048 h. – alt. 1
🅱 Phare de la Méditerranée ℘ 0467077334
▶ Paris 765 – Montpellier 13 – Sète 41 – Lunel 33

Palavas-Camping de déb. avr. à déb. oct.
℘ 0467680128, *info@palavas-camping.fr*, Fax 0467508245, *www.palavas-camping.fr*
8 ha (430 empl.) plat, sablonneux, gravillons
Tarif : (Prix 2010) 40€ ✸✸ ⇔ 🅴 (10A) – pers. suppl. 7€ – frais de réservation 20€

Location : (Prix 2010) (de déb. avr. à déb. oct.) 🐕 – 141 🛖. Nuitée 44 à 146€ – Sem. 308 à 1 022€ – frais de réservation 20€
🚐 borne autre
Pour s'y rendre : rte de Maguelone

Nature : 🏖 ⚓	
Loisirs : 🍴 snack, pizzeria 🎮 ⊙ 🎯 ⊿ terrain multisports, école de kite-surf	
Services : ⅙ ⊶ 🚿 ♨ 🅿 🚮 🛒 réfrigérateurs	
Longitude : 3.90995	
Latitude : 43.51969	

Les Roquilles de mi-avr. à mi-sept.
℘ 0467680347, *roquilles@wanadoo.fr*, Fax 0467685498, *www.camping-les-roquilles.fr* 🐕
15 ha (792 empl.) plat, gravier, herbeux
Tarif : (Prix 2010) 35,60€ ✸✸ ⇔ 🅴 (6A) – pers. suppl. 4,70€ – frais de réservation 29€

Location : (Prix 2010) (de mi-avr. à mi-sept.) ⅙ (1 mobile home) – 4 roulottes – 6 🛖 – 6 🏠. Sem. 236 à 1 070€ – frais de réservation 29€
🚐 borne artisanale 2€
Pour s'y rendre : 267 bis av. Saint-Maurice (rte de Carnon-Plage, à 100 m de la plage)

Nature : 🌳 ♀	
Loisirs : 🍴 snack 🎮 🎯 🏊 🎾 ⊿ △ point informations touristiques	
Services : ⅙ ⊶ 🅿 🚮 🛒	
À prox. : ✕	
Longitude : 3.95522	
Latitude : 43.53585	

LES PLANTIERS

30122 – **339** H4 – 250 h. – alt. 400
▶ Paris 667 – Alès 48 – Florac 46 – Montpellier 85

    ▲ **La Presqu'île du Caylou** de déb. avr. à fin oct.
        ℘ 04 66 83 92 85, *legrandzabo@aol.com*,
        Fax 04 66 83 92 85
        4 ha (75 empl.) en terrasses et peu incliné, pierreux,
        herbeux
        Tarif : 12,30 € 🚻 🚐 🔲 🗲 (10A) – pers. suppl. 2 €
        Location : 🏠 – 2 🛏️ – 2 gîtes. Sem. 285 à 600 €
        Pour s'y rendre : au lieu-dit : Le Caylou (1 km au nord-
        est par D 20, rte de Saumane, au bord du Gardon au
        Borgne)
        À savoir : dans le coude d'une vallée rocheuse et
        verdoyante

Nature : ≤ 🏕️ 🌳	
Loisirs : 🍴 🎮 🏊 🎯 🛝 ⛱️ 🎣	
Services : 🚿 ⛽ 🗑️ 🚮	

Longitude : 3.73103
Latitude : 44.12227

LE PONT-DE-MONTVERT

48220 – **330** K8 – 287 h. – alt. 875
🛈 *le Quai ℘ 04 66 45 81 94*
▶ Paris 629 – Le Bleymard 22 – Florac 21 – Génolhac 28

    ▲ **Aire Naturelle la Barette** de déb. mai à fin sept.
        ℘ 04 66 45 82 16, *lucile.p@gmail.com, www-gites-mont-
        lozere.com* – alt. 1 200
        1 ha (20 empl.) en terrasses, herbeux, pierreux, rochers
        Tarif : 14 € 🚻 🚐 🔲 🗲 (10A) – pers. suppl. 5 €
        Pour s'y rendre : au lieu-dit : Finiels (6 km au nord par
        D 20, rte de Bleymard)

Nature : 🏞️ ≤ Mont-Lozère	
Loisirs : 🎮	
Services : ⛽ 🗑️ 📧	
À prox. : 🚴 🎯	

Longitude : 3.74523
Latitude : 44.40418

To make the best possible use of this Guide,
READ CAREFULLY THE EXPLANATORY NOTES.

362

PORT-CAMARGUE

30240 – **339** J7
▶ Paris 762 – Montpellier 36 – Nîmes 47 – Avignon 93

    ▲▲ **Yelloh! Village Secrets de Camargue** de fin avr.
        à déb. oct.
        ℘ 04 66 80 08 00, *info@secretsdecamargue.com*,
        Fax 04 66 80 09 00, *www.secretsdecamargue.com* – places
        limitées pour le passage
        3,5 ha (177 empl.) plat, sablonneux
        Tarif : 44 € 🚻 🚐 🔲 🗲 (16A) – pers. suppl. 8 €
        Location : (de fin avr. à déb. oct.) 🅿 – 148 🛏️.
        Nuitée 39 à 155 € – Sem. 273 à 1 085 €
        Pour s'y rendre : rte de l'Espiguette (navette gratuite
        pour les plages)
        À savoir : camping réservé aux adultes

Nature : 🏞️ 🏕️ 🌳	
Loisirs : 🍴 ✗ 🚴 🛝	
Services : 🚿 ⛽ 🅿 🚾 🚮 🔥	
laverie 🧺	
À prox. : 🍴 snack 🎯 🎮 🐎	

Longitude : 4.14568
Latitude : 43.5079

    ▲▲ **Yelloh! Village Les Petits Camarguais** 👥 –
        (location exclusive de mobile homes) Permanent
        ℘ 04 66 51 16 16, *info@les-petits-camarguais.fr*,
        Fax 04 66 51 16 17, *www.yellohvillage-petits-camarguais.
        com*
        3,5 ha plat, sablonneux, herbeux
        Location : 🏠 – 178 🛏️. Nuitée 29 à 209 € – Sem.
        203 à 1 463 €
        Pour s'y rendre : rte de l'Espiguette (navettes gratuites
        pour la plage)
        À savoir : animations et services adaptés aux jeunes
        enfants

Nature : 🏕️ 🌳	
Loisirs : 🍴 snack, pizzeria 🎲 🎪	
🏊 🚴 🛝 🏌️ terrain multisports	
Services : ⛽ 🔥 🔥 laverie 🧺	
🚮	
À prox. : 🍴 🐎	

Longitude : 4.14568
Latitude : 43.5079

Les Jardins de Tivoli de déb. avr. à fin sept.
℘ 04 66 53 97 00, *contact@lesjardinsdetivoli.com*,
Fax 04 66 51 09 81, *www.lesjardinsdetivoli.com* – places
limitées pour le passage
6,5 ha (368 empl.) plat
Tarif : (Prix 2010) 57 € ⚤ ⚤ ⇔ ▣ (10A) – pers.
suppl. 8 € – frais de réservation 25 €

Location : (Prix 2010) (de déb. avr. à fin sept.)
– 14 🏠 – 30 appartements. Sem. 255 à 900 € – frais
de réservation 25 €
Pour s'y rendre : rte de l'Espiguette (navette gratuite
pour les plages)

Nature : 🗓 ⚘⚘
Loisirs : ♈ ✗ snack, pizzeria 🔲 ⚐discothèque 🚣 🚲 ✗ 🏓 ⛱ ⛷
Services : ⌁ – 368 sanitaires individuels (🚿wc) 🍴 🖼 🚮 🚿
À prox. : 🐎

Longitude : 4.14923
Latitude : 43.52189

La Marine ⚤ – (location exclusive de caravanes et
mobile homes) de déb. avr. à déb. oct.
℘ 04 66 53 36 90, *marine@vacances-directes.com*,
Fax 04 66 51 50 45, *www.campinglamarine.com*
5 ha plat, herbeux, sablonneux
Location : ♿ – 274 🚐 – 19 🏠. Nuitée 41 à 125 €
– Sem. 287 à 875 € – frais de réservation 15 €
Pour s'y rendre : rte de l'Espiguette
À savoir : navette gratuite pour les plages

Nature : ⚘
Loisirs : ♈ pizzeria 🔲 ⚐noc- turne 🏓 🚣 🚲 ⛷ ⛱
Services : ♿ ⌁ 🚿 🍴 laverie 🚮 🚿
À prox. : 🏌 🐎

Longitude : 4.14568
Latitude : 43.5079

Abri de Camargue de déb. avr. à fin sept.
℘ 04 66 51 54 83, *contact@abridecamargue.fr*,
Fax 04 66 51 76 42, *www.abridecamargue.fr*
4 ha (277 empl.) plat, herbeux, sablonneux
Tarif : 27 € ⚤ ⚤ ⇔ ▣ (6A) – pers. suppl. 7 € – frais de
réservation 19 €

Location : (de déb. avr. à fin sept.) – 85 🚐. Nuitée
57 à 131 € – Sem. 399 à 917 € – frais de réservation
19 €
🚐 borne eurorelais 7 €
Pour s'y rendre : 320 rte de l'Espiguette

À savoir : navette gratuite pour les plages

Nature : 🗓 ⚘⚘
Loisirs : ♈ snack, pizzeria ⚐ 🏓 🚣 🔲 ⛷ salle de cinéma, ter- rain multisports
Services : ⌁ 🍴 laverie 🚮 🚿
À prox. : 🐎 Casino (jeux)

Longitude : 4.14568
Latitude : 43.5079

363

PORTIRAGNES-PLAGE

34420 – **339** F9
▣ Paris 768 – Montpellier 72 – Carcassonne 99 – Nîmes 121

Les Sablons ⚤ – de déb. avr. à fin sept.
℘ 04 67 90 90 55, *contact@les-sablons.com*,
Fax 04 67 90 82 91, *www.les-sablons.com*
15 ha (800 empl.) plat, herbeux, sablonneux, étang
Tarif : 48 € ⚤ ⚤ ⇔ ▣ (6A) – pers. suppl. 10 € – frais
de réservation 25 €

Location : (permanent) – 220 🚐 – 85 🏠. Nuitée
30 à 140 € – Sem. 180 à 980 € – frais de réservation
25 €
🚐 borne flot bleu 3 € – 🚐 20 €
Pour s'y rendre : Plage Est (sortie nord, en bordure de
plage et d'un étang -accès direct-)
À savoir : important parc aquatique

Nature : 🗓 ⚘⚘ ⚠
Loisirs : ♈ ✗ snack, pizzeria 🔲 ⚐ 🏓 🎣 discothèque 🚣 🚲 🎿 ✗ ⛷ ⛱
Services : ♿ ⌁ 🚿 🍴 laverie 🛒 🚿 cases réfrigérées
À prox. : 🎣 ⚓

Longitude : 3.36469
Latitude : 43.2788

To select the best route and follow it with ease,
To calculate distances,
To position a site precisely from details given in the text :
*Get the appropriate **MICHELIN regional map**.*

▲▲▲ **Les Mimosas** ♣♪ – de déb. juin à déb. sept.
℘ 0467909292, *les.mimosas.portiragnes@wanadoo.fr*,
Fax 0467908539, *www.mimosas.com* – places limitées
pour le passage
7 ha (400 empl.) plat, herbeux
Tarif : 40€ ✶✶ ⬅ 🅴 (6A) – pers. suppl. 10€ – frais
de réservation 35€
Location : (de déb. juin à déb. sept.) – 207 🚐 – 4 🏠
– 10 bungalows toilés. Nuitée 31 à 217€ – Sem.
101 à 1 330€ – frais de réservation 35€
🚰 borne raclet 2€
Pour s'y rendre : à Port Cassafières
À savoir : important parc aquatique et ludique

Nature : 🌳 🌿
Loisirs : ⛄ snack 🎮 🏸 ⛹ 🚴 ⛷ ⛸ terrain multisports
Services : ♿ ⚡ 🚿 – 10 sanitaires individuels (🚽 wc) 🌡 laverie 🧺 cases réfrigérées
À prox. : 🐎 ponton d'amarrage

Longitude : 3.37305
Latitude : 43.2915

▲▲▲ **L'Émeraude** de mi-mai à mi-sept.
℘ 0467909376, *contact@campinglemeraude.com*,
Fax 0467099118, *www.campinglemeraude.com*
4,2 ha (280 empl.) plat, herbeux, sablonneux
Tarif : (Prix 2010) 32€ ✶✶ ⬅ 🅴 (5A) – pers.
suppl. 7€ – frais de réservation 18€
Location : (Prix 2010) (de mi-mai à mi-sept.) ⛱
– 150 🚐 – 11 🏠. Nuitée 41 à 95€ – Sem. 287 à 665€
– frais de réservation 20€
Pour s'y rendre : 1 km au nord par rte de Portiragnes
À savoir : important parc aquatique

Nature : 🌿
Loisirs : ⛄ snack 🎮 🏸 ⛹ ♨ 🎿 ⛱
Services : ♿ ⚡ 🚿 🌡 laverie 🧺 cases réfrigérées
À prox. : 🐎

Longitude : 3.33557
Latitude : 43.30495

PRADES

66500 – **344** F7 – 6 356 h. – alt. 360
🅸 *10, place de la République* ℘ 0468054102
▶ Paris 892 – Font-Romeu-Odeillo-Via 45 – Perpignan 46 – Vernet-les-Bains 11

▲ **Municipal Plaine St-Martin** Permanent
℘ 0468962983, *prades.conflent@wanadoo.fr*,
Fax 0468053809, *www.leconflent.net/camping*
1,8 ha (60 empl.) plat, pierreux, gravillons
Tarif : (Prix 2010) 15€ ✶✶ ⬅ 🅴 (16A) – pers.
suppl. 3€
Location : (Prix 2010) ♿ – 19 🏠. Nuitée 37 à 66€
– Sem. 240 à 400€
🚰 borne artisanale 5€
Pour s'y rendre : au lieu-dit : Plaine St. Martin (sortie
nord par D 619, rte de Molitg-les-Bains et à dr. av. la
déviation)

Nature : 🌊 🌳 🌿
Loisirs : 🎮 🏸
Services : ♿ ⚡ 🅿 (locations) 🧺 🚽 🔥
À prox. : ⛹ 🎿 🎣 ⚓

Longitude : 2.41746
Latitude : 42.61925

🔥 ✖ *ATTENTION...*
🧺 *ces éléments ne fonctionnent généralement qu'en saison,*
🎿 🐎 *quelles que soient les dates d'ouverture du terrain.*

QUILLAN

11500 – **344** E5 – 3 406 h. – alt. 291
🅸 *square André Tricoire* ℘ 0468200778
▶ Paris 797 – Andorra-la-Vella 113 – Ax-les-Thermes 55 – Carcassonne 52

▲▲▲ **Village Vacances l'Espinet** (location exclusive de
maisonnettes) Permanent
℘ 0468208888, *info@lespinet.com*, Fax 0468202102,
www.lespinet.com
25 ha
Location : (Prix 2010) ♿ 🅿 – 140 🏠. Sem.
266 à 1 743€
Pour s'y rendre : 1 km au nord par D 118

Nature : 🌊 ⛰ ♨
Loisirs : ⛄ ✖ 🎮 🏸 🏋 🏊 hammam jacuzzi espace balnéo 🎣 ♨ 🔥 🎿
Services : ⚡ laverie

Longitude : 2.18469
Latitude : 42.87455

▲ **Municipal la Sapinette** de déb. avr. à fin oct.
🕿 04 68 20 13 52, *campingsapinette@wanadoo.fr*,
Fax 04 68 20 27 80, *www.villedequillan.fr*
1,8 ha (90 empl.) plat, peu incliné, terrasse, herbeux
Tarif : 14€ ✸✸ ⟺ 🗐 🗓 (16A) – pers. suppl. 6€
Location : (de fin avr. à fin oct.) 🏵 – 23 🏠. Sem.
300 à 660€
🚰 borne artisanale 10€ – 6 🗐 10€ – 🛒 🗓 14€
Pour s'y rendre : 21 av. René Delpech (800 m à l'ouest
par D 79, rte de Ginoles)

| Nature : 🏊 ⟍ ♀ |
| Loisirs : 🏡 🛶 🏊 |
| Services : 🚿 🔌 🚃 🚽 🗑 🍴 📺 |

| Longitude : 2.17677 |
| Latitude : 42.87366 |

REMOULINS

30210 – **339** M5 – 2 338 h. – alt. 27
🅱 *place des Grands Jours* 🕿 04 66 37 22 34
▶ Paris 685 – Alès 50 – Arles 37 – Avignon 23

▲▲▲ **La Sousta** ♟ – de déb. mars à fin oct.
🕿 04 66 37 12 80, *info@lasousta.com*, Fax 04 66 37 23 69,
www.lasousta.com
14 ha (300 empl.) plat, peu incliné, vallonné, herbeux,
sablonneux
Tarif : 24€ ✸✸ ⟺ 🗐 🗓 (6A) – pers. suppl. 8€ – frais de
réservation 13€
Location : (de déb. mars à fin oct.) – 60 🛖 – 4 🏠.
Nuitée 62€ – Sem. 210 à 665€ – frais de réservation
13€
🚰 borne artisanale
Pour s'y rendre : av. du Pont du Gard (2 km au nord-
ouest, rte du Pont du Gard, rive droite)
À savoir : agréable cadre boisé en bordure du Gardon,
proche du Pont du Gard

| Nature : 🏊 👑 |
| Loisirs : 🍽 snack, pizzeria 🎮 🏓 🛶 🚲 🏀 🏊 🏄 🎣 |
| Services : 🚿 🔌 🚃 🍴 laverie 🔧 🚿 |

| Longitude : 4.54 |
| Latitude : 43.94 |

▲▲▲ **FranceLoc Domaine de La Soubeyranne** ♟ –
de déb. avr. à mi-sept.
🕿 04 66 37 03 21, *soubeyranne@franceloc.fr*,
Fax 04 66 37 14 65, *www.soubeyranne.com*
4 ha (200 empl.) plat, pierreux, herbeux
Tarif : (Prix 2010) 32€ ✸✸ ⟺ 🗐 🗓 (6A) – pers.
suppl. 7€ – frais de réservation 26€
Location : (Prix 2010) (de déb. avr. à mi-sept.)
– 130 🛖. Nuitée 40 à 84€ – Sem. 161 à 1 015€ – frais
de réservation 26€
Pour s'y rendre : 1110 rte de Beaucaire (2,5 km au sud
par N 86 et D 986)

| Nature : 🏕 👑 |
| Loisirs : 🍽 snack, pizzeria 🎮 🏓 🛶 🏀 🎱 🏊 🛝 terrain multisports |
| Services : 🚿 🔌 🚃 🍴 laverie 🔧 |

| Longitude : 4.56236 |
| Latitude : 43.93031 |

365

ROCLES

48300 – **330** K6 – 205 h. – alt. 1 085
▶ Paris 581 – Grandrieu 20 – Langogne 8 – Mende 44

▲ **Rondin des Bois** de mi-avr. à fin nov.
🕿 04 66 69 50 46, *rondin.com@wanadoo.fr*,
Fax 04 66 69 53 83, *www.camping-rondin.com* – alt. 1 000
2 ha (78 empl.) en terrasses, plat et peu incliné, pierreux,
rochers
Tarif : 18€ ✸✸ ⟺ 🗐 🗓 (10A) – pers. suppl. 5€ – frais
de réservation 10€
Location : (de déb. avr. à fin déc.) – 6 🛖 – 8 🏠.
Nuitée 30 à 85€ – Sem. 200 à 620€ – frais de réservation
10€
🚰 borne artisanale 6€
Pour s'y rendre : au lieu-dit : Palhere (3 km au nord par
rte de Bessettes et chemin de Vaysset à dr.)
À savoir : dans un site sauvage, à proximité du lac de
Naussac

| Nature : 🏊 ⟍ 🏕 |
| Loisirs : 🍽 🍴 🏡 🏓 🚲 🎮 🎱 🏊 |
| Services : 🚿 🔌 🍴 📺 🔧 |
| À prox. : 🚣 🐎 (centre équestre) |

| Longitude : 3.78105 |
| Latitude : 44.73814 |

ROQUEFORT-DES-CORBIÈRES

11540 – **344** I5 – 912 h. – alt. 50
▶ Paris 813 – Montpellier 118 – Carcassonne 78 – Perpignan 45

⚠ **Gîtes La Capelle** (location exclusive de chalets)
Permanent
𝒫 04 68 48 82 80, *b.annest@libertysurf.fr*, *http://giteslacapelle.chez-alice.fr*
0,3 ha plat
Location : ⚠ (juil.-août) 🅟 – 12 ⛺. Sem. 210 à 770 €
Pour s'y rendre : 4 r. la Capelle

Nature : 🌿 ♀♀	
Loisirs : 🏓 ⟋	
Services : 🗑 ⛊ ⚐ 🍴 🔲	
Longitude : 2.92758	
Latitude : 42.99188	

LA ROQUE-SUR-CÈZE

30200 – **339** M3 – 174 h. – alt. 90
▶ Paris 663 – Alès 53 – Bagnols-sur-Cèze 13 – Bourg-St-Andéol 35

⚠ **Les Cascades** de déb. avr. à mi-oct.
𝒫 04 66 82 72 97, *infos@campinglescascades.com*,
Fax 04 66 82 68 51, *www.campinglescascades.com*
5 ha (118 empl.) plat, peu incliné, en terrasses, herbeux
Tarif : 25 € ⚹⚹ 🚐 🔲 ⚡ (10A) – pers. suppl. 6,20 €
– frais de réservation 15 €
Location : (permanent) – 50 ⛺. Nuitée 35 à 115 €
– Sem. 245 à 805 € – frais de réservation 15 €
🚐 borne
Pour s'y rendre : rte de Donnat (600 m au sud par
D 166, accès direct à la Cèze)

Nature : ⊏⊐ ♀♀	
Loisirs : 🍽 snack, pizzeria 🏓 ⟋ ⇌ ↘ terrain multisports	
Services : 🚿 ⟝ 🛒 🍴 🔲 ⚐	
Longitude : 4.52	
Latitude : 44.19	

Kataloge der MICHELIN-Veröffentlichungen erhalten Sie beim Buchhändler und direkt von Michelin (Karlsruhe).

366

LE ROZIER

48150 – **330** H9 – 149 h. – alt. 400
🛈 *Le Bourg* 𝒫 05 65 62 60 89
▶ Paris 632 – Florac 57 – Mende 63 – Millau 23

⚠ **Les Prades** de déb. mai à fin sept.
𝒫 05 65 62 62 09, *lesprades@orange.fr*, Fax 05 65 62 62 09,
www.campinglesprades.com ✉ 12720 Peyreleau
3,5 ha (150 empl.) plat, herbeux, sablonneux
Tarif : 28 € ⚹⚹ 🚐 🔲 ⚡ (6A) – pers. suppl. 6 € – frais de
réservation 15 €
Location : (de déb. mai à fin sept.) ⚠ – 28 ⛺
– 5 bungalows toilés – 3 gîtes. Nuitée 35 à 90 € – Sem.
170 à 630 € – frais de réservation 15 €
Pour s'y rendre : à Mostuejouls (4 km à l'ouest par
Peyreleau et D 187 à dr., rte de la Cresse, au bord du
Tarn)

Nature : 🌿 ≤ ♀♀	
Loisirs : 🍽 snack 🛶 🚴 🎣 ✥ ⟋ ⇌ ↘ mur d'escalade, canoë-kayak	
Services : 🚿 ⟝ 🛒 ⚐ 🍴 🔲 🏊 🚲	
À prox. : 🐎 (centre équestre)	
Longitude : 3.20354	
Latitude : 44.19394	

⚠ **Le St Pal** de fin avr. à fin sept.
𝒫 05 65 62 64 46, *saintpal@orange.fr*,
www.campingsaintpal.com ✉ 12720 Mostuéjouls
1,5 ha (75 empl.) plat, herbeux
Tarif : 31 € ⚹⚹ 🚐 🔲 ⚡ (10A) – pers. suppl. 5 € – frais
de réservation 32 €
Location : (de fin avr. à fin sept.) – 14 ⛺ – 2 ⛺.
Nuitée 50 à 84 € – Sem. 300 à 588 € – frais de réservation
32 €
Pour s'y rendre : rte des Gorges du Tarn (1 km au nord-
ouest par D 907, rte de Millau, au bord du Tarn)

Nature : ≤ ♀♀ ⚘	
Loisirs : 🏓 ⟋ ↘	
Services : 🚿 ⟝ 🛒 ⚐ 🍴 🔲	
À prox. : 🚴 🎣 🐎	
Longitude : 3.19822	
Latitude : 44.19639	

ST-ANDRÉ-DE-SANGONIS

34725 – **339** G7 – 4 887 h. – alt. 65
◘ Paris 715 – Béziers 54 – Clermont-l'Hérault 8 – Gignac 5

⚠ **Le Septimanien** de fin avr. à fin sept.
℘ 04 67 57 84 23, *leseptimanien@yahoo.fr*,
www.camping-leseptimanien.com
2,6 ha (86 empl.) plat et en terrasses, pierreux
Tarif : (Prix 2010) 21€ ♦♦ ⇔ 🔲 🔰 (10A) – pers.
suppl. 4€ – frais de réservation 10€
Location : (Prix 2010) (de fin avr. à fin sept.) – 10 🔳
– 9 🏠. Sem. 400 à 510€ – frais de réservation 10€
Pour s'y rendre : rte de Cambous (1 km au sud-ouest
par D 4, rte de Brignac, au bord d'un ruisseau)

Nature : 🐟 🏞 ♀	
Loisirs : 🍷 🏖 ⛵	
Services : ♿ ⚡ 🚰 laverie	

Longitude : 3.4968
Latitude : 43.64237

Benutzen Sie
– zur Wahl der Fahrtroute
– zur Berechnung der Entfernungen
– zur exakten Lokalisierung eines Campingplatzes (mit Hilfe der Angaben im Ortstext)
*die für diesen Führer unentbehrlichen **MICHELIN-Karten.***

ST-BAUZILE

367

48000 – **330** J8 – 545 h. – alt. 750
◘ Paris 598 – Chanac 19 – Florac 29 – Marvejols 30

⚠ **Municipal les Berges de Bramont** de déb. juil. à
mi-sept.
℘ 04 66 47 05 97, *mairiedestbauzile@wanadoo.fr*,
Fax 04 66 47 00 45, *saint-bauzile.fr* – ℞
1,5 ha (50 empl.) terrasse, plat, herbeux
Tarif : 12€ ♦♦ ⇔ 🔲 🔰 (3A) – pers. suppl. 3€
Location : (de déb. juil. à fin août) – 4 🏠. Sem. 350€
Pour s'y rendre : à Rouffiac (1,5 km au sud-ouest
par D 41, N 106, rte de Mende, près du Bramont et du
complexe sportif)

Nature : ≤	
Loisirs : 🛶 🏖	
Services : ♿ 🍴 🚿 🔥 🚮	
À prox. : 🍷 ✗ 🎣 🚣 🎿	

Longitude : 3.49447
Latitude : 44.47942

ST-CYPRIEN-PLAGE

66750 – **344** J7
🛈 *quai A. Rimbaud* ℘ *04 68 21 01 33*
◘ Paris 870 – Montpellier 173 – Perpignan 21 – Carcassonne 135

⚠⚠⚠ **Cala Gogo** ♣♣ – de mi-mai à mi-sept.
℘ 04 68 21 07 12, *camping.calagogo@wanadoo.fr*,
Fax 04 68 21 02 19, *www.campmed.com*
11 ha (659 empl.) plat, sablonneux, herbeux, pierreux
Tarif : 39€ ♦♦ ⇔ 🔲 🔰 (6A) – pers. suppl. 10€ – frais
de réservation 20€
Location : ♿ (mobile-home) – 57 🔳. Nuitée
39 à 120€ – Sem. 273 à 840€ – frais de réservation
20€
🔳 borne artisanale
Pour s'y rendre : av. Armand Lanoux - Les Capellans
(4 km au sud, au bord de plage)
À savoir : bel espace aquatique paysager

Nature : 🏞 ♀ ⛰	
Loisirs : 🍷 ✗ snack, pizzeria 🛶	
🎮 🎣 discothèque 🏖 🎿 ⛵	
Services : ♿ ⚡ 🚿 🚰 🚮 🔥	
laverie 🛒 🏪	
À prox. : 🏇 🐎 poneys (centre	
équestre) golf, parc d'attractions	
aquatiques	

Longitude : 3.03789
Latitude : 42.59998

Le coup de cœur de Bib

Cala Gogo (voir page précédente)

Le Cala Gogo : un village-vacances les pieds dans l'eau ! En effet, il sera difficile pour certains emplacements d'être plus près de la grande bleue. C'est sûr, le bruit des vagues bercera vos nuits. Mais avant de vous coucher, mille possibilités vous sont proposées. Pour les services : supermarché, laverie, espace bébé et connexion internet. Pour les loisirs : bar, restaurant, snack, mais aussi piscines ombragées de palmiers, pataugeoire pour les enfants, tennis et une belle plage de sable fin au bord de la Méditerranée. Après des journées bien remplies, il est possible d'assister à des spectacles le soir, toujours sur place, sans être obligé d'utiliser son véhicule. Et pour ceux qui ne veulent pas traverser la France avec une caravane, des mobile-homes accueillent jusqu'à 6 personnes. Vos vacances sur la côte catalane seront inoubliables !

Cala Gogo

ST-GENIS-DES-FONTAINES

66740 – **344** I7 – 2 783 h. – alt. 63

🚩 rue Georges Clemenceau, Accueil du Cloître ℰ 04 68 89 84 33

▶ Paris 878 – Argelès-sur-Mer 10 – Le Boulou 10 – Collioure 17

⚠ **La Pinède** de déb. juin à fin août
ℰ 04 68 89 75 29, sarl.la.pinede@wanadoo.fr,
www.campinglapinede66.fr
1 ha (71 empl.) plat, herbeux
Tarif : (Prix 2010) 25 € ★★ ⇌ 🔲 🚰 (10A) – pers.
suppl. 5 € – frais de réservation 19 €

Location : (Prix 2010) (de déb. juin à fin août) 🚫
– 9 �🏠. Sem. 370 à 485 € – frais de réservation 19 €
Pour s'y rendre : av. des Albères (au sud du bourg par D 2)

Nature : 💧💧	
Loisirs : 🛝	
Services : ᴋ ⌂ 🛒 🐕 🖼	
À prox. : 🍴	

Longitude : 2.92442
Latitude : 42.54084

ST-GEORGES-DE-LÉVÉJAC

48500 – **330** H9 – 259 h. – alt. 900

▶ Paris 603 – Florac 53 – Mende 45 – Millau 49

⚠ **Cassaduc** de déb. juil. à fin août
ℰ 04 66 48 85 80, camping.cassaduc@orange.fr,
www.camping-cassaduc.com
2,2 ha (75 empl.) en terrasses et peu incliné, herbeux,
pierreux
Tarif : (Prix 2010) 18 € ★★ ⇌ 🔲 🚰 (10A) – pers.
suppl. 6 €

Location : (de déb. juil. à fin août) – 2 �🏠. Sem.
390 à 450 €
🚐 10 🔲 14 €
Pour s'y rendre : rte du Point Sublime (1,4 km au sud-est)
À savoir : à 500 m du Point Sublime

Nature : 🏞 < 💧💧	
Services : ᴋ ⌂ 🛒 🐕 🚰 🚻 🖼	
À prox. : 🍷 snack	

Longitude : 3.24282
Latitude : 44.31532

ST-GERMAIN-DU-TEIL

48340 – **330** H8 – 835 h. – alt. 760
Croix Rouby ℰ 04 66 32 65 45
▶ Paris 601 – Montpellier 166 – Mende 46 – Millau 58

⋀ **Les Chalets du Plan d'Eau de Booz** (location
exclusive de chalets) de déb. avr. à mi-nov.
ℰ 04 66 45 55 48, sla@lozere-resa.com, www.lozere-resa.
com
5 ha plat, herbeux, plan d'eau
Location : ♿ – 43 🏠. Sem. 215 à 647€ – frais de
réservation 20€
Pour s'y rendre : Plan d'eau de Booz

> Nature : ♀
> Loisirs : 🍴 snack 🎪 🛝 ⛱ ⌇
> 🛶 pédalos, canoë-kayak, optimist
> Services : ⛟ 🏛 🚾 🔲

> Longitude : 3.20243
> Latitude : 44.46375

ST-HIPPOLYTE-DU-FORT

30170 – **339** I5 – 3 732 h. – alt. 165
les Casernes ℰ 04 66 77 91 65
▶ Paris 703 – Alès 35 – Anduze 22 – Nîmes 48

⋀ **Graniers** de mi-mars à mi-oct.
ℰ 04 66 85 21 44, contact@camping-graniers.com,
Fax 04 66 25 19 24, camping-graniers.com
2 ha (50 empl.) peu incliné, terrasses, herbeux, bois
attenant
Tarif : 24€ ⛺ 🚗 🔲 ⚡ (6A) – pers. suppl. 4€
Location : (de mi-mars à mi-oct.) – 2 🛖 – 3 🏠
– 3 bungalows toilés – 3 tentes. Nuitée 30 à 102€
– Sem. 200 à 650€
Pour s'y rendre : 4 km au nord-est par rte d'Uzès puis
D 133, rte de Monoblet et chemin à dr., au bord d'un
ruisseau

> Nature : 🌿 ♀♀
> Loisirs : 🍴 ⌇
> Services : ⛟ 🚾 🔲

> Longitude : 3.88722
> Latitude : 43.98084

ST-JEAN-DE-CEYRARGUES

30360 – **339** K4 – 162 h. – alt. 180
▶ Paris 700 – Alès 18 – Nîmes 33 – Uzès 21

⋀ **Les Vistes** de déb. avr. à fin sept.
ℰ 04 66 83 28 09, info@lesvistes.com, www.lesvistes.com
6 ha/3 campables (52 empl.) non clos, peu incliné, plat,
herbeux, pierreux
Tarif : 23€ ⛺ 🚗 🔲 ⚡ (6A) – pers. suppl. 5€
Location : (de déb. avr. à fin déc.) ♿ – 11 🏠. Sem.
350 à 580€
Pour s'y rendre : rte des Vistes (500 m au sud par D 7)
À savoir : belle situation panoramique

369

> Nature : 🌿 ⋞ Mt-Aigoual ♀♀
> Loisirs : 🎪 ⛱ ⌇
> Services : ♿ ⛟ (saison) 🅿 (juil-
> août) 🛒 ⛺ 🚾 🔲

> Longitude : 4.23016
> Latitude : 44.04734

ST-JEAN-DU-GARD

30270 – **339** I4 – 2 655 h. – alt. 183
place Rabaut Saint-Étienne ℰ 04 66 85 32 11
▶ Paris 675 – Alès 28 – Florac 54 – Lodève 91

⋀ **Mas de la Cam** de fin avr. à fin sept.
ℰ 04 66 85 12 02, camping@masdelacam.fr,
Fax 04 66 85 32 07, www.masdelacam.fr
6 ha (200 empl.) en terrasses, peu incliné, herbeux
Tarif : (Prix 2010) 33€ ⛺ 🚗 🔲 ⚡ (6A) – pers.
suppl. 7€ – frais de réservation 17€
Location : (Prix 2010) (de mi-avr. à fin sept.) 🏕 – 9 🏠
– 9 gîtes. Sem. 375 à 595€ – frais de réservation 17€
Pour s'y rendre : rte de Saint-André-de-Valborgne
(3 km au nord-ouest par D 907, au bord du Gardon de
St-Jean)
À savoir : site agréable dans une vallée verdoyante

> Nature : 🌿 ⋞ 🏞 ♀♀
> Loisirs : 🍴 snack 🎪 🎵 nocturne
> ⛱ 🏓 ⌇ 🏊 ⌇ terrain
> Services : ♿ ⛟ ⛺ 🚾 🔲 🛒 ⛽

> Longitude : 3.85319
> Latitude : 44.1123

Les Sources de déb. avr. à fin sept.
℘ 0466853803, *camping-des-sources@wanadoo.fr*,
Fax 0466851609, *www.camping-des-sources.fr*
3 ha (92 empl.) en terrasses, peu incliné, herbeux
Tarif : 24€ ✶✶ ⚌ 🅔 🅗 (10A) – pers. suppl. 5€ – frais
de réservation 9€

Location : (permanent) – 3 🛏 – 12 🏠. Sem.
235 à 598€ – frais de réservation 9€
🚐 borne artisanale 4€ – 3 🅔 15€ – 🚐 11€
Pour s'y rendre : rte de Mialet (1 km au nord-est par
D 983 et D 50)

À savoir : agréable cadre champêtre, ambiance familiale

Nature : 🐟 ≼ 🚿 ♉♉
Loisirs : ☕ snack 🎮 ⚿ 🛝
Services : 🚿 🔧 🤿 🛁 ☂ 🚾 🍽
📶 🛒

Longitude : 3.88895
Latitude : 44.10537

La Forêt de fin avr. à mi-sept.
℘ 0466853700, *laforet30@aol.com*, Fax 0466850705,
www.campingalaforet.com
3 ha (75 empl.) en terrasses, plat, herbeux, pierreux
Tarif : (Prix 2010) 27€ ✶✶ ⚌ 🅔 🅗 (4A) – pers.
suppl. 5€ – frais de réservation 5€

Location : (Prix 2010) 🐟 – 3 🏠 – 5 chalets (sans
sanitaires). Sem. 260 à 560€ – frais de réservation 5€
Pour s'y rendre : rte de Falguières (2 km au nord par
D 983, rte de St-Étienne-Vallée-Française puis 2 km par
D 333)

À savoir : à l'orée d'une vaste pinède

Nature : 🐟 ≼ 🚿 ♉
Loisirs : ⚿ 🛝
Services : 🔧 ⚒ 🛁📶 ☂
réfrigérateurs

Longitude : 3.89015
Latitude : 44.1319

ST-LÉGER-DE-PEYRE

48100 – **330** H7 – 176 h. – alt. 780
▶ Paris 581 – Montpellier 188 – Mende 34 – Marvejols 6

Village Vacances Hameau Ste-Lucie (location
exclusive de maisonnettes et de maisons) de déb. janv. à
déb. fév.
℘ 0466484848, *sla@lozere-resa.com*, Fax 0466655503,
www.loupsdugevaudan.com ; www.lozere-resa.com
– alt. 1 100
30 ha/2 campables en terrasses, non clos

Location : – 8 🏠. Sem. 421 à 619€ – frais de
réservation 20€
Pour s'y rendre : au lieu-dit : Sainte-Lucie

À savoir : vue à 180°, sur la Lozère, au calme absolu, tout
près des loups

370

Nature : 🐟 ≼ mont Lozère, mont
Aigoual
Loisirs : ☕ ✕
Services : ⚒ 🅿 📶 📶
À prox. : parc aux loups du
Gévaudan

Longitude : 3.28486
Latitude : 44.60607

Do not confuse :
🔺... to ... 🔺🔺🔺 : MICHELIN classification
and
★ ... to ... ★★★★★ : official classification

ST-PAUL-LE-FROID

48600 – **330** J6 – 154 h. – alt. 1 302
▶ Paris 582 – Montpellier 237 – Mende 54 – Le Puy-en-Velay 61

Village Vacances les Baraques des Bouviers
(location exclusive de chalets et de chalets nordiques)
Permanent
℘ 0466474154, *bouviers@france48.com*,
Fax 0466473076, *www.lesbouviers.com* – alt. 1 418
2 ha non clos, plat, en terrasses

Location : (Prix 2010) ♿ – 14 🏠 – 3 studios – 14 gîtes.
Sem. 199 à 599€

À savoir : Chalets "isolés" sur le plateau de La Margeride,
au pied des pistes de ski de fond

Nature : 🐟 ≼ ♉♉
Loisirs : 🎮
Services : 🔧 📶 🚾 📶
À prox. : ☕ ✕ ⛷raquettes, ski
de fond, randonnées VTT,escalade

Longitude : 3.57214
Latitude : 44.79126

ST-VICTOR-DE-MALCAP

30500 – **339** K3 – 642 h. – alt. 140
▶ Paris 680 – Alès 23 – Barjac 15 – La Grand-Combe 25

▲▲ Domaine de Labeiller ♣♣ – de déb. juin à fin août
🖉 0466241527, *campinglabeiller@wanadoo.fr*,
Fax 0466241527, *www.labeiller.fr*
3 ha (132 empl.) en terrasses, plat, herbeux, pierreux
Tarif : 36€ ✝✝ ⬅ 🔲 🔢 (6A) – pers. suppl. 7€ – frais de
réservation 15€

Location : (de déb. juin à fin août) – 15 ⬛ – 3 gîtes.
Nuitée 50 à 125€ – Sem. 350 à 875€ – frais de
réservation 15€
Pour s'y rendre : 1701 rte de Barjac (1 km au sud-est,
accès par D 51, rte de St-Jean-de-Maruéjols et chemin
à gauche)

À savoir : agréable chênaie autour d'un bel espace
aquatique

Nature :	〽 ⊂ 🝔
Loisirs :	▼ snack ⚷ ⚓ ⤴ ⤳
Services :	⚹ ⊶ 🗑 ⛽ 🍴 🔲
À prox. :	✂ canoë

Longitude : 4.21981
Latitude : 44.24712

Donnez-nous votre avis
sur les terrains que nous recommandons.
Faites-nous connaître vos observations et vos découvertes
par mail à l'adresse : leguidecampingfrance@fr.michelin.com.

STE-ÉNIMIE

48210 – **330** I8 – 523 h. – alt. 470
🅑 *village* 🖉 0466485344
▶ Paris 612 – Florac 27 – Mende 28 – Meyrueis 30

▲▲ Le Couderc de mi-avr. à mi-août
🖉 0466485053, *contact@campingcouderc.fr*,
www.campingcouderc.fr
2,5 ha (113 empl.) en terrasses, pierreux, herbeux
Tarif : (Prix 2010) 23€ ✝✝ ⬅ 🔲 🔢 (10A) – pers.
suppl. 4€ – frais de réservation 15€

Location : (Prix 2010) (de déb. mai à déb. sept.)
– 7 ⬛. Sem. 230 à 520€ – frais de réservation 15€
⬛ borne eurorelais 3€
Pour s'y rendre : rte de Millau (2 km au sud-ouest par
D 907bis, au bord du Tarn)

Nature :	≤ 🝔 ⛰
Loisirs :	▼ ⤴ 🝔
Services :	⚹ ⊶ 🗑 ⛽ 🔲
À prox. :	canoë

Longitude : 3.39917
Latitude : 44.35194

▲ Les Fayards de mi-avr. à mi-sept.
🖉 0466485736, *info@camping-les-fayards.com*,
www.camping-les-fayards.com
2 ha (90 empl.) plat, herbeux, pierreux, terrasse
Tarif : 22€ ✝✝ ⬅ 🔲 🔢 (16A) – pers. suppl. 4€ – frais
de réservation 10€

Location : (de mi-avr. à mi-sept.) ✂ (de mi-avr.
à fin juin) – 14 ⬛ – 4 ⛺. Nuitée 50 à 85€ – Sem.
240 à 590€ – frais de réservation 10€
Pour s'y rendre : rte de Millau (3 km au sud-ouest par
D 907bis, au bord du Tarn)

Nature :	〽 ⊂ 🝔
Loisirs :	▼ ⤳ 🝔 canoë-kayak
Services :	⚹ ⊶ ⛽ 🍴 🔲

Longitude : 3.39504
Latitude : 44.34583

▲ Le Site de Castelbouc de mi-avr. à fin sept.
🖉 0466485808, *camping.lesite@wanadoo.fr*,
Fax 0466485808, *www.gorges-du-tarn.fr*
1 ha (60 empl.) non clos, peu incliné, plat, herbeux
Tarif : 13€ ✝✝ ⬅ 🔲 🔢 (5A) – pers. suppl. 4€
Location : (de déb. mai à mi-sept.) ✂ – 8 ⬛. Sem.
350 à 560€
Pour s'y rendre : 7 km au sud-est par D 907b, rte
d'Ispagnac puis 500 m par rte de Castelbouc à dr., au
bord du Tarn

Nature :	〽 ≤ ⊂ 🝔 ⛰
Loisirs :	🝔 canoë-kayak
Services :	⚹ ⊶ 🔲

Longitude : 3.46571
Latitude : 44.34423

371

LANGUEDOC-ROUSSILLON

STE-MARIE

66470 – **344** J6 – 4 105 h. – alt. 4
🛈 *Complex Oméga* ☎ 04 68 80 14 00
▶ Paris 845 – Argelès-sur-Mer 24 – Le Boulou 37 – Perpignan 14
à la Plage E : 2 km

△△△ **Le Palais de la Mer** ♣♨ – de mi-mai à fin sept.
☎ 04 68 73 07 94, *contact@palaisdelamer.com*,
Fax 04 68 73 57 83, *www.palaisdelamer.com*
2,6 ha (181 empl.) plat, sablonneux
Tarif : 40 € ✸✸ 🚐 🅴 (½) (10A) – pers. suppl. 7 € – frais
de réservation 35 €

Location : (de mi-mai à fin sept.) – 59 🛏. Sem.
182 à 700 € – frais de réservation 35 €
Pour s'y rendre : av. de Las Illes (600 m au nord de la
station, à 150 m de la plage (accès direct))

À savoir : agréable cadre arbustif et floral

Nature : 🏞 ♡♡
Loisirs : 🍹 snack, pizzeria 🌙 nocturne 🎣 🕹 🎢 🏊 petit parc animalier
Services : 🚿 ⚡ 🍴 🚮 🗑 💧 🍽 🖼 🖥 🚲

Longitude : 3.03307
Latitude : 42.74045

△△△ **La Pergola** de déb. juin à mi-sept.
☎ 04 68 73 03 07, *camping-la-pergola@wanadoo.fr*,
Fax 04 68 73 02 40, *www.campinglapergola.com*
3,5 ha (181 empl.) plat, sablonneux
Tarif : (Prix 2010) 31 € ✸✸ 🚐 🅴 (½) (10A) – pers.
suppl. 7,20 € – frais de réservation 16 €

Location : (Prix 2010) (de déb. mai à fin sept.) – 18 🛏.
Sem. 315 à 720 € – frais de réservation 16 €
🛢 borne artisanale 3,50 €
Pour s'y rendre : 500 m de la plage

Nature : ♡♡
Loisirs : snack, pizzeria 🛏 🕹 🏊
Services : 🚿 ⚡ 🍴 🚮 🗑 🍽 laverie 🚲
À prox. : 🍽

Longitude : 3.03305
Latitude : 42.72644

LA SALVETAT-SUR-AGOUT

34330 – **339** B7 – 1 204 h. – alt. 700
🛈 *place des Archers* ☎ 04 67 97 64 44
▶ Paris 725 – Anglès 17 – Brassac 26 – Lacaune 20

△ **La Blaquière** de déb. mai à fin sept.
☎ 04 67 97 61 29, *jerome@campingblaquiere.com*,
www.campingblaquiere.com
0,8 ha (60 empl.) plat, herbeux
Tarif : (Prix 2010) 14 € ✸✸ 🚐 🅴 (½) (6A) – pers.
suppl. 3,50 €

Location : (Prix 2010) – 8 🛏. Sem. 200 à 370 € – frais
de réservation 16 €
Pour s'y rendre : rte de Lacaune (sortie nord, au bord
de l'Agout)

Nature : ♡♡
Loisirs : 🏊 🎣
Services : ⚡ (saison) 🚮
À prox. : 🏊 🕹 🍽

Longitude : 2.70447
Latitude : 43.60101

SÉRIGNAN

34410 – **339** E9 – 6 570 h. – alt. 7
🛈 *1, avenue Bèziers* ☎ 04 67 32 42 21
▶ Paris 765 – Agde 22 – Béziers 11 – Narbonne 34

△△△ **FranceLoc Le Domaine Les Vignes d'Or** ♣♨ – de
déb. avr. à fin sept.
☎ 04 67 32 37 18, *vignesdor@franceloc.fr*,
Fax 04 67 32 00 80, *www.vignesdor.com* – places limitées
pour le passage
4 ha (250 empl.) plat, herbeux, pierreux
Tarif : 35 € ✸✸ 🚐 🅴 (½) (6A) – pers. suppl. 7 € – frais de
réservation 27 €

Location : (de déb. avr. à fin sept.) – 220 🛏
– 20 🏠. Nuitée 37 à 77 € – Sem. 147 à 966 € – frais de
réservation 27 €
Pour s'y rendre : 3,5 km au sud, prendre la contre-allée
située derrière le garage Citroën

Nature : 🌳 🏞 ♀
Loisirs : 🍹 brasserie, pizzeria 🌙 nocturne 🎣 🕹 🏊 🎢 terrain multisports
Services : 🚿 ⚡ 🍴 🖼 🚲
À prox. : 🚵 🍽 🐴

Longitude : 3.2757
Latitude : 43.2593

Le Paradis de déb. avr. à fin sept.
☎ 04 67 32 24 03, *Paradiscamping34@aol.com*,
Fax 04 67 32 24 03, *www.camping-leparadis.com* ✿
2,2 ha (129 empl.) plat, herbeux
Tarif : 32 € ✦✦ ⟺ ▣ ฿ (10A) – pers. suppl. 6 € – frais
de réservation 17 €
Location : (de déb. avr. à fin sept.) ✿ – 18 ⟤⟤. Sem.
230 à 590 € – frais de réservation 17 €
Pour s'y rendre : rte de Valras-Plage (1,5 km au sud)
À savoir : cadre agréable, fleuri et grands emplacements

Nature : ⟤ ♀♀
Loisirs : snack, pizzeria ⟤ ⟝
⟤
Services : ⚲ ⟝ ⟤laverie ⟝
À prox. : ⟟

Longitude : 3.28628
Latitude : 43.26829

Teneinde deze gids beter te kunnen gebruiken,
DIENT U DE VERKLARENDE TEKST AANDACHTIG TE LEZEN.

SÉRIGNAN-PLAGE

34410 – **339** E9
▶ Paris 769 – Montpellier 73 – Carcassonne 100

Yelloh! Village Le Sérignan Plage ♣♣ – de mi-
avr. à déb. oct.
☎ 04 67 32 35 33, *info@leserignanplage.com*,
Fax 04 67 32 26 36, *www.leserignanplage.com*
20 ha (1000 empl.) plat, herbeux, sablonneux, marais
Tarif : 52 € ✦✦ ⟺ ▣ ฿ (6A) – pers. suppl. 9 €
Location : (de mi-avr. à déb. oct.) ✿ – 291 ⟤⟤
– 53 ⟤. Nuitée 28 à 291 € – Sem. 196 à 2 037 €
⟤ borne artisanale
Pour s'y rendre : au lieu-dit : L'Orpellière (en bordure de
plage, accès direct)
À savoir : des emplacements nature près des marais

Nature : ⟤ ⟤ ♀♀ ⟤
Loisirs : ♀ ✗ snack, pizzeria,
crêperie ⟤ ⟤ ⟤ ⟤ discothèque ⟝ ⟤ ✗ ⟤ ⟤ ⟤balnéo
(naturiste le matin)
Services : ⚲ ⟝ ⟤ ♀ laverie
⟟ ⟝
À prox. : ⟤

Longitude : 3.3213
Latitude : 43.26401

373

Le coup de cœur de Bib

Il y en a pour tous les âges au camping Yelloh! Village de Sérignan. Pour les moins de 4
ans, il existe des infrastructures particulièrement adaptées, une pataugeoire et une
piscine couverte ; les enfants plus âgés profitent des aires de jeux, des animations et des
toboggans aquatiques. Les parents, eux, apprécient le grand espace balnéo : bains à bulles
ou bouillonnants et hydromassages. Enfin, la famille tout entière aime la plage de sable fin :
nul besoin d'aller très loin, le camping donne sur la mer.

Yelloh! Village Aloha ♣♦ – de fin avr. à mi-sept.
♪ 04 67 39 71 30, *info@alohacamping.com*,
Fax 04 67 32 58 15, *www.alohacamping.com*
9,5 ha (470 empl.) plat, herbeux, sablonneux
Tarif : 48 € ♥♥ ⇔ ▣ ⒣ (10A) – pers. suppl. 8 €
Location : (de fin avr. à mi-sept.) ⤳ Ⓟ (mobile home) – 147 ▦ – 23 ⌂. Nuitée 39 à 225 € – Sem. 273 à 1 575 €
▣ borne artisanale – 5 ▣ 48 €
Pour s'y rendre : chemin des Dunes

Nature : 🔲 ⚘ ⚠
Loisirs : ♟ ✗ snack 🔲 ⚙ 🏕 🎿
jacuzzi salle d'animation 🏊 🚴
✗ ⚒ ⚞terrain multisports
Services : ♿ ⚬ 🚿 ⚒ laverie 🛒⚘
À prox. : 🐎 🚶

Longitude : 3.35888
Latitude : 43.27807

Le Clos Virgile ♣♦ – de déb. mai à mi-sept.
♪ 04 67 32 20 64, *contact@leclosvirgile.fr*,
Fax 04 67 32 05 40, *www.leclosvirgile.com*
5 ha (300 empl.) plat, sablonneux, herbeux
Tarif : (Prix 2010) 38 € ♥♥ ⇔ ▣ ⒣ (6A) – pers. suppl. 6 € – frais de réservation 25 €
Location : (Prix 2010) (de déb. mai à mi-sept.) – 95 ▦ – 22 ⌂. Sem. 180 à 795 € – frais de réservation 25 €
Pour s'y rendre : 500 m de la plage

Nature : 🔲 ⚘
Loisirs : ♟ pizzeria, snack 🔲 ⚙
nocturne 🏕 jacuzzi 🏊 ⚒ ⚞
⚒
Services : ♿ ⚬ 🚿 ⚒ ⚞ ▣
⚞ ⚘
À prox. : 🐎 🚶

Longitude : 3.33152
Latitude : 43.27204

Domaine de Beauséjour ♣♦ – de déb. avr. à fin sept.
♪ 04 67 39 50 93, *info@camping-beausejour.com*,
Fax 04 67 32 01 96, *www.camping-beausejour.com*
10 ha/6 campables (380 empl.) plat, herbeux, sablonneux
Tarif : (Prix 2010) 42 € ♥♥ ⇔ ▣ ⒣ (10A) – pers. suppl. 8 €
Location : (Prix 2010) (de déb. avr. à fin sept.) ⤳ – 80 ▦ – 6 ⌂. Nuitée 42 à 147 € – Sem. 294 à 1 029 € – frais de réservation 15 €
▣ borne artisanale
Pour s'y rendre : en bordure de plage

Nature : 🍃 🔲 ⚘ ⚠
Loisirs : ♟ brasserie, pizzeria ⚙
nocturne 🏕 🎿 ⚞ hammam jacuzzi discothèque, espace balnéo
🏊 ⚒ piste de bi-cross
Services : ♿ ⚬ 🚿 ▣ ⚞ ⚞
À prox. : base nautique

Longitude : 3.33692
Latitude : 43.26711

SÈTE

34200 – **339** H8 – 42 972 h. – alt. 4
🛈 60, Grand'Rue Mario Roustan ♪ 04 99 04 71 71
▶ Paris 787 – Béziers 48 – Lodève 63 – Montpellier 35

Village Center Le Castellas ♣♦ – de déb. avr. à déb. oct.
♪ 08 25 00 20 30, *resa@village-center.com*,
Fax 04 67 51 63 89, *www.village-center.fr/C01*
23 ha (985 empl.) plat, gravillons, sablonneux
Tarif : (Prix 2010) 40 € ♥♥ ⇔ ▣ ⒣ (10A) – pers. suppl. 8 €
Location : (Prix 2010) (de déb. avr. à déb. oct.) – 704 ▦ – 70 ⌂. Nuitée 49 à 146 € – Sem. 241 à 1 022 € – frais de réservation 30 €
▣ borne eurorelais – 45 ▣
Pour s'y rendre : 11 km au sud-ouest par N 112, rte d'Agde, près de la plage

Nature : 🔲 ⚘ ⚠
Loisirs : ♟ cafétéria, pizzeria, snack, grill 🔲 ⚙ 🏕 🏊 🚴
⚞ ✗ ⚒ ⚞point d'informations touristiques
Services : ♿ ⚬ 🚿 ⚒ laverie 🛒
⚞ réfrigérateurs, télévisions
À prox. : ⚓

Longitude : 3.58532
Latitude : 43.35182

SOMMIÈRES

30250 – **339** J6 – 4 484 h. – alt. 34
☒ 5, quai Frédéric Gaussorgues ℰ 04 66 80 99 30
▶ Paris 734 – Alès 44 – Montpellier 35 – Nîmes 29

⋀⋀⋀ **"Les Castels" Domaine de Massereau**
Permanent
ℰ 04 66 53 11 20, *info@massereau.fr*, Fax 04 11 71 50 20,
www.massereau.fr
90 ha/7,7 campables (120 empl.) plat, peu incliné,
herbeux, pierreux
Tarif : 39€ ♦♦ ⇌ 🅴 🛦 (16A) – pers. suppl. 10€ – frais
de réservation 21€

Location : (permanent) ♿ – 35 ▥ – 24 🛖. Nuitée
43 à 152€ – Sem. 301 à 1 064€ – frais de réservation
21€
🛢 borne eurorelais 2€
Pour s'y rendre : 1990 rte d'Aubais (Les Hauteurs de
Sommières)

À savoir : au milieu d'un domaine viticole

| Nature : 🏞 🖼 ⊙⊙ |
| Loisirs : 🍴 ✕ pizzeria 🧖 hammam jacuzzi ⛲ 🚲 👟 ⛷ parcours de santé |
| Services : ♿ ⚬ 🛢 🛒 ⛟ ⚐ laverie ⚡ 🅿 |
| À prox. : 🏊 🎣 piste cyclable |

Longitude : 4.08945
Latitude : 43.78355

⋀ **Municipal de Garanel** de déb. avr. à fin sept.
ℰ 04 66 80 33 49, *campingmunicipal.sommieres@
wanadoo.fr*
7 ha (60 empl.) plat, pierreux, sablonneux
Tarif : (Prix 2010) ♦ 3€ 🅴 4€ – 🛦 (10A) 3€ – frais de
réservation 16€
🛢 borne eurorelais 3€
Pour s'y rendre : derrière les arènes, près du Vidourle

| Nature : 🖼 ⊙⊙ |
| Services : ♿ ⚬ 🛒 🅿 📱 |
| À prox. : 🏊 🍴 ✕ pizzeria ⛷ 👟 canoë |

Longitude : 4.08945
Latitude : 43.78355

LA TAMARISSIÈRE

34300 – **339** F9
▶ Paris 761 – Montpellier 62 – Béziers 24 – Narbonne 54
Schéma à Agde

⋀⋀ **La Tamarissière** de déb. avr. à mi-sept.
ℰ 04 67 94 79 46, *contact@camping-latama.com*,
Fax 04 67 94 78 23, *www.camping-latama.com*
10 ha (700 empl.) plat, vallonné, peu incliné, sablonneux,
herbeux
Tarif : (Prix 2010) 28€ ♦♦ ⇌ 🅴 🛦 (10A) – pers.
suppl. 5€ – frais de réservation 26€

Location : (Prix 2010) (de déb. avr. à mi-sept.) ♿
🛖 – 60 🛖 – 30 tentes. Nuitée 40 à 105€ – Sem.
250 à 715€ – frais de réservation 26€
🛢 borne artisanale
Pour s'y rendre : 4 r. du Commandant Malet

À savoir : situation agréable sous les pins et au bord de
mer

| Nature : ⊙⊙ ⚓ |
| Loisirs : 🏐 terrain multisports |
| Services : ♿ ⚬ laverie cases réfrigérées |
| À prox. : 🏊 🍴 ✕ pizzeria sandwicherie 🅿 🎣 |

Longitude : 3.44249
Latitude : 43.28821

375

TORREILLES-PLAGE

66440 – **344** I6
☒ 1, avenue la Méditerranée ℰ 04 68 28 41 10
▶ Paris 853 – Montpellier 157 – Perpignan 20 – Carcassonne 119

⋀⋀⋀ **Mar I Sol** ♣♣ – de déb. mai à fin sept.
ℰ 04 68 28 04 07, *marisol@camping-marisol.com*,
Fax 04 68 28 18 23, *www.camping-marisol.com*
7 ha (377 empl.) plat, sablonneux, herbeux
Tarif : 54€ ♦♦ ⇌ 🅴 🛦 (10A) – pers. suppl. 10€

Location : (de déb. avr. à fin sept.) – 120 ▥
– 8 bungalows toilés. Nuitée 29 à 159€ – Sem.
203 à 1 113€
Pour s'y rendre : bd de la Plage (150 m de la plage -
accès direct)

| Nature : 🖼 ⊙ |
| Loisirs : 🍴 ✕ snack 🎮 🎲 🎯 🎱 🧖 hammam jacuzzi discothèque ⛲ 🚲 🎣 ⛷ 👟 �‍terrain multisports |
| Services : ♿ ⚬ 🛒 ⚐ laverie 🎣 🅿 |
| À prox. : 🎯 🐎 |

Longitude : 3.03327
Latitude : 42.76746

Sunêlia Les Tropiques ♣♣ – de déb. avr. à déb. oct.
℘ 04 68 28 05 09, *contact@campinglestropiques.com*,
Fax 04 68 28 48 90, *www.campinglestropiques.com*
8 ha (450 empl.) plat, sablonneux, pierreux, herbeux
Tarif : 47 € ♣♣ ⇋ 🅴 🚰 (10A) – pers. suppl. 9 € – frais de réservation 30 €

Location : (de déb. avr. à déb. oct.) ♿ – 370 🛖.
Nuitée 32 à 187 € – Sem. 220 à 1 309 € – frais de réservation 30 €
🚐 borne artisanale 18 € – 🚌 🚰 14 €
Pour s'y rendre : bd de la Plage

Nature : 🏕 ♤♤
Loisirs : 🍹 ✗ snack, pizzeria 🎱 ♤ 🎯 🎵 discothèque, point informations touristiques 🎾 ⛳ ✹ 🏊 ⛷ terrain multisports
Services : ♿ ⚓ 🏠 🧺 laverie 🔌 🚿
À prox. : 🐴 🏇
Longitude : 3.02972
Latitude : 42.7675

Le Calypso ♣♣ – de déb. avr. à fin sept.
℘ 04 68 28 09 47, *camping.calypso@wanadoo.fr*,
Fax 04 68 28 24 76, *www.camping-calypso.com*
6 ha (326 empl.) plat, sablonneux, pierreux, herbeux
Tarif : 46 € ♣♣ ⇋ 🅴 🚰 (10A) – pers. suppl. 9 € – frais de réservation 30 €

Location : (de déb. avr. à fin sept.) – 78 🛖 – 28 🏠.
Nuitée 35 à 190 € – Sem. 196 à 1 330 € – frais de réservation 30 €
🚐 9 🅴 46 €
Pour s'y rendre : bd de la Plage

Nature : 🏕 ♤♤
Loisirs : 🍹 snack, pizzeria, crêperie 🎱 ♤ ⛳ 🎾 🎾 🐎 🏊 terrain multisports
Services : ♿ ⚓ (juil.-août) 🏠 – 9 sanitaires individuels (🚿 🚽 wc) 🧺 laverie 🔌 cases réfrigérées
À prox. : 🐴 🏇
Longitude : 3.03043
Latitude : 42.77128

Le Trivoly ♣♣ – de déb. avr. à fin sept.
℘ 02 51 33 05 05, *info@chadotel.com*, Fax 02 51 33 94 04,
www.chadotel.com – places limitées pour le passage
8 ha (270 empl.) plat, sablonneux, gravillons, herbeux
Tarif : 32 € ♣♣ ⇋ 🅴 🚰 (6A) – pers. suppl. 6 € – frais de réservation 25 €

Location : (de déb. avr. à fin sept.) – 30 🛖. Sem. 199 à 870 € – frais de réservation 25 €
🚐 10 🅴 32 € – 🚌 🚰
Pour s'y rendre : bd de la Plage

Nature : 🏕 ♤♤
Loisirs : 🍹 snack, pizzeria 🎱 🎾 🎾 🏊 ⛷ terrain multisports
Services : ♿ ⚓ 🏠 🧺 laverie 🔌
Longitude : 3.02694
Latitude : 42.76556

La Palmeraie de déb. avr. à mi-sept.
℘ 04 42 20 47 25, *info@homair.com*, Fax 04 42 95 03 63,
www.camping-lapalmeraie.com
4,5 ha (242 empl.) plat, sablonneux, herbeux
Tarif : (Prix 2010) 35 € ♣♣ ⇋ 🅴 🚰 (10A) – pers. suppl. 9 € – frais de réservation 10 €

Location : (Prix 2010) (de déb. avr. à mi-sept.) – 150 🛖 – 21 🏠 – 9 tentes. Nuitée 22 à 110 € – Sem. 154 à 770 € – frais de réservation 25 €
Pour s'y rendre : bd de la Plage
À savoir : décoration arbustive et florale

Nature : 🏕 ♤♤
Loisirs : 🍹 snack, pizzeria 🎱 🌙 nocturne 🎾 ⛷ terrain multisports
Services : ♿ ⚓ 🏠 🧺 laverie 🔌 cases réfrigérées
À prox. : 🐎 🍴 🐴 🏇
Longitude : 3.02806
Latitude : 42.76361

TRÈBES

11800 – **344** F3 – 5 643 h. – alt. 84
🛈 *12, avenue Pierre Curie* ℘ 04 68 78 89 50
▶ Paris 776 – Carcassonne 8 – Conques-sur-Orbiel 9 – Lézignan-Corbières 28

A l'Ombre des Micocouliers de déb. avr. à fin sept.
℘ 04 68 78 61 75, *infos@campingmicocouliers.com*,
Fax 04 68 78 88 77, *www.campingmicocouliers.com*
1,5 ha (70 empl.) plat, sablonneux, herbeux
Tarif : 21 € ♣♣ ⇋ 🅴 🚰 (16A) – pers. suppl. 5 €

Location : (permanent) – 5 bungalows toilés. Nuitée 26 à 45 € – Sem. 130 à 480 €
🚐 borne artisanale 5 €
Pour s'y rendre : chemin de la Lande (au bord de l'Aude)

Nature : 🏕 ♤♤
Loisirs : ✗ 🎱 🎾 🐴 🐍
Services : ♿ ⚓ 📮 🏠 🧺 🖼 🔌
À prox. : 🐎 🍴 🏊 terrain multisports, skate-parc
Longitude : 2.44456
Latitude : 43.20476

UZÈS

30700 – **339** L4 – 8 088 h. – alt. 138
place Albert 1er 📞 04 66 22 68 88
▶ Paris 682 – Alès 34 – Arles 52 – Avignon 38

Le Moulin Neuf – de déb. avr. à fin sept.
📞 04 66 22 17 21, *lemoulinneuf@yahoo.fr*,
Fax 04 66 22 91 82, *www.le-moulin-neuf.fr*
5 ha (140 empl.) plat, terrasse, herbeux
Tarif : 23 € 🚻 ⇦ 🔲 (5A) – pers. suppl. 6 € – frais de
réservation 10 €
Location : (permanent) – 35 🏠. Sem. 245 à 650 €
– frais de réservation 10 €
🚐 borne artisanale – 🔌 11 €
Pour s'y rendre : à Saint-Quentin-La-Poterie (4,5 km
au nord-est par D 982, rte de Bagnols-sur-Cèze et D 5 à
gauche)

Nature : 🏞	
Loisirs : 🍴 snack 🎮 🏓 🚲 ✂ 🏊 terrain multisports	
Services : 🚿 🛒 🏧 💧 🔲	
À prox. : 🐎	
Longitude : 4.45569	
Latitude : 44.0321	

Le Mas de Rey de mi-avr. à mi-oct.
📞 04 66 22 18 27, *info@campingmasderey.com*,
Fax 04 66 22 18 27, *www.campingmasderey.com*
5 ha/2,5 campables (60 empl.) plat, herbeux
Tarif : (Prix 2010) 25 € 🚻 ⇦ 🔲 (10A) – pers.
suppl. 7 € – frais de réservation 10 €
Location : (Prix 2010) (de mi-avr. à fin oct.) – 4 🏠
– 2 tentes. Nuitée 50 à 100 € – Sem. 375 à 725 € – frais
de réservation 10 €
Pour s'y rendre : rte d'Anduze (3 km au sud-ouest par
D 982)

Nature : 🏞	
Loisirs : 🎮 ✂ 🏊	
Services : 🚿 🛒 🔲	
À prox. : 🐎	
Longitude : 4.38471	
Latitude : 43.99806	

VALLABRÈGUES

30300 – **339** M5 – 1 289 h. – alt. 8
▶ Paris 698 – Arles 26 – Avignon 22 – Beaucaire 9

Lou Vincen de déb. avr. à fin oct.
📞 04 66 59 21 29, *campinglouvincen@wanadoo.fr*,
Fax 04 66 59 07 41, *www.campinglouvincen.com*
1,4 ha (75 empl.) plat, herbeux
Tarif : 22 € 🚻 ⇦ 🔲 (6A) – pers. suppl. 7 € – frais de
réservation 17 €
Location : (de mi-avr. à mi-oct.) – 8 🏠. Sem.
248 à 589 € – frais de réservation 17 €
🚐 borne artisanale – 🔌 11 €
Pour s'y rendre : à l'ouest du bourg, à 100 m du Rhône
et d'un petit lac

Nature : 🏞	
Loisirs : 🏊	
Services : 🛒 💧 🔲	
À prox. : ✂	
Longitude : 4.62546	
Latitude : 43.85493	

Pour visiter une ville ou une région : utilisez les Guides Verts MICHELIN.

VALLERAUGUE

30570 – **339** G4 – 1 081 h. – alt. 346
quartier des Horts 📞 04 67 82 25 10
▶ Paris 684 – Mende 100 – Millau 75 – Nîmes 86

Le Pied de l'Aigoual
📞 04 67 82 24 40, *monteils30@aol.com*, Fax 04 67 82 24 23
2,7 ha (80 empl.) plat, herbeux
Location : – gîtes.
Pour s'y rendre : au lieu-dit : Domaine de Pateau
(2,2 km à l'ouest par D 986, rte de l'Espérou, à 60 m de
l'Hérault)

Nature :	
Loisirs : 🎮 ✂ 🏊	
Services : 🛒 🔲	
Longitude : 3.63805	
Latitude : 44.08072	

VALRAS-PLAGE

34350 – **339** E9 – 4 391 h. – alt. 1
🛈 *square René Cassin* 🕾 *04 67 32 36 04*
▶ Paris 767 – Agde 25 – Béziers 16 – Montpellier 76

Domaine de La Yole ▲▲ – de fin avr. à mi-sept.
🕾 04 67 37 33 87, *info@campinglayole.com*,
Fax 04 67 37 44 89, *www.campinglayole.com*
23 ha (1273 empl.) plat, herbeux, sablonneux
Tarif : 50€ ♦♦ ⇌ ▣ (5A) – pers. suppl. 9€ – frais de
réservation 30€
Location : (de fin avr. à mi-sept.) 🅿 (mobile homes)
– 320 ⬚. Nuitée 56 à 199€ – Sem. 392 à 1 393€ – frais
de réservation 30€
Pour s'y rendre : 2 km au sud-ouest, à 500 m de la
plage

Nature : ⌂ ΩΩ
Loisirs : ₸ ✕ brasserie, pizzeria,
self-service ⬚ ⊘ ⚡ ⚡ ∿
✕ ⌂ ⊒ △ terrain multisports
Services : ⅙ ⚋ ⇲ ⚲ ∿ ⚏
laverie ⌿ ⚶
À prox. : ⚶

Longitude : 3.27181
Latitude : 43.23639

Le Méditerranée de fin avr. à mi-sept.
🕾 04 67 37 34 29, *contact@camping-le-mediterranee.*
com, Fax 04 67 37 58 47, *www.camping-le-mediterranee.*
com
4,5 ha (367 empl.) plat, herbeux, sablonneux
Tarif : (Prix 2010) 39,50€ ♦♦ ⇌ ▣ (6A) – pers.
suppl. 7,50€
Location : (Prix 2010) ⚶ – 65 ⬚ – 10 ⌂. Nuitée
85 à 100€ – Sem. 310 à 865€
Pour s'y rendre : rte de Vendres (1,5 km au sud-ouest,
à 200 m de la plage)

Nature : ΩΩ
Loisirs : ₸ pizzeria, snack ⬚
⚡ ⊒ △ terrain multisports
Services : ⅙ ⚋ ⇲ laverie ⚲
⚶ réfrigérateurs
À prox. : ⌿ ✕ ∿ ✕ ⚡ ⚶ (centre équestre)

Longitude : 3.27114
Latitude : 43.23625

La Plage et du Bord de Mer ▲▲ – de mi-mai à mi-
sept.
🕾 04 67 37 34 38, *contact@campinglaplage.net*,
www.campinglaplage.net ⚶
13 ha (655 empl.) plat, herbeux, sablonneux
Tarif : 44€ ♦♦ ⇌ ▣ (6A) – pers. suppl. 6€ – frais de
réservation 30€
Location : (de mi-mai à mi-sept.) – 40 ⬚. Sem.
350 à 950€ – frais de réservation 30€
Pour s'y rendre : rte de Vendres (1,5 km au sud-
ouest, au bord de mer)
À savoir : au bord d'une belle plage de sable fin

Nature : ⌂ Ω ⚲
Loisirs : ₸ ✕ ∿ nocturne ⚡
⚡ ∿ ✕ ⌂ ⊒ △ terrain
multisports
Services : ⅙ ⚋ ⇲ ⚲ ⚲ ∿
laverie ⌿ ⚶
À prox. : ⚡ ⚶

Longitude : 3.27114
Latitude : 43.23625

Lou Village ▲▲ – de fin avr. à mi-sept.
🕾 04 67 37 33 79, *info@louvillage.com*, Fax 04 67 37 53 56,
www.louvillage.com – places limitées pour le passage
8 ha (450 empl.) plat, sablonneux, herbeux, étangs
Tarif : (Prix 2010) 45,70€ ♦♦ ⇌ ▣ (10A) – pers.
suppl. 8,80€ – frais de réservation 30€
Location : (Prix 2010) (de fin avr. à mi-sept.) ⚶.
Nuitée 62 à 96€ – Sem. 437 à 969€ – frais de réservation
30€
⬚ borne artisanale
Pour s'y rendre : chemin des Montilles (2 km au sud-
ouest, à 100 m de la plage (accès direct))

Nature : ⌂ ΩΩ ⚲
Loisirs : ₸ ✕ snack ⬚ ∿ noc-
turne ⚡ ⚡ ∿ ⊒ ∿
Services : ⅙ ⚋ ⚲ ⚏ ⌿ ⚲ ⚶
À prox. : ⚶ jet-ski

Longitude : 3.2676
Latitude : 43.23706

Les Foulègues de déb. avr. à fin sept.
🕾 04 67 37 33 65, *info@campinglesfoulegues.com*,
Fax 04 67 37 54 75, *www.campinglesfoulegues.com*
5,3 ha (339 empl.) plat, herbeux, sablonneux
Tarif : 45€ ♦♦ ⇌ ▣ (6A) – pers. suppl. 8€
Location : – 23 ⬚ – 8 ⌂. Sem. 265 à 880€
Pour s'y rendre : à Grau-de-Vendres, av. du Port (5 km
au sud-ouest, à 400 m de la plage)

Nature : ⌂ ΩΩ
Loisirs : ₸ snack, pizzeria ⬚
⚡ ∿ ⌂ ⊒
Services : ⅙ ⚋ ⇲ ✕ ⚲ △ ∿
⚏ ⚏ ⚶
À prox. : ⚡ ⚶

Longitude : 3.29003
Latitude : 43.24707

378

VERNET-LES-BAINS

66820 – **344** F7 – 1 480 h. – alt. 650 – ⚕ (mi-mars-fin nov.)
🛈 *2, rue de la Chapelle* ℰ *04 68 05 55 35*
▸ Paris 904 – Mont-Louis 36 – Perpignan 57 – Prades 11

⚠ **L'Eau Vive** de fin avr. à fin sept.
ℰ 04 68 05 54 14, *contact@leauvive-camping.com*,
Fax 04 68 05 78 14, *www.leauvive-camping.com*
2 ha (90 empl.) peu incliné, plat, herbeux
Tarif : 25 € ✶✶ ⇔ 🅴 (½) (10A) – pers. suppl. 4 € – frais
de réservation 15 €

Location : (de mi-avr. à mi-oct.) – 5 🛏 – 8 🏠. Nuitée
40 à 98 € – Sem. 210 à 690 € – frais de réservation 15 €
Pour s'y rendre : chemin St Saturnin (sortie vers
Sahorre puis apr. le pont 1,3 km par av. St-Saturnin à dr.,
près du Cady)

À savoir : dans un site agréable - bassin biologique

> Nature : 🌳 ≤ ⛰
> Loisirs : 🍴 snack (soir) 🏊 🛶
> (bassin)
> Services : 🚿 ⛽ 🧺 ⊟ ♨ 🚰

> *Longitude : 2.38072*
> *Latitude : 42.55068*

VERS PONT DU GARD

30210 – **339** M5 – 1 609 h. – alt. 40
▸ Paris 698 – Montpellier 81 – Nîmes 26 – Avignon 27

⚠ **FranceLoc Gorges du Gardon** 👥 – de déb. avr. à
fin sept.
ℰ 04 66 22 81 81, *gorges-gardon@franceloc.fr*,
Fax 04 66 22 90 12, *www.campings-franceloc.fr*
4 ha (190 empl.) plat, pierreux, herbeux
Tarif : (Prix 2010) 20 € ✶✶ ⇔ 🅴 (½) (6A) – pers.
suppl. 5 € – frais de réservation 10 €

Location : (Prix 2010) (permanent) – 67 🛏 – 4 🏠.
Nuitée 756 € – Sem. 756 € – frais de réservation 26 €
🚰 borne artisanale
Pour s'y rendre : 762 chemin Barque-Vieille

> Nature : ⛰ 🌳🌳
> Loisirs : 🍴 snack, pizzeria 🎣
> 🏊 🏓 ♨
> Services : 🚿 ⛽ 🧺 ♨ ⊟ 🚰
> réfrigérateurs

> *Longitude : 4.51294*
> *Latitude : 43.95649*

379

*Les indications d'accès à un terrain sont généralement indiquées,
dans notre guide, à partir du centre de la localité.*

VIAS

34450 – **339** F9 – 5 386 h. – alt. 10
🛈 *avenue de la Méditerranée* ℰ *04 67 21 76 25*
▸ Paris 752 – Agde 5 – Béziers 19 – Narbonne 46
à la Plage S : 2,5 km par D 137

⚠ **Yelloh! Village Club Farret** 👥 – de mi-avr. à déb.
oct.
ℰ 04 67 21 64 45, *farret@wanadoo.fr*, Fax 04 67 21 70 49,
www.camping-farret.com
7 ha (437 empl.) plat, sablonneux, herbeux
Tarif : 50 € ✶✶ ⇔ 🅴 (½) (6A) – pers. suppl. 8 €

Location : (de mi-avr. à déb. oct.) 🏕 – 230 🛏
– 69 🏠. Nuitée 25 à 205 € – Sem. 175 à 1 435 €
🚰 borne artisanale
Pour s'y rendre : chemin des Rosses (au bord de plage)
À savoir : joli village de mobil-homes

> Nature : 🌳 ⛰ 🌳🌳 🌊
> Loisirs : 🍴 ✕ pizzeria, grill 🎬 🎮
> 🎣 🎿 salle d'animation 🏊 🚲
> 🎱 🏓 ♨
> Services : 🚿 ⛽ 🚽 🧺 ⊟ 🚰 ♨
> laverie 🍴 🚰
> À prox. : 🏇 🐴 poneys

> *Longitude : 3.41859*
> *Latitude : 43.29134*

Yelloh! Village Club Farret *(voir page précédente)*

Situé sur la commune de Vias, le camping Club Farret appartient à la chaîne des Yelloh! Village. Sur un ensemble de 14 ha, vous pourrez louer un des nombreux emplacements ombragés ou encore un des mobile homes, bungalows ou cottages. Certains de ces derniers ont même été installés directement en bord de mer, au Beach Farret. Côté détente, on a pensé à tout : le domaine est équipé d'un spa (sauna, hammam, jacuzzi), d'un minigolf ouvert l'été, mais aussi d'une grande piscine chauffée hors saison. Pour ceux qui préféreraient la Méditerranée, l'accès à la plage est direct et le « Beach club » propose bon nombre d'activités nautiques, sous réserve de savoir nager. Restaurant, snack, bar et commerces complètent le tout. Enfin, non loin de là, le canal du Midi appelle à la marche, au vélo ou au roller, au choix.

Yelloh! Village Club Farret

380

Le Napoléon ♣♣ – de déb. avr. à fin sept.
    ✆ 04 67 01 07 80, *reception@camping-napoleon.fr*,
Fax 04 67 01 07 85, *www.camping-napoleon.fr*
3 ha (239 empl.) plat, herbeux, sablonneux
Tarif : 39 € ♣♣ 🚗 🖃 💧 (10A) – pers. suppl. 8 € – frais de réservation 28 €

Location : (de déb. avr. à fin sept.) ♿ – 68 🚐 – 39 🏠 – 10 appartements – 5 bungalows toilés. Nuitée 31 à 118 € – Sem. 217 à 826 € – frais de réservation 28 €
🚐 borne autre 20 € – 5 🖃 21 €
Pour s'y rendre : 1171 av. de la Méditerranée (250 m de la plage)

Nature : 🏕 ♡♡
Loisirs : 🍸 ✕ pizzeria 🏠 🖥 🎪 🎵 🍴 hammam ⛲ 🚴 💧 terrain multisports
Services : ♿ ⚷ 🛁 🧺 laverie 🗑 cases réfrigérées
À prox. : discothèque parcours sportif, parc d'attractions

Longitude : 3.41661
Latitude : 43.29179

Méditerranée-Plage de déb. avr. à fin sept.
    ✆ 04 67 90 99 07, *contact@mediterranee-plage.com*,
Fax 04 67 90 99 17, *www.mediterranee-plage.com*
9,6 ha (490 empl.) plat, herbeux, sablonneux
Tarif : 41 € ♣♣ 🚗 🖃 💧 (6A) – pers. suppl. 7 € – frais de réservation 25 €

Location : (de déb. avr. à fin sept.) ♿ – 200 🚐. Sem. 250 à 990 € – frais de réservation 25 €
🚐 borne raclet
Pour s'y rendre : Côte Ouest (6 km au sud-ouest par D 137e 2, au bord de plage)

À savoir : cadre agréable en bordure de mer et services de qualité

Nature : 🏖 🏕 ♡ ⛰
Loisirs : 🍸 ✕ pizzeria, crêperie 🏠 🖥 🎪 🎵 🚴 ✂ 🎣 🍴 🏊
Services : ♿ ⚷ 🛁 🍴 laverie ⛽

Longitude : 3.37106
Latitude : 43.28202

Les Flots Bleus de mi-avr. à mi-sept.
℘ 0467216480, campinglesflotsbleus@wanadoo.fr,
Fax 0467017812, www.camping-flotsbleus.com
5 ha (314 empl.) plat, herbeux, sablonneux
Tarif : (Prix 2010) 33 € ♣♣ ⇦ 🅴 ⒱ (6A) – pers.
suppl. 6 € – frais de réservation 22 €
Location : (Prix 2010) (de mi-avr. à mi-sept.) 🦽
– 92 🛖 – 22 🏠. Nuitée 27 à 90 € – Sem. 190 à 625 €
– frais de réservation 22 €
🚉 borne flot bleu 4 €
Pour s'y rendre : Côte Ouest (au sud-ouest, au bord
de plage)

| Nature : 🏕 ♤♤ ⚘ |
| Loisirs : 🍴 snack, pizzeria 📺 |
| 🌙nocturne 🏋 🏊 🎿terrain |
| multisports |
| Services : 🚿 🔌 🗑 🍴 🖼 🚮 🚰 |

Longitude : 3.4055
Latitude : 43.29

Cap Soleil ♣♣ – de déb. avr. à mi-oct.
℘ 0467216477, cap.soleil@wanadoo.fr,
Fax 0467217066, www.capsoleil.fr
4,5 ha (288 empl.) plat, herbeux
Tarif : (Prix 2010) 35 € ♣♣ ⇦ 🅴 ⒱ (10A) – pers.
suppl. 9 €
Location : (Prix 2010) (de déb. avr. à fin sept.) 🦽
– 55 🛖. Sem. 179 à 1 030 € – frais de réservation
25 €
🚉 20 🅴 12 €
Pour s'y rendre : Côte Ouest (600 m de la plage)
À savoir : la piscine couverte (découverte l'été) est
réservée au naturisme juillet-août

| Nature : 🏕 ♤♤ |
| Loisirs : 🍴 pizzeria, snack 📺 |
| 🌙 🏋 🏋 🚴 ⛳ ✂ 🎱 (décou- |
| verte en saison) 🏊 🎿terrain |
| multisports |
| Services : 🚿 🔌 🗑 🚮 🚰 🍴 |
| laverie 🚰 🚰 réfrigérateurs |
| À prox. : 🐎 |

Longitude : 3.41711
Latitude : 43.31286

Californie Plage ♣♣ – de déb. avr. à fin sept.
℘ 0467216469, californie.plage@wanadoo.fr,
Fax 0467215462, www.californie-plage.fr
5,8 ha (371 empl.) plat, herbeux, sablonneux
Tarif : 39 € ♣♣ ⇦ 🅴 ⒱ (10A) – pers. suppl. 8 € – frais
de réservation 25 €
Location : (Prix 2010) (de déb. avr. à fin sept.)
🦽 – 120 🛖. Sem. 175 à 882 € – frais de réservation
25 €
Pour s'y rendre : Côte Ouest (au sud-ouest par D 137e
et chemin à gauche, au bord de plage)
À savoir : accès gratuit au parc aquatique du camping
Cap-Soleil (à 100 m)

| Nature : 🏕 ♤♤ ⚘ |
| Loisirs : 🍴 snack, pizzeria 📺 |
| 🌙 🏋 🏋 🚴 🎱 terrain mul- |
| tisports |
| Services : 🚿 🔌 🗑 🚮 🚰 🍴 lave- |
| rie 🚰 🚰 cases réfrigérées |
| À prox. : ✂ 🏊 🎿 |

381

Longitude : 3.39843
Latitude : 43.29051

L'Air Marin ♣♣ – de mi-avr. à mi-sept.
℘ 0467216490, info@camping-air-marin.fr,
Fax 0467217679, www.camping-air-marin.fr – places
limitées pour le passage
5,5 ha (305 empl.) plat, herbeux, sablonneux
Tarif : 40 € ♣♣ ⇦ 🅴 ⒱ (6A) – pers. suppl. 8 € – frais de
réservation 22 €
Location : (de mi-avr. à mi-sept.) – 100 🛖 – 15 🏠.
Nuitée 50 à 130 € – Sem. 290 à 910 € – frais de
réservation 22 €
Pour s'y rendre : près du Canal du Midi

| Nature : 🏕 ♤♤ |
| Loisirs : 🍴 brasserie, snack 📺 🌙 |
| nocturne 🏋 ⛷ 🏋 ✂ 🎱 🏊 |
| 🎿terrain multisports, canoë, |
| barques |
| Services : 🚿 🔌 🚮 ✈ 🗑 🍴 |
| laverie 🚰 🚰 |
| À prox. : 🦌 parc d'attractions |

Longitude : 3.42129
Latitude : 43.30076

Hélios de déb. mai à fin sept.
℘ 0467216366, franceschi.louis@wanadoo.fr,
Fax 0467216366, www.camping-helios.com
2,5 ha (215 empl.) plat, sablonneux, herbeux
Tarif : 27 € ♣♣ ⇦ 🅴 ⒱ (6A) – pers. suppl. 4 € – frais de
réservation 10 €
Location : (de déb. mai à fin sept.) – 19 🛖 – 7 🏠.
Sem. 180 à 560 € – frais de réservation 10 €
Pour s'y rendre : av. des Pêcheurs (près du Libron, à
250 m de la plage)

| Nature : 🐟 ♤♤ |
| Loisirs : 🍴 snack 📺 🏋 |
| Services : 🚿 🔌 🗑 🍴 🖼 🚮 🚰 |

Longitude : 3.41149
Latitude : 43.29308

Club Ste Cécile de mi-avr. à mi-sept.
    ℘ 0467216370, *campingsaintececile@wanadoo.fr*,
Fax 0467214871, *www.camping-sainte-cecile.com*
– places limitées pour le passage
2 ha (194 empl.) plat, sablonneux, herbeux
Tarif : (Prix 2010) 19€ ✶✶ ⇌ 🔲 (3A) – pers. suppl. 3,50€

Nature : 🐚 ⌗ 00	
Loisirs : 🍸 snack, pizzeria 🖬 🕴 🍴 🎿 ⚐	
Services : 🚿 ⟜ 🗄 🔲 🗑 🚿	
À prox. : 🐎	

Location : (Prix 2010) – 20 🏕. Sem. 230 à 800€ – frais de réservation 20€
Pour s'y rendre : av. des Pêcheur (près du Libron, à 500 m de la plage)

Longitude : 3.40858
Latitude : 43.29395

Le Petit Mousse ♣♣ – (location exclusive de mobile homes et caravanes) de mi-mai à fin sept.
    ℘ 0467909904, *campinglepetitmousse@vacances-directes.com*, Fax 0467909795, *www.vacances-directes.com*
5,2 ha plat, sablonneux, herbeux

Nature : 00 ⚘	
Loisirs : 🍸 pizzeria, snack 🖬 ⚐ 🕴 🖬 🚲 🎿 🎿	
Services : ⟜ 🗄 🍴 laverie 🗑 🚿	

Location : 🏕 – 306 🏕 – 53 🏠. Nuitée 43 à 131€ – Sem. 644 à 917€ – frais de réservation 15€
Pour s'y rendre : rte de la Grande Cosse

Longitude : 3.39756
Latitude : 43.29081

LE VIGAN

30120 – **339** G5 – 4 011 h. – alt. 221
🛈 *place du Marché* ℘ 0467810172
▶ Paris 707 – Alès 66 – Lodève 50 – Mende 108

Le Val de l'Arre de déb. avr. à fin sept.
    ℘ 0467810277, *valdelarre@wanadoo.fr*,
Fax 0467817123, *www.valdelarre.com*
4 ha (180 empl.) plat, peu incliné et en terrasses, herbeux
Tarif : 22€ ✶✶ ⇌ 🔲 (10A) – pers. suppl. 6€ – frais de réservation 15€

Nature : 00	
Loisirs : 🖬 🕴 🎿 🖙 🎣	
Services : 🚿 ⟜ 🗄 🍴 🗑 🚿	

Location : (de déb. avr. à fin sept.) 🏕 – 35 🏕 – 3 🛏 – 1 gîte. Nuitée 28 à 93€ – Sem. 189 à 651€ – frais de réservation 15€
🏕 borne artisanale 3€ – 🚐 🔲 14€
Pour s'y rendre : au lieu-dit : Roudouloise, rte du Pont de la Croix (2,5 km à l'est par D 999, rte de Ganges et chemin à droite, au bord de l'Arre)

Longitude : 3.63751
Latitude : 43.99128

LES VIGNES

48210 – **330** H9 – 94 h. – alt. 410
🛈 *le village* ℘ 0466488090
▶ Paris 615 – Mende 52 – Meyrueis 33 – Le Rozier 12

Village Vacances Castel de la Peyre (location exclusive de maisonnettes) de mi-mars à fin déc.
    ℘ 0466484848, *sla@lozere-resa.com*, Fax 0466650355,
www.lozere-resa.com
1 ha non clos, en terrasses

Nature : 🐚 ≤	
Loisirs : 🖬 🎿	
Services : 🚿 ⟜ 🏧 🍴 🖥	

Location : (Prix 2010) – 10 🏠. Sem. 169 à 679€ – frais de réservation 20€
À savoir : joli petit village de maisonnettes en pierre

Longitude : 3.22916
Latitude : 44.27904

La Blaquière de déb. mai à mi-sept.
    ℘ 0466485493, *campingblaquiere@wanadoo.fr*,
www.campingblaquiere.fr
1 ha (72 empl.) plat, en terrasses, herbeux, pierreux, sablonneux
Tarif : 16€ ✶✶ ⇌ 🔲 (6A) – pers. suppl. 5€ – frais de réservation 13€

Nature : ⌗ 00 ⚘	
Loisirs : 🖬 🖙 🎣	
Services : 🚿 ⟜ 🏧 🗄 🍴 🖥 🗑 🚿	
À prox. : canoë-kayak	

Location : (de déb. mai à mi-sept.) 🏕 – 10 🏕 – 3 bungalows toilés. Nuitée 35 à 105€ – Sem. 200 à 581€ – frais de réservation 13€
Pour s'y rendre : . (6 km au nord-est par D 907bis, au bord du Tarn)

Longitude : 3.2685
Latitude : 44.3042

382

VILLEFORT

48800 – **330** L8 – 634 h. – alt. 600
🛈 rue de l'Église ✆ 04 66 46 87 30
▶ Paris 616 – Alès 52 – Aubenas 61 – Florac 63

Morangiés - Le Lac de déb. mai à fin nov.
✆ 04 66 46 81 27, camping-lac@orange.fr,
Fax 04 66 46 81 27, www.camping-lac-cevennes.com
4 ha (75 empl.) en terrasses, herbeux, gravillons
Tarif : 15€ ✶✶ ⬆ 🔲 (6A) – pers. suppl. 4€

Location : (permanent) – 33 🚐 – 19 🏠. Nuitée
41 à 57€ – Sem. 210 à 505€
Pour s'y rendre : à Morangiés (3,4 km au nord par
D 901, rte de Mende, D 906, rte de Prévenchère et à
gauche chemin de Pourcharesses)

À savoir : agréable situation au bord du lac et d'une base
nautique

Nature :
Loisirs :
Services :
À prox. : canoë
Longitude : 3.92812
Latitude : 44.46183

La Palhère Permanent
✆ 04 66 46 80 63, campinglapalhere@orange.fr,
Fax 04 66 46 80 63, http://www.everyoneweb.fr/
campinglapalhere/ – alt. 750
1,8 ha (45 empl.) en terrasses, herbeux, pierreux
Tarif : 15€ ✶✶ ⬆ 🔲 (6A) – pers. suppl. 4€

Location : (permanent) – 4 roulottes – 1 gîte.
Nuitée 18 à 20€ – Sem. 410 à 580€
🚐 borne autre 15€
Pour s'y rendre : rte du Mas de la Barque (4 km au sud-
ouest par D 66, au bord d'un torrent)

Nature :
Loisirs : snack
Services :
À prox. :
Longitude : 3.91993
Latitude : 44.4377

VILLEGLY

11600 – **344** F3 – 860 h. – alt. 130
▶ Paris 778 – Lézignan-Corbières 36 – Mazamet 46 – Carcassonne 14

383

Moulin de Ste-Anne de déb. avr. à fin oct.
✆ 04 68 72 20 80, campingstanne@wanadoo.fr,
Fax 04 68 72 27 15, www.moulindesainteanne.com
1,6 ha (60 empl.) terrasse, plat, peu incliné, herbeux
Tarif : 24€ ✶✶ ⬆ 🔲 (10A) – pers. suppl. 5€ – frais
de réservation 17€

Location : (de déb. avr. à fin oct.) – 15 🏠. Sem.
300 à 630€ – frais de réservation 17€
🚐 borne autre 5€ – 🔵 14€
Pour s'y rendre : 2 chemin de Sainte-Anne (sortie est
par D 435, rte de Villarzel)

Nature :
Loisirs : pizzeria terrain multisports
Services :
Longitude : 2.44347
Latitude : 43.28374

VILLEMOUSTAUSSOU

11620 – **344** F3 – 3 082 h. – alt. 114
▶ Paris 775 – Montpellier 164 – Carcassonne 6 – Perpignan 129

Das Pinhiers de déb. mars à fin oct.
✆ 04 68 47 81 90, campindaspinhiers@wanadoo.fr,
Fax 04 68 71 43 49, www.camping-carcassonne.net
2 ha (72 empl.) plat, peu incliné, en terrasses, herbeux
Tarif : (Prix 2010) ✶ 4€ 🔲 5€ – (10A) 3€ – frais de
réservation 15€

Location : (Prix 2010) (de déb. avr. à fin sept.)
– 16 🚐 – 3 bungalows toilés. Nuitée 37 à 78€ – Sem.
220 à 470€ – frais de réservation 15€
🚐 borne artisanale 4€ – 5 🔲 17€
Pour s'y rendre : 583 chemin du Pont Neuf (1 km au
nord)

À savoir : cadre agréable et fleuri

Nature :
Loisirs :
Services :
À prox. :
Longitude : 2.36708
Latitude : 43.25758

VILLENEUVE-DE-LA-RAHO

66180 – **344** I7 – 3 763 h. – alt. 60
🛈 *plage touristique* ✆ 04 68 55 91 05
▶ Paris 859 – Argelès-sur-Mer 16 – Céret 28 – Perpignan 10

⚠ Municipal les Rives du Lac
✆ 04 68 55 83 51, *camping.villeneuveraho@wanadoo.fr*,
Fax 04 68 55 86 37
3 ha (158 empl.) plat, herbeux
Location : ⌾ – 9 🛏 – 7 bungalows toilés.
🚐 borne artisanale
Pour s'y rendre : chemin de Las Serres (2,5 km à l'ouest par D 39, rte de Pallestres et chemin à gauche)

Nature :	⌘ ⌵ 🗆 ♀ ▲
Loisirs :	♈ snack 🏊 ⤳
Services :	♿ 🚿 ♻ laverie 🛒
À prox. :	🏊 🚣

Longitude : 2.91817
Latitude : 42.63605

VILLENEUVE-LÈS-AVIGNON

30400 – **339** N5 – 12 644 h. – alt. 23
🛈 *1, place Charles David* ✆ 04 90 25 61 33
▶ Paris 678 – Avignon 8 – Nîmes 46 – Orange 28

⚠⚠⚠ **Campéole L'Ile des Papes** ⚤ – de fin mars à déb. nov.
✆ 04 90 15 15 90, *ile-des-papes@campeole.com*,
Fax 04 90 15 15 91, *www.avignon-camping.com*
20 ha (210 empl.) plat, pierreux, herbeux, étang
Tarif : (Prix 2010) ♈ 5 € ⇔ 6 € 🔲 25 € – 🔋 (10A) 4 €

Location : (Prix 2010) (de fin mars à déb. nov.)
– 75 🛏 – 31 🏠 – 74 bungalows toilés. Nuitée 49 à 117 € – Sem. 343 à 819 €
🚐 borne autre 5 € – 🚱 🔋 18 €
Pour s'y rendre : Barrage de Villeneuve (4,5 km au nord-est par D 980, rte de Roquemaure et D 780 à dr., rte du barrage de Villeneuve, entre le Rhône et le canal)

Nature :	⌵ 🗆 ♀
Loisirs :	♈ ✕ snack (midi) 🏠 🎣 🏋 🚴 🛶 🏊 ⤳
Services :	♿ ⌿ 🏛 🛒 laverie 🧊 🛒

Longitude : 4.81826
Latitude : 43.99383

⚠ **Municipal de la Laune** de déb. avr. à mi-oct.
✆ 04 90 25 76 06, *campingdelalaune@wanadoo.fr*,
Fax 04 90 25 76 06, *www.camping-villeneuvelezavignon.com*
2,3 ha (123 empl.) plat, pierreux, herbeux
Tarif : (Prix 2010) ♈ 6 € ⇔ 🔲 3 € – 🔋 (6A) 3 €
🚐 borne artisanale 4 € – 🚱 9 €
Pour s'y rendre : chemin Saint Honore (au nord-est, accès par D 980, près du stade et des piscines)

Nature :	🗆 ♀♀
Loisirs :	🏠 🎣
Services :	♿ ⌿ 🏛
À prox. :	✕ 🏊 🛶 piste de skate

Longitude : 4.79711
Latitude : 43.96331

VILLENEUVE-LÈS-BÉZIERS

34420 – **339** E9 – 3 699 h. – alt. 6
🛈 *24, rue la Fontaine* ✆ 04 67 39 48 83
▶ Paris 762 – Montpellier 66 – Béziers 7 – Narbonne 40

⚠⚠⚠ **Les Berges du Canal** de mi-avr. à mi-sept.
✆ 04 67 39 36 09, *contact@lesbergesducanal.com*,
Fax 04 67 39 82 07, *www.lesbergesducanal.com*
3 ha (102 empl.) plat, herbeux, pierreux
Tarif : (Prix 2010) 24 € ♈♈ ⇔ 🔲 🔋 (20A) – pers.
suppl. 5 € – frais de réservation 20 €

Location : (Prix 2010) (de mi-avr. à mi-sept.) – 26 🛏.
Sem. 290 à 750 € – frais de réservation 20 €
🚐 borne autre 2 €
Pour s'y rendre : promenade des Vernets
À savoir : au bord du Canal du Midi

Nature :	🗆 ♀♀
Loisirs :	♈ snack 🏠 🎣 🛶 terrain multisports, ponton d'amarrage, halte nautique
Services :	♿ ⌿ laverie 🛒
À prox. :	✕ ⤳

Longitude : 3.2878
Latitude : 43.31594

LIMOUSIN

S. Sauvignier/Michelin

Les citadins en mal de verdure viennent goûter en Limousin la simplicité de joies bucoliques : humer l'air vivifiant du plateau de Millevaches, flâner le long de rivières poissonneuses, se perdre dans les bois à la recherche de champignons... Et s'extasier devant les placides boeufs à la robe « froment vif » ou le spectacle attendrissant des agneaux tétant leur mère. En automne la forêt se pare d'une éblouissante palette d'ocres, de rouges et de bruns profonds sous-tendue de reflets mordorés, qui a inspiré bien des peintres. Détentrices de savoir-faire ancestraux — émaux, porcelaines, tapisseries — bourgs et cités paisibles ne s'en ouvrent pas moins à l'art contemporain. Les plaisirs de la table ? Authentiques, comme la région : soupe au lard, pâté de pommes de terre, potée et... viandes exquises !

Life in Limousin is lived as it should be: tired Parisians in need of greenery come to rediscover the simple joys of country life, breathe the bracing air of its high plateaux and wander through its woodlands in search of mushrooms and chestnuts. The sight of peacefully grazing cattle or lambs frolicking in a spring meadow will rejuvenate the most jaded city-dweller. Come autumn, the forests are swathed in colour: a perfect backdrop to the granite and sandstone of the peaceful towns and villages, where ancestral crafts, like Limoges porcelain and Aubusson tapestries, blend a love of tradition with an enthusiasm for the best of the new. The food is as wholesome as the region: savoury bacon soup, Limousin stew and, as any proud local will tell you, the most tender, succulent beef in the world.

AIXE-SUR-VIENNE

87700 – **325** D6 – 5 532 h. – alt. 204

🏢 46, avenue du Président Wilson ℰ 05 55 70 19 71

▶ Paris 400 – Châlus 21 – Confolens 60 – Limoges 14

🔺 **Municipal les Grèves** de déb. juin à fin sept.
ℰ 05 55 70 12 98, camping@mairie-aixesurvienne.fr,
Fax 05 55 70 43 00, www.mairie-aixesurvienne.fr
3 ha (80 empl.) plat, herbeux
Tarif : 12 € 👫 🚐 🔲 🔌 (10A) – pers. suppl. 4 €
Location : (permanent) – 3 🛖 – 3 tentes. Nuitée 50 €
– Sem. 35 à 400 €
🚰 borne artisanale 3 €
Pour s'y rendre : r. Jean-Claude Papon (au bord de la
Vienne)

À savoir : agréable terrain avec des emplacements au
bord de la Vienne.

Nature : 🌳🌳
Loisirs : 🍸 🛋 🏓 💧
Services : 🕭 ⚏ 🖳 🏬
À prox. : 🔲

Longitude : 1.13458
Latitude : 45.79585

Consultez le site **Voyage.ViaMichelin.fr**

ARGENTAT

19400 – **329** M5 – 3 105 h. – alt. 183

🏢 place da Maïa ℰ 05 55 28 16 05

▶ Paris 503 – Aurillac 54 – Brive-la-Gaillarde 45 – Mauriac 49

🔺🔺🔺 **Le Gibanel** de déb. juin à déb. sept.
ℰ 05 55 28 10 11, contact@camping-gibanel.com,
Fax 05 55 28 86 85, www.camping-gibanel.com
60 ha/8,5 campables (250 empl.) en terrasses, plat,
herbeux
Tarif : 24 € 👫 🚐 🔲 🔌 (10A) – pers. suppl. 5 €
Location : (de déb. juin à déb. sept.) – 7 🛖
– 2 appartements. Sem. 360 à 720 €
Pour s'y rendre : 4,5 km au nord-est par D 18, rte
d'Égletons puis chemin à dr.

À savoir : sur les terres d'un château du XVIe s et au bord
d'un lac

Nature : 🏞 ≤ 🌳🌳 🌲
Loisirs : 🍸 pizzéria le soir 🛋 🕭 🏓 🏊 🏐 terrain multisports,canoë
Services : 🕭 ⚏ 🍴 🏕 🏧 ⚏ laverie 🏪 🏕

Longitude : 1.95852
Latitude : 45.1107

🔺🔺🔺 **Sunêlia Au Soleil d'Oc** ⛺👤 – de fin avr. à fin oct.
ℰ 05 55 28 84 84, info@dordogne-soleil.com,
Fax 05 55 28 12 12, www.dordogne-soleil.com
4 ha (120 empl.) terrasse, plat, herbeux
Tarif : (Prix 2010) 28 € 👫 🚐 🔲 🔌 (6A) – pers.
suppl. 7 € – frais de réservation 15 €
Location : (Prix 2010) (de fin avr. à fin oct.) – 40 🛖
– 12 🏠 – 3 bungalows toilés. Nuitée 48 à 112 € – Sem.
336 à 784 € – frais de réservation 30 €
🚰 borne artisanale 10 € – 🏕 10 €
Pour s'y rendre : à Monceaux-sur-Dordogne (4,5 km au
sud-ouest par D 12, rte de Beaulieu puis D 12e, rte de
Vergnolles et chemin à gauche apr. le pont, au bord de
la Dordogne)

Nature : 🏞 🌲 🌳🌳 🌲
Loisirs : 🍸 snack 🛋 🏓 🕭 🏓 👫 🏓 🎯🕭 🏊 🏐 canoë
Services : ⚏ 🏕 ⚏ laverie 🏕

Longitude : 1.93844
Latitude : 45.09288

🔺🔺 **Le Vaurette** ⛺👤 – de déb. mai à mi-sept.
ℰ 05 55 28 09 67, info@vaurette.com, Fax 05 55 28 81 14,
www.vaurette.com
4 ha (120 empl.) terrasse, plat, et peu incliné, herbeux
Tarif : 29 € 👫 🚐 🔲 🔌 (6A) – pers. suppl. 6 € – frais de
réservation 10 €
Location : (de déb. mai à mi-sept.) 🚫 – 2 🛖. Sem.
335 à 690 € – frais de réservation 10 €
🚰 borne artisanale 25 €
Pour s'y rendre : lieu-dit : Vaurette (9 km au sud-ouest
par D 12, rte de Beaulieu, au bord de la Dordogne)

Nature : 🏞 🌳🌳 🌲
Loisirs : 🍸 snack 🛋 ⚏ diurne 👫 salle d'animation 🏓 🎾 🏊 🏐
Services : 🕭 ⚏ 🏕 ⚏ laverie 🏪
À prox. : canoë

Longitude : 1.8825
Latitude : 45.04568

AUBAZINE

19190 – **329** L4 – 807 h. – alt. 345 – Base de loisirs
🏠 *le Bourg* 𝒫 *05 55 25 79 93*
▶ Paris 480 – Aurillac 86 – Brive-la-Gaillarde 14 – St-Céré 50

⋀⋀ **Campéole Le Coiroux** ♣♣ – de déb. avr. à fin sept.
𝒫 05 55 27 21 96, *coiroux@campeole.com*,
Fax 05 55 27 19 16, *www.camping-coiroux.com*
165 ha/6 campables (166 empl.) peu incliné, herbeux,
bois attenants
Tarif : (Prix 2010) 25 € ✚✚ ⟵ 🔲 🕃 (11A) – pers.
suppl. 6 € – frais de réservation 25 €
Location : (Prix 2010) (de déb. avr. à déb. nov.) – 33 🛏
– 10 🏠 – 25 bungalows toilés. Nuitée 23 à 102 €
– Sem. 161 à 714 € – frais de réservation 25 €
🛢 borne sanistation 3 €
Pour s'y rendre : Parc touristique du Coiroux (5 km à
l'est par D 48, rte du Chastang, à prox. d'un plan d'eau et
d'un parc de loisirs)

Nature : 🐟 ⊡ ♤♤	
Loisirs : , pizzeria 🎠 🎲 🎯 🛶	
⁃🎣 🏊	
Services : 🚿 ⟞ 🏠 ♨ laverie	
🚮 🛒	
À prox. : 🍺 ✕ 🎿 🏊 (plage)	
🎣 practice, golf (9 et 18 trous),	
accrobranches, paintball	

Longitude : 1.70739
Latitude : 45.18611

---

*Kataloge der **MICHELIN-Veröffentlichungen** erhalten Sie beim Buchhändler und direkt
von **Michelin** (Karlsruhe).*

AURIAC

19220 – **329** N4 – 218 h. – alt. 608
▶ Paris 517 – Argentat 27 – Égletons 33 – Mauriac 23

⋀ **Municipal** de mi-avr. à fin nov.
𝒫 05 55 28 25 97, *mairie.auriac@wanadoo.fr*,
Fax 05 55 28 29 82, *www.auriac.fr*
1,7 ha (70 empl.) peu incliné, plat, herbeux
Tarif : (Prix 2010) ♦ 3 € ⟵ 2 € 🔲 2 € – 🕃 (80A) 3 €
Location : (Prix 2010) (de mi-avr. à mi-nov.) – 8 🛏.
Nuitée 48 à 55 € – Sem. 205 à 370 €
Pour s'y rendre : au bourg (sortie sud-est par D 65, rte
de St-Privat, près d'un étang et d'un parc boisé)
À savoir : certains emplacements dominent le plan
d'eau

Nature : 🐟 ⟨ ⊡ ♤♤ 🛢	
Loisirs : 🎠 🎯	
Services : ⟞ (15 juil.-20 août) 🚯	
🔲	
À prox. : 🎿 🎣 🏊 (plage) 🎣	
canoë, pédalos	

Longitude : 2.14948
Latitude : 45.20411

BEAULIEU-SUR-DORDOGNE

19120 – **329** M6 – 1 288 h. – alt. 142
🏠 *place Marbot* 𝒫 *05 55 91 09 94*
▶ Paris 513 – Aurillac 65 – Brive-la-Gaillarde 44 – Figeac 56

⋀⋀ **Les Îles** de mi-avr. à mi-sept.
𝒫 05 55 91 02 65, *info@campingdesiles.fr*,
Fax 05 55 91 05 19, *www.campingdesiles.fr*
4 ha (120 empl.) plat, herbeux
Tarif : 27 € ✚✚ ⟵ 🔲 🕃 (10A) – pers. suppl. 7 € – frais
de réservation 17 €
Location : (de mi-avr. à mi-sept.) 🏕 – 24 🛏
– 13 bungalows toilés. Sem. 159 à 599 € – frais de
réservation 17 €
🛢 borne artisanale 5 € – 2 🔲 10 € – 🚐 🕃 10 €
Pour s'y rendre : bd Rodolphe de Turenne (à l'est du
centre bourg)
À savoir : cadre et situation pittoresques sur une île de
la Dordogne

Nature : 🐟 ♤♤ 🛢	
Loisirs : 🍺 🎠 🎯 🏊 🎣 canoë	
Services : 🚿 ⟞ ▥ 🏠 ♨ laverie	
🛒	
À prox. : 🛶 🎿	

Longitude : 1.84049
Latitude : 44.97968

BESSINES-SUR-GARTEMPE

87250 – **325** F4 – 2 912 h. – alt. 335

🛈 *6, avenue du 11 novembre* 🕽 *05 55 76 09 28*

▣ Paris 355 – Argenton-sur-Creuse 58 – Bellac 29 – Guéret 55

⩕ **Le Sagnat**
🕽 05 55 76 17 69, Fax 05 55 76 60 16
0,8 ha (50 empl.) en terrasses, plat, peu incliné,
sablonneux, herbeux
⛽ borne artisanale
Pour s'y rendre : 1,5 km au sud-ouest par D 220, rte de
Limoges, D 27, rte de St-Pardoux à dr. et r. à gauche, au
bord de l'étang

Nature : ≤ ⛺ ◯◯
Loisirs : snack 🏠 ≊ (plage) 🐟
Services : ⅃ ⟲ 🖥
À prox. : ♟

Longitude : 1.37246
Latitude : 46.12884

---

*Nos **guides hôtels,** nos **guides touristiques** et nos **cartes routières** sont complémentaires. Utilisez-les ensemble.*

BEYNAT

19190 – **329** L5 – 1 225 h. – alt. 420

🛈 *rue Jean Moulin* 🕽 *05 55 25 79 93*

▣ Paris 496 – Argentat 47 – Beaulieu-sur-Dordogne 23 – Brive-la-Gaillarde 21

⩗ **Village Vacances Révéa Les Hameaux de Miel**
(location exclusive de chalets) Permanent
🕽 05 55 84 34 48, *infos@chalets-en-france.com,*
Fax 05 55 22 88 29, *www.chalets-en-france.com*
12 ha en terrasses

Location : – 98 🏠. Nuitée 80 à 105 € – Sem. 240 à 735 €
– frais de réservation 11 €
Pour s'y rendre : au lieu dit : Miel

Nature : 🏔 ≤
Loisirs : ♟ 🏠 ⑬diurne 🏋 🛝
🚴🎿🛹
Services : ⅃ ⟲ 🏪 🍴 laverie
À prox. : 🍴 🏹 ≊ 🐟 pédalos

Longitude : 1.76141
Latitude : 45.12932

⩕ **Sunêlia Le Lac de Miel** de fin avr. à fin sept.
🕽 05 55 85 50 66, *info@camping-miel.com,*
www.camping-miel.com
50 ha/9 campables (140 empl.) vallonné, peu incliné,
herbeux
Tarif : (Prix 2010) 26 € 🏕🏕 🚗 🗲 ⚡ (6A) – pers.
suppl. 7 € – frais de réservation 18 €

Location : (Prix 2010) (de fin avr. à fin sept.)
– 2 roulottes – 50 🏚 – 3 bungalows toilés – 8 gîtes.
Nuitée 40 à 112 € – Sem. 280 à 784 € – frais de
réservation 18 €
⛽ borne artisanale 10 € – 🚐 10 €
Pour s'y rendre : 4 km à l'est par N 121, rte d'Argentat,
au bord d'un plan d'eau

Nature : 🏔 ≤ ♨ ⛰
Loisirs : ♟ snack 🏠 🛝 🏹 🗲
🏊 (découverte en saison) 🐟
Services : ⅃ ⟲ (juil.-août) 🛁
🍴 🖥
À prox. : ≊ (plage) pédalos

Longitude : 1.72197
Latitude : 45.12474

LE BOURG-D'HEM

23220 – **325** H3 – 215 h. – alt. 320

▣ Paris 333 – Aigurande 20 – Le Grand-Bourg 28 – Guéret 21

⩕ **Municipal** de déb. mai à fin sept.
🕽 05 55 62 84 36, *info@les3lacs-creuse.com,*
Fax 05 55 62 11 22, *www.les3lacs-creuse.com*
0,3 ha (36 empl.) en terrasses, herbeux
Tarif : 🏕 3 € 🚗 2 € ▣ 2 € – ⚡ (16A) 3 €
Pour s'y rendre : à l'ouest par D 48, rte de Bussière-
Dunoise et chemin à dr.

À savoir : site et situation agréables au bord de la Creuse
(plan d'eau)

Nature : 🏔 ⛺ ◯◯ ⛰
Loisirs : 🐟
Services : ⅃ (juil.-août) 🗳 🛁
À prox. : ♟ 🗲 barques

Longitude : 1.82316
Latitude : 46.29756

389

BOUSSAC-BOURG

23600 – **325** K2 – 789 h. – alt. 423

▶ Paris 334 – Aubusson 52 – La Châtre 37 – Guéret 43

⋀⋀⋀ **"Les Castels" Le Château de Poinsouze** de déb. juin à fin août
📞 05 55 65 02 21, *info.camping-de.poinsouze@orange.fr*,
Fax 05 55 65 86 49, *www.camping-de-poinsouze.com* ✂
(de mi-juil. à mi-août)
150 ha/22 campables (134 empl.) peu incliné, herbeux
Tarif : 34 € ♦♦ ⇔ 🗉 🔌 (25A) – pers. suppl. 6 € – frais de réservation 15 €

Location : (de déb. juin à fin août) ✂ – 23 ☐☐ – 2 ⌂ – 2 gîtes. Sem. 220 à 500 € – frais de réservation 15 €
🔄 borne artisanale – 10 🗉 12 €
Pour s'y rendre : rte de La Chatre (2,8 km au nord par D 917)

À savoir : vaste domaine autour d'un château du 16ᵉ s. et d'un étang

| Nature : ⋙ ← ▱ ⵔ |
| Loisirs : ⛲ ✗ 🎳 ⧖nocturne 🚴 ♒ 🏓 |
| Services : ⚅ ⛽ 🛒 ⟲ 🚽 ▯ 🚿 laverie ⌸ |
| À prox. : canoë, pédalos, planches à voile |

| Longitude : 2.20472 |
| Latitude : 46.3725 |

BUJALEUF

87460 – **325** G6 – 897 h. – alt. 380

🏢 *route des Lacs* 📞 05 55 69 54 54

▶ Paris 423 – Bourganeuf 28 – Eymoutiers 14 – Limoges 35

⋀ **Municipal du Lac** de mi-mai à fin sept.
📞 05 55 69 54 54, *tourisme@bujaleuf.fr*,
Fax 05 55 69 56 06, *www.bujaleuf.fr*
2 ha (110 empl.) en terrasses, herbeux, fort dénivelé
Tarif : (Prix 2010) 10 € ♦♦ ⇔ 🗉 🔌 (5A) – pers. suppl. 2 €

Location : (permanent). Sem. 310 à 380 €
🔄 borne artisanale
Pour s'y rendre : 1 km au nord par D 16 et rte à gauche, près du lac

| Nature : ⋙ ⵔⵔ |
| Loisirs : 🚴 |
| Services : ⚅ (juil.-août) ▱laverie |
| À prox. : ⛲snack 🏖 (plage) ♒ canoë 🔄 |

| Longitude : 1.62703 |
| Latitude : 45.79582 |

BUSSIÈRE-GALANT

87230 – **325** D7 – 1 391 h. – alt. 410

▶ Paris 422 – Aixe-sur-Vienne 23 – Châlus 6 – Limoges 36

⋀ **Municipal les Ribières** de déb. avr. à fin oct.
📞 05 55 78 86 12, *accueil@espace-hermeline.com*,
Fax 05 55 78 85 95, *www.espace-hermeline.com*
1 ha (25 empl.) en terrasses, peu incliné, herbeux
Tarif : 13 € ♦♦ ⇔ 🗉 🔌 (6A) – pers. suppl. 3 €
Pour s'y rendre : av. du Plan-d'eau (1,7 km au sud-ouest par D 20, rte de la Coquille et chemin à dr., près du stade et à 100 m d'un plan d'eau)

| Nature : ← ▱ ⵔⵔ |
| Services : ⚅ ▱ ▥ ⌸ |
| À prox. : ⚹ 🎣 🏖 (plage) ♒ parcours sportif, draisines (voiturettes-vélo sur rail), accrobranches |

| Longitude : 1.03634 |
| Latitude : 45.62668 |

CAMPS

19430 – **329** M6 – 249 h. – alt. 520

▶ Paris 520 – Argentat 17 – Aurillac 45 – Bretenoux 18

⋀ **Municipal la Châtaigneraie** de déb. mai à fin sept.
📞 05 55 28 53 15, *mairie.camps@wanadoo.fr*,
Fax 05 55 28 08 59, *www.camps.correze.net*
1 ha (23 empl.) peu incliné, incliné, herbeux
Tarif : ♦ 3 € ⇔ 🗉 3 € – 🔌 (20A) 3 €

Location : (de déb. avr. à déb. nov.) – 5 ⌂ – 4 bungalows toilés. Nuitée 35 à 48 € – Sem. 138 à 411 €
Pour s'y rendre : au Bourg (à l'ouest par D 13 et chemin à dr.)

| Nature : ⋙ ← ⵔⵔ |
| Loisirs : 🚴 |
| Services : ⚅ ▱ 🖥 |
| À prox. : 🚴 ⚹ 🏖 (plage) ♒ |

| Longitude : 1.98756 |
| Latitude : 44.98368 |

LA CELLE-DUNOISE

23800 – **325** H3 – 606 h. – alt. 230
▶ Paris 329 – Aigurande 16 – Aubusson 63 – Dun-le-Palestel 11

⚠ **Municipal de la Baignade** de déb. avr. à fin oct.
   ℘ 0555512118, *mairie@lacelledunoise.fr*,
   Fax 0555512376, *www.lacelledunoise.fr*
   1,4 ha (30 empl.) terrasse, plat, herbeux
   Tarif : (Prix 2010) ♣ 3€ ⛺ 2€ 🔲 2€ – 🔌 (12A) 3€
   🚐 borne eurorelais 2€
   Pour s'y rendre : à l'est, par D 48a, rte du Bourg d'Hem, près de la Creuse (accès direct)

Nature : 🌳🌳	
Loisirs : 🏊 ✗	
Services : ♿ 🚐 laverie	
À prox. : ⛱ (plage) 🎣 🐎 poneys canoë	

Longitude : 1.76928
Latitude : 46.31015

This Guide is not intended as a list of all the camping sites in France ; its aim is to provide a selection of the best sites in each category.

CHAMBERET

19370 – **329** L2 – 1 319 h. – alt. 450
🅸 5, place du Marché ℘ 0555983012
▶ Paris 453 – Guéret 84 – Limoges 66 – Tulle 45

🏘 **Village Vacances Les Roulottes des Monédières** (location exclusive de roulottes) de mi-avr. à déb. nov.
   ℘ 0555983003, *info@roulottes-monedieres.com*,
   Fax 0555984948, *www.roulottes-monedieres.com*
   3 ha incliné
   Location : ♿ ✗ (de mi-avr. à déb. nov.) 🅿
   – 19 roulottes. Nuitée 130€ – Sem. 425 à 650€ – frais de réservation 15€
   Pour s'y rendre : à L'Arboretum
   À savoir : en séjour ou formule hôtelière

Nature : 🌿 ⟨ 🌲	
Loisirs : snack 🏠 ⛹ 🎱 billard 🚣 🚴 🏊 poneys	
Services : 🔌 🏪 🍴 laverie ⚒	

Longitude : 1.72146
Latitude : 45.58267

🏘 **Village Vacances Les Chalets du Bois Combet** (location exclusive de chalets) Permanent
   ℘ 0555983012, *camping.chamberet@orange.fr*, Fax 0555987934, *www.chamberet.net* – empl. traditionnels également disponibles
   1 ha plat, herbeux
   Location : ♿ 🅿 – 10 🏡. Nuitée 41 à 48€ – Sem. 187 à 459€
   🚐 5 🔲 6€
   Pour s'y rendre : 1,3 km au sud-ouest par D 132, rte de Meilhards et chemin à dr., à 100 m d'un petit plan d'eau et d'un étang

Nature : 🌿	
Loisirs : 🚣	
Services : 🚐 🍴 laverie	
À prox. : 🔲 🏊 🏊 🎣	

Longitude : 1.70994
Latitude : 45.57541

CHÂTEAUNEUF-LA-FORÊT

87130 – **325** G6 – 1 616 h. – alt. 376
🅸 avenue Amédée Tarrade ℘ 0555696369
▶ Paris 424 – Eymoutiers 14 – Limoges 36 – St-Léonard-de-Noblat 19

⚠ **Le Cheyenne** de déb. mai à fin sept.
   ℘ 0555693929, *campinglecheyenne@neuf.fr*,
   www.camping-le-cheyenne.com
   1 ha (50 empl.) plat, herbeux
   Tarif : 14€ ♣♣ ⛺ 🔲 🔌 (6A) – pers. suppl. 3€
   Location : (de déb. mai à fin sept.) – 4 🛖. Sem. 260 à 390€
   🚐 borne artisanale 3€ – 🚐 🔌 12€
   Pour s'y rendre : av. Michel Sinibaldi (800 m à l'ouest du centre bourg, rte du stade, à 100 m d'un plan d'eau)

Nature : 🏞 🌳🌳	
Loisirs : 🍸 snack	
Services : ♿ 🔌 🍴 laverie	
À prox. : 🚣 ✗ ⛱ (plage) 🎣	

Longitude : 1.60127
Latitude : 45.71633

CHÂTEAUPONSAC

87290 – **325** E4 – 2 175 h. – alt. 290

🛈 *place Mazurier* ☎ 0555765757

➡ Paris 361 – Bélâbre 55 – Bellac 21 – Limoges 48 – Bellac 21

Centre Touristique - La Gartempe Permanent
☎ 0555765533, *chateauponsac.tourisme@wanadoo.fr*,
Fax 0555769805, *www.holidayschateauponsac.com*
1,5 ha (43 empl.) plat, peu incliné et terrasses, herbeux
Tarif : (Prix 2010) 14 € ✹✹ ⇌ 🗐 🚰 (6A) – pers.
suppl. 4 € – frais de réservation 15 €
Location : (Prix 2010) (permanent) 🚫 – 2 🚐
– 3 🏠 – 22 🛏 – 11 gîtes. Sem. 290 à 495 € – frais de
réservation 15 €
Pour s'y rendre : av. de Ventenat (sortie sud-ouest par
D 711, rte de Nantiat, à 200 m de la rivière)

Nature : 🌳🌳	
Loisirs : 🍴 snack 🏓 🏀 ⛵	
Services : 👤 (juil.-août) laverie	
À prox. : 🏕 🏊 ⛵ canoë	

Longitude : 1.27046
Latitude : 46.1318

CHÂTELUS-MALVALEIX

23270 – **325** J3 – 574 h. – alt. 410

➡ Paris 333 – Aigurande 25 – Aubusson 46 – Boussac 19

Municipal Révéa La Roussille de déb. juin à fin
sept.
☎ 0555807031, *mairie-chatelusmalvaleix@wanadoo.fr*,
Fax 0555808632
0,5 ha (33 empl.) peu incliné, plat, herbeux
Tarif : (Prix 2010) ✹ 3 € ⇌ 2 € 🗐 2 € – 🚰 (10A) 3 €
Location : (permanent) 👤 – 8 🏠. Nuitée 54 € – Sem.
190 à 450 €
Pour s'y rendre : 10 pl. de la Fontaine (à l'ouest du
bourg)

Nature : 🌊 🌳🌳 ⛰	
Loisirs : 🏓 🚴 ⛵ circuit VTT	
Services : 🛒 🗑 ♨	
À prox. : 🍴 🏀 🎾	

Longitude : 2.02398
Latitude : 46.30375

CORRÈZE

19800 – **329** M3 – 1 177 h. – alt. 455

🛈 *place de la Mairie* ☎ 0555213282

➡ Paris 480 – Argentat 47 – Brive-la-Gaillarde 45 – Égletons 22

Municipal la Chapelle de mi-juin à mi-sept.
☎ 0555212521, *mairie.correze@wanadoo.fr*,
Fax 0555216882
3 ha (54 empl.) non clos, plat, terrasse, peu incliné,
herbeux, forêt attenante
Tarif : (Prix 2010) ✹ 3 € ⇌ 1 € 🗐 3 € – 🚰 (10A) 2 €
Location : (Prix 2010) (de mi-avr. à mi-oct.) 🚫
– 3 🚐 – 1 gîte. Sem. 200 à 300 €
🚰 borne autre 8 € – 15 🗐 8 €
Pour s'y rendre : au lieu-dit : La Chapelle (sortie est par
D 143, rte d'Egletons et à dr., rte de Bouysse - en deux
parties distinctes)
À savoir : partie campable traversée par une petite route,
au bord de la Corrèze et près d'une petite chapelle

Nature : 🌊 🌳🌳	
Loisirs : 🏓 🏀 ⛵	
Services : 👤 🗑 🖥	
À prox. : 🏊	

Longitude : 1.8744
Latitude : 45.37273

CROMAC

87160 – **325** E2 – 278 h. – alt. 224

➡ Paris 339 – Argenton-sur-Creuse 41 – Limoges 68 – Magnac-Laval 22

Lac de Mondon de mi-avr. à mi-oct.
☎ 0555769334, *camping-mondon@orange.fr*,
Fax 0555769617, *www.campingdemondon.com*
2,8 ha (100 empl.) peu incliné, plat, herbeux
Tarif : 9 € ✹✹ ⇌ 🗐 🚰 (10A) – pers. suppl. 4 €
🚰 borne eurorelais 2 €
Pour s'y rendre : au lieu-dit : Les Forges de Mondon
(2 km au sud par D 105, rte de St-Sulpice-les-Feuilles et
D 60 - accès conseillé par D 912)

Nature : 🌊 🏞 🌳🌳	
Loisirs : 🍴 snack 🏓 🏀 🚴 🎾	
🏊 ⛵ pédalos	
Services : 👤 🗑 🖥 🚿	
À prox. : 🎣 🏕	

Longitude : 1.31153
Latitude : 46.3322

DONZENAC

19270 – **329** K4 – 2 387 h. – alt. 204

🔲 *Siège Social 2, rue des Pénitents* 𝒫 *05 55 85 65 35*
▶ Paris 469 – Brive-la-Gaillarde 11 – Limoges 81 – Tulle 27

    ⚲ **La Rivière** de déb. juin à mi-sept.
      𝒫 05 55 85 63 95, *info@campingdonzenac.com*,
      Fax 05 55 85 63 95, *www.campingdonzenac.com* – ℞
      1,2 ha (68 empl.) plat, herbeux
      Tarif : (Prix 2010) 20 € ✶✶ ⇌ 🔳 🔟 (10A) – pers.
      suppl. 6 €
      Location : (Prix 2010) (de déb. juil. à fin août) 🏕
      – 14 🏠. Sem. 200 à 600 € – frais de réservation 25 €
      🚐 borne eurorelais – 10 🔳
      Pour s'y rendre : rte d'Ussac (1,6 km au sud du bourg,
      par rte de Brive et chemin, au bord du Maumont)

Nature : 🌳 🌊	
Loisirs : 🏊	
Services : ♿ 🛒 laverie	
À prox. : ✗ 🏸 🛶	

Longitude : 1.52149
Latitude : 45.21761

ÉVAUX-LES-BAINS

23110 – **325** L3 – 1 546 h. – alt. 469 – ♨ (9 avril-27 oct.)

🔲 *place Serge Cléret* 𝒫 *05 55 65 50 90*
▶ Paris 353 – Aubusson 44 – Guéret 52 – Marcillat-en-Combraille 16

    ⚲ **Municipal** de fin mars à fin oct.
      𝒫 05 55 65 55 82, *mairie23evauxlesbains@wanadoo.fr*,
      Fax 05 55 65 59 24
      1 ha (49 empl.) peu incliné, plat, herbeux
      Tarif : ✶ 1,85 € ⇌ 1,35 € 🔳 1,55 € – 🔟 (10A) 3,20 €
      Pour s'y rendre : au nord du bourg, derrière le château

Nature : 🌊 🌳 🌊	
Loisirs : 🎱 🚣	
Services : ♿ ⚡ 🚿	
À prox. : ✗ 🏸 🔳	

Longitude : 2.48546
Latitude : 46.17659

EYMOUTIERS

87120 – **325** H6 – 2 062 h. – alt. 417

🔲 *7 avenue de la Paix* 𝒫 *05 55 69 27 81*
▶ Paris 432 – Aubusson 55 – Guéret 62 – Limoges 44

    ⚲ **Municipal** de déb. juin à fin sept.
      𝒫 05 55 69 10 21, *mairie-eymoutiers@wanadoo.fr*,
      Fax 05 55 69 27 19
      1 ha (33 empl.) plat, incliné à peu incliné, terrasses,
      herbeux
      Tarif : 9 € ✶✶ ⇌ 🔳 🔟 (16A) – pers. suppl. 2 €
      Pour s'y rendre : à St-Pierre (2 km au sud-est par D 940,
      rte de Tulle et chemin à gauche)

Nature : 🌊 🌳 🌊	
Services : ♿ 🚿	

Longitude : 1.74962
Latitude : 45.7417

GUÉRET

23000 – **325** I3 – 14 066 h. – alt. 457 – Base de loisirs

🔲 *1, rue Eugène France* 𝒫 *05 55 52 14 29*
▶ Paris 351 – Bourges 122 – Châteauroux 90 – Clermont-Ferrand 132

    ⚲ **Municipal du Plan d'Eau de Courtille** de déb.
      avr. à déb. nov.
      𝒫 05 55 81 92 24, *contact@camping-courtille.com*,
      Fax 05 55 81 92 24, *www.camping-courtille.com*
      2,4 ha (70 empl.) incliné, peu incliné, plat, herbeux
      Tarif : ✶ 3 € ⇌ 2 € 🔳 7 € – 🔟 (10A) 2 €
      Location : (de déb. avr. à déb. nov.) – 1 🏠. Sem.
      230 à 450 €
      Pour s'y rendre : rte de Courtille (2,5 km au sud-ouest
      par D 914, rte de Benevent et chemin à gauche)
      À savoir : situation agréable près d'un plan d'eau (accès
      direct)

Nature : 🌊 🌳 🌊	
Loisirs : 🚣	
Services : ♿ ⚡ 🚿 🍴 🔳	
À prox. : 🏖 (plage) 🏊 🛶 canoë, piste de skate	

Longitude : 1.85824
Latitude : 46.16094

LADIGNAC-LE-LONG

87500 – **325** D7 – 1 119 h. – alt. 334
▶ Paris 426 – Brive-la-Gaillarde 74 – Limoges 35 – Nontron 44

⚠ **Municipal le Bel Air** de déb. juin à fin sept.
ℹ 05 55 09 39 82, *camping-ladignac@wanadoo.fr*,
Fax 05 55 09 39 80, *www.ladignac.com*
2,5 ha (100 empl.) en terrasses, herbeux
Tarif : (Prix 2010) 10€ ✶✶ ⇔ 🅴 🅸 (10A) – pers.
suppl. 3€
Location : (Prix 2010) (de déb. mai à fin oct.) – 5 🛖.
Sem. 200 à 378€
🚐 borne artisanale 3€
Pour s'y rendre : r. Bel'Air (1,5 km au nord par D 11, rte
de Nexon et chemin à gauche)
À savoir : cadre arboré et situation agréable en bordure
d'un plan d'eau

Nature : 🌿 🗻 ♨♨	
Loisirs : 🎱	
Services : 👤 ☕ (juil.-août) laverie	
À prox. : 🚣 pédalos	
Longitude : 1.11185	
Latitude : 45.59089	

*The classification (1 to 5 tents, **black** or red) that we award to
selected sites in this Guide is a system that is our own.
It should not be confused with the classification (1 to 5 stars) of official organisations.*

LIGINIAC

19160 – **329** P3 – 617 h. – alt. 665
▶ Paris 464 – Aurillac 83 – Bort-les-Orgues 24 – Clermont-Ferrand 107

⚠ **Municipal le Maury** de déb. mai à fin sept.
ℹ 05 55 95 92 28, *lemaury@liginiac.fr*, *www.liginiac.fr*
2 ha (50 empl.) plat et peu incliné, terrasses, herbeux
Tarif : (Prix 2010) 16€ ✶✶ ⇔ 🅴 🅸 (16A) – pers.
suppl. 3€
Location : (Prix 2010) (de déb. avr. à mi-nov.) – 12 🛖.
Nuitée 32 à 42€ – Sem. 147 à 408€
🚐 borne eurorelais
Pour s'y rendre : 4,6 km au sud-ouest par rte de la
plage, au bord du lac de Triouzoune - accès conseillé par
D 20, rte de Neuvic

Nature : 🌿 🗻 ♨	
Loisirs : 🎱 🏊 ⚽	
Services : ☕ 🚮 🍴 laverie	
À prox. : 🍴 snack 🛁 ⛱ (plage) ♦	
Longitude : 2.30498	
Latitude : 45.39143	

LISSAC-SUR-COUZE

19600 – **329** J5 – 683 h. – alt. 170 – Base de loisirs
▶ Paris 486 – Brive-la-Gaillarde 11 – Périgueux 68 – Sarlat-la-Canéda 42

⚠ **Village Vacances Révéa Les Hameaux du
Perrier** (location exclusive de chalets) Permanent
ℹ 05 55 84 34 48, *infos@chalets-en-france.com*,
Fax 05 55 22 88 29, *www.chalets-en-france.com*
17 ha/10 campables en terrasses
Location : – 94 🛖. Nuitée 80 à 99€ – Sem. 240 à 690€
– frais de réservation 11€
Pour s'y rendre : au lieu-dit : Le Perrier

Nature : 🌿 ⩽ ♨♨	
Loisirs : 🍴 snack 🛁 � 🛝	
Services : ☕ 🚮 🍴 laverie 🛁	
À prox. : 🚴 ⚽ ⛱ 🚣 ♦ base nautique, ski nautique, aviron,	
Longitude : 1.43848	
Latitude : 45.10029	

⚠ **Village Vacances La Prairie** (location exclusive de
chalets) Permanent
ℹ 05 55 85 37 97, *camping.laprairie@wanadoo.fr*,
Fax 05 55 85 37 11, *www.caussecorrezien.fr* – empl.
traditionnels également disponibles
5 ha en terrasses
Location : (Prix 2010) – 20 🛖. Sem. 183 à 510€
Pour s'y rendre : 1,4 km au sud-ouest par D 59 et
chemin à gauche, près du lac du Causse

Nature : 🌿 ⩽ ♨	
Loisirs : 🍴 snack 🛁	
Services : 👤 ☕ 🚮 🛁 laverie	
à la base de loisirs : ⛱ (plage) 🚣 ♦ 🐎 canoë, pédalos	
Longitude : 1.46098	
Latitude : 45.10307	

MAGNAC-LAVAL

87190 – **325** D3 – 1 966 h. – alt. 231
🏛 *13, place de la République* 𝒫 *05 55 68 59 15*
▶ Paris 366 – Limoges 64 – Poitiers 86 – Guéret 62

⏏ **Village Vacances Le Hameau de Gîtes des Pouyades** (location exclusive de gîtes) Permanent
𝒫 05 55 60 73 45, *pouyades-bramebenaize@wanadoo.fr*,
www.lelimousinsejoursvacances.com 1,5 ha plat
Location : ⌗ – 12 🏠. Nuitée 69 à 134€ – Sem.
259 à 682€ – frais de réservation 16€
Pour s'y rendre : au lieu-dit : Les Pouyades

Nature : 🌿 ⟨ Sur le lac ♀
Loisirs : 🏓 🛝 🎣
Services : ♿ ⌀ ▥ laverie

Longitude : 1.18915
Latitude : 46.20103

MASSERET

19510 – **329** K2 – 666 h. – alt. 380
🏛 *le Bourg* 𝒫 *05 55 98 24 79*
▶ Paris 432 – Guéret 132 – Limoges 45 – Tulle 48

⏏ **Intercommunal Masseret-Lamongerie** de déb.
avr. à fin sept.
𝒫 05 55 73 44 57, Fax 05 55 73 49 69, *www.domaine-des-forgescampingmasseret*
100 ha/2 campables (80 empl.) plat et incliné, herbeux,
gravillons
Tarif : (Prix 2010) ✶ 3€ 🚗 2€ ▣ 4€ – ⚡ (42A) 2€
Location : (Prix 2010) (de déb. avr. à fin sept.) – 4 🛖.
Nuitée 45€ – Sem. 210 à 350€
🚐 10 ▣ 17€
Pour s'y rendre : 3 km à l'est par D 20, rte des
Meilhards, à la sortie de Masseret-Gare
À savoir : agréable cadre boisé près d'un plan d'eau

Nature : 🌿 ⟨ ♀♀
Loisirs : 🏓
Services : ♿ ⌀ 🍽 ▥
À prox. : 🍴 snack 🎣 ⛵ 🎿 ♀
🏖 (plage) 🎣 parcours sportif,
pédalos

Longitude : 1.54908
Latitude : 45.54154

MEYSSAC

19500 – **329** L5 – 1 222 h. – alt. 220
🏛 *avenue de l'Auvitrie* 𝒫 *05 55 25 32 25*
▶ Paris 507 – Argentat 62 – Beaulieu-sur-Dordogne 21 – Brive-la-Gaillarde 23

⏏ **Intercommunal Moulin de Valane** de déb. mai à
fin sept.
𝒫 05 55 25 41 59, *mairie@meyssac.fr*, Fax 05 55 25 38 88
4 ha (115 empl.) plat et peu incliné, terrasses, herbeux
Tarif : (Prix 2010) 13€ ✶✶ 🚗 ▣ ⚡ (10A) – pers.
suppl. 4€
Location : (Prix 2010) (de déb. mai à fin sept.) – 11 🛖.
Nuitée 50€ – Sem. 340 à 450€
Pour s'y rendre : 1 km au nord-ouest, rte de Collonges-
la-Rouge, au bord d'un ruisseau

Nature : 🌳 ♀♀
Loisirs : snack 🎣 ⛵ 🚲 🎿
🛝 🏊
Services : ♿ ⌀ (juil.-août)
laverie 🐕

Longitude : 1.67354
Latitude : 45.05579

NEUVIC

19160 – **329** O3 – 1 887 h. – alt. 620 – Base de loisirs
🏛 *rue de la Tour des 5 pierres* 𝒫 *05 55 95 88 78*
▶ Paris 465 – Aurillac 78 – Mauriac 25 – Tulle 56

⏏ **Municipal du Lac** Permanent
𝒫 05 55 95 85 48, *contact@campingdulac-neuvic-correze.com*, Fax 05 55 95 85 48, *www.campingdulac-neuvic-correze.com*
5 ha (100 empl.) en terrasses, herbeux, gravillons
Tarif : ✶ 3€ 🚗 1€ ▣ 3€ – ⚡ (8A) 3€ – frais de
réservation 8€
Location : (permanent) – 5 🛖 – 28 🏠. Nuitée 45€
– Sem. 187 à 450€ – frais de réservation 8€
🚐 borne autre 3€ – 30 ▣ 7€ – 🚌⚡ 7€
Pour s'y rendre : rte de la Plage (2,3 km à l'est par D 20,
rte de Bort-les-Orgues et rte de la plage à gauche, au
bord du lac de Triouzoune)

Nature : 🌿 ♀♀
Loisirs : 🎣 ⛵ 🎣
Services : ⌀ 📶 ▥
À prox. : 🍴 ✕ 🎿 ♀ 🏖 (plage) ♦
canoë, pédalos, ponton d'ama-
rage, golf

Longitude : 2.28116
Latitude : 45.38542

NEXON

87800 – **325** E6 – 2 412 h. – alt. 359
🛈 *Conciergerie du Château* 🕿 05 55 58 28 44
▶ Paris 412 – Châlus 20 – Limoges 22 – Nontron 53

⚠ **Municipal de l'Étang de la Lande** de déb. juin à fin sept.
🕿 05 55 58 35 44, *campingdelalande.nexon@orange.fr*, Fax 05 55 58 33 50, *www.nexon.fr*
2 ha (53 empl.) terrasse, peu incliné, herbeux
Tarif : 10€ ★★ ⇌ 🅴 🕈 (10A) – pers. suppl. 3€
Location : (Prix 2010) (de mi-mars à déb. nov.) – 9 🏠.
Nuitée 56€ – Sem. 510€ – frais de réservation 24€
🔁 borne artisanale – 2 🅴
Pour s'y rendre : 1 km au sud par rte de St-Hilaire, accès près de la pl. de l'Hôtel-de-Ville
À savoir : près d'un plan d'eau

Nature : 🔲 🞵🞵	
Loisirs : 🖼 🚲	
Services : 🕭 ⊶ 🗑 🏕 🚾 🍴 📷	
À prox. : 🏊 (plage) pédalos	

Longitude : 1.17997
Latitude : 45.67078

OBJAT

19130 – **329** J4 – 3 490 h. – alt. 131
🛈 *place Charles de Gaulle* 🕿 05 55 25 96 73
▶ Paris 495 – Limoges 106 – Tulle 46 – Brive-la-Gaillarde 20

⛰ **Village Vacances Les Grands Prés** (location exclusive de chalets) Permanent
🕿 05 55 25 96 73, *tourisme@objat.fr*, Fax 05 55 25 97 45, *www.objat.fr*
18 ha/4 campables plat
Location : – 20 🏠. Sem. 245 à 495€ – frais de réservation 16€
🔁 borne autre 2€ – 21 🅴
Pour s'y rendre : à l'espace loisirs : Les Grands Prés

Nature : 🌿 ≤	
Loisirs : 🏓	
Services : 🕭 🗑 🏪 laverie	
À prox. : 🏊 🚲 ⛵ ⛷ ⚓ terrain multisports	

Longitude : 1.40983
Latitude : 45.26271

PALISSE

19160 – **329** O3 – 229 h. – alt. 650
▶ Paris 460 – Aurillac 87 – Clermont-Ferrand 102 – Mauriac 33

⚠ **Le Vianon** ♣♣ – Permanent
🕿 05 55 95 87 22, *info@levianon.com*, Fax 05 55 95 98 45, *www.levianon.com*
4 ha (59 empl.) plat et peu incliné, terrasses, herbeux, gravillons, étang, forêt
Tarif : (Prix 2010) 29,65€ ★★ ⇌ 🅴 🕈 (16A) – pers. suppl. 5,50€ – frais de réservation 10€
Location : (Prix 2010) – 16 🏠. Nuitée 55 à 65€ – Sem. 250 à 700€ – frais de réservation 10€
Pour s'y rendre : au lieu-dit : Les Plaines (1,1 km au nord par D 47, rte de Combressol et rte à dr., au bord d'un étang)

Nature : 🌿 💧💧	
Loisirs : 🍴 snack 🖼 🏓 🎣 🚲 🏐 ⛷ ⚓	
Services : 🕭 ⊶ 🏪 laverie 🔧	

Longitude : 2.20649
Latitude : 45.41868

Donnez-nous votre avis
sur les terrains que nous recommandons.
Faites-nous connaître vos observations et vos découvertes
par mail à l'adresse : leguidecampingfrance@fr.michelin.com.

PIERRE-BUFFIÈRE

87260 – **325** F6 – 1 131 h. – alt. 330

🅸 *place du 8 Mai 1945* 🅿 05 55 00 94 33

▶ Paris 408 – Limoges 20 – Saint-Yriex-la-Perche 29 – Uzerche 38

⚠ **Intercommunal de Chabanas** de mi-mai à fin sept.
🅿 05 55 00 96 43, *mairie.pierrebuffiere@wanadoo.fr*,
Fax 05 55 00 96 43
1,5 ha (60 empl.) peu incliné, plat, herbeux, bois attenant
Tarif : (Prix 2010) 13,50€ ✶✶ ⇔ 🅴 🅙 (16A) – pers.
suppl. 3€ – frais de réservation 8€
🅰 borne autre 3,50€
Pour s'y rendre : 1,8 km au sud par D 420, rte de
Château-Chervix, dir. A 20 et chemin à gauche, près du
stade - par A 20 : sortie 40

À savoir : décoration arbustive et florale

| Nature : ⇐ 🖙 ♀ |
| Loisirs : 🎮 🛝 |
| Services : 🅰 ⚡ 🚿 🛁 🚻 🖥 |
| À prox. : ✗ |

Longitude : 1.3709
Latitude : 45.68928

RAZÈS

87640 – **325** F4 – 1 088 h. – alt. 440

🅸 *route du Lac-le bourg* 🅿 05 55 71 00 24

▶ Paris 366 – Argenton-sur-Creuse 68 – Bellac 32 – Guéret 65

⚠ **Santrop** ♣♣ – de déb. mai à fin sept.
🅿 05 55 71 08 08, *lacsaintpardoux@wanadoo.fr*,
Fax 05 55 71 23 93, *www.lac-saint-pardoux.com*
5,5 ha (152 empl.) peu incliné, herbeux, gravier
Tarif : (Prix 2010) 20,20€ ✶✶ ⇔ 🅴 🅙 (16A) – pers.
suppl. 4,20€ – frais de réservation 16€

Location : (Prix 2010) (permanent) – 6 🏠 – huttes.
Sem. 270 à 570€ – frais de réservation 16€
Pour s'y rendre : 4 km à l'ouest par D 44, au bord du
lac de St-Pardoux

| Nature : 🌄 ⇐ 〰 |
| Loisirs : ♀ snack 🛝 ⚽ 🛝 |
| Services : 🅰 ⚡ (de mi-juin à mi-sept.) 🛁 🖥 🛁 |
| À prox. : ⚽ ⛵ (plage) 🎿 ski nautique |

Longitude : 1.33658
Latitude : 46.03282

397

REYGADES

19430 – **329** M5 – 185 h. – alt. 460

▶ Paris 516 – Aurillac 56 – Brive-la-Gaillarde 56 – St-Céré 26

⚠ **La Belle Etoile** de déb. juin à fin sept.
🅿 05 55 28 50 08, *campingbelle-etoile@orange.fr*,
Fax 05 55 28 36 40, *www.camping-belle-etoile.fr*
5 ha/3 campables (25 empl.) en terrasses, herbeux
Tarif : 15€ ✶✶ ⇔ 🅴 🅙 (6A) – pers. suppl. 4€

Location : (permanent) – 6 🛖 – 6 🏠 – 3 bungalows
toilés. Sem. 160 à 590€
Pour s'y rendre : à Lestrade (1 km au nord par D 41, rte
de Beaulieu-sur-Dordogne)

| Nature : 🌄 ⇐ 🖙 ♀♀ |
| Loisirs : 🛝 ⅃ (petite piscine) quad |
| Services : 🅰 ⚡ 🛁 🛁 laverie 🛁 |

Longitude : 1.90383
Latitude : 45.02336

ROYÈRE-DE-VASSIVIÈRE

23460 – **325** I5 – 568 h. – alt. 735

🅸 *rue Alfred Auphelle* 🅿 05 55 64 75 11

▶ Paris 412 – Bourganeuf 22 – Eymoutiers 25 – Felletin 29

⚠ **Les Terrasses du Lac** de déb. avr. à mi-oct.
🅿 05 55 64 76 77, *lesterrasses.camping@free.fr*,
Fax 05 55 64 76 78, *lesterrasses.camping.free.fr*
4 ha (142 empl.) en terrasses, plat et peu incliné,
herbeux, gravier, pierreux
Tarif : (Prix 2010) 18€ ✶✶ ⇔ 🅴 🅙 (10A) – pers.
suppl. 4€ – frais de réservation 21€
Pour s'y rendre : à Vauveix (10 km au sud-ouest par D 3
et D 35, rte d'Eymoutiers, au port (accès direct))

| Nature : ⇐ le lac 🖙 ♀♀ |
| Loisirs : 🛝 ⚓ (plage) 🛝 |
| Services : ⚡ (juil.-août) 🏧 🛁 laverie |
| À prox. : 🛁 ♀ ✗ 🛝 🛶 ski nautique, canoë, pédalos, ponton d'amarrage |

Longitude : 1.89526
Latitude : 45.78979

▲▲ **La Presqui'Île** de fin juin à déb. sept.
  ℰ 0555647898, *presquile.camping@free.fr*,
  Fax 0555647678, *www.presquile.camping.free.fr*
  7 ha (150 empl.) vallonné, plat, peu incliné, herbeux
  Tarif : (Prix 2010) 12 € ✹✹ ⇌ 🅴 🄳 (10A) – pers.
  suppl. 3 € – frais de réservation 21 €

  Location : (Prix 2010) (de déb. avr. à mi-oct.) – 20 ⛺
  – 3 tentes. Nuitée 51 à 70 € – Sem. 235 à 455 € – frais
  de réservation 21 €
  Pour s'y rendre : à Broussas (8,5 km au sud par D 8,
  D 34, D 3 et rte à dr., près du lac Vassivière)
  À savoir : Cadre naturel au bord du lac

Nature : 🌳 ⛰ ⚭	
Loisirs : 🎱 ♨ ≃	
Services : ⊶ (juil.-août) ♨ 🅱	
À prox. : terrain multisports, canoë, bateaux électriques	

Longitude : 1.9223
Latitude : 45.79151

ST-GERMAIN-LES-BELLES

87380 – **325** F7 – 1 144 h. – alt. 432
🅱 *avenue du Remblai* ℰ 0555718865
▶ Paris 422 – Eymoutiers 33 – Limoges 34 – St-Léonard-de-Noblat 31

▲ **Le Montréal** de déb. avr. à fin oct.
  ℰ 0555718620, *contact@campingdemontreal.com*,
  Fax 0555710083, *www.campingdemontreal.com*
  1 ha (60 empl.) plat et terrasse, peu incliné à incliné,
  herbeux, gravier
  Tarif : 18 € ✹✹ ⇌ 🅴 🄳 (10A) – pers. suppl. 4 € – frais
  de réservation 6 €
  Location : (de déb. avr. à fin oct.) – 1 ⛺ – 5 🏠
  – 6 bungalows toilés. Nuitée 32 à 76 € – Sem. 119 à 529 €
  – frais de réservation 15 €
  🚐 borne artisanale 4 € – 🚐 11 €
  Pour s'y rendre : r. du Petit Moulin (sortie sud-est, rte
  de la Porcherie, au bord d'un plan d'eau)

Nature : 🌳 ← ⛰ ♀	
Services : ♿ ⊶ 🏧 ⁋ laverie	
À prox. : snack ♨ ⁘ ≃ (plage) 🎣	

Longitude : 1.5011
Latitude : 45.61143

ST-HILAIRE-LES-PLACES

87800 – **325** D7 – 849 h. – alt. 426
▶ Paris 417 – Châlus 18 – Limoges 27 – Nontron 52

▲ **Municipal du Lac** de mi-avr. à mi-oct.
  ℰ 0555581208, *mairie-saint.hilaire@wanadoo.fr*,
  Fax 0555583598, *sainthilairelesplaces.fr*
  2,5 ha (92 empl.) en terrasses, herbeux
  Tarif : (Prix 2010) 13 € ✹✹ ⇌ 🅴 🄳 (10A) – pers.
  suppl. 4 €
  Location : (Prix 2010) (permanent) – 7 ⛺ – 12 🏠
  – 12 gîtes. Nuitée 61 € – Sem. 382 € – frais de
  réservation 15 €
  🚐 borne eurorelais 2 € – 40 🅴 6 €
  Pour s'y rendre : au Lac Plaisance (1,2 km au sud du
  bourg par D 15a et chemin à gauche, à 100 m du lac)

Nature : ⛰ ⚭	
Loisirs : 🎱 ♨ ♨	
Services : ♿ ⊶ (juil.-août) 🅱	
À prox. : ⁘ ♨ ≃ (plage) 🎿 🎣 🐎 (centre équestre) pédalos	

Longitude : 1.16316
Latitude : 45.63586

ST-LAURENT-LES-ÉGLISES

87240 – **325** F5 – 788 h. – alt. 388
▶ Paris 385 – Bellac 55 – Bourganeuf 31 – Guéret 50

▲▲ **Municipal Pont du Dognon** de fin mars à déb.
  nov.
  ℰ 0555565725, *mairie-st-laurent-les-eglises@wanadoo.*
  fr, Fax 0555565517
  3 ha (90 empl.) en terrasses, herbeux, pierreux
  Tarif : (Prix 2010) 14,04 € ✹✹ ⇌ 🅴 🄳 (5A) – pers.
  suppl. 3,97 € – frais de réservation 15,71 €
  Location : (Prix 2010) – 3 ⛺ – 5 🏠 – huttes. Nuitée
  28 à 42 € – Sem. 199 à 335 € – frais de réservation
  15,71 €
  Pour s'y rendre : 1,8 km au sud-est par D 5, rte de St-
  Léonard-de-Noblat, au bord du Taurion (plan d'eau)

Nature : 🌳 ← ⛰ ♀	
Loisirs : 🎱 ♨ ♨ ⁘ 🎿 🎣 parcours de santé	
Services : ♿ ⊶ 🛒 laverie	
À prox. : ✗ ⁘ canoë, pédalos, ponton d'amarrage	

Longitude : 1.49936
Latitude : 45.94586

ST-LÉONARD-DE-NOBLAT

87400 – **325** F5 – 4 650 h. – alt. 347
🛈 *place du Champ de Mars* 𝒫 05 55 56 25 06
▶ Paris 407 – Aubusson 68 – Brive-la-Gaillarde 99 –
Guéret 62

⚠ **Municipal de Beaufort** de mi-avr. à fin sept.
𝒫 05 55 56 02 79, *info@campingdebeaufort.fr*,
www.campingdebeaufort.fr
2 ha (98 empl.) peu incliné, plat, herbeux
Tarif : 18 € ★★ ⇌ 🔲 ⚡ (15A) – pers. suppl. 3 €
Location : (Prix 2010) (de mi-avr. à fin sept.) – 10 ▥
– 2 ⌂. Sem. 210 à 360 € – frais de réservation 10 €
🚐 borne artisanale 5 €
Pour s'y rendre : à Beaufort (1,7 km par N 141, rte de
Limoges puis 1,5 km à gauche par rte de Masleon, au
bord de la Vienne)

Nature : 🗭 ♋
Loisirs : 🍴 🏠 ⛵ ◊
Services : 🕭 ⚡ 🚿 laverie

Longitude : 1.49211
Latitude : 45.82276

ST-MARTIN-TERRESSUS

87400 – **325** F5 – 534 h. – alt. 280
▶ Paris 383 – Ambazac 7 – Bourganeuf 31 – Limoges 20

⚠ **Municipal Soleil Levant** de mi-juin à mi-sept.
𝒫 05 55 39 83 78, *mairie@st-martin-terressus.fr*,
Fax 05 55 39 64 30, *www.st-martin-terressus.fr*
0,5 ha (36 empl.) plat et terrasse, peu incliné, herbeux
Tarif : (Prix 2010) ★ 5 € ⇌ 🔲 – ⚡ (16A) 2 €
Pour s'y rendre : au Bourg (à l'ouest par D 29 et chemin
à dr., au bord d'un plan d'eau)

Nature : 🗭 ♋ 🗭 ♋ 🔺
Loisirs : 🍴 🏠
Services : 🕭 🚿 🚿

Longitude : 1.44334
Latitude : 45.91914

399

ST-PARDOUX

87250 – **325** E4 – 520 h. – alt. 370 – Base de loisirs
🛈 *17, rue de la Halle* 𝒫 05 55 76 56 80
▶ Paris 366 – Bellac 25 – Limoges 33 – St-Junien 39

⚠ **Le Freaudour** de déb. juin. à mi-sept.
𝒫 05 55 76 57 22, *camping.freaudour@orange.fr*,
Fax 05 55 71 23 93, *www.aquadis-loisirs.com*
4,5 ha (200 empl.) peu incliné, herbeux
Tarif : (Prix 2010) 21,80 € ★★ ⇌ 🔲 ⚡ (16A) – pers.
suppl. 4,70 € – frais de réservation 16 €
Location : (Prix 2010) (permanent) – 10 ▥ – 10 ⌂.
Sem. 190 à 510 € – frais de réservation 16 €
Pour s'y rendre : à la Base de Loisirs (1,2 km au sud, au
bord du lac de St-Pardoux)

Nature : 🗭 ♋
Loisirs : 🍴 🏠 ⛵ 🎿
Services : 🕭 ⚡ (juil.-août) ♨
🚿 🚽 📷
À prox. : ⛵ (plage)

Longitude : 1.2809
Latitude : 46.05776

ST-PARDOUX-CORBIER

19210 – **329** J3 – 349 h. – alt. 404
▶ Paris 448 – Arnac-Pompadour 8 – Brive-la-Gaillarde 44 – St-Yrieix-la-Perche 27

⚠ **Le Domaine Bleu** de déb. juil. à fin août
𝒫 05 55 73 59 89, *ledomainebleu@orange.fr*,
Fax 05 55 73 59 89, *www.ledomainebleu.eu*
1 ha (40 empl.) en terrasses, pierreux, gravillons, herbeux
Tarif : 15 € ★★ ⇌ 🔲 ⚡ (16A) – pers. suppl. 4 €
Pour s'y rendre : sortie est par D 50, rte de Vigeois et
chemin à dr., près d'un étang

Nature : 🗭 ♋
Loisirs : 🕭
Services : 🕭 ⚡ 🚿 🚿 📷 🚿 🚽
À prox. : 🍴

Longitude : 1.45081
Latitude : 45.43153

ST-YRIEIX-LA-PERCHE

87500 – **325** E7 – 6 980 h. – alt. 360
🛈 58, boulevard de l'Hôtel de Ville ℰ 0555082072
▶ Paris 430 – Brive-la-Gaillarde 63 – Limoges 40 – Périgueux 63

△ **Municipal d'Arfeuille** de mi-avr. à mi-sept.
  ℰ 0555750875, camping@saint-yrieix.fr
  2 ha (100 empl.) en terrasses, herbeux, pierreux
  Tarif : 13€ ★★ ⇔ 🔲 🕭 (10A) – pers. suppl. 4€
  Location : (permanent) 🔥 – 7 🏠. Nuitée 125€
  – Sem. 250 à 400€
  🚐 borne artisanale – 40 🔲 13€
  Pour s'y rendre : rte du Viaduc (2,5 km au nord par rte
  de Limoges et chemin à gauche, au bord d'un étang)

| Nature : 🐾 < 🗖 ♉♉ |
| Loisirs : 🏄 🚴 🛝 🛶 ≌ (plage) pédalos, canoë |
| Services : ⊶ 🗄 |
| À prox. : 🍽 🗙 -🕯 🦞 |

| Longitude : 1.20048 |
| Latitude : 45.52346 |

SEILHAC

19700 – **329** L3 – 1 750 h. – alt. 500
🛈 place de l'Horloge ℰ 0555279762
▶ Paris 461 – Aubusson 97 – Brive-la-Gaillarde 33 – Limoges 73

△ **Le Lac de Bournazel** de déb. avr. à fin oct.
  ℰ 0555270565, info@camping-lac-bournazel.com,
  Fax 0959507820, www.camping-lac-bournazel.com
  6,5 ha (155 empl.) en terrasses, herbeux, pierreux
  Tarif : 17€ ★★ ⇔ 🔲 🕭 (16A) – pers. suppl. 4€ – frais
  de réservation 8€
  Location : (de déb. avr. à fin oct.) – 10 🏠. Nuitée
  28 à 70€ – Sem. 195 à 490€ – frais de réservation 8€
  🚐 borne artisanale 4€ – 🕭 🕭 11€
  Pour s'y rendre : 1,5 km au nord-ouest par N 120, rte
  d'Uzerche puis 1 km à dr.

| Nature : 🐾 🗖 ♉♉ |
| Loisirs : 🍷 , snack 🏠 🏄 |
| Services : 🔥 ⊶ 🏮 🕯 🗄 🛁 |
| À prox. : discothèque 🗙 ≌ 🦞 🐎 parcours sportif, pédalos |

| Longitude : 1.7022 |
| Latitude : 45.37838 |

TREIGNAC

19260 – **329** L2 – 1 384 h. – alt. 500 – Base de loisirs
🛈 1, place de la République ℰ 0555981504
▶ Paris 463 – Égletons 32 – Eymoutiers 33 – Limoges 75

△ **La Plage** de déb. mai à mi-sept.
  ℰ 0555980854, info@laplagecamping.com,
  Fax 0555981647, www.laplagecamping.com
  3,5 ha (130 empl.) en terrasses et peu incliné, pierreux,
  herbeux, bois attenant
  Tarif : (Prix 2010) ★ 4,10€ ⇔ 🔲 4,50€ – 🕭 (6A) 3€ – frais
  de réservation 5,50€
  Location : (Prix 2010) (de fin avr. à fin août) – 6 🛖
  – 2 bungalows toilés. Sem. 250 à 480€ – frais de
  réservation 5,50€
  🚐 borne artisanale
  Pour s'y rendre : au Lac des Barriousses (4,5 km au
  nord par rte d'Eymoutiers)

| Nature : < 🗖 ⑳ |
| Loisirs : 🗺 |
| Services : 🔥 ⊶ 🏮 🕯 laverie |
| À prox. : snack 🏄 🏄 🚴 🛝 ≌ (plage) 🦆 canoë, pédalos |

| Longitude : 1.79447 |
| Latitude : 45.53744 |

USSEL

19200 – **329** O2 – 10 328 h. – alt. 631
🛈 place Voltaire ℰ 0555721150
▶ Paris 448 – Limoges 142 – Clermont-Ferrand 82 – Brive-la-Gaillarde 89

△ **Municipal de Ponty** de mi-mai à fin sept.
  ℰ 0555723005, sports.dir@ussel19.fr, Fax 0555725952,
  www.ussel19.fr
  2 ha (50 empl.) plat, peu incliné, gravillons, herbeux
  Tarif : (Prix 2010) ★ 3€ ⇔ 3€ 🔲 4€ – 🕭 (6A) 3€
  Location : (permanent) – 18 gîtes.
  🚐 borne raclet 2€ – 10 🔲 3€
  Pour s'y rendre : r. du Lac (2,7 km à l'ouest par rte de
  Tulle et D 157 à dr., près d'un plan d'eau)

| Nature : 🐾 < sur le lac 🗖 ♀ |
| Loisirs : 🗺 🏄 |
| Services : 🔥 ⊶ 🛆 🗄 |
| À prox. : 🍽 🗙 snack 🚴 -🕯 🗙 🎣 (plage) 🦞 (centre équestre) canoë, pédalos, piste de bi-cross |

| Longitude : 2.28707 |
| Latitude : 45.5435 |

UZERCHE

19140 – **329** K3 – 3 195 h. – alt. 380
🅱 *place de la Libération* 📞 *05 55 73 15 71*
▶ Paris 444 – Aubusson 95 – Bourganeuf 76 – Brive-la-Gaillarde 38

🔺 **Municipal la Minoterie** de déb. mai à fin sept.
📞 05 55 73 12 75, *uzerche@uzerche.fr*, Fax 05 55 73 12 75,
http://camping.uzerche.fr
1,5 ha (65 empl.) plat, terrasse, herbeux, pierreux
Tarif : (Prix 2010) 12 € ♦♦ ⮐ 🅴 (9) (10A) – pers.
suppl. 3 €
Pour s'y rendre : à la Base de Loisirs de la Minoterie (au
sud-ouest du centre bourg, accès quai Julian-Grimau,
entre la N 20 et le pont Turgot (D 3), au bord de la Vézère
(rive gauche))

À savoir : dans un site pittoresque

Nature : 🌿 ≤ 🌳
Loisirs : 🍴 🏊 🚲 ⛵ 🎣
base de canoë-kayak
Services : 🕭 ☎ 🚿 🏪 🧺 laverie
À prox. : mur d'escalade

Longitude : 1.56882
Latitude : 45.41927

VIDEIX

87600 – **325** B6 – 253 h. – alt. 260
▶ Paris 443 – Angoulême 53 – Limoges 53 – Nontron 36

🔺 **Village Vacances Le Hameau de gîtes** (location
exclusive de chalets) Permanent
📞 05 55 48 83 39, *ot-rochechouart-pays-de-la-
meteorite@wanadoo.fr*, Fax 05 55 48 83 39,
www.rochechouart.com
3 ha plat, herbeux

Location : 🅿 – 16 🏠. Nuitée 67 € – Sem. 240 à 475 €
Pour s'y rendre : Plage de La Chassagne (1,7 km au
nord par D 87, rte de Pressignac, lieu-dit La Chassagne)

Nature : 🌿 ≤ Le Lac ⛰
Loisirs : 🍴 🏊
Services : 🕭 🚿 🏪 🍴 laverie
À prox. : 🍷 snack 🏊 🎣 🚣
pédalos

Longitude : 0.72083
Latitude : 45.80171

VIGEOIS

19410 – **329** K3 – 1 115 h. – alt. 390
🅱 *place de l'Eglise* 📞 *05 55 98 96 44*
▶ Paris 457 – Limoges 68 – Tulle 32 – Brive-la-Gaillarde 41

401

🔺 **Municipal du Lac de Pontcharal** de déb. juin à
mi-sept.
📞 05 55 98 90 86, *mairievigeois@wanadoo.fr*,
Fax 05 55 98 99 79, *www.vigeois.com*
32 ha/1,7 (85 empl.) peu incliné, plat, terrasse, herbeux
Tarif : ♦ 3 € ⮐ 🅴 4 € – (9) (15A) 3 €

Location : (de déb. avr. à fin oct.) – 5 🏕. Nuitée 60 €
– Sem. 350 €
🚐 borne eurorelais 2 €
Pour s'y rendre : à Pontcharal (2 km au sud-est par D 7,
rte de Brive, près du lac de Pontcharal)

Nature : 🌿 🌳 ⛰
Loisirs : 🍷 snack ⛱ (plage) 🎣
Services : 🕭 ☎ (juil.-août) 🚿
🏪 🍴
À prox. : pédalos

Longitude : 1.53479
Latitude : 45.36911

LORRAINE

R. Mattes/Michelin

Le pèlerinage sur les hauts lieux du souvenir militaire peut consti-tuer la première étape de votre périple lorrain qui s'annonce riche en coups de cœur : splendide héritage architectural de Nancy magni-fié par Stanislas et de Metz la « ville lumière », pétillant chapelet de stations thermales dispensatrices d'amincissants bienfaits, petites ruches créatives à l'origine du cristal de Baccarat, des émaux de Lon-gwy et des faïences de Lunéville, silence des hauts fourneaux endor-mis, visions inspirées de l'histoire à Domrémy et Colombey… Sans oublier les vergers de mirabelles et les épaisses forêts vosgiennes. Accordez-vous en route une halte gourmande dans une marcairie : le géromé y clôture des repas généreux consacrés par l'indispensable quiche, à moins qu'il ne soit le prélude à un dessert arrosé de kirsch.

If you want to do justice to the wealth of wonderful sights in Lor-raine, bring your walking boots. But before you head for the hills, make time to discover Nancy's splendid artistic heritage and admire the lights of Metz. Then tour a string of tiny spa resorts and the famous centres of craftsmanship which produce the legendary Baccarat crystal, Longwy enamels and Lunéville porcelain, before reaching the poignant silence of the dormant mines and quarries at Domrémy and Colombey. The lakes, forests and wildlife of the Vos-ges national park will keep you entranced as you make your way down hillsides dotted with plum orchards. Stop for a little »light« refreshment in a "marcairerie", a traditional farm-inn, and try the famous quiches and tarts, a slab of Munster cheese or a kirschfla-voured dessert.

DEUTSCHLAND

LUXEMBOURG

LUXEMBOURG

D 8043

Semois

Semois

Buzancy

D 618

Longy

N 52

D 643

Thionville

A 31

Moselle

Sarreguemines

A 30

Briey

A 6

Boulay-Moselle

Foug

Sarre

VERDUN-ST-NICOLAS

D 603

A 4

A 320

St-Avold

D 618

Verdun

A 4

METZ

MOSELLE

Meuse

MEUSE

Jaulny

Morhange

Lac de Madine

Château-Salins

Revigny-s-Ornain

Commercy

Seille

Sarrebourg

Mandres-aux-Quatre-Tours

A 31

NANCY

BAS-RH

D 635

Bar-le-Duc

Toul

A 31

Saverne

Éclaron

N 4

MEURTHE-ET-MOSELLE

N 4

Sarre

Wasselon

Braucourt

Villey-le-Sec

A 33

N 333

N 59

Dabo

STRASB

St-Dizier

A 31

Meurthe

Moisheim

Thonnance-les-Moulins

Magnières

Obernai

A 3

Neufchâteau

Charmes

Celles-s-Plaine

le Hohwald

St-Pier

Bassemberg

Dambac

LORRAINE-SANDAUCOURT LES RAPPES

St-Dié-des-Vosges

Rombach-le-Franc

la-Ville

D 674

N 57

la Chapelle-devant-Bruyères

Corcieux

Anould

Liépvre

Sélest

Bourg-Ste-Marie

Bulgnéville

VOSGES

Gemaingoutte

N 59

Ribeauvillé

Andelot

Vittel

Epinal

Herpelmont

Granges-s-V.

Xonrupt-Longemer

Kaysersberg

HAUTE-MARNE

Contrexéville

Sanchey

le Tholy

D 415

Turckheim

COLMAR

Chaumont

Gérardmer

Éguisheim

A 5

D 619

Remiremont

D 417

Mittlach

Munster

Ste-Croix

Montigny-le-Roi

Plombières-les-Bains

Saulxures-s-Moselotte

la Bresse

Ranspach

N 83

Issenheim

Bannes

Bourbonne-les-Bains

Kruth

Geishouse

Guewiller

Bussang

N 66

HAUT-RHIN

Langres

le Val-d'Ajol

Fresse-s-M.

Moosch

Wattwiller

A 36

St-Maurice-s-M.

Thann

N 66

Cernay

MULHOUS

Masevaux

Seine

Fresse

N 19

Guewenheim

Heimsbrunn

Renaucourt

Mélisey

Vesoul

Lure

N 19

Lachapelle-s/s-Rougemont

Burnhaupt-le-Haut

Altkirch

A 36

N 57

N 19

LA PORTE D'ALSACE

HAUTE-

SAÔNE

BELFORT

Seppois-le-Bas

Villersexel

Bonnal

Montagney

A 36

Montbéliard

Mandeure

D'OR

BESANÇON-CHAMPOUX

Huanne-Montmartin

A 36

St-Hippolyte

DIJON

Cromary

BESANÇON-MARCHAUX

Doubs

Maîche

Pesmes

Chalezeule

A 39

A 36

ANOULD

88650 – **314** J3 – 3 261 h. – alt. 457
▶ Paris 430 – Colmar 43 – Épinal 45 – Gérardmer 15

Les Acacias fermé de déb. oct à déb. déc.
ℰ 03 29 57 11 06, *contact@acaciascamp.com*,
www.acaciascamp.com
2,5 ha (84 empl.) en terrasses, plat, herbeux
Tarif : 15 € ★★ ⇔ 🔲 (6A) – pers. suppl. 4 €
Location : (fermé de fin sept. à deb. déc.) – 2 roulottes
– 6 🔳 – 9 🏠. Sem. 205 à 550 € – frais de réservation
25 €
🚐 borne artisanale 10 € – 5 🔲 10 € – 🚽 10 €
Pour s'y rendre : 191 r. Léonard de Vinci (sortie ouest
par N 415, rte de Colmar et chemin à dr.)

| Nature : 🌿 ♀ |
| Loisirs : ♥ snack 🔲 🔲 (petite piscine) |
| Services : ♿ ⚙ (juin-sept.) ⊞ 🔲 ♨ ⚑ laverie |
| Longitude : 6.95786 |
| Latitude : 48.18437 |

LA BRESSE

88250 – **314** J4 – 4 700 h. – alt. 636 – Sports d'hiver : 650/1 350 m✦31✦
🅱 *2a, rue des Proyes* ℰ *03 29 25 41 29*
▶ Paris 437 – Colmar 52 – Épinal 52 – Gérardmer 13

Municipal le Haut des Bluches fermé de déb.
nov. à mi-déc.
ℰ 03 29 25 64 80, *hautdesbluches@labresse.fr*,
www.hautdesbluches.com – alt. 708
4 ha (150 empl.) en terrasses, peu incliné, plat, herbeux,
pierreux, rochers
Tarif : 19 € ★★ ⇔ 🔲 (13A) – pers. suppl. 3 €
Location : (fermé de déb. nov. à mi-déc.) – 1 🏠
– 13 🛏. Sem. 269 à 593 €
🚐 borne artisanale 3 € – 17 🔲 5 € – 🚽 🔲 10 €
Pour s'y rendre : 5 rte des Planches (3,2 km à l'est par
D 34, rte du Col de la Schlucht, au bord de la Moselotte)
À savoir : cadre pittoresque traversé par un ruisseau

| Nature : ❄ ← |
| Loisirs : ♥ ✕ snack 🔲 🔲 🔲 |
| Services : ♿ ⚙ 🔲 ♨ ⚑ laverie ⚑ |
| À prox. : parcours sportif |
| Longitude : 6.91831 |
| Latitude : 47.99878 |

Belle Hutte fermé de mi-nov. à mi-déc.
ℰ 03 29 25 49 75, *camping-belle-hutte@wanadoo.fr*,
www.camping-belle-hutte.com – alt. 900
3,5 ha (125 empl.) en terrasses, herbeux, pierreux
Tarif : 26 € ★★ ⇔ 🔲 (10A) – pers. suppl. 6 € – frais
de réservation 10 €
Location : (fermé de mi-nov. à mi-déc.) ♿ (2 chalets)
– 15 🏠 – 2 appartements. Nuitée 36 à 125 € – Sem.
252 à 875 € – frais de réservation 10 €
Pour s'y rendre : 1bis Vouille de Belle Hutte (9 km au
nord-est par D 34, rte du col de la Schlucht, au bord de
la Moselotte)
À savoir : dans un agréable site boisé

| Nature : ❄ ← 🌿 |
| Loisirs : 🔲 hammam jacuzzi 🔲 🔲 🔲 |
| Services : ♿ ⚙ 🔲 ♨ ⚑ laverie |
| À prox. : ✕ |
| Longitude : 6.96254 |
| Latitude : 48.0349 |

BULGNÉVILLE

88140 – **314** D3 – 1 326 h. – alt. 350
🅱 *105, rue de l'Hôtel de Ville* ℰ *03 29 09 14 67*
▶ Paris 331 – Contrexéville 6 – Épinal 53 – Neufchâteau 22

Porte des Vosges de mi-avr. à fin sept.
ℰ 03 29 09 12 00, *contact@camping-portedesvosges.com*, Fax 03 29 09 15 71, *www.Camping-Portedesvosges.com* – 🈂
2,5 ha (100 empl.) peu incliné, plat, herbeux, gravier
Tarif : 19 € ★★ ⇔ 🔲 (6A) – pers. suppl. 4 €
🚐 borne sanistation 7 € – 2 🔲 15 €
Pour s'y rendre : lieu-dit : La Grande Tranchée (1,3 km
au sud-est par D 164, rte de Contrexéville et D 14, rte de
Suriauville à dr.)
À savoir : cadre champêtre

| Nature : ♀ |
| Loisirs : snack |
| Services : ♿ ⚙ ⚑ ♨ ⚑ |
| Longitude : 5.84514 |
| Latitude : 48.19529 |

BUSSANG

88540 – **314** J5 – 1 631 h. – alt. 605

🏠 8, rue d'Alsace 🖉 0329615037

▶ Paris 444 – Belfort 44 – Épinal 59 – Gérardmer 38

Kawan Village Domaine de Champé Permanent
🖉 0329616151, *info@domaine-de-champe.com*,
Fax 0329615690, *www.domaine-de-champe.com*
3,5 ha (100 empl.) plat, herbeux
Tarif : 22 € 🏕🏕 🚐 🗐 🕽 (5A) – pers. suppl. 7 € – frais de
réservation 17 €
Location : (permanent) – 25 🚐 – 8 🏠. Nuitée
35 à 150 € – Sem. 245 à 1 050 € – frais de réservation
17 €
🚽 borne 6 €
Pour s'y rendre : au nord-est, accès par rte à gauche de
l'église, au bord de la Moselle et d'un ruisseau

Nature : ≤
Loisirs : 🍴 snack 🔲 🌣 diurne ⌂ hammam 🎯 🏊 🏖
Services : 👤 🚿 🏢 🍴 🔲 🚽

Longitude : 6.8604
Latitude : 47.88554

CELLES-SUR-PLAINE

88110 – **314** J2 – 851 h. – alt. 318 – Base de loisirs

▶ Paris 391 – Baccarat 23 – Blâmont 23 – Lunéville 49

Les Lacs de déb. avr. à fin sept.
🖉 0329412800, *camping@paysdeslacs.com*,
Fax 0329411869, *www.vacancespaysdeslacs.com*
15 ha/4 campables (135 empl.) plat, herbeux, pierreux,
gravier
Tarif : (Prix 2010) 25 € 🏕🏕 🚐 🗐 🕽 (10A) – pers.
suppl. 5 € – frais de réservation 10 €
Location : (Prix 2010) (fermé janv.) – 20 🏠 – 6
bungalows et 10 chalets (sans sanitaires). Sem.
260 à 690 €
Pour s'y rendre : au sud-ouest du bourg
À savoir : en bordure de rivière et à proximité du lac

Nature : ≤ 🖾
Loisirs : 🍴 snack 🔲 🌣 nocturne (juil.-août) 🎯 🚣 🚴 🎯 🏊 🏖
Services : 👤 🚿 🏢 🚽 🚻 laverie 🔲
au lac : 🏊 🐟

Longitude : 6.94943
Latitude : 48.45636

LA CHAPELLE-DEVANT-BRUYÈRES

88600 – **314** I3 – 622 h. – alt. 457

▶ Paris 416 – Épinal 31 – Gérardmer 22 – Rambervillers 26

Les Pinasses de mi-avr. à mi-sept.
🖉 0329585110, *pinasses@dial.oleane.com*,
Fax 0329585421, *www.camping-les-pinasses.com*
3 ha (139 empl.) plat, herbeux, pierreux, petit étang
Tarif : (Prix 2010) 22 € 🏕🏕 🚐 🗐 🕽 (6A) – pers.
suppl. 5 €
Location : (de mi-avr. à fin sept.) – 4 🚐 – 8 🏠
– 3 appartements. Sem. 220 à 530 €
Pour s'y rendre : 215 rte de Bruyères (1,2 km au nord-
ouest sur D 60)

Nature : 🖾 🌳
Loisirs : 🔲 🚣 🏊 🏖
Services : 🚿 🛁 🚽 🚻 🍴 laverie

Longitude : 6.77411
Latitude : 48.18974

CHARMES

88130 – **314** F2 – 4 560 h. – alt. 282

🏠 2, place Henri Breton 🖉 0329381709

▶ Paris 381 – Mirecourt 17 – Nancy 43 – Neufchâteau 58

Les Îles de déb. avr. à fin sept.
🖉 0329388771, *andre.michel63@wanadoo.fr*,
Fax 0329388771, *www.camping-les-iles.chez-alice.fr*
3,5 ha (67 empl.) plat, herbeux
Tarif : (Prix 2010) 13 € 🏕🏕 🚐 🗐 🕽 (10A) – pers.
suppl. 3 €
🚽 borne artisanale
Pour s'y rendre : 20 r. de l'Écluse (1 km au sud-ouest
par D 157 et chemin à dr., près du stade)
À savoir : cadre agréable entre le canal de l'Est et la
Moselle

Loisirs : 🚴 🎣
Services : 👤 🚿 🚐 🍴 🔲
À prox. : 🎯 🔥

Longitude : 6.28668
Latitude : 48.37583

CONTREXÉVILLE

88140 – **314** D3 – 3 526 h. – alt. 342 – ☺ (fin mars-mi oct.)
▶ Paris 337 – Épinal 47 – Langres 75 – Luxeuil 73

⚠ **Le Tir aux Pigeons** de déb. avr. à fin oct.
  🖉 03 29 08 15 06, *campingletirauxpigeons@orange.fr*,
Fax 03 29 08 15 06, *www.camping-letirauxpigeons.fr*
1,8 ha (80 empl.) plat, herbeux, gravillons
Tarif : 15,50 € 🛉🛉 ⇔ 🖳 (10A) – pers. suppl. 5 €
Location : (de déb. avr. à fin oct.) – 3 🛏 – 4 tentes.
Nuitée 50 à 65 € – Sem. 215 à 400 € – frais de réservation
5 €
🚐 🛥 🛉 15.50 €
Pour s'y rendre : r. du 11 Septembre (1 km au sud-
ouest par D 13, rte de Suriauville)
À savoir : à l'orée d'un bois

Nature : 🐚 ♀♀	
Loisirs : 🍸 🛋	
Services : 👤 ⚡ 🚿 🚻 ⬙ 🖼	
À prox. : ⛵	

Longitude : 5.88459
Latitude : 48.17988

CORCIEUX

88430 – **314** J3 – 1 655 h. – alt. 534
🅑 9, rue Henry 🖉 03 29 50 73 29
▶ Paris 424 – Épinal 39 – Gérardmer 15 – Remiremont 43

🏕 **Yelloh! Village en Voges Domaine des Bans**
Permanent
  🖉 03 29 51 64 67, *les-bans@domaine-des-bans.com*,
Fax 03 29 51 64 69, *www.domaine-des-bans.com*
15,7 ha (634 empl.) plat, herbeux, pierreux
Tarif : 40 € 🛉🛉 ⇔ 🖳 (6A) – pers. suppl. 7 €
Location : (permanent) – 250 🛏 – 18 studios
– 11 appartements – 44 gîtes. Nuitée 39 à 155 € – Sem.
273 à 1 085 €
🚐 8 🖳 17 €
Pour s'y rendre : r. James Wiese (en deux campings
distincts (Domaine des Bans : 600 empl. et la Tour : 34
empl.), pl. Notre-Dame)
À savoir : cadre agréable, au bord d'un plan d'eau

Nature : ⟨ 🛖 ♀	
Loisirs : 🍸 ✕ snack 🛋 ☕ 🎣	
discothèque 🚴 ⚽ 🏊 🎱	
Services : 👤 ⚡ 🛒 🚿 ⬙	
laverie 🧺 🏊	

Longitude : 6.87985
Latitude : 48.16867

Le coup de cœur de Bib

Mettez-vous au vert le temps d'un séjour au domaine des Bans ! Niché au cœur du massif des
Vosges, il propose des emplacements de camping, des gîtes et des cottages. Ceux-ci sont
disséminés sur 33 ha d'espace vert, avec trois plans d'eau naturels, réservés pour certains à
la pêche. La région est idéale pour les sorties nature comme les randonnées pédestres ou
équestres (3 000 km de sentiers balisés). À proximité se trouvent aussi les 80 km de la route
des Crêtes et des stations thermales réputées.

Yelloh! Village en Voges Domaine des Bans

Le Clos de la Chaume de fin avr. à mi-sept.
𝒫 0685196255, *info@camping-closdelachaume.com*,
Fax 0329507676, *www.camping-closdelachaume.com*
3,5 ha (90 empl.) plat, herbeux
Tarif : 21€ ✶✶ ⇔ 🔲 (₺) (6A) – pers. suppl. 5€ – frais de
réservation 10€
Location : (de déb. avr. à fin sept.) – 15 🛏 – 5 🏠. Nuitée
50 à 81€ – Sem. 316 à 567€ – frais de réservation 15€
🛢 borne artisanale 6€ – 6 🔲 17€ – 🛒 (₺) 11€
Pour s'y rendre : 21 r. d'Alsace

Nature : ♀	
Loisirs : 🏊 🎠 🎿 🐎	
Services : ᴘ ☕ ᵀᵖ laverie	
Longitude : 6.88383	
Latitude : 48.17026	

DABO

57850 – **307** O7 – 2 658 h. – alt. 500
🏢 *10, place de l'Église* 𝒫 *0387074751*
▶ Paris 453 – Baccarat 63 – Metz 127 – Phalsbourg 18

Le Rocher de déb. avr. à fin sept.
𝒫 0387074751, *info@ot-dabo.fr, www.ot-dabo.fr*
0,5 ha (42 empl.) peu incliné, plat, herbeux
Tarif : (Prix 2010) 13€ ✶✶ ⇔ 🔲 (₺) (12A) – pers. suppl. 3€
Location : (Prix 2010) (permanent) – 1 🏠. Sem. 180€
Pour s'y rendre : rte du Rocher (1,5 km au sud-est par
D 45, au carr. de la rte du Rocher)
À savoir : dans une agréable forêt de sapins

Nature : ♀	
Loisirs : 🎠	
Services : ᴘ ▥	
Longitude : 7.25267	
Latitude : 48.64844	

FRESSE-SUR-MOSELLE

88160 – **314** I5 – 1 906 h. – alt. 515
▶ Paris 447 – Metz 178 – Épinal 54 – Mulhouse 56

Municipal Bon Accueil de déb. avr. à mi-nov.
𝒫 0329250898, *camping.bonaccueil@orange.fr*,
Fax 0329615037, *www.contact@tourisme-bussang.com*
0,6 ha (50 empl.) plat, herbeux
Tarif : (Prix 2010) ✶ 2€ ⇔ 1€ 🔲 – (₺) (16A) 3€
Pour s'y rendre : 36ter r. de Lorraine (sortie nord-ouest
par N 66, rte du Thillot, à 80 m de la Moselle)

Nature : ≼	
Services : ᴘ	
À prox. : 🍴	
Longitude : 6.78023	
Latitude : 47.878	

408

GEMAINGOUTTE

88520 – **314** K3 – 123 h. – alt. 446
▶ Paris 411 – Colmar 59 – Ribeauvillé 31 – St-Dié 14

Municipal le Violu
𝒫 0329577070, *mairie.gemaingoutte@wanadoo.fr*,
Fax 0329517260, *www.gemaingoutte.fr*
1 ha (48 empl.) plat, herbeux
Location : – 2 🏠.
🛢 borne raclet – 10 🔲
Pour s'y rendre : sortie ouest par RD 59, rte de St-Dié,
au bord d'un ruisseau

Services : 🏊 ▥	
Longitude : 7.08584	
Latitude : 48.25361	

GÉRARDMER

88400 – **314** J4 – 8 738 h. – alt. 669 – Sports d'hiver : 660/1 350 m ⚡31 ⚡
🏢 *4, place des Déportés* 𝒫 *0329272727*
▶ Paris 425 – Belfort 78 – Colmar 52 – Épinal 40

Les Granges-Bas fermé de déb. nov. à déb. déc.
𝒫 0329631203, *camping@lesgrangesbas.fr*,
Fax 0329631203, *www.lesgrangesbas.fr*
2 ha (100 empl.) peu incliné, plat, herbeux
Tarif : 16€ ✶✶ ⇔ 🔲 (₺) (6A) – pers. suppl. 4€
Location : (Prix 2010) (fermé de déb. nov. à déb. déc.)
– 8 🛏 – 2 appartements – 1 tente. Sem. 301 à 476€
Pour s'y rendre : 116 chemin des Granges Bas (4 km
à l'ouest par D 417 puis, à Costet-Beillard, 1 km par un
chemin à gauche)

Nature : 🌳 ≼ 🏕	
Loisirs : 🍴 🏊 🎠 🍴	
Services : ☕ ᵀᵖ laverie	
Longitude : 6.80653	
Latitude : 48.06927	

▲ **Les Sapins** de déb. avr. à déb. oct.
℘ 03 29 63 15 01, *les.sapins@camping-gerardmer.com*,
www.camping-gerardmer.com
1,3 ha (70 empl.) plat, herbeux, gravier
Tarif : 20€ ♦♦ ⇔ 🅴 🄷 (10A) – pers. suppl. 4€ – frais
de réservation 8€

Location : (permanent) – 3 🛏 – 1 appartement.
Sem. 290 à 480€ – frais de réservation 10€
🔄 borne artisanale 3€ – 10 🄴 15€
Pour s'y rendre : 18 chemin de Sapois (1,5 km au sud-
ouest, à 200 m du lac)

| Nature : 🖼 ♀ |
| Loisirs : ⛾ |
| Services : 🐴 ⚡ 🚲 ⚐ |
| À prox. : 🐎 |

| Longitude : 6.85614 |
| Latitude : 48.0635 |

GRANGES-SUR-VOLOGNE

88640 – **314** I4 – 2 315 h. – alt. 502
🅱 *2, place Combattants d'Indochine* ℘ *03 29 51 48 01*
▶ Paris 419 – Bruyères 10 – Épinal 34 – Gérardmer 14

▲ **Les Peupliers**
℘ 03 29 57 51 04, Fax 03 29 57 51 04
2 ha (40 empl.) plat, herbeux
Pour s'y rendre : 12 r. du Pré-Dixi (par centre bourg
vers Gérardmer et chemin à dr. apr. le pont)

À savoir : cadre verdoyant au bord de la Vologne et d'un
ruisseau

| Nature : 🦎 ≤ ♀ |
| Loisirs : 🦎 |
| Services : 🔧 ⚡ 🖼 |
| À prox. : ✂ 🐎 |

| Longitude : 6.78822 |
| Latitude : 48.14261 |

Renouvelez votre guide chaque année.

HERPELMONT

88600 – **314** I3 – 237 h. – alt. 480
▶ Paris 413 – Épinal 28 – Gérardmer 20 – Remiremont 33

▲▲ **Domaine des Messires** de fin avr. à fin sept.
℘ 03 29 58 56 29, *mail@domainedesmessires.com*,
Fax 03 29 51 62 86, *www.domainedesmessires.com*
11 ha/2 campables (100 empl.) plat, herbeux
Tarif : 26€ ♦♦ ⇔ 🅴 🄷 (6A) – pers. suppl. 7€

Location : (de fin avr. à fin sept.) 🚫 – 22 🛏. Nuitée
35 à 97€ – Sem. 210 à 679€
Pour s'y rendre : 1, La Feigne (1,5 km au nord)

À savoir : situation et cadre agréables au bord d'un lac

| Nature : 🦎 🖼 ♨ ▲ |
| Loisirs : ⛾ ✗ snack 🎱 🛝 🦎 |
| Services : 🔧 ⚡ 🍴 ♨ ⚐ 🖼 🚿 🐄 |

| Longitude : 6.74278 |
| Latitude : 48.17854 |

JAULNY

54470 – **307** G5 – 253 h. – alt. 230
▶ Paris 310 – Commercy 41 – Metz 33 – Nancy 51

▲▲ **La Pelouse** de mi-mars à mi-oct.
℘ 03 83 81 91 67, *campingdelapelouse@orange.fr*,
Fax 03 83 81 91 67, *www.campingdelapelouse.com*
– places limitées pour le passage
2,9 ha (100 empl.) peu incliné, plat, herbeux
Tarif : 20€ ♦♦ ⇔ 🅴 🄷 (6A) – pers. suppl. 4€

Location : (permanent) 🔧 (2 chalets) – 5 🏠. Sem.
300 à 400€
🔄 20 🄴 14€
Pour s'y rendre : chemin de Fey (500 m au sud du
bourg, accès situé près du pont)

À savoir : sur une petite colline boisée dominant la
rivière

| Nature : 🦎 ♨♨ |
| Loisirs : snack 🎱 |
| Services : ⚡ 🖼 |
| À prox. : 🚴 🐎 🦎 |

| Longitude : 5.88658 |
| Latitude : 48.9705 |

LORRAINE

LUNÉVILLE

54300 – **307** J7 – 20 078 h. – alt. 224
🏛 *aile sud du Château* ✆ *0383740655*
▶ Paris 347 – Épinal 69 – Metz 95 – Nancy 36

⚏ **Les Bosquets** de déb. mai à fin sept.
✆ 0674724973, *camping@cc-lunevillois.fr, www.cc-lunevillois.fr*
1 ha (36 empl.) terrasse
Tarif : (Prix 2010) ★ 4 € ⚌ 🅴 5 € 🔌 (9A)
Location : (Prix 2010) (de déb. mai à fin sept.) – 4 🛏.
Nuitée 38 à 55 € – Sem. 187 à 330 €
🚐 borne raclet 5 € – 7 🅴 3 €
Pour s'y rendre : chemin de la Ménagerie (au nord, en dir. de Château-Salins et à dr., apr. le pont sur la Vézouze)

À savoir : près du parc du château et des jardins

Nature : ⚘
Loisirs : 🎬
Services : ♿ ⚡ 🚮 ♨ ♻ laverie
À prox. : 🚴 ✗ 🎣 🏞 🎿

Longitude : 6.50117
Latitude : 48.59696

MAGNIÈRES

54129 – **307** K8 – 339 h. – alt. 250
▶ Paris 365 – Baccarat 16 – Épinal 40 – Lunéville 22

⚏ **Le Pré Fleury** de déb. avr. à mi-oct.
✆ 0383738221, *kern.christian@wanadoo.fr*,
Fax 0383723277, *www.campingduprefleury.com*
1 ha (34 empl.) plat et peu incliné, gravillons, herbeux, pierreux
Tarif : 13 € ★★ ⚌ 🅴 🔌 (10A) – pers. suppl. 3 €
🚐 5 🅴 10 € – 🔌 9 €
Pour s'y rendre : 18 r. de la Barre (500 m à l'ouest par D 22, rte de Bayon, à 200 m de la Mortagne)

À savoir : à l'ancienne gare et au bord d'un étang

Nature : 🏞 🎣
Loisirs : 🎬 🚴 🚲 🛶 voiturettes à vélos sur rail (draisines)
Services : ♿ ⚡ 🚮 ♨ 🖼
À prox. : ✗

Longitude : 6.55962
Latitude : 48.44635

410

METZ

57000 – **307** I4 – 123 580 h. – alt. 173
🏛 *place d'Armes* ✆ *0387555376*
▶ Paris 330 – Longuyon 80 – Pont-à-Mousson 31 – St-Avold 44

⚏ **Municipal Metz-Plage**
✆ 0387682648, *campingmetz@mairie-metz.fr*,
Fax 0387380389, *tourisme.mairie-metz.fr*
2,5 ha (150 empl.) plat, herbeux, pierreux
🚐 borne artisanale
Pour s'y rendre : allée de Metz-Plage (au nord, entre le pont des Morts et le pont de Thionville, au bord de la Moselle - par A 31 : sortie Metz-Nord Pontiffroy)

Nature : ⚘⚘
Loisirs : snack 🎬 🛶
Services : ♿ ⚿ 🚿 ♨ ♻ laverie
À prox. : 🎿

Longitude : 6.17025
Latitude : 49.12545

MORHANGE

57340 – **307** K5 – 3 867 h. – alt. 255
▶ Paris 381 – Lunéville 52 – Metz 49 – St-Avold 29

⚏ **Centre de Loisirs de la Mutche**
✆ 0387682648, *mutche@wanadoo.fr*,
Fax 0387380389, *www.mutche.fr*
5,5 ha (110 empl.) plat et peu incliné, gravillons, herbeux, sapinière
Location : (Prix 2010) 🚲 – 20 🏠 – 10 huttes.
Pour s'y rendre : 6,5 km au nord par rte de Sarreguemines, D 78 rte d'Arprich à gauche et chemin du site touristique

À savoir : au bord d'un plan d'eau, sur un vaste domaine de loisirs

Nature : 🏞 🎣 ⚘
Loisirs : 🎬 🛶 terrain multisports
Services : ♿ ⚿ 🚿 laverie
À prox. : 🚴 🎿 🏊

Longitude : 6.6353
Latitude : 48.92413

NEUFCHÂTEAU

88300 – **314** C2 – 7 056 h. – alt. 300
3, Parking des Grandes Ecuries ✆ 03 29 94 10 95
▶ Paris 321 – Chaumont 57 – Contrexéville 28 – Épinal 75

⚠ **Intercommunal** de mi-mai à fin sept.
✆ 03 29 94 19 03, n.merlin@paysdeneufchateau.com,
Fax 03 29 06 19 59
0,8 ha (50 empl.) plat, herbeux
Tarif : (Prix 2010) ♣ 3 € ⟵ 2,80 € 🅴 3 € – 🔌 (16A) 4 €
Pour s'y rendre : r. G.-Joecker (sortie ouest, rte de
Chaumont et à dr., près du complexe sportif)

| Nature : 🌿🌿 |
| Services : ♿ ⟶ 🍴✂ ♨ 🚐 |
| À prox. : ✗ 🖼 ⛷ piste de skate-board |
| Longitude : 5.69262 |
| Latitude : 48.35491 |

PLOMBIÈRES-LES-BAINS

88370 – **314** G5 – 1 955 h. – alt. 429 – ⚓ (début avril-fin déc.)
1, place Maurice Janot ✆ 03 29 66 01 30
▶ Paris 378 – Belfort 79 – Épinal 38 – Gérardmer 43

⚠ **L'Hermitage** de mi-avr. à mi-oct.
✆ 03 29 30 01 87, camping.lo@wanadoo.fr,
www.hermitage-camping.com
1,4 ha (60 empl.) en terrasses, plat et peu incliné,
herbeux, gravier
Tarif : 19,80 € ♣♣ ⟵ 🅴 🔌 (10A) – pers. suppl. 4,70 €
– frais de réservation 10 €
Location : (permanent) – 3 🚐 – 4 🏠. Sem.
310 à 530 € – frais de réservation 10 €
🚽 borne artisanale
Pour s'y rendre : 54 r. du Boulot (1,5 km au nord-ouest
par D 63, rte de Xertigny puis D 20, rte de Ruaux)

| Nature : 🏞 🌿 |
| Loisirs : snack 🎰 🛝 🏊 |
| Services : ♿ ⟶ 💈 🔥 |
| Longitude : 6.4431 |
| Latitude : 47.96859 |

⚠ **Le Fraiteux** de mi-mars à fin oct.
✆ 03 29 66 00 71, campingdufraiteux@aliceadsl.fr,
www.campingdufraiteux.chez-alice.fr
0,8 ha (45 empl.) peu incliné, plat, herbeux, gravillons
Tarif : ♣ 3 € ⟵ 🅴 4 € – 🔌 (10A) 4 €
Location : (permanent) – 3 🏠. Nuitée 50 à 60 €
– Sem. 256 à 420 €
🚽 borne artisanale 2 € – 🔌 🔌 10 €
Pour s'y rendre : 81 r. du Camping (4 km à l'ouest par
D 20 et D 20e)

| Nature : 🏞 🏞 |
| Loisirs : 🛝 |
| Services : ⟶ 🔥 🚿 laverie |
| Longitude : 6.41647 |
| Latitude : 47.96573 |

411

REVIGNY-SUR-ORNAIN

55800 – **307** A6 – 3 206 h. – alt. 144
2 rue du Stade ✆ 03 29 78 73 34
▶ Paris 239 – Bar-le-Duc 18 – St-Dizier 30 – Vitry-le-François 36

⚠ **Municipal du Moulin des Gravières** de mi-avr. à
fin oct.
✆ 03 29 78 73 34, contact@ot-revigny-ornain.fr,
Fax 03 29 78 73 34, www.ot-revigny-ornain.fr – 🏠
1 ha (27 empl.) plat, herbeux
Tarif : (Prix 2010) 10 € ♣♣ ⟵ 🅴 🔌 (12A) – pers.
suppl. 3 €
Location : (Prix 2010) (permanent) ✗ – 3 🚐.
Nuitée 47 à 64 € – Sem. 221 à 303 €
🚽 borne autre 1 € – 2 🅴
Pour s'y rendre : 1 r. du Stade (au bourg vers sortie
sud, rte de Vitry-le-François et r. à dr., à 100 m de
l'Ornain)
À savoir : cadre agréable au bord d'un ruisseau

| Nature : 🏞 🌿 |
| Loisirs : 🛝 |
| Services : ♿ ⟶ 🔥 📷 |
| À prox. : ✗ 🖼 🎿 |
| Longitude : 4.98384 |
| Latitude : 48.82656 |

ST-AVOLD

57500 – **307** L4 – 16 611 h. – alt. 260
🅳 28, rue des Américains 📞 0387310019
▶ Paris 372 – Haguenau 117 – Lunéville 77 – Metz 46

⛰ **Le Felsberg** Permanent
📞 0387927505, cis.stavold@wanadoo.fr,
Fax 0387922069, www.mairie-saint-avold.fr
1,2 ha (33 empl.) en terrasses, peu incliné, plat, pierreux, herbeux
Tarif : (Prix 2010) 🅟 4€ 🚗 🅴 6€ – (½) (10A) 5€
Location : (Prix 2010) (permanent) 🛖 – 3 🏠 – 4 🛏. Nuitée 65€ – Sem. 350€
🚰 borne artisanale 3€
Pour s'y rendre : au nord, près N 3, accès par r. en Verrerie, face à la station service Record - par A 4 : sortie St-Avold Carling
À savoir : sur les hauteurs agréablement boisées de la ville

| Nature : 🏞 🚂 ⛰ |
| Loisirs : 🍴 snack (le soir) 🏓 |
| Services : 🅰 🔌 🏧 🗑 ♨ 🚽 |
| Longitude : 6.71667 |
| Latitude : 49.11063 |

ST-DIÉ-DES-VOSGES

88100 – **314** J3 – 21 882 h. – alt. 350
🅳 8, quai du Mal de L. de Tassigny 📞 0329422222
▶ Paris 397 – Belfort 123 – Colmar 53 – Épinal 53

⛰ **Vanne de Pierre** Permanent
📞 0329562356, vannedepierre@orange.fr,
Fax 0329642803, www.vannedepierre.com
3,5 ha (118 empl.) plat, herbeux
Tarif : 31€ 🅟🅟 🚗 🅴 (½) (10A) – pers. suppl. 8€ – frais de réservation 25€
Location : (permanent) 🛖 – 6 🏠 – 7 🏠. Nuitée 80 à 120€ – Sem. 560 à 840€ – frais de réservation 25€
Pour s'y rendre : 5 r. du Camping (à l'est par le quai du Stade, près de la Meurthe)

| Nature : 🚂 ⛰ |
| Loisirs : 🍴 🏓 diurne 🎣 🛶 jacuzzi 🚣 🚲 🏊 |
| Services : 🅰 🔌 🏧 🗑 ♨ 🚽 laverie |
| À prox. : ✂ 🐟 |
| Longitude : 6.96942 |
| Latitude : 48.28584 |

ST-MAURICE-SUR-MOSELLE

88560 – **314** I5 – 1 502 h. – alt. 560 – Sports d'hiver : 550/1 250 m🎿8🎿
🅳 1, place du 2 Octobre 1944 📞 0329250501
▶ Paris 441 – Belfort 41 – Bussang 4 – Épinal 56

⛰ **Les Deux Ballons** de mi-avr. à fin sept.
📞 0329251714, stan@camping-deux-ballons.fr,
www.camping-deux-ballons.fr
4 ha (180 empl.) en terrasses, plat, herbeux
Tarif : 23€ 🅟🅟 🚗 🅴 (½) (16A) – pers. suppl. 6€ – frais de réservation 15€
Location : (de mi-avr. à fin sept.) 🛖 – 6 🏠. Sem. 450 à 600€ – frais de réservation 15€
🚰 borne artisanale 8€
Pour s'y rendre : 17 Rye du Stade (sortie sud-ouest par N 66, rte du Thillot, au bord d'un ruisseau)

| Nature : ≤ ⛰ |
| Loisirs : 🍴 snack 🏓 🚣 ✂ 🏊 🏊 |
| Services : 🅰 🔌 ✂ 🏧 ♨ 🚽 laverie |
| À prox. : 🚴 |
| Longitude : 6.81124 |
| Latitude : 47.8554 |

SANCHEY

88390 – **314** G3 – 776 h. – alt. 368
▶ Paris 390 – Metz 129 – Épinal 8 – Nancy 69

⛰ **Club Lac de Bouzey** Permanent
📞 0329824941, lacdebouzey@orange.fr,
Fax 0329642803, www.lacdebouzey.com
3 ha (160 empl.) en terrasses, peu incliné, plat, herbeux
Tarif : 34€ 🅟🅟 🚗 🅴 (½) (10A) – pers. suppl. 10€ – frais de réservation 25€
Location : (permanent) – 43 🏠. Nuitée 60 à 90€ – Sem. 420 à 630€ – frais de réservation 25€
🚰 borne flot bleu – 🚐 23€
Pour s'y rendre : 19 r. du Lac (au sud par D 41)
À savoir : face au lac, agréables installations d'accueil et de loisirs

| Nature : 🏞 🚂 ⛰ |
| Loisirs : 🍴 🍽 nocturne 🎪 salle de spectacle, discothèque 🚲 🎯 🛶 canoë |
| Services : 🅰 🔌 🏧 ♨ 🗑 🚽 laverie 🚿 🚰 |
| Longitude : 6.3602 |
| Latitude : 48.1667 |

412

SAULXURES-SUR-MOSELOTTE

88290 – **314** I5 – 2 830 h. – alt. 464 – Base de loisirs
🏠 11, rue Pasteur ℘ 0329245213
▶ Paris 431 – Épinal 46 – Gérardmer 24 – Luxeuil-les-Bains 53

Lac de la Moselotte Permanent
℘ 0329245656, lac-moselotte@ville-saulxures-mtte.fr,
Fax 0329245831, www.ville-saulxures-mtte.fr
23 ha/3 campables (75 empl.) plat, herbeux, pierreux
Tarif : (Prix 2010) ⚡ 5€ ⟷ ▣ 5€ – (½) (10A) 5€
Location : (permanent) – 3 ▦ – 30 🏠. Nuitée
40 à 79€ – Sem. 245 à 619€
Pour s'y rendre : 336 rte des Amias (1,5 km à l'ouest
sur ancienne D 43)
À savoir : dans un site boisé au bord d'un lac et près
d'une base de loisirs

Nature : ⟪ ▱ ⛰
Loisirs : 🍽 ▱ 🏓 salle d'animation 🏋
Services : 🚿 ⛽ ▥ 🛆 ⊽ 🚰 ▣
à la base de loisirs : 🚿 ≋ 🚣 mur d'escalade

Longitude : 6.74974
Latitude : 47.95412

LE THOLY

88530 – **314** I4 – 1 554 h. – alt. 628
🏠 3, rue Charles-de-Gaulle ℘ 0329618182
▶ Paris 414 – Bruyères 21 – Épinal 30 – Gérardmer 11

Noirrupt de déb. mai à déb. oct.
℘ 0329618127, info@jpvacances.com, www.jpvacances.com
2,9 ha (70 empl.) en terrasses, plat, herbeux, pierreux
Tarif : 26€ ⚡⚡ ⟷ ▣ (½) (6A) – pers. suppl. 6€ – frais de
réservation 13€
Location : (permanent) 🌿 (juil-août) – 12 🏠. Nuitée
50 à 92€ – Sem. 260 à 640€ – frais de réservation 13€
Pour s'y rendre : 15 chemin de l'Étang de Noirrupt
(1,3 km au nord-ouest par D 11, rte d'Épinal et chemin
à gauche)

Nature : ⟪ ♤
Loisirs : 🍽 snack ▱ ⊜ 🏋
🏓 ⤳
Services : 🚿 ⛽ 🛆 ⊞ 🛆 ⊽
🚰 ▣

Longitude : 6.72893
Latitude : 48.08881

VAL-D'AJOL

88340 – **314** G5 – 4 138 h. – alt. 380
🏠 17, rue de Plombières ℘ 0329306155
▶ Paris 382 – Épinal 41 – Luxeuil-les-Bains 18 – Plombières-les-Bains 10

Municipal de mi-avr. à fin sept.
℘ 0329665517, mairie@valdajol.fr, Fax 0329665366
1 ha (50 empl.) plat, herbeux
Tarif : (Prix 2010) ⚡ 3€ ⟷ ▣ 3,80€ – (½) (6A) 2,50€
⛽ borne artisanale 2€ – 12 ▣
Pour s'y rendre : r. des Oeuvres (sortie nord-ouest par
D 20, rte de Plombières-les-Bains)

Nature : ⟪ ▱
Loisirs : ▱
Services : 🚿 ⛽ ▥ 🛆 ⊽ 🚰
À prox. : 🚿 🏓 ▦ ⤳

Longitude : 6.47633
Latitude : 47.92616

VERDUN

55100 – **307** D4 – 19 147 h. – alt. 198
🏠 place de la Nation ℘ 0329861418
▶ Paris 263 – Bar-le-Duc 56 – Châlons-en-Champagne 89 – Metz 78

Les Breuils de déb. avr. à fin sept.
℘ 0329861531, contact@camping-lesbreuils.com,
Fax 0329867576, www.camping-lesbreuils.com
5,5 ha (162 empl.) en terrasses, peu incliné, plat,
herbeux, gravier, sapinière
Tarif : ⚡ 6€ ⟷ 2€ ▣ 5€ – (½) (6A) 4€ – frais de
réservation 10€
Location : (de déb. avr. à fin sept.) 🌿 – 9 ▦. Sem.
250 à 520€ – frais de réservation 10€
⛽ borne flot bleu
Pour s'y rendre : allée des Breuils (sortie sud-ouest par
rocade D S1 vers rte de Paris et chemin à gauche)
À savoir : cadre champêtre au bord d'un étang

Nature : ▱ ♤
Loisirs : 🍽 snack 🏋 🚲 ⤳ ⤳
🏓 terrain omnisports
Services : 🚿 ⛽ ▥ 🛆 🚰 laverie
⊞

Longitude : 5.36598
Latitude : 49.15428

VILLEY-LE-SEC

54840 – **307** G7 – 410 h. – alt. 324
▶ Paris 302 – Lunéville 49 – Nancy 20 – Pont-à-Mousson 51

Camping de Villey-le-Sec de déb. avr. à fin sept.
℘ 0383636428, *info@campingvilleylesec.com*,
Fax 0383636428, *www.campingvilleylesec.com*
2,5 ha (100 empl.) plat, herbeux
Tarif : (Prix 2010) 20,10€ ★★ ⇔ 🗉 🗓 (10A) – pers.
suppl. 4€

Location : (Prix 2010) (de déb. avr. à fin sept.)
– 6 ⟐. Nuitée 65€ – Sem. 225 à 455€
Pour s'y rendre : 34 r. de la Gare (2 km au sud par
D 909, rte de Maron et r. à dr.)

À savoir : cadre agréable au bord de la Moselle

| Nature : 🐾 |
| Loisirs : 🍸 snack 🏊 🎣 |
| Services : 🚿 ⟐ 🚮 🎛 🛎 laverie 🍴 |
| |
| Longitude : 5.98559 |
| Latitude : 48.6526 |

VITTEL

88800 – **314** D3 – 5 586 h. – alt. 347
🛈 *place de la Marne* ℘ 0329080888
▶ Paris 342 – Belfort 129 – Épinal 43 – Chaumont 84

Aquadis Loisirs de déb. avr. à déb. oct.
℘ 0329080271, *aquadis1@orange.fr*, Fax 0386379583,
www.aquadis-loisirs.com
3,5 ha (120 empl.) plat, herbeux, gravillons
Tarif : 16€ ★★ ⇔ 🗉 🗓 (10A) – pers. suppl. 5€ – frais
de réservation 8€

Location : (de déb. avr. à mi-oct.) – 12 ⟐. Nuitée
60 à 80€ – Sem. 250 à 465€ – frais de réservation 16€
Pour s'y rendre : 270 r. Claude Bassot (sortie nord-est
par D 68, rte de They-sous-Montfort)

| Nature : 🏞 ♀ |
| Loisirs : 🎛 🎣 |
| Services : 🚿 ⟐ 🎛 laverie |
| |
| Longitude : 5.95605 |
| Latitude : 48.2082 |

XONRUPT-LONGEMER

414

88400 – **314** J4 – 1 573 h. – alt. 714 – Sports d'hiver : 750/1 300 m ⟐ 3 ⟐
▶ Paris 429 – Épinal 44 – Gérardmer 4 – Remiremont 32

Les Jonquilles de fin avr. à déb. oct.
℘ 0329633401, *info@camping-jonquilles.com*,
Fax 0329600928, *www.camping-jonquilles.com*
4 ha (247 empl.) peu incliné, herbeux
Tarif : 19€ ★★ ⇔ 🗉 🗓 (10A) – pers. suppl. 4€
⟐, borne artisanale – 5 🗉 14€
Pour s'y rendre : 2586 rte du Lac (2,5 km au sud-est)
À savoir : situation agréable au bord du lac

| Nature : ≤ lac et montagnes boisées ⟐ |
| Loisirs : 🍸 snack 🎛 🎣 🐾 |
| Services : 🚿 ⟐ 🛎 🎛 🎛 🍴 |
| |
| Longitude : 6.94871 |
| Latitude : 48.0677 |

La Vologne de déb. mai à fin sept.
℘ 0329608723, *camping@lavologne.com*,
Fax 0329608723, *www.lavologne.com*
2,5 ha (100 empl.) plat, herbeux
Tarif : 15€ ★★ ⇔ 🗉 🗓 (6A) – pers. suppl. 4€ – frais de
réservation 5€

Location : (de déb. mai à fin sept.) – 3 ⟐
– 1 appartement – 2 bungalows toilés. Nuitée 39 à 83€
– Sem. 240 à 581€ – frais de réservation 15€
Pour s'y rendre : 3030 rte de Retournemer (4,5 km au
sud-est par D 67a)

À savoir : dans un site boisé, au bord de la rivière

| Nature : ≤ |
| Loisirs : 🎛 🎣 |
| Services : 🚿 ⟐ 🛎 |
| |
| Longitude : 6.96737 |
| Latitude : 48.0629 |

MIDI-PYRÉNÉES

M. Carcanague/Michelin

Lourdes n'a pas l'apanage des miracles : le Midi-Pyrénées tout entier « donne aux saints la nostalgie de la terre ». Voici d'abord la barrière pyrénéenne, sa coiffe immaculée, ses gaves tumultueux et ses épaisses forêts où se cachent quelques ours. Puis les cités médiévales et forteresses, qui se colorent au soleil couchant d'une palette féerique : Albi gouachée de rouge, Toulouse la rose, bastides aux reflets corail... Dans l'obscurité des grottes, c'est l'art fécond des premiers hommes qui prend un tour surnaturel. La liste des prodiges serait incomplète si l'on n'évoquait la fertilité des pays de Garonne producteurs de fruits, de légumes, de vins et de céréales, et la générosité de la table où garbure, cassoulet, confits et foies gras assouvissent l'appétit légendaire des héritiers des Mousquetaires.

Lourdes may be famous for its miracles, but some would say that the whole of the Midi-Pyrénées has been uniquely blessed: it continues to offer sanctuary to a host of exceptional fauna and flora, like the wild bears which still roam the high peaks of the Pyrenees. At sunset, the towers of its medieval cities and fortresses glow in the evening light, its forbidding Cathar castles are stained a bloody red, Albi paints a crimson watercolour and Toulouse is veiled in pink. Yet this list of marvels would not be complete without a mention of the Garonne's thriving, fertile »garden of France« , famous for its vegetables, fruit and wine. This land of milk and honey is as rich as ever in culinary tradition, and it would be a crime to leave without sampling some foie gras or a confit de canard.

Localité citée avec camping
■ **Localité citée avec camping et locatif**
Vannes **Localité disposant d'un camping avec aire de services camping-car**
Moyaux **Localité disposant d'au moins un terrain agréable**
Aire de service pour camping-car sur autoroute

GIRONDE

la Roche-Chalais
Blaye
Montpon-Ménestérol
Atur Thenon
St-LAURENT DU MANOIRE
Montignac Coly
St-Amand-de-Coly
A 89
DORDOGNE
Lamonzie-Montastruc
St-Rémy
Bergerac
Sarlat-la-Canéda
Gourdon
LOT
Gradignan
Rauzan
Blasimon
Ste-Foy-la-Grande
Couze-et-St-Front
Dordogne
LES LANDES
Eymet
Biron
Villeréal
Sauveterre-la-Lémance
St-Germain-du-Bel-Air
Cassagnes
JARDIN DE CAUSSES DU LOT
A 63
Castillonnès
Séragnac-Péboudou
Salles Cuzorn
Montcabrier Puy-l'Évêque
St-Pierre-Lafeuille
A 62
Castelmoron-s-Lot
Fumel
Touzac
Duravel
Belaye
Cahors
Langon
Marmande
Trentels
Maurous
D 811
Pissos
Clairac
Villeneuve-s-Lot
Courbiac
St-Pantaléon
Castelnau-Montratier
Montpezat-de-Quercy
LOT - ET - GARONNE
Beauville
LE BOIS DE DOURRE
Casteljaloux
AGEN-PORTE D'AQUITAINE
Pont-du-Casse
Barbaste
Agen
TARN-ET-GARONNE
Sabres
Sarbazan
AGEN-PORTE D'AQUITAINE
Moissac
Lafrançaise
Caussa
St-Justin
Gabarret
la Romieu
Castelsarrasin
Nègrepelisse
Barbotan-les-Thermes
Condom
Lectoure
Lavit-de-Lomagne
Montauban
Monclar-de-Quercy
Mont-de-Marsan
Estang
Gondrin
Castéra-Verduzan
Beaumont-de-Lomagne
FRONTONNAIS
Adour
N 124
Roquelaure
Mirepoix
Puysségur
Aire-s-l'Adour
GERS
Auch
Thoux
TOULOUSE
Hagetmau
Montesquiou
N 124
Béarn
Mirande
HAUTE - GARONNE
LACQ-AUDÉJOS
Maubourguet
St-Blancard
VOLVESTRE
Naïlloux
Navarrenx
PAU
Boulogne-s-Gesse
Muret
A 61
Baudreix
HAUTES-
Cassagnabère-Tournas
Aurignac
Rieux
Oloron-Ste-Marie
LES PYRÉNÉES
TARBES
Martres-Tolosane
Poueyferré
Orincles
Pouzac
A 64
St-Bertrand-de-C.
Mane
Pamiers
Lourdes
Agos-Vidalos
Bagnères-de-Bigorre
St-Gaudens
la Bastide-de-Sérou
Rieux-de-Pelleport
Ouzous
Argelès-Gazost
Hèches
D 117
Aucun
Arras-en-Lavedan
Lau Balagnas
Ste-Marie-de-Campan
St-Girons
Rimont
Cos
Laruns
Arrens-Marsous
Bun Arcizans-Avant
PYRÉNÉES
Augirein
ARIÈGE
Foix
Estaing
Cauterets
Luz-St-Sauveur
Bourisp
Salles-et-Pratviel
Oust
Mercus-Garrabet
Lescun
Sassis
Vielle-Aure
Garin
Seix
Tarascon-s-Ariège
Urdos
Gavarnie
Aragnouet
St-Lary-Soulan
le Trein-d'Ustou
Asto
Loudenvielle
Bagnères-de-Luchon
Aulus-les-Bains

ESPAÑA

la Massana
Ordino
Andorra-la-Vella
Principat d'Andó
Sant Julià de Lòria

AGOS-VIDALOS

65400 – **342** L4 – 359 h. – alt. 450

🏠 *2 bis, avenue du Lavedan* ℰ 05 62 97 08 06

▶ Paris 859 – Toulouse 185 – Tarbes 32 – Pau 51

Le Soleil du Pibeste Permanent
ℰ 05 62 97 53 23, *info@campingpibeste.com*,
www.campingpibeste.com
1,5 ha (90 empl.) plat et peu incliné, terrasses, herbeux
Tarif : 36 € ✸✸ ⇌ 🅴 🄵 (15A) – pers. suppl. 8 € – frais
de réservation 24 €

Location : (permanent) – 26 🚐 – 11 🏠. Nuitée
37 à 105 € – Sem. 250 à 805 € – frais de réservation
24 €
🚐 borne artisanale 6 € – 🛒 15 €
Pour s'y rendre : 16 av. Lavedan (sortie sud, par la N 21)

Nature : ≤ ♀
Loisirs : ♈ ✕ 🎮 🕗 diurne ⛵ 🏊
Services : ⚲ ⊶ 🏢 🗜 🚿 ♒ laverie ⛵

Longitude : -0.07298
Latitude : 43.03792

La Châtaigneraie de déb. déc. à fin sept.
ℰ 05 62 97 07 40, *camping.chataigneraie@wanadoo.fr*,
Fax 05 62 97 06 64, *www.camping-chataigneraie.com*
1,5 ha (100 empl.) plat, peu incliné, terrasses, herbeux
Tarif : (Prix 2010) 21 € ✸✸ ⇌ 🅴 🄵 (6A) – pers.
suppl. 5 € – frais de réservation 15 €

Location : (Prix 2010) (de déb. déc. à mi-sept.)
✂ – 18 🚐 – 3 studios – 1 appartement. Sem.
200 à 610 €
Pour s'y rendre : 46, av. du Lavedan (par N 21, à Vidalos)

Nature : ≤ ♀♀
Loisirs : 🎮 ⛵ 🏊 🎿
Services : ⚲ ⊶ 🏢 ⛵ laverie

Longitude : -0.07534
Latitude : 43.03201

Donnez-nous votre avis sur les terrains que nous recommandons.
Faites-nous connaître vos observations et vos découvertes
par mail à l'adresse : leguidecampingfrance@fr.michelin.com.

418

AIGUES VIVES

09600 – **343** J7 – 523 h. – alt. 425
▶ Paris 776 – Carcassonne 63 – Castelnaudary 46 – Foix 36

La Serre de déb. avr. à fin sept.
ℰ 05 61 03 06 16, *contact@camping-la-serre.com*,
www.camping-la-serre.com
6,5 ha (40 empl.) en terrasses, plat, vallonné, gravillons
Tarif : 25 € ✸✸ ⇌ 🅴 🄵 (5A) – pers. suppl. 7 €

Location : (de déb. avr. à fin sept.) – 6 🚐 – 8 🏠.
Sem. 330 à 630 €
🚐 borne artisanale 4 € – 6 🅴 12 €
Pour s'y rendre : 5 chemin de La Serre (à l'ouest du
bourg)

À savoir : vastes emplacements arborés, face aux
Pyrénées

Nature : 🌳 🏞 ♀♀
Loisirs : 🎮 ⛵ 🏊 parcours
VTT
Services : ⚲ ⊶ 🔲

Longitude : 1.86667
Latitude : 43

ALBIÈS

09310 – **343** I8 – 139 h. – alt. 560
▶ Paris 790 – Andorra-la-Vella 74 – Ax-les-Thermes 15 – Foix 30

Municipal la Coume Permanent
ℰ 05 61 64 98 99, *camping.albies@wanadoo.fr*,
Fax 05 61 64 98 99 – places limitées pour le passage
1 ha (60 empl.) pierreux, peu incliné, en terrasses,
herbeux
Tarif : (Prix 2010) ✸ 3 € ⇌ 🅴 3 € – 🄵 (10A) 3 €
Pour s'y rendre : 2 r. Nappy (100 m de l'Ariège)

Nature : ≤ 🏞 ♀♀
Loisirs : 🎮
Services : ⚲ ⊶ 🗜 🏢 🔲
À prox. : 🎣

Longitude : 1.70345
Latitude : 42.77492

ALRANCE

12430 – **338** I6 – 382 h. – alt. 750
▶ Paris 664 – Albi 63 – Millau 52 – Rodez 37

△ **Les Cantarelles** de déb. mai à fin sept.
℘ 0565464035, *cantarelles@wanadoo.fr*,
www.lescantarelles.com
3,5 ha (165 empl.) plat, peu incliné, herbeux
Tarif : (Prix 2010) 18€ ★★ ⇌ 🅴 (6A) – pers. suppl. 5€
Location : (Prix 2010) (de déb. mai à fin sept.) ⚡
– 3 🛖 – 2 bungalows toilés. Nuitée 31 à 71€ – Sem.
217 à 497€
🚐 borne artisanale 4€
Pour s'y rendre : à Alrance (3 km au sud par D 25, au
bord du lac de Villefranche-de-Panat)

Nature : ← 🏕 ♤♤ ⛰
Loisirs : 🍷 🎱 🏊 🛶 canoë, pédalos, barque
Services : ⚇ ⛽ 🚿 ♨ laverie

Longitude : 2.68933
Latitude : 44.10669

ARAGNOUET

65170 – **342** N8 – 244 h. – alt. 1 100
🚩 *Piau Engaly* ℘ 0562396169
▶ Paris 842 – Arreau 24 – Bagnères-de-Luchon 56 – Lannemezan 51

△ **Fouga Pic de Bern**
℘ 0562396337, *fouga.marc@orange.fr*
3 ha (80 empl.) non clos, en terrasses, peu incliné, plat,
herbeux
Location : .
🚐 borne artisanale – 10 🅴
Pour s'y rendre : à Fabian (2,8 km au nord-est par
D 118, rte de St-Lary-Soulan, près de la Neste-d'Avre)

Nature : 🌲 ← ♀
Loisirs : 🍷 snack 🎱
Services : ⚇ ⛽ 🚿

Longitude : 0.23138
Latitude : 42.789

ARCIZANS-AVANT

65400 – **342** L5 – 355 h. – alt. 640
▶ Paris 868 – Toulouse 194 – Tarbes 41 – Pau 61

⛰ **Le Lac** de mi-mai à fin sept.
℘ 0562970188, *campinglac@campinglac65.fr*,
Fax 0562970188, *www.campinglac65.fr*
2 ha (97 empl.) peu incliné, plat, herbeux
Tarif : (Prix 2010) 30€ ★★ ⇌ 🅴 (10A) – pers.
suppl. 7€ – frais de réservation 23€
Location : (Prix 2010) (permanent) – 11 🛖. Sem.
305 à 740€ – frais de réservation 23€
🚐 borne artisanale 25€ – 🚌 23€
Pour s'y rendre : 29 chemin d'Azun (sortie ouest, à
prox. du lac)
À savoir : jolis chalets bois

Nature : 🌲 ♤♤
Loisirs : 🎱 🏊 🚲 🛷
Services : ⚇ ⛽ 🐾 laverie 🚿
À prox. : 🎣

Longitude : -0.10803
Latitude : 42.9857

ARGELÈS-GAZOST

65400 – **342** L6 – 3 255 h. – alt. 462 – ♨
🚩 *15, place République* ℘ 0562970025
▶ Paris 863 – Lourdes 13 – Pau 58 – Tarbes 32

⛰ **Sunêlia Les Trois Vallées** 🚶 – de mi-mars à déb.
nov.
℘ 0562903547, *3-vallees@wanadoo.fr*,
Fax 0562903548, *www.l3v.fr*
11 ha (438 empl.) plat, herbeux
Tarif : 35€ ★★ ⇌ 🅴 (6A) – pers. suppl. 11€ – frais
de réservation 30€
Location : (de mi-mars à déb. nov.) – 250 🛖. Nuitée
48 à 111€ – Sem. 497 à 777€ – frais de réservation 30€
🚐 borne artisanale
Pour s'y rendre : av. des Pyrénées (sortie nord)
À savoir : décoration floral de l'espace aquatique, ludique
et commercial

Nature : ♤♤
Loisirs : 🍷 ✕ cafétéria 🎱 jacuzzi salle d'animation, discothèque 🏊 🎯 🏊 ⛸ terrain omnisports
Services : ⚇ ⛽ 🏛 🚿 laverie 🐾
À prox. : 🥩 🍴 🎣

Longitude : -0.09718
Latitude : 43.0121

419

ARRAS-EN-LAVEDAN

65400 – **342** L5 – 525 h. – alt. 700
🅱 *r Val d'Azun* 𝄞 05 62 97 59 48
▶ Paris 868 – Toulouse 193 – Tarbes 40 – Pau 60

    ⚠ **L'Idéal** de déb. juin à mi-sept.
      𝄞 05 62 97 03 13, *henri.miro@orange.fr, www.Camping-l'idéal-pyrénées.com* – alt. 600
      2 ha (60 empl.) en terrasses, plat, peu incliné, herbeux, pierreux
      Tarif : (Prix 2010) ⚹ 4€ 🚗 🅴 4€ – (ᵹ) (10A) 10€
      🚐 borne artisanale 3€
      Pour s'y rendre : rte du Val d'Azun (300 m au nord-ouest par D 918, rte d'Argelès-Gazost)

Nature : ≤ ᎧᎧ	
Loisirs : 🎴 ⚽ ⚓	
Services : ♿ ⚡ 🚿 ⛺ laverie	
Longitude : -0.11954	
Latitude : 42.99483	

ARRENS-MARSOUS

65400 – **342** K7 – 773 h. – alt. 885
▶ Paris 875 – Argelès-Gazost 13 – Cauterets 29 – Laruns 37

    ⚠ **La Hèche** de déb. fév. à fin oct.
      𝄞 05 62 97 02 64, *laheche@free.fr, www.campinglaheche.com* – ℞
      5 ha (166 empl.) plat, herbeux
      Tarif : 13€ ⚹⚹ 🚗 🅴 (ᵹ) (4A) – pers. suppl. 4€
      Location : (de mi-janv. à mi-déc.) – 5 🛖. Sem. 220 à 460€
      Pour s'y rendre : 54 rte d'Azun (800 m à l'est par D 918, rte d'Argelès-Gazost et chemin à dr., au bord du Gave d'Arrens)

Nature : ⌘ ≤ ᎧᎧ	
Loisirs : 🎴 ⚓	
Services : ♿ ⚡ 🚿 ▦ ⛺ laverie ⚒	
À prox. : 🏇 🏊 ⛷	
Longitude : -0.20447	
Latitude : 42.96048	

    ⚠ **Le Moulian** Permanent
      𝄞 05 62 97 41 18, *jean-guy.domec@wanadoo.fr,*
      Fax 05 62 97 41 18, *www.le-moulian.com*
      12 ha/4 campables (100 empl.) plat, herbeux
      Tarif : 18€ ⚹⚹ 🚗 🅴 (ᵹ) (6A) – pers. suppl. 4€ – frais de réservation 30€
      Location : (permanent) – 10 🛖 – 2 🏠 – 2 gîtes.
      Nuitée 50 à 70€ – Sem. 350 à 490€
      🚐 borne artisanale 4€ – 🚐 9€
      Pour s'y rendre : 42 r. du Bourg (500 m au sud-est du bourg de Marsous)

      À savoir : cadre agréable dans la vallée, le long du Gave d'Azun

Nature : ⌘ ≤ ᎧᎧ	
Loisirs : ♟ ✕ snack 🎴 ⚓ 🎣	
Services : ♿ ⚡ 🚿 ⛺ ⚕ laverie ⚒	
À prox. : ✂ 🏊 ⛷	
Longitude : -0.19638	
Latitude : 42.96232	

    ⚠ **Le Gerrit**
      𝄞 05 62 97 25 85, *francois.bordes@wanadoo.fr,*
      Fax 05 62 97 25 85, *www.legerrit.com*
      1 ha (30 empl.) plat, herbeux
      Location : (de déb. avr. à mi-oct.) 🏕 – 4 🛖 – 2 gîtes. Nuitée 50 à 60€ – Sem. 250 à 470€
      Pour s'y rendre : 3 r. du Bourg (à l'est du bourg de Marsous)

Nature : ⌘ ≤ ᎧᎧ	
Loisirs : ⚓	
Services : ♿ ⚡ 🚿 ▣	
Longitude : -0.2008	
Latitude : 42.96513	

ARVIEU

12120 – **338** H5 – 863 h. – alt. 730
🅱 *Le Bourg* 𝄞 05 65 46 71 06
▶ Paris 663 – Albi 66 – Millau 59 – Rodez 31

    ⚠ **Le Doumergal** de déb. mai à fin sept.
      𝄞 05 65 74 24 92, *camping.doumergal@wanadoo.fr,*
      Fax 05 65 74 24 92, *www.camping-doumergal-aveyron.fr*
      1,5 ha (27 empl.) peu incliné, plat, herbeux
      Tarif : 15€ ⚹⚹ 🚗 🅴 (ᵹ) (5A) – pers. suppl. 3€
      Location : (de déb. mai à fin sept.) – 3 🛖 – 1 🏠.
      Nuitée 40 à 50€ – Sem. 280 à 350€
      Pour s'y rendre : r. de la Rivière (à l'ouest du bourg, au bord d'un ruisseau)

Nature : ⌘ 🖾 ⚲	
Loisirs : ⚓	
Services : ♿ ⚡ 🚿 ⛺ ⚐	
À prox. : ✂	
Longitude : 2.66014	
Latitude : 44.19066	

ASTON

09310 – **343** I8 – 236 h. – alt. 563
▶ Paris 788 – Andorra-la-Vella 78 – Ax-les-Thermes 20 – Foix 59

⛰ **Le Pas de l'Ours** de fin mai à mi-sept.
  ✆ 0561649033, *contact@lepasdelours.fr*,
  Fax 0561649032, *www.lepasdelours.fr*
  3,5 ha (50 empl.) plat et peu incliné, herbeux, rochers
  Tarif : 23€ ✝✝ ⇔ 🅴 (ᵷ) (6A) – pers. suppl. 5€ – frais de réservation 5€
  Location : (permanent) – 11 ⌂ – 16 gîtes. Nuitée 40 à 92€ – Sem. 190 à 574€ – frais de réservation 5€
  Pour s'y rendre : au lieu-dit : Les Gesquis (au sud du bourg, près du torrent)

Nature : 🐾 ≪ 🏠 ♒
Loisirs : 🎯 ⛺ salle d'anima-
tion 🚲 ✂ ⚓
Services : 🚿 ⛽ (juil.-août)
laverie 🧺
À prox. : 🎣 🛶 ⛷

Longitude : 1.66899
Latitude : 42.75162

Geef ons uw mening over de kampeerterreinen die wij aanbevelen.
Schrijf ons over uw ervaringen en ontdekkingen.

AUCH

32000 – **336** F8 – 21 704 h. – alt. 169
🅸 1, rue Dessoles ✆ 0562052289
▶ Paris 713 – Agen 74 – Bordeaux 205 – Tarbes 74

⛰ **Le Castagné** de mi-mai à mi-oct.
  ✆ 0607974037, *lecastagne@wanadoo.fr*,
  Fax 0562633256, *www.domainelecastagne.com*
  70 ha/2 campables (24 empl.) incliné et peu incliné, herbeux
  Tarif : ✝ 4€ ⇔ 🅴 4€ – (ᵷ) (10A) 3€
  Location : (permanent) – 3 🛖 – 9 ⌂ – 4 🛏 – 2 gîtes. Sem. 350 à 590€ – frais de réservation 20€
  ⛽ borne artisanale 12€
  Pour s'y rendre : rte de Toulouse (4 km à l'est par rte de Toulouse et à dr. chemin de Mont2gut)
  À savoir : 4 chambres d'hôtes

Nature : 🐾 ≪ 〰
Loisirs : 🎯 ⛺ 🏊 🎣 🎿
🚣 pédalos
Services : 🚿 ⛽ 🍴 📺

Longitude : 0.6337
Latitude : 43.6483

AUCUN

65400 – **342** K7 – 256 h. – alt. 853
▶ Paris 872 – Argelès-Gazost 10 – Cauterets 26 – Lourdes 22

⛰ **Lascrouts** Permanent
  ✆ 0562974262, *contact@camping-lascrouts.com*,
  Fax 0562974262, *www.camping-lascrouts.com* – places limitées pour le passage
  4 ha (72 empl.) plat, peu incliné, terrasse, herbeux
  Tarif : 13€ ✝✝ ⇔ 🅴 (ᵷ) (6A) – pers. suppl. 3€
  Location : (permanent) –1 🛖 – 12 ⌂ – 1 gîte. Nuitée 65€ – Sem. 515€
  Pour s'y rendre : 2 rte de Las Poueyes (700 m à l'est par D 918, rte d'Argelès-Gazost et rte à dr., à 300 m du Gave d'Azun)

Nature : 🐾 ≪
Loisirs : 🎯 🎣
Services : 🚿 ⛽ 🍴 📺 🛎 📺
À prox. : école de parapente

Longitude : -0.19193
Latitude : 42.97361

⛰ **Azun Nature** de déb. mai à fin sept.
  ✆ 0562974505, *azun.nature@wanadoo.fr*,
  www.camping-azun-nature.com
  1 ha (40 empl.) plat, herbeux
  Tarif : 17€ ✝✝ ⇔ 🅴 (ᵷ) (10A) – pers. suppl. 5€
  Location : (permanent) 🚫 – 7 🛖 – 1 gîte. Nuitée 38 à 75€ – Sem. 170 à 500€
  Pour s'y rendre : 1 rte des Poueyes (700 m à l'est par D 918, rte d'Argeles-Gazost et rte à dr., à 300 m du Gave d'Azun)

Nature : 🐾
Loisirs : 🎯 🎣
Services : 🚿 ⛽ 🍴 🛎 📺
À prox. : ⚓ école de parapente, sentiers de randonnées, VTT

Longitude : -0.18796
Latitude : 42.97399

421

MIDI-PYRÉNÉES

AUGIREIN

09800 – **343** D7 – 62 h. – alt. 629
▶ Paris 788 – Aspet 22 – Castillon-en-Couserans 12 – St-Béat 30

△ **La Vie en Vert** de mi-mai à déb. sept.
℘ 0561968266, daffis@lavieenvert.com,
Fax 0561968266, www.lavieenvert.com
0,3 ha (15 empl.) plat, herbeux
Tarif : (Prix 2010) 19€ ✶✶ ⬅ 🅴 ⒣ (9A) – pers.
suppl. 4,50€

Location : – 2 ⏢.
Pour s'y rendre : à l'est du bourg, au bord de la
Bouigane

À savoir : autour d'une ferme ancienne soigneusement
restaurée

Nature :	🐿 ⛱ ♒
Loisirs :	🏚 🛶
Services :	♿ ⛽ 🚿 🅰
À prox. :	🍹 snack

Longitude : 0.91656
Latitude : 42.93127

AULUS-LES-BAINS

09140 – **343** G8 – 205 h. – alt. 750
🛈 résidence Ars ℘ 0561960179
▶ Paris 807 – Foix 76 – Oust 17 – St-Girons 34

△ **Le Coulédous** Permanent
℘ 0561664356, campinglecouledous@orange.fr,
www.couledous.com
1,6 ha (70 empl.) plat, herbeux, pierreux, gravillons
Tarif : (Prix 2010) 19€ ✶✶ ⬅ 🅴 ⒣ (10A) – pers.
suppl. 5€

Location : (Prix 2010) (permanent) – 18 🏠. Nuitée
30 à 70€ – Sem. 210 à 490€
🚐 borne eurorelais – 10 🅴 13€ – 🍶 ⒣ 13€
Pour s'y rendre : rte de Saint-Girons (sortie nord-ouest
par D 32, près du Garbet)

À savoir : au milieu d'un parc aux essences variées et
parfois centenaires

Nature :	❄ < ♒
Loisirs :	snack 🏚 🏇
Services :	♿ ⛽ ▥ 🍴 laverie 🚿
À prox. :	✂ 🎣 🛶

Longitude : 1.33614
Latitude : 42.7901

422

AURIGNAC

31420 – **343** D5 – 1 154 h. – alt. 430
🛈 rue des Nobles ℘ 0561987006
▶ Paris 750 – Auch 71 – Bagnères-de-Luchon 69 – Pamiers 92

△ **Les Petites Pyrénées** Permanent
℘ 0561987008, Fax 0561987008
0,9 ha (48 empl.) plat, herbeux
Tarif : ✶ 5€ ⬅ 🅴 3€ – ⒣ (16A) 2€

Location : (permanent) – 2 🏠🚐. Sem. 350€
Pour s'y rendre : rte de Boussens (sortie sud-est par
D 635, rte de Boussens et à dr., près du stade - A64
sortie 21)

Nature :	⛱ ♒
Loisirs :	🏚
Services :	🅰
À prox. :	✂ 🛶 🏇

Longitude : 0.88175
Latitude : 43.21714

AX-LES-THERMES

09110 – **343** J8 – 1 467 h. – alt. 720
🛈 6, avenue Théophile Delcassé ℘ 0561646060
▶ Paris 805 – Toulouse 129 – Foix 43 – Pamiers 62

△△ **Village Vacances Résidence et Chalets Isatis**
(location exclusive de chalets et d'appartements) fermé
de fin sept. à mi-déc.
℘ 0534092005, resa@grandbleu.fr, www.grandbleu.
fr – alt. 1 000
2 ha en terrasses

Location : 🅿 – 20 🏠 – 27 appartements. Nuitée
56 à 130€ – Sem. 168 à 749€
Pour s'y rendre : à Ignaux (6 km au nord par D 613 et
D 52)

Nature :	🐿 < la Dent d'Orlu
Loisirs :	🛶
Services :	♿ ▥ laverie

Longitude : 1.83976
Latitude : 42.72043

Sunêlia Le Malazeou Permanent
℘ 0561646914, *camping.malazeou@wanadoo.fr*,
Fax 0561640560, *www.campingmalazeou.com*
6,5 ha (329 empl.) plat, herbeux, en terrasses, pierreux
Tarif : 25€ ♣♣ ⇌ ▣ ⑭ (6A) – pers. suppl. 6€ – frais de
réservation 30€

Location : (permanent) – 67 ⌷⌷⌷ – 21 ⌂. Nuitée
47 à 96€ – Sem. 329 à 672€ – frais de réservation 30€
⌷⌷ borne artisanale 14€
Pour s'y rendre : RN 20

Nature : 🌳🌳	
Loisirs : 🛶 ⫘ 🌊	
Services : ♿ ⊶ 🏧 ♨ 🍴 🚿	

Longitude : 1.83976
Latitude : 42.72043

AYZAC-OST

65400 – **342** L4 – 400 h. – alt. 430
▶ Paris 862 – Toulouse 188 – Tarbes 35 – Pau 54

La Bergerie saison
℘ 0562975999, *info@camping-labergerie.com*,
Fax 0562975189, *www.camping-labergerie.com*
2 ha (105 empl.) plat, herbeux
Tarif : (Prix 2010) 21,90€ ♣♣ ⇌ ▣ ⑭ (6A) – pers.
suppl. 5,40€

Location : (Prix 2010) (saison) ⫘ – 3 ⌷⌷⌷. Nuitée
45€ – Sem. 270 à 610€
Pour s'y rendre : 8 chemin de la Bergerie (sortie sud
par N 21 et chemin à gauche)

Nature : ≤ 🌳🌳	
Loisirs : 🏠 ⫘ 🌊	
Services : ♿ ⊶ ♨ 📷	
À prox. : 🍴 snack 🚿	

Longitude : -0.0968
Latitude : 43.02128

De gids wordt jaarlisjks bijgewerkt.
Doe als wij, vervang hem, dan blift je bij.

BAGNAC-SUR-CÉLÉ

46270 – **337** I3 – 1 567 h. – alt. 234
🛈 *18, avenue du Quercy* ℘ 0565140203
▶ Paris 593 – Cahors 83 – Decazeville 16 – Figeac 15

Les Berges du Célé de déb. juin à mi-sept.
℘ 0675001348, *lesbergesducele@aol.com*,
Fax 0323532598, *www.camping-sudouest.com*
1 ha (44 empl.) plat, herbeux
Tarif : 15€ ♣♣ ⇌ ▣ ⑭ (5A) – pers. suppl. 4€

Location : (permanent) – 3 ⌷⌷⌷ – 5 bungalows toilés.
Nuitée 40 à 80€ – Sem. 235 à 490€
⌷⌷ borne autre 4€ – ⛽ 9€
Pour s'y rendre : au lieu-dit : La Plaine (au sud-est du
bourg, derrière la gare, au bord du Célé)

Nature : 🌳🌳	
Loisirs : ⫘ 🌊 🐟	
Services : ⊶ 🚿 ♨ 📷	
À prox. : 🍴	

Longitude : 2.16009
Latitude : 44.66461

BAGNÈRES-DE-BIGORRE

65200 – **342** M6 – 8 016 h. – alt. 551 – ⚓ (début mars-fin nov.)
🛈 *3, allées Tournefort* ℘ 0562955071
▶ Paris 829 – Lourdes 24 – Pau 66 – St-Gaudens 65

Le Monlôo de mi-nov. à mi-oct.
℘ 0562951965, *campingmonloo@yahoo.com*,
Fax 0562951965, *www.lemonloo.com*
3 ha (180 empl.) peu incliné, plat, herbeux
Tarif : 22€ ♣♣ ⇌ ▣ ⑭ (10A) – pers. suppl. 5€

Location : (de mi-nov. à mi-oct.) – 10 ⌷⌷⌷ – 5 ⌂.
Nuitée 60 à 90€ – Sem. 260 à 580€
⌷⌷ borne artisanale 13€ – 2 ▣ 13€
Pour s'y rendre : 5 chemin de Monlôo (sortie nord-est,
par D 938, rte de Toulouse puis à gauche 1,4 km par D 8,
rte de Tarbes et chemin à dr.)

Nature : 🏞 ≤ 🌳🌳	
Loisirs : 🏠 ⫘ 🍴 🌊 ⛷	
Services : ♿ ⊶ 🏧 ♨ ♨	
laverie	

Longitude : 0.15107
Latitude : 43.0817

⚠ **Les Fruitiers** de déb. mai à fin oct.

℘ 0562952597, *danielle.villemur@wanadoo.fr*,
Fax 0562952597, *www.camping-les-fruitiers.com*
1,5 ha (112 empl.) plat, herbeux
Tarif : ✟ 4€ ⇔ 🅴 4€ – ⒢ (6A) 2€

Location : (Prix 2010) (de déb. avr. à fin oct.) ⌇
– 2 ⌂ – 3 appartements. Nuitée 50€ – Sem.
250 à 400€
⌷ borne artisanale 6€
Pour s'y rendre : 9 rte de Toulouse

Nature : ← Pic du Midi ♉♉	
Loisirs : 🎫 🏇	
Services : ⚮ 🅿	
À prox. : 🔲	
Longitude : 0.15746	
Latitude : 43.07108	

BAGNÈRES-DE-LUCHON

31110 – **343** B8 – 2 602 h. – alt. 630 – Sports d'hiver : à Superbagnères : 1 440/2 260 m ⚡ 1 ⚡14 ⚡
🇮 *18, allée d'Étigny* ℘ 0561792121
▶ Paris 814 – Bagnères-de-Bigorre 96 – St-Gaudens 48 – Tarbes 98

⚠ **Pradelongue** de déb. avr. à fin sept.

℘ 0561798644, *camping.pradelongue@wanadoo.fr*,
Fax 0561791864, *www.camping-pradelongue.com*
4 ha (135 empl.) plat, herbeux, pierreux
Tarif : ✟ 6€ ⇔ 🅴 6€ – ⒢ (10A) 4€ – frais de
réservation 13€

Location : (de déb. avr. à fin sept.) ⌇ – 14 ⌂.
Sem. 260 à 550€ – frais de réservation 13€
⌷ borne artisanale – 6 🅴 13€
Pour s'y rendre : Moustajon (2 km au nord par D 125,
rte de Moustajon, près du magasin Intermarché)

Nature : ← ⊏⊐ ♉♉	
Loisirs : 🎫 🏇 ⛵	
Services : ⚭ ⚮ 🍴 🔥 ⚒ 🚿	
🍴 laverie	
À prox. : 🛒 🐎 canoë-kayak	
Longitude : 0.6075	
Latitude : 42.81333	

⚠ **Les Myrtilles** ▲≗ – Permanent

℘ 0561798989, *myrtilles.moustajon@orange.fr*,
Fax 0561790941, *www.camping-myrtilles.com*
2 ha (100 empl.) plat, herbeux
Tarif : 20€ ✟✟ ⇔ 🅴 ⒢ (10A) – pers. suppl. 5€ – frais
de réservation 14€

Location : (permanent) – 19 ⌂ – 7 ⊨ – 5 bungalows
toilés – 1 gîte. Nuitée 38 à 75€ – Sem. 265 à 495€ – frais
de réservation 14€
⌷ borne autre 5€
Pour s'y rendre : à Pradech (2,5 km au nord par D 125,
à Moustajon, au bord d'un ruisseau)

Nature : ← ⊏⊐ ♀	
Loisirs : 🍴 snack 🎫 🏃 🏇 🚴 ⚑	
Services : ⚭ ⚮ 🍴 🔥 ⚒ 🚿	
🍴 laverie ⚒	
À prox. : 🐎 (centre équestre) canoë-kayak	
Longitude : 0.59751	
Latitude : 42.81503	

⚠ **Domaine Arôme Vanille** ▲≗ – Permanent

℘ 0561790038, *info@camping-aromevanille.com*,
Fax 0561952327, *camping-aromevanille.com*
5 ha (250 empl.) peu incliné, plat, herbeux
Tarif : (Prix 2010) 19€ ✟✟ ⇔ 🅴 ⒢ (10A) – pers.
suppl. 4€ – frais de réservation 10€

Location : (Prix 2010) (permanent) – 9 ⌂ – 21 🏠.
Nuitée 60€ – Sem. 299 à 609€ – frais de réservation
10€
Pour s'y rendre : rte de Subercarrère, à Montauban-de-
Luchon (1,5 km à l'est par D 27)

Nature : ⊗ ⊏⊐ ♀	
Loisirs : 🍴 snack 🏃 🏇	
Services : ⚭ ⚮ 🔥 🍴 🅿 ⚒	
Longitude : 0.61008	
Latitude : 42.79746	

424

Avant de vous installer, consultez les tarifs en cours,
affichés obligatoirement à l'entrée du terrain,
et renseignez-vous sur les conditions particulières de séjour.
Les indications portées dans le guide ont pu être modifiées depuis la mise à jour.

BARBOTAN-LES-THERMES

32150 – **336** B6
🚇 *Maison du tourisme et du thermalisme* 𝒫 05 62 69 52 13
▶ Paris 703 – Aire-sur-l'Adour 37 – Auch 75 – Condom 37

⛰ **Le Lac de l'Uby** 👥 – de mi-mars à fin oct.
𝒫 05 62 09 53 91, *balia-vacances@wanadoo.fr*,
Fax 05 62 09 56 97, *www.camping-uby.com*
6 ha (274 empl.) plat, herbeux, gravier
Tarif : 21€ 👫 🚐 🗉 [🚿] (10A) – pers. suppl. 7€ – frais
de réservation 8€

Location : (de mi-mars à fin oct.) – 36 🛖 – 7 🏠.
Nuitée 35 à 95€ – Sem. 245 à 660€ – frais de réservation
8€
🚽 borne artisanale
Pour s'y rendre : av. du Lac (1,5 km au sud-ouest, rte
de Cazaubon et à gauche, à la base de loisirs (au bord
du lac))

À savoir : à 300 m, agréable aire de stationnement pour
camping-cars

Nature : 🐟 ⩽ 🌳 ⚠	
Loisirs : snack 🍴 🎯 🏋 🚴 🎣 🏹 terrain multisports, skate parc	
Services : 🛒 🔑 🏛 🚿 🍴 laverie réfrigérateur	
À prox. : 🎿 🏊 🏖 (plage) canoë, pédalos	

Longitude : -0.04431
Latitude : 43.93971

LA BASTIDE DE SÉROU

09240 – **343** G6 – 961 h. – alt. 410
🚇 *Côtes* 𝒫 05 61 64 53 53
▶ Paris 779 – Foix 18 – Le Mas-d'Azil 17 – Pamiers 38

⛰ **L'Arize** de déb. mars à mi-nov.
𝒫 05 61 65 81 51, *camparize@aol.com*,
Fax 05 61 65 83 34, *www.camping-arize.com*
7,5 ha/1,5 (70 empl.) plat, herbeux
Tarif : 26€ 👫 🚐 🗉 [🚿] (6A) – pers. suppl. 6€ – frais de
réservation 19€

Location : (de déb. mars à mi-nov.) – 12 🛖
– 4 🏠. Nuitée 42 à 107€ – Sem. 235 à 749€ – frais de
réservation 19€
🚽 borne artisanale 5€ – 9 🗉 14€ – 🚐[🚿] 14€
Pour s'y rendre : sortie est par D 117, rte de Foix puis
1,5 km par D 15, rte de Nescus à dr., au bord de la rivière

Nature : 🐟 🏞 🌳	
Loisirs : 🍴 🚴 🏊 🏹	
Services : 🛒 🔑 🏖 🍴 laverie	
À prox. : 🍴 🏇	

Longitude : 1.44509
Latitude : 43.00168

⛰ **Village Vacances les Lambrilles** (location
exclusive de chalets) Permanent
𝒫 05 61 64 53 53, *tourisme@seronais.com*,
Fax 05 61 64 50 48, *www.seronais.com*
1 ha plat, herbeux
Location : – 24 🏠. Nuitée 65 à 80€ – Sem. 290 à 570€
– frais de réservation 15€
Pour s'y rendre : au bourg, au bord de l'Arize

Nature : 🐟	
Loisirs : 🍴 🏋 🏊 🏹	
Services : 🏛 🖥	
À prox. : 🎿 🏹	

Longitude : 1.42958
Latitude : 43.00974

BEAUMONT-DE-LOMAGNE

82500 – **337** B8 – 3 733 h. – alt. 400 – Base de loisirs
🚇 *3, rue Pierre Fermat* 𝒫 05 63 02 42 32
▶ Paris 662 – Agen 60 – Auch 51 – Castelsarrasin 27

⛰ **Le Lomagnol** 👥 – de déb. avr. à fin oct.
𝒫 05 63 26 12 00, *villagedeloisirslelomagnol@wanadoo.
fr*, Fax 05 63 65 60 22, *www.villagelelomagnol.fr*
6 ha/1,5 (100 empl.) plat, herbeux
Tarif : 17€ 👫 🚐 🗉 [🚿] (10A) – pers. suppl. 4€ – frais
de réservation 15€

Location : (permanent) 🅿 – 5 🛖 – 24 🏠
– 24 gîtes. Sem. 255 à 430€ – frais de réservation 15€
🚽 borne artisanale – 🚐[🚿] 17€
Pour s'y rendre : av. du Lac (800 m à l'est, accès par la
déviation et chemin, au bord d'un plan d'eau)

Nature : ⩽ 🏞 🌳	
Loisirs : 🍴 🎮 nocturne 🏋 🛶 jacuzzi 🏊 🚴 🎿 🏹 🎯 🏊 🏹 canoë, pédalos	
Services : 🛒 🏖 🚿 🍴 🖥	
À prox. : 🍴 🏃 parcours de santé	

Longitude : 0.99419
Latitude : 43.88363

BÉDUER

46100 – **337** H4 – 720 h. – alt. 260
▶ Paris 572 – Cahors 63 – Figeac 9 – Villefranche-de-Rouergue 36

⚠ **Pech Ibert** de mi-mars à mi-nov.
℘ 05 65 40 05 85, *camping.pech.ibert@orange.fr*,
www.camping-pech-ibert.com
1 ha (18 empl.) plat, herbeux, gravillons, pierreux
Tarif : ★ 3€ ⇔ 1€ 圓 3€ – 🔌 (6A) 3€ – frais de
réservation 10€

Location : (de mi-mars à mi-nov.) – 3 🚐 – 4 🏠.
Nuitée 20€ – Sem. 290 à 645€
🚐 borne artisanale 5€ – 2 圓 8€ – 🔋 8€
Pour s'y rendre : au lieu-dit : Pech Ibert (1 km au nord-
ouest par D 19, rte de Cajarc et rte à dr.)

Nature : 🦢 ⛱ ♀	
Loisirs : 🍷 🏠 ⛴ 🛝	
Services : 👤 ⚡ 🚿 🏧 ⛺ ▣	
réfrigérateurs	
À prox. : 🍴	

Longitude : 1.9375
Latitude : 44.57833

BELAYE

46140 – **337** D5 – 219 h. – alt. 209
▶ Paris 594 – Cahors 30 – Fumel 21 – Gourdon 46

⚠ **La Tuque** de fin avr. à déb. sept.
℘ 05 65 21 34 34, *info@campinglatuque.fr*,
www.campinglatuque.fr – croisement difficile sur 6 km
9 ha/4 campables (90 empl.) vallonné, en terrasses, peu
incliné, herbeux, pierreux
Tarif : ★ 6€ ⇔ 圓 10€ – 🔌 (10A) 4€ – frais de
réservation 10€

Location : (de fin mars à déb. sept.) 🛖 – 9 🚐
– 3 🏠 – 3 gîtes. Nuitée 35 à 100€ – Sem. 245 à 685€
– frais de réservation 10€
Pour s'y rendre : sortie sud, 3,5 km par D 50, rte de la
Boulvée et chemin à dr.

À savoir : cadre agréable dans un joli site boisé

Nature : 🦢 〰	
Loisirs : 🍷 snack, pizzeria 🏠	
🎪 nocturne 🏃 ⛴ 🏊 ⛳	
🛝 ⛵	
Services : 👤 ⚡ 🚿 🍴 laverie	
🛁	

Longitude : 1.17244
Latitude : 44.44407

LE BEZ

81260 – **338** G9 – 791 h. – alt. 644
🔎 *Maison du Sidobre - Vialavert* ℘ 05 63 74 63 38
▶ Paris 745 – Albi 63 – Anglès 12 – Brassac 5

⚠ **Le Plô** de déb. mai à fin sept.
℘ 05 63 74 00 82, *info@leplo.com*, *www.leplo.com*
2,5 ha (60 empl.) en terrasses, vallonné, herbeux, bois
Tarif : 21€ ★★ ⇔ 圓 🔌 (6A) – pers. suppl. 4€ – frais de
réservation 10€

Location : (de déb. juin à mi-sept.) 🛖 – 7 tentes.
Nuitée 55 à 75€ – Sem. 350 à 525€ – frais de réservation
10€
Pour s'y rendre : Le Bourg (900 m à l'ouest par D 30, rte
de Castres et chemin à gauche)

Nature : 🦢 ≪ ♀	
Loisirs : 🏠 ⛴ 🛝	
Services : 👤 ⚡ 🚿 🍴	
À prox. : 🍴	

Longitude : 2.47064
Latitude : 43.60815

BOISSE-PENCHOT

12300 – **338** F3 – 543 h. – alt. 169
▶ Paris 594 – Toulouse 193 – Rodez 46 – Aurillac 65

⚠ **Le Roquelongue** Permanent
℘ 05 65 63 39 67, *info@camping-roquelongue.com*,
Fax 05 65 63 39 67, *www.camping-roquelongue.com*
3,5 ha (66 empl.) plat, herbeux, pierreux
Tarif : 21€ ★★ ⇔ 圓 🔌 (10A) – pers. suppl. 4€

Location : (permanent) – 6 🚐 – 7 🏠. Nuitée
55 à 80€ – Sem. 350 à 500€
Pour s'y rendre : 4,5 km au nord-ouest par D 963, D 21
et D 42, rte de Boisse-Penchot, près du Lot (accès direct)

Nature : ≪ ⛱ 〰	
Loisirs : 🍷 snack ⛴ 🏊 🛝	
🛶 canoë-kayak, pédalos	
Services : 👤 ⚡ 🚿 🛁 🚾	
🍴 ▣	

Longitude : 2.22179
Latitude : 44.58224

BOULOGNE-SUR-GESSE

31350 – **343** B5 – 1 647 h. – alt. 320
8 *place de l'Hôtel de Ville* ℰ *05 61 88 13 19*
▶ Paris 735 – Auch 47 – Aurignac 24 – Castelnau-Magnoac 13

▲▲ Village Vacances Le Lac (location exclusive de chalets) Permanent
ℰ 05 61 88 20 54, *villagevacancesboulogne@wanadoo.fr*,
Fax 05 61 88 62 16, *www.ville-boulogne-sur-gesse.fr*
2 ha en terrasses, herbeux
Location : **℗** – 24 🏠. Sem. 260 à 560 €
Pour s'y rendre : rte du Lac (1,3 km au sud-est par
D 633, rte de Montréjeau et rte à gauche, à 300 m du lac)

Nature : ⧖ ⬕ Sur le lac ♀	
Loisirs : 🏖 ✎	
Services : 🛒 🚿 ⬛ 🅿	
À prox. : 🏹 ⵎ ✗ 🏃 🚴	
🎿 ♣ ⤳ ⛷ pédalos	

Longitude : 0.6562
Latitude : 43.28389

BOURISP

65170 – **342** O6 – 146 h. – alt. 790
▶ Paris 828 – Toulouse 155 – Tarbes 70 – Lourdes 66

▲▲ Le Rioumajou Permanent
ℰ 05 62 39 48 32, *lerioumajou@wanadoo.fr*,
Fax 05 62 39 58 27, *www.camping-le-rioumajou.com*
5 ha (240 empl.) plat, gravillons, pierreux, herbeux
Tarif : (Prix 2010) 29,78 € ⵎⵎ 🚐 ⎕ ⎋ (10A) – pers.
suppl. 6,15 € – frais de réservation 14 €
Location : (Prix 2010) 🛖 – 5 🚐 – 11 bungalows
toilés. Nuitée 29 à 77 € – Sem. 200 à 540 € – frais de
réservation 14 €
🚃 borne flot bleu 4 € – ⛟ ⎋ 10 €
Pour s'y rendre : 1,3 km au nord-ouest par D 929, rte
d'Arreau et chemin à gauche, au bord de la Neste d'Aure

Nature : ❄ ⬕ ⬕ ♀	
Loisirs : ⵎ snack 🏖 ⊙ diurne	
🏖 ✗ ♣	
Services : ⛿ 🔒 ⬛ 🅿 ⎔ ⤳	
🛉 laverie 🔧 ⤳	

Longitude : 0.33862
Latitude : 42.82826

BRASSAC

81260 – **338** G9 – 1 424 h. – alt. 487
8 *place de l'Hôtel de Ville* ℰ *05 63 74 56 97*
▶ Paris 747 – Albi 65 – Anglès 14 – Castres 26

▲ Municipal de la Lande de déb. mai à mi-sept.
ℰ 05 63 74 09 11, *mairie.brassac.agout@wanadoo.fr*,
Fax 05 63 74 57 44, *camping.brassac.fr*
1 ha (50 empl.) plat, herbeux
Tarif : (Prix 2010) ⵎ 2 € ⤳ 1 € ⎕ 2 € – ⎋ (5A) 2 €
Pour s'y rendre : sortie sud-ouest vers Castres et à dr.
apr. le pont, près de l'Agout et au bord d'un ruisseau -
pour caravanes, faire demi-tour au rond-point

Nature : ⬕ ⬕⬕	
Loisirs : 🏖	
Services : 🚿 ✗ 🅿	
À prox. : 🚲 ✗ ⤳ ✎	

Longitude : 2.4952
Latitude : 43.63067

BRETENOUX

46130 – **337** H2 – 1 322 h. – alt. 136
8 *avenue de la Libération* ℰ *05 65 38 59 53*
▶ Paris 521 – Brive-la-Gaillarde 44 – Cahors 83 – Figeac 48

▲ La Bourgnatelle de déb. mai à fin oct.
ℰ 05 65 10 89 04, *contact@dordogne-vacances.fr*,
Fax 05 65 10 89 18, *www.dordogne-vacances.fr*
2,3 ha (135 empl.) plat, herbeux
Tarif : (Prix 2010) 21 € ⵎⵎ 🚐 ⎕ ⎋ (5A) – pers.
suppl. 4 € – frais de réservation 10 €
Location : – 74 🚐 – 5 bungalows toilés. Sem.
100 à 690 € – frais de réservation 20 €
🚃 borne artisanale 3 € – 3 ⎕
Pour s'y rendre : sortie nord-ouest, à gauche apr. le
pont

Nature : ⬕ ⬕⬕ ⛰	
Loisirs : 🏖 🏃 ⤳ ✎	
Services : ⛿ 🔒 (juil.-août) 🚿	
laverie 🔧	
À prox. : ✗	

Longitude : 1.83895
Latitude : 44.91548

427

MIDI-PYRÉNÉES

BRUSQUE

12360 – **338** J8 – 320 h. – alt. 465
▶ Paris 698 – Albi 91 – Béziers 75 – Lacaune 30

Village Vacances Val-VVF Le Domaine de Céras de déb. juil. à fin août
𝒫 0565495066, brusque@vvfvillages.fr,
Fax 0565495717, www.vvfvillages.fr
14 ha (40 empl.) plat, vallonné
Tarif : (Prix 2010) 32€ **† †** ⇔ 🅴 (½) (20A) – pers.
suppl. 3€ – frais de réservation 32€

Location : (Prix 2010) (de déb. mai à fin sept.) – 19 🏠
– 67 appartements – 20 bungalows toilés. Nuitée
37 à 130€ – Sem. 259 à 910€ – frais de réservation
32€
Pour s'y rendre : 1,6 km au sud par D 92, rte d'Arnac,
au bord du Dourdou et d'un petit plan d'eau

À savoir : dans une petite vallée verdoyante et paisible

Nature : 🐟 < 🏔
Loisirs : 🍴 ✗ 🏠 🎮 🏇 🏃 🎱 ⛵ (plan d'eau) 🎣 parcours sportif, terrain omnisports
Services : ☎ (juil.-août) 🚰 laverie 🧺

Longitude : 2.94886
Latitude : 43.76675

BUN

65400 – **342** L5 – 128 h. – alt. 800
▶ Paris 874 – Toulouse 198 – Tarbes 44 – Pau 64

Le Bosquet Permanent
𝒫 0562970781, info@locations-valdazun.com – places
limitées pour le passage
1,5 ha (35 empl.) plat, herbeux
Tarif : **†** 3,20€ ⇔ 🅴 3,20€ – (½) (6A) 3,80€
Pour s'y rendre : sortie ouest du bourg - pour les
caravanes : accès conseillé par D 918, rte d'Aucun et D 13

Nature : 🐟 < 🌲
Loisirs : 🏠
Services : ♿ ☎ 🚰 laverie

Longitude : -0.15743
Latitude : 42.97536

LES CABANNES

428

81170 – **338** D6 – 346 h. – alt. 200
▶ Paris 653 – Albi 27 – Montauban 57 – Rodez 80

Le Garissou de déb. avr. à mi-oct.
𝒫 0563562714, aquadis1@orange.fr,
Fax 0386379583, www.aquadis-loisirs.com
7 ha/4 campables (72 empl.) en terrasses, plat, herbeux,
pierreux
Tarif : 15€ **† †** ⇔ 🅴 (½) (10A) – pers. suppl. 4€ – frais
de réservation 8€

Location : (de déb. avr. à mi-nov.) 🅿 – 30 🏠. Nuitée
66 à 84€ – Sem. 230 à 590€ – frais de réservation 16€
Pour s'y rendre : au lieu-dit : Les Cabannes (1,6 km à
l'ouest par D 600, rte de Vindrac et chemin à gauche)

À savoir : belle situation dominante

Nature : 🐟 < Cordes-sur-Ciel ou la vallée 🌲
Loisirs : 🏠 🏃 🚴 🎯 🏊 🎣 terrain omnisports
Services : ♿ ☎ 🅿 🧺 🚰 laverie

Longitude : 1.94247
Latitude : 44.06767

CAHORS

46000 – **337** E5 – 20 093 h. – alt. 135
🅱 place François Mitterrand 𝒫 0565532065
▶ Paris 575 – Agen 85 – Albi 110 – Bergerac 108

Rivière de Cabessut de déb. avr. à fin sept.
𝒫 0565300630, contact@cabessut.com,
Fax 0565239946, www.cabessut.com
2 ha (113 empl.) plat, herbeux
Tarif : **†** 5€ ⇔ 🅴 8€ – (½) (10A) 2€

Location : (de déb. avr. à fin sept.) 🛏 – 8 🚐.
Nuitée 55 à 80€ – Sem. 290 à 540€
🏠 borne artisanale 4€ – 10 📷 – 🚰 11€
Pour s'y rendre : r. de la Rivière (3 km au sud par D 911
dir. Rodez puis chemin à gauche, quai Ludo-Rolles, au
bord du Lot)

Nature : 🌲 🏔
Loisirs : 🏠 🏃 🎣 🏊 🎣
Services : ♿ ☎ 🧺 🍴 🛁
🚰 📱
À prox. : 🏊 espace aquatique

Longitude : 1.44192
Latitude : 44.46364

LES CAMMAZES

81540 – **338** E10 – 304 h. – alt. 610
🏠 *25, rue de la Fontaine* ✆ *05 63 74 17 17*
▶ Paris 736 – Aurillac 241 – Castres 35 – Figeac 183

⛰ **La Rigole** de déb. mai à fin sept.
✆ 05 63 73 28 99, *campings.occitanie@orange.fr*,
Fax 05 63 73 28 99, *www.campingdlr.com*
3 ha (66 empl.) plat, peu incliné, terrasse, herbeux
Tarif : 23€ ✦✦ ⇔ 🅴 ⚡ (8A) – pers. suppl. 5€
Location : (de déb. mai à fin sept.) – 9 🛖 – 9 🏠.
Nuitée 53 à 82€ – Sem. 246 à 490€
🚐 4 🅴 10€
Pour s'y rendre : rte du Barrage (sortie sud par D 629 et rte à gauche)

Nature :	🏞 🗊 ♨
Loisirs :	🍴 snack 🏊 🚲 🛴
Services :	🔥 🔌 ♨ 🚻 laverie
À prox. :	🏊 🎣 💧

Longitude : 2.08625
Latitude : 43.40787

CANET-DE-SALARS

12290 – **338** I5 – 398 h. – alt. 850
▶ Paris 654 – Pont-de-Salars 9 – Rodez 33 – St-Beauzély 28

⛰ **"Les Castels" Le Caussanel** 👥 – de fin mai à mi-sept.
✆ 05 65 46 85 19, *info@lecaussanel.com*,
Fax 05 65 46 89 85, *www.lecaussanel.com*
10 ha (235 empl.) plat, peu incliné, terrasse, herbeux
Tarif : 34€ ✦✦ ⇔ 🅴 ⚡ (6A) – pers. suppl. 7€ – frais de réservation 30€
Location : (de fin mai à mi-sept.) – 43 🛖 – 38 🏠.
Nuitée 44 à 142€ – Sem. 308 à 994€ – frais de réservation 30€
Pour s'y rendre : au Lac de Pareloup (2,7 km au sud-est par D 538 et à dr.)

Nature :	🏞 ⬳ sur le lac ♀ ⛺
Loisirs :	🍴 pizzeria, grill 🖾
	🎲 🎯 salle d'animation 🏊
	🚲 ✂ 🛴 🏄 🎣 terrain
omnisports, animaux de la ferme,
canoë, pédalos, barques
Services :	🔥 🔌 ♨ 🗄 🧺 🚻
laverie 🌊 🚿
À prox. :	discothèque

Longitude : 2.76651
Latitude : 44.21426

429

Le coup de cœur de Bib

« Quand on s'promène au bord de l'eau, comme tout est beau, quel renouveau… », chantait Jean Gabin. Au camping du Caussanel, vous ne serez pas loin de fredonner le même refrain. Situé sur les rives du lac de Pareloup, le domaine a obtenu le label La Clef Verte pour sa démarche respectueuse de l'environnement. Tout est réuni pour des vacances très « nature » : randonnées, miniferme, initiation à la pêche, jusqu'au théâtre de verdure qui accueille des spectacles. Quant à l'espace aquatique, avec ses toboggans et ses jets d'eau, il ravira les enfants.

Les Castels Le Caussanel

⛰ **Soleil Levant** de déb. avr. à fin sept.
📞 05 65 46 03 65, *contact@camping-soleil-levant.com*,
www.camping-soleil-levant.com
11 ha (206 empl.) en terrasses, plat, peu incliné, herbeux
Tarif : 23€ ✦✦ 🚗 🗉 ⚡ (6A) – pers. suppl. 6,50€ – frais
de réservation 10€

Location : (de fin avr. à fin sept.) – 11 🛏. Sem.
180 à 625€ – frais de réservation 10€
Pour s'y rendre : au Lac de Pareloup (3,7 km au sud-est
par D 538 et D 993, rte de Salles-Curan, à gauche, av.le
pont)

À savoir : situation agréable au bord du lac de Pareloup

Nature :	🏞 ≤ ♨ ⚠
Loisirs :	🍸 🏠 ♨ 🎣 canoë, ponton d'amarrage
Services :	🚿 ♒ ⛽ 🧺 laverie
À prox. :	🚲

Longitude : 2.77665
Latitude : 44.21538

CAPDENAC-GARE

12700 – **338** E3 – 4 614 h. – alt. 175
🛈 place du 14 juillet 📞 05 65 64 74 87
▶ Paris 587 – Decazeville 20 – Figeac 9 – Maurs 24

⛰ **Municipal les Rives d'Olt** de déb. avr. à fin sept.
📞 05 65 80 88 87, *camping.capdenac@wanadoo.fr*
1,3 ha (60 empl.) plat, herbeux
Tarif : (Prix 2010) ✦ 3€ 🚗 1,95€ 🗉 6€ – ⚡ (10A) 3€
🛏 10 🗉 4€
Pour s'y rendre : 8 bd Paul Ramadier (sortie ouest par
D 994, rte de Figeac et à gauche av. le pont, près du Lot)
À savoir : cadre agréable, verdoyant et ombragé

Nature :	🏕 ♨
Loisirs :	🎣
Services :	🚿 ♒ ⛽ 📷
À prox. :	🍖 🍸 snack 🍽 ⛳ 🏊
parcours sportif

Longitude : 2.07294
Latitude : 44.57209

CARLUCET

46500 – **337** F3 – 223 h. – alt. 322
▶ Paris 542 – Cahors 47 – Gourdon 26 – Labastide-Murat 11

⛰ **Château de Lacomté** de mi-mai à mi-sept.
📞 05 65 38 75 46, *lacomte2@wanadoo.fr*,
Fax 05 65 33 17 68, *www.campingchateaulacomte.com*
12 ha/4 campables (100 empl.) terrasse, peu incliné, plat,
herbeux, pierreux, bois
Tarif : 32€ ✦✦ 🚗 🗉 ⚡ (10A) – pers. suppl. 9€ – frais
de réservation 10€

Location : (de mi-mai à mi-sept.) 🏄 – 4 🛏 – 5 🏡
– 1 gîte. Sem. 150 à 595€ – frais de réservation 10€
🛏 borne artisanale 10€ – 2 🗉 42€
Pour s'y rendre : au lieu-dit : Lacomté (1,8 km au nord-
ouest du bourg, au château)

À savoir : camping réservé aux adultes (+ de 16 ans)

Nature :	🏞 🏕 ♨
Loisirs :	🍸 ✗ snack 🏠 ♨ 🚲 ✗
Services :	🚿 ♒ ⛽ ♻ 🚽 laverie 🐕

Longitude : 1.59692
Latitude : 44.72881

Pour une meilleure utilisation de cet ouvrage,
LISEZ ATTENTIVEMENT les premières pages du guide.

CARMAUX

81400 – **338** E6 – 10 268 h. – alt. 241 – Base de loisirs
🛈 place Gambetta 📞 05 63 76 76 67
▶ Paris 720 – Toulouse 96 – Albi 18 – Castres 63

⛰ Cap' Découverte
📞 0825 08 12 34, *contact@capdecouverte.com*,
Fax 05 63 80 15 29, *www.capdecouverte.com*
1 ha (105 empl.) plat, herbeux, pierreux
Pour s'y rendre : Le Garric (6 km au sud par N 88 et
D 25)
À savoir : au milieu d'un important centre de loisirs

Nature :	🏞
Services :	🚿 ♒ 📷
À prox. :	🍸 ✗ snack 🏄 🚲 🏊 🎣 ski sur gazon, téléski nautique, pédalos, luge d'été, karting

Longitude : 2.15812
Latitude : 44.0496

CASSAGNABÈRE-TOURNAS

31420 – **343** C5 – 395 h. – alt. 380
▶ Paris 758 – Auch 78 – Bagnères-de-Luchon 65 – Pamiers 101

△ **Pré Fixe** de mi-avr. à fin août
℘ 05 61 98 71 00, *camping@instudio4.com*,
www.instudio4.com/pre-fixe ⚡
1,2 ha (40 empl.) en terrasses, plat, herbeux
Tarif : 24 € ✶✶ ⟺ 🄴 🄸 (6A) – pers. suppl. 8 €
Pour s'y rendre : rte de St-Gaudens (au sud-ouest du bourg)
À savoir : jolie décoration florale et arbustive

Nature :	🏞 🏠 ♨
Loisirs :	🎱 ⛵
Services :	♿ ⚡ 🚿 🔧
À prox. :	✂

Longitude : 0.79167
Latitude : 43.22889

CASSAGNES

46700 – **337** C4 – 207 h. – alt. 185
▶ Paris 577 – Cahors 34 – Cazals 15 – Fumel 19

△ **Le Carbet** de déb. avr. à fin sept.
℘ 05 65 36 61 79, *campingcarbet@wanadoo.fr*,
www.camping-le-carbet.fr
3 ha (29 empl.) non clos, en terrasses, pierreux, herbeux
Tarif : (Prix 2010) 21 € ✶✶ ⟺ 🄴 🄸 (6A) – pers. suppl. 6 € – frais de réservation 10 €
Location : (de déb. avr. à fin sept.) – 10 🚐. Sem. 200 à 500 € – frais de réservation 10 €
🚐 3 🄴 12 € – 🔋 11 €
Pour s'y rendre : au lieu-dit : La Barte (1,5 km au nord-ouest par D 673, rte de Fumel, près d'un lac)

Nature :	🏠 ♨♨
Loisirs :	🍷 snack ⛵
Services :	⚡ 🚿 🔧 🔧 🔧

Longitude : 1.13102
Latitude : 44.56338

CASTELNAU-DE-MONTMIRAL

81140 – **338** C7 – 946 h. – alt. 287
🄱 *place de la Mairie* ℘ 05 63 33 15 11
▶ Paris 645 – Albi 31 – Bruniquel 22 – Cordes-sur-Ciel 22

△△ **Le Chêne Vert** de déb. avr. à fin oct.
℘ 05 63 33 16 10, *campingduchenevert@wanadoo.fr*,
Fax 05 63 33 20 80, *www.camping-du-chene-vert.com*
10 ha/2 campables (45 empl.) en terrasses, vallonné, peu incliné, plat, herbeux
Tarif : (Prix 2010) 19 € ✶✶ ⟺ 🄴 🄸 (10A) – pers. suppl. 5 €
Location : (Prix 2010) (permanent) – 37 🏠 – 5 bungalows toilés. Nuitée 50 à 115 € – Sem. 150 à 640 € – frais de réservation 15 €
Pour s'y rendre : au lieu-dit : Travers du Rieutort (3,5 km au nord-ouest par D 964, rte de Caussade, D 1 et D 87, rte de Penne, à gauche)
À savoir : agréable chênaie

431

Nature :	🏞 🌲 🏠 ♨♨
Loisirs :	🎱 ⛵
Services :	♿ ⚡ 🔧 🔧
À la base de loisirs (800m) :	🍷
snack ⛵ ✂ 🏖 🏖 (plage)	
🏊	

Longitude : 1.78947
Latitude : 43.97702

CASTELNAU-MONTRATIER

46170 – **337** E6 – 1 873 h. – alt. 240
🄱 *27, rue Clemenceau* ℘ 05 65 21 84 39
▶ Paris 600 – Cahors 30 – Caussade 24 – Lauzerte 23

△ **Municipal des 3 Moulins**
℘ 05 65 21 86 54, *mairiecastelnau@wanadoo.fr*,
Fax 05 65 21 91 52
1 ha (50 empl.) en terrasses, herbeux
Pour s'y rendre : rte de Lauzette (sortie nord-ouest par D 19)

Nature :	♨
À prox. :	✂ ⛵ 🏊 parc aquatique

Longitude : 1.35354
Latitude : 44.26772

CASTÉRA-VERDUZAN

32410 – **336** E7 – 912 h. – alt. 114 – Base de loisirs
🅱 *avenue des Thermes* 𝒫 *05 62 68 10 66*
▶ Paris 720 – Agen 61 – Auch 40 – Condom 20

⚠ **La Plage de Verduzan** de déb. avr. à fin oct.
𝒫 05 62 68 12 23, *camping.laplagedeverduzan@orange.fr*, Fax 05 62 68 18 95, *www.camping-verduzan.com*
2 ha (100 empl.) plat, herbeux
Tarif : (Prix 2010) 20€ 🏕 🏕 🚗 🔲 🔼 (10A) – pers. suppl. 5€ – frais de réservation 10€

Location : (Prix 2010) – 10 🛖 – 8 🏠 – 10 bungalows toilés. Sem. 225 à 595€ – frais de réservation 10€
🔁 borne artisanale 5€
Pour s'y rendre : 30 r. du Lac (au nord du bourg, au bord de l'Aulone)

À savoir : au bord d'un plan d'eau, emplacements soignés

Nature :	🔲 🟰
Loisirs :	🔲 🏃
Services :	🚿 🔌 🚽 🚐 🔧 🔲
À prox. :	🍴 🛥 (plage) 🔱 pédalos

Longitude : 0.43116
Latitude : 43.80817

Renouvelez votre guide chaque année.

CAUSSADE

82300 – **337** F7 – 6 508 h. – alt. 109
🅱 *11, rue de la République* 𝒫 *05 63 26 04 04*
▶ Paris 606 – Albi 70 – Cahors 38 – Montauban 28

⚠ **Municipal la Piboulette** de déb. mai à fin sept.
𝒫 05 63 93 09 07, *Secretariat@mairie-caussade.com*, Fax 05 63 65 09 07, *mairie-caussade.fr*
1,5 ha (100 empl.) plat, herbeux
Tarif : (Prix 2010) 🏃 3€ 🚗 🔲 2€ – 🔼 2€ – frais de réservation 2€
🔁 borne autre 4€
Pour s'y rendre : 1 km au nord-est par D 17, rte de Puylaroque et à gauche, au stade, à 200 m d'un étang

Nature :	🌿 🟰
Services :	🚿 🔌 🚐 🔲 laverie
À prox. :	🏊 🍴 🔲 🎣 parcours de santé

Longitude : 1.54484
Latitude : 44.16471

CAUTERETS

65110 – **342** L7 – 1 106 h. – alt. 932 – ⛷ – Sports d'hiver :
🅱 *place Foch* 𝒫 *05 62 92 50 50*
▶ Paris 880 – Argelès-Gazost 17 – Lourdes 30 – Pau 75

⚠ **Les Glères** Permanent
𝒫 05 62 92 55 34, *camping-les-gleres@wanadoo.fr*, Fax 05 62 92 03 53, *www.gleres.com*
1,2 ha (80 empl.) plat, herbeux, gravillons
Tarif : 21€ 🏕 🏕 🚗 🔲 🔼 (6A) – pers. suppl. 5€ – frais de réservation 10€

Location : (permanent) 🏚 – 16 🛖 – 5 🏠 – 2 appartements. Nuitée 55 à 70€ – Sem. 250 à 470€
🔁 45 🔲 14€
Pour s'y rendre : 19 rte de Pierrefitte (sortie nord par D 920, au bord du Gave)

À savoir : situé proche du centre ville

Nature :	🏔 ⛰ 🔲 🟰
Loisirs :	🔲 🏊 🎣
Services :	🚿 🔌 🔲 🚐 🚐 🚐 laverie
À prox. :	patinoire 🍴

Longitude : -0.11275
Latitude : 42.89625

⚠ **GR 10** de fin juin à déb. sept.
𝒫 06 20 30 25 85, *contact@gr10camping.com*, Fax 05 62 92 54 02, *www.gr10camping.com*
1,5 ha (61 empl.) plat, peu incliné, herbeux, pierreux
Tarif : (Prix 2010) 🏃 5€ 🚗 4,50€ – 🔼 (8A) 4€

Location : – 20 🛖 – 1 gîte.
Pour s'y rendre : à Concé (2,8 km au nord par D 920, rte de Lourdes, près du Gave de Pau)

Nature :	🌿 ⛰ 🔲 🟰
Loisirs :	🔲 🏊 🍴 ♨ accrobranche (enfants), canyonning, escalade
Services :	🚿 🔌 🚐 ✂ 🔲 laverie

Longitude : -0.09972
Latitude : 42.91055

△ **Le Cabaliros** de fin mai à fin sept.
☎ 05 62 92 55 36, *info@camping-cabaliros.com*,
www.camping-cabaliros.com
2 ha (100 empl.) incliné à peu incliné, herbeux
Tarif : 18€ ⚹⚹ ⇌ 🅔 🔌 (6A) – pers. suppl. 5€

Location : (de fin avr. à mi-oct.) – 4 🚐. Nuitée
50 à 65€ – Sem. 260 à 510€
🚐 borne artisanale 3€
Pour s'y rendre : 93 av. du Mamelon Vert (1,6 km au
nord par rte de Lourdes et au pont à gauche, au bord du
Gave de Pau)

| Nature : ⩽ 🗘🗘 |
| Loisirs : 🛖 🗘 |
| Services : 👤 ⚷ 🗗 ⛲ 🏧 |
| laverie |

| Longitude : -0.10735 |
| Latitude : 42.90406 |

△ **Le Péguère** de déb. avr. à fin sept.
☎ 05 62 92 52 91, *campingpeguere@wanadoo.fr*,
Fax 05 62 92 52 91, *www.campingpeguere.com*
3,5 ha (160 empl.) peu incliné, plat, herbeux
Tarif : 14€ ⚹⚹ ⇌ 🅔 🔌 (6A) – pers. suppl. 4€

Location : (de déb. avr. à fin sept.) ⚡ – 3 🚐
– 2 🏠. Nuitée 40 à 80€ – Sem. 200 à 400€
🚐 borne artisanale 2€
Pour s'y rendre : 31 rte de Pierrefitte (1,5 km au nord
par rte de Lourdes, au bord du Gave de Pau)

| Nature : ⩽ ♀ |
| Loisirs : 🗘 |
| Services : 👤 ⚷ 🗗 🗗 ⛲ |
| laverie |

| Longitude : -0.09602 |
| Latitude : 42.91699 |

CAYLUS

82160 – **337** G6 – 1 536 h. – alt. 228
🛈 *rue Droite* ☎ 05 63 67 00 28
▶ Paris 628 – Albi 60 – Cahors 59 – Montauban 50

△ **La Bonnette** de déb. avr. à mi-oct.
☎ 05 63 65 70 20, *info@campingbonnette.com*,
Fax 05 63 65 70 20, *www.campingbonnette.com*
1,5 ha (60 empl.) plat, herbeux
Tarif : 22€ ⚹⚹ ⇌ 🅔 🔌 (10A) – pers. suppl. 6€

Location : (de déb. avr. à mi-oct.) – 6 🚐. Nuitée
45 à 85€ – Sem. 300 à 580€
🚐 borne artisanale
Pour s'y rendre : au lieu-dit : Les Condamines (sortie
nord-est par D 926, rte de Villefranche-de-Rouergue et
D 97 à dr., rte de St-Antonin-Noble-Val, au bord de la
Bonnette et à prox. d'un plan d'eau)

| Nature : 🗗 🗘🗘 |
| Loisirs : 🏊 🛶 |
| Services : 👤 ⚷ 🗗 🍴 ⛲ 🗗 |
| 🏧 laverie |
| À prox. : 🗘 |

| Longitude : 1.77629 |
| Latitude : 44.23375 |

433

*Vermelding in deze gids gebeurt
geheel kosteloos en is in geen geval te danken aan het betalen van een premie of aan
een gunst.*

CAYRIECH

82240 – **337** F6 – 259 h. – alt. 140
▶ Paris 608 – Cahors 39 – Caussade 11 – Caylus 17

△△ **Le Clos de la Lère** Permanent
☎ 05 63 31 20 41, *le-clos-de-la-lere@wanadoo.fr*,
Fax 05 63 31 20 41, *www.camping-ledosdelalere.com*
1 ha (49 empl.) plat, herbeux
Tarif : ⚹ 4€ ⇌ 🅔 5€ – 🔌 (10A) 4€

Location : (permanent) ⚡ (de mi-fév. à fin nov.)
– 6 🚐 – 6 🏠. Sem. 170 à 560€ – frais de réservation
8€
🚐 borne eurorelais 3€ – 5 🚐 12€ – 🚐 🔌 12€
Pour s'y rendre : au lieu-dit : Clergue (sortie sud-est par
D 9, rte de Septfonds)

À savoir : belle décoration arbustive et florale.

| Nature : 🗗 🗗 🗘🗘 |
| Loisirs : 🏊 🛶 |
| Services : 👤 ⚷ 🛒 ⛲ 🏧 |
| laverie 🗗 |
| À prox. : 🎾 terrain omnisports |

| Longitude : 1.61291 |
| Latitude : 44.21735 |

CONDOM

32100 – **336** E6 – 7 147 h. – alt. 81
🛈 *place Bossuet* 🞋 *05 62 28 00 80*
▶ Paris 729 – Agen 41 – Auch 46 – Mont-de-Marsan 80

    🅰 **Municipal** de déb. avr. à fin sept.
      🞋 05 62 28 17 32, *camping.municipal@condom.org*,
      Fax 05 62 28 17 32, *www.condom.org/index.php/*
      camping-municipal
      2 ha (75 empl.) plat, herbeux
      Tarif : (Prix 2010) 🟊 3 30 € 🚙 🅴 4 € – 🛈 (8A) 4 €
      Location : (Prix 2010) (de déb. avr. à fin oct.) 🖮 ⚡
      – 15 🛏 – 10 🏠. Sem. 280 à 450 €
      🚐 borne artisanale
      Pour s'y rendre : chemin de l'Argenté (2 km sortie sud
      par D 931, rte d'Eauze, près de la Baïse)

Nature : 🗗 9.9	
Loisirs : 🛋	
Services : 🖮 🔌 🍽 🛁 🚿 ⚡ 🚽 🖩	
À prox. : 🍷 ✗ jacuzzi 🎾 🛥 🗮 🐟	
Longitude : 0.36436	
Latitude : 43.94802	

CONQUES

12320 – **338** G3 – 283 h. – alt. 350
🛈 *Le Bourg* 🞋 *05 65 72 85 00*
▶ Paris 601 – Aurillac 53 – Decazeville 26 – Espalion 42

    🅰 **Beau Rivage** de déb. avr. à fin sept.
      🞋 05 65 69 82 23, *camping.conques@wanadoo.fr*,
      www.campingconques.com – 🛱
      1 ha (60 empl.) plat, herbeux
      Tarif : (Prix 2010) 21 € 🟊🟊 🚙 🅴 🛈 (10A) – pers.
      suppl. 4 €
      Location : (Prix 2010) (de déb. avr. à fin sept.)
      – 12 🛏. Nuitée 45 à 60 € – Sem. 275 à 575 €
      🚐 borne artisanale 5 €
      Pour s'y rendre : au lieu-dit : Molinols (à l'ouest du
      bourg, par D 901, au bord du Dourdou)

Nature : 🗗 9.9	
Loisirs : ✗ snack 🛥 🗮 🐟	
Services : 🖮 🔌 (saison) 🖩	
laverie 🗜	
Longitude : 2.39721	
Latitude : 44.5995	

CORDES-SUR-CIEL

81170 – **338** D6 – 1 014 h. – alt. 279
🛈 *place Jeanne Ramel-Cals* 🞋 *05 63 56 00 52*
▶ Paris 655 – Albi 25 – Montauban 59 – Rodez 78

    🅰 **Moulin de Julien** de déb. mai à fin sept.
      🞋 05 63 56 11 10, *contact@campingmoulindejulien.com*,
      www.campingmoulindejulien.com
      9 ha (130 empl.) en terrasses, plat, incliné, herbeux,
      étang
      Tarif : 24 € 🟊🟊 🚙 🅴 🛈 (6A) – pers. suppl. 6 € – frais de
      réservation 20 €
      Location : (de déb. mai à fin sept.) ⚡ – 3 🛏
      – 5 🏠. Sem. 260 à 480 € – frais de réservation 20 €
      Pour s'y rendre : 1,5 km au sud-est par D 922, rte de
      Gaillac, au bord d'un ruisseau

Nature : 9	
Loisirs : 🍷 🛋 🗮 ⁿ 🐟	
🗮 🐟	
Services : 🖮 🔌 🖩	
À prox. : 🎾	
Longitude : 1.96941	
Latitude : 44.0559	

    🅰 **Camp Redon** de fin mars à fin oct.
      🞋 05 63 56 14 64, *info@campredon.com*,
      Fax 05 63 56 14 64, *www.campredon.com*
      2 ha (40 empl.) plat, peu incliné, herbeux
      Tarif : (Prix 2010) 24,25 € 🟊🟊 🚙 🅴 🛈 (16A) – pers.
      suppl. 7 €
      Location : (Prix 2010) ⚡ – 2 🛏. Nuitée 42,50 à 60 €
      – Sem. 295 à 595 €
      Pour s'y rendre : à Livers Cazelles (5 km au sud-est par
      D 600, rte d'Albi puis 800 m par D 107, rte de Virac à
      gauche)

Nature : 🌳 🗗 9	
Loisirs : 🛋 🗮 🐟	
Services : 🔌 🖩 🖩	
Longitude : 1.95822	
Latitude : 44.0625	

COS

09000 – **343** H7 – 358 h. – alt. 486
▶ Paris 766 – La Bastide-de-Sérou 14 – Foix 5 – Pamiers 25

▲ **Municipal** Permanent
  𝒫 0671181038, *mairiedecos@neuf.fr*,
  Fax 0561028862
  0,7 ha (32 empl.) non clos, plat, peu incliné, herbeux
  Tarif : (Prix 2010) 12€ 👤👤 🚗 🔲 ⚡ (5A) – pers. suppl. 2€

  Location : (Prix 2010) (permanent) – 2 🏠. Sem. 300€
  Pour s'y rendre : Le Rieutort (700 m au sud-ouest sur
  D 61, au bord d'un ruisseau)

Nature : 🦅 ♨♨	
Loisirs : 🏠 ✂	
Services : 🚿 🚐 🏢 🧺 🚽 🔲	
À prox. : 🚴 🏊	

Longitude : 1.57297
Latitude : 42.96629

CREYSSE

46600 – **337** F2 – 291 h. – alt. 110
▶ Paris 517 – Brive-la-Gaillarde 40 – Cahors 79 – Gourdon 40

▲▲ **Le Port** de fin avr. à fin sept.
  𝒫 0565322082, *contact@campingduport.com*,
  Fax 0565410532, *www.campingduport.com*
  3,5 ha (100 empl.) peu incliné, plat, herbeux, non clos
  Tarif : 👤 5€ 🚗 🔲 5€ – ⚡ (10A) 3€ – frais de
  réservation 10€

  Location : (de fin avr. à fin sept.) – 10 🛖. Sem.
  180 à 260€ – frais de réservation 10€
  Pour s'y rendre : au sud du bourg, près du château, au
  bord de la Dordogne

  À savoir : plage agréable au bord de la Dordogne

Nature : 🦅 ♨♨ 🏔	
Loisirs : 🍸 🏠 🚲 🏊 🪢 base	
de canoë, spéléologie, escalade	
Services : 🔌 🚿 🚽 laverie	

Longitude : 1.59643
Latitude : 44.8866

DAMIATTE

81220 – **338** D9 – 880 h. – alt. 148
▶ Paris 698 – Castres 26 – Graulhet 16 – Lautrec 18

▲▲ **Le Plan d'Eau St-Charles** de mi-mai à mi-sept.
  𝒫 0563706607, *accueil@campingplandeau.com*,
  Fax 0563705214, *www.campingplandeau.com*
  7,5 ha/2 campables (82 empl.) plat, herbeux, pierreux
  Tarif : (Prix 2010) 18€ 👤👤 🚗 🔲 ⚡ (6A) – pers.
  suppl. 6€ – frais de réservation 17€

  Location : (Prix 2010) (de déb. avr. à fin sept.) – 20 🛖
  – 15 🏠 – 10 bungalows toilés. Nuitée 50 à 80€ – Sem.
  190 à 791€ – frais de réservation 17€
  🛖 1 🔲 11€
  Pour s'y rendre : la Cahuziere (sortie rte de Graulhet
  puis 1,2 km par rte à gauche avant le passage à niveau)

  À savoir : agréable situation autour d'un joli plan d'eau

Nature : 🦅 ≼ 🏕 ♨♨ 🏔	
Loisirs : snack 🏠 🛶 🚲	
🏊 🪢	
Services : 🚿 🔌 🚽 🏢 🚾 🚽 🍴	
À prox. : 🐴 golf (18 trous)	

Longitude : 1.97085
Latitude : 43.66315

DURAVEL

46700 – **337** C4 – 937 h. – alt. 110
🛈 *Place de la Mairie* 𝒫 0565246550
▶ Paris 610 – Toulouse 153 – Cahors 39 – Villeneuve-sur-Lot 37

▲▲▲ **FranceLoc Le Domaine Duravel** 👥👤 – de fin avr.
  à fin sept.
  𝒫 0565246506, *duravel@franceloc.fr*,
  Fax 0565246496, *www.franceloc.fr*
  9 ha (260 empl.) plat, herbeux
  Tarif : (Prix 2010) 👤 7,30€ 🚗 🔲 11,90€ – ⚡ (10A) 4€
  – frais de réservation 27€

  Location : (de fin avr. à fin sept.) – 60 🛖 – 33 🏠
  – 7 tentes avec sanitaires individuels à prox. Nuitée
  24 à 143€ – Sem. 168 à 999€ – frais de réservation
  27€
  Pour s'y rendre : rte du Port-de-Vire (2,3 km au sud par
  D 58, au bord du Lot)

Nature : 🦅 🏕 ♨♨	
Loisirs : 🍸 ✗ snack 🏠 🎭	
🏃 🛶 🚲 🎣 ✂ 🏊 🪢	
canoë	
Services : 🚿 🚿 🚽 laverie 🔲	
À prox. : 🧗 escalade	

Longitude : 1.08141
Latitude : 44.51605

ENTRAYGUES-SUR-TRUYÈRE

12140 – **338** H3 – 1 182 h. – alt. 236
🚩 *place de la République* 𝒫 05 65 44 56 10
▶ Paris 600 – Aurillac 45 – Figeac 58 – Mende 128

⚠ Le Val de Saures de déb. mai à fin sept.
𝒫 05 65 44 56 92, *info@camping-valdesaures.com*,
Fax 05 65 44 27 21, *www.camping-valdesaures.com*
4 ha (126 empl.) terrasse, plat, herbeux
Tarif : (Prix 2010) 18 € ✶✶ ⇐ 🅴 🄷 (10A) – pers.
suppl. 4 € – frais de réservation 20 €
Location : (Prix 2010) (de déb. avr. à fin sept.) – 11 🛖.
Sem. 273 à 623 €
🔁 borne eurorelais 2 €
Pour s'y rendre : chemin de Saures (1,6 km au sud par
D 904, rte d'Espeyrac, en bordure du Lot (accès direct))

Nature : 🏞 ≤ 🏕 ♀♀	
Loisirs : 🛖 🏓 🏊 ⤸	
Services : 🚿 o🚃 🔥 🍴 laverie	
À prox. : 🎯 🏊 terrain omnisports, canoë	

Longitude : 2.56352
Latitude : 44.64248

⚠ Le Lauradiol de déb. juil. à fin août
𝒫 05 65 44 53 95, *info@camping-lelauradiol.com*,
Fax 05 65 44 81 37, *www.camping-lelauradiol.com*
1 ha (31 empl.) plat, herbeux
Tarif : (Prix 2010) 17 € ✶✶ ⇐ 🅴 🄷 (6A) – pers.
suppl. 4 €
Location : (Prix 2010) (de fin juin à fin août) – 2 🚐.
Sem. 343 à 483 € – frais de réservation 20 €
Pour s'y rendre : 5 km au nord-est par D 34, rte de St-
Amans-des-Cots, au bord de la Selves
À savoir : situation agréable au fond d'une petite vallée,
bordée par la rivière

Nature : 🏞 🏕 ♀♀	
Loisirs : 🛖 🎯 🏊 ⤸	
Services : 🚿 o🚃 (juil.-août) 🔥 🍴 🍽	

Longitude : 2.58202
Latitude : 44.6772

ESPALION

12500 – **338** I3 – 4 549 h. – alt. 342
🚩 *23, place du Plô* 𝒫 05 65 44 10 63
▶ Paris 592 – Aurillac 72 – Figeac 93 – Mende 101

⚠ Le Roc de l'Arche de mi-mars à mi-oct.
𝒫 05 65 44 06 79, *campingrocdelarche@wanadoo.fr*,
Fax 05 65 44 06 79, *http://perso.wanadoo.fr/camping-
rocdelarche*
2,5 ha (95 empl.) plat, herbeux
Tarif : (Prix 2010) 18 € ✶✶ ⇐ 🅴 🄷 (10A) – pers.
suppl. 4 € – frais de réservation 10 €
🔁 borne sanistation 4 € – 🚐 11 €
Pour s'y rendre : Le Foirail (à l'est, r. du Foirail par av.
de la Gare et à gauche, apr. le terrain des sports, au bord
du Lot)

Nature : 🏕 ♀♀	
Loisirs : 🛖 🎯 ⤸	
Services : 🚿 o🚃 🔥 🍽 🍴 🖼	
À prox. : 🛒 🎯 🏊 terrain omnisports, canoë	

Longitude : 2.7675
Latitude : 44.52094

ESTAING

65400 – **342** K7 – 74 h. – alt. 970
▶ Paris 874 – Argelès-Gazost 12 – Arrens 7 – Laruns 43

⚠ Pyrénées Natura de mi-mai à fin sept.
𝒫 05 62 97 45 44, *info@camping-pyrenees-natura.com*,
Fax 05 62 97 45 81, *www.camping-pyrenees-natura.com*
– alt. 1 000
3 ha (65 empl.) en terrasses, plat, herbeux, gravier
Tarif : 29 € ✶✶ ⇐ 🅴 🄷 (10A) – pers. suppl. 6 €
Location : (de mi-mai à fin sept.) – 15 🚐. Nuitée
40 à 85 € – Sem. 280 à 620 €
🔁 borne artisanale – 3 🅴 25 €
Pour s'y rendre : rte du Lac (au nord du bourg)
À savoir : belle grange du 19e s. aménagée en espace
loisirs et détente

Nature : 🏞 ≤ 🏕 ♀	
Loisirs : 🍷 🛖 ≋ auditorium, solarium d'intérieur 🎯 ⤸	
Services : 🚿 o🚃 🔥 🍽 🍴 laverie 🍽	

Longitude : -0.17824
Latitude : 42.93948

ESTANG

32240 – **336** B6 – 673 h. – alt. 120
▶ Paris 712 – Aire-sur-l'Adour 25 – Eauze 17 – Mont-de-Marsan 35

Les Lacs de Courtès ♣♣ – Permanent
℘ 0562096198, *contact@lacsdecourtes.com*,
Fax 0562096313, *www.lacsdecourtes.com*
7 ha (136 empl.) en terrasses, peu incliné, plat, herbeux
Tarif : 28€ ♦♦ ⟵ 🅴 (6A) – pers. suppl. 5€ – frais de
réservation 15€

Location : (permanent) – 3 🛖 – 42 🏠 – 2 bungalows
toilés. Sem. 300 à 840€ – frais de réservation 15€
🚐 borne artisanale 5€ – 3 🅴 25€ – 🚐 13€
Pour s'y rendre : au sud du bourg par D 152, derrière
l'église et au bord d'un lac

Nature : 🏞 🌳🌳
Loisirs : 🍸 snack 🎱 🏹 ja-cuzzi 🛶 m 🛝 🏊 🛶 canoë
Services : ♿ ⟿ 🚿 🍴 laverie 🚻

Longitude : -0.10254
Latitude : 43.8891

FIGEAC

46100 – **337** I4 – 9 994 h. – alt. 214
🛈 place Vival ℘ 0565340625
▶ Paris 578 – Aurillac 64 – Rodez 66 – Villefranche-de-Rouergue 36

Les Rives du Célé de déb. avr. à fin sept.
℘ 0561648854, *contact@marc-montmija.com*,
Fax 0561648917, *www.lesrivesducele.com*
2 ha (163 empl.) plat, herbeux, terrasse
Tarif : 22€ ♦♦ ⟵ 🅴 (10A) – pers. suppl. 7€
Location : (permanent) 🚐 – 20 🛖 – 30 🏠
– 6 bungalows toilés. Nuitée 26 à 97€ – Sem. 180 à 675€
– frais de réservation 20€
🚐 6 🅴 22€ – 🚐 14€
Pour s'y rendre : au Domaine du Surgié (1,2 km à l'est
par N 140, rte de Rodez et chemin du Domaine de
Surgié, au bord de la rivière et d'un plan d'eau)

Nature : 🌳🌳
Loisirs : 🎱 🏹 🎣
Services : ♿ ⟿ 🍴 laverie
À prox. : 🍸 snack pizzeria 🚤 🛶 🚲 🛝 🏊 espace aqua-tique

Longitude : 2.04942
Latitude : 44.61189

FLAGNAC

12300 – **338** F3 – 935 h. – alt. 220
▶ Paris 603 – Conques 19 – Decazeville 5 – Figeac 25

Le Port de Lacombe de déb. avr. à fin sept.
℘ 0565641008, *accueil@campingleportdelacombe.fr*,
Fax 09 58507102, *www.campingleportdelacombe.fr*
4 ha (97 empl.) plat, herbeux
Tarif : 26€ ♦♦ ⟵ 🅴 (10A) – pers. suppl. 5€ – frais
de réservation 20€
Location : (de déb. avr. à fin sept.) – 32 🛖
– 4 bungalows toilés. Nuitée 34 à 90€ – Sem. 170 à 609€
– frais de réservation 20€
🚐 borne raclet 5€ – 🚐 10€
Pour s'y rendre : 1 km au nord par D 963 et chemin à
gauche, près d'un plan d'eau et du Lot (accès direct)

Nature : 🏞 🏕 🌳🌳
Loisirs : 🍸 snack 🎱 🛶 🚲 🏊 🛝 🎣
Services : ♿ ⟿ 🍴 laverie
À prox. : 🎿 🐴 canoë, pédalos

Longitude : 2.23533
Latitude : 44.60819

GARIN

31110 – **343** B8 – 137 h. – alt. 1 100
▶ Paris 827 – Toulouse 153 – Tarbes 85 – Lourdes 84

Les Frênes (location exclusive de chalets) Permanent
℘ 0561798844, *vero.comet@wanadoo.fr*,
Fax 0561798844, *www.chalets-luchon-peyragudes.com*
– empl. traditionnels également disponibles
0,8 ha en terrasses, peu incliné, herbeux, pierreux
Location : 🅿 – 9 🏠. Nuitée 66 à 69€ – Sem.
188 à 482€
Pour s'y rendre : à l'est du bourg par D 618, rte de
Bagnères-de-Luchon et à gauche, D 76e vers rte de Billière
À savoir : location à la nuitée hors vacances scolaires

Nature : 🏞 ≼ ♀
Loisirs : 🎱
Services : ⟿ 🚮 🛗 laverie
À prox. : 🛝 🍴

Longitude : 0.51605
Latitude : 42.8089

GAVARNIE

65120 – **342** L8 – 153 h. – alt. 1 350 – Sports d'hiver : 1 350/2 400 m ⑤ 11 ⑤
🄴 *le village* 𝒫 05 62 92 48 05
▶ Paris 901 – Lourdes 52 – Luz-St-Sauveur 20 – Pau 96

⚠ **Le Pain de Sucre** de mi-déc. à fin sept.
𝒫 05 62 92 47 55, *camping-gavarnie@wanadoo.*
fr, Fax 05 62 92 47 55, *www.camping-gavarnie.com*
– alt. 1 273
1,5 ha (50 empl.) non clos, plat, herbeux
Tarif : ✚ 3 € ⇌ 🅴 4 € – [½] (10A) 6 € – frais de
réservation 7 €
Location : (de mi-déc. à fin sept.) ⚒ – 4 🚐
– 5 🏠. Nuitée 40 à 75 € – Sem. 210 à 500 €
Pour s'y rendre : quartier Couret (3 km au nord par
D 921, rte de Luz-St-Sauveur, au bord du Gave de
Gavarnie)

| Nature : ❄ ≤ |
| Loisirs : 🍴 snack ⌐ |
| Services : ⚬⇌ ▥ 🍴 laverie |

| Longitude : NaN |
| Latitude : 42.75851 |

*Die Klassifizierung (1 bis 5 Zelte, **schwarz** oder **rot**),*
mit der wir die Campingplätze auszeichnen, ist eine Michelin-eigene Klassifizierung.
Sie darf nicht mit der staatlich-offiziellen Klassifizierung
(1 bis 5 Sterne) verwechselt werden.

GIRAC

46130 – **337** G2 – 401 h. – alt. 123
▶ Paris 522 – Beaulieu-sur-Dordogne 11 – Brive-la-Gaillarde 42 – Gramat 27

⚠ **Les Chalets sur la Dordogne** de fin avr. à fin sept.
𝒫 05 65 10 93 31, *camping-leschalets@wanadoo.fr*,
www.camping-leschalets.fr
2 ha (39 empl.) non clos, plat, herbeux, sablonneux
Tarif : 19 € ✚✚ ⇌ 🅴 [½] (10A) – pers. suppl. 5 € – frais
de réservation 10 €
Location : (de déb. mars à fin nov.) – 5 🚐 – 3 🏠
– 3 ⇌ – 1 tente – 1 gîte. Sem. 150 à 560 € – frais de
réservation 10 €
Pour s'y rendre : au Port (1 km au nord-ouest par
D 703, rte de Vayrac et chemin à gauche, au bord de la
Dordogne)

| Nature : ⌐ 🌳 ⚠ |
| Loisirs : 🍴 grill ⛵ 🛷 🛶 |
| canoë |
| Services : ♿ ⚬⇌ (juin-août) 🍴 |
| laverie ⚒ |
| À prox. : 🐎 |

| Longitude : 1.80501 |
| Latitude : 44.91809 |

GONDRIN

32330 – **336** D6 – 1 127 h. – alt. 174
🄴 *18, place de la Liberté* 𝒫 05 62 29 15 89
▶ Paris 745 – Agen 58 – Auch 42 – Condom 17

⚠ **Le Pardaillan** ♣♣ – de mi-avr. à mi-oct.
𝒫 05 62 29 16 69, *Campleppardaillan@wanadoo.fr*,
Fax 05 62 29 11 82, *www.camping-le-pardaillan.com*
2,5 ha (115 empl.) en terrasses, plat, herbeux, gravillons,
étang
Tarif : 22 € ✚✚ ⇌ 🅴 [½] (6A) – pers. suppl. 6 € – frais de
réservation 15 €
Location : (de mi-avr. à mi-oct.) – 20 🚐 – 20 🏠
– 5 bungalows toilés. Nuitée 44 € – Sem. 245 à 545 €
– frais de réservation 15 €
🚐 borne autre 2 € – 5 🅴 22 € – 🔌 [½] 22 €
Pour s'y rendre : 27 r. Pardaillan (à l'est du bourg)

| Nature : 🏞 ⌐ 🌳 |
| Loisirs : 🍴 snack 🎱 🏓 🛷 |
| 🎡 ⌐ |
| Services : ♿ ⚬⇌ 🚿 ♨ ♻ |
| laverie ⚒ |
| À prox. : ✂ ⛷ parc aquatique, |
| terrain multisports |

| Longitude : 0.23873 |
| Latitude : 43.88165 |

GOURDON

46300 – **337** E3 – 4 636 h. – alt. 250
🏢 24, rue du Majou ℘ 05 65 27 52 50
▶ Paris 543 – Bergerac 91 – Brive-la-Gaillarde 66 – Cahors 44

⚠ **Aire Naturelle le Paradis** de mi-avr. à mi-sept.
℘ 05 65 41 65 01, *contact@campingleparadis.com*,
Fax 05 65 41 65 01, *www.campingleparadis.com*
1 ha (25 empl.) non clos, en terrasses, plat, herbeux
Tarif : 16 € ✱✱ ⛺ 🅴 🚂 (10A) – pers. suppl. 5 €

Location : (de déb. avr. à fin oct.) – 5 🚐 – 1 🏠.
Nuitée 35 à 55 € – Sem. 220 à 400 €
🚐 4 🅴 16 € – 🥘🚂 16 €
Pour s'y rendre : au lieu-dit : La Peyrugue (2 km au sud-
ouest par D 673, rte de Fumel et chemin à gauche, près
du parking Intermarché)

Nature : 🌿 ♨♨	
Loisirs : 🛶	
Services : ♿ ⚡ 🚿 � 🏪	
À prox. : 🎣	

Longitude : 1.37397
Latitude : 44.72323

GRAND-VABRE

12320 – **338** G3 – 411 h. – alt. 213
▶ Paris 615 – Aurillac 47 – Decazeville 18 – Espalion 50

⛰ **Village Vacances Grand-Vabre Aventures et
Nature** (location exclusive de chalets)
℘ 05 65 72 85 67, *contact@grand-vabre.com*,
Fax 05 65 72 85 67, *www.grand-vabre.com*
1,5 ha plat, herbeux
Location : (Prix 2010) ♿ – 20 🏠. Nuitée 58 à 68 €
– Sem. 250 à 650 €
Pour s'y rendre : au lieu-dit : Les Passes (1 km au sud-
est par D 901, rte de Conques, au bord de Dourdou)

Nature : ♨♨	
Loisirs : 🏠 🎯 🛷 🚲	
🛶 🐟	
Services : ⚡ 🚿 🚽 🏮 laverie	
À prox. : ✂ 🐎	

Longitude : 2.36176
Latitude : 44.62204

Benutzen Sie
– zur Wahl der Fahrtroute
– zur Berechnung der Entfernungen
– zur exakten Lokalisierung eines Campingplatzes (mit Hilfe der Angaben im Ortstext)
*die für diesen Führer unentbehrlichen **MICHELIN-Karten.***

439

HÈCHES

65250 – **342** O6 – 620 h. – alt. 690
▶ Paris 805 – Arreau 14 – Bagnères-de-Bigorre 35 – Bagnères-de-Luchon 47

⛰ **La Bourie** Permanent
℘ 05 62 98 73 19, *labourie65@aol.com*,
Fax 05 62 98 73 44, *www.camping-labourie.com*
2 ha (120 empl.) plat, peu incliné, terrasse, herbeux
Tarif : 14 € ✱✱ ⛺ 🅴 🚂 (6A) – pers. suppl. 3 €
Location : (permanent) – 25 🚐. Sem. 290 à 450 €
Pour s'y rendre : 2 km au sud par D 929, rte d'Arreau et
à Rebouc D 26 à gauche, au bord de la Neste d'Aure

Nature : ⛰ ♨♨	
Loisirs : snack 🏠 🛶 🐟	
Services : ♿ ⚡ 🚿 🏮 🏪	

Longitude : 0.37235
Latitude : 43.01902

L'HERM

09000 – **343** I7 – 176 h. – alt. 502
▶ Paris 770 – Toulouse 93 – Carcassonne 81 – Castres 109

⚠ **La Clairière** de déb. juil. à mi-sept.
℘ 05 61 01 65 12, *camping.ladairiere@aliceadsl.fr*,
Fax 05 61 02 84 50, *www.camping-ladairiere.com*
1 ha (15 empl.) plat, herbeux, bois attenant
Tarif : (Prix 2010) ✱ 4 € ⛺ 🅴 – 🚂 (5A) 3 €
Pour s'y rendre : au lieu-dit : Monlaur

Nature : 🌿 ♨♨	
Services : ⚡ 🚿	

Longitude : 1.66006
Latitude : 42.97938

L'HOSPITALET-PRÈS-L'ANDORRE

09390 – **343** I9 – 98 h. – alt. 1 446
Tunnel de Puymorens : péage en 2010, aller simple : autos 6, autos et caravanes 12,20, P. L. 19.80/32,40, deux-roues 3,60. Tarifs spéciaux A.R. : renseignements 🖉 04 68 04 97 20
▶ Paris 822 – Andorra-la-Vella 40 – Ax-les-Thermes 19 – Bourg-Madame 26

🔺 **Municipal**
🖉 05 61 05 21 10, *info@camping-hospitalet.com*,
Fax 05 61 05 23 08, *www.camping.hospitalet.com*
– alt. 1 500
1,5 ha (62 empl.) plat, herbeux, terrasse, gravillons
Pour s'y rendre : 600 m au nord par N 20, rte d'Ax-les-Thermes et rte à dr.

Nature : ← ♀	
Loisirs : ✂	
Services : ⛝ ☞ ⑪ ⚂ ⚐ ▦	
À prox. : ⌇	

Longitude : 1.77823
Latitude : 42.59111

LACAM-D'OURCET

46190 – **337** I2 – 128 h. – alt. 520
▶ Paris 544 – Aurillac 51 – Cahors 92 – Figeac 38

🔺 **Les Teuillères** de déb. juin à mi-sept.
🖉 05 65 11 90 55, *info@lesteuilleres.com*,
www.lesteuilleres.com
3 ha (30 empl.) plat, peu incliné, herbeux
Tarif : 🧍 5€ ⛺ 🅴 5€ – 🔌 (6A) 3€
Location : (permanent) ✂ – 2 ⌂ – 2 gîtes.
Pour s'y rendre : 4,8 km au sud-est par D 25, rte de Sousceyrac et rte de Sénaillac-Latronquière, vers le lac de Tolerme

Nature : ⚟ ← ⌧ ♀	
Loisirs : ✦➳	
Services : ⛝ ☞ ⚂ ✗ ▦	

Longitude : 2.04086
Latitude : 44.8342

LACAPELLE-MARIVAL

46120 – **337** H3 – 1 325 h. – alt. 375
🅱 *place de la Halle* 🖉 05 65 40 81 11
▶ Paris 555 – Aurillac 66 – Cahors 64 – Figeac 21

🔺 **Municipal Bois de Sophie** de mi-mars à fin sept.
🖉 05 65 40 82 59, *camping-boisdesophie@hotmail.fr*,
http://lacapelle-marival.site.voila.fr
1 ha (66 empl.) peu incliné, plat, herbeux
Tarif : (Prix 2010) 16€ 🧍🧍 ⛺ 🅴 🔌 (10A) – pers.
suppl. 3€ – frais de réservation 35€
Location : (Prix 2010) (de mi-mars à fin sept.) – 3 ⌧
– 8 bungalows toilés. Sem. 140 à 440€
🚐 borne autre 15€
Pour s'y rendre : rte d'Aynac (1 km au nord-ouest par D 940, rte de St-Céré)

Nature : ♀♀	
Loisirs : ▱	
Services : ⛝ ☞ ⚂ ♨	
À prox. : ✂ ⚊	

Longitude : 1.91796
Latitude : 44.73314

LACAVE

46200 – **337** F2 – 289 h. – alt. 130
▶ Paris 528 – Brive-la-Gaillarde 51 – Cahors 58 – Gourdon 26

🔺 **La Rivière** de déb. avr. à fin sept.
🖉 05 65 37 02 04, *camping.la.riviere@wanadoo.fr*,
Fax 05 65 37 03 06, *www.campinglariviere.com*
2,5 ha (110 empl.) plat, herbeux, pierreux
Tarif : (Prix 2010) 🧍 5€ ⛺ 🅴 6€ – 🔌 (10A) 4€ – frais de réservation 9€
Location : (Prix 2010) (de déb. avr. à fin sept.)
– 13 ⌧. Nuitée 45 à 86€ – Sem. 250 à 600€ – frais de réservation 9€
🚐 borne artisanale
Pour s'y rendre : au lieu-dit : Le Bougayrou (2,5 km au nord-est par D 23, rte de Martel et chemin à gauche, au bord de la Dordogne)

Nature : ⚟ ♀♀ ⚠	
Loisirs : 🍽 snack ✦➳ ⚹ ⚂	
⌇ canoë	
Services : ⛝ ☞ ♨ ⚑ laverie	
⚒	

Longitude : 1.559
Latitude : 44.8613

LAFRANÇAISE

82130 – **337** D7 – 2 805 h. – alt. 183 – Base de loisirs
🛈 *place de la Règublique* 🖉 *05 63 65 91 10*
▶ Paris 621 – Castelsarrasin 17 – Caussade 41 – Lauzerte 23

⚠ **Le Lac** de déb. juin à fin sept.
🖉 05 63 65 89 69, *theolor@orange.fr*, Fax 05 63 65 94 65,
www.campings82.fr
0,9 ha (34 empl.) peu incliné, pierreux, bois attenant
Tarif : 17 € ★★ ⬅ 🅔 🔌 (13A) – pers. suppl. 8 €

Location : (de déb. juin à fin sept.) – 19 🛏 – 1 🏠.
Nuitée 75 € – Sem. 525 €
🚐 borne raclet 8 € – 4 🅔 21 €
Pour s'y rendre : r. Jean Moulin (sortie sud-est par D 40,
rte de Montastruc et à gauche, à 250 m d'un plan d'eau
(accès direct))

Nature : 🏞 🛶 〰	
Loisirs : 🚲	
Services : 🔌 🚿 ☂ 🍴 🖲	
À prox. : snack 🏊 🎯 ⛷ 🛶 canoë, pédalos, skate-parc	

Longitude : 1.24685
Latitude : 44.12445

LAGUIOLE

12210 – **338** J2 – 1 261 h. – alt. 1 004 – Sports d'hiver : 1 100/1 400 m⛷12⛷
🛈 *Place du Foirail* 🖉 *05 65 44 35 94*
▶ Paris 571 – Aurillac 79 – Espalion 22 – Mende 83

⚠ **Municipal les Monts d'Aubrac** de mi-mai à mi-
sept.
🖉 05 65 44 39 72, *ot-laguiole@orange.fr*,
Fax 05 65 51 26 31, *www.laguiole-aubrac.com* – alt. 1 050
– 🏠
1,2 ha (57 empl.) plat, peu incliné, herbeux
Tarif : (Prix 2010) 10 € ★★ ⬅ 🅔 🔌 (10A) – pers.
suppl. 3 €
🚐 borne autre – 40 🅔
Pour s'y rendre : sortie sud par D 921, rte de Rodez
puis 600 m par rte à gauche, au stade

Nature : 🏞 ⬇ ♀	
Services : ♿ 🔌 ▥ ☂ 🖲	
À prox. : 🎯 terrain multisports	

Longitude : 2.85501
Latitude : 44.6815

LAMONTÉLARIÉ

81260 – **338** H9 – 60 h. – alt. 847
▶ Paris 736 – Toulouse 116 – Albi 83 – Castres 44

⚠ **Rouquié** de déb. mai à fin oct.
🖉 05 63 70 98 06, *contact@camping.rouquie.fr*,
Fax 05 63 50 49 58, *www.campingrouquie.fr*
3 ha (76 empl.) en terrasses, herbeux
Tarif : (Prix 2010) 23 € ★★ ⬅ 🅔 🔌 (6A) – pers.
suppl. 4 € – frais de réservation 15 €

Location : (Prix 2010) (de déb. avr. à fin oct.) – 8 🛏
– 5 🏠. Nuitée 56 à 90 € – Sem. 250 à 588 € – frais de
réservation 15 €
Pour s'y rendre : au Lac de la Raviège

Nature : 🏞 ⬇ ♀ ⛰	
Loisirs : 🍴 snack 🏊 🚲 🛶 pédalos, canoë	
Services : ♿ 🔌 ☂ 🍴 🖲 🚮	

Longitude : 2.60838
Latitude : 43.59167

LAU-BALAGNAS

65400 – **342** L5 – 490 h. – alt. 430
▶ Paris 864 – Toulouse 188 – Tarbes 36 – Pau 70

⚠ **Le Lavedan** Permanent
🖉 05 62 97 18 84, *michel.dubie@wanadoo.fr*,
Fax 05 62 97 20 68, *www.lavedan.com*
2 ha (137 empl.) plat, herbeux
Tarif : 38 € ★★ ⬅ 🅔 🔌 (10A) – pers. suppl. 5 € – frais
de réservation 25 €

Location : (permanent) – 48 🛏 – 2 🏠 – 2 bungalows
toilés. Nuitée 36 à 104 € – Sem. 220 à 730 € – frais de
réservation 25 €
🚐 60 🅔 15 €
Pour s'y rendre : 44 rte des Vallées (1 km au sud-est)

Nature : ♀♀	
Loisirs : 🍴 🎬 🎮 🏊 🖼 (dé-couverte en saison)	
Services : ♿ 🔌 ▥ ☂ 🚮 🚿 🍴 laverie 🛒	
À prox. : point d'informations touristiques	

Longitude : -0.08896
Latitude : 42.98818

⩕ **Les Frênes** de mi-déc. à mi-oct.
𝒫 05 62 97 25 12, Fax 05 62 97 01 41
3 ha (165 empl.) en terrasses, plat, herbeux
Tarif : (Prix 2010) ✝ 5€ ⇔ 🅴 5€ – 🅹 (10A) 10€

Location : (Prix 2010) (de mi-déc. à mi-oct.) – 9 ⛺.
Sem. 310 à 470€
Pour s'y rendre : 46 rte des Vallées (1,2 km au sud-est)

Nature : ⩹ 🌳🌳	
Loisirs : 🏠 🛝	
Services : 🛠 ☕ 🚿 ▦ 🛁	
🚰 🖲	

Longitude : -0.08875
Latitude : 42.98803

⩕ **La Prairie** de fin juin à déb. sept.
𝒫 05 62 97 11 87, Fax 05 62 97 11 87
1 ha (60 empl.) plat, herbeux
Tarif : (Prix 2010) ✝ 3,60€ ⇔ 🅴 3,60€ – 🅹 (6A) 6€
🚐 borne artisanale
Pour s'y rendre : 6 r. du Sailhet

Nature : ⩹ montagnes ♀	
Services : 🛠 ☕ 🚿 🖲	

Longitude : -0.09141
Latitude : 42.99774

LAVIT-DE-LOMAGNE

82120 – **337** B8 – 1 534 h. – alt. 217
🛈 *2, boulevard des Amoureux* 𝒫 05 63 94 03 43
▶ Paris 668 – Agen 49 – Beaumont-de-Lomagne 12 – Castelsarrasin 23

⩕ **Municipal de Bertranon** de mi-juin à fin sept.
𝒫 05 63 94 05 54, *mairie-lavit.de.lomagne@info82.com*,
Fax 05 63 94 11 10
0,5 ha (33 empl.) peu incliné, herbeux
Tarif : (Prix 2010) ✝ 3€ ⇔ 🅴 3€ – 🅹 (6A) 2€

Location : (Prix 2010) (permanent) – 3 ⛺. Nuitée
30 à 40€ – Sem. 150 à 230€
🚐 borne artisanale 3€
Pour s'y rendre : rte d'Asques (au nord-est du bourg,
près du stade et de deux plans d'eau)

Nature : 🐟 ⛲ 🌳🌳	
Loisirs : 🏄 🏹 parcours	
sportif	
Services : 🛠 🚿 ⚒	

Longitude : 0.92742
Latitude : 43.9684

Pour choisir et suivre un itinéraire,
pour calculer un kilométrage,
pour situer exactement un terrain (en fonction des
indications fournies dans le texte) :
utilisez les **cartes MICHELIN**,
compléments indispensables de cet ouvrage.

LECTOURE

32700 – **336** F6 – 3 771 h. – alt. 155 – Base de loisirs
🛈 *place du Général-de-Gaulle* 𝒫 05 62 68 76 98
▶ Paris 708 – Agen 39 – Auch 35 – Condom 26

⩕⩕⩕ **Yelloh! Village Le Lac des 3 Vallées** 🏕 – de
déb. juin à mi-sept.
𝒫 05 62 68 82 33, *contact@lacdes3vallees.fr*,
Fax 05 62 68 88 82, *www.lacdes3vallees.fr*
40 ha (600 empl.) en terrasses, peu incliné, plat, herbeux,
étangs, bois attenant, très vallonné
Tarif : 44€ ✝✝ ⇔ 🅴 🅹 (10A) – pers. suppl. 8€

Location : (de déb. juin à mi-sept.) – 260 ⛺
– 26 bungalows toilés. Nuitée 39 à 145€ – Sem.
273 à 1 015€
🚐 borne flot bleu – 10 🅴 44€
Pour s'y rendre : 2,4 km au sud-est par N 21, rte
d'Auch, puis 2,3 km par rte à gauche au bord du lac

Nature : 🐟 ⩹ ⛲ 🌳🌳	
Loisirs : 🍽 ✗ snack 🍴 🎮	
🏋 🎰 ♨ jacuzzi discothèque	
🏄 🎾 🎣 🛝 ⚓ (plage) ⛷	
🏊 2 terrains multisports, skate	
parc, canoë, pédalos	
Services : 🛠 ☕ 🧺 🛁 🚰 💈	
laverie 📦 🧊 réfrigérateurs	

Longitude : 0.64533
Latitude : 43.91252

Le coup de cœur de Bib

Yelloh! Village Le Lac des 3 Vallées *(voir page précédente)*

La Gascogne, au relief vallonné, se colore en été grâce aux nombreuses cultures de tournesol, blé, melon, maïs… et, ô surprise, abrite au milieu des terres agricoles un vrai village-vacances : Le Lac des 3 Vallées. Sur un domaine de 140 ha, en grande partie ombragé, le site bénéficie d'installations nombreuses et variées. Au pied des bâtiments de l'ancienne ferme qui abrite le bureau d'accueil, vous bénéficierez d'un grand lac pourvu d'une plage, de plusieurs toboggans aquatiques, de pontons d'amarrage pour canoës et pédalos et, pour parfaire la décoration, d'un superbe îlot de sable blanc. Sur les hauteurs, la piscine, le bar et le restaurant ouvrent sur une vue panoramique du Gers. Pour les emplacements, le choix est aussi très large. Au calme près de l'étang de pêche ou plus près des animations, en mobile home ou en tente tout équipés, chaque vacancier saura trouver son lieu idéal pour un séjour réussi.

Ph. Gallet/MICHELIN

443

LOUDENVIELLE

65510 – **342** O8 – 282 h. – alt. 987 – Base de loisirs
🏢 *13 place des Badalans* 📞 *05 62 99 95 35*
▶ Paris 833 – Arreau 15 – Bagnères-de-Luchon 27 – La Mongie 54

⛺ **Pène Blanche** Permanent
📞 05 62 99 68 85, *info@peneblanche.com*,
Fax 05 62 99 98 20, *www.peneblanche.com*
4 ha (120 empl.) en terrasses, peu incliné, herbeux
Tarif : 25 € ✶✶ 🚗 🅴 ⚡ (10A) – pers. suppl. 6 €

Location : (permanent) – 20 🛖. Nuitée 44 à 89 €
– Sem. 285 à 623 €
🛖 8 🅴 16 €
Pour s'y rendre : sortie nord-ouest par D 25, rte de Génos, près de la Neste de Louron et à prox. d'un plan d'eau

Nature : 🌲 ≤ 🏔
Services : 🔌 (juil.-août) 🏢 ♨ laverie
À prox. : 🍴 cafétéria hammam jacuzzi 🏇 🎿 ⛷ 🏊 🛶 ⛵ poneys centre de remise en forme, balnéo, parapente, planche à voile, canoë et pédalos

Longitude : 0.40722
Latitude : 42.79611

LOUPIAC

46350 – **337** E3 – 265 h. – alt. 230
▶ Paris 527 – Brive-la-Gaillarde 51 – Cahors 51 – Gourdon 16

⛺ **Les Hirondelles** 👥 –
📞 05 65 37 66 25, *camp.les-hirondelles@orange.fr*,
Fax 05 65 37 66 65, *www.les-hirondelles.com*
2,5 ha (70 empl.) peu incliné, plat, herbeux, pierreux

Location : (Prix 2010) 🔥 🌳 – 17 🛖 – 4 🏠.
– frais de réservation 15 €
Pour s'y rendre : au lieu-dit : Al Pech (3 km au nord par rte de Souillac et chemin à gauche, à 200 m de la N 20)

Nature : 🌳
Loisirs : 🍴 ✕ pizzeria 🎮 🏃 🏇 🏊
Services : 🔌 ♨ 🛁 laverie 🍴 🛒
À prox. : 🏇

Longitude : 1.46122
Latitude : 44.81802

LOURDES

65100 – **342** L6 – 15 254 h. – alt. 420
🏢 *place Peyramale* ℰ 05 62 42 77 40
▶ Paris 850 – Bayonne 147 – Pau 45 – St-Gaudens 86

⚠ **Le Moulin du Monge** de déb. avr. à déb. oct.
ℰ 05 62 94 28 15, *camping.moulin.monge@wanadoo.fr*,
Fax 05 62 42 20 54, *www.camping-lourdes.com*
1 ha (67 empl.) plat, peu incliné, terrasse, herbeux
Tarif : 20€ ✚✚ ⬅ 🅴 🅗 (6A) – pers. suppl. 5€
Location : (de déb. avr. à déb. oct.) – 10 🛖 – 1 gîte.
Nuitée 51 à 86€ – Sem. 357 à 602€
🚐 borne artisanale 4€ – 7 🅴 16€
Pour s'y rendre : 28 av. Jean Moulin (1,3 km au nord)

Nature :	🌳🌳		
Loisirs :	🛖 🏠 🏊 🏊		
Services :	👩 🔌 🏢 🚽 laverie		
🏊			

Longitude : -0.03148
Latitude : 43.11575

⚠ **Plein Soleil** de déb. avr. à mi-oct.
ℰ 05 62 94 20 93, *camping.plein.soleil@wanadoo.fr*,
Fax 05 62 94 51 20, *www.camping-pleinsoleil.com*
0,5 ha (35 empl.) en terrasses, plat, gravillons, herbeux
Tarif : 19€ ✚✚ ⬅ 🅴 🅗 (13A) – pers. suppl. 5€
Location : (de déb. avr. à fin oct.) – 7 🛖. Nuitée
50 à 80€ – Sem. 290 à 540€
🚐 borne autre 5€ – 20 🅴 19€
Pour s'y rendre : 11 av. du Monge (1 km au nord)

Nature :	🌳🌳		
Loisirs :	🛖 🏊		
Services :	🔌 🚽 🏢 🛁 🚽 🚽 laverie		
À prox. :	🍽		

Longitude : -0.03646
Latitude : 43.11438

⚠ **Sarsan** de mi-avr. à mi-oct.
ℰ 05 62 94 43 09, *camping.sarsan@wanadoo.fr*,
Fax 05 62 94 43 09, *www.lourdes-camping.com*
1,8 ha (66 empl.) plat, peu incliné, herbeux
Tarif : ✚ 4€ ⬅ 🅴 4€ – 🅗 (10A) 5€
Location : (de mi-avr. à mi-oct.) – 6 🛖. Nuitée
50 à 80€ – Sem. 250 à 490€
🚐 borne artisanale 3€
Pour s'y rendre : 4 av. Jean Moulin (1,5 km à l'est par déviation)

Nature :	🌳🌳		
Loisirs :	🛖 🏊 🏊 (découverte en saison)		
Services :	👩 🔌 🚽 🚽 🖥		

Longitude : -0.02744
Latitude : 43.10226

⚠ **Le Ruisseau Blanc** de mi-mars à déb. oct.
ℰ 05 62 42 94 83, *cintou.garros@cegetel.net*
1,8 ha (110 empl.) plat, herbeux
Tarif : 12€ ✚✚ ⬅ 🅴 🅗 (6A) – pers. suppl. 3€
Location : (de mi-mars à déb. oct.) 🎿 – 3 🛖.
Sem. 315 à 385€
🚐 borne autre 3€ – 15 🅴 12€
Pour s'y rendre : à Anclades (1,5 km à l'est par D 97, rte de Jarret, pour caravanes, accès conseillé par la D 937 en dir. de Bagnères-de-Bigorre)

Nature :	🦢 ≤ 🌳🌳		
Loisirs :	🛖 🏊		
Services :	🔌 🚽 🖥		

Longitude : -0.02313
Latitude : 43.09363

*Demandez à votre libraire le catalogue des **publications MICHELIN**.*

LUZENAC

09250 – **343** I8 – 635 h. – alt. 608
▶ Paris 795 – Andorra-la-Vella 68 – Foix 35 – Quillan 64

⚠ **Municipal le Castella** Permanent
ℰ 05 61 64 47 53, *campinglecastella@orange.fr*,
Fax 05 61 64 40 59, *www.campingcastella.com* – places limitées pour le passage
3 ha (150 empl.) en terrasses, plat, peu incliné, herbeux, rochers
Tarif : 19€ ✚✚ ⬅ 🅴 🅗 (10A) – pers. suppl. 5€
Location : (permanent) – 1 🛖 – 9 🛖. Nuitée
45 à 70€ – Sem. 225 à 471€
Pour s'y rendre : 4 rte du Castella (par RN 20 dir. Ax-les-Thermes, au bourg, chemin à dr.)

Nature :	🌳🌳		
Loisirs :	🛖 🏊 🏊 🎣		
Services :	👩 🔌 🏢 🛁 🚽 🚽 laverie		
À prox. :	parcours de santé		

Longitude : 1.76414
Latitude : 42.7596

LUZ-ST-SAUVEUR

65120 – **342** L7 – 1 050 h. – alt. 710 – ♨ (début mai-fin oct.) – Sports d'hiver : 1 800/2 450 m ✓ 14 ✗
🛈 20, place du 8 mai ℘ 05 62 92 30 30
▶ Paris 882 – Argelès-Gazost 19 – Cauterets 24 – Lourdes 32

⏶⏶ **Airotel Pyrénées** fermé de déb. oct. à fin nov.
℘ 05 62 92 89 18, airotel.pyrenees@wanadoo.fr,
Fax 05 62 92 96 50, www.airotel-pyrenees.com
2,5 ha (165 empl.) peu incliné et incliné, plat et en
terrasses, herbeux
Tarif : 34 € ⚄⚄ ⌷ 🅔 [½] (10A) – pers. suppl. 8 € – frais
de réservation 25 €

Location : (fermé de déb. oct. à fin nov.) ⚅ – 46 🚐
– 12 🏠 – 10 appartements. Sem. 670 à 1 050 € – frais
de réservation 25 €
🛒 borne artisanale 9 €
Pour s'y rendre : 46 av. du Barège (1 km au nord-ouest
par D 921, rte de Lourdes)

Nature : ❄ ⩽ ⛵ ♨
Loisirs : 🎮 ♪ ♨ hammam jacuzzi espace balnéo 🛝 ☒ ♨ ⛰ mur d'escalade
Services : ♿ ⚡ 🚽 ♨ ❄ 🍴 laverie ♨ ⚒
Longitude : -0.01152
Latitude : 42.88014

⏶⏶ **International** de fin mai à fin sept.
℘ 05 62 92 82 02, camping.international.luz@wanadoo.
fr, Fax 05 62 92 96 87, www.international-camping.fr
4 ha (133 empl.) en terrasses, peu incliné, plat, herbeux
Tarif : 28 € ⚄⚄ ⌷ 🅔 [½] (6A) – pers. suppl. 6 € – frais de
réservation 20 €

Location : (de fin mai à fin sept.) ⚅ – 10 🚐. Sem.
200 à 660 € – frais de réservation 20 €
🛒 borne artisanale 22 €
Pour s'y rendre : 50 av. du Barège (1,3 km au nord-
ouest par D 921, rte de Lourdes)

Nature : ❄ ⩽ ♨♨
Loisirs : ♟ snack 🎮 jacuzzi 🛝 ♨ ♨
Services : ♿ ⚡ 🚽 ❄ ♨ ⚒ 🍴 laverie ♨ ⚒
Longitude : -0.01388
Latitude : 42.88322

⏶ **Pyrénévasion** fermé de mi-oct. à mi-nov.
℘ 05 62 92 91 54, camping-pyrenevasion@wanadoo.
fr, Fax 05 62 92 98 34, www.campingpyrenevasion.com
– alt. 834
3,5 ha (100 empl.) en terrasses, peu incliné, herbeux,
gravier
Tarif : 25,50 € ⚄⚄ ⌷ 🅔 [½] (10A) – pers. suppl. 5,50 €
– frais de réservation 10 €

Location : (fermé de mi-oct. à mi-nov.) – 16 🚐
– 8 🏠. Nuitée 40 à 100 € – Sem. 250 à 650 € – frais de
réservation 12 €
🛒 borne artisanale – 🔌
Pour s'y rendre : rte de Luz-Ardiden (3,4 km au nord-
ouest par D 921, rte de Gavarnie et D 12, à Sazos)

Nature : ⩽
Loisirs : ♟ snack jacuzzi 🛝 ♨ terrain omnisports
Services : ♿ ⚡ 🚽 ♨ ⚒ 🍴 laverie
Longitude : -0.00617
Latitude : 42.87155

⏶ **Les Cascades** fermé de déb. oct. à fin nov.
℘ 05 62 92 85 85, cathy.sesque@wanadoo.fr,
Fax 05 62 92 96 95, www.camping-luz.com
1,5 ha (77 empl.) peu incliné et en terrasses, herbeux,
pierreux
Tarif : 22 € ⚄⚄ ⌷ 🅔 [½] (4A) – pers. suppl. 7 €

Location : (fermé de déb. oct. à fin nov.) – 20 🚐.
Nuitée 45 à 70 € – Sem. 250 à 600 €
🛒 borne artisanale 10 €
Pour s'y rendre : r. Ste-Barbe (au sud de la localité, au
bord de torrents, accès conseillé par rte de Gavarnie)

Nature : 🐟 ⩽ ♨
Loisirs : ♟ ✗ 🎮 🛝 ♨
Services : ♿ ⚡ 🚽 ♨ 🍴 laverie ⚒
À prox. : canoë
Longitude : -0.00419
Latitude : 42.86904

⏶ **So de Prous** Permanent
℘ 05 62 92 82 41, jj.poulou@wanadoo.fr,
Fax 05 62 92 34 10, www.sodeprous.com
2 ha (80 empl.) plat, peu incliné, en terrasses, herbeux
Tarif : (Prix 2010) ⚄ 4 € ⌷ 🅔 4 € – [½] (6A) 6 € – frais
de réservation 8 €

Location : (permanent) – 12 🚐 – 7 🛏
– 2 appartements.
Pour s'y rendre : quartier Larise (3 km au nord-ouest
par D 921, rte de Lourdes, à 80 m du Gave de Gavarnie)

Nature : ⩽ ♨
Loisirs : ♟ 🎮 🛝 ♨ (petite piscine)
Services : ♿ ⚡ 🚽 🔲 ⚒
Longitude : -0.02919
Latitude : 42.89892

445

⚠ **Le Bergons** fermé de fin oct. à déb. déc.
℘ 0562929077, *info@camping-bergons.com*,
www.camping-bergons.com
1 ha (78 empl.) plat, peu incliné et terrasses, herbeux
Tarif : 15€ ★★ ⇌ 圄 (∮) (6A) – pers. suppl. 4€ – frais de
réservation 10€
Location : (Prix 2010) (fermé de fin oct. à déb. déc.)
– 5 ⌂ – 2 studios. Sem. 265 à 480€
Pour s'y rendre : rte de Barèges (500 m à l'est par
D 918)

Nature : ❄ ≤ ♀
Loisirs : 🛋 ⛱
Services : ৬ ⊶ (juil.-août) ▥ laverie

Longitude : 0.0045
Latitude : 42.87406

⚠ **Toy** fermé de mi avr. à déb. mai et de fin sept. à déb.
déc.
℘ 0562928685, *campingtoy@aliceadsl.fr*
1,2 ha (83 empl.) peu incliné et en terrasses, herbeux,
pierreux
Tarif : ★ 4€ ⇌ 圄 4€ – (∮) (6A) 5€
🚐 borne artisanale 12€ – 50 圄 12€
Pour s'y rendre : 17 pl. du 8-Mai (centre bourg, au bord
du Bastan)

Nature : 🐟 ≤ ♀
Loisirs : 🐟
Services : ⊶ ⇌ ✗ ▥ ⁗ laverie
À prox. : 🛒 ⚖ ▾ ✗ 🏊

Longitude : -0.00312
Latitude : 42.87328

⚠ **Le Bastan** fermé de mi-oct. à déb. déc.
℘ 0562929427, *camping.bastan@wanadoo.fr*,
Fax 0562929427, *www.luz-camping.com* – ℞
1 ha (70 empl.) peu incliné, plat, herbeux, pierreux
Tarif : (Prix 2010) ★ 3€ ⇌ 圄 3€ – (∮) (6A) 5€
Location : (Prix 2010) (fermé de mi-oct. à déb. déc.)
⏦ – 3 ⌂. Nuitée 45€ – Sem. 260 à 420€
🚐 borne eurorelais 10€
Pour s'y rendre : rte de Barèges, à Esterre (800 m à l'est
par D 918, au bord du Bastan)

Nature : ❄ ≤ ♀♀
Loisirs : 🛋 ⛱ 🖼 🐟
Services : ৬ ⊶ ▥ ♨ laverie
À prox. : pizzeria

Longitude : NaN
Latitude : 42.87264

MANE

31260 – **343** D6 – 972 h. – alt. 297
▶ Paris 753 – Aspet 19 – St-Gaudens 22 – St-Girons 22

⚠ **Village Vacances de la Justale** de déb. mai à fin
oct.
℘ 0561906818, *la.justale.villagevacances-mane@
wanadoo.fr*, Fax 0561906818, *www.village-vacances-
mane.fr*
3 ha (23 empl.) plat, herbeux
Tarif : ★ 3€ ⇌ 3€ 圄 – (∮) (10A) 4€
Location : (permanent) – 19 gîtes. Sem. 210 à 435€
🚐 borne artisanale 14€ – 23 圄 17€ – ⛽(∮) 17€
Pour s'y rendre : 2 allée de la Justale (500 m au sud-
ouest du bourg par r. près de la mairie, au bord de
l'Arbas et d'un ruisseau)
À savoir : agréable cadre verdoyant

Nature : 🐟 🔲 ♀♀
Loisirs : 🛋 ⛱ 🐴 🏊
Services : ৬ ⊶ ⇌ ⁗ laverie
À prox. : ✗ 🐎

Longitude : 0.94716
Latitude : 43.07621

⚖ ✗ *ATTENTION :*
*these facilities are not necessarily available throughout
the entire period that the camp is open - some are only
available in the summer season.*

MARTRES-TOLOSANE

31220 – **343** E5 – 2 200 h. – alt. 268
🏢 *place Henri Dulion* 𝒫 0561986641
▶ Paris 735 – Auch 80 – Auterive 48 – Bagnères-de-Luchon 81

△△△ **Le Moulin** 🏕 – de déb. avr. à fin sept.
𝒫 0561988640, *info@CampingLeMoulin.com*,
Fax 0561986690, *www.CampingLeMoulin.com*
6 ha/3 campables (99 empl.) plat, herbeux, pierreux
Tarif : (Prix 2010) 28€ ✝✝ ⟺ 🅔 (6A) – pers.
suppl. 7€ – frais de réservation 18€

Location : (Prix 2010) (de mi-janv. à fin nov.) ♿
– 2 roulottes – 4 🛲 – 17 🏠 – 2 bungalows
toilés. Nuitée 49 à 79€ – Sem. 252 à 850€ – frais de
réservation 18€
🛢 borne artisanale 28€ – 🛒 14€
Pour s'y rendre : au lieu-dit : Le Moulin (1,5 km au sud-
est par rte du stade, av. de St-Vidian et chemin à gauche
apr. le pont, au bord d'un ruisseau et d'un canal, près de
la Garonne (accès direct))

À savoir : agréable domaine rural, ancien moulin

| Nature : 🏞 🛏 ♨ |
| Loisirs : ✗ 🎱 🏕 🚴 ⚼ |
| 🛶 🎣 |
| Services : ♿ ⚓ 🛒 🗑 ♻ 🚰 |
| laverie 🧺 |

| Longitude : 1.0181 |
| Latitude : 43.1905 |

MAUBOURGUET

65700 – **342** M2 – 2 506 h. – alt. 181
🏢 *30, rue Maréchal Joffre* 𝒫 0562963909
▶ Paris 749 – Toulouse 148 – Tarbes 28 – Pau 68

△ **Municipal L'Echez** saison
𝒫 0562963744, *camping.maubourguet@yahoo.fr* – 🅁
0,75 ha (50 empl.) plat, herbeux
Tarif : (Prix 2010) 14€ ✝✝ ⟺ 🅔 (10A) – pers.
suppl. 3€
Pour s'y rendre : r. Jean Clos Pucheu

| Nature : 🏞 ♨ |
| Loisirs : 🎱 🎣 |
| Services : 🗑 ♻ 🖼 |
| À prox. : ⚼ 🛶 |

| Longitude : 0.03193 |
| Latitude : 43.46656 |

MAUROUX

46700 – **337** C5 – 512 h. – alt. 213
🏢 *le Bourg* 𝒫 0565306670
▶ Paris 622 – Toulouse 152 – Cahors 49 – Agen 50

△△△ **Village Vacances du Soleil** (location exclusive de
chalets) fermé de fin oct. à fin fév.
𝒫 0565308259, *info@villagedusoleil.fr*,
Fax 0565308267, *www.villagedusoleil.fr*
7,5 ha vallonné, boisé
Location : ♿ – 58 🏠. Nuitée 42 à 129€ – Sem.
291 à 900€
Pour s'y rendre : au lieu-dit : Le Reynou et Clos del
Capre

| Nature : 🏞 ♨ |
| Loisirs : ⚼ snack 🎱 🏕 🚴 |
| 🚴 ⚼ ⛰ 🛶 |
| Services : ⚓ 🗑 laverie 🧺 |

| Longitude : 1.04738 |
| Latitude : 44.45576 |

MAZAMET

81200 – **338** G10 – 10 055 h. – alt. 241
🏢 *rue des Casernes* 𝒫 0563612707
▶ Paris 739 – Albi 64 – Béziers 90 – Carcassonne 50

△ **Municipal la Lauze** de déb. mai à fin sept.
𝒫 0563612469, *camping.mazamet@imsnet.fr*,
Fax 0563612469, *www.camping-mazamet.com*
1,7 ha (65 empl.) peu incliné, plat, herbeux
Tarif : (Prix 2010) 19€ ✝✝ ⟺ 🅔 (15A) – pers.
suppl. 3€
Location : (Prix 2010) (permanent) ⚒ – 5 🛲.
Nuitée 35 à 65€ – Sem. 245 à 445€
🛢 borne artisanale – 18 🅔 11€
Pour s'y rendre : chemin de la Lauze (sortie est par
N 112, rte de Béziers et à dr.)

| Nature : 🛏 ♨ |
| Loisirs : 🎱 🏕 🚴 🐎 |
| Services : ♿ ⚓ 🖼 🗑 ♻ |
| 🚰 🖼 |
| À prox. : ⚼ 🏊 🛶 ⛳ golf (18 |
| trous), parcours sportif |

| Longitude : 2.39148 |
| Latitude : 43.49692 |

MIDI-PYRÉNÉES

MERCUS-GARRABET

09400 – **343** H7 – 1 135 h. – alt. 480
▶ Paris 772 – Ax-les-Thermes 32 – Foix 12 – Lavelanet 25

    ⚲ **Le Lac** de mi-avr. à mi-sept.
        ℘ 05 61 05 90 61, *info@campinglac.com*,
        Fax 05 61 05 90 61, *www.campinglac.com*
        1,2 ha (58 empl.) en terrasses, plat, herbeux
        Tarif : 26 € ✦✦ ⬛ 🔌 (10A) – pers. suppl. 6 € – frais
        de réservation 15 €

        Location : (de mi-avr. à fin sept.) – 7 🛖 – 16 🏠.
        Sem. 305 à 605 € – frais de réservation 15 €
        🚐 borne artisanale 14 € – 15 ⬛ 14 €
        Pour s'y rendre : 1 promenade du Camping (800 m
        au sud par D 618, rte de Tarascon et à dr. au passage à
        niveau, au bord de l'Ariège)

Nature : 🌳 ⚠
Loisirs : 🏠 🏊 (petite piscine)
⚲
Services : 🚿 🛒 📮 🛁 🛜 🖼
À prox. : ✕ ✕ canoë

Longitude : 1.62252
Latitude : 42.87154

MÉRENS-LES-VALS

09110 – **343** J9 – 187 h. – alt. 1 055
▶ Paris 812 – Ax-les-Thermes 10 – Axat 61 – Belcaire 36

    ⚲ **Municipal de Ville de Bau**
        ℘ 05 61 02 85 40, *camping.merens@wanadoo.fr*,
        Fax 05 61 64 03 83, *www.merenslesvals.fr* – alt. 1 100
        2 ha (70 empl.) plat, herbeux, pierreux
        Pour s'y rendre : Ville de Bau (1,5 km au sud-ouest par
        N 20, rte d'Andorre et chemin à dr., au bord de l'Ariège)

Nature : ≤ 🏕 🌳
Loisirs : 🏠 ⚲
Services : 🚿 🛒 🛁 ⚡
laverie 🧺

Longitude : 1.83642
Latitude : 42.65612

MIERS

46500 – **337** G2 – 433 h. – alt. 302
▶ Paris 526 – Brive-la-Gaillarde 49 – Cahors 69 – Rocamadour 12

    ⚲ **Le Pigeonnier** de déb. avr. à déb. oct.
        ℘ 05 65 33 71 95, *camping-le-pigeonnier@orange.fr*,
        Fax 05 65 33 71 95, *www.campinglepigeonnier.com*
        1 ha (45 empl.) peu incliné, en terrasses, plat, herbeux
        Tarif : (Prix 2010) ✦ 5 € ⬛ ⬛ 5 € – 🔌 (16A) 3 € – frais de
        réservation 12 €

        Location : (Prix 2010) (permanent) – 9 🛖. Nuitée
        35 à 75 € – Sem. 230 à 555 € – frais de réservation 12 €
        🚐 borne artisanale 6 €
        Pour s'y rendre : 700 m à l'est par D 91, rte de Padirac
        et chemin à dr.

Nature : 🦅 🏕 🌳
Loisirs : 🏠 🎣 🏊
Services : 🚿 ⚡ 🛁 🛜 🖼

Longitude : 1.70731
Latitude : 44.85378

MILLAU

12100 – **338** K6 – 22 041 h. – alt. 372
A 75- Viaduc de Millau - Péage en 2010 : autos 6,10/7,90, caravanes 9,20/11,80, camions
21,70/29,50, motos 3,90
🛈 *1, place du Beffroi* ℘ 05 65 60 02 42
▶ Paris 636 – Albi 106 – Alès 138 – Béziers 122

    ⚲ **Les Rivages** ♟ – de mi-avr. à fin sept.
        ℘ 05 65 61 01 07, *info@campinglesrivages.com*,
        Fax 05 65 59 03 56, *www.campinglesrivages.com*
        7 ha (314 empl.) plat, herbeux, pierreux
        Tarif : 32 € ✦✦ ⬛ 🔌 (6A) – pers. suppl. 7 € – frais de
        réservation 16 €

        Location : (de mi-avr. à fin sept.) – 28 🛖 – 1 studio
        – 3 bungalows toilés. Nuitée 39 à 94 € – Sem. 234 à 658 €
        – frais de réservation 16 €
        🚐 borne autre
        Pour s'y rendre : 860 av. de l'Aigoual (1,7 km à l'est par
        D 991, rte de Nant, au bord de la Dourbie)

Nature : ≤ 🌳 ⚠
Loisirs : 🍸 ✕ 🏠 📺 🎯
squash 🎣 ✕ 🏓 🏊 🚣 ⚲
Services : 🚿 🛒 🛁 🛁 ⚡ 🛜
laverie 🧺 🔧 point d'informa-
tions touristiques
À prox. : ⛷

Longitude : 3.09616
Latitude : 44.10161

Viaduc ⛺ – de déb. mai à fin sept.
℘ 0565601575, *info@camping-du-viaduc.com*,
Fax 0565613651, *www.camping-du-viaduc.com*
5 ha (237 empl.) plat, herbeux
Tarif : 32 € ✦✦ ⟺ 🅴 (½) (6A) – pers. suppl. 7 € – frais de
réservation 17 €

Location : (de déb. mai à fin sept.) – 39 🚐
– 6 bungalows toilés. Nuitée 37 à 98 € – Sem. 189 à 686 €
– frais de réservation 17 €
🚐 borne artisanale 15 €
Pour s'y rendre : 121 av. de Millau-Plage (800 m au
nord-est par D 991, rte de Nant et D 187 à gauche rte de
Paulhe, au bord du Tarn)

Nature :	🏞 ⚭ ⚠
Loisirs :	🍸 snack 🎴 🏃 🚴
	🏊 🔺
Services :	🔣 ⚬▬ 🏢 🔻 🔺 🔻
	🍴 laverie 🔻 🔻
À prox. :	🐎 🚲 🎾 🐴 canoë-
	kayak, parapente

Longitude : 3.08853
Latitude : 44.10578

Les Érables de déb. avr. à fin sept.
℘ 0565591513, *camping-les-erables@orange.fr*,
Fax 0565590659, *www.campingleserables.fr*
1,4 ha (78 empl.) plat, herbeux
Tarif : 19 € ✦✦ ⟺ 🅴 (½) (6A) – pers. suppl. 5 € – frais de
réservation 16 €

Location : (de déb. avr. à fin sept.) – 6 🚐. Nuitée
43 à 73 € – Sem. 258 à 511 € – frais de réservation 16 €
Pour s'y rendre : av. de Millau-Plage (900 m nord-est
par D 991, rte de Nant et D 187 à gauche, rte de Paulhe,
au bord du Tarn)

Nature :	⟨ 🏞 ⚭
Loisirs :	🎴
Services :	🔣 ⚬▬ 🍴 laverie
À prox. :	🐎 🎾 ♦ 🔻 canoë-
	kayak

Longitude : 3.09118
Latitude : 44.11942

MIRANDE

32300 – **336** E8 – 3 740 h. – alt. 173
🅱 *13 rue de l'Evêché* ℘ *05 62 66 68 10*
▶ Paris 737 – Auch 25 – Mont-de-Marsan 98 – Tarbes 49

L'Île du Pont de mi-mai à mi-sept.
℘ 0562666411, *mirande@groupevla.fr*,
Fax 0562666986, *www.groupevla.fr*
10 ha/5 campables (164 empl.) non clos, plat, herbeux
Tarif : (Prix 2010) 17 € ✦✦ ⟺ 🅴 (½) (6A) – pers.
suppl. 5 € – frais de réservation 10 €

Location : (Prix 2010) (de déb. avr. à déb. nov.) 🔣
(3 mobiles homes) – 35 🚐 – 12 🏠. Nuitée 45 à 80 €
– Sem. 230 à 800 € – frais de réservation 18 €
🚐 borne autre 3 €
Pour s'y rendre : au lieu-dit : Le Batardeau (à l'est de la
ville, dans une île de la Grande Baïse)

À savoir : site agréable sur une île

Nature :	🍃 ⚭
Loisirs :	🍸 ✗ snack 🎴 🏃
	🚴 🔻
Services :	🔣 ⚬▬ laverie 🔻
À prox. :	🔻 🔺 parcours de
	santé, canoë, parc aquatique

Longitude : 0.40932
Latitude : 43.51376

449

MIRANDOL-BOURGNOUNAC

81190 – **338** E6 – 1 065 h. – alt. 393
🅱 *2, place de la Liberté* ℘ *0563769765*
▶ Paris 653 – Albi 29 – Rodez 51 – St-Affrique 79

Les Clots de déb. mai à fin sept.
℘ 0563769278, *campclots@wanadoo.fr*,
www.campinglesclots.info
7 ha/4 campables (62 empl.) en terrasses, pierreux,
herbeux
Tarif : 23 € ✦✦ ⟺ 🅴 (½) (6A) – pers. suppl. 5 € – frais de
réservation 10 €

Location : (de déb. mai à fin sept.) – 1 🏠
– 3 bungalows toilés – 1 gîte. Sem. 255 à 570 € – frais
de réservation 10 €
Pour s'y rendre : au lieu-dit : Les Clots (5,5 km au nord
par D 905, rte de Rieupeyroux et chemin sur la gauche, à
500 m du Viaur (accès direct))

Nature :	🍃 ⟨ ⚭
Loisirs :	🎴 🚴 🔻 🔻
Services :	⚬▬ 🔻 🍴 🖼
À prox. :	🔻

Longitude : 2.17847
Latitude : 44.1772

MIREPOIX

32390 – **336** G7 – 191 h. – alt. 150
▶ Paris 696 – Auch 17 – Fleurance 13 – Gimont 25

   ⚠ **Village Vacances Les Chalets des Mousquetaires** (location exclusive de chalets)
Permanent
    ✆ 05 62 64 33 66, *info@chalets-mousquetaires.com*, *www.chalets-mousquetaires.com*
1 ha non clos, plat, étang

Location : ⤸ – 11 🏠. Nuitée 65 € – Sem. 329 à 678 €
– frais de réservation 20 €
Pour s'y rendre : au lieu-dit : En Luquet (2 km au sud-est du bourg)

À savoir : près d'une ferme, situation dominante sur la campagne vallonnée du Gers

Nature :	🐟 ≤ 🏞 ♨
Loisirs :	🔲 🏕 🚣 ♒ ⛷
Services :	⚬ ⊶ 🚽 ▥ ♨ 🔲
À prox. :	🐟

Longitude :	0.69271
Latitude :	43.73682

MOISSAC

82200 – **337** C7 – 12 377 h. – alt. 76
🛈 6, place Durand de Bredon ✆ 05 63 04 01 85
▶ Paris 632 – Agen 57 – Auch 120 – Cahors 63

   ⚠ **L'Île de Bidounet** 👥 – de déb. avr. à fin sept.
    ✆ 05 63 32 52 52, *info@camping-moissac.com*, *www.camping-moissac.com*
4,5 ha/2,5 campables (100 empl.) plat, herbeux
Tarif : 19 € 👥👥 🚗 🔲 ⚡ (6A) – pers. suppl. 5 € – frais de réservation 7 €

Location : (de mi-juin à mi-sept.) 🏠 – 12 bungalows toilés. Sem. 200 à 380 € – frais de réservation 7 €
🚐 borne artisanale
Pour s'y rendre : lieu-it : St-Benoît (1 km au sud par N 113, rte de Castelsarrasin et D 72 à gauche)

À savoir : Agréable situation sur une île du Tarn

Nature :	🐟 🏞 ♨
Loisirs :	♟ 🔲 🏕 🚣 🏊
(petite piscine)	🐟 ♨
Services :	⚬ ⊶ 🚽 ♨ 🔲
À prox. :	canoë-kayak

Longitude :	1.09005
Latitude :	44.09671

450

MONCLAR-DE-QUERCY

82230 – **337** F8 – 1 522 h. – alt. 178 – Base de loisirs
🛈 place des Capitouls ✆ 05 63 30 31 72
▶ Paris 644 – Toulouse 73 – Montauban 22 – Albi 58

   ⚠ **Village Vacances Les Hameaux des Lacs**
(location exclusive de chalets) Permanent
    ✆ 05 55 84 34 48, *infos@chalets-en-france.com*, Fax 05 55 22 88 29, *www.chalets-en-france.com*
5 ha

Location : – 113 🏠. Nuitée 80 à 105 € – Sem. 240 à 735 € – frais de réservation 11 €
Pour s'y rendre : à la Base de Loisirs des Lacs

À savoir : situation dominante ou en sous - bois

Nature :	🐟 ≤ ♨
Loisirs :	♟ 🔲 🚣 🏓 ♒
🔲 (découverte en saison) terrain omnisports	
Services :	⊶ ♨ 🔲
À prox. :	🏊 ⛷ ♨

Longitude :	1.59544
Latitude :	43.96957

MONTCABRIER

46700 – **337** C4 – 400 h. – alt. 191
▶ Paris 584 – Cahors 39 – Fumel 12 – Tournon-d'Agenais 24

   ⚠ **Moulin de Laborde** de fin avr. à déb. sept.
    ✆ 05 65 24 62 06, *moulindelaborde@wanadoo.fr*, *www.moulindelaborde.com* 🚭
4 ha (90 empl.) plat, herbeux, petit étang
Tarif : 👤 7 € 🚗 10 € 🔲 10 € – ⚡ (6A) 3 €
Pour s'y rendre : 2 km au nord-est par D 673, rte de Gourdon, au bord de la Thèze

À savoir : autour des bâtiments d'un vieux moulin, beaux emplacements ombragés

Nature :	♨
Loisirs :	♟ snack 🔲 🚣
🚲 ⛷	
Services :	⚬ ⊶ 🚽 🏓 ♨
laverie 🚐	

Longitude :	1.08247
Latitude :	44.54819

MONTESQUIOU

32320 – **336** D8 – 589 h. – alt. 214
🛈 *Mairie* ℰ 05 62 70 91 18
▶ Paris 741 – Auch 32 – Mirande 12 – Mont-de-Marsan 87

△ **Le Haget** de déb. mai à fin sept.
ℰ 05 62 70 95 80, *info@lehaget.com*, Fax 05 62 70 94 83,
www.lehaget.com
10 ha (70 empl.) peu incliné à, incliné, herbeux
Tarif : 24€ ⛺ ⛺ ⇌ ▣ (½) (6A) – pers. suppl. 6€ – frais de
réservation 14€
Location : (de déb. mai à fin sept.) – 19 🏠 – 10 🏚.
Sem. 225 à 750€ – frais de réservation 14€
Pour s'y rendre : rte de Miélan (600 m à l'ouest par
D 943, rte de Marciac puis à gauche, 1,5 km par D 34 rte
de Miélan)
À savoir : dans le parc du château

Nature :	🏞 ♨
Loisirs :	🍴 ✕ 🏠 ⛴
Services :	♿ ⛲ 🚽 🏧

| Longitude : 0.32002 |
| Latitude : 43.56579 |

△△△ ... △
Sites which are particularly pleasant in their own right and outstanding in their class.

MONTPEZAT-DE-QUERCY

82270 – **337** E6 – 1 424 h. – alt. 275
🛈 *boulevard des Fossés* ℰ 05 63 02 05 55
▶ Paris 598 – Cahors 28 – Caussade 12 – Castelnau-Montratier 13

451

△ **Révéa Le Faillal** de déb. avr. à déb. oct.
ℰ 05 63 02 07 08, *lefaillal@wanadoo.fr*,
Fax 05 63 02 07 08, *www.revea-vacances.fr/campings*
0,9 ha (47 empl.) en terrasses, herbeux, pierreux
Tarif : 20€ ⛺ ⛺ ⇌ ▣ (½) (6A) – pers. suppl. 4€ – frais de
réservation 10€
Location : (permanent) ℗ – 24 🏠. Nuitée 60€
– Sem. 210 à 650€ – frais de réservation 25€
Pour s'y rendre : au Parc de Loisirs Le Faillal (sortie nord
par D 20, rte de Cahors et à gauche)
À savoir : .

Nature :	🏞 ⊡ ♨
Loisirs :	🏓 salle d'animation ⛹ ♞
Services :	⛲ ▦ 🍽 ♻ 🏧
À prox. :	✂ ⛴

| Longitude : 1.47725 |
| Latitude : 44.24318 |

NAGES

81320 – **338** I8 – 340 h. – alt. 800 – Base de loisirs
🛈 *Ferme de Rieumontagné* ℰ 05 63 37 06 01
▶ Paris 717 – Brassac 36 – Lacaune 14 – Lamalou-les-Bains 45

△△△ **Village Center Rieu-Montagné** de fin juin à déb.
sept.
ℰ 08 25 00 20 30, *resa@village-center.com*,
Fax 04 67 51 63 89, *www.village-center.fr/C36*
8,5 ha (171 empl.) en terrasses, gravillons, pierreux
Tarif : (Prix 2010) 24€ ⛺ ⛺ ⇌ ▣ (½) (10A) – pers.
suppl. 5€
Location : (Prix 2010) (de fin juin à déb. sept.) – 49 🏕
– 13 🏠. Nuitée 54 à 119€ – Sem. 265 à 833€ – frais de
réservation 30€
Pour s'y rendre : au Lac de Laouzas (4,5 km au sud par
D 62 et rte à gauche, à 50 m du lac)
À savoir : belle et agréable situation dominante

Nature :	🏞 ≤ lac et montagnes boisées ⊡ ♀
Loisirs :	🍴 brasserie 🏠 ☺ nocturne 🏓 ⛴
Services :	⛲ 🛁 🍽 ♻ 🚽 🏧 ▱ 🏚
À prox. :	🏇 🚴 🎣 ✂ 🎿 ≋ (plage) 🛶 🏇

| Longitude : 2.77806 |
| Latitude : 43.64861 |

NAILLOUX

31560 – **343** H4 – 1 999 h. – alt. 285 – Base de loisirs
▶ Paris 711 – Auterive 15 – Castelnaudary 42 – Foix 50

Le Lac de la Thésauque Permanent
℘ 05 61 81 34 67, *camping.thesauque@laposte .net*,
Fax 05 61 81 00 12, *www.camping-thesauque.com*
2 ha (60 empl.) en terrasses, herbeux
Tarif : (Prix 2010) 19 € ✷✷ ⇔ 🔲 (𝟶) (10A) – pers.
suppl. 5 € – frais de réservation 10 €

Location : (Prix 2010) (permanent) – 4 🛖 – 4 🏠.
Nuitée 65 € – Sem. 230 à 490 € – frais de réservation
10 €
🚐 30 🔲 13 €
Pour s'y rendre : 3,4 km à l'est par D 622, rte de
Villefranche-de-Lauragais, D 25 à gauche et chemin, à
100 m du lac

Nature :	🏞 ♤♤
Loisirs :	🍴 ✗ pizzeria 🏠 ↔ ✗ 🎿 🛶 canoë, pédalos
Services :	⚒ ⊶ 🔲 ℉ 🔲

Longitude : 1.62309
Latitude : 43.35617

Ne prenez pas la route au hasard !
Michelin *vous apporte à domicile*
ses conseils routiers,
touristiques, hôteliers : ***www.ViaMichelin.fr !***

452

NANT

12230 – **338** L6 – 916 h. – alt. 490
🛈 *Chapelle des Pénitents - place du Claux* ℘ 05 65 62 24 21
▶ Paris 669 – Le Caylar 21 – Millau 33 – Montpellier 92

RCN Le Val de Cantobre ♣♣ – de déb. avr. à déb.
oct.
℘ 05 65 58 43 00, *info@rcn-valdecantobre.fr*,
Fax 05 65 62 10 36, *www.rcn-campings.fr*
6 ha (216 empl.) en terrasses, herbeux, rocailleux, fort
dénivelé
Tarif : 44 € ✷✷ ⇔ 🔲 (𝟶) (6A) – pers. suppl. 5 € – frais de
réservation 18 €

Location : (de déb. avr. à déb. oct.) – 21 🛖
– 15 🏠. Nuitée 29 à 139 € – Sem. 132 à 973 € – frais
de réservation 18 €
🚐 borne autre
Pour s'y rendre : Domaine de Vellas (4,5 km au nord
par D 991, rte de Millau et chemin à dr., au bord de la
Dourbie)
À savoir : autour d'une vieille ferme caussenarde du XVe s.

Nature :	🏞 ≤ 🏕 ♤♤
Loisirs :	🍴 pizzeria, snack 🏠 🎴 🏹 ↔ 🎿 🏊 terrain omnisports
Services :	⚒ ⊶ 🔲 🏊 ⚓ ℉ laverie 🔲 🔧 cases réfrigérées

Longitude : 3.30183
Latitude : 44.04582

Les Deux Vallées de déb. avr. à fin oct.
℘ 05 65 62 26 89, *contact@lesdeuxvallees.com*,
Fax 05 65 62 17 23, *www.lesdeuxvallees.com*
2 ha (80 empl.) plat, herbeux, pierreux
Tarif : 19 € ✷✷ ⇔ 🔲 (𝟶) (6A) – pers. suppl. 4 €
Location : (de déb. avr. à fin oct.) – 9 🛖. Nuitée
30 à 65 € – Sem. 210 à 455 €
🚐 borne artisanale 5 € – 10 🔲 7 € – 🚌 11 €
Pour s'y rendre : rte de l'Estrade Basse

Nature :	🏞 🏕 ♤♤
Loisirs :	🏠 🎿 🏹
Services :	⚒ ⊶ 🏊 ⚓ ℉ laverie
À prox. :	🐎 poneys

Longitude : 3.35457
Latitude : 44.0241

NAUCELLE

12800 – **338** G5 – 1 960 h. – alt. 490
🛈 place Jean Boudou ✆ 05 65 67 16 42
▶ Paris 652 – Albi 46 – Millau 90 – Rodez 32

🔺 **Lac de Bonnefon** de déb. avr. à mi-oct.
✆ 05 65 69 33 20, camping-du-lac-de-bonnefon@
wanadoo.fr, Fax 05 65 69 33 20, www.camping-du-lac-
de-bonnefon.com
3 ha (90 empl.) peu incliné, en terrasses, plat, herbeux
Tarif : 25€ ✚✚ ⊜ ▣ ⚡ (10A) – pers. suppl. 5€ – frais
de réservation 15€
Location : (permanent) – 5 🚐 – 18 🏠
– 15 bungalows toilés. Nuitée 36 à 78€ – Sem.
180 à 546€ – frais de réservation 20€
🚐 borne artisanale 16€ – 4 ▣ 16€
Pour s'y rendre : sortie sud-est par D 997, rte de
Naucelle-Gare puis 1,5 km par rte de Crespin et rte de
St-Just à gauche, à 100 m de l'étang (accès direct)

Nature :	🏊 ⛺ 00	
Loisirs :	🍸 snack ⛵ 🎣 ⛷	
Services :	🚿 🔌 🛁 🚰 🗑	
À prox. :	🍴 🐎	

Longitude : 2.34867
Latitude : 44.18902

NÈGREPELISSE

82800 – **337** F7 – 4 655 h. – alt. 87
▶ Paris 614 – Bruniquel 13 – Caussade 11 – Gaillac 46

🔺 **Municipal le Colombier** de mi-juin à mi-sept.
✆ 05 63 64 20 34, camping.negrepelisse@orange.fr,
Fax 05 63 64 26 24, www.ville-negrepelisse.fr
1 ha (53 empl.) en terrasses, plat, herbeux
Tarif : (Prix 2010) ✚ 2€ ⊜ ▣ 4€ – ⚡ (10A) 2€
Location : (Prix 2010) (de mi-juin à mi-sept.) – 2 tentes.
Nuitée 16€ – Sem. 112€
🚐 borne artisanale 🔌 ⚡ 9€
Pour s'y rendre : au sud-ouest, près de la D 115

Nature :	00	
Services :	🔌 🚮 🚰 🗑	
À prox. :	🚴 ⛵ ⛷ terrain	
omnisports		

Longitude : 1.51843
Latitude : 44.07286

ORINCLES

65380 – **342** M6 – 309 h. – alt. 360
▶ Paris 845 – Bagnères-de-Bigorre 16 – Lourdes 13 – Pau 52

🔺 **Aire Naturelle le Cerf Volant**
✆ 05 62 42 99 32, lecerfvolant1@yahoo.fr,
Fax 05 62 42 99 32
1 ha (23 empl.) non clos, plat, herbeux
Pour s'y rendre : à Arioune (2,2 km au sud par D 407
et chemin en face, à 300 m du D 937, au bord d'un
ruisseau)

Nature :	🏊 00	
Loisirs :	🏚 ⛵	
Services :	🚿 🔌 🗑	

Longitude : 0.03759
Latitude : 43.13097

OUST

09140 – **343** F7 – 531 h. – alt. 500
▶ Paris 792 – Aulus-les-Bains 17 – Castillon-en-Couserans 31 – Foix 61

🔺 **Les Quatre Saisons** de mi-mars à mi-oct.
✆ 05 61 96 55 55, camping.ariege@gmail.com,
www.camping4saisons.com
3 ha (108 empl.) plat, herbeux
Tarif : 23,10€ ✚✚ ⊜ ▣ ⚡ (10A) – pers. suppl. 5,50€
– frais de réservation 9€
Location : (permanent) – 14 🚐 – 3 🏠 – 6 🛖
– 6 appartements. – frais de réservation 9€
🚐 borne artisanale 6€ – 10 ▣ 11€
Pour s'y rendre : rte d'Aulus-les-Bains (sortie sud-est
par D 32, près du Garbet)

Nature :	⬃ ⛺ 00	
Loisirs :	🍸 🏚 🏸 ⛵ ⛷	
Services :	🚿 🔌 🍴 ⚑ 🚰	
laverie		
À prox. :	🍴 🐎 (centre	
équestre)		

Longitude : 1.21925
Latitude : 42.87137

OUZOUS

65400 – **342** L4 – 194 h. – alt. 550
▶ Paris 862 – Toulouse 188 – Tarbes 35 – Pau 55

    ▲ **Aire Naturelle la Ferme du Plantier** de déb. juin à fin sept.
        ℘ 05 62 97 58 01, Fax 05 62 97 58 01 – 🏇
        0,6 ha (15 empl.) incliné, plat, terrasse, herbeux
        Tarif : ⋆ 3 € ⇐ 2 € 🅴 3 € – 🔌 (6A) 4 €
        Pour s'y rendre : au bourg

| Nature : 🏞 ⩻ montagnes ♀ |
| Loisirs : 🏊🏖 |
| Services : ♿ ⌑ 🚿 🗄 |

| Longitude : -0.10742 |
| Latitude : 43.02985 |

PADIRAC

46500 – **337** G2 – 188 h. – alt. 360
🅱 *village* ℘ *05 65 33 47 17*
▶ Paris 531 – Brive-la-Gaillarde 50 – Cahors 68 – Figeac 41

    ▲▲▲ **Les Chênes** ▲▲ – de déb. avr. à fin sept.
        ℘ 05 65 33 65 54, *info@campingleschenes.com*,
        Fax 05 65 33 71 55, *www.campingleschenes.com*
        5 ha (120 empl.) peu incliné, incliné, en terrasses, pierreux, herbeux
        Tarif : 27 € ⋆⋆ ⇐ 🅴 🔌 (6A) – pers. suppl. 7 € – frais de réservation 16 €

        Location : (de mi-avr. à fin sept.) ♿ 🏠 – 32 🚐
        – 18 🏠 – 6 bungalows toilés. Nuitée 100 € – Sem.
        250 à 700 € – frais de réservation 16 €
        🅿 borne artisanale
        Pour s'y rendre : rte du Gouffre (1,5 km au nord-est par D 90)

| Nature : 🏞 ⊏⊐ ♀♀ |
| Loisirs : 🍸 snack, pizzeria 🎲 |
| 🎭 salle d'animation (et cinéma) |
| 🚴 🎠 ♨ 🏊 |
| Services : ♿ ⌑ 🧺 laverie |
| 🔥 🍴 |
| à 500 m, parc de loisirs : 🎿 |

| Longitude : 1.75 |
| Latitude : 44.85822 |

PAMIERS

09100 – **343** H6 – 15 574 h. – alt. 280
🅱 *boulevard Delcassé* ℘ *05 61 67 52 52*
▶ Paris 746 – Toulouse 70 – Carcassonne 77 – Castres 105

    ▲ **L' Apamée** de déb. avr. à mi-nov.
        ℘ 05 61 60 06 89, *campingapamee@orange.fr*,
        www.lapamee.com
        2 ha (80 empl.) plat, herbeux
        Tarif : 27 € ⋆⋆ ⇐ 🅴 🔌 (10A) – pers. suppl. 8 € – frais de réservation 25 €

        Location : (permanent) – 10 🚐 – 11 🏠
        – 10 bungalows toilés – 6 tentes. Nuitée 23 à 81 €
        – Sem. 161 à 567 € – frais de réservation 30 €
        🅿 borne artisanale 5 € – 🚰 🔌 11 €
        Pour s'y rendre : Route de St Girons

| Nature : ♀♀ |
| Loisirs : 🍸 ✕ 🏊 🎣 |
| Services : ♿ ⌑ 🚻 laverie |

| Longitude : 1.6108 |
| Latitude : 43.116 |

PAMPELONNE

81190 – **338** F6 – 718 h. – alt. 430
🅱 *Mairie* ℘ *05 63 76 32 09*
▶ Paris 662 – Albi 30 – Baraqueville 34 – Cordes-sur-Ciel 30

    ▲ **De Thuriès** de mi-juin à fin août
        ℘ 05 63 76 44 01, *campthuries@wanadoo.fr*,
        www.campinglesclots.info
        1 ha (35 empl.) plat, herbeux
        Tarif : ⋆ 4 € ⇐ 🅴 5 € – 🔌 (6A) 3 € – frais de réservation 10 €
        Pour s'y rendre : au Pont de Thuriès (2 km au nord-est par D 78, au bord du Viaur)
        À savoir : site agréable

| Nature : 🏞 ♀♀ |
| Loisirs : 🎲 |
| Services : ⌑ 🚿 |

| Longitude : 2.26237 |
| Latitude : 44.12822 |

PARISOT

82160 – **337** H6 – 540 h. – alt. 376

🛈 *Le bourg* ℘ *05 63 65 78 20*

▶ Paris 624 – Toulouse 110 – Montauban 59 – Albi 60

Résidence Les Chênes (location exclusive de chalets)
de déb. avr. à fin oct.
℘ 05 63 65 71 89, *infoleschenes@free.fr*,
Fax 05 63 65 71 98, *www.les-chenes.com*
1 ha plat
Location : (Prix 2010) ♿ ℗ – 7 🏠. Sem.
250 à 850 €

Nature :	♡♡		
Loisirs :			
Services :			
Longitude : 1.85781			
Latitude : 44.26442			

PAYRAC

46350 – **337** E3 – 672 h. – alt. 320

🛈 *avenue de Toulouse* ℘ *05 65 37 94 27*

▶ Paris 530 – Bergerac 103 – Brive-la-Gaillarde 53 – Cahors 48

Les Pins ▲▲ – de mi-avr. à mi-sept.
℘ 05 65 37 96 32, *info@les-pins-camping.com*,
Fax 05 65 37 91 08, *www.les-pins-camping.com*
4 ha (125 empl.) en terrasses, plat, herbeux, pierreux
Tarif : 30 € ★★ ⬅ 🅴 (10A) – pers. suppl. 7 € – frais
de réservation 18 €
Location : (de mi-avr. à mi-sept.) – 55 🛖 – 3 🏠
– 5 bungalows toilés. Nuitée 36 à 107 € – Sem.
180 à 749 € – frais de réservation 18 €
🚐 borne artisanale 8 €
Pour s'y rendre : sortie sud par D 820

Nature :	♡♡♡		
Loisirs :	♟ snack, pizzeria		
Services :			
⬛ laverie			
Longitude : 1.47214			
Latitude : 44.78952			

PONS

12140 – **338** H2

▶ Paris 588 – Aurillac 34 – Entraygues-sur-Truyère 11 – Montsalvy 12

Municipal de la Rivière de mi-juin à mi-sept.
℘ 05 65 66 18 16, *contact@sainthippolyte.fr*,
Fax 05 65 66 18 16, *www.sainthippolyte.fr*
0,9 ha (46 empl.) plat, herbeux
Tarif : 13 € ★★ ⬅ 🅴 (9A) – pers. suppl. 4 €
Location : (permanent) – 11 🛖 – 11 appartements.
Sem. 200 à 380 €
Pour s'y rendre : 1 km au sud-est du bourg, par D 526,
rte d'Entraygues-sur-Truyère, au bord du Goul

Nature :		♡♡	
Loisirs :			
Services :			
Longitude : 2.56513			
Latitude : 44.71098			

455

PONT-DE-SALARS

12290 – **338** I5 – 1 544 h. – alt. 700

🛈 *Place de la Mairie* ℘ *05 65 46 89 90*

▶ Paris 651 – Albi 86 – Millau 47 – Rodez 25

Les Terrasses du Lac ▲▲ – de déb. avr. à fin sept.
℘ 05 65 46 88 18, *campinglesterrasses@orange.fr*,
Fax 05 65 46 85 38, *www.campinglesterrasses.com*
6 ha (180 empl.) en terrasses, plat, herbeux, fort dénivelé
Tarif : 28 € ★★ ⬅ 🅴 (6A) – pers. suppl. 6 € – frais de
réservation 16 €
Location : (de déb. avr. à fin sept.) – 37 🛖
– 9 bungalows toilés. Nuitée 42 à 117 € – Sem.
225 à 819 € – frais de réservation 16 €
🚐 borne artisanale 24 € – 5 🅴 24 €
Pour s'y rendre : rte du Vibal (4 km au nord par D 523)

À savoir : agréable situation dominant le lac

Nature :			♀
Loisirs :	♟ snack		
Services :	♿ (juil.-août)		
À prox. :		canoë	
Longitude : 2.73478			
Latitude : 44.30473			

⚠ **Le Lac** de déb. avr. à fin oct.
🕿 05 65 46 84 86, *camping.du.lac@wanadoo.fr*,
Fax 0821830380, *www.parc-du-lac.com* ✻
4,8 ha (200 empl.) en terrasses, peu incliné, plat,
herbeux, fort dénivelé
Tarif : 17 € 👫 ⇔ 回 ⚡ (6A) – pers. suppl. 5 € – frais de
réservation 15 €

Location : (de déb. avr. à fin oct.) ✻ – 10 🏠
– 3 bungalows toilés. Nuitée 37 à 85 € – Sem. 180 à 590 €
– frais de réservation 15 €
Pour s'y rendre : rte du Vibal (1,5 km au nord par
D 523)

À savoir : au bord du lac

Nature : ≤ 🎋 ⚠	
Loisirs : 🍷 snack 🎵 Ⓥ nocturne ⚽ 🚲 ⛸ ⤳	
Services : 🚿 🔌 🔥 ⚒ ❄	
À prox. : ✗ ⛵ (plage) 🚣	
Longitude : 2.72586	
Latitude : 44.2921	

65100 – **342** L4 – 794 h. – alt. 360
▶ Paris 853 – Toulouse 179 – Tarbes 26 – Pau 39

⚠ **Relais Océan-Pyrénées** de déb. mai à mi-sept.
🕿 05 62 94 57 22, *contact@mipycamp.com*,
Fax 05 62 94 57 22
1,2 ha (90 empl.) en terrasses, peu incliné, plat, herbeux
Tarif : (Prix 2010) 👤 4 € ⇔ 回 4 € – ⚡ (4A) 2,50 €

Location : – 5 🛖.
Pour s'y rendre : 3 r. des Pyrénées (800 m au sud, à
l'intersection des D 940 et D 174)

Nature : ≤ 🎋 🎋	
Loisirs : 🎵 ⚽ ⛸ 1 piste de bowling	
Services : 🚿 🔌 ✗ ▥ ❄ ⤳ laverie	
Longitude : -0.07542	
Latitude : 43.11435	

⚡ ✗ *ATTENTION...*
🏇 *ces éléments ne fonctionnent généralement qu'en saison,*
⛸ 🏇 *quelles que soient les dates d'ouverture du terrain.*

65200 – **342** M4 – 1 108 h. – alt. 505
▶ Paris 823 – Toulouse 149 – Tarbes 19 – Pau 60

⚠ **Bigourdan** de déb. avr. à mi-oct.
🕿 05 62 95 13 57, *www.camping-bigourdan.com* – ℝ
1 ha (48 empl.) plat, herbeux
Tarif : 👤 4 € ⇔ 回 4 € – ⚡ (6A) 4 €

Location : (de déb. avr. à mi-oct.) ✻ (de déb. juil. à
fin août) – 8 🛖. Sem. 245 à 500 €
🛖 borne artisanale 4 €
Pour s'y rendre : au sud par D 935

Nature : 🎋	
Loisirs : 🎵 ⚽ ⛸	
Services : 🚿 🔌 🚏 laverie	
À prox. : 🛒	
Longitude : 0.15012	
Latitude : 43.06514	

46130 – **337** G2 – 863 h. – alt. 146
▶ Paris 520 – Beaulieu-sur-Dordogne 12 – Brive-la-Gaillarde 39 – Cahors 86

⚠ **La Sole** de déb. avr. à fin sept.
🕿 05 65 38 52 37, *camping.la.sole@wanadoo.fr*,
www.la-sole.com
2,3 ha (72 empl.) plat, herbeux
Tarif : (Prix 2010) 👤 5 € ⇔ 回 5 € – ⚡ (10A) 3 € – frais de
réservation 15 €

Location : (Prix 2010) (permanent) – 9 🛖 – 5 🏠
– 17 bungalows toilés. Nuitée 50 € – Sem. 150 à 550 €
– frais de réservation 15 €
Pour s'y rendre : sortie est, rte de Bretenoux et chemin
à dr. apr. la station-service

Nature : 🍃 🎋 🎋	
Loisirs : snack 🎵 ⚽ ⛸ terrain omnisports	
Services : 🚿 🔌 🔥 ❄ ⤳ 回	
Longitude : 1.74353	
Latitude : 44.92141	

PUY-L'ÉVÊQUE

46700 – **337** C4 – 2 197 h. – alt. 130
🛈 12, Grande rue ℰ 0565213763
▶ Paris 601 – Cahors 31 – Gourdon 41 – Sarlat-la-Canéda 52

   L'Évasion Permanent
ℰ 0565308009, evasion@wanadoo.fr,
Fax 0565308112, www.lotevasion.com
4 ha/2 campables (50 empl.) vallonné, en terrasses,
pierreux, herbeux
Tarif : 22€ ✶✶ ⬄ 🔲 🕭 (6A) – pers. suppl. 11€
Location : (permanent) ♿ – 8 🚐 – 28 🏠
– 1 gîte. Nuitée 35 à 95€ – Sem. 245 à 645€ – frais de
réservation 11€
Pour s'y rendre : à Martignac (3 km au nord-ouest par
D 28, rte de Villefranche-du-Périgord et chemin à dr.)
À savoir : jolis parc aquatique et chalets en sous bois

Nature :	🐟 🕮
Loisirs :	🍸 ✕ snack 🎱 🎯
	🎰 🛶 🚣 ⚲ 🏊 terrain
omnisports	
Services :	♿ ⚷ 🚻 🔛 🚮

Longitude : 1.12704
Latitude : 44.52546

Avant de prendre la route, consultez **www.ViaMichelin.fr :**
votre meilleur itinéraire, le choix de votre hôtel, restaurant,
des propositions de visites touristiques.

PUYSSÉGUR

31480 – **343** E2 – 100 h. – alt. 265
▶ Paris 669 – Agen 83 – Auch 51 – Castelsarrasin 48

   Namasté de déb. mai à fin sept.
ℰ 0561857784, camping.namaste@free.fr,
Fax 0561857784, http://camping.namaste.free.fr
– accès aux emplacements par forte pente, mise en
place et sortie des caravanes à la demande
10 ha/2 campables (60 empl.) en terrasses, peu incliné,
plat, herbeux, pierreux, étang, bois attenant
Tarif : 22€ ✶✶ ⬄ 🔲 🕭 (10A) – pers. suppl. 6€ – frais
de réservation 10€
Location : (de déb. avr. à fin oct.) ⚲ – 6 🚐
– 15 🏠. Nuitée 80 à 90€ – Sem. 295 à 670€ – frais de
réservation 15€
🚐 borne artisanale 5€
Pour s'y rendre : sortie nord par D 1, rte de Cox et
chemin à dr.
À savoir : organise des expositions photos

Nature :	🐟 🚡 🕮
Loisirs :	🎱 🛶 🚣 🏊 🎣
parcours de santé	
Services :	♿ ⚷ 🚮 🚿 🚮 🚰
🚻 🔛	

Longitude : 1.06184
Latitude : 43.74863

REVEL

31250 – **343** K4 – 8 990 h. – alt. 210
🛈 place Philippe VI de Valois ℰ 0534666768
▶ Paris 727 – Carcassonne 46 – Castelnaudary 21 – Castres 28

   Municipal du Moulin du Roy de déb. juin à déb.
sept.
ℰ 0561833247, mairie@mairie-revel.fr,
Fax 0562187141, www.mairie-revel.fr
1,2 ha (50 empl.) plat, herbeux
Tarif : (Prix 2010) ✶ 3€ ⬄ 2€ 🔲 2€ – 🕭 (10A) 3€
🚐 borne raclet 3€
Pour s'y rendre : rte de Soréze (sortie sud-est par D 1,
rte de Dourgne et à dr.)
À savoir : décoration arbustive et florale des
emplacements

Nature :	🚡 🕮
Services :	♿ ⚷ 🚮 🚰 🚰
🚻 🔛	
À prox. :	⚲ 🎣 🏊

Longitude : 2.01237
Latitude : 43.45594

RIEUX

31310 – **343** F5 – 2 352 h. – alt. 210 – Base de loisirs
🛈 *9, rue de l'Evêchê* ℰ *05 61 87 63 33*
▶ Paris 723 – Auterive 35 – Foix 53 – St-Gaudens 54

⛰ **Les Chalets du Plan d'Eau** (location exclusive de chalets et mobile homes) Permanent
ℰ 05 61 87 98 83, *contact@camping-rieux.eu*,
Fax 05 61 87 67 80, *www.camping-rieux.eu* – empl.
traditionnels également disponibles
3 ha en terrasses
Location : ⚿ – 11 🚐 – 10 🏠. Nuitée 30 à 33€
– Sem. 198 à 276€
🛒 borne artisanale 5€ – 22 ▣ 8€
Pour s'y rendre : 11 r. de la Bastide (3 km au nord-ouest par D 627, rte de Toulouse et rte à gauche, au bord de la Garonne)

Nature : 🌊 ⌑ 〰	
Loisirs : 🎮 🏊 🍽 ⌇	
Services : ⚡ 🚻 laverie	
À prox. : ✗ snack 🛶 🖽 🏊	
💧 pédalos	

Longitude : 1.18806
Latitude : 43.27195

RIEUX-DE-PELLEPORT

09120 – **343** H6 – 1 132 h. – alt. 333
▶ Paris 752 – Foix 13 – Pamiers 8 – St-Girons 47

⛰ **Les Mijeannes** Permanent
ℰ 05 61 60 82 23, *lesmijeannes@wanadoo.fr*,
www.campinglesmijeannes.com
10 ha/5 campables (88 empl.) plat, herbeux, pierreux
Tarif : 🟊 5€ 🚐 ▣ 9€ – [⚡] (10A) 5€
Location : (permanent) – 6 roulottes – 11 🚐
– 2 🏠. Nuitée 40 à 95€ – Sem. 190 à 649€ – frais de réservation 15€
🛒 borne artisanale 4€ – 20 ▣ 15€
Pour s'y rendre : rte de Férries (1,4 km au nord-est, accès par D 311, au bord d'un canal et près de l'Ariège)

Nature : 🌊 ⌵ ⌑ 〰	
Loisirs : 🍹 🎮 ⛪ 🏊 ⌇	
Services : ⚿ ⚡ 🍴 laverie	

Longitude : 1.62134
Latitude : 43.06293

RIGNAC

12390 – **338** F4 – 1 860 h. – alt. 500
🛈 *place du Portail-Haut* ℰ *05 65 80 26 04*
▶ Paris 618 – Aurillac 86 – Figeac 40 – Rodez 27

⛰ **La Peyrade** de Pâques à fin sept.
ℰ 05 65 64 44 64, Fax 05 65 64 46 33
0,7 ha (36 empl.) en terrasses, peu incliné, plat, herbeux
Tarif : 21€ 🟊🟊 🚐 ▣ [⚡] (16A) – pers. suppl. 5€
Location : – 3 🚐. Nuitée 50€ – Sem. 200 à 380€
🛒 🚐[⚡] 15€
Pour s'y rendre : pl. du Foirail (au sud du bourg, près d'un petit étang)

Nature : 🌊 ⌑ 〰	
Services : ⚿ ⚡ 🍴 🏕 ⚐	
laverie	
À prox. : 🛒 🎮 🏊 🍽 🏊	

Longitude : 2.29043
Latitude : 44.40788

RIMONT

09420 – **343** F7 – 531 h. – alt. 525
▶ Paris 768 – Toulouse 92 – Carcassonne 114 – Colomiers 98

⛰ **Village Vacances Les Chalets de Rimont**
(location exclusive de chalets) Permanent
ℰ 05 61 64 53 53, *tourisme@seronais.com*,
Fax 05 61 64 50 48, *www.seronais.com*
0,3 ha plat
Location : ⚿ 🌾 – 5 🏠. Sem. 355 à 545€ – frais de réservation 15€
Pour s'y rendre : 1 km au sud par D 518, rte l'Abbaye de Combelongue

Nature : 🌊 ⌵	
Services : 🍴 🏠	

Longitude : 1.27955
Latitude : 42.99578

RIVIÈRE-SUR-TARN

12640 – **338** K5 – 1 020 h. – alt. 380

🛈 *route des Gorges du Tarn* ☎ 05 65 59 74 28

▶ Paris 627 – Mende 70 – Millau 14 – Rodez 65

▲▲▲ **Peyrelade** ♨♨ – de mi-mai à mi-sept.
　　☎ 05 65 62 62 54, *campingpeyrelade@orange.fr*,
　　Fax 05 65 62 65 61, *www.campingpeyrelade.com*
　　4 ha (190 empl.) en terrasses, plat, herbeux, pierreux
　　Tarif : 37€ ★★ ⇌ 🅴 🕼 (6A) – pers. suppl. 7€ – frais de
　　réservation 16€
　　Location : 🚐 – 42 🛖 – 8 bungalows toilés. Sem.
　　238 à 868€ – frais de réservation 16€
　　🅿️ borne artisanale 31€
　　Pour s'y rendre : rte des Gorgers du Tarn (2 km à l'est
　　par D 907, rte de Florac, au bord du Tarn)
　　À savoir : cadre et situation agréables à l'entrée des
　　Gorges du Tarn

Nature : ≤ 00
Loisirs : 🍷 snack, pizzeria 🛋 🖼 ✠ ♨ 🎣 🅹 🛶 canoë
Services : 🕭 ⚟ ♨ 🗑 ⚲ 🚿 ♨
À prox. : 🚲 ✂ accrobranches

Longitude : 3.13542
Latitude : 44.18923

▲▲ **Les Peupliers** de déb. mai à fin sept.
　　☎ 05 65 59 85 17, *lespeupliers12640@orange.fr*,
　　Fax 05 65 61 09 03, *www.campinglespeupliers.fr*
　　1,5 ha (112 empl.) plat, herbeux, pierreux
　　Tarif : 28€ ★★ ⇌ 🅴 🕼 (6A) – pers. suppl. 7€ – frais de
　　réservation 25€
　　Location : (de déb. mai à fin sept.) – 12 🛖 – 2 🛏
　　– 2 appartements. Nuitée 50 à 100€ – Sem. 300 à 680€
　　– frais de réservation 25€
　　🅿️ borne artisanale 5€ – 🅲 🕼 15€
　　Pour s'y rendre : rte des Gorges du Tarn (sortie sud-
　　ouest rte de Millau et chemin à gauche, au bord du Tarn)

Nature : ≤ 🖾 00
Loisirs : 🍷 snack ♨ ✠ 🅹 🅐 ⚲ canoë
Services : 🕭 ⚟ ♨ 🗑 ⚲ 🚿 ♨ laverie
À prox. : 🐎

Longitude : 3.12985
Latitude : 44.18747

The Guide changes, so renew your guide every year.

459

ROCAMADOUR

46500 – **337** F3 – 633 h. – alt. 279

🛈 *L'Hospitalet* ☎ 05 65 33 22 00

▶ Paris 531 – Brive-la-Gaillarde 54 – Cahors 60 – Figeac 47

▲▲ **Les Cigales** de déb. juin à fin sept.
　　☎ 05 65 33 64 44, *camping.cigales@wanadoo.fr*,
　　Fax 05 65 33 69 60, *www.camping-cigales.com*
　　3 ha (100 empl.) plat, peu incliné, herbeux, pierreux
　　Tarif : 24€ ★★ ⇌ 🅴 🕼 (10A) – pers. suppl. 8€ – frais
　　de réservation 15€
　　Location : (de déb. avr. à déb. oct.) – 30 🛖 – 8 🏠
　　– 4 bungalows toilés – roulottes. Nuitée 50 à 60€
　　– Sem. 200 à 675€ – frais de réservation 15€
　　🅿️ borne artisanale 5€
　　Pour s'y rendre : rte de Gramat (sortie est par D 36)

Nature : ᔑ 00
Loisirs : 🍷 snack 🖼 ✠ ⌂ 🅹
Services : 🕭 ⚟ ♨ ⚲ 🚿 🖻 ♨ réfrigérateurs
À prox. : ⚒ ✗

Longitude : 1.62639
Latitude : 44.80485

▲ **Le Roc** de déb. avr. à déb. nov.
　　☎ 05 65 33 68 50, *campingleroc@wanadoo.fr*,
　　Fax 05 65 33 75 64, *www.camping-leroc.com*
　　2 ha/0,5 (36 empl.) plat, herbeux, pierreux
　　Tarif : 19€ ★★ ⇌ 🅴 🕼 (10A) – pers. suppl. 6€ – frais
　　de réservation 13€
　　Location : (de déb. avr. à déb. nov.) – 4 🛖 – 4 🏠.
　　Sem. 250 à 590€ – frais de réservation 13€
　　🅿️ borne artisanale 6€ – 🅲 11€
　　Pour s'y rendre : à Pech-Alis (3 km au nord-est par
　　D 673, rte d'Alvignac, à 200 m de la gare)

Nature : 🖾 00
Loisirs : snack ✠ 🅹
Services : 🕭 ⚟ ⚲ 🚿 ♨ 🖻 ♨

Longitude : 1.65379
Latitude : 44.81947

⚴ **Le Relais du Campeur** de mi-fév. à déb. nov.
℘ 0565336328, *lerelaisducampeur@orange.fr*,
Fax 0565106821, *www.lerelaisducampeur.com* – ⛺
1,7 ha (100 empl.) peu incliné, herbeux, pierreux
Tarif : (Prix 2010) 17€ ✶✶ ⇌ 国 ⒁ (8A) – pers.
suppl. 4€ – frais de réservation 10€
⛽ borne artisanale 5€ – 100 国 11€ – ⛟⒁ 12€
Pour s'y rendre : l'Hospitalet (au bourg)

Nature : 00	
Loisirs : ⌇	
Services : ⚌ ♒ laverie	
À prox. : ⚏ ⛾ ✗ snack	

Longitude : 1.62763
Latitude : 44.80442

RODEZ

12000 – **338** H4 – 24 289 h. – alt. 635
🛈 *place Foch ℘ 0565757677*
▶ Paris 623 – Albi 76 – Alès 187 – Aurillac 87

⚶ **Village Vacances Campéole Domaine de
Combelles** ♟ – (location exclusive de chalets et de
bungalows toilés) de déb. mai à fin oct.
℘ 0565782953, *combelles@campeole.com*,
Fax 0565773006, *www.camping-rodez.info*
120 ha/20 campables plat, vallonné, herbeux

Location : (Prix 2010) ♿ – 30 🚐 – 35 🏠
– 28 bungalows toilés. Nuitée 33 à 111€ – Sem.
175 à 777€ – frais de réservation 15€
Pour s'y rendre : au domaine de Combelles (2 km au
sud-est par D 12, rte de Ste-Radegonde, D 62, rte de
Flavin à dr. et chemin à gauche)

À savoir : nombreuses activités pour petits et grands
autour d'un important centre équestre

Nature : ⯑ ⟨ ⌂ ♀		
Loisirs : ⛾ ✗ pizzeria ⛁ ⏧		
⛹ salle de danse ⛷ ⬀ ⛴		
⚶ ⌇ ⛏ poneys		
Services : ⚌ Ⓟ ⚓ ♒ laverie		
⚒		

Longitude : 2.59234
Latitude : 44.33138

⚴ **Municipal de Layoule** de déb. mai à fin sept.
℘ 0565670952, *camping.municipal@mairie-rodez.fr*,
Fax 0565671143, *www.mairie-rodez.fr*
2 ha (79 empl.) en terrasses, plat, herbeux, gravier
Tarif : (Prix 2010) 12€ ✶✶ ⇌ 国 ⒁ (5A) – pers.
suppl. 3€
⛽ borne autre 12€ – 10 国 12€
Pour s'y rendre : au nord-est de la ville

À savoir : agréable cadre verdoyant et ombragé près de
l'Aveyron

Nature : ⟨ ⌂ 00	
Loisirs : ⛁ ⛷	
Services : ♿ ♒ ⚓ ⛴ ▦	
À prox. : ⟿ parcours pédestre,	
petit train pour centre ville	

Longitude : 2.57351
Latitude : 44.35092

*Die Aufnahme in diesen Führer ist kostenlos
und wird auf keinen Fall gegen Entgelt oder eine andere Vergünstigung gewährt.*

LA ROMIEU

32480 – **336** E6 – 539 h. – alt. 188
🛈 *rue du Docteur Lucante ℘ 0562288633*
▶ Paris 694 – Agen 32 – Auch 48 – Condom 12

⚶ **Le Camp de Florence** ♟ – de déb. avr. à mi-oct.
℘ 0562281558, *info@lecampdeflorence.com*,
Fax 0562282004, *www.lecampdeflorence.com*
10 ha/4 campables (183 empl.) non clos, en terrasses,
plat, herbeux
Tarif : 33€ ✶✶ ⇌ 国 ⒁ (10A) – pers. suppl. 7€

Location : (de déb. avr. à mi-oct.) ♿ (3 chalets)
– 30 🚐 – 2 🏠 – 4 bungalows toilés. Nuitée
35 à 110€ – Sem. 245 à 770€
⛽ borne artisanale 4€ – 20 国 18€
Pour s'y rendre : rte Astaffort (sortie est du bourg par
D 41)

Nature : ⯑ ⟨ ⌂ 00	
Loisirs : ⛾ ✗ snack ⛁ ⏧	
⛹ ⛴ ⛷ ⬀ ⚶ ⌇ parc	
animalier	
Services : ♿ ♒ ⚓ ⚒ ⛴ ♒	
laverie ⚒	

Longitude : 0.50155
Latitude : 43.98303

ROQUELAURE

32810 – **336** F7 – 529 h. – alt. 206
▶ Paris 711 – Agen 67 – Auch 10 – Condom 39

⚠ **Le Talouch** ♣♣ – de déb. avr. à fin sept.
    𝒫 0562655243, *info@camping-talouch.com*,
Fax 0562655368, *www.camping-talouch.com*
9 ha/5 campables (147 empl.) plat, herbeux, terrasse
Tarif : 33,50€ ♣♣ ⟺ 🅔 🄗 (6A) – pers. suppl. 7,80€
– frais de réservation 29€

Location : (permanent) – 60 🏠. Sem. 231 à 889€
– frais de réservation 29€
    🚐 borne artisanale 9€ – 4 🅔 25€
Pour s'y rendre : lieu-dit : au Cassou (3,5 km au nord
par D 272, rte de Mérens puis à gauche D 148, rte
d'Auch)

Nature : 🐟 ⛺ ⚿
Loisirs : ✗ 🎱 ⚐ 🏕 🎣 hammam jacuzzi 🚣 🚲 ⛷ 🅧 ⛳ swin golf (9 trous)
Services : 🚿 ⚲ 🛁 ⓦ laverie 🚱

Longitude : 0.56437
Latitude : 43.71284

*La catégorie (1 à 5 tentes, **noires** ou **rouges**) que nous attribuons*
aux terrains sélectionnés dans ce guide est une appréciation qui nous est propre.
Elle ne doit pas être confondue avec le classement (1 à 5 étoiles)
établi par les services officiels.

461

ST-AMANS-DES-COTS

12460 – **338** H2 – 773 h. – alt. 735
🄑 *Le Bourg* 𝒫 0565448161
▶ Paris 585 – Aurillac 54 – Entraygues-sur-Truyère 16 – Espalion 31

⚠ **Village Center Les Tours** ♣♣ – de fin mai à mi-sept.
    𝒫 0825002030, *resa@village-center.com*,
Fax 0467516389, *www.village-center.fr/C03* – alt. 600
15 ha (275 empl.) en terrasses, plat, herbeux, pierreux,
fort dénivelé
Tarif : (Prix 2010) 34€ ♣♣ ⟺ 🅔 🄗 (10A) – pers.
suppl. 5€

Location : (Prix 2010) (de fin mai à mi-sept.)
– 130 🛖. Nuitée 44 à 127€ – Sem. 216 à 889€ – frais
de réservation 30€
Pour s'y rendre : au lieu-dit : Les Tours (6 km au sud-est
par D 97 et D 599 à gauche, au bord du lac de la Selves)
À savoir : agréable terrain dominant le lac

Nature : 🐟 ❮ ⛺ ⚿ 🏔
Loisirs : 🍽 ✗ pizzeria 🎱 ⚐ 🏕 🚣 ⛳ 🅧 🛶 🎣 nombreuses activités nautiques sur le lac
Services : 🚿 ⚲ 🛁 🚰 ⓦ laverie 🧺 🚱

Longitude : 2.68056
Latitude : 44.66803

⚠ **La Romiguière** de déb. avr. à mi-nov.
    𝒫 0565444464, *campinglaromiguiere@wanadoo.fr*,
Fax 0565448637, *www.laromiguiere.com* – alt. 600
2 ha (62 empl.) terrasse, plat, herbeux, pierreux
Tarif : 24€ ♣♣ ⟺ 🅔 🄗 (10A) – pers. suppl. 6€ – frais
de réservation 15€

Location : (de déb. avr. à mi-nov.) – 15 🛖
– 1 studio. Nuitée 35 à 88€ – Sem. 245 à 615€ – frais
de réservation 15€
    🚐 borne artisanale 3€ – 5 🅔 21€ – 🚐 11€
Pour s'y rendre : au Lac de la Selve (8,5 km au sud-est
par D 97 et D 599 à gauche, au bord du lac de la Selves)

Nature : 🐟 ❮ ⛺ ⚿ 🏔
Loisirs : 🍽 pizzeria, snack 🛶 🚣 ponton d'amarrage, canoë, pédalos, barques
Services : 🚿 ⚲ 🛁 🚰 ⓦ laverie 🚱
À prox. : ski nautique

Longitude : 2.70639
Latitude : 44.65528

ST-ANTONIN-NOBLE-VAL

82140 – **337** G7 – 1 795 h. – alt. 125

В *place de la Mairie* ℘ 05 63 30 63 47

◙ Paris 624 – Cahors 55 – Caussade 18 – Caylus 11

Les Trois Cantons de mi-avr. à fin sept.
℘ 05 63 31 98 57, *info@3cantons.fr*, *www.3cantons.fr*
20 ha/4 campables (99 empl.) plat, peu incliné, pierreux, herbeux
Tarif : 18 € **‡‡** ⇔ 🅴 🅖 (10A) – pers. suppl. 6 €

Location : (de mi-avr. à fin sept.) – 15 ⬛. Nuitée
35 à 90 € – Sem. 245 à 630 €
🚐 borne flot bleu
Pour s'y rendre : 7,7 km au nord-ouest par D 19, rte
de Caylus et chemin à gauche, apr. le petit pont sur
la Bonnette, entre le lieu-dit Tarau et la D 926, entre
Septfonds (6 km) et Caylus (9 km)

À savoir : cadre naturel en sous bois

Nature : 🦢 ⛺ 🎡	
Loisirs : 🎦 ♨️ 🚲 ✂️ 🏊	
Services : ♿ ⚡ 🚽 🧺	
À prox. : petite ferme animalière	

Longitude : 1.70698
Latitude : 44.18711

Les Gorges de l'Aveyron ♣♣ – de déb. avr. à fin
sept.
℘ 05 63 30 69 76, *info@camping-gorges-aveyron.com*,
Fax 05 63 30 67 61, *www.camping-gorges-aveyron.com*
3,8 ha (80 empl.) plat, herbeux
Tarif : 17 € **‡‡** ⇔ 🅴 🅖 (10A) – pers. suppl. 3 € – frais
de réservation 5 €

Location : (de déb. avr. à fin sept.) – 19 ⬛
– 11 bungalows toilés. Nuitée 34 à 81 € – Sem.
170 à 567 € – frais de réservation 15 €
Pour s'y rendre : à Marsac bas

Nature : 🦢 ♀♀	
Loisirs : 🍸 🎦 🏋️ 🚲 ⛴ 🛶	
Services : ♿ ⚡ 🏕️ 🧺 laverie 🏊 🚿	
À prox. : canoë	

Longitude : 1.77256
Latitude : 44.15211

Gebruik de gids van het lopende jaar.

ST-BERTRAND-DE-COMMINGES

31510 – **343** B6 – 255 h. – alt. 581

◙ Paris 783 – Bagnères-de-Luchon 33 – Lannemezan 23 – St-Gaudens 17

Es Pibous de déb. avr. à fin oct.
℘ 05 61 88 31 42, *es.pibous@wanadoo.fr*,
Fax 05 61 95 63 83, *www.es-pibous.fr*
2 ha (80 empl.) plat, herbeux
Tarif : (Prix 2010) **‡** 4 € ⇔ 🅴 4 € – 🅖 (10A) 4 €

Location : (Prix 2010) (de déb. mai à fin sept.) – 5 ⬛
– 1 🏠. Nuitée 50 € – Sem. 350 € – frais de réservation
99 €
🚐 borne artisanale 4 €
Pour s'y rendre : chemin de St-Just (800 m au sud-est
par D 26a, rte de St-Béat et chemin à gauche)

Nature : 🦢 ≤ la cathédrale ⛺ ♀♀	
Loisirs : 🎦 🚲 🛶	
Services : ♿ ⚡ 🧺 🏊 🏕️	
À prox. : 🦢 canoë-kayak	

Longitude : 0.57799
Latitude : 43.02868

ST-BLANCARD

32140 – **336** F9 – 333 h. – alt. 332 – Base de loisirs

◙ Paris 735 – Toulouse 84 – Pau 116 – Montauban 112

Village Vacances Le Lac de la Gimone (location
exclusive de chalets) Permanent
℘ 05 62 66 01 18, *mairie.stblancard@orange.fr*,
Fax 05 62 66 01 75
20 ha/1 campable non clos, plat

Location : 🅟 – 9 🏠. Sem. 150 à 330 €
Pour s'y rendre : à la base nautique (2,7 km au sud par
la D 576 rte de Lalanne-Arqué et rte à gauche)

Nature : 🦢 ≤ sur le lac ⛰️	
Loisirs : 🚲 🏊 🦢 🎣	
Services : ♿ 🚽 🚿 🧺	
À prox. : canoë, pédalos, bâteau promenade	

Longitude : 0.67236
Latitude : 43.3345

ST-CÉRÉ

46400 – **337** H2 – 3 560 h. – alt. 152

🛈 13, avenue Francois de Maynard ℘ 0565381185

▶ Paris 531 – Aurillac 62 – Brive-la-Gaillarde 51 – Cahors 80

⚠ **Le Soulhol** de déb. mai à mi-sept.
℘ 0565381237, info@campinglesoulhol.com,
www.campinglesoulhol.com
3,5 ha (120 empl.) plat, herbeux
Tarif : 19€ ★★ ⬅ 🅔 🅗 (10A) – pers. suppl. 5€

Location : (de déb. mai à mi-sept.) 🏠 (de déb. mai
à mi-sept.) – 6 🛏 – 10 gîtes. Sem. 230 à 490€ – frais
de réservation 10€
🚐 borne artisanale – 6 🅔 13€
Pour s'y rendre : quai Salesses (sortie sud-est par D 48,
au bord de la Bave)

Nature :	🐟 ♨
Loisirs :	🏠 ⛵ 🎣
Services :	♿ ⛽ 🚿 💧 laverie
À prox. :	🍷 ✕ ✂

| Longitude : 1.89617 |
| Latitude : 44.85876 |

Om een reisroute uit te stippelen en te volgen,
om het aantal kilometers te berekenen,
om precies de ligging van een terrein te bepalen
(aan de hand van de inlichtingen in de tekst),
*gebruikt u de **Michelinkaarten** ,*
een onmisbare aanvulling op deze gids.

ST-CIRQ-LAPOPIE

46330 – **337** G5 – 217 h. – alt. 320

🛈 place du Sombral ℘ 0565312906

▶ Paris 574 – Cahors 26 – Figeac 44 – Villefranche-de-Rouergue 37

⚠ **La Truffière** ♣ – de mi-avr. à mi-sept.
℘ 0565302022, contact@camping-truffiere.com,
www.camping-truffiere.com
4 ha (96 empl.) en terrasses, plat, herbeux, pierreux, sous
bois
Tarif : 21€ ★★ ⬅ 🅔 🅗 (6A) – pers. suppl. 6€ – frais de
réservation 12€

Location : (de mi-avr. à mi-sept.) – 11 🏠. Nuitée
50 à 100€ – Sem. 230 à 650€ – frais de réservation
12€
🚐 borne autre 6€ – 5 🅔 6€ – 🚐 10€
Pour s'y rendre : au lieu-dit : Pradines (3 km au sud par
D 42, rte de Concots)

À savoir : joli petit "village" de chalets

Nature :	🐟 ⬱ ♨
Loisirs :	snack 🏠 ⛹ 🎿 ⛵
Services :	♿ ⛽ 🏧 🚿 laverie
	🚿

| Longitude : 1.6746 |
| Latitude : 44.44842 |

⚠ **La Plage** ♣ – de déb. avr. à mi-oct.
℘ 0565302951, camping-laplage@wanadoo.fr,
Fax 0565302333, www.campingplage.com
3 ha (120 empl.) plat, herbeux, pierreux
Tarif : 19€ ★★ ⬅ 🅔 🅗 (10A) – pers. suppl. 5€ – frais
de réservation 10€

Location : (de déb. avr. à mi-oct.) – 10 🛏 – 12 🏠.
Nuitée 50€ – Sem. 280 à 610€ – frais de réservation
10€
🚐 borne eurorelais 2€ – 20 🅔 7€ – 🚐 11€
Pour s'y rendre : à Porte Roques (1,4 km au nord-est
par D 8, rte de Tour-de-Faure, à gauche av. le pont)

À savoir : bordé par le Lot, face à l'un des plus beaux
villages de France

Nature :	🏞 ♨
Loisirs :	🍷 snack, pizzeria 🎲
	diurne ⛹ 🎿 🚲 ⛱ (plage)
	🛶 canoë
Services :	♿ ⛽ ✕ 🚿 💧
	💧 laverie 🚿
À prox. :	escalade, spéléo, canyo-
	ning, parcours aventure

| Longitude : 1.67871 |
| Latitude : 44.46741 |

MIDI-PYRÉNÉES

ST-GAUDENS

31800 – **343** C6 – 11 152 h. – alt. 405

🏢 *2, rue Thiers* ✆ 05 61 94 77 61

▶ Paris 766 – Bagnères-de-Luchon 48 – Tarbes 68 – Toulouse 94

⚠ **Municipal Belvédère des Pyrénées** de déb. juin à fin sept.
✆ 05 62 00 16 03, *s.moulin@stgo.fr*, Fax 05 62 00 28 30, *www.st-gaudens.com*
1 ha (83 empl.) plat, herbeux
Tarif : (Prix 2010) 16€ ✚✚ 🚐 🔲 🔌 (13A) – pers. suppl. 3,50€
🚮 borne
Pour s'y rendre : r. des Chanteurs du Comminges (1 km à l'ouest par N 117, dir. Tarbes)

Nature : ≤ Pyrénées 🔲 00	
Services : 🔌 🔧 🚐 ✂ 🏢	
À prox. : 🛒 🍴 pizzeria	

Longitude : 0.70803
Latitude : 43.11051

*Toutes les insertions dans ce guide sont entièrement gratuites
et ne peuvent en aucun cas être dues à une prime ou à une faveur.*

ST-GENIEZ-D'OLT

12130 – **338** J4 – 2 019 h. – alt. 410

🏢 *Le Cloître* ✆ 05 65 70 43 42

▶ Paris 612 – Espalion 28 – Florac 80 – Mende 68

🔺🔺🔺 **Campéole la Boissière** ♣ – de mi-avr. à mi-sept.
✆ 05 65 70 40 43, *boissiere@campeole.com*, Fax 05 65 47 56 39, *www.camping-aveyron.info*
5 ha (250 empl.) en terrasses et plat, peu incliné, herbeux
Tarif : (Prix 2010) 25€ ✚✚ 🚐 🔲 🔌 (10A) – pers. suppl. 6€ – frais de réservation 25€
Location : (Prix 2010) (de mi-avr. à mi-sept.) – 25 🏠 – 30 🏠. Nuitée 37 à 110€ – Sem. 259 à 770€ – frais de réservation 25€
🚮 borne autre 1€
Pour s'y rendre : rte de la Cascade (1,2 km au nord-est par D 988, rte de St-Laurent-d'Olt et rte de Pomayrols à gauche, au bord du Lot)
À savoir : agréable cadre boisé au bord du Lot

Nature : 🌲 🔲 00	
Loisirs : 🍴 🎬 👋 👫 🚣 ✖ 🏊 💧	
Services : 🔌 🔧 🏕 🍴 laverie réfrigérateurs	
À prox. : 🚲 🐎 base de canoë-kayak	

Longitude : 2.97957
Latitude : 44.46687

🔺🔺🔺 **Marmotel** ♣ – de déb. mai à fin sept.
✆ 05 65 70 46 51, *info@marmotel.com*, Fax 05 65 46 36 19, *www.marmotel.com*
4 ha (173 empl.) plat, herbeux
Tarif : 23€ ✚✚ 🚐 🔲 🔌 (10A) – pers. suppl. 5€ – frais de réservation 20€
Location : (de déb. mai à fin sept.) ✂ (de déb. juil. à fin août) – 37 🏠 – 30 🏠. Nuitée 70€ – Sem. 795€ – frais de réservation 20€
🚮 borne artisanale 10€ – 5 🔲 10€ – 🚐🔌 10€
Pour s'y rendre : au lieu-dit : La Salle (1,8 km à l'ouest par D 19, rte de Prades-d'Aubrac et chemin à gauche, à l'extrémité du village artisanal, au bord du Lot)

Nature : 🌲 🔲 00	
Loisirs : 🍴 grill et, pizzéria (le soir) 👋 👫 salle d'animation 🚣 🏊 💧 🏐 terrain omni-sports	
Services : 🔌 🔧 🏕 42 sanitaires individuels (🚿 🚽 🚽 wc) 🔧 🍴 laverie 🔧	
À prox. : 🛒	

Longitude : 2.9644
Latitude : 44.462

🔺🔺 **Les Clédelles du Colombier** (location exclusive de maisonnettes) de déb. fév. à fin nov.
✆ 05 65 47 45 72, *resadedelles@orange.fr*, Fax 05 65 47 45 48, *www.lesclodelles.com*
3 ha plat
Location : (Prix 2010) – 42 gîtes. Sem. 300 à 785€ – frais de réservation 10€
Pour s'y rendre : r. Rivié (1 km au nord-est par D 988, rte de St-Laurent-d'Olt et rte de Pomayrols à gauche, près du Lot)

Nature : 🌲	
Loisirs : 👫 🏊	
Services : 🔧 🏢 🍴 🔲	
À prox. : 🏊	

Longitude : 2.97809
Latitude : 44.46893

ST-GERMAIN-DU-BEL-AIR

46310 – **337** E4 – 512 h. – alt. 215
🅸 *place de la Mairie* 🖉 *05 65 31 09 10*
▶ Paris 551 – Cahors 28 – Cazals 20 – Fumel 52

    ⚠ Municipal le Moulin Vieux ♣♣ –
    🖉 05 65 31 00 71, *contact@camping-moulin-vieux-lot.*
    com, Fax 05 65 31 00 71, *www.camping-moulin-vieux-*
    lot.com
    2 ha (90 empl.) plat, herbeux

    Location : &.
    Pour s'y rendre : au nord-ouest du bourg, au bord du
    Céou

Nature :
Loisirs :
Services :
À prox. :

Longitude : 1.43966
Latitude : 44.64672

ST-GIRONS

09200 – **343** E7 – 6 552 h. – alt. 398
🅸 *place Alphonse Sentein* 🖉 *05.61.96.26.60*
▶ Paris 774 – Auch 123 – Foix 45 – St-Gaudens 43

    ⛰ **Audinac** ♣♣ – de déb. avr. à fin sept.
    🖉 04 68 31 87 99, *accueil@audinac.com*,
    Fax 05 61 66 20 75, *www.audinac.com*
    15 ha/6 campables (100 empl.) peu incliné et plat, en
    terrasses, herbeux, petit étang
    Tarif : 18€ ★★ ⇌ 🅴 🛇 (10A) – pers. suppl. 5€ – frais
    de réservation 8€

    Location : (de déb. avr. à fin sept.) – 20 🛖 – 20 🏠
    – 20 bungalows toilés. Nuitée 45 à 260€ – Sem.
    150 à 520€ – frais de réservation 8€
    🔄 borne autre 14€ – 🚐 14€
    Pour s'y rendre : Parc d'Audinac-les-Bains (4,5 km au
    nord-est par D 117, rte de Foix et D 627, rte de Ste-
    Croix-Volvestre)

    À savoir : piscine devant un ancien bâtiment des thermes
    du 19e s.

Nature :
Loisirs : snack, pizzeria
terrain omnisports
Services : laverie réfrigérateurs

Longitude : 1.14405
Latitude : 42.98646

465

ST-JEAN-DU-BRUEL

12230 – **338** M6 – 690 h. – alt. 520
🅸 *32, Grand'Rue* 🖉 *05 65 62 23 64*
▶ Paris 687 – Toulouse 295 – Rodez 128 – Millau 41

    ⛰ **La Dourbie** de mi-avr. à mi-oct.
    🖉 05 65 46 06 40, *info@camping-la-dourbie.com*,
    Fax 05 65 46 06 50, *www.camping-la-dourbie.com*
    2,5 ha (78 empl.) plat, herbeux, pierreux
    Tarif : 21€ ★★ ⇌ 🅴 🛇 (16A) – pers. suppl. 4€
    Location : (de mi-avr. à mi-oct.) – 4 🛖. Nuitée
    45 à 90€ – Sem. 280 à 490€
    🔄 borne artisanale 4€ – 10 🅴 10€ – 🚐 🛇 12€
    Pour s'y rendre : rte de nant

Nature :
Loisirs : snack, pizzeria
Services :

Longitude : 3.34473
Latitude : 44.01932

ST-LARY-SOULAN

65170 – **342** N8 – 1 078 h. – alt. 820 – Sports d'hiver : 1 680/2 450 m 🚠 2 🚡 30 🎿
🅸 *37, rue Vincent Mir* 🖉 *05 62 39 50 81*
▶ Paris 830 – Arreau 12 – Auch 103 – Bagnères-de-Luchon 44

    ⛰ **Municipal** de déb. janv. à fin sept.
    🖉 05 62 39 41 58, *camping.stlary@wanadoo.fr*,
    Fax 05 62 40 01 40, *www.saintlary-vacances.com*
    1 ha (76 empl.) peu incliné, plat, herbeux, pierreux
    Tarif : (Prix 2010) ★ 5€ ⇌ 5€ 🅴 5€ – 🛇 (12A) 6€
    🔄 borne raclet – 6 🅴 16€
    Pour s'y rendre : r. Lalanne (au bourg, à l'est du D 929)
    À savoir : au centre du bourg, agréable îlot de verdure

Nature :
Loisirs :
Services :
À prox. :

Longitude : 0.32282
Latitude : 42.81548

ST-PANTALÉON

46800 – **337** D5 – 232 h. – alt. 269

▶ Paris 597 – Cahors 22 – Castelnau-Montratier 18 – Montaigu-de-Quercy 28

⛰ **Les Arcades** de mi-avr. à fin sept.
📞 05 65 22 92 27, info@des-arcades.com,
www.des-arcades.com
12 ha/2,6 campables (80 empl.) plat, herbeux, pierreux,
petit étang
Tarif : ★ 5€ ⛺ 🅴 10€ – [⚡] (10A) 4€ – frais de
réservation 17€

Location : (de mi-avr. à fin sept.) ⌇ – 11 🚐. Nuitée
30 à 80€ – Sem. 200 à 550€ – frais de réservation 17€
Pour s'y rendre : au lieu-dit : Le Moulin de St. Martial
(4,5 km à l'est sur D 653, rte de Cahors, au bord de la
Barguelonnette)

À savoir : salle de réunion et petit pub dans un moulin
restauré

Nature : ⌕ 00	
Loisirs : 🍸 ✕ 🏠 🏃 ⛵ ⚓	
Services : 🚿 ⚏ 🚗 🚽 🖫 🚾	

Longitude : 1.30803
Latitude : 44.37216

We recommend that you consult the up to date price list posted at the entrance of the site.
Inquire about possible restrictions.
The information in this Guide may have been modified since going to press.

ST-PIERRE-LAFEUILLE

46090 – **337** E4 – 337 h. – alt. 350

▶ Paris 566 – Cahors 10 – Catus 14 – Labastide-Murat 23

⛰ **Quercy-Vacances** de déb. avr. à fin sept.
📞 05 65 36 87 15, quercyvacances@wanadoo.fr,
www.quercy-vacances.com
3 ha (80 empl.) peu incliné, plat, herbeux
Tarif : ★ 5€ ⛺ 🅴 9€ – [⚡] (10A) 5€

Location : (de déb. avr. à fin sept.) – 15 🚐 – 7 🏠
– 3 bungalows toilés – 1 tente. Sem. 250 à 620€ – frais
de réservation 10€
Pour s'y rendre : au lieu-dit : Mas de la Combe (1,5 km
au nord-est par N 20, rte de Brive et chemin à gauche)

Nature : ⌘ 00	
Loisirs : 🍸 snack 🏠 ⛵	
Services : 🚿 ⚏ 🚽 🖫 🚾	

Longitude : 1.45851
Latitude : 44.53217

ST-ROME-DE-TARN

12490 – **338** J6 – 835 h. – alt. 360

🅱 place du Terral 📞 05 65 62 50 89

▶ Paris 655 – Millau 18 – Pont-de-Salars 42 – Rodez 66

⛰ **La Cascade** de déb. avr. à fin déc.
📞 05 65 62 56 59, contact@camping-cascade-aveyron.
com, Fax 05 65 62 58 62, www.camping-cascade-
aveyron.com – accès aux emplacements par forte pente,
mise en place et sortie des caravanes à la demande
4 ha (99 empl.) en terrasses, peu incliné, herbeux
Tarif : (Prix 2010) 27€ ★★ ⛺ 🅴 [⚡] (6A) – pers.
suppl. 7€ – frais de réservation 10€

Location : (Prix 2010) (permanent) – 28 🚐 – 14 🏠
– 10 bungalows toilés. Nuitée 50 à 113€ – Sem.
180 à 790€ – frais de réservation 10€
🚐 borne flot bleu 6€
Pour s'y rendre : rte du Pont (300 m au nord par D 993,
rte de Rodez, au bord du Tarn)

À savoir : terrasses à flanc de colline dominant le Tarn

Nature : ⌘ ≤ ⌕ 00 ▲		
Loisirs : snack 🏠 🎏 ⛵ 🚲 ✕ ⛵ 🏊		
Services : 🚿 ⚏ 🚗 🚽 🚻 🚽 laverie 🔲 🚾		
À prox. : canoë, pédalos		

Longitude : 2.89978
Latitude : 44.05275

STE-MARIE-DE-CAMPAN

65710 – **342** N7

▪ Paris 841 – Arreau 26 – Bagnères-de-Bigorre 13 – Luz-St-Sauveur 37

▲▲ **L'Orée des Monts** Permanent
 ℘ 05 62 91 83 98, *oree.des.monts@wanadoo.fr*,
 Fax 05 62 91 83 98, *www.camping-oree-des-monts.com*
 – alt. 950
 1,8 ha (101 empl.) peu incliné, plat, herbeux
 Tarif : 21,90€ ✭✭ ⇌ 🅔 ⏏ (6A) – pers. suppl. 4,80€
 – frais de réservation 10€

 Location : – 7 🚐. Sem. 320 à 557€ – frais de
 réservation 10€
 🚐 borne artisanale – 5 🅔
 Pour s'y rendre : au lieu-dit : La Séoube, à Campan
 (3 km au sud-est par D 918, rte du col d'Aspin, au bord
 de l'Adour de Payolle)

| Nature : ≤ ⚲ |
| Loisirs : 🍴 snack, pizzeria 🏠 ⚡ 🏊 |
| Services : ⌁ 🏧 ♨ 🔲 🚽 |

Longitude : 0.22731
Latitude : 42.98507

SALLES-CURAN

12410 – **338** I5 – 1 063 h. – alt. 887

🛈 *place de la Vierge* ℘ 05 65 46 31 73

▪ Paris 650 – Albi 77 – Millau 39 – Rodez 40

▲▲▲ **Les Genêts** ♣♣ – de fin mai à mi-sept.
 ℘ 05 65 46 35 34, *contact@camping-les-genets.
 fr*, Fax 05 65 78 00 72, *www.camping-les-genets.fr*
 – alt. 1 000
 3 ha (163 empl.) peu incliné, plat, terrasse, herbeux
 Tarif : 34€ ✭✭ ⇌ 🅔 ⏏ (6A) – pers. suppl. 8€ – frais de
 réservation 30€

 Location : (de fin mai à mi-sept.) ⚡ – 50 🚐
 – 11 🏠 – 7 bungalows toilés. Nuitée 36 à 115€
 – Sem. 231 à 805€ – frais de réservation 30€
 Pour s'y rendre : au Lac de Pareloup (5 km au nord-
 ouest par D 993 puis à gauche par D 577, rte d'Arvieu et
 2 km par chemin à dr.)

 À savoir : au bord du lac de Pareloup

| Nature : ⚲ ≤ 🏕 ⚲⚲ ⛰ |
| Loisirs : 🍴 snack, pizzeria ⚑ ⚡ salle d'animation ⚡ 🚲 🏹 🏊 |
| Services : ♿ ⌁ (de mi-juin à déb. sept.) ♨ ⚡ 🚽 🕳 laverie 🚾 |

Longitude : 2.76776
Latitude : 44.18963

▲▲ **Beau Rivage** de déb. mai à fin sept.
 ℘ 05 65 46 33 32, *camping-beau-rivage@orange.fr*,
 www.beau-rivage.fr – alt. 800
 2 ha (80 empl.) en terrasses, plat, herbeux
 Tarif : 32€ ✭✭ ⇌ 🅔 ⏏ (10A) – pers. suppl. 7€ – frais
 de réservation 20€

 Location : (de déb. mai à fin sept.) – 16 🚐 – 6 🏠
 – 2 tentes. Nuitée 60 à 100€ – Sem. 180 à 665€ – frais
 de réservation 30€
 🚐 borne artisanale – ⚡ ⏏ 13€
 Pour s'y rendre : rte des Vernhes - Lac de Pareloup
 (3,5 km au nord par D 993, rte de Pont-de-Salars et
 D 243 à gauche)

 À savoir : situation agréable au bord du lac de Pareloup

| Nature : ≤ 🏕 ⚲⚲ ⛰ |
| Loisirs : 🍴 snack 🏠 ⚡ 🚲 🏊 🎣 |
| Services : ♿ ⌁ ♨ 🕳 laverie 🚾 |
| À prox. : 🍴 🛶 canoë, accro-branches |

Longitude : 2.77585
Latitude : 44.20081

△ **Parc du Charrouzech** de fin juin à fin août
 ℘ 05 65 46 01 11, *parcducharouzech@orange.fr*,
 Fax 05 65 46 39 13, *www.parcducharouzech.fr*
 3 ha (104 empl.) en terrasses, peu incliné, plat, herbeux
 Tarif : (Prix 2010) 25€ ✭✭ ⇌ 🅔 ⏏ (5A) – pers.
 suppl. 4€

 Location : (Prix 2010) (de fin juin à fin août) – 20 🚐
 – 30 bungalows toilés – 8 tentes. Nuitée 50€ – Sem.
 180 à 780€ – frais de réservation 30€
 Pour s'y rendre : 5 km au nord-ouest par D 993 puis à
 gauche par D 577, rte d'Arvieu et 3,4 km par chemin à
 dr., près du lac de Pareloup (accès direct)

 À savoir : situation dominante sur le lac

| Nature : ⚲ ≤ 🏕 ⚲⚲ |
| Loisirs : 🏠 ⚑ ⚡ 🏊 ⚡ 🛶 canoë |
| Services : ♿ ⌁ 🏊 🕳 laverie |

Longitude : 2.74861
Latitude : 44.20219

467

SALLES-ET-PRATVIEL

31110 – **343** B8 – 128 h. – alt. 625
▶ Paris 814 – Toulouse 141 – Tarbes 86 – Lourdes 105

△ **Le Pyrénéen** Permanent
📞 05 61 79 59 19, *campinglepyreneen@wanadoo.fr*,
www.campingdepyreneen-luchon.com
1,1 ha (75 empl.) pierreux, plat, herbeux
Tarif : (Prix 2010) 18€ ✦✦ ⇔ 🔲 (10A) – pers.
suppl. 5€ – frais de réservation 7€

Location : (Prix 2010) (de déb. mars à fin oct.)
– 11 🚐. Nuitée 50 à 75€ – Sem. 240 à 525€ – frais de
réservation 15€
Pour s'y rendre : lieu dit : Les Sept Molles (600 m au sud
par D 27 et chemin, au bord de la Pique)

Nature : ❄ ⤳ ≤ ⊏ 🌣🌣
Loisirs : 🍴 🎰 ⚓ 🏊
Services : ᕦ �o─╸ 🎰 🗑 🔥 🚿
🍴 laverie
À prox. : 🐎

Longitude : 0.60528
Latitude : 42.82966

SASSIS

65120 – **342** L7 – 86 h. – alt. 700
▶ Paris 879 – Toulouse 206 – Tarbes 53 – Pau 72

△ **Le Hounta** fermé de mi-oct. à mi-déc.
📞 05 62 92 95 90, *le-hounta@orange.fr*,
www.campinglehounta.com
2 ha (91 empl.) peu incliné, plat, herbeux
Tarif : (Prix 2010) 22€ ✦✦ ⇔ 🔲 (10A) – pers.
suppl. 4€ – frais de réservation 4€

Location : (Prix 2010) (fermé de mi-oct. à mi-déc.)
(de mi-avr. à mi-juin) – 12 🚐 – 1 🏠. Nuitée
46 à 75€ – Sem. 230 à 520€ – frais de réservation 7€
🚐 borne artisanale 5€
Pour s'y rendre : 600 m au sud par D 12

Nature : ❄ ⤳ ≤ ♀
Loisirs : ⚓
Services : ᕦ o─╸ 🗑 🍴 laverie
À prox. : ⤳

Longitude : -0.01491
Latitude : 42.87252

SEIX

468

09140 – **343** F7 – 806 h. – alt. 523
🅱 *place de l'Allée* 📞 05 61 96 00 01
▶ Paris 793 – Ax-les-Thermes 77 – Foix 62 – St-Girons 19

△ **Le Haut Salat** de déb. janv. à mi-déc.
📞 05 61 66 81 78, *camping.le-haut-salat@wanadoo.fr*,
www.camping-haut-salat.com
2,5 ha (135 empl.) plat, herbeux
Tarif : 19€ ✦✦ ⇔ 🔲 (10A) – pers. suppl. 5€ – frais
de réservation 10€

Location : (de déb. janv. à mi-déc.) – 14 🚐. Sem.
240 à 550€ – frais de réservation 10€
🚐 4 🔲 17€
Pour s'y rendre : route de soueix (800 m au nord-est
par D 3, rte de St-Girons, au bord du Salat)

Nature : ❄ ⤳ ≤ 🌣🌣
Loisirs : 🍴 🎰 🏊 (petite
piscine) ⤳
Services : o─╸ 🗑 🍴 laverie

Longitude : 1.20606
Latitude : 42.87074

SÉNERGUES

12320 – **338** G3 – 494 h. – alt. 525
▶ Paris 630 – Toulouse 197 – Rodez 50 – Aurillac 62

△ **L'Étang du Camp** de déb. avr. à fin sept.
📞 05 65 46 01 95, *info@etangducamp.fr*,
www.etangducamp.fr
5 ha (60 empl.) plat, peu incliné, pierreux, rochers
Tarif : 20€ ✦✦ ⇔ 🔲 (6A) – pers. suppl. 4€

Location : (de déb. avr. à fin sept.) – 4 tentes.
Nuitée 32 à 36€ – Sem. 182 à 210€
Pour s'y rendre : au lieu-dit : Le Camp (6 km au sud-
ouest par D 242, rte de St-Cyprien-sur-Dourdou, au bord
d'un étang)

À savoir : jolie décoration florale et arbustive

Nature : ⤳ ⊏ 🌣🌣
Loisirs : ⤳
Services : ᕦ o─╸ (juil.-
août) 🧺 🔥 🍴 🔲

Longitude : 2.46391
Latitude : 44.55837

SÉNIERGUES

46240 – **337** F3 – 135 h. – alt. 390

▶ Paris 540 – Cahors 45 – Figeac 46 – Fumel 69

Domaine de la Faurie de déb. avr. à fin sept.
 ℘ 05 65 21 14 36, *contact@camping-lafaurie.com*,
 www.camping-lafaurie.com
27 ha/5 campables (63 empl.) peu incliné, plat, herbeux,
pierreux
Tarif : 28€ ♦♦ 🚐 🗉 🔌 (6A) – pers. suppl. 7€

Location : (de déb. avr. à fin sept.) 🅿 – 8 🚏
– 15 🏠 – 5 bungalows toilés. Nuitée 45 à 102€
– Sem. 190 à 710€
 🚰 borne artisanale – 10 🗉 28€
Pour s'y rendre : au lieu-dit : La Faurie (6 km au sud par
D 10, rte de Montfaucon puis D 2, rte de St-Germain-du-
Bel-Air et chemin à dr., A 20 sortie 56)

Nature :	🏞 ⋖ 🗻
Loisirs :	🍸 snack 🖾 🛶 🚴 🏊
Services :	🕭 ⚬ 🏕 🏕 🔧 🍴 laverie 🏕

| Longitude : 1.53495 |
| Latitude : 44.69194 |

🏊 ✗ *LET OP :*
🛶 *deze gegevens gelden in het algemeen alleen in het seizoen,*
🏊 🐎 *wat de openingstijden van het terrein ook zijn.*

SÉVÉRAC-L'ÉGLISE

12310 – **338** J4 – 409 h. – alt. 630

▶ Paris 625 – Espalion 26 – Mende 84 – Millau 58

La Grange de Monteillac ♣♣ – de mi-mai à mi-
sept.
 ℘ 05 65 70 21 00, *info@la-grange-de-monteillac.com*,
Fax 05 65 70 21 01, *www.aveyron-location.com*
4,5 ha (70 empl.) en terrasses, plat, peu incliné, herbeux
Tarif : 33€ ♦♦ 🚐 🗉 🔌 (16A) – pers. suppl. 6€ – frais
de réservation 18€

Location : (de mi-avr. à mi-oct.) 🅿 (chalets)
– 10 🚏 – 22 🏠 – 20 🛏 – 9 bungalows toilés.
Nuitée 38 à 125€ – Sem. 190 à 875€ – frais de
réservation 18€
Pour s'y rendre : chemin de Monteillac (sortie nord-est
par D 28, rte de Laissac, face au cimetière)

À savoir : jolie décoration fleurale et arbustive

Nature :	🖾 🌿
Loisirs :	🍸 snack, pizzeria 🖾 🎭 🛶 🚴 🏐 🏊
Services :	🕭 ⚬ (juil.-août) 🏕 🏕 🍴 laverie 🏊

| Longitude : 2.85101 |
| Latitude : 44.36434 |

SORÈZE

81540 – **338** E10 – 2 550 h. – alt. 272

🏠 *rue Saint-Martin* *℘* 05 63 74 16 28

▶ Paris 732 – Castelnaudary 26 – Castres 27 – Puylaurens 19

St-Martin de déb. mai à fin sept.
 ℘ 05 63 50 20 19, *campings.occitanie@orange.fr*,
Fax 05 63 50 20 19, *www.campingsaintmartin.com*
1 ha (54 empl.) plat, herbeux
Tarif : 20€ ♦♦ 🚐 🗉 🔌 (10A) – pers. suppl. 5€

Location : (de déb. mai à fin sept.) 🚳 – 2 roulottes
– 6 🏠. Nuitée 43 à 95€ – Sem. 256 à 665€
 🚰 borne artisanale – 6 🗉 10€ – 🚐 10€
Pour s'y rendre : au lieu-dit : Les Vigariés (au nord du
bourg, accès par r. de la Mairie, au stade)

Nature :	🏞 🖾 🗻
Loisirs :	🛶 🏊
Services :	🕭 ⚬ 🍴 🖼
À prox. :	🍽

| Longitude : 2.0658 |
| Latitude : 43.45321 |

SORGEAT

09110 – **343** J8 – 96 h. – alt. 1 050

▶ Paris 808 – Ax-les-Thermes 6 – Axat 50 – Belcaire 23

△ **Municipal La Prade** Permanent
& 05 61 64 36 34, *mairie.sorgeat@wanadoo.fr, www.
sorgeat.com* – alt. 1 000 – places limitées pour le passage
2 ha (40 empl.) non clos, en terrasses, plat, herbeux
Tarif : 19 € ★★ ⇔ 🔲 🔌 (10A) – pers. suppl. 3 €
Location : (permanent) – 2 �🔲. Sem. 285 à 360 €
Pour s'y rendre : 800 m au nord
À savoir : situation agréable surplombant la vallée d'Ax-
les-Thermes

Nature : �� ≼ montagnes 🔲 ◯◯	
Loisirs : 🔲	
Services : ᵬ ☞ (juil.-août) 🏛 ᗺ ▽ 🔳	
Longitude : 1.85378	
Latitude : 42.73322	

SOUILLAC

46200 – **337** E2 – 3 911 h. – alt. 104

🅱 *boulevard Louis-Jean Malvy &* 05 65 37 81 56

▶ Paris 516 – Brive-la-Gaillarde 39 – Cahors 68 – Figeac 74

🔼🔼🔼 **"Les Castels" Domaine de la Paille Basse** ⚎ –
de mi-mai à mi-sept.
& 05 65 37 85 48, *info@lapaillebasse.com,*
Fax 05 65 37 09 58, *www.lapaillebasse.com*
80 ha/12 campables (262 empl.) vallonné, plat, en
terrasses, pierreux, herbeux
Tarif : (Prix 2010) ★ 8 € ⇔ 2 € 🔲 11 € – 🔌 (10A) 6 € – frais
de réservation 20 €
Location : (Prix 2010) (de déb. avr. à fin sept.) 🔾
– 72 �🔲. Sem. 250 à 850 € – frais de réservation 20 €
🔲 borne autre
Pour s'y rendre : 6,5 km au nord-ouest par D 15, rte de
Salignac-Eyvignes puis 2 km par chemin à dr.
À savoir : Vaste domaine en sous bois vallonné autour
d'un vieux hameau restauré

Nature : 🔾 🔲 ◯◯◯	
Loisirs : 🍷 ✗ snack, pizzeria 🔲 🕆 nocturne 🔥 salle d'animation (discothèque) ⛷ 🐾 🛶 ⛸ Services : ᵬ ☞ ᗺ ᗺ ▽ 🍴 laverie 🔳 🔾	
Longitude : 1.44175	
Latitude : 44.94482	

△ **Municipal les Ondines** de déb. mai à fin sept.
& 05 65 37 86 44, *info@camping-lesondines.com,*
Fax 05 65 32 05 04, *www.camping-lesondines.com*
4 ha (242 empl.) plat, herbeux
Tarif : (Prix 2010) 16 € ★★ ⇔ 🔲 🔌 (6A) – pers.
suppl. 5 € – frais de réservation 8 €
Location : (Prix 2010) (de déb. mai à fin sept.)
– 8 �🔲 – 5 bungalows toilés. Nuitée 25 à 65 € – Sem.
125 à 455 € – frais de réservation 8 €
Pour s'y rendre : au lieu-dit : Les Ondines (1 km au
sud-ouest par rte de Sarlat et chemin à gauche, près de
la Dordogne)

Nature : ◯◯	
Loisirs : 🛶	
Services : ᵬ ☞ 🍴 🔳	
À prox. : 🚲 🐾 🎣 🛶 ⛸ 🐾 🛶 ▲ terrain omnisports, canoë, accrobranches	
Longitude : 1.47604	
Latitude : 44.89001	

TARASCON-SUR-ARIÈGE

09400 – **343** H7 – 3 493 h. – alt. 474

🅱 *Centre multimédia - Avenue des Pyrénées &* 05 61 05 94 94

▶ Paris 777 – Ax-les-Thermes 27 – Foix 18 – Lavelanet 30

🔼🔼🔼 **Le Pré Lombard** ⚎ – de mi-mars à mi-oct.
& 05 61 05 61 94, *leprelombard@wanadoo.fr,*
Fax 05 61 05 78 93, *www.prelombard.com*
4 ha (180 empl.) plat, herbeux
Tarif : 34 € ★★ ⇔ 🔲 🔌 (10A) – pers. suppl. 8 € – frais
de réservation 25 €
Location : (de mi-mars à mi-oct.) – 30 �🔲 – 21 🏠
– 15 bungalows toilés. Nuitée 27 à 135 € – Sem.
189 à 945 € – frais de réservation 25 €
🔲 borne artisanale 3 €
Pour s'y rendre : 1,5 km au sud-est par D 23, au bord
de l'Ariège

Nature : ◯◯◯	
Loisirs : 🍷 snack, pizzeria 🔲 🕆 🔥 🔥 🚲 ⛸ 🔾 terrain omnisports Services : ᵬ ☞ 🏛 ᗺ 🍴 laverie 🔾 point d'informations touristiques À prox. : 🛒	
Longitude : 1.61227	
Latitude : 42.83984	

470

▲ **Le Sédour** Permanent
℘ 05 61 05 87 28, *campinglesedour@orange.fr*, *www.campinglesedour.com* – places limitées pour le passage
1,5 ha (100 empl.) peu incliné, plat, herbeux, pierreux
Tarif : 21€ ✚✚ ⬅ 🔲 ⚡ (10A) – pers. suppl. 6€ – frais de réservation 25€

Location : (permanent) – 3 🏠 – 1 bungalow toilé. Nuitée 22 à 50€ – Sem. 154 à 546€ – frais de réservation 25€
Pour s'y rendre : au lieu-dit : Le Ressec (1,8 km au nord-ouest par D 618, dir. Foix puis rte de Massat, chemin à dr.)

Nature :	🐾 ♨♨♨	
Loisirs :	🏛 🏊	
Services :	♿ ⚬ 🏪	laverie
À prox. :	🐟	

Longitude : 1.58806
Latitude : 42.85585

TEILLET

81120 – **338** G7 – 445 h. – alt. 475
🏛 *Mairie* ℘ 05 63 55 70 08
▶ Paris 717 – Albi 23 – Castres 43 – Lacaune 49

⛰ **L'Entre Deux Lacs** de déb. avr. à fin sept.
℘ 05 63 55 74 45, *contact@campingdutarn.com*, *www.campingdutarn.com*
4 ha (65 empl.) en terrasses, pierreux, gravillons, herbeux
Tarif : (Prix 2010) 14€ ✚✚ ⬅ 🔲 ⚡ (10A) – pers. suppl. 4€ – frais de réservation 15€

Location : (Prix 2010) (de déb. mars à fin nov.) 🚫 – 17 🏠 – 2 bungalows toilés. Sem. 189 à 589€ – frais de réservation 15€
🔌 borne artisanale 5€
Pour s'y rendre : 29 rue du Baron de Solignac (sortie sud par D 81, rte de Lacaune)
À savoir : agréable châtaigneraie

Nature :	🐾 ⛺ ♨♨	
Loisirs :	🍴 snack 🏊 🚲 ⛷
Services :	♿ ⚬ 📷 🔲 🍴

Longitude : 2.34
Latitude : 43.83

471

*Benutzen Sie die **Grünen MICHELIN-Reiseführer**, wenn Sie eine Stadt oder Region kennenlernen wollen.*

THÉGRA

46500 – **337** G3 – 497 h. – alt. 330
▶ Paris 535 – Brive-la-Gaillarde 58 – Cahors 64 – Rocamadour 15

⛰ **Chalets Dordogne Vacances** (location exclusive de chalets) Permanent
℘ 05 65 10 89 04, *contact@dordogne-vacances.fr*, Fax 05 65 10 89 18, *www.dordogne-vacances.fr*
2,5 ha incliné

Location : (Prix 2010) – 14 🏠. Sem. 250 à 850€
Pour s'y rendre : 500 m au nord, derrière la nouvelle école

Nature :	🐾 ♀	
Loisirs :	🏛 🏊 ⛷
Services :	♿ ⚬ Ⓟ 🚿 🔲 📷

Longitude : 1.7564
Latitude : 44.82077

▲ **Le Ventoulou** ♣♣ – de déb. avr. à fin sept.
℘ 05 65 33 67 01, *contact@leventoulou.com*, Fax 05 65 33 73 20, *www.camping-leventoulou.com*
2 ha (66 empl.) plat, terrasse, herbeux
Tarif : 27€ ✚✚ ⬅ 🔲 ⚡ (10A) – pers. suppl. 7€ – frais de réservation 18€

Location : (de déb. avr. à fin sept.) – 17 🏠 – 8 bungalows toilés. Nuitée 38 à 99€ – Sem. 266 à 693€ – frais de réservation 18€
🔌 borne artisanale – 🍴 14€
Pour s'y rendre : 2,8 km au nord-est par D 14, rte de Loubressac et D 60, rte de Mayrinhac-Lentour à dr.

Nature :	🐾 ♨♨	
Loisirs :	🍴 🏛 🎣 🏊 ⛷
Services :	♿ ⚬ 🚻 🚿 🚰 🔲 📷 🍴

Longitude : 1.77765
Latitude : 44.82604

THOUX

32430 – **336** H7 – 203 h. – alt. 145 – Base de loisirs
▶ Paris 681 – Auch 40 – Cadours 13 – Gimont 14

⚠ **Lac de Thoux - Saint Cricq** de déb. avr. à fin oct.
      𝒫 05 62 65 71 29, *contact@camping-lacdethoux.com*,
Fax 05 62 65 74 81, *www.camping-lacdethoux.com*
3,5 ha (130 empl.) plat, peu incliné, herbeux
Tarif : (Prix 2010) 25 € ♣♣ ⇔ 🔲 🚿 (10A) – pers.
suppl. 7 € – frais de réservation 15 €
Location : (Prix 2010) (permanent) – 23 🛏. Sem.
280 à 780 € – frais de réservation 15 €
🚐 borne artisanale 6 €
Pour s'y rendre : lieu-dit : Lannes (au nord-est par
D 654, au bord du lac)

Nature :	🌳🌳 ⚠
Loisirs :	🏕 🚲 🛶
Services :	⅙ ⚡ 🛖 🗑 🚽 ♨
laverie	
À prox. :	🚉 🍽 ✖ snack 🛒
jacuzzi 🛶 🎣 🏊 🏖 (plage)	
🚣 ⚓ terrain multisports, péda-	
los, canoë	

Longitude : 1.00234
Latitude : 43.68587

Pour visiter une ville ou une région : utilisez les Guides Verts MICHELIN.

TOUZAC

46700 – **337** C5 – 348 h. – alt. 75
▶ Paris 603 – Cahors 39 – Gourdon 51 – Sarlat-la-Canéda 63

⚠ **Le Ch'Timi** de déb. avr. à fin sept.
      𝒫 05 65 36 52 36, *info@campinglechtimi.com*,
Fax 05 65 36 53 23, *www.campinglechtimi.com*
3,5 ha (79 empl.) peu incliné, plat, herbeux
Tarif : 22 € ♣♣ ⇔ 🔲 🚿 (6A) – pers. suppl. 6 € – frais de
réservation 10 €
Location : (permanent) – 4 🛏. Nuitée 45 à 85 €
– Sem. 295 à 565 € – frais de réservation 10 €
🚐 borne autre
Pour s'y rendre : lieu-dit : La Roque (accès direct au Lot
(par escalier abrupt))

Nature :	🌳🌳
Loisirs :	, snack 🛶 🚲 ✖
🛶 🚣	
Services :	⚡ 🛖 ♨ 🗑

Longitude : 1.06533
Latitude : 44.49889

LE TREIN D'USTOU

09140 – **334** F8 – 351 h. – alt. 739
▶ Paris 804 – Aulus-les-Bains 13 – Foix 73 – St-Girons 31

⚠ **Le Montagnou** Permanent
      𝒫 05 61 66 94 97, *campinglemontagnou@wanadoo.fr*,
www.lemontagnou.com
1,2 ha (57 empl.) plat, herbeux
Tarif : (Prix 2010) 21,70 € ♣♣ ⇔ 🔲 🚿 (10A) – pers.
suppl. 4,50 € – frais de réservation 10 €
Location : 🚫 – 3 🛏. Nuitée 45 € – Sem. 290 à 525 €
– frais de réservation 50 €
Pour s'y rendre : rte de Guzet (sortie nord-ouest par
D 8, rte de Seix, près de l'Alet)

Nature :	← ⚘
Loisirs :	🏛 🚣
Services :	⅙ ⚡ ▥ 🗑 🚽
laverie 🛒	
À prox. :	✖

Longitude : 1.25618
Latitude : 42.81178

LE TRUEL

12430 – **338** I6 – 339 h. – alt. 290
▶ Paris 677 – Millau 40 – Pont-de-Salars 37 – Rodez 52

⚠ **Municipal la Prade**
      𝒫 05 65 46 41 46
0,6 ha (28 empl.) plat, herbeux
Location : 🚫 – 3 🛏 – gîte d'étape.
Pour s'y rendre : à l'est du bourg par D 31, à gauche
apr. le pont, au bord du Tarn (plan d'eau)

Nature :	← 🏕 🌳🌳
Loisirs :	🏛 🚣
Services :	⚡ 🗑
À prox. :	✖ 🛶 🏊

Longitude : 2.75573
Latitude : 44.04955

VAYRAC

46110 – **337** G2 – 1 318 h. – alt. 139 – Base de loisirs
🚩 *avenue Charles de Verninac* 𝒫 *05 65 32 52 50*
▶ Paris 512 – Beaulieu-sur-Dordogne 17 – Brive-la-Gaillarde 32 – Cahors 89

Chalets Mirandol Dordogne (location exclusive
de chalets) de déb. avr. à fin oct.
𝒫 05 65 32 57 12, *bungalows-mirandol@wanadoo.fr*,
Fax 05 65 32 57 96, *www.mirandol-dordogne.com*
2,6 ha non clos, plat, herbeux
Location : (Prix 2010) 🅿 – 22 🏠. Nuitée 35 à 100 €
– Sem. 180 à 660 €
Pour s'y rendre : à Vormes (2,3 km au sud par D 116, en
dir. de la base de loisirs)

Nature : 🐟 ⚲
Loisirs : 🚴 ⛷
Services : 🛴 🚿 ▥
À prox. : 🍷 ✕ 🛶 ⚓ 🦅 canoë

Longitude : 1.69838
Latitude : 44.93897

Municipal la Palanquière de déb. juin à mi-sept.
𝒫 05 65 32 43 67, *mairie-vayrac@wanadoo.fr*,
Fax 05 65 32 41 30, *www.vayrac.fr*
1 ha (33 empl.) plat, herbeux
Tarif : 🛉 4 € 🚗 🔲 3 € – 🔌 (6A) 3 €
Pour s'y rendre : au lieu-dit : La Palanquière (1 km au
sud par D 116, en dir. de la base de loisirs)

Nature : ♀♀
Services : 🔥 🛒 🚿 🛁 ▦

Longitude : 1.70389
Latitude : 44.94464

VERS

46090 – **337** F5 – 411 h. – alt. 132
🚩 *rue Montois* 𝒫 *05 65 31 28 22*
▶ Paris 565 – Cahors 15 – Villefranche-de-Rouergue 55

La Chêneraie de déb. mai à fin sept.
𝒫 05 65 31 40 29, *lacheneraie@free.fr*, Fax 05 65 31 41 70,
www.cheneraie.com – places limitées pour le passage
2,6 ha/0,4 (50 empl.) plat, herbeux
Tarif : (Prix 2010) 22 € 🛉🛉 🚗 🔲 🔌 (20A) – pers.
suppl. 4 € – frais de réservation 9 €
Location : (Prix 2010) (de déb. avr. à mi-sept.)
– 25 🛖. Nuitée 50 à 85 € – Sem. 280 à 595 € – frais
de réservation 9 €
🚐 borne artisanale 2 €
Pour s'y rendre : au lieu-dit : Le Cuzoul (2,5 km au
sud-ouest par D 653, rte de Cahors et chemin à dr. apr. le
passage à niveau)

Nature : 🐟 🏡 ♀♀
Loisirs : 🍷 pizzeria 🏠 🏇 ✕ ⛷
Services : 🛒 🍴 ▦ 🛁

Longitude : 1.54484
Latitude : 44.46782

VIELLE-AURE

65170 – **342** N6 – 356 h. – alt. 800
🚩 *le village* 𝒫 *05 62 39 50 00*
▶ Paris 828 – Toulouse 155 – Tarbes 70 – Lourdes 66

Le Lustou Permanent
𝒫 05 62 39 40 64, *contact@lustou.com*,
Fax 05 62 39 40 72, *www.lustou.com*
2,8 ha (65 empl.) plat, gravier, herbeux
Tarif : 🛉 4 € 🔲 4 € – 🔌 (10A) 7 €
Location : (de déb. déc. à déb. oct.) ⛷ – 6 🛖
– 5 🛏 – 1 gîte. Nuitée 48 à 63 € – Sem. 290 à 440 €
Pour s'y rendre : lieu-dit : Agos (2 km au nord-est par
D 19, près de la Neste-d'Aure et d'un étang)
À savoir : belle entrée ornée de plantes des Pyrénées

Nature : ❄ ≤ ♀♀
Loisirs : 🏠 🏇 ✕
Services : 🔥 🛒 🚿 ▥ 🛁 🛁 🌿 🍴 ▦ 🛁
À prox. : 🦅 sports en eaux vives, canoë, kayak

Longitude : 0.3382
Latitude : 42.84405

De gids wordt jaarlijks bijgewerkt.
Doe als wij, vervang hem, dan blijf je bij.

LE VIGAN

46300 – **337** E3 – 1 418 h. – alt. 224

◘ Paris 537 – Cahors 43 – Gourdon 6 – Labastide-Murat 20

Le Rêve de déb. mai à mi-sept.
℘ 05 65 41 25 20, *info@campinglereve.com*,
www.campinglereve.com
8 ha/2,5 campables (60 empl.) plat, peu incliné, herbeux,
bois attenant
Tarif : 21 € ✦✦ ⇔ 圓 ⑫ (6A) – pers. suppl. 5 € – frais de
réservation 5 €

Location : (de déb. mai à mi-sept.) – 4 ⌂. Nuitée
35 à 75 € – Sem. 240 à 488 €
Pour s'y rendre : au lieu-dit : Revers (3,2 km au nord
par D 673, rte de Souillac puis 2,8 km par chemin à
gauche)

À savoir : décoration florale et arbustive et quelques
emplacements en sous-bois

| Nature : ⋙ ▭ ♀♀ |
| Loisirs : ♈ ⚷ ⴲ |
| Services : & ⚬ ⵂ ⍽ laverie ⵂ |

| Longitude : 1.44318 |
| Latitude : 44.7714 |

VILLEFRANCHE-DE-PANAT

12430 – **338** I6 – 777 h. – alt. 710

◘ *1 bis, avenue du Ségala* ℘ 05 65 46 52 04

◘ Paris 676 – Toulouse 177 – Rodez 45 – Millau 46

Le Hameau des Lacs (location exclusive de chalets)
de fin mai à fin sept.
℘ 05 65 65 81 81, *info@les-hameaux.fr*,
Fax 05 65 65 81 86, *www.les-hameaux.fr*
1 ha en terrasses

Location : (Prix 2010) ℗ – 22 ⌂. Sem. 240 à 590 €
– frais de réservation 25 €
Pour s'y rendre : rte de Rodez

| Nature : ⩽ ♀ |
| Loisirs : ⛫ ⚷ ⚷ ⴲ |
| terrain omnisports |
| Services : & ⚬ ⵂ ⍻ ⌸ |
| laverie |
| À prox. : ⛵ (plage) |

| Longitude : 2.7034 |
| Latitude : 44.088 |

VILLEFRANCHE-DE-ROUERGUE

12200 – **338** E4 – 11 957 h. – alt. 230

◘ *Maison du tourisme promenade du Guiraudet* ℘ 05 65 45 13 18

◘ Paris 614 – Albi 68 – Cahors 61 – Montauban 80

Le Rouergue de mi-avr. à fin sept.
℘ 05 65 45 16 24, *campingrouergue@wanadoo.fr*,
Fax 05 65 45 16 24, *www.campingdurouergue.com*
1,8 ha (98 empl.) plat, herbeux
Tarif : 17 € ✦✦ ⇔ 圓 ⑫ (16A) – pers. suppl. 3 € – frais
de réservation 3 €

Location : (de mi-avr. à fin sept.) – 7 ⌷ – 6 bungalows
toilés. Nuitée 28 à 70 € – Sem. 130 à 400 € – frais de
réservation 3 €
⥀ borne artisanale 3 € – 3 圓 11 € – ⛟ 10 €
Pour s'y rendre : 35bis av. de Fondies (1,5 km au sud-
ouest par D 47, rte de Monteils)

| Nature : ▭ ♀♀ |
| Loisirs : ⛫ ⚷ |
| Services : & ⚬ ⴲ ⵂ ⵧ |
| ⍽ ▣ |
| À prox. : ⌬ jacuzzi ⛵ ⚒ ⌸ |
| ▨ ⴲ |

| Longitude : 2.02876 |
| Latitude : 44.34335 |

NORD-PAS-DE-CALAIS

S. Sauvignier/Michelin

Selon un dicton local, « les gens du Nord ont dans le cœur ce qu'ils n'ont pas dehors ». Comprenez que les horizons sans fin du Plat Pays, qui n'ont « que des vagues de dunes pour arrêter les vagues », ne brisent en rien leur infatigable entrain : lors des Rondes de géants, des ducasses ou des kermesses, écoutez-les chanter, les ch'timis... Regardez-les rire à cette débauche de moules-frites qui fait le sel des grandes braderies de Lille, et trinquer autour d'une bière dans l'ambiance bon enfant des estaminets. À table, pas davantage le temps de s'ennuyer : chicons braisés, carbonade, potjevleesch, tarte au maroilles... D'autres agréments ? Le joyeux concert des carillons au sommet des beffrois, la silhouette aérienne des moulins et... la possibilité de franchir le « Pas » pour saluer nos voisins britanniques.

As the local saying goes, "the hearts of the men of the north are warm enough to thaw the chilly climate". Just watch as they throw themselves body and soul into the traditional "Dance of the Giants" at countless fairs, fêtes and carnivals: several tons of chips and mussels—and countless litres of beer! — sustain a million visitors to Lille's huge annual street market. The influence of Flanders can be heard in the names of towns and people, seen in the wealth of Gothic architecture and tasted in filling dishes like beef in amber beer and potjevleesch stew. Joyful bells ringing from their slender belfries, neat rows of miners' houses and the distant outline of windmills remind visitors that they are on the border of Belgium, or, as a glance across the Channel will prove, in sight of the cliffs of Dover!

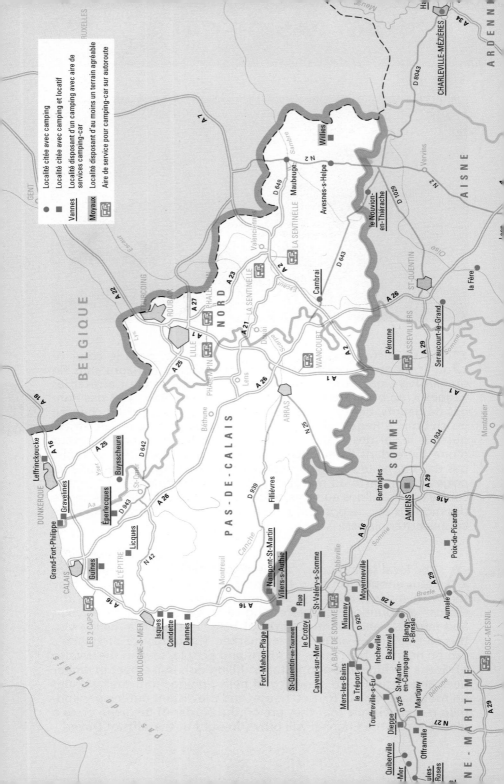

BUYSSCHEURE

59285 – **302** B3 – 505 h. – alt. 25
▶ Paris 269 – Béthune 44 – Calais 47 – Dunkerque 31

△ **La Chaumière** de déb. avr. à fin oct.
  ℰ 0328430357, camping.lachaumiere@wanadoo.fr,
  www.campinglachaumiere.com
  1 ha (29 empl.) plat, herbeux, pierreux, petit étang
  Tarif : 19€ ♦♦ ⇔ ⓔ 鼕 (6A) – pers. suppl. 8€ – frais de
  réservation 3€
  ⟨⟨ borne artisanale – 10 ⓔ 19€
  Pour s'y rendre : 529 Langhemast Straete (au bourg)

Nature :	🦢 ⊏⊐ 00
Loisirs :	🍹 snack ⛱ -♦ 🏊
	🛝 🔫
Services :	⚬🚰 🚿 👜 🚮 🚰
	🍴 🏢

Longitude : 2.33942
Latitude : 50.80166

CAMBRAI

59400 – **302** H6 – 32 296 h. – alt. 53
🅱 48, rue du Noyon ℰ 0327783615

△ **Municipal Les 3 Clochers** de déb. avr. à mi-oct.
  ℰ 0327709164, emerick.marecheau@orange.fr,
  Fax 0327709164
  1 ha (50 empl.) plat, herbeux
  Tarif : (Prix 2010) 15€ ♦♦ ⇔ ⓔ 鼕 (16A) – pers.
  suppl. 2€
  ⟨⟨ borne autre – 50 ⓔ 10€ – 🔫鼕 13€
  Pour s'y rendre : 77 r. Jean
  À savoir : informations touristiques sur Cambrai

Nature :	⊏⊐ 0
Services :	♿ ⚬🚰 🚿 🏛 🚰 🚮
À prox. :	🍴 🍹 🍴

Longitude : 3.21476
Latitude : 50.17533

*Inclusion in the **MICHELIN Guide** cannot be achieved by pulling strings
or by offering favours.*

477

CONDETTE

62360 – **301** C4 – 2 585 h. – alt. 35
🅱 Mairie ℰ 0321328888
▶ Paris 254 – Boulogne-sur-Mer 10 – Calais 47 – Desvres 19

△ **Caravaning du Château** 🔁 – de déb. avr. à fin oct.
  ℰ 0321875959, campingduchateau@libertysurf.
  fr, Fax 0321875959, www.camping-caravaning-du-
  chateau.com
  1,2 ha (70 empl.) plat, herbeux, gravillons
  Tarif : 26€ ♦♦ ⇔ ⓔ 鼕 (10A) – pers. suppl. 6€
  Location : (de déb. avr. à fin oct.) – 2 🚐. Nuitée
  48 à 62€ – Sem. 400 à 570€
  ⟨⟨ borne artisanale 5€
  Pour s'y rendre : 21 r. Nouvelle (sortie sud par D 119)

Nature :	⊏⊐ 00
Loisirs :	🛝 ⛱
Services :	♿ ⚬🚰 🏛 👜 🍴
laverie réfrigérateurs
À prox. :	🍴

Longitude : 1.62557
Latitude : 50.64649

DANNES

62187 – **301** C4 – 1 305 h. – alt. 30
▶ Paris 242 – Lille 136 – Arras 133 – Amiens 114

△ **Municipal Le Mont-St-Frieux** de déb. avr. à fin
  oct.
  ℰ 0321332476, campingdedannes@hotmail.fr,
  Fax 0321339408, www.mairiededannes.fr
  1,5 ha (52 empl.) plat, herbeux
  Tarif : (Prix 2010) ♦ 5€ ⇔ 3€ ⓔ 5€ – 鼕 (16A) 5€
  Location : (Prix 2010) (de déb. avr. à fin oct.) – 3 🚐.
  Nuitée 300€ – Sem. 400€
  ⟨⟨ borne flot bleu 5€ – 20 ⓔ 20€
  Pour s'y rendre : r. de l'Eglise (au bourg)

Nature :	⊏⊐ 0
Loisirs :	🏠 ⛱ 🏊
Services :	♿ ⚬🚰 🚰 laverie

Longitude : 1.60997
Latitude : 50.58924

ÉPERLECQUES

62910 – **301** G3 – 3 135 h. – alt. 42
🛈 *4, rue de la Mairie* 🖉 *03 21 95 66 25*
▶ Paris 271 – Lille 78 – Arras 86 – Brugge 110

⚠ **Château du Ganspette** de déb. avr. à fin sept.
🖉 03 21 93 43 93, *contact@chateau-gandspette.com*,
Fax 03 21 95 74 98, *www.chateau-gandspette.com*
11 ha/4 campables (167 empl.) peu incliné, herbeux
Tarif : 28€ 🛉🛉 ⬅ 🔲 🔌 (6A) – pers. suppl. 6€ – frais de
réservation 7€

Location : (Prix 2010) (de déb. avr. à fin sept.) 🔲
– 8 🛏 – 3 🛏. Sem. 330 à 585€ – frais de réservation
7€

🚐 borne autre 28€ – 10 🔲 28€
Pour s'y rendre : 133 r. du Gandspette
À savoir : dans le parc boisé du château

Nature :	🐾 ♀
Loisirs :	🍸 ✕ 🏠 🛶 🎾
	🏊 terrain multisports
Services :	🚿 ⚓ 🏕 🍴 laverie
	🪣

Longitude : 2.17809
Latitude : 50.81928

FILLIÈVRES

62770 – **301** F6 – 521 h. – alt. 46
▶ Paris 206 – Arras 52 – Béthune 46 – Hesdin 13

⚠ **Les Trois Tilleuls** de déb. avr. à fin sept.
🖉 03 21 47 94 15, *campingdes3t@wanadoo.fr*,
Fax 03 21 04 81 32, *www.camping3tilleuls.com* – places
limitées pour le passage
4,5 ha (120 empl.) peu incliné, non clos
Tarif : (Prix 2010) 🛉 4€ ⬅ 3€ 🔲 3€ – 🔌 (10A) 4€

Location : (Prix 2010) (de déb. avr. à fin sept.) 🔲
– 3 🛏. Sem. 230 à 430€
Pour s'y rendre : 28 r. de Frévent (sortie sud-est par
D 340)

À savoir : au cœur de la vallée de la Canche

Nature :	🏞 ♀♀
Loisirs :	🏠 🎵 salle d'anima-
tion	🛶 🏊 terrain multisports
Services :	🚿 ⚓ 🏕 🍴 laverie
À prox. :	🎣

Longitude : 2.15952
Latitude : 50.31417

GRAND-FORT-PHILIPPE

59153 – **302** A2 – 5 606 h. – alt. 5
▶ Paris 289 – Calais 28 – Cassel 40 – Dunkerque 24

⚠ **La Plage** de déb. avr. à fin oct.
🖉 03 28 65 31 95, *campingdelaplage@campingvpa.fr*,
Fax 03 28 65 35 99, *www.camping-de-la-plage.info*
1,5 ha (84 empl.) plat, herbeux
Tarif : 🛉 4,55€ ⬅ 1,80€ 🔲 3,60€ – 🔌 (10A) 3,45€
Location : (de déb. avr. à fin oct.) – 5 🏠. Nuitée
52 à 102€ – Sem. 165 à 610€
Pour s'y rendre : 115 r. du Maréchal Foch (au nord-
ouest)

Nature :	♀♀
Loisirs :	🛶
Services :	🚿 ⚓ 🏧 🍴 laverie

Longitude : 2.09746
Latitude : 51.00264

GRAVELINES

59820 – **302** A2 – 11 705 h.
🛈 *11, rue de la République* 🖉 *03 28 51 94 00*
▶ Paris 309 – Lille 94 – Arras 125 – Brugge 100

⚠ **Les Dunes** de déb. avr. à fin oct.
🖉 03 28 23 09 80, *campingdesdunes@campingvpa.fr*,
Fax 03 28 65 35 99, *www.camping-des-dunes.com*
8 ha (304 empl.) plat, herbeux, sablonneux
Tarif : 🛉 5,60€ ⬅ 2,25€ 🔲 4,30€ – 🔌 (10A) 4,05€
Location : (de déb. avr. à fin oct.) – 20 🛏 – 10 🏠
– 3 bungalows toilés. Nuitée 40 à 115€ – Sem.
145 à 630€
Pour s'y rendre : à Petit-Fort-Philippe, r. Victor-Hugo
(au bord de la plage)

Nature :	🐾 🏞
Services :	🚿 ⚓ 🏧 🍴 laverie

Longitude : 2.11802
Latitude : 51.00754

GUÏNES

62340 – **301** E2 – 5 302 h. – alt. 5

🛈 *14, rue Clemenceau* ☎ *03 21 35 73 73*

▶ Paris 282 – Arras 102 – Boulogne-sur-Mer 29 – Calais 11

"Les Castels" La Bien-Assise 🛏🛌 – de mi-avr. à fin sept.
☎ 03 21 35 20 77, *castels@bien-assise.com*,
Fax 03 21 36 79 20, *www.camping-bien-assise.fr*
20 ha/12 campables (198 empl.) plat, peu incliné, herbeux, petit étang
Tarif : (Prix 2010) 🧍 7 € 🔲 14 € – 🔌 (6A) 5 € – frais de réservation 10 €
Location : (Prix 2010) (de mi-avr. à fin sept.) – 8 🚐 – 4 🏠 – 7 🛖. Sem. 380 à 800 € – frais de réservation 10 €
🚐 borne artisanale 5 €
Pour s'y rendre : r. du Château (sortie sud-ouest par D 231, rte de Marquise)
À savoir : hôtel et restaurant gastronomique dans les dépendances du château

Nature : 🌿 🞰🞰
Loisirs : 🍴 ✗ snack 🔲 🏸 🚣 🚲 ✂ ♨ 🔳 (découverte en saison) 🛷
Services : ♿ 🔌 🚾 🛁 🍴 laverie 🔲 🔲

Longitude : 1.85731
Latitude : 50.86609

En juillet et août, beaucoup de terrains sont saturés et leurs emplacements retenus longtemps à l'avance. N'attendez pas le dernier moment pour réserver.

ISQUES

62360 – **301** C3 – 1 151 h. – alt. 15

▶ Paris 247 – Lille 125 – Arras 122 – Calais 44

Les Cytises de déb. avr. à mi-oct.
☎ 03 21 31 11 10, *campcytises@orange.fr*,
Fax 03 21 31 11 10, *www.lescytises.fr*
2,5 ha (100 empl.) plat, terrasse, herbeux
Tarif : 18 € 🧍🧍 🚐 🔲 🔌 (6A) – pers. suppl. 4 €
Location : (de déb. avr. à mi-oct.) – 1 🚐. Sem. 280 à 430 €
🚐 borne eurorelais 3 € – 4 🔲 18 €
Pour s'y rendre : chemin Geoges Ducrocq (accès par N 1, près du stade, par A 16 sortie 28)

Nature : 🞰 🞰🞰
Loisirs : 🔲 🚣
Services : ♿ 🔌 ✂ 🍴 laverie
À prox. : ✂ canoë-kayak

Longitude : 1.64332
Latitude : 50.67749

LEFFRINCKOUCKE

59495 – **302** C1 – 4 517 h. – alt. 5

🛈 *726, boulevard Trystam* ☎ *03 28 69 05 06*

▶ Paris 292 – Calais 53 – Dunkerque 7 – Hazebrouck 48

Mer et Vacances de déb. mars à mi-déc.
☎ 03 28 20 17 32, *mer.etvacances@akeonet.com*,
Fax 03 28 20 17 32, *www.camping-mer-et-vacances.com*
– places limitées pour le passage
2 ha (112 empl.) peu incliné, plat, herbeux, sablonneux
Tarif : (Prix 2010) 🧍 5 € 🚐 🔲 5,50 € – 🔌 (16A) 4,50 €
– frais de réservation 4,50 €
Location : (Prix 2010) – 10 🚐. – frais de réservation 4,50 €
Pour s'y rendre : 216 r. J-B. Charcot (au nord-est)
À savoir : bordé de dunes et proche d'une plage de sable fin

Nature : 🌿 🞰
Loisirs : 🔲 ✂
Services : ♿ 🔌 🚾 🖼
À prox. : terrain multisports

Longitude : 2.44051
Latitude : 51.05865

LICQUES

62850 – **301** E3 – 1 520 h. – alt. 81
▶ Paris 276 – Arras 97 – Boulogne-sur-Mer 31 – Calais 25

Pommiers des Trois Pays de déb. avr. à fin oct.
  ℰ 03 21 35 02 02, *contact@pommiers-3pays.com*,
  Fax 03 21 35 02 02, *www.pommiers-3pays.com*
  2 ha (58 empl.) plat, herbeux
  Tarif : 23 € ★★ ⇔ 🄴 🛱 (16A) – pers. suppl. 5 €
  Location : (permanent) ⅙ (1 chalet) – 4 🏠
  – 9 🏠. Nuitée 55 à 60 € – Sem. 290 à 590 € – frais de
  réservation 10 €
  🗜 borne artisanale 5 € – 1 🄴 19 €
  Pour s'y rendre : 273 r. du Breuil

Nature :	🏞 ⟨ 🏕 ⚲			
Loisirs :	☂ snack 🎱 🚗 ⛵			
(couverte hors saison)				
Services :	⅙ ⚷ 🏕 🛁 🚰 📶			
laverie				

Longitude : 1.94776
Latitude : 50.77991

MAUBEUGE

59600 – **302** L6 – 32 667 h. – alt. 134
🛈 *place Vauban* ℰ 03 27 62 11 93
▶ Paris 242 – Charleville-Mézières 95 – Mons 21 – St-Quentin 114

Municipal du Clair de Lune de mi-fév. à mi-déc.
  ℰ 03 27 62 25 48, *camping@ville-maubeuge.fr*,
  Fax 03 27 60 25 94, *www.ville-maubeuge.fr*
  2 ha (92 empl.) plat, herbeux
  Tarif : (Prix 2010) ★ 4 € ⇔ 🄴 3 € – 🛱 (10A) 4 €
  Pour s'y rendre : 212 rte de Mons (1,5 km au nord par
  N 2)

  À savoir : décoration florale et arbustive

Nature :	🏕 ♨
Loisirs :	🚗
Services :	⅙ ⚷ 🎰

Longitude : 3.9766
Latitude : 50.29573

WILLIES

59740 – **302** M7 – 150 h. – alt. 167 – Base de loisirs
▶ Paris 225 – Avesnes-sur-Helpe 16 – Cambrai 69 – Charleroi 48

Val Joly de déb. avr. à déb. nov.
  ℰ 03 27 61 83 76, *valjolyresa@valjoly.com*,
  Fax 03 27 61 83 09, *www.valjoly.com*
  4 ha (180 empl.) peu incliné, plat, herbeux
  Tarif : (Prix 2010) ★ 4,35 € ⇔ 🄴 6,65 € 🛱 (10A)
  Location : (Prix 2010) (de déb. fév. à déb. janv.)
  – 30 🏠. Sem. 190 à 392 €
  🗜 borne flot bleu 2 €
  Pour s'y rendre : à Eppé Sauvage, base nautique du Val
  Joly (1,5 km à l'est par D 133, à 300 m du lac)
  À savoir : à 1,5 km de la station touristique et de la base
  de loisirs

Nature :	🏞 ♨♨
Loisirs :	🎱 🚗 ✗
Services :	⚷ 🎰 laverie 🚗
À prox. :	🏞 🛥

Longitude : 4.11518
Latitude : 50.12245

NORMANDIE

G. Targat/Michelin

Muse des impressionnistes et des poètes, la Normandie vogue entre luxe, calme et volupté. Côté mer, les prestigieuses stations balnéaires, l'éblouissante baie du Mont-St-Michel, les hautes falaises crayeuses et les plages du Débarquement imposent une contemplation silencieuse. Côté terre le bocage, où paissent chevaux et vaches, et les vergers de pommiers déroulent un tapis verdoyant semé de chaumières à colombages et de fringants manoirs. Éclairée d'une lumière à nulle autre pareille, la Seine méandre paisiblement, jalonnant son cours d'une succession de trésors architecturaux : cités médiévales, châteaux, abbayes... Cette esquisse de la région serait incomplète sans l'évocation des bons produits du terroir : beurre, crème fraîche, camembert, livarot, cidre et calvados méritent à eux seuls votre visite.

Normandy, the inspiration of writers and artists, offers pure rural pleasure. Take a walk along the coast to fill your lungs with sea air and admire the elegant resorts. You will be left breathless when you first catch sight of Mont Saint-Michel rising from the sands or look down over Étretat's white cliffs, and it is impossible not to be moved by the memory of the men who gave their lives on Normandy's beaches in June 1944. Further inland, acres of neat, hedge-lined fields meet the eye. Drink in the sight and scent of apple blossom, admire the pretty, half-timbered cottages and follow the Seine past medieval cities, daunting castles and venerable abbeys. And who could forget Normandy's culinary classics: fresh seafood, creamy Camembert, cider and the famous apple brandy, Calvados.

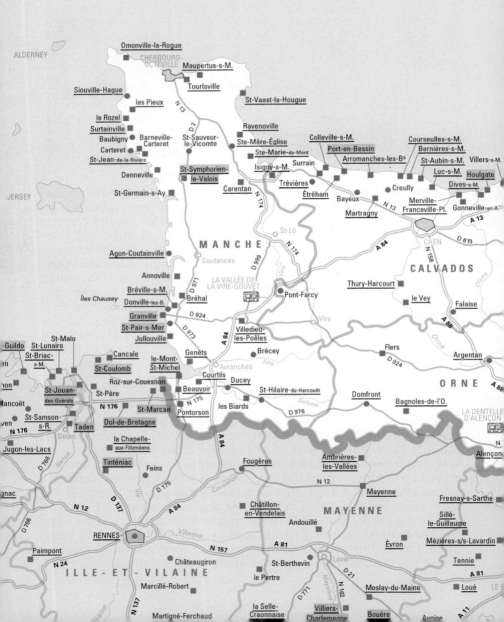

Légende

- Localité citée avec camping
- Localité citée avec camping et locatif
- <u>Vannes</u> Localité disposant d'un camping avec aire de services camping-car
- Moyaux Localité disposant d'au moins un terrain agréable
- Aire de service pour camping-car sur autoroute

ALDERNEY

Omonville-la-Rogue
CHERBOURG-OCTEVILLE
Maupertus-s-M.
Tourlaville
Siouville-Hague
les Pieux
St-Vaast-la-Hougue
N 13
le Rozel
Surtainville
D 2
Ravenoville
Baubigny
Barneville-Carteret
St-Sauveur-le-Vicomte
Ste-Mère-Église
Colleville-s-M.
Courseulles-s-M.
Carteret
Ste-Marie-du-Mont
Port-en-Bessin
Bernières-s-M.
St-Jean-de-la-Rivière
Surrain
Arromanches-les-Bs
St-Aubin-s-M.
Villers-s-M.
Denneville
St-Symphorien-le-Valois
Isigny-s-M.
Luc-s-M.
Houlgate
St-Germain-s-Ay
Carentan
Trévières
Étréham
Creully
Dives-s-M.
JERSEY
N 174
Bayeux
Merville-Franceville-Pl.
Gonneville-en-A.
Martragny
N 13
A 13
MANCHE
St-Lô
N 174
A 84
CAEN
D 613
Coutances
CALVADOS
N 158
Agon-Coutainville
D 999
Annoville
D 971
LA VALLÉE DE LA VIRE-GOUVET
Thury-Harcourt
Bréville-s-M.
Bréhal
le Vey
Falaise
Îles Chausey
Donville-les-B.
Pont-Farcy
Vire
A 88
Granville
D 924
St-Pair-s-Mer
D 973
Villedieu-les-Poêles
Jullouville
A 84
Vire
Flers
Argentan
Cancale
Génêts
Brécey
D 924
St-Malo
le-Mont-St-Michel
St-Lunaire
St-Coulomb
Avranches
Sée
ORNE
A 88
St-Briac-s-M.
Roz-sur-Couesnon
Courtils
Guildo
St-Père
Ducey
St-Jouan-des-Guérets
Beauvoir
St-Hilaire-du-Harcouët
Domfront
Bagnoles-de-l'O.
LA DENTELLE D'ALENÇON
N 176
les Biards
Sélune
St-Marcan
N 175
D 976
St-Samson-s-R.
Pontorson
Dol-de-Bretagne
Taden
Alençon
Dinan
la Chapelle-aux-Filtzméens
A 84
Jugon-les-Lacs
D 766
Tinténiac
Feins
Fougères
Ambrières-les-Vallées
D 175
N 12
Mayenne
Fresnay-s-Sarthe
N 12
D 137
Châtillon-en-Vendelais
MAYENNE
Sillé-le-Guillaume
RENNES
D 766
Andouillé
Évron
Mézières-s/s-Lavardin
A 81
Paimpont
Vilaine
N 157
A 81
Châteaugiron
Tennie
N 24
Laval
St-Berthevin
D 21
Loué
ILLE-ET-VILAINE
le Pertre
Marcillé-Robert
D 771
Meslay-du-Maine
N 162
N 137
la Selle-Craonnaise
Villiers-Charlemagne
Bouère
A 11
Martigné-Ferchaud
Avoise

AGON-COUTAINVILLE

50230 – **303** C5 – 2 798 h. – alt. 36
i *place du 28 Juillet 1944* ℰ *02 33 76 67 30*
▶ Paris 348 – Barneville-Carteret 48 – Carentan 43 – Cherbourg 80

⚠ **Municipal le Marais** de déb. juil. à fin août
ℰ 02 33 47 05 20, *martinetmarais@wanadoo.fr*,
Fax 02 33 47 31 95, *http://www.agoncoutainville.fr*
2 ha (148 empl.) plat, herbeux
Tarif : (Prix 2010) ★ 4€ ⬅ 2€ 🅴 4€ – ⁅⁆ (5A) 3€
🚐 borne artisanale 5€ – 30 🅴 6€
Pour s'y rendre : bd Lebel-Jéhenne (sortie nord-est,
près de l'hippodrome)

> Loisirs : 🛝
> Services : ⅗ ⚡ 🛁 📺
> À prox. : 🛒 ✗ ⚓ golf, école de
> voile

> Longitude : -1.59112
> Latitude : 49.051

⚠ **Municipal le Martinet** de déb. avr. à fin oct.
ℰ 02 33 47 05 20, *martinetmarais@wanadoo.fr*,
Fax 02 33 47 31 95, *www.agoncoutainville.fr*
1,5 ha (122 empl.) plat, herbeux
Tarif : (Prix 2010) ★ 4€ ⬅ 2€ 🅴 4€ – ⁅⁆ (5A) 3€
🚐 borne artisanale 5€ – 34 🅴 6€
Pour s'y rendre : Bd. Lebel-Jéhenne (sortie nord-est,
près de l'hippodrome)

> Nature : ⚲
> Loisirs : 🛝
> Services : ⅗ ⚡ 🍴 laverie
> À prox. : 🛒 ✗ ⚓ golf, école
> de voile

> Longitude : -1.59112
> Latitude : 49.051

ALENÇON

61000 – **310** J4 – 27 942 h. – alt. 135
i *place de la Magdeleine* ℰ *02 33 26 11 36*
▶ Paris 190 – Chartres 119 – Évreux 119 – Laval 90

⚠ Municipal de Guéramé
ℰ 02 33 26 34 95, Fax 02 33 26 34 95
1,5 ha (84 empl.) plat et en terrasses, herbeux, gravillons
🚐 borne raclet
Pour s'y rendre : rte de Guéramé (au sud-ouest par bd
périphérique)
À savoir : cadre agréable, au bord de la Sarthe

> Nature : ⚲
> Loisirs : 🎪 🛝 ✗
> Services : ⅗ ⚡ 🍴 🛁 laverie
> À prox. : 🛒 ▦ 🛒 ⚓ parcours
> canoë kayak

> Longitude : 0.07111
> Latitude : 48.42587

ANNOVILLE

50660 – **303** C6 – 592 h. – alt. 28
▶ Paris 348 – Barneville-Carteret 57 – Carentan 48 – Coutances 14

⚠ **Municipal les Peupliers** de fin mai à mi-sept.
ℰ 02 33 47 67 73, *campinglespeupliers@orange.fr*,
Fax 02 33 46 78 38, *camping-annoville.fr*
2 ha (100 empl.) plat, herbeux, sablonneux
Tarif : ★ 3€ ⬅ 🅴 3€ – ⁅⁆ (13A) 3€
Location : (de déb. avr. à fin oct.) 🏠 – 5 ⁅⁆. Nuitée
50€ – Sem. 260 à 430€
Pour s'y rendre : r. des Peupliers (3 km au sud-ouest
par D 20 et chemin à dr., à 500 m de la plage)

> Nature : 🐚
> Loisirs : 🛝 🚲 🛒
> Services : ⚡ 📺 🛁

> Longitude : -1.54729
> Latitude : 48.96183

ARGENTAN

61200 – **310** I2 – 14 642 h. – alt. 160
i *rue Lautour Labroise* ℰ *02 33 67 12 48*
▶ Paris 191 – Alençon 46 – Caen 59 – Dreux 115

⚠ **Municipal de la Noë** de déb. avr. à fin sept.
ℰ 02 33 36 05 69, *camping@argentan.info*,
Fax 02 33 39 96 61, *www.argentan.fr*
0,3 ha (23 empl.) plat, herbeux
Tarif : ★ 2€ ⬅ 2€ 🅴 3€ – ⁅⁆ (6A) 3€
🚐 borne eurorelais 2€
Pour s'y rendre : 34 r. de la Noë (au sud, à proxi. de
l'Orne, accès par centre ville)
À savoir : situation agréable près d'un parc et d'un plan
d'eau

> Nature : 🏕
> Loisirs : 🎪
> Services : ⅗ ⚡ 🍴 laverie
> À prox. : ✗ 🛒 ⚓ parcours
> de santé 🚐

> Longitude : -0.01687
> Latitude : 48.73995

ARROMANCHES-LES-BAINS

14117 – **303** I3 – 609 h. – alt. 15
🏠 *2, rue du Maréchal Joffre* ℰ *0231223645*
▶ Paris 266 – Bayeux 11 – Caen 34 – St-Lô 46

⚠ **Municipal** de déb. avr. à déb. nov.
ℰ 0231223678, *camping.arromanches@wanadoo.fr*,
Fax 0231218022, *http://www.arromanches.com*
1,5 ha (105 empl.) en terrasses, peu incliné, plat, herbeux
Tarif : (Prix 2010) 18€ ♣♣ ⇔ ▣ ⑭ (10A) – pers.
suppl. 4€

Location : (Prix 2010) (de déb. avr. à déb. nov.) ⬚
– 6 ⬚. Nuitée 75€ – Sem. 400€
⬚ borne raclet 2€ – 14 ▣
Pour s'y rendre : 45 av. de Verdun (au sud du bourg)

| Nature : ♀ |
| Loisirs : 🏕 |
| Services : ♿ ⬚ (de mi-juin à mi-sept.) ⬚ laverie |
| À prox. : ✖ 🗺 🔥 ♦ 🐎 terrain multisports |

Longitude : -0.6224
Latitude : 49.33816

AUMALE

76390 – **304** K3 – 2 428 h. – alt. 130
🏠 *rue Centrale* ℰ *0235934168*
▶ Paris 136 – Amiens 48 – Beauvais 49 – Dieppe 69

⚠ **Municipal le Grand Mail** de mi-avr. à fin sept.
ℰ 0235934050, *communeaumale@wanadoo.fr*,
Fax 0235938679, *www.aumale.com* – ℟
0,6 ha (40 empl.) plat, herbeux
Tarif : ♣ 3€ ⇔ 3€ ▣ 3€ – ⑭ (6A) 3€
⬚ borne flot bleu 2€
Pour s'y rendre : 6 Le Grand Mail

À savoir : à flanc de colline sur les hauteurs de la ville

| Nature : ♀ |
| Services : ♿ ⬚ ✖ 🏛 |

Longitude : 1.74658
Latitude : 49.76619

BAGNOLES-DE-L'ORNE

61140 – **310** G3 – 2 541 h. – alt. 140 – ⚓
🏠 *place du Marché* ℰ *0233378566*
▶ Paris 236 – Alençon 48 – Argentan 39 – Domfront 19

⚠ **Municipal la Vée** de déb. mars à fin oct.
ℰ 0233378745, *info@campingbagnolesdelorne.com*,
Fax 0233301432, *www.campingbagnolesdelorne.com*
– ℟
2,8 ha (250 empl.) plat, peu incliné, herbeux
Tarif : 16€ ♣♣ ⇔ ▣ ⑭ (10A) – pers. suppl. 4€

Location : (de déb. mars à fin oct.) – 11 ⬚. Sem.
320 à 402€
⬚ borne flot bleu – 19 ▣ 8€
Pour s'y rendre : av. du Président Coty (1,3 km au sud-ouest, près de Tessé-la-Madeleine, à 30 m de la rivière)

| Nature : 🌿 ⬚ |
| Loisirs : snack ⬚ 🏕 |
| Services : ♿ ⬚ 🏛 ♦ ⬚ ⬚ laverie ⬚ |
| À prox. : ⬚ ✖ 🔥 ⬚ ⬚ 🐎 golf, parcours de santé |

Longitude : -0.41982
Latitude : 48.54787

BARNEVILLE-CARTERET

50270 – **303** B3 – 2 316 h. – alt. 47
🏠 *10, rue des Ecoles* ℰ *02.33.04.90.58*
▶ Paris 356 – Caen 123 – Carentan 43 – Cherbourg 39

⚠ **Les Bosquets** de déb. avr. à mi-sept.
ℰ 0233047362, *lesbosquets@orange.fr*,
Fax 0233043582, *www.camping-lesbosquets.com*
10 ha/6 campables (331 empl.) plat et accidenté,
sablonneux, herbeux
Tarif : ♣ 6€ ⇔ ▣ 6€ – ⑭ (10A) 4€

Location : (de déb. avr. à déb. sept.) – 15 ⬚. Sem.
260 à 530€
Pour s'y rendre : r. du Capitaine Quenault (2,5 km au sud-ouest par rte de Barneville-Plage et r. à gauche, à 450 m de la plage)

À savoir : dans les dunes boisées de pins, environnement sauvage

| Nature : 🌿 ⬚ ♀ |
| Loisirs : ⬚ ⬚ ⬚diurne nocturne (juil.-août) 🏕 ⬚ |
| Services : ⬚ laverie |
| À prox. : ✖ ♦ 🐎 golf, char à voile |

Longitude : -1.76275
Latitude : 49.36428

⚠ **La Gerfleur** de déb. avr. à fin oct.
𝒫 0233043841, *alabouriau@aol.com*, Fax 0233043841,
www.lagerfleur.fr
2,3 ha (94 empl.) plat, peu incliné, herbeux
Tarif : (Prix 2010) ✝ 5,30€ ⟵ 🗉 6,30€ – 🛗 (6A) 4,20€
Location : (Prix 2010) 🛏 – 10 🚐. Nuitée 50€ – Sem.
300 à 570€
Pour s'y rendre : r. Guillaume-le-Conquérant (800 m à
l'ouest par D 903e, rte de Carteret)
À savoir : en bordure d'un petit étang

Nature : 🖵 ♀	
Loisirs : 🍸 🏕 ⛵ 🏊 🎣	
Services : 🔧 ⊶ 🖥	
À prox. : 🏕 🍴 📺 ♪ ◊ 🐎 (cen-tre équestre) golf	

Longitude : -1.76045
Latitude : 49.38277

BAUBIGNY

50270 – **303** B3 – 149 h. – alt. 30
▶ Paris 361 – Barneville-Carteret 9 – Cherbourg 33 – Valognes 28

⚠ **Bel Sito** de mi-avr. à mi-sept.
𝒫 0233043274, *camping@bel-sito.com*, *www.bel-sito. com* – 🏧
6 ha/4 campables (85 empl.) incliné à peu incliné, plat,
sablonneux, herbeux, dunes
Tarif : ✝ 7€ ⟵ 🗉 9€ – 🛗 (6A) 4€
Location : (de mi-avr. à fin sept.) – 1 🚐 – 9 🏠. Sem.
330 à 820€
Pour s'y rendre : au nord du bourg
À savoir : site sauvage dans les dunes

Nature : 🌊 ⇐	
Loisirs : 🏕 ⛵	
Services : 🔧 ⊶ (juil.-août) 🚿 🛁 🍴 laverie	

Longitude : -1.80513
Latitude : 49.42954

*De categorie (1 tot 5 tenten, in **zwart** of rood) die wij aan de geselekteerde
terreinen in deze gids toekennen, is onze eigen indeling.
Niet te verwarren met de door officiële instanties gebruikte classificatie (1 tot 5 sterren).*

BAYEUX

14400 – **303** H4 – 13 911 h. – alt. 50
🛈 *pont Saint-Jean* 𝒫 0231512828
▶ Paris 265 – Caen 31 – Cherbourg 95 – Flers 69

⚠ **Municipal** de déb. mai à fin sept.
𝒫 0231920843, *campingmunicipal@mairie-bayeux.fr*,
Fax 0231920843, *www.mairie-bayeux.fr*
2,5 ha (140 empl.) plat, herbeux, goudronné
Tarif : (Prix 2010) ✝ 3€ ⟵ 🗉 4€ – 🛗 (5A) 4€
🚐 borne artisanale – 38 🗉 4€
Pour s'y rendre : bd Eindhoven (au nord du bourg)
À savoir : belle décoration arbustive

Nature : ♀♀	
Loisirs : 🏕 ⛵	
Services : 🔧 ⊶ laverie	
À prox. : 🏕 🍴 🔲 (découverte en saison) terrain multisports	

Longitude : -0.69774
Latitude : 49.28422

BAZINVAL

76340 – **304** J2 – 333 h. – alt. 120
▶ Paris 165 – Abbeville 33 – Amiens 62 – Blangy-sur-Bresle 9

⚠ **Municipal de la Forêt** de déb. avr. à fin oct.
𝒫 0232970401, *bazinval2@wanadoo.fr*,
Fax 0232970401
0,4 ha (20 empl.) peu incliné, non clos
Tarif : (Prix 2010) ✝ 2€ ⟵ 2€ 🗉 2€ – 🛗 (10A) 4€
🚐 2 🗉 5€
Pour s'y rendre : 10 r. de Saulx (sortie sud-ouest par
D 115 et rte à gauche, près de la mairie)
À savoir : décoration arbustive des emplacements

Nature : 🖵 ♀	
Services : 🚿 🗡 ⚙	

Longitude : 1.55136
Latitude : 49.95487

BEAUVOIR

50170 – **303** C8 – 419 h.
▶ Paris 358 – Caen 125 – Saint 81 – Rennes 63

Aux Pommiers de déb. avr. à déb. nov.
℘ 02 33 60 11 36, *pommiers@aol.com*, Fax 02 33 60 11 36,
www.camping-auxpommiers.com
1,75 ha (107 empl.) plat, herbeux
Tarif : (Prix 2010) 23 € ★ ★ ⇐ ▣ (6A) – pers.
suppl. 6 €

Location : (Prix 2010) (de déb. avr. à déb. nov.) – 7 ⟦⟧
– 5 ⌂ – 4 ⊨ – 4 bungalows toilés. Nuitée 28 à 76 €
– Sem. 170 à 530 €
Pour s'y rendre : 28 rte du Mont-Saint-Michel (au
bourg, par D 976)

Nature : ♀	
Loisirs : ☂ snack ⛴ 🛝 🏊 ⚲	
Services : ⟿ ☕ laverie	
À prox. : 🚲 ⚲ 🎣 🐎 (centre équestre)	

Longitude : -1.51244
Latitude : 48.59622

LE BEC-HELLOUIN

27800 – **304** E6 – 414 h. – alt. 101
▶ Paris 153 – Bernay 22 – Évreux 46 – Lisieux 46

Municipal St-Nicolas de déb. avr. à fin sept.
℘ 02 32 44 83 55, *mairie-lebechellouin@orange.fr*,
Fax 02 32 44 83 55, *www.lebechellouin.fr*
3 ha (90 empl.) plat, herbeux
Tarif : (Prix 2010) 9 € ★ ★ ⇐ ▣ (10A) – pers.
suppl. 3 €
⟦⟧ borne artisanale 3 €
Pour s'y rendre : 15 r. St-Nicolas (2 km à l'est par D 39
et D 581, rte de Malleville-sur-le-Bec et chemin à gauche)

À savoir : cadre fleuri et soigné

Nature : ⟲ ♀	
Loisirs : bibliothèque ⛴ ⚲	
Services : ♿ ▱ ▥ laverie	
À prox. : 🐎 (centre équestre)	

Longitude : 0.72268
Latitude : 49.23586

BELLÊME

61130 – **310** M4 – 1 576 h. – alt. 241
⬛ bd Bansard des Bois *℘* 02 33 73 09 69
▶ Paris 168 – Alençon 42 – Chartres 76 – La Ferté-Bernard 23

Municipal Permanent
℘ 02 33 85 31 00, *mairie.belleme@wanadoo.fr*,
Fax 02 33 85 58 85 – ⌂
1,5 ha (50 empl.) en terrasses, peu incliné, plat, herbeux
Tarif : (Prix 2010) ★ 2 € ⇐ 1 € ▣ 1 € – (15A) 3 €
Pour s'y rendre : sortie ouest par D 955, rte de Mamers
et chemin à gauche, près de la piscine

Nature : ⟲ ⊏ ♀	
Services : ♿ ▱ ⚲	
À prox. : 🅿 ⚲ 🎣 🏊 golf	

Longitude : 0.55973
Latitude : 48.37669

BERNAY

27300 – **304** D7 – 10 434 h. – alt. 105
⬛ 29, rue Thiers *℘* 02 32 43 32 08
▶ Paris 155 – Argentan 69 – Évreux 49 – Le Havre 72

Municipal de déb. mai à fin sept.
℘ 02 32 43 30 47, *camping@bernay27.fr*,
Fax 02 32 43 30 47, *www.bernay-tourisme.fr*
1 ha (50 empl.) plat, herbeux
Tarif : (Prix 2010) ★ 3 € ⇐ 3 € ▣ 5 € – (4A) 4 €

Location : (Prix 2010) (de déb. mai à fin sept.) – 2 ⟦⟧.
Sem. 290 à 367 €
Pour s'y rendre : r. des Canadiens (2 km au sud-ouest
par N 138, rte d'Alençon et r. à gauche - accès conseillé
par la déviation et ZI Malouve)

À savoir : partie campable verdoyante et soignée

Nature : ⊏ ♀	
Loisirs : 🖼 ⛴	
Services : ♿ ⟿ ▱ ⚲ ☕ laverie	
À prox. : ⚲ 🎣 🏊	

Longitude : 0.58683
Latitude : 49.07879

BERNIÈRES-SUR-MER

14990 – **303** J4 – 2 379 h.
🛈 *159, rue Victor Tesnières* 𝒫 *02 31 96 44 02*
▶ Paris 253 – Caen 20 – Le Havre 114 – Hérouville-Saint-Clair 21

Le Havre de Bernières de déb. avr. à fin oct.
𝒫 02 31 96 67 09, *campingnormandie@aol.com*,
Fax 02 31 97 31 06, *www.camping-normandie.com*
6,5 ha (240 empl.) plat, herbeux
Tarif : (Prix 2010) 33,50 € ✸✸ 🚗 🅔 (½) (20A) – pers.
suppl. 7 € – frais de réservation 23 €
Location : (Prix 2010) (de déb. avr. à fin oct.) – 38 🛖.
Nuitée 60 à 125 € – Sem. 290 à 735 € – frais de
réservation 23 €
🚐 borne eurorelais – 🔋
Pour s'y rendre : chemin de Quintefeuille

Nature : 🌳🌳	
Loisirs : 🍸 ✕ snack, pizzeria 🎬 ᐧ🍸	
Services : 🛁 ⚬━ 🏢 🧺laverie ♨	
À prox. : 🛒 ✕ ⛳ 🏖(plage) 🐴 bowling	
Longitude : -0.42886	
Latitude : 49.33111	

BIARDS

50540 – **303** E8 – alt. 495 – Base de loisirs
▶ Paris 358 – Alençon 108 – Avranches 22 – Caen 126

Municipal La Mazure Permanent
𝒫 02 33 89 19 50, *contact@lamazure.com*,
Fax 02 33 89 19 55, *www.lamazure.com* – ♿
3,5 ha/0,4 (28 empl.) terrasse, plat, herbeux
Tarif : ✸ 4 € 🚗 🅔 5 € – (½) 3 €
Location : (permanent) – 12 🛖 – 4 tipis – 10 gîtes.
Nuitée 80 € – Sem. 200 à 400 €
Pour s'y rendre : à la Base de Loisirs (2,3 km au sud-
ouest par D 85e, au bordure du lac de Vezins)

Nature : 🐟 ᐧ	
Loisirs : 🍸🛖 🎬 🚴 🏓	
Services : 🛁 ⚬━ 🚗 ♨ laverie ♨	
à la bases de loisirs : 🏊 🐴 canoë kayak, aviron, pédalos, bateaux électriques	
Longitude : -1.18627	
Latitude : 48.58359	

BLANGY-LE-CHÂTEAU

14130 – **303** N4 – 668 h. – alt. 60
🛈 *Antenne de Blangy - 1, chemin des fontaines* 𝒫 *02 31 65 48 36*
▶ Paris 197 – Caen 56 – Deauville 22 – Lisieux 16

"Les Castels" Le Brévedent ▲▲ – de déb. mai à mi-
sept.
𝒫 02 31 64 72 88, *contact@campinglebrevedent.com*,
www.campinglebrevedent.com ✂
6 ha/3,5 campables (138 empl.) plat, incliné, herbeux,
bord d'un étang
Tarif : 31 € ✸✸ 🚗 🅔 (½) (10A) – pers. suppl. 8 €
Location : (de déb. avr. à déb. oct.) ✂ – 8 🛖. Sem.
690 €
Pour s'y rendre : rte du Pin (3 km au sud-est par D 51,
au château, au bord d'un étang)
À savoir : dans le parc d'un château du 14e s. agrémenté
d'un étang

Nature : 🐟 ≼ 🌳🌳	
Loisirs : 🍸 snack, pizzeria 🎬 🍸nocturne ✳ 🏓 🚴 🍸 🐬 canoë	
Services : 🛁 ⚬━ ✂ ♨ 🍴 laverie ♨ ♨	
À prox. : ✕ 🐴 golf	
Longitude : 0.30234	
Latitude : 49.2263	

BLANGY-SUR-BRESLE

76340 – **304** J2 – 3 146 h. – alt. 70
🛈 *1, rue Checkroun* 𝒫 *02 35 93 52 48*
▶ Paris 156 – Abbeville 29 – Amiens 56 – Dieppe 55

Municipal les Etangs de mi-avr. à mi-oct.
𝒫 02 35 94 55 65, *mairie.blangy@wanadoo.fr*,
Fax 02 35 94 06 14, *www.blangysurbresle.fr*
0,8 ha (59 empl.) plat, herbeux
Tarif : (Prix 2010) ✸ 3 € 🚗 2 € 🅔 2 € – (½) (10A) 3 €
Pour s'y rendre : au sud-est, entre deux étangs et à
200 m de la Bresle, accès par r. du Maréchal-Leclerc,
près de l'église

Nature : ≼ ᐧ	
Loisirs : 🚴 🐟	
Services : 🛁 ⚬━ 🚗 ✂	
À prox. : 🏓 ✕ 🎣	
Longitude : 1.6336	
Latitude : 49.93152	

BOURG-ACHARD

27310 – **304** E5 – 2 822 h. – alt. 124
▶ Paris 141 – Bernay 39 – Évreux 62 – Le Havre 62

▲ **Le Clos Normand** de déb. avr. à fin sept.
  ℰ 02 32 56 34 84, *eric.tannay@wanadoo.fr*,
  Fax 02 32 56 34 84, *www.leclosnormand.eu*
  1,4 ha (85 empl.) peu incliné, plat, herbeux, bois attenant
  Tarif : (Prix 2010) ✦ 5€ ⇔ 3€ 🗉 4€ – 🔌 (6A) 3€
  Location : (de déb. avr. à fin sept.) – 4 🚐. Sem.
  250 à 470€
  ⛽ 2 🗉 7€
  Pour s'y rendre : 235 rte de Pont-Audemer (sortie
  ouest)
  À savoir : cadre verdoyant et fleuri

Nature : 🏞 ♀	
Loisirs : 🍷 🛷	
Services : ⚬╍ 🗐 �’	
Longitude : 0.80765	
Latitude : 49.35371	

BRÉCEY

50370 – **303** F7 – 2 154 h. – alt. 75
🛈 *29, place de l'Hôtel de Ville* *ℰ* 02 33 89 21 13
▶ Paris 328 – Avranches 17 – Granville 42 – St-Hilaire-du-Harcouët 20

▲ **Municipal le Pont Roulland** de déb. mai à fin
  sept.
  ℰ 02 33 48 60 60, *camping@brecey.fr*, Fax 02 33 89 21 19,
  www.tourisme-brecey.com
  1 ha (50 empl.) peu incliné, plat, herbeux
  Tarif : ✦ 3€ ⇔ 4€ 🗉 4€ – 🔌 (6A) 3€
  ⛽ borne artisanale 5€
  Pour s'y rendre : 1,1 km à l'est par D 911, rte de Cuves
  À savoir : cadre champêtre près d'un plan d'eau

Nature : 🌿 ♀	
Loisirs : 🎣 🛷 🛷 🛶	
Services : ⚬╍ 🏪 🍴 🗐	
À prox. : 🍴	
Longitude : -1.15149	
Latitude : 48.72144	

BRÉHAL

50290 – **303** C6 – 2 971 h. – alt. 69
🛈 *rue du Général de Gaulle* *ℰ* 02 33 90 07 95
▶ Paris 345 – Caen 113 – Saint-Lô 48 – Saint-Malo 101

▲ **La Vanlée** de déb. mai à fin sept.
  ℰ 02 33 61 63 80, *camping.vanlee@wanadoo.fr*,
  Fax 02 33 61 87 18, *www.camping-vanlee.com*
  11 ha (480 empl.) plat, vallonné, sablonneux, herbeux
  Tarif : (Prix 2010) 18,20€ ✦✦ ⇔ 🗉 🔌 (6A) – pers.
  suppl. 4,55€
  ⛽ borne artisanale 4€ – 🚐 🔌 12.40€
  Pour s'y rendre : r. des Gabions
  À savoir : Cadre agréable dans un site sauvage en bordure
  de mer

Nature : 🌿 ⛰	
Loisirs : 🍷 brasserie, pizzeria 🎣	
🎮 🛷 terrain omnisports	
Services : ♿ ⚬╍ 🧺 laverie 🛒 �’	
À prox. : golf	
Longitude : -1.56394	
Latitude : 48.90612	

489

BRÉVILLE-SUR-MER

50290 – **303** K4 – 809 h. – alt. 70
▶ Paris 341 – Caen 108 – Saint-Lô 50 – Saint-Malo 95

▲ **La Route Blanche** de déb. avr. à déb. oct.
  ℰ 02 33 50 23 31, *larouteblanche@camping-breville.com*,
  Fax 02 33 50 26 47, *www.camping-breville.com*
  4,5 ha (273 empl.) plat, herbeux, sablonneux
  Tarif : 24€ ✦✦ ⇔ 🗉 🔌 (10A) – pers. suppl. 5€ – frais
  de réservation 6€
  Location : (de déb. avr. à déb. oct.) 🏕 – 25 🚐.
  Sem. 322 à 546€ – frais de réservation 6€
  ⛽ borne eurorelais – 🚐 11€
  Pour s'y rendre : 6 r. de La Route Blanche (1 km au
  nord-ouest par rte de la plage, près du golf)

Loisirs : 🎣 🎮 🛝 🛷 🛷 🛶	
terrain mulisports	
Services : ⚬╍ 🍴 laverie	
À prox. : 🍴 🌊 🐎 parcours	
sportif, golf	
Longitude : -1.56256	
Latitude : 48.86776	

CANY-BARVILLE

76450 – **304** D3 – 3 097 h. – alt. 25

⊞ *32, place Robert Gabel* ℰ *02 35 57 17 70*

◨ Paris 187 – Bolbec 34 – Dieppe 45 – Fécamp 21

⚲ Municipal de déb. avr. à fin sept.
ℰ 02 35 97 70 37, *camping-canybarville@orange.fr*,
Fax 02 35 97 72 32, *www.cany-barville.fr*
2,9 ha (100 empl.) plat, cimenté, herbeux
Tarif : (Prix 2010) ⚹ 3 € ⇔ 2 € 🔲 3 € – [½] (10A) 3 €
🚐 borne autre 5 € – 50 🔲 5 €
Pour s'y rendre : rte de Barville (sortie sud par D 268,
rte d'Yvetot, apr. le stade)

> Nature : ⩽ 🖙
> Loisirs : 🖀
> Services : ♿ ⚭ ▥ 🛁 ⚐ laverie
> À prox. : 🎯 ✗ 🖾 ⇌ (plage) 🏊
> squash, pédalos, luge, canoë, ski
> nautique
>
> Longitude : 0.64419
> Latitude : 49.77835

CARENTAN

50500 – **303** E4 – 6 096 h. – alt. 18

⊞ *boulevard de Verdun* ℰ *02 33 71 23 50*

◨ Paris 308 – Avranches 89 – Caen 74 – Cherbourg 52

⚲ Le Haut Dick
ℰ 02 33 42 16 89, *lehautdick@aol.com*, *www.camping-municipal.com*
2,5 ha (120 empl.) plat, vallonné, herbeux, sablonneux
Location : – 6 🛋
🚐 borne artisanale
Pour s'y rendre : 30 chemin du Grand Bas Pays (au bord
du canal, près de la piscine)

À savoir : agréable cadre verdoyant

> Nature : 🏞 🖙 ⚸
> Loisirs : 🖀 ⚡ 🗻
> Services : ♿ ⚭
> À prox. : ✗ 🖾 ⏀ 🏊 canoë
>
> Longitude : -1.23917
> Latitude : 49.3087

COLLEVILLE-SUR-MER

490

14710 – **303** G3 – 166 h. – alt. 42

◨ Paris 281 – Bayeux 18 – Caen 48 – Carentan 36

⚲ Le Robinson de déb. avr. à fin sept.
ℰ 02 31 22 45 19, *dourthe.le.robinson@wanadoo.fr*,
www.campinglerobinson.com
1 ha (67 empl.) plat, herbeux
Tarif : 24 € ⚹⚹ ⇔ 🔲 [½] (6A) – pers. suppl. 6 € – frais de
réservation 17 €

Location : (de déb. avr. à fin sept.) ⚡ – 13 🛋
– 2 🏠 – 1 bungalow toilé. Nuitée 50 à 93 € – Sem.
350 à 650 € – frais de réservation 17 €
🚐 borne eurorelais
Pour s'y rendre : au hameau de Cabourg (800 m au
nord-est par D 514, rte de Port-en-Bessin)

> Nature : 🖙
> Loisirs : 🍹 ⚡ 🏊 ⚠
> Services : ♿ ⚭ laverie
> À prox. : ✗ 🐎 golf
>
> Longitude : -0.83497
> Latitude : 49.34968

COURSEULLES-SUR-MER

14470 – **303** J4 – 4 137 h.

⊞ *5, rue du 11 novembre* ℰ *02 31 37 46 80*

◨ Paris 252 – Arromanches-les-Bains 14 – Bayeux 24 – Cabourg 41

⚲ Municipal le Champ de Course de déb. avr. à fin
sept.
ℰ 02 31 37 99 26, *camping.courseulles@wanadoo.fr*,
www.courseulles-sur-mer.com
7,5 ha (380 empl.) plat, herbeux
Tarif : (Prix 2010) ⚹ 5 € ⇔ 🔲 5 € – [½] (10A) 5 €

Location : (Prix 2010) (de déb. avr. à fin sept.) – 26 🏠.
Sem. 230 à 632 €
🚐 borne eurorelais – 13 🔲 6 €
Pour s'y rendre : av. de la Libération (au nord)

À savoir : situation près de la plage

> Nature : 🖙
> Loisirs : 🖀 ⚡
> Services : ♿ ⚭ 🛁 🛁 ⚐ ⚑
> laverie
> À prox. : ✗ 🗻 🏊 ⚑ 🐎
>
> Longitude : -0.44606
> Latitude : 49.33289

COURTILS

50220 – **303** D8 – 249 h. – alt. 35
▶ Paris 349 – Avranches 13 – Fougères 43 – Pontorson 15

⛰ **St-Michel** de déb. fév. à mi-nov.
    ℘ 02 33 70 96 90, *infos@campingsaintmichel.com*,
Fax 02 33 70 99 09, *www.campingsaintmichel.com*
2,5 ha (100 empl.) plat et peu incliné, herbeux
Tarif : 23 € ✷✷ ⮢ 🅔 (ᵰ) (10A) – pers. suppl. 7 €
Location : (de déb. fév. à mi-nov.) – 25 ⊡. Nuitée
40 à 73 € – Sem. 252 à 511 €
🚐 borne artisanale – 25 🅔 23 € – 🗳 (ᵰ) 13 €
Pour s'y rendre : 35 rte du Mont Saint Michel (sortie
ouest par D 43)

Nature : 🏕 ♀	
Loisirs : ✗ 🖾 ⛵ 🚲 🏊 parc animalier	
Services : ♿ ⊶ ▥ ♨ ♐ laverie 🚿	
À prox. : ✗ 🐎 🐗	

| Longitude : -1.42347 |
| Latitude : 48.62843 |

CREULLY

14480 – **303** I4 – 1 524 h. – alt. 27
▶ Paris 253 – Bayeux 14 – Caen 20 – Deauville 62

⛰ **Intercommunal des 3 Rivières** de déb. avr. à fin
sept.
    ℘ 02 31 80 90 17, *mairie@ville-courseulles.fr*,
Fax 02 31 80 12 00, *www.campingdes3rivieres.fr*
2 ha (82 empl.) plat et peu incliné, herbeux
Tarif : (Prix 2010) 15 € ✷✷ ⮢ 🅔 (ᵰ) (10A) – pers.
suppl. 4 €
Location : (Prix 2010) (de déb. avr. à fin sept.) – 5 ⊡.
Sem. 165 à 360 €
Pour s'y rendre : rte de Tierceville (800 m au nord-est,
au bord de la Seulles)
À savoir : plaisant cadre verdoyant

Nature : 🏞 ⟨ 🏕 ♀	
Loisirs : 🖾 🚲 ✗ 🎣	
Services : ♿ ⊶ ▥ 🖼	
À prox. : ⛵ parcours de santé	

| Longitude : -0.53346 |
| Latitude : 49.28788 |

DENNEVILLE

50580 – **303** C4 – 531 h. – alt. 5
🛈 *1, rue Jersey* ℘ 02 33 07 58 58
▶ Paris 347 – Barneville-Carteret 12 – Carentan 34 – St-Lô 53

⛰ **L'Espérance** de déb. avr. à fin sept.
    ℘ 02 33 07 12 71, *camping.esperance@wanadoo.fr*,
Fax 02 33 07 58 32, *www.camping-esperance.fr* – places
limitées pour le passage
3 ha (134 empl.) plat, herbeux, sablonneux
Tarif : (Prix 2010) 27 € ✷✷ ⮢ 🅔 (ᵰ) (6A) – pers.
suppl. 6 €
Location : (Prix 2010) (de déb. avr. à fin sept.) – 15 ⊡.
Sem. 300 à 655 €
Pour s'y rendre : 36 r. de la Gamburie (3,5 km à l'ouest
par D 137, à 500 m de la plage)

Nature : 🏞 ♀	
Loisirs : 🍴 ⛵ 🏠 🏊	
Services : ⊶ ♨ 🖼 sèche-linge	
À prox. : ✗	

| Longitude : -1.68832 |
| Latitude : 49.30332 |

DIEPPE

76200 – **304** G2 – 33 375 h. – alt. 6
🛈 *pont Jehan Ango* ℘ 02 32 14 40 60
▶ Paris 197 – Abbeville 68 – Beauvais 107 – Caen 176

⛰ **Vitamin'** de déb. avr. à mi-oct.
    ℘ 02 35 82 11 11, *camping.vitamin@wanadoo.fr*,
Fax 02 35 82 11 11, *www.camping-vitamin.com* – places
limitées pour le passage
5,3 ha (161 empl.) plat, herbeux
Tarif : 20 € ✷✷ ⮢ 🅔 (ᵰ) (10A) – pers. suppl. 5 €
Location : (de déb. avr. à mi-oct.) – 12 ⊡ – 4 🏠.
Nuitée 38 à 70 € – Sem. 195 à 490 €
🚐 borne artisanale 3 € – 🗳 (ᵰ) 10 €
Pour s'y rendre : 865 chemin des Vertus (3 km au sud
par N 27, rte de Rouen et à dr.)

Nature : 🏕	
Loisirs : 🍴 🖾 ⛵ 🏊 ⛸ terrain multisports	
Services : ♿ ⊶ ▥ 🕭 ♨ laverie	
À prox. : 🏇 ✗ ✗ 🀄 🎱 squash	

| Longitude : 1.07481 |
| Latitude : 49.90054 |

491

Δ **La Source** de mi-mars à mi-oct.
ℰ 02 35 84 27 04, *info@camping-la-source.fr*,
Fax 02 35 82 25 02, *www.camping-la-source.fr* – places
limitées pour le passage
2,5 ha (120 empl.) plat, herbeux
Tarif : 🏕 6€ 🚗 2€ 🔲 8€ – (½) (10A) 4€
Location : (de mi-mars à mi-oct.) – 4 🛖. Nuitée
73 à 120€ – Sem. 345 à 552€
🚐 borne raclet 3€ – 11 🔲 24€
Pour s'y rendre : 63 r. des Tisserands (3 km au sud-
ouest par D 925, rte du Havre puis D 153 à gauche, à
Petit-Appeville)
À savoir : cadre pittoresque au bord de la Scie

Loisirs : 🍸 🏛 ⛵ 🏊 🎣	
Services : ♿ ⛽ ☂ laverie	
Longitude : 1.05526	
Latitude : 49.89619	

DIVES-SUR-MER

14160 – **303** L4 – 5 890 h. – alt. 3
🛈 *rue du Général-de-Gaulle* ℰ 02 31 91 24 66
▶ Paris 219 – Cabourg 2 – Caen 27 – Deauville 22

Δ **Le Golf** de déb. avr. à fin sept.
ℰ 02 31 24 73 09, *info@campingdugolf.com*, *www.
campingdugolf.com* – places limitées pour le passage
2,8 ha (155 empl.) plat, herbeux
Tarif : 🏕 4,50€ 🚗 4€ 🔲 4€ – (½) (10A) 4€ – frais de
réservation 15€
Location : – 9 🛖 – 2 tipis. Sem. 129 à 579€ – frais de
réservation 15€
Pour s'y rendre : rte de Lisieux (sortie est, D 45 sur
3,5 km)

Nature : 🏞 ♀	
Loisirs : 🍸 ⛵ 🏔	
Services : ♿ ⛽ 🛎 laverie	
À prox. : 🚐	
Longitude : -0.08128	
Latitude : 49.28258	

Wilt u een stad of streek bezichtigen ?
Raadpleed de groene Michelingidsen.

DOMFRONT

61700 – **310** F3 – 3 936 h. – alt. 185
🛈 *12, place de la Roirie* ℰ 02 33 38 53 97
▶ Paris 250 – Alençon 62 – Argentan 55 – Avranches 65

Δ **Municipal le Champ Passais** de déb. avr. à mi-
oct.
ℰ 02 33 37 37 66, *mairie@domfront.com*, *www.
domfront.com*
1,5 ha (34 empl.) en terrasses, plat, herbeux
Tarif : (Prix 2010) 🏕 3€ 🚗 1€ 🔲 5€ – (½) (10A) 4€
🚐 borne raclet 5€
Pour s'y rendre : r. du Champ Passais (au sud par r. de
la gare et à gauche)

Nature : 🏞	
Loisirs : 🏛 ⛵	
Services : ♿ 🚿 🧺 🔥 🔲	
À prox. : 🍴 🏔 sentier VTT	
Longitude : -0.64868	
Latitude : 48.58857	

DONVILLE-LES-BAINS

50350 – **303** C6 – 3 326 h. – alt. 40
🛈 *95, route de Coutances* ℰ 02 33 50 12 91
▶ Paris 341 – Caen 107 – Saint 53 – Saint 93

Δ **L'Ermitage** de mi-avr. à mi-oct.
ℰ 02 33 50 09 01, *camping-ermitage@wanadoo.fr*,
Fax 02 33 50 88 19, *www.camping-ermitage.com*
5,5 ha (350 empl.) peu incliné, plat, herbeux, sablonneux
Tarif : (Prix 2010) 🏕 5€ 🚗 2€ 🔲 4€ – (½) (10A) 3€
Pour s'y rendre : r. de l'Ermitage (1 km au nord par r.
du Champ de Courses)
À savoir : près d'une belle plage de sable fin

Loisirs : 🏛 ⏰diurne ⛵	
Services : ♿ ⛽ 🛎 🔥 🍴 laverie	
À prox. : 🍺 🍸 ✕ snack 🛁 🍴 🏊 (découverte en saison) ⛵ 🐎 bowling, golf	
Longitude : -1.58045	
Latitude : 48.85198	

DUCEY

50220 – **303** E8 – 2 353 h. – alt. 15

🛈 *4, rue du Génie* 🖉 *0233602153*

▶ Paris 348 – Avranches 11 – Fougères 41 – Rennes 80

⬢ **Municipal la Sélune** de déb. avr. à fin sept.
🖉 02 33 48 46 49, *ducey.tourisme@wanadoo.fr*,
Fax 02 33 48 87 59, *ducey-tourisme.com*
0,42 ha (40 empl.) plat, herbeux
Tarif : (Prix 2010) ✦ 3 € ⟷ 1 € 🅴 1 € – ⟨⟩ (6A) 2 €
⟨⟩ borne raclet 2 € – 4 🅴 8 €
Pour s'y rendre : r. de Boishue (sortie ouest par N 176
et D 178, rte de St-Aubin-de-Terregatte à gauche, au
stade)

À savoir : emplacements bien délimités par des haies de
thuyats

| Nature : ⬚ |
| Services : ⬚ ⬚ |
| À prox. : ⬚ ⬚ ⬚ |

| Longitude : -1.29563 |
| Latitude : 48.61583 |

ÉTRÉHAM

14400 – **303** H4 – 256 h. – alt. 30

▶ Paris 276 – Bayeux 11 – Caen 42 – Carentan 40

⬢ **Reine Mathilde** de déb. avr. à fin sept.
🖉 02 31 21 76 55, *camping.reine-mathilde@wanadoo.fr*,
Fax 02 31 22 18 33, *www.campingreinemathilde.com*
6,5 ha (115 empl.) plat, herbeux
Tarif : (Prix 2010) ✦ 6,30 € ⟷ 🅴 5,90 € – ⟨⟩ (6A) 4,70 €
– frais de réservation 20 €

Location : (Prix 2010) (de déb. avr. à fin sept.) ⬚
– 6 ⬚ – 6 ⬚ – 2 bungalows toilés. Nuitée 69 €
– Sem. 250 à 586 € – frais de réservation 20 €
⟨⟩ borne raclet
Pour s'y rendre : 1 km à l'ouest par D 123 et chemin
à dr.

| Nature : ⬚ ⬚ ⬚ |
| Loisirs : ⬚ snack ⬚ ⬚ ⬚ |
| poneys |
| Services : ⬚ ⬚ ⬚ ⬚ ⬚ ⬚ |

| Longitude : -0.79914 |
| Latitude : 49.32257 |

ÉTRETAT

76790 – **304** B3 – 1 518 h. – alt. 8

🛈 *place Maurice Guillard* 🖉 *0235270521*

▶ Paris 206 – Bolbec 30 – Fécamp 16 – Le Havre 29

⬢ **Municipal** de déb. avr. à mi-oct.
🖉 02 35 27 07 67, Fax 02 35 27 07 67 – ⬚
1,2 ha (73 empl.) plat, herbeux, gravier
Tarif : (Prix 2010) ✦ 4 € ⟷ 🅴 4 € – ⟨⟩ (6A) 6 €
⟨⟩ borne Urbaco
Pour s'y rendre : 1 km au sud-est par D 39, rte de
Criquetot-l'Esneval

À savoir : entrée fleurie et ensemble très soigné

| Nature : ⬚ |
| Loisirs : ⬚ ⬚ |
| Services : ⬚ laverie |
| À prox. : aquarium ⬚ ⬚ ⬚ |

| Longitude : 0.20988 |
| Latitude : 49.70762 |

FALAISE

14700 – **303** K6 – 8 456 h. – alt. 132

🛈 *boulevard de la Libération* 🖉 *0231901726*

▶ Paris 264 – Argentan 23 – Caen 36 – Flers 37

⬢ **Municipal du Château** de déb. mai à fin sept.
🖉 02 31 90 16 55, *camping@falaise.fr*, Fax 02 31 90 53 38,
www.falaise-tourisme.com
2 ha (66 empl.) terrasse, peu incliné, plat, herbeux
Tarif : ✦ 4 € ⟷ 🅴 5 € – ⟨⟩ (10A) 4 €
Pour s'y rendre : r. du Val d'Ante (à l'ouest de la ville, au
val d'Ante)

À savoir : cadre verdoyant au pied du château

| Nature : ⩽ château ⬚ |
| Loisirs : ⬚ ⬚ ⬚ |
| Services : ⬚ ⬚ ⬚ ⬚ |
| À prox. : ⬚ mur d'escalade |

| Longitude : -0.20468 |
| Latitude : 48.89566 |

FIQUEFLEUR-ÉQUAINVILLE

27210 – **304** B5 – 632 h. – alt. 17

▣ Paris 189 – Deauville 24 – Honfleur 7 – Lisieux 40

  Domaine Catinière de déb. avr. à mi-sept.
    ℘ 02 32 57 63 51, *info@camping-catiniere.com*,
    Fax 02 32 42 12 57, *www.camping-catiniere.com*
    3,8 ha (130 empl.) plat, herbeux
    Tarif : 27 € ✶✶ ⇔ 🅴 🅗 (13A) – pers. suppl. 6 €
    Location : (de déb. avr. à mi-sept.) – 18 🛖 – 1 gîte.
    Sem. 470 à 760 €
    Pour s'y rendre : rte de Honfleur (1 km au sud de
    Fiquefleur par D 22, entre deux ruisseaux)

Nature : ⌂ ♀	
Loisirs : 🍸 🏠 🛝 🏊 ⚡	
Services : 🔥 ⚬ 🚽 🏊 🔥 laverie	
Longitude : 0.30639	
Latitude : 49.40083	

FLERS

61100 – **310** F2 – 15 808 h. – alt. 270

🅱 *place Charles de Gaulle* ℘ 02 33 65 06 75

▣ Paris 234 – Alençon 73 – Argentan 42 – Caen 60

  Le Pays de Flers de déb. avr. à fin oct.
    ℘ 02 33 65 35 00, *camping.paysdeflers@wanadoo.fr*,
    Fax 02 33 98 44 35, *www.flers-agglomeration.fr/130-*
    camping-de-la-fouquerie.htm
    1,5 ha (50 empl.) peu incliné, herbeux
    Tarif : (Prix 2010) ✶ 3 € ⇔ 🅴 3 € – 🅗 (10A) 5 €
    Location : (Prix 2010) (permanent) – 2 🛖. Nuitée
    51 € – Sem. 255 à 357 €
    🚐 borne autre 9 €
    Pour s'y rendre : au lieu-dit : La Fouquerie (
    1,7 km à l'est par D 924, rte d'Argentan et chemin à
    gauche)

Nature : 🌊 ⌂ ♀	
Loisirs : 🏠 🛝 🚲	
Services : 🔥 ⚬ 🚽 🍴 🏊 🔥 🚰	
🔥	
Longitude : -0.54311	
Latitude : 48.75463	

GENÊTS

50530 – **303** D7 – 447 h. – alt. 2

▣ Paris 345 – Avranches 11 – Granville 24 – Le Mont-St-Michel 33

  Les Coques d'Or de déb. avr. à fin sept.
    ℘ 02 33 70 82 57, *contact@campinglescoquesdor.com*,
    Fax 02 33 70 86 83, *www.campinglescoquesdor.com*
    4,7 ha (225 empl.) plat, herbeux
    Tarif : (Prix 2010) ✶ 5,90 € ⇔ 2,30 € 🅴 2,30 € –
    🅗 (10A) 4,10 € – frais de réservation 10 €
    Location : (Prix 2010) (de déb. avr. à fin sept.) – 10 🛖.
    Sem. 314 à 550 € – frais de réservation 10 €
    🚐 borne artisanale 3 € – 🅗 12 €
    Pour s'y rendre : 14 Le Bec d'Andaine (
    700 m au nord-ouest par D 35e1,
    rte du Bec d'Andaine)

Nature : 🌊 ⌂ ♀	
Loisirs : 🍸 🛝 🏊	
Services : 🔥 ⚬ 🏊 laverie	
À prox. : 🌲 sentiers pédestre, VTT	
et équestre 🚐	
Longitude : -1.47867	
Latitude : 48.68508	

GONNEVILLE-EN-AUGE

14810 – **303** K4 – 398 h. – alt. 16

▣ Paris 223 – Caen 20 – Le Havre 84 – Hérouville-Saint-Clair 16

  Le Clos Tranquille de déb. avr. à fin sept.
    ℘ 02 31 24 21 36, *le.clos.tranquille@wanadoo.fr*,
    Fax 02 31 24 28 80, *www.campingledostranquille.fr*
    1,3 ha (78 empl.) plat, herbeux
    Tarif : (Prix 2010) ✶ 5 € ⇔ 🅴 6 € – 🅗 (10A) 5 €
    Location : (Prix 2010) (de déb. mars à fin oct.) – 3 🛖
    – 3 ⛺ – 4 gîtes. Nuitée 40 à 100 € – Sem. 280 à 550 €
    Pour s'y rendre : 17 rt de Troarn (800 m au sud par
    D 95a)

Nature : 🌊 ♀	
Loisirs : 🏠 🛝	
Services : ⚬ 🏊 laverie	
À prox. : 🍴 🌲 🐎 golf	
Longitude : -0.17771	
Latitude : 49.23853	

GRANVILLE

50400 – **303** C6 – 13 100 h. – alt. 10
🏠 *4, cours Jonville* 🕿 02 33 91 30 03
▶ Paris 342 – Avranches 27 – Caen 109 – Cherbourg 105

⛰ **"Les Castels" Lez-Eaux** de déb. avr. à mi-sept.
🕿 02 33 51 66 09, *bonjour@lez-eaux.com*,
Fax 02 33 51 92 02, *www.lez-eaux.com*
12 ha/8 campables (229 empl.) peu incliné, plat, herbeux
Tarif : 38 € ★★ ⛺ 🅿 🔌 (10A) – pers. suppl. 8 € – frais
de réservation 5 €

Location : (de déb. avr. à mi-sept.) – 9 🚐 – 45 🏠
– 1 cabane dans les arbres. Nuitée 50 à 120 € – Sem.
350 à 840 € – frais de réservation 5 €
🚐 7 🅿 44 €
Pour s'y rendre : à St-Aubin-des-Préaux (7 km au sud-
est par D 973, rte d'Avranches)
À savoir : dans le parc du château, bel ensemble
aquatique

Nature : 🐟 🌳	
Loisirs : 🍴 🏠 🎮 🏊 🚴 🎾 🛶 🌊 🎣	
Services : 🔧 ⚡ 🛒 🚿 🚽 ♨ laverie 🧺 ⚗	
À prox. : 🎿 📺 💧 🐎	

Longitude : -1.5225
Latitude : 48.79284

Le coup de cœur de Bib

Le beau château de Lez-Eaux a été un des pionniers de la chaîne d'hôtellerie de plein air des
Castels. Son parc de 12 ha accueille donc les campeurs qui peuvent pratiquer la pêche sur
le lac du domaine. L'écrin de verdure recèle aussi un bel ensemble aquatique : une piscine
chauffée et un parc aquatique tropical de 1 300 m² avec deux toboggans. Les enfants ont
accès à des animations et à une aire de jeux. Pour ceux qui aiment la marche, des sentiers de
randonnée passent non loin du camping.

Les Castels Lez-Eaux

⛰ **La Vague** de déb. mai à fin sept.
🕿 02 33 50 29 97, *contact@camping-la-vague.com*, *www.
camping-la-vague.com*
2 ha (145 empl.) plat, herbeux, sablonneux
Tarif : (Prix 2010) 29 € ★★ ⛺ 🅿 🔌 (6A) – pers.
suppl. 7,20 €

Location : (Prix 2010) (de déb. avr. à fin oct.) – 6 🚐.
Sem. 295 à 760 €
🚐 borne artisanale
Pour s'y rendre : 126 rte de Voudrelin (2,5 km au
sud-est par D 911, rte de St-Pair et D 572 à gauche, à St
Nicolas-Plage)
À savoir : cadre verdoyant, plaisant et soigné

Nature : 🌊 🌳	
Loisirs : 🏖 🎿	
Services : 🔧 ⚡ 🚮 📶	
À prox. : 📺 (découverte en saison) 💧 🐎	

Longitude : -1.57317
Latitude : 48.82146

LE GROS-THEIL

27370 – **304** F6 – 899 h. – alt. 145
▶ Paris 136 – Bernay 30 – Elbeuf 16 – Évreux 34

ᴀᴀᴀ **Salverte** Permanent
℘ 02 32 35 51 34, *david.farah@wanadoo.fr*,
Fax 02 32 35 92 79, *www.camping-salverte.com* – places
limitées pour le passage
17 ha/10 campables (300 empl.) plat, herbeux
Tarif : 19€ ♣♣ ⇔ 🅔 (½) (6A) – pers. suppl. 6,50€
Location : (de déb. mai à fin oct.) – 3 ⬛. Sem.
350 à 470€
Pour s'y rendre : 3 km au sud-ouest par D 26, rte de
Brionne et chemin à gauche
À savoir : agréable cadre boisé

Nature : 🝔 ▭ 🝟	
Loisirs : 🍴 snack 🎱 ⊕ ʄ𝕒 🝮 jacuzzi salle d'animation, biblio-thèque 🏋 ⊕ 📺 ₘ 🖾 🝲	
Services : ⊶ 🏢 🝱 🝰 laverie 🝳	

Longitude : 0.84149
Latitude : 49.22619

HONFLEUR

14600 – **303** N3 – 8 163 h. – alt. 5
Env. Pont de Normandie - Péage en 2010 : 5,00 autos, 5,80 caravanes, autocars 6,30/12,50 et gratuit
pour motos
🛈 *quai Lepaulmier* ℘ 02 31 89 23 30
▶ Paris 195 – Caen 69 – Le Havre 27 – Lisieux 38

ᴀᴀᴀ **La Briquerie** de déb. avr. à fin oct.
℘ 02 31 89 28 32, *info@campinglabriquerie.com*,
Fax 02 31 89 08 52, *www.campinglabriquerie.com* – places
limitées pour le passage
11 ha (430 empl.) plat, herbeux
Tarif : 34€ ♣♣ ⇔ 🅔 (½) (10A) – pers. suppl. 9€
Location : (de mi-mars à déb. nov.) 🝚 – 3 ⬛
– 8 🏠. Sem. 350 à 700€
🚐 borne artisanale – 🝮 (½) 17€
Pour s'y rendre : 3,5 km au sud-ouest par rte de Pont-
l'Évêque et D 62 à dr.

Nature : ▭ 🝟	
Loisirs : 🍴 ✗ self-service, (juil.-août) 🎱 ⊕ ʄ𝕒 🝮 jacuzzi 🏋 ₘ 🖾 🝲 🝳	
Services : ⏚ ⊶ 🝱 🏢 🝰 🝲 🝰 🝟 laverie 🝳	
À prox. : 🝭 🝮 🐎	

Longitude : 0.20861
Latitude : 49.39778

Ne pas confondre :
🔺 ... à ... ᴀᴀᴀ : *appréciation* **MICHELIN**
et
★ ... à ... ★★★★★ : *classement officiel*

HOULGATE

14510 – **303** L4 – 1 933 h. – alt. 11
🛈 *10, boulevard des Belges* ℘ 02 31 24 34 79
▶ Paris 214 – Caen 29 – Deauville 14 – Lisieux 33

ᴀᴀᴀ **La Vallée** ♣♣ – de déb. avr. à fin oct.
℘ 02 31 24 40 69, *camping.lavallee@wanadoo.fr*,
Fax 02 31 24 42 42, *www.campinglavallee.com*
11 ha (350 empl.) en terrasses, peu incliné, plat, herbeux
Tarif : 32€ ♣♣ ⇔ 🅔 (½) (6A) – pers. suppl. 7€ – frais de
réservation 16€
Location : (de déb. avr. à fin oct.) – 60 ⬛. Nuitée 85€
– Sem. 300 à 730€ – frais de réservation 16€
🚐 borne autre 2€ – 12 🅔 21€
Pour s'y rendre : 88 r. de la Vallée (1 km au sud par
D 24a, rte de Lisieux et D 24 à dr.)
À savoir : cadre agréable autour d'anciens bâtiments de
style normand

Nature : ≤ ▭ 🝟	
Loisirs : 🍴 ✗ 🎱 ⊕ 🝮 🏋 🚲 🝮 🖾 🝲 🝳	
Services : ⏚ ⊶ 🝱 🝰 🝟 laverie 🝲 🝳	
À prox. : 📺 🝝 poneys , golf	

Longitude : -0.06733
Latitude : 49.29422

INCHEVILLE

76117 – **304** I1 – 1 381 h. – alt. 19

▶ Paris 169 – Abbeville 32 – Amiens 65 – Blangy-sur-Bresle 16

⚠ **Municipal de l'Etang** déb. mars à fin oct.
    ℰ 0235503017, *campingdeletang@orange.fr*,
Fax 0235503017 – places limitées pour le passage
2 ha (190 empl.) plat, herbeux
Tarif : (Prix 2010) ⚹ 3€ ⇌ 🔳 4€ – 🔌 (10A) 4€
Pour s'y rendre : r. Mozart (sortie nord-est, rte de
Beauchamps et r. à dr.)

À savoir : près d'un étang de pêche

Nature : ♀
Loisirs : 🛋
Services : 🚿 ⚡ 🚳 🛁 🖥
À prox. : ✗ 🎣 ♨

Longitude : 1.50562
Latitude : 50.0142

ISIGNY-SUR-MER

14230 – **303** F4 – 2 738 h. – alt. 4

🏠 16, rue Émile Demagny ℰ 0231214600

▶ Paris 298 – Bayeux 35 – Caen 64 – Carentan 14

🅰 **Le Fanal**
    ℰ 0231213320, *info@camping-lefanal.com*,
Fax 0231221200, *www.camping-normandie-fanal.fr* – ⓡ
11 ha/5,5 campables (164 empl.) plat, herbeux

Location : – 50 🚐 – 10 🏠.
🚐 borne autre – 🔌 10€
Pour s'y rendre : à l'ouest, accès par le centre ville, près
du terrain de sports

À savoir : cadre agréable et soigné autour d'un plan
d'eau

Nature : 🌊 ♀
Loisirs : pizzeria, snack 🛋 🎠 ✗ 🔳
Services : 🚿 ⚡ ▥ 🛁 ⟱ laverie
À prox. : 🎣 🎣 ♨ pédalos, parcours sportif

Longitude : -1.10897
Latitude : 49.31888

JULLOUVILLE

50610 – **303** C7 – 2 098 h. – alt. 60

🏠 place de la Gare ℰ 0233618248

▶ Paris 346 – Avranches 24 – Granville 9 – St-Lô 63

🅰 **La Chaussée** de déb. avr. à fin sept.
    ℰ 0233618018, *contact@camping-lachaussee.com*,
Fax 0233614526, *www.camping-lachaussee.com*
6 ha/4,7 campables (265 empl.) peu incliné, plat,
herbeux, sablonneux
Tarif : (Prix 2010) 31€ ⚹⚹ ⇌ 🔳 🔌 (16A) – pers.
suppl. 6€

Location : (Prix 2010) (de déb. avr. à fin sept.) – 12 🚐.
Sem. 355 à 610€
🚐 borne artisanale 5€
Pour s'y rendre : 1 av. de la Libération (sortie au nord,
rte de Granville, à 150 m de la plage)

À savoir : cadre plaisant agrémenté d'une petite pinède

Nature : ♀
Loisirs : 🛋 🎠 ♨ 🔳
Services : 🚿 ⚡ 🖥
À prox. : ✗ 🎣 🏇

Longitude : -1.56709
Latitude : 48.78136

JUMIEGES

76480 – **304** E5 – 1 715 h. – alt. 25

🏠 rue Guillaume le Conquérant ℰ 0235372897

▶ Paris 161 – Rouen 29 – Le Havre 82 – Caen 132

🅰 **La Forêt** de déb. avr. à fin oct.
    ℰ 0235379343, *info@campinglaforet.com*,
Fax 0235377648, *www.campinglaforet.com*
2 ha (111 empl.) plat, herbeux
Tarif : 22€ ⚹⚹ ⇌ 🔳 🔌 (10A) – pers. suppl. 5€

Location : (permanent) 🌊 – 13 🚐 – 5 🏠. Sem.
305 à 680€
🚐 borne eurorelais 6€ – 🔌 🔌 22€
Pour s'y rendre : r. Mainberte

À savoir : dans le Parc Régional de Brotonne

Nature : 🌊 🏕 ♀
Loisirs : 🛋 🎠 ♨
Services : 🚿 ⚡ ▥ ⟱ laverie
À prox. : ✗ parcours sportif

Longitude : 0.83088
Latitude : 49.43662

NORMANDIE

LISIEUX

14100 – **303** N5 – 22 700 h. – alt. 51

🏛 11, rue d'Alençon ℘ 02 31 48 18 10

▶ Paris 169 – Caen 54 – Le Havre 66 – Hérouville-Saint-Clair 53

⚠ La Vallée
℘ 02 31 62 00 40, tourisme@cdlisieuxpaysdauge.fr,
Fax 02 31 48 18 11, www.lisieux-tourisme.com
1 ha (100 empl.) plat, herbeux, gravillons
Location : (Prix 2010) – 5 🛖. – frais de réservation
6 €
Pour s'y rendre : 9 r. de la Vallée (sortie nord par D 48,
rte de Pont-l'Évêque)

Nature : 🌳🌳
Services : 🚿 ⚡
À prox. : 🍴 complexe aquatique couvert
Longitude : 0.22068
Latitude : 49.16423

LES LOGES

76790 – **304** B3 – 1 140 h. – alt. 92

▶ Paris 205 – Rouen 83 – Le Havre 34 – Fécamp 10

⚠ **L'Aiguille Creuse** de déb. avr. à fin sept.
℘ 02 35 29 52 10, camping@aiguillecreuse.com, www.
campingaiguillecreuse.com
3 ha (80 empl.) peu incliné, plat, herbeux
Tarif : (Prix 2010) 22 € ✦✦ 🚗 ▣ 🌙 (10A) – pers.
suppl. 5 € – frais de réservation 7 €
Location : (Prix 2010) (de déb. avr. à fin sept.) 🏚
– 9 🛖. Nuitée 45 à 70 € – Sem. 220 à 490 € – frais de
réservation 15 €
🚐 borne artisanale 3 €
Pour s'y rendre : 24 res.de l'Aiguille Creuse

Nature : 🏞
Loisirs : 🍹 🛶 🎣
Services : 🚿 ⚡ 🚽 🖥
À prox. : 🍴
Longitude : 0.27575
Latitude : 49.69884

LOUVIERS

27400 – **304** H6 – 18 120 h. – alt. 15

🏛 10, rue du Maréchal Foch ℘ 02 32 40 04 41

▶ Paris 104 – Les Andelys 22 – Bernay 52 – Lisieux 75

⚠ **Le Bel Air** de mi-mars à mi-oct.
℘ 02 32 40 10 77, campinglebelair@aol.com, www.
camping-lebelair.fr – places limitées pour le passage
2,5 ha (92 empl.) plat, herbeux
Tarif : ✦ 5 € ▣ 6 € – 🌙 (6A) 4 €
Location : (de mi-mars à mi-oct.) 🏚 – 2 🛖 – 3 🏠.
Sem. 450 à 650 €
🚐 2 ▣ 21 €
Pour s'y rendre : rte de la-Haye-Malherbe (3 km à
l'ouest par D 81)
À savoir : cadre arbustif et ombragé

Nature : 🏞 🌳🌳
Loisirs : 🍴 🛶 🎣
Services : ⚡ 🖥 🚽 laverie
À prox. : patinoire 🍴 🎿
Longitude : 1.1332
Latitude : 49.2152

LUC-SUR-MER

14530 – **303** J4 – 3 172 h.

🏛 rue du Docteur Charcot ℘ 02 31 97 33 25

▶ Paris 249 – Arromanches-les-Bains 23 – Bayeux 29 – Cabourg 28

⚠ **Municipal la Capricieuse** de déb. avr. à fin sept.
℘ 02 31 97 34 43, info@campinglacapricieuse.com,
Fax 02 31 97 43 64, www.campinglacapricieuse.com
4,6 ha (232 empl.) peu incliné, plat, herbeux
Tarif : (Prix 2010) ✦ 5 € ▣ 5 € – 🌙 (10A) 6 €
Location : (Prix 2010) (de déb. avr. à fin nov.) 🚿
(1 mobile home) 🏚 – 18 🛖 – 10 🏠. Sem.
330 à 565 €
🚐 borne artisanale 5 €
Pour s'y rendre : 2 r. Brummel (à l'ouest, allée
Brummel, à 200 m de la plage)

Nature : 🏞 🌳
Loisirs : 🛶 🎣 🍴
Services : 🚿 ⚡ 🚻 🧺 🚽 laverie
À prox. : 🏇 🎿 🏊
Longitude : -0.35781
Latitude : 49.3179

LYONS-LA-FORÊT

27480 – **304** I5 – 759 h. – alt. 88
🅱 *20, rue de l'Hôtel de Ville* 🌐 02 32 49 31 65
▶ Paris 104 – Les Andelys 21 – Forges-les-Eaux 30 – Gisors 30

⚠ **Municipal St-Paul** de déb. avr. à fin oct.
🌐 02 32 49 42 02, *camping-saint-paul@orange.fr*,
Fax 02 32 49 42 02 – *www.camping-saint-paul.fr* – places limitées pour le passage
3 ha (100 empl.) plat, herbeux
Tarif : (Prix 2010) 20 € ★★ ⛺ 🅴 🛁 (6A) – pers. suppl. 5 €

Location : (Prix 2010) (de déb. avr. à fin oct.) – 8 🏠.
Nuitée 99 à 125 € – Sem. 199 à 365 €
Pour s'y rendre : 2 rte Saint-Paul (au nord-est par D 321, au stade, au bord de la Lieure)

Nature : 🔲 🌳	
Loisirs : 🎱 🏊	
Services : ᰥ ⚡ 🚿 🏪 🧺 ♨ 🍴 📷	
À prox. : 🎾 🏇 🛷 🐎 (centre équestre)	

Longitude : 1.47657
Latitude : 49.39869

To make the best possible use of this Guide,
READ CAREFULLY THE EXPLANATORY NOTES.

MARCHAINVILLE

61290 – **310** N3 – 210 h. – alt. 235
▶ Paris 124 – L'Aigle 28 – Alençon 65 – Mortagne-au-Perche 28

⚠ Municipal les Fossés
🌐 02 33 73 65 80, *mairiemarchainville@wanadoo.fr*,
Fax 02 33 73 65 80
1 ha (17 empl.) plat et peu incliné, herbeux
Pour s'y rendre : au nord par D 243

Nature : 🌿 🔲	
Loisirs : 🎾	
Services : ᰥ 🧺	

Longitude : 0.81457
Latitude : 48.58481

MARTIGNY

76880 – **304** G2 – 487 h. – alt. 24
▶ Paris 196 – Dieppe 10 – Fontaine-le-Dun 29 – Rouen 64

⚠ **Les Deux Rivières** de fin mars à mi-oct.
🌐 02 35 85 60 82, *martigny.76@orange.fr*,
Fax 02 35 85 95 16, *www.camping-2-rivieres.com* – places limitées pour le passage
3 ha (110 empl.) plat, herbeux
Tarif : (Prix 2010) 15 € ★★ ⛺ 🅴 🛁 (10A) – pers. suppl. 4 €

Location : (Prix 2010) (de fin mars à mi-oct.) – 6 🛖.
Nuitée 68 € – Sem. 309 à 493 €
Pour s'y rendre : D 154 (700 m au nord-ouest, rte de Dieppe)

À savoir : situation agréable en bordure de rivière et de plans d'eau

Nature : ⩽ 🌳	
Loisirs : 🎱 🏊 🦢	
Services : ᰥ ⚡ laverie	
À prox. : 🔲 🛶 canoë	

Longitude : 1.14963
Latitude : 49.86609

MARTRAGNY

14740 – **303** I4 – 333 h. – alt. 70
▶ Paris 257 – Bayeux 11 – Caen 23 – St-Lô 47

⚠⚠ **"Les Castels" Château de Martragny** de déb. mai à mi-sept.
🌐 02 31 80 21 40, *chateau.martragny@wanadoo.fr*,
Fax 02 31 08 14 91, *www.chateau-martragny.com*
13 ha/4 campables (160 empl.) plat, herbeux
Tarif : ✶ 8 € 🅴 14 € – 🛁 (10A) 5 € – frais de réservation 8 €
🚐 borne artisanale – 5 🅴 34 €
Pour s'y rendre : 5 r. de l'Ormelet (sur l'ancienne N 13, par le centre bourg)

À savoir : dans le parc d'une belle demeure du XVIIIe s.

Nature : 🌿 🌳🌳	
Loisirs : 🍷 brasserie 🎱 🏊 🚴 🎾 🏇 🛷 🦢	
Services : ᰥ ⚡ 🏕 🍴 laverie 🛒 🛁	
À prox. : 🐎	

Longitude : -0.60532
Latitude : 49.24406

MAUPERTUS-SUR-MER

50330 – **303** D2 – 258 h. – alt. 119

▣ Paris 359 – Barfleur 21 – Cherbourg 13 – St-Lô 80

▲▲ **"Les Castels" L'Anse du Brick** ▲⌂ – de déb. avr. à fin sept.

℘ 0233543357, *welcome@anse-du-brick.com*, Fax 0233544966, *www.anse-du-brick.com*

17 ha/7 campables (180 empl.) accidenté et en terrasses, pierreux, herbeux, bois attenant

Tarif : 36€ ★★ ⇌ 圓 ⑭ (10A) – pers. suppl. 7€ – frais de réservation 8€

Location : (permanent) – 36 ⟦⟧ – 6 ⌂ – 3 gîtes. Sem. 350 à 790€ – frais de réservation 8€

⟐ borne artisanale 7€

Pour s'y rendre : 18 Anse du Brick (au nord-ouest par D 116, à 200 m de la plage, accès direct par passerelle)

À savoir : agréable cadre verdoyant et ombragé dans un site sauvage

Nature : ⌖ ≤ ⌂ ♤♤
Loisirs : ☂ pizzeria ⌂ ⊙diurne nocturne (juil.-août) ⁂ ⛵ ♣ ✂ ⤢ ⤧
Services : & ⟳ ⌂ ⁋ laverie ⟿
À prox. : ✕ ⌖ ⌳ centre nautique, kayak de mer

Longitude : -1.49
Latitude : 49.66722

MERVILLE-FRANCEVILLE-PLAGE

14810 – **303** K4 – 1 753 h. – alt. 2

⧉ *place de la Plage* ℘ 0231242357

▣ Paris 225 – Arromanches-les-Bains 42 – Cabourg 7 – Caen 20

▲▲ **Municipal le Point du Jour** de déb. avr. à déb. nov.

℘ 0231242334, *camp.lepointdujour@wanadoo.fr*, *www.camping-lepointdujour.com*

2,7 ha (142 empl.) plat, herbeux, sablonneux

Tarif : ★ 8€ ⇌ 5€ 圓 9€ – ⑭ (10A) 5€ – frais de réservation 10€

Location : (de déb. avr. à déb. nov.) ⤢ – 20 ⟦⟧. Nuitée 45 à 127€ – Sem. 320 à 890€ – frais de réservation 10€

⟐ borne autre

Pour s'y rendre : rte de Cabourg (sortie est par D 514)

À savoir : agréable situation en bordure de plage

Nature : ⌂ ⚠
Loisirs : ⌂ ♣ ⌳ (découverte en saison)
Services : & ⟳ ⊞ ⌂ ⁋ laverie
À prox. : ✂ ⌗ ⤧ golf

Longitude : -0.19392
Latitude : 49.2833

▲▲ **Les Peupliers** de déb. avr. à mi-oct.

℘ 0231240507, *contact@camping-peupliers.com*, Fax 0231240507, *www.camping-peupliers.com*

2 ha (165 empl.) plat, herbeux

Tarif : ★ 7€ 圓 8€ – ⑭ (16A) 6€

Location : (de déb. avr. à fin oct.) – 1 roulotte – 29 ⟦⟧ – 10 ⌂. Nuitée 85 à 103€ – Sem. 350 à 720€

⟐ borne artisanale

Pour s'y rendre : allée des Pins (2,5 km à l'est par rte de Cabourg et à dr., à l'entrée de Hôme)

Loisirs : snack ⌂ ⊙diurne nocturne (juil.-août) ♣ ✂
Services : & ⟳ ⊞ ⌂ ⁋ laverie
À prox. : ✂ ⌗ ⤧ golf

Longitude : -0.17011
Latitude : 49.2829

LE MONT-ST-MICHEL

50170 – **303** C8 – 41 h. – alt. 10

⧉ *Corps de Garde des Bourgeois* ℘ 0233601430

▣ Paris 359 – Alençon 135 – Avranches 23 – Fougères 45

▲▲ **Le Mont-St-Michel** de déb. fév. à mi-nov.

℘ 0233602210, *stmichel@le-mont-saint-michel.com*, Fax 0233602002, *www.campingsaintmichel.com* – ⟊

4 ha (80 empl.) plat, herbeux

Tarif : 18€ ★★ ⇌ 圓 ⑭ (5A) – pers. suppl. 4€

Pour s'y rendre : 2,4 km au sud-est, intersection de la D 976, rte du Mont-St-Michel et D 275, rte de Ducey

À savoir : cadre verdoyant et ombragé

Nature : ⌂ ♤♤
Loisirs : ☂ ✕ snack ⌂ ⤢ ⌗
Services : & ⟳ ⌂ ⁋ laverie ⟿
À prox. : ✂ ⌖ ⤧ (centre équestre)

Longitude : -1.50727
Latitude : 48.61525

MOYAUX

14590 – **303** O4 – 1 317 h. – alt. 160
▶ Paris 173 – Caen 64 – Deauville 31 – Lisieux 13

▲▲▲ **Le Colombier** de déb. mai à mi-sept.
℘ 02 31 63 63 08, *mail@camping-lecolombier.com*,
Fax 02 31 61 50 17, *www.camping-lecolombier.com*
15 ha/6 campables (180 empl.) plat, herbeux
Tarif : 35 € ☂☂ ⟋⟍ 🅴 🅸 (12A) – pers. suppl. 8 € – frais
de réservation 15 €
Pour s'y rendre : 3 km au nord-est par D 143, rte de
Lieurey
À savoir : piscine dans le jardin à la française du château

Nature : 🦆 ♀
Loisirs : ♈ ✗ crêperie 🎬 ⛳ bibliothèque 🏕 🚲 ✖ ♟ 🛝
Services : 🚿 ⊶ 🗑 ♨ ⏧ laverie 🚮 ✂

Longitude : 0.35621
Latitude : 49.19519

▲▲▲ ... ▲

Bijzonder prettige terreinen die bovendien opvallen in hun categorie.

OFFRANVILLE

76550 – **304** G2 – 3 323 h. – alt. 80
▶ Paris 191 – Abbeville 74 – Beauvais 104 – Caen 170

▲▲ **Municipal du Colombier** de déb. avr. à mi-oct.
℘ 02 35 85 21 14, *mairie-offranville@wanadoo.fr*,
Fax 02 35 04 52 67, *www.offranville.fr* – places limitées
pour le passage
1,2 ha (103 empl.) plat, herbeux
Tarif : ♈ 4 € ⟋⟍ 3 € 🅴 4 € – 🅸 (10A) 2 €
Location : (de déb. avr. à mi-oct.) – 5 🏠. Nuitée 51 €
– Sem. 298 €
🚐 10 🅴 15 €
Pour s'y rendre : r. Loucheur, au Parc du Colombier (au
bourg, par la r. Loucheur)
À savoir : dans l'enceinte de l'agréable parc de loisirs et
floral

Nature : 🏞 ♀
Services : 🚿 ⊶ 🗑 ♨ ⏧
À prox. : ♈ ✗ 🏕 ✖ 🎯 ♟ 🏇 poneys (centre équestre)

Longitude : 1.04378
Latitude : 49.87264

OMONVILLE-LA-ROGUE

50440 – **303** A1 – 525 h. – alt. 25
▶ Paris 377 – Caen 144 – Saint-Lô 99 – Cherbourg 24

▲ **Municipal du Hable** de déb. avr. à fin sept.
℘ 02 33 52 86 15, *campingomonvillelarogue@wanadoo.*
fr, Fax 02 33 52 86 15 – 🏤
1 ha (60 empl.) plat, gravillons, herbeux
Tarif : (Prix 2010) ♈ 3 € ⟋⟍ 2 € 🅴 2 € – 🅸 (10A) 5 €
🚐 borne autre 3 € – 24 🅴 9 €
Pour s'y rendre : 4 rte de la Hague

Nature : 🦆
Services : laverie
À prox. : 🚮 ✖ ♦

Longitude : -1.84457
Latitude : 49.70299

ORBEC

14290 – **303** O5 – 2 400 h. – alt. 110
🚩 6, rue Grande ℘ 02 31 32 56 68
▶ Paris 173 – L'Aigle 38 – Alençon 80 – Argentan 53

▲ **Les Capucins** de fin mai à déb. sept.
℘ 02 31 32 76 22, *camping.sivom@orange.fr*,
Fax 02 31 63 16 12
0,9 ha (35 empl.) plat, herbeux
Tarif : 9 € ☂☂ ⟋⟍ 🅴 🅸 (10A) – pers. suppl. 2 €
Pour s'y rendre : av. du Bois (1,5 km au nord-est par
D 4, rte de Bernay et chemin à gauche, au stade)
À savoir : cadre verdoyant très soigné

Nature : ♀
Loisirs : 🎬
Services : ⊶ 🗑 ♨ ⏧ ⏧
À prox. : ✖ 🎯 🏇

Longitude : 0.40832
Latitude : 49.02824

NORMANDIE

LES PIEUX

50340 – **303** B2 – 3 455 h. – alt. 104
🏠 6, rue Centrale ℰ 02 33 52 81 60
▶ Paris 366 – Barneville-Carteret 18 – Cherbourg 22 – St-Lô 48

Le Grand Large de mi-avr. à mi-sept.
ℰ 02 33 52 40 75, info@legrandlarge.com,
Fax 02 33 52 58 20, www.legrandlarge.com
3,7 ha (236 empl.) plat et peu incliné, sablonneux, herbeux
Tarif : 35 € ✶✶ ⇔ 🔲 (ⁿ) (10A) – pers. suppl. 7 €
Location : (de mi-avr. à mi-sept.) – 44 ⌂. Nuitée 90 à 130 € – Sem. 250 à 870 €
⛽ borne artisanale 8 €
Pour s'y rendre : 11 rte du Grand Large (3 km au sud-ouest par D 117 et D 517 à dr. puis 1 km par chemin à gauche)
À savoir : agréable situation dans les dunes au bord de la plage de Sciottot

Nature : ⌖ ← ⌂ ⚠	
Loisirs : ▾ snack 🎦 ☀ diurne ⛲ ✗ ☍	
Services : ⚐ ⟲ ᗕ ⍾ laverie	
Longitude : -1.8425	
Latitude : 49.49361	

PONT-AUDEMER

27500 – **304** D5 – 8 718 h. – alt. 15
🏠 place Maubert ℰ 02 32 41 08 21
▶ Paris 165 – Rouen 58 – Évreux 91 – Le Havre 44

Municipal Risle-Seine - Les Étangs de mi-mars à mi-nov.
ℰ 02 32 42 46 65, camping@ville-pont-audemer.fr,
Fax 02 32 42 24 17, http://www.ville-pont-audemer.fr/tourisme/
2 ha (61 empl.) plat, herbeux
Tarif : 17 € ✶✶ ⇔ 🔲 (ⁿ) (10A) – pers. suppl. 3 €
Location : (permanent) – 10 ⌂. Sem. 290 à 530 €
Pour s'y rendre : 19 rte des Étangs à Toutainville (2,5 km à l'est, à gauche sous le pont de l'autoroute, près de la base nautique)

Nature : ← ⌂ ♀	
Loisirs : 🎦 ⛲ 🚲 ≈ (bassin)	
Services : ⚐ ⟲ ᗕ ⍾ 🖼	
À prox. : ⌖ ⚓	
Longitude : 0.48739	
Latitude : 49.3666	

502

PONT-AUTHOU

27290 – **304** E6 – 707 h. – alt. 49
▶ Paris 152 – Bernay 22 – Elbeuf 26 – Évreux 45

Municipal les Marronniers Permanent
ℰ 02 32 42 75 06, campingmunicipaldesmarronniers@orange.fr, Fax 02 32 56 34 51 – places limitées pour le passage
2,5 ha (64 empl.) plat, herbeux
Tarif : (Prix 2010) ✶ 3 € ⇔ 2 € 🔲 3 € – (ⁿ) (10A) 3 €
Location : (Prix 2010) (permanent) – 5 ⌂. Nuitée 41 € – Sem. 214 €
⛽ borne autre 4 € – 5 🔲 13 €
Pour s'y rendre : r. Louise Givon (au sud du bourg, par D 130, rte de Brionne, au bord d'un ruisseau)

Loisirs : ⌖	
Services : ⚐ ⟲ 🚻 🏛	
Longitude : 0.70332	
Latitude : 49.24193	

PONT-FARCY

14380 – **303** F6 – 523 h. – alt. 72
▶ Paris 296 – Caen 63 – St-Lô 30 – Villedieu-les-Poêles 22

Municipal de mi-avr. à fin sept.
ℰ 02 31 68 32 06, mairiedepontfarcy@orange.fr,
Fax 02 31 68 32 06, pont.farcy.fr
1,5 ha (60 empl.) plat, herbeux
Tarif : (Prix 2010) 9 € ✶✶ ⇔ 🔲 (ⁿ) (0A) – pers. suppl. 2 €
Pour s'y rendre : rte de Tessy (sortie nord par D 21, rte de Tessy-sur-Vire)
À savoir : au bord de la Vire

Loisirs : 🎦 ⛲ ✗ ⚬	
Services : ⚐ ⟲ 🚻	
À prox. : 🚲 canoë, pédalos	
Longitude : -1.05471	
Latitude : 48.97548	

PONTORSON

50170 – **303** C8 – 4 108 h. – alt. 15
🛈 *place de l'Hôtel de Ville* ℘ *0233602065*
▶ Paris 359 – Avranches 23 – Dinan 50 – Fougères 39

Haliotis ▲ – de mi-mars à mi-nov.
℘ 0233681159, *camping.haliotis@wanadoo.fr*,
Fax 0233589536, *www.camping-haliotis-mont-saint-michel.com*
6 ha/3,5 campables (152 empl.) plat, herbeux
Tarif : 25€ ✸✸ ⇔ 🔳 ⒢ (16A) – pers. suppl. 6€
Location : (de mi-mars à mi-nov.) – 30 🚐 – 4 🏠.
Nuitée 55 à 85€ – Sem. 290 à 590€
Pour s'y rendre : chemin des Soupirs (au nord-ouest par D 19, rte de Dol-de-Bretagne, près du Couesnon)

| Nature : ⩗ 🗔 |
| Loisirs : ♟ 🎦 ☺diurne (juil.-août) 🕴 🏊 jacuzzi 🏌 🚴 ⁻🎯 🎿 🏊 parcours de santé, mini-ferme |
| Services : 🕭 ⛽ 🏧 🚿 🛁 🚽 ⵯ 🍳 laverie |
| À prox. : 🏄 🎣 🐎 🐴 (centre équestre) |

| Longitude : -1.51448 |
| Latitude : 48.55698 |

To select the best route and follow it with ease,
To calculate distances,
To position a site precisely from details given in the text :
*Get the appropriate **MICHELIN regional map.***

PORT-EN-BESSIN

14520 – **303** H3 – 2 019 h. – alt. 10
🛈 *2, rue du Croiseur Montcalm* ℘ *0231224580*
▶ Paris 277 – Caen 43 – Hérouville-Saint-Clair 45 – Saint-Lô 47

Sunêlia Port'Land ▲ – de déb. avr. à déb. nov.
℘ 0231510706, *campingportland@wanadoo.fr*,
Fax 0231517649, *www.camping-portland.com*
8,5 ha (256 empl.) plat, herbeux
Tarif : 40€ ✸✸ ⇔ 🔳 ⒢ (10A) – pers. suppl. 8€
Location : (de déb. avr. à déb. nov.) – 90 🚐. Nuitée 72 à 127€ – Sem. 504 à 889€
🚐 borne flot bleu 5€
Pour s'y rendre : chemin du Castel, à 5 km de la plage
À savoir : jolie décoration florale et arbustive autour des différents étangs

| Nature : 🏖 🗔 |
| Loisirs : ♟ ✗ 🎦 ☺ 🕴 🏌 🔲 🎿 🏊 terrain multisports, parcours de santé |
| Services : 🕭 ⛽ 🛁 🚿 🚽 ⵯ laverie 🏊 🍳 |
| À prox. : 🏄 ⛳ golf |

| Longitude : -0.77111 |
| Latitude : 49.34722 |

QUIBERVILLE

76860 – **304** F2 – 508 h. – alt. 50
🛈 *983, rue de l'Église* ℘ *0235040832*
▶ Paris 199 – Dieppe 18 – Fécamp 50 – Rouen 67

Municipal de la Plage de déb. avr. à fin oct.
℘ 0235830104, *campingplage3@wanadoo.fr*,
Fax 0235851025, *www.campingplagequiberville.com*
– places limitées pour le passage
2,5 ha (202 empl.) plat, herbeux
Tarif : (Prix 2010) ✸ 5€ 🔳 9€ – ⒢ (10A) 5€
🚐 borne autre 4€
Pour s'y rendre : 123 r. de la Saane (à Quiberville-Plage, accès par D 127, rte d'Ouville-la-Rivière)
À savoir : à 100 m de la mer

| Nature : ⩗ 🗔 |
| Loisirs : 🎦 🏌 |
| Services : 🕭 ⛽ 🛁 🍳 📷 |
| À prox. : 🏄 ⛳ |

| Longitude : 0.92878 |
| Latitude : 49.90507 |

RAVENOVILLE

50480 – **303** E3 – 241 h. – alt. 6
▶ Paris 328 – Barfleur 27 – Carentan 21 – Cherbourg 40

▲▲▲ **Le Cormoran** ▲▲ – de déb. avr. à fin sept.
☎ 02 33 41 33 94, *lecormoran@wanadoo.fr*,
Fax 02 33 95 16 08, *www.lecormoran.com* – places
limitées pour le passage
6,5 ha (256 empl.) plat, herbeux, sablonneux
Tarif : 32 € ▲▲ ⬛ 🅗 (6A) – pers. suppl. 8 € – frais de
réservation 10 €
Location : (de déb. avr. à fin sept.) **Ⓟ** – 36 ⬛
– 6 ⬛. Nuitée 35 à 90 € – Sem. 238 à 518 € – frais de
réservation 10 €
⬛ borne artisanale 4 € – 10 ⬛ 15 € – 🅗 15 €
Pour s'y rendre : 2 r. du Cormoran (3,5 km au nord-est
par D 421, rte d'Utah-Beach, près de la plage)
À savoir : belle décoration florale et arbustive

Nature : ⬛
Loisirs : 🍴 snack, pizzeria ⬛
⬛ ▲▲ ⬛ ⬛ ⬛ ⬛
⬛ ⬛ terrain multisports, tir à la
carabine
Services : ⬛ ⬛ ⬛ ⬛ ⬛ ⬛
laverie ⬛, ⬛
À prox. : ⬛

Longitude : -1.23228
Latitude : 49.46344

Verwechseln Sie bitte nicht :
▲... bis ... ▲▲▲: MICHELIN-Klassifizierung
und
★ ... bis ... ★★★★★ : offizielle Klassifizierung

LE ROZEL

50340 – **303** B3 – 273 h. – alt. 21
▶ Paris 369 – Caen 135 – Cherbourg 26 – Rennes 197

▲▲ **Le Ranch** de déb. avr. à fin sept.
☎ 02 33 10 07 10, *contact@camping-leranch.com*,
Fax 02 33 10 07 11, *www.camping-leranch.com*
4 ha (130 empl.) terrasse, vallonné, plat, herbeux,
sablonneux
Tarif : (Prix 2010) 32 € ▲▲ ⬛ ⬛ 🅗 (10A) – pers.
suppl. 7 €
Location : (Prix 2010) (de déb. avr. à fin sept.) – 13 ⬛.
Sem. 330 à 720 €
Pour s'y rendre : au lieu-dit : La Mielle (2 km au sud-
ouest par D 117 et D 62 à dr.)
À savoir : en bordure de plage

Nature : ⬛ ⬛
Loisirs : 🍴 snack ⬛ ⬛ ⬛
⬛ ⬛
Services : ⬛ ⬛ (juil.-août) ⬛ ⬛
⬛ ⬛ laverie
À prox. : ⬛ ⬛ ⬛, char à voile

Longitude : -1.83379
Latitude : 49.48622

ST-ARNOULT

14800 – **303** M3 – 1 004 h. – alt. 4
▶ Paris 198 – Caen 43 – Le Havre 41 – Rouen 90

▲▲▲ **La Vallée de Deauville** ▲▲ – de déb. avr. à fin oct.
☎ 02 31 88 58 17, *contact@campingdeauville.com*,
Fax 02 31 88 11 57, *www.campingdeauville.com* – places
limitées pour le passage
10 ha (411 empl.) plat, herbeux
Tarif : ▲ 9 € ⬛ ⬛ 12 € – 🅗 (10A) 4 € – frais de
réservation 23 €
Location : – 45 ⬛. Nuitée 85 € – Sem. 325 à 775 €
– frais de réservation 23 €
⬛ borne autre 8 €
Pour s'y rendre : av. de la Vallée (1 km au sud par D 27,
rte de Varaville et D 275, rte de Beaumont-en-Auge à
gauche, au bord d'un ruisseau et près d'un plan d'eau)
À savoir : autour d'un agréable plan d'eau

Nature : ⬛ ⬛
Loisirs : 🍴 snack ⬛ ⬛ ▲▲ ⬛
⬛ ⬛ ⬛ terrain multisports
Services : ⬛ ⬛ ⬛ ⬛ laverie
⬛ ⬛
À prox. : ⬛ ⬛ ⬛ ⬛ ⬛ ⬛ ⬛
golf

Longitude : 0.09587
Latitude : 49.34615

ST-AUBIN-SUR-MER

14750 – **303** J4 – 1 836 h.
🏛 *digue Favreau* 🕿 *0231973041*
▶ Paris 252 – Arromanches-les-Bains 19 – Bayeux 29 – Cabourg 32

⛰ **Yelloh! Village Côte de Nacre** ♣♠ – de déb. avr. à fin sept.
🕿 023197 1445, *camping-cote-de-nacre@wanadoo.
fr*, Fax 0231972211, *www.camping-cote-de-nacre.com*
– places limitées pour le passage
8 ha (440 empl.) plat, herbeux
Tarif : 44€ ♣♣ ⬅ 🅴 🄵 (10A) – pers. suppl. 8€

Location : (de déb. avr. à fin sept.) – 220 🛖. Nuitée
55 à 159€ – Sem. 385 à 1 113€
🚐 borne artisanale
Pour s'y rendre : 17 r. du Gal Moulton (au sud du bourg
par D 7b)

À savoir : parc aquatique en partie couvert

Loisirs : 🍴 snack 🎦 🛝 🏓 patinoire, spa 🏋 🚴 🎣 🏊 terrain mulisports
Services : 🚿 ⛽ 🚽 🛁 🧺 laverie 🚮 ♻
À prox. : 🎾

Longitude : -0.38979
Latitude : 49.32664

ST-AUBIN-SUR-MER

76740 – **304** F2 – 265 h. – alt. 15
▶ Paris 191 – Dieppe 21 – Fécamp 46 – Rouen 59

⛰ **Municipal le Mesnil** de déb. avr. à fin oct.
🕿 0235830283, *lemesnil76@orange.fr*,
Fax 0235862526
2,2 ha (117 empl.) en terrasses, plat, herbeux
Tarif : (Prix 2010) ♣ 4,75€ ⬅ 2,30€ 🅴 4,20€ –
🄵 (16A) 4,10€
Location : (Prix 2010) 🚐 – 2 🛖. Nuitée 61 à 81€
– Sem. 384 à 505€
🚐 borne artisanale 4,65€
Pour s'y rendre : 2 km à l'ouest par D 68, rte de Veules-
les-Roses

À savoir : dans une ancienne ferme normande

Nature : 🌿 🏞
Loisirs : 🎦 🏋
Services : 🚿 ⛽ 🚽 laverie 🚮

Longitude : 0.87535
Latitude : 49.88917

505

ST-EVROULT-NOTRE-DAME-DU-BOIS

61550 – **310** L2 – 439 h. – alt. 355
▶ Paris 153 – L'Aigle 14 – Alençon 56 – Argentan 42

⛰ **Municipal des Saints-Pères** de déb. avr. à fin
sept.
🕿 0658061460, Fax 0233349312
0,6 ha (27 empl.) terrasse, plat, herbeux, gravillons, bois
attenant
Tarif : ♣ 3€ ⬅ 2€ 🅴 4€ – 🄵 (10A) 3€
🚐 borne eurorelais 2€ – 🚱 9€
Pour s'y rendre : au sud-est du bourg

À savoir : agréable situation, au bord d'un plan d'eau

Nature : 💧
Loisirs : 🏋 🎾 🎣 🚣 🛶 pédalos
Services : 🚿 ⛽ 🚮 ✂
À prox. : 🐎

Longitude : 0.46525
Latitude : 48.78908

ST-GEORGES-DU-VIÈVRE

27450 – **304** D6 – 683 h. – alt. 138
🏛 *1, route de Montfort* 🕿 *0232563429*
▶ Paris 161 – Bernay 21 – Évreux 54 – Lisieux 36

⛰ Municipal du Vièvre
🕿 0232427679, *camping.stgeorgesduvievre@wanadoo.
fr*, Fax 0232428042, *www.camping-normand.com*
1,1 ha (50 empl.) plat, herbeux
Pour s'y rendre : rte de Noards (sortie sud-ouest par
D 38)

Nature : 🌿 🏞
Loisirs : 🚴
Services : 🚿 🛁 🚽
À prox. : 🎾 🏊

Longitude : 0.58063
Latitude : 49.24266

ST-GERMAIN-SUR-AY

50430 – **303** C4 – 867 h. – alt. 5

🗓 *route de la Mer* 𝄞 02 33 07 02 75

➡ Paris 345 – Barneville-Carteret 26 – Carentan 35 – Coutances 27

Aux Grands Espaces de déb. avr. à mi-sept.
𝄞 02 33 07 10 14, *auxgrandsespaces@orange.fr*,
Fax 02 33 07 22 59, *www.auxgrandsespaces.com* – places
limitées pour le passage
13 ha (580 empl.) plat et accidenté, sablonneux, herbeux
Tarif : 22 € 👥 🚐 🅴 ⚡ (4A) – pers. suppl. 6 €
Location : (de déb. avr. à mi-sept.) 🚐 – 20 🛖
– 3 bungalows toilés. Sem. 170 à 570 €
Pour s'y rendre : 6 r. du Camping (4 km à l'ouest par
D 306, à St-Germain-Plage)

| Nature : 🏖 🚏 ⛱ |
| Loisirs : 🍴 snack 🎮 🛝 🏀 |
| Services : ☕ (juil.-août) laverie 🏪 |
| À prox. : 🐎 sentier pédestre, char à voile |

| Longitude : -1.64028 |
| Latitude : 49.23419 |

ST-HILAIRE-DU-HARCOUËT

50600 – **303** F8 – 4 207 h. – alt. 70

🗓 *avenue, Maréchal Leclerc* 𝄞 02 33 79 38 88

➡ Paris 339 – Alençon 100 – Avranches 27 – Caen 102

Municipal de la Sélune
𝄞 02 33 49 43 74, *info@st-hilaire.fr*, Fax 02 33 79 38 71,
www.st-hilaire.fr
1,9 ha (90 empl.) plat, herbeux
Pour s'y rendre : 700 m au nord-ouest par N 176, rte
d'Avranches et à dr., près de la rivière

| Loisirs : 🎮 🏀 |
| Services : 🚿 ⚷ 🖨 |
| À prox. : ✗ 🏀 🎣 🏊 ⛷ 🚲 |

| Longitude : -1.09324 |
| Latitude : 48.57745 |

🏕 ... 🏕

Terrains particulièrement agréables dans leur ensemble et dans leur catégorie.

ST-JEAN-DE-LA-RIVIÈRE

50270 – **303** B3 – 354 h. – alt. 20

➡ Paris 351 – Caen 119 – Saint-Lô 63 – Cherbourg 40

Yelloh! village Les Vikings de déb. avr. à déb. oct.
𝄞 02 33 53 84 13, *contact@camping-lesvikings.com*,
Fax 02 33 53 08 19, *www.camping-lesvikings.com*
6 ha (250 empl.) plat, herbeux, sablonneux
Tarif : 41 € 👥 🚐 🅴 ⚡ (6A) – pers. suppl. 7 €
Location : (de déb. avr. à déb. oct.) – 65 🛖. Nuitée
169 € – Sem. 1 183 €
🚲 borne artisanale
Pour s'y rendre : 4 r. des Vikings (par D 166 et chemin
à dr.)
À savoir : entrée agrémentée de fleurs et petits palmiers

| Nature : 🏖 🚏 |
| Loisirs : 🍴 ✗ 🎮 🎭 salle d'anima- tion 🏀 ⛷ |
| Services : ☕ 🛁 🖨 🍴 🏪 🚲 |
| À prox. : 🏀 🐎 golf, char à voile |

| Longitude : -1.75293 |
| Latitude : 49.36335 |

ST-MARTIN-EN-CAMPAGNE

76370 – **304** H2 – 1 274 h. – alt. 118

➡ Paris 209 – Dieppe 13 – Rouen 78 – Le Tréport 18

Domaine les Goélands de déb. mars à mi-nov.
𝄞 02 35 83 82 90, *domainelesgoelands@orange.fr*,
Fax 02 35 83 21 79, *www.lesdomaines.org* – places
limitées pour le passage
3 ha (154 empl.) en terrasses, peu incliné, herbeux
Tarif : 22 € 👥 🚐 🅴 ⚡ (16A) – pers. suppl. 4 €
Location : (de déb. mars à mi-nov.) – 8 🛖. Sem.
390 à 610 €
🚲 5 🅴 22 €
Pour s'y rendre : r. des Grèbes (2 km au nord-ouest, à
St-Martin-Plage)

| Nature : ⛰ 🚏 |
| Loisirs : 🎮 🎱 salle de billard 🏀 🏀 🏉 terrain multisports |
| Services : 🚿 ⚷ 🖨 ⛷ 🚲 🍴 🖨 |

| Longitude : 1.20393 |
| Latitude : 49.96669 |

ST-PAIR-SUR-MER

50380 – **303** C7 – 3 719 h. – alt. 30
🏠 *35, route de Granville* 🅿 02 33 50 52 77
▶ Paris 342 – Avranches 24 – Granville 4 – Villedieu-les-Poêles 29

△ **Angomesnil** de fin juin à déb. sept.
🅿 02 33 51 64 33, *info@angomesnil.com, www. angomesnil.com* 🚫
1,2 ha (45 empl.) plat, herbeux
Tarif : 🕴 4€ 🚗 2€ 🔲 3€ – (½) (6A) 3€ – frais de réservation 15€
Pour s'y rendre : 891 rte du Guigeois (4,9 km au sud-est par D 21, rte de St-Michel-des-Loups et D 154 à gauche, rte de St-Aubin-des-Préaux)

Nature : 🐾 ♀
Loisirs : 🎬 🏓
Services : 🚿 🔌 🗑 🔲
À prox. : 🎾 ⛵ 🏠 🔲 (découverte en saison) 🐎 🏃 parcours sportif, piste de roller

Longitude : -1.52583
Latitude : 48.79083

ST-SAUVEUR-LE-VICOMTE

50390 – **303** C3 – 2 063 h. – alt. 30
🏠 *le Vieux Château* 🅿 02 33 21 50 44
▶ Paris 336 – Barneville-Carteret 20 – Cherbourg 37 – St-Lô 56

△ **Municipal du Vieux Château** de mi-juin à mi-sept.
🅿 02 33 41 72 04, *ot.ssv@wanadoo.fr*, Fax 02 33 95 88 85, *www.saintsauveurlevicomte.stationverte.com*
1 ha (57 empl.) plat, herbeux
Tarif : (Prix 2010) 🕴 3€ 🚗 🔲 4€ – (½) (6A) 2€
Pour s'y rendre : av. Division Leclerc (au bourg, au bord de la Douve)

À savoir : au pied du château médiéval

Loisirs : 🎬
Services : 🚿 🔌 🧺 laverie
À prox. : 🏓 🎾 canoë

Longitude : -1.52956
Latitude : 49.3856

ST-SYMPHORIEN-LE-VALOIS

50250 – **303** C4 – 771 h. – alt. 35
▶ Paris 335 – Barneville-Carteret 19 – Carentan 25 – Cherbourg 47

△△ **L'Étang des Haizes** de déb. avr. à mi-oct.
🅿 02 33 46 01 16, *info@campingetangdeshaizes.com*, Fax 02 33 47 23 80, *www.campingetangdeshaizes.com*
3,5 ha (98 empl.) plat, et peu incliné, herbeux
Tarif : 🕴 7€ 🚗 🔲 17€ – (½) (10A) 6€

Location : (de déb. avr. à fin sept.) 🚫 (de déb. avr. à fin juin) – 24 🛖 – 4 🏠 – 1 tipi – 2 tentes. Nuitée 40 à 119€ – Sem. 240 à 833€
🏕 10 🔲 16€ – 🚐 14€
Pour s'y rendre : r. Cauticote (sortie nord par D 900, rte de Valognes et D 136 à gauche vers le bourg)

À savoir : agréable cadre verdoyant autour d'un bel étang

Nature : 🏞
Loisirs : 🍴 snack 🎬 🏓 🎠 🎣 🏊 🛶
Services : 🚿 🔌 🍴 laverie

Longitude : -1.546
Latitude : 49.29934

507

ST-VAAST-LA-HOUGUE

50550 – **303** E2 – 2 080 h. – alt. 4
🏠 *1, place Général de Gaulle* 🅿 02 33 23 19 32
▶ Paris 347 – Carentan 41 – Cherbourg 31 – St-Lô 68

△△ **La Gallouette** de déb. avr. à fin sept.
🅿 02 33 54 20 57, *contact@camping-lagallouette.fr*, Fax 02 33 54 16 71, *www.lagallouette.com*
2,3 ha (170 empl.) plat, herbeux
Tarif : (Prix 2010) 🕴 5€ 🚗 🔲 6€ – (½) (10A) 5€

Location : (Prix 2010) (de déb. avr. à fin sept.) – 15 🛖 – 10 🏠. Nuitée 70 à 83€ – Sem. 309 à 581€
🏕 borne eurorelais 2€ – 29 🔲 7€ – 🚐 (½) 15€
Pour s'y rendre : 10bis r. de la Gallouette (au sud du bourg, à 500 m de la plage)

Nature : 🏞
Loisirs : 🍴 🎬 🎮 🏓 ⛷ terrain multisports
Services : 🚿 🔌 ⛺ 🍴 laverie
À prox. : 🎾 🛶 parcours de santé

Longitude : -1.26864
Latitude : 49.58391

ST-VALERY-EN-CAUX

76460 – **304** E2 – 4 508 h. – alt. 5
🄸 *quai Amont* 𝒫 *02 35 97 00 63*
▶ Paris 190 – Bolbec 46 – Dieppe 35 – Fécamp 33

   ⚠ **Municipal Etennemare** Permanent
     𝒫 02 35 97 15 79, *servicetourisme@ville-saint-valery-en-caux.fr*, Fax 02 35 97 15 79 – places limitées pour le passage
     4 ha (116 empl.) plat, peu incliné, herbeux
     Tarif : (Prix 2010) 15 € ✦✦ ⊶ ▤ ⓗ (6A) – pers. suppl. 3 €
     Location : (Prix 2010) (permanent) – 10 ⌂. Sem. 412 €
     Pour s'y rendre : au hameau d'Etennemare (au sud-ouest, vers le hameau du Bois d'Entennemare)

Nature : ⛰ ☲
Loisirs : 🎏
Services : ⚒ ⊶ ▥ ♨ ☍ 🛒 ▣
À prox. : ⚿ 🔲 parcours sportif

Longitude : 0.6999
Latitude : 49.85626

Dieser Führer stellt kein vollständiges Verzeichnis aller Campingplätze dar, sondern nur eine Auswahl der besten Plätze jeder Kategorie.

STE-MARIE-DU-MONT

50480 – **303** E3 – 774 h. – alt. 31
▶ Paris 318 – Barfleur 38 – Carentan 11 – Cherbourg 47

   ⚠ **Utah-Beach** de déb. avr. à mi-sept.
     𝒫 02 33 71 53 69, *contact@camping-utahbeach.com*, Fax 02 33 71 07 11, *www.camping-utahbeach.com*
     – places limitées pour le passage
     4,2 ha (110 empl.) plat et peu incliné, herbeux
     Tarif : ✦ 6 € ⊶ ▤ 11 € – ⓗ (6A) 4 €
     Location : (de déb. avr. à mi-sept.) ⚏ – 4 ⊡ – 14 ⌂. Nuitée 70 à 100 € – Sem. 360 à 620 €
     ⊞ borne autre 4 € – ⛟ ⓗ 18 €
     Pour s'y rendre : 6 km au nord-est par D 913 et D 421, à 150 m de la plage

Nature : ⛰ ☲
Loisirs : ☂ snack 🎏 ⇋s jacuzzi salle d'animation ⛹ ⚽ m 🛝 terrain multisports
Services : ⊶ ⚑ laverie ⚖ ⚒
À prox. : char à voile, VTT

Longitude : -1.22568
Latitude : 49.38211

STE-MÈRE-ÉGLISE

50480 – **303** E3 – 1 611 h. – alt. 28
🄸 *6, rue Eisenhower* 𝒫 *02 33 21 00 33*
▶ Paris 321 – Bayeux 57 – Cherbourg 39 – St-Lô 42

   ⚠ **Municipal** de mi-mars à mi-oct.
     𝒫 02 33 41 35 22, *mairie-sme@wanadoo.fr*, Fax 02 33 41 79 15
     1,3 ha (70 empl.) plat, herbeux
     Tarif : 16 € ✦✦ ⊶ ▤ ⓗ (12A) – pers. suppl. 3,50 €
     ⊞ borne artisanale 1 €
     Pour s'y rendre : 6 r. Airborne (sortie est par D 17 et à dr., près du terrain de sports)

Nature : ⛰
Loisirs : 🎏 salle multisports ⛹ 🚲 ⚽ 🔲
Services : ⊶ ⚑ laverie

Longitude : -1.31184
Latitude : 49.41003

SIOUVILLE-HAGUE

50340 – **303** A2 – 1 092 h. – alt. 76
▶ Paris 372 – Barneville-Carteret 156 – Cherbourg 21 – Valognes 35

   ⚠ **Municipal Clairefontaine**
     𝒫 02 33 52 42 73, *mairiesiouvillehague@wanadoo.fr*, Fax 02 33 87 60 04, *www.ville-siouville-hague.fr*
     3,6 ha (100 empl.) plat, peu incliné, herbeux, sablonneux
     ⊞ borne flot bleu
     Pour s'y rendre : 5 r. Alfred-Rossel (sortie nord-est par D 64)

Nature : ⛰ ♀
Services : ⚒ ▥ ▣
À prox. : ⊞

Longitude : -1.83872
Latitude : 49.56994

SURRAIN

14710 – **303** G4 – 152 h. – alt. 40
▶ Paris 278 – Cherbourg 83 – Rennes 187 – Rouen 167

⛰ **La Roseraie d'Omaha** de déb. avr. à fin oct.
℘ 0231211771, *camping-laroseraie@orange.fr*,
Fax 0231510220, *www.camping-calvados-normandie.fr*
3 ha (66 empl.) plat, peu incliné, incliné, herbeux
Tarif : 23€ ✸✸ ⬌ 🅴 (⚡) (10A) – pers. suppl. 6€
Location : (de déb. avr. à fin sept.) – 6 🛏 – 15 🏠
– 1 gîte. Nuitée 100€ – Sem. 567€
🚐 10 🅴 16€ – 🚿 14€
Pour s'y rendre : r. de l'église (sortie sud par D 208, rte de Mandeville-en-Bessin)

Nature : ⛺ ♀	
Loisirs : 🍴 ⛹ ✂ 🎯 🔲 ⛵	
Services : & ⚡ ⬛ 🚰 🚽 🍴 laverie	
À prox. : 🏇 (centre équestre)	

Longitude : -0.86417
Latitude : 49.32555

SURTAINVILLE

50270 – **303** B3 – 1 240 h. – alt. 12
▶ Paris 367 – Barneville-Carteret 12 – Cherbourg 29 – St-Lô 42

⛰ **Municipal les Mielles** Permanent
℘ 0233043104, *camping.lesmielles@wanadoo.fr*,
Fax 0233402265, *www.surtainville.com.fr* – ℞
1,6 ha (129 empl.) plat, herbeux, sablonneux, gravillons
Tarif : ✸ 3€ ⬌ 🅴 3€ – (⚡) (4A) 3€
Location : (permanent) – 2 🛏. Sem. 230 à 419€
🚐 borne autre 4€ – 6 🅴
Pour s'y rendre : 80 rte des Laguettes (1,5 km à l'ouest par D 66 et rte de la mer, à 80 m de la plage, accès direct)

Nature : 🐟	
Loisirs : 🍴 ⛹	
Services : & ⚡ ⬛ 🚽 🚰 🍴 laverie	
À prox. : ✂ char à voile	

Longitude : -1.82573
Latitude : 49.46322

THURY-HARCOURT

14220 – **303** J6 – 1 863 h. – alt. 45 – Base de loisirs
🛈 2, place Saint-Sauveur ℘ 0231797045
▶ Paris 257 – Caen 28 – Condé-sur-Noireau 20 – Falaise 27

⛰ **Le Traspy**
℘ 0231796180, Fax 0231796180
1,5 ha (92 empl.) plat et terrasse, herbeux
Location : – 7 🛏 – 2 🏠.
🚐 borne – 5 🅴 – 🚿
Pour s'y rendre : r. du Pont Benoît (à l'est du bourg par bd du 30-Juin-1944 et chemin à gauche)
À savoir : au bord du Traspy et près d'un plan d'eau

Nature : ⛺ ♀	
Loisirs : 🍴 ≋ ⛹ spa	
Services : & ⚡ 🚽 🍴 laverie	
À prox. : 🚴 ✂ 🔲 ⛵ parapente, canoë	

Longitude : -0.47501
Latitude : 48.9865

En juin et septembre les campings sont plus calmes, moins fréquentés et pratiquent souvent des tarifs " hors saison ".

TOUFFREVILLE-SUR-EU

76910 – **304** H2 – 210 h. – alt. 45
▶ Paris 171 – Abbeville 46 – Amiens 101 – Blangy-sur-Nesle 35

⛰ **Municipal Les Acacias** de mi-avr. à fin sept.
℘ 0235506633, *campingacacias76@orange.fr*,
Fax 0235838042, *camping-acacias.fr*
1 ha (50 empl.) plat, herbeux
Tarif : (Prix 2010) 10€ ✸✸ ⬌ 🅴 (⚡) (6A) – pers. suppl. 2€
Pour s'y rendre : au lieu-dit : Les Prés du Thil (1 km au sud-est par D 226 et D 454, rte de Guilmecourt)

Nature : 🐟 ⛺	

Longitude : 1.33537
Latitude : 49.99531

NORMANDIE

TOURLAVILLE

50110 – **303** C2 – 16 591 h. – alt. 27

▶ Paris 359 – Carentan 52 – Carteret 43 – Cherbourg 5

Le Collignon de déb. mai à fin sept.
℘ 02 33 20 16 88, *camping-collignon@wanadoo.fr*,
Fax 02 33 44 81 71
10 ha/2 campables (82 empl.) plat, herbeux, sablonneux
Tarif : (Prix 2010) ♣ 5 € ⇔ 🅴 7 € – 🅷 (10A) 4 €
Location : (Prix 2010) (de mi-avr. à mi-nov.) – 8 ⬛.
Nuitée 75 à 86 € – Sem. 328 à 579 €
🚐 borne raclet 2 € – 10 🅴
Pour s'y rendre : 215 r. des Algues (2 km au nord par
D 116, rte de Bretteville, près de la plage)

Nature : 🏞	
Loisirs : 🏊 🛶	
Services : ⚒ 🚿 (juil.-août) ⚽ 🅰 🖫	
À prox. : 🍴 🐴 ✗ 🎣 ⚓ centre nautique, parcours de santé	
Longitude : -1.56644	
Latitude : 49.65468	

TOUSSAINT

76400 – **304** C3 – 731 h. – alt. 105

▶ Paris 196 – Bolbec 24 – Fécamp 5 – Rouen 69

Municipal du Canada de mi-mars à mi-oct.
℘ 02 35 29 78 34, *mairie.toussaint@wanadoo.fr*,
Fax 02 35 27 48 82, *www.commune-de-toussaint.fr*
– places limitées pour le passage
2,5 ha (100 empl.) plat et peu incliné, herbeux
Tarif : (Prix 2010) ♣ 3 € ⇔ 1 € 🅴 2 € – 🅷 (10A) 3 €
Location : (Prix 2010) (de mi-mars à mi-oct.) – 1 ⬛
– 2 🏠. Nuitée 50 € – Sem. 330 à 407 €
🚐 6 🅴 12 €
Pour s'y rendre : r. de Rouen (500 m au nord-ouest par
D 926, rte de Fécamp et chemin à gauche)

Nature : 🏞 ♀	
Services : ⚒ 🚿 🖫	
À prox. : 🛶 ✗ 🎣	
Longitude : 0.41606	
Latitude : 49.74047	

*Ask your bookseller for the catalogue of **MICHELIN** publications.*

510

LE TRÉPORT

76470 – **304** I1 – 5 728 h. – alt. 12

🛈 *quai Sadi Carnot* ℘ 02 35 86 05 69

▶ Paris 180 – Abbeville 37 – Amiens 92 – Blangy-sur-Bresle 26

Municipal les Boucaniers de déb. avr. à fin sept.
℘ 02 35 86 35 47, *camping@ville-le-treport.fr*,
Fax 02 35 86 55 82, *www.ville-le-treport.fr/camping* – 🏠
5,5 ha (340 empl.) plat, herbeux
Tarif : (Prix 2010) ♣ 4 € ⇔ 4 € 🅴 4 € – 🅷 (6A) 9 €
Location : (Prix 2010) (permanent) – 50 ⬛. Sem.
220 à 460 € – frais de réservation 3 €
🚐 27 🅴 18 €
Pour s'y rendre : r. Pierre Mendès-France (av. des
Canadiens, près du stade)

Nature : ♀	
Loisirs : 🛶 🎣	
Services : ⚒ 🚿 🎿 ▾ laverie	
À prox. : ✗	
Longitude : 1.38752	
Latitude : 50.0572	

TRÉVIÈRES

14710 – **303** G4 – 943 h. – alt. 14

🛈 *place du Marché* ℘ 02 31 22 04 60

▶ Paris 283 – Bayeux 19 – Caen 49 – Carentan 31

Municipal Sous les Pommiers de déb. avr. à fin sept.
℘ 02 31 92 89 24, *mairie-trevieres@voila.fr*,
Fax 02 31 22 19 49
1,2 ha (73 empl.) plat, herbeux
Tarif : ♣ 3 € ⇔ 2 € 🅴 3 € – 🅷 (10A) 3 €
Pour s'y rendre : sortie nord par D 30, rte de Formigny,
près d'un ruisseau
À savoir : emplacements sous les pommiers

Nature : 🏞 ♀	
Loisirs : 🛶	
Services : ⚒ ⚽ 🅰 🖫	
À prox. : 🎣 🐴 poneys	
Longitude : -0.90498	
Latitude : 49.30957	

VEULES-LES-ROSES

76980 – **304** E2 – 582 h. – alt. 15
🏠 27, rue Victor-Hugo 🕿 0235976305
▶ Paris 188 – Dieppe 27 – Fontaine-le-Dun 8 – Rouen 57

   ▲▲ Les Mouettes
    🕿 0235976198, camping-mouettes@veules-les-roses.
    fr, Fax 0235973344
    3,6 ha (150 empl.) plat, herbeux
    🚐 borne eurorelais
    Pour s'y rendre : av. Jean-Moulin (sortie est par D 68,
    rte de Sotteville-sur-Mer, à 500 m de la plage)

Nature :
Loisirs :
Services :

Longitude : 0.80133
Latitude : 49.87318

LE VEY

14570 – **303** J6 – 84 h. – alt. 50
▶ Paris 269 – Caen 47 – Hérouville-Saint-Clair 46 – Flers 23

   ▲▲ Les Rochers des Parcs
    🕿 0231697036, camping.normandie@gmail.com, www.
    ocampings.com/campingdecy
    1,5 ha (100 empl.) peu incliné, plat, herbeux
    Location : – 10 🛖 – chalets (sans sanitaires).
    🚐 borne artisanale – 4 ▣
    Pour s'y rendre : au lieu-dit : La Cour

Nature :
Loisirs : snack canoë kayak
Services : laverie
À prox. : parapente, escalade, golf

Longitude : -0.47383
Latitude : 48.91367

VILLEDIEU-LES-POÊLES

50800 – **303** E6 – 3 909 h. – alt. 105
🏠 43 place de la République 🕿 0233610569
▶ Paris 314 – Alençon 122 – Avranches 26 – Caen 82

   ▲▲ **Flower Les Chevaliers** de déb. avr. à mi-oct.
    🕿 0233610244, contact@camping-deschevaliers.com,
    Fax 0233494993, www.camping-deschevaliers.com
    1,2 ha (100 empl.) plat, herbeux, gravillons
    Tarif : 25€ ✶✶ ⬅ ▣ (8A) – pers. suppl. 5€
    Location : (de déb. avr. à mi-oct.) – 11 🛖 – 4 🏠.
    Nuitée 40 à 63€ – Sem. 200 à 441€
    🚐 borne eurorelais 14€ – 12 ▣ 14€ – 🚐 14€
    Pour s'y rendre : 2 impasse Pré-de-la-Rose (accès par
    centre-ville, r. des Costils à gauche de la poste)
    À savoir : cadre agréable et soigné au bord de la Sienne

Nature :
Loisirs :
Services : laverie
À prox. :

Longitude : -1.21694
Latitude : 48.83639

VILLERS-SUR-MER

14640 – **303** L4 – 2 597 h. – alt. 10
🏠 place Jean Mermoz 🕿 0231870118
▶ Paris 208 – Caen 35 – Deauville 8 – Le Havre 52

   ▲▲ **Bellevue** de déb. avr. à fin oct.
    🕿 0231870521, camping-bellevue@wanadoo.fr,
    Fax 0231870967, www.camping-bellevue.com – places
    limitées pour le passage
    5,5 ha (257 empl.) plat et en terrasses, incliné, herbeux
    Tarif : 24,50€ ✶✶ ⬅ ▣ (6A) – pers. suppl. 6,50€
    – frais de réservation 16€
    Location : – 10 🛖. Nuitée 136 à 175€ – Sem.
    330 à 705€ – frais de réservation 16€
    Pour s'y rendre : rte de Dives (2 km au sud-ouest par
    D 513, rte de Cabourg)
    À savoir : situation dominante sur la baie de Deauville

Nature :
Loisirs : pizzeria nocturne
Services : laverie
À prox. : golf

Longitude : -0.00951
Latitude : 49.31613

VIMOUTIERS

61120 – **310** K1 – 3 918 h. – alt. 95

🛈 *21 place de Mackau* 𝒫 *0233674942*

▶ Paris 185 – L'Aigle 46 – Alençon 66 – Argentan 31

⚠ **Municipal la Campière** de déb. mai à fin oct.
𝒫 0233391886, *campingmunicipalvimoutiers@*
wanadoo.fr, Fax 0233391886, *www.mairie-vimoutiers.fr*
1 ha (40 empl.) plat, herbeux
Tarif : (Prix 2010) 🏕 3 € ⬅ 2 € 🔲 2 € – 🔌 (50A) 2 €

Location : (Prix 2010) (permanent) – 4 🛖. Sem.
250 à 300 €

🚐 borne autre – 5 🔲
Pour s'y rendre : 14 bd Dentu (700 m au nord vers rte
de Lisieux, au stade, au bord de la Vie)

À savoir : bâtiments de style Normand dans un cadre
verdoyant et fleuri

| Nature : 🏞 ♀ |
| Loisirs : 🏛 🏊 🍴 |
| Services : 🚿 🔌 📶 |
| À prox. : 🛒 |

| Longitude : 0.19572 |
| Latitude : 48.93102 |

VITTEFLEUR

76450 – **304** D3 – 627 h. – alt. 9

▶ Paris 190 – Bolbec 38 – Dieppe 43 – Fécamp 25

⚠ **Municipal les Grands Prés** de déb. avr. à fin sept.
𝒫 0235975382, *mairie-de-vittefleur@wanadoo.fr*,
Fax 0235975382 – places limitées pour le passage
2,6 ha (100 empl.) plat, herbeux
Tarif : (Prix 2010) 🏕 3 € ⬅ 3 € 🔲 3 € – 🔌 (16A) 3 €
Pour s'y rendre : 61 Grande Rue (700 m au nord par
D 10, rte de Veulettes-sur-Mer)

À savoir : au bord de la Durdent

| Loisirs : 🏛 🏊 🚲 🛶 |
| Services : 🚿 🔌 📶 |
| À prox. : 🛒 squash 🍴 🎾 ⚓ ♦ |
| pédalos, luge, ski nautique, canoë |

| Longitude : 0.63747 |
| Latitude : 49.81346 |

PAYS DE LA LOIRE

S. Sauvignier/Michelin

D'abord il y a, baigné par la Loire, le « jardin de la France », son atmosphère paisible, ses châteaux somptueux et leurs magnifiques parterres fleuris, ses vergers plantureux et ses vignobles dont le nectar rehausse d'arômes subtils la dégustation de rillettes, d'une matelote d'anguilles ou d'un fromage de chèvre. Ensuite le pays Nantais, encore imprégné des senteurs d'épices du Nouveau Monde, et qui partage aujourd'hui sa fierté entre le muguet et le muscadet. Enfin la Vendée, authentique par son bocage encore marqué par la révolte des chouans, secrète par ses marais gardiens de coutumes ancestrales, décontractée dans ses stations balnéaires, ludique lors des spectacles du Puy-du-Fou… Gourmande aussi, mais dans la simplicité d'un plat de mojettes, d'une chaudrée ou d'une brioche vendéenne.

First there is the « Garden of France », renowned for its peaceful ambience, sumptuous manor houses and castles, magnificent floral gardens and acres of orchards and vineyards. Tuck into a slab of rillettes pâté or a slice of goat's cheese while you savour a glass of light Loire wine. Continue downriver to Nantes, once steeped in the spices brought back from the New World: this is the home of the famous dry Muscadet. Further south, the Vendée still echoes to the cries of the Royalists' tragic last stand. Explore the secrets of its salt marshes, relax in its seaside resorts or head for the spectacular attractions of the Puy du Fou amusement park. Simple, country fare is not lacking, so make sure you taste a piping-hot plate of chaudrée, the local fish stew, or a mouth-watering slice of fresh brioche.

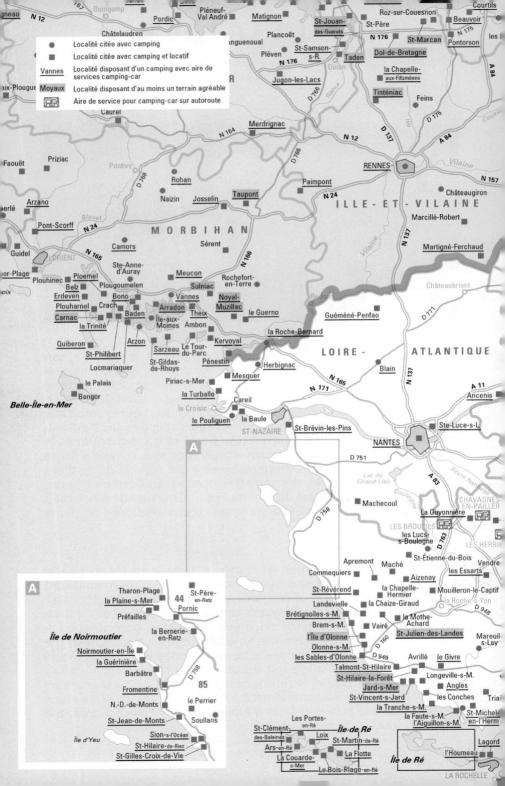

N 12 · Guingamp · Pléneuf-Val André · Roz-sur-Couesnon · Courtils
N 12 · Pordic · Matignon · St-Jouan-des-Guérets · St-Père · Beauvoir
Châtelaudren · Plancoët · St-Samson-s-R. · St-Marcan · N 176 · N 175
· Pléven · Pontorson · les
· St-Samson-s-R. · Dol-de-Bretagne · les
· Jugon-les-Lacs · Taden · la Chapelle-aux-Filtzméens · A 84
· Dinan · Tinténiac · Feins
Caurel · N 164 · Merdrignac · N 12 · N 137 · A 84
Vannes · Localité citée avec camping
Moyaux

Légende:
- Localité citée avec camping
- Localité citée avec camping et locatif
- Vannes — Localité disposant d'un camping avec aire de services camping-car
- Moyaux — Localité disposant d'au moins un terrain agréable
- Aire de service pour camping-car sur autoroute

Faouët · Priziac · Pontivy · RENNES · Vilaine · N 157
Arzano · Rohan · Paimpont · ILLE-ET-VILAINE · Châteaugiron
Pont-Scorff · Naizin · Josselin · Taupont · N 24 · Marcillé-Robert
Guidel · MORBIHAN · Sérent · N 137 · Martigné-Ferchaud
Camors · N 165 · LORIENT
Plouhinec · Ste-Anne-d'Auray · Meucon · Châteaubriant
Ploemel · Sulniac · Rochefort-en-Terre · D 771
Belz · Plougoumelen · Vannes · Noyal-Muzillac · le Guerno · Guéméné-Penfao
Erdeven · Bono · Arradon · Theix
Plouharnel · Crach · Baden · Île-aux-Moines · Ambon · la Roche-Bernard
Carnac · la Trinité · Arzon · Le Tour-du-Parc · Kervoyal · LOIRE-ATLANTIQUE
Quiberon · St-Philibert · Sarzeau · Pénestin · Blain · N 137
Locmariaquer · St-Gildas-de-Rhuys · Herbignac · N 165 · A 11
le Palais · Piriac-s-Mer · Mesquer · N 171 · Ancenis
Bangor · la Turballe · Careil
Belle-Île-en-Mer · le Croisic · le Pouliguen · la Baule · St-Brévin-les-Pins · Ste-Luce-s-L
· ST-NAZAIRE · NANTES

A

D 751 · Lac de Grand-Lieu · A 83 · CHAVAGNES-EN-PAILLER
Machecoul · La Guyonnière · LES BROUTILS · LES HERBI
les Lucs-s-Boulogne · D 763
Apremont · St-Étienne-du-Bois · Vendre · les Essarts
Commequiers · Maché · Aizenay · Mouilleron-le-Captif · la Roche-s-Yon
St-Révérend · la Chapelle-Hermier · la Chaize-Giraud · D 948
Landevieille · la Mothe-Achard · Mareuil-s-Lay
Brétignolles-s-M. · Vairé · St-Julien-des-Landes
Brem-s-M. · Avrillé · le Givre
l'Île d'Olonne · D 160 · Longeville-s-M.
Olonne-s-M. · D 949 · Talmont-St-Hilaire · Angles
les Sables-d'Olonne · St-Hilaire-la-Forêt · les Conches · Tria
Jard-s-Mer · la Tranche-s-M.
St-Vincent-s-Jard · la Faute-s-M. · St-Michel-en-l'Herm
l'Aiguillon-s-M.

A
Tharon-Plage · St-Père-en-Retz · 44
la Plaine-s-Mer · Pornic
Préfailles
Île de Noirmoutier · la Bernerie-en-Retz
Noirmoutier-en-Île
la Guérinière · D 758
Barbâtre
Fromentine · 85
N.-D.-de-Monts · le Perrier
St-Jean-de-Monts · Soullans
Île d'Yeu · Sion-s-l'Océan
St-Hilaire-de-Riez
St-Gilles-Croix-de-Vie

Les Portes-en-Ré · Île-de-Ré
St-Clément-des-Baleines · Loix · St-Martin-de-Ré
Ars-en-Ré · La Flotte · Lagord
La Couarde-s-Mer · Île de Ré · l'Houmeau
Le-Bois-Plage-en-Ré · LA ROCHELLE

L'AIGUILLON-SUR-MER

85460 – **316** I10 – 2 293 h. – alt. 4

🄸 avenue de l'Amiral-Courbet ℰ 0251564387

▶ Paris 458 – Luçon 20 – Niort 83 – La Rochelle 51

⚠ **La Cléroca** de fin mai à mi-sept.
ℰ 0251271992, camping.laderoca@wanadoo.fr,
Fax 0251970984, www.camping-la-deroca.com
1,5 ha (60 empl.) plat, herbeux
Tarif : (Prix 2010) 25€ ✶✶ ⇔ 🅴 🅸 (10A) – pers.
suppl. 5€
Location : (de mi-juin à fin août) 🐾. Sem. 250 à 430€
🚰 borne artisanale – 3 🅴 9€ – 🕭 9€
Pour s'y rendre : 2,2 km au nord-ouest par D 44, rte de Gr.s

| Nature : 🌳 |
| Loisirs : 🛋 ⛵ 🏊 terrain multisports |
| Services : 👶 ⚬⟋ 🚮 ♨ 🅱 |

Longitude : -1.3152
Latitude : 46.35014

AIZENAY

85190 – **316** G7 – 7 573 h. – alt. 62

🄸 avenue de la Gare ℰ 0251946272

▶ Paris 435 – Challans 26 – Nantes 60 – La Roche-sur-Yon 18

⚠ **La Forêt** de déb. avr. à fin sept.
ℰ 0251347812, rougier.francoise@wanadoo.fr,
Fax 0251347812, www.camping-laforet.com
2,5 ha (92 empl.) plat, herbeux, bois attenant
Tarif : (Prix 2010) 16€ ✶✶ ⇔ 🅴 🅸 (6A) – pers. suppl. 3€
Location : (Prix 2010) (permanent) – 12 🛖 – 2 tentes.
Nuitée 36 à 65€ – Sem. 192 à 410€
🚰 borne artisanale 3€ – 3 🅴 16€ – 🕭 11€
Pour s'y rendre : 1 r. de la Clairiere (1,5 km au sud-est
par D 948, rte de la Roche-sur-Yon et chemin à gauche)

| Nature : 🌳🌳 |
| Loisirs : ⛵ 🏊 |
| Services : 👶 ⚬⟋ 🅱 |
| À prox. : 🏓 🏌 🎾 🏹 piste de bi-cross, parcours de santé |

Longitude : -1.57953
Latitude : 46.73465

ALLONNES

49650 – **317** J5 – 2 911 h. – alt. 28

▶ Paris 292 – Angers 64 – Azay-le-Rideau 43 – Chinon 28

⚠ **Le Pô Doré** de mi-mars à mi-nov.
ℰ 0241387880, camping.du.po.dore@wanadoo.fr,
Fax 0241387880, www.camping-lepodore.com
2 ha (90 empl.) plat, herbeux
Tarif : (Prix 2010) 21€ ✶✶ ⇔ 🅴 🅸 (10A) – pers. suppl. 5€
Location : (Prix 2010) (de mi-mars à mi-nov.) – 17 🛖
– 1 studio – 2 gîtes. Sem. 247 à 508€ – frais de
réservation 10€
Pour s'y rendre : 51 rte du Pô (3,2 km au nord-ouest
par D 10, rte de Saumur et chemin à gauche)

| Nature : 🌿 🗔 |
| Loisirs : 🍴 ✕ 🛋 ⛵ 🏊 |
| Services : 👶 ⚬⟋ 🚮 ♨ 🌀 ♒ 🅱 🍴 |

Longitude : -0.01336
Latitude : 47.29845

AMBRIÈRES-LES-VALLÉES

53300 – **310** F4 – 2 773 h. – alt. 144

🄸 Base de Loisirs de Vaux ℰ 0243049025

▶ Paris 248 – Alençon 60 – Domfront 22 – Fougères 46

⚠ **Municipal de Vaux** de déb. avr. à fin oct.
ℰ 0243049025, parcdevaux@camp-in-ouest.com,
www.parcdevaux.com
1,5 ha (61 empl.) plat et en terrasses, herbeux, gravillons
Tarif : 17€ ✶✶ ⇔ 🅴 🅸 (10A) – pers. suppl. 5€ – frais
de réservation 10€
Location : (permanent) – 6 🛖 – 20 🏠 – 5 bungalows
toilés. Nuitée 70 à 150€ – Sem. 165 à 670€ – frais de
réservation 10€
🚰 borne artisanale
Pour s'y rendre : 2 km au sud-est par D 23, rte de
Mayenne et à gauche, à la piscine
À savoir : agréable parc boisé au bord de la Varenne (plan
d'eau)

| Nature : 🌿 🗔 🌳🌳 |
| Loisirs : 🛋 🚲 |
| Services : 👶 ⚬⟋ 🌀 ♒ 🍴 laverie |
| À prox. : ⛵ 🏌 🎾 🏓 🏊 🚣 🏄 🐴 canoë |

Longitude : -0.6171
Latitude : 48.39175

ANCENIS

44150 – **316** I3 – 7 459 h. – alt. 13
🛈 27, rue du Château 𝒫 02 40 83 07 44
▶ Paris 347 – Angers 55 – Châteaubriant 48 – Cholet 49

   ⛰ **L'Île Mouchet** de déb. avr. à mi-oct.
     𝒫 02 40 83 08 43, camping-ile-mouchet@orange.fr,
     Fax 02 40 83 16 19, www.camping-estivance.com
     3,5 ha (105 empl.) plat, herbeux
     Tarif : 17 € ⚦⚦ ⬅ 🅴 🔌 (10A) – pers. suppl. 3,10 €
     Location : (permanent) – 9 🛖. Nuitée 75 € – Sem.
     350 à 500 €
     🚐 borne 5 €
     Pour s'y rendre : impasse de l'Île Mouchet (sortie ouest
     par bd Joubert et à gauche avant le stade, près de la Loire)

Nature : ♀
Loisirs : 🎱 🏕 🏊 (petite piscine) ⛰ mur d'escalade
Services : ♿ ⊶ (juil.-août) 🖼
À prox. : ✗ 🎣 🎿 ⚓ parcours sportif

Longitude : -1.18714
Latitude : 47.36245

ANDOUILLÉ

53240 – **310** E5 – 2 321 h. – alt. 103
▶ Paris 282 – Fougères 42 – Laval 15 – Mayenne 23

   ⛰ **Municipal le Pont** de fin mars à fin oct.
     𝒫 02 43 01 18 10, mairie.and53@wanadoo.fr,
     Fax 02 43 68 77 77, www.ville-andouille.fr
     0,8 ha (31 empl.) plat, herbeux
     Tarif : (Prix 2010) ⚥ 1 € ⬅ 1 € 🅴 1 € – 🔌 1 €
     Location : (permanent) – 4 🛖. Sem. 178 à 349 €
     Pour s'y rendre : 5 allée des Isles (par D 104, rte de St-
     Germain-le-Fouilloux, attenant au jardin public, au bord
     de l'Ernée)

Nature : ⛲ ♀
Services : ♿ 🏕 🖼
À prox. : 🏇 parcours de santé

Longitude : -0.78447
Latitude : 48.17662

ANGERS

49000 – **317** F4 – 151 108 h. – alt. 41 – Base de loisirs
🛈 7, place Kennedy 𝒫 02 41 23 50 00
▶ Paris 294 – Caen 249 – Laval 79 – Le Mans 97

   ⛰ **Lac de Maine** ⚎ – de fin mars à déb. oct.
     𝒫 02 41 73 05 03, camping@lacdemaine.fr,
     Fax 02 41 73 02 20, www.lacdemaine.fr
     4 ha (163 empl.) plat, herbeux, gravillons
     Tarif : ⚥ 3 € ⬅ 3 € 🅴 19 € – 🔌 (10A) 4 € – frais de
     réservation 30 €
     Location : (de fin mars à déb. oct.) – 19 🛖
     – 3 bungalows toilés. Sem. 225 à 619 € – frais de
     réservation 30 €
     🚐 140 🅴 19 €
     Pour s'y rendre : av. du Lac de Maine (4 km au sud-
     ouest par D 111, rte de Pruniers, près du lac (accès
     direct) et à prox. de la base de loisirs)

     À savoir : transport en commun pour centre d'Angers,
     à 300 m

517

Nature : ⛲ ♀
Loisirs : 🍴 snack 🎱 🏊 spa 🏕 🚲 🏊
Services : ♿ ⊶ 🏧 🍽 🚿 ♨ 🖼 🐕
À prox. : ✗ 🏊 ⚓ 🛶 swin golf, canoë, pédalos

Longitude : -0.59654
Latitude : 47.45551

ANGLES

85750 – **316** H9 – 2 095 h. – alt. 10
🛈 place du Champ de Foire 𝒫 02 51 97 56 39
▶ Paris 450 – Luçon 23 – La Mothe-Achard 38 – Niort 86

   ⛰ **Moncalm** ⚎ – de déb. avr. à fin sept.
     𝒫 02 51 97 55 50, contacts@camping-apv.com,
     Fax 02 51 28 91 09, www.camping-apv.com – places
     limitées pour le passage
     3 ha (200 empl.) plat, herbeux, pierreux
     Tarif : (Prix 2010) 25 € ⚦⚦ ⬅ 🅴 🔌 (10A) – pers.
     suppl. 7 € – frais de réservation 27 €
     Location : (Prix 2010) (de déb. avr. à fin sept.) – 85 🛖
     – 30 🛖. Sem. 216 à 861 € – frais de réservation 27 €
     Pour s'y rendre : au bourg, sortie la Tranche-sur-Mer et
     r. à gauche

Nature : ⛲ ♀
Loisirs : 🍴 snack 🎱 🎦 nocturne 🏕 🎣 🎭 salle d'animation 🏕 🚲 🎮 ✗ 🎣 🎱 🏊 ⛰
Services : ♿ ⊶ ♨ 🚿 🖼 🐕

Longitude : -1.399
Latitude : 46.38754

Atlantique ▲▲ – de déb. avr. à mi-sept.
℘ 0251270319, *contact@camping-atlantique.com*,
Fax 0251276972, *www.camping-atlantique.com* – places
limitées pour le passage
6,9 ha (363 empl.) plat, herbeux, pierreux
Tarif : (Prix 2010) 28 € ★★ ⟵ 🅴 (ⱴ) (10A) – pers.
suppl. 7 € – frais de réservation 25 €

Location : (Prix 2010) (de déb. avr. à mi-sept.) – 88 🚐
– 18 🏠. Nuitée 160 € – Sem. 275 à 745 € – frais de
réservation 25 €
Pour s'y rendre : 5bis r. du Chemin de Fer (au bourg,
sortie la Tranche-sur-Mer et r. à gauche)

Nature : ⬚ ♀
Loisirs : 🍴 snack 🎰 🌙nocturne 🏸 🎪 salle d'animation 🏋 🚵 ♦️✂️ 🎏 🏊 ⛵
Services : 🚿 ⛟ 🧺 🚮 🚰 ⚿ 🖥 🏊 🛒

Longitude : -1.40165
Latitude : 46.40518

Le Clos Cottet ▲▲ – de déb. avr. à fin sept.
℘ 0251289072, *contact@camping-dos-cottet.com*,
Fax 0251289050, *www.camping-dos-cottet.com*
4,5 ha (196 empl.) plat, herbeux, petit étang
Tarif : 29 € ★★ ⟵ 🅴 (ⱴ) (10A) – pers. suppl. 4 € – frais
de réservation 25 €

Location : (Prix 2010) (de déb. avr. à fin sept.) – 90 🚐
– 8 🏠 – 6 bungalows toilés. Nuitée 50 à 100 € – Sem.
99 à 779 € – frais de réservation 25 €
🚽, borne sanitation 5 € – 🚐 (ⱴ) 25 €
Pour s'y rendre : rte de La Tranche-sur-Mer (2,2 km au
sud, près de la D 747)
À savoir : autour d'une ferme soigneusement restaurée

Nature : ⬚
Loisirs : 🍴 snack 🎰 🌙 🏸 🎿 🎪 salle d'animation 🏋 ♦️⛺ 🏒 🎏 🏊 ⛵ 🎣 terrain multisports, quad
Services : 🚿 ⛟ 🧺 ⚿ 🖥 navette gratuite pour les plages

Longitude : -1.40456
Latitude : 46.39309

*This Guide is not intended as a list of all the camping sites in France ;
its aim is to provide a selection of the best sites in each category.*

APREMONT

85220 – **316** F7 – 1 374 h. – alt. 19
🛈 *place du Château* ℘ *0251557054*
▶ Paris 448 – Challans 17 – Nantes 64 – La Roche-sur-Yon 30

Les Charmes de fin mars à fin sept.
℘ 0251544808, *campinglescharmes@wanadoo.fr*,
Fax 0251544808, *www.campinglescharmes.com*
1 ha (55 empl.) plat, herbeux
Tarif : 21 € ★★ ⟵ 🅴 (ⱴ) (10A) – pers. suppl. 5 € – frais
de réservation 15 €

Location : (fermé. oct.) 🍴 (de mi-juil. à mi-août)
– 10 🚐 – 5 🏠. Nuitée 50 à 86 € – Sem. 215 à 600 €
– frais de réservation 15 €
Pour s'y rendre : au lieu-dit : Les Lilas (3,6 km au nord
par D 21, rte de Challans et rte à dr., dir. la Roussière)

Nature : 🌊 ⬚ ♀
Loisirs : 🎰 🏋 🚵 🏊
Services : 🚿 ⛟ ⚿ 🖥

Longitude : -1.73858
Latitude : 46.7748

AVOISE

72430 – **310** H7 – 526 h. – alt. 112
▶ Paris 242 – La Flèche 28 – Le Mans 41 – Sablé-sur-Sarthe 11

Municipal des Deux Rivières de fin mai à déb.
sept.
℘ 0243927612, *office.tourisme@sablesursarthe.fr*,
Fax 0243956248, *www.tourisme.sablesursarthe.fr*
1,8 ha (50 empl.) plat, herbeux
Tarif : (Prix 2010) ★ 8 € (ⱴ) (16A)
Pour s'y rendre : place des 2 Fonds (au bourg, par D 57)
À savoir : au bord de la Sarthe

Nature : ⬚ ♀♀
Loisirs : 🏋
Services : 🚮 🛁 🚰 🚰
À prox. : halte nautique

Longitude : -0.20831
Latitude : 47.86696

AVRILLÉ

85440 – **316** H9 – 1 105 h. – alt. 45
🏢 2, place des Halles ℰ 0251223070
▶ Paris 445 – Luçon 27 – La Rochelle 70 – La Roche-sur-Yon 27

   Les Mancellières de déb. mai à mi-sept.
   ℰ 0251903597, camping.mancellieres@wanadoo.fr,
   Fax 0251903931, www.lesmancellieres.com
   2,6 ha (130 empl.) plat et peu incliné, herbeux
   Tarif : 22€ ♦♦ ⬅ ▣ (6A) – pers. suppl. 4€ – frais de
   réservation 20€
   Location : (de mi-avr. à fin sept.) – 51 ▦ – 4 ⌂.
   Sem. 172 à 700€ – frais de réservation 20€
   Pour s'y rendre : rte de Longeville (1,7 km au sud par
   D 105)

Nature : 🌳 99
Loisirs : snack 🔲 jacuzzi 🏄 🏊 🎯
Services : 🚿 ⊶ 🛏 laverie
Longitude : -1.48509
Latitude : 46.45608

LA BAULE

44500 – **316** B4 – 16 719 h. – alt. 31
🏢 8, place de la Victoire ℰ 0240243444
▶ Paris 450 – Nantes 76 – Rennes 120 – St-Nazaire 19

   La Roseraie Permanent
   ℰ 0240604666, camping@laroseraie.com,
   Fax 0240601184, www.laroseraie.com
   5 ha (235 empl.) sablonneux, plat, herbeux
   Tarif : (Prix 2010) 38€ ♦♦ ⬅ ▣ (10A) – pers.
   suppl. 8€ – frais de réservation 30€
   Location : (Prix 2010) (permanent) – 70 ▦. Nuitée
   75 à 100€ – Sem. 399 à 999€ – frais de réservation 30€
   🚐 borne autre
   Pour s'y rendre : 20 av. Jean Sohier (sortie nord-est de
   la Baule-Escoublac)

Nature : 🌳 ♀
Loisirs : 🍽 ✗ 🔲 🎬 nocturne 🎠 salle d'animation 🏄 🏓 🎯 (découverte en saison) 🏊 terrain multisports
Services : 🚿 ⊶ 🛏 🔥 💈
Longitude : -2.35776
Latitude : 47.29828

BEAUMONT-SUR-SARTHE

72170 – **310** J5 – 2 139 h. – alt. 76
🏢 14, place de la Libération ℰ 0243330303
▶ Paris 223 – Alençon 24 – La Ferté-Bernard 70 – Le Mans 29

   Municipal du Val de Sarthe de déb. mai à fin
   sept.
   ℰ 0243970193, beaumont.sur.sarthe@wanadoo.fr,
   Fax 0243970221, www.ville-beaumont-sur-sarthe.fr/
   1 ha (73 empl.) plat, herbeux
   Tarif : ♦ 2€ ⬅ 2€ ▣ 2€ – (5A) 3€
   Location : (de déb. mai à fin sept.) – 2 bungalows
   toilés. Sem. 149 à 279€
   🚐 borne autre 4€
   Pour s'y rendre : au sud-est du bourg
   À savoir : cadre et situation agréables au bord de la
   Sarthe

Nature : 🦢 🌳 ♀
Loisirs : 🔲 🏄 parcours de santé
Services : 🚿 ⊶ 🔥
À prox. : 🎯 🏊
Longitude : 0.13384
Latitude : 48.2261

LA BERNERIE-EN-RETZ

44760 – **316** D5 – 2 512 h. – alt. 24
🏢 3, chaussée du Pays de Retz ℰ 0240827099
▶ Paris 426 – Challans 40 – Nantes 46 – St-Nazaire 36

   Les Écureuils ♣♣ – de déb. avr. à mi-oct.
   ℰ 0240827695, camping.les-ecureuils@wanadoo.fr,
   Fax 0240647952, www.camping-les-ecureuils.com ⚡
   5,3 ha (325 empl.) plat et peu incliné, herbeux
   Tarif : (Prix 2010) 34€ ♦♦ ⬅ ▣ (10A) – pers.
   suppl. 7€ – frais de réservation 20€
   Location : (Prix 2010) (permanent) ⚡ – 64 ▦
   – 19 ⌂. Sem. 200 à 780€ – frais de réservation 20€
   Pour s'y rendre : 24 av. Gilbert Burlot (sortie nord-est,
   rte de Nantes et à gauche après le passage à niveau, à
   350 m de la mer)

Nature : ♀
Loisirs : 🍽 🎬 nocturne 🎠 🏄 🎣 🏓 🏊 🎯 📺 💈
Services : 🚿 ⊶ 🛏 🔥 🚾 💈 🔥 💈
À prox. : 🚲 ⚓
Longitude : -2.03574
Latitude : 47.08369

BESSÉ-SUR-BRAYE

72310 – **310** N7 – 2 443 h. – alt. 72
🚩 *place Henri IV* 🏢 *02 43 63 09 77*
▶ Paris 198 – La Ferté-Bernard 43 – Le Mans 57 – Tours 56

🔺 **Municipal du Val de Braye** de déb. avr. à mi-nov.
🏢 02 43 35 31 13, *camping.bessesurbraye@orange.fr*,
Fax 02 43 63 09 02
2 ha (120 empl.) plat, herbeux
Tarif : 🏕 3 € ⇔ 2 € 🅴 2 € – 🔌 (13A) 2 €

Location : (de déb. avr. à mi-nov.) – 5 🛖. Nuitée 40 €
– Sem. 160 à 250 €
🚐 borne raclet
Pour s'y rendre : sud-est par D 303, rte de Pont de Braye
À savoir : belle décoration arbustive, en bordure de la Braye

Nature : 💧	
Loisirs : 🏠 🎯 🐎	
Services : 🛗 ⚡ (juil.août) 🍴 🖨	
À prox. : ✗ 🎣 🏊 ⛵	

Longitude : 0.75087
Latitude : 47.83108

Geef ons uw mening over de kampeerterreinen die wij aanbevelen.
Schrijf ons over uw ervaringen en ontdekkingen.

BLAIN

44130 – **316** F3 – 8 799 h. – alt. 23
🚩 *2, place Jean Guihard* 🏢 *02 40 87 15 11*
▶ Paris 411 – Nantes 41 – Nort-sur-Erdre 22 – Nozay 16

🔺 **Municipal le Château** de déb. mai à fin sept.
🏢 02 40 79 11 00, *otsi.blain@free.fr*, Fax 02 40 79 83 72,
www.ville-blain.fr
1 ha (44 empl.) plat, herbeux
Tarif : (Prix 2010) 🏕 2 € ⇔ 2 € 🅴 2 € – 🔌 (10A) 2 €
🚐 borne artisanale 8 € – 4 🅴 8 € – 💧 8 €
Pour s'y rendre : r. Henri II de Rohan - Le Gravier -
(sortie sud-ouest par N 171, rte de St-Nazaire et chemin
à gauche, à 250 m du canal de Nantes à Brest (halte
fluviale))
À savoir : cadre verdoyant et soigné, près d'un château
du 14e s.

Nature : 💧	
Loisirs : 🏠 🎯 🐎	
Services : 🛗 ⚡ (juil.-août) 🏊 🚿 ⛲	
À prox. : 🛶 🍴 ✗ 🎣 🏹 🛝 (découverte l'été) 🐎	

Longitude : -1.76857
Latitude : 47.46795

LA BOISSIÈRE-DE-MONTAIGU

85600 – **316** I6 – 1 957 h. – alt. 62
▶ Paris 384 – Cholet 139 – Nantes 46 – La Roche-sur-Yon 50

🔺🔺 **Domaine de l'Eden** Permanent
🏢 02 51 41 62 32, *contact@domaine-eden.fr*,
Fax 02 51 41 56 07, *www.domaine-eden.fr*
15 ha/8 campables (150 empl.) plat, pierreux, herbeux,
prairies, étang et sous-bois
Tarif : (Prix 2010) 19 € 🏕🏕 ⇔ 🅴 🔌 (10A) – pers.
suppl. 4 €

Location : (Prix 2010) (permanent) – 23 🛖 – 7 🏠.
Nuitée 57 à 75 € – Sem. 230 à 480 €
🚐 borne artisanale 7 € – 4 🅴 13 €
Pour s'y rendre : au lieu-dit : La Raillière (2,5 km au
sud-ouest par D 62, rte de Chavagnes-en-Paillers puis
rte à dr.)
À savoir : agréable domaine boisé

Nature : 🏞 🌲 💧💧	
Loisirs : 🍴 snack 🏠 salle d'animation 🎯 🏹 🏊 🐎 poneys piste de bi-cross, terrain multisports, parcours de santé	
Services : 🛗 ⚡ 🚿 🚽 🍴 laverie	

Longitude : -1.21618
Latitude : 46.93793

BOUÈRE

53290 – **310** G7 – 962 h. – alt. 81

▶ Paris 273 – Nantes 146 – Laval 39 – Angers 70

    Village Vacances Nature et Jardin (location exclusive de chalets) Permanent
        ℰ 0243060856, *vvnj@wanadoo.fr*, Fax 0960103626, *www.vacances-nature-jardin.fr*
        3 ha plat, peu incliné, herbeux

        Location : (Prix 2010) – 11 🏠. Nuitée 75€ – Sem. 255 à 420€ – frais de réservation 13€
        🚐 borne eurorelais 2€ – 20 🅔
        Pour s'y rendre : Les Senciés

        À savoir : des ateliers Nature et Jardin sont proposés toute l'année

Nature : 🐾 ⛱	
Loisirs : 🛖 🚴 🏊 ⛵	
Services : 📶 🍴 🏪	
À prox. : 🏇 🎿	

Longitude : -0.47586
Latitude : 47.8624

BRAIN-SUR-L'AUTHION

49800 – **317** G4 – 3 401 h. – alt. 22

▶ Paris 291 – Angers 16 – Baugé 28 – Doué-la-Fontaine 38

    Du Port Caroline de mi-mars à mi-fév.
        ℰ 0241804218, *info@campingduportcaroline.fr*, Fax 0241804218, *www.campingduportcaroline.fr*
        3,2 ha (121 empl.) plat, herbeux
        Tarif : 16€ ✚✚ 🚗 🅔 🅴 (6A) – pers. suppl. 3€
        Location : (de mi-mars à mi-fév.) – 4 🚐 – 2 🏠 – 2 bungalows toilés – 2 tentes. Nuitée 27 à 90€ – Sem. 160 à 550€
        Pour s'y rendre : r. du Pont Caroline (sortie sud par D 113, à 100 m de l'Authion)

Nature : ⛱ 🌳	
Loisirs : snack 🛖 🏇 🏊	
Services : 🔧 📶 🏪 🍴 🅔 🚿	
À prox. : 🎣 terrain multisports, piste de skate-board	

Longitude : -0.40855
Latitude : 47.44386

*Demandez à votre libraire le catalogue des **publications MICHELIN**.*

BREM-SUR-MER

85470 – **316** F8 – 2 485 h. – alt. 13

🛈 *21 ter, rue de l'Océan ℰ 0251909233*

▶ Paris 454 – Aizenay 26 – Challans 29 – La Roche-sur-Yon 34

    Le Chaponnet ✚✚ – de déb. avr. à fin sept.
        ℰ 0251905556, *campingchaponnet@wanadoo.fr*, Fax 0251909167, *www.le-chaponnet.com* ou *www.lechaponnet@mobi (site iPhone)*
        6 ha (340 empl.) plat, herbeux
        Tarif : 31€ ✚✚ 🚗 🅔 🅴 (6A) – pers. suppl. 7€ – frais de réservation 20€
        Location : (de déb. avr. à fin sept.) – 61 🚐 – 20 🏠. Sem. 240 à 699€ – frais de réservation 20€
        Pour s'y rendre : 16 r. du Chaponnet (à l'ouest du bourg)

        À savoir : décoration florale et arbustive, bel ensemble aquatique

Nature : 🐾 ⛱ 🌳	
Loisirs : 🍴 snack, pizzeria 🛖 🏓 nocturne 🎣 🎿 🏊 🚴 ⛳ 🏊 🏊 ⛰ terrain multisports	
Services : 🔧 📶 🏪 🚿 🛒 🍴 🅔 🚿	

Longitude : -1.83235
Latitude : 46.60344

    Le Brandais de déb. avr. à fin sept.
        ℰ 0251905587, *camping.lebrandais@wanadoo.fr*, Fax 0251201274, *www.campinglebrandais.com* – places limitées pour le passage
        2,3 ha (172 empl.) plat et peu incliné, herbeux
        Tarif : 20€ ✚✚ 🚗 🅔 🅴 (10A) – pers. suppl. 5€
        Location : (de déb. avr. à fin sept.) – 50 🚐. Nuitée 40 à 92€ – Sem. 260 à 640€ – frais de réservation 15€
        Pour s'y rendre : r. du Sablais (sortie nord-ouest par D 38 et rte à gauche)

Nature : 🐾 ⛱ 🌳	
Loisirs : 🍴 🛖 🏇 🏊	
Services : 🔧 📶 🚿 🍴 🅔 🚿	
À prox. : ⛳	

Longitude : -1.83685
Latitude : 46.60552

ᴍ **L'Océan** de déb. avr. à fin oct.
℘ 0251905916, *contact@campingdelocean.fr*,
Fax 0251901421, *www.campingdelocean.fr*
4 ha (210 empl.) plat, herbeux, sablonneux
Tarif : 27€ ✚✚ ⇔ ▣ ⒥ (10A) – pers. suppl. 5€ – frais
de réservation 15€

Location : (de déb. avr. à fin oct.) – 123 ▥
– 3 bungalows toilés. Sem. 190 à 720€ – frais de
réservation 15€
Pour s'y rendre : r. des Gabelous (1 km à l'ouest)

Nature : 🦐 ⛫ ♀	
Loisirs : ♀ snack 🎱 ♨ ▣ 🏊	
Services : 👤 ⛽ 🔥 ☕ ▣ 🛒	
À prox. : ✗	
Longitude : -1.84072	
Latitude : 46.59708	

BRÉTIGNOLLES-SUR-MER

85470 – **316** E8 – 3 673 h. – alt. 14
🛈 *1, boulevard du Nord* ℘ 0251901278
▶ Paris 459 – Challans 30 – La Roche-sur-Yon 36 – Les Sables-d'Olonne 18

ᴍ **Les Dunes** ♣♣ – de déb. avr. à mi-nov.
℘ 0251905532, *contact@campinglesdunes.fr*,
Fax 0251905485, *www.campinglesdunes.com* – places
limitées pour le passage
12 ha (760 empl.) plat, sablonneux
Tarif : 36€ ✚✚ ⇔ ▣ ⒥ (10A) – pers. suppl. 8€ – frais
de réservation 23€

Location : (de déb. avr. à mi-nov.) – 100 ▥. Sem.
260 à 910€ – frais de réservation 23€
Pour s'y rendre : 50 av. des Dunes (2,5 km au sud par
D 38 et rte à dr., à 200 m de la plage (accès direct))

Nature : ⛫ ♀♀	
Loisirs : ♀ ✗ pizzeria 🎱 ✴ 🔥 🚲 ♨ ✗ ▣ 🏊 🏊 terrain multisports	
Services : ⛽ 🔥 ☕ ✉ ☕ ▣ 🛒 🛒	
À prox. : 🏇	
Longitude : -1.84997	
Latitude : 46.60764	

ᴍ **La Motine** de déb. avr. à fin sept.
℘ 0251900442, *lamotine@free.fr*, *www.lamotine.com*
1,8 ha (103 empl.) peu incliné, herbeux
Tarif : 25€ ✚✚ ⇔ ▣ ⒥ (10A) – pers. suppl. 5€ – frais
de réservation 15€

Location : (de déb. avr. à fin sept.) – 37 ▥. Nuitée
85€ – Sem. 290 à 590€ – frais de réservation 15€
🏕 borne autre 11€
Pour s'y rendre : 4 r. des Morinières (par av. de la Plage
et à dr.)

À savoir : décoration arbustive

Nature : ⛫	
Loisirs : ♀ ✗ crêperie ▣	
Services : 👤 ⛽ 🔥 ☕ ✉ ▣ ☕	
À prox. : 🏇	
Longitude : -1.86535	
Latitude : 46.62952	

ᴍ **La Trevillière** de déb. avr. à fin sept.
℘ 0251330505, *info@chadotel.com*, Fax 0251339404,
www.chadotel.com
3 ha (204 empl.) plat, peu incliné, herbeux
Tarif : 30€ ✚✚ ⇔ ▣ ⒥ (6A) – pers. suppl. 6€ – frais de
réservation 25€

Location : (de déb. avr. à fin sept.) – 15 ▥ – 5 🏠.
Sem. 150 à 799€ – frais de réservation 25€
🏕 30 ▣ – 🚐
Pour s'y rendre : r. de Bellevue (sortie nord par la rte du
stade et à gauche)

Nature : ⛫ ♀	
Loisirs : ♀ ♨ 🏇 🏊 🏊	
Services : 👤 ⛽ 🔥 ☕ ✉ ☕ ▣ ☕	
Longitude : -1.86176	
Latitude : 46.63642	

ᴍ **Les Vagues** de déb. avr. à fin sept.
℘ 0251901948, *lesvagues@free.fr*, Fax 0240024988,
www.campinglesvagues.fr – places limitées pour le
passage
4,5 ha (256 empl.) plat, peu incliné, herbeux
Tarif : (Prix 2010) 25€ ✚✚ ⇔ ▣ ⒥ (6A) – pers.
suppl. 7€

Location : (Prix 2010) (permanent) 🦐 – 25 ▥
– 2 🏠. Sem. 260 à 600€
Pour s'y rendre : 20 bd du Nord (au nord par D 38 vers
St-Gilles-Croix-de-Vie)

Nature : ⛫ ♀♀	
Loisirs : 🎱 ♨ ✗ ▣ 🏊 🏊	
Services : 👤 ⛽ 🔥 ☕ ▣	
Longitude : -1.85935	
Latitude : 46.63012	

▲ **Le Marina** de déb. avr. à fin sept.
℘ 02 51 33 83 17, Fax 02 51 33 83 17
2,7 ha (131 empl.) plat, herbeux
Tarif : (Prix 2010) 21 € ✶✶ ⬠ 🅴 ⚡ (6A) – pers.
suppl. 5 €

Location : (Prix 2010) (de déb. avr. à fin sept.) – 4 ⊞.
Nuitée 40 € – Sem. 250 à 500 € – frais de réservation
15 €
Pour s'y rendre : sortie nord-ouest par D 38, rte de
St-Gilles-Croix-de-Vie puis à gauche 1 km par rte des
Fermes Marines et chemin à dr.

Nature : ⌂ ♀	
Loisirs : 🔟	
Services : ♿ ⚬ ⬠ ♨ 🛁 ⚐ 🖻	
À prox. : ⤢	

Longitude : -1.85722
Latitude : 46.62782

▲ **Le Bon Accueil** de mi-mai à mi-sept.
℘ 02 51 90 15 92, Fax 02 51 90 15 92
3 ha (146 empl.) plat, peu incliné, herbeux
Tarif : (Prix 2010) 21 € ✶✶ ⬠ 🅴 ⚡ (6A) – pers.
suppl. 4,60 € – frais de réservation 15 €
Location : (Prix 2010) – 7 ⊞. Sem. 280 à 490 € – frais
de réservation 15 €
Pour s'y rendre : 24 rte de St-Gilles (1,2 km au nord-
ouest par D 38)
À savoir : cadre champêtre

Nature : ♀♀	
Loisirs : ⤢ ⤢	
Services : ♿ ⚬ ⬠ 🖻	

Longitude : -1.86605
Latitude : 46.63636

*Avant de prendre la route, consultez www.ViaMichelin.fr :
votre meilleur itinéraire, le choix de votre hôtel, restaurant,
des propositions de visites touristiques.*

523

49320 – **317** G4 – 2 588 h. – alt. 65
🛈 8, place de la République ℘ 02 41 91 21 50
▶ Paris 307 – Angers 18 – Cholet 62 – Doué-la-Fontaine 23

▲ **L'Étang**
℘ 02 41 91 70 61, *info@campingetang.com*,
Fax 02 41 91 72 65, *www.campingetang.com*
3,5 ha (150 empl.) plat, herbeux, petit étang
Location : ⬠ – 18 ⊞,
⊞ borne artisanale – 🖕 ⚡ 13.50 €
Pour s'y rendre : rte de St-Mathurin (2 km au nord-est
par D 55, et chemin à dr., au bord de l'Aubance et près
d'un étang)
À savoir : emplacements spacieux et confortables, sur les
terres d'une ancienne ferme

Nature : ⤢ ⌂	
Loisirs : snack 🔟 🚲 ⤢ (décou-verte en saison)	
Services : ♿ ⚬ ▥ ♨ laverie	
À prox. : ⤢ ⤢ petit parc de loisirs ⊞	

Longitude : -0.4434
Latitude : 47.3592

44350 – **316** B4
▶ Paris 455 – Nantes 78 – Saint 18 – Vannes 65

▲ **Trémondec** de déb. avr. à fin sept.
℘ 02 40 60 00 07, *info@camping-tremondec.com*,
Fax 02 40 60 91 10, *www.camping-tremondec.com*
2 ha (100 empl.) peu incliné et en terrasses, herbeux
Tarif : (Prix 2010) 24,50 € ✶✶ ⬠ 🅴 ⚡ (10A) – pers.
suppl. 4,50 €
Location : (Prix 2010) – 21 ⊞. Nuitée 70 à 100 €
– Sem. 240 à 795 €
Pour s'y rendre : 48 r. du Château

Nature : ⌂ ♀	
Loisirs : ▽ 🔟 ⤢ ⤢	
Services : ♿ ⚬ ⬠ ✗ ♨ 🖻 ⤣	
À prox. : ⤢	

Longitude : -2.4008
Latitude : 47.29804

PAYS DE LA LOIRE

CHAILLÉ-LES-MARAIS

85450 – **316** J9 – 1 808 h. – alt. 16
🛈 60 bis, rue de l'an VI, le Nieul 𝒫 02 51 56 71 17
▶ Paris 446 – Fontenay-le-Comte 23 – Niort 57 – La Rochelle 34

⚲ **L'Île Cariot** de déb. avr. à fin sept.
𝒫 02 51 56 75 27, camping.ilecariot@live.fr,
Fax 02 51 56 75 27, www.camping-chaille-les-marais.com
1,2 ha (45 empl.) plat, herbeux
Tarif : (Prix 2010) 16,50€ ★★ ⇌ 🔲 ⚡ (10A) – pers.
suppl. 4,25€ – frais de réservation 12€

Location : (Prix 2010). Nuitée 40€ – Sem. 160 à 360€
– frais de réservation 12€
🔃 borne artisanale – ⬚ 11€
Pour s'y rendre : r. du 8 Mai (au sud du bourg, au bord
de petits ruisseaux et près du stade)

| Nature : ⊏⊐ ♀ |
| Loisirs : snack 🔲 ⚓ 🚲 ⚓ |
| Services : ⚐ ⚮ 🔲 |
| À prox. : ✗ canoë |

Longitude : -1.02102
Latitude : 46.39283

LA CHAIZE-GIRAUD

85220 – **316** F8 – 753 h. – alt. 15
▶ Paris 453 – Challans 24 – La Roche-sur-Yon 32 – Les Sables-d'Olonne 21

⚲ **Les Alouettes** de déb. avr. à fin oct.
𝒫 02 51 22 96 21, contact@lesalouettes.com,
Fax 09 70 62 24 77, www.lesalouettes.com
3 ha (140 empl.) plat, en terrasses, peu incliné, herbeux,
sablonneux
Tarif : (Prix 2010) 28€ ★★ ⇌ 🔲 ⚡ (6A) – pers.
suppl. 5,20€ – frais de réservation 22€

Location : (Prix 2010) – 25 🏠 – 16 🏠. Sem.
295 à 790€ – frais de réservation 22€
Pour s'y rendre : rte de Saint-Gilles (1 km à l'ouest par
D 12, rte de St-Gilles-Croix-de-Vie)

| Nature : ⊏⊐ ♀ |
| Loisirs : 🍴 snack, pizzeria 🔲 ⚓ 🔲 ⚓ |
| Services : ⚐ ⚮ 🔲 laverie |

Longitude : -1.83189
Latitude : 46.64788

524

CHALLAIN-LA-POTHERIE

49440 – **317** C3 – 806 h. – alt. 58
▶ Paris 340 – Ancenis 36 – Angers 47 – Château-Gontier 42

⚲ **Municipal de l'Argos**
𝒫 06 77 18 78 60, mairie.challain@wanadoo.fr,
Fax 02 41 94 12 48
0,8 ha (20 empl.) non clos, plat, herbeux
Pour s'y rendre : rte de Loiré (au nord-est du bourg
par D 73)

À savoir : agréable situation près d'un étang et à
proximité du château

| Nature : ⪡ ⊏⊐ ♀ |
| Loisirs : ⚓ ⚓ |
| Services : ⚐ |

Longitude : -1.04546
Latitude : 47.63598

CHALONNES-SUR-LOIRE

49290 – **317** E4 – 6 137 h. – alt. 25
🛈 place de l'Hôtel de Ville 𝒫 02 41 78 26 21
▶ Paris 322 – Nantes 82 – Angers 26 – Cholet 40

⚲ **Le Candais** de fin mai à mi-sept.
𝒫 02 41 78 02 27, mairie@chalonnes-sur-loire.fr,
Fax 02 41 78 10 80, www.chalonnes-sur-loire.fr
3 ha (210 empl.) plat, herbeux
Tarif : (Prix 2010) 11€ ★★ ⇌ 🔲 ⚡ (16A) – pers.
suppl. 3€
🔃 borne sanistation – 40 🔲
Pour s'y rendre : rte de Rochefort (1 km à l'est par
D 751, rte des Ponts-de-Cé, au bord de la Loire et près
d'un plan d'eau)

| Nature : ♀ |
| Loisirs : 🔲 ⚓ |
| Services : ⚐ ⚮ 🔲 |
| À prox. : 🐎 🚲 ✗ 🔲 canoë |

Longitude : -0.74813
Latitude : 47.35132

CHAMBRETAUD

85500 – **316** K6 – 1 419 h. – alt. 214
▶ Paris 377 – Nantes 83 – La Roche-sur-Yon 56 – Cholet 21

▲ **Au Bois du Cé** Permanent
 ℘ 02 51 91 54 32, *contact@camping-auboisduce.com*,
 www.camping-auboisduce.com
 3 ha (100 empl.) plat, terrasse, herbeux
 Tarif : (Prix 2010) 18 € ✱✱ ⇔ 🅴 🌢 (16A) – pers.
 suppl. 5 €
 Location : (Prix 2010) (permanent) – 10 🛏 – 10 🏠
 – 2 studios. Nuitée 260 à 595 € – Sem. 265 à 595 €
 🚐 borne artisanale – 10 🅴 18 €
 Pour s'y rendre : rte du Puy-du-Fou

Nature : ◁ 🖼 🌲	
Loisirs : 🎱 🛝	
Services : 🔥 ⚡ 🔟 🕎 🧺	

Longitude : -0.95
Latitude : 46.915

LA CHAPELLE-HERMIER

85220 – **316** F7 – 714 h. – alt. 58
▶ Paris 447 – Aizenay 13 – Challans 25 – La Roche-sur-Yon 29

▲▲ **Pin Parasol** de fin avr. à fin sept.
 ℘ 02 51 34 64 72, *contact@campingpinparasol.fr*,
 Fax 02 51 34 64 62, *http://www.campingpinparasol.fr*
 12 ha (369 empl.) plat, peu incliné, terrasses, herbeux
 Tarif : 34 € ✱✱ ⇔ 🅴 🌢 (10A) – pers. suppl. 7 € – frais
 de réservation 18 €
 Location : (de fin avr. à mi-sept.) 🐟 – 84 🛏
 – 20 🏠. Sem. 200 à 763 € – frais de réservation 18 €
 Pour s'y rendre : à Chateaulong (3,3 km au sud-ouest
 par D 42, rte de l'Aiguillon-sur-Vie puis 1 km par rte à
 gauche)
 À savoir : près du lac de Jaunay (accès direct)

Nature : ◿ ◁ 🖼	
Loisirs : 🍴 🛝 🎣 🛶 hammam	
🏊 🚲 🎾 🖥 🌲 🏄 terrain	
multisports	
Services : 🔥 ⚡ 🐂 🕎 laverie 🔌	
À prox. : 🛶 pédalos, canoës	

Longitude : -1.75473
Latitude : 46.66378

CHÂTEAU-GONTIER

53200 – **310** E8 – 11 181 h. – alt. 33
🅱 *place André Counord* ℘ 02 43 70 42 74
▶ Paris 288 – Angers 50 – Châteaubriant 56 – Laval 30

▲ **Le Parc** Permanent
 ℘ 02 43 07 35 60, *camping.parc@cc-chateau-gontier.fr*,
 Fax 02 43 70 38 94, *www.sud-mayenne.com*
 2 ha (55 empl.) plat et peu incliné, herbeux
 Tarif : (Prix 2010) 15 € ✱✱ ⇔ 🅴 🌢 (10A) – pers. suppl. 4 €
 Location : (Prix 2010) (permanent) – 12 🏠. Nuitée
 31 à 56 € – Sem. 184 à 398 €
 🚐 borne artisanale
 Pour s'y rendre : 15 rte de Laval (800 m au nord par
 N 162 rte de Laval, près du complexe sportif)
 À savoir : emplacements bordés d'une grande variété
 d'arbres et de la Mayenne

Loisirs : 🛝 🎣	
Services : ⚡ 🕎	
À prox. : 🧗 mur d'escalade, canoë	

Longitude : -0.6995
Latitude : 47.83866

CHÂTEAUNEUF-SUR-SARTHE

49330 – **317** G2 – 2 765 h. – alt. 20
🅱 *Cour du Moulin* ℘ 02 41 69 82 89
▶ Paris 278 – Angers 31 – Château-Gontier 25 – La Flèche 33

▲ **Municipal du Port** de déb. mai à fin sept.
 ℘ 02 41 69 82 02, *mairie.chateauneufsursarthe@
 wanadoo.fr*, Fax 02 41 96 15 29 – 🅿 🚯
 1 ha (60 empl.) plat, herbeux
 Tarif : (Prix 2010) 7 € ✱✱ ⇔ 🅴 🌢 (16A) – pers.
 suppl. 2 €
 🚐 borne artisanale 7 € – 6 🅴 7 €
 Pour s'y rendre : 14 place R. Le Fort (sortie sud-est par
 D 859, rte de Durtal et 2ème chemin à dr. apr. le pont, au
 bord de la Sarthe (halte nautique))

Nature : 🖼 🌿	
Services : 🔥 🚿 ✂ 🖼	

Longitude : -0.48393
Latitude : 47.67605

CHEMILLÉ

49120 – **317** E5 – 6 868 h. – alt. 84

Parc de l'Hôtel de Ville de Chemillé ℘ 02 41 46 14 64

▶ Paris 331 – Angers 43 – Cholet 22 – Saumur 60

▲ **La Coulvée** de déb. mai à fin sept.
℘ 02 41 30 39 97, *camping-chemille-49@wanadoo.fr*,
Fax 02 41 30 39 00, *www.camping-coulvee-chemille.com*
2 ha (42 empl.) plat, herbeux
Tarif : 14 € ✶✶ ⇔ 国 ⒫ (11A) – pers. suppl. 4 €

Location : (permanent) – 12 🛖. Nuitée 25 à 50 €
– Sem. 185 à 345 €
🛒 borne eurorelais 2 € – 🚾 10 €
Pour s'y rendre : rte de Cholet (sortie sud par N 160,
rte de Cholet et chemin à dr., près d'un plan d'eau)

| Nature : 🏕 |
| Loisirs : 🚲 |
| Services : 🚿 🗝 🛒 🕁 🚮 |
| À prox. : 🛶 🛥 |

| Longitude : -0.7359 |
| Latitude : 47.20308 |

*Benutzen Sie die **Grünen MICHELIN-Reiseführer**,*
wenn Sie eine Stadt oder Region kennenlernen wollen.

CHOLET

49300 – **317** D6 – 54 371 h. – alt. 91 – Base de loisirs

14, avenue Maudet ℘ 02 41 49 80 00

▶ Paris 353 – Ancenis 49 – Angers 64 – Nantes 60

▲▲▲ **Centre Touristique Lac de Ribou** ⚌ – de déb.
avr. à fin sept.
℘ 02 41 49 74 30, *info@lacderibou.com*,
Fax 02 41 58 21 22, *www.lacderibou.com*
5 ha (162 empl.) plat, peu incliné, herbeux
Tarif : 23 € ✶✶ ⇔ 国 ⒫ (10A) – pers. suppl. 5 € – frais
de réservation 10 €

Location : (permanent) – 14 🚐 – 13 🛖 – 29 gîtes.
Nuitée 58 à 95 € – Sem. 305 à 650 € – frais de réservation
30 €
🛒 borne sanistation 5 € – 🚾 ⒫ 16 €
Pour s'y rendre : 5 km au sud-est par D 20, rte de
Maulevrier et D 600 à dr.

À savoir : à 100 m du lac (accès direct)

| Nature : 🏞 🏕 |
| Loisirs : 🍽 ✕ 🏠 🌙nocturne 🏃 🛶 ✕ 🏊 ⛸ |
| Services : 🚿 🗝 🏛 🛖 🕁 🚮 laverie 🧺 |
| À prox. : 🎣 🚣 ⚓ 🐴 practice de golf |

| Longitude : -0.84017 |
| Latitude : 47.03621 |

COMMEQUIERS

85220 – **316** E7 – 2 686 h. – alt. 19

▶ Paris 441 – Challans 13 – Nantes 63 – La Roche-sur-Yon 38

▲ **La Vie**
℘ 02 51 54 90 04, *contact@campinglavie.com*,
Fax 02 51 54 36 63, *www.camping-la-vie.com*
3 ha (73 empl.) plat, herbeux, petit étang

Location : – 10 🚐.
Pour s'y rendre : lieu-dit : Le Motteau (1,3 km au sud-
est par D 82, rte de Coëx et chemin à gauche)

| Nature : 🏞 ♀ |
| Loisirs : 🍽 snack 🏠 🏊 🐟 |
| Services : 🚿 🗝 🕁 🚮 |

| Longitude : -1.82172 |
| Latitude : 46.76011 |

▲ **Le Trèfle à 4 feuilles**
℘ 02 51 54 87 54, *letrefle@free.fr*, Fax 02 28 10 49 19,
www.trefle-a4feuilles.com
1,8 ha (50 empl.) plat, terrasses, herbeux
Pour s'y rendre : 3,3 km au sud-est par D 82, rte de
Coëx et 1,4 km par chemin à gauche, au lieu-dit la
Jouère

À savoir : sur les terres d'une exploitation agricole, le
royaume des animaux

| Nature : 🏞 |
| Loisirs : 🍽 🏠 🛶 |
| Services : 🚿 🗝 🚮 |
| À prox. : parc animalier |

| Longitude : -1.8374 |
| Latitude : 46.76166 |

LES CONCHES

85560 – **316** H9
▶ Paris 465 – Nantes 109 – La Roche 37 – La Rochelle 63

▲▲ **Le Clos des Pins** de déb. avr. à fin sept.
  ☎ 0251903169, *info@campingclosdespins.com*,
  Fax 0251903068, *www.campingclosdespins.com*
  1,6 ha (95 empl.) plat, vallonné, sablonneux
  Tarif : 19€ ★★ ⇔ 🅴 🅷 (10A) – pers. suppl. 6€ – frais
  de réservation 15€
  Location : (de déb. avr. à fin sept.) – 47 🛖 – 9 🏠.
  Nuitée 55 à 110€ – Sem. 179 à 770€ – frais de
  réservation 15€
  Pour s'y rendre : 500 m de la plage

Nature : 🔲 🔟
Loisirs : 🍴 🏠 🏊 🎣 🛶
Services : 🚻 ⛽ 🛁 ♨ 🔲
À prox. : 🏇

Longitude : -1.48842
Latitude : 46.38856

▲ **Le Sous-Bois**
  ☎ 0251333690, Fax 0251333273
  1,7 ha (120 empl.) plat, sablonneux
  Location : 🚫 – 4 🛖.
  Pour s'y rendre : lau lieu-dit : La Haute-Saligotière

Nature : 🦕 🔲 🔟
Loisirs : 🏠 🏊 🎣
Services : 🚻 ⛽ 🛁 ♨ 🔲

Longitude : -1.48725
Latitude : 46.3946

▲ **Les Ramiers**
  ☎ 0251333221
  1,4 ha (80 empl.) plat et peu accidenté, en terrasses,
  sablonneux
  Location : – 6 🛖.
  Pour s'y rendre : 44bis r. des Tulipes
  À savoir : pour les tentes, beaux emplacements en
  terrasses et en sous-bois

Nature : 🔲 🔟
Loisirs : 🍴 snack
Services : 🚻 ⛽

Longitude : -1.46705
Latitude : 46.3855

CONCOURSON-SUR-LAYON

49700 – **317** G5 – 543 h. – alt. 55
▶ Paris 332 – Angers 44 – Cholet 45 – Saumur 25

▲▲ **La Vallée des Vignes** de déb. avr. à fin sept.
  ☎ 0241598635, *campingvdv@wanadoo.fr*,
  Fax 0241590983, *www.campingvdv.com*
  3,5 ha (63 empl.) plat, herbeux
  Tarif : 23€ ★★ ⇔ 🅴 🅷 (10A) – pers. suppl. 6€ – frais
  de réservation 10€
  Location : (de déb. avr. à fin sept.) 🚫 – 5 🛖. Sem.
  300 à 650€
  Pour s'y rendre : 900 m à l'ouest par D 960, rte de
  Vihiers et rte à dr. apr. le pont, au bord du Layon
  À savoir : cadre champêtre

Nature : 🔲
Loisirs : 🍴 🎦 nocturne 🏃 🏊 🚴 🏇 🛶 🎣
Services : 🚻 ⛽ 🛁 ♨ 🔲 🔲 🛒

Longitude : -0.34051
Latitude : 47.17412

COUTURES

49320 – **317** G4 – 527 h. – alt. 81
▶ Paris 303 – Angers 25 – Baugé 35 – Doué-la-Fontaine 23

▲▲▲ **yelloh! Village Parc de Montsabert** de mi-avr. à
  mi-sept.
  ☎ 0241579163, *camping@parcdemontsabert.com*,
  Fax 0241579002, *www.parcdemontsabert.com*
  5 ha (150 empl.) plat et peu incliné, herbeux, pierreux,
  sous bois
  Tarif : 29€ ★★ ⇔ 🅴 🅷 (10A) – pers. suppl. 6€
  Location : (de mi-avr. à mi-sept.) – 2 roulottes
  – 25 🛖 – 14 🏠 – 1 bungalow toilé – 12 tentes.
  Nuitée 35 à 139€ – Sem. 245 à 973€
  🏕 5 🅴 15€ – 🚐 🅷 14€
  Pour s'y rendre : rte de Montsabert (1,5 km au nord-
  est, près du château de Montsabert)
  À savoir : agréable parc boisé

Nature : 🦕 🔲 🔟
Loisirs : snack 🏠 🏊 🎣 🏇 🔲 (découverte en saison) swin golf
Services : 🚻 ⛽ 🛁 ♨ ♨ laverie

Longitude : -0.34679
Latitude : 47.37448

CRAON

53400 – **310** D7 – 4 648 h. – alt. 75

🛈 *1, rue Alain Gerbault* 🖉 *02 43 06 10 14*

▶ Paris 309 – Fougères 70 – Laval 29 – Mayenne 60

⚠ **Municipal du Mûrier** de déb. mai à fin sept.
🖉 02 43 06 96 33, *campingdumurier@orange.fr*,
Fax 02 43 06 96 33, *www.ville-craon53.fr*
1 ha (51 empl.) plat, herbeux
Tarif : ✶ 3€ 🔲 4€ – 🔋 (10A) 2€

Location : (permanent) – 9 🏚 – 9 🏠. Nuitée 56€
– Sem. 187 à 474€ – frais de réservation 28€
🚐 borne artisanale 2€
Pour s'y rendre : r. Alain Gerbault (800 m à l'est, rte de
Château-Gontier et chemin à gauche)

À savoir : cadre agréable près d'un plan d'eau

Nature :	🏕 🎣🎣	
Loisirs :	🏠 🚣	
Services :	🚿 🗑 🛁 🛒	
À prox. :	🛒 🍽 ✕ ✗ 🎿 🛝 🛶	
	🏊 🐴	

Longitude : -0.94398
Latitude : 47.84837

DAON

53200 – **310** F8 – 503 h. – alt. 42 – Base de loisirs

▶ Paris 292 – Angers 46 – Château-Gontier 11 – Châteauneuf-sur-Sarthe 15

⚠ **Les Rivières** de déb. avr. à fin sept.
🖉 02 43 06 94 78, *camping.daon@cc-chateau-gontier.fr*
1,8 ha (98 empl.) plat, herbeux
Tarif : 13€ ✶✶ 🚗 🔲 🔋 (10A) – pers. suppl. 4€

Location : (permanent) – 10 🏠. Sem. 163 à 349€
Pour s'y rendre : 1 r. du Port (sortie ouest par D 213,
rte de la Ricoullière et à dr. avant le pont, près de la
Mayenne)

Nature :	🌊 🏕 🌳	
Loisirs :	🏠	
Services :	🚿 ⚡ 🛁 🛒	
À prox. :	🍽 ✕ 🚣 🛝 ⛵ 🛶	
pédalos, halte nautique		

Longitude : -0.64059
Latitude : 47.74996

DURTAL

49430 – **317** H2 – 3 315 h. – alt. 39

🛈 *41, rue du Maréchal Leclerc* 🖉 *02 41 76 37 26*

▶ Paris 261 – Angers 38 – La Flèche 14 – Laval 66

⚠ **Les Portes de l'Anjou** de déb. avr. à fin oct.
🖉 02 41 76 31 80, *lesportesdelanjou@camp-in-ouest.
com*, *www.lesportedelanjou.com*
3,5 ha (127 empl.) plat, herbeux
Tarif : (Prix 2010) ✶ 4€ 🚗 2€ 🔲 13€ – 🔋 (8A) 3€ – frais
de réservation 5€

Location : (Prix 2010) (de déb. avr. à fin oct.) – 7 🏚
– 10 bungalows toilés. Nuitée 70 à 110€ – Sem.
145 à 655€ – frais de réservation 5€
🚐 borne artisanale – 🔋 11€
Pour s'y rendre : 9 r. du Camping (sortie nord-est par
rte de la Flèche et r. à dr.)

À savoir : situation et cadre agréables en bordure du Loir

Nature :	🌊 🏕 🌳	
Loisirs :	🍽 snack 🏠 🏸 🚣 🛶	
Services :	🚿 ⚡ 🛁 🛒	
À prox. :	🛶	

Longitude : -0.23798
Latitude : 47.67107

LES EPESSES

85590 – **316** K6 – 2 477 h. – alt. 214

▶ Paris 375 – Bressuire 38 – Chantonnay 29 – Cholet 24

⚠ **La Bretèche** de déb. avr. à fin sept.
🖉 02 51 57 33 34, *contact@campinglabreteche.com*,
Fax 02 51 57 41 98, *www.campinglabreteche.com*
3 ha (115 empl.) plat, peu incliné, herbeux
Tarif : 21€ ✶✶ 🚗 🔲 🔋 (10A) – pers. suppl. 4€ – frais
de réservation 10€

Location : (de déb. avr. à fin sept.) – 24 🏠
– 12 bungalows toilés. Nuitée 32 à 90€ – Sem.
188 à 675€ – frais de réservation 10€
🚐 borne eurorelais 5€
Pour s'y rendre : à la Base de Loisirs (sortie nord par
D 752, rte de Cholet et chemin à dr.)

À savoir : belle décoration arbustive, près d'un étang

Nature :	🏕	
Loisirs :	🍽 ✕ snack 🏠 🛶	
Services :	🚿 ⚡ 🛁 🛒	
À prox. :	🛶 Puy du Fou (3 km),	
parc d'attractions		

Longitude : -0.89925
Latitude : 46.88986

ÉVRON

53600 – **310** G6 – 7 122 h. – alt. 114
🅱 *place de la Basilique* ℰ 02 43 01 63 75
▶ Paris 250 – Alençon 58 – La Ferté-Bernard 98 – La Flèche 69

🔺 Municipal de la Zone Verte
ℰ 02 43 01 65 36, *camping@evron.fr*, Fax 02 43 37 46 20,
www.camping-evron.fr
3 ha (92 empl.) plat et peu incliné, herbeux, gravillons
Location : (Prix 2010) – 11 🏠.
🚐 borne eurorelais
Pour s'y rendre : bd du Mal.-Juin (sortie ouest)

Nature : ⌑ ♀	
Loisirs : 🎱 🏸 🛝 parcours sportif	
Services : ⚡ 🏢 🛁 🚽 📷	
À prox. : 🛒 🍴 🎣 🛝 🛶	

Longitude : -0.40083
Latitude : 48.15398

---

*Ask your bookseller for the catalogue of **MICHELIN** publications.*

LA FAUTE-SUR-MER

85460 – **316** I9 – 1 001 h. – alt. 4
🅱 *rond-point Fleuri* ℰ 02 51 56 45 19
▶ Paris 465 – Luçon 37 – Niort 106 – La Rochelle 71

🔺 Les Flots Bleus
ℰ 02 51 27 11 11, *info@camping-lesflotsbleus.com*,
Fax 02 51 29 40 76
1,5 ha (124 empl.) plat, sablonneux, herbeux
Location : – 40 🛏. – frais de réservation 25 €
Pour s'y rendre : av.des Chardons (1 km au sud-est par
rte de la pointe d'Arçay, à 200 m de la plage)

Nature : ⌑ ♀	
Loisirs : 🍴 🏸 🛝 (découverte en saison)	
Services : ♿ ⚡ 🛁 📷	

Longitude : -1.31744
Latitude : 46.32539

LA FERTÉ-BERNARD

72400 – **310** M5 – 9 251 h. – alt. 90 – Base de loisirs
🅱 *15, place de la Lice* ℰ 02 43 71 21 21
▶ Paris 164 – Brou 44 – Châteauroux 65 – Le Mans 54

🔺 **Municipal le Valmer** de déb. mai à mi-sept.
ℰ 02 43 71 70 03, *levalmer@gmail.com*, Fax plus de fax
– 🅁
3 ha (90 empl.) plat, herbeux
Tarif : (Prix 2010) 15 € 🚻 ⛺ 🚗 🔌 (12A) – pers.
suppl. 5 €
🚐 borne autre 6 € – 10 🔌 12 €
Pour s'y rendre : Espace du lac (1,5 km au sud-ouest
par N 23, à la base de loisirs, au bord de l'Huisne)

Nature : 🏞 ⌑ ♀	
Loisirs : 🎱 🏇	
Services : ♿ ⚡ 🏢 🛁 🚽 🍴 📷	
À prox. : 🏊 🍴 🎣 🛝 🛶 ⛵ (plage) 🛶 canoë	

Longitude : 0.6541
Latitude : 48.18618

LA FLÈCHE

72200 – **310** I8 – 15 258 h. – alt. 33
🅱 *boulevard de Montréal* ℰ 02 43 94 02 53
▶ Paris 244 – Angers 52 – Châteaubriant 106 – Laval 70

🔺 **Municipal de la Route d'Or** de déb. mars à fin
oct.
ℰ 02 43 94 55 90, *info@camping-laroutedor.com*,
Fax 02 43 94 55 90, *www.camping-laroutedor.com*
4 ha (250 empl.) plat, herbeux
Tarif : 14 € 🚻 🚗 🔌 (10A) – pers. suppl. 3 € – frais
de réservation 15 €
Location : (de fin avr. à fin oct.) 🏕 – 10 🛏. Nuitée
69 à 84 € – Sem. 288 à 451 €
🚐 borne artisanale – 9 🔌 14 €
Pour s'y rendre : allée du Camping (sortie sud vers rte
de Saumur et à dr., au bord du Loir)

Nature : ⌑ ♀	
Loisirs : 🎱 🚲 🍴 🛝	
Services : ♿ ⚡ 🏢 🛁 🍴 📷	
À prox. : 🛶 canoë	

Longitude : -0.07826
Latitude : 47.69499

FRESNAY-SUR-SARTHE

72130 – **310** J5 – 2 228 h. – alt. 95

🏛 *19, avenue du Dr Riant* 🕿 *02 43 33 28 04*

▶ Paris 235 – Alençon 22 – Laval 73 – Mamers 30

⚑ **Municipal Sans Souci** 👥 – de déb. avr. à fin sept.
🕿 02 43 97 32 87, *camping-fresnay@wanadoo.fr*,
Fax 02 43 33 75 72
2 ha (90 empl.) plat, en terrasses, herbeux
Tarif : (Prix 2010) 12,50€ ✶✶ ⌬ 🅴 🏠 (8A) – pers.
suppl. 2,50€
Location : (Prix 2010) (permanent) – 5 🏠. Sem.
171 à 493€
🔧 borne 3€
Pour s'y rendre : r. du Haut Ary (1 km à l'ouest par
D 310, rte de Sillé-le-Guillaume)
À savoir : beaux emplacements délimités en bordure de
la Sarthe

| Nature : 🏞 🎋 |
| Loisirs : 🎮 🏕 🚣 🎾 |
| Services : 🔧 ⛽ 🚿 🚽 🧺 🖼 🛏 |
| À prox. : 🎣 🏊 🛶 canoë |

Longitude : 0.01498
Latitude : 48.28253

Donnez-nous votre avis
sur les terrains que nous recommandons.
Faites-nous connaître vos observations et vos découvertes
par mail à l'adresse : leguidecampingfrance@fr.michelin.com.

FROMENTINE

85550 – **316** D6

▶ Paris 455 – Nantes 69 – La Roche 72 – Saint 70

⚑ **Campéole La Grande Côte** de déb. avr. à mi-sept.
🕿 02 51 68 51 89, *grande-cote@campeole.com*,
Fax 02 51 49 25 57, *www.campeole.com*
21 ha (810 empl.) plat et accidenté, sablonneux
Tarif : (Prix 2010) 27€ ✶✶ ⌬ 🅴 🏠 (10A) – pers.
suppl. 7€ – frais de réservation 25€
Location : (Prix 2010) (de déb. avr. à mi-sept.) – 95 🛖
– 36 🏠 – 116 bungalows toilés. Nuitée 23 à 155€
– Sem. 161 à 1 085€ – frais de réservation 25€
Pour s'y rendre : rte de la Grande Côte (2 km par D 38b,
à Fromentine)
À savoir : au bord de la plage

| Nature : 🌊 |
| Loisirs : 🍴 🎮 🌙 nocturne 🏕 🚴 🏊 |
| Services : 🔧 ⛽ 🚿 🚽 🍴 🖼 |
| À prox. : 🚤 |

Longitude : -2.13083
Latitude : 46.88623

LE GIVRE

85540 – **316** H9 – 383 h. – alt. 20

▶ Paris 446 – Luçon 20 – La Mothe-Achard 33 – Niort 88

⚑ **La Grisse** Permanent
🕿 02 51 30 83 03, *lagrisse@wanadoo.fr*,
www.campinglagrisse.com
1 ha (79 empl.) plat, herbeux
Tarif : ✶ 7€ 🅴 7€ – 🏠 (16A) 4€
Location : (permanent) – 6 🛖 – 1 gîte. Nuitée
50 à 100€ – Sem. 195 à 550€
🔧 borne artisanale 10€ – 1 🅴 10€ – 🚐 10€
Pour s'y rendre : 2,5 km au sud par rte reliant la D 949
et la D 747
À savoir : cadre champêtre

| Nature : 🏞 🌿 |
| Loisirs : 🚣 |
| Services : 🔧 ⛽ 🚿 🍴 🖼 |

Longitude : -1.39752
Latitude : 46.44455

GUÉMENÉ-PENFAO

44290 – **316** F2 – 4 920 h. – alt. 37

🛈 *9, place Simon* 🕾 *02 40 79 30 83*

▶ Paris 408 – Bain-de-Bretagne 35 – Châteaubriant 39 – Nantes 59

⚠ **L'Hermitage** de déb. avr. à fin oct.
🕾 02 40 79 23 48, *camping.hermitage@wanadoo.fr*,
www.campinglhermitage.com
2,5 ha (83 empl.) plat, et peu incliné, herbeux
Tarif : (Prix 2010) 16 € ✷✷ ⇔ 🅴 🗲 (6A) – pers.
suppl. 5 € – frais de réservation 12 €

Location : (Prix 2010) (de déb. mai à fin oct.) – 5 🛖
– 6 🛏 – 5 bungalows toilés – 1 gîte. Nuitée 40 à 60 €
– Sem. 200 à 525 € – frais de réservation 12 €
🚐 borne artisanale 5 € – 6 🗲 16 € – 🗲 16 €
Pour s'y rendre : 36 av. du Paradis (1,2 km à l'est par
rte de Châteaubriant et chemin à dr., près de la piscine
municipale)

À savoir : agréable cadre boisé

Nature : ♀♀	
Loisirs : 🎬 🏊 🚲 🛝 (petite piscine) 🖉	
Services : ♿ ⚡ 🚿 🕁 💧 🖳	
À prox. : 🏊 ✂ 🖳 🎣 🐎 terrain omnisports	

Longitude : -1.81915
Latitude : 47.6259

LA GUYONNIÈRE

85600 – **316** I6 – 2 657 h. – alt. 63

▶ Paris 395 – Nantes 47 – La Roche-sur-Yon 48 – Angers 105

⚠ **La Chausselière** Permanent
🕾 02 51 41 98 40, *camping@chausseliere.fr*,
Fax 02 51 06 44 93, *camping.chausseliere.fr*
plat, herbeux
Tarif : (Prix 2010) 13 € ✷✷ ⇔ 🅴 🗲 (16A) – pers.
suppl. 3 €

Location : (Prix 2010) (permanent) 🛝 – 10 🏠.
Nuitée 50 à 60 € – Sem. 120 à 320 €
Pour s'y rendre : rte des Herbiers

Nature : ♀	
Loisirs : 🏊 🖉	
Services : ⚡ 🖉 🕁 💧 🖳	
À prox. : 🎣 ⚓	

Longitude : -1.24167
Latitude : 46.95682

HERBIGNAC

531

44410 – **316** C3 – 5 184 h. – alt. 18

🛈 *2, rue Pasteur* 🕾 *02 40 19 90 01*

▶ Paris 446 – La Baule 23 – Nantes 72 – La Roche-Bernard 9

⚠ **Le Ranrouet** saison
🕾 02 40 88 96 23, *www.herbignac.com*
1,5 ha (83 empl.) plat, herbeux
Tarif : (Prix 2010) ✷ 4 € ⇔ 2 € 🅴 3,15 € – 🗲 (6A) 3,30 €
🚐 borne artisanale 3,70 €
Pour s'y rendre : r. René-Guy Cadou (sortie est par D 33,
rte de Pontchâteau et à dr.)

Nature : ♀♀	
Loisirs : 🎬 🏊	
Services : ♿ ⚡ (juil.-août) 🚿 🖳	
À prox. : 🏓 ✂ 🛥 (plan d'eau avec plage 7 km)	

Longitude : -2.31854
Latitude : 47.4482

ÎLE DE NOIRMOUTIER

85 – **316** – alt. 8
par le pont routier de Fromentine : gratuit - par le passage du Gois à basse mer (4,5 km)
🛈 *route du Pont* ℘ *02 51 39 80 71*

Barbâtre 85630 – **316** C6 – 1 751 h. – alt. 5
🛈 *route du Pont* ℘ *0251398071*
▶ Paris 453 – Challans 32 – Nantes 70 – Noirmoutier-en-l'Île 11

⚠ **Municipal du Midi** de déb. avr. à fin sept.
℘ 0251396374, *camping-du-midi@wanadoo.fr*,
Fax 0251395863, *www.camping-du-midi.com*
13 ha (630 empl.) accidenté, sablonneux, herbeux
Tarif : (Prix 2010) 28€ ✶✶ ⇔ 🔲 🔋 (10A) – pers.
suppl. 6€ – frais de réservation 16€

Location : (Prix 2010) (de déb. avr. à fin sept.) – 150 🚐
– 30 tentes. Nuitée 50 à 699€ – Sem. 195 à 914€ – frais
de réservation 16€
🛒 borne eurorelais 16€
Pour s'y rendre : 1 km au nord-ouest par D 948 et
chemin à gauche

À savoir : près de la plage (accès direct)

Nature : ♀
Loisirs : 🍴 snack ✂ 🏖 ⛴
Services : 🚿 ⚡ 🛒 🖙
À prox. : 🏊

Longitude : -2.18447
Latitude : 46.94531

La Guérinière 85680 – **316** C6 – 1 525 h. – alt. 5
▶ Paris 460 – Challans 39 – Nantes 77 – Noirmoutier-en-l'Île 5

⚠ **Le Caravan'Île** de mi-mars à mi-nov.
℘ 0251395029, *contact@caravanile.com*,
Fax 0251358685, *www.caravanile.com*
8,5 ha (385 empl.) peu incliné, plat, herbeux, sablonneux,
dunes attenantes
Tarif : (Prix 2010) 26€ ✶✶ ⇔ 🔲 🔋 (5A) – pers.
suppl. 7€ – frais de réservation 18€

Location : (Prix 2010) (de mi-mars à mi-nov.) – 95 🚐.
Sem. 238 à 788€ – frais de réservation 18€
🛒 borne flot bleu 16€ – 🔋 13€
Pour s'y rendre : 1 r. de la Tresson (sortie est par D 948
et à dr. av. le rond-point)

À savoir : près de la plage (accès direct par escalier)

Nature : ⛰
Loisirs : 🍴 🛖 📺 🎣 🏄 🔲 ⛴ 🏊 terrain multisports
Services : 🚿 ⚡ 🚐 🖙 🔧 laverie 🏪 🛒
À prox. : ✕ 🏇

Longitude : -2.21674
Latitude : 46.96569

⚠ **Les Moulins** de déb. avr. à fin sept.
℘ 0251395138, *contact@camping-les-moulins.com*,
Fax 0251395797, *www.camping-les-moulins.com*
5,5 ha (306 empl.) peu incliné et plat, sablonneux,
herbeux, dunes
Tarif : (Prix 2010) 37€ ✶✶ ⇔ 🔲 🔋 (10A) – pers.
suppl. 7€ – frais de réservation 25€

Location : (Prix 2010) (permanent) – 27 🏠 – 27 tipis
– 27 bungalows toilés – 9 tentes. Sem. 289 à 1 199€
– frais de réservation 25€
🛒 borne eurorelais 20€ – 20 🔲 20€
Pour s'y rendre : 54 r. des Moulins (sortie est par D 948
et à dr. av. le rd-pt.)

À savoir : près de la plage (accès direct par escalier)

Nature : 🏕 ⛰
Loisirs : snack 🛖 🎣 🏄 ⛴ 🏊
Services : 🚿 ⚡ (juil.-août) 🖙 🔧 📷 🛒
À prox. : 🏊 🍴 ✕ 🏇

Longitude : -2.22077
Latitude : 46.96669

Pour choisir et suivre un itinéraire,
pour calculer un kilométrage,
pour situer exactement un terrain (en fonction des
indications fournies dans le texte) :
utilisez les **cartes MICHELIN**,
compléments indispensables de cet ouvrage.

Noirmoutier-en-l'île 85330 – **316** C5 – 4 842 h. – alt. 8

🛈 *Route du Pont* ℰ *02.51.39.80.71*

▶ Paris 468 – Nantes 80 – Saint-Nazaire 82 – Vannes 160

⚠ **Indigo Noirmoutier "La Vendette"** de déb. avr. à déb. oct.
ℰ 02 51 39 06 24, *noirmoutier@camping-indigo.com*,
Fax 02 51 35 97 63, *www.camping-indigo.com*
12 ha (530 empl.) plat, sablonneux, herbeux
Tarif : (Prix 2010) 24 € ✶✶ ⇌ 🔲 🔊 (10A) – pers.
suppl. 5 € – frais de réservation 10 €

Location : (Prix 2010) (de déb. avr. à déb. oct.)
– 80 tentes. Nuitée 41 à 94 € – Sem. 200 à 658 € – frais
de réservation 10 €
🚐 borne autre 4 €
Pour s'y rendre : 23 allée des Sableaux - Bois de la
Chaize
À savoir : agréable situation en bordure de plage des
Sableaux

Nature : ≤ ♀ ⚘
Loisirs : 🍴 snack 🎱 🏄
Services : 🖶 ⌾ 🔲 🔊
À prox. : 🔀

Longitude : -2.22267
Latitude : 47.00703

⚠ **Municipal le Clair Matin**
ℰ 02 51 39 05 56, Fax 02 51 39 74 36
6,5 ha (276 empl.) plat, herbeux, sablonneux
🚐 borne artisanale

Nature : ♀♀
Loisirs : 🏄 🚲
Services : 🖶 ⌾ 🔲 🔊
À prox. : 🍴 🔀

Longitude : -2.27083
Latitude : 47.00666

L'ILE-D'OLONNE

85340 – **316** F8 – 2 579 h. – alt. 5

▶ Paris 455 – Nantes 100 – La Roche-sur-Yon 35 – Challans 37

⚠ **Île aux Oiseaux** de déb. avr. à fin oct.
ℰ 02 51 90 89 96, *contact@ile-aux-oiseaux.fr*,
Fax 02 51 32 33 07, *www.ile-aux-oiseaux.fr* – places
limitées pour le passage
5 ha (215 empl.) plat, herbeux
Tarif : 25 € ✶✶ ⇌ 🔲 🔊 (10A) – pers. suppl. 4 € – frais
de réservation 15 €

Location : (permanent) – 45 🚐. Nuitée 83 € – Sem.
580 € – frais de réservation 15 €
Pour s'y rendre : r. du Pré Neuf (800 m au nord-est par
D 87)

533

Nature : 🐚 ⌂
Loisirs : 🎱 spa 🏄 🔲 🔊 terrain multisports
Services : 🖶 ⌾ (juil.août) 🔲 🔊 🚐 🍴 🔲

Longitude : -1.77836
Latitude : 46.56414

JARD-SUR-MER

85520 – **316** G9 – 2 480 h. – alt. 14

🛈 *place de la Liberté* ℰ *02 51 33 40 47*

▶ Paris 453 – Challans 62 – Luçon 36 – La Roche-sur-Yon 35

⚠ **Le Curtys** ♣♣ – de déb. avr. à fin sept.
ℰ 02 51 33 06 55, *curtys@i-clean.net*, Fax 02 51 33 92 01,
www.campinglecurtys.com – places limitées pour le
passage
8 ha (360 empl.) plat, herbeux
Tarif : 25 € ✶✶ ⇌ 🔲 🔊 (6A) – pers. suppl. 5 € – frais de
réservation 25 €

Location : (de déb. avr. à fin sept.) – 206 🚐 – 20 🏠.
Sem. 170 à 890 € – frais de réservation 25 €
Pour s'y rendre : r. de la Perpoise (au nord de la station)

Nature : ⌂ ♀
Loisirs : 🍴 snack, pizzeria 🎱 🎮 🕺 salle d'animation 🏄 🚲 ✖ 🔲 🔊 ⚡ terrain multisports
Services : 🖶 ⌾ 🔲 🍴 laverie 🚐
À prox. : 🔀 🔀

Longitude : -1.57841
Latitude : 46.42032

FranceLoc Les Écureuils ♣♣ – de déb. avr. à fin sept.
℘ 0251334274, *ecureuils@franceloc.fr*,
Fax 0251339114, *www.camping-ecureuils.com* ⚡
4 ha (261 empl.) plat, sablonneux
Tarif : (Prix 2010) 33€ ♣♣ ⚓ 🔲 ⚡ (10A) – pers.
suppl. 7€ – frais de réservation 26€

Location : (Prix 2010) (de déb. avr. à fin sept.) ⚡
– 114 🛏 – 10 🏠. Nuitée 44 à 138€ – Sem. 147 à 966€
– frais de réservation 26€
Pour s'y rendre : 16 r. des Goffineaux (300 m de
l'océan)

| Nature : 🐟 🗂 ⛰ |
| Loisirs : 🍸 🛖 🏓 🎣 jacuzzi 🏊 🚴 🔲 ⛵ |
| Services : 🚿 ⚡ 🛒 🛁 💈 laverie 🗑 🔧 |
| À prox. : ✂ |

| Longitude : -1.58976 |
| Latitude : 46.41122 |

L'Océano d'Or de déb. avr. à fin sept.
℘ 0251330505, *info@chadotel.com*, Fax 0251339404,
www.chadotel.com
8 ha (431 empl.) plat, herbeux
Tarif : 31€ ♣♣ ⚓ 🔲 ⚡ (6A) – pers. suppl. 6€ – frais de
réservation 25€

Location : (de déb. avr. à fin sept.) – 40 🛏 – 8 🏠.
Sem. 199 à 850€ – frais de réservation 25€
🚐 30 🔲 31€
Pour s'y rendre : 58 r. Georges Clémenceau (au nord-
est de la station, par D 21)

| Nature : 🗂 ⛰ |
| Loisirs : 🍸 🛖 🌙nocturne salle d'animation 🏊 🚴 ✂ 🔲 ⛵ terrain multisports |
| Services : 🚿 ⚡ 🛒 🛁 💈 🗑 🔧 |

| Longitude : -1.57228 |
| Latitude : 46.42019 |

La Pomme de Pin de déb. avr. à fin sept.
℘ 0251334385, *info@pommedepin.net*,
Fax 0251203169, *www.pommedepin.net* – places
limitées pour le passage
2 ha (150 empl.) plat, sablonneux
Tarif : (Prix 2010) 31€ ♣♣ ⚓ 🔲 ⚡ (10A) – pers.
suppl. 6€ – frais de réservation 8€

Location : (Prix 2010) (de déb. avr. à fin sept.) – 65 🛏
– 10 🏠. Nuitée 61 à 70€ – Sem. 210 à 695€ – frais de
réservation 25€
Pour s'y rendre : r. Vincent Auriol (au sud-est, à 150 m
de la plage de Boisvinet)

| Nature : 🗂 ⛰ |
| Loisirs : 🍸 pizzeria 🛖 🏊 🚴 🔲 ⛵ |
| Services : 🚿 ⚡ 🛒 💈 🗑 🔧 |

| Longitude : -1.57357 |
| Latitude : 46.41088 |

La Mouette Cendrée de déb. avr. à fin oct.
℘ 0251335904, *camping.mc@orange.fr*,
Fax 0251203139, *www.mouettecendree.com*
1,2 ha (72 empl.) plat, herbeux
Tarif : 27€ ♣♣ ⚓ 🔲 ⚡ (10A) – pers. suppl. 5€ – frais
de réservation 17€

Location : (Prix 2010) (de déb. avr. à fin oct.) – 20 🛏
– 5 bungalows toilés. Nuitée 30 à 80€ – Sem. 200 à 580€
– frais de réservation 17€
Pour s'y rendre : au lieu-dit : Les Malecots (sortie nord-
est par D 19, rte de St-Hilaire-la-Forêt)

| Nature : 🗂 ⛰ |
| Loisirs : 🏊 🔲 ⛵ |
| Services : 🚿 ⚡ 💈 🗑 |

| Longitude : -1.56703 |
| Latitude : 46.42768 |

LANDEVIEILLE

85220 – **316** F8 – 1 100 h. – alt. 37
🄳 Paris 452 – Challans 25 – Nantes 83 – La Roche-sur-Yon 32

Pong ♣♣ – de déb. avr. à déb. sept.
℘ 0251229263, *info@lepong.com*, Fax 0251229925,
www.lepong.com
3 ha (230 empl.) plat et peu incliné, terrasses, herbeux,
petit étang
Tarif : (Prix 2010) ♣ 5€ ⚓ 2€ 🔲 20€ – ⚡ (6A) 4€ – frais
de réservation 18€

Location : (Prix 2010) (de mi-avr. à déb. sept.)
– 50 🛏. Nuitée 50 à 100€ – Sem. 320 à 700€ – frais
de réservation 18€
Pour s'y rendre : r. du Stade (sortie nord-est)

| Nature : 🐟 🗂 ⛰ |
| Loisirs : snack 🛖 🏓 🏊 ⛵ 🎣 |
| Services : 🚿 ⚡ 🛁 💈 🗑 |
| À prox. : ✂ |

| Longitude : -1.79937 |
| Latitude : 46.64226 |

▲▲▲ **L'Orée de l'Océan** de déb. avr. à fin oct.
℘ 0251229636, *info@camping-oreedelocean.com*,
Fax 0251229636, *www.camping-oreedelocean.com*
2,8 ha (200 empl.) plat et peu incliné, herbeux
Tarif : (Prix 2010) 23€ ★★ ⟷ 🅴 [2] (10A) – pers.
suppl. 5€ – frais de réservation 20€

Location : (Prix 2010) (de déb. avr. à fin oct.) – 141 🛖
– 25 bungalows toilés – 34 tentes. Nuitée 55 à 100€
– Sem. 195 à 700€ – frais de réservation 20€
Pour s'y rendre : r. du Capitaine de Mazenod (sortie
ouest, rte de Brétignolles-sur-Mer, à prox. d'un étang)

Nature : 🏕 ♀
Loisirs : ✗ snack 🎮 🎣 🚗 🔲 🎱 🛝 terrain multisports
Services : ♿ ⚡ 🔥 🚿 🧺
À prox. : 🍴

Longitude : -1.80764
Latitude : 46.6401

LAVARÉ

72390 – **310** M6 – 831 h. – alt. 122
🚗 Paris 173 – Bonnétable 26 – Bouloire 14 – La Ferté-Bernard 19

▲ Le Val de Braye
℘ 0243719644, *basedeloisirs-valdebraye@orange.fr*,
www.basedeloisirsduvaldebraye.fr
0,3 ha (20 empl.) plat, herbeux
Pour s'y rendre : rte de Vibraye (sortie est par D 302, à
la Base de Loisirs)

À savoir : agréable situation près d'un plan d'eau

Nature : 🌊 🏕 ♀
Loisirs : 🚗 🎣
Services : ⚡ 🚿
À prox. : 🍴 🚣 🛶 piste de bi-cross, roller, skate

Longitude : 0.64792
Latitude : 48.03001

LE LION-D'ANGERS

49220 – **317** E3 – 3 675 h. – alt. 45
🏠 *square des Villes Jumelées* ℘ 0241958319
🚗 Paris 295 – Angers 27 – Candé 27 – Château-Gontier 22

▲ **Municipal les Frênes** de mi-mai à fin août
℘ 0241953156, *mairie.leliondangers@wanadoo.fr*,
Fax 0241953487, *www.leliondangers.fr*
2 ha (94 empl.) plat, herbeux
Tarif : (Prix 2010) ★ 2€ 🅴 2€ – [2] (10A) 3€
🚐 borne autre 7€
Pour s'y rendre : rte de Chateau Gontier (sortie
nord-est par N 162, rte de Château-Gontier, au bord de
l'Oudon)

À savoir : au milieu de frênes majestueux, au bord de
l'Oudon

Nature : ♀
Loisirs : 🎮 🚗
Services : ♿
À prox. : 🐴 hippodrome

Longitude : -0.71154
Latitude : 47.63094

LONGEVILLE-SUR-MER

85560 – **316** H9 – 2 300 h. – alt. 10
🏠 *9, rue Georges Clemenceau* ℘ 0251333464
🚗 Paris 448 – Challans 74 – Luçon 29 – La Roche-sur-Yon 31

▲▲▲ **Les Brunelles** ♣♣ – de fin avr. à fin sept.
℘ 0251331700, *contact@camp-atlantique.com*,
Fax 02.51.33.17.27, *www.camp-atlantique.com* – places
limitées pour le passage
6 ha (600 empl.) plat, peu incliné, pierreux
Tarif : 31€ ★★ ⟷ 🅴 [2] (6A) – pers. suppl. 8€ – frais de
réservation 20€

Location : (de déb. avr. à fin sept.) – 315 🛖 – 10 🏠.
Sem. 230 à 1 140€ – frais de réservation 20€
🚐 borne raclet
Pour s'y rendre : Le Bouil, r. de la Parée (1,5 km au
sud-ouest par rte de la Tranche-sur-Mer puis 2,2 km par
rte à dr.)

Nature : 🌊 🏕 ♀
Loisirs : ♟ ✗ snack, pizzeria 🎮 🎭 🎣 🎪 hammam jacuzzi 🚗 🚲 🍴 🔲 🎱 🛝 terrain multisports
Services : ♿ ⚡ 🚿 🔥 🚻 🧺 laverie 🏧 🛒
À prox. : 🏖

Longitude : -1.52191
Latitude : 46.41326

535

LOUÉ

72540 – **310** I7 – 2 105 h. – alt. 112
▶ Paris 230 – Laval 59 – Le Mans 30

⚠ **Village Loisirs** de déb. avr. à fin oct.
℘ 02 43 88 65 65, *village.dhotes@orange.fr, villageloisirs.com*
1 ha (16 empl.) plat, herbeux
Tarif : 12€ ✶✶ ⇌ 🅴 ⚡ (10A) – pers. suppl. 5€
Location : (permanent) – 10 🏠. Nuitée 20 à 25€
– Sem. 200 à 450€
🚐 4 🅴 12€
Pour s'y rendre : place Hector Vincent (vers sortie nord-est par D 21, rte du Mans, à la piscine)
À savoir : situation agréable au bord de la Vègre

Loisirs : 🍴 snack 🎦 ⚽ ⛱
Services : ⚹ ⛽ (juin-sept.) 🎰 🍴 🔥
À prox. : 🏊 sentier pédestre, terrain multisports

Longitude : -0.15118
Latitude : 47.99467

LUCHÉ-PRINGÉ

72800 – **310** J8 – 1 634 h. – alt. 34
🚻 4, rue Paul Doumer ℘ 02 43 45 44 50
▶ Paris 242 – Château-du-Loir 31 – Écommoy 24 – La Flèche 14

⚠ **Municipal la Chabotière** de déb. avr. à mi-oct.
℘ 02 43 45 10 00, *contact@lachabotiere.com*,
Fax 02 43 45 10 00, *www.lachabotiere.com*
3 ha (75 empl.) en terrasses, herbeux
Tarif : 13€ ✶✶ ⇌ 🅴 ⚡ (10A) – pers. suppl. 4€
Location : (permanent) 🚫 – 10 🏠 – 10 bungalows toilés. Nuitée 27 à 84€ – Sem. 159 à 493€
🚐 borne artisanale
Pour s'y rendre : place des Tilleuls (à l'ouest du bourg)
À savoir : à la base de loisirs, au bord du Loir

Nature : 🐟 🏕 ⚘
Loisirs : 🎦 ⚽ 🚲
Services : ⚹ ⛽ (juil.-août) Ⓟ ⛱ 🍴 laverie
À prox. : 🎿 🎣 🏊 🚣 🏇 canoë, barques, pédalos

Longitude : 0.07364
Latitude : 47.70252

LES LUCS-SUR-BOULOGNE

85170 – **316** H6 – 3 172 h. – alt. 70
🚻 place Sénéchal ℘ 02 51 46 51 28
▶ Paris 423 – Aizenay 19 – Les Essarts 24 – Nantes 45

⚠ Municipal Val de Boulogne
℘ 02 51 46 59 00, *mairie.leslucssurboulogne@wanadoo.fr*, Fax 02 51 46 51 20, *www.ville-leslucssurboulogne.fr*
0,3 ha (19 empl.) plat et peu incliné, herbeux
Pour s'y rendre : 164 av. des Pierres Noires (sortie nord-est par D 18, rte de St-Sulpice-le-Verdon et chemin à dr.)
À savoir : cadre verdoyant et ombragé, près d'un étang

Nature : 🏕 ⚘
À prox. : 🍴 ✕ 🚣 canoë

Longitude : -1.4943
Latitude : 46.84356

LE LUDE

72800 – **310** J9 – 4 074 h. – alt. 48
🚻 place François de Nicolay ℘ 02 43 94 62 20
▶ Paris 244 – Angers 63 – Chinon 63 – La Flèche 20

⚠ **Municipal au Bord du Loir** de déb. avr. à fin sept.
℘ 02 43 94 67 70, *camping.lelude@wanadoo.fr*,
Fax 02.43.94.93.62
2,5 ha (111 empl.) plat, herbeux
Tarif : (Prix 2010) 10€ ✶✶ ⇌ 🅴 ⚡ (5A) – pers. suppl. 3€
Location : (Prix 2010) (de déb. mai à fin sept.) – 5 🏠 – 6 bungalows toilés. Nuitée 25 à 50€ – Sem. 130 à 415€
Pour s'y rendre : rte du Mans (0,8 km au nord-ouest par D 307, rte du Mans)
À savoir : cadre champêtre au bord du Loir

Nature : ⚘⚘
Loisirs : 🎦 ☀diurne (juil.-août) ⚽ 🚲 🚣 🏇 (centre équestre)
Services : ⚹ ⛽ ⛱ 🍴 🔥
À prox. : snack 🎿 🏓 🏊 ⛱ canoë, pédalos, piste de skate

Longitude : 0.15763
Latitude : 47.64648

MACHÉ

85190 – **316** F7 – 1 273 h. – alt. 42

▶ Paris 443 – Challans 22 – Nantes 59 – La Roche-sur-Yon 26

🏔 **Village Vacances La Résidence du Lac** (location exclusive de mobile homes et bungalows)
   📞 0251552030, *laresidencedulac@wanadoo.fr*,
Fax 0251552030, *www.residence-du-lac.com*
18 ha plat, herbeux

Location : (Prix 2010) – 20 🛖 – 5 🏠. – frais de réservation 9€
Pour s'y rendre : 2 r. de la Meule (vers sortie rte d'Apremont et chemin à gauche, accès direct au lac)

| Nature : 🏕 〰 |
| Loisirs : 🍽 , snack 🏊 🚲 🏊 |
| Services : 🏪 laverie |
| À prox. : 🎿 🎣 canoë |

Longitude : -1.68576
Latitude : 46.75496

🏔 **Le Val de Vie** de déb. avr. à fin sept.
   📞 0251602102, *campingvaldevie@aol.com*,
Fax 0251602102, *www.camping-val-de-vie.com*
2,5 ha (52 empl.) plat, peu incliné, herbeux
Tarif : 23€ 👫 🚐 🔌 🔋 (10A) – pers. suppl. 5€

Location : (de déb. avr. à fin oct.) 🎿 – 1 🛖. Sem. 190 à 550€
🚐 1 🔌 19€
Pour s'y rendre : 5 r. du Stade (sortie rte d'Apremont et chemin à gauche, à 400 m du lac)

| Nature : 🏕 |
| Loisirs : 🏊 🏊 |
| Services : 🚿 🏪 🍽 🔋 |
| À prox. : 🎿 |

Longitude : -1.68595
Latitude : 46.75305

We recommend that you consult the up to date price list posted
at the entrance of the site.
Inquire about possible restrictions.
The information in this Guide may have been modified since going to press.

MACHECOUL

44270 – **316** F6 – 5 771 h. – alt. 5

🏠 *14, place des Halles* 📞 0240314287

▶ Paris 420 – Beauvoir-sur-Mer 23 – Nantes 39 – La Roche-sur-Yon 56

🏔 **La Rabine** de mi-avr. à fin sept.
   📞 0240023048, *camprabine@wanadoo.fr*,
www.camping-la-rabine.com
2,8 ha (131 empl.) plat, herbeux
Tarif : (Prix 2010) 14€ 👫 🚐 🔌 🔋 (13A) – pers. suppl. 4€

Location : (Prix 2010) (de mi-avr. à fin sept.) 🎿 – 1 roulotte – 3 🏠. Sem. 300 à 470€ – frais de réservation 20€
Pour s'y rendre : allée de la Rabine (sortie sud par D 95, rte de Challans, au bord du Falleron)

| Nature : 〰 |
| Loisirs : salle d'animation 🏊 🎣 |
| Services : 🚿 🏪 🍽 🔋 |
| À prox. : 🎿 🛶 🐎 |

Longitude : -1.81571
Latitude : 46.98814

MAILLEZAIS

85420 – **316** L9 – 967 h. – alt. 6

🏠 *rue du Dr Daroux* 📞 0251872301

▶ Paris 436 – Fontenay-le-Comte 15 – Niort 27 – La Rochelle 49

🏔 **Municipal de l'Autize**
   📞 0643191490, *camping-lautize@orange.fr*,
Fax 0251872963, *www.maillezais.fr*
1 ha (40 empl.) plat, herbeux
Tarif : (Prix 2010) 9€ 👫 🚐 🔌 🔋 (13A) – pers. suppl. 2€
🚐 borne raclet 2€ – 20 🔌
Pour s'y rendre : r. du Champ de foire (sortie sud, rte de Courçon)

| Nature : 🏕 |
| Loisirs : 🛶 |
| Services : 🚿 🏪 (juil.-août) 🍽 🗑 🔋 |
| À prox. : 🏊 🎿 |

Longitude : -0.73914
Latitude : 46.37137

MALICORNE-SUR-SARTHE

72270 – **310** I8 – 1 943 h. – alt. 39

🛈 5, place Duguesclin ✆ 02 43 94 74 45

◧ Paris 236 – Château-Gontier 52 – La Flèche 16 – Le Mans 32

  ▵ **Municipal Port Ste Marie** de déb. avr. à fin sept.
✆ 02 43 94 80 14, camping.malicorne@wanadoo.fr,
Fax 02 43 94 57 26, www.ville-malicorne.fr
1 ha (80 empl.) plat, herbeux
Tarif : (Prix 2010) 🕴 3 € ⇐ 1 € ▣ 3 € – 🕈 (12A) 3 €
Location : (Prix 2010) (permanent) – 4 ⟨⟩
– 5 bungalows toilés. Sem. 139 à 376 €
🚿 borne raclet 3 €
Pour s'y rendre : à l'ouest du bourg par D 41
À savoir : cadre et situation agréables, près de la Sarthe

| Nature : 👁 |
| Loisirs : 🎴 ⛵ |
| Services : ♿ ⛽ (juil.-août) ♨ |
| 🏳 laverie |
| À prox. : 🚴 ✖ 🎴 ⛹ ⛐ 🐎 |
| (centre équestre) canoë, pédalos, |
| terrain multisports |

| Longitude : -0.09077 |
| Latitude : 47.81795 |

MAMERS

72600 – **310** L4 – 5 679 h. – alt. 128

🛈 29, place Carnot ✆ 02 43 97 60 63

◧ Paris 185 – Alençon 25 – Le Mans 51 – Mortagne-au-Perche 25

  ▵ **Municipal du Saosnois** de fin fév. à déb. nov.
✆ 02 43 97 68 30, camping.mamers@free.fr,
Fax 02 43 97 38 65, www.mairie-mamers.fr
1,5 ha (50 empl.) peu incliné et en terrasses, herbeux
Tarif : (Prix 2010) 12 € 🕴🕴 ⇐ ▣ 🕈 (10A) – pers.
suppl. 2 €
Location : (de fin fév. à déb. nov.) – 3 ⟨⟩. Nuitée
46 à 49 € – Sem. 310 à 336 €
🚿 borne artisanale 5 € – 8 ▣ 5 €
Pour s'y rendre : 1 km au nord par rte de Mortagne-au-
Perche et D 113 à gauche, rte de Contilly, près de deux
plans d'eau

| Nature : 🌲 👁 |
| Loisirs : 🍸 🏊 (plage) |
| Services : 🛖 ♨ ▣ |
| À prox. : 🎣 ✖ ⛹ 🎴 🐎 |
| parcours de santé, pédalos |

| Longitude : 0.37303 |
| Latitude : 48.35809 |

538

MANSIGNÉ

72510 – **310** J8 – 1 540 h. – alt. 80 – Base de loisirs

🛈 route du Plessis ✆ 02 43 46 14 17

◧ Paris 235 – Château-du-Loir 28 – La Flèche 21 – Le Lude 17

  ▵ **Municipal de la Plage** de déb. avr. à fin oct.
✆ 02 43 46 14 17, camping-mansigne@orange.fr,
Fax 02 43 46 14 17, www.orange.fr
3 ha (175 empl.) plat, herbeux
Tarif : 15 € 🕴🕴 ⇐ ▣ 🕈 (10A) – pers. suppl. 3 € – frais
de réservation 10 €
Location : (permanent) – 8 ⟨⟩ – 20 ⌂ – 8 bungalows
toilés. Nuitée 50 à 80 € – Sem. 190 à 420 € – frais de
réservation 10 €
🚿 borne autre 4 € – 🚐 11 €
Pour s'y rendre : sortie nord par D 31, rte de la Suze-
sur-Sarthe, à 100 m d'un plan d'eau (plage)

| Nature : 👁 |
| Loisirs : 🍸 🎴 🚴 ✖ 🎣 ⛹ |
| Services : ♿ ♨ (14 juil.-16 août) |
| laverie bureau d'informations |
| touristiques |
| À prox. : 🎣 🎴 🏊 🐎 🛶 canoë- |
| kayak, pédalos |

| Longitude : 0.13425 |
| Latitude : 47.74802 |

MAREUIL-SUR-LAY

85320 – **316** I8 – 2 588 h. – alt. 20

🛈 17, rue H. de Mareuil ✆ 02 51 97 30 26

◧ Paris 428 – Cholet 78 – Nantes 89 – Niort 70

  ▵ **Municipal la Prée**
✆ 02 51 97 27 26, mairiemareuilsurlay@wanadoo.fr,
www.mareuiltourisme.com
1,5 ha (41 empl.) plat, herbeux
Pour s'y rendre : r. du Lay (au sud du bourg, attenant
au stade et la piscine)
À savoir : situation pittoresque en bordure du Lay

| Nature : 🌲 |
| Loisirs : ⛵ |
| Services : ♿ ⛽ ▣ |
| À prox. : ✖ 🎣 ⛹ 🎴 |

| Longitude : -1.22163 |
| Latitude : 46.53407 |

MARÇON

72340 – **310** M8 – 1 011 h. – alt. 59 – Base de loisirs
🛈 8, place de l'Église ℰ 02 43 79 91 01
➡ Paris 245 – Château-du-Loir 10 – Le Grand-Lucé 51 – Le Mans 52

▲▲▲ **Lac des Varennes** de déb. avr. à fin oct.
ℰ 02 43 44 13 72, lacdesvarennes@camp-in-ouest.com,
Fax 02 43 44 54 31, www.camp-in-ouest.com
5,5 ha (250 empl.) plat, herbeux
Tarif : 18 € 🏕🏕 🚗 🔲 🗲 (10A) – pers. suppl. 5 € – frais
de réservation 10 €
Location : (de déb. avr. à fin oct.) – 17 🛖 – 1 🏠
– 10 bungalows toilés. Nuitée 50 à 660 € – Sem.
145 à 660 € – frais de réservation 10 €
🚐 borne artisanale – 🗲 🔲 11 €
Pour s'y rendre : rte de Port Gauthier (1 km à l'ouest
par D 61, rte du Port Gauthier, près de l'espace de loisirs)
À savoir : situation agréable autour d'un lac aménagé en
base de loisirs

| Nature : 〇 |
| Loisirs : 🍸 snack 🎳 🏹 🚲 🎿 (plage) 🗲 |
| Services : 🚿 🔧 🔲 🗑 🚮 |
| À prox. : 🎯 🏊 🎣 🛶 🐎 terrain omnisports, canoë, pédalos |

| Longitude : 0.4993 |
| Latitude : 47.7125 |

*Pour une meilleure utilisation de cet ouvrage,
LISEZ ATTENTIVEMENT les premières pages du guide.*

MAYENNE

53100 – **310** F5 – 13 555 h. – alt. 124
🛈 quai de Waiblingen ℰ 02 43 04 19 37
➡ Paris 283 – Alençon 61 – Flers 56 – Fougères 47

▲▲ **Du Gué St-Léonard** de déb. mars à mi-sept.
ℰ 02 43 04 57 14, campingsaintleonard@orange.
fr, Fax 02 43 30 21 10, http://www.paysdemayenne-
tourisme.fr
1,8 ha (70 empl.) plat, herbeux
Tarif : (Prix 2010) 10 € 🏕🏕 🚗 🔲 🗲 (15A) – pers.
suppl. 3 €
Location : (Prix 2010) (de déb. mars à fin oct.) – 5 🛖
– 1 bungalow toilé. Nuitée 50 € – Sem. 344 €
🚐 2 🔲 9 €
Pour s'y rendre : r. du Gué St-Léonard (au nord de la
ville, par av. de Loré et r. à dr.)
À savoir : situation plaisante au bord de la Mayenne

| Nature : 〇〇 |
| Loisirs : snack 🎳 🏊 🗲 |
| Services : 🚿 🔧 🔲 🗑 laverie |
| À prox. : 🚲 🏊 canoë |

| Longitude : -0.61449 |
| Latitude : 48.31363 |

539

LE MAZEAU

85420 – **316** L9 – 431 h. – alt. 8
➡ Paris 435 – Fontenay-le-Comte 22 – Niort 21 – La Rochelle 53

▲ **Municipal le Relais du Pêcheur** de déb. avr. à fin
sept.
ℰ 02 51 52 93 23, mairie-le-mazeau@wanadoo.fr,
Fax 02 51 52 97 58
1 ha (54 empl.) plat, herbeux
Tarif : (Prix 2010) 🏕 3 € 🔲 4 € – 🗲 (10A) 3 €
Location : (Prix 2010) (de déb. mai à fin sept.) 🗲
– 3 bungalows toilés. Nuitée 30 à 49 € – Sem.
125 à 280 €
Pour s'y rendre : rte de la Sèvre (700 m au sud du
bourg, près de canaux)
À savoir : cadre et situation agréables au cœur de la
Venise Verte

| Nature : 🏊 🗲 〇 |
| Loisirs : 🎳 🎿 |
| Services : 🚿 🚰 (juil.-août) 🗑 🔲 |
| À prox. : 🗲 |

| Longitude : -0.66788 |
| Latitude : 46.31888 |

MÉNIL

53200 – **310** E8 – 940 h. – alt. 32

▶ Paris 297 – Angers 45 – Château-Gontier 7 – Châteauneuf-sur-Sarthe 21

🔺 **Municipal du Bac**
    ✆ 02 43 70 24 54, *campingdubac@orange.fr*,
    Fax 02 43 70 95 02
    0,5 ha (39 empl.) plat, herbeux
    Location : (Prix 2010) – 5 🛖. – frais de réservation 13 €
    Pour s'y rendre : r. du Port (à l'est du bourg)
    À savoir : cadre et situation agréables, près de la Mayenne

Nature : 🌳 🏕 ♀
Loisirs : snack 🚤 🚲 ⛵
Services : ⚕ 🚿
À prox. : canoë

Longitude : -0.67232
Latitude : 47.77572

MERVENT

85200 – **316** L8 – 1 079 h. – alt. 85

🏛 *rue de la Citardière* ✆ 02 51 00 29 57

▶ Paris 426 – Bressuire 52 – Fontenay-le-Comte 12 – Parthenay 50

🔺 **La Joletière** Permanent
    ✆ 02 51 00 26 87, *camping.la.joletiere@wanadoo.fr*,
    Fax 02 51 00 27 55, *www.campinglajoletiere.fr.st*
    1,3 ha (73 empl.) peu incliné, herbeux
    Tarif : (Prix 2010) ⚹ 4 € ⬅ 🅴 5 € – 🅷 (5A) 4 € – frais de réservation 8 €
    Location : (Prix 2010) (permanent) – 3 🚐 – 4 🛖.
    Nuitée 47 à 65 € – Sem. 300 à 450 €
    Pour s'y rendre : 700 m à l'ouest par D 99

Nature : 🏕 ♀
Loisirs : snack 🏓 🚤 ⛷
Services : ⚕ 🚿 🏕 ♻ 🔥
À prox. : 🍴 ✕

Longitude : -0.77348
Latitude : 46.52112

MESLAY-DU-MAINE

53170 – **310** F7 – 2 671 h. – alt. 90

🏛 *31, boulevard du Collège* ✆ 02 43 64 24 06

▶ Paris 268 – Angers 60 – Château-Gontier 21 – Châteauneuf-sur-Sarthe 34

🔺 **La Chesnaie** de déb. avr. à fin sept.
    ✆ 02 43 98 48 08, *camping.lachesnaie@wanadoo.fr*,
    Fax 02 43 98 48 08, *www.paysmeslaygrez.fr*
    7 ha/0,8 (60 empl.) plat, herbeux
    Tarif : (Prix 2010) 12 € ⚹⚹ ⬅ 🅴 🅷 (9A) – pers. suppl. 3 €
    Location : (Prix 2010) (permanent) – 8 🛖. Nuitée 75 € – Sem. 180 à 395 € – frais de réservation 13 €
    🚐 borne artisanale
    Pour s'y rendre : plan d'eau la Chesnaie (2,5 km au nord-est par D 152, rte de St-Denis-du-Maine)
    À savoir : au bord d'un beau plan d'eau

Nature : 🌳 ≤ 🏕 ♀
Loisirs : 🚲
Services : ⚕ 🚿 (juil.-août) 🚮 📲
à la base de loisirs : 🍴 ✕ 🏠 🚤 🐟 🛶 ⛵ 💧 swin golf, parcours de santé, pédalos

Longitude : -0.52685
Latitude : 47.96529

MESQUER

44420 – **316** B3 – 1 681 h. – alt. 6

🏛 *place du Marché - Quimiac* ✆ 02 40 42 64 37

▶ Paris 460 – La Baule 16 – Muzillac 32 – Pontchâteau 35

🔺 **Soir d'Été** de déb. avr. à fin sept.
    ✆ 02 40 42 57 26, *nadine-houssais@wanadoo.fr*,
    Fax 02 51 73 97 76, *www.camping-soirdete.com*
    1,5 ha (92 empl.) plat et peu incliné, herbeux, sablonneux
    Tarif : 29 € ⚹⚹ ⬅ 🅴 🅷 (6A) – pers. suppl. 7 € – frais de réservation 15 €
    Location : (Prix 2010) (de déb. avr. à fin sept.) – 13 🚐 – 6 🛖. Nuitée 59 à 90 € – Sem. 230 à 630 € – frais de réservation 15 €
    Pour s'y rendre : 401 r. de Bel Air (2 km au nord-ouest par D 352 et rte à gauche)
    À savoir : cadre ombragé

Nature : 🌳 🏕 ♀♀
Loisirs : 🍴 snack 🏠 terrain multisports 🚤 🎬 ⛷
Services : ⚕ 🚿 👕 🍴 🛒 🔥
À prox. : 🚲 ✂ 🏇 💧 🐎

Longitude : -2.47528
Latitude : 47.40655

⚠ **Le Praderoi** de mi-juin à mi-sept.
℘ 02 40 42 66 72, *camping.praderoi@wanadoo.fr*,
Fax 02 40 42 66 72, *http://perso.wanadoo.fr/mtger.
debonne*
0,4 ha (30 empl.) plat, sablonneux, herbeux
Tarif : 25€ ✳✳ ⬗ 🅴 (5A) – pers. suppl. 4€ – frais de
réservation 15€

Location : (de mi-juin à mi-sept.) ⌁ – 4 roulottes.
Nuitée 40€ – Sem. 250 à 420€
⛽ borne artisanale
Pour s'y rendre : 14 allée des Barges à Quimiac (2,5 km
au nord-ouest, à 100 m de la plage)

| Nature : 🐚 ♀ |
| Loisirs : 🏄 |
| Services : ♿ ⚿ 🚿 🍴 📷 |
| À prox. : ♨ |

Longitude : -2.48939
Latitude : 47.40497

MÉZIÈRES-SOUS-LAVARDIN

72240 – **310** J6 – 581 h. – alt. 75
▶ Paris 221 – Alençon 38 – La Ferté-Bernard 69 – Le Mans 25

⚠ **Parc des Braudières**
℘ 02 43 20 81 48, *camping.braudieres@wanadoo.
fr*, Fax 02 43 20 81 48, *www.camping-braudieres.com*
– places limitées pour le passage
1,7 ha (52 empl.) plat et peu incliné, herbeux
⛽ borne artisanale
Pour s'y rendre : 4,5 km à l'est par rte secondaire de
St-Jean

À savoir : en bordure d'un petit étang de pêche

| Nature : 🐚 🏕 ♀ |
| Loisirs : jacuzzi 🏄 🎣 |
| Services : ⚿ |

Longitude : 0.0622
Latitude : 48.15576

MONTREUIL-BELLAY

49260 – **317** I6 – 4 045 h. – alt. 50
🅸 *place du Concorde* ℘ 02 41 52 32 39
▶ Paris 335 – Angers 54 – Châtellerault 70 – Chinon 39

⚠⚠⚠ **Les Nobis** ♿♂ – de fin mars à déb. oct.
℘ 02 41 52 33 66, *camping-les-nobis@orange.fr*,
Fax 02 41 38 72 88, *www.campinglesnobis.com*
4 ha (165 empl.) plat, terrasse, herbeux
Tarif : (Prix 2010) 24€ ✳✳ ⬗ 🅴 (10A) – pers.
suppl. 4€ – frais de réservation 8€

Location : (Prix 2010) (permanent) – 20 🛖
– 3 bungalows toilés. Nuitée 36 à 73€ – Sem. 212 à 550€
– frais de réservation 8€
Pour s'y rendre : r. Georges Girouy (sortie nord-ouest,
rte d'Angers et chemin à gauche av. le pont)

À savoir : situation agréable sur les rives du Thouet et au
pied des remparts du château

| Nature : 🏕 ♀♀ |
| Loisirs : 🍷 ✕ 🎬 ⚙diurne 🎯 🏄 🚲 🎣 🎣 |
| Services : ♿ ⚿ 🧺 🍴 laverie |
| À prox. : pédalos, canoë |

Longitude : -0.15947
Latitude : 47.13148

MONTSOREAU

49730 – **317** J5 – 493 h. – alt. 77
🅸 *15, avenue de la Loire* ℘ 02 41 51 70 22
▶ Paris 292 – Angers 75 – Châtellerault 65 – Chinon 18

⚠ **L'Isle Verte** de déb. avr. à fin sept.
℘ 02 41 51 76 60, *isleverte@cvtloisirs.fr*, Fax 02 41 51 08 83,
www.campingisleverte.com
2,5 ha (105 empl.) plat, herbeux
Tarif : 22€ ✳✳ ⬗ 🅴 (16A) – pers. suppl. 4€ – frais
de réservation 12€

Location : (de déb. avr. à fin sept.) ⌁ – 12 🛖
– 3 bungalows toilés. Nuitée 35 à 95€ – Sem. 175 à 623€
– frais de réservation 12€
⛽ borne artisanale 6€ – 2 🅴 22€
Pour s'y rendre : av. de la Loire (sortie nord-ouest par
D 947, rte de Saumur, au bord de la Loire)

| Nature : ♀♀ |
| Loisirs : snack 🎬 🏄 ✂ 🎣 |
| Services : ♿ ⚿ 🍴 📷 🍴 |

Longitude : 0.05165
Latitude : 47.21861

LA MOTHE-ACHARD

85150 – **316** G8 – 2 381 h. – alt. 20
🖼 *56, rue G. Clémenceau* 🌐 *0251059049*
▶ Paris 439 – Aizenay 15 – Challans 40 – La Roche-sur-Yon 19

⚲ **Le Pavillon** de déb. avr. à fin sept.
🌐 *0251056346, campinglepavillon@club-internet.fr*,
Fax 0251094558, *www.camping-le-pavillon.com*
3,6 ha (117 empl.) plat, herbeux, étang
Tarif : (Prix 2010) 26 € ✤✤ ⇌ 🔲 🅷 (10A) – pers.
suppl. 6 € – frais de réservation 68 €
Location : (Prix 2010) (de déb. avr. à fin sept.) – 23 ⟐
– 6 🏠. Nuitée 64 à 100 € – Sem. 223 à 642 €
🚐 borne artisanale – 🔋 11 €
Pour s'y rendre : 175 av. Georges Clemenceau (1,5 km
au sud-ouest, rte des Sables-d'Olonne)

Nature : ♀♀	
Loisirs : 🍴 🎱 🕯nocturne 🏊 🔲 🔺 ◥ terrain omnisports	
Services : 🚿 ⚡ 🛢 🗑 laverie	
Longitude : -1.65763 Latitude : 46.62004	

MOUCHAMPS

85640 – **316** J7 – 2 585 h. – alt. 81
▶ Paris 394 – Cholet 40 – Fontenay-le-Comte 52 – Nantes 68

⚲ **Le Hameau du Petit Lay** de mi-juin à mi-sept.
🌐 *0251662572, mairie@mouchamps.com*,
Fax 0251662572, *www.mouchamps.com*
0,4 ha (24 empl.) plat, herbeux
Tarif : (Prix 2010) 13 € ✤✤ ⇌ 🔲 🅷 (5A) – pers.
suppl. 3 €
Location : (Prix 2010) (permanent) – 15 🏠. Nuitée
54 € – Sem. 187 à 411 €
Pour s'y rendre : au lieu-dit : Chauvin (600 m au sud par
D 113, rte de St-Prouant, au bord d'un ruisseau)

Nature : ⛺ ♀	
Loisirs : 🎱 🏊 🔺 (petite piscine)	
Services : 🚿 ⚡ 🗑 🖼	
À prox. : ◥	
Longitude : -1.05596 Latitude : 46.77549	

542

Teneinde deze gids beter te kunnen gebruiken,
DIENT U DE VERKLARENDE TEKST AANDACHTIG TE LEZEN.

MOUILLERON-LE-CAPTIF

85000 – **316** h7 – 4 246 h. – alt. 70
▶ Paris 421 – Challans 40 – La Mothe-Achard 22 – Nantes 63

⚲ **L'Ambois** Permanent
🌐 *0251372915, camping-ambois@voila.fr*,
Fax 0251372915, *www.campingambois.com*
1,75 ha (48 empl.) plat, peu incliné, herbeux
Tarif : ✤ 4 € 🔲 4 € – 🅷 (10A) 4 €
Location : (permanent) – 40 ⟐ – 5 🏠 – 2 🛏
– 1 gîte. Nuitée 60 à 72 € – Sem. 220 à 450 €
🚐 borne artisanale
Pour s'y rendre : sortie sud-est par D 2, rte de la
Roche-sur-Yon, puis 2,6 km par chemin à dr.
À savoir : cadre champêtre

Nature : 🐟 ⛺ ♀	
Loisirs : 🎱 🏊 🚲 🔲 poneys mini ferme	
Services : 🚿 ⚡ 🖼 🗑 laverie	
Longitude : -1.45924 Latitude : 46.71991	

NALLIERS

85370 – **316** J9 – 2 133 h. – alt. 9
▶ Paris 435 – Fontenay-le-Comte 18 – Luçon 12 – Niort 52

⚲ **Municipal le Vieux Chêne** de déb. mai à fin sept.
🌐 *0689267833, nalliers.mairie@wanadoo.fr*,
Fax 0251309406, *nalliers.fr*
1 ha (25 empl.) plat, herbeux
Tarif : ✤ 3 € ⇌ 2 € 🔲 3 € – 🅷 (16A) 4 €
Pour s'y rendre : le Port (au sud du bourg)

Nature : ⛺ ♀♀	
Loisirs : 🏊	
Services : 🚿 ⚡ 🚽	
À prox. : 🍴	
Longitude : -1.02697 Latitude : 46.46722	

NANTES

44000 – **316** G4 – 283 025 h. – alt. 8
🛈 3, cours Olivier de Clisson ℰ 08 92 46 40 44 2 place Saint Pierre ℰ 08 92 46 40 44
▶ Paris 381 – Angers 88 – Bordeaux 325 – Lyon 660

Le Petit Port saison
ℰ 02 40 74 47 94, camping-petit-port@nge-nantes.fr,
Fax 02 40 74 23 06, www.nge-nantes.fr/camping
8 ha (200 empl.) plat, peu incliné, herbeux, gravillons
Tarif : (Prix 2010) ♣ 3,80 € – 🚗 2,65 € 🔳 9,40 € –
🔌 (16A) 3,80 € – frais de réservation 5 €
Location : (Prix 2010) (saison) 🚐 – 35 🛏. – frais de
réservation 14 €
🚐 borne raclet 4 € – 🚌 13.50 €
Pour s'y rendre : 21 bd du Petit Port (au bord du Cens)

| Nature : 🖵 🎇 |
| Loisirs : 🏊 🚲 ⛳ |
| Services : 🔧 🔌 🏧 🚿 🚗 ♻ laverie |
| À prox. : ✕ crêperie patinoire, bowling 🔳 |
| Longitude : -1.55557 |
| Latitude : 47.24185 |

Les indications d'accès à un terrain sont généralement indiquées,
dans notre guide, à partir du centre de la localité.

NOTRE-DAME-DE-MONTS

85690 – **316** D6 – 1 806 h. – alt. 6
🛈 6, rue de la Barre ℰ 02 51 58 84 97
▶ Paris 459 – Nantes 74 – La Roche 72 – Saint 75

Les Alizés Montois de déb. avr. à fin sept.
ℰ 02 28 11 28 50, contact@campinglalbizia.com,
Fax 02 28 11 27 78, www.campinglalbizia.com
3,6 ha (150 empl.) plat, herbeux, sablonneux
Tarif : (Prix 2010) 27 € ♣♣ 🚗 🔳 🔌 (16A) – pers.
suppl. 6 € – frais de réservation 10 €
Location : (Prix 2010) (de mi-fév. à mi-nov.) – 20 🛏.
Nuitée 85 à 105 € – Sem. 340 à 740 € – frais de
réservation 10 €
Pour s'y rendre : 52 r. de la Rive (1,9 km au nord)

| Nature : 🖵 |
| Loisirs : 🍴 snack 🌙 nocturne 🏃 🏊 🚲 ⛳ 🔳 🏊 terrains multisports |
| Services : 🔧 🔌 🚿 🖨 |
| Longitude : -2.13125 |
| Latitude : 46.83116 |

Le Grand Jardin de mi-fév. à mi-déc.
ℰ 02 28 11 21 75, contact@legrandjardin.net,
Fax 02 51 59 56 66, www.legrandjardin.net – places
limitées pour le passage
2,5 ha (159 empl.) plat, herbeux, sablonneux
Tarif : 30 € ♣♣ 🚗 🔳 🔌 (10A) – pers. suppl. 5 € – frais
de réservation 19 €
Location : (de mi-mars à mi-nov.) – 25 🛏 – 4 🏠.
Sem. 260 à 730 € – frais de réservation 19 €
🚐 3 🔳 26 €
Pour s'y rendre : 50 r. de la Barre (600 m au nord, au
bord d'un étier)

| Nature : 🖵 🎇 |
| Loisirs : ✕ 🏊 🔳 (découverte en saison) 🎣 |
| Services : 🔌 (juil.-août) 🚿 🖨 🚗 |
| Longitude : -2.12579 |
| Latitude : 46.83739 |

Le Pont d'Yeu
ℰ 02 51 58 83 76, info@camping-pontdyeu.com,
Fax 02 28 11 20 19, www.camping-pontdyeu.com
1,3 ha (96 empl.) plat, sablonneux
Location : – 27 🛏. – frais de réservation 10 €
Pour s'y rendre : 1 km au sud

| Nature : 🖵 🎇 |
| Loisirs : 🏊 🏊 |
| Services : 🔧 🚿 🖨 |
| Longitude : -2.13152 |
| Latitude : 46.83456 |

La Ménardière de déb. avr. à fin sept.
ℰ 02 51 58 86 92, camping.menardiere@wanadoo.fr,
Fax 02 51 58 86 92, www.camping-la-menardiere.fr
0,8 ha (65 empl.) plat, sablonneux, herbeux
Tarif : 14 € ♣♣ 🔳 🔌 (6A) – pers. suppl. 4 €
Location : (de déb. avr. à fin sept.) 🚐 – 10 🛏.
Nuitée 38 à 70 € – Sem. 190 à 495 €
Pour s'y rendre : rte de Notre-Dame-de-Monts (1 km
au sud)

| Nature : 🎇 |
| Loisirs : 🛖 🏊 |
| Services : 🔧 🔌 🚗 🖨 |
| Longitude : -2.12365 |
| Latitude : 46.82098 |

NYOISEAU

49500 – **317** D2 – 1 307 h. – alt. 40

▶ Paris 316 – Ancenis 50 – Angers 47 – Châteaubriant 39

⚠ **La Rivière** de mi-juin à mi-sept.
℘ 02 41 92 26 77, Fax 02 41 92 26 65
1 ha (25 empl.) plat, herbeux
Tarif : ♣ 2,60 € ⬌ 🅴 2,10 € – 🔌 (16A) 2,60 €
🚽 borne artisanale
Pour s'y rendre : 1,2 km au sud-est par D 71, rte de
Segré et rte à gauche, au bord de l'Oudon

| Nature : 🐟 ♀♀ |
| Loisirs : 🔲 🛶 🎠 |
| Services : ⚕ ☕ (juil.-15 sept.) 🗑 |
| À prox. : 🚵 piste de bi-cross |

Longitude : -0.9157
Latitude : 47.71635

OLONNE-SUR-MER

85340 – **316** F8 – 12 510 h. – alt. 40

🛈 10, rue du Maréchal Foch ℘ 02 51 90 75 45

▶ Paris 458 – Nantes 102 – La Roche 36 – La Rochelle 96

⛰ **La Loubine** ♣♣ – de déb. avr. à mi-sept.
℘ 02 51 33 12 92, camping.la.loubine@wanadoo.fr,
Fax 02 51 33 12 71, www.la-loubine.fr 🏊 (de déb. juil. à
fin août)
8 ha (368 empl.) plat, herbeux
Tarif : 32 € ♣ ♣ ⬌ 🅴 🔌 (6A) – pers. suppl. 5 € – frais de
réservation 20 €
Location : (de déb. avr. à mi-sept.) 🏊 (de déb. juil.
à fin août) – 150 🏠 – 20 🏕. Sem. 239 à 823 € – frais
de réservation 20 €
Pour s'y rendre : 1 rte de la Mer (3 km à l'ouest)
À savoir : autour d'une ferme vendéenne du 16e s. et
d'un beau complexe aquatique paysager et ludique

| Nature : 🗐 ♀ |
| Loisirs : 🍽 snack, pizzeria 🔲 🌙 nocturne 🎯 🏓 ♨ jacuzzi 🛶 🚲 🎯 🔳 🏊 ⛰ terrain omnisports |
| Services : ⚕ ☕ 🚿 🛒 🚽 ♨ 🧺 🚻 |
| À prox. : 🐎 poneys |

Longitude : -1.80647
Latitude : 46.54595

⛰ **Airotel le Trianon** ♣♣ – de déb. avr. à fin oct.
℘ 02 51 23 61 61, campingletrianon@wanadoo.fr,
Fax 02 51 90 77 70, www.camping-le-trianon.com
12 ha (515 empl.) plat, herbeux, petit étang
Tarif : (Prix 2010) 46 € ♣ ♣ ⬌ 🅴 🔌 (16A) – pers.
suppl. 6 €
Location : (Prix 2010) (de déb. avr. à mi-oct.) – 140 🏠
– 32 🏕 – 19 bungalows toilés. Sem. 170 à 1 020 €
– frais de réservation 25 €
Pour s'y rendre : 95 r. du Maréchal Joffre (1 km à l'est)
À savoir : agréable cadre verdoyant et ombragé

| Nature : 🗐 ♀♀ |
| Loisirs : 🍽 ✕ 🔲 🌙 diurne (en saison) nocturne 🎯 discothèque 🛶 🎯 ♨ 🔳 🏊 🛶 |
| Services : ⚕ ☕ (juil.-août) 🚿 🚽 🚻 ♨ laverie 🧺 🛒 |

Longitude : -1.75502
Latitude : 46.53118

⛰ **Le Moulin de la Salle** de déb. avr. à déb. oct.
℘ 02 51 95 99 10, moulindelasalle@wanadoo.fr,
Fax 02 51 96 96 13, www.moulindelasalle.com
2,7 ha (178 empl.) plat, herbeux
Tarif : (Prix 2010) 30 € ♣ ♣ ⬌ 🅴 🔌 (10A) – pers.
suppl. 5 € – frais de réservation 22 €
Location : (Prix 2010) (de déb. avr. à déb. oct.)
– 190 🏠. Nuitée 50 à 70 € – Sem. 220 à 760 € – frais
de réservation 22 €
Pour s'y rendre : r. du Moulin de la Salle (2,7 km à
l'ouest)

| Nature : 🗐 ♀ |
| Loisirs : 🍽 snack 🔲 🛶 🔳 (découverte l'été) 🏊 |
| Services : ⚕ ☕ 🚿 🚽 🚻 ♨ 🧺 🛒 |

Longitude : -1.79177
Latitude : 46.52876

⛰ **Domaine de l'Orée** ♣♣ – de mi-avr. à mi-sept.
℘ 02 51 33 10 59, loree@free.fr, Fax 02 51 33 15 16,
www.l-oree.com
6 ha (320 empl.) plat, herbeux
Tarif : 29 € ♣ ♣ ⬌ 🅴 – 🔌 (16A) 5 € – pers. suppl. 6 €
– frais de réservation 24 €
Location : (de mi-avr. à mi-sept.) – 140 🏠 – 10 🏕
– 8 gîtes. Nuitée 54 à 95 € – Sem. 242 à 670 € – frais
de réservation 24 €
Pour s'y rendre : 13 rte des Amis de la Nature (3 km à
l'ouest)

| Nature : 🗐 ♀♀ |
| Loisirs : 🍽 snack 🌙 nocturne (juil.-août) 🎯 🛶 🚲 🎯 🔳 🏊 🛶 terrain multisports |
| Services : ⚕ ☕ 🚿 🚽 🚻 ♨ 🧺 🛒 |
| À prox. : 🐎 poneys |

Longitude : -1.80827
Latitude : 46.5494

△△ **Nid d'Été** de déb. avr. à fin sept.
℘ 0251953438, *info@leniddete.com*, Fax 0251953464,
www.leniddete.com
2 ha (119 empl.) plat, herbeux
Tarif : (Prix 2010) 29 € ✚✚ ⇌ 🅔 🄰 (10A) – pers.
suppl. 5 € – frais de réservation 15 €
Location : (Prix 2010) (de déb. avr. à fin sept.)
– 15 🚐. Nuitée 34 à 100 € – Sem. 220 à 700 € – frais
de réservation 15 €
Pour s'y rendre : 2 r. de la Vigne Verte (2,5 km à l'ouest)

Nature :	🐚 ♀
Loisirs :	🎴 🏛 🖼
Services :	🚿 ⚲ 🛁 🍴 🏠

Longitude : -1.78943
Latitude : 46.5335

△△ **Bois Soleil** de déb. avr. à mi-sept.
℘ 0251331197, *camping.boissoleil@wanadoo.fr*,
Fax 0251331485, *www.campingboissoleil.com*
3,1 ha (160 empl.) plat et peu incliné, herbeux, pierreux
Tarif : 30 € ✚✚ ⇌ 🅔 🄰 (6A) – pers. suppl. 5 € – frais de
réservation 20 €
Location : (de déb. avr. à mi-sept.) – 150 🚐
– 6 🏠. Nuitée 34 à 101 € – Sem. 199 à 710 € – frais de
réservation 20 €
Pour s'y rendre : 94 chemin des Barres (4,1 km au
nord-ouest par D 80, D 87, rte de l'Ile d'Olonne, près de
la réserve ornithologique)
À savoir : au bord des marais salants

Nature :	🐚 ⋖ 🎴 ♀
Loisirs :	🍸 🌙nocturne hammam 🚲🏋 🖼 🏊 🏄
Services :	🚿 ⚲ 🛁 🎣 🍴 🏠 🛁 🚿

Longitude : -1.80457
Latitude : 46.55294

△ **Sauveterre** de déb. avr. à fin sept.
℘ 0251331058, *info@campingsauveterre.com*,
Fax 09 717043 86, *www.campingsauveterre.com*
3,2 ha (234 empl.) plat, herbeux
Tarif : (Prix 2010) 20 € ✚✚ ⇌ 🅔 🄰 (6A) – pers.
suppl. 5 € – frais de réservation 15 €
Location : (Prix 2010) (de déb. avr. à fin sept.) 🚫
– 23 🚐. Nuitée 35 à 80 € – Sem. 130 à 570 € – frais de
réservation 15 €
🚻 borne artisanale 13 €
Pour s'y rendre : 3 rte des Amis de la Nature (3 km à
l'ouest)

Nature :	♀
Loisirs :	snack 🏊 🏄
Services :	🚿 ⚲ 🎣 🏠 🛁 🚿
À prox. :	🐎 poneys

Longitude : -1.80547
Latitude : 46.54697

545

LE PERRIER

85300 – **316** E7 – 1 797 h. – alt. 4
▶ Paris 449 – Nantes 67 – La Roche 56 – Saint 73

△△ **La Maison Blanche**
℘ 0251493923, *campingmaisonblanche@yahoo.fr*,
www.campingmaisonblanche.fr
3,2 ha (200 empl.) plat, herbeux
Pour s'y rendre : r. de la Maison Blanche (près de
l'église, au bord d'un étier)

Nature :	♀♀
Loisirs :	🎴 🏛 🚲 🏊
Services :	🚿 ⚲ 🛁laverie 🌿
À prox. :	✂

Longitude : -1.99546
Latitude : 46.81974

PIRIAC-SUR-MER

44420 – **316** A3 – 2 273 h. – alt. 7
🅸 7, rue des Cap-Horniers ℘ 0240235142
▶ Paris 462 – La Baule 17 – Nantes 88 – La Roche-Bernard 33

△△△ **Armor Héol** ♣♦ – de déb. avr. à mi-sept.
℘ 0240235780, *info@camping-armor-heol.com*,
Fax 0240235942, *www.camping-armor-heol.com*
4,5 ha (210 empl.) plat, herbeux, petit étang
Tarif : ♣ 8 € 🅔 16 € – 🄰 (6A) 4 € – frais de réservation 20 €
Location : (de déb. avr. à mi-sept.) – 1 roulotte
– 59 🚐 – 22 🏠. Nuitée 65 à 104 € – Sem. 290 à 725 €
– frais de réservation 20 €
Pour s'y rendre : rte de Guérande (1 km au sud-est par
D 333)
À savoir : bel ensemble aquatique, loisirs et commercial

Nature :	🎴 ♀♀
Loisirs :	🍸 snack 🎴 🌙nocturne (juillet-août) 🏋 🎲 salle d'animation 🚲 ✂ 🖼 🏊 🏄terrain omnisports
Services :	🚿 ⚲ (saison) 🛁 🏠
À prox. :	🛶 🏋 ♦ 🐎 (centre équestre)

Longitude : -2.53392
Latitude : 47.37481

Parc du Guibel de déb. avr. à fin sept.
℘ 0240235267, *camping@parcduguibel.com*,
Fax 0240155024, *www.parcduguibel.com*
14 ha (450 empl.) plat, peu incliné, herbeux
Tarif : 26€ ✚✚ ⬡ 🅴 (10A) – pers. suppl. 6€ – frais
de réservation 18€
Location : (de déb. avr. à fin sept.) – 93 ⬚ – 34 ⬚.
Nuitée 67 à 118€ – Sem. 385 à 826€ – frais de
réservation 18€
⬚ borne artisanale – ⬚ 18€
Pour s'y rendre : rte de Kerdrien (3,5 km à l'est par
D 52, rte de Mesquer et rte à gauche)
À savoir : agréable cadre boisé

Nature : 🌿 ⬚ 🞵🞵
Loisirs : 🍴 ✗ snack ⬚ ⬚ 🚲
⬚ ⬚ ⬚ terrain multisports
Services : ⬚ ⬚ ⬚ ⬚ ⬚ ⬚ ⬚
⬚ ⬚
À prox. : ⬚ ⬚ ⬚ ⬚ (centre
équestre)

Longitude : -2.5098
Latitude : 47.38661

Mon Calme de mi-avr. à fin sept.
℘ 0240236077, *campingmoncalme@free.fr*,
www.campingmoncalme.com
1,2 ha (105 empl.) plat, herbeux
Tarif : 27€ ✚✚ ⬡ 🅴 (10A) – pers. suppl. 4€ – frais
de réservation 17€
Location : (de mi-avr. à fin sept.) – 17 ⬚
– 12 appartements. Sem. 260 à 620€ – frais de
réservation 17€
Pour s'y rendre : r. de Norvoret (1 km au sud par rte de
la Turballe et à gauche, à 450 m de l'océan)

Nature : 🞵🞵
Loisirs : pizzeria ⬚ ⬚
Services : ⬚ ⬚ ⬚ ⬚ ⬚
À prox. : ⬚ ⬚ ⬚ ⬚ ⬚

Longitude : -2.54636
Latitude : 47.37084

LA PLAINE-SUR-MER

44770 – **316** C5 – 3 610 h. – alt. 26
🛈 *square du Fort Gentil* ℘ 0240215252
▶ Paris 438 – Nantes 58 – Pornic 9 – St-Michel-Chef-Chef 7

La Tabardière ⬚ – de mi-avr. à fin sept.
℘ 0240215883, *info@camping-la-tabardiere.com*,
Fax 0240210268, *www.camping-la-tabardiere.com*
6 ha (255 empl.) en terrasses, herbeux
Tarif : 34€ ✚✚ ⬡ 🅴 (8A) – pers. suppl. 7€ – frais de
réservation 20€
Location : (de mi-avr. à fin sept.) ⬚ – 10 ⬚
– 20 ⬚. Sem. 245 à 800€ – frais de réservation 20€
⬚ borne raclet – 5 ⬚ 14€ – ⬚ 14€
Pour s'y rendre : 2 rte de la Tabardiere (3,5 km à l'est
par D 13, rte de Pornic et rte à gauche)

Nature : 🌿 🞵🞵
Loisirs : 🍴 ⬚ ⬚ ⬚ ⬚ ⬚
(découverte en saison) ⬚ terrain
omnisports
Services : ⬚ ⬚ ⬚ ⬚ ⬚ ⬚
À prox. : ⬚ ⬚ ⬚ (centre
équestre)

Longitude : -2.15313
Latitude : 47.14087

Le Ranch de déb. avr. à fin sept.
℘ 0240215262, *info@camping-le-ranch.com*,
Fax 0251748131, *www.camping-le-ranch.com*
3 ha (180 empl.) plat, herbeux
Tarif : 30€ ✚✚ ⬡ 🅴 (10A) – pers. suppl. 6€ – frais
de réservation 15€
Location : (de déb. avr. à fin oct.) ⬚ – 15 ⬚
– 16 ⬚. Nuitée 40 à 70€ – Sem. 210 à 725€ – frais de
réservation 15€
Pour s'y rendre : chemin des Hautes Raillères (3 km au
nord-est par D 96)

Nature : ♀
Loisirs : 🍴 ⬚ ⬚ ⬚ ⬚
Services : ⬚ ⬚ ⬚ ⬚ ⬚
À prox. : ⬚ ⬚ (centre équestre)

Longitude : -2.16292
Latitude : 47.15412

546

Ne pas confondre :
⬚ ... à ... ⬚ : *appréciation* **MICHELIN**
et
★ ... à ... ★★★★★ : *classement officiel*

LES PONTS-DE-CÉ

49130 – **317** F4 – 11 500 h. – alt. 25
▶ Paris 302 – Nantes 92 – Angers 7 – Cholet 57

Île du Château ♣♣ –
℘ 02 41 44 62 05, *ile-du-chateau@wanadoo.fr*,
Fax 02 41 44 62 05, *www.camping-ileduchateau.com*
2,3 ha (135 empl.) plat, herbeux, jardin public attenant
Location : (Prix 2010) – bungalows toilés. – frais de réservation 9€
🚐 borne flot bleu – 15 🖳
Pour s'y rendre : av. de la Boire Salée (sur l'Île du Château)
À savoir : cadre arboré, près de la Loire

| Nature : ⌑ 🏞 |
| Loisirs : snack 🎯 🏇 🏊 🚴 ⛺ |
| Services : 🔧 ⚬ 🔥 🚿 🚽 🖳 |
| À prox. : ✂ 🏊 🛶 canoë |

Longitude : -0.52701
Latitude : 47.42442

PORNIC

44210 – **316** D5 – 13 906 h. – alt. 20
🛈 *place de la Gare* ℘ 02 40 82 04 40
▶ Paris 429 – Nantes 49 – La Roche-sur-Yon 89 – Les Sables-d'Olonne 93

Vagues-Océans La Boutinardière de déb. avr. à fin sept.
℘ 02 40 82 05 68, *info@laboutinardiere.com*,
Fax 02 40 82 49 01, *www.camping-boutinardiere.com*
7,5 ha (400 empl.) peu incliné, herbeux
Tarif : 44€ ♟♟ ⇌ 🖳 ⚡ (10A) – pers. suppl. 7€ – frais de réservation 25€
Location : (de déb. avr. à fin sept.) – 150 🏚 – 40 🏠 – 4 appartements. Nuitée 75 à 150€ – Sem. 230 à 960€ – frais de réservation 25€
🚐 borne artisanale 5€ – 6 🖳 10€ – 🚰 10€
Pour s'y rendre : 23 r. de la Plage de la Boutinardiere (5 km au sud-est par D 13 et rte à dr., à 200 m de la plage)

| Nature : 🌿 ⌑ ♀ |
| Loisirs : 🍽 ✕ snack 🎯 🎬 nocturne ♨ hammam 🏊 🚴 ⛺ 🔲 🏊 ⛷ terrain omnisports |
| Services : 🔧 ⚬ 🔥 🚿 🚽 🖳 |
| 🚿 🔧 |
| À prox. : 🏕 ✂ 🎯 🐎 🐕 (centre équestre) golf (18 trous) |

Longitude : -2.05293
Latitude : 47.09764

La Chênaie de mi-avr. à mi-sept.
℘ 02 40 82 07 31, *la.chenaie44@wanadoo.fr*,
Fax 02 40 27 95 67, *www.campinglachenaie.com*
4,5 ha (134 empl.) en terrasses, peu incliné, herbeux
Tarif : (Prix 2010) 18€ ♟♟ ⇌ 🖳 ⚡ (10A) – pers. suppl. 5€ – frais de réservation 15€
Location : (Prix 2010) (permanent) ✂ – 27 🏚 – 3 bungalows toilés. Sem. 195 à 590€ – frais de réservation 15€
🚐 borne artisanale – 5 🖳 10€
Pour s'y rendre : 36 bis r. du Pâtisseau (à l'est par D 751, rte de Nantes et rte à gauche)

| Nature : ⌑ |
| Loisirs : 🍽 🏊 🚴 🔲 🏊 |
| Services : 🔧 ⚬ (juil.-août) 🚽 🖳 |
| À prox. : 🏕 ✂ 🎯 🐕 🐎 (centre équestre) golf (18 trous) |

Longitude : -2.07196
Latitude : 47.1187

LE POULIGUEN

44510 – **316** B4 – 5 199 h. – alt. 4
🛈 *Port Sterwitz* ℘ 02 40 42 31 05
▶ Paris 453 – Guérande 8 – La Baule 4 – Nantes 80

Municipal les Mouettes de mi-mars à fin oct.
℘ 02 40 42 43 98, *lesmouettes@mairie-lepouliguen.fr*,
Fax 02 40 42 43 98, *ville du pouliguen* – ♯
4,7 ha (220 empl.) plat, sablonneux, herbeux, petit lac
Tarif : (Prix 2010) 17€ ♟♟ ⇌ 🖳 ⚡ (6A) – pers. suppl. 4€
🚐 borne eurorelais 2€
Pour s'y rendre : 45 bd de l'Atlantique (à l'ouest de la station par D 45, attenant au stade)

| Nature : ⌑ ♀ |
| Loisirs : 🎯 🏊 |
| Services : 🔧 (juil.-août) 🔥 |
| À prox. : 🎱 🏕 🐕 |

Longitude : -2.44044
Latitude : 47.27059

⚠ **Municipal le Clein** de mi-mars à fin sept.
📞 02 40 42 43 99, *ledein@mairie-lepouliguen.fr*,
Fax 02 40 42 43 99 – 🏠
1,5 ha (128 empl.) plat, sablonneux, herbeux
Tarif : (Prix 2010) 14 € ♣♣ ⮜ 🔲 🗓 (10A) – pers.
suppl. 4 €
Pour s'y rendre : 22 av. de Kerdun
À savoir : proche du centre-ville et de la plage

| Loisirs : 🏄 |
| Services : 🚿 ⚮ ⛺ |
| À prox. : 🛒 ◐ |
| Longitude : -2.43094 |
| Latitude : 47.2667 |

POUZAUGES

85700 – **316** K7 – 5 362 h. – alt. 225
🛈 *28, place de l'Église* 📞 02 51 91 82 46
▶ Paris 390 – Bressuire 30 – Chantonnay 22 – Cholet 42

⚠ **Le Lac**
📞 02 51 91 37 55, *campingpouzauges@tele2.fr*,
Fax 02 51 57 07 69, *www.campingpouzauges.com*
1 ha (50 empl.) plat et terrasse, peu incliné, herbeux
Pour s'y rendre : 1,5 km à l'ouest par D 960 bis, rte de
Chantonnay et chemin à dr.
À savoir : à 50 m du lac, accès direct

| Nature : 🏞 ⚠ |
| Loisirs : 🏄 |
| Services : 🚿 ⚮ 🔲 |
| À prox. : 🛶 🎣 |
| Longitude : -0.8364 |
| Latitude : 46.78357 |

Si vous désirez réserver un emplacement pour vos vacances,
faites-vous préciser au préalable les conditions particulières de séjour,
les modalités de réservation, les tarifs en vigueur et les conditions de paiement.

548

PRÉFAILLES

44770 – **316** C5 – 1 206 h. – alt. 10
🛈 *17, Grande Rue* 📞 02 40 21 62 22
▶ Paris 440 – Challans 56 – Machecoul 38 – Nantes 60

⚠ **Éléovic** de déb. avr. à fin sept.
📞 02 40 21 61 60, *contact@camping-eleovic.com*,
Fax 02 40 64 51 95, *www.camping-eleovic.com*
3 ha (138 empl.) plat, peu incliné, herbeux
Tarif : 18 € ♣♣ ⮜ 🔲 🗓 (10A) – pers. suppl. 4 € – frais
de réservation 22 €

Location : (de déb. avr. à fin sept.) – 84 🏠. Nuitée
35 à 91 € – Sem. 245 à 567 € – frais de réservation 22 €
Pour s'y rendre : rte de la Pointe Saint-Gildas (1 km à
l'ouest par D 75)
À savoir : situation dominant l'océan et des criques
pittoresques

| Nature : 🏖 🗔 ♀ |
| Loisirs : ✕ 🍴 🗓nocturne 🎯 🏓 🏄 🔲 🎱 |
| Services : 🚿 ⚮ 🔲 🍴 🔲 |
| À prox. : parcours sportif |
| Longitude : -2.23049 |
| Latitude : 47.13265 |

PRUILLÉ

49220 – **317** F3 – 611 h. – alt. 30
▶ Paris 308 – Angers 22 – Candé 34 – Château-Gontier 33

⚠ **Municipal Le Port** de mi-mai à fin sept.
📞 02 41 32 67 29, *mairie.pruille@wanadoo.fr*,
Fax 02 41 32 40 28, *www.pruille.mairie49.fr*
1,2 ha (41 empl.) plat, herbeux
Tarif : (Prix 2010) 8 € ♣♣ ⮜ 🔲 🗓 (6A) – pers. suppl. 2 €
Location : (Prix 2010) (permanent) – 5 🏠. Nuitée
40 à 46 € – Sem. 183 à 403 €
Pour s'y rendre : r. du Bac (au nord du bourg, au bord
de la Mayenne -halte nautique-)

| Nature : 🏖 ♀ |
| Loisirs : 🍴 |
| Services : 🔲 🔲 |
| Longitude : -0.66048 |
| Latitude : 47.58072 |

LES ROSIERS-SUR-LOIRE

49350 – **317** H4 – 2 325 h. – alt. 22

🛈 *place du Mail* ℰ *02 41 51 90 22*

▶ Paris 304 – Angers 32 – Baugé 27 – Bressuire 66

Le Val de Loire de déb. avr. à mi-sept.
ℰ 02 41 51 94 33, *contact@camping-valdeloire.com*,
Fax 02 41 51 89 13, *www.camping-valdeloire.com*
3,5 ha (110 empl.) plat, herbeux
Tarif : 27€ ★★ 🚗 🗐 💲 (10A) – pers. suppl. 6€ – frais
de réservation 10€

Location : (de déb. avr. à mi-sept.) – 2 roulottes
– 20 🚐 – 5 🏠. Nuitée 50 à 89€ – Sem. 250 à 619€
– frais de réservation 10€
🚐 borne artisanale – 2 🗐 12€
Pour s'y rendre : 6 r. Sainte-Baudruche (sortie nord
par D 59, rte de Beaufort-en-Vallée, près du carr. avec
la D 79)

À savoir : agréable cadre verdoyant

> Nature : 🏕 ♀
> Loisirs : snack 🎱 🚲 🏊 ⛵
> Services : 🕭 🚿 🛁 🗑 💧 🍴 🖼
> À prox. : 🍴 🛖 🛶

> Longitude : -0.22541
> Latitude : 47.35872

LES SABLES-D'OLONNE

85100 – **316** F8 – 15 433 h. – alt. 4

🛈 *1, promenade Joffre* ℰ *02 51 96 85 85*

▶ Paris 456 – Cholet 107 – Nantes 102 – Niort 115

La Dune des Sables de déb. avr. à fin sept.
ℰ 02 51 33 05 05, *info@chadotel.com*, Fax 02 51 33 94 04,
www.chadotel.com
7,5 ha (290 empl.) en terrasses, sablonneux, plat,
herbeux
Tarif : 32€ ★★ 🚗 🗐 💲 (6A) – pers. suppl. 6€ – frais de
réservation 25€

Location : (de déb. avr. à fin sept.) – 50 🚐. Sem.
175 à 820€ – frais de réservation 25€
🚐 borne autre – 30 🗐
Pour s'y rendre : lieu-dit : La Paracou - chemin de la
Bernardière (4 km au nord-ouest)

À savoir : près de la plage

> Nature : ⬅ 🏕
> Loisirs : 🍴 snack 🎱 🚤 🚲 🍴
> 🛖 🏊 🛶
> Services : 🕭 🚿 🛁 🗑 💧
> laverie 🧺 🍴

> Longitude : -1.81025
> Latitude : 46.51163

Le Puits Rochais 👥 – de déb. avr. à fin sept.
ℰ 02 51 21 09 69, *info@puitsrochais.com*,
Fax 02 51 23 62 20, *www.puitsrochais.com*
3,9 ha (220 empl.) plat, peu incliné, herbeux
Tarif : (Prix 2010) 33,50€ ★★ 🚗 🗐 💲 (6A) – pers.
suppl. 6,95€ – frais de réservation 25€

Location : (Prix 2010) (de déb. avr. à mi-oct.) – 50 🚐.
Nuitée 27 à 107€ – Sem. 190 à 750€ – frais de
réservation 25€
Pour s'y rendre : 25 r. de Bourdigal (3,5 km au sud-est
par D 559, rte de Bandol)

> Nature : 🏕
> Loisirs : 🍴 🎱 🌙 diurne 🎯 🚤
> 🚲 🍴 🛖 🏊 🛶
> Services : 🕭 🚿 🛁 🗑 💧 🖼
> 🧺 🍴

> Longitude : -1.72991
> Latitude : 46.48061

Les Roses de déb. avr. à déb. nov.
ℰ 02 51 33 05 05, *info@chadotel.com*, Fax 02 51 33 94 04,
www.chadotel.com
3,3 ha (200 empl.) plat et peu incliné, en terrasses,
herbeux
Tarif : 32€ ★★ 🚗 🗐 💲 (6A) – pers. suppl. 6€ – frais de
réservation 25€

Location : (de déb. avr. à déb. nov.) – 30 🚐 – 10 🏠.
Sem. 175 à 850€ – frais de réservation 25€
🚐 borne autre – 30 🗐
Pour s'y rendre : r. des Roses (400 m de la plage)

> Nature : 🏕 ♀♀
> Loisirs : 🎱 🚤 🚲 🏊 🛶
> Services : 🕭 🚿 🛁 🗑 💧 🍴
> laverie
> À prox. : 🍴 🍴

> Longitude : -1.76442
> Latitude : 46.49148

△△ **Le Petit Paris** de déb. avr. à fin oct.
    𝒫 0251220444, *contact@campingpetitparis.com*,
Fax 0251331704, *www.campingpetitparis.com*
3 ha (154 empl.) plat, herbeux
Tarif : (Prix 2010) 26€ ★★ ⇔ 🔳 🕅 (10A) – pers.
suppl. 5€ – frais de réservation 18€
Location : (Prix 2010) (permanent) ⚡ (de déb. avr. à
fin oct.) – 30 🛖 – 2 🛖 – 4 bungalows toilés. Sem.
155 à 600€ – frais de réservation 18€
Pour s'y rendre : 41 r. du Petit-Versailles (5,5 km au
sud-est)

Nature : ▭
Loisirs : 🎱 ⛵ 🏊
Services : 🚿 ⚘ 🛁 🚮 ⚏ 🍴 🔳 🚐 🐾
À prox. : aérodrome

Longitude : -1.72041
Latitude : 46.47359

△△ **Les Fosses Rouges** de déb. avr. à fin sept.
    𝒫 0251951795, *info@camping-lesfossesrouges.com*,
www.camping-lesfossesrouges.com
3,5 ha (255 empl.) plat, herbeux
Tarif : 20€ ★★ ⇔ 🔳 🕅 (10A) – pers. suppl. 4€ – frais
de réservation 11€
Location : (de déb. avr. à fin sept.) – 12 🛖. Nuitée
45 à 72€ – Sem. 190 à 510€
🚐 borne artisanale
Pour s'y rendre : 8 r. des Fosses Rouges (3 km au sud-
est, à la Pironnière)

Nature : 🌳 ▭ 🌿
Loisirs : 🍸 ⛵ ✗ ♫ 🔲 (décou- verte en saison)
Services : 🚿 ⚘ 🍴 🔳 🚐 🐾

Longitude : -1.74124
Latitude : 46.47956

SABLÉ-SUR-SARTHE

72300 – **310** G7 – 12 579 h. – alt. 29
🅸 *place Raphaël-Elizé* 𝒫 0243950060
▶ Paris 252 – Angers 64 – La Flèche 27 – Laval 44

△△ **Municipal de l'Hippodrome** ♣♟ – de déb. avr. à fin
sept.
    𝒫 0243954261, *camping@sable-sur-sarthe.fr*,
Fax 0243927482, *www.tourisme.sablesursarthe.fr*
2 ha (84 empl.) plat, herbeux
Tarif : (Prix 2010) ★ 3€ ⇔ 🔳 5€ – 🕅 (16A) 2€
Location : (Prix 2010) (de déb. avr. à fin sept.) ⚡
– 4 🛖. Nuitée 71€ – Sem. 276 à 356€
🚐 borne flot bleu 2€
Pour s'y rendre : Allée du Québec (sortie sud en dir.
d'Angers et à gauche, attenant à l'hippodrome)
À savoir : belle décoration arbustive, au bord de la
Sarthe

Nature : 🌳 ▭ 🌿
Loisirs : 🎱 ⛳ ⛵ 🏊 🎣
Services : 🚿 ⚘ 🛁 🍴 laverie
À prox. : ⚐ ✗ 🖼 ♫ 🏇 (centre équestre) canoë, golf

Longitude : -0.33282
Latitude : 47.83376

---

*Inclusion in the **MICHELIN Guide** cannot be achieved by pulling strings
or by offering favours.*

ST-BERTHEVIN

53940 – **310** E6 – 6 964 h. – alt. 108
🅸 *place de l'Europe* 𝒫 0243692827
▶ Paris 289 – Nantes 128 – Laval 10 – Rennes 66

△ **Municipal de Coupeau** de mi-avr. à fin sept.
    𝒫 0243683070, *office.tourisme@agglo-laval.fr*,
Fax 0243 494621, *www.laval-tourisme.com*
0,4 ha (24 empl.) en terrasses, plat, herbeux
Tarif : (Prix 2010) ★ 3€ ⇔ 2€ 🔳 2€ – 🕅 (10A) 2€
🚐 borne artisanale 4€
Pour s'y rendre : à la Base de Loisirs (au sud du bourg, à
150 m du Vicoin)
À savoir : situation dominante sur une vallée verdoyante
et reposante

Nature : 🌳 ▭
Loisirs : 🎱
Services : 🚿 ⚘ (saison) 🍴
À prox. : ✗ 🖼 🏊 parcours de santé

Longitude : -0.83235
Latitude : 48.06431

ST-BRÉVIN-LES-PINS

44250 – **316** C4 – 12 055 h. – alt. 9
Pont de St-Nazaire : 3 km
🛈 *10, rue de l'Église* 🕾 *02 40 27 24 32*
◨ Paris 438 – Challans 62 – Nantes 64 – Noirmoutier-en-l'Île 70

⋀⋀ Sunêlia Le Fief ♣♣ – de déb. avr. à déb. oct.
🕾 02 40 27 23 86, *camping@lefief.com*, Fax 02 40 64 46 19,
www.lefief.com
7 ha (413 empl.) plat, herbeux
Tarif : 45€ ♣♣ ⇌ 🅴 ⚡ (6A) – pers. suppl. 10€ – frais
de réservation 30€
Location : (de déb. avr. à déb. avr.) – 173 ⟨⟨⟩⟩. Nuitée
51 à 175€ – Sem. 357 à 1 225€ – frais de réservation
30€
Pour s'y rendre : 57 chemin du Fief (2,4 km au sud par
rte de Saint-Brévin-l'Océan et à gauche)
À savoir : bel espace aquatique

Nature : 🌄 ⚲
Loisirs : 🍴 snack ▦ 🎦 nocturne 🎯 🎲 salle d'animation 🛝 ⛳ 🎿 ⛷ terrain omnisports
Services : 🚿 ⚓ 🍴 🏕 ⚐ 🚰 🛒 📶
À prox. : 🚏 🎣 ⚓ 🐴 (centre équestre)

Longitude : -2.16501
Latitude : 47.23552

⋀⋀ Village Siblu Les Pierres Couchées ♣♣ – de déb.
avr. à fin sept.
🕾 02 40 27 85 64, *reception.lpc@siblu.fr*,
Fax 02 40 64 97 03, *www.siblu.fr/pierrescouchees*
14 ha/9 campables (473 empl.) plat, sablonneux,
herbeux, fort dénivelé
Tarif : (Prix 2010) 49€ ♣♣ ⇌ 🅴 ⚡ (10A) – pers.
suppl. 10€
Location : 🚫.
Pour s'y rendre : av. des Pierres Couchées (5 km au sud
par D 213, à 450 m de la plage)

Nature : 🌳🌳
Loisirs : 🍴 ✕ ▦ 📷 🎯 🛝 🛝 🚲 ⛳ 🎿 ⛷ terrain omnisports, théâtre de plein air
Services : 🚿 ⚓ 📶 🏕 🚰 laverie 🚰 🛒
À prox. : 🎱 🐴

Longitude : -2.15401
Latitude : 47.20488

⋀ Le Mindin Permanent
🕾 02 40 27 46 41, *info@camping-de-mindin.com*,
Fax 02 40 39 20 53, *www.camping-de-mindin.com*
1,7 ha (87 empl.) plat, sablonneux, herbeux
Tarif : (Prix 2010) 23€ ♣♣ ⇌ 🅴 ⚡ (16A) – pers.
suppl. 6€ – frais de réservation 22€
Location : (Prix 2010) (permanent) – 1 roulotte
– 40 ⟨⟨⟩⟩ – 3 bungalows toilés. Sem. 195 à 735€ – frais
de réservation 22€
⟨⟨⟩⟩ borne artisanale 3€ – 🚰 11€
Pour s'y rendre : 32 av. du Bois (2 km au nord, près de
l'Océan (accès direct))

Nature : ⚲
Loisirs : 🍴 snack ▦
Services : 🚿 ⚓ 📶 🏕 📶 🎱
À prox. : ✕

Longitude : -2.16915
Latitude : 47.2648

⋀ La Courance Permanent
🕾 02 40 27 22 91, *info@campinglacourance.fr*,
Fax 02 40 27 22 91, *www.campinglacourance.fr*
2,4 ha (156 empl.) plat, en terrasses, sablonneux
Tarif : (Prix 2010) 23€ ♣♣ ⇌ 🅴 ⚡ (10A) – pers.
suppl. 6€ – frais de réservation 22€
Location : (Prix 2010) (permanent) – 1 roulotte
– 40 ⟨⟨⟩⟩ – 10 🏠 – 12 bungalows toilés. Nuitée
55 à 100€ – Sem. 230 à 705€ – frais de réservation
22€
⟨⟨⟩⟩ borne artisanale 3€ – 6 🅴 13€
Pour s'y rendre : 110 av. du Maréchal Foch

Nature : 🌳🌳
Loisirs : 🍴 ✕ 🎦 nocturne 🛝
Services : 🚿 ⚓ 📶 🏕 📶 laverie
À prox. : 🎯 🎿

Longitude : -2.1703
Latitude : 47.23786

551

*Die Klassifizierung (1 bis 5 Zelte, **schwarz** oder **rot**),*
mit der wir die Campingplätze auszeichnen, ist eine Michelin-eigene Klassifizierung.
Sie darf nicht mit der staatlich-offiziellen Klassifizierung
(1 bis 5 Sterne) verwechselt werden.

ST-CALAIS

72120 – **310** N7 – 3 595 h. – alt. 155
🅱 place de l'Hôtel de ville 𝒫 02 43 35 82 95
▶ Paris 188 – Blois 65 – Chartres 102 – Châteaudun 58

⚠ **Le Lac** de déb. avr. à mi-oct.
𝒫 02 43 35 04 81, campingstcalais@orange.fr
2 ha (85 empl.) plat, herbeux
Tarif : (Prix 2010) 12 € ★★ ⇌ 🅴 🕲 (10A) – pers.
suppl. 3 €

Location : (Prix 2010) (de déb. avr. à mi-oct.) – 3 🛖.
Nuitée 41 € – Sem. 250 €
Pour s'y rendre : r. du Lac (sortie nord par D 249, rte de
Montaillé)

À savoir : près d'un plan d'eau

| Nature : 🔲 |
| Loisirs : 🔲 |
| Services : 🔧 ⚡ 🚿 🔖 📷 |
| À prox. : 🔖 🍴 ⚓ 🔖 |

Longitude : 0.74385
Latitude : 47.92663

ST-ÉTIENNE-DU-BOIS

85670 – **316** G7 – 1 666 h. – alt. 38
▶ Paris 427 – Aizenay 13 – Challans 26 – Nantes 49

⚠ **Municipal la Petite Boulogne** de déb. mai à fin
oct.
𝒫 02 51 34 54 51, mairie.stetiennedubois@wanadoo.fr,
Fax 02 51 34 54 10, www.stetiennedubois-vendee.fr
1,5 ha (35 empl.) peu incliné et plat, terrasse, herbeux
Tarif : (Prix 2010) 15 € ★★ ⇌ 🅴 🕲 (10A) – pers.
suppl. 3 €

Location : (Prix 2010) (permanent) – 2 🛖 – 6 🏠.
Nuitée 56 € – Sem. 247 à 361 €
Pour s'y rendre : r. du Stade (au sud du bourg par D 81,
rte de Poiré-sur-Vie et chemin à dr., près de la rivière et à
250 m d'un étang, chemin piétonnier reliant le camping
au bourg)

| Nature : 🔲 🔲 |
| Loisirs : 🚲 ⚓ (petite piscine) |
| Services : 🔧 (juil.-août) 🔖 🚿 |
| 🔖 📷 |
| À prox. : 🔖 🍴 🔖 🐎 🔖 |

Longitude : -1.58783
Latitude : 46.82936

552

ST-GEORGES-SUR-LAYON

49700 – **317** G5 – 736 h. – alt. 65
▶ Paris 328 – Angers 39 – Cholet 45 – Saumur 27

⚠ **Les Grésillons** de déb. avr. à fin sept.
𝒫 02 41 50 02 32, camping.gresillon@wanadoo.fr,
Fax 02 41 50 03 16, www.camping-gresillons.com
1,5 ha (43 empl.) en terrasses, peu incliné, herbeux
Tarif : 16 € ★★ ⇌ 🅴 🕲 (10A) – pers. suppl. 4 €

Location : (de déb. avr. à fin oct.) – 12 bungalows
toilés. Nuitée 40 à 45 € – Sem. 158 à 384 €
Pour s'y rendre : chemin des Grésillons (800 m au sud
par D 178, rte de Concourson-sur-Layon et chemin à dr.,
à prox. de la rivière)

| Nature : 🔲 ≼ |
| Loisirs : 🚲 ⚓ (petite piscine) 🔖 |
| Services : 🔧 ⚡ (juil.-août) 🍴 📷 |

Longitude : -0.37032
Latitude : 47.19324

ST-GILLES-CROIX-DE-VIE

85800 – **316** E7 – 7 260 h. – alt. 12
🅱 boulevard de l'Égalité 𝒫 02 51 55 03 66
▶ Paris 462 – Challans 21 – Cholet 112 – Nantes 79

⚠ **Domaine de Beaulieu** de déb. avr. à fin sept.
𝒫 02 51 33 05 05, info@chadotel.com, Fax 02 51 33 94 04,
www.chadotel.com – places limitées pour le passage
8 ha (310 empl.) plat, herbeux
Tarif : 30 € ★★ ⇌ 🅴 🕲 (6A) – pers. suppl. 6 € – frais de
réservation 25 €

Location : (de déb. avr. à fin sept.) – 30 🛖 – 10 🏠.
Sem. 170 à 799 € – frais de réservation 25 €
🛖 30 🔖 30 € – 🕲
Pour s'y rendre : r. du Parc - Les Temples (à Givrand,
4 km au sud-est)

| Nature : 🔲 ♋ |
| Loisirs : 🍴 snack, pizzeria 🔲 🔖 |
| nocturne jacuzzi salle d'anima- |
| tion 🔖 🚲 🍴 🔖 ⚓ 🏊 terrain |
| omnisports |
| Services : 🔧 ⚡ 🔖 🚿 🍴 📷 |
| 🔖 🔖 |

Longitude : -1.90389
Latitude : 46.67056

Les Cyprès de déb. avr. à mi-sept.

   ℘ 0251553898, *contact@campinglescypres.com*,
Fax 0251549894, *www.campinglescypres.com*
4,6 ha (280 empl.) plat, vallonné, sablonneux
Tarif : (Prix 2010) 26 € ♣♣ 🚗 🅴 🄱 (10A) – pers.
suppl. 7 € – frais de réservation 15 €

Location : (Prix 2010) (de déb. avr. à mi-sept.)
– 60 🚐. Nuitée 40 à 120 € – Sem. 180 à 400 € – frais
de réservation 25 €
Pour s'y rendre : 41 r. du Pont Jaunay (2,4 km au sud-
est par D 38 puis 800 m par chemin à dr., à 60 m de La
Jaunay)

À savoir : accès direct à la mer par dunes boisées

Nature : 🏞 🗺 ♨♨	
Loisirs : ▮ snack 🎱 🏊 🚲	
🖥 🏊 terrain omnisports	
Services : 🚿 ⛔ (juil.-août) 🅿 🅰	
🍴 laverie 🛒 🐕	

Longitude : -1.90919
Latitude : 46.67077

ST-HILAIRE-DE-RIEZ

85270 – **316** E7 – 10 248 h. – alt. 8
🏛 21, place Gaston-Pateau ℘ 0251543197
▶ Paris 453 – Challans 18 – Noirmoutier-en-l'Île 48 – La Roche-sur-Yon 48

Les Biches ♣♣ – de mi-avr. à mi-sept.

   ℘ 0251543882, *campingdesbiches@wanadoo.fr*,
Fax 0251543074, *www.campingdesbiches.com* – places
limitées pour le passage
13 ha/9 campables (434 empl.) plat, herbeux, sablonneux
Tarif : (Prix 2010) 36,50 € ♣♣ 🚗 🅴 🄱 (10A) – pers.
suppl. 8,50 € – frais de réservation 20 €

Location : (Prix 2010) – 176 🚐 – 50 🏠
– maisonnettes. Nuitée 75 € – Sem. 227 à 915 € – frais
de réservation 20 €
Pour s'y rendre : chemin de Petite Baisse (2 km au
nord)

À savoir : agréable cadre verdoyant

Nature : 🏞 🗺 ♨♨	
Loisirs : ▮ pizzeria, brasserie 🎱	
♫ nocturne 🎯 🎪 discothèque	
🏊 🚲 🎾 🎣 🖥 🏊 terrain	
omnisports	
Services : 🚿 ⛔ 🅿 🅰 🚽 🖥	
🛒 🐕	

Longitude : -1.94079
Latitude : 46.74678

La Puerta del Sol ♣♣ – de déb. avr. à fin oct.

   ℘ 0251491010, *info@campinglapuertadelsol.com*,
Fax 0251498484, *www.campinglapuertadelsol.com*
4 ha (216 empl.) plat, herbeux
Tarif : (Prix 2010) 32 € ♣♣ 🚗 🅴 🄱 (10A) – pers.
suppl. 7 € – frais de réservation 20 €

Location : (Prix 2010) (de déb. avr. à fin oct.) – 65 🚐
– 18 🏠 – 6 bungalows toilés – 2 tentes. Nuitée
90 à 150 € – Sem. 190 à 790 € – frais de réservation
20 €
🚐 5 🅴 14 € – 🔌 🄱 14 €
Pour s'y rendre : 7 chemin des Hommeaux (4,5 km au
nord)

À savoir : agréable cadre verdoyant

Nature : 🗺 ♀	
Loisirs : ▮ self-service, pizzeria	
🎱 ♫ nocturne 🎯 🎪 🏊	
jacuzzi salle d'animation 🏊 🚲	
🎾 🖥 🏊	
Services : 🚿 ⛔ 🅿 🅰 🚽 🍴	
laverie 🛒 🐕	

Longitude : -1.95887
Latitude : 46.76452

Les Écureuils ♣♣ – de déb. mai à mi-sept.

   ℘ 0251543371, *info@camping-aux-ecureuils.com*,
Fax 0251556908, *www.camping-aux-ecureuils.com*
– places limitées pour le passage
4 ha (230 empl.) plat, herbeux, sablonneux
Tarif : (Prix 2010) 36 € ♣♣ 🚗 🅴 🄱 (6A) – pers.
suppl. 6 € – frais de réservation 21 €

Location : (Prix 2010) (de déb. mai à mi-sept.) 🚫
– 15 🚐 – 2 🏠. Sem. 386 à 899 € – frais de réservation
21 €
Pour s'y rendre : 98 av. de la Pège (5,5 km au nord-
ouest, à 200 m de la plage)

Nature : 🏞 🗺 ♨♨	
Loisirs : ▮ snack 🎱 ♫ nocturne	
🎯 🎪 🏊 🎾 🖥 🏊	
Services : 🚿 ⛔ 🅿 🅰 🚽 🍴	
🖥 🐕	
À prox. : 🐴 🎣	

Longitude : -2.01576
Latitude : 46.74913

553

La Plage ▲▮ – de déb. avr. à fin sept.
📞 02 51 54 33 93, *campinglaplage@campingscollinet. com*, Fax 02 51 55 97 02, *www.campingscollinet.com*
– places limitées pour le passage
5 ha (347 empl.) plat, herbeux, sablonneux
Tarif : (Prix 2010) 27 € ★★ ⟵ 🅴 🄷 (10A) – pers.
suppl. 5 € – frais de réservation 17 €

Location : (Prix 2010) (de déb. avr. à fin sept.) – 50 🛖.
Sem. 200 à 730 €
🚐 borne artisanale
Pour s'y rendre : 106 av. de la Pège (5,7 km au nord-ouest, à 200 m de la plage)

| Nature : 🏕 ♀ |
| Loisirs : 🍴 snack 🏠 🎯 🏊 🎿 🏀 terrain omnisports |
| Services : 🚻 ⚡ (juil.-août) 🅿 ♨ 🚿 🧺 laverie |
| À prox. : 🐴 🏊 |

| Longitude : -2.01412 |
| Latitude : 46.74978 |

La Ningle de mi-mai à fin sept.
📞 02 51 54 07 11, *campingdelaningle@wanadoo.fr*,
Fax 02 51 54 99 39, *www.campinglaningle.com*
3,2 ha (150 empl.) plat, herbeux, petit étang
Tarif : (Prix 2010) 32 € ★★ ⟵ 🅴 🄷 (10A) – pers.
suppl. 5 € – frais de réservation 16 €

Location : (Prix 2010) (de mi-mai à fin sept.) – 20 🛖.
Nuitée 45 à 103 € – Sem. 250 à 720 € – frais de réservation 16 €
Pour s'y rendre : 66 chemin des Roselières (5,7 km au nord-ouest)

À savoir : agréable cadre verdoyant et soigné

| Nature : 🐟 ♀ |
| Loisirs : 🍴 🏠 🎣 🏊 🎿 🎾 🎿 🎿 |
| Services : 🚻 ⚡ (saison) 🅿 ♨ |
| À prox. : 🐴 🏊 🏊 |

| Longitude : -2.00473 |
| Latitude : 46.7446 |

Le Clos des Pins de déb. mai à mi-sept.
📞 02 51 54 32 62, *campingleclosdespins@ campingscollinet.com*, Fax 02 51 55 97 02, *www. campingscollinet.com* – places limitées pour le passage
4 ha (230 empl.) plat, terrasses, sablonneux, herbeux
Tarif : (Prix 2010) 27 € ★★ ⟵ 🅴 🄷 (10A) – pers.
suppl. 5 € – frais de réservation 17 €

Location : (Prix 2010) (permanent) – 50 🛖. Sem.
200 à 690 €
🚐 borne artisanale 27 €
Pour s'y rendre : chemin des Roselières (6,2 km au nord-ouest)

| Nature : 🐟 🏕 ♀ |
| Loisirs : 🍴 snack 🏠 🍴 🏊 🎿 🏊 terrain omnisports |
| Services : 🚻 ⚡ (juil.-août) 🅿 ♨ 🧺 ♨ 🚿 🚿 |

| Longitude : -2.001 |
| Latitude : 46.74771 |

La Parée Préneau de déb. mai à mi-sept.
📞 02 51 54 33 84, *campinglapareepreneau@wanadoo.fr*,
Fax 02 51 55 29 57, *www.campinglapareepreneau.com*
3,6 ha (206 empl.) plat, herbeux, sablonneux
Tarif : (Prix 2010) 25,50 € ★★ ⟵ 🅴 🄷 (6A) – pers.
suppl. 5 € – frais de réservation 15 €

Location : (Prix 2010) 🚫 – 25 🛖 – 7 🏠. Sem.
170 à 620 € – frais de réservation 15 €
Pour s'y rendre : 23 av. de La Parée Préneau (3,5 km au nord-ouest)

À savoir : cadre verdoyant

| Nature : 🏕 ♀ |
| Loisirs : 🍴 🏠 🌙 nocturne 🎿 🎿 🚲 🏊 🏊 terrain omnisports |
| Services : 🚻 ⚡ 🅿 ♨ 🚿 🚿 |

| Longitude : -1.98525 |
| Latitude : 46.74036 |

Le Bosquet de mi-mai à mi-sept.
📞 02 51 54 34 61, *camping@lebosquet.fr*,
Fax 02 51 54 22 73, *www.lebosquet.fr*
2 ha (115 empl.) plat, herbeux, sablonneux
Tarif : (Prix 2010) 28 € ★★ ⟵ 🅴 🄷 (10A) – pers.
suppl. 5 € – frais de réservation 10 €

Location : (Prix 2010) (de mi-avr. à mi-sept.) – 35 🛖
– 3 appartements. Nuitée 40 à 90 € – Sem. 250 à 660 €
Pour s'y rendre : 62 av. de la Pège (5 km au nord-ouest, à 250 m de la plage)

| Nature : ♀♀ |
| Loisirs : 🍴 snack, pizzeria 🏠 🎿 🏊 🏊 |
| Services : 🚻 ⚡ 🅿 🚿 |
| À prox. : 🐴 🏊 🏊 |

| Longitude : -2.00326 |
| Latitude : 46.74073 |

The Guide changes, so renew your g-uide every year.

⚴ **Municipal de la Plage de Riez**
 ☏ 0251543659, *riez85@free.fr*, Fax 0251549900,
www.souslespins.com
9 ha (560 empl.) plat, sablonneux
Location : 35 🏠.
🚐 borne artisanale – 🔋 💧 13.60 €
Pour s'y rendre : av. des Mimosas (3 km à l'ouest, à
200 m de la plage (accès direct))
À savoir : sous une pinède, près de la plage

| Nature : 🏕 ♤♤ |
| Loisirs : ⛹ 🏊 terrain omnis-ports |
| Services : 👤 🚿 🛁 ♻ 🚮 |
| À prox. : 🏄 🍷 snack 🛒 |

| Longitude : -1.98213 |
| Latitude : 46.72966 |

⚴ **Le Romarin** de déb. avr. à fin sept.
 ☏ 0251544382, *campingleromarin@orange.fr*,
Fax 0251558433, *www.leromarin.fr*
4 ha/1,5 (97 empl.) plat, vallonné, sablonneux, herbeux
Tarif : (Prix 2010) 27 € ⛺⛺ 🚗 🔌 💧 (10A) – pers.
suppl. 4 € – frais de réservation 18 €
Location : (Prix 2010) (de déb. avr. à fin sept.) 🚲
– 10 🏠. Nuitée 50 à 85 € – Sem. 200 à 579 € – frais de
réservation 18 €
Pour s'y rendre : 3,8 km au nord-ouest

| Nature : 🏕 ♤♤ |
| Loisirs : 🏓 ⛹ 🏊 |
| Services : 🚿 (juil.-août) 🚮 🛒 |

| Longitude : -1.94606 |
| Latitude : 46.72066 |

⚴ **La Pège** de déb. avr. à fin oct.
 ☏ 0251543452, *info@campinglapege.com*,
Fax 0251552957, *www.campinglapege.com* 🚲 (de déb.
avr. à fin oct.)
1,8 ha (100 empl.) plat, herbeux, sablonneux
Tarif : 25 € ⛺⛺ 🚗 💧 (6A) – pers. suppl. 6 €
Location : (de déb. avr. à fin oct.) 🚲 (de déb. avr.
à fin oct.) – 15 🏠 – 3 bungalows toilés. Nuitée
35 à 55 € – Sem. 190 à 680 € – frais de réservation 15 €
Pour s'y rendre : 67 av. de la Pège (5 km au nord-ouest)
À savoir : à 150 m de la plage (accès direct)

| Nature : 🏕 ♤ |
| Loisirs : ⛹ 🚴 🏊 |
| Services : 👤 🚿 🛁 🚮 |
| À prox. : 🍴 🍷 🛒 ♨ |

| Longitude : -1.94606 |
| Latitude : 46.72066 |

⚴ **Municipal les Demoiselles** de déb. juin à déb.
sept.
 ☏ 0251581071, *demoiselles85@free.fr*,
Fax 0251600784, *www.souslespins.com*
13,7 ha (390 empl.) incliné à peu incliné, accidenté,
vallonné, sablonneux, herbeux
Tarif : (Prix 2010) 22 € ⛺⛺ 🚗 💧 (10A) – pers.
suppl. 5 € – frais de réservation 15 €
Location : (Prix 2010) (de mi-juin à déb. sept.)
– 40 bungalows toilés. Sem. 150 à 370 € – frais de
réservation 15 €
Pour s'y rendre : av. des Becs (9,5 km au nord-ouest, à
300 m de la plage)

| Nature : 🌲 🏕 ♤♤ |
| Loisirs : ⛹ |
| Services : 🚿 🛁 ♻ 🚮 |
| À prox. : snack 🛒 |

555

| Longitude : -1.94606 |
| Latitude : 46.72066 |

ST-HILAIRE-LA-FORÊT

85440 – **316** G9 – 580 h. – alt. 23
▶ Paris 449 – Challans 66 – Luçon 31 – La Roche-sur-Yon 31

⚴ **La Grand' Métairie** de déb. avr. à fin sept.
 ☏ 0251333238, *info@camping-grandmetaire.com*,
Fax 0251332569, *www.la-grand-metaire.com* – places
limitées pour le passage
3,8 ha (172 empl.) plat, herbeux
Tarif : 28 € ⛺⛺ 🚗 💧 (10A) – pers. suppl. 8 € – frais
de réservation 22 €
Location : (de déb. avr. à fin sept.) – 91 🏠 – 27 🏡.
Nuitée 50 à 121 € – Sem. 210 à 847 € – frais de
réservation 22 €
Pour s'y rendre : 8 r. de La Vineuse en Plaine (au nord
du bourg par D 70)

| Nature : 🌲 🏕 ♤ |
| Loisirs : 🍷 🍴 pizzeria 🎬 🌙noc-turne ♨ 🏊 ⛹ 🚴 🎾 🏊 |
| Services : 👤 🚿 (.) 🛁 ♻ 🚮 🍴 🚮 🛒 |

| Longitude : -1.52545 |
| Latitude : 46.44776 |

⛰ **Les Batardières** de déb. juil. à fin août
  𝒫 0251333385, *www.batardieres.com*
  1,6 ha (75 empl.) plat, herbeux
  Tarif : 23,50€ ♦♦ ⟺ 🄴 (⚡) (6A) – pers. suppl. 3,50€
  Pour s'y rendre : 2 r. des Batardières (à l'ouest par D 70
  et à gauche, rte du Poteau)

Nature : 🐾 ⟋ 💧
Loisirs : 🎮 🎯 ✂
Services : ⚡ 🚿 🔥 ⚰ 🚽 🖥
Longitude : -1.52934
Latitude : 46.44807

ST-HILAIRE-ST-FLORENT

49400 – **317** I5
▶ Paris 324 – Nantes 131 – Angers 45 – Tours 72

⛰ **Chantepie** ♣♣ – de mi-mai à mi-sept.
  𝒫 0241679534, *info@campingchantepie.com*,
  Fax 0241679585, *www.campingchantepie.com*
  10 ha/5 campables (150 empl.) plat, herbeux
  Tarif : 31€ ♦♦ ⟺ 🄴 (⚡) (10A) – pers. suppl. 6€ – frais
  de réservation 10€
  Location : (de mi-mai à mi-sept.) – 20 🛖
  – 11 bungalows toilés. Nuitée 25 à 97€ – Sem.
  150 à 580€ – frais de réservation 10€
  Pour s'y rendre : rte de Chantepie (5,5 km au nord-
  ouest par D 751, rte de Gennes et chemin à gauche, à la
  Mimerolle)

Nature : 🐾 ⟋ vallée de la Loire 🏞
Loisirs : 🍸 snack 🎮 🏸 🎯 🚲 🏓 🔲 ⛵ poneys
Services : 👤 ⚡ 🔥 🍴 🖥 🚽 🛁
Longitude : -0.14113
Latitude : 47.2858

ST-JEAN-DE-MONTS

85160 – **316** D7 – 7 699 h. – alt. 16
🅱 *67, esplanade de la Mer* 𝒫 0826887887
▶ Paris 451 – Cholet 123 – Nantes 73 – Noirmoutier-en-l'Île 34

⛰ **Les Amiaux** ♣♣ – de déb. mai à fin sept.
  𝒫 0251582222, *accueil@amiaux.fr*, Fax 0251582609,
  www.amiaux.fr
  17 ha (543 empl.) plat, herbeux, sablonneux
  Tarif : 26€ ♦♦ ⟺ 🄴 (⚡) (10A) – pers. suppl. 5€ – frais
  de réservation 16€
  Location : (de déb. mai à fin sept.) ✖ – 19 🛖. Sem.
  280 à 700€ – frais de réservation 16€
  Pour s'y rendre : 223 rte de Notre-Dame (3,5 km au
  nord-ouest)

Nature : 🏞 💧
Loisirs : 🍸 ✖ 🎮 ☀diurne 🏸 🎯 🏌 ✂ 🔲 ⛵ 🛷
Services : 👤 ⚡ 🔥 🛁 🚽 🍴 🖥 🛁
Longitude : -2.10418
Latitude : 46.80792

Si vous recherchez :

⊡ *un terrain offrant des animations sportives, culturelles ou de détente,*
🐾 *un terrain agréable ou très tranquille,*
L-M *un terrain effectuant la location de caravanes,*
    de mobile homes, de bungalows ou de chalets,
P *un terrain ouvert toute l'année,*
🚐 *un terrain possédant une aire de services pour camping-cars,*
consultez le tableau des localités

Le coup de cœur de Bib

Les Amiaux *(voir page précédente)*

Implantés dans un parc de 16 ha, en bordure de forêt et à 700 m d'une plage de sable fin, Les Amiaux disposent de 540 places, dont des emplacements confort pour camping traditionnel et certains aménagés avec des mobile homes pour 4 à 6 personnes. Le camping propose des activités pour les plus jeunes (au club « La Champagne ») et pour les ados et adultes (sportives et soirées à thème). Sur le site, un vaste espace aquatique comporte de nombreux jeux d'eau pour les plus petits, des toboggans pour les plus grands et une zone de balnéothérapie avec banquette massante, jets projetés de cols-de-cygne et zone de nage à contre-courant.

Les Amiaux

Le Bois Joly ♟♟ – de déb. avr. à fin sept.
℘ 0251591163, *campingboisjoly@wanadoo.fr*,
Fax 0251591106, *www.camping-lebois-joly.com*
7,5 ha (356 empl.) plat, herbeux, sablonneux
Tarif : 32 € ♟♟ ⛺ 🅴 (10A) – pers. suppl. 5 € – frais de réservation 20 €

Location : (de déb. avr. à fin sept.) – 85
– 22 🏠. Nuitée 65 à 150 € – Sem. 230 à 900 € – frais de réservation 20 €
borne autre 18 € – 12 🅴 18 €
Pour s'y rendre : 46 rte de Notre-Dame-de-Monts (1 km au nord-ouest, au bord d'un étier)

À savoir : bel espace aquatique

La Yole ♟♟ – de déb. avr. à fin sept.
℘ 0251586717, *contact@la-yole.com*, Fax 0251590535, *www.vendee-camping.eu* – places limitées pour le passage
5 ha (356 empl.) plat, herbeux, sablonneux, pinède attenante (2 ha)
Tarif : 31 € ♟♟ ⛺ 🅴 (10A) – pers. suppl. 7 € – frais de réservation 28 €

Location : (de déb. avr. à fin sept.) – 54 🏠. Sem. 250 à 890 € – frais de réservation 28 €
Pour s'y rendre : chemin des Bosses, à Orouet (7 km au sud-est)

À savoir : joli cadre verdoyant, soigné, fleuri et ombragé

557

En juin et septembre les campings sont plus calmes, moins fréquentés et pratiquent souvent des tarifs " hors saison ".

Village Club le Victoria (location exclusive de maisonnettes et studios) de déb. avr. à fin sept.
℘ 02 28 11 66 11, *victoria.le@wanadoo.fr*,
Fax 02 28 11 69 91, *www.le-victoria.fr*
3 ha plat
Location : **P** – 54 ⬛ – 9 studios – 45 appartements.
Nuitée 50 à 131 € – Sem. 300 à 786 €
Pour s'y rendre : 162 av. Valentin
À savoir : décoration arbustive

Nature : ⬚ ♀	
Loisirs : ♈ ⬛ 🕹nocturne 🏃 🚲 🎾 🛶 terrain omnisports	
Services : 🦽 ⚡ ▥ 🍴 laverie	
Longitude : -2.03574	
Latitude : 46.78503	

Les Aventuriers de la Calypso 🔱 – de déb. avr. à fin sept.
℘ 02 51 59 79 66, *contacts@camping-apv.com*,
Fax 02 51 59 79 67, *www.camping-apv.com* – places limitées pour le passage
4 ha (284 empl.) plat, herbeux, sablonneux
Tarif : (Prix 2010) 32 € 🏕 🚐 🔌 (10A) – pers. suppl. 8 € – frais de réservation 27 €
Location : (Prix 2010) (de déb. avr. à fin sept.) – 174 ⬛ – 52 🏠. Sem. 231 à 910 € – frais de réservation 27 €
Pour s'y rendre : rte de Notre-Dame-de-Monts, lieu-dit : Les Tonnelles (4,6 km au nord-ouest)

Nature : ⬚	
Loisirs : ♈ snack ⬛ 🕹nocturne 🏃 ⛵ jacuzzi 🎣 🚲 🎾 🛶 🏊 terrain omnisports	
Services : 🦽 ⚡ 🔱 🍴 laverie 🎣	
Longitude : -2.1064	
Latitude : 46.80876	

L'Abri des Pins 🔱 – de mi-juin à mi-sept.
℘ 02 51 58 83 86, *contact@abridespins.com*,
Fax 02 51 59 30 47, *www.abridespins.com* – places limitées pour le passage
3 ha (217 empl.) plat, herbeux, sablonneux
Tarif : (Prix 2010) 36 € 🏕 🚐 🔌 (10A) – pers. suppl. 7 € – frais de réservation 25 €
Location : (Prix 2010) (de mi-avr. à mi-sept.) 🏃 – 44 ⬛ – 23 🏠. Sem. 269 à 850 € – frais de réservation 25 €
Pour s'y rendre : rte de Notre-Dame-de-Monts (4 km au nord-ouest)
À savoir : agréable cadre fleuri

Nature : ⬚ ♀	
Loisirs : ♈ snack, pizzeria ⬛ 🕹 nocturne 🏃 🎣 🎣 🎾 🛶 🏊	
Services : 🦽 ⚡ 🎣 🛶 🍴 ▥ 🎣	
Longitude : -2.1064	
Latitude : 46.80876	

Le Vieux Ranch de déb. avr. à fin sept.
℘ 02 51 58 86 58, *levieuxranch@wanadoo.fr*,
Fax 02 51 59 12 20, *www.levieuxranch.com*
5 ha (242 empl.) plat, herbeux, sablonneux
Tarif : (Prix 2010) 29 € 🏕 🚐 🔌 (10A) – pers. suppl. 6 €
Location : (Prix 2010) (de déb. avr. à fin sept.) 🏃 – 15 ⬛ – 11 🏠. Sem. 265 à 765 €
Pour s'y rendre : chemin de la Parée du Jonc (4,3 km au nord-ouest)
À savoir : agréable situation à 200 m de la plage

Nature : 🌳 ⬚ ♀	
Loisirs : ♈ 🍴 ⬛ 🎣 salle d'animation 🎣 🚲 🛶	
Services : 🦽 ⚡ 🎣 🛶 🍴 ▥ 🎣	
Longitude : -2.11329	
Latitude : 46.8059	

Aux Cœurs Vendéens de déb. mai à mi-sept.
℘ 02 51 58 84 91, *info@cœursvendeens.com*,
www.cœursvendeens.com
2 ha (117 empl.) plat, herbeux, sablonneux
Tarif : 29 € 🏕 🚐 🔌 (10A) – pers. suppl. 3 € – frais de réservation 15 €
Location : (de déb. avr. à fin sept.) 🏃 – 62 ⬛ – 1 🏠 – 3 appartements. Sem. 165 à 715 € – frais de réservation 15 €
Pour s'y rendre : 251 rte de Notre-Dame-de-Monts (4 km au nord-ouest)

Nature : ⬚ ♀♀	
Loisirs : ♈ crêperie ⬛ 🏃 🚲 🛶	
Services : 🦽 ⚡ 🎣 🛶 🍴 ▥ 🎣	
À prox. : 🎾	
Longitude : -2.11008	
Latitude : 46.80988	

Les Places Dorées de mi-juin à mi-sept.
 0251590293, *contact@placesdorees.com*,
Fax 0251593047, *www.placesdorees.com*
5 ha (288 empl.) plat, herbeux, sablonneux
Tarif : (Prix 2010) 36€ ✿✿ ⬧ 🅴 (½) (10A) – pers.
suppl. 7€ – frais de réservation 25€

Location : (Prix 2010) (de mi-avr. à mi-sept.) ⚡
– 61 ⬛. Sem. 269 à 880€ – frais de réservation 25€
Pour s'y rendre : 247 rte de Notre-Dame-de-Monts
(4 km au nord-ouest)

À savoir : bel espace aquatique

Nature : 🏕 ♀
Loisirs : 🍴 snack ⛴ hammam
jacuzzi ⚡ 🎮 🏊 🎿
Services : ♿ ⚡ 🚿 🚮 🧺 🛒
À prox. : 🚤 ✂ 🎿

Longitude : -2.0618
Latitude : 46.7936

Le Both d'Orouet de déb. avr. à fin sept.
 0251586037, *leboth.d.orouet@netcourrier.com*,
Fax 0251593703, *http://camping.orouet.free.fr*
4,4 ha (200 empl.) plat, herbeux, sablonneux
Tarif : (Prix 2010) 25€ ✿✿ ⬧ 🅴 (½) (6A) – pers.
suppl. 4,50€ – frais de réservation 20€
Location : (Prix 2010) – 28 ⬛ – 16 🏠. Sem.
200 à 520€ – frais de réservation 20€
🚐 borne 3,50€
Pour s'y rendre : 77 av. d'Orouët (6,7 km au sud-est, au
bord d'un ruisseau)

À savoir : agréable cadre de verdure et salle de jeux dans
une ancienne grange de 1875 restaurée

Nature : 🏕 ♀
Loisirs : 🎮 jacuzzi ⚡ 🏑 🎿
terrain multisports
Services : ♿ ⚡ 🚿 🧺 🛒
À prox. : 🍴 ✂

Longitude : -1.99759
Latitude : 46.76495

Plein Sud de fin juin à fin août
 0251591040, *info@campingpleinsud.com*,
Fax 0251589229, *www.campingpleinsud.com*
2 ha (110 empl.) plat, herbeux, sablonneux
Tarif : 25€ ✿✿ ⬧ 🅴 (½) (6A) – pers. suppl. 5€ – frais de
réservation 23€

Location : (de mi-avr. à mi-sept.) ⚡ – 45 ⬛
– 2 bungalows toilés – 2 tentes. Nuitée 60 à 160€
– Sem. 180 à 680€ – frais de réservation 23€
Pour s'y rendre : 246, rte de Notre-Dame-de-Monts
(4 km au nord-ouest)

Nature : 🏕 ♀
Loisirs : 🍴 ⚡ 🚲 🎿 terrain
omnisports
Services : ♿ ⚡ 🚿 🧺 🛒

Longitude : -2.1064
Latitude : 46.80876

La Forêt de déb. avr. à fin sept.
 0251588463, *camping-la-foret@wanadoo.fr*,
Fax 0251588463, *www.hpa-laforet.com*
1 ha (61 empl.) plat, herbeux, sablonneux
Tarif : 32€ ✿✿ ⬧ 🅴 (½) (10A) – pers. suppl. 5€ – frais
de réservation 25€

Location : (de déb. avr. à fin sept.) – 15 ⬛. Sem.
279 à 699€ – frais de réservation 25€
🚐 borne artisanale – 10 🅴 28€ – 🛒 (½) 16€
Pour s'y rendre : 190 chemin de la Rive (5,5 km au
nord-ouest)

À savoir : belle décoration arbustive

Nature : 🏕 ♀♀
Loisirs : 🎮 ⚡ 🚲 🎿
Services : ♿ ⚡ 🚿 🧺 🛒 🛒
À prox. : canoë de mer

Longitude : -2.12572
Latitude : 46.81614

La Davière-Plage de déb. mai à fin sept.
 0251582799, *daviereplage@orange.fr*,
Fax 0251582799, *www.daviereplage.com*
3 ha (200 empl.) plat, herbeux, sablonneux
Tarif : 25€ ✿✿ ⬧ 🅴 (½) (10A) – pers. suppl. 6€ – frais
de réservation 20€

Location : (de déb. mai à fin sept.) – 26 ⬛
– 3 appartements – 7 bungalows toilés. Sem.
200 à 660€ – frais de réservation 20€
🚐 borne artisanale – 20 🅴 14€
Pour s'y rendre : 197 rte de Notre-Dame-de-Mont
(3 km au nord-ouest)

Nature : ♀
Loisirs : snack 🎮 ⚡ 🚲 🎿
Services : ♿ ⚡ (juil.-août) 🚿
🛒 🚤
À prox. : 🍴 ✂

Longitude : -2.10114
Latitude : 46.80588

Les Pins déb. juin à mi-sept.
℘ 0251581742, *pins.verts@free.fr*, Fax 0251581742
1,2 ha (118 empl.) plat et en terrasses, sablonneux
Tarif : (Prix 2010) 24,15€ ✶✶ ⇝ 🗐 (A) (6A) – pers.
suppl. 6,20€ – frais de réservation 20€

Location : (Prix 2010) ⤸ – 17 🏠. Sem. 210 à 604€
– frais de réservation 20€
Pour s'y rendre : 2,5 km au sud-est

À savoir : cadre verdoyant

| Nature : 🛏 ♀ |
| Loisirs : 🍽 🏠 ⚑ 🚲 ⟍ |
| Services : ⚬ 🚿 ♨ 📷 |
| À prox. : ⚑ ⚓ |

| Longitude : -2.04528 |
| Latitude : 46.79738 |

Les Jardins de l'Atlantique de déb. avr. à fin sept.
℘ 0251580574, *info@camping-jardins-atlantique.com*,
Fax 0251580574, *www.camping-jardins-atlantique.com*
– places limitées pour le passage
5 ha (310 empl.) plat et peu incliné, accidenté, sablonneux
Tarif : (Prix 2010) 22€ ✶✶ ⇝ 🗐 (A) (6A) – pers.
suppl. 6€ – frais de réservation 20€

Location : (Prix 2010) (permanent) – 50 🚐
– 2 appartements. Sem. 245 à 630€ – frais de réservation 20€
Pour s'y rendre : 100 r. de la Caillauderie (5,5 km au nord-est)

| Nature : 🛏 ♀♀ |
| Loisirs : 🍽 snack 🏠 ⚑nocturne jacuzzi ⚑ 🚲 ⟍ ⚑terrain omnisports |
| Services : ⚑ ⚬ 🚿 ♨ 🍴 📷 ⚑ ⚑ |

| Longitude : -2.02751 |
| Latitude : 46.76972 |

Campéole les Sirènes de déb. avr. à mi-sept.
℘ 0251580131, *sirenes@campeole.com*,
Fax 0251590367, *www.campeole.com*
15 ha/5 campables (500 empl.) plat et accidenté, dunes, pinède
Tarif : (Prix 2010) 27€ ✶✶ ⇝ 🗐 (A) (10A) – pers.
suppl. 7€ – frais de réservation 25€

Location : (Prix 2010) (de déb. avr. à mi-sept.) – 51 🚐
– 40 🏠 – 40 bungalows toilés. Nuitée 23 à 121€
– Sem. 161 à 847€ – frais de réservation 25€
🚐 borne eurorelais
Pour s'y rendre : av. des Demoiselles (au sud-est, av. des Demoiselles, à 500 m de la plage)

| Nature : 🗻 ♀ |
| Services : ⚑ ⚬ 🍴 📷 |
| À prox. : ⚑ 🍽 ⚓ |

| Longitude : -2.0548 |
| Latitude : 46.7799 |

Le Logis de mi-avr. à mi-sept.
℘ 0251586067, *camping-lelogis@orange.fr*,
Fax 0251586067, *www.camping-saintjeandemonts. com* ⤸
0,8 ha (40 empl.) en terrasses, plat, herbeux, sablonneux
Tarif : 23€ ✶✶ ⇝ 🗐 (A) (10A) – pers. suppl. 5€ – frais de réservation 16€

Location : (de mi-avr. à mi-sept.) ⤸ – 13 🚐
– 2 gîtes. Sem. 230 à 540€ – frais de réservation 16€
🚐 borne artisanale 14€
Pour s'y rendre : rte de St-Gilles-Croix-de-Vie (4,3 km au sud-est)

| Nature : 🛏 |
| Loisirs : 🏠 ⚑ ⟍ (petite piscine) |
| Services : ⚑ ⚬ 📷 |
| À prox. : 🍽 ✕ ♨ |

| Longitude : -2.01308 |
| Latitude : 46.77953 |

ST-JULIEN-DE-CONCELLES

44450 – **316** H4 – 6 756 h. – alt. 24
▶ Paris 384 – Nantes 19 – Angers 89 – La Roche-sur-Yon 80

Le Chêne Permanent
℘ 0240541200, *campingduchene@wanadoo.fr*,
Fax 0240365479, *www.campingduchene.fr*
2 ha (100 empl.) plat, herbeux
Tarif : (Prix 2010) ✶ 4€ ⇝ 2€ 🗐 4€ – (A) (10A) 3€

Location : (Prix 2010) (permanent) – 25 🚐
– 6 bungalows toilés. Nuitée 35 à 57€ – Sem. 180 à 350€
🚐 borne autre – 1 🗐 13€
Pour s'y rendre : 1 rte du Lac (1,5 km à l'est par D 37 (déviation), près du plan d'eau)

| Nature : 🛏 ♀ |
| Loisirs : 🍽 ⚑ ✕ ⟍ (découverte en saison) |
| Services : ⚬ ♨ ⚑ |
| À prox. : 🗻 |

| Longitude : -1.3714 |
| Latitude : 47.2492 |

ST-JULIEN-DES-LANDES

85150 – **316** F8 – 1 288 h. – alt. 59
▶ Paris 445 – Aizenay 17 – Challans 32 – La Roche-sur-Yon 24

"Les Castels" La Garangeoire ♣♣ – de déb. avr. à fin sept.
℘ 02 51 46 65 39, *info@garangeoire.com*,
Fax 02 51 46 69 85, *www.camping-la-garangeoire.com*
200 ha/10 campables (340 empl.) plat et vallonné, terrasses, herbeux
Tarif : 37 € ♣♣ ⇔ 🅴 🔌 (8A) – pers. suppl. 8 € – frais de réservation 25 €

Location : (de déb. avr. à fin sept.) – 22 🛏 – 25 🏠 – 2 gîtes. Sem. 280 à 950 € – frais de réservation 25 €
Pour s'y rendre : 2,8 km au nord par D 21

À savoir : agréable domaine : prairies, étangs et bois

Nature : 🐾 🗔 ♒
Loisirs : 🍴 ✕ crêperie, pizzeria 🎲 🌳 🏇 🚣 🚴 🎱 ⛏ 🏊 🛝 🐎 poneys (centre équestre) canoës, pédalos
Services : 🚿 🔌 🛁 🗑 🚽 laverie 🏧 🧊 cases réfrigérées

Longitude : -1.71359
Latitude : 46.66229

Le coup de cœur de Bib

Située entre marais breton et baie de l'Aiguillon, La Garangeoire a accueilli ses premiers visiteurs en 1964. La propriété s'étend sur 200 ha dont 19 pour le camping, au cœur d'une nature préservée où forêts, collines, étangs et pâturages se côtoient harmonieusement. Les amateurs de calme et de verdure choisiront d'être hébergés dans les chalets installés dans le petit bois. De nombreuses activités nature sont proposées sur le site : pêche sur 3 des 4 étangs du domaine, randonnées VTT, pédestres et équestres avec les chevaux du centre situé sur la propriété. Pour les plus jeunes, un club enfants organise de multiples activités artistiques et ludiques. Pour les plus âgés, les animations sont plutôt à caractère sportif (tennis, tir à l'arc, canoë…). Parc aquatique, minigolf, terrains de jeux de ballon complètent les loisirs.

M. Chaput/MICHELIN

Château La Forêt de mi-mai à mi-sept.
℘ 02 51 46 62 11, *camping@domainelaforet.com*,
Fax 02 51 46 60 87, *www.chateaulaforet.com*
50 ha/5 campables (148 empl.) plat, herbeux, étangs et bois
Tarif : (Prix 2010) 33,50 € ♣♣ ⇔ 🅴 🔌 (6A) – pers. suppl. 6,50 €

Location : (Prix 2010) 🚲 – 20 🛏 – 5 🏠 – Cabane, Bubble room. Nuitée 90 à 115 € – Sem. 330 à 750 €
Pour s'y rendre : sortie nord-est par D 55, rte de Martinet

À savoir : dans les dépendances et le parc d'un château

Nature : 🐾 🗔 ♒
Loisirs : 🍴 ✕ 🎬 🏇 discothèque 🚣 🚴 ⛏ 🏊 🛝
Services : 🚿 🔌 🛁 🚽 📶 🏧 🧊
À prox. : parcours accrobranche

Longitude : -1.71315
Latitude : 46.64056

⚠ **La Guyonnière** ♣♣ – de fin avr. à mi-sept.
𝒫 0251466259, *info@laguyonniere.com*,
Fax 0251466289, *www.laguyonniere.com* – places
limitées pour le passage
30 ha/6,5 campables (167 empl.) plat, peu incliné,
herbeux, étang
Tarif : 37€ ♣♣ ⇌ 🔲 ⚡ (6A) – pers. suppl. 6€ – frais de
réservation 20€

Location : (de fin avr. à mi-sept.) 🛖 – 51 🚐
– 25 🏡. Nuitée 29 à 141€ – Sem. 200 à 989€ – frais
de réservation 20€
🚰 borne eurorelais 3€ – 5 🔲 17€ – 🚐⚡ 17€
Pour s'y rendre : 2,4 km au nord-ouest par D 12, rte de
Landevieille puis 1,2 km par chemin à dr. à prox. du lac
du Jaunay

Nature : 🌿 ♀	
Loisirs : ♟ snack 🍴 🎱 🎯 🛶 🚴 🏊 ⛳ 🐎 (centre éques-tre) parcours de santé	
Services : ♿ ⛽ ♨ 🍴 laverie 🧺	

Longitude : -1.75011
Latitude : 46.65274

ST-LAURENT-SUR-SÈVRE

85290 – **316** K6 – 3 397 h. – alt. 121
▶ Paris 365 – Angers 76 – Bressuire 36 – Cholet 14

⚠ **Le Rouge Gorge** de déb. janv. à fin oct.
𝒫 0251678639, *campinglerougegorge@wanadoo.fr*,
Fax 0251678639, *www.camping-lerougegorge-vendee.
com*
2 ha (93 empl.) plat, peu incliné, herbeux
Tarif : (Prix 2010) 20€ ♣♣ ⇌ 🔲 ⚡ (8A) – pers.
suppl. 3€ – frais de réservation 9€

Location : (Prix 2010) (permanent) 🛖 – 13 🏡
– 3 tentes. Nuitée 50 à 65€ – Sem. 231 à 628€ – frais
de réservation 9€
🚰 borne artisanale 3€ – 🚐 10€
Pour s'y rendre : rte de La Verrie (1 km à l'ouest par D 111)

Loisirs : 🍴 🏊
Services : ♿ ⛽ ♨ 🧺 🍴 🔲
À prox. : 🎣

Longitude : -0.90336
Latitude : 46.95851

ST-MICHEL-EN-L'HERM

85580 – **316** I9 – 2 010 h. – alt. 9
🅱 *5, place de l'Abbaye* 𝒫 0251302189
▶ Paris 453 – Luçon 15 – La Rochelle 46 – La Roche-sur-Yon 47

⚠ **Les Mizottes** de déb. avr. à fin sept.
𝒫 0251302363, *accueil@campinglesmizottes.fr*,
Fax 0251302362, *www.campinglesmizottes.fr*
2 ha (112 empl.) plat, herbeux
Tarif : 22€ ♣♣ ⇌ 🔲 ⚡ (6A) – pers. suppl. 4€ – frais de
réservation 5€

Location : (de déb. avr. à fin sept.) – 40 🚐. Nuitée
50 à 78€ – Sem. 200 à 550€ – frais de réservation 5€
🚰 borne artisanale 22€ – 2 🔲 22€
Pour s'y rendre : 41 r. des Anciens Quais (800 m au sud-
ouest par D 746, rte de l'Aiguillon-sur-Mer)

Nature : 🏞 ♀
Loisirs : 🍴 🚴 🏊 🏊
Services : ♿ ⛽ ♨ 🍴 🔲 🚿

Longitude : -1.25482
Latitude : 46.34943

ST-PÈRE-EN-RETZ

44320 – **316** D4 – 3 933 h. – alt. 14
▶ Paris 425 – Challans 54 – Nantes 45 – Pornic 13

⚠ **Le Grand Fay** de déb. avr. à mi-oct.
𝒫 0240217289, *legrandfay@aol.com*, Fax 0240824027,
www.camping-granfay.com
1,2 ha (91 empl.) peu incliné, plat, herbeux
Tarif : 19€ ♣♣ ⇌ 🔲 ⚡ (6A) – pers. suppl. 4€ – frais de
réservation 15€

Location : (permanent) – 5 🚐. Sem. 640€ – frais de
réservation 15€
Pour s'y rendre : r. du Grand Fay (sortie est par D 78,
rte de Frossay puis 500 m par r. à dr., près du parc des
sports et d'un lac)

Nature : ♀
Loisirs : 🏊 🏊 (petite piscine)
Services : ⛽ 🔲
À prox. : 🍴

Longitude : -2.04172
Latitude : 47.20982

ST-RÉVÉREND

85220 – **316** F7 – 1 304 h. – alt. 19
▶ Paris 453 – Aizenay 20 – Challans 19 – La Roche-sur-Yon 36

▲▲ **Le Pont Rouge** de déb. avr. à fin oct.
 𝄞 0251546850, *camping.pontrouge@wanadoo.fr*,
 Fax 0251546167, *www.camping-lepontrouge.com*
 2,2 ha (73 empl.) peu incliné, plat, herbeux
 Tarif : (Prix 2010) 23 € ✶✶ ⇔ ▤ ⊞ (6A) – pers.
 suppl. 5 € – frais de réservation 15 €
 Location : (Prix 2010) (de déb. avr. à fin oct.) – 22 ⟨⟩
 – 4 bungalows toilés. Nuitée 31 € – Sem. 159 à 491 €
 – frais de réservation 15 €
 ⟨⟩ 6 ▤ 13 €
 Pour s'y rendre : r. Georges Clémenceau (sortie sud-
 ouest par D 94 et chemin à dr., au bord d'un ruisseau)
 À savoir : cadre verdoyant

Nature : 🐾 ▱ ♀	
Loisirs : snack ◐nocturne (juillet-août) ⚐ ⚐	
Services : ⚐ ⚐ ⚐ ⚐laverie	

Longitude : -1.8318
Latitude : 46.69578

*Om een reisroute uit te stippelen en te volgen,
om het aantal kilometers te berekenen,
om precies de ligging van een terrein te bepalen
(aan de hand van de inlichtingen in de tekst),
gebruikt u de **Michelinkaarten** ,
een onmisbare aanvulling op deze gids.*

ST-VINCENT-SUR-JARD

85520 – **316** G9 – 1 184 h. – alt. 10
🅑 *place de l'Eglise* 𝄞 *0251336206*
▶ Paris 454 – Challans 64 – Luçon 34 – La Rochelle 70

▲▲▲ **La Bolée d'Air** de déb. avr. à fin sept.
 𝄞 0251330505, *info@chadotel.com*, Fax 0251339404,
 www.chadotel.com
 5,7 ha (280 empl.) plat, herbeux
 Tarif : 30 € ✶✶ ⇔ ▤ ⊞ (6A) – pers. suppl. 6 € – frais de
 réservation 25 €
 Location : (de déb. avr. à fin sept.) – 30 ⟨⟩ – 10 ⬡.
 Sem. 199 à 850 € – frais de réservation 25 €
 ⟨⟩ 30 ▤ 30 € – ⬡
 Pour s'y rendre : rte du Bouil (2 km à l'est par D 21 et
 à dr.)

Nature : ▱ ♀	
Loisirs : 🍴 ▱ ⊞ ⚐ 🚲 ✕ ⚐ ▱ ⚐terrain omnisports	
Services : ⚐ ⚐ ⚐ ⚐ ⚐ 🍴 ▤ ⚐ ⚐	

Longitude : -1.52622
Latitude : 46.4198

STE-LUCE-SUR-LOIRE

44980 – **316** H4 – 11 665 h. – alt. 9
▶ Paris 378 – Nantes 7 – Angers 82

▲ **Belle Rivière** Permanent
 𝄞 0240258581, *belleriviere@wanadoo.fr*,
 Fax 0240258581, *www.camping-belleriviere.com*
 3 ha (100 empl.) plat, herbeux
 Tarif : ✶ 4 € ⇔ 2 € ▤ 5 € – ⊞ (10A) 6 €
 Location : (permanent) ✕ – 4 ⟨⟩. Sem. 220 à 430 €
 ⟨⟩ borne autre 2 € – 2 ▤ 16 €
 Pour s'y rendre : rte des Perrières (2 km au nord-est
 par D 68, rte de Thouaré puis, au lieu-dit la Gicquelière,
 1 km par rte à dr., accès direct à un bras de la Loire)
 À savoir : agréable cadre pittoresque

Nature : ▱ ♀	
Loisirs : ⚐ ⚐	
Services : ⚐ ⚐ (juin-oct.) ▥ ⚐ 🍴 ▤ ⚐	
À prox. : ⚐ (centre équestre)	

Longitude : -1.45574
Latitude : 47.254

SAUMUR

49400 – **317** I5 – 28 113 h. – alt. 30

🛈 *place de la Bilange* ☏ *02 41 40 20 60*

◧ Paris 300 – Angers 67 – Châtellerault 76 – Cholet 70

▲▲▲ **L'Île d'Offard** ♣♨ – de déb. mars à mi-nov.
☏ 02 41 40 30 00, *iledoffard@cvtloisirs.fr*,
Fax 02 41 67 37 81, *www.cvtloisirs.com*
4,5 ha (258 empl.) plat, herbeux
Tarif : 32 € ♦♦ ⇌ 🅴 🗓 (10A) – pers. suppl. 6 € – frais
de réservation 12 €

Location : (de déb. mars à mi-nov.) ⚡ – 44 🚐
– 8 bungalows toilés. Nuitée 35 à 95 € – Sem. 210 à 735 €
– frais de réservation 12 €
🚰 borne artisanale 6 € – 8 🅴 27 €
Pour s'y rendre : Bd de Verden (accès par centre-ville,
dans une île de la Loire)

À savoir : situation agréable à la pointe de l'île avec vue
sur le château

Nature : ≤ 🏞 ♀
Loisirs : ♟ brasserie 🎱 ☀diurne 🏋️ 🎯 🏓 🛝
Services : ♿ ⚡ 🏧 🚿 🛁 ✂
laverie 🧺
À prox. : 🚣 canoë

Longitude : -0.06707
Latitude : 47.26158

*Ce guide n'est pas un répertoire de tous les terrains de camping
mais une sélection des meilleurs campings dans chaque catégorie.*

LA SELLE-CRAONNAISE

53800 – **310** C7 – 907 h. – alt. 71

◧ Paris 316 – Angers 68 – Châteaubriant 32 – Château-Gontier 29

▲▲ **Base de Loisirs de la Rincerie** de déb. mars à fin
oct.
☏ 02 43 06 17 52, *contact@la-rincerie.com*,
Fax 02 43 07 50 20, *http://www.la-rincerie.com* – 🏋
120 ha/5 campables (50 empl.) plat, peu incliné, herbeux
Tarif : 14 € ♦♦ ⇌ 🅴 🗓 (10A) – pers. suppl. 3 €

Location : (de déb. mars à fin oct.) – 1 🏠. Nuitée
43 € – Sem. 304 €
🚰 borne eurorelais 2 €
Pour s'y rendre : 3,5 km au nord-ouest par D 111,
D 150, rte de Ballots et rte à gauche

À savoir : près d'un plan d'eau, nombreuses activités
nautiques

Nature : 🌿 ≤
Loisirs : ☀diurne 🏓 🐴 poneys
Services : ♿ ⚡ 🏧 🛁 ✂ 📶
à la base de loisirs : 🎯 🚣 ♨
swin golf, circuit pédestre, VTT et
équestre, canoë-kayak

Longitude : -1.06528
Latitude : 47.86631

SILLÉ-LE-GUILLAUME

72140 – **310** I5 – 2 358 h. – alt. 161

🛈 *place de la Résistance* ☏ *02 43 20 10 32*

◧ Paris 230 – Alençon 39 – Laval 55 – Le Mans 35

▲▲ **Indigo Les Molières** de déb. juin à mi-sept.
☏ 02 43 20 16 12, *molieres@camping-indigo.com*,
Fax 02 43 24 56 84, *www.camping-indigo.com*
3,5 ha (133 empl.) plat, herbeux
Tarif : (Prix 2010) 23 € ♦♦ ⇌ 🅴 🗓 (10A) – pers.
suppl. 5 € – frais de réservation 10 €

Location : (Prix 2010) (de déb. juin à mi-sept.) – 6 🚐
– 10 tentes. Nuitée 41 à 85 € – Sem. 200 à 595 € – frais
de réservation 10 €
🚰 borne autre 4 €
Pour s'y rendre : à Sillé-Plage (2,5 km au nord par D 5,
D 105, D 203 et chemin à dr.)

À savoir : dans la forêt, près d'un plan d'eau et de deux
étangs

Nature : 🌿 ♀♀
Loisirs : 🎱
Services : ♿ ⚡
À prox. : ♟ crêperie 🚣 ♨ 🐴
(centre équestre) pédalos

Longitude : -0.12917
Latitude : 48.18333

SILLÉ-LE-PHILIPPE

72460 – **310** L6 – 1 057 h. – alt. 35

▶ Paris 195 – Beaumont-sur-Sarthe 25 – Bonnétable 11 – Connerré 15

"Les Castels" Château de Chanteloup de fin mai à fin août
 𝒫 02 43 27 51 07, *chanteloup.souffront@wanadoo.fr*, *www.chateau-de-chanteloup.com*
20 ha (100 empl.) peu incliné, plat, herbeux, sablonneux, étang, sous-bois
Tarif : 34€ ♦♦ ⬅ 🄴 🄷 (8A) – pers. suppl. 8€
Pour s'y rendre : 2 km au sud-ouest par D 301, rte du Mans

Nature : 🐾 🎋
Loisirs : 🍴 snack 🄛 🄳 🚣 🚴 🏊
Services : ⚷ 🅱 laverie 🐾

Longitude : 0.33839
Latitude : 48.11029

SION-SUR-L'OCÉAN

85270 – **316** E7

▶ Paris 461 – Nantes 77 – La Roche 53 – Saint 88

Municipal de Sion de déb. avr. à fin oct.
 𝒫 02 51 54 34 23, *sion85@free.fr*, Fax 02 51 60 07 84, *www.souslespins.com*
3 ha (173 empl.) plat, sablonneux, gravillons
Tarif : (Prix 2010) 28€ ♦♦ ⬅ 🄴 🄷 (10A) – pers. suppl. 6€ – frais de réservation 15€
Location : (Prix 2010) (de déb. avr. à fin oct.) – 18 🏚 – 3 bungalows toilés. Sem. 175 à 620€ – frais de réservation 15€
🚐 borne autre 5€ – 🚐 10€
Pour s'y rendre : av.de la Forêt (sortie nord)
À savoir : à 350 m de la plage (accès direct)

Nature : 🏕 🌳
Loisirs : 🄛 🚣
Services : 👶 ⚷ 🐾 🚾 🅱

Longitude : -1.96694
Latitude : 46.71844

SOULLANS

85300 – **316** E7 – 3 912 h. – alt. 12

🛈 *rue de l'Océan* 𝒫 02 51 35 28 68

▶ Paris 443 – Challans 7 – Noirmoutier-en-l'Île 46 – La Roche-sur-Yon 48

Municipal le Moulin Neuf de mi-juin à mi-sept.
 𝒫 02 51 68 00 24, *camping-soullans@wanadoo.fr*, Fax 02 51 68 88 66
1,2 ha (80 empl.) plat, herbeux
Tarif : (Prix 2010) 10€ ♦♦ ⬅ 🄴 🄷 (4A) – pers. suppl. 3€
Pour s'y rendre : sortie nord par D 69, rte de Challans et r. à dr.

Nature : 🐾 🏕 🌳
Services : 👶 ⚷ 🅱
À prox. : 🍴

Longitude : -1.89566
Latitude : 46.79817

TALMONT-ST-HILAIRE

85440 – **316** G9 – 6 693 h. – alt. 35

🛈 *place du Château* 𝒫 02 51 90 65 10

▶ Paris 448 – Challans 55 – Luçon 38 – La Roche-sur-Yon 30

Yelloh! Village Le Littoral de déb. avr. à mi-sept.
 𝒫 02 51 22 04 64, *info@campinglelittoral.com*, Fax 02 51 22 05 37, *www.campinglelittoral.com* – places limitées pour le passage
9 ha (483 empl.) peu incliné, plat, herbeux, sablonneux
Tarif : 41€ ♦♦ ⬅ 🄴 🄷 (10A) – pers. suppl. 6€ – frais de réservation 25€
Location : (de déb. avr. à mi-sept.) – 136 🏚 – 14 🏠.
Nuitée 195€ – Sem. 1 365€
🚐 borne artisanale 5€
Pour s'y rendre : au lieu-dit : Le Porteau (9,5 km au sud-ouest par D 949, D 4a et apr. Querry-Pigeon, à dr. par D 129, rte côtière des Sables-d'Olonne, à 200 m de l'océan)

Nature : 🏕 🌳
Loisirs : 🍴 🍴 pizzeria 🄛 🄳 🏃 🚴 🚣 🏊 terrain omnisports
Services : 👶 ⚷ 🐾 🚾 🅱 🏊
À prox. : golf (18 trous)

Longitude : -1.70222
Latitude : 46.45195

▲▲ **Les Cottages St-Martin** (location exclusive de mobile homes et maisonnettes) Permanent
  ℰ 02 51 21 90 00, *st.martin@odalys-vacances.com*, Fax 02 51 22 21 24, *www.odalys-vacances.com*
3,5 ha plat

Location : (Prix 2010) – 44 🛏 – 15 🏠. Sem. 260 à 1 075 € – frais de réservation 15 €
Pour s'y rendre : le porteau (9,5 km au sud-ouest par D 949, D 4a et apr. Querry-Pigeon, à dr. par D 129, rte Côtière des Sables-d'Olonne, à 200 m de l'océan)

Nature : 🐟 🗒
Loisirs : 🎦 ♣ ⚡ ✗ 🔳 ⛴
Services : 🚿 ⚬ 🍴 laverie
À prox. : 🛁 🍹 ✗ 🚲 golf (18 trous)

Longitude : -1.70181
Latitude : 46.45254

▲▲ **Le Paradis** de mi-avr. à fin sept.
  ℰ 02.51.22.22.36, *info@camping-leparadis85.com*, Fax 02.51.22.22.36, *www.camping-leparadis85.com*
4,9 ha (148 empl.) plat et peu incliné, en terrasses, herbeux, sablonneux
Tarif : 23 € ✦✦ ⇔ 🔲 🚐 (10A) – pers. suppl. 5 € – frais de réservation 20 €

Location : (de déb. avr. à fin sept.) – 30 🛏 – 10 🏠 – 4 bungalows toilés. Nuitée 20 à 80 € – Sem. 50 à 390 € – frais de réservation 20 €
  🚐 borne artisanale – 🚐 🚿 12 €
Pour s'y rendre : r. de la Source (3,7 km à l'ouest par D 949, rte des Sables-d'Olonne, D 4a à gauche, rte de Querry-Pigeon et chemin à dr.)
À savoir : accès direct à un étang de pêche

Nature : 🐟 🗒 🌳
Loisirs : 🍹 🌙 nocturne ⚡ 🚲 ✗ 🔳 (découverte en saison) 🐟 terrain multisports
Services : 🚿 ⚬ (juil.-août) 🐕 🍴 🔳 🚐

Longitude : -1.65491
Latitude : 46.46462

TENNIE

72240 – **310** I6 – 1 009 h. – alt. 100
▶ Paris 224 – Alençon 49 – Laval 69 – Le Mans 26

▲▲ **Municipal de la Vègre** de déb. avr. à fin sept.
  ℰ 02 43 20 59 44, *camping@tennie.fr*, *camping.tennie.fr* – places limitées pour le passage – ✚
2 ha (83 empl.) plat, herbeux
Tarif : (Prix 2010) ✦ 2 € ⇔ 1 € 🔲 2 € – 🚐 (6A) 3 €
Location : (Prix 2010) (permanent) – 5 🏠. Nuitée 66 € – Sem. 266 à 370 €
  🚐 borne artisanale 3 €
Pour s'y rendre : r. Andrée Le Grou (sortie ouest par D 38, rte de Ste-Suzanne)
À savoir : cadre agréable au bord d'une rivière et d'un étang

Nature : 🐟 🗒 🌳🌳
Loisirs : 🎦 ⚡ ✗ 🐎 ⛴
Services : 🚿 🚐 🐕 🔳
À prox. : ✗ 🐟

Longitude : -0.08016
Latitude : 48.10847

Renouvelez votre guide chaque année.

THARON-PLAGE

44730 – **316** C5
▶ Paris 444 – Nantes 59 – Saint 25 – Vannes 94

▲▲ **La Riviera** de déb. mars à fin nov.
  ℰ 02 28 53 54 88, *contact@campinglariviera.com*, Fax 02 28 53 54 62, *www.campinglariviera.com* – places limitées pour le passage
6 ha (250 empl.) en terrasses, plat, herbeux, pierreux
Tarif : (Prix 2010) 20 € ✦✦ ⇔ 🔲 🚐 (10A) – pers. suppl. 5 € – frais de réservation 15 €
Location : (Prix 2010) (de mi-avr. à fin oct.) – 4 🛏 – 3 🏠. Nuitée 29 à 98 € – Sem. 200 à 685 € – frais de réservation 15 €
Pour s'y rendre : rte de St-Michel-Chef-Chef (à l'est de la station, par D 96)

Loisirs : 🍹 🎦 ⚡ ⛴
Services : 🚿 ⚬ 🎦 🐕 🚐 🍴 🔳

Longitude : -2.14693
Latitude : 47.17976

LA TRANCHE-SUR-MER

85360 – **316** H9 – 2 673 h. – alt. 4
🏛 *place de la Liberté* 🕾 02 51 30 33 96
▶ Paris 459 – Luçon 31 – Niort 100 – La Rochelle 64

⛰ **Le Jard** de fin avr. à mi-sept.
🕾 02 51 27 43 79, *info@campingdujard.fr*,
Fax 02 51 27 42 92, *www.campingdujard.fr* ✚
6 ha (350 empl.) plat, herbeux
Tarif : 32€ ✶✶ ⇔ 🅴 🛢 (10A) – pers. suppl. 6€
Location : (de fin avr. à mi-sept.) ✚ – 40 🚐. Sem.
210 à 740€
Pour s'y rendre : 123 bd de Lattre de Tassigny (3,8 km,
rte de l'Aiguillon)

| Nature : 🌳 |
| Loisirs : 🍷 ✗ 🎦 🕹nocturne 🏋 🛶 🚲 🎯 🎱 🏐 🎾 ⛱ |
| Services : 🚿 🔌 🛒 🍴 🧺 🔥 🚻 🛢 |
| 🚮 ♨ |
| À prox. : 🛒 |

| Longitude : -1.38694 |
| Latitude : 46.34788 |

⛰ **Le Sable d'Or** 👥 – de déb. mai à déb. sept.
🕾 02 51 27 46 74, *camping-le-sable-d-or@orange.fr*,
Fax 02 51 30 17 14, *www.le-sable-dor.fr*
4 ha (233 empl.) plat, herbeux, sablonneux
Tarif : (Prix 2010) 34€ ✶✶ ⇔ 🅴 🛢 (10A) – pers.
suppl. 8€ – frais de réservation 18€
Location : (Prix 2010) (de déb. mai à déb. sept.) ✚
– 60 🚐 – 10 🏠. Nuitée 50 à 85€ – Sem. 230 à 890€
– frais de réservation 18€
Pour s'y rendre : au lieu-dit : La Terrière (2,5 km au
nord-ouest par D 105, rte des Sables-d'Olonne et à dr.,
près de la D 105a)

À savoir : en saison, navette gratuite pour la plage

| Nature : 🏞 🌳 |
| Loisirs : 🍷 snack 🎦 🕹nocturne 🏋 🏐 hammam jacuzzi salle d'animation 🛶 🎯 🏐 ⛱ terrain multisports |
| Services : 🚿 🔌 🛒 🛢 ♨ laverie 🚮 ♨ |

| Longitude : -1.45824 |
| Latitude : 46.36228 |

⛰ **Baie d'Aunis** de fin avr. à mi-sept.
🕾 02 51 27 47 36, *info@camping-baiedaunis.com*,
Fax 02 51 27 44 54, *www.camping-baiedaunis.com* ✚ (de
déb. juil. à fin août)
2,5 ha (155 empl.) plat, sablonneux
Tarif : 33€ ✶✶ ⇔ 🅴 🛢 (10A) – pers. suppl. 7€ – frais
de réservation 30€
Location : (de fin avr. à mi-sept.) ✚ – 10 🚐 – 9 🏠.
Sem. 310 à 850€ – frais de réservation 30€
🚐 borne artisanale
Pour s'y rendre : 10 r. du Perthuis (sortie est, rte de
l'Aiguillon)

À savoir : à 50 m de la plage

| Nature : 🏞 🌳 |
| Loisirs : 🍷 ✗ 🎦 🛶 🏐 |
| Services : 🚿 🔌 🏪 🛢 🔥 🚮 ♨ |
| À prox. : 🍴 🎣 ♦ |

| Longitude : -1.42995 |
| Latitude : 46.34772 |

567

⛰ **Les Préveils** de déb. avr. à fin sept.
🕾 02 51 30 30 52, *lespreveils@pep79.net*,
Fax 02 51 27 70 04, *www.lespreveils.pep79.net*
4 ha (180 empl.) peu vallonné, sablonneux, herbeux
Tarif : (Prix 2010) 31€ ✶✶ ⇔ 🅴 🛢 (10A) – pers.
suppl. 6€ – frais de réservation 15€
Location : (Prix 2010) – appartements, bungalows
toilés. Sem. 322 à 854€ – frais de réservation 15€
Pour s'y rendre : 16 av. Ste-Anne (3,5 km, rte de
l'Aiguillon et à dr., à 300 m de la plage - accès direct)

| Nature : 🏞 🌳🌳 |
| Loisirs : snack 🎦 🛶 🎯 🏐 terrain multispots |
| Services : 🚿 🔌 🛢 🔥 🚮 ♨ |
| À prox. : 🛒 |

| Longitude : -1.3936 |
| Latitude : 46.34398 |

⛰ **Vagues-Océanes Les Blancs Chênes** 👥 – de
déb. avr. à mi-sept.
🕾 02 51 30 41 70, *info@vagues-oceanes.com*,
Fax 02 51 28 84 09, *www.vagues-oceanes.com* – places
limitées pour le passage
7 ha (375 empl.) plat, herbeux
Tarif : (Prix 2010) 36€ ✶✶ ⇔ 🅴 🛢 (5A) – pers.
suppl. 9€ – frais de réservation 26€
Location : (Prix 2010) (de déb. avr. à mi-sept.)
– 150 🚐 – 60 🏠. Nuitée 40€ – Sem. 150 à 1 000€
– frais de réservation 26€
Pour s'y rendre : rte de la Roche-sur-Yon (2,6 km au
nord-est par D 747)

| Nature : 🏞 🌳 |
| Loisirs : 🍷 snack 🎦 🏋 salle d'animation 🛶 🚲 🎯 🏐 ⛱ terrain omnisports |
| Services : 🚿 🔌 (juil.-août) 🛢 🔥 🖼 🚮 ♨ |

| Longitude : -1.43762 |
| Latitude : 46.34318 |

TRIAIZE

85580 – **316** I9 – 978 h. – alt. 3

◘ Paris 446 – Fontenay-le-Comte 38 – Luçon 9 – Niort 71

Municipal de déb. juil. à fin août
℘ 0251561276, *mairie.triaize@wanadoo.fr*,
Fax 0251563821
2,7 ha (70 empl.) plat, herbeux, pierreux, étang
Tarif : (Prix 2010) ✶ 2,50€ ⇔ 1,70€ 🗉 2,10€ –
[¾] (10A) 2,50€
Location : (Prix 2010) (de déb. mai à fin sept.)
– 6 🛏. Sem. 200 à 400€
Pour s'y rendre : r. du Stade (au bourg)

Nature :
Loisirs :
Services :
À prox. :

Longitude : -1.20136
Latitude : 46.39483

LA TURBALLE

44420 – **316** A3 – 4 384 h. – alt. 6

🖸 place du Général-de-Gaulle ℘ 0240233987

◘ Paris 457 – La Baule 13 – Guérande 7 – Nantes 84

Parc Ste-Brigitte de déb. avr. à fin sept.
℘ 0240248891, *saintebrigitte@wanadoo.fr*,
Fax 0240156572, *www.campingsaintebrigitte.com*
10 ha/4 campables (150 empl.) plat, peu incliné, herbeux,
étang
Tarif : 30€ ✶✶ ⇔ 🗉 [¾] (10A) – pers. suppl. 6€ – frais
de réservation 15€
Location : (de déb. avr. à fin sept.) – 14 🛏. Nuitée
60 à 100€ – Sem. 440 à 695€ – frais de réservation
15€
🛒 borne artisanale
Pour s'y rendre : chemin des Routes (3 km au sud-est,
rte de Guérande)
À savoir : agréable domaine boisé

Nature :
Loisirs : (dé-couverte en saison)
Services :
À prox. :

Longitude : -2.47202
Latitude : 47.34143

Municipal les Chardons Bleus de fin avr. à fin
sept.
℘ 0240628060, *camping.les.chardons.bleus@wanadoo.
fr*, Fax 0240628540
5 ha (300 empl.) plat, herbeux, sablonneux
Tarif : (Prix 2010) 22€ ✶✶ ⇔ 🗉 [¾] (10A) – pers.
suppl. 4€ – frais de réservation 10€
Location : (Prix 2010) (permanent) – 6 🛏. Sem.
275 à 612€ – frais de réservation 10€
🛒 28 🗉 18€
Pour s'y rendre : Bd de La Grande Falaise (2,5 km au
sud)
À savoir : près de la plage avec accès direct

Nature :
Loisirs : brasserie
Services :
À prox. : par-cours sportif

Longitude : -2.50048
Latitude : 47.32832

VAIRÉ

85150 – **316** F8 – 1 405 h. – alt. 49

◘ Paris 448 – Challans 31 – La Mothe-Achard 9 – La Roche-sur-Yon 27

Le Roc de déb. fév. à fin nov.
℘ 0251337189, *contact@campingleroc.com*,
Fax 0251337654, *www.campingleroc.com*
1,4 ha (100 empl.) peu incliné, herbeux
Tarif : (Prix 2010) 27€ ✶✶ ⇔ 🗉 [¾] (8A) – pers.
suppl. 5€ – frais de réservation 20€
Location : (Prix 2010) (de déb. fév. à fin nov.) – 26 🛏
– 3 🛏. Nuitée 90€ – Sem. 760€ – frais de réservation
20€
🛒 borne eurorelais 13€ – 3 🗉 13€
Pour s'y rendre : rte de Brem-sur-Mer (1,5 km au nord-
ouest par D 32, rte de Landevieille et rte de Brem-sur-
Mer à gauche)

Nature :
Loisirs : (petite piscine)
Services : (juil.-août)

Longitude : -1.76785
Latitude : 46.60815

VARENNES-SUR-LOIRE

49730 – **317** J5 – 1 887 h. – alt. 27

▶ Paris 292 – Bourgueil 15 – Chinon 22 – Loudun 30

"Les Castels" L'Étang de la Brèche ▲▲ – de mi-mai à déb. sept.
℘ 02 41 51 22 92, *mail@etang-breche.com*,
Fax 02 41 51 27 24, *www.etang-breche.com*
14 ha/7 campables (201 empl.) plat, herbeux, sablonneux
Tarif : 37 € ★★ ⊕ 🗐 ⚡ (10A) – pers. suppl. 8 € – frais de réservation 15 €

Location : (de mi-mai à déb. sept.) – 30 🛏. Nuitée 38 à 167 € – Sem. 248 à 1 049 € – frais de réservation 15 €
🛱 borne autre
Pour s'y rendre : 5 Impasse de la Brèche (6 km à l'ouest par D 85, RD 952, rte de Saumur, et chemin à dr., au bord de l'étang)

À savoir : cadre et situation agréables au bord d'un étang

| Nature : 🌊 ▭ ♀ |
| Loisirs : 🍸 ✕ 🎦 ⦿nocturne 🏃 🏊 🚲 ✂ ♒ 🛝 🏖 🐎 po-neys (centre équestre) swin-golf, terrain omnisports |
| Services : ♿ ⚡ 🚿 ♨ 🚽 ⚗ ▦ 🛒 🚃 |

| Longitude : NaN |
| Latitude : 47.24837 |

VENDRENNES

85250 – **316** J7 – 1 391 h. – alt. 97

▶ Paris 392 – Nantes 65 – La Roche-sur-Yon 30 – Niort 95

La Motte Permanent
℘ 02 51 63 59 67, *contact@campingdelamotte.fr*,
Fax 02 51 63 59 45, *www.campingdelamotte.fr*
1 ha (40 empl.)
Tarif : (Prix 2010) 19 € ★★ ⊕ 🗐 ⚡ (16A) – pers. suppl. 4 €

Location : (Prix 2010) (permanent) 🏊 (de déb. avr. à déb. sept.) – 29 🛏 – 3 🏠. Nuitée 40 à 110 € – Sem. 240 à 550 €
🛱 borne autre

| Nature : ▭ ♀ |
| Loisirs : 🎦 🏃 🏊 |
| Services : ⚡ ♨ ⚗ ▦ |

| Longitude : -1.11726 |
| Latitude : 46.82711 |

VIHIERS

49310 – **317** F6 – 4 177 h. – alt. 100

▶ Paris 334 – Angers 45 – Cholet 29 – Saumur 40

Municipal de la Vallée du Lys de mi-juin à fin août
℘ 02 41 75 00 14, *ville.vihiers@wanadoo.fr*,
Fax 02 41 75 58 01, *www.vihiers.fr*
0,3 ha (30 empl.) plat, herbeux
Tarif : (Prix 2010) ★ 2 € 🗐 3 € – ⚡ (6A) 2 €
Pour s'y rendre : rte du Voide (sortie ouest par D 960, rte de Cholet puis D 54 à dr., rte de Valanjou, au bord du Lys)

| Nature : 🌊 ♀ |
| Loisirs : 🎦 🏃 |
| Services : ♿ 🚽 |

| Longitude : -0.53881 |
| Latitude : 47.14661 |

VILLIERS-CHARLEMAGNE

53170 – **310** E7 – 1 015 h. – alt. 105

▶ Paris 277 – Angers 61 – Châteaubriant 61 – Château-Gontier 12

Village Vacances Pêche Permanent

📞 02 43 07 71 68, *vvp.villiers.charlemagne@wanadoo.fr*,
Fax 0243077329, *villiers-charlemagne.mairie53.fr*
9 ha/1 campable (20 empl.) plat, herbeux
Tarif : (Prix 2010) 16 € ✦✦ 🚗 🔲 🛠 (16A) – pers.
suppl. 6 €

Location : (Prix 2010) (permanent) – 12 🏠. Sem.
180 à 555 € – frais de réservation 13 €
🚐 borne eurorelais 8 € – 20 🔲 8 €
Pour s'y rendre : Village des Haies (sortie ouest par D 4,
rte de Cossé-le-Vivien et chemin à gauche près du stade)

À savoir : agréable site pour la pêche

| Nature : 🏞 ⬅ 🏕 ♀ |
| Loisirs : 🎯 ⓘdiurne 🏊 🚲 🎣 |
| Services : ♿ ⌀– 20 sanitaires |
| individuels (🔥 ⬇ 🚾 wc) 🔧 🛁 |
| réfrigérateurs |
| À prox. : ✂ 🎴 |
| Longitude : -0.68286 |
| Latitude : 47.92172 |

VIX

85770 – **316** K9 – 1 728 h. – alt. 6

▶ Paris 448 – Fontenay-le-Comte 15 – Luçon 31 – Niort 44

La Rivière de fin avr. à fin sept.

📞 02 51 00 65 96, *dominique.pignoux@wanadoo.fr*,
Fax 0251504253, *www.camping-lariviere.org*
0,5 ha (25 empl.) plat, herbeux
Tarif : 11 € ✦✦ 🚗 🔲 🛠 (10A) – pers. suppl. 3 €
Location : (de mi-avr. à fin sept.) – 2 🏠. Nuitée
45 à 52 € – Sem. 290 à 340 €
Pour s'y rendre : au lieu-dit : Drapelle (4,6 km au sud,
accès par r. de la Guilletrie)

À savoir : situation agréable près de la Sèvre Niortaise

| Nature : 🏞 🏕 ♀ |
| Loisirs : 🛶 canoë, pédalos, |
| bateaux à moteur |
| Services : ♿ (juil.-août) 🛁 🔧 🛁 |
| À prox. : 🚢 |
| Longitude : -0.86695 |
| Latitude : 46.32811 |

YVRÉ-L'ÉVÊQUE

72530 – **310** K6 – 4 406 h. – alt. 57

▶ Paris 204 – Nantes 194 – Le Mans 8 – Alençon 66

Le Pont Romain de mi-mars à fin oct.

📞 02 43 82 25 39, *info@lepontromain.com*,
www.lepontromain.com
2,5 ha (80 empl.) plat, herbeux
Tarif : (Prix 2010) 20 € ✦✦ 🚗 🔲 🛠 (16A) – pers.
suppl. 4 € – frais de réservation 5 €

Location : (Prix 2010) (de mi-mars à mi-nov.) 🚫 Ⓟ
– 5 🏠 – 5 🏠 – 3 bungalows toilés. Nuitée 35 à 100 €
– Sem. 200 à 600 € – frais de réservation 15 €
🚐 borne autre 3 € – 15 🔲 20 €
Pour s'y rendre : lieu-dit : La Châtaigneraie (Sortie
village par le pont romain, puis route à gauche, à 200 m.)

| Nature : ♀ |
| Loisirs : 🏕 🏊 🎿 |
| Services : ⌀ Ⓟ 🔥 🛁 🔧 🛁 |
| laverie |
| À prox. : 🚲 🍽 ✗ |
| Longitude : 0.27972 |
| Latitude : 48.01944 |

PICARDIE

S. Sauvignier/Michelin

Une escapade en Picardie vous fera parcourir un livre d'histoire grandeur nature, peuplé d'abbayes cisterciennes, de splendides cathédrales, d'hôtels de ville flamboyants, d'imposants châteaux et d'émouvants témoignages des deux guerres mondiales... Vous préférez la campagne ? À vous les hautes futaies des forêts de Compiègne ou de Saint-Gobain qui bruissent encore du tumulte des chasses royales, les fermes cernées de champs de céréales ou de betteraves et la contemplation du ballet des oiseaux au-dessus du Marquenterre. L'aventure n'est pas votre fort ? Adoptez la devise de Lafleur, illustre marionnette amiénoise : « bien boire, bien manger, ne rien faire »... Soupe des hortillonnages, pâté de canard et gâteau battu vous prouveront qu'en Picardie, la gastronomie n'est pas affaire de dilettante.

Ready for an action-packed ride over Picardy's fair and historic lands? The region that gave France her first king, Clovis, is renowned for its wealthy Cistercian abbeys, splendid Gothic cathedrals and flamboyant town halls, as well as its poignant reminders of the two World Wars. If you prefer the countryside, take a boat trip through the floating gardens of Amiens, explore the botanical reserve of Marais de Cessière or go birdwatching on the Somme estuary and at Marquenterre bird sanctuary: acres of unspoilt hills and heath, woods, pastures and vineyards welcome you with open arms. Picardy's rich culinary talents have been refined over centuries, and where better to try the famous pré-salé lamb, fattened on the salt marshes, some smoked eel or duck pâté, or a dessert laced with Chantilly cream.

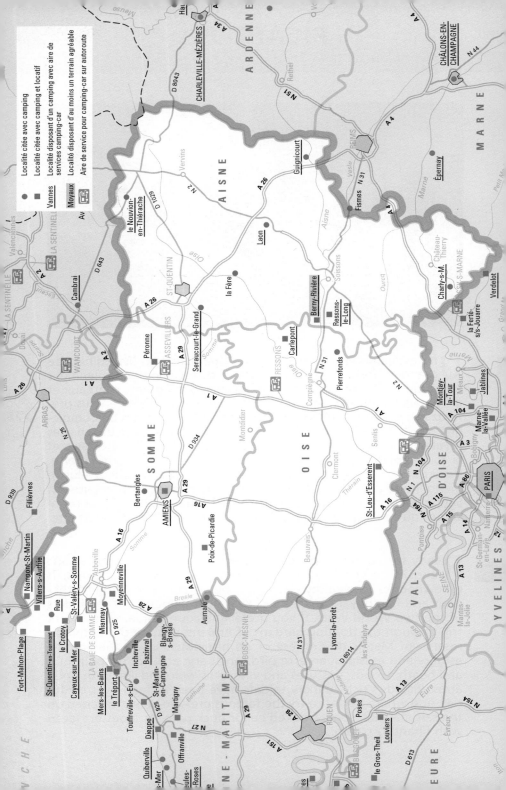

AMIENS

80000 – **301** G8 – 134 737 h. – alt. 34
🛈 6 bis, rue Dusevel ℰ 0322716050
▶ Paris 135 – Lille 122 – Beauvais 62 – Arras 74

▲ **Le Parc des Cygnes** de déb. avr. à mi-oct.
ℰ 0322432928, *camping.amiens@wanadoo.fr*,
Fax 0322435942, *www.parcdescygnes.com*
3,2 ha (145 empl.) plat, herbeux, étang
Tarif : 25€ ✸✸ ⟋⟍ 🖳 ⬚ (10A) – pers. suppl. 6€ – frais
de réservation 13€

Location : (permanent) 🏠 (de déb. avr. à mi-oct.)
– 5 🚐. Nuitée 85 à 95€ – Sem. 550 à 590€ – frais de
réservation 13€
🚐 borne autre 5€ – 5 🖳 10€ – 🚰 10€
Pour s'y rendre : 111 av. des Cygnes (ou r. du Grand
Marais) (au nord-est, par Rocade : sortie 40 : Amiens
Longpré)

À savoir : bus pour centre-ville

Nature : 〇
Loisirs : 🍴 🖳 ⟍ 🚲 ♫
Services : 🛆 ⟍ 🚿 ⬚ ⟍ 〽
laverie
À prox. : canoë

Longitude : 2.25918
Latitude : 49.92118

BERNY-RIVXIÈRE

02290 – **306** A6 – 593 h. – alt. 49
▶ Paris 100 – Compiègne 24 – Laon 55 – Noyon 28

▲▲▲ **La Croix du Vieux Pont** ♙ – Permanent
ℰ 0323555002, *info@la-croix-du-vieux-pont.com*,
Fax 0323550513, *www.la-croix-du-vieux-pont.com*
– places limitées pour le passage
34 ha (520 empl.) plat, herbeux, étangs
Tarif : 31€ ✸✸ ⟋⟍ 🖳 ⬚ (6A) – pers. suppl. 8€

Location : (de déb. avr. à fin oct.) 🛆 (mobile-home)
🏠 – 11 🏡 – 1 cabane dans les arbres – 11 gîtes.
Nuitée 100 à 200€ – Sem. 400 à 1 400€
🚐 borne artisanale 5€
Pour s'y rendre : r. de la Fabrique (1,5 km au sud sur
D 91, à l'entrée de Vic-sur-Aisne, au bord de l'Aisne)

Nature : 🌳 🖾 〇
Loisirs : 🍴 ✗ snack 🖳 🌳
🎰 ⟍ jacuzzi - discothèque ⟍
🚲 ⟍ ✗ ♫ 🏊 (plan d'eau)
⟍ ✗ poneys - terrain multisports - tour d'escalade - pédalos
Services : 🛆 ⟍ ✗ 🚿 ⬚ ⟍
⟍ 〽 laverie ⟍ institut de
beauté, coiffeur

Longitude : 3.1284
Latitude : 49.40495

573

Si vous recherchez :
♙ *un terrain offrant des équipements et des loisirs adaptés aux enfants,*
🌳 *un terrain agréable ou très tranquille,*
L-M *un terrain effectuant la location de caravanes, de mobile homes,*
de bungalows ou de chalets,
P *un terrain ouvert toute l'année,*
🚐 *un terrain possédant une aire de services pour camping-cars,*
consultez le tableau des localités.

PICARDIE

La Croix du Vieux Pont *(voir page précédente)*
Ce camping est situé loin des régions touristiques et off the beaten track (hors des sentiers battus) comme le disent les Anglais, nombreux dans cette région. Pour autant, son propriétaire, M. Lefèvre, ne s'est pas découragé. Sur un domaine de 35 ha, les campeurs ont le choix entre forêt, superbe pelouse, petits lacs pour baignade surveillée ou balades en pédalos. Pour vos nuits, là aussi l'éventail des possibilités est impressionnant : mobile homes classiques ou avec mezzanine, chalets en bois de 35 à 50 m², appartements, cabane dans les arbres adaptée aux familles et nouvellement tentes-lodges en sous-bois, sur pilotis au bord de l'Aisne, la rivière qui a donné son nom au département. De là vous pourrez, bien loin de l'agitation du camping, vous reposer en regardant passer les péniches ! Enfin, pour un séjour vraiment complet, vous profiterez des piscines couvertes et découvertes, du toboggan aquatique, de l'espace beauté (spa, massage, coiffeur…), des restaurants et autres animations sportives ou plus culturelles (organisation de visites en car).

Ph. Gallet/MICHELIN

574

BERTANGLES

80260 – **301** G8 – 604 h. – alt. 95
▶ Paris 154 – Abbeville 44 – Amiens 11 – Bapaume 49

⚠ **Le Château** de mi-avr. à mi-sept.
   ℰ 03 60 65 68 36 et, *camping@chateaubertangles.com*,
   http://www.chateaubertangles.com
   0,7 ha (33 empl.) plat, herbeux
   Tarif : ✦ 4€ ⇔ 3€ 圓 4€ – (ƒ) (5A) 4€
   Pour s'y rendre : r. du Château (au bourg)
   À savoir : Dans un verger, près du château

Nature : 🐟 ⌂ ⌶
Loisirs : 🎣
Services : 🔆 ☞ 🚽 🛒
Longitude : 2.30131
Latitude : 49.97167

CARLEPONT

60170 – **305** J3 – 1 440 h. – alt. 59
▶ Paris 103 – Compiègne 19 – Ham 30 – Pierrefonds 21

⚠ **Les Araucarias** de mi-mars à mi-déc.
   ℰ 03 44 75 27 39, *camping-les-araucarias@wanadoo.*
   fr, Fax 03 62 02 25 06, *www.camping-les-araucarias.com*
   – places limitées pour le passage
   1,2 ha (60 empl.) plat et peu incliné, herbeux
   Tarif : 14€ ✦✦ ⇔ 圓 (ƒ) (10A) – pers. suppl. 3€
   Location : (permanent) – 18 🏠 – 4 🏡. Nuitée
   60 à 70€ – Sem. 200 à 400€
   🚐 borne artisanale 3€ – 3 圓 15€
   Pour s'y rendre : 870 r. du Gén. Leclerc (sortie sud-ouest par D 130, rte de Compiègne)
   À savoir : Une grande diversité de plantations orne la partie campable

Nature : 🐟 ⌂ ⌶⌶
Loisirs : 🎣
Services : 🔆 ☞ 🏚 ⚑ laverie
Longitude : 3.01836
Latitude : 49.50728

CAYEUX-SUR-MER

80410 – **301** B6 – 2 781 h. – alt. 2
🏛 *2 esplanade Aristide Briand* ☎ *03 22 26 61 15*
▶ Paris 217 – Abbeville 29 – Amiens 82 – Le Crotoy 26

▲▲▲ **Les Galets de la Mollière** ♣♣ – de déb. avr. à déb.
nov.
☎ *03 22 26 61 85, info@campinglesgaletsdelamolliere.com*, Fax 03 22 26 65 68,
www.campinglesgaletsdelamolliere.com
6 ha (198 empl.) plat, peu incliné, sablonneux, herbeux
Tarif : (Prix 2010) 29 € ✹✹ ⇌ 🅴 (10A) – pers.
suppl. 7 € – frais de réservation 10 €

Location : (Prix 2010) (de déb. avr. à déb. nov.)
– 39 🛖. Nuitée 65 à 85 € – Sem. 290 à 690 € – frais de
réservation 10 €
🚐 borne eurorelais 3 € – 50 🅴 5 €
Pour s'y rendre : à Mollière, r. Faidherbe (3,3 km au
nord-est par D 102, rte du Littoral)

Nature : 🌊 🏕	
Loisirs : 🍴 snack 🎬 🛝 🏊 💦 🏊	
Services : 👍 ⚡ 🚿 🕎 laverie	
Longitude : 1.52608	Latitude : 50.20275

▲ **Le Bois de Pins** de déb. avr. à déb. nov.
☎ *03 22 26 71 04, info@campingleboisdepins.com*,
Fax 03 22 26 60 81, *www.campingleboisdepins.com*
– places limitées pour le passage
4 ha (163 empl.) plat, herbeux
Tarif : (Prix 2010) 29 € ✹✹ ⇌ 🅴 (10A) – pers.
suppl. 7 € – frais de réservation 10 €
🚐 borne artisanale
Pour s'y rendre : à Brighton, av. Guillaume-le-
Conquérant (2 km au nord-est par D 102, rte littorale, à
500 m de la mer)

Nature : 🌊 🏕 🌳	
Loisirs : 🎬 🏊	
Services : 👍 ⚡ 🕎 🕎 laverie	
À prox. : 🍴 snack	
Longitude : 1.51709	Latitude : 50.19725

CHARLY-SUR-MARNE
575

02310 – **306** B9 – 2 703 h. – alt. 63
🏛 *20, rue Émile Morlot* ☎ *03 23 82 07 49*
▶ Paris 82 – Château-Thierry 14 – Coulommiers 33 – La Ferté-sous-Jouarre 16

▲ **Municipal des Illettes** de déb. avr. à fin sept.
☎ *03 23 82 12 11, mairie.charly@wanadoo.fr*,
Fax 03 23 82 13 99, *www.charly-sur-marne.fr*
1,2 ha (43 empl.) plat, herbeux, gravier
Tarif : (Prix 2010) 18 € ✹✹ ⇌ 🅴 (10A) – pers.
suppl. 4 €
🚐 borne artisanale 3 €
Pour s'y rendre : rte de Pavant (au sud du bourg, à
200 m du D 82 (accès conseillé))

Nature : 🏕 🌳🌳	
Loisirs : 🎬	
Services : 👍 ⚡ 🚿 🕎 🕎 🚽 ⚰ laverie	
À prox. : 🎣 🏊 🎿 🏓	
Longitude : 3.28209	Latitude : 48.97369

LE CROTOY

80550 – **301** C6 – 2 314 h. – alt. 1
🏛 *1, rue Carnot* ☎ *03 22 27 05 25*
▶ Paris 210 – Abbeville 22 – Amiens 75 – Berck-sur-Mer 29

▲▲▲ **Le Ridin** de déb. avr. à mi-nov.
☎ *03 22 27 03 22, contact@campingleridin.com*,
Fax 03 22 27 70 76, *www.campingleridin.com* – places
limitées pour le passage
4,5 ha (162 empl.) plat, herbeux
Tarif : 30 € ✹✹ ⇌ 🅴 (10A) – pers. suppl. 6 € – frais
de réservation 15 €

Location : (de déb. avr. à mi-nov.) – 23 🛖 – 1 🏠
– 2 gîtes. Nuitée 47 à 104 € – Sem. 235 à 728 €
🚐 borne autre 15 €
Pour s'y rendre : au lieu-dit : Mayocq (3 km au nord par
rte de St-Quentin-en-Tourmont et chemin à dr.)

Nature : 🌊 🏕 🌳	
Loisirs : 🍴 🍴 🎬 🛝 🏊 🚲 💦	
Services : 👍 ⚡ 🕎 🕎 🕎 laverie 🚿	
Longitude : 1.63186	Latitude : 50.23903

Les Aubépines de déb. avr. à déb. nov.
℘ 03 22 27 01 34, *contact@camping-lesaubepines.com*,
Fax 03 22 27 13 66, *www.camping-lesaubepines.com*
– places limitées pour le passage
2,5 ha (196 empl.) plat, herbeux, sablonneux
Tarif : 30 € ♦♦ ⇔ 🅴 (10A) – pers. suppl. 6 €
Location : (de déb. avr. à déb. nov.) – 28 ⎕. Nuitée
44 à 77 € – Sem. 220 à 616 €
borne artisanale – 10 🅴 15 €
Pour s'y rendre : à St-Firmin, 800 r. de la Maye (4 km
au nord, rte de St-Quentin-en-Tourmont et chemin à
gauche)

Nature :	
Loisirs :	
Services : laverie	

Longitude : 1.61139
Latitude : 50.24955

Les Trois Sablières de mi-avr. à déb. nov.
℘ 03 22 27 01 33, *contact@camping-les-trois-sablieres.
com*, Fax 03 22 27 10 06, *www.camping-les-trois-sablieres.
com* – places limitées pour le passage
1,5 ha (97 empl.) plat, herbeux, sablonneux
Tarif : (Prix 2010) 29 € ♦♦ ⇔ 🅴 (6A) – pers.
suppl. 6 €
Location : (Prix 2010) (de déb. avr. à déb. nov.) – 15 ⎕
– 2 🏠 – 2 gîtes. Nuitée 90 € – Sem. 250 à 590 €
borne artisanale – 11 €
Pour s'y rendre : 1850 r. de la Maye (4 km au nord-
ouest, rte de St-Quentin-en-Tourmont et chemin à
gauche, à 400 m de la plage)
À savoir : Cadre verdoyant et fleuri

Nature :	
Loisirs :	
Services : laverie	

Longitude : 1.59883
Latitude : 50.24825

LA FÈRE

02800 – **306** C5 – 2 962 h. – alt. 54
🛈 *Hôtel de Ville* ℘ 03 23 56 62 00
▶ Paris 137 – Compiègne 59 – Laon 24 – Noyon 31

Municipal du Marais de la Fontaine déb. avr. à
fin sept.
℘ 03 23 56 82 94, Fax 03 23 56 40 04
0,7 ha (26 empl.) plat, herbeux
Tarif : (Prix 2010) ♦ 2,50 € ⇔ 2 € 🅴 2,50 € –
(10A) 3,50 €
Pour s'y rendre : r. Vauban (par centre-ville vers
Tergnier et à dr. au complexe sportif, près d'un bras de
l'Oise)

Nature :	
Services :	
À prox. :	

Longitude : 3.36353
Latitude : 49.6654

*Utilisez les **cartes MICHELIN**,*
complément indispensable de ce guide.

FORT-MAHON-PLAGE

80120 – **301** C5 – 1 298 h. – alt. 2
🛈 *1000, avenue de la Plage* ℘ 03 22 23 36 00
▶ Paris 225 – Abbeville 41 – Amiens 90 – Berck-sur-Mer 19

Le Royon de mi-mars à déb. nov.
℘ 03 22 23 40 30, *info@campingleroyon.com*,
Fax 03 22 23 65 15, *www.campingleroyon.com* – places
limitées pour le passage
4 ha (399 empl.) plat, herbeux, sablonneux
Tarif : 31 € ♦♦ ⇔ 🅴 (10A) – pers. suppl. 7 € – frais
de réservation 12 €
Location : (de mi-mars à fin oct.) – 85 ⎕. Nuitée
75 à 90 € – Sem. 320 à 750 € – frais de réservation 12 €
borne flot bleu 3 € – 10 🅴 31 € – 14 €
Pour s'y rendre : 1271 rte de Quend (1 km au sud)

Nature :	
Loisirs : salle d'animation	
Services : laverie	
À prox. : golf	

Longitude : 1.57963
Latitude : 50.33263

576

Le Vert Gazon de déb. avr. à mi-oct.
   ℘ 0322233769, *camping@camping-levertgazon.com*,
Fax 0322233769, *www.camping-levertgazon.com*
– places limitées pour le passage
2,5 ha (130 empl.) plat, herbeux
Tarif : (Prix 2010) 25€ ★★ ⚌ 🅴 [½] (6A) – pers.
suppl. 7€ – frais de réservation 10€
Location : (Prix 2010) (permanent) ♿ (1 mobile-
home) – 1 roulotte – 16 ⛺ – 1 🏠 – 1 gîte. Sem.
325 à 599€ – frais de réservation 10€
🚐 borne artisanale 5€ – 5 🅴 23€
Pour s'y rendre : 741 rte de Quend

| Nature : 🏕 |
| Loisirs : 🍷 🎱 ⛵ 🚲 ⛷ |
| Services : ♿ ⚿ ⊟ 🛁 ℡ laverie |

| Longitude : 1.57374 |
| Latitude : 50.33438 |

GUIGNICOURT

02190 – **306** F6 – 2 142 h. – alt. 67
🛈 *Hôtel-de-Ville* ℘ 0323253660
▶ Paris 165 – Laon 40 – Reims 33 – Rethel 39

Municipal du Bord de l'Aisne
   ℘ 0323797458, *mairie-guignicourt@wanadoo.fr*,
Fax 0323797455, *www.guignicourt.fr*
1,5 ha (100 empl.) plat, herbeux
🚐 borne artisanale
Pour s'y rendre : 14 r. des Godins (sortie sud-est par
D 925 et r. à dr.)

À savoir : au bord de l'Aisne

| Nature : ♀ |
| Loisirs : ✂ |
| Services : ⚿ ▥ |

| Longitude : 3.97066 |
| Latitude : 49.43251 |

LAON

02000 – **306** D5 – 26 463 h. – alt. 181
🛈 *place du Parvis Gautier de Mortagne* ℘ 0323202862
▶ Paris 141 – Amiens 122 – Charleville-Mézières 124 – Compiègne 74

Municipal la Chênaie de déb. mai à fin sept.
   ℘ 0323202556, *www.ville-laon.fr*
1 ha (55 empl.) vallonné, plat, herbeux, pierreux
Tarif : (Prix 2010) ★ 3€ ⚌ 2€ 🅴 2€ – [½] (8A) 3€
🚐 borne eurorelais 6€
Pour s'y rendre : allée de la Chênaie (4 km au sud-ouest
de la gare, accès par chemin près de la caserne Foch, à
l'entrée du faubourg Semilly, à 100 m d'un étang)

| Nature : 🏕 ♀♀ |
| Services : ♿ ⚿ |

| Longitude : 3.59488 |
| Latitude : 49.56244 |

577

Give use your opinion of the camping sites we recommend.
Let us know of your remarks and discoveries.

MERS-LES-BAINS

80350 – **301** B7 – 3 454 h. – alt. 3
🛈 *43, rue Jules Barni* ℘ 0227280646
▶ Paris 217 – Amiens 89 – Rouen 99 – Arras 130

Flower Le Rompval de déb. avr. à déb. nov.
   ℘ 0235844321, *lerompval@baiedesommepleinair.com*,
Fax 0235844321, *www.campinglerompval.com*
3 ha (132 empl.)
Tarif : 21€ ★★ ⚌ 🅴 [½] (13A) – pers. suppl. 5€
Location : (de déb. avr. à déb. nov.) – 10 ⛺
– 6 studios – 2 bungalows toilés. Nuitée 41 à 70€
– Sem. 205 à 448€
🚐 borne artisanale
Pour s'y rendre : au lieu-dit : Blengues (2 km au nord-
est)

À savoir : Décoration architecturale originale et colorée

| Nature : ♀ |
| Loisirs : 🍷 🎱 ⛵ 🚲 🖼 (dé- |
| couverte en saison) |
| Services : ♿ ⚿ ▥ 🛁 ℡ laverie |

| Longitude : 1.4146 |
| Latitude : 50.07721 |

PICARDIE

MIANNAY

80132 – **301** D7 – 599 h. – alt. 15
▶ Paris 191 – Amiens 63 – Arras 104 – Rouen 109

Le Clos Cacheleux de mi-mars à mi-oct.
   03 22 19 17 47, raphael@camping-ledoscacheleux.fr,
Fax 03 22 31 35 33, *www.camping-ledoscacheleux.fr*
8 ha (100 empl.) peu incliné, plat, herbeux
Tarif : 26 € ★★ ⇌ 🅴 🅗 (10A) – pers. suppl. 5 € – frais
de réservation 12 €
🚐 10 🅴 19 € – 🔌 🅗 15 €
Pour s'y rendre : rte de Bouillancourt-sous-Miannay

À savoir : sur les terres d'une ferme en activité (culture
et élevage bovin)

| Nature : 🏕 ♀ |
| Loisirs : 🏊 |
| Services : 🚿 ⚷ 🐾 ⚏ laverie |
| À prox. : ▼ snack 🍴 🚴 🏊 (découverte en saison) activités au camping "Le Val de Trie" en face |

| Longitude : 1.71536 |
| Latitude : 50.08646 |

MOYENNEVILLE

80870 – **301** D7 – 661 h. – alt. 92
▶ Paris 194 – Abbeville 9 – Amiens 59 – Blangy-sur-Bresle 22

Le Val de Trie ⚭ – de déb. avr. à mi-oct.
   03 22 31 48 88, raphael@camping-levaldetrie.fr,
Fax 03 22 31 35 33, *www.camping-levaldetrie.fr*
2 ha (100 empl.) plat, herbeux, petit étang
Tarif : 26 € ★★ ⇌ 🅴 🅗 (6A) – pers. suppl. 5 € – frais de
réservation 12 €
Location : (de déb. avr. à mi-oct.) 🛏 (chalet) 🏊
– 15 🛖 – 1 🏠 – 1 gîte. Nuitée 47 à 89 € – Sem.
313 à 623 € – frais de réservation 12 €
🚐 10 🅴 16 €
Pour s'y rendre : 1 r. des Sources à Bouillancourt-sous-Miannay (3 km au nord-ouest par D 86, au bord d'un ruisseau)

| Nature : 🌲 🏕 ♀♀ |
| Loisirs : ▼ snack 🍴 🚴 🏊 🏊 (découverte en saison) |
| Services : 🚿 ⚷ 🏧 🐾 🧺 ⚏ laverie |

| Longitude : 1.71508 |
| Latitude : 50.08552 |

578

NAMPONT-ST-MARTIN

80120 – **301** D5 – 264 h. – alt. 10
▶ Paris 214 – Abbeville 30 – Amiens 79 – Boulogne-sur-Mer 52

La Ferme des Aulnes de déb. avr. à déb. nov.
   03 22 29 22 69, contact@fermedesaulnes.com,
Fax 03 22 29 39 43, *www.fermedesaulnes.com* – places
limitées pour le passage
4 ha (120 empl.) peu incliné, plat, herbeux
Tarif : 27 € ★★ ⇌ 🅴 🅗 (6A) – pers. suppl. 7 €
Location : (de déb. avr. à déb. nov.) – 19 🛖 – 19 🏠.
Nuitée 70 à 160 € – Sem. 390 à 790 €
🚐 borne artisanale – 11 🅴 27 € – 🔌 14 €
Pour s'y rendre : à Fresne, 1 r. du Marais (3 km au sud-ouest par D 85e, rte de Villier-sur-Authie)

À savoir : Dans les dépendances d'une ancienne ferme
picarde

| Nature : 🌲 🏕 ♀ |
| Loisirs : ▼ ✗ 🍴 🎣 🎵 🚗 jacuzzi piano bar, salle d'animation 🏊 🏊 (découverte en saison) |
| Services : 🚿 ⚷ 🏧 🧺 🚮 ⚏ laverie 🐾 |

| Longitude : 1.71201 |
| Latitude : 50.33631 |

LE NOUVION-EN-THIÉRACHE

02170 – **306** E2 – 2 823 h. – alt. 185
🛈 *Place du général De Gaulle* *03 23 97 98 06*
▶ Paris 198 – Avesnes-sur-Helpe 20 – Le Cateau-Cambrésis 19 – Guise 21

Municipal du Lac de Condé de déb. avr. à fin sept.
   03 23 98 98 58, si.nouvion@wanadoo.fr,
Fax 03 23 98 94 90, *www.lenouvion.com*
1,3 ha (56 empl.) plat et peu incliné, herbeux
Tarif : 12 € ★★ ⇌ 🅴 🅗 (8A) – pers. suppl. 3 €
🚐 borne eurorelais 1 € – 4 🅴 9 €
Pour s'y rendre : promenade Henri d'Orléans (2 km au sud par D 26 et chemin à gauche)

À savoir : à la lisière de la forêt, près d'un étang avec parc de loisirs

| Nature : 🌲 🏕 |
| Loisirs : 🍴 |
| Services : 🚿 ⚷ 🖊 |
| À prox. : ▼ snack bowling 🏊 🎿 🏊 🚲 piste de bi-cross |

| Longitude : 3.78271 |
| Latitude : 50.00561 |

PÉRONNE

80200 – **301** K8 – 8 155 h. – alt. 52
🄸 *16, place André Audinot* 📞 *03 22 84 42 38*
◻ Paris 141 – Amiens 58 – Arras 48 – Doullens 54

△ Port de Plaisance
📞 03 22 84 19 31, *contact@camping-plaisance.com*,
Fax 03 22 73 36 37, *www.camping-plaisance.com*
2 ha (90 empl.) plat, herbeux, gravillons
Location : – 4 🏠.
🚐 borne artisanale
Pour s'y rendre : sortie sud, rte de Paris, entre le port
de plaisance et le port de commerce, au bord du canal
de la Somme

Nature : 🖙 ♀♀	
Loisirs : 🍴 🏠 🚣 🚲 🎣	
Services : 🚿 ⚡ 🏢 🚿 ♻ laverie	
À prox. : 🚤 halte nautique	

Longitude : 2.93237
Latitude : 49.91786

Deze gids is geen overzicht van alle kampeerterreinen maar een selektie
van de beste terreinen in iedere categorie.

PIERREFONDS

60350 – **305** I4 – 2 033 h. – alt. 81
🄸 *place de l'Hôtel de Ville* 📞 *03 44 42 81 44*
◻ Paris 82 – Beauvais 78 – Compiègne 15 – Crépy-en-Valois 17

△ Municipal de Batigny
📞 03 44 42 80 83, *mairie@mairie-pierrefonds.fr*,
Fax 03 44 42 37 73
1 ha (60 empl.) plat, terrasse, herbeux
Pour s'y rendre : r. de l'Armistice (sortie nord-ouest par
D 973, rte de Compiègne)

À savoir : Agréable décoration arbustive

Nature : 🖙 ♀♀	
Loisirs : 🚣	
Services : ⚡ 🏢 🚿 ♻ 🔥	
À prox. : 🍴	

Longitude : 2.97962
Latitude : 49.35194

POIX-DE-PICARDIE

80290 – **301** E9 – 2 353 h. – alt. 106
🄸 *route de Forges les Eaux* 📞 *03 22 90 12 23*
◻ Paris 133 – Abbeville 45 – Amiens 31 – Beauvais 46

△ **Municipal le Bois des Pêcheurs** de déb. avr. à fin
sept.
📞 03 22 90 11 71, *camping@ville-poix-de-picardie.fr*,
Fax 03 22 90 32 91, *www.ville-poix-de-picardie.fr*
2 ha (135 empl.) plat, herbeux
Tarif : (Prix 2010) 14 € 🚹🚹 🚗 🔲 ⚡ (30A) – pers.
suppl. 2 €
Location : (Prix 2010) (de déb. avr. à fin sept.) – 2 🛖.
Nuitée 100 à 150 € – Sem. 300 à 350 €
🚐 borne eurorelais
Pour s'y rendre : rte de Verdun (sortie ouest par D 919,
rte de Formerie, au bord d'un ruisseau)
À savoir : Cadre arbustif

Nature : 🖙 ♀	
Loisirs : 🏠 🚣 🚲	
Services : 🚿 ⚡ 🍴 laverie	
À prox. : 🔦 🍴 🔳	

Longitude : 1.9743
Latitude : 49.75

RESSONS-LE-LONG

02290 – **306** A6 – 760 h. – alt. 72
◻ Paris 97 – Compiègne 26 – Laon 53 – Noyon 31

△ **La Halte de Mainville** de mi-janv. à fin nov.
📞 03 23 74 26 69, *lahaltedemainville@wanadoo.fr*,
Fax 03 23 74 03 60, *www.lahaltedemainville.com*
5 ha (153 empl.) plat, herbeux, petit étang
Tarif : 19 € 🚹🚹 🚗 🔲 ⚡ (8A) – pers. suppl. 4 €
Location : (de déb. avr. à mi-oct.) – 2 🛖 – 2 🏠.
Nuitée 80 € – Sem. 450 €
Pour s'y rendre : 18 r. du Routy (sortie nord-est)

Nature : 🖙 ♀♀	
Loisirs : 🏠 🚣 🏊 🎣	
Services : 🚿 ⚡ 🚿 🍴 🏢 🚿 laverie	

Longitude : 3.15186
Latitude : 49.39277

RUE

80120 – **301** D6 – 3 102 h. – alt. 9
🛈 *10, place Anatole Gosselin* 𝄐 *03 22 25 69 94*
▶ Paris 212 – Abbeville 28 – Amiens 77 – Berck-Plage 22

⚠ **Les Oiseaux** de déb. avr. à fin oct.
𝄐 *03 22 25 71 82, campingdesoiseaux@orange.fr,*
www.camping-baie-somme.com – places limitées pour
le passage
1,2 ha (71 empl.) plat, herbeux
Tarif : 17,80 € 🏕🏕 🚐 📺 [⚡] (16A) – pers. suppl. 5 €
Location : (de déb. avr. à fin oct.) – 10 🏠. Nuitée
50 à 60 € – Sem. 350 à 450 €
🚐 borne artisanale 5 € – 10 📺 10 €
Pour s'y rendre : 3,2 km au sud par D 940, rte du
Crotoy et chemin de Favières à gauche, près d'un
ruisseau

Nature : 🏞 ♀	
Loisirs : 🛋	
Services : 🚿 ⊶ 🏢 📷	
Longitude : 1.66872	
Latitude : 50.25264	

Campeurs...
N'oubliez pas que le feu est le plus terrible ennemi de la forêt.
Soyez prudents !

ST-LEU-D'ESSERENT

60340 – **305** F5 – 4 724 h. – alt. 50 – Base de loisirs
🛈 *7 avenue de la Gare* 𝄐 *03 44 56 38 10*
▶ Paris 57 – Beauvais 38 – Chantilly 7 – Creil 9

⚠ **Campix** de mi-mars à fin nov.
𝄐 *03 44 56 08 48, campix@orange.fr,* Fax 03 44 56 28 75,
www.campingcampix.com
6 ha (160 empl.) en terrasses, vallonné, pierreux, plat,
herbeux
Tarif : (Prix 2010) 🏕 6 € 📺 6 € – [⚡] (6A) 4 €
Location : (Prix 2010) (de mi-mars à mi-nov.) – 3 🏠.
Nuitée 75 à 100 € – Sem. 525 à 700 €
🚐 borne eurorelais
Pour s'y rendre : r. Pasteur (sortie nord par D 12, rte de
Cramoisy puis 1,5 km par r. à dr. et chemin)
À savoir : Dans une ancienne carrière ombragée,
dominant le bourg et l'Oise

Nature : 🐿 🏞 🎋	
Loisirs : snack 🛋 🛝 🚲 🎣	
Services : 🚿 ⊶ 🏢 🏕 🍴 laverie	
🍽	
Longitude : 2.42728	
Latitude : 49.22484	

ST-QUENTIN-EN-TOURMONT

80120 – **301** C6 – 309 h.
▶ Paris 218 – Abbeville 29 – Amiens 83 – Berck-sur-Mer 24

⚠ **Le Champ Neuf** de déb. avr. à fin oct.
𝄐 *03 22 25 07 94, contact@camping-lechampneuf.com,*
Fax 03 22 25 09 87, *www.camping-lechampneuf.com*
– places limitées pour le passage
8 ha/4,5 campables (157 empl.) plat, herbeux, bois
attenant
Tarif : 30 € 🏕🏕 🚐 📺 [⚡] (10A) – pers. suppl. 7 €
Location : (de déb. avr. à fin oct.) – 18 🏠. Nuitée
71 à 101 € – Sem. 320 à 710 €
🚐 borne artisanale
Pour s'y rendre : 8 r. du Champ Neuf
À savoir : parc aquatique couvert

Nature : 🐿 🏞 ♀	
Loisirs : 🍸 🛋 🛝 🏊 salle	
d'animation 🛝 🚲 🎣 🛶 terrain	
multisports	
Services : 🚿 ⊶ 🏢 🏕 🍴 laverie	
🍽	
Longitude : 1.60285	
Latitude : 50.26832	

ST-VALERY-SUR-SOMME

80230 – **301** C6 – 2 805 h. – alt. 27

🛈 *2, place Guillaume-Le-Conquérant* ℘ *03 22 60 93 50*

▶ Paris 206 – Abbeville 18 – Amiens 71 – Blangy-sur-Bresle 45

ᨖ **Le Walric** de déb. avr. à déb. nov.
℘ 03 22 26 81 97, *info@campinglewalric.com*,
Fax 03 22 60 77 26, *www.campinglewalric.com* – places
limitées pour le passage
5,8 ha (286 empl.) plat, herbeux
Tarif : 31 € ✱✱ ⛺ 🅴 ⚡ (6A) – pers. suppl. 7 € – frais de
réservation 12 €

Location : (de déb. avr. à déb. nov.) – 80 🛖. Nuitée
67 à 75 € – Sem. 300 à 630 € – frais de réservation 12 €
🚐 borne eurorelais
Pour s'y rendre : rte d'Eu (à l'ouest par D 3)

Nature : 🏞 🌳
Loisirs : 🍴 snack 🎪 🎣 🚣 ✂ 🛝
Services : 🚿 ⚡ 🏧 🐕 ♨ laverie

Longitude : 1.61803
Latitude : 50.1837

SERAUCOURT-LE-GRAND

02790 – **306** B4 – 783 h. – alt. 102

▶ Paris 148 – Chauny 26 – Ham 16 – Péronne 28

ᨖ **Le Vivier aux Carpes** de déb. mars à fin oct.
℘ 03 23 60 50 10, *camping.du.vivier@wanadoo.fr*,
Fax 03 23 60 51 69, *www.camping-picardie.com*
2 ha (60 empl.) plat, herbeux
Tarif : 20 € ✱✱ ⛺ 🅴 ⚡ (6A) – pers. suppl. 4 €
🚐 borne artisanale 2 € – 2 🅴 20 €
Pour s'y rendre : 10 r. Charles Voyeux (au nord par
D 321, près de la poste, à 200 m de la Somme)
À savoir : Situation agréable en bordure d'étangs

Nature : 🦢 🏞 🌳🌳
Loisirs : 🎪 🎣
Services : 🚿 ⚡ 🚐 ✈ 🏧 ♨ laverie
À prox. : 🚣

Longitude : 3.21435
Latitude : 49.78272

VILLERS-SUR-AUTHIE

80120 – **301** D6 – 375 h. – alt. 5

▶ Paris 215 – Abbeville 31 – Amiens 80 – Berck-sur-Mer 16

ᨖ **Le Val d'Authie** ♣♠ – de déb. avr. à mi-oct.
℘ 03 22 29 92 47, *camping@valdauthie.fr*,
Fax 03 22 29 93 30, *www.valdauthie.fr* – places limitées
pour le passage
7 ha/4 campables (170 empl.) plat, peu incliné, herbeux
Tarif : 27 € ✱✱ ⛺ 🅴 ⚡ (10A) – pers. suppl. 6 €

Location : (de déb. avr. à mi-oct.) – 22 🛖. Nuitée
48 à 106 € – Sem. 400 à 750 €
🚐 borne artisanale
Pour s'y rendre : 20 rte de Vercourt (sortie sud du
bourg)
À savoir : agréables plantations arbustives

Nature : 🦢 🏞 🌳🌳
Loisirs : 🍴 snack 🎪 🎣 ⛹ 🎯 ♨ hammam , salle d'animation 🚣 🚲 ✂ 🖼 (découverte en saison) terrain multisports, parcours de santé, pistes de bi-cross et de rollers
Services : 🚿 ⚡ 🏧 🐕 ♨ laverie

Longitude : 1.6958
Latitude : 50.3135

581

POITOU-CHARENTES

S. Sauvignier/Michelin

Avec l'eau pour compagnon de voyage, les délices de la région Poitou-Charentes se consomment sans modération. Commencez par paresser sur une des plages de sable fin bordant la Côte de Beauté : vous y ferez provision d'air pur mêlé d'iode et d'essences de pins. Puis offrez-vous une cure de remise en forme dans la station balnéaire de votre choix, suivie d'une cure d'huîtres de Marennes-Oléron accompagnées de tartines au beurre de Surgères. Requinqué ? Alors, parcourez à vélo les îles, havres de paix aux maisons fleuries de glycines et de roses trémières, et explorez à bord d'une barque manœuvrée à la « pigouille » les mille et une conches de la « Venise verte ». Puis, après une mini-dégustation de cognac, cette eau… de-vie aux reflets ambrés, cap sur le Futuroscope et ses images à couper le souffle !

Names such as Cognac, Angoulême or La Rochelle all echo through France's history, but there's just as much to appreciate in the here and now. Visit a thalassotherapy resort to revive your spirits, or just laze on the sandy beaches, where the scent of pine trees mingles with the fresh sea air. A bicycle is the best way to discover the region's coastal islands, their country lanes lined with tiny blue and white cottages and multicoloured hollyhocks. Back on the mainland, explore the canals of the marshy, and mercifully mosquito-free, « Green Venice ». You will have earned yourself a drop of Cognac or a glass of the local apéritif, the fruity, ice-cold Pineau. If this seems just too restful, head for Futuroscope, a theme park of the moving image, and enjoy an action-packed day of life in the future.

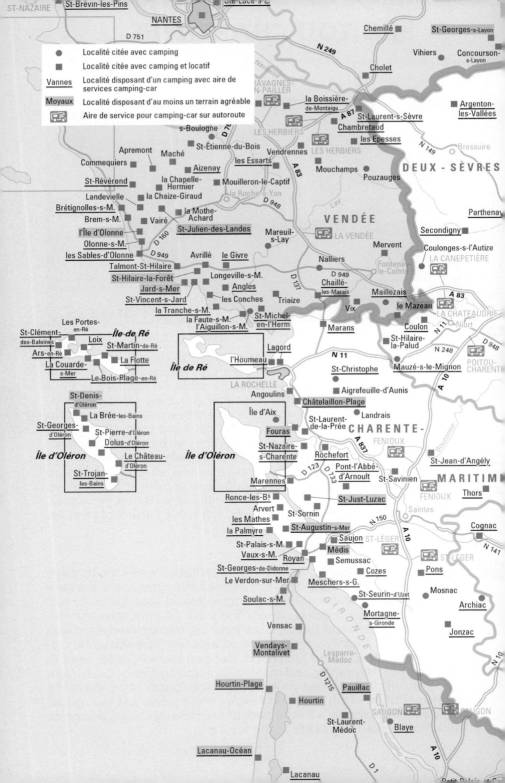

AIGREFEUILLE-D'AUNIS

17290 – **324** E3 – 3 577 h. – alt. 20

🛈 *4, place de la Renaissance* 𝒫 *0546275387*

▶ Paris 457 – Niort 50 – Rochefort 22 – La Rochelle 25

⛰ **La Taillée** de mi-juin à fin août
𝒫 0546355088, *lataillee@hotmail.fr*,
www.lataillee.com ✂
2 ha (80 empl.) plat, herbeux
Tarif : 17€ ♣♣ ⇔ 🅴 🛗 (6A) – pers. suppl. 4€
Location : (de déb. mai à mi-sept.) ✂ 🅿 – 27 ▦
– 10 bungalows toilés. Sem. 270 à 575€
Pour s'y rendre : 3 r. du Bois Gaillard (à l'est du bourg,
près de la piscine)

À savoir : agréable cadre boisé de platanes et frênes
centenaires

Nature : 🐟 ♋♋
Loisirs : 🛋 ⛱ ♒
Services : 🚿 ⚬🔫 🍽 ▦ 🔥♨ 🗄
À prox. : 🛶

Longitude : -0.93319
Latitude : 46.11703

ANGOULINS

17690 – **324** D3 – 3 695 h. – alt. 15

🛈 *3, rue de Verdun* 𝒫 *0546569209*

▶ Paris 481 – Poitiers 148 – La Rochelle 12 – Niort 73

⛰ **Les Chirats - La Platère** ♣♣ – de déb. avr. à fin
sept.
𝒫 0546569416, *contact@campingleschirats.fr*,
Fax 0546566595, *www.campingleschirats.fr*
4 ha (224 empl.) plat et peu incliné, herbeux, pierreux
Tarif : 26€ ♣♣ ⇔ 🅴 🛗 (10A) – pers. suppl. 5€ – frais
de réservation 20€
Location : (de déb. avr. à fin sept.) – 35 🏠. Nuitée
52 à 70€ – Sem. 365 à 480€ – frais de réservation 20€
Pour s'y rendre : rte de la Platère (1,7 km à l'ouest par r.
des Salines et rte de la douane, à 100 m de la plage)

Nature : ▱ ♋♋
Loisirs : 🍽 snack 🛋 🎣 ⛱ 🎠
🛁 jacuzzi ⛱ ♒ 🖼 (petite
piscine) 🛶 🏊
Services : 🚿 ⚬ (juil.-août) 🔥 🗄
🚰 ♨ 🖼 🗄
À prox. : 🎣

Longitude : -1.12614
Latitude : 46.10359

ARCHIAC

17520 – **324** I6 – 814 h. – alt. 111

🛈 *1, place de l'Abbé Goiland* 𝒫 *0546495711*

▶ Paris 514 – Angoulême 49 – Barbezieux 15 – Cognac 22

⛰ **Municipal** de mi-juin à mi-sept.
𝒫 0546491046, *archiacmairie@free.fr*, Fax 0546498409
1 ha (44 empl.) plat, en terrasses, herbeux, pierreux
Tarif : (Prix 2010) ♣ 2€ ⇔ 1€ 🅴 1€ – 🛗 (5A) 4€
🚐 borne eurorelais – 5 🅴
Pour s'y rendre : près des installations sportives
municipales

Nature : 🐟 ▱ ♋♋
Loisirs : 🛋
Services : 🚰 🖼
À prox. : ✂ 🛶 🏊

Longitude : -0.30417
Latitude : 45.52392

ARGENTON-LES-VALLEES

79150 – **322** D3 – 1 590 h.

▶ Paris 367 – Poitiers 100 – Niort 89 – Nantes 102

⛰ Municipal du lac d'Hautibus
𝒫 0549659508, *mairie-argentonlesvallees@neuf.fr*,
Fax 0549657084
1,5 ha (64 empl.) peu incliné et en terrasses, incliné,
herbeux
Location : – 6 🏠.
🚐 borne artisanale
Pour s'y rendre : r. de la Sablière (à l'ouest du bourg
(accès près du rond-point de la D 748 et D 759))

À savoir : à 150 m du lac avec accès direct (site
pittoresque)

Nature : ⬚ ▱ ♋
Loisirs : 🛋
Services : 🚿 laverie
À prox. : ✂ 🛶 🏊 🦢 pédalos,
canoës, barques

Longitude : -0.45122
Latitude : 46.98709

ARVERT

17530 – **324** D5 – 3 069 h. – alt. 20
🛈 22, rue des Tilleuls ℘ 05 46 36 97 78
▶ Paris 513 – Marennes 16 – Rochefort 37 – La Rochelle 74

⚠ **Le Presqu'Île** de déb. avr. à mi-sept.
℘ 05 46 36 81 76, lepresquile17@free.fr,
campinglepresquile.com
0,8 ha (66 empl.) plat, herbeux, sablonneux
Tarif : 15€ ✦✦ ⬅ 🅴 🄶 (16A) – pers. suppl. 3€
Location : (permanent) 🍴 – 3 🏚 – 1 🏠. Nuitée
16 à 78€ – Sem. 180 à 540€
Pour s'y rendre : 7 r. des Aigrettes (au nord du bourg, à
150 m de la D 14)

Nature : 🌳🌳	
Loisirs : 🏠 🏊	
Services : 🚿 🔌 🅿	
À prox. : 🍴	
Longitude : -1.12679	
Latitude : 45.74552	

⚠ **Le Petit Pont** de mi-avr. à mi-sept.
℘ 05 46 36 07 20, contact@camping-dupetitpont.com,
Fax 05 46 36 07 20, www.camping-dupetit.com
1 ha (53 empl.) plat, herbeux
Tarif : (Prix 2010) 22€ ✦✦ ⬅ 🅴 🄶 (10A) – pers.
suppl. 5€ – frais de réservation 10€
Location : (Prix 2010) (de mi-avr. à mi-sept.) 🍴
– 28 🏚. Sem. 180 à 670€ – frais de réservation 19€
Pour s'y rendre : 111 av. de l'Etrade (2,5 km au nord-
ouest sur D 14)

Nature : 🌳🌳	
Loisirs : 🏠 🏊	
Services : 🔌 ⛽ 🅿	
Longitude : -1.14085	
Latitude : 45.75837	

AUNAC

16460 – **324** L4 – 341 h. – alt. 70
▶ Paris 418 – Angoulême 37 – Confolens 43 – Ruffec 15

⚠ **Municipal de Magnerit**
℘ 05 45 22 24 38, mairie.aunac@wanadoo.fr,
Fax 05 45 22 23 17
1,2 ha (25 empl.) plat, herbeux
Pour s'y rendre : 1,7 km au sud-est du bourg, sur D 27
rte de St-Front et chemin à gauche

Nature : 🌿 🌾	
Loisirs : 🏊 🌊	
Services : 🚽	
Longitude : 0.23976	
Latitude : 45.91918	

AVAILLES-LIMOUZINE

86460 – **322** J8 – 1 312 h. – alt. 142
🛈 6, rue Principale ℘ 05 49 48 63 05
▶ Paris 410 – Confolens 14 – L'Isle-Jourdain 15 – Niort 100

⚠ **Municipal le Parc** Permanent
℘ 05 49 48 51 22, camping.leparc@orange.
fr, Fax 05 49 48 66 76, www.monsite.orange.
frcampingleparc/
2,7 ha (100 empl.) plat, herbeux
Tarif : 13€ ✦✦ ⬅ 🅴 🄶 (10A) – pers. suppl. 3€
Location : (permanent) – 4 🏚 – 3 🏠. Nuitée
45 à 48€ – Sem. 300 à 310€
🚐 borne sanistation 3€
Pour s'y rendre : au lieu-dit : Les Places (sortie est par
D 34, à gauche apr. le pont, au bord de la Vienne)

Nature : 🌿 🌳🌳	
Loisirs : 🏠 🏊 ♨ 🌊 canoë,	
pédalos	
Services : 🚿 🔌 🧺 🛁 🚰 🅿	
À prox. : 🍴	
Longitude : 0.65829	
Latitude : 46.12401	

AVANTON

86170 – **322** H5 – 1 829 h. – alt. 110
▶ Paris 337 – Poitiers 12 – Niort 84 – Châtellerault 37

⚠ **Du Futur** de déb. avr. à fin sept.
℘ 05 49 54 09 67, info@camping-du-futur.com,
Fax 05 49 54 09 59, www.camping-du-futur.com – ℞
4 ha/1,5 (68 empl.) plat, herbeux
Tarif : 20€ ✦✦ ⬅ 🅴 🄶 (10A) – pers. suppl. 4€
Location : (Prix 2010) (de déb. avr. à mi-sept.) 🍴
– 14 🏚. Sem. 450€
Pour s'y rendre : 9 r. des Bois (1,3 km au sud-ouest par
D 757, rte de Poitiers et rte à dr. apr. le passage à niveau)

Nature : 🌿 🌿	
Loisirs : 🍸 🏊 ♨ 🌊	
Services : 🚿 🔌 🛁 🚰 laverie	
Longitude : 0.30124	
Latitude : 46.65638	

BONNES

86300 – **322** J5 – 1 669 h. – alt. 70
▶ Paris 331 – Châtellerault 25 – Chauvigny 7 – Poitiers 25

⚠ **Municipal** de déb. juin à mi-sept.
  ℰ 05 49 56 44 34, camping.bonnes@clubinternet.fr,
  Fax 05 49 56 48 51, www.vienne-mouliere.fr
  1,2 ha (56 empl.) plat, herbeux
  Tarif : 13 € ✶✶ ⇌ 🅴 (4) (10A) – pers. suppl. 3 €
  Location : (permanent) 🔥 – 6 🏠. Nuitée 56 € – Sem.
  224 à 290 €
  🚐 borne artisanale 3 €
  Pour s'y rendre : 13 r. de la Varenne (au sud du bourg,
  au bord de la Vienne)

| Nature : 🔲 ♀ |
| Loisirs : 🛥 🚲 ✖ |
| Services : 🔥 ⚡ 🚿 laverie |
| À prox. : 🎣 🏖 |

Longitude : 0.59792
Latitude : 46.60229

CHÂTELAILLON-PLAGE

17340 – **324** D3 – 5 959 h. – alt. 3
🅱 5, avenue de Strasbourg ℰ 05 46 56 26 97
▶ Paris 482 – Niort 74 – Rochefort 22 – La Rochelle 19

🔺 **Village Corsaire des 2 Plages** ♣♣ – de déb. mai à
  fin sept.
  ℰ 05 46 56 27 53, reception@2plages.com,
  Fax 05 46 43 51 18, www.2plages.com
  4 ha (265 empl.) plat, herbeux, sablonneux
  Tarif : (Prix 2010) 29 € ✶✶ ⇌ 🅴 (4) (5A) – pers.
  suppl. 6 € – frais de réservation 17 €
  Location : (Prix 2010) (de déb. avr. à fin sept.) 🔥
  – 89 🚐. Nuitée 49 à 93 € – Sem. 343 à 651 € – frais de
  réservation 17 €
  Pour s'y rendre : av. d'Angoulins (rte de La Rochelle, à
  300 m. de la plage)
  À savoir : préférer les emplacements éloignés de la
  route

| Nature : 🔲 ♀♀ |
| Loisirs : 🍽 snack, pizzeria 🎳 🎯 |
| 🏇 🛥 🎱 terrain multisports |
| Services : 🔥 ⚡ 🚿 🚮 ♨ |
| laverie 🛒 |

Longitude : -1.09718
Latitude : 46.0886

🔺 **L'Océan** de fin mai à fin sept.
  ℰ 05 46 56 87 97, campingocean17@free.fr,
  www.campingocean17.com
  3 ha (94 empl.) plat, herbeux
  Tarif : 29 € ✶✶ ⇌ 🅴 (4) (10A) – pers. suppl. 6 € – frais
  de réservation 12 €
  🚐 borne artisanale
  Pour s'y rendre : av. d'Angoulins (1,3 km au nord par
  D 202, rte de la Rochelle et à dr.)
  À savoir : joli plan d'eau biologique et paysagé

| Nature : ♀♀ |
| Loisirs : 🎳 salle d'animations |
| 🛥 🏊 (plan d'eau) |
| Services : 🔥 ⚡ 🚿 ♨ laverie |

Longitude : -1.09718
Latitude : 46.0886

CHÂTELLERAULT

86100 – **322** J4 – 33 993 h. – alt. 52
🅱 2, avenue Treuille ℰ 05 49 21 05 47
▶ Paris 304 – Châteauroux 98 – Cholet 134 – Poitiers 36

🔺 **Le Relais du Miel** de mi-juin à fin août
  ℰ 05 49 02 06 27, camping@lerelaisdumiel.com,
  www.lerelaisdumiel.com
  7 ha/4 campables (80 empl.) plat, terrasses, peu incliné,
  herbeux, pierreux
  Tarif : (Prix 2010) 25 € ✶✶ ⇌ 🅴 (4) (10A) – pers.
  suppl. 5 €
  Location : (Prix 2010) (de fin mai à fin août) 🛏
  – 3 🚐 – 19 appartements. Sem. 245 à 435 €
  Pour s'y rendre : lieu-dit : Valette - rte d'Antran (sortie
  nord par D 910, rte de Paris, puis rocade à gauche en
  dir. du péage de l'A 10 et à dr. par D 1, près de la Vienne
  (accès direct. Par A 10, sortie 26 Châtellerault-Nord)
  À savoir : dans les dépendances d'une demeure du 18e s.

| Nature : 🔲 ♀♀ |
| Loisirs : 🍽 🎳 🛥 ✖ 🎱 |
| Services : 🔥 ⚡ 🚿 🚮 laverie |
| À prox. : 🛒 |

Longitude : 0.5389
Latitude : 46.84968

CHAUVIGNY

86300 – **322** J5 – 6 895 h. – alt. 65

🛈 *Mairie* 🞔 05 49 45 99 10

▶ Paris 333 – Bellac 64 – Le Blanc 36 – Châtellerault 30

⚠ **Municipal de la Fontaine** de mi-avr. à fin sept.
🞔 05 49 46 31 94, *camping-chauvigny@cg86.fr*,
www.chauvigny.fr
2,8 ha (102 empl.) plat, herbeux, gravillons
Tarif : (Prix 2010) ♥ 2€ ⇌ 2€ 🔲 2€ – (ᶮ) (16A) 3€
Location : (Prix 2010) (permanent) – 6 bungalows
toilés. Nuitée 14 à 18€ – Sem. 87 à 108€
🚐 borne artisanale – 10 🔲 6€
Pour s'y rendre : r. de la Fontaine (sortie nord par D 2,
rte de la Puye et rte à dr., au bord d'un ruisseau)
À savoir : jardin public attenant, pièces d'eau

Nature : ≤ Ville haute et château ♀♀
Loisirs : 🎫 🚴
Services : 🕭 ⚒ 🗑 🏛 🗗 🛒 ℡ laverie
À prox. : 🎣

Longitude : 0.65353
Latitude : 46.57087

Des vacances réussies sont des vacances bien préparées !
Ce guide est fait pour vous y aider... mais :
– n'attendez pas le dernier moment pour réserver
– évitez la période critique du 14 juillet au 15 août.
Pensez aux ressources de l'arrière-pays,
à l'écart des lieux de grande fréquentation.

COGNAC

16100 – **324** I5 – 19 243 h. – alt. 25

🛈 *16, rue du 14 juillet* 🞔 05 45 82 10 71

▶ Paris 478 – Angoulême 45 – Bordeaux 120 – Libourne 116

⚠ **Municipal** de fin avr. à fin sept.
🞔 05 45 32 13 32, *info@campingdecognac.com*,
Fax 05 45 32 15 82, *www.campingdecognac.com*
2 ha (160 empl.) plat, herbeux
Tarif : 20€ ♥♥ ⇌ 🔲 (ᶮ) (6A) – pers. suppl. 3€
Location : (de fin avr. à fin sept.) ♿ – 8 🚐
– 2 bungalows toilés. Sem. 175 à 490€
Pour s'y rendre : Bd de Châtenay (2,3 km au nord par
D 24, rte de Boutiers, entre la Charente et le Solençon)

Nature : 🌳 ♀♀
Loisirs : 🚴 🏊 🎣
Services : ♿ ⚒ (juil.-août) 🗗 ℡ 🖨
À prox. : ♥ ✗

Longitude : -0.30726
Latitude : 45.70926

COUHÉ

86700 – **322** H7 – 1 849 h. – alt. 140

🛈 *51, Grand'Rue* 🞔 05 49 59 26 71

▶ Paris 370 – Confolens 58 – Montmorillon 61 – Niort 65

⚠ **Les Peupliers** ♠♦ – de déb. mai à fin sept.
🞔 05 49 59 21 16, *info@lespeupliers.fr*, Fax 05 49 37 92 09,
www.lespeupliers.fr
16 ha/6 campables (160 empl.) plat, herbeux, étang
Tarif : ♥ 7€ ⇌ 🔲 13€ – (ᶮ) (10A) 5€
Location : (permanent) – 16 🚐 – 18 🏠. Nuitée
42 à 100€ – Sem. 235 à 785€
🚐 borne artisanale
Pour s'y rendre : rte de Poitiers (1 km au nord, à
Valence)
À savoir : cadre boisé traversé par une rivière
pittoresque

Nature : 🌿 🌳 ♀♀
Loisirs : ♥ pizzeria, snack 🎫 🖥 🚴 🏊 🎣
Services : ♿ ⚒ 🗗 🛒 ℡ laverie 🖨

Longitude : 0.18222
Latitude : 46.31222

POITOU-CHARENTES

COULON

79510 – **322** C7 – 2 210 h. – alt. 6
🏠 *31, rue Gabriel Auchier* ℰ *05 49 35 99 29*
▶ Paris 418 – Fontenay-le-Comte 25 – Niort 11 – La Rochelle 63

  ⚠ **La Venise Verte** ♣♣ – de déb. avr. à fin oct.
    ℰ 05 49 35 90 36, *accueil@camping-laveniseverte.fr*,
    Fax 05 49 35 84 69, *www.camping-laveniseverte.fr*
    2,2 ha (140 empl.) plat, herbeux
    Tarif : 19€ ★★ ⇔ 🅴 🄵 (10A) – pers. suppl. 4€ – frais
    de réservation 10€

    Location : (de déb. avr. à fin oct.) – 15 🛖 – 15 🏠.
    Nuitée 45 à 75€ – Sem. 355 à 630€ – frais de réservation
    10€
    🚐 borne autre 5€
    Pour s'y rendre : 178 rte des Bords de Sèvre (2,2 km au
    sud-ouest par D 123, rte de Vanneau, au bord d'un canal
    et près de la Sèvre Niortaise)

    À savoir : terrain qui fait d'importants efforts
    écologiques.

| Nature : 🌳🌳 |
| Loisirs : 🍴 snack 🎦 🪁 🛝 🚲 🛶 canoë |
| Services : 🔧 ⚡ 🛁 🔄 ♻ 🚰 🖼 🚿 |
| À prox. : 🎣 |

Longitude : -0.60889
Latitude : 46.31444

Do not confuse :
⚠ *... to ...* ⚠⚠⚠ *: MICHELIN classification*
and
★ *... to ...* ★★★★★ *: official classification*

COZES

590

17120 – **324** E6 – 1 925 h. – alt. 43
🏠 *place de l'Hôtel de Ville* ℰ *05 46 90 80 82*
▶ Paris 494 – Marennes 41 – Mirambeau 35 – Pons 26

  ⚠ **Municipal le Sorlut** de mi-avr. à mi-oct.
    ℰ 05 46 90 75 99, *mairie@cozes.com*, Fax 05 46 90 75 12,
    www.villedecozes.fr
    1,4 ha (120 empl.) plat, herbeux
    Tarif : (Prix 2010) ★ 3€ ⇔ 🅴 3€ – 🄵 (10A) 3€

    Location : (Prix 2010) (permanent) – 1 🛖 – 8 🏠.
    Nuitée 55 à 73€ – Sem. 319 à 432€
    🚐 borne artisanale – 8 🅴
    Pour s'y rendre : r. des Chênes (au nord, près de
    l'ancienne gare, derrière le supermarché Champion)

| Nature : 🌿 🌳🌳 |
| Loisirs : 🛝 |
| Services : ⚡ (juil.-août) 🚻 🖼 |
| À prox. : 🎣 🍴 ⛵ 🛶 ⛷ |

Longitude : -0.8304
Latitude : 45.58417

DIENNE

86410 – **322** J6 – 485 h. – alt. 112
▶ Paris 362 – Poitiers 26 – Niort 107 – Limoges 107

  ⚠⚠⚠ **Le Domaine de Dienné** fermé en janvier
    ℰ 05 49 45 87 63, *resahebergement@domaine-de-*
    dienne.fr, Fax 05 49 54 17 96, *www.domaine-de-dienne.fr*
    45 ha/1 campable (20 empl.) plat, vallonné, herbeux, lac,
    forêt
    Tarif : 39€ ★★ ⇔ 🅴 🄵 (6A) – pers. suppl. 8€

    Location : (fermé en janvier) ♿ 🅿 – 23 roulottes
    – 7 🏠 – 8 yourtes – 11 cabanes dans les arbres
    – 2 gîtes – maisons de Farfadet. Nuitée 71 à 179€
    – Sem. 345 à 992€
    🚐 borne artisanale
    Pour s'y rendre : au lieu-dit : La Boquerie (RN 147)

    À savoir : vaste domaine avec des installations diverses
    et de qualités

| Nature : 🌿 |
| Loisirs : 🍴 🍴 🎦 🌙 diurne 🎪 ♨ hammam jacuzzi 🛝 🚲 🏊 🛶 🎣 🐎 poneys (centre équestre) tyrolienne, parcours de santé, parc aventure, tour d'escalade |
| Services : ♿ ⚡ 🅿 🚿 🚰 laverie 🖼 |

Longitude : 0.56024
Latitude : 46.44614

Le coup de cœur de Bib

Le Domaine de Dienné *(voir page précédente)*

Tout nouveau, ce superbe domaine est encore en pleine expansion. Sur près de 47 ha vous choisirez entre un petit camping, au confort sanitaire moderne et écologique, et toute une gamme d'hébergements insolites : carrés d'étoiles, roulottes, cabanes dans les arbres ou yourtes.Toutes les activités sont tournées vers le bien-être : animations sportives variées, centre équestre, salle de fitness, gymnastique aquatique, parcours santé, balades à pied ou en VTT. Les loisirs avec tyroliennes, tour d'escalade ou encore la pêche trouveront des passionnés. Côté détente, vous profiterez du jacuzzi, du hammam, d'un massage réalisé par un masseur diplômé. Enfin, le restaurant propose des « menus forme » (prévention obésité, cardiovasculaire…), élaborés par un médecin et un chef étoilé au Michelin.

Ph. Gallet/MICHELIN

FOURAS

17450 – **324** D4 – 4 056 h. – alt. 5

🅱 *avenue du Bois Vert* ℰ 05 46 84 60 69

▶ Paris 485 – Châtelaillon-Plage 18 – Rochefort 15 – La Rochelle 34

Municipal le Cadoret Permanent
ℰ 05 46 82 19 19, *campinglecadoret@mairie17.com*,
Fax 05 46 84 51 59, *www.campings-fouras.com*
7,5 ha (511 empl.) plat, sablonneux, herbeux
Tarif : (Prix 2010) 25 € ★★ ⬅ 🅴 🄺 (10A) – pers.
suppl. 5 € – frais de réservation 20 €

Location : (Prix 2010) (de fin mars à déb. nov.) ⅃
(1 mobile home) – 16 📖. Sem. 240 à 560 € – frais de
réservation 20 €
Pour s'y rendre : bd de Chaterny (côte Nord, au bord
de l'Anse de Fouras, à 100 m de la plage)

À savoir : ensemble verdoyant et soigné

Nature :	🏕 〇〇
Loisirs :	🍴 snack 🎮 ⚗ 🏛 🛝 🏊 ⛸
Services :	⅃ 🏪 🛁 🚿 🚮 ♨
laverie 🧺	
À prox. :	🎣 🖼

Longitude : -1.08698
Latitude : 45.99289

L'HOUMEAU

17137 – **324** C2 – 2 107 h. – alt. 19

▶ Paris 478 – Poitiers 145 – La Rochelle 6 – Niort 83

Au Petit Port de l'Houmeau de déb. avr. à fin sept.
ℰ 05 46 50 90 82, *info@aupetitport.com*,
Fax 05 46 50 01 33, *www.aupetitport.com*
2 ha (132 empl.) peu incliné, plat, herbeux
Tarif : 24 € ★★ ⬅ 🅴 🄺 (10A) – pers. suppl. 5 € – frais
de réservation 16 €

Location : (de déb. avr. à fin sept.) ⅃ (1 chalet) – 2 📖
– 15 🏠. Sem. 310 à 730 € – frais de réservation 16 €
Pour s'y rendre : r. des Sartières (sortie nord-est par
D 106, rte de Nieul-sur-Mer, par le périphérique, dir. Île
de Ré et sortie Lagord-l'Houmeau)

Nature :	🏕 〇〇
Loisirs :	🍴 🛋 🚲
Services :	⅃ 🔌 🛁 ♨ laverie 🧺
À prox. :	🎣 🖼

Longitude : -1.1883
Latitude : 46.19566

ÎLE-D'AIX

17123 – **324** C3 – 219 h. – alt. 10

▶ Paris 486 – Poitiers 152 – La Rochelle 31 – Niort 78

▲ **Le Fort de la Rade** de déb. juin à fin sept.
℘ 05 46 84 28 28, laf@maeva.com, Fax 05 46 84 00 44,
fortdelarade.ifrance.com
3 ha (70 empl.) plat, en terrasses, herbeux
Tarif : (Prix 2010) 21,30€ ✦✦ ⇔ 🅴 – pers. suppl. 4,30€
Pour s'y rendre : à la Pointe Ste-Catherine, à 300 m de
la plage de l'Anse de la Croix

À savoir : dans le parc du Fort de la Rade entouré d'une
enceinte fortifiée – réservé aux tentes

Nature : 🦞
Loisirs : ✗ 🛶 ⛴ ◑
Services : ⅋ ⊶ 🚐 ✗ 🗑 – pas de branchement électrique
À prox. : 🚲 🍴 🚴

Longitude : -1.17299
Latitude : 46.02053

ÎLE DE RÉ

17 – **324**

Pont de l'Île de Ré : péage en 2010 : autos (AR) 16,50 (saison) 9,00 (hors saison), autos et caravanes (AR)
27,00 (saison) 15,00 (hors saison), camions 18,00/45,00, motos 2,00, gratuit pour vélos et piétons -
Renseignements par Régie d'Exploitation des Ponts ℘ 05 46 00 51 10

Ars-en-Ré 17590 – **324** A2 – 1 315 h. – alt. 4
🛈 *26, place Carnot* ℘ *05 46 29 46 09*
▶ Paris 506 – Fontenay-le-Comte 85 – Luçon 75 – La Rochelle 34

▲▲▲ **Airotel le Cormoran** ♣♣ – saison
℘ 05 46 29 46 04, info@cormoran.com, Fax 05 46 29 29 36,
www.cormoran.com
3 ha (138 empl.) plat, herbeux, sablonneux
Tarif : (Prix 2010) 49,60€ ✦✦ ⇔ 🅴 (10A) – pers.
suppl. 12,50€ – frais de réservation 25€
Location : (Prix 2010) (saison) – 92 🛖. Nuitée
66 à 83€ – Sem. 306 à 969€ – frais de réservation 35€
🚐 borne artisanale 4€
Pour s'y rendre : rte de Radia (1 km à l'ouest)
À savoir : cadre verdoyant, fleuri et soigné

Nature : 🦞 ☐ ⭐
Loisirs : 🍴 pizzeria, snack 🛖 🎲 🏊 🎣 ⛴ 🚣 🎲 ✗ ⛴ terrain multisports
Services : ⅋ ⊶ 🚿 ⚡ ♻ laverie 🗑

Longitude : -1.52687
Latitude : 46.2103

Le Bois-Plage-en-Ré 17580 – **324** B2 – 2 303 h. – alt. 5
🛈 *87, rue des Barjottes* ℘ *05 46 09 23 26*
▶ Paris 494 – Fontenay-le-Comte 74 – Luçon 64 – La Rochelle 23

▲▲▲ **Sunêlia Interlude** ♣♣ – de déb. avr. à fin sept.
℘ 05 46 09 18 22, infos@interlude.fr, Fax 05 46 09 23 38,
www.interlude.fr
6,5 ha (381 empl.) vallonné, plat, herbeux, sablonneux
Tarif : 46€ ✦✦ ⇔ 🅴 (10A) – pers. suppl. 10€ – frais
de réservation 30€
Location : (de déb. avr. à fin sept.) – 194 🛖. Nuitée
79 à 135€ – Sem. 553 à 945€ – frais de réservation
30€
🚐 borne artisanale 11€ – 🚐 11€
Pour s'y rendre : 8 rte de Gros Jonc (2,3 km au sud-est)
À savoir : à 150 m de la plage

Nature : 🦞 ☐ ⭐
Loisirs : 🍴 ✗ 🛖 🎲 🏊 🎣 ⛴ hammam jacuzzi discothèque, balnéo 🚣 🎲 🖥 (petite piscine) ⛴ terrain multisports
Services : ⅋ ⊶ 🚿 ♻ ⚡ 🗑 laverie 🗑 🛒
À prox. : ✗ ◑

Longitude : -1.37828
Latitude : 46.1732

▲▲ **Les Varennes** de mi-avr. à fin sept.
℘ 05 46 09 15 43, info@les-varennes.com,
Fax 05 46 09 47 27, *www.les-varennes.com*
2 ha (145 empl.) plat, herbeux, sablonneux
Tarif : (Prix 2010) 45€ ✦✦ ⇔ 🅴 (10A) – pers.
suppl. 12€ – frais de réservation 20€
Location : (Prix 2010) (de mi-avr. à fin sept.) – 85 🛖.
Nuitée 62 à 112€ – Sem. 313 à 969€ – frais de
réservation 20€
🚐 borne artisanale 7€
Pour s'y rendre : au lieu-dit : Raise Maritaise (1,7 km au
sud-est)

Nature : 🦞 ⭐⭐
Loisirs : 🍴 🛖 🚣 🎲 🖥 (découverte en saison)
Services : ⅋ ⊶ 🚿 🗑 laverie
À prox. : ✗

Longitude : -1.38306
Latitude : 46.17829

Antioche de déb. avr. à fin sept.
  ℘ 05 46 09 23 86, *contacts@camping-apv.com*,
Fax 05 46 09 43 34, *www.camping-antiochedoleron.com*
3 ha (135 empl.) plat et peu incliné, terrasses, herbeux,
sablonneux
Tarif : (Prix 2010) 32,60 € ★ ★ ⚹ 🗐 (½) (10A) – pers.
suppl. 8,10 € – frais de réservation 27 €

Location : (Prix 2010) (de déb. avr. à fin sept.) – 23 🛏.
Nuitée 63 € – Sem. 216 à 910 € – frais de réservation
27 €
🚐 borne artisanale
Pour s'y rendre : rte de Ste-Marie (3 km au sud-est)
À savoir : à 300 m de la plage (accès direct)

| Nature : |
| Loisirs : |
| Services : |

| Longitude : -1.38069 |
| Latitude : 46.18243 |

La Couarde-sur-Mer 17670 – **324** B2 – 1 241 h. – alt. 1
🛈 *rue Pasteur* ℘ 05 46 29 82 93
▶ Paris 497 – Fontenay-le-Comte 76 – Luçon 66 – La Rochelle 26

Vagues-Océane L'Océan ♣♣ – de mi-avr. à mi-sept.
  ℘ 05 46 29 87 70, *info@campingocean.com*,
Fax 05 46 29 92 13, *www.campingocean.com*
9 ha (338 empl.) plat, sablonneux, herbeux
Tarif : ★ 14 € ⚹ 6 € 🗐 43 € – (½) (10A) 6 € – frais de
réservation 32 €

Location : (de mi-avr. à mi-sept.) – 160 🛏. Sem.
278 à 821 € – frais de réservation 32 €
🚐 borne eurorelais 8 €
Pour s'y rendre : 50 r.d'Ars

| Nature : |
| Loisirs : salle d'animation terrain multisports |
| Services : laverie |
| À prox. : baptèmes d'hélicoptère en juil.-août |

| Longitude : -1.46737 |
| Latitude : 46.20447 |

La Tour des Prises Permanent
  ℘ 05 46 29 84 82, *camping@lesprises.com*,
Fax 05 46 29 88 99, *www.lesprises.com*
2,2 ha (150 empl.) plat, herbeux
Tarif : 35 € ★ ★ ⚹ 🗐 (½) (16A) – pers. suppl. 8 € – frais
de réservation 12 €

Location : (permanent) – 52 🛏. Nuitée 40 à 82 €
– Sem. 275 à 580 € – frais de réservation 18 €
🚐 borne artisanale 5 € – 10 🗐 15 € – (½) 11 €
Pour s'y rendre : chemin de la Grifforine (1,8 km au
nord-ouest par D 735 et chemin à dr.)
À savoir : sur le site d'un ancienne vigne

| Nature : |
| Loisirs : (découverte en saison) |
| Services : laverie |

| Longitude : -1.4447 |
| Latitude : 46.20243 |

593

La Flotte 17630 – **324** C2 – 2 923 h. – alt. 4
🛈 *quai de Sènac* ℘ 05 46 09 60 38
▶ Paris 489 – Fontenay-le-Comte 68 – Luçon 58 – La Rochelle 17

L'Île Blanche (location exclusive de mobile homes) de
déb. avr. à déb. oct.
  ℘ 05 46 09 52 43, *info@ileblanche.com*,
www.ileblanche.com
4 ha plat

Location : (Prix 2010) – 100 🛏. Sem. 260 à 760 €
– frais de réservation 25 €
Pour s'y rendre : 2,5 km à l'ouest, accès conseillé par
la déviation

| Nature : |
| Loisirs : (découverte en saison) |
| Services : laverie |

| Longitude : -1.31847 |
| Latitude : 46.17766 |

Les Peupliers ♣♣ – de fin avr. à fin sept.
  ℘ 05 46 09 62 35, *camping@les-peupliers.com*,
Fax 05 46 09 59 76, *www.camp-atlantique.com* – places
limitées pour le passage
4,5 ha (239 empl.) plat, herbeux, sablonneux
Tarif : 34 € ★ ★ ⚹ 🗐 (½) (6A) – pers. suppl. 8 € – frais de
réservation 20 €

Location : (de déb. avr. à fin sept.) – 145 🛏. Nuitée
36 à 125 € – Sem. 250 à 870 € – frais de réservation
20 €
Pour s'y rendre : RD 735 (1,3 km au sud-est)

| Nature : |
| Loisirs : snack |
| Services : laverie |

| Longitude : -1.3292 |
| Latitude : 46.18854 |

La Grainetière de déb. avr. à fin sept.
𝒫 0546096886, *la-grainetiere@orange.fr*,
Fax 0546095313, *www.la-grainetiere.com*
2,3 ha (150 empl.) plat, sablonneux, herbeux
Tarif : 35€ ✶✶ ⇔ 🅴 🔌 (10A) – pers. suppl. 8€ – frais
de réservation 15€
Location : (de déb. avr. à fin sept.) – 4 roulottes
– 70 🛏. Nuitée 53 à 120€ – Sem. 235 à 970€ – frais
de réservation 15€
⛽ borne artisanale
Pour s'y rendre : rte de Saint-Martin-de-Ré (à l'ouest
du bourg, près de la déviation, accès conseillé par la
déviation)

Nature : 🌿🌿
Loisirs : 🔲 jacuzzi 🏊‍♂️ 🚲 ⛵
Services : 🚿 ⚡ 🅿️ 🍴 laverie

Longitude : -1.3447
Latitude : 46.1876

Loix 17111 – **324** B2 – 715 h. – alt. 4
🛈 *10, place de la Mairie* 𝒫 *0546290791*
▶ Paris 505 – Fontenay-le-Comte 84 – Luçon 74 – La Rochelle 33

Les Ilates ♣♣ – de déb. avr. à fin sept.
𝒫 0546290543, *ilates@wanadoo.fr*, Fax 0546290679,
www.camping-loix.com
4,5 ha (241 empl.) plat, herbeux
Tarif : 43€ ✶✶ ⇔ 🅴 🔌 (10A) – pers. suppl. 10€ – frais
de réservation 10€
Location : (de déb. avr. à fin sept.) – 51 🛏 – 34 🏠.
Nuitée 55 à 110€ – Sem. 270 à 850€ – frais de
réservation 25€
⛽ borne artisanale
Pour s'y rendre : au lieu-dit : Le Petit Boucheau - rte du
Grouin (sortie est, à 500 m de l'océan)

Nature : 🌳 🔲
Loisirs : 🍸 snack 🔲 🏓 jacuzzi 🏊‍♂️ 🚲 ⛵ 💒 ⛵
Services : 🚿 ⚡ 🅿️ 🚿 🍴 laverie 🛒

Longitude : -1.43252
Latitude : 46.22664

Les Portes-en-Ré 17880 – **324** B2 – 645 h. – alt. 4
🛈 *52, rue de Trousse-Chemise* 𝒫 *0546295271*
▶ Paris 514 – Fontenay-le-Comte 93 – Luçon 83 – La Rochelle 43

594

La Providence ♣♣ – de déb. avr. à fin sept.
𝒫 0546295682, *campingprovidence@wanadoo.fr*,
Fax 0546296180, *www.campingprovidence.com*
6 ha (300 empl.) plat, herbeux, sablonneux
Tarif : (Prix 2010) 33,50€ ✶✶ ⇔ 🅴 🔌 (10A) – pers.
suppl. 8€ – frais de réservation 20€
Location : (Prix 2010) (de déb. avr. à fin sept.) – 41 🛏.
Sem. 340 à 700€ – frais de réservation 20€
⛽ borne artisanale 5€
Pour s'y rendre : rte du Fier et deTrousse-Chemise (à
l'est par D 101, à 50 m de la plage)

Nature : 🌳
Loisirs : snack 🔲 🏓 salle d'animation 🏊‍♂️ 🚲 🎯
Services : 🚿 ⚡ 🚻 🍴 laverie
À prox. : ✂️

Longitude : -1.50341
Latitude : 46.25195

St-Clément-des-Baleines 17590 – **324** A2 – 724 h. – alt. 2
🛈 *200, rue du Centre* 𝒫 *0546292419*
▶ Paris 509 – Fontenay-le-Comte 89 – Luçon 79 – La Rochelle 38

Airotel la Plage ♣♣ – de déb. avr. à fin sept.
𝒫 0546294262, *info@la-plage.com*, Fax 0546290339,
www.la-plage.com
2,5 ha (76 empl.) plat, sablonneux, herbeux
Tarif : (Prix 2010) 49,60€ ✶✶ ⇔ 🅴 🔌 (10A) – pers.
suppl. 12,50€ – frais de réservation 33€
Location : (Prix 2010) (de déb. avr. à fin sept.) 🅿
– 82 🛏. Sem. 306 à 735€ – frais de réservation 33€
⛽ borne eurorelais – 🚐 14€
Pour s'y rendre : 408 rte de la Chaume (2 km au nord-
ouest par D 735 et chemin à dr.)
À savoir : à 100 m de la plage

Nature : 🔲
Loisirs : 🍸 ✕ 🔲 🏓 🎮 🎣 🏊‍♂️ ⛵ terrain multisports
Services : 🚿 ⚡ 🍴 laverie 🛒
À prox. : ✂️ 🎯 🚤 parc d'attractions, parc zoologique et floral

Longitude : -1.54302
Latitude : 46.22895

St-Martin-de-Ré 17410 – **324** B2 – 2 588 h. – alt. 14

🛈 *2, quai Nicolas Baudin* ✆ *05 46 09 20 06*

▶ Paris 493 – Fontenay-le-Comte 72 – Luçon 62 – La Rochelle 22

⚠ Municipal

✆ *05 46 09 21 96, camping.stmartindere@wanadoo.fr*,
Fax 05 46 09 94 18, *www.saint-martin-de-re.fr*
3 ha (200 empl.) plat et terrasse, peu incliné, herbeux
Location : (Prix 2010) – 16 🛖.
🚐 borne autre
Pour s'y rendre : r. du Rempart (au village)
À savoir : sur les remparts

> Nature : ♀
> Loisirs : 🏠 🏊
> Services : ⚙ ⊶ 🖭
> À prox. : 🍴

> Longitude : -1.36748
> Latitude : 46.19978

ÎLE D'OLÉRON

17 – **324**
par le pont viaduc : passage gratuit

La Brée-les-Bains 17840 – **324** B3 – 747 h. – alt. 5

🛈 *20, rue des Ardillières* ✆ *05 46 47 96 73*

▶ Paris 531 – Marennes 32 – Rochefort 53 – La Rochelle 90

⚠ Antioche d'Oléron de déb. avr. à fin sept.

✆ *05 46 47 92 00, info@camping-antiochedoleron.com*,
Fax 05 46 47 82 22, *www.camping-antiochedoleron.com*
2,5 ha (130 empl.) plat, herbeux
Tarif : (Prix 2010) 36 € ★★ 🚐 🖭 (½) (10A) – pers.
suppl. 8 € – frais de réservation 20 €

Location : (Prix 2010) (de déb. avr. à fin sept.)
– 37 🛖. Nuitée 60 à 120 € – Sem. 390 à 855 € – frais
de réservation 20 €
Pour s'y rendre : rte de Proires (1 km au nord-ouest
par D 273 rte de St Denis et à dr., à 150 m de la plage)

> Nature : 🏞 ♀
> Loisirs : 🏠 jacuzzi 🏊 🏊
> Services : ⚙ ⊶ 🚿 🗑 🛒 🍴
> laverie 🧺
> À prox. : 🍴

> Longitude : -1.35816
> Latitude : 46.02091

Le Château-d'Oléron 17480 – **324** C4 – 3 949 h. – alt. 9

🛈 *place de la République* ✆ *05 46 47 60 51*

▶ Paris 507 – Marennes 12 – Rochefort 33 – La Rochelle 70

⚠ La Brande ▲▲ – de fin mars à déb. nov.

✆ *05 46 47 62 37, info@camping-labrande.com*,
Fax 05 46 47 71 70, *www.camping-labrande.com*
4 ha (199 empl.) plat, herbeux, sablonneux, étang
Tarif : 43 € ★★ 🚐 🖭 (½) (10A) – pers. suppl. 9 € – frais
de réservation 16 €

Location : (de fin mars à déb. nov.) ⚙ (chalet) 🐾
– 20 🛖 – 20 🛖. Nuitée 50 à 160 € – Sem. 350 à 1 090 €
– frais de réservation 16 €
🚐 borne artisanale 8 € – 18 🖭 16 €
Pour s'y rendre : rte des Huîtres (2,5 km au nord-ouest,
à 250 m de la mer)

> Nature : ♀♀
> Loisirs : 🍴 ✗ 🏠 🖭 🏊 🎣
> hammam jacuzzi 🏊 🚲 🎯 🍴 🎯
> 🏊 (découverte en saison) ⛷ 🐾
> terrain multisports
> Services : ⚙ ⊶ 🚿 – 2 sanitaires
> individuels (🚿 🚽 wc) 🗑 🛒 🍴
> laverie 🧺

> Longitude : -1.21607
> Latitude : 45.90464

⚠ Airotel Oléron ▲▲ – de déb. avr. à déb. oct.

✆ *05 46 47 61 82, info@camping-airotel-oleron.com*,
Fax 05 46 47 79 67, *www.camping-airotel-oleron.com*
15 ha/4 campables (133 empl.) plat, peu incliné, herbeux,
sablonneux
Tarif : 23 € ★★ 🚐 🖭 (½) (10A) – pers. suppl. 7 € – frais
de réservation 16 €

Location : (de déb. mars à déb. nov.) 🐾 – 2 roulottes
– 35 🛖 – 10 🛖. Nuitée 55 à 110 € – Sem. 300 à 770 €
– frais de réservation 16 €
🚐 borne raclet 4 € – 🐾 10 €
Pour s'y rendre : 19 r. de la Libération (1,8 km au sud-
ouest par rte de St-Trojan et r. de la Libération à gauche)

À savoir : autour d'une ferme équestre, beau plan d'eau
de mer. Possibilité de séjours en 1/2 pension

> Nature : 🏞 🏞 ♀♀
> Loisirs : 🍴 ✗ 🏠 🖭 🏊 🚲
> 🍴 🎣 🏊 🐴 poneys terrain
> multisports
> Services : ⚙ ⊶ 🚿 🍴 laverie 🧺
> À prox. : 🛒

> Longitude : -1.20791
> Latitude : 45.88444

Fief-Melin de déb. avr. à fin sept.
℘ 05 46 47 60 85, *lefiefmelin@wanadoo.fr*,
Fax 05 46 47 60 85, *www.camping.fiefmelin.com*
2,2 ha (110 empl.) plat, herbeux
Tarif : 27 € ★★ ⊷ 🅴 🄶 (10A) – pers. suppl. 5 € – frais
de réservation 15 €

Location : (de déb. avr. à fin oct.) – 28 🚐. Sem.
238 à 650 € – frais de réservation 15 €
Pour s'y rendre : r. des Alizés (1,7 km à l'ouest par rte
de St-Pierre-d'Oléron puis 600 m à dr.)

Nature : 🏞 🏕 🌳
Loisirs : 🎮 🍹 ♨ 🏊 (découverte en saison) terrain multisports
Services : ⚊ 🚰 🔥

Longitude : -1.21484
Latitude : 45.89435

Dolus-d'Oléron 17550 – **324** C4 – 3 156 h. – alt. 7
🛈 *Parvis Saint-André* ℘ 05 46 75 32 84
▶ Paris 511 – Marennes 17 – Rochefort 39 – La Rochelle 75

Ostréa de déb. avr. à fin sept.
℘ 05 46 47 62 36, *camping.ostrea@wanadoo.fr*,
Fax 05 46 75 20 01, *www.camping-ostrea.com*
2 ha (112 empl.) plat, peu incliné, sablonneux, herbeux
Tarif : 28 € ★★ ⊷ 🅴 🄶 (6A) – pers. suppl. 7 € – frais de
réservation 17 €

Location : (de déb. avr. à fin sept.) 🚿 (juil-août)
– 22 🚐. Sem. 275 à 620 € – frais de réservation 17 €
🚐 borne flot bleu 5 €
Pour s'y rendre : rte des Huitres (3,5 km à l'est, près
de la mer)

Nature : 🏞 🌳🌳
Loisirs : 🎮 🏊 🏊 (découverte en saison)
Services : 👤 ⚊ 🔥 🚿 laverie 🔥 🚐

Longitude : -1.23109
Latitude : 45.9216

La Perroche Leitner de mi-avr. à mi-sept.
℘ 05 46 75 37 33, *camping-la-perroche-leitner@
wanadoo.fr*, Fax 05 46 75 37 33
1,5 ha (100 empl.) plat, sablonneux
Tarif : (Prix 2010) 29 € ★★ ⊷ 🅴 🄶 (10A) – pers.
suppl. 7 € – frais de réservation 14 €
🚐 borne raclet 5 € – 30 🅴 23 €
Pour s'y rendre : 18 r. du Renclos de la Perroche (4 km
au sud-ouest à la Perroche)

À savoir : agréable situation proche de la mer avec accès
direct par les dunes

Nature : 🏞 🌳🌳 ⛰
Loisirs : 🏊
Services : 👤 ⚊ 🔥
À prox. : 🍹 snack

Longitude : -1.3031
Latitude : 45.9016

St-Denis-d'Oléron 17650 – **324** B3 – 1 231 h. – alt. 9
🛈 *boulevard d'Antioche* ℘ 05 46 47 95 53
▶ Paris 527 – Marennes 33 – Rochefort 55 – La Rochelle 92

Village Vacances Les Hameaux des Marines
(location exclusive de chalets) Permanent
℘ 05 55 84 34 48, *infos@chalets-en-france.com*,
Fax 05 55 22 88 29, *www.chalets-en-france.com*
2,5 ha plat

Location : 👤 – 48 🏠. Nuitée 80 à 142 € – Sem.
330 à 995 € – frais de réservation 11 €
Pour s'y rendre : r. de Seulières (à 300 m de la plage)

Nature : 🌳
Loisirs : 🎮 🙌 🏊 🏊 (découverte en saison)
Services : 👤 ⚊ 🍴 🚿 laverie

Longitude : -1.39169
Latitude : 46.01354

Les Seulières de déb. avr. à fin oct.
℘ 05 46 47 90 51, *campinglesseulieres@wanadoo.fr*,
Fax 05 46 36 02 60, *www.campinglesseulieres.com*
2,4 ha (120 empl.) plat, herbeux, sablonneux
Tarif : 20 € ★★ ⊷ 🅴 🄶 (10A) – pers. suppl. 4 € – frais
de réservation 15 €

Location : (de déb. avr. à fin oct.) – 8 🏠. Nuitée 50 €
– Sem. 300 à 550 € – frais de réservation 15 €
Pour s'y rendre : 1371 rte des Seulières - Les Huttes
(3,5 km au sud-ouest, rte de Chaucre, à 400 m de la
plage)

Nature : 🏞 🌳🌳
Loisirs : 🍹 🎮
Services : 👤 ⚊ 🚿 laverie
À prox. : ✂

Longitude : -1.39018
Latitude : 46.01205

St-Georges-d'Oléron 17190 – **324** C4 – 3 490 h. – alt. 10

🏢 *28, rue des Dames* 𝒫 *05 46 76 63 75*

▶ Paris 527 – Marennes 27 – Rochefort 49 – La Rochelle 85

Oléron Loisirs 👥 – (location exclusive de mobile homes et chalets) de déb. avr. à fin sept.
𝒫 05 46 76 50 20, *info@oleron-loisirs.com*,
Fax 05 46 76 80 71, *www.oleron-loisirs.com* – empl. traditionnels également disponibles
7 ha (330 empl.) plat, herbeux
Tarif : 25 € 👫 ⛺ 🅴 (4) (6A) – pers. suppl. 5 € – frais de réservation 25 €

Location : – 150 🛖 – 18 🏠 – 13 bungalows toilés. Nuitée 90 à 110 € – Sem. 190 à 750 € – frais de réservation 25 €
Pour s'y rendre : au lieu-dit : La Jousselinière (1,9 km au sud-est par D 273 et rte de Sauzelle à gauche)

| Nature : 🐾 🗺 ⛰⛰ |
| Loisirs : 🍴 snack 🎪 🏖 ♨ 🏛 salle d'animation 🚵 🚴 ✂ 🏓 ♨ ⛵ terrain multisports |
| Services : 🚿 ⚡ 🚮 ♨ laverie 🔧 🛁 |

| Longitude : -1.31974 |
| Latitude : 45.97276 |

Club Verébleu 👥 – de fin mai à mi-sept.
𝒫 05 46 76 57 70, *verebleu@wanadoo.fr*,
Fax 05 46 76 70 56, *www.verebleu.tm.fr* ✂
7,5 ha (330 empl.) plat, herbeux, sablonneux
Tarif : (Prix 2010) 40 € 👫 ⛺ 🅴 (4) (8A) – pers. suppl. 10 € – frais de réservation 24 €

Location : (Prix 2010) (de fin mai à mi-sept.) ✂ – 87 🛖 – 69 🏠. Sem. 330 à 1 190 € – frais de réservation 24 €
🚐 borne artisanale – 10 🅴 33 €
Pour s'y rendre : au lieu-dit : La Jousselinière (1,7 km au sud-est par D 273 et rte de Sauzelle à gauche)

À savoir : espace aquatique ludique reprenant le thème de Fort Boyard

| Nature : 🐾 🗺 ⛰⛰ |
| Loisirs : snack ♨ 🏖 🚵 🚴 ✂ ✂ ♨ ⛷ ♨ ⛵ terrain multisports |
| Services : 🚿 ⚡ 🚮 🛁 🚽 ♨ laverie 🔧 🛁 |

| Longitude : -1.31759 |
| Latitude : 45.97111 |

Domaine des 4 Vents de déb. avr. à mi-sept.
𝒫 05 46 76 65 47, *camping4vents.oleron@wanadoo.fr*,
Fax 05 46 36 15 66, *www.camping-4vents-oleron.com*
7 ha (217 empl.) plat, herbeux
Tarif : (Prix 2010) 29 € 👫 ⛺ 🅴 (4) (10A) – pers. suppl. 4,50 € – frais de réservation 10 €

Location : (Prix 2010) (de déb. avr. à mi-sept.) – 90 🛖. Sem. 250 à 740 € – frais de réservation 20 €
🚐 borne artisanale 3 € – 10 🅴 10 € – 🚐 (4) 12 €
Pour s'y rendre : au lieu-dit : La Jousselinière (2 km au sud-est par D 273 et rte de Sauzelle à gauche)

| Nature : 🐾 🗺 ♀ |
| Loisirs : 🏖 🏖 🚵 🚴 ♨ ⛵ terrain multisports |
| Services : 🚿 ⚡ 🛁 ♨ laverie 🔧 |

| Longitude : -1.31974 |
| Latitude : 45.97276 |

597

La Campière 👥 – de déb. avr. à fin sept.
𝒫 05 46 76 72 25, *lacampierre@orange.fr*,
Fax 05 46 76 54 18, *www.la-campiere.com*
1,7 ha (63 empl.) plat, herbeux, sablonneux
Tarif : 34 € 👫 ⛺ 🅴 (4) (10A) – pers. suppl. 4 € – frais de réservation 17 €

Location : (de déb. avr. à fin sept.) – 1 🛖 – 12 🏠. Sem. 250 à 720 € – frais de réservation 19 €
🚐 borne artisanale
Pour s'y rendre : chemin de l'Achnau-Chaucre (5,4 km au sud-ouest par rte de Chaucre et chemin à gauche)

À savoir : agréable cadre verdoyant et soigné

| Nature : 🐾 ⛰⛰ |
| Loisirs : 🍴 🏖 🚵 🚴 🚴 ♨ (petite piscine) |
| Services : 🚿 ⚡ 🛁 🚽 ♨ laverie |

| Longitude : -1.38861 |
| Latitude : 45.9924 |

Si vous désirez réserver un emplacement pour vos vacances,
faites-vous préciser au préalable les conditions particulières de séjour,
les modalités de réservation, les tarifs en vigueur et les conditions de paiement.

Côte Ouest

▲▲▲ Les Gros Joncs de mi-mars à mi-oct.
℘ 05 46 76 52 29, *info@les-gros-joncs.fr*,
Fax 05 46 76 67 74, *www.camping-les-gros-joncs.com*
– places limitées pour le passage
5 ha (253 empl.) plat, en terrasses, vallonné, sablonneux
Tarif : 46 € ★★ ⇔ 🔲 (⅓) (10A) – pers. suppl. 12 € – frais
de réservation 18 €

Location : (permanent) ♿ (chalet) – 203 🏠. Nuitée
86 à 187 € – Sem. 398 à 1 314 € – frais de réservation
18 €
Pour s'y rendre : 850 rte de Ponthezière - Les Sables
Vignier (5 km au sud-ouest, à 300 m de la mer)
À savoir : centre de balnéothérapie et bel espace
aquatique en partie couvert

Nature : 🌿 ⌂ 🌳🌳
Loisirs : 🍴 ✕ 🎦 🌳 🚣 🎯 🚡 hammam jacuzzi salles d'animation 🛶 🚲 🔲 ⛲ 🏊
Services : ♿ 🚿 🚐 🗑 🚾 🚽 laverie 🎣 🔧

Longitude : -1.37643
Latitude : 45.95924

St-Pierre-d'Oléron 17310 – **324** C4 – 6 204 h. – alt. 8
🚏 *place Gambetta* ℘ *05 46 47 11 39*
▶ Paris 522 – Marennes 22 – Rochefort 44 – La Rochelle 80

▲▲ Aqua 3 Masses ▲▲ – de déb. avr. à mi-sept.
℘ 05 46 47 23 96, *accueil@campingaqua3masses.com*,
Fax 05 46 75 15 54, *www.campingles3masses.com*
– places limitées pour le passage
3 ha (130 empl.) plat, herbeux, sablonneux
Tarif : (Prix 2010) 32 € ★★ ⇔ 🔲 (⅓) (10A) – pers.
suppl. 6 € – frais de réservation 20 €

Location : (Prix 2010) (de déb. mai à déb. sept.) ♿
– 30 🚐 – 15 🏠. Sem. 690 € – frais de réservation
20 €
Pour s'y rendre : au lieu-dit : Le Marais-Doux (4,3 km
au sud-est)

Nature : 🌿 ⚬
Loisirs : snack, pizzeria 🎦 🚣 🛶 🚲 🔲 ⛲
Services : ♿ 🚿 ⛲ 🚽 laverie 🔧

Longitude : -1.29189
Latitude : 45.91962

St-Trojan-les-Bains 17370 – **324** C4 – 1 484 h. – alt. 5
🚏 *carrefour du Port* ℘ *05 46 76 00 86*
▶ Paris 509 – Marennes 16 – Rochefort 38 – La Rochelle 74

▲▲ La Combinette de déb. avr. à fin oct.
℘ 05 46 76 00 47, *la-combinette@wanadoo.fr*,
Fax 05 46 76 16 96, *www.combinette-oleron.com*
4 ha (225 empl.) plat, vallonné, sablonneux, herbeux
Tarif : (Prix 2010) 28 € ★★ ⇔ 🔲 (⅓) (10A) – pers.
suppl. 9 €

Location : (Prix 2010) (de déb. avr. à fin oct.) – 19 🏠
– 10 studios. Sem. 240 à 410 €
🚐 borne autre
Pour s'y rendre : 36 av. des Bris (1,5 km au sud-ouest)

Nature : 🌿 ⚬
Loisirs : 🍴 snack 🎦 🚡 hammam spa 🛶 🚲 🏇 terrain multisports
Services : ♿ 🚿 🗑 ⛲ 🚾 🚽 🔲 🎣 🔧
À prox. : ✂

Longitude : -1.21356
Latitude : 45.83193

_____

86220 – **322** J3 – 1 812 h. – alt. 50
▶ Paris 305 – Châtellerault 7 – Descartes 18 – Poitiers 41

▲▲ "Les Castels" Le Petit Trianon de mi-avr. à fin
sept.
℘ 05 49 02 61 47, *petit-trianon@camp-in-ouest.com*,
Fax 05 49 02 68 81, *www.petit-trianon.com*
4 ha (95 empl.) peu incliné et plat, herbeux
Tarif : 31 € ★★ ⇔ 🔲 (⅓) (10A) – pers. suppl. 8 € – frais
de réservation 10 €

Location : (de déb. avr. à fin sept.) – 15 🚐
– 2 bungalows toilés – 2 gîtes. Nuitée 60 à 155 € – Sem.
185 à 775 € – frais de réservation 10 €
🚐 borne artisanale 5 € – 5 🔲 15 €
Pour s'y rendre : 1 r. du Moulin de St-Ustre (3 km au
nord-est, à St-Ustre)
À savoir : cadre agréable autour d'un petit château

Nature : 🌿 ≤ 🌳🌳
Loisirs : 🎦 🛶 🏇 🏊
Services : ♿ 🚿 ⛲ 🚽 🔲 🔧

Longitude : 0.58653
Latitude : 46.88779

JONZAC

17500 – **324** H7 – 3 511 h. – alt. 40 – ♨ (mi fév.-début déc.)
🏛 *22, place du Château* ℰ 05 46 48 49 29
▶ Paris 512 – Angoulême 59 – Bordeaux 84 – Cognac 36

   ▲▲▲ **Les Castors** de mi-mars à mi-nov.
      ℰ 05 46 48 25 65, *camping-les-castors@wanadoo.fr*,
      Fax 05 46 04 56 76, *www.campingcastors.com*
      3 ha (115 empl.) peu incliné, plat, herbeux, gravier
      Tarif : ♣ 5€ ⟺ 🅴 5€ – 🔌 (10A) 5€ – frais de
      réservation 7€
      Location : (de mi-mars à mi-nov.) – 55 🚐 – 6 🏠
      – 1 bungalow toilé. Nuitée 40 à 59€ – Sem. 230 à 343€
      – frais de réservation 7€
      🚐 borne raclet 3€ – 14 🅴 15€ – 🚐 14€
      Pour s'y rendre : 8 r. de Clavelaud (1,5 km au sud-ouest
      par D 19, rte de Montendre et chemin à dr.)

Nature : ⌗ 🌳
Loisirs : 🍸 🎪 🚗 🚲 🖼 🏊 (petite piscine) terrain multis-ports
Services : ⚕ ⊶ 🏪 🍽 laverie 🧹
Longitude : -0.44712
Latitude : 45.43009

Jährlich eine neue Ausgabe.
Aktuellste Informationen, jährlich für Sie.

LAGORD

17140 – **324** D2 – 7 054 h. – alt. 23
▶ Paris 475 – Poitiers 142 – La Rochelle 6 – Niort 75

   ▲ **Municipal le Parc** de mi-juin à mi-sept.
      ℰ 05 46 67 61 54, *secretaire.mairie@mairie-lagord.fr*,
      Fax 05 46 00 62 01, *www.mairie-lagord.fr*
      2 ha (120 empl.) plat, herbeux
      Tarif : 13€ ♣♣ ⟺ 🅴 🔌 (8A) – pers. suppl. 4€
      Location : (permanent) – 8 🏠. Sem. 170 à 420€
      🚐 borne artisanale
      Pour s'y rendre : sortie ouest, r. du Parc, par le
      périphérique, dir. Île de Ré et sortie Lagord

Nature : 🌿 ⌗ 🌳
Loisirs : 🎪 🚗 🎣 🏊
Services : ⚕ ⊶ 🚿 🍽 laverie
À prox. : 🎿 🖼
Longitude : -1.15792
Latitude : 46.19176

LANDRAIS

17290 – **324** E3 – 629 h. – alt. 12
▶ Paris 455 – Niort 48 – Rochefort 23 – La Rochelle 32

   ▲ **le Pré Maréchat** de mi-juin à mi-sept.
      ℰ 05 46 27 73 69, *mairie-landrais@smic17.fr*,
      Fax 05 46 27 79 46, *www.cc-plaine-aunis.fr*
      0,6 ha (37 empl.) plat, herbeux, pierreux
      Tarif : (Prix 2010) ♣ 3€ ⟺ 2€ 🅴 3€ – 🔌 (6A) 2€
      Pour s'y rendre : sortie nord-ouest par D 112, rte
      d'Aigrefeuille-d'Aunis et chemin à gauche, à 120 m d'un
      étang

Nature : 🌿 ⌗ 🌳
Loisirs : 🚗
Services : ⚕ 🚿
À prox. : 🎣
Longitude : -0.86179
Latitude : 46.06908

LE LINDOIS

16310 – **324** N5 – 322 h. – alt. 270
▶ Paris 453 – Angoulême 41 – Confolens 34 – Montbron 12

   ▲ **L'Étang**
      ℰ 05 45 65 02 67, *info@campingdeletang.com*,
      Fax 05 45 65 08 96, *www.campingdeletang.com*
      10 ha/1,5 (25 empl.) plat, peu incliné, herbeux
      Location : – 4 🏠.
      Pour s'y rendre : rte de Rouzède (500 m au sud-ouest
      par D 112)
      À savoir : agréable cadre naturel et sauvage, boisé au
      bord d'un étang

Nature : 🌿 ⌗ 〰〰
Loisirs : 🍸 ✗ 🏖 (plage) 🎣 barques
Services : ⚕ ⊶ 🏪 🖼
Longitude : 0.59181
Latitude : 45.74446

POITOU-CHARENTES

LOUDUN

86200 – **322** G2 – 7 173 h. – alt. 120

🛈 2, rue des Marchands 𝒫 05 49 98 15 96

▶ Paris 311 – Angers 79 – Châtellerault 47 – Poitiers 55

△ **Municipal de Beausoleil** de mi-mai à fin août
𝒫 05 49 98 15 38, mairie@ville-loudun.fr,
Fax 05 49 98 12 88, http://www.ville-loudun.fr ⚐
0,6 ha (33 empl.) terrasse, plat, herbeux
Tarif : (Prix 2010) ★ 3€ ⇌ 🅴 4€ – 🛇 (16A) 3€
Pour s'y rendre : chemin de l'Étang (2,5 km sortie
nord par D 347, dir. Angers et chemin à gauche après
le passage à niveau, au bord d'un ruisseau et près d'un
étang)

Nature : 🗔 ♤♤
Loisirs : 🏊
Services : ♿ 🚮 🛱

Longitude : 0.06175
Latitude : 47.00334

MAGNÉ

86160 – **322** I6 – 614 h. – alt. 121

▶ Paris 375 – Poitiers 29 – Niort 82 – Angoulême 94

△ **Les Cabanes du Parc de la Belle** (location
exclusive de cabanes dans les arbres) Permanent
𝒫 05 49 87 80 86, info@parcdelabelle.com,
Fax 05 49 87 63 38, www.parcdelabelle.com
10 ha
Location : ⚐ – 14 cabanes dans les arbres. Nuitée
115€ – Sem. 805€
Pour s'y rendre : r. Anatole de Briey (au centre du
bourg, face à l'église)
À savoir : dans un magnifique parc

Nature : 🌿 ♧♧
Loisirs : , snack 🏊
Services : 🔑 🍴
À prox. : 🍷 ✕

Longitude : 0.39312
Latitude : 46.35724

MANSLE

16230 – **324** L4 – 1 520 h. – alt. 65

🛈 place du Gardoire 𝒫 05 45 20 39 91

▶ Paris 421 – Angoulême 26 – Cognac 53 – Limoges 93

△ **Municipal Le Champion** de mi-mai à mi-sept.
𝒫 05 45 20 31 41, mairie.mansle@wanadoo.fr,
Fax 05 45 22 86 30
2 ha (120 empl.) plat, herbeux
Tarif : (Prix 2010) ★ 2€ ⇌ 2€ 🅴 3€ – 🛇 (16A) 3€
Pour s'y rendre : r. de Watlington (sortie nord-est par
D 18, rte de Ruffec et à dr., près de l'hippodrome, au
bord de la Charente)

Nature : 🗔 ♤♤
Loisirs : 🎣
Services : ♿ 🔑 ⚒ 🛱 🗄
À prox. : ✕ snack 🛁 🏊 🐎 canoë

Longitude : 0.18211
Latitude : 45.87917

MARANS

17230 – **324** E2 – 4 655 h. – alt. 1

🛈 62, rue d'Aligre 𝒫 05 46 01 12 87

▶ Paris 461 – Fontenay-le-Comte 28 – Niort 56 – La Rochelle 24

△△ **Municipal du Bois Dinot** de déb. avr. à fin sept.
𝒫 05 46 01 10 51, campingboisdinot.marans@wanadoo.
fr, Fax 05 46 66 02 65, www.ville-marans.fr
7 ha/3 campables (170 empl.) plat, herbeux
Tarif : (Prix 2010) ★ 4€ ⇌ 2€ 🅴 3€ – 🛇 (10A) 4€
Location : (Prix 2010) (de déb. avr. à fin sept.) ♿ (1
chalet) – 12 🏠. Sem. 183 à 510€ – frais de réservation
28€
🚐 borne artisanale 4€ – 10 🅴 10€ – 🌊 10€
Pour s'y rendre : rte de Nantes (500 m au nord par
N 137, à 80 m du canal de Marans à la Rochelle)
À savoir : au cœur d'un parc boisé

Nature : 🗔 ♤♤
Loisirs : 🏊 vélodrome
Services : ♿ 🔑 ♨ 🧺 laverie
À prox. : 🛶 🎣 pédalos, canoë

Longitude : -0.98945
Latitude : 46.31583

MARENNES

17320 – **324** D5 – 5 315 h. – alt. 10

🏢 *place Chasseloup-Laubat* 𝒫 *05 46 85 04 36*

▶ Paris 494 – Pons 61 – Rochefort 22 – Royan 31

Au Bon Air de déb. avr. à fin sept.
𝒫 05 46 85 02 40, *contact@aubonair.com*,
Fax 05 46 36 22 54, *www.aubonair.com*
2,4 ha (140 empl.) plat, sablonneux, herbeux
Tarif : (Prix 2010) 25 € ✶✶ ⇌ 🅴 🄓 (16A) – pers.
suppl. 6 € – frais de réservation 17 €

Location : (de déb. avr. à fin sept.) – 12 🛏 – 5 🏠.
Nuitée 45 à 60 € – Sem. 220 à 550 € – frais de réservation
17 €
🚐 borne artisanale 2 € – 🐑 10 €
Pour s'y rendre : 9 av. Pierre Voyer (2,5 km à l'ouest, à
Marennes-Plage)

À savoir : cadre verdoyant

| Nature : 🏕 ♤♤ |
| Loisirs : 🍴 🎱 🏓 ⛵ ♨ |
| Services : 🛁 ⚡ 🏪 🏕 🚮 ♒ |
| laverie |

Longitude : -1.13492
Latitude : 45.81855

Utilisez le guide de l'année.

LES MATHES

17570 – **324** D5 – 1 675 h. – alt. 10

🏢 *2, av. de Royan* 𝒫 *05 46 22 41 07*

▶ Paris 514 – Marennes 18 – Rochefort 40 – La Rochelle 76

La Pinède de déb. avr. à mi-sept.
𝒫 05 46 22 45 13, *contact@campinglapinede.com*,
Fax 05 46 22 50 21, *www.campinglapinede.com* – places
limitées pour le passage
8 ha (372 empl.) plat, sablonneux
Tarif : (Prix 2010) 45,90 € ✶✶ ⇌ 🅴 🄓 (5A) – pers.
suppl. 9,95 € – frais de réservation 29 €

Location : (Prix 2010) (de déb. avr. à mi-sept.) 🛁
– 123 🛏 – 5 🏠. Nuitée 85 € – Sem. 265 à 880 € – frais
de réservation 29 €
Pour s'y rendre : 2103 rte de la Fouasse (3 km au nord-
ouest)

À savoir : grand espace aquatique en partie couvert

| Nature : 🌊 🏕 ♤♤ |
| Loisirs : 🍴 snack, pizzeria 🎱 🎣 |
| 🎤 🏓 🚲 🎯 🎮 🎳 🎱 🏊 🎿 🏐 |
| 🐎 poneys , terrain multisports, |
| parc animalier |
| Services : 🛁 ⚡ 🏪 🏕 ♒ laverie |
| 🍴 🔥 |
| À prox. : parc d'attractions, quad |

Longitude : -1.17493
Latitude : 45.72673

L'Estanquet 👥 – de déb. avr. à fin sept.
𝒫 05 46 22 47 32, *contact@campinglestanquet.com*,
Fax 05 46 22 51 46, *www.campinglestanquet.com*
5 ha (500 empl.) plat, sablonneux
Tarif : (Prix 2010) 32 € ✶✶ ⇌ 🅴 🄓 (10A) – pers.
suppl. 5 € – frais de réservation 20 €

Location : (Prix 2010) (de déb. avr. à fin sept.) – 143 🛏
– 10 🏠 – 20 bungalows toilés. Nuitée 60 à 110 €
– Sem. 159 à 770 € – frais de réservation 20 €
Pour s'y rendre : rte de la Fouasse (3,5 km au nord-
ouest)

| Nature : 🏕 ♤♤ |
| Loisirs : 🍴 snack 🎮 🏓 🏊 🚲 |
| 🎳 🎿 🏐 terrain multisports |
| Services : 🛁 ⚡ 🏪 🏕 ♒ 🚮 |
| laverie 🍴 🔥 |

Longitude : -1.17566
Latitude : 45.72618

L'Orée du Bois de fin mai à mi-sept.
𝒫 05 46 22 42 43, *info@camping-oree-du-bois.fr*,
Fax 05 46 22 54 76, *www.camping-oree-du-bois.fr*
– places limitées pour le passage
6 ha (388 empl.) plat, sablonneux
Tarif : 41,50 € ✶✶ ⇌ 🅴 🄓 (6A) – pers. suppl. 8 € – frais
de réservation 25 €

Location : (de fin mai à mi-sept.) – 20 🛏. Sem.
210 à 980 € – frais de réservation 25 €
Pour s'y rendre : 225 rte de la Bouverie (3,5 km au
nord-ouest, à la Fouasse)

| Nature : 🏕 ♤♤ |
| Loisirs : 🍴 snack 🎱 🎮 🏓 🏊 |
| 🚲 🎳 🎿 🏐 terrain multisports |
| Services : 🛁 ⚡ – 40 sanitaires |
| individuels (🚿 🔥 🚽 wc) laverie |
| 🍴 🔥 |

Longitude : -1.18187
Latitude : 45.72945

△ Monplaisir
℮ 0546225031, *campmonplaisir@aol.com*,
Fax 0546225031, *www.campingmonplaisir.com*
2 ha (114 empl.) plat, herbeux
Location : .
⊟ borne artisanale
Pour s'y rendre : 26 av. de La Palmyre (sortie sud-ouest)

Nature : 🌳🌳	
Loisirs : 🏠 ⛱ 🎣 🏊	
Services : ⚁ ⛽ 🏠 laverie	
À prox. : 🍴 🍷 ✗ quad, parc d'attractions	

Longitude : -1.1475
Latitude : 45.71692

MAUZÉ-SUR-LE-MIGNON

79210 – **322** B7 – 2 675 h. – alt. 30
🛈 *place de la Mairie* ℮ *0549267833*
▶ Paris 430 – Niort 23 – Rochefort 40 – La Rochelle 43

△ **Municipal le Gué de la Rivière** de fin juin à déb. sept.
℮ 0549263035, *mairie@ville-mauze-mignon.fr*,
Fax 0549267113, *www.ville-mauze-mignon.fr* – ℞
1,5 ha (75 empl.) plat, herbeux
Tarif : (Prix 2010) ⚹ 2€ ⇔ 🅔 3€ – 🔌 (10A) 3€
⊟ borne flot bleu 3€
Pour s'y rendre : 1 km au nord-ouest par D 101, rte de St-Hilaire-la-Palud et à gauche, entre le Mignon et le canal

Nature : 🐾 🏞 🌳🌳	
Loisirs : 🏠	

Longitude : -0.67111
Latitude : 46.19633

△△△ ... △
Besonders angenehme Campingplätze, ihrer Kategorie entsprechend.

MÉDIS

17600 – **324** E6 – 2 624 h. – alt. 29
▶ Paris 498 – Marennes 28 – Mirambeau 48 – Pons 39

△△ **Le Clos Fleuri** de déb. juin à mi-sept.
℮ 0546056217, *clos-fleuri@wanadoo.fr*,
Fax 0546067561, *www.le-dos-fleuri.com*
3 ha (140 empl.) plat et peu incliné, herbeux
Tarif : 36€ ⚹⚹ ⇔ 🅔 🔌 (10A) – pers. suppl. 9€ – frais de réservation 20€

Location : (de déb. juin à mi-sept.) 🏚 – 4 🚐
– 10 🏡. Sem. 290 à 740€ – frais de réservation 20€
Pour s'y rendre : 8 impasse du Clos Fleuri (2 km au sud-est par D 117e 3)

À savoir : agréable cadre champêtre autour d'une ancienne ferme charentaise

Nature : 🐾 🏞 🌳🌳	
Loisirs : 🍷 snack 🏠 🎣 ⛱ 🌊 🎣 🏊	
Services : ⚁ ⛽ 🏠 laverie 🚿	

Longitude : -0.94633
Latitude : 45.63003

MESCHERS-SUR-GIRONDE

17132 – **324** E6 – 2 673 h. – alt. 5
🛈 *31, rue Paul Messy* ℮ *0546027039*
▶ Paris 511 – Blaye 78 – Jonzac 49 – Pons 37

△△△ **Le Soleil Levant** de déb. avr. à fin sept.
℮ 0546027662, *soleil.levant.ribes@wanadoo.fr*,
Fax 0546025056, *www.les-campings.com/camping-soleillevant*
2 ha (238 empl.) plat, herbeux
Tarif : 26€ ⚹⚹ ⇔ 🅔 🔌 (10A) – pers. suppl. 6€
Location : (de mi-avr. à fin sept.) 🏚 – 25 🚐. Sem. 350 à 575€
⊟ borne eurorelais 10€
Pour s'y rendre : 33 allée de la Longée (500 m à l'est par r. Basse)

Nature : 🌳🌳	
Loisirs : 🍷 ⛱ 🏊 🎣	
Services : ⛽ 🏠 🚿 🍴 🚿	

Longitude : -0.94856
Latitude : 45.55682

MONTBRON

16220 – **324** N5 – 2 167 h. – alt. 141

🛈 *place de l'Hôtel de Ville* 🖉 *05 45 23 60 09*

▶ Paris 460 – Angoulême 29 – Nontron 25 – Rochechouart 38

△△△ **"Les Castels" Les Gorges du Chambon** 👥 – de mi-avr. à mi-sept.
🖉 05 45 70 71 70, *info@gorgesduchambon.fr*,
Fax 05 45 70 80 02, *www.gorgesduchambon.fr* ⚘
28 ha/7 campables (120 empl.) plat, peu incliné, incliné, herbeux
Tarif : 32€ 👥 🚗 🔲 (*) (10A) – pers. suppl. 10€ – frais de réservation 6€

Location : (de déb. avr. à fin oct.) ⚘ – 12 🚐 – 8 🏠
– 4 bungalows toilés – 1 gîte. Nuitée 28 à 81€ – Sem. 196 à 567€ – frais de réservation 15€
Pour s'y rendre : au lieu-dit : Le Chambon (4,4 km à l'est par D 6, rte de Piégut-Pluviers, puis à gauche 3,2 km par D 163, rte d'Ecuras et chemin à dr., à 80 m de la Tardoir (accès direct))

À savoir : joli cadre verdoyant et boisé autour d'une ancienne ferme restaurée et paysagée

| Nature : 🦌 ≤ 🌳🌳 |
| Loisirs : 🍷 ✗ 🎮 🎲 🏕️ 🛶 ᴭ 🚴 ⛳ ♨️ ✗ ♫ 🛝 🐟 |
| Services : 🔥 ⟿ 🏢 🖲️ laverie 💈 🍴 |
| À prox. : 🐎 canoë |

Longitude : 0.55666
Latitude : 45.65824

MONTIGNAC-CHARENTE

16330 – **324** K5 – 763 h. – alt. 50

🛈 *10, place du Docteur Feuillet* 🖉 *05 45 22 71 97*

▶ Paris 432 – Angoulême 17 – Cognac 42 – Rochechouart 66

△ **Municipal les Platanes** de fin mai à fin août
🖉 05 45 39 89 16, *mairie.montignac-chte@orange.fr*,
Fax 05 45 22 26 71
1,5 ha (100 empl.) plat, herbeux
Tarif : (Prix 2010) 👤 5€ 🚗 🔲 – (*) (12A) 5€
Pour s'y rendre : 25 av. de la Boixe (200 m au nord-ouest par D 115, rte d'Aigré)

| Nature : 🌳🌳 |
| Loisirs : 🎮 |
| Services : 🔥 ✗ |
| À prox. : 🐟 |

Longitude : 0.12485
Latitude : 45.78383

603

MONTMORILLON

86500 – **322** L6 – 6 514 h. – alt. 100

🛈 *2, place du Maréchal Leclerc* 🖉 *05 49 91 11 96*

▶ Paris 354 – Bellac 43 – Le Blanc 32 – Chauvigny 27

△ **Municipal de l'Allochon** de déb. mars à fin oct.
🖉 05 49 91 02 33, *camping@ville-montmorillon.fr*,
Fax 05 49 91 58 26, *www.ville-montmorillon.fr*
2 ha (80 empl.) plat, en terrasses, herbeux
Tarif : (Prix 2010) 👤 2€ 🚗 1€ 🔲 1€ – (*) (10A) 3€
🚐 2 🔲 1€
Pour s'y rendre : 31 av. Fernad-Tribot (sortie sud-est par D 54, rte du Dorat, à 50 m de la Gartempe et au bord d'un ruisseau)

| Nature : 🌳🌳 |
| Loisirs : 🎮 🛶 |
| Services : 🔥 ✗ ✗ 🏢 🛝 🍴 🖲️ |
| À prox. : 🏊 🎯 🐟 |

Longitude : 0.87628
Latitude : 46.41982

MORTAGNE-SUR-GIRONDE

17120 – **324** F7 – 1 037 h. – alt. 51

🛈 *1, place des Halles* 🖉 *05 46 90 52 90*

▶ Paris 509 – Blaye 59 – Jonzac 30 – Pons 26

△ **Municipal Bel Air** de déb. juin à fin sept.
🖉 05 46 91 48 84, *mairie-mortagne@smic17.fr*,
Fax 05 46 90 61 25, *www.mortagne-sur-gironde*
1 ha (20 empl.) en terrasses, plat et peu incliné, herbeux
Tarif : (Prix 2010) 11€ 👥 🚗 🔲 (*) (10A) – pers. suppl. 1€
🚐 borne autre 7€
Pour s'y rendre : dir. le Port

| Nature : 🦌 ≤ l'estuaire et le port de plaisance 🚐 🌳🌳 |
| Loisirs : 🛶 |
| Services : 🔥 ✗ ✗ ✗ 🚐 🚗 |

Longitude : -0.78944
Latitude : 45.48071

MOSNAC

17240 – **324** G6 – 468 h. – alt. 23

▶ Paris 501 – Cognac 34 – Gémozac 20 – Jonzac 11

△ **Municipal les Bords de la Seugne** de mi-avr. à mi-oct.
   ℘ 05 46 70 48 45, *mosnac@mairie17.com*,
   Fax 05 46 70 49 13
   0,9 ha (33 empl.) plat, herbeux
   Tarif : (Prix 2010) ✱ 3 € ⇐ 🅴 3 € – 🅖 3 €
   Pour s'y rendre : 34 r. de la Seugne (au bourg, au bord de la rivière)

| Nature : ⛰ ← l'église 🏕 ♀♀ |
| Loisirs : 🎣 |
| Services : 🚽 🏠 |

| Longitude : -0.52479 |
| Latitude : 45.50579 |

Ce guide n'est pas un répertoire de tous les terrains de camping mais une sélection des meilleurs campings dans chaque catégorie.

LA PALMYRE

17570 – **324** C5

🛈 2, avenue de Royan *℘* 05 46 22 41 07

▶ Paris 524 – Poitiers 191 – La Rochelle 77 – Rochefort 46

△△△ **Village Siblu Bonne Anse Plage** ♣♣ – de fin avr. à mi-sept.
   ℘ 05 46 22 40 90, *cb.hsm@siblu.fr*, Fax 05 46 22 42 30,
   www.siblu.fr/bonneanse – places limitées pour le passage ⛟
   17 ha (700 empl.) plat, vallonné, sablonneux, herbeux
   Tarif : (Prix 2010) 46 € ✱✱ ⇐ 🅴 🅖 (10A) – pers. suppl. 9 € – frais de réservation 15 €
   Location : (Prix 2010) (de fin avr. à mi-sept.) ⛟ – 150 🛏. Nuitée 49 à 169 € – Sem. 343 à 1 183 € – frais de réservation 15 €
   Pour s'y rendre : 2 km à l'ouest, à 400 m de la plage

| Nature : 🏕 ♀♀ |
| Loisirs : 🍸 ✗ poissonnerie 🍽 🎮 🏓 🚴 🛝 🎿 ⛰ terrain multisports, mur d'escalade |
| Services : ⛲ ⊶ 🛁 🚿 laverie 🧺 🚰 |

| Longitude : -1.17987 |
| Latitude : 45.69105 |

△ **Beausoleil** de déb. juin à fin août
   ℘ 05 46 22 30 03, *camping.beausoleil@wanadoo.fr*,
   www.campingbeausoleil.com
   4 ha (244 empl.) plat, vallonné, sablonneux, herbeux
   Tarif : 33 € ✱✱ ⇐ 🅴 🅖 (10A) – frais de réservation 17 €
   Location : (de déb. avr. à mi-sept.) – 20 🛏. Sem. 199 à 669 € – frais de réservation 17 €
   Pour s'y rendre : 20 av. de la Coubre (sortie nord-ouest, à 500 m de la plage)

| Nature : ♀♀ |
| Loisirs : 🍽 🏓 🎿 (petite piscine) |
| Services : ⛲ ⊶ 🛁 🖥 🧺 🚰 |

| Longitude : -1.1836 |
| Latitude : 45.69235 |

PARTHENAY

79200 – **322** E5 – 10 415 h. – alt. 175 – Base de loisirs

🛈 8, rue de la Vau Saint-Jacques *℘* 05 49 64 24 24

▶ Paris 377 – Bressuire 32 – Châtellerault 79 – Fontenay-le-Comte 69

△△ **Le Bois Vert** de déb. avr. à fin oct.
   ℘ 05 49 64 78 43, *campingboisvert@orange.fr*,
   Fax 05 49 95 96 68, *www.camping-boisvert.com*
   2 ha (86 empl.) plat, herbeux
   Tarif : 26 € ✱✱ ⇐ 🅴 🅖 (10A) – pers. suppl. 6 €
   Location : (de déb. avr. à mi-oct.) ⛲ ⛟ – 11 🛏 – 4 🏠 – 4 bungalows toilés. Nuitée 40 à 88 € – Sem. 210 à 616 € – frais de réservation 12 €
   🛏 borne autre 6 €
   Pour s'y rendre : 14 r. Boisseau (sortie sud-ouest rte de la Roche-sur-Yon et à droite après le pont sur le Thouet, près d'un plan d'eau)

| Nature : 🏕 ♀ |
| Loisirs : 🍸 🎮 🏓 🚴 🎿 |
| Services : ⛲ ⊶ 🖥 🛁 🚿 🚰 laverie |
| À prox. : ✗ 🚰 🎣 ⛵ 🐎 🎣 canoë |

| Longitude : -0.2675 |
| Latitude : 46.64194 |

PONS

17800 – **324** G6 – 4 442 h. – alt. 39

🛈 *place de la République* ☎ 05 46 96 13 31

▶ Paris 493 – Blaye 64 – Bordeaux 97 – Cognac 24

🔺 **Les Moulins de la Vergne** Permanent
☎ 05 46 90 50 84, *moulinsdelavergne@wanadoo.fr*,
www.moulinsdelavergne.nl
3 ha/1 campable (51 empl.) plat, herbeux, petit bois
Tarif : (Prix 2010) 18 € 🅰🅰 ⌁ 🅴 (¢) (10A) – pers.
suppl. 3 €
🚐 10 🅴 15 €
Pour s'y rendre : 9 impasse du Moulin de la Vergne
(2 km au nord par D 234, dir. Colombiers)

Nature : 🐟 ♀
Loisirs : 🍴 ✗ 🏠 🎿 🎣
Services : ⚲ ✗ 🚿 laverie ≋

Longitude : -0.53906
Latitude : 45.59444

🔺 **Municipal le Paradis** de déb. mai à fin sept.
☎ 05 46 91 36 72, *ville.pons@smic17.fr*, Fax 05 46 96 14 15
1 ha (60 empl.) plat, herbeux
Tarif : (Prix 2010) 🅰 4 € ⌁ 🅴 7 € – (¢) (10A) 1 €
🚐 borne eurorelais 6 €
Pour s'y rendre : av. du Paradis (à l'ouest près de la
piscine)

Nature : ♀♀
Loisirs : 🏠
Services : ♿ ⚲ 🚿 ≋ ↻
À prox. : 🎣 ⛱

Longitude : -0.5553
Latitude : 45.57793

Teneinde deze gids beter te kunnen gebruiken,
DIENT U DE VERKLARENDE TEKST AANDACHTIG TE LEZEN.

PONT-L'ABBÉ-D'ARNOULT

17250 – **324** E5 – 1 797 h. – alt. 20

🛈 *3, avenue André Malraux* ☎ 05 46 74 57 85

▶ Paris 474 – Marennes 23 – Rochefort 19 – La Rochelle 59

🔺 **Parc de la Garenne** de déb. avr. à fin sept.
☎ 05 46 97 01 46, *info@lagarenne.net*, *www.lagarenne.
net*
2,7 ha (111 empl.) plat, herbeux
Tarif : 25 € 🅰🅰 ⌁ 🅴 (¢) (10A) – pers. suppl. 4 € – frais
de réservation 15 €
Location : (de déb. avr. à mi-oct.) – 35 🛖. Sem.
180 à 599 € – frais de réservation 15 €
🚐 borne artisanale 14 € – ⚲ (¢) 17 €
Pour s'y rendre : 24 av. Bernard Chambenoit (sortie
sud-est par D 125, rte de Soulignonne)

Nature : 🐟 ⌂ ♀
Loisirs : 🏠 🚣 🚲 ⚽ terrain multisports
Services : ♿ ⚲ 🛁 ≋ ↻ 🍴 laverie ≋
À prox. : 🎣

Longitude : -0.87096
Latitude : 45.82729

PRAILLES

79370 – **322** E7 – 683 h. – alt. 150 – Base de loisirs

▶ Paris 394 – Melle 15 – Niort 23 – St-Maixent-l'École 13

🔺 **Le Lambon** de déb. mai à fin sept.
☎ 05 49 32 85 11, *lambon.vacances@wanadoo.fr*,
Fax 05 49 32 94 92, *www.lelambon.com*
1 ha (50 empl.) en terrasses, plat, incliné, herbeux
Tarif : (Prix 2010) 12 € 🅰🅰 ⌁ 🅴 (¢) (6A) – pers.
suppl. 5 €
Location : (Prix 2010) (permanent) – 7 🛖 – 39 gîtes.
Nuitée 64 à 80 € – Sem. 168 à 392 €
🚐 borne artisanale
Pour s'y rendre : au Plan d'eau du Lambon (2,8 km au
sud-est)
À savoir : à 200 m de la base nautique

Nature : 🐟 ♀♀
Services : ♿ ⚲ 🚐 🍴 laverie
À prox. : 🍴 ✗ 🏠 🚣 🏊 ⚽ ⛱ (plage) 🎣 parcours sportif, canoë, pédalos, parcours dans les arbres

Longitude : -0.20753
Latitude : 46.30055

PRESSIGNAC

16150 – **324** O5 – 427 h. – alt. 259

▣ Paris 437 – Angoulême 56 – Nontron 40 – Rochechouart 10

△△△ **Des Lacs** de déb juin à déb. oct.
       ℘ 05 45 31 17 80, *info@campingdeslacs.fr*,
       Fax 05 45 31 17 80, *www.campingdeslacs.fr*
       15 ha/6 campables (160 empl.) plat, herbeux
       Tarif : (Prix 2010) 25€ ✚✚ ⇔ 🅴 🗓 (16A) – pers.
       suppl. 7€ – frais de réservation 15€

       Location : (Prix 2010) (de déb. avr. à déb. oct.) ♿
       – 60 🛖. Nuitée 79 à 117€ – Sem. 175 à 695€ – frais
       de réservation 15€
       🚐 borne eurorelais
       Pour s'y rendre : au lieu-dit : La Guerlie (4,2 km au sud-
       ouest par D 160, rte de Verneuil, au plan d'eau)

Nature : ≼ sur le lac 🖾
Loisirs : 🖾 ⛲diurne 🏇 ⛵ 🏊 ⛷
Services : ♿ ⚡ 🚿 ♻ laverie
À prox. : 🍴 🍽 snack 🔥 🏖 (plage) 🎣 🛶 🐎 pédalos, canoë
Longitude : 0.70926
Latitude : 45.80433

LES GUIDES VERTS MICHELIN

Paysages, monuments
Routes touristiques
Géographie
Histoire, Art
Circuits de visite
Plans de villes et de monuments

ROCHEFORT

17300 – **324** E4 – 25 999 h. – alt. 12 – ♨ (début fév.-mi déc.)
Pont de Martrou : gratuit
🛈 *10, rue du Docteur Peltier* ℘ 05 46 99 08 60

▣ Paris 475 – Limoges 221 – Niort 62 – La Rochelle 38

△△△ **Le Bateau** de déb. fév. à fin oct.
       ℘ 05 46 99 41 00, *lebateau@wanadoo.fr*,
       www.campinglebateau.com
       5 ha/1,5 (86 empl.) plat, pierreux, herbeux
       Tarif : 19€ ✚✚ ⇔ 🅴 🗓 (10A) – pers. suppl. 5€
       Location : (de déb. avr. à fin oct.) – 40 🛖 – 3 studios.
       Nuitée 55 à 82€ – Sem. 290 à 398€
       🚐 5 🅴 13€ – 🚐🗓 15€
       Pour s'y rendre : r. des Pêcheurs D'Islande (près de la
       Charente, par rocade ouest (bd Bignon) et rte du Port
       Neuf, près du centre nautique)

Nature : 🌊 🖾 ♀
Loisirs : 🍴 snack 🖾 jacuzzi ⛵ 🏊 ⛷ ♨
Services : ♿ ⚡ 🏢 ♻ 🚿 ♨ laverie
À prox. : 🛶
Longitude : -0.98877
Latitude : 45.9477

LA ROCHE-POSAY

86270 – **322** K4 – 1 560 h. – alt. 112 – ♨ O
🛈 *14, boulevard Victor Hugo* ℘ 05 49 19 13 00

▣ Paris 325 – Le Blanc 29 – Châteauroux 76 – Châtellerault 23

△△△ **Le Riveau** de déb. avr. à mi-oct.
       ℘ 05 49 86 21 23, *info@camping-le-riveau.com*,
       www.camping-le-riveau.com
       5,5 ha (200 empl.) plat et peu incliné, herbeux
       Tarif : 22€ ✚✚ ⇔ 🅴 🗓 (16A) – pers. suppl. 5€ – frais
       de réservation 9€
       Location : (de déb. avr. à mi-oct.) – 28 🛖 – 1 tente.
       Nuitée 15 à 85€ – Sem. 80 à 600€ – frais de réservation
       16€
       🚐 borne artisanale 6€ – 20 🅴 5€ – 🚐🗓 15€
       Pour s'y rendre : rte de Lésigny (1,5 km au nord par
       D 5, près de l'hippodrome, au bord de la Creuse)
       À savoir : belle délimitation des emplacements

Nature : 🌊 🖾 ♀♀
Loisirs : 🖾 ⛵ 🚲 🛶 canoë, barque
Services : ♿ ⚡ 🏢 🚿 ♨ laverie 🚿
À prox. : 🐎 poneys
Longitude : 0.80963
Latitude : 46.7991

RONCE-LES-BAINS

17390 – **324** D5

🛈 *50, avenue Gabrielle Ronce les Bains* 𝒫 *05 46 36 06 02*

▶ Paris 505 – Marennes 9 – Rochefort 31 – La Rochelle 68

Village Siblu La Pignade 👥 – (location exclusive de mobile homes) de déb. avr. à fin sept.
𝒫 05 46 36 15 35, *lapignade@siblu.fr*, Fax 05 46 85 52 92, *www.camping-lapignade.com*
15 ha plat
Location : (Prix 2010) ⚡ – 60 🚐. Nuitée 39 à 145 € – Sem. 245 à 1 715 € – frais de réservation 15 €
Pour s'y rendre : 45 av. du Monard (1,5 km au sud)

À savoir : parc de 524 mobile-homes dont 60 pour la location (et 464 propriétaires)

Nature :
Loisirs : 🍴 pizzeria, snack 😊 🏃 salle d'animation 🎮 ⚫ 🎯 (découverte en saison) ⛷ terrain multisports
Services : 🚿 👤 ⛺ 🍴 laverie 🏪
À prox. : 🚲 🎯 🏌 quad

Longitude : -1.16111
Latitude : 45.78686

La Clairière 👥 – de déb. mai à mi-sept.
𝒫 05 46 36 36 63, *info@camping-la-clairiere.com*, Fax 05 46 36 06 74, *www.camping-la-clairiere.com* – places limitées pour le passage
12 ha/4 campables (165 empl.) plat, herbeux, sablonneux, vallonné
Tarif : 32 € 👥 🚗 🔌 (10A) – pers. suppl. 8 € – frais de réservation 19 €
Location : (de déb. avr. à fin sept.) ⚡ – 50 🚐 – 7 🏠 – 16 🛏. Sem. 294 à 790 € – frais de réservation 19 €
🚐 borne autre 3 € – 20 🔲 15 €
Pour s'y rendre : r. des Roseaux (3,6 km au sud par D 25, rte d'Arvert et rte à dr.)

À savoir : décoration florale et arbustive

Nature :
Loisirs : 🍴 🍽 🎱 😊 nocturne 🏃 🎮 🎯 🎯 🏊 ⛷
Services : ♿ 👤 ⛺ 🍴 laverie 🏪 🍴
À prox. : 🐎

Longitude : -1.16844
Latitude : 45.77502

Les Pins 👥 – de déb. avr. à déb. oct.
𝒫 05 46 36 07 75, *contact@lespins.com*, Fax 05 46 36 50 77, *http://gmic.lespins.com* – places limitées pour le passage
1,5 ha (81 empl.) plat, sablonneux
Tarif : 32 € 👥 🚗 🔲 🔌 (16A) – pers. suppl. 6 € – frais de réservation 19 €
Location : (de déb. avr. à déb. nov.) – 37 🚐 – 23 🏠 – 1 gîte. Nuitée 47 à 147 € – Sem. 277 à 877 € – frais de réservation 19 €
Pour s'y rendre : 16 av. Côte de Beauté (1 km au sud)

Nature :
Loisirs : 🎱 🏃 🎮 🚲 🎯 🖼 (découverte en saison)
Services : ♿ 👤 ⛺ 🍴 laverie 🍴
À prox. : 🏪 salle d'activités 🎯

Longitude : -1.15862
Latitude : 45.78875

*Consultez le site **Voyage.ViaMichelin.fr***

607

ROYAN

17200 – **324** D6 – 18 424 h. – alt. 20

🛈 *rond-point de la Poste* 𝒫 *05 46 05 04 71*

▶ Paris 504 – Bordeaux 121 – Périgueux 183 – Rochefort 40

Le Royan de déb. avr. à mi-oct.
𝒫 05 46 39 09 06, *camping.le.royan@wanadoo.fr*, Fax 05 46 38 12 05, *www.le-royan.com*
3,5 ha (180 empl.) peu incliné, herbeux
Tarif : (Prix 2010) 👤 9 € 🚗 2 € 🔲 31 € – 🔌 (10A) 5 € – frais de réservation 21 €
Location : (Prix 2010) (de déb. avr. à mi-oct.) – 34 🚐 – 13 🏠. Nuitée 109 € – Sem. 760 € – frais de réservation 20 €
Pour s'y rendre : 10 r. des Bleuets (2,5 km au nord-ouest)

À savoir : cadre verdoyant et soigné

Nature :
Loisirs : 🍴 snack 🎱 🎮 🏊 ⛷
Services : ♿ 👤 ⛺ 🏊 🍴 🍴 laverie 🏪 🍴

Longitude : -1.04033
Latitude : 45.64433

▲ **Campéole Clairefontaine** de déb. avr. à fin sept.
  𝓟 05 46 39 08 11, *clairefontaine@campeole.com*,
  Fax 05 46 38 13 79, *www.campingclairfontaine.com*
  5 ha (290 empl.) plat, herbeux
  Tarif : (Prix 2010) 33 € ✶✶ ⇌ 🔲 [½] (10A) – pers.
  suppl. 10 € – frais de réservation 25 €
  Location : (Prix 2010) (permanent) – 31 ⟨🚐⟩ – 40 ⟨🏠⟩
  – 50 bungalows toilés. Nuitée 35 à 136 € – Sem.
  245 à 952 € – frais de réservation 25 €
  ⟨🚐⟩ borne artisanale
  Pour s'y rendre : allée des Peupliers, à Pontaillac (à
  400 m de la plage)

Nature : 🌳🌳	
Loisirs : 🍴 snack 🎱 🛥 💅 🛶	
Services : 🚿 o�̄ 🔧 🍴 laverie 🚰	
Longitude : -1.05279	
Latitude : 45.63068	

▲ **Le Chant des Oiseaux** de mi-mai à fin sept.
  𝓟 05 46 39 47 47, *contact@campingroyan-
  chantdesoiseaux.com*, Fax 05 46 39 47 47,
  www.campingroyan-chantdesoiseaux.com
  2,5 ha (150 empl.) plat, herbeux, petit sous-bois
  Tarif : (Prix 2010) 26 € ✶✶ ⇌ 🔲 [½] (10A) – pers.
  suppl. 6 € – frais de réservation 12 €
  Location : (Prix 2010) (permanent) ≋ (juil-août)
  – 20 ⟨🚐⟩. Nuitée 42 à 100 € – Sem. 230 à 700 € – frais
  de réservation 14 €
  ⟨🚐⟩ 3 🔲 19 € – 🛥 [½] 22 €
  Pour s'y rendre : 19 r. des Sansonnets (2,3 km au nord-
  ouest)

Nature : 🌿 🍃	
Loisirs : snack 🎱 🌙nocturne 🏊 🛶	
Services : 🚿 o�̄ 🔧 🍴 🔲 🚰	
Longitude : -1.02872	
Latitude : 45.6466	

ST-AUGUSTIN-SUR-MER

17570 – **324** D5 – 1 166 h. – alt. 10
🛈 *1, rue de la Cure* 𝓟 *05 46 05 53 56*
▶ Paris 512 – Marennes 23 – Rochefort 44 – La Rochelle 81

▲ **Le Logis du Breuil** de déb. mai à fin sept.
  𝓟 05 46 23 23 45, *camping.logis-du-breuil@wanadoo.fr*,
  Fax 05 46 23 43 33, *www.logis-du-breuil.com*
  30 ha/8,5 campables (373 empl.) plat, terrasse, vallonné,
  herbeux
  Tarif : 27 € ✶✶ ⇌ 🔲 [½] (6A) – pers. suppl. 7 € – frais de
  réservation 8 €
  Location : (Prix 2010) (de déb. mai à fin sept.) – 6 ⟨🚐⟩
  – 1 ⟨🏠⟩. Sem. 265 à 665 € – frais de réservation 15 €
  ⟨🚐⟩ borne eurorelais
  Pour s'y rendre : 36 r. du Centre (au sud-est par D 145,
  rte de Royan)
  À savoir : à l'orée de la forêt de St-Augustin

Nature : 🌿 🌳🌳	
Loisirs : 🍴 ✗ 🎱 🏊 🚲 🛝 💅 🛶 terrain multisports	
Services : 🚿 o�̄ 🔧 🍴 laverie 🚰 🛒	
À prox. : 🛍 🐴	
Longitude : -1.10207	
Latitude : 45.67905	

608

*Les indications d'accès à un terrain sont généralement indiquées,
dans notre guide, à partir du centre de la localité.*

ST-CHRISTOPHE

17220 – **324** E3 – 1 135 h. – alt. 26
▶ Paris 455 – Niort 48 – Rochefort 25 – La Rochelle 20

▲ **Municipal la Garenne** de déb. mai à mi-sept.
  𝓟 05 46 35 16 15, *saintchristophe@mairie17.com*,
  Fax 05 46 35 64 29
  0,4 ha (30 empl.) plat, herbeux
  Tarif : (Prix 2010) ✶ 3 € ⇌ 2 € 🔲 3 € – [½] (4A) 3 €
  Pour s'y rendre : rte de la Mazurie (sortie nord-est par
  D 264, rte de la Martinière)
  À savoir : cadre champêtre, près d'un étang

Nature : 🌿 🏕 🌳🌳	
Loisirs : 🏊 🎣	
Services : 🚿 📮	
À prox. : ✗	
Longitude : -0.94638	
Latitude : 46.14648	

ST-CYR

86130 – **322** I4 – 993 h. – alt. 62
▶ Paris 321 – Poitiers 18 – Tours 85 – Joué 82

▲▲▲ **Lac de St-Cyr** de déb. avr. à fin sept.
      05 49 62 57 22, *contact@campinglacdesaintcyr.com*,
Fax 05 49 52 28 58, *www.campinglacdesaintcyr.com*
5,4 ha (198 empl.) plat, herbeux
Tarif : 15 € ★★ ⚌ 🔲 (≴) (10A) – pers. suppl. 3 € – frais
de réservation 15 €

Location : (de déb. mars à fin oct.) – 20 ⟨▭⟩
– 3 bungalows toilés. Nuitée 57 à 94 € – Sem. 285 à 658 €
– frais de réservation 15 €
🚐 10 🔲 15 €
Pour s'y rendre : parc de St-Cyr (1,5 km au nord-est par
D 4, D 82, rte de Bonneuil-Matours et chemin à gauche,
près d'un plan d'eau - par N 10, accès depuis la Tricherie)

Nature : ≤ 🛏 ⚲⚲ ⛰
Loisirs : snack 🔲 ⚘ ⛲ 🎣 ⛵ ⚲⚲ 🎯
Services : ♿ ⛽ 🚿 ♻ 🛎 laverie ⚙ 🛒
À prox. : 🍷 ⛱ 🎣 🚤 pédalos, canoë, golf (9 et 18 trous)

Longitude : 0.44782
Latitude : 46.72056

Si vous recherchez :
👫 *un terrain offrant des équipements et des loisirs adaptés aux enfants,*
⚘ *un terrain agréable ou très tranquille,*
L-M *un terrain effectuant la location de caravanes, de mobile homes, de bungalows ou de chalets,*
P *un terrain ouvert toute l'année,*
🚐 *un terrain possédant une aire de services pour camping-cars,*
consultez le tableau des localités.

ST-GEORGES-DE-DIDONNE

609

17110 – **324** D6 – 5 040 h. – alt. 7
🅱 *7, boulevard Michelet*   05 46 05 09 73
▶ Paris 505 – Blaye 84 – Bordeaux 117 – Jonzac 56

▲▲▲ **Bois-Soleil** de déb. avr. à mi-oct.
      05 46 05 05 94, *camping.bois.soleil@wanadoo.fr*,
Fax 05 46 06 27 43, *www.bois-soleil.com* ✗ (de déb. avr.
à fin juin)
8 ha (462 empl.) en terrasses, plat, vallonné, sablonneux
Tarif : 42 € ★★ ⚌ 🔲 (≴) (10A) – pers. suppl. 9 € – frais
de réservation 30 €

Location : (de déb. avr. à mi-oct.) ✗ – 68 ⟨▭⟩
– 15 🏠 – 7 studios. Nuitée 103 € – Sem. 1 130 € – frais
de réservation 30 €
🚐 borne autre 8 €
Pour s'y rendre : 2 av. de Suzac (au sud par D 25, rte de
Meschers-sur-Gironde)

Nature : 🛏 ⚲⚲ ⛰
Loisirs : 🍷 ✗ snack, pizzeria 🔲 ⚘ 🎣 hammam ⛲ 🎠 ⚲⚲ 🏊 terrain multisports
Services : ♿ ⛽ 🛏 ⚙ – 5 sanitaires individuels (🚿 🚽 wc) 🛒 ♻ 🛎 laverie ⚙ 🛒
À prox. : 🐎 poneys

Longitude : -0.98613
Latitude : 45.58356

ST-GEORGES-LÈS-BAILLARGEAUX

86130 – **322** I4 – 3 681 h. – alt. 100
▶ Paris 329 – Poitiers 12 – Joué 89 – Châtellerault 23

▲▲▲ **Le Futuriste** Permanent
      05 49 52 47 52, *camping-le-futuriste@wanadoo.fr*,
Fax 05 49 37 23 33, *www.camping-le-futuriste.fr*
2 ha (112 empl.) peu incliné, herbeux, pierreux, petit
étang
Tarif : 27 € ★★ ⚌ 🔲 (≴) (6A) – pers. suppl. 3 € – frais de
réservation 15 €

Location : (permanent) ✗ – 4 ⟨▭⟩ – 6 🏠. Nuitée
70 à 72 € – Sem. 390 à 505 € – frais de réservation 15 €
Pour s'y rendre : au sud du bourg, accès par D 20

Nature : ≤ Futuroscope 🛏 ⚲⚲
Loisirs : 🍷 ✗ 🔲 ⛲ 🏊 ⛱ terrain multisports
Services : ♿ ⛽ 🛒 ♻ laverie 🛒

Longitude : 0.39543
Latitude : 46.66468

POITOU-CHARENTES

ST-HILAIRE-LA-PALUD

79210 – **322** B7 – 1 553 h. – alt. 15

🏛 *3, cour de l'Ancienne Métairie* ℰ *05 49 35 12 12*
▶ Paris 436 – Poitiers 104 – Niort 24 – La Rochelle 41

⚠ **Indigo Le Lidon** de déb. avr. à fin sept.
   ℰ 05 49 35 33 64, *le-lidon@camping-indigo.com*,
   Fax 05 49 35 32 63, *www.huttopia.com*
   3 ha (140 empl.) plat, herbeux
   Tarif : 26 € ★★ 🚐 🔲 🔌 (10A) – pers. suppl. 6 € – frais
   de réservation 20 €

   Location : (de déb. avr. à fin sept.) – 3 🏚
   – 4 bungalows toilés – 9 tentes. Nuitée 40 à 87 €
   – Sem. 200 à 609 € – frais de réservation 20 €
   🚐 borne artisanale 5 €
   Pour s'y rendre : au lieu-dit : Lidon (3 km à l'ouest par
   D 3 rte de Courçon et chemin à gauche, à la base de
   canoë)

| Nature : 🐟 🌳🌳 |
| Loisirs : 🍴 ✗ 🎮 🚲 ⛴ ⤻ canoës, barques |
| Services : 🚿 ⚙ 🏪 🛁 🍴 laverie 🔧 |

| Longitude : -0.74197 |
| Latitude : 46.28354 |

LESEN SIE DIE ERLÄUTERUNGEN aufmerksam durch,
damit Sie diesen Camping-Führer mit der Vielfalt der gegebenen
Auskünfte wirklich ausnutzen können.

ST-JEAN-D'ANGÉLY

17400 – **324** G4 – 7 463 h. – alt. 25

🏛 *8, rue Grosse Horloge* ℰ *05 46 32 04 72*
▶ Paris 444 – Angoulême 70 – Cognac 35 – Niort 48

⚠ **Val de Boutonne** de déb. avr. à fin sept.
   ℰ 05 46 32 26 16, *info@valba.net, www.valba.net*
   1,8 ha (99 empl.) plat, herbeux
   Tarif : 17 € ★★ 🚐 🔲 🔌 (6A) – pers. suppl. 3 € – frais de
   réservation 12 €
   Location : (permanent) 🍴 – 7 🏠 – 5 🏚. Nuitée
   60 à 90 € – Sem. 169 à 579 € – frais de réservation 12 €
   🚐 30 🔲 17 €
   Pour s'y rendre : 56 quai de Bernouet (sortie nord-
   ouest, rte de la Rochelle, puis à gauche av. du Port (D 18)
   et à dr. av. le pont, près de la Boutonne)
   À savoir : agréable site autour du plan d'eau

| Nature : 🐟 🌳🌳 |
| Loisirs : 🎮 ⛵ |
| Services : 🚿 ⚙ 🛁 ⤻ 🍴 laverie |
| À prox. : 🍴 ✗ ⛲ ⚓ ⤻ canoë, pédalos, centre nautique couvert |

| Longitude : -0.53522 |
| Latitude : 45.94699 |

ST-JUST-LUZAC

17320 – **324** D5 – 1 772 h. – alt. 5
▶ Paris 502 – Rochefort 23 – La Rochelle 59 – Royan 26

⚠ **"Les Castels" Séquoia Parc** ▲↟ – de mi-mai à déb.
   sept.
   ℰ 05 46 85 55 55, *info@sequoiaparc.com*,
   Fax 05 46 85 55 56, *www.sequoiaparc.com*
   49 ha/28 campables (426 empl.) plat, herbeux, pierreux,
   sablonneux, bois
   Tarif : 47 € ★★ 🚐 🔲 🔌 (6A) – pers. suppl. 9 € – frais de
   réservation 30 €
   Location : (de mi-mai à déb. sept.) 🚿 🍴 – 264 🏠
   – 44 🏚. Nuitée 35 à 162 € – Sem. 392 à 1 134 € – frais
   de réservation 30 €
   🚐 borne artisanale
   Pour s'y rendre : au lieu-dit : La Josephtrie (2,7 km au
   nord-ouest par D 728, rte de Marennes et chemin à dr.)
   À savoir : bel espace aquatique autour des dépendances
   d'un château et de nombreuses variétés arbustives et
   florales

| Nature : 🐟 ⛲ 🌳🌳 |
| Loisirs : 🍴 ✗ pizzeria 🎮 🎣 👫 ⛵ 🚲 🎯 ⛳ ⛷ 🐎 terrain multisports |
| Services : 🚿 ⚙ 🛁 ⤻ 🍴 laverie 🐾 🔧 |

| Longitude : -1.05848 |
| Latitude : 45.80776 |

Le coup de cœur de Bib

"Les Castels" Séquoia Parc *(voir page précédente)*

Dans ce camping de la chaîne des Castels, au pied du château et sur un domaine de plus de 45 ha, vous profiterez d'un des spacieux emplacements délimités de haies et agréablement ombragés. Ils sont idéaux pour planter sa tente, installer sa caravane ou stationner son camping-car. Pour ceux qui souhaitent séjourner dans un club-vacances mais qui ne sont pas équipés, le Séquoia Parc propose des mobile homes de luxe avec mezzanine ou des chalets agrémentés de belles terrasses couvertes. Certaines locations offrent un couchage pouvant aller jusqu'à 7 personnes dans 3 chambres. Côté animations, cela va de la gym tonique dans la piscine aux concerts et café-théâtre en soirée, en tout plus de 15 heures par jour de jeux, de sports et de divertissements proposés aux vacanciers petits, moyens et grands !

Les Castels Séquoia Parc

ST-LAURENT-DE-LA-PRÉE

17450 – **324** D4 – 1 725 h. – alt. 7

▶ Paris 483 – Rochefort 10 – La Rochelle 31

Domaine des Charmilles ♣♣ – de fin mai à déb. sept.
℘ 05 46 84 00 05, *charmilles17@wanadoo.fr*,
Fax 05 46 84 02 84, *www.domainedescharmilles.com*
(de fin avr. à déb. juil.)
5 ha (270 empl.) plat, herbeux
Tarif : 35 € ✱✱ ⬛ 🅔 (6A) – pers. suppl. 6 €

Location : (de fin avr. à mi-sept.) – 50
– 15 🏠. Nuitée 48 à 135 € – Sem. 336 à 945 € – frais de réservation 25 €
2 🅔 25 €
Pour s'y rendre : 1541 rte de l'Océan à Fouras (2,2 km au nord-ouest par D 214e 1, rte de Fouras et D 937 à dr., rte de la Rochelle)

Nature : 🔲 ♀♀
Loisirs : 🍽 🅛 🔊nocturne 🏹 ⛵ 🚲 🎣 🔲 🏊 ⛷terrain multisports
Services : 🔧 ⊕ 🛒 🅓 🔫 🚿 laverie 🔁

Longitude : -1.05034
Latitude : 45.99052

Le Pré Vert de déb. avr. à mi-oct.
℘ 05 46 84 89 40, *le-pre-vert@orange.fr*, *www.camping-prevert.com*
3 ha (168 empl.) en terrasses, plat, peu incliné, herbeux
Tarif : (Prix 2010) 20 € ✱✱ ⬛ 🅔 (10A) – pers. suppl. 4 €

Location : (Prix 2010) (de déb. avr. à fin sept.) – 30
– 8 🏠. Sem. 275 à 510 €
10 🅔 20 €
Pour s'y rendre : r. du Petit Loir (2,3 km au nord-est par D 214, rte de la Rochelle, au lieu-dit St-Pierre - par voie rapide : sortie Fouras)

Nature : 🔲 ♀♀
Loisirs : 🅛 ⛵ 〰(bassin)
Services : 🔧 ⊕(juil.-août) 🚿 🅓 🔫 🚿 🍽 laverie 🔁

Longitude : -1.04086
Latitude : 45.9817

POITOU-CHARENTES

ST-NAZAIRE-SUR-CHARENTE

17780 – **324** D4 – 1 028 h. – alt. 14

▶ Paris 491 – Fouras 27 – Rochefort 13 – La Rochelle 49

⚠ **L'Abri-Cotier** de déb. avr. à fin sept.
𝄐 05 46 84 81 65, *abri-cotier@wanadoo.fr*,
Fax 05 46 84 81 65, *www.camping-la-rochelle.net*
1,8 ha (90 empl.) plat, peu incliné, herbeux
Tarif : (Prix 2010) 22 € ✦✦ ⇌ 🅴 (ᵫ) (6A) – pers.
suppl. 5 € – frais de réservation 20 €
Location : (Prix 2010) (de déb. avr. à fin sept.) – 27 (▢)
– 5 🏠. Sem. 235 à 635 € – frais de réservation 20 €
🚐 borne artisanale 2 €
Pour s'y rendre : 26 La Bernardière (1 km au sud-ouest
par D 125e1)

| Nature : 🌿 ⌂ 🗙 |
| Loisirs : 🍽 pizzeria 🎦 ⚔ 🛝 |
| Services : 🔧 ☕ 🛁 💈 laverie 🚿 |
| location réfrigérateurs |

| Longitude : -1.05599 |
| Latitude : 45.9345 |

*Informieren Sie sich über die gültigen Gebühren,
bevor Sie Ihren Platz beziehen. Die Gebührensätze
müssen am Eingang des Campingplatzes angeschlagen sein.
Erkundigen Sie sich auch nach den Sonderleistungen.
Die im vorliegenden Band gemachten Angaben
können sich seit der Überarbeitung geändert haben.*

ST-PALAIS-SUR-MER

17420 – **324** D6 – 3 830 h. – alt. 5

🏢 *1, avenue de la République* 𝄐 05 46 23 22 58

▶ Paris 512 – La Rochelle 82 – Royan 6

⚠ **Côte de Beauté** de mi-avr. à déb. oct.
𝄐 05 46 23 20 59, *campingcotedebeaute@wanadoo.fr*,
www.camping-cote-de-beaute.com
1,7 ha (115 empl.) plat, herbeux
Tarif : (Prix 2010) 26 € ✦✦ ⇌ 🅴 (ᵫ) (6A) – pers.
suppl. 4 € – frais de réservation 23 €
Location : (Prix 2010) (de mi-avr. à déb. oct.) – 13 (▢)
– 4 studios. Nuitée 35 à 75 € – Sem. 225 à 615 € – frais
de réservation 23 €
Pour s'y rendre : 157 av. de la Grande Côte (2,5 km au
nord-ouest, à 50 m de la mer)
À savoir : cadre agréable face à l'océan

| Nature : ⌂ 🗙 |
| Loisirs : 🎦 ⚔ |
| Services : 🔧 ☕ 🛁 🚐 🛁 🖥 |
| À prox. : 🏊 🍽 🗙 🚿 |

| Longitude : -1.1191 |
| Latitude : 45.64973 |

ST-PIERRE-DE-MAILLÉ

86260 – **322** L4 – 920 h. – alt. 79

▶ Paris 333 – Le Blanc 22 – Châtellerault 32 – Chauvigny 21

⚠ **Municipal** de fin avr. à mi-oct.
𝄐 05 49 48 64 11, *camping.saintpierredemaille@gmail.
com*, *www.camping-saintpierredemaille.com/*
3 ha (93 empl.) plat, peu incliné, herbeux
Tarif : (Prix 2010) ✦ 3 € ⇌ 🅴 4 € – (ᵫ) (16A) 3 €
Location : (Prix 2010) (de fin avr. à mi-oct.)
– 4 bungalows toilés – 5 tentes. Nuitée 30 à 68 €
– Sem. 210 à 476 €
Pour s'y rendre : rte de Vicq (sortie nord-ouest par
D 11, au bord de la Gartempe)
À savoir : accueil de colonies et groupes sportifs

| Nature : 🌿 🗙 |
| Loisirs : 🚴 🛶 🗙 canoë, prome- |
| nades-conférences |
| Services : 🚐 🖋 laverie |

| Longitude : 0.83897 |
| Latitude : 46.68463 |

ST-SAVINIEN

17350 – **324** F4 – 2 372 h. – alt. 18

🏠 *rue Bel Air* 🖉 *05 46 90 21 07*

▶ Paris 457 – Rochefort 28 – La Rochelle 62 – St-Jean-d'Angély 15

⛰ **L'Île aux Loisirs** de déb. avr. à fin sept.
🖉 05 46 90 35 11, *contact@ileauxloisirs.com*,
Fax 05 46 91 65 06, *www.ilesauxloirs.com*
1,8 ha (82 empl.) plat, herbeux
Tarif : (Prix 2010) 21€ 🏕🏕 ⬅ 🔲 Ⓑ (6A) – pers.
suppl. 5€ – frais de réservation 16€

Location : (Prix 2010) (de déb. avr. à fin sept.) – 4 🛖
– 11 🏠 – 4 bungalows toilés. Nuitée 55 à 77€ – Sem.
209 à 540€ – frais de réservation 16€
Pour s'y rendre : 102 r. de St-Savinien (500 m à l'ouest
par D 18, rte de Pont-l'Abbé-d'Arnoult, entre la Charente
et le canal, à 200 m d'un plan d'eau)

Nature : 🔲 ♀♀
Loisirs : 🍷 pizzeria 🛶
Services : ♿ ⛽ 🛁 ☂ laverie 🧺
À prox. : 🎿 ⛵ ⤢ 🏊 🐟 parcours sportif

Longitude : -0.67973
Latitude : 45.877

Donnez-nous votre avis sur les terrains que nous recommandons.
Faites-nous connaître vos observations et vos découvertes
par mail à l'adresse : leguidecampingfrance@fr.michelin.com.

ST-SEURIN D'UZET

17120 – **324** F6

▶ Paris 512 – Blaye 65 – La Rochelle 99 – Royan 25

⛰ **Municipal le Port**
🖉 05 46 90 44 03, *chenac.saint.seurin.duzet@mairie17.com*, Fax 05 46 90 40 02
1 ha (55 empl.) non clos, plat, herbeux
🚐 borne artisanale
Pour s'y rendre : 12 quai de l'Esturgeon (au bourg, près
de l'église, au bord d'un chenal)

Nature : 🐟 🔲 ♀♀
Loisirs : 🛶 🐟 ponton d'amarrage
Services : ♿ ⛽ 🛁
À prox. : 🍷 ✕

Longitude : -0.83362
Latitude : 45.50151

613

ST-SORNIN

17600 – **324** E5 – 304 h. – alt. 16

▶ Paris 495 – Marennes 13 – Rochefort 24 – La Rochelle 60

⛰ **Le Valerick** de déb. avr. à fin sept.
🖉 05 46 85 15 95, *campingvalerick@orange.fr*,
Fax 05 46 85 15 95, *www.camping-le-valerick.fr*
1,5 ha (50 empl.) plat, incliné, herbeux, petit bois
Tarif : 18,30€ 🏕🏕 ⬅ 🔲 Ⓑ (6A) – pers. suppl. 3,50€
– frais de réservation 50€
Pour s'y rendre : 1 La Mauvinière (1,3 km au nord-est
par D 118, rte de Pont-l'Abbé)

Nature : 🐟 ♀
Loisirs : snack 🛶
Services : ♿ ⛽ 📮 🛁

Longitude : -0.96301
Latitude : 45.77324

SEMUSSAC

17120 – **324** E6 – 1 829 h. – alt. 36

▶ Paris 520 – Poitiers 187 – La Rochelle 85 – Angoulême 111

⛰ **Le 2 B** de déb. avr. à fin sept.
🖉 05 46 05 95 16, *info@camping-2b.com*,
Fax 05 46 02 70 99, *www.camping-2b.com*
1,8 ha (93 empl.) plat, peu incliné, herbeux
Tarif : 20€ 🏕🏕 ⬅ 🔲 Ⓑ (6A) – pers. suppl. 5€ – frais de
réservation 11€

Location : (de déb. avr. à fin sept.) – 20 🛖. Nuitée
30 à 80€ – Sem. 210 à 570€ – frais de réservation 11€
Pour s'y rendre : 9 chemin des Bardonneries (3,8 km à
l'est par D 730, rte de St-Georges-de-Didonne)

Nature : ♀♀
Loisirs : 🔲 🛶 ⤢ 🏊
Services : ♿ ⛽ 🛁 laverie

Longitude : -0.94793
Latitude : 45.6041

SAUJON

17600 – **324** E5 – 6 404 h. – alt. 7

🛈 *22, place du Général-de-Gaulle* 🎱 *05 46 02 83 77*

▶ Paris 499 – Poitiers 165 – La Rochelle 71 – Saintes 28

⚠ **Lac de Saujon** de déb. avr. à mi-oct.
🎱 05 46 06 82 99, *info@campingdulac.net*,
Fax 05 46 06 83 66, *www.campingdulac.net*
3,7 ha (150 empl.) plat, herbeux
Tarif : (Prix 2010) 24€ ★★ ⬅ 🅴 (𝟺) (16A) – pers.
suppl. 4€ – frais de réservation 19€

Location : (Prix 2010) (permanent) ⚡ – 36 🚐
– 4 🏠 – 4 bungalows toilés. Sem. 250 à 580€ – frais
de réservation 19€
🚐 borne artisanale 5€
Pour s'y rendre : Aire de la Lande - Voie des Tourterelles

| Loisirs : 🍷 snack 🎦 🏊 🏇 🚲 |
| Services : 🚿 ⚬⟳ 🛁 🚿 🚽 |
| laverie 🔌 ♨ |
| À prox. : 🎯 🏊 🎿 ⛷ 🐎 🐴 (cen- |
| tre équestre) parcours de santé, |
| terrain multisports |

| Longitude : -0.94039 |
| Latitude : 45.68258 |

---

*Nos **guides hôtels,** nos **guides touristiques** et nos **cartes routières**
sont complémentaires. Utilisez-les ensemble.*

SECONDIGNY

79130 – **322** D5 – 1 715 h. – alt. 177

▶ Paris 391 – Bressuire 27 – Champdeniers 15 – Coulonges-sur-l'Autize 22

⚠ **Le Moulin des Effres**
🎱 05 49 95 61 97, *bonnes.vacances@wanadoo.fr*,
www.campinglemoulindeseffres.fr
2 ha (90 empl.) peu incliné, plat, herbeux

Location : – 17 🚐.
Pour s'y rendre : sortie sud par D 748, rte de Niort et
chemin à gauche, près d'un plan d'eau

| Nature : 🐟 🏞 ⚬⚬ |
| Loisirs : 🎦 🚲 |
| Services : 🚿 ⚬⟳ 🚿 🗄 |
| À prox. : 🍷 ✕ 🚣 ⛷ 🎣 🛶 |
| pédalos |

| Longitude : -0.41849 |
| Latitude : 46.6096 |

614

SIREUIL

16440 – **324** K6 – 1 178 h. – alt. 26

▶ Paris 460 – Angoulême 16 – Barbezieux 24 – Cognac 35

⚠ **Nizour** de mi-avr. à mi-oct.
🎱 05 45 90 56 27, *campingdunizour@orange.fr*,
Fax 05 45 90 92 67, *www.campingdunizour.com*
1,6 ha (40 empl.) plat, herbeux
Tarif : (Prix 2010) 20€ ★★ ⬅ 🅴 (𝟺) (3A) – pers.
suppl. 4€

Location : (Prix 2010) (de mi-avr. à mi-oct.) – 6 🚐
– 5 🏠. Sem. 250 à 530€ – frais de réservation 8€
Pour s'y rendre : 2 rte de la Charente (1,5 km au sud-
est par D 7, rte de Blanzac, à gauche avant le pont, à
120 m de la Charente (accès direct))

| Nature : 🏞 ⚬⚬ |
| Loisirs : 🎦 🚣 🚲 ⛷ 🎿 |
| canoë |
| Services : 🚿 ⚬⟳ 🚿 laverie |
| À prox. : 🐟 ponton d'amarrage |

| Longitude : 0.02418 |
| Latitude : 45.60688 |

THORS

17160 – **324** I5 – 404 h. – alt. 23

▶ Paris 466 – Angoulême 53 – Cognac 84 – Limoges 143

⚠ **Le Relais de l'Étang** de déb. avr. à fin oct.
🎱 05 46 58 26 81, *paysdematha@wanadoo.fr*,
Fax 05 46 58 26 81, *www.paysdematha.com*
0,8 ha (25 empl.) plat, herbeux, gravillons
Tarif : ★ 2€ ⬅ 2€ 🅴 2€ – (𝟺) (10A) 3€

Location : (permanent) – 3 🚐. Sem. 250€
🚐 4 🅴 2€
Pour s'y rendre : rte de Cognac (sortie nord par D 121,
rte de Matha, près de l'étang)

| Nature : 🐟 🏞 ⚬⚬ |
| Loisirs : 🚣 |
| Services : 🚿 ⚬⟳ 🚿 laverie |
| À prox. : 🍷 snack 🏓 ⛴ (plage) 🐟 |
| pédalos |

| Longitude : -0.30822 |
| Latitude : 45.83662 |

VAUX-SUR-MER

17640 – **324** D6 – 3 785 h. – alt. 12
🛈 *53, rue de Verdun* ✆ *05 46 38 79 05*
▶ Paris 514 – Poitiers 181 – La Rochelle 75 – Rochefort 44

⚏ **Le Nauzan-Plage** de déb. avr. à mi-sept.
✆ 05 46 38 29 13, *camping.le.nauzan@wanadoo.fr*,
Fax 05 46 38 18 43, *www.campinglenauzanplage.com*
3,9 ha (239 empl.) plat, herbeux
Tarif : 38€ ★★ ⇆ 🅴 🅙 (10A) – pers. suppl. 8€ – frais
de réservation 20€

Location : (de déb. avr. à mi-sept.) 🕸 (de déb. avr. à
mi-juin) – 23 🛏. Nuitée 43 à 106€ – Sem. 300 à 740€
– frais de réservation 20€
🚐 borne autre 10€
Pour s'y rendre : 39 av.de Nauzan-Plage (500 m de la
plage)

À savoir : en bordure d'un parc

| Nature : 🏕 ♀ |
| Loisirs : 🍸 snack 🎱 🕙diurne |
| 👟 🏊 |
| Services : 🚿 ⚷ 🛁 💈 laverie |
| 🏧 🍽 |
| À prox. : 🍴 🎣 🚣 |

| Longitude : -1.07005 |
| Latitude : 45.64344 |

⚏ **Le Val-Vert** de mi-avr. à fin sept.
✆ 05 46 38 25 51, *camping-val-vert@wanadoo.fr*,
Fax 05 46 38 06 15, *www.val-vert.com*
3 ha (166 empl.) plat et terrasse, herbeux, pierreux
Tarif : 35€ ★★ ⇆ 🅴 🅙 (10A) – pers. suppl. 7€ – frais
de réservation 15€
Location : (de mi-avr. à fin sept.) – 36 🛏 – 35 🏠.
Sem. 227 à 730€ – frais de réservation 15€
🚐 borne artisanale
Pour s'y rendre : 108 av. Fréderic Garnier (au sud-ouest
du bourg, au bord d'un ruisseau)

À savoir : en bordure d'un parc

| Nature : 🏕 ♀♀ |
| Loisirs : snack, pizzeria 🎱 👟 |
| 🚲 🏊 |
| Services : 🚿 ⚷ 💈 laverie 💈 |
| À prox. : 🍴 🎣 |

| Longitude : -1.06299 |
| Latitude : 45.64357 |

VOUILLÉ

86190 – **322** G5 – 3 322 h. – alt. 118
🛈 *10, place de l'Eglise* ✆ *05 49 51 06 69*
▶ Paris 345 – Châtellerault 46 – Parthenay 34 – Poitiers 18

⚏ **Municipal** de fin mai à fin sept.
✆ 05 49 54 20 30, *vouille@cg86.fr*, Fax 05 49 51 14 47
0,5 ha (48 empl.) plat, herbeux
Tarif : (Prix 2010) ★ 3,50€ ⇆ 2€ 🅴 3€ – 🅙 (10A) 3€
Pour s'y rendre : chemin de la Piscine (au bourg, au
bord de l'Auxance)

| Nature : 🐟 ♀♀ |
| Loisirs : 👟 🏊 🚣 🚣 |
| Services : 🚿 🍽 🚲 🖼 |
| À prox. : 🍴 |

| Longitude : 0.16603 |
| Latitude : 46.63769 |

VOUNEUIL-SUR-VIENNE

86210 – **322** J4 – 1 910 h. – alt. 58
🛈 *34 bis, place de la Libération* ✆ *05 49 85 11 99*
▶ Paris 316 – Châtellerault 12 – Chauvigny 20 – Poitiers 27

⚏ **Les Chalets de Moullière** (location exclusive de
chalets)
✆ 05 49 85 84 40, *villagevacance@fol86.org* – empl.
traditionnels également disponibles
1,5 ha plat

Location : 🚿 – 24 🏠.
Pour s'y rendre : r. des Ardentes (sortie est par D 15,
rte de Monthoiron et r. à gauche, à 60 m de la Vienne
(accès direct))

À savoir : emplacements pour colonies de vacances

| Loisirs : 🎱 🚲 🏊 |
| Services : ⚷ 💈 🖼 💈 |
| À prox. : 🎣 🍴 🚣 canoë |

| Longitude : 0.5445 |
| Latitude : 46.71965 |

PROVENCE-ALPES-CÔTE D'AZUR

S. Sauvignier/Michelin

Le jour se lève en Provence. Sur les marchés colorés les « partisanes » vantent avec une faconde proverbiale la fraîcheur de leur étal. Tsitt… tsitt, face à la « grande bleue », les cigales entament leur chant obsédant, et les sonnailles des moutons transhumants tintent du côté de l'Ubaye. Le soleil darde ses rayons sur les villages perchés, exalte la senteur des lavandes et confine à l'ombre des platanes les gourmands qui dégustent un aïoli ou une bouillabaisse… Puis vient l'heure de la sieste, pratiquée dans les bastides de l'arrière-pays comme dans les cabanons nichés au creux des calanques. À la fraîche entrent en scène les joueurs de pétanque : après force querelles, ils rivaliseront jusqu'à la nuit de galéjades devant une tournée de pastis, « avec l'accent qui se promène et qui n'en finit pas ».

As the fishmongers joke, chat, and cry their wares under clear blue skies, you cannot help but fall in love with the happy-go-lucky spirit of Marseilles. Elsewhere, the sun is climbing higher above the ochre walls of a hilltop village and its fields of lavender below; the steady chirring of the cicadas is interrupted only by the sheep-bells ringing in the hills. Slow down to the gentle pace of the villagers and join them as they gather by the refreshingly cool walls of the café. However, come 2pm, you may begin to wonder where everyone is. On hot afternoons, everyone exercises their God-given right to a nap, from the fashionable Saint Tropez beaches to the seaside cabins of the Camargue, but soon it's time to wake up and get ready for a hotly-disputed game of pétanque and a cool glass of pastis!

LES ADRETS-DE-L'ESTEREL

83600 – **340** P4 – 2 063 h. – alt. 295
🛈 *place de la Mairie* 𝒫 *0494409357*
▶ Paris 881 – Cannes 26 – Draguignan 44 – Fréjus 17

⚠️ **Les Philippons** de déb. avr. à fin sept.
𝒫 04 94 40 90 67, *info@philipponscamp.com*,
Fax 04 94 19 35 92, *www.lesphilippons.com*
5 ha (150 empl.) en terrasses, pierreux, herbeux, fort
dénivelé
Tarif : (Prix 2010) 29 € 🏕🏕 ⚡ 🅴 🔌 (10A) – pers.
suppl. 6 € – frais de réservation 20 €

Location : (Prix 2010) (de déb. avr. à fin sept.) – 14 🏠.
Sem. 252 à 826 € – frais de réservation 20 €
Pour s'y rendre : 3 km à l'est par D 237

À savoir : cadre sauvage sous les oliviers, eucalyptus,
chênes-lièges

Nature : 🌿 ⬅ 🏕 🎵
Loisirs : 🍴 snack 🚣 ⛷
Services : 🔑 🛁 🚰 laverie 🚿 réfrigérateurs

Longitude : 6.84002
Latitude : 43.52876

Verwar niet :
⚠️... tot ... ⚠️⚠️⚠️ : *MICHELIN indeling*
en
★ ... tot ... ★★★★★ : *officiële classificatie*

AGAY

83530 – **340** Q5 – alt. 20
🛈 *place Giannetti BP 45* 𝒫 *0494820185*
▶ Paris 880 – Cannes 34 – Draguignan 43 – Fréjus 12

⚠️⚠️ **Esterel Caravaning** 👥 – de déb. avr. à fin sept.
𝒫 04 94 82 03 28, *contact@esterel-caravaning.fr*,
Fax 04 94 82 87 37, *www.esterel-caravaning.fr*
12,5 ha (485 empl.) en terrasses, peu incliné, pierreux
Tarif : 49 € 🏕🏕 ⚡ 🅴 🔌 (10A) – pers. suppl. 11 € – frais
de réservation 40 €

Location : (de déb. avr. à fin sept.) – 250 🚐. Nuitée
40 à 125 € – Sem. 300 à 900 € – frais de réservation
40 €
🚰 borne artisanale 10 €
Pour s'y rendre : av. des Golfs (4 km au nord-ouest)

À savoir : réservé aux caravanes

Nature : 🌿 🎵 🎶
Loisirs : 🍴 ✗ pizzeria 🎮 🎧 🏃 🏌 🚣 ⛷ 🏇 poneys squash, terrain multisports, skate-park
Services : ♿ 🔑 🧺 🎬 🛁 – 18 sanitaires individuels (🚿 ♻ wc) 🛁 🚻 🚰 laverie 🧺 🚿

Longitude : 6.83108
Latitude : 43.45116

⚠️⚠️ **Campéole Le Dramont** 👥 – de mi-mars à déb.
oct.
𝒫 04 94 82 07 68, *dramont@campeole.com*,
Fax 04 94 82 75 30, *www.camping-mer.com*
6,5 ha (400 empl.) vallonné, plat, sablonneux
Tarif : (Prix 2010) 43 € 🏕🏕 ⚡ 🅴 🔌 (10A) – pers.
suppl. 9,30 € – frais de réservation 25 €

Location : (Prix 2010) (de mi-mars à déb. oct.) – 56 🚐
– 56 🏠 – 65 bungalows toilés. Nuitée 29 à 146 €
– Sem. 203 à 1 022 € – frais de réservation 25 €
🚰 borne eurorelais 7 €
Pour s'y rendre : 986 bd de la 36eme Division du Texas

Nature : 🌿 🎶 💧
Loisirs : 🍴 pizzeria, snack 🎮 🎧 🏃 🚣
Services : ♿ 🔑 🛁 laverie 🧺 🚿
À prox. : canoë-kayak, terrain multisports, école de plongée

Longitude : 6.84835
Latitude : 43.41782

⚠️ **Village Vacances Vallée du Paradis** 👥 – (location
exclusive de mobile homes) de mi-mars à mi-oct.
𝒫 04 94 82 16 00, *vallee-du-paradis@wanadoo.fr*,
Fax 04 94 82 72 21, *www.camping-vallee-du-paradis.fr*
3 ha plat

Location : – 198 🚐. Nuitée 39 à 179 € – Sem.
280 à 1 253 € – frais de réservation 30 €
Pour s'y rendre : av. du Gratadis (1 km au nord-ouest,
au bord de l'Agay)

Nature : ⬅ 🎵 💧
Loisirs : 🍴 pizzeria, snack 🎮 🎧 🏃 🎣 🚣 ⛷ ⛵ ponton d'amarrage, kayak
Services : ♿ 🔑 🛁 🚰 laverie 🧺 🚿

Longitude : 6.85231
Latitude : 43.43633

Les Rives de l'Agay de déb. mars à déb. nov.
℘ 0494820274, *reception@lesrivesdelagay.fr*,
Fax 0494824414, *www.lesrivesdelagay.fr*
2 ha (171 empl.) plat, herbeux, sablonneux
Tarif : 19,90€ ★★ ⊕ 🔲 (6A) – pers. suppl. 4€ – frais
de réservation 20€

Location : (de déb. mars à déb. nov.) – 40 🛖. Nuitée
37 à 49€ – Sem. 615 à 871€ – frais de réservation 20€
Pour s'y rendre : av. du Gratadis (700 m au nord-ouest,
au bord de l'Agay et à 500 m de la plage)

Nature : 🏕 ♧♧
Loisirs : pizzeria 🎯 ⚓ ponton d'amarrage
Services : 🚿 ⚬ 🏪 ♨ ⚱ 🚽 laverie ⚑ 🚿

Longitude : 6.85229
Latitude : 43.43721

Azur Rivage saison
℘ 0494448312, *campingazurivage@aol.com*,
Fax 0494448494, *www.camping-azur-rivage.com*
1 ha (66 empl.) plat, en terrasses, peu incliné, pierreux
Tarif : (Prix 2010) 45€ ★★ ⊕ 🔲 (6A) – pers.
suppl. 8€

Location : (Prix 2010) (saison) – 47 🛖. Nuitée 50€
– Sem. 200 à 950€
🚐 borne artisanale
Pour s'y rendre : bd Eugène-Brieux (5 km à l'est, à
Anthéor-Plage)

À savoir : près de la plage

Nature : ♧♧
Loisirs : 🍽 ✗ 🎮 ⚒ ⚑
Services : 🚿 ⚬ laverie ⚑ 🚿

Longitude : 6.88329
Latitude : 43.43334

Agay-Soleil de fin mars à déb. nov.
℘ 0494820079, *camping-agay-soleil@wanadoo.fr*,
Fax 0494828870, *www.agay-soleil.com* ✗ (de déb. juil.
à déb. sept.)
0,7 ha (53 empl.) plat, peu incliné, terrasses, sablonneux
Tarif : (Prix 2010) 36€ ★★ ⊕ 🔲 (6A) – pers.
suppl. 6€ – frais de réservation 16€

Location : (Prix 2010) (de déb. avr. à déb. nov.) ✗
– 5 🛖 – 2 🏠. Sem. 295 à 730€
🚐 borne artisanale 8€
Pour s'y rendre : 1152 bd de la Plage (700 m à l'est)

Nature : ⇙ 🏕 ♧♧ ⛰
Loisirs : 🍽 pizzeria 🎯
Services : 🚿 ⚬ 🎮 ⚒ 🏪 ♨ ⚑ 🚿
À prox. : ✗ base nautique

Longitude : 6.86934
Latitude : 43.43224

Royal-Camping de mi-fév. à mi-nov.
℘ 0494820020, *contact@royalcamping.net*,
Fax 0494820020, *www.royalcamping.net*
0,6 ha (45 empl.) plat, herbeux, gravier
Tarif : (Prix 2010) 30€ ★★ ⊕ 🔲 (6A) – pers.
suppl. 7€ – frais de réservation 20€

Location : (Prix 2010) (de mi-mars à fin oct.) – 9 🛖.
Nuitée 50 à 98€ – Sem. 350 à 690€ – frais de réservation
20€
Pour s'y rendre : camp-long (1,5 km au sud)

Nature : ♧♧ ⛰
Loisirs : 🎯
Services : ⚬ 🎮 🚿
À prox. : 🎰 ⚑ 🍽 ✗ 🚿

Longitude : 6.85706
Latitude : 43.42014

621

AIX-EN-PROVENCE

13100 – **340** H4 – 143 404 h. – alt. 206
🏢 2, place du Général-de-Gaulle ℘ 0442161161
▶ Paris 752 – Aubagne 39 – Avignon 82 – Manosque 57

Chantecler ♣♣ – Permanent
℘ 0442261298, *info@campingchantecler.com*,
Fax 0442273353, *www.campingchantecler.com*
8 ha (240 empl.) plat à peu incliné et en terrasses,
pierreux, herbeux
Tarif : (Prix 2010) 25€ ★★ ⊕ 🔲 (10A) – pers.
suppl. 7€

Location : (Prix 2010) (permanent) – 30 🛖 – 10 🏠.
Sem. 581 à 690€
🚐 borne artisanale
Pour s'y rendre : 41 av. du Val-Saint-André (2,5 km au
sud-est, accès par cours Gambetta)

À savoir : vue sur la Montagne-Ste-Victoire

Nature : 🏕 ♧♧
Loisirs : 🍽 snack 🎯 🎪 ⚽ 🔲
Services : 🚿 ⚬ 🏪 ♨ 🚿 laverie ⚑ 🚿

Longitude : 5.47367
Latitude : 43.51584

PROVENCE-ALPES-CÔTE D'AZUR

ANCELLE

05260 – **334** F5 – 808 h. – alt. 1 340 – Sports d'hiver : 1 350/1 807 m ⚡13 ⚡
🏠 *Mairie* ✆ *0492508951*
▶ Paris 665 – Gap 17 – Grenoble 103 – Orcières 18

   Les Auches fermé de mi-nov. à mi-déc.
   ✆ 0492508028, *info@lesauches.com*, Fax 0492508458,
   www.lesauches.com – places limitées pour le passage
   2 ha (90 empl.) peu incliné, terrasses, herbeux
   Tarif : 17€ ⚭⚭ 🚗 🅴 🔌 (3A) – pers. suppl. 5€

   Location : (permanent) 🏠 – 11 🛏 – 11 🏠
   – 2 studios – 1 appartement – 2 bungalows toilés.
   Sem. 230 à 650€ – frais de réservation 15€
   🚐 3 🅴 15€
   Pour s'y rendre : Lieu-dit : Les Auches (sortie nord par
   rte de Pont du Fossé et à dr.)

Nature : 🏞 ≤
Loisirs : snack 🍴 🏃 jacuzzi 🏊 🛝
Services : 🚿 🔌 🏧 🚰 🧺

Longitude : 6.21064
Latitude : 44.62431

ANTIBES

06600 – **341** D6 – 75 770 h. – alt. 2
🏠 *11, place du Général-de-Gaulle* ✆ *0492231111*
▶ Paris 909 – Aix-en-Provence 160 – Cannes 11 – Nice 21

   Antipolis de déb. avr. à déb. oct.
   ✆ 0493339399, *contact@camping-antipolis.com*,
   Fax 0492910200, *www.camping-antipolis.com* – places
   limitées pour le passage
   4,5 ha (260 empl.) plat, herbeux
   Tarif : 42€ ⚭⚭ 🚗 🅴 🔌 (10A) – pers. suppl. 9€ – frais
   de réservation 28€

   Location : (de déb. avr. à déb. oct.) – 223 🛏. Nuitée
   61 à 194€ – Sem. 300 à 1 344€ – frais de réservation
   28€
   🚐 borne artisanale
   Pour s'y rendre : av. du Pylone (5 km au nord par N 7 et
   chemin à gauche, au bord de la Brague)

Nature : 🛖 🌳🌳
Loisirs : 🍷 snack, pizzeria 🍴 🏃 🎣 🛝 🏊
Services : 🚿 🔌 🚰 🚙 laverie 🛗 🖨
À prox. : parc d'attractions, parc aquatique

Longitude : 7.12008
Latitude : 43.61249

622

APT

84400 – **332** F10 – 11 158 h. – alt. 250
🏠 *20, avenue Ph. de Girard* ✆ *0490740318*, *ot@apt.fr*
▶ Paris 728 – Aix-en-Provence 56 – Avignon 54 – Carpentras 49

   Le Lubéron de déb. avr. à fin sept.
   ✆ 0490048540, *leluberon@wanadoo.fr*,
   Fax 0490741219, *www.camping-le-luberon.com*
   5 ha (110 empl.) plat et peu incliné, terrasses, gravillons,
   herbeux
   Tarif : 23€ ⚭⚭ 🚗 🅴 🔌 (6A) – pers. suppl. 5€ – frais de
   réservation 18€

   Location : (de déb. avr. à fin sept.) – 12 🛏 – 12 🏠
   – 5 bungalows toilés – 3 gîtes. Nuitée 32 à 95€ – Sem.
   220 à 660€ – frais de réservation 18€
   🚐 borne artisanale
   Pour s'y rendre : av. de Saignon (2 km au sud-est par
   D 48)

Nature : 🏞 ≤ 🌳🌳
Loisirs : 🍷 snack 🏃 🛝
Services : 🚿 🔌 🚰 ⛺ 🚰 laverie

Longitude : 5.41327
Latitude : 43.86632

   Les Cèdres de mi-fév. à mi-nov.
   ✆ 0490741461, *lucie.bouillet@yahoo.fr*,
   Fax 0490741461, *www.camping-les-cedres.fr*
   1,8 ha (75 empl.) plat, herbeux, pierreux
   Tarif : ⚭ 3€ 🚗 6€ 🅴 – 🔌 (10A) 4€

   Location : (de mi-fév. à mi-nov.) – 4 bungalows toilés.
   Nuitée 34 à 38€ – Sem. 225 à 260€
   🚐 borne raclet 5€
   Pour s'y rendre : sortie nord-ouest par D 22, rte de
   Rustrel

Nature : 🌳
Loisirs : 🍴 mur d'escalade 🏃
Services : 🚿 🔌 🚰 🖨 réfrigérateur, congélateur
À prox. : 🛝

Longitude : 5.4013
Latitude : 43.87765

L'ARGENTIÈRE-LA-BESSÉE

05120 – **334** H4 – 2 304 h. – alt. 1 024
▶ Paris 696 – Briançon 17 – Embrun 33 – Gap 74

⚠ **Les Écrins** de mi-avr. à mi-sept.
℘ 0492230338, contact@camping-les-ecrins.com,
Fax 0492230989, www.camping-les-ecrins.com
3 ha (60 empl.) plat, herbeux, pierreux
Tarif : (Prix 2010) 15,30€ ✶✶ ⇔ 🔲 (≠) (10A) – pers.
suppl. 4,60€ – frais de réservation 2,50€
🚐 borne autre 2€ – 1 🔲 10€ – 🚐 (≠) 10€
Pour s'y rendre : av. Pierre Sainte (2,3 km au sud par
N 94, rte de Gap, et D 104 à dr.)
À savoir : près d'un plan d'eau et d'un stade d'eau vive

Nature : ≤
Loisirs : 🏠 🏕 🏹
Services : 🔧 🍴 🔲 🚿 🔲 🚮 🚯
À prox. : 🔲 🛶 🐎 ★ sports en eaux vives

Longitude : 6.55716
Latitude : 44.77705

ARLES

13200 – **340** C3 – 52 197 h. – alt. 13
🅱 boulevard des Lices ℘ 0490184120
▶ Paris 719 – Aix-en-Provence 77 – Avignon 37 – Cavaillon 44
O : 14 km par N 572 rte de St-Gilles et D 37 à gauche

🔺 **Crin Blanc** ≗ – de déb. avr. à fin sept.
℘ 0466874878, camping-crin.blanc@wanadoo.fr,
Fax 0466871866, www.camping-crin-blanc.com
4,5 ha (153 empl.) plat, herbeux, pierreux
Tarif : (Prix 2010) 24€ ✶✶ ⇔ 🔲 (≠) (10A) – pers.
suppl. 3€ – frais de réservation 10€
Location : (Prix 2010) (permanent) – 100 🚐. Nuitée
59 à 85€ – Sem. 199 à 695€ – frais de réservation 19€
Pour s'y rendre : au Hameau des Saliers (au sud-ouest
de Saliers par D 37)

Nature : 🔲
Loisirs : 🍴 snack, pizzeria 🏠 🔲
🏃 🏕 🎱 🎾 🏊 🔲
Services : 🔧 🍴 🚿 🚿 🔲 🚽 🔲
🚮 🚯
À prox. : 🐎

Longitude : 4.6278
Latitude : 43.67665

AUBIGNAN

623

84810 – **332** D9 – 4 619 h. – alt. 65
🅱 Place Anne-Benoîte Guillaume ℘ 0490626536
▶ Paris 675 – Avignon 31 – Carpentras 7 – Orange 21

⚠ **Le Brégoux** de déb. mars à fin oct.
℘ 0490626250, camping-lebregoux@ventoux-comtat.
com, Fax 0490626521, www.camping-lebregoux.fr
3,5 ha (170 empl.) plat, herbeux
Tarif : (Prix 2010) 13€ ✶✶ ⇔ 🔲 (≠) (8A) – pers.
suppl. 3€
Location : (Prix 2010) (de déb. mars à fin oct.) 🐾
– 5 🚐. Sem. 220 à 460€
Pour s'y rendre : 410 chemin du Vas (800 m au sud-est
par D 55, rte de Caromb et chemin à dr.)

Nature : 🌳🌳
Loisirs : 🏠 🏕 🎾
Services : 🍴 🔲 🚿 🔲 laverie

Longitude : 5.03609
Latitude : 44.09808

AUPS

83630 – **340** M4 – 2 047 h. – alt. 496
🅱 place Frédéric Mistral ℘ 0494840069
▶ Paris 818 – Aix-en-Provence 90 – Castellane 71 – Digne-les-Bains 78

⚠ **International Camping** de déb. avr. à fin sept.
℘ 0494700680, info@internationalcamping-aups.com,
Fax 0494701051, www.internationalcamping-aups.com
4 ha (190 empl.) plat, pierreux, herbeux
Tarif : ✶ 7€ 🔲 6€ – (≠) (10A) 6€
Location : (Prix 2010) (permanent) – 20 🚐. Nuitée
43 à 80€ – Sem. 300 à 520€
Pour s'y rendre : 495 rte de Fox-Amphoux (500 m à
l'ouest par D 60)
À savoir : cadre pittoresque et soigné

Nature : 🐾 🔲 🌳
Loisirs : pirreria, discothèque
🎾 🏊
Services : 🍴 🔲 🔲 🚿

Longitude : 6.21705
Latitude : 43.62465

PROVENCE-ALPES-CÔTE D'AZUR

AURIBEAU-SUR-SIAGNE

06810 – **341** C6 – 2 760 h. – alt. 85
🛈 *place en Aïre* 🖉 *0493407956*
▶ Paris 900 – Cannes 15 – Draguignan 62 – Grasse 9

⚠ **Le Parc des Monges** de fin avr. à fin sept.
🖉 0493609171, *contact@parcdesmonges.fr*,
Fax 0493609171, *www.parcdesmonges.com*
1,3 ha (54 empl.) plat, pierreux, herbeux
Tarif : ✦ 5€ �car 4€ 🅴 24€ – 🔌 (10A) 6€
Location : (de fin avr. à fin sept.) 🏕 – 4 🛖 – 10 🏠.
Sem. 340 à 680€
🚐 borne artisanale 7€
Pour s'y rendre : 635 chemin du Gabre (1,4 km au
nord-ouest par D 509, rte de Tanneron)
À savoir : Au bord de la Siagne

Nature : 🌳 ⛰ 00
Loisirs : 🛝
Services : 🚿 ⛽ 🛒 🛁 🚮 🚰
⛺ 🔳
À prox. : 🍽 ✖ snack 🚵 🏊 🚣

Longitude : 6.90314
Latitude : 43.60696

*Demandez à votre libraire le catalogue des **publications MICHELIN**.*

AVIGNON

84000 – **332** B10 – 91 283 h. – alt. 21
🛈 *41, cours Jean Jaurès* 🖉 *0432743274*
▶ Paris 682 – Aix-en-Provence 82 – Arles 37 – Marseille 98

⚠ **Le Pont d'Avignon** de déb. avr. à fin oct.
🖉 0490806350, *aquadis1@orange.fr*, Fax 0386379583,
www.aquadis-loisirs.com
8 ha (300 empl.) plat, herbeux, gravillons
Tarif : 23€ ✦✦ 🚗 🅴 🔌 (10A) – pers. suppl. 4€ – frais
de réservation 8€
Location : (de déb. avr. à fin oct.) – 4 bungalows toilés.
Sem. 335 à 500€ – frais de réservation 16€
🚐 borne autre 5€
Pour s'y rendre : 10 chemin de la Barthelasse (sortie
nord-ouest, rte de Villeneuve-lès-Avignon par le pont
Édouard-Daladier et à dr., dans l'île-de-la-Barthelasse)

Nature : ⛰ 00
Loisirs : 🍽 snack 🎰 🚴 🎱 🛝
Services : 🚿 ⛽ ⛺ laverie 🔌 🚰

Longitude : 4.7971
Latitude : 43.95331

BARATIER

05200 – **334** G4 – 512 h. – alt. 855
▶ Paris 704 – Marseille 214 – Gap 39 – Digne 90

⚠ **Les Airelles** de déb. juin à mi-sept.
🖉 0492431157, *info@lesairelles.com*, Fax 0492436907,
www.lesairelles.com
5 ha/4 campables (130 empl.) peu incliné à incliné,
terrasses, plat, pierreux, herbeux
Tarif : ✦ 6€ 🚗 🅴 7€ – 🔌 (10A) 5€
Location : (de déb. juin à mi-sept.) – 8 roulottes
– 16 🛖 – 28 🏠. Nuitée 61 à 100€ – Sem. 430 à 700€
Pour s'y rendre : rte des Orres (1,2 km au sud-est par
D 40, rte des Orres et rte à dr.)

Nature : 🌳 ≼ 00
Loisirs : 🍽 snack, pizzeria 🎰
🎲 nocturne 🚴 🛝 terrain
multisports
Services : 🚿 ⛽ ⛺ 🔳

Longitude : 6.5011
Latitude : 44.53094

⚠ **Le Verger** Permanent
🖉 0492431587, *camping.leverger@wanadoo.fr*,
Fax 0492434981, *www.campingleverger.fr*
4,3 ha/2,5 campables (110 empl.) peu incliné, en
terrasses, herbeux, pierreux
Tarif : (Prix 2010) 21€ ✦✦ 🚗 🅴 🔌 (10A) – pers.
suppl. 6€ – frais de réservation 14€
Location : (Prix 2010) (permanent) – 50 🛖 – 14 🏠
– 14 gîtes. Nuitée 59 à 82€ – Sem. 415 à 580€
Pour s'y rendre : chemin de Jouglar (sortie ouest, pour
caravanes, accès conseillé par le village)
À savoir : Entrée fleurie et site agréable

Nature : 🌳 ≼ ⛰ 00
Loisirs : snack 🎰 🛝
Services : ⛽ 🎱 🛁 ⛺ 🔳
À prox. : 🚵 🛶

Longitude : 6.49593
Latitude : 44.53862

⚠️ **Les Grillons** de mi-mai à mi-sept.
📞 0492433275, *info@lesgrillons.com*, Fax 0492433275,
www.lesgrillons.com
1,5 ha (90 empl.) peu incliné, herbeux
Tarif : (Prix 2010) 19€ ✴✴ ⬌ 🅴 (ᵺ) (10A) – pers.
suppl. 5€ – frais de réservation 10€
Location : (Prix 2010) (de mi-mai à mi-sept.) – 16 🚐.
Nuitée 62 à 76€ – Sem. 286 à 560€ – frais de réservation
12€
Pour s'y rendre : rte de la Madeleine (1 km au nord par
D 40, D 340 et chemin à gauche)

Nature : 🐟 ≤ 🌳
Loisirs : 🎯 🛶
Services : 🔧 🔌 🚿 🚮 🏪

Longitude : 6.49755
Latitude : 44.54689

⚠️ **Les Esparons** de mi-juin à fin août
📞 0492430273, *info@lesesparons.com*,
Fax 0492430273, *www.lesesparons.com*
1,5 ha (83 empl.) plat et peu incliné, herbeux
Tarif : ✴ 5€ 🅴 5€ – (ᵺ) (6A) 4€ – frais de réservation 10€
Location : (de mi-juin à fin août) 🚫 – 6 🏠. Sem.
545€
Pour s'y rendre : rte de la Madeleine (sortie nord par
D 40 et D 340)
À savoir : agréable verger près d'un torrent

Nature : 🐟 ≤ 🗐 ♋♋
Loisirs : 🚣 🛶
Services : 🔧 🔌 🚮 🏪

Longitude : 6.50159
Latitude : 44.54711

⚠️ **Les Deux Bois** saison
📞 0492435414, *info@camping-les2bois.com*,
www.camping-les2bois.com
2,5 ha (100 empl.) plat, incliné à peu incliné, terrasses,
herbeux, pierreux
Tarif : (Prix 2010) 18,60€ ✴✴ ⬌ 🅴 (ᵺ) (10A) – pers.
suppl. 4,85€ – frais de réservation 15€
Pour s'y rendre : rte de Pra Fouran (accès au bourg par
D 204)

Nature : 🐟 ≤ 🌳
Loisirs : 🍴 snack 🚣 🛶
Services : 🔧 🔌 🚽 🚿 🏪
À prox. : 🎯 ♨

Longitude : 6.49162
Latitude : 44.54052

04400 – **334** H6 – 2 766 h. – alt. 1 135 – Sports d'hiver :
Le Sauze/Super Sauze 1 400/2 000 m🎿23🎿 et Pra-Loup 1 500/2 600 m🎿3🎿29🎿
🅱 *place Frédéric Mistral* 📞 0492810471, *info@barcelonnette.com*
◪ Paris 733 – Briançon 86 – Cannes 161 – Cuneo 98
à l'Ouest sur D 900 rte du Lauzet-Ubaye :

🏕🏕 **Le Rioclar** 👫 – de mi-mai à mi-sept.
📞 0492811032, *rioclar@wanadoo.fr*, Fax 0492811032,
www.rioclar.com – alt. 1 073
8 ha (200 empl.) en terrasses, pierreux, herbeux
Tarif : 22€ ✴✴ ⬌ 🅴 (ᵺ) (10A) – pers. suppl. 6€ – frais
de réservation 18€
Location : (de mi-mai à mi-sept.) 🚫 – 24 🚐 – 3 🏠.
Sem. 390 à 620€ – frais de réservation 18€
Pour s'y rendre : RD 900 - rte de Barcelonnette (11 km
de Barcelonnette, près de l'Ubaye et d'un petit plan
d'eau)
À savoir : site et cadre agréables

Nature : 🐟 ≤ 🗐
Loisirs : ✖ 🎦 🎣 🚣 🚲 🎯 ♨ 🛶 terrain multisports, sports en eaux vives, canoë
Services : 🔧 🔌 🚿 🚽 🏪 🚮 🚗
À prox. : 🛥

Longitude : 6.53197
Latitude : 44.39937

🏕🏕 **Le Fontarache**
📞 0492819042, *reception@camping-fontarache.
fr*, Fax 0492819042, *www.camping-fontarache.com*
– alt. 1 108 – places limitées pour le passage
6 ha (150 empl.) plat, pierreux, gravier
Location : 🚫 – 11 🚐 – 2 🏠.
🅿 borne artisanale
Pour s'y rendre : au lieu-dit : Les Thuiles Basses (7 km
de Barcelonnette, près de l'Ubaye)

Nature : ≤ 🗐
Loisirs : 🍴 🚣 🎯 🛶 🛥
Services : 🔧 🔌 🚽
À prox. : 🚗 ✖ sports en eaux vives, canoë

Longitude : 6.64792
Latitude : 44.38623

PROVENCE-ALPES-CÔTE D'AZUR

BARRET-SUR-MÉOUGE

05300 – **334** C7 – 213 h. – alt. 640

◩ Paris 700 – Laragne-Montéglin 14 – Sault 46 – Séderon 21

⚠ **Les Gorges de la Méouge** Permanent
℘ 04 92 65 08 47, *campinggorgesdelameouge@wanadoo.fr*, Fax 04 92 65 05 33, *www.camping-meouge.com*
2,5 ha (95 empl.) plat, herbeux
Tarif : 21 € 🚻 ⇌ 🔲 🔌 (10A) – pers. suppl. 5 € – frais de réservation 70 €

Location : (de déb. mai à mi-sept.) – 13 🏚. Nuitée 56 à 62 € – Sem. 395 à 437 €
🔣 borne artisanale 2 € – 🔋 10 €
Pour s'y rendre : au lieu-dit : Le Serre (sortie est par D 942, rte de Laragne-Montéglin et chemin à dr., près de la Méouge)

Nature : 🏞 ⩶ 🌄
Loisirs : 🚲 🏊
Services : ⚕ ⚡ 🚽 🏛 🛁 🚿 💧 🅿

Longitude : 5.73952
Latitude : 44.2616

🐾 ✗ *ATTENTION...*
🦶 *ces éléments ne fonctionnent généralement qu'en saison,*
🏊 🐎 *quelles que soient les dates d'ouverture du terrain.*

LE BAR-SUR-LOUP

06620 – **341** C5 – 2 752 h. – alt. 320

🚹 *place Francis Paulet* ℘ 04 93 42 72 21

◩ Paris 916 – Cannes 22 – Grasse 10 – Nice 31

⚠ **Les Gorges du Loup** de déb. avr. à fin sept.
℘ 04 93 42 45 06, *info@lesgorgesduloup.com*, *www.lesgorgesduloup.com* – accès aux emplacements par forte pente, mise en place et sortie des caravanes à la demande
1,6 ha (70 empl.) fort dénivelé, en terrasses, pierreux, herbeux
Tarif : (Prix 2010) 28 € 🚻 ⇌ 🔲 🔌 (10A) – pers. suppl. 5 € – frais de réservation 15 €

Location : (Prix 2010) (de déb. avr. à fin sept.) – 9 🏚 – 6 🏠 – 1 appartement. Sem. 270 à 630 € – frais de réservation 15 €
Pour s'y rendre : 965 chemin des Vergers (1 km au nord-est par D 2210 puis 1 km par chemin des Vergers à dr.)

À savoir : petites terrasses souvent à l'ombre d'oliviers centenaires

Nature : 🏞 ⩶ 🌄
Loisirs : 🍴 🏓 🏊
Services : ⚡ 🅿 (tentes) 🚽 💧 🏛 🦶

Longitude : 6.98985
Latitude : 43.69712

BEAUMES-DE-VENISE

84190 – **332** D9 – 2 238 h. – alt. 100

🚹 *place du Marché* ℘ 04 90 62 94 39

◩ Paris 666 – Avignon 34 – Nyons 39 – Orange 23

⚠ **Municipal de Roquefiguier** de déb. mars à fin oct.
℘ 04 90 62 95 07, *camping.roquefiguier@orange.fr*, Fax 04 90 65 01 31, *www.mairie-de-beaumes-de-venise* – 🅁
1,5 ha (63 empl.) peu incliné et en terrasses, herbeux, pierreux
Tarif : (Prix 2010) 🚻 3 € ⇌ 2 € 🔲 3 € – 🔌 (6A) 3 €
🔣 borne autre
Pour s'y rendre : rte de Lafare (sortie nord par D 90, rte de Malaucène et à dr., au bord de la Salette)

Nature : ⩶ 🌄
Loisirs : 🏊 🏓
Services : ⚕ ⚡ 🛁 💧 🏛 réfrigérateur, congélateur
À prox. : ✗

Longitude : 5.03448
Latitude : 44.12244

BEAUMONT-DU-VENTOUX

84340 – **332** E8 – 328 h. – alt. 360
▶ Paris 676 – Avignon 48 – Carpentras 21 – Nyons 28

⚠ **Mont-Serein** Permanent
    ℘ 0490604916, montserein@orange.fr,
    Fax 0490604916, *www.camping-ventoux.com*
    – alt. 1 400
    1,2 ha (60 empl.) plat, pierreux, herbeux
    Tarif : ✦ 4€ ⟵ 🅴 5€ – 🔋 (16A) 4€
    Location : (permanent) – 2 ▥ – 5 🏠. Nuitée 28€
    – Sem. 340 à 520€
    🚐 borne artisanale 4€ – 🔚 9€
    Pour s'y rendre : 20 km à l'est par D 974 et D 164a, r.
    du Mont-Ventoux par Malaucène, accès conseillé par
    Malaucène
    À savoir : agréable situation dominante

Nature : 🐾 ⩽ Mont-Ventoux et chaîne des Alpes ⌑	
Loisirs : 🎱	
Services : ⚬ ▥ 🔥 🛢 🛁	
Longitude : 5.25898	
Latitude : 44.1811	

Michelinkaarten en -gidsen zijn te koop in de meeste boekhandels.

BÉDOIN

84410 – **332** E9 – 3 019 h. – alt. 295
🏛 *Espace Marie-Louis Gravier ℘ 0490656395*
▶ Paris 692 – Avignon 43 – Carpentras 16 – Vaison-la-Romaine 21

⚠ **Municipal la Pinède** de mi-mars à fin oct.
    ℘ 0490656103, la-pinede.camping-municipal@
    wanadoo.fr, www.camping-municipal-la-pinede.new.fr
    6 ha (121 empl.) en terrasses, pierreux, herbeux
    Tarif : 15€ ✦✦ ⟵ 🅴 🔋 (16A) – pers. suppl. 3€
    Location : (de mi-mars à fin oct.) – 3 🏠. Sem.
    290 à 470€
    🚐 borne eurorelais 2€ – 15 🅴 11€
    Pour s'y rendre : chemin des Sablières (sortie ouest
    par rte de Crillon-le-Brave et chemin à dr., à côté de la
    piscine municipale)

Nature : 🌳🌳	
Services : ♿ ⚬ 🔥 🛢	
À prox. : ✂ 🛶	
Longitude : 5.17261	
Latitude : 44.12486	

627

LA BOCCA

06150 – **341** C6
🏛 *1, avenue Pierre Semard ℘ 0493470412*
▶ Paris 903 – Marseille 174 – Nice 39 – Antibes 15

⚠ **Le Parc Bellevue** de déb. avr. à fin sept.
    ℘ 0493472897, contact@parcbellevue.com,
    Fax 0493486625, *www.parcbellevue.com*
    5 ha (250 empl.) plat et en terrasses, herbeux
    Tarif : 30€ ✦✦ ⟵ 🅴 🔋 (6A) – pers. suppl. 4€
    Location : (de déb. avr. à mi-sept.) 🏄 – 60 ▥. Sem.
    270 à 600€
    🚐 borne artisanale
    Pour s'y rendre : 67 av. Maurice Chevalier (au nord,
    derrière le stade municipal)

Nature : ⌑ 🌳🌳	
Loisirs : snack, pizzeria 🎱 🏊 🏊	
Services : ♿ ⚬ 🛒 🍴 🛢 🛁	
Longitude : 6.96123	
Latitude : 43.55157	

⚠ **Ranch-Camping** de déb. avr. à fin oct.
    ℘ 0493460011, dstallis@free.fr, Fax 0493464430,
    www.leranchcamping.fr
    2 ha (130 empl.) peu incliné, en terrasses, herbeux,
    pierreux
    Tarif : (Prix 2010) ✦ 6€ ⟵ 3€ 🅴 17€ 🔋 (6A) – frais de
    réservation 10€
    Location : (Prix 2010) (de déb. avr. à fin oct.)
    – 8 roulottes – 13 ▥ – 5 🏠 – 2 🛏 – 1 studio. Sem.
    250 à 580€ – frais de réservation 10€
    Pour s'y rendre : ch. St. Joseph (1,5 km au nord-ouest
    par D 9 puis bd de l'Esterel à dr.)

Nature : ⌑ 🌳🌳	
Loisirs : 🎱 🏊 🏊 (petite piscine)	
Services : ♿ ⚬ 🛒 🍴 🛢 🛁	
Longitude : 6.9785	
Latitude : 43.56532	

BOLLÈNE

84500 – **332** B8 – 14 001 h. – alt. 40
🚉 *place Reynaud de la Gardette* 𝒫 *0490405145*
▶ Paris 634 – Avignon 53 – Montélimar 34 – Nyons 35

⛺ **La Simioune** Permanent
𝒫 *0490304462, la-simioune@wanadoo.fr,
www.la-simioune.fr*
2 ha (80 empl.) plat et en terrasses, sablonneux
Tarif : 14€ ★★ ⬌ ▣ ⓗ (6A) – pers. suppl. 4€ – frais de
réservation 10€

Location : (permanent) – 3 🏠. Nuitée 45 à 60€ – Sem.
320 à 480€ – frais de réservation 10€
Pour s'y rendre : quartier de Guffiage (5 km au nord-est
par rte de Lambisque (accès sur D 8 par ancienne rte de
Suze-la-Rousse longeant le Lez) et chemin à gauche)

À savoir : bâtiments en bois, style ranch

Nature :
Loisirs : ▼ 🏊 🏇 poneys (centre équestre)
Services : 🚿 ⛽ 🍽 🏧 🧺 💈

Longitude : 4.74848
Latitude : 44.28203

BONNIEUX

84480 – **332** E11 – 1 408 h. – alt. 400
🚉 *7, place Carnot* 𝒫 *0490759190*
▶ Paris 721 – Aix-en-Provence 49 – Apt 12 – Cavaillon 27

⛺ **Le Vallon** de mi-mars à mi-oct.
𝒫 *0490758614, info@campinglevallon.com,
www.campinglevallon.com*
1,3 ha (80 empl.) plat et en terrasses, pierreux, herbeux,
bois attenant
Tarif : (Prix 2010) 22€ ★★ ⬌ ▣ ⓗ (10A) – pers.
suppl. 4€ – frais de réservation 10€

Location : (de mi-mars à mi-oct.) 🐾 – 3 yourtes.
Nuitée 60€ – Sem. 350€
Pour s'y rendre : rte de Ménerbes (sortie sud par D 3,
rte de Ménerbes et chemin à gauche)

Nature :
Services : ⛽ 🧺 🍽 💈
À prox. : 🏊 🍴

Longitude : 5.22838
Latitude : 43.81881

BORMES-LES-MIMOSAS

83230 – **340** N7 – 7 153 h. – alt. 180
🚉 *1, place Gambetta* 𝒫 *0494013838*
▶ Paris 871 – Fréjus 57 – Hyères 21 – Le Lavandou 4

⛺ **Manjastre** Permanent
𝒫 *0494710328, manjastre@infonie.fr,* Fax 0494716362,
www.campingmanjastre.com
3,5 ha (120 empl.) en terrasses, pierreux, plat et peu incliné
Tarif : (Prix 2010) 27€ ★★ ⬌ ▣ ⓗ (10A) – pers.
suppl. 6€ – frais de réservation 15€
🚐 borne artisanale 6€ – 5 ▣ 11€
Pour s'y rendre : 150 chemin des Girolles (5 km au
nord-ouest sur N 98, rte de Cogolin)

À savoir : bel ensemble de terrasses parmi les mimosas
et les chênes-lièges

Nature :
Loisirs : ▼ snack 🏊
Services : 🚿 ⛽ 🍽 🏧 🧺 🧺 laverie 💈

Longitude : 6.32153
Latitude : 43.16258

BRIANÇON

05100 – **334** H2 – 11 604 h. – alt. 1 321 – Sports d'hiver :
🚉 *1, place du Temple* 𝒫 *0492210850*
▶ Paris 681 – Digne-les-Bains 145 – Embrun 48 – Grenoble 89

⛺ **Les 5 Vallées** de déb. juin à fin sept.
𝒫 *0492210627, infos@camping5vallees.com,*
Fax 0492204169, *www.camping5vallees.com*
5 ha (116 empl.) plat, peu incliné, herbeux
Tarif : ★ 7€ ⬌ 3€ ▣ 4€ – ⓗ (10A) 5€

Location : (de mi-déc. à fin sept.) – 25 🚐. Nuitée
89€ – Sem. 628€
🚐 borne eurorelais 5€
Pour s'y rendre : au lieu-dit : St-Blaise (2 km au sud par N 94)

Nature :
Loisirs : 🏊 🍴
Services : 🚿 ⛽ 🧺 laverie 💈
À prox. :

Longitude : 6.63416
Latitude : 44.89692

CADENET

84160 – **332** F11 – 3 963 h. – alt. 170
🛈 *11, place du Tambour d'Arcole* ☎ 04 90 68 38 21
▶ Paris 734 – Aix-en-Provence 33 – Apt 23 – Avignon 63

⚠ **Val de Durance** de déb. avr. à fin sept.
☎ 04 42 20 47 25, *info@homair.com*, Fax 04 42 95 03 63,
www.camping-levaldedurance.com
10 ha/2,4 campables (232 empl.) plat, herbeux, pierreux
Tarif : (Prix 2010) 28 € ★★ ⇐ 🄴 (₿) (10A) – pers.
suppl. 6 € – frais de réservation 10 €

Location : (Prix 2010) (de déb. avr. à fin sept.)
– 191 🛏. Nuitée 34 à 97 € – Sem. 238 à 679 € – frais
de réservation 25 €
Pour s'y rendre : 570 av. du Club Hippique (2,7 km au
sud-ouest par D 943, rte d'Aix, D 59 à dr. et chemin à
gauche)
À savoir : au bord d'un plan d'eau et à 300 m de la Durance

Nature : 🔆 ⇐ 🛏 ᴖᴖ
Loisirs : ☂ snack 🄵 ⏱diurne
(juil.-août) ⚲⚲ 🄵 🏊 ⛵ ᔪ
terrain multisports
Services : 🚿 ᴏ━ 🛁 🚾 🚽 🖫
🚰 🚮

Longitude : 5.35515
Latitude : 43.71957

CAGNES-SUR-MER

06800 – **341** D6 – 48 941 h. – alt. 20
🛈 *6, boulevard Maréchal Juin* ☎ 04 93 20 61 64
▶ Paris 915 – Antibes 11 – Cannes 21 – Grasse 25

⚠ **La Rivière** de mi-mars à mi-oct.
☎ 04 93 20 62 27, *contact@campinglariviere06.fr*,
Fax 04 93 20 72 53, *www.campinglariviere06.fr*
1,2 ha (90 empl.) plat, herbeux, gravier
Tarif : (Prix 2010) 23 € ★★ ⇐ 🄴 (₿) (6A) – pers.
suppl. 4 €

Location : (Prix 2010) (de déb. avr. à fin sept.) 🚫
– 4 🛏. Sem. 240 à 430 €
Pour s'y rendre : 168 chemin des Salles (3,5 km au
nord, au bord de la Cagne)

Nature : 🔆 🛏 ᴖᴖ
Loisirs : snack, pizzeria 🄵 🄵
ᔪ
Services : ᴏ━ 🛁 🚾 🖫 🚮

Longitude : 7.14454
Latitude : 43.68282

⚠ **Le Colombier** de déb. avr. à fin sept.
☎ 04 93 73 12 77, *campinglecolombier06@wanadoo.fr*,
Fax 04 93 73 12 77, *www.campinglecolombier.com* 🚫
(de déb. juil. à fin août)
0,5 ha (33 empl.) plat, peu incliné, herbeux, gravier
Tarif : 24 € ★★ ⇐ 🄴 (₿) (6A) – pers. suppl. 4 € – frais de
réservation 7 €

Location : (de déb. avr. à fin sept.) 🚫 – 2 roulottes
– 2 🛏 – 1 studio. Sem. 190 à 570 € – frais de
réservation 7 €
🚰 borne artisanale
Pour s'y rendre : 35 chemin Ste Colombe (2 km au
nord en dir. des collines de la rte de Vence et au rd-pt.,
chemin de Ste-Colombe)

Nature : 🔆 🛏 ᴖᴖᴖ
Loisirs : 🄵 ᔪ (petite piscine)
Services : ᴏ━ 🄵laverie

Longitude : 7.13708
Latitude : 43.673

629

CALLAS

83830 – **340** O4 – 1 759 h. – alt. 398
🛈 *place du 18 juin 1940* ☎ 04 94 39 06 77
▶ Paris 872 – Castellane 51 – Draguignan 14 – Toulon 94

⚠ **Les Blimouses** de déb. mars à mi-nov.
☎ 04 94 47 83 41, *camping.les.blimouses@wanadoo.fr*,
Fax 04 94 47 83 41, *www.campinglesblimouses.com*
6 ha (170 empl.) plat à incliné, en terrasses, pierreux,
herbeux
Tarif : 22 € ★★ ⇐ 🄴 (₿) (10A) – pers. suppl. 4 € – frais
de réservation 20 €

Location : (de déb. mars à fin déc.) – 20 🛏 – 6 🏠.
Sem. 250 à 645 € – frais de réservation 20 €
Pour s'y rendre : 3 km au sud par D 25 et D 225, rte de
Draguignan

Nature : 🔆 ᴖᴖ
Loisirs : snack 🄵 ᔪ 🏊
Services : 🚿 ᴏ━ 🛁 🚽 🖫 🚮

Longitude : 6.53242
Latitude : 43.57456

PROVENCE-ALPES-CÔTE D'AZUR

CAROMB

84330 – **332** D9 – 3 186 h. – alt. 95
🅱 64, place du Cabaret ℰ 04 90 62 36 21
▶ Paris 683 – Avignon 37 – Carpentras 10 – Malaucène 10

⚠ **Le Bouquier** de déb. avr. à fin sept.
ℰ 04 90 62 30 13, lebouquier@orange.fr,
Fax 04 90 62 30 13, www.lebouquier.Com
1,5 ha (50 empl.) en terrasses, plat, gravier, pierreux
Tarif : 18€ ★★ ⇔ 🅴 ⑭ (10A) – pers. suppl. 5€ – frais
de réservation 5€
Location : (de déb. avr. à fin sept.) – 3 🛖. Sem. 580€
– frais de réservation 5€
Pour s'y rendre : av. Charles de Gaulle (1,5 km au nord par D 13)

| Nature : 🔲 ♀ |
| Loisirs : 🏊 (petite piscine) |
| Services : ♿ ⛽ 🅿 (tentes) ♨ 🏧 ⛺ 🍴 🔲 |
| Longitude : 5.10994 |
| Latitude : 44.12396 |

CARPENTRAS

84200 – **332** D9 – 28 526 h. – alt. 102
🅱 97, Place du 25 Août 1944 ℰ 04 90 63 00 78
▶ Paris 679 – Avignon 30 – Cavaillon 28 – Orange 24

⚠ **Lou Comtadou** de déb. avr. à mi-oct.
ℰ 04 90 67 03 16, info@campingloucomtadou.com,
Fax 04 90 46 01 81, www.campingloucomtadou.com
1 ha (99 empl.) plat, pierreux, herbeux, petit plan d'eau
Tarif : 26€ ★★ ⇔ 🅴 ⑭ (6A) – pers. suppl. 6€ – frais de
réservation 15€
Location : (de déb. avr. à mi-oct.) – 14 🛖
– 3 bungalows toilés. Nuitée 30 à 81€ – Sem. 150 à 650€
– frais de réservation 15€
🔲 borne artisanale
Pour s'y rendre : 881, av. Pierre de Coubertin (1,5 km
au sud-est par D 4, rte de St-Didier et rte à dr., près du
complexe sportif)

| Nature : 🔲 ♀♀ |
| Loisirs : 🍴 🏖 |
| Services : ♿ ⛽ 🏧 ⛺ 🍴 🔲 |
| À prox. : ✂ 🏊 🏖 |
| Longitude : 5.05429 |
| Latitude : 44.04417 |

CARRO

13500 – **340** F6
▶ Paris 787 – Marseille 44 – Aix-en-Provence 51 – Martigues 13

⚠ **L'Hippocampe, les Chalets de la Mer** (location
exclusive de chalets) Permanent
ℰ 04 42 80 73 46, hippocampe@semovim-martigues.
com, Fax 04 42 40 56 09, www.semovim-martigues.com
3 ha plat, gravier
Location : (Prix 2010) 🅿 – 68 🛖. Sem. 415 à 1 000€
– frais de réservation 15,50€
Pour s'y rendre : r. de la Tramontane

| Nature : 🌊 ♀♀ |
| Loisirs : snack 🍴 🏖 🏊 |
| Services : ♿ ⛽ 🔲 🔲 |
| Longitude : 5.03917 |
| Latitude : 43.33112 |

CASTELLANE

04120 – **334** H9 – 1 604 h. – alt. 730
🅱 rue Nationale ℰ 04 92 83 61 14
▶ Paris 797 – Digne-les-Bains 54 – Draguignan 59 – Grasse 64

⚠ **"Les Castels" Le Domaine du Verdon** 👥 – de
mi-mai à mi-sept.
ℰ 04 92 83 61 29, contact@camp-du-verdon.com,
Fax 04 92 83 69 37, www.camp-du-verdon.com
9 ha (500 empl.) plat, herbeux
Tarif : 42€ ★★ 🅴 ⑭ (6A) – pers. suppl. 13€ – frais
de réservation 20€
Location : (de mi-mai à mi-sept.) ♿ – 127 🛖
– 4 🛖. Nuitée 54 à 113€ – Sem. 378 à 791€ – frais de
réservation 20€
🔲 borne flot bleu
Pour s'y rendre : au Lieu-dit : Domaine de la Salaou
(Camp du Verdon)

| Nature : 🔲 ♀♀ |
| Loisirs : 🍴 ✕ snack 🍴 ☀diurne (juil.-août) nocturne (juil.-août) 🏓 🏖 🚲 🏊 🏄 🏊 |
| Services : ♿ ⛽ 🏧 ⛺ 🍴 laverie 🏧 🔲 🔲 |
| À prox. : canoë, rafting et canyoning |
| Longitude : 6.49402 |
| Latitude : 43.83895 |

RCN Les Collines de Castellane de mi-avr. à fin sept.

ℰ 04 92 83 68 96, *info@rcn-lescollinesdecastellane.fr*, Fax 04 92 83 75 40, *www.rcn-campings.fr* – accès aux emplacements par forte pente, mise en place et sortie des caravanes à la demande – alt. 1 000

7 ha (200 empl.) en terrasses, peu incliné, pierreux, herbeux, bois attenant

Tarif : 39,90 € ✦✦ ⇔ 🔲 (½) (12A) – pers. suppl. 4,90 € – frais de réservation 17,95 €

Location : (de mi-avr. à fin sept.) – 36 🛏 – 4 🏠. Nuitée 39 à 111 € – Sem. 273 à 973 € – frais de réservation 17,95 €

Pour s'y rendre : rte de Grasse (7 km au sud-est par N 85, à La Garde)

Nature : 🏞 ≤ 🏕 ♤♤	
Loisirs : 🍸 snack, pizzeria 🏛 🏃 🏄 🍴 🎿 ⛷	
Services : ♿ ⚡ 🚿 ⬧ 🍴 🗃 🚰	

Longitude : 6.56994
Latitude : 43.8244

International Camping de mi-mars à déb. oct.

ℰ 04 92 83 66 67, *info@camping-international.fr*, Fax 04 92 83 77 67, *www.camping-international.fr*

6 ha (274 empl.) plat, peu incliné, herbeux, pierreux

Tarif : 29 € ✦✦ ⇔ 🔲 (½) (10A) – pers. suppl. 5 € – frais de réservation 10 €

Location : (de fin mars à déb. oct.) – 25 🛏 – 6 🏠. Nuitée 55 à 95 € – Sem. 250 à 700 € – frais de réservation 10 €

🚐 borne flot bleu

Pour s'y rendre : rte Napoleon

Nature : 🏕 ♤	
Loisirs : 🍸 🍴 pizzeria 🏛 ° 🏇 🎿	
Services : ♿ ⚡ 🚿 🗃 ⬧ 🍴 🗃	
🚿 🚰 cases réfrigérées	
À prox. : 🏇	

Longitude : 6.49796
Latitude : 43.85866

La Colle de déb. avr. à fin sept.

ℰ 06 65 56 34 82, *contact@camping-lacolle.com*, *www.camping-lacolle.com*

3,5 ha/1 campable (41 empl.) non clos, plat, peu incliné et en terrasses, pierreux, herbeux

Tarif : 20 € ✦✦ ⇔ 🔲 (½) (10A) – pers. suppl. 5 €

Location : (de déb. avr. à fin sept.) ♿ – 10 🛏 – 2 🏠. Nuitée 32 à 74 € – Sem. 213 à 510 €

Pour s'y rendre : 2,5 km au sud-ouest par D 952, rte de Moustiers-Ste-Marie et GR 4 à dr.

À savoir : cadre sauvage, au bord d'un ruisseau

Nature : 🏞 ≤ 🏕 ♤♤	
Loisirs : 🏛 🚲	
Services : ♿ ⚡ 🚿 ⬧ 🍴 🗃	
À prox. : canoë-kayak, rafting, parc-aventure	

Longitude : 6.49312
Latitude : 43.83864

631

Notre-Dame de déb. avr. à mi-oct.

ℰ 04 92 83 63 02, *camping-notredame@wanadoo.fr*, *www.camping-notredame.com*

0,6 ha (44 empl.) plat, herbeux

Tarif : (Prix 2010) 21 € ✦✦ ⇔ 🔲 (½) (6A) – pers. suppl. 5 € – frais de réservation 15 €

Location : (Prix 2010) (permanent) ♿ – 11 🛏. Nuitée 45 à 75 € – Sem. 225 à 530 € – frais de réservation 15 €

🚐 borne artisanale 4 € – 🚰 (½) 14 €

Pour s'y rendre : rte des Gorges du Verdon (500 m au sud-ouest par D 952, rte de Moustiers-Ste-Marie, au bord d'un ruisseau)

Nature : ≤	
Loisirs : 🏊	
Services : ♿ ⚡ 🚿 🍴	
À prox. : canoë-kayak, rafting, aventure-parc	

Longitude : 6.50425
Latitude : 43.84545

PROVENCE-ALPES-CÔTE D'AZUR

CAVALAIRE-SUR-MER

83240 – **340** O6 – 6 509 h. – alt. 2

🛈 *Maison de la Mer* 𝄞 04 94 01 92 10

▶ Paris 880 – Draguignan 55 – Fréjus 41 – Le Lavandou 21

⚠ **Cros de Mouton** de mi-mars à déb. nov.
𝄞 04 94 64 10 87, *campingcrosdemouton@wanadoo.fr*,
Fax 04 94 64 63 12, *www.crosdemouton.com* – accès aux
emplacements par forte pente, mise en place et sortie
des caravanes à la demande
5 ha (199 empl.) en terrasses, pierreux, fort dénivelé
Tarif : ★ 9 € ⇔ 国 9 € – (፱) (10A) 5 € – frais de
réservation 20 €
Location : (de mi-mars à déb. nov.) – 59 🚐 – 14 🏠.
Nuitée 55 à 100 € – Sem. 380 à 700 € – frais de
réservation 20 €
🚐 borne artisanale
Pour s'y rendre : chemin du Cros de Mouton (1,5 km
au nord-ouest)

Nature :	⅗ ⩽ la baie de Cavalaire
	⊏⊐ ♀♀
Loisirs :	Ⓨ ✗ pizzeria 🏠 🏕
	🏊
Services :	ᬉ ⚬═ 🏕 🏕 ᭣ ⅋⅋ 🚽 🖼
	🏖 🏕

Longitude : 6.51662
Latitude : 43.18243

CEILLAC

05600 – **334** I4 – 297 h. – alt. 1 640 – Sports d'hiver : 1 700/2 500 m 🎿6 🎿

🛈 *le village- Place Philippe Lamour* 𝄞 04 92 45 05 74

▶ Paris 729 – Briançon 50 – Gap 75 – Guillestre 14

⚠ **Les Mélèzes** de déb. juin à déb. sept.
𝄞 04 92 45 21 93, *camping-les-melezes@wanadoo.fr*,
www.campingdeceillac.com
3 ha (100 empl.) peu incliné, pierreux, herbeux, en
terrasses, fort dénivelé
Tarif : ★ 6 € ⇔ 国 7 € – (፱) (10A) 3 €
Pour s'y rendre : au lieu-dit : La Rua des Reynauds
(1,8 km au sud-est)
À savoir : site et cadre agréables au bord du Mélezet

Nature :	⅗ ⩽ ♀
Loisirs :	🏕
Services :	⚬═ 📶 🏕 🏕 ⅋⅋ 🖼

Longitude : 6.79468
Latitude : 44.65803

632

CEYRESTE

13600 – **340** I6 – 4 139 h. – alt. 60

▶ Paris 804 – Aubagne 18 – Bandol 18 – La Ciotat 5

⚠ **Ceyreste** de fin mars à mi-nov.
𝄞 04 42 83 07 68, *campingceyreste@yahoo.fr*,
www.campingceyreste.com
3 ha (150 empl.) en terrasses, pierreux
Tarif : 32 € ★★ ⇔ 国 (፱) (10A) – pers. suppl. 7 €
Location : (de fin mars à mi-nov.) – 75 🚐. Sem.
390 à 680 €
Pour s'y rendre : av. Eugène Julien (1 km au nord)

Nature :	⅗ ⊏⊐ ♀♀
Loisirs :	Ⓨ 🏕 ᬐ 🏊
Services :	ᬉ ⚬═ 📶 🏕 🏕 ᭣
	⅋⅋ 🖼 🏖 cases réfrigérées
À prox. : parcours de santé

Longitude : 5.63016
Latitude : 43.21676

CHÂTEAURENARD

13160 – **340** E2 – 14 495 h. – alt. 37

🛈 *11, cours Carnot* 𝄞 04 90 24 25 50

▶ Paris 692 – Avignon 10 – Carpentras 37 – Cavaillon 23

⚠ **La Roquette** de déb. avr. à fin oct.
𝄞 04 90 94 46 81, *contact@camping-la-roquette.com*,
Fax 09 72 14 01 53, *www.camping-la-roquette.com*
2 ha (75 empl.) plat, herbeux
Tarif : (Prix 2010) 21 € ★★ ⇔ 国 (፱) (10A) – pers.
suppl. 7 € – frais de réservation 8 €
Location : (Prix 2010) (de déb. avr. à fin oct.) 🏕
– 12 🚐. Sem. 330 à 520 € – frais de réservation 8 €
🚐 borne artisanale 4 € – 🔌 9 €
Pour s'y rendre : 745 av. Jean-Mermoz (1,5 km à l'est
par D 28, rte de Noves et à dr., près de la piscine - par A 7
sortie Avignon-Sud)

Loisirs :	Ⓨ snack 🏕 🚲 🏊
Services :	ᬉ ⚬═ 📶 🏕 ᭣ ⅋⅋ 🖼
À prox. :	✗ 🖼

Longitude : 4.87017
Latitude : 43.88328

CHORGES

05230 – **334** F5 – 2 419 h. – alt. 864
🛈 *place Centrale* ☎ *0492506425*
▶ Paris 676 – Embrun 23 – Gap 18 – Savines-le-Lac 12

▲▲ **Le Serre du Lac** Permanent
☎ *0492506757, campingleserredulac@wanadoo. fr*, Fax 0492506757, *www.campingleserredulac.com*
– places limitées pour le passage
2,5 ha (91 empl.) en terrasses, pierreux, herbeux
Tarif : (Prix 2010) ♣ 5,50€ ⇔ 🅴 3,90€ – 🔌 (15A) 3,80€

Location : (Prix 2010) – 45 🛏 – 16 🏠. Nuitée 35 à 40€ – Sem. 250 à 590€
Pour s'y rendre : 4,5 km au sud-est par N 94, rte de Briançon et rte de la baie de St-Michel

| Nature : ≤ 🛶 |
| Loisirs : 🏠 ⚓ |
| Services : ఉ ⛐ 🚿 🚽 🛒 ♨ 🔱 🖳 |

| Longitude : 6.27828 |
| Latitude : 44.54507 |

CLAMENSANE

04250 – **334** E7 – 155 h. – alt. 694
▶ Paris 720 – Avignon 180 – Grenoble 158 – Marseille 152

▲▲ **Le Clot du Jay en Provence** de déb. mai à fin sept.
☎ *0492683532, camping@clotdujay.com, www. clotdujay.com*
6 ha/3 campables (50 empl.) plat, terrasses, herbeux, pierreux, fort dénivelé, étang, au bord d'une forêt
Tarif : (Prix 2010) 22€ ♣♣ ⇔ 🅴 🔌 (6A) – pers. suppl. 5€ – frais de réservation 9€

Location : (Prix 2010) (de déb. mai à fin sept.) – 4 🛏 – 11 🏠 – 7 bungalows toilés. Sem. 195 à 560€ – frais de réservation 9€
Pour s'y rendre : rte de Bayons (1 km à l'est par D 1, rte de Bayons, près du Sasse)

| Nature : 🏞 🛶 ♨♨ |
| Loisirs : 🏇 ⚓ |
| Services : ఉ ⛐ 🚽 🖳 🛒 |
| À prox. : 🎣 |

| Longitude : 6.09444 |
| Latitude : 44.3232 |

633

LA COLLE-SUR-LOUP

06480 – **341** D5 – 7 546 h. – alt. 90
🛈 *28, rue Maréchal Foch* ☎ *0493326836*
▶ Paris 919 – Antibes 15 – Cagnes-sur-Mer 7 – Cannes 26

▲▲▲ **Les Pinèdes** ♣♣ – de mi-mars à fin sept.
☎ *0493329894, info@lespinedes.com*,
Fax 0493325020, *www.lespinedes.com*
3,8 ha (155 empl.) fort dénivelé, en terrasses, gravillons, herbeux
Tarif : (Prix 2010) 36,50€ ♣♣ ⇔ 🅴 🔌 (10A) – pers. suppl. 5,50€ – frais de réservation 20€

Location : (Prix 2010) (de mi-mars à fin sept.) – 21 🛏 – 4 🏠. Sem. 270 à 750€ – frais de réservation 20€
🚐 borne artisanale 6€
Pour s'y rendre : rte du Pont de Pierre (1,5 km à l'ouest par D 6, rte de Grasse, à 50 m du Loup)

| Nature : 🛶 ♨♨ |
| Loisirs : ♈ ✕ 🏠 🏓 ⚓ ♨ ⚓ |
| terrain multisports |
| Services : ⛐ 🚽 ♨ 🛒 ♨ 🖳 ♨ |
| cases réfrigérées |
| À prox. : 🏊 |

| Longitude : 7.0891 |
| Latitude : 43.68289 |

▲▲ **Le Vallon Rouge** de déb. avr. à fin sept.
☎ *0493328612, info@auvallonrouge.com*,
Fax 0493328009, *www.auvallonrouge.com*
3 ha (103 empl.) plat, en terrasses, herbeux, gravillons, sablonneux
Tarif : (Prix 2010) 36,30€ ♣♣ ⇔ 🅴 🔌 (10A) – pers. suppl. 5€ – frais de réservation 20€

Location : (Prix 2010) (de déb. avr. à fin sept.) – 10 🛏 – 15 🏠. Sem. 195 à 910€ – frais de réservation 20€
🚐 borne eurorelais 4€
Pour s'y rendre : rte de Gréolières (3,5 km à l'ouest par D 6, rte de Grasse, au bord du Loup)

| Nature : 🏞 🛶 ♨♨ |
| Loisirs : snack 🏠 🏓 ⚓ 🏊 |
| terrain multisports |
| Services : ఉ ⛐ ♨ ♨ laverie |
| ♨ 🛒 |

| Longitude : 7.09975 |
| Latitude : 43.68687 |

PROVENCE-ALPES-CÔTE D'AZUR

⚠ **Le Castellas** Permanent
📞 06 85 31 34 60, *lecastellas.camping@wanadoo.
fr*, Fax 04 93 32 97 05, *www.camping-le-castellas.com*
– places limitées pour le passage
1,2 ha (60 empl.) plat, herbeux, gravier
Tarif : (Prix 2010) 25 € ★ ★ ⟹ 🅴 🔌 (10A) – pers.
suppl. 4 €

Location : (permanent) 🚐 – 20 🛖. Sem.
260 à 650 €
🚐 borne artisanale 10 € – 5 🅴 20 €
Pour s'y rendre : rte de Roquefort (4,5 km à l'ouest par
D 6, rte de Grasse, au bord du Loup)

Nature : 🌳🌳
Loisirs : 🍴 🏊
Services : 🔌 laverie

Longitude : 7.07051
Latitude : 43.68853

COLMARS

04370 – **334** H7 – 385 h. – alt. 1 235
🛉 *Ancienne Auberge fleurie* 📞 04 92 83 41 92
▶ Paris 816 – Marseille 206 – Digne-les-Bains 71 – Embrun 94

⚠ **Aire Naturelle les Pommiers** de mi-avr. à fin
sept.
📞 04 92 83 41 56, *andree.accueilcamping@neuf.
fr*, Fax 04 92 83 40 86, *www.camping-pommier.com*
– alt. 1 250
1 ha (25 empl.) plat, peu incliné, en terrasses, herbeux
Tarif : ★ 5 € ⟹ 1 € 🅴 3 € – 🔌 (10A) 3 €
🚐 borne autre 2 € – 🔌 12 €
Pour s'y rendre : au lieu-dit : Les Buissières

Nature : 🌿 🌳
Services : 🔌 🚿

Longitude : 6.62182
Latitude : 44.17778

COL-ST-JEAN

04340 – **334** G6 – alt. 1 333 – Sports d'hiver : 1 300/2 500 m 🎿 15 🎿
▶ Paris 709 – Barcelonnette 34 – Savines-le-Lac 31 – Seyne 10

⚠ **Yelloh! Village L'Étoile des Neiges** ♨ – de fin
mai à mi-sept.
📞 04 92 35 01 29, *contact@etoile-des-neiges.com*,
Fax 04 92 35 12 55, *www.etoile-des-neiges.com*
– alt. 1 300
3 ha (130 empl.) en terrasses, plat, herbeux, pierreux
Tarif : 17 € ★ ★ ⟹ 🅴 🔌 (6A) – pers. suppl. 5 €

Location : (de fin mai à mi-sept.) 🚐 (de mi-juil. à
fin août) – 45 🛖 – 30 🏠 – 1 ⛺. Nuitée 30 à 145 €
– Sem. 200 à 1 015 €
🚐 borne artisanale 8 € – 5 🅴 13 € – 🔌 13 €
Pour s'y rendre : au Col St-Jean (800 m au sud par
D 207 et chemin à dr.)

Nature : 🌿 ← 🏞
Loisirs : 🍴 snack 🎮 🌳
🌊 hammam jacuzzi
🏐 🏊 balnéo couverte, terrain
multisports
Services : 🔌 🚿
À prox. : 🚴 🐎 parc-aven-
ture, parapente

Longitude : 6.34242
Latitude : 44.40758

LA COURONNE

13500 – **340** F5
▶ Paris 786 – Marseille 42 – Aix-en-Provence 49 – Martigues 11

⚠ **Le Mas** ♨ – de mi-mars à mi-oct.
📞 04 42 80 70 34, *camping.le-mas@wanadoo.fr*,
Fax 04 42 80 72 82, *www.camping-le-mas.com* – places
limitées pour le passage
5,5 ha (300 empl.) en terrasses, plat, pierreux
Tarif : (Prix 2010) 30 € ★ ★ ⟹ 🅴 🔌 (6A) – pers.
suppl. 7 € – frais de réservation 20 €

Location : (de mi-mars à mi-oct.) 🚐 – 148 🛖
– 49 🏠. Sem. 224 à 770 € – frais de réservation 20 €
🚐 borne eurorelais 10 €
Pour s'y rendre : Plage de Ste Croix (4 km au sud-est
par D 49, rte de Sausset-les-Pins et à dr.)

Nature : 🌳🌳
Loisirs : 🍴 snack, pizzeria 🎮 🌳
🏊
Services : 🔌 laverie
À prox. : 🏊 ✕

Longitude : 5.07612
Latitude : 43.33611

ⓜ **Municipal L'Arquet**
   ℘ 0442428100, *arquet@semovim-martigues.com*,
Fax 0442423450, *www.semovim-martigues.com*
✉ 13500 Martigues
6 ha (330 empl.) plat, terrasse, sablonneux, pierreux
Location : – 18 🛏.
🚐 borne artisanale
Pour s'y rendre : chemin de la Batterie

Nature : 🌳🌳
Loisirs : 🏠 🏓 🚲
Services : ♿ ⚷ laverie 🔥 🍴

Longitude : 5.05615
Latitude : 43.33362

ⓜ **Les Mouettes** de déb. avr. à fin sept.
   ℘ 0442807001, *campinglesmouettes@wanadoo.fr*,
Fax 0442807001, *www.campinglesmouettes.fr*
2 ha (131 empl.) terrasse, plat, pierreux
Tarif : 26€ ★★ 🚐 🔲 ⓗ (6A) – pers. suppl. 6€ – frais de
réservation 8€
Location : (de déb. avr. à fin sept.) – 17 🛏 – 20 🏠
– 12 studios. Sem. 210 à 750€ – frais de réservation
8€
Pour s'y rendre : 16 chemin de la Quiétude

Nature : 🌳🌳
Loisirs : 🍴 pizzéria (le soir)
Services : ⚷ 🔥 🍴 🔲
À prox. : 🔥

Longitude : 5.07617
Latitude : 43.33064

LA CROIX-VALMER

83420 – **340** O6 – 3 194 h. – alt. 120
🛈 *esplanade de la Gare* ℘ 0494551212
▶ Paris 873 – Brignoles 70 – Draguignan 48 – Fréjus 35

ⓜ **Sélection Camping** ♨ – de mi-mars à mi-oct.
   ℘ 0494551030, *camping-selection@wanadoo.fr*,
Fax 0494551039, *www.selectioncamping.com* 🚫 (de
déb. juil. à fin août)
4 ha (205 empl.) en terrasses, pierreux, herbeux
Tarif : 35€ ★★ 🚐 🔲 ⓗ (10A) – frais de réservation 30€
Location : (de mi-mars à mi-oct.) 🚫 – 50 🛏
– 15 🏠. Nuitée 70 à 120€ – Sem. 515 à 850€ – frais
de réservation 30€
Pour s'y rendre : 12 bd de la Mer (2,5 km au sud-ouest
par D 559, rte de Cavalaire et au rd-pt. chemin à dr.)

Nature : 🌿 🔲 🌳🌳
Loisirs : 🍴 snack 🍽diurne 🏓 salle d'animation 🔥 🎣 🏊 terrain multisports
Services : ♿ ⚷ 🔲 🔥 🍴 laverie 🔥 🍴

Longitude : 6.55501
Latitude : 43.19439

635

CROS-DE-CAGNES

06800 – **341** D6
▶ Paris 923 – Marseille 194 – Nice 12 – Antibes 11

ⓜ **Green Park** ♨ – de déb. avr. à fin oct.
   ℘ 0442204725, *info@homair.com*, Fax 0442950363,
www.camping-greenpark.com – places limitées pour le
passage
5 ha (156 empl.) plat, en terrasses, herbeux, gravillons
Tarif : (Prix 2010) 44€ ★★ 🚐 🔲 ⓗ (10A) – pers.
suppl. 8€ – frais de réservation 10€
Location : (Prix 2010) (de déb. avr. à fin oct.) – 53 🛏
– 59 🏠 – 2 tentes. Nuitée 31 à 123€ – Sem. 217 à 861€
– frais de réservation 25€
Pour s'y rendre : 159 bis Vallon des Vaux (3,8 km au
nord)

Nature : 🌿 🔲 ♀
Loisirs : 🍴 ✕ pizzeria 🏠 🍽 🏓 🔥 🚲 🏊 terrain multisports
Services : ♿ ⚷ 🔥 🍴 🔲 laverie 🍴
À prox. : 🔥 🎣

Longitude : 7.15711
Latitude : 43.69113

ⓜ **Le Val Fleuri** de déb. avr. à mi-oct.
   ℘ 0493312174, *valfleur2@wanadoo.fr*,
Fax 0493312174, *www.campingvalfleuri.fr*
1,5 ha (93 empl.) en terrasses, plat, herbeux, pierreux
Tarif : (Prix 2010) 26€ ★★ 🚐 🔲 ⓗ (10A) – pers.
suppl. 4€
Location : (Prix 2010) (de déb. avr. à mi-oct.) – 11 🛏
– 1 studio – 1 appartement. Sem. 260 à 580€ – frais de
réservation 10€
🚐 15 🔲 21€
Pour s'y rendre : 139 Vallon-des-Vaux (3,5 km au nord)

Nature : 🌿 🌳🌳
Loisirs : 🍴 🔥 🏊
Services : ♿ ⚷ 🔲 🍴 🔲
À prox. : 🔥

Longitude : 7.15598
Latitude : 43.68702

⚠ **Le Todos** de déb. sept. à fin oct.
𝄞 04 42 20 47 25, *info@homair.com*, Fax 04 42 95 03 63,
www.camping-letodos.com
1,6 ha (68 empl.) plat et terrasses, herbeux, pierreux
Tarif : (Prix 2010) 28€ ★★ ⟷ 🅔 ⚡ (10A) – pers.
suppl. 8€ – frais de réservation 10€

Location : (Prix 2010) (de déb. avr. à fin oct.) – 36 🚐
– 9 🏠 – 2 tentes. Nuitée 27 à 113€ – Sem. 189 à 791€
– frais de réservation 25€
Pour s'y rendre : 159 bis Vallon des Vaux (3,8 km au
nord)

Nature : 🐚 ⛺ 🔆
Loisirs : 🎿 🏊
Services : 🚿 ⚡ 🅿
À prox. : 🍽 ✕ pizzeria 🚣 🚤
🌙 nocturne ⛷ 🚴 🎾 ⚓ terrain
multisports

Longitude : 7.15711
Latitude : 43.69113

CUCURON

84160 – **332** F11 – 1 816 h. – alt. 350
🅱 *rue Léonce Brieugne* 𝄞 *04 90 77 28 37*
▶ Paris 739 – Aix-en-Provence 34 – Apt 25 – Cadenet 9

⚠ **Le Moulin à Vent** de fin mars à mi-oct.
𝄞 04 90 77 25 77, *camping_bressier@yahoo.fr*,
Fax 04 90 77 29 58, *http://www.avignon-et-provence.*
com/camping-vauduse/camping-moulin
2,2 ha (80 empl.) plat et peu incliné, en terrasses,
pierreux
Tarif : 19€ ★★ ⟷ 🅔 ⚡ (10A) – pers. suppl. 5€

Location : (Prix 2010) (de fin mars à déb. oct.) – 3 🚐
– 2 🏠. Sem. 370 à 450€
🚐 borne autre 5€ – 2 🅔 15€
Pour s'y rendre : chemin de Gastoule (1,5 km au sud
par D 182, rte de Villelaure puis 800 m par rte à gauche)
À savoir : au milieu des vignes

Nature : 🐚 ≼ ⛺ 🔆
Loisirs : 🏠 🍴 🎿
Services : 🚿 ⚡ 🔥 🍴 🅿 🚣
réfrigérateur, congélateur

Longitude : 5.44484
Latitude : 43.75641

*To visit a town or region : use the **MICHELIN** Green Guides.*

CURBANS

05110 – **334** E6 – 361 h. – alt. 650
▶ Paris 717 – Marseille 171 – Digne-les-Bains 78 – Gap 20

⚠ **Le Lac** de déb. avr. à fin oct.
𝄞 04 92 54 23 10, *info@au-camping-du-lac.com*,
Fax 04 92 54 23 11, *www.au-camping-du-lac.com*
3,8 ha (90 empl.) plat, peu incliné, herbeux
Tarif : 25€ ★★ ⟷ 🅔 ⚡ (16A) – pers. suppl. 5€ – frais
de réservation 12€

Location : (permanent) – 20 🚐. Nuitée 39 à 96€
– Sem. 234 à 675€ – frais de réservation 12€
Pour s'y rendre : au lieu-dit : Le Fangeas
À savoir : code postal dans les Hautes-Alpes (05) mais
terrain situé dans les Alpes-de-Haute-Provences (04)

Nature : 🐚 ≼ 💧
Loisirs : 🍽 🎿 ⛱ 🎣
Services : ⚡ 🍴 🅿

Longitude : 6.03167
Latitude : 44.42333

DIGNE-LES-BAINS

04000 – **334** F8 – 17 455 h. – alt. 608 – ♨ (mi fév.-début déc.)
🅱 *place du Tampinet* 𝄞 *04 92 36 62 62*
▶ Paris 744 – Aix-en-Provence 109 – Antibes 140 – Avignon 167

⚠ **Les Eaux Chaudes**
𝄞 04 92 32 31 04, *info@campingleseauxchaudes.com*,
Fax 04 92 34 58 80, *www.campingleseauxchaudes.com*
3,7 ha (90 empl.) plat et peu incliné, herbeux
Location : – 50 🚐 – 4 🏠.
🚐 borne eurorelais
Pour s'y rendre : 32 av. des Thermes (1,5 km au sud-est
par D 20, au bord d'un ruisseau)

Nature : ≼
Loisirs : 🏠 🎿 🎿
Services : 🚿 ⚡ 🍴 🚣 🏧
À prox. : 🎾

Longitude : 6.2507
Latitude : 44.08656

EMBRUN

05200 – **334** G5 – 6 345 h. – alt. 871
🛈 place Général-Dosse ✆ 04 92 43 72 72
▶ Paris 706 – Barcelonnette 55 – Briançon 48 – Digne-les-Bains 97

⚠ **Municipal de la Clapière** de fin avr. à déb. oct.
✆ 04 92 43 01 83, *info@camping-embrun-clapiere.com*,
Fax 04 92 43 50 22, *www.camping-embrun-clapiere.com*
6,5 ha (367 empl.) plat, accidenté et en terrasses,
pierreux, herbeux
Tarif : (Prix 2010) 20 € ★★ ⛺ 🔲 🔌 (10A) – pers.
suppl. 5 €

Location : (Prix 2010) (permanent) – 6 ⛺ – 14 🏠.
Sem. 370 à 685 €
🚰 borne autre
Pour s'y rendre : av. du Lac (2,5 km au sud-ouest par
N 94, rte de Gap et à dr.)

À savoir : près d'un plan d'eau

Nature : 🌿
Loisirs : 🔲 🌙 nocturne ⛷
Services : 🔧 ☕ 🏪 ⛺ 🚿
À prox. : 🛒 🍽 ✕ 🚣 ⚒ ⛷ 🏊 🎿 🛶 🏊 parcours sportif

Longitude : 6.47916
Latitude : 44.55075

ESPARRON-DE-VERDON

04800 – **334** D10 – 427 h. – alt. 397
🛈 Hameau du Port ✆ 04 92 77 15 97
▶ Paris 795 – Barjols 31 – Digne-les-Bains 58 – Gréoux-les-Bains 13

⚠ **Le Soleil** de mi-avr. à fin oct.
✆ 04 92 77 13 78, *campinglesoleil@wanadoo.fr*,
Fax 04 92 75 27 15, *www.campinglesoleil.net* 🐾
2 ha (100 empl.) en terrasses, pierreux, gravillons, fort
dénivelé
Tarif : (Prix 2010) ★ 6 € 🔲 9 € – 🔌 (6A) 4 € – frais de
réservation 15 €

Location : (Prix 2010) (de mi-avr. à fin oct.) 🐾
– 12 ⛺. Nuitée 60 à 620 € – Sem. 210 à 620 € – frais
de réservation 20 €
🚰 borne artisanale 5 € – 🔌 25 €
Pour s'y rendre : 1000 chemin de la Tuilière (sortie sud
par D 82, rte de Quinson, puis 1 km par rte à dr.)
À savoir : cadre agréable au bord d'un lac

Nature : 🌊 🏞 🌿 🌲
Loisirs : 🍽 snack, pizzeria 🔲 ⛷ canoë
Services : 🔧 ☕ Ⓟ (tentes) ⛺ 🍴 🏪 🚿 🚰
À prox. : 🛶 pédalos

Longitude : 5.47018
Latitude : 43.73432

637

Utilisez les **cartes MICHELIN**,
complément indispensable de ce guide.

ESPINASSES

05190 – **334** F6 – 660 h. – alt. 630
▶ Paris 689 – Chorges 19 – Gap 25 – Le Lauzet-Ubaye 23

⚠ **La Viste** de mi-mai à mi-sept.
✆ 04 92 54 43 39, *camping@laviste.fr*, Fax 04 92 54 42 45,
www.laviste.fr – alt. 900
4,5 ha/2,5 campables (160 empl.) plat, terrasse, peu
incliné, accidenté, herbeux, pierreux
Tarif : (Prix 2010) ★ 6 € ⛺ 🔲 6 € – 🔌 (5A) 3 € – frais de
réservation 15 €

Location : (Prix 2010) (de mi-mai à mi-sept.) – 10 ⛺
– 30 🏠. Nuitée 42 à 93 € – Sem. 294 à 645 € – frais de
réservation 15 €
Pour s'y rendre : Le Belvédère de Serre-Ponçon (5,5 km
au nord-est par D 900b, D 3 rte de Chorges et D 103 à
gauche)

À savoir : belle situation dominant le lac de Serre-
Ponçon

Nature : 🌊 ≤ lac de Serre-Ponçon, montagnes et barrage 🌿
Loisirs : 🍽 ✕ snack ⛷ 🎣 🏊
Services : 🔧 ☕ 🏪 🚿 🚰
À prox. : sports en eaux vives

Longitude : 6.24817
Latitude : 44.47804

FAUCON

84110 – **332** D8 – 410 h. – alt. 350

▶ Paris 677 – Marseille 152 – Avignon 59 – Montélimar 68

▲ **L'Ayguette** de mi-avr. à déb. oct.
℘ 04 90 46 40 35, *info@ayguette.com*, Fax 04 90 46 46 17,
www.ayguette.com
2,8 ha (100 empl.) plat, vallonné, herbeux, pierreux
Tarif : 27 € ✶✶ ⬌ 🅴 (½) (10A) – pers. suppl. 6 € – frais
de réservation 6 €

Location : (de mi-avr. à déb. oct.) – 14 ⬜. Sem.
199 à 699 € – frais de réservation 12 €
borne artisanale
Pour s'y rendre : sortie est par D 938, rte de Nyons et
4,1 km par D 71 à dr., rte de St-Romains-Viennois puis
D 86, rte de Faucon
À savoir : cadre sauvage

Nature : 🐦 ⬜ ♨♨
Loisirs : snack ♨ 🏊
Services : 🚿 ⊶ 🔧 🍴 🧊 🚮

Longitude : 5.12933
Latitude : 44.26215

LA FAVIÈRE

83230 – **340** N7

▶ Paris 882 – Marseille 105 – Toulon 44 – Cannes 102

🅼🅼 **Le Camp du Domaine** ♣♣ – de déb. avr. à fin oct.
℘ 04 94 71 03 12, *mail@campdudomaine.com*,
Fax 04 94 15 18 67, *www.campdudomaine.com*
38 ha (1200 empl.) plat, accidenté et en terrasses,
pierreux, rocheux
Tarif : (Prix 2010) 37 € ✶✶ ⬌ 🅴 (½) (10A) – pers.
suppl. 8 € – frais de réservation 25 €

Location : (Prix 2010) (de déb. avr. à fin oct.) 🐦
– 56 ⬜ – 70 🏠. Sem. 500 à 1 040 € – frais de
réservation 25 €
borne artisanale
Pour s'y rendre : 2581 rte de Bénat (2 km au sud)
À savoir : hors juil.-août, excursions avec chauffeur

Nature : ⬜ ♨♨ △
Loisirs : 🍴 ✗ pizzeria, snack 🎦
🎮 ⛹ terrain multisports ♨ 🎾
Services : 🚿 ⊶ ✗ 🧊 🚮 💧 🍴
laverie 🧊 🚮 cases réfrigérées
À prox. : 🛶 canoë, pédalos

Longitude : 6.35129
Latitude : 43.11788

🧊 ✗ *ATTENTION :*
these facilities are not necessarily available throughout
🚮 *the entire period that the camp is open - some are only*
🏊 🐎 *available in the summer season.*

FORCALQUIER

04300 – **334** C9 – 4 649 h. – alt. 550

🚹 *13, place du Bourguet ℘ 04 92 75 10 02*

▶ Paris 747 – Aix-en-Provence 80 – Apt 42 – Digne-les-Bains 50

🅼 **Indigo Forcalquier** de mi-avr. à déb. oct.
℘ 04 92 75 27 94, *forcalquier@camping-indigo.com*,
Fax 04 92 75 18 10, *www.camping-indigo.com*
2,9 ha (115 empl.) plat, peu incliné, terrasses, pierreux,
herbeux
Tarif : (Prix 2010) 26 € ✶✶ ⬌ 🅴 (½) (10A) – pers.
suppl. 6 € – frais de réservation 10 €

Location : (Prix 2010) (de mi-avr. à déb. oct.) 🅿
– 33 ⬜ – 4 🏠 – 17 tentes. Nuitée 41 à 103 € – Sem.
200 à 721 € – frais de réservation 10 €
borne autre 4 €
Pour s'y rendre : rte de Sigonce (sortie est sur D 16)

Nature : ⬜ ♨♨
Loisirs : pizzeria 🎦 ♨ 🚲 🏊
Services : 🚿 ⊶ 🛒 🧊 💧 🧊 🚮
À prox. : 🎾

Longitude : 5.78723
Latitude : 43.96218

FRÉJUS

83600 – **340** P5 – 52 436 h. – alt. 20 – Base de loisirs
🏠 *325, rue Jean Jaurès* 📞 *0494518383*
▶ Paris 868 – Brignoles 64 – Cannes 40 – Draguignan 31

La Baume - la Palmeraie 👥 – de déb. avr. à fin sept.
📞 0494198888, *reception@labaume-lapalmeraie.com*, Fax 0494198350, *www.labaume-lapalmeraie.com* – places limitées pour le passage
26 ha/20 campables (780 empl.) plat et peu incliné, herbeux, pierreux
Tarif : 47€ 👫 🚐 🗐 🚿 (6A) – pers. suppl. 13€ – frais de réservation 32€

Location : (de déb. avr. à fin sept.) ♿ – 141 🛖 – 180 🏠 – 10 appartements. Nuitée 46 à 140€ – Sem. 322 à 980€ – frais de réservation 32€
Pour s'y rendre : 3775 r. des Combattants d'Afrique du Nord (4,5 km au nord par D 4, rte de Bagnols-en-Forêt)
À savoir : important espace aquatique

Nature : 🏕 ♨♨
Loisirs : 🍽 ✖ snack, pizzeria 🏠 ⌂ ★ 🛁 hammam jacuzzi discothèque 🚲 ⛳ 🎾 🏊 🎿 piste de roller, skate, théâtre de plein air
Services : ♿ 🚰 🎦 🛒 ♨ laverie 🔧 🧺

Longitude : 6.72319
Latitude : 43.46655

Yelloh! Village Domaine du Colombier 👥 – de déb. avr. à mi-oct.
📞 0494515601, *info@clubcolombier.com*, Fax 0494515557, *www.clubcolombier.com* – places limitées pour le passage
10 ha (400 empl.) en terrasses, vallonné
Tarif : 51€ 👫 🚐 🗐 🚿 (16A) – pers. suppl. 9€ – frais de réservation 30€

Location : (de déb. avr. à mi-oct.) – 200 🛖. Nuitée 39 à 135€ – Sem. 273 à 2 205€
Pour s'y rendre : 1052 r. des Combattants en Afrique du Nord (2 km au nord par D 4, rte de Bagnols-en-Forêt)

Nature : ≤ 🏕
Loisirs : 🍽 ✖ snack, pizzeria 🏠 ⌂ ★ 🛁 jacuzzi discothèque 🚲 🎿 🎾
Services : ♿ 🚰 🎦 🛒 🧺 laverie 🔧 🧺

Longitude : 6.72688
Latitude : 43.44588

Sunêlia Holiday Green de déb. avr. à fin sept.
📞 0494198830, *info@holidaygreen.com*, Fax 0494198831, *www.holidaygreen.com* – places limitées pour le passage
15 ha (680 empl.) en terrasses, plat, herbeux, pierreux, fort dénivelé
Tarif : 49€ 👫 🚐 🗐 🚿 (10A) – pers. suppl. 10€ – frais de réservation 30€

Location : (de déb. avr. à fin sept.) – 300 🛖. Nuitée 50 à 145€ – Sem. 350 à 1 015€ – frais de réservation 30€
Pour s'y rendre : r. des Anciens Combattants d'Afrique du Nord

Nature : 🌳 🏕 ♨♨
Loisirs : 🍽 snack, pizzeria 🏠 ⌂ ★ 🚲 🎾 🏊 🎿 terrain multisports
Services : ♿ 🚰 ♨ laverie 🔧 🧺

Longitude : 6.71683
Latitude : 43.48481

La Pierre Verte 👥 – de déb. avr. à fin sept.
📞 0494408030, *info@campinglapierreverte.com*, Fax 0494407541, *www.campinglapierreverte.com*
28 ha (440 empl.) en terrasses, et accidenté, pierreux, rochers
Tarif : 36€ 👫 🚐 🗐 🚿 (10A) – pers. suppl. 9€ – frais de réservation 25€

Location : (de déb. avr. à fin sept.) – 200 🛖. Nuitée 60 à 130€ – Sem. 380 à 880€ – frais de réservation 25€
Pour s'y rendre : r. des Anciens Combattants d'Afrique du Nord (6,5 km au nord par D 4, rte de Bagnols-en-Forêt et chemin à dr.)

Nature : 🌳 🏕 ♨♨
Loisirs : 🍽 ✖ snack, pizzeria 🏠 ⌂ ★ 🚲 🎾 🏊 🎿 terrain multisports
Services : ♿ 🚰 🧺 laverie 🔧 🧺

Longitude : 6.72054
Latitude : 43.48382

639

Wilt u een stad of streek bezichtigen ?
*Raadpleed de **groene Michelingidsen**.*

▲▲ **Le Pont d'Argens** de déb. avr. à mi-oct.
℘ 0494511497, *camping.lepontdargens@yahoo.fr*, Fax 0494512944, *www.camping-caravaning-lepontdargens.com*
7 ha (500 empl.) plat, herbeux
Tarif : (Prix 2010) 30,50€ ✶✶ ➴ 🅔 ⓖ (6A) – pers. suppl. 8€ – frais de réservation 35€
Location : (Prix 2010) – 50 🚐. Sem. 350 à 995€
🚰 borne artisanale 5€
Pour s'y rendre : 3 km au sud par N 98, accès direct à la plage
À savoir : au bord de l'Argens

Nature : 🌳🌳
Loisirs : 🍸 snack 🏓 ⛱ ⛵
Services : ♿ 🔌 🛁 laverie 🚮 ⛽
À prox. : parc de loisirs aquatiques

Longitude : 6.72489
Latitude : 43.4087

▲▲ **Les Pins Parasols** de déb. avr. à fin sept.
℘ 0494408843, *lespinsparasols@wanadoo.fr*, Fax 0494408199, *www.lespinsparasols.com*
4,5 ha (189 empl.) plat et en terrasses, herbeux, pierreux
Tarif : 28€ ✶✶ ➴ 🅔 ⓖ (6A) – pers. suppl. 6€
Location : (de déb. avr. à fin sept.) 🚫 – 9 🚐. Sem. 207 à 710€
Pour s'y rendre : 3360 r. des Combattants d'Afrique du Nord (4 km au nord par D 4, rte de Bagnols-en-Forêt)
À savoir : beaux empl. en terrasses au milieu des pins parasols

Nature : 🏞 🌳🌳
Loisirs : pizzeria 🏓 ⛱ ⛵ 🏊
Services : ♿ 🔌 🛒 🛁 – 48 sanitaires individuels (🚿 ♨ 🚽 wc) 🍴 🚮 ⛽ 🛒

Longitude : 6.72531
Latitude : 43.464

05000 – **334** E5 – 37 785 h. – alt. 735
🛈 2a, cours Frédéric Mistral ℘ 0492525656
▶ Paris 665 – Avignon 209 – Grenoble 103 – Sisteron 52

▲▲ **Alpes-Dauphiné** de mi-avr. à mi-oct.
℘ 0492512995, *info@alpesdauphine.com*, Fax 0492535842, *www.alpesdauphine.com* – alt. 850
10 ha/6 campables (185 empl.) incliné, en terrasses, herbeux
Tarif : ✶ 6€ 🅔 8€ – ⓖ (6A) 3€ – frais de réservation 18€
Location : (de mi-avr. à mi-oct.) – 40 🚐 – 17 🏠 – 3 gîtes. Nuitée 42 à 85€ – Sem. 255 à 510€ – frais de réservation 18€
🚰 borne artisanale
Pour s'y rendre : rte Napoleon (3 km au nord par N 85, rte de Grenoble)

Nature : ⛰ 🌳
Loisirs : 🍸 ✕ pizzeria 🏓 ⛱ ⛵
Services : ♿ 🔌 🛒 🛁 🚮 ✂ 🍴 🛒 ⛽ 🛒

Longitude : 6.08385
Latitude : 44.57922

83400 – **340** L7
▶ Paris 869 – Marseille 93 – Toulon 29 – La Seyne-sur-Mer 37

▲▲ **La Presqu'île de Giens** ♣♦ – de déb. avr. à déb. oct.
℘ 0494582286, *info@camping-giens.com*, Fax 0494581163, *www.camping-giens.com* – ℞
7 ha (460 empl.) plat, en terrasses, herbeux, pierreux
Tarif : 29€ ✶✶ ➴ 🅔 ⓖ (16A) – pers. suppl. 8€
Location : (de déb. avr. à déb. oct.) – 58 🚐 – 40 🏠. Nuitée 110€ – Sem. 770€ – frais de réservation 15€
🚰 borne artisanale
Pour s'y rendre : 153 rte de la Madrague

Nature : 🏞 🌳🌳
Loisirs : 🍸 pizzeria 🏓 🕒 diurne 🎯 ⛱
Services : 🔌 🛒 🛁 🍴 laverie 🚮 🛒
À prox. : bowling, discothèque

Longitude : 6.14332
Latitude : 43.04084

▲ **La Tour Fondue** de déb. avr. à déb. nov.
℘ 0494582286, *info@camping-latourfondue.com*, Fax 0494581163, *www.camping-latourfondue.com* – ℞
2 ha (140 empl.) plat, herbeux
Tarif : 28€ ✶✶ ➴ 🅔 ⓖ (10A) – pers. suppl. 8€
Location : (de déb. avr. à déb. nov.) – 21 🚐. Nuitée 106€ – Sem. 742€ – frais de réservation 15€
🚰 borne artisanale
Pour s'y rendre : av. des Arbanais

Nature : 🏞 🌳
Loisirs : 🏓
Services : 🔌 laverie
À prox. : 🚮 🍸 ✕ 🏊 Plongée sous-marine

Longitude : 6.15569
Latitude : 43.02971

LA GRAVE

05320 – **334** F2 – 495 h. – alt. 1 526 – Sports d'hiver : 1 450/3 250 m 🚠 2 🎿 2 🎿

🚩 *route nationale 91* 🎏 *0476799005*

▶ Paris 642 – Briançon 38 – Gap 126 – Grenoble 80

⚠ **La Meije** de déb. mai à fin sept.
🎏 *0608543084, nathalie-romagne@wanadoo.fr,*
Fax 0476799334, *www.camping-delameije.com*
2,5 ha (50 empl.) plat, terrasse, peu incliné, herbeux
Tarif : 16 € 🏕🏕 ⛺ 🔋 🏠 (6A) – pers. suppl. 3 €
Location : (permanent) – 2 roulottes – 1 🚐 – 1 🏠
– 5 studios. Sem. 250 à 400 €
🚐 10 🔋 13 €
Pour s'y rendre : à l'est, dir. Briançon par RN 91
À savoir : magnifique panorama sur le glacier de la Grave et sur la Meije

Nature :	🐟 ⬱ ⚘
Loisirs :	🎯 🎣 🌊 🎣
Services :	⛑ ⚡ ⊟ 🏕 🏢
À prox. :	🚣 canoë, sports en eaux vives

Longitude : 6.30647
Latitude : 45.04495

⚠ **Le Gravelotte** de déb. juin à fin sept.
🎏 *0476799314, info@camping-le-gravelotte.com,*
Fax 0476799239, *www.camping-le-gravelotte.com*
4 ha (75 empl.) plat, herbeux
Tarif : 16 € 🏕🏕 ⛺ 🔋 🏠 (5A) – pers. suppl. 4 €
Pour s'y rendre : 1,2 km à l'ouest par N 91, rte de Grenoble et chemin à gauche
À savoir : agréable situation au pied des montagnes et au bord de la Romanche

Nature :	⬱
Loisirs :	🍽 🌊 🎣
Services :	⛑ ⚡ 🚿 🏢

Longitude : 6.30647
Latitude : 45.04495

GRAVESON

13690 – **340** D2 – 3 797 h. – alt. 14

🚩 *Le Grand Portail - Cours National* 🎏 *0490958844*

▶ Paris 696 – Arles 25 – Avignon 14 – Cavaillon 30

⛰ **Les Micocouliers** de mi-mars à mi-oct.
🎏 *0490958149, micocou@free.fr, http://micocou.free. fr*
3,5 ha/2 campables (60 empl.) plat, pierreux, herbeux
Tarif : (Prix 2010) 24 € 🏕🏕 ⛺ 🔋 🏠 (8A) – pers. suppl. 7 € – frais de réservation 10 €
Location : (Prix 2010) (de mi-mars à mi-oct.) – 5 🚐.
Sem. 400 à 660 € – frais de réservation 17 €
🚐 borne artisanale 6 €
Pour s'y rendre : 445 rte de Cassoulen (1,2 km au sud-est par D 28, rte de Châteaurenard et D 5 à dr., rte de Maillane)

Nature :	🏞
Loisirs :	🛝
Services :	⛑ ⚡ 🚿 🏢

Longitude : 4.78111
Latitude : 43.84389

GRÉOUX-LES-BAINS

04800 – **334** D10 – 2 459 h. – alt. 386 – ♨ (début mars-fin déc.)

🚩 *5, avenue des Marronniers* 🎏 *0492780108*

▶ Paris 783 – Aix-en-Provence 55 – Brignoles 52 – Digne-les-Bains 69

⛰ **Yelloh! Village Verdon Parc** 🅰 – de déb. avr. à fin oct.
🎏 *0492780808, verdon.parc@wanadoo.fr,*
Fax 0492780017, *www.campingverdonparc.fr* 🚫 (de déb. juil. à fin août)
8 ha (280 empl.) plat, gravier, pierreux, terrasses, herbeux
Tarif : 34 € 🏕🏕 ⛺ 🔋 🏠 (10A) – pers. suppl. 6 €
Location : (de déb. avr. à fin oct.) 🚫 – 150 🚐
– 4 bungalows toilés. Nuitée 39 à 165 € – Sem. 273 à 1 155 €
🚐 borne artisanale – 150 🔋 25 €
Pour s'y rendre : Domaine de la Paludette (600 m au sud par D 8, rte de St-Pierre et à gauche apr. le pont, au bord du Verdon)

Nature :	🐟 🏞 ⚘⚘
Loisirs :	🍽 ✖ snack 🎱 🎪 diurne 🏓 🚣 🎯 🌊 🎣 terrains multisports, practice de golf
Services :	⛑ ⚡ 🏕 🚿 laverie réfrigérateurs

Longitude : 5.884
Latitude : 43.75205

La Pinède de déb. mars à fin nov.
 ☎ 04 92 78 05 47, *lapinede@wanadoo.fr*,
Fax 04 92 77 69 05, *www.camping-lapinede-04.com*
3 ha (160 empl.) plat, peu incliné et en terrasses,
pierreux, gravillons
Tarif : (Prix 2010) 21 € ✦✦ ⇐ 🄴 (🄷 (10A) – pers.
suppl. 5 €

Location : (Prix 2010) (de déb. mars à fin nov.)
– 54 ⛺. Nuitée 39 à 78 € – Sem. 275 à 550 €
🚐 borne autre 4 €
Pour s'y rendre : rte de Saint-Pierre (1,5 km au sud par
D 8, à 200 m du Verdon)

Nature : 🏊 ≤ 🏠 ♀♀
Loisirs : 🍸 snack 🎱 🏓 ⛴
Services : 🚿 ⌚ 🏧 🍴 🖼
À prox. : 🎣

Longitude : 5.88294
Latitude : 43.74848

Verseau de mi-mars à mi-nov.
 ☎ 04 92 77 67 10, *info@camping-le-verseau.com*,
Fax 04 92 77 67 10, *www.camping-le-verseau.com*
2,5 ha (120 empl.) plat, incliné, pierreux, herbeux
Tarif : 21 € ✦✦ ⇐ 🄴 (🄷 (10A) – pers. suppl. 5 €

Location : (de mi-mars à mi-nov.) – 41 ⛺ – 13 🏠.
Nuitée 48 à 95 € – Sem. 330 à 660 €
Pour s'y rendre : 1,2 km au sud par D 8, rte de St-Pierre
et chemin à dr., près du Verdon

Nature : 🏊 ≤ 🏠 ♀
Loisirs : 🍸 🎱 salle d'animation 🏓 ⛴
Services : 🚿 ⌚ 🏧 🛁 🧺 🍴 🖼

Longitude : 5.88199
Latitude : 43.75152

GRIMAUD

83310 – **340** 06 – 4 233 h. – alt. 105
🛈 *1, boulevard des Aliziers* ☎ *04 94 55 43 83*
▶ Paris 861 – Brignoles 58 – Fréjus 32 – Le Lavandou 32

Les Prairies de la Mer 🏖 – de déb. avr. à mi-oct.
 ☎ 04 94 79 09 09, *prairies@riviera-villages.com*,
Fax 04 94 79 09 10
20 ha (1500 empl.) plat, sablonneux
Tarif : (Prix 2010) 55 € ✦✦ ⇐ 🄴 (🄷 (6A) – pers.
suppl. 10 €

Location : (Prix 2010) (de déb. avr. à mi-oct.) 🅿
– 300 ⛺. Nuitée 75 à 225 € – Sem. 450 à 1 575 €
🚐 borne artisanale
Pour s'y rendre : RN 98 - Saint-Pons

Nature : ≤ St-Tropez et son golfe 🏠 ♀♀ ⛰
Loisirs : 🍸 ✗ snack 🎱 🕃 🏓 🎿 bowling, discothèque 🏓 🚲 🏸 🏊 🎣 🤿 école de plongée, terrain multisports
Services : ⌚ 🏧 🛁 🧺 🍴 laverie 🧺 🚿 🚮

Longitude : 6.58241
Latitude : 43.28086

Si vous recherchez :
 🕃 *un terrain offrant des animations sportives, culturelles ou de détente,*
 🏊 *un terrain agréable ou très tranquille,*
L-M *un terrain effectuant la location de caravanes,*
  de mobile homes, de bungalows ou de chalets,
P *un terrain ouvert toute l'année,*
 🚐 *un terrain possédant une aire de services pour camping-cars,*
consultez le tableau des localités

Le coup de cœur de Bib

Les Prairies de la Mer *(voir page précédente)*
Nouveauté 2011 de notre sélection, cet établissement, situé à deux pas de la cité lacustre de Port-Grimaud, a pour particularité un accès direct à une plage de sable fin et une vue imprenable sur St-Tropez et son golfe. Outre ses locatifs classiques et ses emplacements de camping traditionnel, il propose un style d'hébergement original : les farés, sorte de cabanes exotiques en bois. Les premiers sont disposés en un village insolite, avec ses petits ponts de bois, ses points d'eau, ses jardins internes et ses espaces collectifs de détente. Le second secteur, le plus recherché, est celui des farés qui longent la plage et offrent une vue unique sur le golfe. Bien entendu, vous retrouvez sur le site tous les services possibles (même un salon de coiffure !) et les activités de loisirs pour jeunes et moins jeunes.

Les Prairies de la Mer

643

Domaine des Naïades ♣♣ – de déb. avr. à déb. nov.
☎ 04 94 55 67 80, *info@lesnaiades.com*, Fax 04 94 55 67 81,
www.lesnaiades.com – places limitées pour le passage
27 ha/14 campables (492 empl.) en terrasses, herbeux,
sablonneux, pierreux
Tarif : 53€ ♣♣ ⇔ 🔲 💧 (10A) – pers. suppl. 8€
Location : (de déb. avr. à déb. nov.) – 217 🚐. Nuitée
45 à 208€ – Sem. 315 à 1 456€
🚐 borne eurorelais 3€
Pour s'y rendre : à Saint Pons les Mûres

Nature : 🏕 ♀♀	
Loisirs : ♀ ✗ pizzeria ⛱ ⛹ 🚣 🚴 ⛵ ⛷	
Services : ♿ ⛽ ⛺ ♨ laverie 🏪	
Longitude : 6.57937	
Latitude : 43.28517	

GUILLESTRE _____

05600 – **334** H5 – 2 273 h. – alt. 1 000 – Base de loisirs
🏠 *Maison du tourisme place Salva* ☎ 04 92 45 04 37
▶ Paris 715 – Barcelonnette 51 – Briançon 36 – Digne-les-Bains 114

Parc Le Villard de déb. mai à déb. oct.
☎ 04 92 45 06 54, *info@camping-levillard.com*,
www.camping-levillard.com
3,2 ha (120 empl.) plat et peu incliné, herbeux, pierreux
Tarif : (Prix 2010) 24€ ♣♣ ⇔ 🔲 💧 (10A) – pers.
suppl. 5€
Location : (Prix 2010) (de déb. janv. à fin oct.) 🚫
– 17 🚐 – 5 🏠 – 2 bungalows toilés. Sem.
370 à 650€
Pour s'y rendre : au lieu-dit : Le Villard (2 km à l'ouest
par D 902a, rte de Gap, au bord du Chagne)

Nature : ❄ ⛰ ♀	
Loisirs : snack 🏠 🚣 ✗ 🎿	
Services : ♿ ⛽ ♨ ⛺ ♨ 🏪	
Longitude : 6.62717	
Latitude : 44.65894	

St-James-les-Pins Permanent
04 92 45 08 24, *camping@lesaintjames.com*,
Fax 04 92 45 18 65, *www.lesaintjames.com*
2,5 ha (100 empl.) plat et peu incliné, pierreux, herbeux
Tarif : 17 € ✦✦ 🚗 🔲 (6A) – pers. suppl. 3 €
Location : (permanent) – 10 🚐 – 13 🏠 – 10 🛏.
Sem. 275 à 500 €
borne artisanale 5 € – 5 🔲 17 €
Pour s'y rendre : rte des Campings (1,5 km à l'ouest par rte de Risoul et rte à dr.)
À savoir : agréable pinède, au bord du Chagne

| Nature : ❄ < ⚓ |
| Loisirs : 🎮 🏊 |
| Services : 🚿 🔌 🔲 🛒 🚮 |
| À prox. : 🍴 🛶 |

| Longitude : 6.63268 |
| Latitude : 44.65688 |

La Ribière de fin mai à mi-sept.
04 92 45 25 54, *camping.laribiere@orange.fr*,
Fax 04 92 53 77 57, *www.laribiere.fr*
5 ha/2 campables (50 empl.) peu incliné, plat, terrasses, herbeux, pierreux
Tarif : (Prix 2010) 14 € ✦✦ 🚗 🔲 (10A) – pers. suppl. 3 €
Location : (Prix 2010) (de fin mai à mi-sept.) 🏊
– 5 bungalows toilés. Sem. 230 à 245 €
borne artisanale 6 € – 7 🔲 14 €
Pour s'y rendre : Pont de Chagne (au sud du bourg, accès par chemin près du carr. D 902a et D 86, rte de Risoul)
À savoir : au bord du Chagne

| Nature : 🌳 < 🌿 |
| Loisirs : 🎣 |
| Services : 🚿 🔌 🚮 |
| À prox. : 🎮 🛶 |

| Longitude : 6.64721 |
| Latitude : 44.65606 |

HYÈRES

83400 – **340** L7 – 54 888 h. – alt. 40
🛈 3, avenue Ambroise Thomas 04 94 01 84 50
▶ Paris 851 – Aix-en-Provence 102 – Cannes 123 – Draguignan 78

Les Palmiers 👥 – (location exclusive de mobile homes) de mi-mars à mi-oct.
04 94 66 39 66, *contact@camping-les-palmiers.fr*,
Fax 04 94 66 47 30, *www.camping-les-palmiers.fr*
5,5 ha plat, herbeux, pierreux
Location : (Prix 2010) 🏊 (de mi-juin à mi-sept.)
– 271 🚐. Nuitée 50 à 82 € – Sem. 350 à 1 155 € – frais de réservation 30 €
Pour s'y rendre : r. Du Ceinturon, L'Ayguade

| Nature : 🌳 🏖 ⚓ |
| Loisirs : 🍴 pizzeria 🎮 🌙 nocturne 🎯 🎣 ⛵ hammam 🏋 🚲 🎾 🔆 🎬 🛶 🏄 |
| Services : 🚿 🔌 🛒 🚮 laverie 🧊 🏧 |

| Longitude : 6.16725 |
| Latitude : 43.10344 |

Le Ceinturon 3 de mi-avr. à fin sept.
04 94 66 32 65, *contact@ceinturon3.fr*,
Fax 04 94 66 48 43, *www.ceinturon3.fr* – 🅁
2,5 ha (200 empl.) plat, herbeux, sablonneux
Tarif : 28 € ✦✦ 🚗 🔲 (10A) – pers. suppl. 6 €
Location : (de mi-avr. à fin sept.) 🏊 – 40 🏠. Sem. 320 à 770 € – frais de réservation 15 €
Pour s'y rendre : 2 rue des saraniers (5 km au sud-est, à 100 m de la mer, à Ayguade-Ceinturon)

| Nature : ⚓ |
| Loisirs : 🍴 snack 🏊 |
| Services : 🚿 🔌 🚮 ✂ 🛒 🚮 🏧 laverie 🧊 🏧 |
| À prox. : 🍴 |

| Longitude : 6.16962 |
| Latitude : 43.10109 |

L'ISLE-SUR-LA-SORGUE

84800 – **332** D10 – 18 799 h. – alt. 57
🛈 *place de la Liberté* ℰ 04 90 38 04 78
▶ Paris 693 – Apt 34 – Avignon 23 – Carpentras 18

Airotel La Sorguette de mi-mars à mi-oct.
ℰ 04 90 38 05 71, *sorguette@wanadoo.fr*,
Fax 04 90 20 84 61, *www.camping-sorguette.com*
2,5 ha (164 empl.) plat, herbeux, pierreux
Tarif : 22 € ★★ 🚐 🗉 ⒣ (10A) – pers. suppl. 7 € – frais
de réservation 20 €

Location : (de mi-mars à mi-oct.) – 24 🛖 – 6 🏠
– 3 yourtes – 1 tipi – 3 tentes. Nuitée 45 à 107 € – Sem.
280 à 714 € – frais de réservation 20 €
🚐 borne artisanale 5 € – 🚐 11 €
Pour s'y rendre : 871 rte d'Apt (1,5 km au sud-est par
N 100, près de la Sorgue)

Nature : ♀
Loisirs : snack 🎱 🎯 🛶 🚲 🛶 canoë
Services : ♿ ⚡ 🍴 laverie 🧊 cases réfrigérées
À prox. : ✕

Longitude : 5.07192
Latitude : 43.9146

ISOLA

06420 – **341** D2 – 630 h. – alt. 873
🛈 *Place Jean Gaissa* ℰ 04 93 23 15 15
▶ Paris 897 – Marseille 246 – Nice 76 – Cuneo 79

Le Lac des Neiges Permanent
ℰ 04 93 02 18 16, *lelacdesneiges@yahoo.fr*,
www.princiland.fr – alt. 875
3 ha (98 empl.) plat, pierreux, herbeux
Tarif : (Prix 2010) 26 € ★★ 🚐 🗉 ⒣ (6A) – pers.
suppl. 5 €

Location : (Prix 2010) (de déb. juil. à fin août)
– 1 🛖 – 1 🏠 – 2 gîtes. Sem. 300 à 400 €

Nature : 🏞 ♀
Loisirs : 🍴 snack 🎱 🛶 🚲 🛶 pédalos, kayak
Services : ♿ ⚡ 🍴 🧊
À prox. : ✕

Longitude : 7.04985
Latitude : 44.18613

645

LARCHE

04530 – **334** J6 – 73 h. – alt. 1 691
🛈 *le village* ℰ 04 92 84 33 58
▶ Paris 760 – Barcelonnette 28 – Briançon 81 – Cuneo 70

Domaine des Marmottes de mi-mai à fin sept.
ℰ 04 92 84 33 64, *g.durand@camping-marmottes.fr*,
www.camping-marmottes.fr
2 ha (50 empl.) non clos, plat, herbeux, pierreux
Tarif : ★ 7 € 🚐 🗉 – ⒣ (10A) 4 €

Location : (de mi-mai à fin sept.) – 2 huttes. Nuitée
40 € – Sem. 250 €
🚐 borne artisanale 4 €
Pour s'y rendre : lieu-dit : Malboisset (800 m au sud-est
par rte à dr. apr. l'ancienne douane française)

À savoir : cadre sauvage au bord de l'Ubayette

Nature : 🏔 ⛰ 🏞 ♀♀
Services : ♿ ⚡ 🧊 🧊

Longitude : 6.84636
Latitude : 44.45083

LE LAVANDOU

83980 – **340** N7 – 5 825 h. – alt. 1 – Base de loisirs
🛈 *quai Gabriel-Péri*, ℰ 04 94 00 40 50
▶ Paris 873 – Cannes 102 – Draguignan 75 – Fréjus 61

Beau Séjour de déb. avr. à fin sept.
ℰ 04 94 71 25 30, *beausejourvar@orange.fr* – ⚑
1,5 ha (135 empl.) plat, gravier
Tarif : (Prix 2010) ★ 6 € 🗉 5 € – ⒣ (6A) 4 €
Pour s'y rendre : au lieu-dit : la Grande Bastide (1,5 km
au sud-ouest)

À savoir : beaux emplacements délimités et ombragés

Nature : 🏞 ♀♀
Loisirs : 🍴 snack
Services : ♿ ⚡ 🧊

Longitude : 6.35165
Latitude : 43.13497

LOURMARIN

84160 – **332** F11 – 1 011 h. – alt. 224

𝐢 *avenue Philippe de Girard* ℰ *04 90 68 10 77*

▶ Paris 732 – Aix-en-Provence 37 – Apt 19 – Cavaillon 73

⚠ **Les Hautes Prairies** de déb. avr. à fin oct.
ℰ 04 90 68 02 89, *leshautesprairies@wanadoo.fr*,
Fax 04 90 68 23 83, *www.campinghautesprairies.com*
3,6 ha (158 empl.) peu incliné, plat, herbeux, pierreux
Tarif : (Prix 2010) 👤 5 € 🚗 3 € 🅴 5 € – 🔌 (10A) 5 € – frais
de réservation 18 €

Location : (Prix 2010) (permanent) – 5 🛖 – 16 🏠.
Nuitée 65 € – Sem. 375 à 610 € – frais de réservation
18 €
🚐 borne artisanale 3 €
Pour s'y rendre : rte de Vaugines (700 m à l'est par
D 56)

Nature : 🗀 ♀	
Loisirs : 🍷 ✗ snack 🏊 ⚒	
Services : 🚿 ⚡ 🚐 🛁 🚽 ⚒ 🖥 ♨	

Longitude : 5.37291
Latitude : 43.76784

MALEMORT-DU-COMTAT

84570 – **332** D9 – 1 409 h. – alt. 208

▶ Paris 688 – Avignon 33 – Carpentras 11 – Malaucène 22

⚠ **Font Neuve** de déb. mai à fin sept.
ℰ 04 90 69 90 00, *camping.font-neuve@libertysurf.fr*,
Fax 04 90 69 91 77
1,5 ha (54 empl.) plat et peu incliné, terrasses, herbeux,
pierreux
Tarif : (Prix 2010) 👤 5 € 🚗 2 € 🅴 5 € – 🔌 (10A) 5 €

Location : (Prix 2010) (de déb. mai à fin sept.) – 5 🏠.
Sem. 430 €
Pour s'y rendre : quartier Font-Neuve (1,6 km au sud-
est par D 5, rte de Méthanis et chemin à gauche)

Nature : 🏞 ≪ 🗀 ♀♀	
Loisirs : ✗ 🏊 ⚒ 🎿	
Services : 🚿 ⚡ 🚐 🛁 🛁 🚽 🖥 ♨	

Longitude : 5.16277
Latitude : 44.02285

646

*De categorie (1 tot 5 tenten, in **zwart** of rood) die wij aan de geselekteerde*
terreinen in deze gids toekennen, is onze eigen indeling.
Niet te verwarren met de door officiële instanties gebruikte classificatie (1 tot 5 sterren).

MALLEMORT

13370 – **340** G3 – 5 676 h. – alt. 120

𝐢 *avenue des Frères Roqueplan* ℰ *04 90 57 41 62*

▶ Paris 716 – Aix-en-Provence 34 – Apt 38 – Cavaillon 20

⚠ **Durance Luberon** de déb. avr. à fin sept.
ℰ 04 90 59 13 36, *duranceluberon@orange.fr*,
www.campingduranceluberon.com – pour les caravanes,
l'accès par le centre ville est déconseillé, accès par N 7 et
D 561, rte de Charleval
4 ha (110 empl.) plat, herbeux
Tarif : (Prix 2010) 21 € 👤👤 🚗 🅴 🔌 (10A) – pers.
suppl. 6 € – frais de réservation 15 €

Location : (Prix 2010) (de fin avr. à fin sept.) – 8 🛖.
Nuitée 98 € – Sem. 690 € – frais de réservation 15 €
🚐 borne artisanale 4 € – 🛒 13 €
Pour s'y rendre : au Domaine du Vergon (2,8 km au
sud-est par D 23, à 200 m du canal, vers la centrale E.D.F.
- par A 7 sortie 26 et 7)

Nature : 🏞 🗀 ♀	
Loisirs : snack 🏊 🚲 ⚒ 🎿	
Services : 🚿 ⚡ 🚐 ▥ 🛁 🛁 🚽 ⚒ 🖥 ♨	
À prox. : 🏇	

Longitude : 5.20499
Latitude : 43.72193

MANDELIEU-LA-NAPOULE

06210 – **341** C6 – 20 621 h. – alt. 4

🛈 *avenue H. Clews* ℰ *04 92 97 99 27*

◪ Paris 890 – Brignoles 86 – Cannes 9 – Draguignan 53

⚠ **Les Cigales** Permanent

ℰ 04 93 49 23 53, *campingcigales@wanadoo.fr*,
Fax 04 93 49 30 45, *www.lescigales.com*
2 ha (115 empl.) plat, herbeux, gravier
Tarif : 48€ ✸✸ ⛺ 🅿 🕅 (6A) – pers. suppl. 8€ – frais de
réservation 25€

Location : (permanent) – 42 ⛨ – 8 studios
– 1 appartement. Sem. 360 à 925€ – frais de
réservation 25€
⛽ borne artisanale – 15 🅿
Pour s'y rendre : 505 av. de la Mer (à Mandelieu)

À savoir : beau cadre de verdure au bord de la Siagne,
ponton d'amarrage

Nature : 🏞 ⛺ 👥	
Loisirs : 🎣 ♨	
Services : 👤 ⛽ 🏪 🛁 🚿 🚻 🍴 laverie	
À prox. : 🍖🍷 ✗ snack 🚣 ⛳ golf	

Longitude : 6.94206
Latitude : 43.53889

⚠ **Les Pruniers** de déb. avr. à fin oct.

ℰ 04 92 97 00 44, *contact@bungalow-camping.com*,
Fax 04 93 49 37 45, *www.bungalow-camping.com* – places
limitées pour le passage
0,8 ha (55 empl.) plat, herbeux, gravier
Tarif : (Prix 2010) ✸ 5€ ⛺ 4€ 🅿 12€ – 🕅 (10A) 4€

Location : (Prix 2010) (de déb. avr. à fin oct.) – 36 ⛨.
Sem. 670€
Pour s'y rendre : 118 r. de la Pinéa (par av. de la Mer)

À savoir : au bord de la Siagne, ponton d'amarrage

Nature : ⛺ 👥	
Loisirs : 🎏 ♨	
Services : ⛽ 🅿 🛁	
À prox. : 🍷 ✗ crêperie ⛳ golf	

Longitude : 6.94504
Latitude : 43.53529

MAUBEC

84660 – **332** D10 – 1 791 h. – alt. 120

◪ Paris 706 – Aix-en-Provence 68 – Apt 25 – Avignon 32

⚠ **Municipal Les Royères du Prieuré** de déb. avr. à

mi-oct.
ℰ 04 90 76 50 34, *camping.maubec.provence@wanadoo.*
fr, Fax 04 32 52 91 57, *www.campingmaubec-luberon.*
com
1 ha (93 empl.) plat et en terrasses, pierreux, herbeux
Tarif : (Prix 2010) ✸ 3€ ⛺ 2€ 🅿 2€ – 🕅 (10A) 4€ – frais
de réservation 10€

Location : (Prix 2010) (de déb. avr. à mi-oct.) 🚫
– 3 ⛨. Sem. 375 à 450€ – frais de réservation 10€
Pour s'y rendre : 52 chemin de la Combe St-Pierre (au
sud du bourg)

À savoir : belles terrasses ombragées

Nature : 🏞 < 👥	
Services : ⛽ 🍴 🅿	

Longitude : 5.1326
Latitude : 43.84032

647

*Toutes les insertions dans ce guide sont entièrement gratuites
et ne peuvent en aucun cas être dues à une prime ou à une faveur.*

MAUSSANE-LES-ALPILLES

13520 – **340** D3 – 2 127 h. – alt. 32

🛈 *place Laugier de Monblan* ℰ *04 90 54 52 04*

◪ Paris 712 – Arles 20 – Avignon 30 – Marseille 81

⚠ **Municipal les Romarins** de mi-mars à mi-oct.

ℰ 04 90 54 33 60, *camping-municipal-maussane@*
wanadoo.fr, Fax 04 90 54 41 22, *www.maussane.com*
3 ha (144 empl.) plat, herbeux, pierreux
Tarif : (Prix 2010) 19€ ✸✸ ⛺ 🅿 🕅 (10A) – pers.
suppl. 5€
Pour s'y rendre : rte de St-Rémy (sortie nord par D 5)

Nature : ⛺ 👥	
Loisirs : 🎏 ♨ 🎾	
Services : 👤 ⛽ 🛁 🚿 🚻 🍴 🅿	
À prox. : ♨	

Longitude : 4.80975
Latitude : 43.72134

PROVENCE-ALPES-CÔTE D'AZUR

MAZAN

84380 – **332** D9 – 5 515 h. – alt. 100
ℹ 83, place du 8 Mai ℘ 0490697427
▶ Paris 684 – Avignon 35 – Carpentras 9 – Cavaillon 30

Le Ventoux de déb. mars à mi-nov.
℘ 0490697094, info@camping-le-ventoux.com,
www.camping-le-ventoux.com
0,7 ha (49 empl.) plat, pierreux, herbeux
Tarif : 23 € ✸✸ ⇋ ⊞ ⑭ (6A) – pers. suppl. 6 € – frais de
réservation 10 €

Location : (de déb. mars à mi-nov.) – 15 ⏢. Nuitée
70 à 120 € – Sem. 395 à 560 € – frais de réservation
10 €
Pour s'y rendre : 1348 chemin de la Combe (3 km au
nord par D 70, rte de Caromb puis chemin à gauche, de
Carpentras, itinéraire conseillé par D 974)

| Nature : 🏞 ≤ le Mont Ventoux 🌳🌳 |
| Loisirs : 🍴 ✕ 🛶 🏊 |
| Services : 🔥 ⊶ 🏭 🔥 laverie 🔥 |

| Longitude : 5.11378 |
| Latitude : 44.0805 |

MENTON

06500 – **341** F5 – 28 683 h.
ℹ 8, avenue Boyer ℘ 0492417676
▶ Paris 966 – Marseille 218 – Nice 32 – Antibes 55

Municipal St-Michel
℘ 0493358123, Fax 0493571235, www.menton.fr
– accès difficile pour caravanes et camping-car
2 ha (131 empl.) en terrasses, plat, herbeux, gravillons
Pour s'y rendre : rte des Clappes (Plateau St-Michel)

| Nature : 🌳🌳 |
| Loisirs : 🍴 snack, pizzéria (le soir) |
| Services : ⊶ 🖃 🔥 cases réfrigérées |

| Longitude : 7.49994 |
| Latitude : 43.78675 |

MÉOLANS-REVEL

04340 – **334** H6 – 284 h. – alt. 1 080
▶ Paris 787 – Marseille 216 – Digne-les-Bains 74 – Gap 64

Domaine Loisirs de l'Ubaye de déb. fév. à mi-nov.
℘ 0492810196, info@loisirsubaye.com,
Fax 0492819253, www.loisirsubaye.com – alt. 1 073
9,5 ha (267 empl.) plat, herbeux, pierreux, en terrasses
Tarif : 26 € ✸✸ ⇋ ⊞ ⑭ (6A) – pers. suppl. 6 € – frais de
réservation 15 €

Location : (de mi-fév. à mi-nov.) – 18 ⏢ – 19 🏠.
Nuitée 70 € – Sem. 310 à 720 € – frais de réservation
15 €
⏢ borne artisanale 22 €
Pour s'y rendre : 9 km par D 900, au bord de l'Ubaye

| Nature : 🏕 🌳🌳 |
| Loisirs : snack 🍴 🎯 diurne 🚲 ✕ 🏊 |
| Services : 🔥 ⊶ 🏭 🔥 🔥 🔥 🔥 |
| À prox. : sports en eaux vives |

| Longitude : 6.55444 |
| Latitude : 44.3925 |

Deze gids is geen overzicht van alle kampeerterreinen maar een selektie
van de beste terreinen in iedere categorie.

MÉZEL

04270 – **334** F8 – 638 h. – alt. 585
▶ Paris 745 – Barrême 22 – Castellane 47 – Digne-les-Bains 15

La Célestine de déb. mai à fin sept.
℘ 0492355254, lacelestin@wanadoo.fr, www.camping-
lacelestine.com
2,4 ha (100 empl.) plat, herbeux
Tarif : ✸ 5 € ⊞ 5 € – ⑭ (10A) 5 €

Location : (permanent) – 8 ⏢. Sem. 480 €
Pour s'y rendre : rte de Manosque (3 km au sud par
D 907, au bord de l'Asse)

| Nature : 🌳🌳 |
| Loisirs : 🍴 🛶 🛶 🚲 🏊 quad |
| Services : 🔥 ⊶ 🔥 |

| Longitude : 6.19153 |
| Latitude : 43.9707 |

MONTMEYAN

83670 – **340** L4 – 532 h. – alt. 480

▶ Paris 832 – Marseille 88 – Toulon 87 – Draguignan 46

⚠ **Château de l'Éouvière** Permanent
📞 04 94 80 75 54, *contact@leouviere.com*,
Fax 04 94 80 75 54, *www.leouviere.com*
30 ha/5 campables (81 empl.) en terrasses, herbeux, pierreux
Tarif : 29 € ★★ ⇔ 🅴 🅗 (10A) – pers. suppl. 8 €
Location : (permanent) – 2 🛖 – 2 🛏
– 2 appartements. Nuitée 64 à 93 € – Sem. 450 à 650 €
🚲 borne artisanale 6 € – 4 🅴 29 €
Pour s'y rendre : rte de Taverne (500 m au sud par D 13)

| Nature : 🏞 ♨ |
| Loisirs : 🏛 🎿 |
| Services : 🛁 ⊶ 🚿 🚰 🖼 🛒 |

| Longitude : 6.06035 |
| Latitude : 43.63819 |

MONTPEZAT

04500 – **334** E10

▶ Paris 806 – Digne-les-Bains 54 – Gréoux-les-Bains 23 – Manosque 37

⚠ **Village Center Côteau de la Marine** de déb. avr. à déb. oct.
📞 08 25 00 20 30, *resa@village-center.com*,
Fax 04 67 51 63 89, *www.village-center.fr/C26*
12 ha (283 empl.) en terrasses, pierreux, gravier
Tarif : (Prix 2010) 29 € ★★ ⇔ 🅴 🅗 (10A) – pers. suppl. 5 €
Location : (Prix 2010) (de déb. avr. à déb. oct.)
– 172 🛖. Nuitée 49 à 127 € – Sem. 241 à 889 € – frais de réservation 30 €
Pour s'y rendre : à Vauvert (2 km au sud-est)

| Nature : 🏞 ≤ 🏕 ♀ |
| Loisirs : 🍴 ✗ snack 🍹 diurne 🎯 🛶 ✂ 🎿 canoë, pédalos, kayak, bateaux électriques |
| Services : ⊶ 🚰 🖼 🛒 |

| Longitude : 6.09818 |
| Latitude : 43.74765 |

MOURIÈS

649

13890 – **340** E3 – 3 049 h. – alt. 13

🏛 *2, rue du Temple* 📞 04 90 47 56 58

▶ Paris 713 – Arles 29 – Les Baux-de-Provence 12 – Cavaillon 26

⚠ **Le Devenson** de déb. mai à mi-sept.
📞 04 90 47 52 01, *camping-devenson@orange.fr*,
Fax 04 90 47 63 09, *www.camping-devenson.com*
12 ha/3,5 campables (60 empl.) en terrasses, pierreux, rocheux, oliveraie
Tarif : (Prix 2010) ★ 5 € 🅴 7 € – 🅗 (5A) 4 €
Pour s'y rendre : rte de Férigoulas (2 km au nord-ouest par D 17 et D 5 à dr.)

À savoir : agréable situation sous les pins et parmi les oliviers

| Nature : 🏞 ≤ 🏕 ♨ |
| Loisirs : 🏛 🎿 |
| Services : ⊶ 🚿 🖼 cases réfrigérées |

| Longitude : 4.85539 |
| Latitude : 43.69746 |

MOUSTIERS-STE-MARIE

04360 – **334** F9 – 705 h. – alt. 631

🏛 *place de l'Église* 📞 04 92 74 67 84

▶ Paris 783 – Aix-en-Provence 90 – Castellane 45 – Digne-les-Bains 47

⚠ **Le Vieux Colombier** de déb. avr. à fin sept.
📞 04 92 74 61 89, *contact@lvcm.fr*, Fax 04 92 74 61 89, *www.lvcm.fr*
2,7 ha (70 empl.) en terrasses, peu incliné, incliné, pierreux, herbeux
Tarif : 20 € ★★ ⇔ 🅴 🅗 (6A) – pers. suppl. 6 € – frais de réservation 9 €
Location : (de déb. avr. à fin sept.) – 12 🛖. Nuitée 53 à 85 € – Sem. 298 à 569 € – frais de réservation 9 €
🚲 borne artisanale 5 €
Pour s'y rendre : quartier St Michel (800 m au sud)

| Nature : ≤ 🏕 ♀ |
| Loisirs : 🏛 |
| Services : 🛁 ⊶ 🚿 🚰 🖼 🛒 |
| À prox. : ✗ |

| Longitude : 6.22166 |
| Latitude : 43.83956 |

△ **St-Jean** de déb. avr. à mi-oct.
℘ 0492746685, *contact@camping-st-jean.fr*,
Fax 0492746685, *www.camping-st-jean.fr*
1,6 ha (125 empl.) plat, peu incliné, herbeux
Tarif : 21€ ♣♣ ⇌ 🅴 🅷 (10A) – pers. suppl. 6€ – frais
de réservation 10€

Location : (de déb. avr. à mi-oct.) – 14 ⌁. Nuitée
52 à 85€ – Sem. 290 à 575€ – frais de réservation 10€
⌁ borne artisanale 4€ – ⌁ 11€
Pour s'y rendre : quartier Saint Jean (1 km au sud-ouest
par D 952, rte de Riez, au bord de la Maïre)

Nature : ⌁ ≤ 🙢🙢
Loisirs : ⌁ ♨
Services : ⌁ ⚬⊸ ⌁ 🚿 ⚐ 🍴 🖵
À prox. : ⌁

Longitude : 6.21496
Latitude : 43.84366

△ **Manaysse** de déb. avr. à mi-oct.
℘ 0492746671, *manaysse@orange.fr*, Fax 0492746228,
www.camping-manaysse.com
1,6 ha (97 empl.) plat, incliné, terrasses, herbeux, gravier
Tarif : (Prix 2010) ♣ 4€ 🅴 🅷 4€ – 🅷 (10A) 4€
⌁ borne artisanale – 60 🅴 11€
Pour s'y rendre : quartier Manaysse (900 m au sud-
ouest par D 952, rte de Riez)

Nature : 🙢🙢
Loisirs : ⌁ ♨
Services : ⌁ ⚬⊸ ⚐ 🚿 🍴 🖵

Longitude : 6.21494
Latitude : 43.84452

MURS

84220 – **332** E10 – 425 h. – alt. 510
▶ Paris 704 – Apt 17 – Avignon 48 – Carpentras 26

△ **Municipal des Chalottes** de déb. avr. à mi-sept.
℘ 0490726084, *camping@communedemurs-vaucluse.
fr*, Fax 0490726173, *www.communedemurs-vaucluse.fr*
4 ha (50 empl.) peu incliné à incliné et accidenté, pierreux
Tarif : (Prix 2010) 12€ ♣♣ ⇌ 🅴 🅷 (6A) – pers.
suppl. 3€
Pour s'y rendre : sortie sud par D 4, rte d'Apt puis
1,8 km à dr., après le V.V.F.

À savoir : cadre boisé et situation agréable

Nature : ⌁ ≤ 🙢
Loisirs : ⌁
Services : ⌁ ⚬⌁ (juil.-août) ⚐

Longitude : 5.22749
Latitude : 43.93864

650

LE MUY

83490 – **340** O5 – 8 716 h. – alt. 27
🛈 6, route de la Bourgade ℘ 0494451279
▶ Paris 853 – Les Arcs 9 – Draguignan 14 – Fréjus 17

⋀⋀ **Les Cigales** ♣♣ – de mi-mars à mi-oct.
℘ 0494451208, *contact@camping-les-cigales-sud.fr*,
Fax 0494459280, *www.camping-les-cigales-sud.fr*
22 ha (585 empl.) en terrasses, pierreux, herbeux, fort
dénivelé, rochers
Tarif : 35€ ♣♣ ⇌ 🅴 🅷 (10A) – pers. suppl. 10€ – frais
de réservation 23€

Location : (de mi-mars à mi-oct.) – 125 ⌁ – 35 ⌁.
Nuitée 40 à 138€ – Sem. 266 à 966€ – frais de
réservation 23€
⌁ borne raclet
Pour s'y rendre : 4 chemin de Jas de la Paro (3 km au
sud-ouest, accès par l'échangeur de l'A 8 et chemin à dr.
av. le péage)

À savoir : agréable cadre boisé

Nature : ⌁ 🙢🙢
Loisirs : 🍷 snack, pizzeria ⌁diurne (juil.-août) nocturne ⌁ jacuzzi ⌁ ⌁ ⌁ ⌁ terrain omnis- ports, parcours dans les arbres
Services : ⌁ ⚬⊸ ⌁ 🍴 laverie ⌁ ⌁ réfrigérateurs

Longitude : 6.54355
Latitude : 43.46225

⋀⋀ **RCN Le Domaine de la Noguière** de mi-mars à fin
oct.
℘ 0494451378, *info@rcn-domainedelanoguiere.fr*,
Fax 0494459295, *www.rcn.nl*
11 ha (350 empl.) accidenté, plat, herbeux
Tarif : 44€ ♣♣ ⇌ 🅴 🅷 (6A) – pers. suppl. 5€ – frais de
réservation 18€

Location : (de mi-mars à fin oct.) – 37 ⌁. Nuitée
148€ – Sem. 1 036€ – frais de réservation 18€

Nature : ⌁
Loisirs : 🍷 ✗ snack ⌁diurne ⌁ ⌁ ⌁ ⌁ ⌁ terrain multisports
Services : ⚬⌁ ⌁ 🍴 laverie ⌁
À prox. : ⌁

Longitude : 6.59222
Latitude : 43.46828

NANS-LES-PINS

83860 – **340** J5 – 3 995 h. – alt. 380
🛈 *2, cours Général-de-Gaulle* ✆ *04 94 78 95 91*
▶ Paris 794 – Aix-en-Provence 44 – Brignoles 26 – Marseille 42

△△△ **Village Club La Sainte Baume** ⚤ – de déb. avr. à fin sept.
✆ *04 94 78 92 68, ste-baume@wanadoo.fr*,
Fax 04 94 78 67 37, *www.saintebaume.com*
8 ha (250 empl.) plat, peu incliné, pierreux, gravier
Tarif : 35 € ✶✶ ⇐⇒ 🗉 [⚡] (10A) – pers. suppl. 10 €
Location : (de déb. avr. à fin sept.) – 96 [🏠] – 12 🏡
– 18 bungalows toilés. Nuitée 30 à 114 € – Sem.
150 à 798 €
🔄 borne artisanale
Pour s'y rendre : quartier Delvieux Sud (900 m au
nord par D 80 et à dr., par A 8 : sortie St-Maximin-la-Ste-
Baume)

Nature : 🌳 🗔 🎇
Loisirs : snack, pizzeria 🎱 🎮 🏀 jacuzzi discothèque 🏊 🎾 🕹 🛝
Services : 🔥 🚿 🛁 🧺 ᵗ laverie 🖥 🔄
À prox. : 🐴 poneys

Longitude : 5.78808
Latitude : 43.37664

NÉVACHE

05100 – **334** H2 – 326 h. – alt. 1 640 – Sports d'hiver : 1 400/2 000 m ⚡ 2 ⚡
▶ Paris 693 – Bardonècchia 18 – Briançon 21

△ **Fontcouverte** de déb. juin à fin sept.
✆ *04 92 21 38 21, m.goiran@orange.fr* – croisement
difficile pour caravanes – alt. 1 860
2 ha (100 empl.) plat, peu incliné, terrasses, pierreux,
herbeux
Tarif : ✶ 2,30 € ⇐⇒ 1,60 € 🗉 2,60 € [⚡] (6A)
Pour s'y rendre : 1 lot. de l'Aiguille Rouge (6,2 km au
nord-ouest par D 301t)
À savoir : site agréable au bord d'un torrent et près de
la Clarée

Nature : 🌳 ⟨ ♀
Loisirs : 🎣
Services : 🔥 🚿 🚻
À prox. : ✗

Longitude : 6.60697
Latitude : 45.0194

NIOZELLES

04300 – **334** D9 – 233 h. – alt. 450
▶ Paris 745 – Digne-les-Bains 49 – Forcalquier 7 – Gréoux-les-Bains 33

△△ **Moulin de Ventre** ⚤ –
✆ *04 92 78 63 31, moulindeventre@aol.com*,
Fax 04 92 79 86 92, *www.moulin-de-ventre.fr*
28 ha/3 campables (124 empl.) plat, en terrasses, peu
incliné, herbeux, pierreux
Location : – 14 [🏠] – 5 🏡 – 3 appartements.
🔄 borne artisanale
Pour s'y rendre : 2,5 km à l'est par N 100, rte de la
Brillanne
À savoir : au bord du Lauzon et d'un petit lac

Nature : 🌳 🗔 🎇
Loisirs : 🍴 ✗ snack 🎱 🎮 diurne (juil.-août) 🏀 🏊 🕹 🎣
Services : 🔥 🚿 🏧 🛁 ᵗ laverie 🔄
À prox. : pédalos

Longitude : 5.86798
Latitude : 43.9333

ORANGE

84100 – **332** B9 – 30 025 h. – alt. 97
🛈 *5, cours Aristide Briand* ✆ *04 90 34 70 88*
▶ Paris 655 – Alès 84 – Avignon 31 – Carpentras 24

△△ **Le Jonquier**
✆ *04 90 34 49 48, info@campinglejonquier.com*,
Fax 04 90 51 16 97, *www.campinglejonquier.com*
2,5 ha (75 empl.) plat, herbeux
Location : – 4 [🏠] – 2 bungalows toilés.
🔄 borne artisanale
Pour s'y rendre : r. Alexis Carrel (au nord-ouest par
N 7, rte de Montélimar et r. à gauche passant devant la
piscine, quartier du Jonquier - par A 7 : sortie nord, D 17,
rte de Caderousse et chemin à dr.)

Nature : 🌳 🗔 ♀
Loisirs : 🎱 jacuzzi 🎾 🎯 🕹 (petite piscine)
Services : 🔥 🚽 🎿 🛁 laverie

Longitude : 4.7949
Latitude : 44.14659

ORCIÈRES

05170 – **334** F4 – 712 h. – alt. 1 446 – Sports d'hiver : – Base de loisirs
🛈 *Maison du Tourisme* 🛈 04 92 55 89 89
▶ Paris 676 – Briançon 109 – Gap 32 – Grenoble 113

⚠ **Base de Loisirs** de mi-juin à fin août
🏕 04 92 55 76 67, *admin.orcieres@labellemontagne.com*,
Fax 04 92 55 89 75, *www.orcieres-labellemontagne.com*
– alt. 1 280
1,2 ha (48 empl.) non clos, plat, pierreux, gravillons
Tarif : 👤 3 € 🚗 2 € 🔲 3 € – 👤 (6A) 3 €
🚐 20 🔲 5 €
Pour s'y rendre : 3,4 km au sud-ouest d'Orcières, à
100 m du Drac Noir et près d'un petit plan d'eau

Nature : 🏞 ⪻ montagnes ♀
Loisirs : 🍴 snack
Services : 🚿 ⌁ 🔧 🏠
À prox. : 🏇 🎯 ⛵ 🚣 🐎 parcours de santé, parapente

Longitude : 6.34388
Latitude : 44.6933

ORPIERRE

05700 – **334** C7 – 323 h. – alt. 682
🛈 *le Village* 🛈 04 92 66 30 45
▶ Paris 689 – Château-Arnoux 47 – Digne-les-Bains 72 – Gap 55

⚠ **Les Princes d'Orange** de déb. avr. à fin oct.
🏕 04 92 66 22 53, *campingorpierre@wanadoo.fr*,
Fax 04 92 66 31 08, *www.campingorpierre.com* – accès
aux emplacements par forte pente, mise en place et
sortie des caravanes à la demande
20 ha/4 campables (100 empl.) plat et peu incliné, en
terrasses, pierreux, herbeux
Tarif : 28 € 👤👤 🚗 🔲 👤 (10A) – pers. suppl. 2 € – frais
de réservation 10 €
Location : (de déb. avr. à fin oct.) – 17 🏠 – 4 🏠
– 3 bungalows toilés. Sem. 340 à 635 € – frais de
réservation 12 €
🚐 borne artisanale 4 €
Pour s'y rendre : au lieu-dit : Le Flonsaine (300 m au
sud du bourg, à 150 m du Céans)

Nature : 🏞 ⪻ Orpierre et montagnes ♀
Loisirs : 🍴 pizzeria 🎦 🏇 🛝 ♒
Services : 🚿 ⌁ 🔧 🏠
À prox. : ✂ 🎯

Longitude : 5.7014
Latitude : 44.31222

652

To select the best route and follow it with ease,
To calculate distances,
To position a site precisely from details given in the text :
*Get the appropriate **MICHELIN regional map.***

PERNES-LES-FONTAINES

84210 – **332** D10 – 10 506 h. – alt. 75
🛈 *place Gabriel Moutte* 🛈 04 90 61 31 04
▶ Paris 685 – Apt 43 – Avignon 23 – Carpentras 6

⚠ **Municipal de la Coucourelle** de déb. avr. à fin
sept.
🏕 04 90 66 45 55, *camping@ville-pernes-les-fontaines.fr*,
Fax 04 90 61 32 46, *ville-pernes-les-fontaines.fr*
1 ha (40 empl.) plat, herbeux
Tarif : (Prix 2010) 👤 4 € 🔲 3 € – 👤 (10A) 3 € – frais de
réservation 30 €
🚐 borne flot bleu
Pour s'y rendre : 391 av. René Char (1 km à l'est par
D 28, rte de St-Didier, au complexe sportif)
À savoir : cadre arbustif

Nature : 🏞 🛖 ♀
Loisirs : 🏇
Services : 🚿 ⌁ 🛝 ♒ 🔧 🏠
À prox. : ✂ 🛝

Longitude : 5.0677
Latitude : 43.99967

PERTUIS

84120 – **332** G11 – 18 680 h. – alt. 246
🚹 place Mirabeau ℰ 04 90 79 15 56
▶ Paris 747 – Aix-en-Provence 23 – Apt 36 – Avignon 76

⚠ **Franceloc les Pinèdes** ♣♪ – de mi-mars à mi-oct.
ℰ 04 90 79 10 98, campinglespinedes@free.fr,
Fax 04 90 09 03 99, www.campings-franceloc.fr/accueil-
camping-les_pinedes_du_luberon
5 ha (180 empl.) plat, en terrasses, herbeux, pierreux
Tarif : (Prix 2010) ✦ 5 € ⬌ 3 € 🔲 5 € – 🔌 (10A) 4 € – frais
de réservation 26 €

Location : (Prix 2010) (de mi-mars à mi-oct.) – 31 🏚
– 6 🏠. Nuitée 30 à 60 € – Sem. 200 à 520 €
🚐 borne autre 4 € – 🚌 11 €
Pour s'y rendre : 2 km à l'est par D 973

| Nature : 🗒 00 |
| Loisirs : 🍽 snack 🎦 🌐 diurne 🏃 |
| 🏊 ⛵ |
| Services : 👤 🚿 (saison) 🛁 🚿 |
| 🚻 ⚑ laverie |
| À prox. : ✕ |

Longitude : 5.5253
Latitude : 43.68979

PEYRUIS

04310 – **334** D8 – 2 468 h. – alt. 402
▶ Paris 727 – Digne-les-Bains 30 – Forcalquier 20 – Manosque 29

⚠ **Les Cigales** (location exclusive de mobile homes)
Permanent
ℰ 04 92 68 16 04, camping@l-hippocampe.com,
Fax 04 92 68 16 04, www.lescigaleshauteprovence.com
1 ha peu incliné

Location : (Prix 2010) – 16 🏚. Nuitée 30 à 75 € – Sem.
210 à 525 € – frais de réservation 30 €
🚐 1 🔲 15 €
Pour s'y rendre : au sud du bourg, près du stade et
d'un ruisseau

| Nature : ⪕ 🗒 0 |
| Loisirs : 🏊⛵ |
| Services : 👤 🚿 🚻 🎢 🚿 🚻 📱 |
| À prox. : ✕ 🏊 parcours sportif |

Longitude : 5.93645
Latitude : 44.0228

PONT-DU-FOSSÉ

653

05260 – **334** F4
▶ Paris 673 – Marseille 204 – Gap 24 – Grenoble 102

⚠ **Le Diamant** de déb. mai à fin sept.
ℰ 04 92 55 91 25, info@campingdiamant.com,
www.campingdiamant.com
4 ha (100 empl.) plat, herbeux
Tarif : 22 € ✦✦ ⬌ 🔲 🔌 (10A) – pers. suppl. 4 €
Location : (de déb. mai à fin sept.) – 15 🏚. Nuitée
50 à 74 € – Sem. 190 à 520 €
🚐 borne autre – 10 🔲 18 €
Pour s'y rendre : Pont du fossé (800 m au sud-ouest
par D 944, rte de Gap)
À savoir : au bord du Drac

| Nature : ⪕ 00 |
| Loisirs : 🎦 🏊⛵ 🐎 🎣 |
| Services : 👤 🚿 🛁 🚿 🚻 ⚑ |
| 📱 🛒 |
| À prox. : 🚣 |

Longitude : 6.21885
Latitude : 44.66547

LE PONTET

84130 – **332** C10 – 17 531 h. – alt. 40
▶ Paris 688 – Marseille 100 – Avignon 5 – Aix 83

⚠ **Le Grand Bois** de mi-mai à mi-sept.
ℰ 04 90 31 37 44, campinglegrandbois@orange.
fr, Fax 04 90 31 46 53, www.campinglegrandbois.
webeasysite.fr
1,5 ha (134 empl.) plat, herbeux
Tarif : 23 € ✦✦ ⬌ 🔲 🔌 (5A) – pers. suppl. 5 €
🚐 borne artisanale 4 € – 🚌 18 €
Pour s'y rendre : 1340 chemin du Grand Bois (3 km au
nord-est par D 62, rte de Vedène et rte à gauche, au
lieu-dit la Tapy, par A 7 : sortie Avignon-Nord)
À savoir : agréable cadre boisé

| Nature : 🗒 00 |
| Loisirs : 🎦 🏊 |
| Services : 👤 🚿 🚿 🚻 ⚑ 📱 |

Longitude : 4.88056
Latitude : 43.97241

PROVENCE-ALPES-CÔTE D'AZUR

PRUNIÈRES

05230 – **334** F5 – 283 h. – alt. 1 018 – Base de loisirs
▶ Paris 681 – Briançon 68 – Gap 23 – Grenoble 119

Le Roustou de déb. mai à fin sept.
   📞 04 92 50 62 63, info@campingleroustou.com,
www.campingleroustou.com – ℞
11 ha/6 campables (180 empl.) plat, incliné à peu incliné,
terrasses, gravier, herbeux
Tarif : 24€ ✦✦ 🚗 🅴 [₺] (6A) – pers. suppl. 7€

Location : (de déb. mai à fin sept.) – 26 🏠
– 1 appartement. Nuitée 52 à 92€ – Sem. 324 à 639€
🛢 borne artisanale
Pour s'y rendre : 4 km au sud par N 94

À savoir : site et cadre agréables entre lac et montagnes

Nature : 🏖 < 🛶 ♀ ⛰	
Loisirs : 🍸 snack 🎮 🎾 🛝 🛶	
Services : 🚿 ⛽ 🧺 ♨ 🚾 🖥 🚛	

Longitude : 6.34111
Latitude : 44.5225

PUGET-SUR-ARGENS

83480 – **340** P5 – 6 988 h. – alt. 17
▶ Paris 863 – Les Arcs 21 – Cannes 41 – Draguignan 26

La Bastiane ♣♨ – de déb. avr. à fin oct.
   📞 04 94 55 55 94, info@labastiane.com, Fax 04 94 55 55 93,
www.labastiane.com
4 ha (170 empl.) plat et terrasses, pierreux, herbeux
Tarif : 41€ ✦✦ 🚗 🅴 [₺] (6A) – pers. suppl. 7€ – frais de
réservation 30€

Location : (de déb. avr. à fin oct.) – 90 🛖 – 6 🏠
– 12 bungalows toilés. Nuitée 26 à 114€ – Sem.
182 à 798€ – frais de réservation 30€
Pour s'y rendre : chemin de Suvières (2,5 km au nord)

Nature : ♀♀	
Loisirs : 🍸 ✕ pizzeria 🎮 🏸 discothèque 🏌 🚲 🐎 🎾 🛝 terrains multisports	
Services : 🚿 ⛽ 🏧 ♨ 🚾 laverie 🚛	

Longitude : 6.67837
Latitude : 43.46975

PUIMICHEL

654

04700 – **334** E9 – 254 h. – alt. 723
▶ Paris 737 – Avignon 140 – Grenoble 175 – Marseille 112

Les Matherons de mi-avr. à fin sept.
   📞 04 92 79 60 10, lesmatherons@wanadoo.fr,
Fax 04 92 79 60 10, www.campinglesmatherons.com
70 ha/4 campables (25 empl.) plat à incliné, herbeux,
pierreux
Tarif : ✦ 5€ 🅴 9€ – [₺] (3A) 3€

Location : (permanent) – 2 🛖. Sem. 270 à 440€
Pour s'y rendre : 3 km au sud-ouest par D 12, rte
d'Oraison et chemin empierré à dr.

À savoir : cadre sauvage et naturel au milieu des bois

Nature : 🏖 ♀♀	
Loisirs : 🏌	
Services : ⛽ 🅿 🚾 🍴 🖥	

Longitude : 6.01938
Latitude : 43.97416

PUYLOUBIER

13114 – **340** J4 – 1 708 h. – alt. 380
🛈 square Jean Casanova 📞 04 42 66 36 87
▶ Paris 775 – Aix-en-Provence 26 – Rians 38 – St-Maximin-la-Ste-Baume 19

Municipal Cézanne de déb. avr. à déb. nov.
   📞 04 42 66 36 33, camping@le-cezanne.com,
Fax 04 42 66 36 33, www.le-cezanne.com
1 ha (50 empl.) peu incliné et en terrasse, pierreux,
herbeux
Tarif : ✦ 6€ 🚗 2€ 🅴 3€ – [₺] (6A) 3€

Location : (de déb. avr. à déb. nov.) – 4 🛖 – 2 🏠
– 2 gîtes. Nuitée 50 à 60€ – Sem. 400 à 450€
🛢 borne autre 2€ – 🛥 [₺] 11€
Pour s'y rendre : chemin Philippe Noclercq (sortie est
par D 57, au stade)

À savoir : Au pied de la Montagne Ste-Victoire

Nature : ♀♀	
Loisirs : 🎾	
Services : ⛽ 🍴 🖥	

Longitude : 5.66683
Latitude : 43.51654

RAMATUELLE

83350 – **340** 06 – 2 272 h. – alt. 136
🚹 *place de l'Ormeau* ℰ *0498126400*
▶ Paris 873 – Fréjus 35 – Hyères 52 – Le Lavandou 34

🛖 **Le Kon Tiki** ♣♣ – de mi-avr. à fin oct.
    ℰ 0494559696, *kontiki@riviera-villages.com*,
    Fax 0494559695, *www.riviera-villages.com* – places
    limitées pour le passage
    plat, herbeux, sablonneux
    Tarif : (Prix 2010) 80€ ♣♣ ⇔ 目 ⚡ (6A)
    Location : (Prix 2010) (de mi-avr. à fin oct.) – 100 ⬜
    – 208 bungalows toilés. Nuitée 60 à 300€ – Sem.
    420 à 2 100€
    Pour s'y rendre : plage de Pampelonne

> Nature : ♀ ⛰
> Loisirs : 🍴 ✕ snack 🎬 📺 🏃
> 🎶 hammam jacuzzi ⛵ ⛱ 🎿
> (plage) 🎣 💧
> Services : 🔑 🎪 ♨ ⛟ 🚿 ⛲
> laverie 🛒
> À prox. : 🐎 poneys (centre
> équestre)

> Longitude : 6.65852
> Latitude : 43.23147

Le coup de cœur de Bib

Est-ce un coin de paradis exotique, un voyage sur une île des mers du Sud ? Non, vous êtes bien en France au bord de la plage la plus recherchée d'Europe, celle de Pampelonne. De par sa situation et ses aménagements, le Kon Tiki vous offre un dépaysement complet, avec vue directe sur la mer et les nombreux yachts qui y sont amarrés. C'est sous forme de village, un peu en retrait, que sont disposées les « Tiki huttes », hébergements grand luxe. Les loisirs et les équipements ne sont pas en reste : espace bien-être, salon de coiffure, bar, restaurant, snack sur la plage et prestataires extérieurs avec qui il est possible de faire du jet-ski, de la bouée tractée ou du parachute ascensionnel. Les plus jeunes profitent d'un Kids club avec encadrement diplômé pour des activités ludiques adaptées à leur âge. Mais le must est sans aucun doute l'espace bien-être composé de plusieurs bassins balnéo, de salons de massage, hammam et sauna, un ensemble limité à 25 personnes.

M. Chaput/MICHELIN

🛖 **Yelloh! Village les Tournels** ♣♣ – de déb. avr. à
    déb. janv.
    ℰ 0494559090, *info@tournels.com*, Fax 0494559099,
    www.tournels.com
    20 ha (975 empl.) en terrasses, herbeux, pierreux, fort
    dénivelé
    Tarif : 54€ ♣♣ ⇔ 目 ⚡ (5A) – pers. suppl. 7€ – frais de
    réservation 30€
    Location : (de déb. avr. à déb. janv.) – 310 ⬜
    – 310 🏠. Nuitée 62 à 149€ – Sem. 434 à 1 050€
    🚐 borne flot bleu 8€
    Pour s'y rendre : rte de Camarat (3,5 km à l'est)
    À savoir : espace forme aquatique couvert de qualité

> Nature : ← 🏕 ♀♀
> Loisirs : 🍴 snack, pizzeria 📺 🏃
> 🎶 🛁 hammam jacuzzi ⛵ 🚲
> 🏹 🎾 📺 🏊 terrain multisports,
> amphithéâtre, discothèque
> Services : ♿ 🔑 🎪 ♨ 🚿 ⛲
> laverie 🛒 cases réfrigérées
> À prox. : 🛒

> Longitude : 6.65112
> Latitude : 43.20537

▲▲▲ La Toison d'Or ▲⚍ –
℘ 04 94 79 83 54, *toison@riviera-villages.com*,
Fax 04 94 79 85 70, *www.riviera-villages.com*
5 ha (500 empl.) plat, herbeux, sablonneux

Location : (Prix 2010) (de mi-avr. à fin sept.) – 176 🚐.
Nuitée 60 à 190 € – Sem. 360 à 1 435 €
Pour s'y rendre : Rte des Tamaris

| Nature : 🌳 ⛰ |
| Loisirs : 🍹 🍴 snack 🎱 🎲 🏃 🛝 ♨ hammam jacuzzi 🚴 ⛵ ♦ ✂ ⚓ |
| Services : ⚷ 🐕 🚿 ♻ 🚻 laverie 🛁 🗑 |

▲▲ Campéole la Croix du Sud ▲⚍ – de déb. avr. à mi-oct.
℘ 04 94 55 51 23, *croix-du-sud@campeole.com*,
Fax 04 94 79 89 21, *www.campeole.com* – places limitées
pour le passage
3 ha (120 empl.) en terrasses, herbeux, pierreux,
sablonneux
Tarif : (Prix 2010) 43 € ⛺⛺ 🚗 🔲 🔌 (12A) – pers.
suppl. 9 € – frais de réservation 25 €

Location : (Prix 2010) (de déb. avr. à mi-oct.) – 16 🚐
– 11 🏠 – 30 bungalows toilés. Nuitée 29 à 141 €
– Sem. 399 à 1 036 € – frais de réservation 25 €
Pour s'y rendre : rte des Plages

| Nature : 🌳 🌳 |
| Loisirs : 🍹 snack 🏃 🚴 🛝 ⚓ |
| Services : ♿ ⚷ 🚿 🚻 🖼 |
| Longitude : 6.64104 |
| Latitude : 43.21426 |

RÉALLON

05160 – **334** G5 – 228 h. – alt. 1 380
🅑 *Pra Prunier* ℘ 04 92 44 25 67
▶ Paris 691 – Embrun 16 – Gap 34 – Mont-Dauphin 34

▲ Municipal de l'Iscle
℘ 04 92 44 27 08, *infos@reallon-ski.com*,
Fax 04 92 44 39 60, *www.reallon-ski.com* – alt. 1 434
0,8 ha (50 empl.) peu incliné, gravier, pierreux, herbeux
Pour s'y rendre : quartier de l'Iscle (2 km au nord-ouest
par D 241)

À savoir : Agréable site montagnard, près du Réallon

| Nature : 〽 ⪕ montagnes |
| Loisirs : 🎱 ✂ ⚓ (plan d'eau) |
| Services : ⚷ 🏪 🖼 |
| Longitude : 6.36374 |
| Latitude : 44.59549 |

656

RÉGUSSE

83630 – **340** L4 – 1 792 h. – alt. 545
🅑 *place de l'Horloge* ℘ 04 94 70 19 01
▶ Paris 838 – Marseille 113 – Toulon 94 – Digne-les-Bains 75

▲▲▲ Les Lacs du Verdon ▲⚍ – de déb. avr. à fin sept.
℘ 04 42 20 47 25, *info@homair.com*, Fax 04 94 70 51 79,
www.homair.com/camping_les_lacs_du_verdon.html
17 ha (400 empl.)
Tarif : (Prix 2010) 32 € ⛺⛺ 🚗 🔲 🔌 (10A) – pers.
suppl. 6 € – frais de réservation 10 €

Location : (Prix 2010) (de déb. avr. à fin sept.) – 271 🚐
– 4 tentes. Nuitée 22 à 96 € – Sem. 154 à 672 € – frais
de réservation 25 €
Pour s'y rendre : domaine de Roquelande

| Nature : 🏞 🌳🌳 |
| Loisirs : 🍹 🍴 pizzeria 🎱 🎲 🏃 🚴 🛝 ✂ ⚽ 🏊 terrain multisports |
| Services : ⚷ 🏪 🚿 🚻 laverie 🛁 🗑 |
| À prox. : 🐎 |
| Longitude : 6.15073 |
| Latitude : 43.66041 |

RIEZ

04500 – **334** E10 – 1 741 h. – alt. 520

🏢 4, allèe Louis Gardiol 🕿 04 92 77 99 09

▶ Paris 792 – Marseille 105 – Digne-les-Bains 41 – Draguignan 64

🔺 **Rose de Provence** de déb. avr. à déb. oct.
🕿 04 92 77 75 45, info@rose-de-provence.com,
Fax 04 92 77 75 45, www.rose-de-provence.com
1 ha (91 empl.) plat, terrasse, herbeux, gravier
Tarif : (Prix 2010) 18 € ★★ ⇌ 🅴 🈂 (6A) – pers.
suppl. 3 € – frais de réservation 10 €

Location : (Prix 2010) (de mi-mars à mi-oct.) – 5 🛖
– 2 🏠 – 2 bungalows toilés – 1 gîte. Nuitée 37 à 94 €
– Sem. 205 à 550 € – frais de réservation 15 €
Pour s'y rendre : r. Edouard Dauphin

Nature : 🏕 ⓞⓞ
Loisirs : jacuzzi 🏊
Services : 🚿 ⚲ ♨ 🚰 🔒 cases réfrigérées
À prox. : 🛒 ✕

Longitude : 6.09922
Latitude : 43.81307

LA ROCHE-DE-RAME

05310 – **334** H4 – 805 h. – alt. 1 000

▶ Paris 701 – Briançon 22 – Embrun 27 – Gap 68

🔺 **Le Verger** Permanent
🕿 04 92 20 92 23, info@campingleverger.com,
Fax 04 92 20 92 23, www.campingleverger.com
1,6 ha (50 empl.) peu incliné, en terrasses, herbeux,
verger
Tarif : 19 € ★★ ⇌ 🅴 🈂 (10A) – pers. suppl. 5 € – frais
de réservation 30 €

Location : (de déb. mai à fin sept.) – 6 🛖 – 1 🏠
– 1 gîte. Nuitée 51 à 57 € – Sem. 360 à 400 €
🚐 borne artisanale 4 €
Pour s'y rendre : lieu-dit : Les Gillis (1,2 km au nord-
ouest par N 94, rte de Briançon)

Nature : 🏞 ≤ ⓠ
Loisirs : 🍳
Services : 🚿 ⚲ 🚾 🏧 🔥 🈂 🔒

Longitude : 6.57987
Latitude : 44.75049

🔺 **Municipal du Lac** de déb. mai à mi-sept.
🕿 06 10 03 57 28, camping.lelac@laposte.net,
Fax 04 92 20 90 31, www.campingdulac.fr.fm
1 ha (95 empl.) plat, peu incliné, herbeux
Tarif : 14 € ★★ ⇌ 🅴 🈂 (10A) – pers. suppl. 3 €

Location : (permanent) – 6 roulottes – 3 🛏
– 2 bungalows toilés – 1 gîte. Nuitée 50 € – Sem. 380 €
🚐 borne autre – 5 🅴 14 € – 🚙 12 €
Pour s'y rendre : R.N 94 (sortie sud)

À savoir : au bord du lac

Nature : ≤ ⓠ
Loisirs : 🍴 ✕ 🏖 (plage) 🪶
Services : 🚿 ⚲ 🔥 🔒
À prox. : canoë

Longitude : 6.57987
Latitude : 44.75049

Do not confuse :
🔺... to ... 🔺🔺🔺 : *MICHELIN classification*
and
★ ... to ... ★★★★★ : *official classification*

LA ROCHE DES ARNAUDS

05400 – **334** D5 – 1 298 h. – alt. 945

▶ Paris 672 – Corps 49 – Gap 15 – St-Étienne-en-Dévoluy 33

🔺 **Au Blanc Manteau** Permanent
🕿 04 92 57 82 56, pierre.wampach@wanadoo.fr – alt. 900
– ♨
4 ha (40 empl.) plat, pierreux, herbeux
Tarif : (Prix 2010) 18 € ★★ ⇌ 🅴 🈂 (20A) – pers.
suppl. 5 €
Pour s'y rendre : rte de Ceuze (1,3 km au sud-ouest par
D 18, au bord d'un torrent)

Nature : ❄ 🏞 ≤ ⓠ
Loisirs : 🍴 🍳 🏊 🚲 ✕ 🎿
Services : 🚿 ⚲ 🚾 ✂ 🔥 🈂 🔒 🍴

Longitude : 5.9511
Latitude : 44.55093

657

ROQUEBRUNE-SUR-ARGENS

83520 – **340** 05 – 11 451 h. – alt. 13

▪ 12, avenue Gabriel Péri ℘ 0494198989

▶ Paris 862 – Les Arcs 18 – Cannes 49 – Draguignan 23

⋏⋏⋏ Domaine de la Bergerie ♣♨ – de fin avr. à fin sept.
℘ 0498114545, info@domainelabergerie.com,
Fax 0498114546, www.domainelabergerie.com – places
limitées pour le passage
60 ha (700 empl.) en terrasses, pierreux
Tarif : 39€ ♦♦ ⇔ ▣ ⑭ (6A) – pers. suppl. 10€ – frais
de réservation 25€

Location : (Prix 2010) (de déb. mars à mi-nov.)
– 350 ⌷⌷. Nuitée 39 à 197€ – Sem. 273 à 1 379€
Pour s'y rendre : Vallée du Fournel - rte du Col de
Bougnon (8 km au sud-est par D 7, rte de St-Aygulf et
D 8 à dr., au bord d'étangs)

Nature : ♤♤
Loisirs : ♈ ✗ snack, pizzeria ⌷⌷ ⑨ ⋏⋏ ⌣ hammam jacuzzi dis-cothèque, salle d'animation ⌦ ⬥⬡✂♫ m ⌸ ⌘ ⋏ ⟍ terrain multisports, théâtre de plein air
Services : ⅙ ⊶ ♨ ⚲ ⟟ ⟍ laverie ⬟ ⬥

Longitude : 6.67535
Latitude : 43.39879

Le coup de cœur de Bib

Classé parmi le top de notre sélection, ce domaine, situé dans un superbe parc boisé de
60 ha, propose des mobile homes en location, parcimonieusement disposés sur l'ensemble
de la superficie, au milieu des chênes-lièges, des pins parasols et des mimosas. Dans la partie
basse, on retrouve les emplacements pour le camping traditionnel. Organisés au cœur
du site, les loisirs permettent même aux plus exigeants de trouver leur bonheur : espace
aquatique, de remise en forme, terrains de sport, amphithéâtre (600 places) de plein air pour
les soirées spectacle, clubs pour enfants, ados et adultes, discothèque. Le tout est complété
par des lieux de restauration et de détente de qualité.

Domaine de la Bergerie

⋏⋏⋏ Les Pêcheurs ♣♨ – de déb. avr. à fin sept.
℘ 0494457125, info@camping-les-pecheurs.com,
Fax 0494816513, www.camping-les-pecheurs.com
3,3 ha (220 empl.) plat, herbeux
Tarif : 45€ ♦♦ ⇔ ▣ ⑭ (10A) – pers. suppl. 9€ – frais
de réservation 22€

Location : (de déb. avr. à fin sept.) – 6 ⌷⌷. Nuitée
57 à 135€ – Sem. 390 à 935€ – frais de réservation
22€
⌷⌷ borne artisanale
Pour s'y rendre : 700 m au nord-ouest par D 7

À savoir : agréable cadre boisé et fleuri au bord de
l'Argens et près d'un plan d'eau

Nature : ⌒⟍ ♤♤
Loisirs : snack ⌷⌷ ⑨diurne ⋏⋏ ⌣ hammam jacuzzi ⌦ m ⌸ ⟍ canoë
Services : ⅙ ⊶ ▥ ♨ ⟟ laverie ⬟ ⬥
À prox. : ⌇

Longitude : 6.63354
Latitude : 43.45094

▲▲▲ Lei Suves de déb. avr. à mi-oct.
 ℘ 04 94 45 43 95, camping.lei.suves@wanadoo.fr,
 Fax 04 94 81 63 13, *www.lei-suves.com* – places limitées
 pour le passage
 7 ha (310 empl.) en terrasses, plat, pierreux, herbeux
 Tarif : 45 € ♣♣ ⇔ 🅴 🅷 (6A) – pers. suppl. 9 € – frais de
 réservation 22 €

| Nature : 🐾 🗺 ♈♈ |
| Loisirs : 🍴 snack, pizzeria 🎮 🏃 🏇 🎿 ⚒ terrain multisports, théâtre de plein air |
| Services : 🛁 ⚡ 🚿 ♨ 🚽 ⬜ laverie 🚰 🛒 |
| Longitude : 6.63882 |
| Latitude : 43.47821 |

 Location : (de déb. avr. à mi-oct.) 🛏 – 50 🚐. Sem.
 450 à 910 € – frais de réservation 22 €
 Pour s'y rendre : Quartier du Blavet (4 km au nord par
 D 7 et passage sous A 8)
 À savoir : cadre boisé agréable et soigné

▲ Moulin des Iscles de déb. avr. à fin sept.
 ℘ 04 94 45 70 74, moulin.iscles@wanadoo.fr,
 Fax 04 94 45 46 09, *www.campingdesiscles.com*
 1,5 ha (90 empl.) plat, herbeux
 Tarif : 21 € ♣♣ ⇔ 🅴 🅷 (6A) – pers. suppl. 3 € – frais de
 réservation 15 €

| Nature : 🐾 ♈♈ |
| Loisirs : snack 🚣 🎣 🛶 canoë |
| Services : 🛁 ⚡ 🍴 🎮 🚿 🚽 ⬜ 🚰 🛒 |
| Longitude : 6.65784 |
| Latitude : 43.44497 |

 Location : (Prix 2010) (de déb. avr. à fin sept.) – 5 🚐
 – 1 🛏 – 5 appartements. Sem. 410 à 720 €
 Pour s'y rendre : chemin du Moulin des Iscles (1,8 km à
 l'est par D 7, rte de St-Aygulf et chemin à gauche)
 À savoir : au bord de l'Argens

ROSANS

05150 – **334** A6 – 523 h. – alt. 708
🅱 *Écomusée ℘ 04 92 66 66 66*
▶ Paris 694 – Carpentras 82 – Nyons 41 – Orange 83

▲▲ Les Rosières de mi-avr. à mi-oct.
 ℘ 04 92 66 62 06, camping-des-rosieres@wanadoo.fr,
 Fax 04 92 66 68 90, *www.perso.wanadoo.fr/camping-des-rosieres*
 9 ha/3 campables (50 empl.) plat, peu incliné, herbeux
 Tarif : (Prix 2010) 21,50 € ♣♣ ⇔ 🅴 🅷 (10A) – pers.
 suppl. 4 € – frais de réservation 12 €

| Nature : 🐾 ≤ |
| Loisirs : 🍴 snack 🏇 🎣 🏊 🏇 (centre équestre) |
| Services : 🛁 ⚡ 🚿 🚽 🖥 |
| Longitude : 5.47098 |
| Latitude : 44.39258 |

659

 Location : (Prix 2010) (de mi-avr. à fin sept.) – 2 🚐
 – 5 🏠. Nuitée 40 € – Sem. 250 à 540 € – frais de
 réservation 12 €
 Pour s'y rendre : quartier des Coings (2,4 km au nord-
 ouest par D 94, rte de Nyons et chemin à gauche)

🚰 ✖ *HINWEIS :*
🛒   *Diese Einrichtungen sind im allgemeinen nur während*
🏊 🏇 *der Saison in Betrieb -unabhängig von den Öffnungszeiten des Platzes.*

ST-ANDRÉ-LES-ALPES

04170 – **334** H9 – 924 h. – alt. 914
🅱 *place Marcel Pastorelli ℘ 04 92 89 02 39*
▶ Paris 786 – Castellane 20 – Colmars 28 – Digne-les-Bains 43

▲ Municipal les Iscles de déb. mai à fin sept.
 ℘ 04 92 89 02 29, accueil@camping-les-iscles.com,
 Fax 04 92 89 02 56, *camping-les-iscles.com* – alt. 894
 2,5 ha (200 empl.) plat, pierreux, herbeux
 Tarif : ♣ 4 € ⇔ 2 € – 🅷 (10A) 3 € – frais de
 réservation 10 €

| Nature : ♈♈ |
| Loisirs : 🚣 🏃 |
| Services : 🛁 ⚡ 🚿 ⬜ 🖥 |
| À prox. : 🎣 🎿 🏃 parcours spor- tif, parapente |
| Longitude : 6.50703 |
| Latitude : 43.96735 |

 Location : (de déb. avr. à fin oct.) 🛏 – 16 🚐. Nuitée
 60 € – Sem. 200 à 520 € – frais de réservation 10 €
 Pour s'y rendre : chemin des Iscles (1 km au sud par
 N 202, rte d'Annot et à gauche, à 300 m du Verdon)

PROVENCE-ALPES-CÔTE D'AZUR

ST-APOLLINAIRE

05160 – **334** G5 – 110 h. – alt. 1 285

▶ Paris 684 – Embrun 19 – Gap 27 – Mont-Dauphin 37

△ **Campéole Le Clos du Lac** de mi-mai à fin sept.
℘ 04 92 44 27 43, *campingleclosdulac@orange.
fr*, Fax 04 92 43 46 93, *www.camping-closdulac.com*
– croisement difficile pour caravanes et camping-cars
– alt. 1 450
2 ha (77 empl.) en terrasses et peu incliné, herbeux
Tarif : (Prix 2010) 18 € ✶✶ ⇔ 🅔 🚿 (7A) – pers.
suppl. 5 €
Location : (Prix 2010) (de mi-mai à fin sept.) – 18 ⛺.
Nuitée 35 à 92 € – Sem. 225 à 644 € – frais de réservation
15 €
Pour s'y rendre : rte des Lacs (2,3 km au nord-ouest par
D 509, à 50 m du lac de St-Apollinaire)
À savoir : belle situation dominante

Nature : 🏞 ≤ lac de Serre-Pon- çon et montagnes
Services : ⚬🚻 🖼 🚗
À prox. : 🍴 snack 🚵 ⛵
Longitude : 6.36528
Latitude : 44.56472

Utilisez le guide de l'année.

ST-AYGULF

83370 – **340** P5

🏠 *place de la Poste* ℘ 04 94 81 22 09

▶ Paris 872 – Brignoles 69 – Draguignan 35 – Fréjus 6

⋀⋀ **L'Étoile d'Argens** ♠♣ – de déb. avr. à fin sept.
℘ 04 94 81 01 41, *info@etoiledargens.com*,
Fax 04 94 81 21 45, *www.etoiledargens.com*
11 ha (493 empl.) plat, herbeux
Tarif : (Prix 2010) 54 € ✶✶ ⇔ 🅔 🚿 (10A) – pers.
suppl. 6 € – frais de réservation 30 €
Location : (permanent) 🏠 – 60 ⛺. Nuitée 48 à 142 €
– Sem. 336 à 994 € – frais de réservation 30 €
⛽ borne artisanale
Pour s'y rendre : chemin des Étangs (5 km au nord-
ouest par D 7, rte de Roquebrune-sur-Argens et D 8 à
dr., au bord de l'Argens)
À savoir : beaux emplacements spacieux et ombragés.
Navette fluviale pour les plages (durée : 30 mn)

Nature : 🏞 🌳 ♒♒
Loisirs : 🍴 ✕ pizzeria ⚙ 🏸 ja- cuzzi discothèque 🏊 🚴 🎣 🚵 🏊 terrain multisports, ponton d'amarrage
Services : 🚿 ⚬🚻 🛒 🚗 🧺 🚮 🚰 laverie 🔌 🚗
À prox. : golf
Longitude : 6.70562
Latitude : 43.41596

⋀⋀ **Au Paradis des Campeurs** de déb. avr. à déb. oct.
℘ 04 94 96 93 55, *paradis-des-campeurs@live.fr*,
Fax 04 94 49 62 99, *www.paradis-des-campeurs.com* – 🏦
6 ha/3,5 campables (180 empl.) terrasse, plat, herbeux
Tarif : 32 € ✶✶ ⇔ 🅔 🚿 (6A) – pers. suppl. 6 €
Location : (de déb. avr. à déb. oct.) – 14 ⛺. Sem.
310 à 700 € – frais de réservation 30 €
⛽ borne autre
Pour s'y rendre : au lieu-dit : La Gaillarde-Plage (2,5 km
au sud par N 98, rte de Ste-Maxime, accès direct à la
plage)

Nature : 🌳 ♀
Loisirs : 🍴 ✕ 🖼 🏊
Services : 🚿 ⚬🚻 🍴 🚗 🚮 🚰 🚰 laverie 🔌 🚗
À prox. : discothèque
Longitude : 6.71235
Latitude : 43.366

⋀⋀ **Résidence du Campeur** de déb. avr. à fin sept.
℘ 04 94 81 01 59, *info@residence-campeur.com*,
Fax 04 94 81 01 64, *www.residence-campeur.com* – places
limitées pour le passage
10 ha (451 empl.) plat, gravier
Tarif : 47 € ✶✶ ⇔ 🅔 🚿 (10A) – pers. suppl. 10 € – frais
de réservation 30 €
Location : (de déb. avr. à fin sept.) – 200 ⛺. Sem.
435 à 1 000 € – frais de réservation 30 €
Pour s'y rendre : 3 km au nord-ouest par D 7, rte de
Roquebrune-sur-Argens

Nature : 🌳 ♀♀
Loisirs : 🍴 ✕ pizzeria 🖼 ⚙ 🏸 🏊 🚴 🎾 🚵 🏊 terrain multisports
Services : ⚬🚻 – 451 sanitaires individuels (🍳 🧼 🚽 wc) 🚗 🚰 🚰 laverie 🔥 🚗
À prox. : cinéma de plein air
Longitude : 6.70875
Latitude : 43.40867

▲▲ **Les Lauriers Roses** de mi-avr. à fin sept.
ℰ 0494812446, *lauriersroses-camping@orange.fr*,
Fax 0494817963, *www.info-lauriersroses.com* – accès
aux emplacements par forte pente, mise en place et
sortie des caravanes à la demande
2 ha (95 empl.) en terrasses, fort dénivelé, plat, pierreux
Tarif : 39€ ★★ ⇔ 🅔 (¿) (10A) – pers. suppl. 10€ – frais
de réservation 15€

Location : (de mi-avr. à fin sept.) ⚡ (de déb. juil.
à fin août) – 12 🛖. Sem. 310 à 620€ – frais de
réservation 15€
Pour s'y rendre : Les Grands Châteaux de Villepey (3 km
au nord-ouest par D 7)

Nature : 🐟 ≤ ♀
Loisirs : 🏛 🚗 🎣
Services : 🚿 ⚡ 🚐 🍽 👕 ℡ 🗄 ♨
À prox. : 🛒

Longitude : 6.70923
Latitude : 43.40471

▲ **Vaudois** de déb. mai à mi-sept.
ℰ 0494813770, *camping.vaudois@wanadoo.fr*,
Fax 0494813770, *www.campingdevaudois.com*
3 ha (110 empl.) plat, herbeux
Tarif : (Prix 2010) 28€ ★★ ⇔ 🅔 (¿) (10A) – pers.
suppl. 7€

Location : (Prix 2010) (de déb. mai à fin sept.) ⚡
– 3 🛖. Sem. 265 à 605€
Pour s'y rendre : 4,5 km au nord-ouest par D 7, rte de
Roquebrune-sur-Argens, à 300 m d'un plan d'eau

Nature : ♀♀
Loisirs : 🏛 🎣
Services : 🚿 ⚡ 👕 🍽 🗄
À prox. : 🎣

Longitude : 6.69214
Latitude : 43.41084

ST-CLÉMENT-SUR-DURANCE

05600 – **334** H5 – 271 h. – alt. 872
▶ Paris 715 – L'Argentière-la-Bessée 21 – Embrun 13 – Gap 54

▲ **Les Mille Vents** de mi-juin à mi-sept.
ℰ 0492451090
3,5 ha (100 empl.) plat, terrasse, herbeux, pierreux
Tarif : 15€ ★★ ⇔ 🅔 (¿) (5A) – pers. suppl. 2,60€
🛖 ☕ 14€
Pour s'y rendre : 1 km à l'est par N 94, rte de Briançon
et D 994d à dr. apr. le pont
À savoir : au bord de la rivière

Nature : ≤ ♀
Loisirs : 🚗 🎣
Services : 🚿 ⚡ 🚐 👕 ♨ 🗄

Longitude : 6.57896
Latitude : 44.64884

661

Give use your opinion of the camping sites we recommend.
Let us know of your remarks and discoveries.

ST-CYR-SUR-MER

83270 – **340** J6 – 11 795 h. – alt. 10
🛈 *place de l'Appel du 18 Juin, les Lecques* ℰ 0494267373
▶ Paris 810 – Bandol 8 – Brignoles 70 – La Ciotat 10

▲▲ **Le Clos Ste-Thérèse** de déb. avr. à fin sept.
ℰ 0494321221, *camping@clos-therese.com*,
Fax 0494322962, *www.clos-therese.com* – accès aux
emplacements par forte pente, mise en place et sortie
des caravanes à la demande – places limitées pour le
passage
4 ha (123 empl.) en terrasses, pierreux, fort dénivelé
Tarif : (Prix 2010) 30€ ★★ ⇔ 🅔 (¿) (10A) – pers.
suppl. 6€ – frais de réservation 13€

Location : (Prix 2010) (de déb. avr. à fin sept.) – 8 🛖
– 21 🏠 – 5 bungalows toilés. Sem. 215 à 805€ – frais
de réservation 13€
Pour s'y rendre : 3,5 km au sud-est par D 559

Nature : 🏕 ♀♀
Loisirs : 🍷 🍴 Spa 🚗 🎣
Services : 🚿 ⚡ 👕 ♨ 🗄 ♨
À prox. : 🍴 golf

Longitude : 5.72951
Latitude : 43.15955

ST-ÉTIENNE-DE-TINÉE

06660 – **341** C2 – 1 320 h. – alt. 1 147
🏛 *1, rue des communes de France* 🞄 *04 93 02 41 96*
▶ Paris 788 – Grenoble 226 – Marseille 262 – Nice 90

⚠ Municipal du Plan d'Eau
🞄 04 93 02 41 57, *mairie@saintetiennedetinee.fr*,
Fax 04 93 02 46 93
0,5 ha (23 empl.) terrasses, herbeux, pierreux
🚐 borne artisanale – 6 🄴
Pour s'y rendre : au nord du bourg
À savoir : dominant un joli petit plan d'eau – réservé aux tentes

Nature : 🌳 ≤ 🗺
Loisirs : 🔥 🏖 (plage) 🐠
Services : 🛒 🅿 pas de branchement électrique
À prox. : canoë, parcours de santé

Longitude : 6.92439
Latitude : 44.25431

ST-ÉTIENNE-DU-GRÈS

13103 – **340** D3 – 2 117 h. – alt. 7
▶ Paris 706 – Arles 16 – Avignon 24 – Les Baux-de-Provence 15

⚠ **Municipal du Grès** Permanent
🞄 04 90 49 00 03, *campingmunicipaldugres@wanadoo.fr*,
campingalpilles.com
0,6 ha (40 empl.) plat, herbeux, pierreux
Tarif : (Prix 2010) 16€ 🧍🧍 🚐 🄴 🔌 (16A) – pers. suppl. 3€
Location : (Prix 2010) (permanent) – 4 🛏. Nuitée 50 à 68€ – Sem. 350 à 480€
🚐 borne autre 4€ – 🚐 🔌 15€
Pour s'y rendre : av. du Dr-Barberin (sortie nord-ouest par D 99, rte de Tarascon, près du stade, à 50 m de la Vigueira)

Nature : 🗺 🌳🌳
Services : 🛒 🚿 🔥 🗑 🍽

Longitude : 4.7177
Latitude : 43.78631

ST-FIRMIN

05800 – **334** E4 – 448 h. – alt. 901
🏛 *Pont Richards* 🞄 *04 92 55 23 21*
▶ Paris 636 – Corps 10 – Gap 31 – Grenoble 74

⚠ **La Villette** de mi-juin à mi-sept.
🞄 04 92 55 23 55, *andreescallier@orange.fr*
0,5 ha (33 empl.) en terrasses, peu incliné, herbeux, pierreux
Tarif : 🧍 3€ 🄴 3€ – 🔌 (6A) 3€
Pour s'y rendre : 500 m au nord-ouest par D 58

Nature : 🌳 ≤ 🌿
Services : 🛒 🚿 🍽
À prox. : 🍴 🏊

Longitude : 6.02482
Latitude : 44.78217

🔺🔺🔺 ... ⚠
Terrains particulièrement agréables dans leur ensemble et dans leur catégorie.

ST-LAURENT-DU-VERDON

04500 – **334** E10 – 93 h. – alt. 468
▶ Paris 797 – Marseille 118 – Digne-les-Bains 59 – Avignon 166

🔺🔺🔺 **La Farigoulette** de mi-mai à mi-sept.
🞄 04 92 74 41 62, *info@camping-la-farigoulette.com*,
Fax 09 70 06 76 78, *www.camping-la-farigoulette.com*
14 ha (166 empl.) herbeux, peu incliné
Tarif : (Prix 2010) 28€ 🧍🧍 🚐 🄴 🔌 (5A) – pers. suppl. 5€ – frais de réservation 15€
Location : (Prix 2010) (de mi-mai à mi-sept.) – 23 🛏. Nuitée 75 à 110€ – Sem. 525 à 770€ – frais de réservation 20€
🚐 borne artisanale – 🚐 🔌 28€

Nature : 🗺 🗺 🌳🌳
Loisirs : 🍴 🎦 diurne 🏊 🔥 🏊 🏖 terrain multisports, pédalos et canoës
Services : 🛒 🚿 🔥 🍽 laverie 🗑 🚽

Longitude : 6.07843
Latitude : 43.73389

ST-MANDRIER-SUR-MER

83430 – **340** K7 – 6 303 h. – alt. 1
🛈 place des Résistants 𝒫 04 94 63 61 69
▶ Paris 836 – Bandol 20 – Le Beausset 22 – Hyères 30

    ⚑ **La Presqu'île** (location exclusive de mobile homes) de
déb. avr. à fin oct.
𝒫 04 42 20 47 25, *info@homair.com*, Fax 04 42 95 03 63,
www.camping-lapresquile.fr
2,5 ha en terrasses, pierreux, fort dénivelé
Location : (Prix 2010) – 132 ⊡. Nuitée 32 à 109 €
– Sem. 224 à 763 € – frais de réservation 25 €
Pour s'y rendre : quartier Pin Rolland (2,5 km à l'ouest,
carr. D 18 et rte de la Pointe de Marégau, près du port
de plaisance)

| Nature : 🌿🌿 |
| Loisirs : 🍴 snack 🏓 🎯 ⛵ 🛶 |
| Services : 🚿 ⊙🔲 ♨ 🏠 🚮 |
| À prox. : 🛒 🍴 |

Longitude : 5.90577
Latitude : 43.07655

ST-MARTIN-DE-BRÔMES

04800 – **334** D10 – 485 h. – alt. 358
▶ Paris 778 – Marseille 91 – Digne-les-Bains 55 – Manosque 20

    ⚑ **Bleu Lavande** de déb. mai à fin oct.
𝒫 04 92 77 64 89, *info@camping-bleu-lavande.fr*,
Fax 04 92 77 60 32, *www.camping-greoux.com*
4 ha/2 campables (35 empl.) non clos, en terrasses,
gravier, plat, bois attenant
Tarif : (Prix 2010) 16 € 🚶🚶 🚗 🔲 [⚡] (10A) – pers.
suppl. 4 €
Location : (Prix 2010) (de déb. mai à fin oct.) – 13 ⊡.
Nuitée 30 à 55 € – Sem. 200 à 380 €
Pour s'y rendre : chemin de Pauron

| Nature : 🌄 ≤ le village et la |
| chaîne du mont Denier 🛏 🚰 |
| Loisirs : 🎯 |
| Services : 🚿 🚐 🚮 ♨ |

Longitude : 5.94462
Latitude : 43.77025

663

Verwechseln Sie bitte nicht :
⚑ *... bis ...* ⚑⚑⚑ *: MICHELIN-Klassifizierung*
und
★ *... bis ...* ★★★★★ *: offizielle Klassifizierung*

ST-MARTIN-D'ENTRAUNES

06470 – **341** B3 – 84 h. – alt. 1 050
▶ Paris 778 – Annot 39 – Barcelonnette 50 – Puget-Théniers 44

    ⚑ **Le Prieuré** de déb. mai à fin sept.
𝒫 04 93 05 54 99, *le.prieure@wanadoo.fr*,
Fax 04 93 05 53 74, *http://www.le-prieure.com* – alt. 1 070
🏊
12 ha/1,5 (35 empl.) peu incliné à incliné, terrasse,
herbeux, pierreux
Tarif : 22 € 🚶🚶 🚗 🔲 [⚡] (10A) – pers. suppl. 5 € – frais
de réservation 10 €
Location : (Prix 2010) (permanent) 🏊 – 1 roulotte
– 8 ⊡ – 8 🏠 – 1 🛏 – 1 studio – 10 appartements
– 6 bungalows toilés. Sem. 330 à 620 € – frais de
réservation 10 €
🚐 10 🔲 10 €
Pour s'y rendre : rte des Blancs (1 km à l'est par D 2202,
rte de Guillaumes puis 1,8 km par chemin à gauche, apr.
le pont du Var)

| Nature : 🌄 ≤ 🚰 |
| Loisirs : snack (le soir) 🛏 🎯 |
| 🎯 🍴 🏊 (petite piscine) |
| Services : ⊙🔲 🏠 🚮 |

Longitude : 6.76224
Latitude : 44.14923

PROVENCE-ALPES-CÔTE D'AZUR

ST-MARTIN-VESUBIE

06450 – **341** E3 – 1 329 h. – alt. 1 000

🚩 *place Félix Faure* 📞 *04 93 03 21 28*

▶ Paris 899 – Marseille 235 – Nice 65 – Cuneo 140

🏕 **À la Ferme St-Joseph** de déb. mai à fin sept.
📞 06 70 51 90 14, *contact.ferme@orange.fr*,
www.camping-alafermestjoseph.com
0,6 ha (50 empl.) incliné, plat, herbeux
Tarif : (Prix 2010) ⚡ 4€ 🚗 3€ 🅿 6€ – ⚡ (6A) 4€ – frais
de réservation 10€

Location : (Prix 2010) (de déb. mai à fin sept.)
– 3 🏠 – 3 ⛺. Nuitée 43€ – Sem. 300€
♻ borne artisanale 3€
Pour s'y rendre : chemin du Stade

Nature : 🌳 ≤ ♀	
Services : ⚡ (juil.-août) 🚿 🍴 🔲	
À prox. : 🍴 🏊	

Longitude : 7.25704
Latitude : 44.05755

ST-PAUL-EN-FORÊT

83440 – **340** P4 – 1 498 h. – alt. 310

▶ Paris 884 – Cannes 46 – Draguignan 27 – Fayence 10

🏕 **Le Parc** 👥 – de déb. mars à mi-oct.
📞 04 94 76 15 35, *contact@campingleparc.com*,
Fax 04 94 76 15 35, *campingleparc.com*
3 ha (100 empl.) en terrasses, pierreux, herbeux
Tarif : 29€ 👥 🚗 🅿 ⚡ (10A) – pers. suppl. 5€ – frais
de réservation 12€

Location : (de déb. avr. à fin sept.) – 15 🛖 – 4 🏠
– 2 tentes. Nuitée 35 à 112€ – Sem. 215 à 820€ – frais
de réservation 24€
♻ 3 🅿 26€
Pour s'y rendre : 408 quartier Trestaure (3 km au nord
par D 4, rte de Fayence puis chemin à dr.)

Nature : 🌳 🌳	
Loisirs : snack 🏠 🌞diurne 🏃	
🏊 🍴 🎣 🏊	
Services : ♿ ⚡ 🔲 🐕 🍴 laverie	
🛒	

Longitude : 6.69471
Latitude : 43.58482

ST-PONS

04400 – **334** H6 – 697 h. – alt. 1 157

▶ Paris 797 – Marseille 227 – Digne-les-Bains 84 – Gap 74

🏕 **Village Vacances Le Loup Blanc du Riou**
(location exclusive de chalets) Permanent
📞 04 92 81 44 97, *leloup.blanc@wanadoo.fr*,
Fax 04 92 81 44 97, *www.leloupblanc.com*
2 ha en terrasses, herbeux, pierreux

Location : – 12 🏠. Nuitée 80€ – Sem. 325 à 725€
Pour s'y rendre : 1 km au sud-ouest, derrière l'aérodrome
À savoir : agréable petit village de chalets, sous une
pinède

Nature : 🌳 🌳	
Loisirs : 🏠 🏃 🏊	
Services : ♿ ⚡ 🅿 🔲 🍴 🔲	
À prox. : 🛒 🍴 🎣 parc aventure,	
parc de loisirs, vol à voile	

Longitude : 6.6282
Latitude : 44.39226

ST-RAPHAËL

83700 – **340** P5 – 34 381 h.

🚩 *rue Waldeck Rousseau* 📞 *04 94 19 52 52*

▶ Paris 870 – Aix-en-Provence 121 – Cannes 42 – Fréjus 4

🏕 **Douce Quiétude** 👥 – de fin avr. à mi-oct.
📞 04 94 44 30 00, *info@douce-quietude.com*,
Fax 04 94 44 30 30, *www.douce-quietude.com* – places
limitées pour le passage
10 ha (400 empl.) plat, vallonné, en terrasses, herbeux,
pierreux
Tarif : 54€ 👥 🚗 🅿 ⚡ (16A) – pers. suppl. 10€ – frais
de réservation 30€

Location : (de fin avr. à mi-oct.) – 181 🛖. Nuitée
41 à 225€ – Sem. 287 à 1 575€ – frais de réservation 30€
Pour s'y rendre : 3435 bd Jacques Baudino (sortie
nord-est vers Valescure puis 3 km)
À savoir : séjour de 7 nuits minimum en haute saison

Nature : 🌳 🌳 🌳	
Loisirs : 🍴 🍴 snack 🌞 🏃 🎱 🎧	
hammam jacuzzi discothèque	
🏊 🚴 ⛳ 🍴 🎣 🏊 🏊	
Services : ♿ ⚡ 🛒 🛒 laverie	
🔲 🛒	

Longitude : 6.79558
Latitude : 43.44265

ST-RÉMY-DE-PROVENCE

13210 – **340** D3 – 10 251 h. – alt. 59

place Jean Jaurès ℘ 04 90 92 05 22

Paris 702 – Arles 25 – Avignon 20 – Marseille 89

Mas de Nicolas de déb. mars à fin oct.
℘ 04 90 92 27 05, camping-masdenicolas@nerim.fr,
Fax 04 90 92 36 83, www.camping-masdenicolas.com
4 ha (140 empl.) plat, peu incliné, herbeux, pierreux
Tarif : (Prix 2010) 25 € ✱✱ ⟿ 🅴 (½) (6A) – pers.
suppl. 7 € – frais de réservation 17 €

Location : (Prix 2010) (de déb. mars à fin oct.) – 21 🛖
– 13 🏠. Nuitée 60 à 110 € – Sem. 320 à 710 € – frais de
réservation 17 €
Pour s'y rendre : quartier Lavau (sortie nord, rte
d'Avignon puis 1 km par D 99 (déviation), rte de
Cavaillon, à dr. et r. Théodore-Aubanel à gauche)

Nature :	⌵ ≼ ⊏ 🙼🙼
Loisirs :	🍳 🏌️ 🔶 hammam
jacuzzi 🏊 ⊼	
Services :	🕭 ⚬⟿ 🏕️ ⊼ ⊽ 🚰 🛁

Longitude : 4.82315
Latitude : 43.79697

Monplaisir de déb. mars à fin oct.
℘ 04 90 92 22 70, reception@camping-monplaisir.fr,
Fax 04 90 92 18 57, www.camping-monplaisir.fr
2,8 ha (130 empl.) plat, herbeux, pierreux
Tarif : (Prix 2010) 29 € ✱✱ ⟿ 🅴 (½) (10A) – pers.
suppl. 8 € – frais de réservation 17 €

Location : (Prix 2010) (de déb. mars à fin oct.) 🏷️
– 10 🛖 – 2 🏠. Sem. 350 à 690 €
Pour s'y rendre : chemin Monplaisir (800 m au nord-
ouest par D 5, rte de Maillane et chemin à gauche)

À savoir : agréable cadre fleuri autour d'un mas
provençal

Nature :	⌵ ⊏ 🙼🙼
Loisirs :	🍴 🍳 🏊 ⊼
Services :	🕭 ⚬⟿ 🏕️ 🏊 🚰 laverie
🔲 ⊶	
À prox. :	🏇

Longitude : 4.82468
Latitude : 43.79706

Pégomas de mi-mars à fin oct.
℘ 04 90 92 01 21, contact@campingpegomas.com,
Fax 04 90 92 01 21, www.campingpegomas.com
2 ha (105 empl.) plat, herbeux
Tarif : 23 € ✱✱ ⟿ 🅴 (½) (6A) – pers. suppl. 7 € – frais de
réservation 17 €

Location : (de mi-mars à fin oct.) 🏷️ – 6 🛖. Sem.
200 à 500 €
🚰 borne artisanale
Pour s'y rendre : 3 av. Jean Moulin (sortie est par D 99a,
rte de Cavaillon et à gauche, à l'intersection du chemin
de Pégomas et av. Jean-Moulin (vers D 30, rte de Noves))

Nature :	⊏ 🙼🙼
Loisirs :	🍴 🏊 ⊼
Services :	🕭 ⚬⟿ 🏕️ 🏊 🚰 laverie
cases réfrigérées	
À prox. :	🍴

665

Longitude : 4.84099
Latitude : 43.78852

*En juillet et août, beaucoup de terrains sont saturés
et leurs emplacements retenus longtemps à l'avance.
N'attendez pas le dernier moment pour réserver.*

ST-SAUVEUR-SUR-TINÉE

06420 – **341** D3 – 346 h. – alt. 500

Mairie ℘ 04 93 02 00 22

Paris 816 – Auron 31 – Guillaumes 42 – Isola 2000 28

Municipal de mi-juin à mi-sept.
℘ 04 93 02 03 20, mairie.st-sauveur-sur-tinee@wanadoo.
fr – ⚡
0,37 ha (20 empl.) plat et terrasses, pierreux, gravillons
Tarif : (Prix 2010) ✱ 5 € ⟿ 🅴 9 € – (½) 4 €
Pour s'y rendre : quartier Les Plans (800 m au nord sur
D 30, rte de Roubion, av. le pont, au bord de la Tinée,
chemin piétonnier direct pour rejoindre le village)

Nature :	≼ 🙼🙼
Loisirs :	🍴
Services :	🅿 (tentes) ⊼ ⊀
À prox. :	🏊

Longitude : 7.10563
Latitude : 44.08693

STE-CROIX-DE-VERDON

04500 – **334** E10 – 140 h. – alt. 530 – Base de loisirs
▣ Paris 780 – Brignoles 59 – Castellane 59 – Digne-les-Bains 51

△ **Municipal les Roches** de déb. avr. à fin sept.
℘ 04 92 77 78 99, mairie.saintecroixduverdon@wanadoo.
fr, Fax 04 92 77 76 23, www.saintecroixduverdon.com
6 ha (233 empl.) plat et en terrasses, vallonné, accidenté,
herbeux, gravillons
Tarif : (Prix 2010) 14 € ★★ ⟵ ▣ 🐕 (9A) – pers.
suppl. 3 €
🚐 20 ▣ 6 €
Pour s'y rendre : rte du Lac (1 km au nord-est du
bourg, à 50 m du lac de Ste-Croix - pour les caravanes, le
passage par le village est interdit)

À savoir : bel ombrage sous les oliviers et amandiers

| Nature : ⩽ 🌳🌳 |
| Services : ♿ ⛽ 🅿 cases réfri-gérées |
| À prox. : ✗ 🚣 𝕕 canoë, pédalos |

| Longitude : 6.15381 |
| Latitude : 43.76043 |

STES-MARIES-DE-LA-MER

13460 – **340** B5 – 2 317 h. – alt. 1
🛈 5, avenue Van Gogh ℘ 04 90 97 82 55
▣ Paris 761 – Aigues-Mortes 31 – Arles 40 – Marseille 131

🏕 **Sunêlia Le Clos du Rhône** de déb. avr. à mi-nov.
℘ 04 90 97 85 99, info@camping-ledos.fr,
Fax 04 90 97 78 85, www.camping-ledos.fr
7 ha (448 empl.) plat, sablonneux
Tarif : 29 € ★★ ⟵ ▣ 🐕 (10A) – pers. suppl. 9 € – frais
de réservation 23 €

Location : – 67 🚐 – 11 bungalows toilés. Sem.
170 à 766 € – frais de réservation 23 €
🚐 borne autre 11 €
Pour s'y rendre : rte d'Aigues-Mortes (2 km à l'ouest
par D 38 et à gauche)

À savoir : près du petit Rhône et de la plage

| Nature : 🌳 |
| Loisirs : 🎦 ♣♣ ⛱ 🚣 🚴 |
| Services : ♿ ⛽ 🏪 🛒 ♨ 🚿 🍴 laverie ⚡ cases réfrigérées |
| À prox. : 🐎 |

| Longitude : 4.39718 |
| Latitude : 43.45952 |

Des vacances réussies sont des vacances bien préparées !
Ce guide est fait pour vous y aider... mais :
– n'attendez pas le dernier moment pour réserver
– évitez la période critique du 14 juillet au 15 août.
Pensez aux ressources de l'arrière-pays,
à l'écart des lieux de grande fréquentation.

SALERNES

83690 – **340** M4 – 3 629 h. – alt. 209
🛈 place Gabriel Peri ℘ 04 94 70 69 02
▣ Paris 830 – Aix-en-Provence 81 – Brignoles 33 – Draguignan 23

△ **Municipal les Arnauds** de déb. mai à fin sept.
℘ 04 94 67 51 95, lesarnauds@ville-salernes.fr,
Fax 04 94 70 75 57, www.village-vacances-lesarnauds.com
2 ha (52 empl.) plat, herbeux
Tarif : 26 € ★★ ⟵ ▣ 🐕 (10A) – pers. suppl. 7 €
Location : (permanent) – 4 🏠 – 4 studios
– 20 appartements. Sem. 277 à 496 €
Pour s'y rendre : quartier les Arnauds (sortie nord-
ouest par D 560, rte de Sillans-la-Cascade et à gauche -
accès au village par chemin piétonnier longeant la rivière)

À savoir : belle décoration arbustive et florale, près de
la Bresque

| Nature : 🌊 📺 🌳🌳 |
| Loisirs : 🎦 ♣♣ 🏓 🚣 (plan d'eau) |
| Services : ♿ ⛽ 🛒 ♨ 🚿 🍴 laverie cases réfrigérées |

| Longitude : 6.2257 |
| Latitude : 43.56623 |

LES SALLES-SUR-VERDON

83630 – **340** M3 – 206 h. – alt. 440
🛈 *place Font Freye* 𝒫 0494702184
▶ Paris 790 – Brignoles 57 – Digne-les-Bains 60 – Draguignan 49

⚠️ **Les Pins** de déb. avr. à mi-oct.
𝒫 0498102380, *campinglespins83@orange.fr*,
Fax 0494842327, *www.campinglespins.com*
3 ha/2 campables (104 empl.) plat et en terrasses,
gravier, pierreux, herbeux
Tarif : 🧍 6€ 🔲 6€ – 🔌 (6A) 12€ – frais de réservation 25€
🚐 4 🔲 9€
Pour s'y rendre : sortie sud par D 71 puis 1,2 km par
chemin à dr., à 100 m du lac de Ste-Croix - accès direct
au bourg

À savoir : agréable cadre ombragé, petite pinède
attenante

Nature : ⩹ ⛺ ⑨⑨
Loisirs : 🍽 ⛵
Services : 🔥 ⚡ 🛁 🚿 ♨ 🏧 laverie cases réfrigérées
À prox. : 🏊 🎣 🌊 parcours de santé, canoë

Longitude : 6.2084
Latitude : 43.77603

SALON-DE-PROVENCE

13300 – **340** F4 – 40 943 h. – alt. 80
🛈 *56, cours Gimon* 𝒫 0490562760
▶ Paris 720 – Aix-en-Provence 37 – Arles 46 – Avignon 50

⚠️ Nostradamus
𝒫 0490560836, *gilles.nostra@gmail.com*,
Fax 0490562341, *www.camping-nostradamus.com*
2,7 ha (83 empl.) plat, herbeux

Location : – 17 🏚. – frais de réservation 20€
🚐 borne artisanale
Pour s'y rendre : rte d'Eyguières (5,8 km au nord-ouest
par D 17 et D 72D à gauche)

À savoir : au bord d'un canal

Nature : 🌲 ⛺ ⑨⑨
Loisirs : 🍽 ♨ 🛝
Services : 🔥 ⚡ 🛒 🛁 ♨ 📺

Longitude : 5.08568
Latitude : 43.65602

667

SANARY-SUR-MER

83110 – **340** J7 – 17 774 h. – alt. 1
▶ Paris 824 – Aix-en-Provence 75 – La Ciotat 23 – Marseille 55

⚠️ **Campasun Mas de Pierredon** 👥 – de déb. avr. à
fin sept.
𝒫 0494742502, *pierredon@campasun.eu*,
Fax 0494746142, *www.campasun.eu*
6 ha/2,5 campables (122 empl.) plat et en terrasses,
pierreux, herbeux
Tarif : 40€ 🧍🧍 🚗 🔲 🔌 (10A) – pers. suppl. 9€ – frais
de réservation 25€

Location : (de déb. avr. à fin sept.) – 20 🏚 – 22 🏡.
Nuitée 130€ – Sem. 785€ – frais de réservation 25€
🚐 borne eurorelais 5€
Pour s'y rendre : 652 chemin Raoul Coletta (3 km
au nord, rte d'Ollioules et à gauche apr. le pont de
l'autoroute)

Nature : ⛺ ⑨⑨
Loisirs : 🍽 ✕ 🍽 🏇 ⛵ ✂ ♨ 🛝 🏊
Services : 🔥 ⚡ 🛁 🚿 ♨ 📺 🏧 ☕

Longitude : 5.81452
Latitude : 43.13159

⚠️ **Campasun Parc Mogador** 👥 – de mi-mars à mi-
nov.
𝒫 0494745316, *mogador@campasun.eu*,
Fax 0494741058, *www.campasun.eu* 🐾 (de déb. juil.
à fin août)
3 ha (180 empl.) terrasse, plat, herbeux, pierreux
Tarif : 40€ 🧍🧍 🚗 🔲 🔌 (10A) – pers. suppl. 9€ – frais
de réservation 25€

Location : (de mi-mars à mi-nov.) 🐾 (de déb. juil. à
fin août) – 68 🏚 – 6 🏡. Nuitée 120€ – Sem. 695€
– frais de réservation 25€
🚐 borne eurorelais 5€
Pour s'y rendre : 167 chemin de Beaucours

Nature : 🌲 ⛺ ⑨⑨
Loisirs : snack, pizzeria 🍽 🏇 ⛵ 🛝 bowling
Services : 🔥 ⚡ 🛁 🚿 ♨ 📺 laverie ☕

Longitude : 5.78777
Latitude : 43.12367

LE SAUZÉ-DU-LAC

05160 – **334** F6 – 122 h. – alt. 1 052

▶ Paris 697 – Barcelonette 35 – Digne-les-Bains 74 – Gap 40

⚠ **La Palatrière** de déb. mai à fin sept.
  𝄞 04 92 44 20 98, *lapalatriere@wanadoo.fr*,
  www.lapalatriere.com
  3 ha (30 empl.) en terrasses, pierreux, herbeux
  Tarif : 22 € **♦♦** ⟵⟶ 🄴 (H) (10A) – pers. suppl. 7 €
  Location : (de déb. avr. à déb. nov.) – 10 🏠. Nuitée
  49 à 100 € – Sem. 280 à 710 €
  🚐 4 🄴
  Pour s'y rendre : site des Demoiselles Coiffées (4,6 km
  au sud par D 954)
  À savoir : belle situation dominant le lac de Serre-
  Ponçon

| Nature : 🏞 ⩽ 🌿 |
| Loisirs : 🍸 snack 🎮 🏓 ⛷ |
| Services : 🔥 ⚷ 🍽 |
| Longitude : 6.31524 |
| Latitude : 44.47881 |

SERRES

05700 – **334** C6 – 1 322 h. – alt. 670

🅱 *rue du lac* *𝄞* 04 92 67 00 67

▶ Paris 670 – Die 68 – Gap 41 – Manosque 89

⛰ **Domaine des Deux Soleils** de mi-avr. à mi-oct.
  𝄞 04 92 67 01 33, *dom.2.soleils@orange.fr*,
  Fax 04 92 67 08 02, *www.domaine-2soleils.com* – alt. 800
  26 ha/12 campables (72 empl.) en terrasses, pierreux,
  herbeux
  Tarif : 23 € **♦♦** ⟵⟶ 🄴 (H) (5A) – pers. suppl. 4 € – frais de
  réservation 23 €
  Location : (de mi-avr. à mi-oct.) – 15 🚐 – 12 🏠.
  Nuitée 38 à 71 € – Sem. 266 à 495 € – frais de réservation
  23 €
  Pour s'y rendre : av. Des Pins - La Flamenche (800 m
  au sud-est par N 75, rte de Sisteron puis 1 km par rte à
  gauche, à Super-Serres)

| Nature : 🏞 ⛲ 🌿 |
| Loisirs : snack 🏓 ⛳ ⛷ 🏊 |
| Services : 🔥 ⚷ 🔥 🍽 🄴 🚿 |
| Longitude : 5.71734 |
| Latitude : 44.42918 |

668

Raadpleeg, voordat U zich op een kampeerterrein installeert,
de tarieven die de beheerder verplicht
is bij de ingang van het terrein aan te geven.
Informeer ook naar de speciale verblijfsvoorwaarden.
De in deze gids vermelde gegevens kunnen
sinds het verschijnen van deze hereditie gewijzigd zijn.

SEYNE

04140 – **334** G6 – 1 427 h. – alt. 1 200

🅱 *place d'Armes* *𝄞* 04 92 35 11 00

▶ Paris 719 – Barcelonnette 43 – Digne-les-Bains 43 – Gap 54

⛰ **Les Prairies** de mi-avr. à mi-sept.
  𝄞 04 92 35 10 21, *info@campinglesprairies.com*,
  www.campinglesprairies.com
  3,6 ha (108 empl.) non clos, plat, pierreux, herbeux
  Tarif : 23 € **♦♦** ⟵⟶ 🄴 (H) (10A) – pers. suppl. 6 € – frais
  de réservation 16 €
  Location : (de mi-avr. à mi-sept.) – 8 🚐 – 8 🏠. Sem.
  250 à 525 € – frais de réservation 16 €
  🚐 borne artisanale
  Pour s'y rendre : à Haute Gréyère, chemin Charcherie
  (1 km au sud par D 7, rte d'Auzet et chemin à gauche, au
  bord de la Blanche)

| Nature : 🏞 ⩽ ⛲ 🌿🌿 |
| Loisirs : 🏓 ⛳ 🏊 |
| Services : 🔥 ⚷ 🔥 🍽 🄴 🚿 |
| À prox. : 🍴 🛶 🐎 |
| Longitude : 6.35964 |
| Latitude : 44.34272 |

SISTERON

04200 – **334** D7 – 7 288 h. – alt. 490

🏢 *1, place de la République* 🖉 *0492613650*

▶ Paris 704 – Barcelonnette 100 – Digne-les-Bains 40 – Gap 52

 ⚠ **Municipal des Prés-Hauts** de déb. mars à fin oct.
  🖉 0492611969, *contact@camping-sisteron.com*,
  Fax 0492611969, *www.sisteron.fr*
  4 ha (141 empl.) plat et peu incliné, herbeux
  Tarif : 23€ ⚎⚎ ⚏ 📧 🄵 (10A) – pers. suppl. 4€ – frais
  de réservation 10€
  Location : (de déb. mai à mi-oct.) ⚞ – 6 🚐. Sem.
  310 à 560€
  🚐 16 📧 19€
  Pour s'y rendre : 44 chemin des Prés Hauts (3 km au
  nord par rte de Gap et D 951 à dr., rte de la Motte-du-
  Caire, près de la Durance)
  À savoir : emplacements bien délimités dans un cadre
  verdoyant

| Nature : ⚞ ⚞ 🏞 ♨ |
| Loisirs : 🏠 🚣 ⚞ ⚞ |
| Services : 🚿 🔌 🛒 🚮 🚽 ♨ 🧺 |

| Longitude : 5.93645 |
| Latitude : 44.21432 |

SOSPEL

06380 – **341** F4 – 3 514 h. – alt. 360

🏢 *19, avenue Jean Mèdecin* 🖉 *0493041580*

▶ Paris 967 – Breil-sur-Roya 21 – L'Escarène 22 – Lantosque 42

 ⚠ **Le Mas Fleuri** (location exclusive de mobile homes et
  chalets) Permanent
  🖉 0493041494, *camping-le-mas-fleuri@wanadoo.fr*,
  Fax 0493041486, *www.camping-mas-fleuri.com* – empl.
  traditionnels également disponibles
  11,5 ha plat, en terrasses
  Location : (Prix 2010) – 28 🚐 – 2 gîtes. Nuitée 90€
  – Sem. 300 à 530€
  🚐 borne artisanale
  Pour s'y rendre : quartier la Vasta Inferieure

| Nature : ⚞ ⚞ ♨ |
| Loisirs : 🍷 ✕ snack 🏠 ⚞ |
| Services : 🚿 🔌 🧺 🚮 |

| Longitude : 7.44732 |
| Latitude : 43.8779 |

 ⚠ **Domaine Ste-Madeleine** de fin mars à déb. oct.
  🖉 0493041048, *camp@camping-sainte-madeleine.com*,
  www.camping-sainte-madeleine.com
  3 ha (90 empl.) en terrasses, herbeux, pierreux
  Tarif : 23€ ⚎⚎ ⚏ 📧 🄵 (10A) – pers. suppl. 4€
  Location : (de fin mars à déb. oct.) – 13 🚐. Sem.
  270 à 605€
  🚐 borne artisanale 2€
  Pour s'y rendre : rte de Moulinet (4,5 km au nord-ouest
  par D 2566, rte du col de Turini)

| Nature : ⚞ ⚞ ♨♨ |
| Loisirs : 🚣 ⚞ |
| Services : 🚿 🔌 🚮 ♨ 🧺 |

| Longitude : 7.41642 |
| Latitude : 43.8969 |

LE THOR

84250 – **332** C10 – 7 722 h. – alt. 50

▶ Paris 688 – Avignon 18 – Carpentras 16 – Cavaillon 14

 ⚠ **FranceLoc Domaine Le Jantou** de déb. avr. à fin
  sept.
  🖉 0490339007, *jantou@franceloc.fr*, Fax 0490337984,
  www.lejantou.com
  6 ha/4 campables (195 empl.) plat, herbeux
  Tarif : (Prix 2010) 36€ ⚎⚎ ⚏ 📧 🄵 (10A) – pers.
  suppl. 7€
  Location : (Prix 2010) (de déb. avr. à fin sept.)
  – 12 roulottes – 120 🚐 – 6 🏠. Nuitée 33 à 97€
  – Sem. 133 à 924€ – frais de réservation 26€
  Pour s'y rendre : 535 chemin des Coudelières (1,2 km à
  l'ouest par sortie nord vers Bédarrides, accès direct à la
  Sorgue, accès conseillé par D 1 (contournement))

| Nature : ⚞ ♨♨ |
| Loisirs : 🏠 🚣 ⚞ ⚞ ⚞ ⚞ |
| Services : 🚿 🔌 🛒 ♨ 🚮 🚽 ♨ |
| laverie 🚿 réfrigérateurs |
| À prox. : 🛒 |

| Longitude : 4.98282 |
| Latitude : 43.92969 |

TOURRETTES-SUR-LOUP

06140 – **341** D5 – 4 312 h. – alt. 400

🛈 2, place de la Libération ℘ 04 93 24 18 93

▶ Paris 936 – Marseille 188 – Nice 35 – Antibes 25

⛰ **La Camassade** Permanent
℘ 04 93 59 31 54, courrier@camassade.com,
Fax 04 93 59 31 81, www.camassade.com
1,8 ha (40 empl.) en terrasses, plat, pierreux
Tarif : (Prix 2010) � 5 € 🚗 3 € 🔲 11 € – 🔌 (6A) 5 € – frais de réservation 10 €
Location : (Prix 2010) (permanent) – 3 🛖 – 4 🏠.
Sem. 295 à 580 € – frais de réservation 10 €
Pour s'y rendre : 523 rte de Pie Lombard

| Nature : 🐾 ⌂ 〰️ |
| Loisirs : 🛋 🏊 |
| Services : 🔥 ⚷ ▥ 🛁 🚽 laverie |

| Longitude : 7.05045 |
| Latitude : 43.70515 |

Use this year's Guide.

VAISON-LA-ROMAINE

84110 – **332** D8 – 6 248 h. – alt. 193

🛈 place du Chanoine-Sautel ℘ 04 90 36 02 11

▶ Paris 664 – Avignon 51 – Carpentras 27 – Montélimar 64

🏕 **FranceLoc Le Carpe Diem** 🧍‍♂️ – de déb. avr. à déb. nov.
℘ 04 90 36 02 02, contact@camping-carpe-diem.com,
Fax 04 90 36 36 90, www.camping-carpe-diem.com
10 ha/6,5 campables (232 empl.) en terrasses, plat et peu incliné, herbeux
Tarif : (Prix 2010) 30 € �� 🚗 🔲 🔌 (10A) – pers. suppl. 7 € – frais de réservation 26 €
Location : (Prix 2010) (de déb. avr. à déb. nov.) – 138 🛖 – 14 🏠 – 5 tentes. Nuitée 33 à 63 € – Sem. 133 à 756 € – frais de réservation 26 €
🚰 borne artisanale – 150 🔲 16 €
Pour s'y rendre : rte de St-Marcellin (2 km au sud-est à l'intersection du D 938, rte de Malaucène et du D 151)
À savoir : originale reconstitution d'un amphythéâtre autour de la piscine

| Nature : 🐾 ⌂ 〰️ |
| Loisirs : 🍴 snack, pizzeria 🛋 🎯 🏃 🎣 🛖 🏊 🏄 |
| Services : 🔥 ⚷ (juil.-août) 🛁 🚽 🧊 🚿 🚲 cases réfrigérées |

| Longitude : 5.08945 |
| Latitude : 44.23424 |

🏕 **Le Soleil de Provence** de mi-mars à fin oct.
℘ 04 90 46 46 00, info@camping-soleil-de-provence.fr,
Fax 04 90 46 40 37, www.camping-soleil-de-provence.fr
4 ha (153 empl.) plat et en terrasses, peu incliné, herbeux, pierreux
Tarif : � 8 € 🚗 6 € 🔲 6 € – 🔌 (10A) 4 € – frais de réservation 10 €
Location : (de mi-mars à fin oct.) 🚫 – 26 🛖. Sem. 280 à 650 € – frais de réservation 10 €
🚰 borne artisanale 5 € – 10 🔲 17 €
Pour s'y rendre : quartier Trameiller (3,5 km au nord-est par D 938, rte de Nyons)

| Nature : ⟨ Ventoux et montagnes de Nyons ⌂ 〰️ |
| Loisirs : 🛋 🏃 🏊 🏄 |
| Services : 🔥 ⚷ 🚿 ▥ 🛁 🚽 🧊 |

| Longitude : 5.10616 |
| Latitude : 44.26838 |

⛰ **Théâtre Romain** de mi-mars à mi-nov.
℘ 04 90 28 78 66, info@camping-theatre.com,
Fax 04 90 28 78 76, www.camping-theatre.com
1,2 ha (75 empl.) plat, herbeux, gravillons
Tarif : 26 € �� 🚗 🔲 🔌 (10A) – pers. suppl. 7 € – frais de réservation 11 €
Location : (de mi-mars à mi-nov.) 🚫 – 6 🏠. Sem. 300 à 650 € – frais de réservation 11 €
🚰 borne artisanale 5 €
Pour s'y rendre : quartier des Arts - Chemin du Brusquet (au nord-est de la ville, accès conseillé par rocade)

| Nature : ⌂ 〰️ |
| Loisirs : 🛋 🏃 🏊 (petite piscine) |
| Services : 🔥 ⚷ 🛁 🚿 ♿ 🚽 🧊 |
| À prox. : 🍴 |

| Longitude : 5.07843 |
| Latitude : 44.24505 |

VENCE

06140 – **341** D5 – 19 479 h. – alt. 325

🛈 8, place du Grand Jardin ☎ 04 93 58 06 38

▶ Paris 923 – Antibes 20 – Cannes 30 – Grasse 24

🔺 **Domaine de la Bergerie** de fin mars à mi-oct.
☎ 04 93 58 09 36, info@camping-domainedelabergerie.
com, Fax 04 93 59 80 44, www.camping-
domainedelabergerie.com
30 ha/13 campables (450 empl.) plat et en terrasses,
rocailleux, herbeux
Tarif : (Prix 2010) 29 € ★★ 🚐 🅴 🕅 (5A) – pers.
suppl. 5 € – frais de réservation 15 €
🚐 borne autre 4 €
Pour s'y rendre : 1330 chemin de la Sine (4 km à l'ouest
par D 2210, rte de Grasse et chemin à gauche)
À savoir : ancienne bergerie joliment restaurée

| Nature : 🏞 🚣 🎏 |
| Loisirs : 🍴 ✕ 🏋 🎿 ⛷ par- |
| cours sportif |
| Services : 🔥 🛒 🏖 🏊 🚿 🖨 |
| 🏊 🖨 |

Longitude : 7.09497
Latitude : 43.71337

LE VERNET

04140 – **334** G7 – 129 h. – alt. 1 200

▶ Paris 729 – Digne-les-Bains 32 – La Javie 16 – Seyne 11

🔺 **Lou Passavous** de déb. mai à fin sept.
☎ 04 92 35 14 67, loupassavous@orange.fr,
www.loupassavous.com
1,5 ha (60 empl.) plat, non clos, peu incliné, herbeux,
pierreux
Tarif : 24 € ★★ 🚐 🅴 🕅 (6A) – pers. suppl. 5 € – frais de
réservation 10 €
Location : (de déb. mai à fin sept.) 🏠 – 2 🚐. Sem.
450 à 640 € – frais de réservation 10 €
Pour s'y rendre : rte Roussimal (800 m au nord par rte
de Roussimat, au bord du Bès)

| Nature : 🏞 ≤ 🌳 |
| Loisirs : 🍴 pizzeria 🏋 |
| Services : 🔥 🛒 🏧 🏖 🚿 🖨 🏊 |
| À prox. : ✕ ⛷ 🏹 🐎 |

Longitude : 6.38946
Latitude : 44.27742

671

VEYNES

05400 – **334** C5 – 3 170 h. – alt. 827

🛈 avenue Commandant Dumont ☎ 04 92 57 27 43

▶ Paris 660 – Aspres-sur-Buëch 9 – Gap 25 – Sisteron 51

🔺 **Les Prés** de déb. mai à fin sept.
☎ 04 92 57 26 22, camping.lespres@packsurwifi.com,
www.camping-les-pres.com – alt. 960
0,35 ha (25 empl.) plat et peu incliné, herbeux
Tarif : ★ 4 € 🚐 3 € 🅴 7 € – 🕅 (6A) 4 € – frais de
réservation 30 €
Location : (de déb. mai à fin sept.) 🏠 – 1 roulotte
– 3 bungalows toilés. Nuitée 75 à 95 € – Sem.
260 à 365 €
🚐 borne artisanale 3 € – 5 🅴 11 €
Pour s'y rendre : le Petit Vaux (3,4 km au nord-est par
D 994, rte de Gap puis 5,5 km par D 937, rte du col de
Festre et chemin à gauche, près de la Béoux)

| Nature : 🏞 ≤ 🌳 |
| Loisirs : 🏋 🚲 ⛷ (piscine pour |
| enfants) |
| Services : 🔥 🛒 🚿 🖨 🖨 |

Longitude : 5.84824
Latitude : 44.58766

VILLARD-LOUBIÈRE

05800 – **334** E4 – 50 h. – alt. 1 026

▶ Paris 648 – La Chapelle-en-Valgaudémar 5 – Corps 22 – Gap 43

🔺 **Les Gravières** de mi-juin à mi-sept.
☎ 04 92 55 35 35, info@sudrafting.fr, Fax 04 92 55 35 35,
www.sudrafting.fr
2 ha (50 empl.) plat, pierreux, herbeux, sous-bois
Tarif : ★ 3 € 🚐 🅴 4 € – 🕅 (4A) 4 €
Pour s'y rendre : 700 m à l'est par rte de la Chapelle-
en-Valgaudémar et chemin à dr.
À savoir : cadre et site agréables au bord de la Séveraisse

| Nature : 🏞 ≤ 🌳 |
| Loisirs : 🚤 ✕ 🏹 |
| Services : 🔥 (juil.-août) 🖨 |

Longitude : 6.14444
Latitude : 44.82528

PROVENCE-ALPES-CÔTE D'AZUR

VILLARS-COLMARS

04370 – **334** H7 – 228 h. – alt. 1 225
▶ Paris 774 – Annot 37 – Barcelonnette 46 – Colmars 3

⚠ **Le Haut-Verdon** de déb. mai à fin sept.
𝒫 0492834009, campinglehautverdon@wanadoo.fr,
Fax 0492835661, www.lehautverdon.com
3,5 ha (109 empl.) plat, pierreux
Tarif : 28€ ★★ ⬅ 🅴 🄗 (10A) – pers. suppl. 5€ – frais
de réservation 15€
Location : (permanent) – 7 🛏 – 4 🏠. Nuitée 75€
– Sem. 700€
🚐 borne artisanale 3€
Pour s'y rendre : par D 908, au bord du Verdon, accès
très déconseillé par le col d'Allos

Nature : ≤ 🏕 ΩΩ
Loisirs : pizzeria, snack 🖼 🏊 ✂ 🎿
Services : ⚡ 🈂 🖼 🚿 🗜 🌡 🍴 🛒 🚮

Longitude : 6.60573
Latitude : 44.1604

VILLECROZE

83690 – **340** M4 – 1 094 h. – alt. 300
🅗 rue Amboise Croizat 𝒫 0494675000
▶ Paris 835 – Aups 8 – Brignoles 38 – Draguignan 21

⚠ **Le Ruou** 🏕 – de déb. avr. à fin oct.
𝒫 0494706770, info@leruou.com, Fax 0494706465,
www.leruou.com – places limitées pour le passage
4,3 ha (134 empl.) en terrasses, plat, herbeux, fort
dénivelé
Tarif : (Prix 2010) 33€ ★★ ⬅ 🅴 🄗 (6A) – pers.
suppl. 6€ – frais de réservation 25€
Location : (Prix 2010) (permanent) – 39 🛏 – 19 🏠
– 26 bungalows toilés. Nuitée 25 à 129€ – Sem.
175 à 903€ – frais de réservation 25€
🚐 borne autre 5€
Pour s'y rendre : 309 RD 560 (5,4 km au sud-est par
D 251, rte de Barbebelle et D 560, rte de Flayosc, accès
conseillé par D 560)
À savoir : beaux emplacements en terrasses

Nature : ≤ ΩΩ
Loisirs : 🍷 snack, pizzeria 🖼 🏃 🏊 🎿 ⛷
Services : 🚿 ⚡ 🅿 🌡 laverie 🚮

Longitude : 6.29796
Latitude : 43.55343

672

VILLENEUVE-LOUBET-PLAGE

06270 – **341**
▶ Paris 919 – Marseille 191 – Nice 24 – Monaco 38

⚠ **"Les Castels" La Vieille Ferme** Permanent
𝒫 0493334144, info@vieilleferme.com,
Fax 0493333728, www.vieilleferme.com
2,9 ha (153 empl.) en terrasses, plat, gravillons, herbeux
Tarif : 44€ ★★ ⬅ 🅴 🄗 (10A) – pers. suppl. 6€ – frais
de réservation 28€
Location : (permanent) – 31 🏠. Nuitée 50 à 70€
– Sem. 350 à 890€ – frais de réservation 28€
🚐 borne eurorelais
Pour s'y rendre : 296 bd des Groules (2,8 km au sud par
N 7, rte d'Antibes et à dr.)

Nature : 🏕 ΩΩ
Loisirs : 🖼 🏊 ⅛ 🖼 (décou-verte en saison)
Services : 🚿 ⚡ 🖼 🌡 🚿 🗜 laverie 🚮 cases réfrigérées
À prox. : ✗

Longitude : 7.12515
Latitude : 43.61957

⚠ **Parc des Maurettes** de mi-janv. à mi-nov.
𝒫 0493209191, info@parcdesmaurettes.com,
Fax 0493737720, www.parcdesmaurettes.com
2 ha (140 empl.) en terrasses, pierreux, gravier
Tarif : (Prix 2010) 33€ ★★ ⬅ 🅴 🄗 (10A) – pers.
suppl. 5€ – frais de réservation 24€
Location : (Prix 2010) (de mi-janv. à mi-nov.) – 14 🏠
– 2 🛏 – 3 studios. Nuitée 55 à 114€ – Sem. 347 à 680€
– frais de réservation 24€
🚐 borne artisanale 6€
Pour s'y rendre : 730 av. du Dr Lefèbvre (par N 7)
À savoir : agréable espace relax'balnéo

Nature : 🏕 ΩΩ
Loisirs : 🖼 ⅛s jacuzzi informa-tions touristiques 🏊
Services : 🚿 ⚡ 🅿 (tentes) 🖼 🗜 🚿 🌡 laverie
À prox. : 🛒

Longitude : 7.12983
Latitude : 43.6309

⚠ **L'Hippodrome** Permanent
℘ 0493200200, *contact@camping-hippodrome.com*,
Fax 0492132007, *www.camping-hippodrome.com*
0,8 ha (46 empl.) plat, gravillons
Tarif : (Prix 2010) 39,30€ ♥♥ 🚗 🅴 🅘 (10A) – pers.
suppl. 5,20€ – frais de réservation 16€
Location : (permanent) ⌘ – 15 studios.
🚐 borne flot bleu
Pour s'y rendre : 5 av. des Rives (à 400 m de la plage,
derrière Géant Casino)

Nature : 🏕 ⭕⭕	
Loisirs : 🏠 ⚓ 🏊 (découverte en saison)	
Services : ♿ ⚡ 🚿 🍴 🧺 🔥 🧊 laverie réfrigérateur	
À prox. : 🍴 snack	

Longitude : 7.13564
Latitude : 43.64222

VILLES-SUR-AUZON

84570 – **332** E9 – 1 249 h. – alt. 255
▶ Paris 694 – Avignon 45 – Carpentras 19 – Malaucène 24

⚠ **Les Verguettes** de déb. avr. à mi-oct.
℘ 0490618818, *info@provence-camping.com*,
Fax 0490619787, *www.provence-camping.com*
2 ha (88 empl.) plat, peu incliné et terrasses, herbeux,
pierreux
Tarif : 24€ ♥♥ 🚗 🅴 🅘 (6A) – pers. suppl. 6€ – frais de
réservation 23€
Location : (permanent) – 6 🏚. Nuitée 67 à 88€
– Sem. 430 à 616€ – frais de réservation 23€
🚐 borne autre
Pour s'y rendre : rte de Carpentras (sortie ouest par
D 942)

Nature : 🌄 ≤ le Mont Ventoux 🏕 ⭕⭕	
Loisirs : 🏠 🍴 🏛 🏊	
Services : ♿ ⚡ 🍴 🔥 🧊 réfrigérateurs	

Longitude : 5.22834
Latitude : 44.05686

VIOLÈS

84150 – **332** C9 – 1 547 h. – alt. 94
▶ Paris 659 – Avignon 34 – Carpentras 21 – Nyons 33

⚠ **Les Favards** de fin avr. à déb. oct.
℘ 0490709093, *campingfavards@orange.fr*,
www.favards.com
20 ha/1,5 (49 empl.) plat, herbeux
Tarif : (Prix 2010) ♥ 6€ 🚗 🅴 5€ – 🅘 (10A) 3€ – frais de
réservation 10€
Location : (Prix 2010) (de fin avr. à déb. oct.) – 1 🏚.
Nuitée 50 à 55€ – Sem. 350 à 390€ – frais de réservation
10€
Pour s'y rendre : rte d'Orange (1,2 km à l'ouest par
D 67)
À savoir : au milieu des vignes

Nature : ≤ 🏕 ⭕	
Loisirs : 🏠 🏊	
Services : ♿ ⚡ 🍴 🔥 🧊	

Longitude : 4.93591
Latitude : 44.16235

673

Campeurs...
N'oubliez pas que le feu est le plus terrible ennemi de la forêt.
Soyez prudents !

VISAN

84820 – **332** C8 – 1 934 h. – alt. 218
▶ Paris 652 – Avignon 57 – Bollène 19 – Nyons 20

⚠ **L'Hérein** de mi-mars à mi-oct.
℘ 0490419599, *accueil@campingvisan.com*,
Fax 0490419172, *www.campingvisan.com*
3,3 ha (75 empl.) plat, herbeux, pierreux
Tarif : 12€ ♥♥ 🚗 🅴 🅘 (6A) – pers. suppl. 5€
Location : (de mi-mars à mi-oct.) – 5 🏚. Nuitée 45€
– Sem. 430€
🚐 borne artisanale – 7 🅴 – 🚐 11€
Pour s'y rendre : rte de Bouchet (1 km à l'ouest par
D 161, rte de Bouchet, près d'un ruisseau)

Nature : 🌄 🏕 ⭕⭕	
Loisirs : snack 🏠 ⚓ 🏛 🏊	
Services : ♿ ⚡ 🍴 🔥 🧊 🏊	

Longitude : 4.93601
Latitude : 44.31236

VOLONNE

04290 – **334** E8 – 1 643 h. – alt. 450

▶ Paris 718 – Château-Arnoux-St-Aubin 4 – Digne-les-Bains 29 – Forcalquier 33

⏚⏚ **Sunêlia L'Hippocampe** ♣♣ – de mi-avr. à fin sept.
℘ 04 92 33 50 00, *camping@l-hippocampe.com*,
Fax 04 92 33 50 49, *www.l-hippocampe.com*
8 ha (447 empl.) plat, herbeux, verger
Tarif : 33 € ♦♦ ⇔ 🅴 (𝔤) (10A) – pers. suppl. 7 € – frais
de réservation 30 €

Location : (de mi-avr. à fin sept.) – 151 ⛺ – 30 🏠
– 16 bungalows toilés. Nuitée 40 à 113 € – Sem.
210 à 791 € – frais de réservation 30 €
⛽ borne artisanale 5 € – 🛁 (𝔤) 20 €
Pour s'y rendre : rte Napoléon (500 m au sud-est par
D 4)

À savoir : cadre agréable, au bord de la Durance

Nature : ⩽ ⛆ ⚬⚬
Loisirs : 🍴 pizzeria, self-service, snack ☂⚘ discothèque, salle d'animation ☂ ◦℁ 🏊 ⛵ canoë, pédalos
Services : ⅁ ⚬═ 🛏 🖵 🗑 ☂ laverie 🌫 ⚘
À prox. : 🐎

Longitude : 6.0173
Latitude : 44.1054

VOLX

04130 – **334** D9 – 2 885 h. – alt. 350

▶ Paris 748 – Digne-les-Bains 51 – Forcalquier 15 – Gréoux-les-Bains 22

⏚ **Municipal la Vandelle** de mi-juin à mi-sept.
℘ 04 92 79 35 85, *camping-lavandelle@orange.fr*,
Fax 04 92 79 51 03, *www.camping-lavandelle.com*
2 ha (50 empl.) plat, peu incliné et terrasses, herbeux,
pierreux, bois attenant
Tarif : 22 € ♦♦ ⇔ 🅴 (𝔤) (6A) – pers. suppl. 4 € – frais de
réservation 15 €
Pour s'y rendre : av. de la Vandelle (1,3 km au sud-
ouest du bourg)

Nature : 🦆 ⚬⚬
Loisirs : 🏊
Services : ⅁ ⚬═ 🗑 🖵

Longitude : 5.83691
Latitude : 43.86837

RHÔNE-ALPES

S. Sauvignier/Michelin

Terre de contrastes et carrefour d'influences, la région Rhône-Alpes offre mille et une facettes. Du haut des montagnes alpines, la beauté touche au sublime : ce paradis des skieurs dominé par le mont-Blanc, toit de l'Europe, déploie un spectacle unique de cimes immaculées et glaciers éblouissants. Quittez cette nature préservée, et vous plongez dans l'intense animation de la vallée du Rhône, symbolisée par la course puissante du fleuve. Des voies romaines au TGV, la principale artère de circulation entre Nord et Midi s'est forgé une réputation de locomotive économique. Sur cette « grand-route des vacances », les touristes bien inspirés s'échappent des bouchons routiers pour goûter la cuisine des bouchons lyonnais et celle des tables renommées qui ont fait de la capitale des Gaules un royaume du palais.

Rhône-Alpes is a land of contrasts and a crossroads of culture. Its lofty peaks are heaven on earth to skiers, climbers and hikers are drawn by the beauty of its glittering glaciers and tranquil lakes, and stylish Chamonix and Courchevel set the tone in alpine chic. Step down from the roof of Europe, past herds of cattle on the mountain pastures, and into the bustle of the Rhône valley: from Roman roads to TGVs, the main arteries between north and south have forged the region's reputation for economic drive. Holidaymakers rush through Rhône-Alpes in their millions every summer, but those in the know always stop to taste its culinary specialities. The region abounds in restaurants, the three-star trend-setters and Lyon's legendary neighbourhood bouchons making it a true kingdom of cuisine.

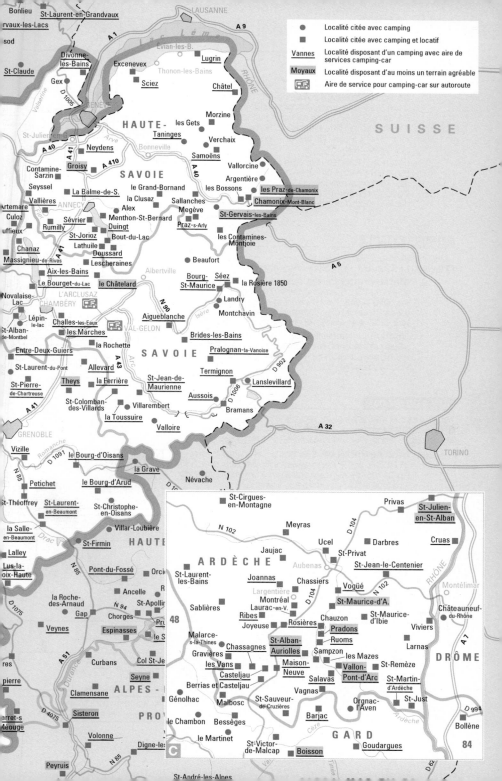

LES ABRETS

38490 – **333** G4 – 3 050 h. – alt. 398

🏛 *place Eloi Cuchet* ☎ *0476321124*

▶ Paris 514 – Aix-les-Bains 45 – Belley 31 – Chambéry 38

⛰ **Le Coin Tranquille** ▲▲ – de déb. avr. à fin oct.
☎ 0476321348, *contact@coin-tranquille.com*,
Fax 0476374067, *www.coin-tranquille.com*
4 ha (180 empl.) plat, peu incliné, herbeux
Tarif : 32€ ✹✹ ⇌ 🗐 (6A) – pers. suppl. 8€ – frais de
réservation 16€

Location : (de déb. avr. à fin oct.) 🅿 – 14 🏚. Sem.
350 à 791€ – frais de réservation 31€
borne artisanale
Pour s'y rendre : 6 chemin des Vignes (2,3 km à l'est
par N 6, rte du Pont-de-Beauvoisin et rte à gauche)

Nature : 🐟 🏞 ♈	
Loisirs : 🍸 ✗ 🎰 🎆 diurne 🏃 🚣 🚲 🎯 🏊	
Services : 🚿 ⚲ 🏬 🛁 🚻 laverie 🗜 🚰	

Longitude : 5.6084
Latitude : 45.54139

AIGUEBLANCHE

73260 – **333** M4 – 2 963 h. – alt. 461

▶ Paris 641 – Lyon 174 – Chambéry 74 – Albertville 25

⛰ **Marie-France** de déb. mars à fin oct.
☎ 0479242221, *studio@marie-france.eu*,
Fax 0479229481, *www.camping-studios-savoie.com*
0,5 ha (30 empl.) plat, en terrasses, herbeux
Tarif : 15€ ✹✹ ⇌ 🗐 (10A) – pers. suppl. 3€

Location : (permanent) – 15 🏚 – 15 studios
– 5 appartements. Nuitée 80€ – Sem. 350€
borne artisanale – 10 🗐 4€ – 🚐 9€
Pour s'y rendre : 453 av. de Savoie

Nature : ⬿ 🏞 ♈	
Loisirs : 🎣	
Services : 🚿 ⚲ 🚻 🖥	
À la base de loisirs : 🍸 ✗ 🚣 🛶 🎣 🏊 🏊 🐴 rafting, canoë-kayak, parcours sportif	

Longitude : 6.48946
Latitude : 45.50924

AIX-LES-BAINS

73100 – **333** I3 – 27 267 h. – alt. 200 – ♨

🏛 *place Maurice Mollard* ☎ *0479886800*

▶ Paris 539 – Annecy 34 – Bourg-en-Bresse 115 – Chambéry 18

⛰ **International du Sierroz** de mi-mars à mi-nov.
☎ 0479612143, *campingsierroz@aixlesbains.com*,
Fax 0479633508, *www.aixlesbains.com/campingsierroz*
5 ha (290 empl.) plat, herbeux, gravier
Tarif : (Prix 2010) 21€ ✹✹ ⇌ 🗐 (10A) – pers.
suppl. 4€

Location : (Prix 2010) (de mi-mars à mi-nov.) – 24 🚐.
Sem. 301 à 609€ – frais de réservation 12€
borne artisanale 5€
Pour s'y rendre : bd Robert Barrier (2,5 km au nord-
ouest)

À savoir : cadre boisé, proche du lac

Nature : 🏞 ♈	
Loisirs : 🍸 🎰	
Services : 🚿 ⚲ 🏬 🛁 🚐 🚽 🚻 laverie 🗜 🚰	
À prox. : 🚣 🎣 💧	

Longitude : 5.88628
Latitude : 45.70104

ALEX

74290 – **328** K5 – 950 h. – alt. 589

▶ Paris 545 – Albertville 42 – Annecy 12 – La Clusaz 20

⛰ **La Ferme des Ferrières** de déb. juin à fin sept.
☎ 0450028709, *campingfermedesferrieres@voila.fr*,
Fax 0450028054, *www.camping-des-ferrieres.com*
5 ha (200 empl.) peu incliné à incliné, herbeux
Tarif : (Prix 2010) 14€ ✹✹ ⇌ 🗐 (5A) – pers.
suppl. 3€
Pour s'y rendre : 1,5 km à l'ouest par D 909, rte
d'Annecy et chemin à dr.

Nature : 🐟 ⬿ 🌿	
Loisirs : 🍸 🎰 🚣	
Services : 🚿 ⚲ 🚐 🛁 🖥	

Longitude : 6.22346
Latitude : 45.89015

ALLEVARD

38580 – **333** J5 – 3 824 h. – alt. 470 – ⚓
🛈 *place de la Résistance* ℰ 04 76 45 10 11
▶ Paris 593 – Albertville 50 – Chambéry 33 – Grenoble 40

⛰ **Clair Matin** de déb. mai à mi-oct.
ℰ 04 76 97 55 19, *contact@camping-clair-matin.com*,
Fax 04 76 45 87 15, *www.camping-clair-matin.fr*
5,5 ha (200 empl.) plat, peu incliné et en terrasses, herbeux
Tarif : 🛉 3 € ⛺ 🅴 13 € – 🔌 (10A) 5 € – frais de réservation 8 €
Location : (de déb. mai à mi-oct.) – 27 🛖. Nuitée
28 à 97 € – Sem. 190 à 678 € – frais de réservation 13 €
🚐 borne artisanale – 20 🅴 13 € – 🚐 11 €
Pour s'y rendre : 20 r. des Pommiers (sortie sud-ouest par D 525, rte de Grenoble à dr.)

Nature :	〰 < ♨♨	
Loisirs :	snack 🎱 🏊	
Services :	🚿 ⚡ 🅿 ♨ 🍴	
laverie		
À prox. :	🛒	

Longitude : 6.06591
Latitude : 45.38869

ANSE

69480 – **327** H4 – 5 033 h. – alt. 170
🛈 *place du 8 mai 1945* ℰ 04 74 60 26 16
▶ Paris 436 – L'Arbresle 17 – Bourg-en-Bresse 57 – Lyon 27

⛰ **Les Portes du Beaujolais** de déb. mars à fin oct.
ℰ 04 74 67 12 87, *campingbeaujolais@wanadoo.fr*,
Fax 04 74 09 90 97, *www.camping-beaujolais.com*
7,5 ha (198 empl.) plat, herbeux
Tarif : (Prix 2010) 18 € 🛉🛉 ⛺ 🅴 🔌 (10A) – pers.
suppl. 5 €
Location : (Prix 2010) (permanent) – 21 🛖 – 38 🏡
– 3 tipis – 2 oenolodges. Nuitée 75 à 115 € – Sem.
190 à 685 €
🚐 borne sanistation
Pour s'y rendre : av. Jean Vacher (sortie sud-est, rte de Lyon et 600 m par chemin à gauche av. le pont, au confluent de l'Azergues et de la Saône)

Nature :	🏕 ♀	
Loisirs :	🍴 snack 🎱 🏊 🚲	
	🍕 🏊 🏊	
Services :	🚿 ⚡ 🏢 ♨ 🍴	
	🅿 🚿	
À prox. :	🚣	

Longitude : 4.72398
Latitude : 45.93714

679

ARGENTIÈRE

74400 – **328** O5 – alt. 1 252 – Sports d'hiver : voir Chamonix
🛈 *24, route du village* ℰ 04 50 54 02 14 *24, route du village* ℰ 04 50 53 00 24
▶ Paris 619 – Annecy 106 – Chamonix-Mont-Blanc 10 – Vallorcine 10

⛰ **Le Glacier d'Argentière** de mi-mai à fin sept.
ℰ 04 50 54 17 36, *www.campingchamonix.com*
1 ha (80 empl.) incliné à très incliné, herbeux
Tarif : (Prix 2010) 🛉 5 € ⛺ 🅴 5,50 € – 🔌 (2A) 2,60 €
Pour s'y rendre : 161 chemin des Chosalets (1 km au sud par rte de Chamonix, à 200 m de l'Arve)

Nature :	< ♀	
Loisirs :	🎱	
Services :	🚿 ⚡ (juil.-août) 🚐	
laverie		

Longitude : 6.92363
Latitude : 45.9747

ARTEMARE

01510 – **328** H5 – 1 081 h. – alt. 245
▶ Paris 506 – Aix-les-Bains 33 – Ambérieu-en-Bugey 47 – Belley 18

⛰ **Le Vaugrais** Permanent
ℰ 04 79 87 37 34, *contact@camping-le-vaugrais.fr*,
Fax 04 79 87 37 34, *www.camping-le-vaugrais.fr*
1 ha (33 empl.) plat, herbeux
Tarif : (Prix 2010) 21 € 🛉🛉 ⛺ 🅴 🔌 (6A) – pers.
suppl. 5 €
Location : (Prix 2010) (permanent) – 6 🛖 – 1 🏡.
Nuitée 180 à 510 €
Pour s'y rendre : 2 chemin le Vaugrais (700 m à l'ouest par D 69d, rte de Belmont, au bord du Séran, à Cerveyrieu)

Nature :	< 🏕 ♀	
Loisirs :	🍴 🎱 🏊 🚲 🏊	
	🚣	
Services :	🚿 ⚡ 🏢 ♨ 🍴	
🍴 🅿		

Longitude : 5.68383
Latitude : 45.87465

RHÔNE-ALPES

AUSSOIS

73500 – **333** N6 – 663 h. – alt. 1 489

🏠 *route des Barrages* 🕾 *0479203080*

▶ Paris 670 – Albertville 97 – Chambéry 110 – Lanslebourg-Mont-Cenis 17

Municipal la Buidonnière Permanent
🕾 0479203558, *camping@aussois.com*,
Fax 0479203558, *www.camping-aussois.com*
4 ha (160 empl.) en terrasses et peu incliné, pierreux, herbeux
Tarif : ♦ 6€ ⬌ 🅴 6€ – 🔌 (10A) 7€
🔌 borne eurorelais 2€
Pour s'y rendre : rte de Cottériat (sortie sud par D 215, rte de Modane et chemin à gauche)

| Nature : ❄ 🦆 ≼ Parc de la Vanoise 🏕 |
| Loisirs : 🏠 🛶 🎣 ⛳ 🏊 🏊 (bassin) parcours sportif |
| Services : ♿ 🚿 🏛 ♈ laverie |

Longitude : 6.7427
Latitude : 45.22649

AUTRANS

38880 – **333** G6 – 1 672 h. – alt. 1 050 – Sports d'hiver : 1 050/1 650 m❄13❄

🏠 *rue du Cinéma* 🕾 *0476953070*

▶ Paris 586 – Grenoble 36 – Romans-sur-Isère 58 – St-Marcellin 47

Au Joyeux Réveil 👥 – de déb. déc. à fin mars et de déb. mai à fin sept.
🕾 0476953344, *camping-au-joyeux-reveil@wanadoo.fr*, Fax 0476957298, *www.camping-au-joyeux-reveil.fr*
1,5 ha (100 empl.) plat, herbeux
Tarif : 37€ ♦♦ ⬌ 🅴 🔌 (6A) – pers. suppl. 5€ – frais de réservation 10€

Location : – 16 🛖 – 4 🏠. Sem. 330 à 850€ – frais de réservation 15€
🔌 borne artisanale 5€ – 18 🅴 33€
Pour s'y rendre : au lieu-dit : le Château (sortie nord-est par rte de Montaud et à dr.)

| Nature : ❄ ≼ |
| Loisirs : 🏠 🏃 🛶 🖼 🏊 |
| Services : ♿ 🚿 🏛 🏕 ♈ 📶 |

Longitude : 5.54844
Latitude : 45.17555

680

BALBIGNY

42510 – **327** E5 – 2 634 h. – alt. 331

▶ Paris 423 – Feurs 10 – Noirétable 44 – Roanne 29

La Route Bleue Permanent
🕾 0477272497, *camping.balbigny@wanadoo.fr*, Fax 0477272497, *www.laroutebleue.com*
2 ha (100 empl.) plat, peu incliné, herbeux
Tarif : (Prix 2010) ♦ 4€ 🅴 4€ – 🔌 (10A) 4€
🔌 borne artisanale 3€ – 6 🅴 10€ – 🚐 10€
Pour s'y rendre : au lieu-dit : Pralery (2,8 km au nord-ouest par N 82 et D 56 à gauche, rte de St-Georges-de-Baroille)
À savoir : site agréable au bord de la Loire

| Nature : 🦆 ⚲ |
| Loisirs : 🍸 snack 🏠 🛶 🎣 |
| Services : ♿ 🚿 🚮 laverie |

Longitude : 4.15725
Latitude : 45.82719

LA BALME-DE-SILLINGY

74330 – **328** J5 – 4 683 h. – alt. 480

🏠 *13, route de Choisy* 🕾 *0450687870*

▶ Paris 524 – Dijon 250 – Grenoble 111 – Lons-le-Saunier 136

La Caille de déb. mai à fin sept.
🕾 0450688521, *contact@domainedelacaille.com*, Fax 0450687456, *www.domainedelacaille.com*
4 ha/1 campable (30 empl.) plat, peu incliné, herbeux
Tarif : 26€ ♦♦ ⬌ 🅴 🔌 (13A) – pers. suppl. 6€
Location : (permanent) 🅿 (chalets) – 12 🏠 – 7 🛏 – 2 gîtes. Sem. 355 à 702€ – frais de réservation 16€
🔌 borne artisanale 21€ – 120 🅴 21€
Pour s'y rendre : 18 chemin de la Caille (4 km au nord sur N 508 dir. Frangy et chemin à dr.)

| Nature : 🦆 🏕 ⚲ |
| Loisirs : 🍸 ✗ 🏠 🚲 ⛳ 🏊 |
| Services : ♿ 🚿 📶 🚽 |

Longitude : 6.03609
Latitude : 45.97828

BARBIÈRES

26300 – **332** D4 – 719 h. – alt. 426

▶ Paris 586 – Lyon 124 – Valence 23 – Grenoble 79

Le Gallo-Romain
0475474407, *info@legalloromain.net*,
Fax 0475474407, *www.legalloromain.net*
3 ha (62 empl.) plat et peu incliné, terrasses, herbeux,
pierreux
Location : – 13 🚐. – frais de réservation 15€
Pour s'y rendre : rte du Col de Tourniol (1,2 km au sud-est par D 101, au bord de la Barberolle)

Nature :
Loisirs : 🍷 pizzeria
Services : laverie
réfrigérateurs

Longitude : 5.14226
Latitude : 44.95548

BEAUFORT

73270 – **333** M3 – 2 218 h. – alt. 750

🅱 route Grand Mont 0479383757

▶ Paris 601 – Albertville 21 – Chambéry 72 – Megève 37

Municipal Domelin de déb. juin à fin sept.
0479383388, *camping-beaufort@orange.fr*
2 ha (100 empl.) plat, peu incliné, herbeux
Tarif : (Prix 2010) ♣ 3€ 🚗 2€ 🅴 3€ – 🔌 (10A) 3€
Pour s'y rendre : 1,2 km au nord par rte d'Albertville et rte à dr.

Nature :
Services : (juil.-août)
laverie
À prox. : Base de
loisirs, parcours sportif

Longitude : 6.56403
Latitude : 45.7218

BELMONT-DE-LA-LOIRE

42670 – **327** F3 – 1 518 h. – alt. 525

🅱 place des rameaux 0477636427

▶ Paris 405 – Chauffailles 6 – Roanne 35 – St-Étienne 108

Municipal les Écureuils de déb. juin à fin sept.
0477637225, *mairie@belmontdelaloire.fr*,
Fax 0477636271, *www.belmontdelaloire.fr*
0,6 ha (28 empl.) peu incliné à incliné, en terrasses,
gravillons, herbeux
Tarif : (Prix 2010) ♣ 2€ 🚗 1€ 🅴 1€ – 🔌 (5A) 2€
Location : (Prix 2010) (permanent) – 8 🏠. Nuitée
47 à 49€ – Sem. 235 à 306€ – frais de réservation 76€
🚐 borne artisanale – 2 🅴
Pour s'y rendre : à la Base de Loisirs du Plan d'Eau
(1,4 km à l'ouest par D 4, rte de Charlieu et chemin à
gauche, à 300 m d'un étang)

Nature :
Services :
À prox. :

Longitude : 4.33819
Latitude : 46.1662

BENIVAY-OLLON

26170 – **332** E8 – 63 h. – alt. 450

▶ Paris 689 – Lyon 227 – Valence 126 – Avignon 71

L'Écluse de mi-avr. à fin nov.
0475280732, *camp.ecluse@wanadoo.fr*,
Fax 0475281687, *www.campeduse.com*
4 ha (75 empl.) plat et en terrasses, accidenté, gravillons,
pierreux, herbeux
Tarif : (Prix 2010) 22€ ♣♣ 🚗 🅴 🔌 (6A) – pers.
suppl. 5€ – frais de réservation 20€
Location : (Prix 2010) (de mi-avr. à fin sept.)
(de déb. juil. à fin août) – 10 🚐 – 10 🏠. Sem.
300 à 610€ – frais de réservation 20€
Pour s'y rendre : au lieu-dit : Barastrage (1 km au sud
sur D 347, au bord d'un ruisseau)
À savoir : sous les cerisiers, au milieu des vignes

Nature :
Loisirs : 🍷 snack
Services :

Longitude : 5.18545
Latitude : 44.30298

BERRIAS ET CASTELJAU

07460 – **331** H7 – 602 h. – alt. 126

▶ Paris 668 – Aubenas 40 – Largentière 29 – St-Ambroix 18

△ **Les Cigales** de déb. avr. à fin sept.
  𝒫 0475393033, *contact@camping-cigales-ardeche.
  com*, Fax 0475393033, *www.camping-cigales-ardeche.
  com*
  3 ha (110 empl.) plat et peu incliné, terrasses, herbeux
  Tarif : 22 € ★★ ⊂⊃ 🅴 🄗 (10A) – pers. suppl. 4 €
  Location : (de déb. avr. à fin sept.) – 22 🛏 – 7 🏠
  – 2 🛏 – 5 gîtes. Nuitée 50 à 100 € – Sem. 230 à 520 €
  Pour s'y rendre : au lieu-dit : La Rouvière (1 km au
  nord-est)

Nature :	🦆 ♀			
Loisirs :	♈ snack 🔲 ⚓			
	✕ 🎣			
Services :	🚿 ⟿ 🚐 🛁 🚰 🔳			
	⛲			

Longitude : 4.20128
Latitude : 44.37472

△ **La Source** de fin avr. à mi-sept.
  𝒫 0475393913, *contact@camping-source-ardeche.
  com*, *www.camping-source-ardeche.com*
  2,5 ha (93 empl.) plat, pierreux, herbeux
  Tarif : 23 € ★★ ⊂⊃ 🅴 🄗 (6A) – pers. suppl. 6 € – frais de
  réservation 30 €
  Location : (de fin avr. à mi-sept.) – 22 🛏. Sem.
  225 à 620 €
  Pour s'y rendre : chemin de la Rouvière (sortie nord-
  est, rte de Casteljau)

Nature :	🦆 ⊏┐ ♀			
Loisirs :	snack, pizzeria 🔲			
	⚓ 🎣			
Services :	🚿 ⟿ 🚐 🛁 🚰 🔳			
	⛲			

Longitude : 4.20128
Latitude : 44.37472

*Avant de prendre la route, consultez **www.ViaMichelin.fr :**
votre meilleur itinéraire, le choix de votre hôtel, restaurant,
des propositions de visites touristiques.*

682

BILIEU

38850 – **333** G5 – 1 152 h. – alt. 580

▶ Paris 526 – Belley 44 – Chambéry 47 – Grenoble 38

△ **Municipal Bord du Lac** de mi-avr. à fin sept.
  𝒫 0476066700, *leslacs@wanadoo.fr*, Fax 0476066700,
  http://campingleborddulac.fr – places limitées pour le
  passage
  1,3 ha (81 empl.) plat, herbeux, en terrasses, gravillons
  Tarif : 16 € ★★ ⊂⊃ 🅴 🄗 (10A) – pers. suppl. 5 € – frais
  de réservation 15 €
  🔧 borne artisanale 3 € – 10 🅴 11 €
  Pour s'y rendre : Le Petit Bilieu - rte de Charavines
  (1,9 km à l'ouest - accès conseillé par D 50d et D 90)

Nature :	🦆 ≤ ♀♀ ⚠		
Loisirs :	⤴ ponton d'amarrage		
Services :	🚿 ⟿ 🏪 🚰 🔳		

Longitude : 5.52118
Latitude : 45.43531

LES BOSSONS

74400 – **328** O5 – alt. 1 005

▶ Paris 614 – Lyon 222 – Annecy 89 – Thonon 99

△ **Les Deux Glaciers** Permanent
  𝒫 0450531584, *info@les2glaciers.com*,
  Fax 0450531584, *www.les2glaciers.com*
  1,6 ha (130 empl.) en terrasses, herbeux
  Tarif : 19 € ★★ ⊂⊃ 🅴 🄗 (6A) – pers. suppl. 6 €
  Location : (permanent) 🏠 – 2 🛏 – 4 🏠. Sem.
  210 à 595 €
  Pour s'y rendre : 80 rte des Tissières-les-Bossons (rte
  du Tremplin-Olympique)
  À savoir : cadre agréable à proximité des glaciers

Nature :	❄ ≤ ♀♀		
Loisirs :	snack		
Services :	🚿 ⟿ 🏪 🛁 🚰		
laverie 🖊			

Longitude : 6.83684
Latitude : 45.90228

BOURDEAUX

26460 – **332** D6 – 611 h. – alt. 426

🏢 *rue Droite* 𝒫 *0475533590*

▶ Paris 608 – Crest 24 – Montélimar 42 – Nyons 40

△△△ **Les Bois du Châtelas** de déb. avr. à fin sept.
𝒫 0475006080, *contact@chatelas.com*,
Fax 0475006081, *www.chatelas.com*
17 ha/7 campables (80 empl.) en terrasses, peu incliné,
pierreux, herbeux
Tarif : 35 € ♦♦ ⇔ 🅔 (1) (10A) – pers. suppl. 8 € – frais
de réservation 20 €
Location : (de déb. avr. à fin sept.) – 30 🚐 – 25 🏠
– 1 gîte. Nuitée 55 à 119 € – Sem. 287 à 833 € – frais de
réservation 20 €
🚐 borne artisanale 1 € – 🛁 14 €
Pour s'y rendre : rte de Bourdeaux (1,4 km au sud-
ouest par D 538)
À savoir : vue panoramique des chalets et du restaurant

Nature : 🗇 ⇐ 🗆
Loisirs : 🍷 ✕ snack, pizze-ria 🗔 ⇌ hammam jacuzzi 🛼 🚲 🎯 🔲 🎿 🏊 terrain multisports
Services : ⅙ ⚬━ 🏢 🛁 🛒 ✈ 🍴 🏠 🚿 🛒
À prox. : ✂ 🐎

Longitude : 5.12783
Latitude : 44.57832

LE BOURG-D'ARUD

38520 – **333** J8 – Base de loisirs

▶ Paris 628 – L'Alpe-d'Huez 25 – Le Bourg-d'Oisans 15 – Les Deux-Alpes 29

△△△ **Le Champ du Moulin** de déb. janv. à mi-sept.
𝒫 0476800738, *info@champ-du-moulin.com*,
Fax 0476802444, *www.champ-du-moulin.com*
1,5 ha (80 empl.) non clos, plat, herbeux, pierreux
Tarif : 26 € ♦♦ ⇔ 🅔 (1) (10A) – pers. suppl. 6 € – frais
de réservation 17 €
Location : (de déb. janv. à mi-sept.) – 4 🚐 – 10 🏠
– 4 appartements – 2 bungalows toilés. Nuitée
36 à 80 € – Sem. 252 à 560 € – frais de réservation 17 €
🚐 borne artisanale – 🛁 11 €
Pour s'y rendre : à Bourg d'Arud (sortie ouest par
D 530)
À savoir : entouré par les montagnes de l'Oisanset au
bord du Vénéon

Nature : ❄ 🗇 ♀
Loisirs : 🍷 snack, le soir unique-ment 🗔 ⇌ 🚿
Services : ⅙ ⚬━ 🏢 🛁 🍴 📭 🛒
À prox. : à la base de loi-sirs : 🛼✂🎿🏊sports en eaux vives, parc aventure

Longitude : 6.11986
Latitude : 44.98596

683

LE BOURG-D'OISANS

38520 – **333** J7 – 3 352 h. – alt. 720 – Sports d'hiver : ⛷

🏢 *quai Docteur Girard* 𝒫 *0476800325*

▶ Paris 614 – Briançon 66 – Gap 95 – Grenoble 52

△△△ **À la Rencontre du Soleil** de déb. mai à fin sept.
𝒫 0476791222, *rencontre.soleil@wanadoo.fr*,
Fax 0476802637, *www.alarencontredusoleil.com*
1,6 ha (73 empl.) plat, herbeux
Tarif : 33 € ♦♦ ⇔ 🅔 (1) (10A) – pers. suppl. 7 € – frais
de réservation 16 €
Location : (permanent) 🅿 – 2 roulottes – 13 🚐
– 10 🏠 – 1 gîte. Nuitée 200 à 370 € – Sem. 200 à 690 €
– frais de réservation 16 €
Pour s'y rendre : rte de l'Alpe d'Huez (1,7 km au nord-
est)

Nature : ⇐ 🗆 ♀♀
Loisirs : pizzeria, snack 🗔 🛼 🎿 terrain omnisports
Services : ⚬━ 🛁 🍴 📭 🛒
À prox. : 🛒

Longitude : 6.0613
Latitude : 45.09114

RCN Belledonne de fin avr. à fin sept.
𝄢 0476800718, *info@rcn-belledonne.fr*,
Fax 0476791295, *www.rcn-belledonne.fr*
3,5 ha (180 empl.) plat, herbeux
Tarif : 40€ ✲✲ 🚐 🔳 🔌 (6A) – pers. suppl. 5€ – frais de réservation 18€

Location : (de fin avr. à fin sept.) – 24 🛖. Nuitée 47 à 133€ – Sem. 252 à 931€ – frais de réservation 18€
Pour s'y rendre : à Rochetaillée
À savoir : ensemble très verdoyant et fleuri

| Nature : ≼ 🍃🍃 |
| Loisirs : 🍸 snack, pizzeria 🏠 🎮 ♨ hammam 🚴 ✗ 🏊 parcours sportif |
| Services : 🚿 🔑 🏢 ♨ laverie 🔲 🚿 |

| Longitude : 6.01095 |
| Latitude : 45.11331 |

"Les Castels" Le Château de Rochetaillée ♟♟
– de mi-mai à mi-sept.
𝄢 0476110440, *jcp@camping-le-chateau.com*,
Fax 0476802123, *www.camping-le-chateau.com*
2,6 ha (135 empl.) plat, herbeux
Tarif : 35€ ✲✲ 🚐 🔳 🔌 (10A) – pers. suppl. 8€ – frais de réservation 19€

Location : (de fin mai à mi-sept.) – 38 🛖 – 3 🏠. Nuitée 56 à 113€ – Sem. 230 à 920€ – frais de réservation 19€
🚐 4 🔳 35€ – 🚐 14€
Pour s'y rendre : chemin de Bouthéon (au lieu-dit : la Rochetaillée)

| Nature : ≼ 🍃🍃 |
| Loisirs : 🍸 snack, pizzeria 🏠 🎮 ✗ ♨ hammam jacuzzi 🚴 🏛 🏊 mur d'escalade |
| Services : 🚿 🔑 ♨ 🔲 ♨ laverie 🔲 🚿 |

| Longitude : 6.00512 |
| Latitude : 45.11543 |

Le Colporteur ♟♟ – de mi-mai à mi-sept.
𝄢 0476791144, *info@camping-colporteur.com*,
Fax 0476791149, *www.camping-colporteur.com*
3,3 ha (135 empl.) plat, herbeux
Tarif : (Prix 2010) 30€ ✲✲ 🚐 🔳 🔌 (15A) – pers. suppl. 7€ – frais de réservation 15€

Location : (Prix 2010) (permanent) – 4 roulottes – 36 🛖. Nuitée 46 à 88€ – Sem. 290 à 620€ – frais de réservation 15€
🚐 10 🔳 25€
Pour s'y rendre : Le Mas du Plan (au sud de la localité, accès par r. de la Piscine)
À savoir : au bord d'une petite rivière

| Nature : 🌿 ≼ 🍃🍃 |
| Loisirs : 🍸 snack, pizzeria, uniquement le soir 🏠 🎮 🚴 |
| Services : 🚿 🔑 (saison) ♨ ♨ 🔲 🚿 |
| À prox. : 🛒 🏊 🏊 |

| Longitude : 6.03732 |
| Latitude : 45.05027 |

La Cascade
𝄢 0476800242, *lacascade@wanadoo.fr*,
Fax 0476802263, *www.lacascadesarenne.com*
2,4 ha (140 empl.) plat, herbeux, pierreux
Location : – 18 🛖.
Pour s'y rendre : 1,5 km au nord-est, rte de l'Alpe-d'Huez, près de la Sarennes

| Nature : ❄ ≼ 🍃🍃 |
| Loisirs : 🏠 🚴 🏊 |
| Services : 🔑 🏢 ♨ 🔲 |
| À prox. : 🛒 |

| Longitude : 6.02977 |
| Latitude : 45.055 |

BOURG-EN-BRESSE

01000 – **328** E3 – 40 506 h. – alt. 251
🛈 6, avenue Alsace Lorraine 𝄢 0474224940
▶ Paris 424 – Annecy 113 – Besançon 152 – Chambéry 120

Municipal de Challes de déb. avr. à mi-oct.
𝄢 0474453721, *camping-municipal-bourgenbresse@wanadoo.fr*, Fax 0474455995
1,3 ha (120 empl.) plat, peu incliné, goudronné, herbeux
Tarif : 16€ ✲✲ 🚐 🔳 🔌 (10A) – pers. suppl. 2€
🚐 30 🔳 15€
Pour s'y rendre : 5 allée du Centre Nautique (sortie nord-est par rte de Lons-le-Saunier, à la piscine)
À savoir : emplacements agréablement ombragés

| Nature : 🍃🍃 |
| Loisirs : snack |
| Services : 🔑 🏢 ♨ 🔲 ♨ 🔲 |
| À prox. : 🏊 |

| Longitude : 5.2403 |
| Latitude : 46.20905 |

BOURGET-DU-LAC

73370 – **333** I4 – 4 155 h. – alt. 240

🛈 *place Général Sevez* 📞 *0479250199*

▶ Paris 531 – Aix-les-Bains 10 – Annecy 44 – Chambéry 13

⚠ **International l'Île aux Cygnes** de fin avr. à fin sept.
📞 0479250176, *camping@lebougetdulac.fr*,
Fax 0479722825, *www.lebougetdulac.com*
2,5 ha (267 empl.) plat, herbeux, gravillons
Tarif : (Prix 2010) 16€ ✶✶ ⚊ 🄴 ⅛ (7A) – pers.
suppl. 3€ – frais de réservation 15€

Location : (de fin avr. à fin sept.) – 2 🚐 – 4 🏠.
Nuitée 70€ – Sem. 350 à 550€ – frais de réservation 15€
🚐 borne autre 8€ – 30 🄴 8€
Pour s'y rendre : 501 bd E.Coudurier (1 km au nord, au bord du lac)

À savoir : les emplacements Camping-Car sont à l'entrée du camping

Nature : ⋖ 🛝 ⚠
Loisirs : snack 🍽 🄳 diurne 🏌 🚲 🏊 🛶
Services : 🔑 🛁 🚿 ♨ 🚽 laverie 🧺 ⚒
À prox. : 🖼 🗡 🗡 🏠 🛶 🛥 🚤 ponton d'amarrage

Longitude : 5.86308
Latitude : 45.65307

BOURG-ST-MAURICE

73700 – **333** N4 – 7 681 h. – alt. 850 – Sports d'hiver : aux Arcs : 1 600/3 226 m ⛷ 6 ⛷ 54 ⛷

🛈 *105, place de la Gare* 📞 *0479071257*

▶ Paris 635 – Albertville 54 – Aosta 79 – Chambéry 103

⛰ **Le Versoyen** de fin mai à fin oct.
📞 0479070345, *leversoyen@wanadoo.fr*,
Fax 0479072541, *www.leversoyen.com*
3,5 ha (200 empl.) plat, herbeux, goudronné, pierreux, bois attenant
Tarif : 20€ ✶✶ ⚊ 🄴 ⅛ (10A) – pers. suppl. 5€ – frais de réservation 10€

Location : (de fin mai à fin oct.) ♨ – 2 roulottes – 12 🚐. Sem. 220 à 540€ – frais de réservation 10€
🚐 borne artisanale 3€ – 20 🄴 13€
Pour s'y rendre : rte des Arcs RD 119 (sortie nord-est par N 90, rte de Séez puis 500 m par rte à dr., près d'un torrent, navette gratuite pour le funiculaire)

À savoir : navette gratuite pour le funiculaire

Nature : ❄ 🏔 ⋖ ♀
Loisirs : 🍽 🏌
Services : 🔑 🏛 ♨ laverie
Au parc de loisirs : 🏹 🗡 🏠 🖼 🛶 🐎 parcours sportif

Longitude : 6.78373
Latitude : 45.6221

685

🧺 ✗ *ATTENTION...*
⚒ *ces éléments ne fonctionnent généralement qu'en saison,*
🛶 🐎 *quelles que soient les dates d'ouverture du terrain.*

BOUT-DU-LAC

74210 – **328** K6

▶ Paris 553 – Albertville 29 – Annecy 17 – Megève 43

⛰ **International du Lac Bleu** de déb. avr. à fin sept.
📞 0450443018, *contact@camping-lac-bleu.com*,
Fax 0450448435, *www.camping-lac-bleu.com*
3,3 ha (221 empl.) plat, herbeux, pierreux
Tarif : (Prix 2010) 35,50€ ✶✶ ⚊ 🄴 ⅛ (8A) – pers.
suppl. 6,20€ – frais de réservation 25€

Location : (Prix 2010) ♨ – 32 🚐. Nuitée 69 à 83€ – Sem. 350 à 760€ – frais de réservation 25€
Pour s'y rendre : rte de la Plage (rte d'Albertville)
À savoir : situation agréable au bord du lac (plage)

Nature : ⋖ 🛝 🛝 ⚠
Loisirs : 🍽 snack 🄳 🏌 🚲 🛶
Services : 🛁 🔑 (saison) 🚿 ♨ laverie ⚒
À prox. : 🧺 ✗ 🗡 🏠 🛥 🚤 ponton d'amarrage, point d'informations touristiques, vol biplace, parapente

Longitude : 6.21648
Latitude : 45.79103

BRAMANS

73500 – **333** N6 – 381 h. – alt. 1 200

🛈 *Chef-lieu* ☏ 0479050345

▶ Paris 673 – Albertville 100 – Briançon 71 – Chambéry 113

   🏕 **Municipal Le Val d'Ambin** de déb. mai à fin oct.
☏ 0479050305, *campingdambin@aol.com*,
Fax 0479052316, *www.camping-bramansvanoise.com*
4 ha (166 empl.) non clos, plat et terrasses, vallonné,
herbeux, petit étang
Tarif : 15€ ★★ ⇆ 🅴 ⒣ (10A) – pers. suppl. 3€

   Location : (permanent) – 10 🏠. Nuitée 50 à 75€
– Sem. 190 à 560€
Pour s'y rendre : 700 m au nord-est de la commune,
près de l'église et à 200 m d'un torrent - accès conseillé
par le Verney, sur N6

   À savoir : belle situation panoramique

Nature :	🐟 ≤
Loisirs :	🏓 ⚽ 🎣
Services :	♿ ⚡ (juil.-août) ⌷
🏧 ♨ ☕ laverie	
À prox. : 🍴	

Longitude : 6.77584
Latitude : 45.22394

BRIDES-LES-BAINS

73570 – **333** M5 – 575 h. – alt. 580

🛈 *place du Centenaire* ☏ 0479552064

▶ Paris 612 – Albertville 32 – Annecy 77 – Chambéry 81

   🏕 **La Piat** de mi-avr. à mi-oct.
☏ 0479552274, *contact@camping-brideslesbains.com*,
Fax 0479552855, *www.camping-brideslesbains.com*
2 ha (60 empl.) en terrasses, herbeux
Tarif : 15€ ★★ ⇆ 🅴 ⒣ (10A) – pers. suppl. 3€

   Location : (de déb. avr. à mi-oct.) – 5 🛏. Sem.
216 à 425€
🚐 borne artisanale 3€
Pour s'y rendre : av. du Comte Greyfié de Bellecombe

Nature :	≤ ♀
Services :	♿ ⚡ 🏧 ☕ laverie

Longitude : 6.56172
Latitude : 45.453

686

BUIS-LES-BARONNIES

26170 – **332** E8 – 2 290 h. – alt. 365

🛈 *14, boulevard Eysserie* ☏ 0475280459

▶ Paris 685 – Carpentras 39 – Nyons 29 – Orange 50

   🏕 **Domaine de la Gautière** de déb. avr. à fin sept.
☏ 475280268, *accueil@camping-lagautiere.com*,
Fax 475282411, *www.camping-lagautiere.com*
6 ha/3 campables (40 empl.) incliné à peu incliné,
terrasses, pierreux, herbeux
Tarif : ★ 5€ ⇆ 🅴 6€ – ⒣ (10A) 5€ – frais de
réservation 10€

   Location : (de déb. avr. à mi-nov.) – 9 🛏 – 3 🏠.
Sem. 270 à 700€ – frais de réservation 15€
🚐 borne artisanale 3€ – 🚽
Pour s'y rendre : au lieu-dit : La Gautière (5 km au sud-
ouest par D 5, puis à dr.)

   À savoir : en grande partie sous les oliviers

Nature :	🐟 ≤ ♀
Loisirs :	🏓 ⚽ 🎿
Services :	♿ ⚡ ☕ ♨ 🖼

Longitude : 5.24258
Latitude : 44.2517

   🏕 **Les Éphélides** de déb. avr. à mi-oct.
☏ 0475281015, *ephelides@wanadoo.fr*,
www.ephelides.com
2 ha (40 empl.) plat, herbeux, pierreux
Tarif : (Prix 2010) 22€ ★★ ⇆ 🅴 ⒣ (16A) – pers.
suppl. 4€ – frais de réservation 12€

   Location : (Prix 2010) (de déb. avr. à mi-oct.) – 6 🛏
– 5 🏠. Nuitée 61 à 88€ – Sem. 290 à 620€ – frais de
réservation 12€
Pour s'y rendre : quartier Tuves (1,4 km au sud-ouest
par av. de Rieuchaud)

   À savoir : sous les cerisiers, près de l'Ouvèze. Espace
accueil chevaux

Nature :	🐟 ≤ ♀
Loisirs :	snack ⚽ 🎿
Services :	♿ ⚡ ☕ 🖼
À prox. : 🍴 🐴 piste de skate-board	

Longitude : 5.26793
Latitude : 44.21875

CASTELJAU

07460 – **331** H7

▣ Paris 665 – Aubenas 38 – Largentière 28 – Privas 69

▲▲ **La Rouveyrolle** de déb. avr. à mi-sept.
   ✆ 0475390067, *info@campingrouveyrolle.fr*,
Fax 0170248187, *www.campingrouveyrolle.fr*
3 ha (100 empl.) plat, herbeux, pierreux
Tarif : 34€ ✚✚ ⇔ 🅔 🅗 (6A) – pers. suppl. 9€

Location : (de déb. avr. à mi-sept.) – 60 ⛺. Nuitée
90 à 105€ – Sem. 238 à 735€ – frais de réservation
25€
Pour s'y rendre : Hameau La Rouveyrolle (à l'est du
bourg, à 100 m du Chassezac)

Nature :	🐟 ⛺ 🎣
Loisirs :	🍷 ✗ 🏠 🏃 🚴 jacuzzi spa 🛶 🦆
Services :	♿ 🔌 🚿 laverie ⛲ 🛁
À prox. :	🏊 🛶 canoë

Longitude : 4.22222
Latitude : 44.39583

▲▲ **Les Tournayres** de déb. avr. à mi-oct.
   ✆ 0475393639, *camping-lestournayres@bigfoot.com*,
Fax 0475393639, *www.lestournayes.ea26.com*
1,3 ha (30 empl.) peu incliné et plat, herbeux
Tarif : 20€ ✚✚ ⇔ 🅔 🅗 (5A) – pers. suppl. 6€

Location : (Prix 2010) (de déb. avr. à mi-oct.) – 22 ⛺.
Sem. 390 à 595€
Pour s'y rendre : au lieu-dit : Les Tournaires (500 m au
nord, rte de Chaulet-Plage)

Nature :	⛺ 🦆
Loisirs :	🍷 snack 🏠 🦆 🛶
Services :	♿ 🔌 🛁 🚿 📺 🛒
À prox. :	🛶 canoë

Longitude : 4.21574
Latitude : 44.4006

▲▲ Chaulet Plage
   ✆ 0475393027, *contact@chaulet-plage.com*,
Fax 0475393542, *www.chaulet-plage.com*
1,5 ha (62 empl.) en terrasses, pierreux, herbeux

Location : – 12 🏠 – gîtes.
🚐 borne artisanale
Pour s'y rendre : Terres du Moulin (600 m au nord, rte
de Chaulet-Plage)

À savoir : site agréable, accès direct au Chassezac

Nature :	🐟 🦆 ⛰
Loisirs :	🍷 snack 🛶 canoë
Services :	♿ 🔌 🛁 📺 🛒 🛒

Longitude : 4.19706
Latitude : 44.40097

687

*Die Klassifizierung (1 bis 5 Zelte, **schwarz** oder rot),
mit der wir die Campingplätze auszeichnen, ist eine Michelin-eigene Klassifizierung.
Sie darf nicht mit der staatlich-offiziellen Klassifizierung
(1 bis 5 Sterne) verwechselt werden.*

CHABEUIL

26120 – **332** D4 – 6 462 h. – alt. 212

🅘 4, place Génissieu ✆ 0475592867

▣ Paris 569 – Crest 21 – Die 59 – Romans-sur-Isère 18

▲▲▲ **FranceLoc Le Grand Lierne** de mi-avr. à mi-sept.
   ✆ 0475598314, *grand-lierne@franceloc.fr*,
Fax 0475598795, *www.grandlierne.com* ⚡ (de déb.
juil. à fin août)
3,6 ha (160 empl.) plat, pierreux, herbeux
Tarif : (Prix 2010) 39€ ✚✚ ⇔ 🅔 🅗 (10A) – pers.
suppl. 7€ – frais de réservation 26€

Location : (Prix 2010) (de déb. avr. à mi-sept.) ⚡
– 142 ⛺ – 6 🏠. Sem. 147 à 1 015€ – frais de
réservation 26€
🚐 borne artisanale
Pour s'y rendre : 5 km au nord-est par D 68, rte de
Peyrus, D 125 à gauche et D 143 à dr. - par A 7 sortie
Valence-Sud et dir. Grenoble

Nature :	🐟 ⛺ 🦆
Loisirs :	🍷 snack 🏠 🎪 🦆 🚴 🏓 🏊 (petite piscine) 🛶 ⛷
Services :	♿ 🔌 🛁 🚿 📺 🛒 🛒 cases réfrigérées

Longitude : 5.065
Latitude : 44.91572

CHALLES-LES-EAUX

73190 – **333** I4 – 4 920 h. – alt. 310 – ⚕ (début avril-fin oct.)

目 *avenue de Chambéry* ℘ 0479728619

▶ Paris 566 – Albertville 48 – Chambéry 6 – Grenoble 52

⚠ **le Savoy** de déb. mai à fin sept.
℘ 0479729731, *camping73challes-les-eaux@wanadoo. fr*, Fax 0479729731, *www.ville-challesleseaux.com*
2,8 ha (88 empl.) plat, herbeux, gravillons
Tarif : (Prix 2010) 16€ ★★ ⇔ 国 ⑭ (10A) – pers. suppl. 4€ – frais de réservation 42€

Location : (Prix 2010) (de déb. mai à fin sept.) – 1 ⌂ – 6 ⌂ – 3 bungalows toilés. Nuitée 29 à 64€ – Sem. 180 à 425€

⊡ borne flot bleu – 15 国 11€
Pour s'y rendre : av. du Parc (par r. Denarié, à 100 m de la N 6)

À savoir : beaux emplacements bordés de haies, à proximité d'un plan d'eau

Nature : ⌂ ⚲	
Loisirs : 🏠 ⛵ 🚲	
Services : ⚹ �ⵔ ♨ ⨂ ▯ 🏧	
À prox. : ✗ ⚓	

Longitude : 5.98418
Latitude : 45.55152

CHAMONIX-MONT-BLANC

74400 – **328** O5 – 9 086 h. – alt. 1 040 – Sports d'hiver : 1 035/3 840 m ✦14✦36✦
Tunnel du Mont-Blanc : péage en 2010, aller simple : autos 35,10, autos et caravanes 46,40, camions 127,10 à 270,20, motos 23,20 - Renseignements ATMB/GEIE ℘ 04 50 55 55 00

目 *85, place du Triangle de l'Amitié* ℘ 0450530024

▶ Paris 610 – Albertville 65 – Annecy 97 – Aosta 57

⚠ **L'Île des Barrats** de mi-mai à fin sept.
℘ 0450535144, *campingiledesbarrats74@orange.fr*, Fax 0450535144, *www.campingdesbarrats.com* – ℞
0,8 ha (56 empl.) peu incliné et plat, herbeux
Tarif : 29€ ★★ ⇔ 国 ⑭ (10A) – pers. suppl. 6€

Location : (permanent) ⚹ – 4 ⌂. Sem. 695 à 990€
Pour s'y rendre : 185 chemin de l'Île des Barrats (au sud-ouest de la ville, à 150 m de l'Arve)

Nature : ≤ Massif du Mont-Blanc et glaciers ⌂ ⚲	
Loisirs : 🏠	
Services : ⚹ �ⵔ ♨ ♨ ⨂ ▯ laverie	

Longitude : 6.86135
Latitude : 45.91463

688

CHAMPDOR

01110 – **328** G4 – 440 h. – alt. 833

▶ Paris 486 – Ambérieu-en-Bugey 38 – Bourg-en-Bresse 51 – Hauteville-Lompnes 6

⚠ **Municipal le Vieux Moulin** Permanent
℘ 0474360179, *champdor@wanadoo.fr*,
Fax 0474360792, *http://www.champdor.com/html/ camping.html* – ℞
1,6 ha (60 empl.) plat, herbeux
Tarif : (Prix 2010) ★ 3€ ⇔ 1€ 国 2€ – ⑭ (8A) 4€

Location : (Prix 2010) (permanent). Nuitée 30 à 50€ – Sem. 300 à 500€
Pour s'y rendre : rte de Corcelles (800 m au nord-ouest par D 57a)

À savoir : près de deux plans d'eau

Nature : ≤	
Loisirs : 🏠 ⛵ ✗	
Services : ⚹ (juil.-août) ♨ ▯	
À prox. : ⚓ (bassin) ⚓	

Longitude : 5.59713
Latitude : 46.01726

CHANAZ

73310 – **333** H3 – 493 h. – alt. 232

▶ Paris 521 – Aix-les-Bains 21 – Annecy 53 – Bellegarde-sur-Valserine 44

⚠ **Municipal des Îles**
℘ 0479545851, *camping@chanaz.fr, www. campingchanaz.o-m.fr* – places limitées pour le passage
1,5 ha (103 empl.) plat, gravier, herbeux

Location : (Prix 2010) – 10 ⌂.
⊡ borne flot bleu – 10 国
Pour s'y rendre : base de loisirs (1 km à l'ouest par D 921, rte de Culoz et chemin à gauche apr. le pont, à 300 m du Rhône (plan d'eau et port de plaisance))

À savoir : près d'un pittoresque village et du canal de Savière

Nature : ≤ ⚲⚲	
Loisirs : 🏠	
Services : ⚹ �ⵔ ▯ ♨ ⨂ 🏧	
À prox. : ♟ snack ⛵ ✗ ⚓ (petite piscine) ⚓ ponton d'amarrage	

Longitude : 5.79379
Latitude : 45.8091

CHARAVINES

38850 – **333** G5 – 1 701 h. – alt. 500

🛈 *rue des Bains* 𝄞 0476066031

▶ Paris 534 – Belley 47 – Chambéry 49 – Grenoble 40

⚠ **Les Platanes** de déb. avr. à fin sept.
𝄞 0476066470, *campinglesplatanes@orange.fr*,
Fax 0476066470, *www.camping-lesplatanes.fr*
1 ha (67 empl.) plat, herbeux
Tarif : (Prix 2010) ♦ 10€ 📧 13€ – 🔌 (10A) 4€ – frais de
réservation 12€

Location : (Prix 2010) (de déb. avr. à fin sept.)
– 10 🛏. Nuitée 43 à 85€ – Sem. 301 à 490€ – frais de
réservation 12€
Pour s'y rendre : 85 r. du Camping (sortie nord par
D 50d, à 150 m du lac)

Nature : 🌳🌳
Loisirs : 🏠
Services : ♿ ⚲ ⬛ 📷
À prox. : 🍴 🍸 snack ✂ ⚓
(plage) 🏊 🦆 pédalos

Longitude : 5.52118
Latitude : 45.43531

CHASSAGNES

07140 – **331** H7

▶ Paris 644 – Lyon 209 – Privas 67 – Nîmes 85

⚠ **Les Chênes** de déb. avr. à fin sept.
𝄞 0475373435, *reception@domaine-des-chenes.fr*,
Fax 0475372010, *www.domaine-des-chenes.fr* – places
limitées pour le passage
2,5 ha (122 empl.) en terrasses, herbeux, pierreux
Tarif : 28€ ♦♦ 🚐 📧 🔌 (10A) – pers. suppl. 5€ – frais
de réservation 25€

Location : (de déb. avr. à fin sept.) – 4 roulottes
– 25 🛏 – 14 🏠. Nuitée 41 à 122€ – Sem. 287 à 854€
– frais de réservation 25€
🚐 borne raclet 10€ – 4 📧 10€
Pour s'y rendre : à Chassagnes Haut

Nature : 🌿 < 🌼
Loisirs : 🍸 pizzeria, snack 🏠
🛁 ♨ hammam jacuzzi 🏊
Services : ♿ ⚲ 🐕 🚿 📷
À prox. : 🛶 canoë

Longitude : 4.13242
Latitude : 44.399

⚠ **Lou Rouchétou** de déb. avr. à fin sept.
𝄞 0475373313, *rouchetou@libertysurf.fr*, Fax 0,
www.lou-rouchetou.com
1,5 ha (100 empl.) plat et peu incliné, herbeux, pierreux
Tarif : (Prix 2010) 19€ ♦♦ 🚐 📧 🔌 (6A) – pers.
suppl. 6€ – frais de réservation 10€

Location : (Prix 2010) (de déb. avr. à fin sept.)
– 20 🛏. Nuitée 50 à 90€ – Sem. 294 à 570€ – frais de
réservation 10€
🚐 borne eurorelais – 10 📧 16€
Pour s'y rendre : à Chassagnes (rte des Vans par D 104)
À savoir : au bord du Chassezac

Nature : 🌿 < 🌼🌼 ⚠
Loisirs : 🍸 ✗ pizzeria 🏊
🏊 🏊
Services : ♿ ⚲ 🚽 🐕 🚿 📷
🚿 🧺

Longitude : 4.16823
Latitude : 44.4065

CHASSIERS

07110 – **331** H6 – 982 h. – alt. 340

▶ Paris 643 – Aubenas 16 – Largentière 4 – Privas 48

⚠ **Les Ranchisses** ♣♣ – de mi-avr. à fin sept.
𝄞 0475883197, *reception@lesranchisses.fr*,
Fax 0475883273, *www.lesranchisses.fr*
6 ha (226 empl.) en terrasses, peu incliné, plat, herbeux
Tarif : 43€ ♦♦ 🚐 📧 🔌 (10A) – pers. suppl. 10€ – frais
de réservation 15€

Location : (de mi-avr. à fin sept.) – 110 🛏 – 8 🏠
– 2 gîtes. Nuitée 35 à 162€ – Sem. 245 à 1 134€ – frais
de réservation 30€
Pour s'y rendre : rte de Rocher (1,6 km au nord-ouest,
accès par D 5, rte de Valgorge)

À savoir : sur le domaine d'un mas de 1824, au bord de
la Ligne

Nature : 🏞 🌼🌼 ⚠
Loisirs : 🍸 ✗ pizzeria 🎪 🏃
♨ hammam jacuzzi centre
balnéo 🏊 ✂ 🎯 🏊 🏊 🏓
terrain multisports, canoë, skate
Services : ♿ ⚲ 🐕 🚿 🔧 🚿
📷 🧺 🚿

Longitude : 4.28536
Latitude : 44.56137

689

CHÂTEAUNEUF-DE-GALAURE

26330 – **332** C2 – 1 497 h. – alt. 253

▶ Paris 531 – Annonay 29 – Beaurepaire 19 – Romans-sur-Isère 27

Château de Galaure de déb. avr. à fin sept.
℘ 0475686522, galaure@galaure.com, www.galaure.
com – ⚐ ⚘
12 ha (200 empl.) plat, herbeux
Tarif : 35€ ♦♦ ⇔ 🅴 🅗 (10A) – pers. suppl. 5€
Pour s'y rendre : rte de St-Vallier (800 m au sud-ouest
par D 51)

À savoir : plaisant domaine verdoyant et ombragé

| Nature : ◯◯ |
| Loisirs : 🍸 🏛 🛶 ⛸ ⚴ skate board |
| Services : ⚒ ⛽ 🚿 ✂ 🛁 🖥 |
| À prox. : ✂ 🔲 ⚓ parcours de santé, tyrolienne |

| Longitude : 4.95644 |
| Latitude : 45.23029 |

CHÂTEAUNEUF-DU-RHÔNE

26780 – **332** B7 – 2 236 h. – alt. 80

▶ Paris 615 – Aubenas 42 – Grignan 23 – Montélimar 9

Municipal la Graveline
℘ 0475908096, chateauneufdurhone@wanadoo.fr,
Fax 0475906949, www.chateauneuf-du-rhone.fr
0,6 ha (66 empl.) plat et peu incliné, herbeux
Pour s'y rendre : chemin de la Graveline (sortie nord
par D 73, rte de Montélimar puis chemin à dr.)

| Nature : ⚲ ◯ |
| Services : ⛽ |
| À prox. : ✂ 🛶 |

| Longitude : 4.72051 |
| Latitude : 44.4878 |

CHÂTEL

74390 – **328** O3 – 1 247 h. – alt. 1 180 – Sports d'hiver : 1 200/2 100 m ⚡2⚡52⚡
🛈 14 rue de Thonon ℘ 0450732244

▶ Paris 578 – Annecy 113 – Évian-les-Bains 34 – Morzine 38

L'Oustalet ♣♦ – de mi-déc à mi-avr. et de mi-juin à
déb. sept.
℘ 0450732197, contact@oustalet.com,
Fax 0450733746, www.oustalet.com – alt. 1 110 – en
hiver, séjour minimum 1 semaine
3 ha (100 empl.) plat et peu incliné, herbeux, pierreux,
gravillons
Tarif : 31,40€ ♦♦ ⇔ 🅴 🅗 (6A) – pers. suppl. 5,90€
– frais de réservation 10€
Location : ⚘ – 10 🛖. Sem. 370 à 750€ – frais de
réservation 10€
🚐 borne flot bleu 6€ – 💧 13.50€
Pour s'y rendre : 1428 rte des Freinets (2 km au sud-
ouest par la rte du col de Bassachaux, au bord de la
Dranse)

À savoir : site agréable de la vallée d'Abondance.

| Nature : ❄ ⬳ |
| Loisirs : 🍸 🏛 🎦 diurne 🏃 ⛷ 🛶 ✂ 🔲 ⚓ |
| Services : ⚒ ⛽ ▦ 🛁 🍴 laverie |
| À prox. : 🏹 ✕ snack 🦌 🚲 🧗 poneys , practice de golf 🚐 |

| Longitude : 6.82981 |
| Latitude : 46.25755 |

LE CHÂTELARD

73630 – **333** J3 – 608 h. – alt. 750
🛈 place de la Grenette ℘ 0479548428

▶ Paris 562 – Aix-les-Bains 30 – Annecy 30 – Chambéry 35

Les Cyclamens de mi-mai à mi-sept.
℘ 0479548019, info@camping-cyclamens.com, www.
camping-cyclamens.com
0,7 ha (34 empl.) plat, herbeux
Tarif : ♦ 4€ 🅴 5€ – 🅗 (10A) 3€ – frais de réservation 4€

Location : (permanent) – 1 studio – 1 cabane dans les
arbres. Nuitée 90€ – Sem. 525€ – frais de réservation
4€
🚐 borne artisanale 4€ – 💧 12€
Pour s'y rendre : vers sortie nord-ouest et chemin à
gauche, rte du Champet

| Nature : ⚲ ⬳ ◯◯ |
| Loisirs : 🎦 🛶 |
| Services : ⚒ ⛽ 🚿 🛁 🍴 🖥 |

| Longitude : 6.13263 |
| Latitude : 45.68782 |

CHÂTILLON-EN-DIOIS

26410 – **332** F5 – 570 h. – alt. 570

◪ *square Jean Giono* ℘ 0475211007

▶ Paris 637 – Die 14 – Gap 79 – Grenoble 97

⚠ **Le Lac Bleu** de déb. avr. à fin sept.
℘ 0475218530, *info@lacbleu-diois.com*,
Fax 0475218205, *www.lacbleu-diois.com* ✂
9 ha/3 campables (90 empl.) plat, herbeux, pierreux
Tarif : 25€ ✯✯ ⇔ 🅴 🅙 (10A) – pers. suppl. 5€ – frais
de réservation 12€

Location : (de déb. avr. à fin mai) ✂ – 45 ⊡
– 3 ⌂ – 4 bungalows toilés. Nuitée 30 à 83€ – Sem.
210 à 581€ – frais de réservation 17€
⛽ borne raclet 5€ – 13 🅴 8€ – 🔋 8€
Pour s'y rendre : quartier la touche (4 km au sud-ouest
par D 539, rte de Die et D 140, de Menglon, chemin à
gauche, av. le pont)

Nature : ⪕ ♀ ⚠
Loisirs : ♟ ✗ pizzeria 🏛 ☕ ♨ jacuzzi ⚤ 🅇 canoë
Services : ♿ ⚊ ♨ ᵔᵒ 🅿 ⚊ ⚊

Longitude : 5.45332
Latitude : 44.68457

CHÂTILLON-SUR-CHALARONNE

01400 – **328** C4 – 4 904 h. – alt. 177

◪ *place du Champ de Foire* ℘ 0474550227

▶ Paris 418 – Bourg-en-Bresse 28 – Lyon 55 – Mâcon 28

⚠ **Municipal du Vieux Moulin** de déb. mai à fin
sept.
℘ 0474550479, *campingvieuxmoulin@orange.fr*,
Fax 0474551311, *www.camping-vieuxmoulin.com*
– places limitées pour le passage
3 ha (140 empl.) plat, herbeux
Tarif : (Prix 2010) ✯ 5€ ⇔ 3€ 🅴 4€ – 🅙 (10A) 4€ – frais
de réservation 10€

Location : (Prix 2010) (de déb. avr. à fin déc.) – 5 ⌂.
Sem. 300 à 410€
⛽ borne flot bleu 5€ – 22 🅴 16€
Pour s'y rendre : r. Jean Jaures (sortie sud-est par D 7,
rte de Chalamont, au bord de la Chalaronne, à 150 m
d'un étang - accès direct)

À savoir : cadre verdoyant et ombragé en bordure de
rivière

Nature : 🗩 ♀♀
Loisirs : 🏛 ⚤ 🅇 terrain multisports
Services : ♿ ⚊ ♨ ᵔᵒ 🅿
À prox. : 🛒 ♟ snack ✂ 🅇 🗡

Longitude : 4.96228
Latitude : 46.11654

691

Donnez-nous votre avis sur les terrains que nous recommandons.
Faites-nous connaître vos observations et vos découvertes
par mail à l'adresse : leguidecampingfrance@fr.michelin.com.

CHAUZON

07120 – **331** I7 – 317 h. – alt. 128

▶ Paris 649 – Aubenas 20 – Largentière 14 – Privas 51

⚠ **La Digue** de déb. avr. à mi-oct.
℘ 0475396357, *info@camping-la-digue.
fr*, Fax 0475397517, *www.camping-la-digue.fr*
– croisement difficile pour caravanes
2 ha (106 empl.) plat et en terrasses, herbeux
Tarif : 30€ ✯✯ ⇔ 🅴 🅙 (10A) – pers. suppl. 7€ – frais
de réservation 10€

Location : (de déb. avr. à mi-oct.) – 17 ⊡ – 15 ⌂.
Nuitée 30 à 117€ – Sem. 210 à 820€ – frais de
réservation 10€
Pour s'y rendre : au lieu-dit : Les Aires (1 km à l'est du
bourg, à 100 m de l'Ardèche (accès direct))

Nature : 🗩 ♀♀
Loisirs : ♟ snack ⚤ ✂ 🗡
Services : ♿ ⚊ ▥ ♨ ᵔᵒ 🅿 ⚊
À prox. : ⚓

Longitude : 4.37337
Latitude : 44.48437

CHAVANNES-SUR-SURAN

01250 – **328** F3 – 639 h. – alt. 312

▶ Paris 442 – Bourg-en-Bresse 20 – Lons-le-Saunier 51 – Mâcon 57

   ▲ **Municipal**
       * 0474517052, mairiechavannessursuran@wanadoo. fr*, Fax 0474517183
       1 ha (25 empl.) plat, herbeux
       Pour s'y rendre : sortie est par D 3, rte d'Arnans

       À savoir : cadre verdoyant au bord du Suran

| Nature : ⬡ ⩿ ▱ |
| Loisirs : ⌐ |

Longitude : 5.42659
Latitude : 5.42659

LE CHEYLARD

07160 – **331** I4 – 3 313 h. – alt. 450

🛈 *rue du 5 Juillet 44 * 0475291871

▶ Paris 598 – Aubenas 50 – Lamastre 21 – Privas 47

   ▲ **Municipal la Chèze** de mi-mai à fin sept.
       * 0475290953, info@camping-lecheylard.fr, www.camping-lecheylard.fr*
       3 ha (96 empl.) en terrasses, plat
       Tarif : (Prix 2010) 14€ ✶✶ ⇔ 🔳 🌢 (10A) – pers. suppl. 3€

       Location : (Prix 2010) (de déb. avr. à fin nov.) – 4 bungalows toilés – 1 gîte. Nuitée 40 à 45€ – Sem. 180 à 280€
       🗪 borne autre
       Pour s'y rendre : rte de St-Christol (sortie nord-est par D 120, rte de la Voulte puis à dr., 1 km par D 204 et D 264, au château)

       À savoir : belle situation dominante dans le parc d'un château

| Nature : ⬡ ⩿ le Cheylard et montagnes 🗻 |
| Loisirs : ⌂ ⚄ parcours de santé |
| Services : ♿ ⊶ 🚾 🔳 |

Longitude : 4.43197
Latitude : 44.90775

CHORANCHE

38680 – **333** F7 – 134 h. – alt. 280

▶ Paris 588 – La Chapelle-en-Vercors 24 – Grenoble 52 – Romans-sur-Isère 32

   ▲ **Le Gouffre de la Croix** de mi-mai à mi-sept.
       * 0476360713, camping.gouffre.croix@wanadoo.fr*, Fax 0476360713, *www.camping-choranche.com*
       2,5 ha (52 empl.) non clos, plat, herbeux, en terrasses
       Tarif : 22€ ✶✶ ⇔ 🔳 🌢 (6A) – pers. suppl. 5€ – frais de réservation 15€

       Location : (de mi-mai à mi-sept.) 🚲 – 2 🛏. Sem. 275 à 450€
       Pour s'y rendre : au lieu-dit : Combe Bernard (au sud-est du bourg, rte de Chatelas, au bord de la Bourne)

       À savoir : cadre sauvage et boisé au fond de la vallée

| Nature : ⬡ ⩿ 🗻 |
| Loisirs : ☂ ⚄ ⌐ |
| Services : ♿ ⊶ 🚾 🛁 🔳 |

Longitude : 5.39447
Latitude : 45.06452

LA CLUSAZ

74220 – **328** L5 – 1 904 h. – alt. 1 040 – Sports d'hiver : 1 100/2 600 m 🚠 6 🚟 49 🎿

🛈 *161, place de l'église * 0450326500

▶ Paris 564 – Albertville 40 – Annecy 32 – Bonneville 26

   ▲ **FranceLoc Le Plan du Fernuy** de mi-déc. à fin avr. et de mi-juin à fin sept.
       * 0450024475, fernuy@franceloc.fr*, Fax 0450326702, *www.campings-franceloc.fr*
       1,3 ha (60 empl.) en terrasses, peu incliné, gravier, herbeux
       Tarif : (Prix 2010) 32€ ✶✶ ⇔ 🔳 🌢 (13A) – pers. suppl. 6€ – frais de réservation 10€

       Location : (de mi-déc. à fin avr. et de mi-juin à fin sept.) 🚲 – 13 🛏 – 12 🏠 – 1 studio – 3 appartements. Sem. 194 à 749€ – frais de réservation 20€
       🗪 borne autre 10€
       Pour s'y rendre : rte des Confins (1,5 km à l'est)

       À savoir : belle piscine d'intérieur et site agréable au pied des Aravis

| Nature : ❄ ⬡ ⩿ ▱ ♀ |
| Loisirs : ☂ ⌂ ⚄ 🖵 |
| Services : ♿ ⊶ (juil.-août) 🏧 🛁 🛒 ♨ 🚽 laverie |

Longitude : 6.458
Latitude : 45.91139

CONTAMINE-SARZIN

74270 – **328** I4 – 536 h. – alt. 450

▶ Paris 516 – Annecy 25 – Bellegarde-sur-Valserine 22 – Bonneville 46

Le Chamaloup de déb. mai à mi-sept.
℘ 0450778828, *camping@chamaloup.com*,
Fax 0450779979, *www.chamaloup.com*
1,5 ha (75 empl.) non clos, plat, herbeux
Tarif : 26€ ★★ ⇔ 圓 ⑭ (16A) – pers. suppl. 6€ – frais
de réservation 10€

Location : (permanent) – 17 🏠. Nuitée 65€ – Sem.
560€ – frais de réservation 10€
Pour s'y rendre : lieu-dit : Contamine Sarzin (2,8 km au
sud par D 123, près de la N 508 et de la rivière les Usses)

Nature : ⊡ 🎄
Loisirs : 🍸 ✗ 🏊 🛷
Services : 🚿 ⚷ 🐕 🏠
Longitude : 5.9759
Latitude : 46.01044

LES CONTAMINES-MONTJOIE

74170 – **328** N6 – 1 183 h. – alt. 1 164 – Sports d'hiver : 1 165/2 500 m ⛄ 4 ⛷ 22 ⛷

🎫 18, route de Notre-Dame de la Gorge ℘ 0450470158

▶ Paris 606 – Annecy 93 – Bonneville 50 – Chamonix-Mont-Blanc 33

Le Pontet de déb. déc. à fin sept.
℘ 0450470404, *campingdupontet@wanadoo.fr*,
Fax 0450471810, *www.campinglepontet.fr*
2,8 ha (157 empl.) plat, gravillons, herbeux
Tarif : 29,80€ ★★ ⇔ 圓 ⑭ (4A) – pers. suppl. 5,40€

Location : (permanent) – gîte d'étape.
Pour s'y rendre : 2485 rte de Notre-Dame-de-la-Gorge
(2 km au sud par D 902, au bord du Bon-Nant)

À savoir : site agréable au départ des pistes de ski et de
randonnée

Nature : ❄ ⟨ ⊡ 🎄
Loisirs : 🍴 🛷
Services : 🚿 ⚷ 🏢 laverie
À prox. : 🍸 ✗ snack 🎣 🍽
🐎 practice de golf
Longitude : 6.72333
Latitude : 45.80524

CORDELLE

42123 – **327** D4 – 885 h. – alt. 450

▶ Paris 409 – Feurs 35 – Roanne 14 – St-Just-en-Chevalet 27

Le Mars avr. à mi-oct.
℘ 0477649442, *campingdemars@orange.fr*,
Fax 0477649442, *www.camping-de-mars.com*
1,2 ha (65 empl.) plat et en terrasses, peu incliné, herbeux
Tarif : 23,70€ ★★ ⇔ 圓 ⑭ (10A) – pers. suppl. 6,50€

Location : – 7 🏠.
Pour s'y rendre : 4,5 km au sud par D 56 et chemin à dr.

À savoir : agréable situation dominant les gorges de la
Loire

Nature : 🐟 ⟨ ⊡
Loisirs : 🍸 ✗ snack, pizzeria
🛷 🎬 nocturne 🏊 🚲 🍽
🏊
Services : ⚷ 🚐 🐕 🐾 ⚰ 🏠
À prox. : 🎣
Longitude : 4.06064
Latitude : 45.94474

CORMORANCHE-SUR-SAÔNE

01290 – **328** B3 – 1 022 h. – alt. 172 – Base de loisirs

▶ Paris 399 – Bourg-en-Bresse 44 – Châtillon-sur-Chalaronne 23 – Mâcon 10

La Pierre Thorion de déb. mai à fin sept.
℘ 0385239710, *contact@lac-cormoranche.com*,
Fax 0385239711, *www.lac-cormoranche.com*
48 ha/4,5 campables (117 empl.) plat, herbeux,
sablonneux, bois attenant
Tarif : (Prix 2010) 19€ ★★ ⇔ 圓 ⑭ (10A) – pers.
suppl. 5€ – frais de réservation 5€

Location : (Prix 2010) (de déb. mai à fin sept.) 🚲
– 9 🚎 – 12 🏠 – 3 tipis. Nuitée 40 à 90€ – Sem.
150 à 505€ – frais de réservation 5€
🚐 borne artisanale
Pour s'y rendre : au lieu-dit : Les Luizants (sortie ouest
par D 51a et 1,2 km par rte à dr., à la base de loisirs)

À savoir : décoration arbustive des emplacements, près
d'un beau plan d'eau

Nature : ⊡ 🎄
Loisirs : 🍸 ✗ salle d'animation
🏊 🚲 🍽 🏊 (plage) 🎣 🛶
Services : 🚿 ⚷ 🐕 🐾 ⚰ 🐕
laverie 🏠
Longitude : 4.82573
Latitude : 46.25105

CREST

26400 – **332** D5 – 7 789 h. – alt. 196

🅘 *place du Docteur Rozier* 📞 *0475251138*

▶ Paris 585 – Die 37 – Gap 129 – Grenoble 114

⛰ **Les Clorinthes** 👥 – de mi-avr. à mi-sept.
📞 0475250528, *dorinthes@wanadoo.fr*,
Fax 0475767509, *www.lesclorinthes.com*
4 ha (160 empl.) plat, peu incliné, herbeux
Tarif : (Prix 2010) 24€ 👥 🚗 🅴 ⚡ (6A) – pers.
suppl. 6€ – frais de réservation 19€

Location : (Prix 2010) (de mi-avr. à déb. sept.) – 10 🛖
– 4 🏠 – 2 bungalows toilés. Sem. 294 à 616€ – frais
de réservation 19€
Pour s'y rendre : quai Soubeyran (sortie sud par D 538
puis chemin à gauche apr. le pont, près de la Drôme et
du complexe sportif)

Nature :	⬅ 🌳
Loisirs :	🍸 pizzeria, snack 🏠
	🎪 diurne 👫 🚂 🚴 🏄
Services :	♿ 🔌 🛁 🚰 🖼
À prox. :	🏇 poneys skate-parc

| Longitude : 5.02649 |
| Latitude : 44.72473 |

Ne prenez pas la route au hasard !
Michelin *vous apporte à domicile*
ses conseils routiers,
touristiques, hôteliers : **www.ViaMichelin.fr !**

CRUAS

07350 – **331** K6 – 2 670 h. – alt. 83

🅘 *9, place George Clemenceau* 📞 *0475495920*

▶ Paris 594 – Aubenas 49 – Montélimar 16 – Privas 24

⛰ **Les Ilons** Permanent
📞 0475495543, *contactcamping@wanadoo.fr*,
Fax 0475495543, *www.campings-ardeche.com*
2,5 ha (80 empl.) plat, herbeux, gravillons
Tarif : (Prix 2010) 18€ 👥 🚗 🅴 ⚡ (10A) – pers.
suppl. 5€ – frais de réservation 20€

Location : (permanent) (de déb. janv. à déb.
janv.) – 7 🛖 – 1 🏠 – 8 bungalows toilés. Sem.
320 à 500€ – frais de réservation 20€
🚐 borne artisanale 4€
Pour s'y rendre : chemin du Camping (1,4 km à l'est,
rte du Port, près d'un plan d'eau, à 300 m du Rhône)

Nature :	🐟 🌳
Loisirs :	🏠 🚂 🏓 🎣
Services :	♿ 🔌 🍴 🛁 🚰
	🚰 🖼
À prox. :	🍴

| Longitude : 4.75363 |
| Latitude : 44.6535 |

CUBLIZE

69550 – **327** F3 – 1 215 h. – alt. 452

🅘 *lac des Sapins* 📞 *0474895803*

▶ Paris 422 – Amplepuis 7 – Chauffailles 29 – Roanne 30

⛰ **Intercommunal du Lac des Sapins** Permanent
📞 0474895283, *camping@lacdessapins.fr*,
Fax 0474895890, *www.lac-des-sapins.fr* – places
limitées pour le passage
4 ha (155 empl.) plat, herbeux, pierreux, gravillons
Tarif : (Prix 2010) 18€ 👥 🚗 🅴 ⚡ (10A) – pers.
suppl. 4€

Location : (Prix 2010) (permanent) – 4 🛖 – 22 🏠.
Nuitée 66€ – Sem. 408€
🚐 borne artisanale 3€
Pour s'y rendre : 800 m au sud, au bord du Reins et à
300 m du lac (accès direct)

Nature :	🐟 ⬅ 🏞
Loisirs :	🎣 terrain omnisports
Services :	♿ 🔌 🛁 🚰 🚰 🖼
À la base de loisirs :	🚂 🎣 🏊
	🏄 🛥

| Longitude : 4.37772 |
| Latitude : 46.0184 |

CULOZ

01350 – **328** H5 – 2 957 h. – alt. 248
🛈 6, rue de la Mairie ℰ 0479870030
▶ Paris 512 – Aix-les-Bains 24 – Annecy 55 – Bourg-en-Bresse 88

⚠ **Le Colombier** de mi-avr. à fin sept.
ℰ 0479871900, *camping.colombier@free.fr*,
Fax 0479871900, *http://camping.colombier.free.fr*
1,5 ha (81 empl.) plat, gravillons, herbeux
Tarif : 20€ 🏕 ⚡ ▣ 🔌 (10A) – pers. suppl. 6€ – frais
de réservation 10€

Location : (de mi-avr. à fin sept.) – 5 🚐. Nuitée
48 à 69€ – Sem. 220 à 480€ – frais de réservation 10€
🚐 20 ▣ 20€
Pour s'y rendre : Ile de Verbaou (1,3 km à l'est, au carr.
du D 904 et D 992, au bord d'un ruisseau)
À savoir : près d'un centre de loisirs

Nature : ← 🏞 ⚲	
Loisirs : 🎠 🏊 🚲	
Services : ♿ ⚡ 🛒 ♨ 🗑 ⚓ 🍴 laverie 🧺	
À prox. : 🍴 🎣 m 🏊	

Longitude : 5.79346
Latitude : 45.85158

DARBRES

07170 – **331** J6 – 247 h. – alt. 450
▶ Paris 618 – Aubenas 18 – Montélimar 34 – Privas 21

⚠ **Les Lavandes** de mi-avr. à fin sept.
ℰ 0475942065, *sarl.leslavandes@online.fr*, *www.les-lavandes-darbes.com*
1,5 ha (70 empl.) plat, en terrasses, herbeux, pierreux
Tarif : 23€ 🏕 ⚡ ▣ 🔌 (6A) – pers. suppl. 4€ – frais de
réservation 15€

Location : (de mi-avr. à fin sept.) – 12 🏠. Nuitée 80€
– Sem. 540€ – frais de réservation 15€
Pour s'y rendre : au bourg

Nature : ← ♨♨	
Loisirs : 🎠 snack 🏊 🏊	
Services : ⚡ 🗑 🏢 🧺	

Longitude : 4.50494
Latitude : 44.648

DARDILLY

69570 – **327** H5 – 8 414 h. – alt. 338
▶ Paris 457 – Lyon 13 – Villeurbanne 21 – Vénissieux 26

⚠ **Indigo Lyon** Permanent
ℰ 0478356455, *lyon@camping-indigo.com*,
Fax 0472170426, *www.camping-indigo.com*
6 ha (150 empl.) plat, herbeux, gravillons
Tarif : (Prix 2010) 25€ 🏕 ⚡ ▣ 🔌 (10A) – pers.
suppl. 4€ – frais de réservation 10€

Location : (Prix 2010) (permanent) – 6 roulottes
– 41 🚐 – 5 🏠 – 4 tentes. Nuitée 39 à 99€ – Sem.
191 à 554€ – frais de réservation 10€
🚐 borne autre 4€
Pour s'y rendre : Porte de Lyon (10 km au nord-ouest par
N 6, rte de Mâcon - par A 6 : sortie Limonest, à Dardilly)

Nature : ⚲	
Loisirs : 🎠 snack 🏸 🏊 🏊	
Services : ♿ ⚡ 🏢 🗑 ⚓ 🍴 laverie	

Longitude : 4.76125
Latitude : 45.81817

695

DIE

26150 – **332** F5 – 4 375 h. – alt. 415
🛈 rue des Jardins ℰ 0475220303
▶ Paris 623 – Gap 92 – Grenoble 110 – Montélimar 73

⚠ **Le Glandasse** de déb. avr. à fin sept.
ℰ 0475220250, *camping-glandasse@wanadoo.fr*,
www.camping-glandasse.com – maxi 2.80 m de hauteur
3,5 ha (120 empl.) plat, peu incliné, herbeux, pierreux
Tarif : 22€ 🏕 ⚡ ▣ 🔌 (10A) – pers. suppl. 6€ – frais
de réservation 10€

Location : (de déb. avr. à fin sept.) – 2 🚐 – 15 🏠.
Nuitée 45 à 81€ – Sem. 280 à 567€ – frais de
réservation 10€
Pour s'y rendre : quartier de la Maldrerie (1 km au sud-
est par D 93, rte de Gap puis chemin à dr.)
À savoir : au bord de la Drôme

Nature : 🏔 ← 🏞 ♨♨	
Loisirs : snack, pizzeria 🏸 🏊 🚲 🏊 🏊 canoes	
Services : ♿ ⚡ 🗑 🍴 laverie 🧺	

Longitude : 5.38403
Latitude : 44.73993

DIEULEFIT

26220 – **332** D6 – 3 148 h. – alt. 366
🛈 *1, place Abbé Magnet* ℰ *04 75 46 42 49*
▶ Paris 614 – Crest 30 – Montélimar 29 – Nyons 30

⚠ **Les Grands Prés** de mi-mars à fin oct.
ℰ *04 75 49 94 36, info@lesgrandspres-dromeprovencale.
com, www.lesgrandspres-dromeprovencale.com*
1,8 ha (91 empl.) plat, herbeux
Tarif : 19€ ★★ ⇌ 🅴 🄶 (10A) – pers. suppl. 5€

Location : (de mi-mars à mi-oct.) 🍳 (de déb. juil.
à fin août) – 9 roulottes – 3 bungalows toilés. Nuitée
65 à 130€ – Sem. 275 à 745€
Pour s'y rendre : quartier les Grands Prés (sortie ouest
par D 540, rte de Montélimar, près du Jabron - accès
direct au bourg par chemin piétonnier)

Nature : 🔉 👥	
Loisirs : 🎬 🎣	
Services : 🚹 ⛽ (1er juil.-déb. sept.) 🏧 🍴 🚿	
À prox. : 🛒 🍽 ⛷	

Longitude : 5.06149
Latitude : 44.52141

DIVONNE-LES-BAINS

01220 – **328** J2 – 7 572 h. – alt. 486 – ♨ (mi mars-fin nov.)
🛈 *rue des Bains* ℰ *04 50 20 01 22*
▶ Paris 488 – Bourg-en-Bresse 129 – Genève 18 – Gex 9

⚠ **Le Fleutron** de déb. avr. à mi-oct.
ℰ *04 42 20 47 25, info@homair.com*, Fax 04 42 95 03 63,
www.homair.com/camping_le_fleutron.html
8 ha (253 empl.) incliné, en terrasses, pierreux, herbeux
Tarif : (Prix 2010) 27€ ★★ ⇌ 🅴 🄶 (10A) – pers.
suppl. 6€ – frais de réservation 10€

Location : (Prix 2010) (de déb. avr. à mi-oct.)
– 82 🛖. Nuitée 31 à 82€ – Sem. 217 à 574€ – frais de
réservation 25€
Pour s'y rendre : 2465 vie De L'Etraz (3 km au nord,
après Villard)

À savoir : cadre boisé adossé à une montagne

Nature : 🔉 👥	
Loisirs : 🍴 snack 🎬 🏃 🎾 🏊	
Services : ⛽ 🏧 🚿 🚻 🍴 🚿 🚮	

Longitude : 6.11705
Latitude : 46.37067

DOUSSARD

74210 – **328** K6 – 3 347 h. – alt. 456
▶ Paris 555 – Albertville 27 – Annecy 20 – La Clusaz 36

⚠ **Campéole la Nublière** 👥 – de déb. mai à mi-sept.
ℰ *04 50 44 33 44, nubliere@wanadoo.fr*,
Fax 04 50 44 31 78, *www.campeole.com*
9,2 ha (467 empl.) plat, herbeux, pierreux
Tarif : (Prix 2010) 27€ ★★ ⇌ 🅴 🄶 (6A) – pers.
suppl. 7€ – frais de réservation 25€

Location : (Prix 2010) (permanent) – 76 🛖
– 40 bungalows toilés. Nuitée 35 à 112€ – Sem.
245 à 784€ – frais de réservation 25€
🅿 borne autre
Pour s'y rendre : 30 allée de la Nublière (1,8 km au
nord)

À savoir : situation agréable au bord du lac (plage)

Nature : 🌳 ⛰	
Loisirs : 🍴 🍽 🏃 salle d'activité 🛶 🏊 🎾	
Services : 🚹 ⛽ 🚿 🍴 🚿 🚮	
À prox. : 🚿 🎾 🎣 🚤 ponton d'amarrage, point d'informations touristiques, vol biplace, parapente	

Longitude : 6.21763
Latitude : 45.79014

⚠ **La Ferme de Serraz** de déb. mai à mi-sept.
ℰ *04 50 44 30 68, info@campinglaserraz.com*,
Fax 04 50 44 81 07, *www.campinglaserraz.com*
3,5 ha (197 empl.) plat, herbeux
Tarif : 18€ ★★ ⇌ 🅴 🄶 (10A) – pers. suppl. 4€ – frais
de réservation 23€

Location : (permanent) – 40 🛖. Nuitée 128 à 145€
– Sem. 285 à 748€ – frais de réservation 23€
🅿 borne autre 4€ – ⛽ 🄶 16€
Pour s'y rendre : r. de la Poste (au bourg, sortie est
près de la poste)

Nature : ≤ 👥	
Loisirs : 🍴 🍽 🎬 🏃 🚴	
Services : 🚹 ⛽ 🚿 🍴 🚿 🚮 🚿 🍴 laverie	

Longitude : 6.22588
Latitude : 45.77508

DUINGT

74410 – **328** K6 – 886 h. – alt. 450
🅱 *rue du Vieux Village* 🖉 *04 50 52 40 56*
▶ Paris 548 – Albertville 34 – Annecy 12 – Megève 48

   ⚠ Municipal les Champs Fleuris
    🖉 04 50 68 57 31, *camping@duingt.fr*, Fax 04 50 77 03 17,
    www.camping-duingt.com
    1,3 ha (112 empl.) plat et peu incliné, terrasses, herbeux
    Location : – 4 🛖.
    🚐 borne flot bleu
    Pour s'y rendre : 631 voie Romaine - Les Perris (1 km
    à l'ouest)

Nature : ⩽	
Loisirs :	
Services : ⚒ ⚓ laverie	
Longitude : 6.18882	
Latitude : 45.82658	

ECLASSAN

07370 – **331** K3 – 833 h. – alt. 420
▶ Paris 534 – Annonay 21 – Beaurepaire 46 – Condrieu 42

   ⛰ **L'Oasis** de fin avr. à mi-sept.
    🖉 04 75 34 56 23, *info@oasisardeche.com*, *www.*
    oasisardeche.com – accès aux emplacements par
    forte pente, mise en place et sortie des caravanes à la
    demande
    4 ha (59 empl.) en terrasses, pierreux, herbeux
    Tarif : (Prix 2010) 24€ ★ ★ 🚐 🗉 🌀 (6A) – pers.
    suppl. 5€ – frais de réservation 6€

    Location : (Prix 2010) (permanent) – 4 🛖 – 16 🏠.
    Nuitée 98€ – Sem. 329 à 532€ – frais de réservation
    6€
    Pour s'y rendre : lieu-dit : Le Petit Chaléat (4,5 km au
    nord-ouest par rte de Fourany et chemin à gauche)

    À savoir : agréable situation en terrasses, près de l'Ay

Nature : 🐾 ⩽ 🛏 ♀	
Loisirs : ♟ ✗ snack, pizzeria 🏓	
Services : ⚒ ⚓	
Longitude : 4.73944	
Latitude : 45.17889	

697

LES GUIDES VERTS MICHELIN
Paysages, monuments
Routes touristiques
Géographie
Histoire, Art
Circuits de visite
Plans de villes et de monuments

ENTRE-DEUX-GUIERS

38380 – **333** H5 – 1 668 h. – alt. 380
▶ Paris 553 – Les Abrets 24 – Chambéry 24 – Grenoble 39

   ⚠ **L'Arc-en-Ciel** de déb. mars à fin sept.
    🖉 04 76 66 06 97, *info@camping-arc-en-ciel.com*, *www.*
    camping-arc-en-ciel.com – places limitées pour le
    passage
    1 ha (50 empl.) plat, herbeux
    Tarif : 21€ ★ ★ 🚐 🗉 🌀 (4A) – pers. suppl. 5€ – frais de
    réservation 5€

    Location : (permanent) – 7 🛖 – 1 🏠. Nuitée
    35 à 70€ – Sem. 210 à 490€ – frais de réservation 5€
    🚐 borne artisanale 5€ – 5 🗉 16€
    Pour s'y rendre : chemin des Berges (au bourg par r.
    piétonne vers les Échelles, près du vieux pont, au bord
    du Guiers)

Nature : ⩽ ♀♀	
Loisirs :	
Services : ⚒ ⚓ 🏛 laverie	
À prox. : ✂	
Longitude : 5.75573	
Latitude : 45.43482	

EXCENEVEX

74140 – **328** L2 – 931 h. – alt. 375

🏠 *rue des Ecoles* 📞 *0450728922*

▶ Paris 564 – Annecy 71 – Bonneville 42 – Douvaine 9

⚠ **Campéole La Pinède** de déb. avr. à mi-sept.
📞 0450728505, *pinede@campeole.com*,
Fax 0450729300, *www.camping-lac-leman.info* – places
limitées pour le passage
12 ha (619 empl.) plat, peu incliné, herbeux
Tarif : (Prix 2010) 23 € 🏕🏕 🚐 🔲 🄵 (10A) – pers.
suppl. 7 € – frais de réservation 25 €

Location : (Prix 2010) (de déb. avr. à mi-sept.) – 70 🚐
– 20 🏠 – 57 bungalows toilés. Nuitée 31 à 110 €
– Sem. 217 à 770 € – frais de réservation 25 €
🚐 borne autre – 70 🔲 23 €
Pour s'y rendre : 1 km au sud-est par D 25

À savoir : agréable site boisé en bordure d'une plage du
lac Léman

Nature : 🌳 ♀♀	
Loisirs : 🏛 🎣 🏃 🚣 ponton d'amarrage	
Services : 👤 ⚡ 🔲 🍴 laverie 🚿	
À prox. : 🍷 ✗ snack 🛶 ✗ 🛥 🛶 pédalos	
Longitude : 6.35799	
Latitude : 46.34543	

FARAMANS

38260 – **333** D5 – 868 h. – alt. 375

▶ Paris 518 – Beaurepaire 12 – Bourgoin-Jallieu 35 – Grenoble 60

⚠ **Municipal des Eydoches** Permanent
📞 0474542178, *mairie.faramans@wanadoo.fr*,
Fax 0474542000 – places limitées pour le passage
1 ha (60 empl.) plat, herbeux
Tarif : (Prix 2010) 🏕 4 € 🔲 6 € – 🄵 (5A) 3 €

Location : (Prix 2010) (permanent) – 2 🏠. Nuitée
82 à 88 € – Sem. 270 à 380 €
🚐 borne artisanale 7 € – 4 🔲
Pour s'y rendre : 515 av. des Marais (sortie est par D 37,
rte de la Côte-St-André)

Nature : ♀	
Services : 👤 🚿 🔲 🛶 🚽 🍴 🖼	
À prox. : ✗ 🛶 golf, practice de golf, pateaugeoire, terrain omnisport	
Longitude : 5.17563	
Latitude : 45.39348	

FÉLINES

07340 – **331** K2 – 1 436 h. – alt. 380

▶ Paris 520 – Annonay 13 – Beaurepaire 31 – Condrieu 24

⚠⚠ **Bas-Larin** de déb. avr. à fin sept.
📞 0475348793, *camping.baslarin@wanadoo.fr*,
Fax 0475348793, *www.camping-bas-larin.com*
1,5 ha (67 empl.) incliné à peu incliné, en terrasses, herbeux
Tarif : 21 € 🏕🏕 🚐 🔲 🄵 (10A) – pers. suppl. 4 €

Location : (de déb. avr. à fin sept.) – 6 🚐. Nuitée
65 à 67 € – Sem. 400 à 470 €
🚐 borne artisanale 3 €
Pour s'y rendre : 88 rte de Larin-le-Bas (2 km au sud-est, par N 82, rte de Serrières et chemin à dr.)

Nature : 🌳 ♀	
Loisirs : 🍷 snack 🏛 🚣 🏊 🏊	
Services : 👤 ⚡ 🚿 🛁 🛶 🚽 🍴 🖼 🛶	
Longitude : 4.75284	
Latitude : 45.30671	

LA FERRIÈRE

38580 – **333** J6 – 225 h. – alt. 926

▶ Paris 613 – Lyon 146 – Grenoble 52 – Chambéry 47

⚠⚠ **Neige et Nature** de mi-mai à mi-sept.
📞 0476451984, *contact@neige-nature.fr*, *www.neige-nature.fr* – alt. 900
1,2 ha (45 empl.) plat, peu incliné, terrasses, herbeux
Tarif : 22 € 🏕🏕 🚐 🔲 🄵 (10A) – pers. suppl. 6 €

Location : (permanent) – 2 🚐 – 2 🏠. Sem.
315 à 630 €
🚐 20 🔲 17 €
Pour s'y rendre : chemin de Montarmand (à l'ouest du bourg, au bord du Bréda)

À savoir : cadre verdoyant et soigné

Nature : 🏔 < 🌳 ♀	
Loisirs : 🏛	
Services : 👤 ⚡ 🚿 🔲 🛁 🍴 🖼 🛶	
À prox. : 🛶 (bassin)	
Longitude : 6.08331	
Latitude : 45.3184	

FEURS

42110 – **327** E5 – 7 376 h. – alt. 343
🅑 *place du Forum* 𝒞 04 77 26 05 27
▶ Paris 433 – Lyon 69 – Montbrison 24 – Roanne 38

⚠ **Municipal du Palais** de déb. avr. à fin oct.
𝒞 0477264341, *mairie.camping@feurs.fr*,
Fax 0477264341
9 ha (335 empl.) plat, herbeux, petit étang
Tarif : (Prix 2010) ✶ 3€ ⟷ 2€ 🅔 3€ – 🄶 (16A) 3€
🄴🄱 borne eurorelais 3€
Pour s'y rendre : rte de Civens (sortie nord par N 82, rte de Roanne et à dr.)

Nature : 🌳🌳	
Loisirs : 🏊	
Services : ♿ 🔌 🚿 ⛲ 🚰	
À prox. : 🍴 🛶	

Longitude : 4.22572
Latitude : 45.75429

FLEURIE

69820 – **327** H2 – 1 234 h. – alt. 320
▶ Paris 410 – Bourg-en-Bresse 46 – Chauffailles 44 – Lyon 58

⚠ **Municipal la Grappe Fleurie** de mi-mars à mi-oct.
𝒞 0474698007, *camping@fleurie.org*,
Fax 0474698518, *www.camping-beaujolais.fr*
2,5 ha (96 empl.) plat, herbeux
Tarif : (Prix 2010) 17€ ✶✶ ⟷ 🅔 🄶 (10A) – pers. suppl. 6€
🄴🄱 borne artisanale – 🛒 🄶 15€
Pour s'y rendre : r. de la Grappe Fleurie (600 m au sud du bourg par D 119e et à dr.)

À savoir : au cœur du vignoble

Nature : 🌿 ≤ 🏕	
Loisirs : 🏊 🍴 🛶	
Services : ♿ 🔌 🚿 ⛲ 🚰 🚽 laverie	
À prox. : 🚣 🍴	

Longitude : 4.7001
Latitude : 46.18854

LES GETS

74260 – **328** N4 – 1 299 h. – alt. 1 170 – Sports d'hiver : 1 170/2 000 m 🎿 5 🚠 47 🎿
🅑 *place de la Mairie* 𝒞 0450758080
▶ Paris 579 – Annecy 77 – Bonneville 33 – Chamonix-Mont-Blanc 60

⚠ **Le Frêne** de fin juin à déb. sept.
𝒞 0450758060, *www.altenesport-hotel.com*
– alt. 1 315 – 🏨
0,3 ha (32 empl.) non clos, en terrasses, peu incliné, herbeux
Tarif : 23€ ✶✶ ⟷ 🅔 🄶 (6A) – pers. suppl. 7€
Pour s'y rendre : au lieu-dit : Les Cornus (sortie sud-ouest par D 902 puis 2,3 km par rte des Platons à dr.)

Nature : 🌿 ≤ Aiguille du Midi, massif du Mt-Blanc 🏕	
Loisirs : 🎮 🏊	
Services : ♿ 🔌 🚿 ⛲ 🚰 🗄	

Longitude : 6.64296
Latitude : 46.15065

*En juillet et août, beaucoup de terrains sont saturés
et leurs emplacements retenus longtemps à l'avance.
N'attendez pas le dernier moment pour réserver.*

GEX

01170 – **328** J3 – 9 505 h. – alt. 626
🅑 *square Jean Clerc* 𝒞 0450415385
▶ Paris 490 – Genève 19 – Lons-le-Saunier 93 – Pontarlier 110

⚠ **Municipal les Genêts**
𝒞 0450416146, *camp-gex@cc-pays-de-gex.fr*, *www.pays-de-gex.org*
3,3 ha (140 empl.) peu incliné et plat, goudronné, gravillons, herbeux
Pour s'y rendre : rte de Divonne-les-Bains (1 km à l'est par D 984 et chemin à dr.)

Nature : ≤ 🏕	
Loisirs : snack 🎮	
Services : ♿ 🔌 🚿 ⛲ 🚰 🗄	
À prox. : 🍴 🛶	

Longitude : 6.0579
Latitude : 46.33219

LE GRAND-BORNAND

74450 – **328** L5 – 2 195 h. – alt. 934 – Sports d'hiver : 1 000/2 100 m ⚡2⚡37⚡
🏠 *place de l'Église* ☎ 0450027800
▶ Paris 564 – Albertville 47 – Annecy 31 – Bonneville 23

L'Escale de déb. juin à fin sept. et vac. d'hiver
☎ 0450022069, *contact@campinglescale.com*,
Fax 0450023604, *www.campinglescale.com*
2,8 ha (149 empl.) plat et peu incliné, terrasse, herbeux,
pierreux
Tarif : (Prix 2010) 23€ 🏕🏕 🚐 🔲 (4) (10A) – pers.
suppl. 6€ – frais de réservation 12€
Location : (Prix 2010) (de mi-déc. à fin sept.) – 19 🏚
– 4 🛏 – 9 studios – 19 appartements. Sem. 270 à 680€
– frais de réservation 12€
🚐 borne artisanale – 100 🔲 23€
Pour s'y rendre : rte de la Patinoire (à l'est du bourg, à
prox. de l'église, près du Borne)
À savoir : agréable complexe aquatique et ludique

Nature :	❄ 🌿 ≤
Loisirs :	🍸 ✕ 🛁 jacuzzi 🛝
	🌊 🔲 🛝
Services :	🚿 ⚡ 🏪 🗑 🚰 ♻
🍴 laverie 🚿	
À prox. :	⛵ 🎣 ⛷ parcours
sportif	

Longitude : 6.42772
Latitude : 45.94215

Le Clos du Pin de mi-juin à mi-sept.
☎ 0450027057, *contact@le-clos-du-pin.com*,
Fax 0450022761, *www.le-clos-du-pin.com* – alt. 1 015
– places limitées pour le passage
1,3 ha (61 empl.) peu incliné, herbeux
Tarif : 20€ 🏕🏕 🚐 🔲 (4) (10A) – pers. suppl. 4€ – frais
de réservation 8€
Location : (Prix 2010) (de mi-juin à mi-sept.) 🏠
– 1 🏚 – 1 🛏 – 1 appartement. Sem. 350 à 550€
🚐 borne artisanale – 🚐 15€
Pour s'y rendre : 1,3 km à l'est par rte du Bouchet, au
bord du Borne

Nature :	❄ 🌿 ≤ chaîne des
Aravis	
Loisirs :	🛁
Services :	🚿 ⚡ 🚐 🏪 🚰 ♻
🍴 laverie	

Longitude : 6.44281
Latitude : 45.93971

700 GRANE

26400 – **332** C5 – 1 694 h. – alt. 175
🏠 *Le Village* ☎ 0475626608
▶ Paris 583 – Crest 10 – Montélimar 34 – Privas 29

Les Quatre Saisons de déb. avr. à fin sept.
☎ 0475626417, *contact@camping-4-saisons.com*,
Fax 0475626906, *www.camping-4saisons.com*
2 ha (80 empl.) en terrasses, plat, herbeux, peu incliné,
sablonneux, pierreux
Tarif : 29€ 🏕🏕 🚐 🔲 (4) (16A) – pers. suppl. 5€
Location : – 11 🏠 – 4 tentes. Sem. 240 à 700€
Pour s'y rendre : sortie sud-est, 900 m par D 113, rte
de la Roche-sur-Grâne

Nature :	🌿 ≤ 🏞 ♨
Loisirs :	🍸 🛝 🏊
Services :	🚿 ⚡ 🏪 🗑 🚰 ♻
🔲 🚿	
À prox. :	🍴

Longitude : 4.92299
Latitude : 44.73151

GRAVIÈRES

07140 – **331** G7 – 350 h. – alt. 220
▶ Paris 636 – Lyon 213 – Privas 71 – Nîmes 92

Le Mas du Serre de déb. avr. à fin sept.
☎ 0475373384, *camping-le-mas-du-serre@wanadoo.
fr*, *www.campinglemasduserre.com*
1,5 ha (75 empl.) plat, peu incliné, terrasses, herbeux
Tarif : 22€ 🏕🏕 🚐 🔲 (4) (5A) – pers. suppl. 6€
Location : (de déb. avr. à fin sept.) – 4 🏚 – 1 gîte.
Nuitée 82€ – Sem. 570€
Pour s'y rendre : au lieu-dit : Le Serre (1,3 km au
sud-est par D 113 et chemin à gauche, à 300 m du
Chassezac)
À savoir : belle situation autour d'un ancien mas

Nature :	🌿 ≤ ♨♨
Loisirs :	🛝 🏊
Services :	🚿 ⚡ 🚐 🍴 🔲
À prox. :	🏊

Longitude : 4.09096
Latitude : 44.43368

GRESSE-EN-VERCORS

38650 – **333** G8 – 370 h. – alt. 1 205 – Sports d'hiver : 1 300/1 700 m ✺ 16 ✺

🛈 *le Faubourg* ✆ 0476343340

▶ Paris 610 – Clelles 22 – Grenoble 48 – Monestier-de-Clermont 14

⛰ **Les 4 Saisons** de déb. mai à mi-mars
✆ 0476343027, *pieter.aalmoes@wanadoo.fr*,
Fax 0476343952, *www.camping-les4saisons.com*
2,2 ha (90 empl.) en terrasses, plat, pierreux, gravillons,
herbeux
Tarif : 23€ ✸✸ ⇔ 🅴 ⚡ (10A) – pers. suppl. 5€ – frais
de réservation 6€

Location : (de déb. mai à mi-mars) ✺ – 9 🚐
– 3 🏠. Sem. 330 à 535€ – frais de réservation 16€
🚐 borne artisanale 5€ – 10 🅴 18€
Pour s'y rendre : 1,3 km au sud-ouest, au lieu-dit la Ville
À savoir : situation agréable au pied du massif du Vercors

| Nature : ✻ 🐾 ≼ massif du Vercors |
| Loisirs : 🏠 🏄 🛝 |
| Services : ㋙ �o— 🏧 🚿 🖥 |
| À prox. : ☕ snack 🚣 🏌 🎾 |

| Longitude : 5.55559 |
| Latitude : 44.8965 |

GRIGNAN

26230 – **332** C7 – 1 479 h. – alt. 198

🛈 *place Sévigné* ✆ 0475465675

▶ Paris 629 – Crest 46 – Montélimar 25 – Nyons 25

⛰ **Les Truffières** de mi-avr. à fin sept.
✆ 0475469362, *info@lestruffieres.com*, *www.lestruffieres.com* ✺
1 ha (85 empl.) plat, herbeux, pierreux, bois attenant
Tarif : 21€ ✸✸ ⇔ 🅴 ⚡ (10A) – pers. suppl. 5€ – frais
de réservation 12€

Location : (permanent) ✺ (de mi-avr. à fin sept.)
– 6 🚐. Sem. 220 à 490€ – frais de réservation 12€
Pour s'y rendre : 1100 chemin Belle-Vue-d'Air, quartier
Nachony (2 km au sud-ouest par D 541, rte de Donzère,
D 71, rte de Chamaret à gauche et un chemin)
À savoir : cadre boisé

| Nature : 🐾 🏕 ♨♨ |
| Loisirs : snack 🏠 🏄 🛝 |
| Services : ㋙ o— 🚮 🚿 🚿 🖥 |

| Longitude : 4.89121 |
| Latitude : 44.41163 |

GROISY

74570 – **328** K4 – 2 906 h. – alt. 690

▶ Paris 534 – Dijon 228 – Grenoble 120 – Lons-le-Saunier 146

⛰ **Le Moulin Dollay** de déb. mai à mi-sept.
✆ 0450680031, *moulin.dollay@orange.fr*,
Fax 0450680031, *www.moulindollay.fr*
3 ha (30 empl.) plat, herbeux, pierreux, bois attenant
Tarif : 22€ ✸✸ ⇔ 🅴 ⚡ (6A) – pers. suppl. 5€
🚐 borne artisanale 5€ – 6 🅴 15€ – 🚐 15€
Pour s'y rendre : 206 r. du Moulin Dollay (2 km au sud-
est, intersection D 2 et N 203, au bord d'un ruisseau, au
lieu-dit Le Plot)

| Nature : 🏕 ♨ |
| Loisirs : 🏠 🏄 |
| Services : ㋙ o— 🚮 🏧 🛁 🚿 |
| 🚿 🚿 laverie |

| Longitude : 6.19076 |
| Latitude : 46.00224 |

HAUTECOURT

01250 – **328** F4 – 735 h. – alt. 370

▶ Paris 442 – Bourg-en-Bresse 20 – Nantua 24 – Oyonnax 33

⛰ **L'Île de Chambod** de mi-avr. à fin sept.
✆ 0474372541, *camping.chambod@free.fr*,
Fax 0474372828, *www.campingilechambod.com*
2,4 ha (110 empl.) plat, herbeux
Tarif : ✸ 5€ ⇔ 3€ 🅴 4€ – ⚡ (10A) 4€

Location : (de mi-avr. à fin sept.) – 8 🚐 – 4 bungalows
toilés. Nuitée 18 à 93€ – Sem. 126 à 651€ – frais de
réservation 19€
🚐 borne artisanale
Pour s'y rendre : 3232 rte du Port (4,5 km au sud-est
par D 59, rte de Poncin puis rte à gauche, à 300 m de
l'Ain (plan d'eau))

| Nature : ≼ 🏕 ♨ |
| Loisirs : ☕ snack 🎣 🛝 |
| Services : ㋙ o— 🛁 🖥 |
| À prox. : 🚣 🏊 parcours sportif |

| Longitude : 5.42819 |
| Latitude : 46.12761 |

ISSARLÈS

07470 – **331** G4 – 164 h. – alt. 946
🏠 le Village ✆ 0466462626
▶ Paris 574 – Coucouron 16 – Langogne 36 – Le Monastier-sur-Gazeille 18

△ **La Plaine de la Loire** de déb. mai à fin sept.
✆ 0466462577, campinglaplainedelaloire@ifrance.com,
www.campinglaplainedelaloire.fr – alt. 900
1 ha (55 empl.) plat, herbeux
Tarif : (Prix 2010) 14,50€ ★★ ⟷ 🅴 🕭 (6A) – pers.
suppl. 3€
Pour s'y rendre : Le Moulin du Lac - Pont de Laborie
(3 km à l'ouest par D 16, rte de Coucouron et chemin à
gauche av. le pont)
À savoir : au bord de la Loire

Nature : 🐟 ≤ 〰	
Loisirs : snack 🏖 🏊 🎣	
Services : 🔌 🚮 🚐	

Longitude : 4.04796
Latitude : 44.81971

JAUJAC

07380 – **331** H6 – 1 181 h. – alt. 450
🏠 La Calade ✆ 0475354961
▶ Paris 612 – Privas 44 – Le Puy-en-Velay 81

△ **Bonneval** de déb. avr. à fin sept.
✆ 0475932709, bonneval.camping@wanadoo.
fr, Fax 0475932383, www.campingbonneval.com
✉ 07380 Fabras
3 ha (60 empl.) plat, peu incliné et en terrasses, herbeux
Tarif : (Prix 2010) 20€ ★★ ⟷ 🅴 🕭 (10A) – pers.
suppl. 5€
Location : (Prix 2010) (de déb. avr. à fin oct.) – 4 🏠
– 4 🏠. Sem. 280 à 620€
Pour s'y rendre : au lieu-dit : Les Plots à Fabras (2 km
au nord-est par D 19 et D 5, rte de Pont-de-Labeaume, à
100 m du Lignon et des coulées basaltiques)

Nature : 🐟 ≤ Chaîne du Tanargue 〰〰	
Loisirs : 🍴 🏖 🎯 🏊	
Services : ♿ 🔌 (saison) 🚮 🏕 🖫	
À prox. : 🏊	

Longitude : 4.25544
Latitude : 44.63565

*Demandez à votre libraire le catalogue des **publications MICHELIN**.*

JEANSAGNIÈRE

42920 – **327** C5 – 88 h. – alt. 1 050
▶ Paris 440 – Lyon 111 – Saint-Étienne 84 – Clermont-Ferrand 88

⋀⋀⋀ **Village de la Droséra** (location exclusive de chalets)
des vac. de Noël à déb. nov.
✆ 0477248144, patrick@ladrosera.fr, www.ladrosera.fr
16 ha en terrasses, pierreux, herbeux, rochers
Location : (Prix 2010) – 10 🏠. Nuitée 115€ – Sem.
580€
Pour s'y rendre : au lieu-dit : La Droséra

Nature : 🐟 ≤ sur les Monts du Forez 〰〰	
Loisirs : ✗ 🛏 🏖 🗺 parc de promenade, sentiers de randonnée	
Services : 🔌	

Longitude : 3.83417
Latitude : 45.7263

JOANNAS

07110 – **331** H6 – 331 h. – alt. 430
▶ Paris 650 – Aubenas 23 – Largentière 8 – Privas 55

⋀⋀ **La Marette** de déb. avr. à mi-sept.
✆ 0475883888, reception@lamarette.com,
Fax 0475883633, www.lamarette.com
4 ha (91 empl.) en terrasses et accidenté, herbeux, bois
Tarif : (Prix 2010) 26,45€ ★★ ⟷ 🅴 🕭 (10A) – pers.
suppl. 5,20€ – frais de réservation 30€
Location : (Prix 2010) (de déb. avr. à mi-sept.)
– 2 roulottes – 23 🏠 – 20 🏠. Sem. 200 à 560€
Pour s'y rendre : rte de Valgorge (2,4 km à l'ouest par
D 24)

Nature : 🐟 ≤ 🏕 〰〰	
Loisirs : 🍴 🛏 🏖 🏊 🛝	
Services : ♿ 🔌 🖫 🚿	

Longitude : 4.25143
Latitude : 44.5655

⚠ **Le Roubreau** de mi-avr. à mi-sept.
℘ 0475883207, *camping@leroubreau.com*, *www.leroubreau.com*
3 ha (100 empl.) plat et peu incliné à incliné, herbeux, pierreux
Tarif : 25 € ✛✛ ⬅ 🅔 🅗 (6A) – pers. suppl. 7 € – frais de réservation 8 €
Location : (de mi-avr. à mi-sept.) – 10 🛏 – 21 🏠 – 2 tentes. Nuitée 29 à 84 € – Sem. 200 à 770 € – frais de réservation 8 €
🚐 borne raclet 8 €
Pour s'y rendre : rte de Valgorge (1,4 km à l'ouest par D 24 et chemin à gauche)
À savoir : au bord du Roubreau

| Nature : 🐟 ≼ ⌣ ♒ |
| Loisirs : 🍴 snack 🎪 🛝 ✂ 🎣 |
| Services : ♿ ⛽ (juil.-août) 🛁 📶 🚮 🚿 |
| À prox. : canoë |

| Longitude : 4.23865 |
| Latitude : 44.55964 |

JOYEUSE

07260 – **331** H7 – 1 612 h. – alt. 180
🛈 *Montée de la Chastellane* ℘ 0475898092
▶ Paris 650 – Alès 54 – Mende 97 – Privas 55

⚠ **La Nouzarède**
℘ 0475399201, *campingnouzarede@wanadoo.fr*, Fax 0475394327, *www.camping-nouzarede.fr*
2 ha (103 empl.) plat, herbeux, pierreux
Location : – 20 🛏 – frais de réservation 14,50 €
Pour s'y rendre : au nord du bourg par rte du Stade, à 150 m de la Beaume (accès direct)

| Nature : ⌣ ♀ |
| Loisirs : 🍴 ✗ snack, pizzeria 🎪 🛝 🚲 🐴 (centre équestre) |
| Services : ♿ ⛽ 🛁 🚮 🚿 📶 🚿 🚮 |
| À prox. : ✂ 🚤 🎣 canoë |

| Longitude : 4.23875 |
| Latitude : 44.47945 |

⛰ **Bois Simonet** de déb. avr. à fin oct.
℘ 0475395860, *bois-simonet@orange.fr*, Fax 0475394679, *www.camping-bois-simonet.com*
2,5 ha (70 empl.) en terrasses, pierreux
Tarif : 26 € ✛✛ ⬅ 🅔 🅗 (6A) – pers. suppl. 6 € – frais de réservation 20 €
Location : (de déb. avr. à fin oct.) – 35 🏠. Nuitée 65 € – Sem. 280 à 660 € – frais de réservation 20 €
Pour s'y rendre : rte de Valgorge (3,8 km au nord par D 203)

| Nature : 🐟 ≼ vallée de la Beaume ⌣ ♀ |
| Loisirs : 🍴 ✗ snack, pizzeria 🛁 jacuzzi 🛝 🚲 🎣 |
| Services : ⛽ 🛁 🚮 📶 🚿 |

| Longitude : 4.23489 |
| Latitude : 44.48043 |

703

Give use your opinion of the camping sites we recommend.
Let us know of your remarks and discoveries.

LALLEY

38930 – **333** H9 – 194 h. – alt. 850
🛈 *Mairie* ℘ 0476347039
▶ Paris 626 – Grenoble 63 – La Mure 30 – Sisteron 80

⚠ **Belle Roche** de fin mars à mi-oct.
℘ 0476347533, *natpat@campingbelleroche.com*, Fax 0476347533, *www.campingbelleroche.com*
– alt. 860
2,4 ha (60 empl.) plat, terrasse, pierreux, herbeux
Tarif : 16 € ✛✛ ⬅ 🅔 🅗 (10A) – pers. suppl. 6 €
Location : (de fin mars à mi-oct.) – 6 🛏. Nuitée 39 à 55 € – Sem. 230 à 600 € – frais de réservation 10 €
🚐 borne sanistation 6 €
Pour s'y rendre : chemin de Combe Morée (au sud du bourg par rte de Mens et chemin à dr.)
À savoir : situation agréable face au village

| Nature : 🐟 ≼ ⌣ |
| Loisirs : 🍴 snack 🛝 🎣 |
| Services : ♿ ⛽ 📶 🚿 🚮 |
| À prox. : ✂ |

| Longitude : 5.67889 |
| Latitude : 44.75472 |

LALOUVESC

07520 – **331** J3 – 489 h. – alt. 1 050

🛈 rue Saint-Régis ℰ 0475678420

▶ Paris 553 – Annonay 24 – Lamastre 25 – Privas 80

⛰ **Municipal le Pré du Moulin** de déb. mai à fin sept.
ℰ 0475678486, mairie.lalouvesc@inforoutes-ardeche.
fr, Fax 0475678569, www.lalouvesc.com
2,5 ha (70 empl.) en terrasses, peu incliné, herbeux
Tarif : (Prix 2010) ⋆ 2€ ⟚ 2€ 🅔 3€ – ⚡ (6A) 3€
Location : (de déb. mai à fin sept.) – 5 ⟦🏠⟧. Nuitée
27 à 44€ – Sem. 180 à 300€
🚐 borne eurorelais 2€
Pour s'y rendre : chemin de l'Hermuzière (au nord de la localité)

Nature : 🐾	
Loisirs : 🎣 🛶 👾 ⚲	
Services : ♿ ⊶ 🚿 🛒 📶 🔥	

Longitude : 4.53377
Latitude : 45.12285

LAMASTRE

07270 – **331** J4 – 2 541 h. – alt. 375

🛈 place Montgolfier ℰ 0475064899

▶ Paris 577 – Privas 55 – Le Puy-en-Velay 72 – Valence 38

⛰ **Le Retourtour** de mi-avr. à fin sept.
ℰ 0475064071, campingderetourtour@wanadoo.fr,
Fax 0475064071, www.camping-de-retourtour.com
2,9 ha (130 empl.) plat et peu incliné, herbeux, gravillons
Tarif : (Prix 2010) 22€ ⋆⋆ ⟚ 🅔 ⚡ (13A) – pers.
suppl. 4€
Location : (Prix 2010) (de mi-avr. à fin sept.) – 13 ⟦🏠⟧.
Nuitée 69 à 89€ – Sem. 269 à 539€
🚐 borne autre 10€ – 60 🅔 10€ – 🚌 10€
Pour s'y rendre : 1 r. de Retourtour
À savoir : près d'un plan d'eau

Nature : 🐾 ♀	
Loisirs : 🍽 snack, pizzeria 🎣 🌙 nocturne 🎯 🛶 ⚲	
Services : ♿ ⊶ 🚮 🚿 ⚲ 📶 🔥 ☕	
À prox. : ✕ 🏖 (plage)	

Longitude : 4.56483
Latitude : 44.99164

LANDRY

73210 – **333** N4 – 718 h. – alt. 800

▶ Paris 630 – Albertville 49 – Bourg-St-Maurice 7 – Moûtiers 23

⛰ **L'Eden** Permanent
ℰ 0479076181, info@camping-eden.net, www.
camping-eden.net – alt. 740
2,5 ha (133 empl.) peu incliné, en terrasses, plat,
herbeux, gravillons
Tarif : 27€ ⋆⋆ ⟚ 🅔 ⚡ (10A) – pers. suppl. 6€ – frais
de réservation 10€
Pour s'y rendre : Le Perrey au Levant (700 m au nord-
ouest par D 87e, apr. le passage à niveau, près de l'Isère)

Nature : ❄ ⟨ ⌂ ⚭	
Loisirs : 🍽 snack, le soir unique-ment 🎣 🛶 ⛷	
Services : ♿ ⊶ 🎰 ⚲ 🛒 📶 🔥 ☕	

Longitude : 6.73565
Latitude : 45.57632

LANSLEVILLARD

73480 – **333** O6 – 450 h. – alt. 1 500 – Sports d'hiver : 1 400/2 800 m 🎿 1 🚠 21 🎿

🛈 rue Sous Église ℰ 0479059915

▶ Paris 689 – Albertville 116 – Briançon 87 – Chambéry 129

⛰ **Caravaneige Municipal** de mi-déc. à fin avr. et de
déb. juin à fin sept.
ℰ 0479059052, mairielanslevillard@wanadoo.fr,
Fax 0479059052, www.camping-valcenis.com/
3 ha (100 empl.) plat, herbeux, pierreux
Tarif : 16,50€ ⋆⋆ ⟚ 🅔 ⚡ (10A) – pers. suppl. 5,30€
🚐 borne eurorelais 3,50€
Pour s'y rendre : rte de Lanslebourg (sortie sud-ouest,
au bord d'un torrent)
À savoir : tarif hiver : forfait 2 pers. avec élect. : 21.10 €

Nature : ❄ ⟨	
Loisirs : 🍽 ✕ 🎣 🔭 ⚔	
Services : ♿ ⊶ 🎰 laverie ☕	
À prox. : ✂ ⚲	

Longitude : 6.91298
Latitude : 45.29033

LARNAS

07220 – **331** J7 – 91 h. – alt. 300

▶ Paris 631 – Aubenas 41 – Bourg-St-Andéol 12 – Montélimar 24

FranceLoc Le Domaine d'Imbours ‍– de déb. avr. à fin sept.

℘ 0475543950, *imbours@franceloc.fr*,
Fax 0475543920, *www.domaine-imbours.com*
270 ha/10 campables (250 empl.) plat, peu incliné à incliné, pierreux, herbeux
Tarif : (Prix 2010) 34€ ★★ ⊲ 🅴 🄵 (6A) – pers. suppl. 7€ – frais de réservation 27€

Location : (de déb. avr. à fin sept.) – 167 ⛺ – 51 🏠 – 100 gîtes – hôtel. Nuitée 30 à 111€ – Sem. 119 à 1288€ – frais de réservation 27€
Pour s'y rendre : 2,5 km au sud-ouest par D 262 - pour caravanes, de Bourg-St-Andéol passer par St-Remèze et Mas du Gras (D 4, D 362 et D 262)

Nature : 🌿 ♨
Loisirs : 🍷 ✕ snack 🎬 ♖ nocturne 🎯 🚣 🚴 🎣 ⚽ 🎠 🖼 🏊 ⛹ terrain multisports
Services : 👤 ⚡ 🅿 🚿 🛒 🚮 🚾
À prox. : 🐎 canoë

Longitude : 4.59875
Latitude : 44.4474

Le coup de cœur de Bib

Les aménagements, répartis sur tout le site, sont bien intégrés dans le domaine naturel. Le point central en est le grand complexe aquatique (piscine ludique avec rivière, cascade et toboggans, pataugeoire, lagon et piscine couverte chauffés) et sa salle de spectacle. Les emplacements de camping traditionnel, les locatifs (mobile homes et chalets) et les petits villages de gîtes en sont distants de près de 1,5 km (en pleine saison, des navettes assurent la liaison). À votre disposition, un grand nombre de services : wi-fi, bar-restaurant, pizzeria, supérette, presse, laverie. Des prestataires extérieurs proposent, au départ du camping : descente de l'Ardèche en canoë, escalade, spéléologie, randonnées VTT…

FranceLoc Domaine d'Imbours

LATHUILE

74210 – **328** K6 – 926 h. – alt. 510

▶ Paris 554 – Albertville 30 – Annecy 18 – La Clusaz 38

Les Fontaines de fin avr. à mi-sept.
℘ 0450443122, *info@campinglesfontaines.com*,
Fax 0450448780, *www.campinglesfontaines.com*
3 ha (170 empl.) plat, peu incliné, en terrasses, herbeux
Tarif : 29€ ★★ ⊲ 🅴 🄵 (6A) – pers. suppl. 7€ – frais de réservation 16€

Location : (de fin avr. à fin sept.) – 50 ⛺ – 3 🏠 – 8 tipis. Sem. 180 à 670€ – frais de réservation 16€
Pour s'y rendre : 1295 rte de Chaparon (2 km au nord, à Chaparon)

Nature : 🌿 ⚡ ♨
Loisirs : 🍷 ✕ snack 🎬 ♖ 🎯 🏊 ⛹ terrain multisports
Services : 👤 ⚡ 🅿 🚾 laverie 🚮
Longitude : 6.20444
Latitude : 45.80037

L'Idéal de déb. mai à mi-sept.
🕿 0450443297, *camping-ideal@wanadoo.fr*,
Fax 0450443659, *www.camping-ideal.com*
3,2 ha (300 empl.) plat et peu incliné, herbeux
Tarif : 30€ 🚶🚶 🚐 🔲 🔌 (10A) – pers. suppl. 7€ – frais
de réservation 15€
Location : (de mi-avr. à mi-sept.) 🛏 – 61 🚐
– 8 appartements. Nuitée 110€ – Sem. 250 à 650€
– frais de réservation 15€
Pour s'y rendre : 715 rte de Chaparon (1,5 km au nord)

| Nature : 🦅 ‹ ♀ |
| Loisirs : 🍹 snack 🛋 ⊘ diurne |
| jacuzzi 🛋 ✂ 🛋 🛋 🛋 |
| terrain multisports |
| Services : 🚻 ⊶ 🚿 🍴 laverie |
| 🛋 🛋 |

| Longitude : 6.20582 |
| Latitude : 45.79537 |

La Ravoire de mi-mai à déb. sept.
🕿 0450443780, *info@camping-la-ravoire.fr*,
Fax 0450329060, *www.camping-la-ravoire.fr*
2 ha (110 empl.) plat, herbeux
Tarif : 30,60€ 🚶🚶 🚐 🔲 🔌 (5A) – pers. suppl. 6,50€
Location : (de mi-mai à déb. sept.) 🛏 – 4 🏠. Sem.
500 à 750€
Pour s'y rendre : rte de la Ravoire (2,5 km au nord)
À savoir : beau cadre de verdure près du lac

| Nature : ‹ ♀♀ |
| Loisirs : 🍹 snack 🛋 🛋 🛋 |
| 🛋 terrain multisports |
| Services : 🚻 ⊶ 🚿 🛋 🛋 🍴 |
| laverie |
| À prox. : 🛋 |

| Longitude : 6.20975 |
| Latitude : 45.80244 |

Le Taillefer de déb. mai à fin sept.
🕿 0450443030, *info@campingletaillefer.com*,
Fax 0450443030, *www.campingletaillefer.com*
1 ha (32 empl.) plat, incliné, en terrasses, herbeux
Tarif : 20€ 🚶🚶 🚐 🔲 🔌 (6A) – pers. suppl. 4€
Pour s'y rendre : 1530 rte de Chaparon (2 km au nord,
à Chaparon)

| Nature : ‹ ♀ |
| Loisirs : 🍹 🛋 🛋 🚲 |
| Services : 🚻 ⊶ 🛋 laverie |

| Longitude : 6.20565 |
| Latitude : 45.80231 |

LAURAC-EN-VIVARAIS

07110 – **331** H6 – 888 h. – alt. 182
▶ Paris 646 – Alès 60 – Mende 102 – Privas 50

Les Châtaigniers de déb. avr. à fin sept.
🕿 0475368626, *chataigniers@hotmail.com*,
Fax 0475368626, *www.chataigniers-laurac.com*
1,2 ha (71 empl.) plat, peu incliné, herbeux
Tarif : 20€ 🚶🚶 🚐 🔲 🔌 (10A) – pers. suppl. 4€
Location : (de mi-avr. à fin sept.) 🛏 – 10 🚐. Nuitée
50 à 65€ – Sem. 250 à 610€ – frais de réservation 80€
Pour s'y rendre : au lieu-dit : Peyrot (au sud-est du
bourg, accès conseillé par D 104)

| Nature : ♀♀ |
| Loisirs : 🍹 🛋 🛋 🛋 |
| Services : 🚻 ⊶ 🛋 🔲 |

| Longitude : 4.29427 |
| Latitude : 44.50354 |

Les indications d'accès à un terrain sont généralement indiquées,
dans notre guide, à partir du centre de la localité.

LÉPIN-LE-LAC

73610 – **333** H4 – 356 h. – alt. 400
🏠 *place de la Gare* 🕿 0479360002
▶ Paris 555 – Belley 36 – Chambéry 24 – Les Échelles 17

Le Curtelet de mi-mai à fin sept.
🕿 0479441122, *lecurtelet@orange.fr*,
Fax 0479441122, *www.camping-le-curtelet.com*
1,3 ha (94 empl.) peu incliné, herbeux
Tarif : 19€ 🚶🚶 🚐 🔲 🔌 (10A) – pers. suppl. 4€ – frais
de réservation 10€
Pour s'y rendre : 1,4 km au nord-ouest

| Nature : ‹ ♀ ⛰ |
| Loisirs : 🍹 🛋 🛋 🛋 |
| Services : 🚻 ⊶ (juil.- |
| sept.) 🛋 🛋 laverie |
| À prox. : ✂ 🛋 |

| Longitude : 5.77916 |
| Latitude : 45.54002 |

LESCHERAINES

73340 – **333** J3 – 744 h. – alt. 649 – Base de loisirs
le Pont ℰ *0479633736*
▶ Paris 557 – Aix-les-Bains 26 – Annecy 26 – Chambéry 29

Municipal l'Île de fin avr. à fin sept.
ℰ 0479638000, *contact@savoie-camping.com*,
Fax 0479633878, *www.camping-savoie.com*
7,5 ha (250 empl.) non clos, plat, terrasses, herbeux
Tarif : 18€ ★★ ⇔ 圓 ⚡ (10A) – pers. suppl. 4€ – frais
de réservation 10€

Location : (de mi-avr. à mi-oct.) – 12 🚐 – 5 🏠
– 3 gîtes. Nuitée 39 à 79€ – Sem. 35 à 72€
Pour s'y rendre : à la Base de Loisirs : Les Îles du Chéran
(2,5 km au sud-est par D 912, rte d'Annecy et rte à dr., à
200 m du Chéran)

À savoir : au bord d'un plan d'eau, entouré de montagnes
boisées

| Nature : 🐾 ⪦ ♀ ⛰ |
| Loisirs : 🎦 |
| Services : 🚻 ⚡ 🛒 🏕 🚮 🍴 |
| laverie |
| **À la base de loisirs :** 🍴 snack |
| 🚣 ✂ 🛝 🏊 ⛵ 🐎 poneys |
| pédalos, canoë |

| Longitude : 6.11207 |
| Latitude : 45.70352 |

LUGRIN

74500 – **328** N2 – 2 174 h. – alt. 413
Place de la Mairie ℰ *0450760038*
▶ Paris 584 – Annecy 91 – Évian-les-Bains 8 – St-Gingolph 12

Vieille Église de mi-avr. à mi-oct.
ℰ 0450760195, *campingvieilleeglise@wanadoo.fr*,
Fax 0450761312, *www.camping-vieille-eglise.com*
1,6 ha (100 empl.) plat et peu incliné, terrasses, herbeux
Tarif : 25€ ★★ ⇔ 圓 ⚡ (10A) – pers. suppl. 7€ – frais
de réservation 5€
Location : (de déb. avr. à fin oct.) – 25 🚐 – 1 🛏
– 1 appartement – 2 gîtes. Nuitée 40 à 80€ – Sem.
310 à 680€ – frais de réservation 5€
🚏 borne artisanale 6€ – 🔌 ⚡ 22€
Pour s'y rendre : 53 rte des Préparraux (2 km à l'ouest,
à Vieille-Église)

| Nature : ⪦ ⛺ ♀ |
| Loisirs : 🛝 🏊 |
| Services : 🚻 ⚡ 🏧 🛒 🍴 |
| laverie |

| Longitude : 6.64655 |
| Latitude : 46.40052 |

707

De categorie (1 tot 5 tenten, in **zwart** *of* **rood**) *die wij aan de geselekteerde*
terreinen in deze gids toekennen, is onze eigen indeling.
Niet te verwarren met de door officiële instanties gebruikte classificatie (1 tot 5 sterren).

LUS-LA-CROIX-HAUTE

26620 – **332** H6 – 489 h. – alt. 1 050
rue Principale ℰ *0492585185*
▶ Paris 638 – Alès 207 – Die 45 – Gap 49

Champ la Chèvre de fin avr. à mi-sept.
ℰ 0492585014, *info@campingchamplachevre.com*,
Fax 0492585592, *www.campingchamplachevre.com*
3,6 ha (100 empl.) plat, en terrasses, peu incliné,
incliné,herbeux
Tarif : 23€ ★★ ⇔ 圓 ⚡ (6A) – pers. suppl. 6€ – frais de
réservation 15€

Location : (permanent) – 4 🚐 – 8 🏠 – 2 bungalows
toilés. Nuitée 35 à 80€ – Sem. 215 à 695€ – frais de
réservation 15€
🚏 borne artisanale 5€ – 2 圓 19€
Pour s'y rendre : au sud-est du bourg, près de la
piscine

| Nature : 🐾 ⪦ ♀ |
| Loisirs : 🎦 |
| Services : 🚻 ⚡ 🍴 🔲 |
| **À prox. :** 🏊 🐎 |

| Longitude : 5.70998 |
| Latitude : 44.6629 |

MAISON-NEUVE

07230 – **331** H7
▶ Paris 662 – Aubenas 35 – Largentière 25 – Privas 67

Pont de Maisonneuve de déb. avr. à fin sept.
𝒫 0475393925, *camping.pontdemaisonneuve@wanadoo.fr*, Fax 0475393925, *www.camping-pontdemaisonneuve.com* ✉ 07460 Beaulieu
3 ha (100 empl.) plat, herbeux
Tarif : (Prix 2010) 16€ ♦♦ ⇔ 🅴 🄷 (6A) – pers. suppl. 4€
Location : (Prix 2010) (de mi-avr. à fin sept.) – 12 🛖.
Nuitée 50 à 80€ – Sem. 280 à 510€
🚰 borne eurorelais 3€ – 🚻 16€
Pour s'y rendre : sortie sud par D 104, rte d'Alès et à dr., rte de Casteljau, apr. le pont
À savoir : au bord du Chassezac

Nature : 🌳🌳	
Loisirs : 🍴 🛖 🚣 ✂ 🛝 🏊 🎣	
Services : ♿ ⚷ 🏕 🖪 🗜	
À prox. : canoë	
Longitude : 4.21881	
Latitude : 44.39051	

MALARCE-SUR-LA-THINES

07140 – **331** G7 – 252 h. – alt. 340
▶ Paris 626 – Aubenas 48 – Largentière 38 – Privas 79

Les Gorges du Chassezac de déb. mai à mi-sept.
𝒫 0475394512, *campinggorgeschassezac@wanadoo.fr*, *www.campinggorgeschassezac.com*
2,5 ha (80 empl.) plat, peu incliné et en terrasses, pierreux, herbeux
Tarif : 15€ ♦♦ ⇔ 🅴 🄷 (6A) – pers. suppl. 3€
Location : (de déb. mai à mi-sept.) – 9 🛖. Sem. 300 à 450€
Pour s'y rendre : au lieu-dit : Champ d'Eynes (4 km au sud-est par D 113, rte des Vans)
À savoir : au bord du Chassezac (accès direct)

Nature : 🐟 ≤ 🌳🌳	
Loisirs : 🏊 🎣	
Services : ⚷ (juil.-août) 🚿 🖪 🗜	
Longitude : 4.07	
Latitude : 44.44	

MALBOSC

07140 – **331** G7 – 155 h. – alt. 450
▶ Paris 644 – Alès 45 – La Grand-Combe 29 – Les Vans 19

Le Moulin de Gournier de mi-juin à mi-sept.
𝒫 0475373550, *gournier@camping-moulin-de-gournier.com*, *www.camping-moulin-de-gournier.com*
4 ha/1 campable (29 empl.) en terrasses, pierreux, herbeux
Tarif : 19€ ♦♦ ⇔ 🅴 🄷 (10A) – pers. suppl. 7€ – frais de réservation 8€
Location : (de déb. avr. à fin oct.) – 1 🏠. Sem. 330 à 550€ – frais de réservation 8€
Pour s'y rendre : le Gournier (7 km au nord-est par D 216, rte des Vans)
À savoir : cadre agréable au bord de la Ganière

Nature : 🐟 🏞 ♀	
Loisirs : snack 🚲 🏊 🎣	
Services : ♿ ⚷ 🚿 🖪 🗜	
Longitude : 4.09462	
Latitude : 44.36458	

LES MARCHES

73800 – **333** I5 – 2 471 h. – alt. 328
▶ Paris 572 – Albertville 43 – Chambéry 12 – Grenoble 44

La Ferme du Lac
𝒫 0479281348, *lafermedulac@wanadoo.fr*, Fax 0479281348, *www.campinglafermedulac.fr*
2,6 ha (100 empl.) plat, herbeux
Location : (Prix 2010) 🚫 – 9 🛖 – 1 🏠.
🚰 borne – 8 🅴 – 🚻 9.90€
Pour s'y rendre : 1 km au sud-ouest par N 90, rte de Pontcharra et D 12 à dr.

Nature : 🏞 🌳🌳	
Loisirs : 🛖 🏊	
Services : ♿ ⚷ 🏕 🍴 🖪	
Longitude : 5.99327	
Latitude : 45.49595	

MARS

07320 – **331** H3 – 284 h. – alt. 1 060
▶ Paris 579 – Annonay 49 – Le Puy-en-Velay 44 – Privas 71

▲ **La Prairie** de mi-mai à mi-sept.
0475302447, millardjf@camping-laprairie.com,
Fax 0475302447, *www.camping-laprairie.com*
0,6 ha (30 empl.) plat, herbeux, sablonneux
Tarif : (Prix 2010) ♣ 3€ ⬅ 2€ 🔲 4€ – 🔌 (6A) 3€
Location : (Prix 2010) (de mi-mai à mi-sept.) – 2 🚐.
Nuitée 39 à 45€ – Sem. 270 à 315€
🚐 borne artisanale 4€
Pour s'y rendre : au lieu-dit : Laillier (au nord-est du
bourg par D 15, rte de St-Agrève et chemin à gauche)

| Nature : 🏞 ≼ |
| Loisirs : snack 🏊 🚲 |
| Services : 🚿 ⚬ 📮 🗑 |
| À prox. : 🏪 🎾 ⛵ (plan d'eau) golf (18 trous) |

| Longitude : 4.32632 |
| Latitude : 45.02393 |

MASSIGNIEU-DE-RIVES

01300 – **328** H6 – 567 h. – alt. 295
▶ Paris 516 – Aix-les-Bains 26 – Belley 10 – Morestel 37

▲▲ **Le Lac du Lit du Roi** de mi-avr. à fin sept.
0479421203, info@camping-savoie.fr,
Fax 0479421994, *www.camping-savoie.com*
4 ha (120 empl.) en terrasses, herbeux
Tarif : 32€ ♣♣ ⬅ 🔲 🔌 (10A) – pers. suppl. 6€ – frais
de réservation 15€
Location : (de mi-avr. à fin sept.) – 30 🚐 – 5 🏠.
Nuitée 150 à 650€ – Sem. 200 à 750€ – frais de
réservation 20€
🚐 5 🔲 32€
Pour s'y rendre : lieu-dit : La Tuillère (2,5 km au nord
par rte de Belley et chemin à dr.)
À savoir : situation agréable au bord d'un plan d'eau
formé par le Rhône

| Nature : 🏞 ≼ lac et collines ▱ ♨ ⛰ |
| Loisirs : 🍸 ✕ snack 🏊 🚲 🎾 🛝 🛶 pédalos, canoës et kayaks |
| Services : 🚿 ⚬ 🚿 🗑 ⛽ 🔲 |

| Longitude : 5.77001 |
| Latitude : 45.76861 |

709

Pour choisir et suivre un itinéraire,
pour calculer un kilométrage,
pour situer exactement un terrain (en fonction des
indications fournies dans le texte) :
*utilisez les **cartes MICHELIN**,*
compléments indispensables de cet ouvrage.

MATAFELON-GRANGES

01580 – **328** G3 – 647 h. – alt. 453
▶ Paris 460 – Bourg-en-Bresse 37 – Lons-le-Saunier 56 – Mâcon 75

▲▲ **Les Gorges de l'Oignin** de déb. avr. à fin sept.
0474768097, camping.lesgorgesdeloignin@
wanadoo.fr, Fax 0474768097, *www.gorges-de-loignin.*
com
2,6 ha (128 empl.) en terrasses, gravier, herbeux
Tarif : 22€ ♣♣ ⬅ 🔲 🔌 (10A) – pers. suppl. 6€ – frais
de réservation 16€
Location : (de déb. avr. à fin sept.) 🚫 (de déb. juil.
à fin août) – 2 🚐 – 10 🏠. Sem. 246 à 602€ – frais
de réservation 16€
🚐 25 🔲 22€
Pour s'y rendre : r. du Lac (900 m au sud du bourg par
chemin)
À savoir : près d'un lac

| Nature : ≼ |
| Loisirs : 🍸 snack 🏊 🛝 |
| Services : 🚿 ⚬ 🗑 🛁 🚿 🗑 ⛽ 🔲 |
| À prox. : ⛵ 🎣 |

| Longitude : 5.55723 |
| Latitude : 46.25534 |

LES MAZES

07150 – **331** I7
▶ Paris 669 – Lyon 207 – Privas 58 – Nîmes 83

▲▲▲ **La Plage Fleurie** de fin avr. à déb. sept.
    ℘ 0475880115, *info@laplagefleurie.com*,
    Fax 0475881131, *www.laplagefleurie.com*
    12 ha/6 campables (300 empl.) plat et peu incliné,
    terrasses, herbeux
    Tarif : (Prix 2010) 37,60€ ✚✚ ⇌ 🗉 (6) (10A) – pers.
    suppl. 8,50€ – frais de réservation 20€

    Location : (Prix 2010) – 130 🛏 – 20 🏠. Nuitée
    26 à 53€ – Sem. 390 à 850€ – frais de réservation 25€
    Pour s'y rendre : 3,5 km à l'ouest
    À savoir : au bord de l'Ardèche

Nature : ⩽ ⚇ ⌂	
Loisirs : 🍽 ✗ snack, pizzeria	
🛶 🎯 🗲 🦢 canoë	
Services : 🚿 ⚡ 🖥 🚗 🧺	

Longitude : 4.35466
Latitude : 44.41169

▲▲ **Beau Rivage** de déb. mai à mi-sept.
    ℘ 0475880354, *campingbeaurivage@wanadoo.fr*,
    Fax 0475880354, *www.beaurivage-camping.com*
    2 ha (100 empl.) plat et terrasse, herbeux
    Tarif : 29€ ✚✚ ⇌ 🗉 (6) (6A) – pers. suppl. 6€ – frais de
    réservation 16€

    Location : (de déb. mai à mi-sept.) 🍴 – 14 🛏.
    Nuitée 56 à 66€ – Sem. 285 à 750€ – frais de réservation
    23€
    Pour s'y rendre : au lieu-dit : Les Mazes

Nature : ⚇ ⌂	
Loisirs : snack, pizzeria 🎯 🗲	
🦢 canoë	
Services : 🚿 ⚡ 🚗 🚰 🖥 🧺	

Longitude : 4.36903
Latitude : 44.40519

▲▲▲ **Arc-en-Ciel** de mi-avr. à mi-sept.
    ℘ 0475880465, *info@arcenciel-camping.com*,
    Fax 0475880465, *www.arcenciel-camping.com*
    5 ha (218 empl.) plat et peu incliné, herbeux, pierreux
    Tarif : (Prix 2010) 31€ ✚✚ ⇌ 🗉 (6) (10A) – pers.
    suppl. 6€ – frais de réservation 15€

    Location : (Prix 2010) (de mi-avr. à mi-sept.) – 49 🛏.
    Sem. 210 à 644€ – frais de réservation 20€
    Pour s'y rendre : au lieu-dit : Les Mazes
    À savoir : au bord de l'Ardèche (plan d'eau)

Nature : ⚇ ⌂	
Loisirs : 🍴 pizzeria 🏛 🎯	
🗲 🦢	
Services : 🚿 ⚡ 🚗 🚰 🖥	
🧺 🚗	

Longitude : 4.34612
Latitude : 44.44428

710

MÉAUDRE

38112 – **333** G7 – 1 240 h. – alt. 1 012 – Sports d'hiver : 1 000/1 600 m ✦ 10 ✦
🅱 le Village ℘ 0476952068
▶ Paris 588 – Grenoble 38 – Pont-en-Royans 26 – Tullins 53

▲▲ **Les Buissonnets** Permanent
    ℘ 0476952104, *camping-les-buissonnets@wanadoo.fr*,
    Fax 0476952614, *www.camping-les-buissonnets.com*
    – places limitées pour le passage
    2,8 ha (100 empl.) peu incliné, herbeux et plat
    Tarif : 18€ ✚✚ ⇌ 🗉 (6) (4A) – pers. suppl. 4€

    Location : (permanent) 🅿 – 11 🛏 – 3 🏠. Nuitée
    65 à 76€ – Sem. 290 à 440€
    🚐 borne autre 5€ – 20 🗉 15€ – 🚐 11€
    Pour s'y rendre : au lieu-dit : Les Grangeons (500 m au
    nord-est par D 106 et rte à dr., à 200 m du Méaudret)

Nature : ❄ 🦢 ⩽ ♀	
Loisirs : 🏛 🎯	
Services : 🚿 ⚡ 🏢 🚗 🚰 🖥	
À prox. : ✗ 🗲	

Longitude : 5.53243
Latitude : 45.12955

▲ **Les Eymes** Permanent
    ℘ 0476952485, *contact@camping-les-eymes.com*,
    Fax 0476952035, *www.camping-les-eymes.com*
    1,3 ha (40 empl.) en terrasses et peu incliné, herbeux,
    pierreux, bois attenant
    Tarif : 19€ ✚✚ ⇌ 🗉 (6) (10A) – pers. suppl. 5€

    Location : (permanent) – 9 🛏. Nuitée 46 à 73€
    – Sem. 276 à 436€
    🚐 borne artisanale 5€ – 5 🗉 16€ – 🚐 11€
    Pour s'y rendre : 3,8 km au nord par D 106c, rte
    d'Autrans et rte à gauche

Nature : 🦢 ⩽	
Loisirs : snack 🗲	
Services : 🚿 ⚡ 🏢 🚰 ♻ 🚰	
🖥 🧺 🚗	

Longitude : 5.51557
Latitude : 45.14443

MEGÈVE

74120 – **328** M5 – 3 878 h. – alt. 1 113 – Sports d'hiver : 1 113/2 350 m – 9 70
⊟ *Maison des Frères* ℰ *0450212728*
▶ Paris 598 – Albertville 32 – Annecy 60 – Chamonix-Mont-Blanc 33

⚠ **Bornand** de déb. juin à fin août
ℰ 0450930086, *camping.bornand@aliceadsl.
fr*, Fax 0450930248, *www.camping-megeve.com*
– alt. 1 060
1,5 ha (80 empl.) non clos, incliné et en terrasses,
herbeux
Tarif : 16€ 🚻 🚐 🔲 (6A) – pers. suppl. 4€
Location : (permanent) 🚫 – 4 🏠. Sem.
305 à 554€
🚐 3 🔲 12€
Pour s'y rendre : 57 rte du Grand Bois - Demi.Quartier
(3 km au nord-est par N 212, rte de Sallanches et rte de
la télécabine à dr.)

| Nature : ≤ ♀ |
| Loisirs : 🏠 |
| Services : 🕭 🔌 laverie |
| À prox. : ✗ |

| Longitude : 6.64161 |
| Latitude : 45.87909 |

MENGLON

26410 – **332** F6 – 393 h. – alt. 550
▶ Paris 645 – Lyon 183 – Valence 80 – Grenoble 90

⛰ **L'Hirondelle** ♣♨ – de fin avr. à mi-sept.
ℰ 0475218208, *contact@campinghirondelle.com*,
Fax 0475218285, *www.campinghirondelle.com*
7,5 ha/4 campables (100 empl.) non clos, plat et peu
accidenté, herbeux
Tarif : 🛉 9€ 🔲 14€ – 🔌 (6A) 4€ – frais de réservation 19€
Location : (de déb. avr. à fin sept.) – 20 🚐 – 20 🏠
– 10 bungalows toilés. Nuitée 38 à 120€ – Sem.
266 à 840€ – frais de réservation 19€
Pour s'y rendre : bois de Saint Ferréol (2,8 km au
nord-ouest par D 214 et D 140, rte de Die, près du D 539
(accès conseillé))

À savoir : cadre et situation agréables au bord du Bez

| Nature : 🏊 ≤ 🏞 ♒ |
| Loisirs : 🍴 ✗ snack, pizzeria 🏠 🛥 nocturne 🎯 ⛷ 🎣 🏊 🌊 (plan d'eau) ⛷ terrain omnisports |
| Services : 🕭 🔌 🚿 ¶ laverie 🛁 |

| Longitude : 5.44746 |
| Latitude : 44.68143 |

711

🛁 ✗ *HINWEIS :*
🚿 *Diese Einrichtungen sind im allgemeinen nur während*
🏊 🐎 *der Saison in Betrieb -unabhängig von den Öffnungszeiten des Platzes.*

MENTHON-ST-BERNARD

74290 – **328** K5 – 1 840 h. – alt. 482
⊟ *Chef-lieu* ℰ *0450601430*
▶ Paris 552 – Lyon 148 – Annecy 9 – Genève 51

⚠ **Le Clos Don Jean** de déb. juin à mi-sept.
ℰ 0450601866, *donjean74@wanadoo.fr*,
Fax 0450601866, *www.clos-don-jean.com*
1 ha (60 empl.) peu incliné, plat, herbeux
Tarif : (Prix 2010) 20€ 🚻 🚐 🔲 (6A) – pers.
suppl. 4€ – frais de réservation 2€
Location : (Prix 2010) (de déb. juin à mi-sept.) – 9 🚐.
Nuitée 60€ – Sem. 490€ – frais de réservation 2€
Pour s'y rendre : 435 rte du Clos-Don-Jean

| Nature : 🏊 ≤ ♀ |
| Loisirs : 🏠 |
| Services : 🔌 🚮 🔲 |

| Longitude : 6.19699 |
| Latitude : 45.86298 |

MEYRAS

07380 – **331** H5 – 825 h. – alt. 450

🛈 *Route Nationale 102* 📞 *04 75 36 46 26*

▶ Paris 609 – Aubenas 17 – Le Cheylard 54 – Langogne 49

⛺ La Plage de déb. avr. à fin oct.
📞 04 75 36 40 59, *contact@lecampingdelaplage.com*,
Fax 04 75 36 43 70, *www.lecampingdelaplage.com*
– places limitées pour le passage
0,8 ha (45 empl.) en terrasses et plat, herbeux, pierreux
Tarif : 31 € ★★ 🚐 🔲 ⚡ (10A) – pers. suppl. 5 €

Location : (de déb. avr. à fin oct.) – 24 🛖 – 12 🏠
– 7 appartements. Nuitée 98 € – Sem. 620 €
Pour s'y rendre : au lieu-dit : Neyrac-les-Bains (3 km au
sud-ouest par N 102, rte du Puy-en-Velay)

À savoir : agréable situation au bord de l'Ardèche

Nature :	🏞 ⩽ 🖼 ♨
Loisirs :	🍴 snack 🎱 📺 diurne
salle d'animation	🚣 🏊 ⛴
Services :	🖐 ⚡ 🏪 🛁 🔄 🚿
🧺 laverie 🚲	
À prox. : canoë	

Longitude : 4.26862
Latitude : 44.68103

⛺ Le Ventadour de mi-avr. à déb. oct.
📞 04 75 94 18 15, *info@leventadour.com*,
Fax 04 75 94 18 15, *www.leventadour.com*
3 ha (142 empl.) plat et peu incliné, herbeux
Tarif : 21 € ★★ 🚐 🔲 ⚡ (10A) – pers. suppl. 6 € – frais
de réservation 15 €

Location : (de mi-avr. à déb. oct.) 🏕 (de mi-avr.
à déb. juil.) – 13 🛖. Sem. 199 à 559 € – frais de
réservation 15 €
Pour s'y rendre : au Pont de Rolandy (3,5 km au sud-
est, par N 102, rte d'Aubenas, au bord de l'Ardèche)

Nature :	⩽ 🖼 ♀ ⛰
Loisirs :	🍴 snack, pizzeria 🚣
🚲 ⛴ 🎣	
Services :	🖐 ⚡ 🏪 🛁 🧺 🔲
🚿	
À prox. : canoë	

Longitude : 4.28291
Latitude : 44.66757

MEYRIEU-LES-ÉTANGS

38440 – **333** E4 – 778 h. – alt. 430 – Base de loisirs

▶ Paris 515 – Beaurepaire 31 – Bourgoin-Jallieu 14 – Grenoble 78

⛺ Base de Loisirs du Moulin de déb. avr. à fin sept.
📞 04 74 59 30 34, *contact@camping-meyrieu.com*,
Fax 04 74 58 36 12, *www.camping-meyrieu.com*
1 ha (75 empl.) plat, peu incliné, en terrasses, herbeux
Tarif : (Prix 2010) 20,90 € ★★ 🚐 🔲 ⚡ (10A) – pers.
suppl. 4,90 €

Location : (Prix 2010) 🅿 – 9 🏠. Sem. 201 à 623 €
🛖 borne artisanale
Pour s'y rendre : rte de Saint-Anne (800 m au sud-est
par D 56b, rte de Châtonnoy et rte de Ste-Anne à
gauche, près d'un plan d'eau)

À savoir : les emplacements en terrasses dominent le lac

Nature :	🏞 🖼 ♨
Loisirs :	🎱 🕺 🎣
Services :	🖐 ⚡ 🛁 🚿 🔲
À prox. :	🍴 snack 🚲 🚣 🐎
🛥 pédalos, canoë, kayak	

Longitude : 5.20167
Latitude : 45.51493

MIRABEL-ET-BLACONS

26400 – **332** D5 – 888 h. – alt. 225

▶ Paris 595 – Crest 7 – Die 30 – Dieulefit 33

⛺ Gervanne de déb. avr. à fin sept.
📞 04 75 40 00 20, *info@gervanne-camping.com*,
Fax 04 75 40 03 97, *www.gervanne-camping.com*
3,7 ha (150 empl.) plat et peu incliné, herbeux
Tarif : 25 € ★★ 🚐 🔲 ⚡ (6A) – pers. suppl. 6 € – frais de
réservation 15 €

Location : (de déb. avr. à fin sept.) 🏕 – 3 roulottes
– 3 🛖 – 14 🏠. Sem. 287 à 749 € – frais de réservation
15 €
🛖 borne artisanale 4 € – ♨ ⚡ 14 €
Pour s'y rendre : quartier Bellevue (au confluent de la
Drôme et de la Gervanne, à Blacons)

À savoir : cadre verdoyant au bord de la Gervanne et la
Drôme (plan d'eau)

Nature :	🏞 ♀ ⛰
Loisirs :	🍴 pizzeria, snack 🎱
🚣 🚲 🏊 🎣	
Services :	🖐 ⚡ 🛁 🧺 laverie
🏊 🚲	
À prox. : parcours de santé	

Longitude : 5.08829
Latitude : 44.71318

MONTALIEU-VERCIEU

38390 – **333** F3 – 2 717 h. – alt. 213 – Base de loisirs
🚩 *5 place de la Mairie* 𝄢 *0474884856*
▶ Paris 478 – Belley 36 – Bourg-en-Bresse 54 – Crémieu 25

⚠ **Vallée Bleue**
𝄢 *0474886367*, *camping.valleebleue@wanadoo.fr*,
Fax 0474886211, *www.camping-valleebleue.com*
120 ha/1,8 (119 empl.) plat, peu incliné, herbeux, gravier
Location : – 7 ⌂.
🚐 borne
Pour s'y rendre : à la Base de Loisirs (sortie nord par
N 75, rte de Bourg-en-Bresse puis 1,3 km par D 52f à dr.)
À savoir : au bord du Rhône rive gauche (plan d'eau)

Nature :
Loisirs : snack
Services :
À prox. : pédalos, jet ski, squad,
ponton d'amarrage

Longitude : 5.40382
Latitude : 45.81421

MONTBRISON

42600 – **327** D6 – 15 010 h. – alt. 391
🚩 *Cloître de Cordeliers* 𝄢 *0477960869*
▶ Paris 444 – Lyon 103 – Le Puy-en-Velay 99 – Roanne 68

⚠ **Le Bigi** de mi-mai à déb. sept.
𝄢 *0477580639*, *andre.drutel@orange.fr*, *www.
camping-le-bigi.fr* – places limitées pour le passage
1,5 ha (37 empl.) en terrasses et peu incliné, herbeux,
gravillons
Tarif : ♦ 4€ ⇔ 2€ ▣ 2€ – ⚡ (5A) 3€
Location : (de mi-juin à déb. sept.) – 7 ⌂. Sem.
320 à 470€
🚐 borne artisanale 6€
Pour s'y rendre : au lieu-dit : Vinols (2 km au sud-ouest
par D 113, rte de Lérigneux)

Nature :
Loisirs :
Services :

Longitude : 4.03413
Latitude : 45.59874

MONTCHAVIN

73210 – **333** N4
🚩 *Maison de Montchavin - des Coches* 𝄢 *0479078282*
▶ Paris 672 – Lyon 206 – Chambéry 106 – Albertville 57

⚠ **Caravaneige de Montchavin** Permanent
𝄢 *0479078323*, *campingmontchavin@orange.fr*,
Fax 0479078018, *www.montchavin-lescoches.com*
– alt. 1 250
1,33 ha (90 empl.) herbeux, en terrasses
Tarif : ▣ 15€ – ⚡ (10A) 8€
Pour s'y rendre : au lieu-dit : Montchavin
À savoir : superbe situation dominante

Nature : Vallée et
montagnes de la Tarentaise
Loisirs :
Services : laverie
À prox. : patinoire

Longitude : 6.73933
Latitude : 45.56058

MONTRÉAL

07320 – **331** H6 – 462 h. – alt. 180
▶ Paris 649 – Aubenas 22 – Largentière 5 – Privas 53

⚠ **Le Moulinage** (location exclusive de chalets, mobile
homes et bungalows toilés) de déb.-mars à mi-oct.
𝄢 *0442542925*, *campingdumoulinage@wanadoo.fr*,
Fax 0442534319, *www.ardeche-camping.com*
4 ha peu incliné, terrasses, herbeux, pierreux
Location : (Prix 2010) – 15 ⌂ – 18 ⌂
– 5 bungalows toilés – avec sanitaires, roulottes.
Sem. 150 à 700€ – frais de réservation 30€
Pour s'y rendre : rte des Défilés de Ruoms (5,5 km au
sud-est par D 5, D 104 et D 4, rte de Ruoms)
À savoir : au bord de la Ligne

Nature :
Loisirs : snack
Services :
À prox. : canoë

Longitude : 4.2935
Latitude : 44.52813

MONTREVEL-EN-BRESSE

01340 – **328** D2 – 2 311 h. – alt. 215 – Base de loisirs
🆔 *place de la Grenette* 𝒫 *0474254874*
◘ Paris 395 – Bourg-en-Bresse 18 – Mâcon 25 – Pont-de-Vaux 22

△△△ **La Plaine Tonique** ♣♣ – de mi-avr. à fin sept.
𝒫 0474308052, *plaine.tonique@wanadoo.fr*,
Fax 0474308077, *www.laplainetonique.com*
27 ha/15 campables (548 empl.) plat, herbeux, pierreux
Tarif : ♣ 6 € 🅴 13 € ⚡ (10A)
Location : (de mi-avr. à fin sept.) ⚡ – 5 🛏
– 57 🏠 – 15 🛏 – 1 gîte. Sem. 334 à 659 €
🚐 5 🅴
Pour s'y rendre : à la Base de Plein Air (500 m à l'est par
D 28, à la base de plein air)
À savoir : au bord d'un lac et d'un bel ensemble
aquatique

| Nature : 🏕 ⚲ △ |
| Loisirs : 🍴 ✗ snack 🎬 🎣 |
| nocturne 🏓 🎠 🚣 ⚓ ✂ |
| 🎯 🖼 ⛸ △ ⚓ 🎵 parcours |
| sportif |
| Services : ⚕ ⚡ 🚿 △ ♨ 🚾 |
| 🖼 ⚒ 🛒 point d'informations |
| touristiques |

| Longitude : 5.136 |
| Latitude : 46.33902 |

MORNANT

69440 – **327** H6 – 5 279 h. – alt. 380
◘ Paris 478 – Givors 12 – Lyon 26 – Rive-de-Gier 13

△ **Municipal de la Trillonière** de déb. mai à fin sept.
𝒫 0478441647, *camping-mornant@orange.fr*,
Fax 0478449170, *www.ville-mornant.fr*
1,5 ha (60 empl.) peu incliné, plat, herbeux
Tarif : (Prix 2010) 14 € ♣♣ 🚗 🅴 ⚡ (10A) – pers.
suppl. 3 €
🚐 borne autre – 🚐 ⚡ 13 €
Pour s'y rendre : bd Gal de Gaulle (sortie sud, carr. D 30
et D 34, près d'un ruisseau)
À savoir : au pied de la cité médiévale

| Services : ⚕ ⚡ 🚿 ♨ |
| A prox. : ✗ 🎯 🚣 |

| Longitude : 4.67073 |
| Latitude : 45.61532 |

714

Ne pas confondre :
△ ... à ... △△△ *: appréciation* **MICHELIN**
et
★ ... à ... ★★★★★ *: classement officiel*

MORZINE

74110 – **328** N3 – 2 937 h. – alt. 960 – Sports d'hiver : 1 000/2 100 m ⛷ 6 ⛷ 61 ⛷
🆔 *23, Place du Baraty* 𝒫 *0450747272*
◘ Paris 586 – Annecy 84 – Chamonix-Mont-Blanc 67 – Cluses 26

△ **Les Marmottes** de mi-déc. à fin mars
𝒫 0450757444, *camping.les.marmottes@wanadoo.
fr*, Fax 0450757444, *www.campinglesmarmottes.com*
– alt. 938
0,5 ha (26 empl.) plat, gravier, herbeux
Tarif : (Prix 2010) 23 € ♣♣ 🚗 🅴 ⚡ (6A) – pers.
suppl. 8 € – frais de réservation 5 €
Location : (Prix 2010) (de mi-déc. à fin mars) ⚡
– 2 🛏 – 1 🛏 – 1 studio. Sem. 367 à 537 € – frais de
réservation 10 €
Pour s'y rendre : au lieu-dit : Essert-Romand (3,7 km au
nord-ouest par D 902, rte de Thonon-les-Bains et D 329
à gauche)

| Nature : ❄ ⋖ |
| Loisirs : 🎬 |
| Services : ⚕ ⚡ 🚿 🏪 △ △ |
| 🚾 laverie |

| Longitude : 6.67725 |
| Latitude : 46.19487 |

MURS-ET-GELIGNIEUX

01300 – **328** G7 – 239 h. – alt. 232

▶ Paris 509 – Aix-les-Bains 37 – Belley 17 – Chambéry 42

Île de la Comtesse de déb. mai à mi-sept.
℘ 0479872333, *camping.comtesse@wanadoo.fr*,
Fax 0479872333, *www.ile-de-la-comtesse.com*
3 ha (100 empl.) plat, pierreux, herbeux
Tarif : 30€ ★★ ⇔ 🅴 🔲 (6A) – pers. suppl. 8€ – frais de
réservation 14€

Location : (de mi-mai à mi-sept.) – 17 🛖 – 17 🏠
– 6 bungalows toilés – 2 tentes. Nuitée 30 à 109€
– Sem. 210 à 763€ – frais de réservation 28€
🚐 borne eurorelais 6€ – 🛢 13€
Pour s'y rendre : 1 km au sud-ouest sur D 992

À savoir : près du Rhône (plan d'eau)

Nature : ≤	
Loisirs : 🍸 snack 🛶 🚣 🚲 🏊 ⛷	
Services : ♿ ⛽ 🅿 🚻 laverie 🍽 🔥	
À prox. : 🎣	

Longitude : 5.64876
Latitude : 45.63993

NEYDENS

74160 – **328** J4 – 1 431 h. – alt. 560

▶ Paris 525 – Annecy 36 – Bellegarde-sur-Valserine 33 – Bonneville 34

La Colombière de déb. avr. à mi-nov.
℘ 0450351314, *la.colombiere@wanadoo.fr*,
Fax 0450351340, *www.camping-la-colombiere.com*
2,5 ha (125 empl.) plat, herbeux, gravier
Tarif : 32€ ★★ ⇔ 🅴 🔲 (6A) – pers. suppl. 6€ – frais de
réservation 12€

Location : (permanent) – 14 🛖 – 8 🏠. Sem.
325 à 830€ – frais de réservation 12€
🚐 borne artisanale 5€ – 4 🅴 14€ – 🛢 14€
Pour s'y rendre : 166 chemin Neuf (à l'est du bourg)

Nature : ≤ 🏕 ♀	
Loisirs : 🍸 🍴 🛖 🎦 diurne 🚣 🚲 🔲 (petite piscine) ⛷ 🚻 laverie 🔥	
Services : ♿ ⛽ 🏛 🅿 🚴 🛁	

Longitude : 6.10578
Latitude : 46.11997

LES NOËS

42370 – **327** C3 – 161 h. – alt. 610

▶ Paris 401 – Lyon 109 – Saint-Étienne 100 – Clermont-Ferrand 101

Parc Résidentiel de Loisirs (location exclusive de
chalets)
℘ 0477642113, *gsn-des-noes@orange.fr*, *www.
gsndesnoes.free.fr*
1 ha en terrasses, herbeux
Location : ♿ 🅿 – 8 🏠 – 1 gîte.
Pour s'y rendre : au Bourg

Loisirs : 🚲 ⛷ 🎣	
À prox. : laverie 🍸 🍴 🏌 quad	

Longitude : 3.85192
Latitude : 46.04167

Pour visiter une ville ou une région : utilisez les Guides Verts MICHELIN.

NOVALAISE-LAC

73470 – 1 712 h. – alt. 427

▶ Paris 524 – Belley 24 – Chambéry 21 – Les Échelles 24

Le Grand Verney de déb. avr. à fin oct.
℘ 0479360254, *contact@camping-legrandverney.com*,
Fax 0479360254, *www.camping-legrandverney.info*
– places limitées pour le passage
2,5 ha (112 empl.) plat, peu incliné et en terrasses,
herbeux
Tarif : 18€ ★★ ⇔ 🅴 🔲 (10A) – pers. suppl. 4€

Location : (de déb. avr. à mi-nov.) – 16 🛖. Nuitée
60 à 80€ – Sem. 300 à 600€
Pour s'y rendre : Le Neyret (1,2 km au sud-ouest par
C 6)

Nature : ≤ 🏕 ♀	
Loisirs : ⛷	
Services : ♿ ⛽ 🚐 🛁 🚴 🚻 📶	

Longitude : 5.78371
Latitude : 45.5683

NYONS

26110 – **332** D7 – 7 109 h. – alt. 271

🚩 *pavillon du tourisme - place de la Libération* 📞 *04 75 26 10 35*

▶ Paris 653 – Alès 109 – Gap 106 – Orange 43

△ **L'Or Vert** de déb. avr. à mi-sept.
📞 04 75 26 24 85, *camping-or-vert@wanadoo.fr*, *www.camping-or-vert.com* ✹ (de déb. avr. à fin juin)
1 ha (79 empl.) plat et en terrasses, pierreux, gravillons, herbeux, petit verger
Tarif : (Prix 2010) ⚹ 5 € ▣ 7 € – ⚡ (6A) 4 €
Location : (de déb. avr. à fin sept.) ✹ – 1 🚐 – 3 🏠. Nuitée 75 à 95 € – Sem. 465 à 615 € – frais de réservation 10 €
Pour s'y rendre : quai de la Charité (3 km au nord-est par D 94, rte de Serres, au bord de l'Eygues)

Nature : ← ⌑ 🍃🍃
Loisirs : snack 🎱 🏓 ≋ 🎣
Services : ⚡ 🚻 🔧 🖙 réfrigérateurs

Longitude : 5.16995
Latitude : 44.37699

△ **Les Terrasses Provençales** de déb. avr. à fin sept.
📞 04 75 27 92 36, *lesterrassesprovencales@gmail.com*, Fax 09 58 07 92 36, *www.lesterrassesprovencales.com*
2,5 ha (70 empl.) en terrasses, gravillons, pierreux, herbeux
Tarif : 21 € ⚹⚹ 🚗 ▣ ⚡ (10A) – pers. suppl. 5 € – frais de réservation 8 €
Location : (Prix 2010) (de déb. avr. à fin sept.) ✹ – 10 🚐. Nuitée 55 € – Sem. 515 € – frais de réservation 8 €
Pour s'y rendre : Les Barroux - Novezan (7 km au nord-ouest par D 538, puis D 232 à dr.)

Nature : 🌳 ← ♀
Loisirs : 🎱 🏓
Services : ⚐ ⚡ 🚿 🔧 🖙 🖾

Longitude : 5.13998
Latitude : 44.36043

*Ask your bookseller for the catalogue of **MICHELIN** publications.*

716

LES OLLIÈRES-SUR-EYRIEUX

07360 – **331** J5 – 898 h. – alt. 200

🚩 *grande rue* 📞 *04 75 66 30 21*

▶ Paris 593 – Le Cheylard 28 – Lamastre 33 – Montélimar 53

△△△ **Le Mas de Champel** de mi-avr. à fin sept.
📞 04 75 66 23 23, *masdechampel@wanadoo.fr*, Fax 04 75 66 23 16, *www.masdechampel.com*
4 ha (95 empl.) en terrasses, herbeux
Tarif : 28 € ⚹⚹ 🚗 ▣ ⚡ (6A) – pers. suppl. 7 € – frais de réservation 15 €
Location : (permanent) – 40 🚐 – 14 bungalows toilés. Nuitée 33 à 123 € – Sem. 198 à 861 € – frais de réservation 25 €
Pour s'y rendre : au Domaine de Champel (au nord du bourg par D 120, rte de la Voulte-sur-Rhône et chemin à gauche, près de l'Eyrieux)

Nature : ← ♀
Loisirs : 🎱 ✗ snack 🎲 🏸 jacuzzi 🏓 🚲 🏊 ≋ 🎣
Services : ⚐ ⚡ 🚿 🖾 🖙

Longitude : 4.61401
Latitude : 44.8042

△△△ **FranceLoc Domaine des Plantas** 🅰️ – de déb. mai à mi-sept.
📞 04 75 66 21 53, *plantas@franceloc.fr*, Fax 04 75 66 25 65, *http://campingplantas.franceloc.fr/fr/accueil.htm*
27 ha/7 campables (100 empl.) en terrasses, pierreux, herbeux
Tarif : (Prix 2010) 14 € ⚹⚹ 🚗 ▣ ⚡ (10A) – pers. suppl. 5 €
Location : (Prix 2010) (de déb. mai à mi-sept.) – 2 roulottes – 75 🚐 – 21 🏠 – 4 tentes. Nuitée 30 à 87 € – Sem. 140 à 610 € – frais de réservation 10 €
🚐 borne autre
Pour s'y rendre : 3 km à l'est du bourg par rte étroite, accès près du pont, au bord de l'Eyrieux

Nature : 🌳 ← ⌑ 🍃🍃 ⚠
Loisirs : 🎱 ✗ pizzeria 🎲 📺 🏸 🏓 🚲 🖾 🏊 ⛰ 🎣 🖾 🖙
Services : ⚐ ⚡ 🚿 🔧 🖾
À prox. : 🐎 (centre équestre) canoës

Longitude : 4.63565
Latitude : 44.8087

▲ **Eyrieux-Camping** ♠♣ – de déb. avr. à mi-sept.
   ℰ 0475663008, *info@eyrieuxcamping.com*,
   Fax 0475663008, *www.eyrieuxcamping.com*
   3 ha (94 empl.) en terrasses, plat, herbeux
   Tarif : 27€ ✶✶ ⊟ 🏕 🕭 (10A) – pers. suppl. 6€ – frais
   de réservation 15€
   Location : (de déb. avr. à mi-sept.) – 21 🚐 – 29 🏠.
   Nuitée 93€ – Sem. 650€ – frais de réservation 15€
   Pour s'y rendre : lieu-dit : La Feyrère (sortie est par
   D 120, rte de la Voulte-sur-Rhône et chemin à dr., à
   100 m de l'Eyrieux (accès direct))

| Nature : ≤ 🏕 ♀ |
| Loisirs : 🍴 snack 🎯 🐎 🚣 🚴 📍 🏊 🏄 ↘terrain omnisports |
| Services : 🚿 🔑 🏠 🍴 🖥 🚮 réfrigérateurs |

Longitude : 4.61401
Latitude : 44.8042

ORGNAC-L'AVEN

07150 – **331** I8 – 509 h. – alt. 190
▶ Paris 655 – Alès 44 – Aubenas 49 – Pont-St-Esprit 23

▲ **Municipal** de mi-juin à fin août
   ℰ 0475386368, *info@orgnacvillage.com*,
   Fax 0475386192, *www.orgnacvillage.com*
   2,6 ha (150 empl.) plat, pierreux
   Tarif : (Prix 2010) 14€ ✶✶ ⊟ 🕭 (6A) – pers.
   suppl. 4€ – frais de réservation 61€
   Pour s'y rendre : au nord du bourg par D 217

| Nature : ♀♀ |
| Loisirs : 🚐 ✂ 🏊 |
| Services : 🚿 🔑 🍴 🖥 |
| À prox. : 🏇 |

Longitude : 4.43365
Latitude : 44.30607

Si vous désirez réserver un emplacement pour vos vacances,
faites-vous préciser au préalable les conditions particulières de séjour,
les modalités de réservation, les tarifs en vigueur et les conditions de paiement.

717

LA PACAUDIÈRE

42310 – **327** C2 – 1 100 h. – alt. 363
🏛 *le Petit Louvre* ℰ 0477641106
▶ Paris 370 – Lapalisse 24 – Marcigny 21 – Roanne 25

▲ **Municipal Beausoleil** de déb. mai à fin sept.
   ℰ 0477641150, *lapacaudiere@wanadoo.fr*,
   Fax 0477641440
   1 ha (35 empl.) peu incliné, herbeux
   Tarif : (Prix 2010) ✶ 4€ ⊕ 2€ ⊟ 2€ – 🕭 (6A) 3€
   Location : (Prix 2010) (de déb. mai à fin sept.) –1 🚐.
   Nuitée 31 à 49€ – Sem. 175 à 285€
   🚐 30 ⊟ 12€
   Pour s'y rendre : au lieu-dit : Beausoleil (700 m à l'est
   par D 35, rte de Vivans et à dr., près du terrain de sports
   et du collège)

| Nature : 🏕 |
| Loisirs : 🚐 🎯 ✂ 🏇 🏊 |
| Services : 🚿 🔑 🚮 🛆 🗑 🖥 |

Longitude : 3.87249
Latitude : 46.17392

PALADRU

38850 – **333** G5 – 1 001 h. – alt. 503
▶ Paris 523 – Annecy 84 – Chambéry 47 – Grenoble 43

▲ **Le Calatrin** de déb. avr. à fin sept.
   ℰ 0476323748, *lecalatrin@wanadoo.fr*,
   Fax 0476324202, *www.campinglecalatrin.fr*
   2 ha (60 empl.) en terrasses, plat, herbeux
   Tarif : (Prix 2010) 18,50€ ✶✶ ⊟ 🕭 (10A) – pers.
   suppl. 7,50€
   🚐 borne artisanale 4,50€ – 🚐 12.50€
   Pour s'y rendre : 799 r. de la Morgerie (à la sortie du
   bourg, dir. Charavines)

| Nature : 🏞 ≤ |
| Loisirs : 🚐 🎣 |
| Services : 🚿 🔑 🚮 🏪 🖥 |
| À prox. : 🍴 snack 🏊 (plage) |

Longitude : 5.5539
Latitude : 45.4758

PETICHET

38119 – **333** H7
▶ Paris 592 – Le Bourg-d'Oisans 41 – Grenoble 30 – La Mure 11

Ser-Sirant de déb. mai à fin sept.
℘ 0476839197, *info@campingsersirant.com*, *www.sersirant.com*
2 ha (100 empl.) plat, terrasse, herbeux, pierreux, bois attenant
Tarif : **†** 4,90 € 🚐 🔲 12 € – (½) (10A) 4,50 €
Location : – 6 🏠. Sem. 250 à 550 €
🚰 borne flot bleu 5 € – 🚐 13 €
Pour s'y rendre : au Lac de Laffrey Petichet (sortie est et chemin à gauche)

Nature : 🏞 ♨ ⚠
Loisirs : 🍽 🎱 ⛵ 🚣 bar-ques de pêche
Services : ⚡ 🚮 🏧
À prox. : 🎣

Longitude : 5.78333
Latitude : 44.98333

LE POËT-LAVAL

26160 – **332** D6 – 884 h. – alt. 311
▶ Paris 619 – Crest 35 – Montélimar 25 – Nyons 35

Municipal Lorette de déb. mai à fin sept.
℘ 0475910062, *camping-lorette@orange.fr*,
Fax 0475464645, *www.campinglorette.fr*
2 ha (60 empl.) peu incliné à incliné, herbeux
Tarif : 14 € **††** 🚐 🔲 (½) (6A) – pers. suppl. 3 €
🚰 borne autre
Pour s'y rendre : quartier Lorette (1 km à l'est par D 540, rte de Dieulefit)
À savoir : au bord du Jabron

Nature : ⟡ ♀
Loisirs : ⛵ 🚣 🐬
Services : ♿ ⚡ 🚿 🍴 🏧
À prox. : 🍴

Longitude : 5.02277
Latitude : 44.52922

PONCIN

01450 – **328** F4 – 1 576 h. – alt. 255
🏢 10, place Xavier Bichat ℘ 0474372314
▶ Paris 456 – Ambérieu-en-Bugey 20 – Bourg-en-Bresse 28 – Nantua 25

Vallée de l'Ain
℘ 0474372078, *camping.valleedelain@orange.fr*,
Fax 0474372078, *www.chez.com/campingponcin*
– places limitées pour le passage
1,5 ha (89 empl.) plat, herbeux
Location : – 4 🛖 – 3 🏠. – frais de réservation 10 €
🚰 borne artisanale – 6 🔲
Pour s'y rendre : rte d'Allement (500 m au nord-ouest par D 91 et D 81, rte de Meyriat, près de l'Ain)

Nature : ♀
Loisirs : 🍽 snack 🚣 location canoë
Services : ⚡ 🏧
À prox. : 🍴 🚤 🐬

Longitude : 5.40407
Latitude : 46.08996

*Utilisez les **cartes MICHELIN**,*
complément indispensable de ce guide.

PONCINS

42110 – **327** D5 – 836 h. – alt. 339
▶ Paris 446 – Lyon 77 – Saint-Étienne 50 – Clermont-Ferrand 109

Village Vacances Le Nid Douillet (location exclusive de chalets) Permanent
℘ 0477278036, *salechaudron@wanadoo.fr*,
Fax 0477270270, *www.le-nid-douillet.com*
2 ha plat, herbeux
Location : – 6 🏠. Nuitée 120 € – Sem. 325 à 500 €
Pour s'y rendre : au lieu-dit : Les-Baraques-des-Rotis, rte de Montbrison-es-Baraques-des-Rotis

Nature : 🏞
Loisirs : snack 🎱 🚣
Services : ⚡ 🍴
À prox. : 🐎

Longitude : 4.16266
Latitude : 45.728

PONT-DE-VAUX

01190 – **328** C2 – 2 130 h. – alt. 177

🖼 *Place de Dornhan* 𝒫 0385303002

▶ Paris 380 – Bourg-en-Bresse 40 – Lons-le-Saunier 69 – Mâcon 24

Champ d'Été de déb. mai à mi-oct.
𝒫 0385239610, *pdv.ain@wanadoo.fr*,
Fax 0385239912, *www.cc-pontdevaux.com*
3,5 ha (150 empl.) plat, herbeux
Tarif : ☀ 4 € 🚗 🔲 13 € ⚡ (10A)

Location : (de déb. mars à fin nov.) – 30 🏠 – 1 gîte
d'étape. Nuitée 80 à 140 € – Sem. 215 à 550 €
🛗 borne raclet 2 €
Pour s'y rendre : 800 m au nord-ouest par D 933, dir.
Mâcon et chemin à dr., près d'un plan d'eau

Loisirs :	🏖 🛶 🔲 🎿 🏊
Services :	🚿 🛒 🚮 🚽 📷
À prox. :	🎣

| Longitude : 4.93301 |
| Latitude : 46.42966 |

Les Ripettes de déb. avr. à fin sept.
𝒫 0385306658, *info@camping-les-ripettes.com*, *www.camping-les-ripettes.com*
2,5 ha (54 empl.) plat, herbeux
Tarif : 18 € ☀☀ 🚗 🔲 ⚡ (10A) – pers. suppl. 4 €
Location : (de déb. mai à fin sept.) 🚿 💨 – 1 🚐.
Nuitée 40 à 60 € – Sem. 280 à 420 €
🛗 4 🔲 18 €
Pour s'y rendre : au lieu-dit : Les Tourtes
À savoir : partie campable verdoyante et très soignée

Nature :	🌳 🌲
Loisirs :	🎿
Services :	🛒 🚿 🍴 laverie

| Longitude : 4.98073 |
| Latitude : 46.44449 |

POUILLY-SOUS-CHARLIEU

42720 – **327** D3 – 2 646 h. – alt. 264

▶ Paris 393 – Charlieu 5 – Digoin 43 – Roanne 15

Municipal les Ilots
𝒫 0477608067, *campinglesilots42@orange.fr*,
Fax 477607944, *www.pouillysouscharlieu.fr* – ℝ
1,5 ha (57 empl.) plat, herbeux
Pour s'y rendre : rte de Marcigny (sortie nord par
D 482, rte de Digoin et à dr., au bord du Sornin)

Nature :	🏞 🌲
Services :	🛒 🚮 📷
À prox. :	✂ 🎣

| Longitude : 4.10865 |
| Latitude : 46.14886 |

POULE-LES-ÉCHARMEAUX

69870 – **327** F3 – 973 h. – alt. 570

▶ Paris 446 – Chauffailles 17 – La Clayette 25 – Roanne 47

Municipal les Écharmeaux de déb. mai à fin sept.
𝒫 0648032104
0,5 ha (21 empl.) en terrasses, gravillons, herbeux
Tarif : (Prix 2010) ☀ 3,90 € 🚗 🔲 – ⚡ (16A) 3 €
Pour s'y rendre : à l'ouest du bourg
À savoir : terrasses individuelles surplombant un étang

Nature :	🏞 ⛰ 🌳
Loisirs :	✂
Services :	🛒 🚮 📷

| Longitude : 4.45654 |
| Latitude : 46.14837 |

POËT-CÉLARD

26460 – **332** D6 – 143 h. – alt. 590

▶ Paris 618 – Lyon 156 – Valence 53 – Avignon 114

Le Couspeau de mi-avr. à mi-sept.
𝒫 0475533014, *info@couspeau.com*,
Fax 0475533723, *www.couspeau.com* – alt. 600
6 ha (133 empl.) plat, en terrasses et peu incliné, herbeux
Tarif : 32 € ☀☀ 🚗 🔲 ⚡ (10A) – pers. suppl. 7 €
Location : – 20 🚐 – 20 🏠. Sem. 294 à 784 €
Pour s'y rendre : quartier Bellevue (1,3 km au sud-est
par D 328A)
À savoir : situation dominante et panoramique

Nature :	🏞 ⛰ 🌳 🌲
Loisirs :	🍷 🍴 snack 🎱 🛶 🚲 ✂ 🎣 🔲 (petite piscine) 🎿
Services :	🚿 🛒 🏪 🚮 🚽 laverie 🧺 🚗

| Longitude : 5.11188 |
| Latitude : 44.59377 |

PRADONS

07120 – **331** I7 – 412 h. – alt. 124

▶ Paris 647 – Aubenas 20 – Largentière 16 – Privas 52

Les Coudoulets de mi-avr. à mi-sept.
℘ 0475939495, *camping@coudoulets.com*,
Fax 0475396589, *www.coudoulets.com*
3,5 ha/2,5 campables (123 empl.) plat et peu incliné,
pierreux, herbeux
Tarif : 31€ ★★ ⇌ 🅴 🔌 (16A) – pers. suppl. 7€ – frais
de réservation 10€

Location : (de mi-avr. à mi-sept.) – 20 ⟦⟧ – 4 gîtes.
Sem. 270 à 650€ – frais de réservation 10€
🚰 borne artisanale
Pour s'y rendre : chemin de l'Ardèche (au nord-ouest
du bourg)

Nature : 🐟 ⟲ ♀ ⚠	
Loisirs : ▼ snack ⟲⟲ 🛴	
Services : & ⟲ 🛌 🛁 🖨	
À prox. : laverie ✗ canoë	

Longitude : 4.3572
Latitude : 44.47729

Laborie de mi-avr. à fin sept.
℘ 0475397226, *camping-de-laborie@wanadoo.fr*,
Fax 0475397226, *www.campingdelaborie.com*
3 ha (100 empl.) plat, herbeux
Tarif : 26€ ★★ ⇌ 🅴 🔌 (10A) – pers. suppl. 4€ – frais
de réservation 6€

Location : (de déb. mai à fin sept.) ✂ (de déb. juil.
à fin août) – 12 ⟦⟧. Nuitée 35 à 87€ – Sem. 220 à 610€
– frais de réservation 6€
Pour s'y rendre : rte de Ruoms (1,8 km au nord-est par
rte d'Aubenas)

Nature : 🌳	
Loisirs : ▼ 🏠 ⟲⟲ 🛴 ⟿ ⟳	
Services : & ⟲ 🛌 🛁 🖨	
À prox. : canoë	

Longitude : 4.3783
Latitude : 44.48161

Le Pont de déb. avr. à fin sept.
℘ 0475939398, *campingdupont07@wanadoo.fr*,
Fax 0475368413, *www.campingdupontardeche.com*
1,2 ha (65 empl.) plat, herbeux, pierreux
Tarif : (Prix 2010) ★ 6€ 🅴 25€ – 🔌 (10A) 4€ – frais de
réservation 8€

Location : (Prix 2010) (de déb. avr. à fin sept.)
– 12 ⟦⟧. Nuitée 50 à 80€ – Sem. 240 à 680€ – frais
de réservation 8€
Pour s'y rendre : chemin du Cirque de Gens (300 m à
l'ouest par D 308, rte de Chauzon)
À savoir : accès direct à l'Ardèche (escalier)

Nature : ⟲ ♀♀	
Loisirs : ▼ 🏠 ⟲⟲ 🛴 ⟿ ⟳	
Services : & ⟲ 🛁 🖨	
À prox. : canoë	

Longitude : 4.36
Latitude : 44.47

*Demandez à votre libraire le catalogue des **publications MICHELIN**.*

PRALOGNAN-LA-VANOISE

73710 – **333** N5 – 735 h. – alt. 1 425 – Sports d'hiver : 1 410/2 360 m ⛷ 1 ⛷ 13 ⛷

🛈 *avenue de Chasseforêt ℘ 0479087908*

▶ Paris 634 – Albertville 53 – Chambéry 103 – Moûtiers 28

Le Parc Isertan de déb. janv. à fin sept.
℘ 0479087524, *camping@camping-isertan.com*,
Fax 0479014150, *www.camping-isertan.com*
4,5 ha (180 empl.) non clos, en terrasses, herbeux,
pierreux
Tarif : (Prix 2010) 25€ ★★ ⇌ 🅴 🔌 (10A) – pers.
suppl. 6€ – frais de réservation 5€

Location : (de déb. janv. à fin sept.) – 3 ⟦⟧ – 3 ⟐
– 3 tentes. Nuitée 40 à 850€ – Sem. 180 à 990€ – frais
de réservation 12€
🚰 borne artisanale 3€ – 12 🅴 15€
Pour s'y rendre : au sud du bourg
À savoir : site agréable au bord d'un torrent

Nature : ❄ 🐟 <	
Loisirs : ▼ ✗ pizzeria 🏠	
Services : & ⟲ 🖨 🛁 🖨	
À prox. : ⟲⟲ ⟲ ✗ 🛴 🛴 ⟳ ⟳	
mur d'escalade, patinoire	

Longitude : 6.72883
Latitude : 45.37189

PRAZ-SUR-ARLY

74120 – **328** M5 – 1 349 h. – alt. 1 036
🛈 *Mairie* 𝒫 *0450219057*
▶ Paris 609 – Lyon 179 – Annecy 55 – Genève 75

⚠ **Les Prés de l'Arly** Permanent
𝒫 06.10.44.02.33, *camping.prearly@orange.fr*,
Fax 0450219324, *www.campinglespresdelarly.com*
– places limitées pour le passage
1 ha (81 empl.) non clos, plat, herbeux, pierreux
Tarif : 19€ ✶✶ ⇌ 🅴 ⚡ (10A) – pers. suppl. 4€

Location : (permanent) – 2 🛖 – 1 🏠 – 1 studio
– 3 appartements. Nuitée 50€ – Sem. 400 à 580€
🚐 borne artisanale 5€ – 5 🅴 11€ – 🚽 8€
Pour s'y rendre : au lieu-dit : Les Thouvassieres

Nature : ❄ 🦢 ⋜	
Loisirs : 🎱 🏊	
Services : ⚬┭ 🗑 🍴 🛁 ⚲	
🚿 🔳	
À prox. : 🎿 🐴 🛶 terrain multisports, mur d'escalade	

Longitude : 6.57872
Latitude : 45.83457

LES PRAZ-DE-CHAMONIX

74400 – **328** O5 – alt. 1 060
▶ Paris 620 – Lyon 237 – Annecy 104 – Aosta / Aoste 61

⚠ **La Mer de Glace** de fin avr. à déb. oct.
𝒫 0450534403, *info@chamonix-camping.com*,
Fax 0450536083, *www.chamonix-camping.com* – ℝ
2 ha (150 empl.) plat, herbeux, pierreux
Tarif : ✶ 7€ ⇌ 🅴 8€ – ⚡ (10A) 3€
🚐 borne artisanale
Pour s'y rendre : 200 chemin de la Bagna (aux Bois, à
80 m de l'Arveyron (accès direct))

Nature : 🦢 ⋜ vallée et massif du Mont-Blanc 🏔 ♀	
Loisirs : 🎱	
Services : 🚿 ⚬┭ 🗑 🍴 🛁	
🚿 laverie	

Longitude : 6.89142
Latitude : 45.93846

PRIVAS

07000 – **331** J5 – 8 646 h. – alt. 300
🛈 *3, place du Général-de-Gaulle* 𝒫 *0475643335*
▶ Paris 596 – Alès 107 – Mende 140 – Montélimar 34

⚠ **Ardèche Camping** 🏊♿ – de déb. avr. à fin sept.
𝒫 0475640580, *jcray@wanadoo.fr*, Fax 0475645968,
www.ardechecamping.fr
5 ha (166 empl.) plat, terrasses, peu incliné à incliné,
herbeux
Tarif : 27€ ✶✶ ⇌ 🅴 ⚡ (10A) – pers. suppl. 6€ – frais
de réservation 20€

Location : (de déb. avr. à fin sept.) – 2 roulottes
– 18 🛖 – 15 🏠 – 4 bungalows toilés. Sem.
231 à 735€ – frais de réservation 20€
Pour s'y rendre : bd de Paste (1,5 km au sud par D 2,
rte de Montélimar, au bord de l'Ouvèze)

Nature : ⋜ ♀	
Loisirs : 🍸 🍴 snack 🕺 🚲	
🏊 🛝	
Services : ♿ ⚬┭ 🛁 🚿 🔳 🍴	
À prox. : 🥘 🎿 🔳	

Longitude : 4.59175
Latitude : 44.72606

RECOUBEAU-JANSAC

26310 – **332** F6 – 231 h. – alt. 500
▶ Paris 637 – La Chapelle-en-Vercors 55 – Crest 51 – Die 14

⚠ **Le Couriou** Permanent
𝒫 0475213323, *camping.lecouriou@wanadoo.fr*,
Fax 0475213842, *www.campinglecouriou.com*
7 ha/4,5 campables (138 empl.) non clos, en terrasses,
peu incliné, herbeux, pierreux, gravier, bois
Tarif : (Prix 2010) ✶ 7€ ⇌ 🅴 10€ – ⚡ (6A) 4€ – frais de
réservation 10€

Location : (Prix 2010) (permanent) – 14 🛖 – 15 🏠.
Nuitée 83€ – Sem. 580€ – frais de réservation 10€
Pour s'y rendre : au lieu-dit : Combe Lambert (700 m
au nord-ouest par D 93, rte de Dié)

À savoir : espace aquatique et joli petit village de chalets

Nature : ⋜ 🏔 ♀	
Loisirs : 🍸 snack 🎱 🉐 hammam jacuzzi espace balnéo 🏊 🛝 terrain multisports	
Services : ♿ ⚬┭ 🛁 🚿 laverie	
🍴	

Longitude : 5.41273
Latitude : 44.6541

RIBES

07260 – **331** H7 – 253 h. – alt. 380
▶ Paris 656 – Aubenas 30 – Largentière 19 – Privas 61

⚠ **Les Cruses** de déb. mai à mi-sept.
   ✆ 0475395469, *les-cruses@wanadoo.fr*,
   Fax 0475394200, *www.campinglescruses.com*
   0,7 ha (37 empl.) en terrasses
   Tarif : (Prix 2010) 26€ ★★ ⚗ 🅴 🅷 (6A) – pers.
   suppl. 6€ – frais de réservation 16€

   Location : (de mi-avr. à mi-sept.) – 2 roulottes
   – 8 🛏 – 17 🏠 – 2 gîtes. Sem. 233 à 760€ – frais de
   réservation 16€
   🛒 borne raclet 2€ – 5 🅴 23€ – 🚐 10€
   Pour s'y rendre : au lieu-dit : Le Champcros (1 km au
   sud-est du bourg, par D 450)

Nature : ⚘ 💧
Loisirs : 🏓 🏊 🚴 ⛵ (pe-tite piscine)
Services : ⚡ (juil.-août) 🧺 🚿 🚻 🍴 🛒
À prox. : 🍴 canoë

Longitude : 4.20972
Latitude : 44.49722

Des vacances réussies sont des vacances bien préparées !
Ce guide est fait pour vous y aider... mais :
– n'attendez pas le dernier moment pour réserver
– évitez la période critique du 14 juillet au 15 août.
Pensez aux ressources de l'arrière-pays,
à l'écart des lieux de grande fréquentation.

722

LA ROCHETTE

73110 – **333** J5 – 3 258 h. – alt. 360
🛈 *Maison des Carmes* ✆ 0479255312
▶ Paris 588 – Albertville 41 – Allevard 9 – Chambéry 28

⚠ **Municipal le Lac St-Clair**
   ✆ 0479257355, *campinglarochette@orange.fr*,
   Fax 0479257825, *www.larochette.com*
   2,2 ha (65 empl.) plat et peu incliné, herbeux
   Location : (Prix 2010) – 8 🏠.
   Pour s'y rendre : chemin des Plaines Lac Saint-Clair
   (1,4 km au sud-ouest par D 202 et rte de Détrier à
   gauche)

Nature : ⬱ 💧
Services : ♿ ⚡ 🚿 🛒 🖼
À prox. : snack 🎿 ⛷

Longitude : 6.09973
Latitude : 45.44438

LA ROSIÈRE 1850

73700 – **333** O4 – alt. 1 850 – Sports d'hiver : 1 100/2 600 m⛷20⛷
▶ Paris 657 – Albertville 76 – Bourg-St-Maurice 22 – Chambéry 125

⚠ **La Forêt** Permanent
   ✆ 0479068621, *campinglaforet@free.fr*,
   Fax 0479401625, *www.campinglaforet.free.fr*
   – alt. 1 730
   1,5 ha (67 empl.) non clos, en terrasses, peu incliné,
   pierreux
   Tarif : 24€ ★★ ⚗ 🅴 🅷 (10A) – pers. suppl. 7€ – frais
   de réservation 5€

   Location : (permanent) – 3 🛏 – 1 🏠. Nuitée
   330 à 760€ – Sem. 50 à 110€
   🛒 35 🅴 15€
   Pour s'y rendre : 2 km au sud par N 90, rte de Bourg-
   St-Maurice - accès direct au village
   À savoir : agréable situation surplombant la vallée

Nature : ❄ ⚘ ⬱ 💧
Loisirs : 🍴 🏊 (petite piscine)
Services : ♿ ⚡ 🖼 🍴 🖼
À prox. : 🍴

Longitude : 6.85425
Latitude : 45.62341

ROSIÈRES

07260 – **331** H7 – 1 077 h. – alt. 175

🛈 *le Grillou* ℘ 0475395198

▶ Paris 649 – Aubenas 22 – Largentière 12 – Privas 54

△△△ **Arleblanc** de déb. avr. à fin oct.
℘ 0475395311, *info@arleblanc.com*, Fax 0475399398,
www.arleblanc.com
7 ha (167 empl.) plat, herbeux
Tarif : 28€ ✸✸ ⇔ 🅔 🅖 (10A) – pers. suppl. 5€ – frais
de réservation 17€

Location : (de déb. avr. à fin oct.) – 40 🚐 – 4 gîtes.
Nuitée 45 à 76€ – Sem. 315 à 530€ – frais de réservation
17€
🚐 borne autre 12€
Pour s'y rendre : sortie nord-est, rte d'Aubenas et
2,8 km par chemin à dr., longeant le centre commercial
Intermarché

À savoir : situation agréable au bord de la Beaume

Nature :	🌳🌳		
Loisirs :	🍸 ✗ pizzeria	⚓	🎾
	🏛 🛶 🖲	🏹	
Services :	🛠 ⚊ 🏕 🛁 🚽 ⚐		
	🖥 🗑 🛒		
À prox. :	🐎 canoë		

Longitude : 4.27294
Latitude : 44.46462

△△△ **La Plaine** de déb. avr. à mi-sept.
℘ 0475395135, *campinglaplaine@aol.com*,
Fax 0475399646, *www.campinglaplaine.com et www.
campinglaplaine.fr*
4,5 ha/3,5 campables (128 empl.) plat, peu incliné,
herbeux
Tarif : 28€ ✸✸ ⇔ 🅔 🅖 (10A) – pers. suppl. 5€ – frais
de réservation 17€

Location : (de déb. avr. à mi-sept.) – 50 🚐 – 2 🏠.
Sem. 180 à 660€ – frais de réservation 17€
Pour s'y rendre : lieu-dit : Les Plaines (700 m au nord-
est par D 104)

Nature :	🏞 🌳🌳		
Loisirs :	🍸 🛖 ⚓ 🎾 🏛 🛶		
Services :	🛠 ⚊ 🚿 🖥		
À prox. :	🛶 canoë		

Longitude : 4.26677
Latitude : 44.48608

△△ **Les Platanes** de déb. avr. à fin sept.
℘ 0475395231, *camping.lesplatanes@laposte.net*,
Fax 0475399086, *www.campinglesplatanesardeche.
com*
2 ha (90 empl.) plat, herbeux
Tarif : (Prix 2010) 23€ ✸✸ ⇔ 🅔 🅖 (10A) – pers.
suppl. 5€

Location : (de déb. avr. à fin sept.) 🐟 (de déb.
avr. à fin sept.) – 18 🚐. Nuitée 45 à 110€ – Sem.
230 à 750€
🚐 borne artisanale 23€
Pour s'y rendre : lieu-dit : La Charve (sortie nord-est,
rte d'Aubenas et 3,7 km par chemin à dr., longeant le
centre commercial Intermarché)

Nature :	🐟 < 🌳🌳 ⚑		
Loisirs :	🍸 snack 🛖 ⚓		
	🛶 🏹		
Services :	🛠 ⚊ 🖥 🗑 🛒		
À prox. :	🐎 canoë		

Longitude : 4.2803
Latitude : 44.45724

△ **Les Hortensias** de déb. mai à fin sept.
℘ 0475399138, *campingleshortensias@wanadoo.fr*,
www.camping-leshortensias.com
1 ha (43 empl.) plat, herbeux, sablonneux
Tarif : 24€ ✸✸ ⇔ 🅔 🅖 (10A) – pers. suppl. 4€

Location : (de déb. mai à fin sept.) – 20 🚐
– 5 bungalows toilés – 1 gîte. Sem. 200 à 640€
Pour s'y rendre : quartier Ribeyre-Bouchet (1,8 km
au nord-ouest par D 104, rte de Joyeuse, D 303, rte de
Vernon à dr., et chemin à gauche)

Nature :	🐟 🏞 🌳🌳		
Loisirs :	🛶		
Services :	🛠 (juil.-août) 🚿 🛁		
	🚽 🖥		
À prox. :	🏊 (plan d'eau) 🏹		
canoë			

Longitude : 4.23864
Latitude : 44.48861

723

*La catégorie (1 à 5 tentes, **noires** ou **rouges**) que nous attribuons
aux terrains sélectionnés dans ce guide est une appréciation qui nous est propre.
Elle ne doit pas être confondue avec le classement (1 à 5 étoiles)
établi par les services officiels.*

RUFFIEUX

73310 – **333** I2 – 788 h. – alt. 282

🛈 *Saumont* ℰ *0479545472*

▶ Paris 517 – Aix-les-Bains 20 – Ambérieu-en-Bugey 58 – Annecy 51

⚠ Saumont

ℰ 0479542626, *camping.saumont@wanadoo.fr*, *www.campingsaumont.com*
1,6 ha (66 empl.) non clos, plat, herbeux, gravier
Location : (Prix 2010) – 14 🛖. – frais de réservation 10€
Pour s'y rendre : au lieu-dit : Saumont (1,2 km à l'ouest, accès sur D 991, près du carr. du Saumont, vers Aix-les-Bains et chemin à dr., au bord d'un ruisseau)

Nature :	🏞 ♀♀
Loisirs :	🍷 ⚓ ⚲ 🛶 location canoës
Services :	♿ ⚡ 🏢 🚿 🚽 🚰 laverie

Longitude : 5.88483
Latitude : 45.8491

RUMILLY

74150 – **328** I5 – 13 434 h. – alt. 334 – Base de loisirs

🛈 *4, place de l'Hôtel de Ville* ℰ *0450645832*

▶ Paris 530 – Aix-les-Bains 21 – Annecy 19 – Bellegarde-sur-Valserine 37

⚠ Le Madrid de déb. avr. à fin oct.

ℰ 0450011257, *contact@camping-le-madrid.com*, Fax 0450012949, *www.camping-le-madrid.com*
3,2 ha (109 empl.) plat, herbeux, pierreux
Tarif : (Prix 2010) 16€ ⛺⛺ ⇆ 🔌 (4A) – pers. suppl. 3€ – frais de réservation 15€
Location : (Prix 2010) (permanent) ⚲ – 2 🛖 – 23 🏠. Nuitée 60 à 80€ – Sem. 350 à 520€ – frais de réservation 15€
🔳 borne artisanale 3€ – 4 🔲 10€
Pour s'y rendre : rte de Saint-Félix (3 km au sud-est par D 910, rte d'Aix-les-Bains puis D 3 à gauche et D 53 à dr., à 500 m d'un plan d'eau)

Nature :	🏞 ♀♀
Loisirs :	🍷 snack 🎱 ⚓ 🛶
Services :	♿ ⚡ 🏢 🚿 🚽 🚰 🍴 laverie 🛒 cases réfrigérées
À prox. :	🚤 🎣

Longitude : 5.96239
Latitude : 45.84084

RUOMS

07120 – **331** I7 – 2 225 h. – alt. 121

🛈 *rue Alphonse Daudet* ℰ *0475939190*

▶ Paris 651 – Alès 54 – Aubenas 24 – Pont-St-Esprit 49

⚠ Domaine de Chaussy 👥 – de déb. avr. à fin sept.

ℰ 0475939966, *infos@domainedechaussy.net*, Fax 0475939056, *www.domainedechaussy.com*
18 ha/5,5 campables (250 empl.) plat et peu accidenté, herbeux, pierreux, sablonneux
Tarif : 40€ ⛺⛺ ⇆ 🔲 🔌 (10A) – pers. suppl. 7€ – frais de réservation 20€
Location : (de déb. avr. à fin sept.) – 120 🛖 – 17 gîtes. Nuitée 45 à 121€ – Sem. 234 à 842€ – frais de réservation 20€
Pour s'y rendre : quartier du Petit Chaussy (2,3 km à l'est par D 559, rte de Lagorce)

Nature :	🌊 ♀♀
Loisirs :	🍷 ✕ pizzeria 🎱 🎲 nocturne ⚓ 🎠 hammam jacuzzi ⚓ 🚴 ⚲ 🛶 parcours de santé
Services :	♿ ⚡ 🚿 🍴 🖨 🏊 🛒
À prox. :	canoë

Longitude : 4.36913
Latitude : 44.4472

⚠ RCN Domaine de la Bastide 👥 – de mi-mars à déb. oct.

ℰ 0475396472, *info@rcn-labastideenardeche.fr*, Fax 0475397328, *www.rcn-campings.fr*
7 ha (300 empl.) plat, herbeux, pierreux
Tarif : 45,50€ ⛺⛺ ⇆ 🔲 🔌 (6A) – pers. suppl. 4,90€ – frais de réservation 17,95€
Location : (de mi-mars à déb. oct.) – 34 🛖. Nuitée 50 à 139€ – Sem. 350 à 973€ – frais de réservation 17,95€
Pour s'y rendre : rte d'Ales - D111 (4 km au sud-ouest, à Labastide)

Nature :	⩹ ♀♀ ⚏
Loisirs :	🍷 ✕ snack ⚓ ⚲ 🛶
Services :	♿ ⚡ 🏢 🚿 🚽 🚰 🍴 🖨 🏊 🛒
À prox. :	canoë

Longitude : 4.31881
Latitude : 44.42239

Yelloh! Village La Plaine de mi-avr. à mi-sept.
📞 0475396583, *info@yellohvillage-la-plaine.com*,
Fax 0475397438, *www.yellohvillage-la-plaine.com*
4,5 ha (217 empl.) plat, peu incliné, sablonneux, herbeux
Tarif : 42 € ⚫⚫ ⟵ 🅴 🅷 (10A) – pers. suppl. 8 €
Location : (de mi-avr. à mi-sept.) 🚫 – 77 🅲🅿️.
Nuitée 42 à 129 € – Sem. 294 à 903 €
🅶 borne eurorelais
Pour s'y rendre : quartier la Grand Terre (3,5 km au sud)
À savoir : au bord de l'Ardèche

| Nature : 🐟 ⟨ 🎠 ⛺ |
| Loisirs : 🎣 ✗ 🚴 🚲 🏇 🔥 ⛷ |
| 🏊 🐟 terrain multisports |
| Services : 🔥 ⛽ ♨️ 🛁 🚻 🗑 |
| 🍴 🖼 ⛲ |
| À prox. : canoë |

Longitude : 4.33244
Latitude : 44.42749

Sunêlia Aluna Vacances 👥 – de mi-avr. à mi-sept.
📞 0475939315, *alunavacances@wanadoo.fr*, *www.alunavacances.fr*
7 ha (200 empl.) en terrasses, peu incliné, pierreux
Tarif : 43 € ⚫⚫ ⟵ 🅴 🅷 (6A) – pers. suppl. 10,30 €
– frais de réservation 30 €
Location : (de mi-avr. à mi-sept.) – 186 🅲🅿️. Nuitée 42 à 185 € – Sem. 294 à 1 295 € – frais de réservation 30 €
🅶 borne artisanale
Pour s'y rendre : rte de Lagorce (2 km à l'est par D 559, rte de Lagorce)

| Nature : 🏕 🌳🌳 |
| Loisirs : 🍷 ✗ pizzeria 🎬 🎮 |
| 🏓 🏄 🚴 ⚽ 🎿 🏊 🏇 |
| Services : ⛽ 🛁 🍴 laverie 🗑 |
| ⛲ 🧹 |
| À prox. : canoë, randonnées pédestres |

Longitude : 4.35259
Latitude : 44.44911

Les Paillotes de déb. avr. à fin sept.
📞 0475396205, *contact@campinglespaillotes.com*,
Fax 0475396205, *www.campinglespaillotes.com*
– places limitées pour le passage
1 ha (45 empl.) plat, herbeux
Tarif : 34 € ⚫⚫ ⟵ 🅴 🅷 (4A) – pers. suppl. 8 €
Location : (de déb. avr. à fin sept.) – 30 🅲🅿️
– 5 bungalows toilés – 2 gîtes. Sem. 180 à 845 € – frais de réservation 30 €
Pour s'y rendre : chemin de l'Espédès (600 m au nord par D 579, rte de Pradons et chemin à gauche)

| Nature : 🏕 |
| Loisirs : 🍷 snack 🏄 🏊 |
| Services : 🔥 ⛽ 🚐 🛁 🏊 |
| 🍴 🖼 |
| À prox. : canoë |

Longitude : 4.34236
Latitude : 44.46137

La Grand'Terre 👥 – de déb. avr. à mi-sept.
📞 0475396494, *grandterre@wanadoo.fr*,
Fax 0475397862, *www.camping-lagrandterre.com*
10 ha (300 empl.) plat, sablonneux, herbeux
Tarif : 35 € ⚫⚫ ⟵ 🅴 🅷 (10A) – pers. suppl. 8 €
Location : (de déb. avr. à mi-sept.) 🚫 – 50 🅲🅿️.
Nuitée 38 à 101 € – Sem. 266 à 707 €
🅶 borne eurorelais 2 € 🅴 10 € – 🚐 10 €
Pour s'y rendre : 3,5 km au sud
À savoir : au bord de l'Ardèche (accès direct)

| Nature : 🌳🌳 |
| Loisirs : 🍷 snack, pizzeria 🎬 |
| 🎮 nocturne 🏄 🏄 🚴 ⚽ |
| 🏊 terrain multisport |
| Services : 🔥 ⛽ 🛁 🍴 laverie |
| ⛲ |
| À prox. : canoë |

Longitude : 4.34148
Latitude : 44.45346

La Chapoulière de déb. avr. à mi-oct.
📞 0475396498, *camping@lachapouliere.com*,
Fax 0475396498, *www.lachapouliere.com*
2,5 ha (100 empl.) plat et peu incliné, herbeux
Tarif : (Prix 2010) 33 € ⚫⚫ ⟵ 🅴 🅷 (6A) – pers. suppl. 7 €
Location : (Prix 2010) (de déb. avr. à mi-oct.) 🚫 – 19 🅲🅿️. Sem. 295 à 685 €
🅶 borne artisanale
Pour s'y rendre : 3,5 km au sud
À savoir : Au bord de l'Ardèche

| Nature : 🐟 🌳🌳 |
| Loisirs : 🍷 pizzeria 🎬 🏄 |
| 🏊 🏓 🐟 |
| Services : 🔥 ⛽ 🛁 🍴 🖼 ⛲ |
| À prox. : ⚽ 🏇 canoë |

Longitude : 4.32972
Latitude : 44.43139

To select the best route and follow it with ease,
To calculate distances,
To position a site precisely from details given in the text :
*Get the appropriate **MICHELIN** regional map.*

⚠ **Le Petit Bois** de déb. avr. à mi-sept.
ℰ 04 75 39 60 72, *vacances@campinglepetitbois.fr*,
Fax 04 75 93 95 50, *www.campinglepetitbois.fr*
2,5 ha (84 empl.) peu incliné et plat, en terrasses,
pierreux, rochers, herbeux
Tarif : 34€ ✸✸ ⇎ 🔲 (½) (10A) – pers. suppl. 7€ – frais
de réservation 10€

Location : (de déb. avr. à mi-sept.) ⬚ – 19 🛏
– 19 🏠 – 4 🛏 – 1 studio – 1 gîte. Nuitée 32 à 110€
– Sem. 238 à 770€ – frais de réservation 10€
🚐 borne artisanale – 🛢 11€
Pour s'y rendre : 87 rue du petit bois (800 m au nord
du bourg, à 80 m de l'Ardèche)

Nature : 🐟 🛶	
Loisirs : 🍷 snack 🛋 🎐 ham- mam 🏊 ♨ (couverte hors saison) 🏟 terrain multisports	
Services : 🚿 ⚷ 🛁 ♒ 🖼	
À prox. : 🛶 canoë	

Longitude : 4.33789
Latitude : 44.45882

△ Le Carpenty
ℰ 04 75 39 74 29, *jean-luc.blachere@wanadoo.fr*, *www.
campinglecarpenty.com*
0,7 ha (45 empl.) plat, pierreux, herbeux
Pour s'y rendre : 3,6 km au sud par D 111

À savoir : au bord de l'Ardèche (accès direct)

Nature : 🌳🌳	
Loisirs : 🏊 🏊	
Services : 🚿 ⚷ 🖼	

Longitude : 4.34148
Latitude : 44.45346

SABLIÈRES

07260 – **331** G6 – 140 h. – alt. 450
▶ Paris 629 – Aubenas 48 – Langogne 58 – Largentière 38

⚠ **La Drobie** de déb. mai à fin sept.
ℰ 04 75 36 95 22, *ladrobie@aliceadsl.fr*,
Fax 04 75 36 95 22, *www.ladrobie.com*
1,5 ha (80 empl.) incliné, en terrasses, herbeux, pierreux
Tarif : 15€ ✸✸ ⇎ 🔲 (½) (10A) – pers. suppl. 5€ – frais
de réservation 5€

Location : (de déb. avr. à fin oct.) – 3 🛏 – 10 🏠
– 1 gîte. Nuitée 45 à 60€ – Sem. 315 à 415€ – frais de
réservation 5€
Pour s'y rendre : au lieu-dit : Le Chambon (3 km à
l'ouest par D 220 et rte à dr., au bord de rivière - pour
caravanes : itinéraire conseillé depuis Lablachère par D 4)

Nature : 🐟 ⟨	
Loisirs : 🍷 ✕ 🏊 ✂ 🎱 🏊 🐬	
Services : 🚿 ⚷ ♒ 🖼 🛁 🚰	

Longitude : 4.07426
Latitude : 44.53145

726

Si vous recherchez :
👥 *un terrain offrant des équipements et des loisirs adaptés aux enfants,*
🐟 *un terrain agréable ou très tranquille,*
L-M *un terrain effectuant la location de caravanes, de mobile homes,
de bungalows ou de chalets,*
P *un terrain ouvert toute l'année,*
🚐 *un terrain possédant une aire de services pour camping-cars,*
consultez le tableau des localités.

SAHUNE

26510 – **332** E7 – 301 h. – alt. 330
🏛 *Mairie ℰ 04 75 27 45 35*
▶ Paris 647 – Buis-les-Baronnies 27 – La Motte-Chalancon 22 – Nyons 16

⚠ **Vallée Bleue** de déb. avr. à fin sept.
ℰ 04 75 27 44 42, *welcome@lavalleebleue.com*,
Fax 04 75 27 44 42, *www.lavalleebleue.com*
3 ha (45 empl.) plat, pierreux, herbeux
Tarif : 29€ ✸✸ ⇎ 🔲 (½) (6A) – pers. suppl. 6€
Location : (de déb. sept. à fin sept.) ⬚ – 3 🏠.
Sem. 350 à 800€
Pour s'y rendre : sortie sud-ouest par D 94, rte de
Nyons, au bord de l'Eygues

Nature : ⟨ 🌿	
Loisirs : snack 🏊 🎣 🏊	
Services : 🚿 ⚷ 🚰 🚲 🚿	
♒ 🖼	

Longitude : 5.26119
Latitude : 43.41195

ST-AGRÈVE

07320 – **331** I3 – 2 565 h. – alt. 1 050
🏛 *Grand'Rue* ℘ 04 75 30 15 06
▶ Paris 582 – Aubenas 68 – Lamastre 21 – Privas 64

⛰ **Le Riou la Selle** de déb. mai à fin sept.
℘ 04 75 30 29 28, *jmc-rolin@wanadoo.fr*,
Fax 04 75 30 29 28, *www.campinglerioulaselle.fr*
1 ha (29 empl.) plat et peu incliné, terrasses, herbeux
Tarif : 21€ ★★ ⇔ 🅴 (⁴) (10A) – pers. suppl. 5€

Location : (de déb. mai à fin sept.) – 2 🛖 – 2 🏠.
Sem. 300 à 500€
Pour s'y rendre : 2,8 km au sud-est par D 120, rte de
Cheylard, D 21, rte de Nonières à gauche et chemin de
la Roche, à dr.

> Nature : 🐟 🏕 ♨♨
> Loisirs : 🍸 🏕 ⚒
> Services : 🚿 ☎ (juil.-août)
> 🍴 🛁 ♨ 🔥 ⚒
>
> *Longitude : 4.39682*
> *Latitude : 45.00952*

ST-ALBAN-AURIOLLES

07120 – **331** H7 – 736 h. – alt. 108
▶ Paris 656 – Alès 49 – Aubenas 28 – Pont-St-Esprit 55

⛰ **Sunêlia Le Ranc Davaine** 👥 – de mi-avr. à mi-sept.
℘ 04 75 39 60 55, *camping.ranc.davaine@wanadoo.fr*,
Fax 04 75 39 38 50, *www.camping-ranc-davaine.fr*
13 ha (435 empl.) plat et peu incliné, rocailleux, herbeux
Tarif : 44€ ★★ ⇔ 🅴 (⁴) (10A) – pers. suppl. 10€ – frais
de réservation 30€

Location : (de mi-avr. à mi-sept.) 🚫 – 224 🛖.
Nuitée 49 à 185€ – Sem. 343 à 1 295€ – frais de
réservation 30€
🛖 borne artisanale
Pour s'y rendre : rte de Chandolas (2,3 km au sud-ouest par D 208, rte de Chandolas)

À savoir : près du Chassezac

> Nature : 🏕 ♀
> Loisirs : 🍸 🍴 pizzeria 🎦 ♉
> 🏃 🎣 ♨ hammam jacuzzi
> discothèque 🏊 ✂ 🎿 ⛷
> 🏊 ⚒ 🛶 canoë
> Services : 🚿 ☎ 🛁 ♨ 🔥 ⚒
> 🔥 ⚒ ⚒
>
> *Longitude : 4.29856*
> *Latitude : 44.425*

⛰ **Le Mas du Sartre** saison
℘ 04 75 39 71 74, *masdusartre@wanadoo.fr*,
Fax 04 75 39 71 74, *www.masdusartre.com*
1,6 ha (49 empl.) plat et peu incliné, en terrasses,
pierreux, herbeux
Tarif : (Prix 2010) 25,50€ ★★ ⇔ 🅴 (⁴) (10A) – pers.
suppl. 6€ – frais de réservation 5€

Location : (Prix 2010) (saison) – 10 🛖 – 3 🏠. Nuitée
60€ – Sem. 295 à 560€ – frais de réservation 5€
🛖 borne artisanale – 3 🅴 10€
Pour s'y rendre : à Auriolles, chemin de la Vignasse
(1,8 km au nord-ouest)

> Nature : ♨♨
> Loisirs : snack 🎦 🏃 ⚒
> Services : 🚿 ☎ 🛁 ✂ 🛁 🔥
> ⚒ réfrigérateurs
> À prox. : canoë
>
> *Longitude : 4.34128*
> *Latitude : 44.42346*

727

ST-ALBAN-DE-MONTBEL

73610 – **333** H4 – 569 h. – alt. 400
▶ Paris 551 – Belley 32 – Chambery 21 – Grenoble 74

⛰ **Base de Loisirs du Sougey** 👥 – de déb. mai à mi-sept.
℘ 04 79 36 01 44, *info@camping-sougey.com*,
Fax 04 79 44 19 01, *www.camping-sougey.com*
4 ha (159 empl.) plat, terrasses, incliné, herbeux,
gravillons
Tarif : 26€ ★★ ⇔ 🅴 (⁴) (10A) – pers. suppl. 4€

Location : (Prix 2010) (de déb. mai à mi-sept.) 🚫
– 7 🛖 – 8 🏠. Nuitée 45 à 105€ – Sem. 240 à 680€
– frais de réservation 25€
Pour s'y rendre : au lieu-dit : Le Sougey (1,2 km au
nord-est, à 300 m du lac)

> Nature : 🏕 ♀
> Loisirs : 🍸 🎦 🏃 🏃
> Services : 🚿 ☎ 🛁 ♨ 🔥 ⚒
> laverie ⚒
> À prox. : ⚒ snack ✂ ⚒ 🛶
> 🚣 pédalos
>
> *Longitude : 5.79069*
> *Latitude : 45.55562*

ST-AVIT

26330 – **332** C2 – 307 h. – alt. 348

▣ Paris 536 – Annonay 33 – Lyon 81 – Romans-sur-Isère 22

⚠ **Domaine la Garenne** de mi-avr. à fin sept.
℘ 04 75 68 62 26, *garenne.drome@wanadoo.fr*,
Fax 04 75 68 60 02, *www.domaine-la-garenne.com*
14 ha/6 campables (100 empl.) incliné à peu incliné, plat
et en terrasses, herbeux
Tarif : 24€ ★★ ⟵ 🅔 (½) (6A) – pers. suppl. 6€ – frais de
réservation 10€
Location : (Prix 2010) (permanent) 🏕 – 32 🚐
– 8 🏠 – 12 bungalows toilés. Sem. 210 à 650€ – frais
de réservation 10€
🚐 borne artisanale

Nature :	🔖 ⬲ 𝒬𝒬		
Loisirs :	🎮 ⛵ 🏊		
Services :	♿ ⛽ 🚿 🕯 🅟		
À prox. :	🎣		

| Longitude : | 4.9549 |
| Latitude : | 45.20176 |

ST-CHRISTOPHE-EN-OISANS

38520 – **333** K8 – 134 h. – alt. 1 470

🄱 *la Ville* ℘ 04 76 80 50 01

▣ Paris 635 – L'Alpe-d'Huez 31 – La Bérarde 12 – Le Bourg-d'Oisans 21

⚠ **Municipal la Bérarde**
℘ 04 76 79 20 45, Fax 04 76 79 20 45 – croisement parfois
impossible hors garages de dégagement – alt. 1 738
2 ha (165 empl.) non clos, peu incliné et plat, en
terrasses, pierreux, herbeux, rocher
Pour s'y rendre : au lieu-dit : La Bérarde (10,5 km au
sud-est par D 530, d'accès difficile aux caravanes (forte
pente))
À savoir : très agréable site sauvage au bord du Vénéon

Nature :	🔖 ⬲ Parc National des		
Écrins 𝒬			
Loisirs :	🎮 🎣		
Services :	⛽ 🏢 🅟		
À prox. :	🏊 🍷 ✗		

| Longitude : | 6.17629 |
| Latitude : | 44.9578 |

ST-CIRGUES-EN-MONTAGNE

07510 – **331** G5 – 251 h. – alt. 1 044

🄱 *place de l'Église* ℘ 04 75 38 96 37

▣ Paris 586 – Aubenas 40 – Langogne 31 – Privas 68

⚠ **Les Airelles** de déb. avr. à fin oct.
℘ 04 75 38 92 49, *camping.les.airelles@free.fr*, *www.
camping-les-airelles.fr*
0,7 ha (50 empl.) en terrasses et peu incliné, pierreux,
herbeux
Tarif : 16€ ★★ ⟵ 🅔 (½) (6A) – pers. suppl. 4€
Location : (de mi-mai à mi-oct.) – 8 🚐 – 10 🛏.
Nuitée 40 à 450€ – Sem. 260 à 450€
Pour s'y rendre : rte de Lapalisse (sortie nord par D 160,
rte du Lac-d'Issarlès, rive droite du Vernason)

Nature :	🔖 ⬲ 𝒬		
Loisirs :	🍷 snack, pizzeria 🎮		
🏊 🎣			
Services :	⛽ (saison) 🚿 🕯		
laverie			
À prox. :	🏊 🎿 🐴 (centre		
équestre)			

| Longitude : | 4.09545 |
| Latitude : | 44.75545 |

ST-CLAIR-DU-RHÔNE

38370 – **333** B5 – 3 868 h. – alt. 160

▣ Paris 501 – Annonay 35 – Givors 26 – Le Péage-de-Roussillon 10

⚠ **Le Daxia** de déb. avr. à fin sept.
℘ 04 74 56 39 20, *info@campingledaxia.com*,
Fax 04 74 56 45 57, *www.campingledaxia.com*
7,5 ha (120 empl.) plat, herbeux
Tarif : (Prix 2010) 19€ ★★ ⟵ 🅔 (½) (6A) – pers.
suppl. 4€ – frais de réservation 15€
Location : (Prix 2010) (de déb. avr. à fin sept.) 🏕 (de
déb. avr. à fin sept.) – 2 🏠. Sem. 265 à 385€ – frais de
réservation 20€
🚐 borne artisanale 16€ – 6 🅔 16€ – 🚐 11€
Pour s'y rendre : rte du Péage - av. du Plateau des
Frères (2,7 km au sud par D 4 et chemin à gauche, accès
conseillé par N 7 et D 37)
À savoir : beaux emplacements délimités, au bord de la
Varèze

Nature :	🔖 ▱ 𝒬𝒬		
Loisirs :	🍷 pizzeria, le soir		
uniquement 🎮 ⛵ 🏊			
🏊 🎣			
Services :	♿ ⛽ 🚿 🅟 🚐		

| Longitude : | 4.78129 |
| Latitude : | 45.42128 |

ST-COLOMBAN-DES-VILLARDS

73130 – **333** K6 – 182 h. – alt. 1 100

🏛 *chef-lieu* 𝄞 *0479562453*

▶ Paris 643 – Lyon 176 – Chambéry 76 – Grenoble 106

⚠ FranceLoc La Perrière
  𝄞 0479591607, *saint-colomban@franceloc.fr*,
  Fax 0479591517, *www.campings-franceloc.fr*
  2 ha (46 empl.) en terrasses, plat, herbeux, gravier, bois attenant
  Location : – 6 🏠.

| Nature : ≤ montagnes et pic du Puy Gris (2 950 m) ♀ |
| Loisirs : 🏃 |
| Services : 🚿 |
| À prox. : 🚗 🍹 🗙 🚿 🛶 🏇 terrain multisports, escalade (via ferrata et mur) |

| Longitude : 6.22667 |
| Latitude : 45.29417 |

ST-DONAT-SUR-L'HERBASSE

26260 – **332** C3 – 3 497 h. – alt. 202

🏛 *32, avenue Georges Bert* 𝄞 *0475451532*

▶ Paris 545 – Grenoble 92 – Hauterives 20 – Romans-sur-Isère 13

⚠⚠⚠ **Domaine du Lac de Champos** de fin avr. à déb. sept.
  𝄞 0475451781, *contact@lacdechampos.com*,
  Fax 0475450363, *www.lacdechampos.com*
  43 ha/6 campables (60 empl.) plat, en terrasses, herbeux
  Tarif : 19€ 🏕🏕 🚗 🔲 (10A) – pers. suppl. 4€

  Location : (de déb. avr. à fin oct.) – 21 🏠
  – 2 bungalows toilés. Sem. 165 à 475€ – frais de réservation 15€
  🚐 borne autre 3€ – 5 🔲 12€ – 🚐 11€
  Pour s'y rendre : 2 km au nord-est par D 67

  À savoir : cadre agréable au bord du lac de Champos

| Nature : ♀ ⛰ |
| Loisirs : 🍹 snack 🎲 🚿 🏓 🌊 🛶 canoés, voitures à pédales |
| Services : 🚿 🔌 🚿 🍴 laverie |

| Longitude : 5.00543 |
| Latitude : 45.13615 |

⚠⚠ **Les Ulèzes** de déb. avr. à fin oct.
  𝄞 0475478320, *contact@domaine-des-ulezes.com*,
  www.domaine-des-ulezes.com
  2,5 ha (85 empl.) plat, herbeux
  Tarif : 23€ 🏕🏕 🚗 🔲 (10A) – pers. suppl. 4€

  Location : (de déb. avr. à fin oct.) – 4 🏠 – 3 bungalows toilés. Nuitée 50 à 90€ – Sem. 280 à 550€
  🚐 borne artisanale
  Pour s'y rendre : rte de Romans (sortie sud-est par D 53 et chemin à dr., près de l'Herbasse)

| Nature : ☐ ♀ |
| Loisirs : snack 🎲 🚿 ♪ 🚿 |
| Services : 🚿 🔌 🚿 🍴 🔲 |
| À prox. : 🍹 🛶 |

| Longitude : 4.99285 |
| Latitude : 45.11914 |

*LESEN SIE DIE ERLÄUTERUNGEN aufmerksam durch,
damit Sie diesen Camping-Führer mit der Vielfalt der gegebenen
Auskünfte wirklich ausnutzen können.*

ST-FERRÉOL-TRENTE-PAS

26110 – **332** E7 – 235 h. – alt. 417

▶ Paris 634 – Buis-les-Baronnies 30 – La Motte-Chalancon 34 – Nyons 14

⚠⚠ **Le Pilat** de déb. avr. à fin sept.
  𝄞 0475277209, *info@campinglepilat.com*,
  Fax 0475277234, *www.campinglepilat.com*
  1 ha (70 empl.) plat, pierreux, herbeux
  Tarif : 🏕 7€ 🔲 9€ – (6A) 4€

  Location : (de déb. avr. à fin sept.) 🚿 – 19 🏠
  – 1 gîte. Nuitée 45 à 120€ – Sem. 240 à 700€
  🚐 2 🔲 27€
  Pour s'y rendre : rte de Bourdeau (1 km au nord par D 70, au bord d'un ruisseau)

| Nature : 🐟 ≤ ☐ ♀ |
| Loisirs : snack 🎲 🚿 🏓 🌊 🛶 🌊 |
| Services : 🚿 🔌 🚿 🍴 🔲 🚿 |

| Longitude : 5.21195 |
| Latitude : 44.43406 |

729

ST-GALMIER

42330 – **327** E6 – 5 659 h. – alt. 400
🅱 *Le Cloître, 15, boulevard Cousin* ℰ 0477540608
▶ Paris 457 – Lyon 82 – Montbrison 25 – Montrond-les-Bains 11

⚠ **Val de Coise** de mi-avr. à mi-oct.
ℰ 0477541482, *val-de-coise@campeole.com*,
Fax 0477540245, *www.camping-valdecoise.com*
– places limitées pour le passage
3,5 ha (100 empl.) plat, en terrasses, peu incliné, herbeux
Tarif : (Prix 2010) 15€ ★★ ⇛ 🅴 🅷 (16A) – pers.
suppl. 4€

Location : (Prix 2010) (de mi-avr. à mi-oct.) – 11 🚐
– 5 🏠 – 4 bungalows toilés. Nuitée 28 à 87€ – Sem.
196 à 609€ – frais de réservation 25€
🛁 borne autre 1€
Pour s'y rendre : rte de la Thiery (2 km à l'est par D 6 et
chemin à gauche, au bord de la Coise)

Loisirs :	🛋 🏊 ☂ 🏊
Services :	🔧 🕮 🧺 ♨ 🛁
À prox. :	🎣

Longitude : 4.32216
Latitude : 45.58772

ST-GENEST-MALIFAUX

42660 – **327** F7 – 2 891 h. – alt. 980
🅱 *1, rue du Feuillage* ℰ 0477512384
▶ Paris 528 – Annonay 33 – St-Étienne 16 – Yssingeaux 46

⚠ **Municipal de la Croix de Garry**
ℰ 0477512584, *gite.camping@st-genest-malifaux.
fr*, Fax 0477512671, *st-genest-malifaux.fr* – alt. 928
– places limitées pour le passage
2 ha (85 empl.) plat, terrasses, peu incliné, herbeux
Location : (Prix 2010) 🚫 – 8 🏠 – gîte d'étape.
🛁 borne sanistation
Pour s'y rendre : au lieu-dit : La Croix de Garry (sortie
sud par D 501, rte de Montfaucon-en-Velay, près d'un
étang et à 150 m de la Semène)

Nature :	≼
Services :	♿ 🔧 🕮 🧺 🛁
À prox. :	✂ 🎣

Longitude : 4.41921
Latitude : 45.33984

730

Avant de vous installer, consultez les tarifs en cours,
affichés obligatoirement à l'entrée du terrain,
et renseignez-vous sur les conditions particulières de séjour.
Les indications portées dans le guide ont pu être modifiées depuis la mise à jour.

ST-GERVAIS-LES-BAINS

74170 – **328** N5 – 5 638 h. – alt. 820 – ⚒ – Sports d'hiver :
🅱 *43, rue du Mont-Blanc* ℰ 0450477608
▶ Paris 597 – Annecy 84 – Bonneville 42 – Chamonix-Mont-Blanc 25

⚠ **Les Dômes de Miage** de déb. mai à mi-sept.
ℰ 0450934596, *info@camping-mont-blanc.com*,
Fax 0450781075, *www.camping-mont-blanc.com*
– alt. 890
3 ha (150 empl.) plat, herbeux
Tarif : 29€ ★★ ⇛ 🅴 🅷 (10A) – pers. suppl. 4€ – frais
de réservation 10€

Location : (de déb. mai à mi-sept.) 🚫 – 1 🏠.
🛁 borne artisanale – 10 🅴 15€
Pour s'y rendre : 197 rte des Contamines (2 km au sud
par D 902, au lieu-dit les Bernards)

Nature :	🌳 ≼
Loisirs :	🏊
Services :	♿ 🔧 🛁 ♨ laverie 🛋
À prox. :	🍷 ✕ 🛥

Longitude : 6.72022
Latitude : 45.87355

ST-JEAN-DE-MAURIENNE

73300 – **333** L6 – 8 633 h. – alt. 556
🛈 *place de la Cathédrale* ✆ 0479835151
▶ Paris 641 – Lyon 174 – Chambéry 75 – Saint-Martin-d'Hères 105

Municipal les Grands Cols de mi-mai à mi-sept.
✆ 0479642802, *info@campingdesgrandscols.com*,
www.campingdesgrandscols.com
2,5 ha (80 empl.) en terrasses, plat, herbeux
Tarif : (Prix 2010) 19€ 👫 ⚎ 🅴 🚿 (16A) – pers.
suppl. 7€ – frais de réservation 5€

Location : – 7 🚐. – frais de réservation 5€
🚉 borne artisanale 4€ – 40 🅴 19€
Pour s'y rendre : 422 av. du Mont Cenis

Nature : ⩽ montagnes	
Loisirs : snack 🛖 ⚿ terrain omnisports	
Services : ⚏ 🛁 ♻ 🖥	

Longitude : 6.3515
Latitude : 45.2716

ST-JEAN-DE-MUZOLS

07300 – **331** K3 – 2 446 h. – alt. 123
▶ Paris 541 – Annonay 34 – Beaurepaire 53 – Privas 62

Le Castelet de déb. avr. à mi-sept.
✆ 0475080948, *courrier@camping-lecastelet.com*,
www.camping-lecastelet.com
3 ha (66 empl.) en terrasses, plat, herbeux, pierreux
Tarif : 24€ 👫 ⚎ 🅴 🚿 (10A) – pers. suppl. 6€ – frais
de réservation 5€

Location : (de déb. avr. à mi-sept.) – 3 🚐 – 4 🏠.
Sem. 370 à 590€ – frais de réservation 10€
Pour s'y rendre : 113 rte du Grand Pont (2,8 km au sud-
ouest par D 238, rte de Lamastre, au bord du Doux)

Nature : 🐟 ⩽ 🏞 🞧	
Loisirs : 🍹 🛖 ⚿ 🛶 ⛵ 🐾	
Services : ⚏ 🚮 ♻ 🚿 🖥	

Longitude : 4.78564
Latitude : 45.0681

Consultez le site **Voyage.ViaMichelin.fr**

731

ST-JEAN-LE-CENTENIER

07580 – **331** J6 – 634 h. – alt. 350
▶ Paris 623 – Alès 83 – Aubenas 20 – Privas 24

Les Arches de fin avr. à mi-sept.
✆ 0475367545, *info@camping-les-arches.com*,
Fax 0475367545, *www.camping-les-arches.com*
1,5 ha (97 empl.) en terrasses, plat, peu incliné, herbeux
Tarif : 24€ 👫 ⚎ 🅴 🚿 (10A) – pers. suppl. 5€

Location : (permanent) – 10 🚐 – 2 gîtes. Nuitée
60 à 90€ – Sem. 230 à 620€ – frais de réservation 10€
🚉 borne artisanale – 🕸 🚿 11€
Pour s'y rendre : au lieu-dit : Le Cluzel (1,2 km à l'ouest
par D 458a et D 258, rte de Mirabel puis chemin à dr.)

Nature : 🐟	
Loisirs : ⚿ 🚲 ⛵ (plan d'eau)	
Services : ♿ ⚏ ♻ 🚿 🖥	

Longitude : 4.52576
Latitude : 44.58759

ST-JORIOZ

74410 – **328** J5 – 5 694 h. – alt. 452
🛈 *92, route de l'Église* ✆ 0450524056
▶ Paris 545 – Albertville 37 – Annecy 9 – Megève 51

International du Lac d'Annecy de déb. mai à mi-
sept.
✆ 0450686793, *contact@camping-lac-annecy.com*,
Fax 0450686793, *camping-lac-annecy.com*
2,5 ha (163 empl.) plat, herbeux
Tarif : (Prix 2010) 28€ 👫 ⚎ 🅴 🚿 (6A) – pers.
suppl. 6€ – frais de réservation 20€

Location : (Prix 2010) (de mi-mai à mi-sept.) – 18 🚐
– 3 🏠. Sem. 310 à 740€ – frais de réservation 20€
Pour s'y rendre : 1184 rte d'Albertville (1 km au sud-est)

Nature : 🞧	
Loisirs : 🍹 ✗ 🛖 jacuzzi ⚿ 🚲 ⛷ ⚽ terrain omnisports	
Services : ♿ ⚏ ♻ 🛁 🚮 🚿 laverie	

Longitude : 6.17845
Latitude : 45.83078

▲▲▲ **Europa** ♣♣ – de fin avr. à mi-sept.
  ℰ 0450685101, *info@camping-europa.com*,
  Fax 0450685520, *www.camping-europa.com*
  3 ha (210 empl.) plat, herbeux, pierreux
  Tarif : 36€ ✦✦ ⇔ 🅴 🛢 (6A) – pers. suppl. 7€ – frais de
  réservation 25€

  Location : (de fin avr. à mi-sept.) 🚲 – 38 🛖
  – 4 🏠. Sem. 308 à 805€ – frais de réservation 25€
  Pour s'y rendre : 1444, rte d'Albertville (1,4 km au
  sud-est)

  À savoir : bel ensemble aquatique

Nature : ≤ ♀	
Loisirs : 🍷 ✗ 🗗 ⛹ 🏊 🚴 🏓 ⛵ terrain omnisports	
Services : 🚿 ⚡ 🍽 ♨ ⊽ 🚻 laverie 🚰	

Longitude : 6.18185
Latitude : 45.83

▲▲ **Le Solitaire du Lac** de mi-avr. à mi-sept.
  ℰ 0450685930, *campinglesolitaire@wanadoo.*
  fr, Fax 0450685930, *www.campinglesolitaire.com*
  – croisement difficile
  3,5 ha (200 empl.) plat, herbeux
  Tarif : 19€ ✦✦ ⇔ 🅴 🛢 (6A) – pers. suppl. 4€ – frais de
  réservation 6€

  Location : (de mi-avr. à mi-sept.) 🚲 – 15 🛖.
  Nuitée 50 à 100€ – Sem. 350 à 680€ – frais de
  réservation 33€
  🚐 borne artisanale
  Pour s'y rendre : 615 rte de Sales (1 km au nord)

  À savoir : situation agréable près du lac (accès direct)

Nature : 🌳 ♀♀ ⚠	
Loisirs : 🛶 🏊 🚴 🎣	
Services : 🚿 ⚡ 🍽 🚻 laverie 🚰	

Longitude : 6.14492
Latitude : 45.8407

ST-JULIEN-EN-ST-ALBAN

07000 – **331** K5 – 1 246 h. – alt. 131
◗ Paris 587 – Aubenas 41 – Crest 29 – Montélimar 35

▲ **L'Albanou** de fin avr. à fin sept.
  ℰ 0475660097, *camping.albanou@wanadoo.fr*,
  Fax 0475660097, *www.camping-albanou.com*
  1,5 ha (60 empl.) plat, herbeux
  Tarif : ✦ 5€ ⇔ 5€ 🅴 5€ – 🛢 (6A) 4€

  Location : (Prix 2010) (de fin avr. à fin sept.) – 3 🛖.
  Sem. 355 à 520€
  🚐 borne artisanale – 6 🅴 10€
  Pour s'y rendre : chemin de Pampelonne (1,4 km à l'est
  par N 304, rte de Pouzin et chemin de Celliers à dr., près
  de l'Ouvèze)

Nature : 🌳 ≤ 🏞 ♀	
Loisirs : jacuzzi spa 🏊 🚴 🏓	
Services : 🚿 ⚡ 🚻 🔲 🚰	

Longitude : 4.71369
Latitude : 44.75651

⚓ ✗ *ATTENTION :*
🚰 *these facilities are not necessarily available throughout*
🏊 🐎 *the entire period that the camp is open - some are only*
  available in the summer season.

ST-JUST

07700 – **331** J8 – 1 469 h. – alt. 64
◗ Paris 637 – Montélimar 36 – Nyons 51 – Pont-St-Esprit 6

▲▲▲ **La Plage** de mi-avr. à fin sept.
  ℰ 0475046946, *info@campingdelaplage.com*,
  Fax 0475046946, *www.campingdelaplage.com*
  2,5 ha (117 empl.) plat, herbeux
  Tarif : 23€ ✦✦ ⇔ 🅴 🛢 (10A) – pers. suppl. 5€ – frais
  de réservation 8€

  Location : (de mi-avr. à fin sept.) 🚲 – 4 🛖. Sem.
  265 à 540€ – frais de réservation 15€
  Pour s'y rendre : 2,5 km au sud par N 86, rte de Pont-
  St-Esprit et à dr. av. le pont, à 100 m de l'Ardèche

Nature : 🏞 ♀♀	
Loisirs : 🏊 🏊	
Services : ⚡ 🚻 🔲	
À prox. : 🏊	

Longitude : 4.61516
Latitude : 44.2815

ST-LAURENT-DU-PAPE

07800 – **331** K5 – 1 507 h. – alt. 100

▶ Paris 578 – Aubenas 56 – Le Cheylard 43 – Crest 29

▲▲▲ **La Garenne** de déb. mars à fin oct.
& 0475622462, *info@lagarenne.org, www.lagarenne.org*
6 ha/4 campables (116 empl.) plat, en terrasses, pierreux, herbeux
Tarif : 32€ ★★ ⇔ 🅴 🄵 (4A) – pers. suppl. 6€ – frais de réservation 20€
Location : (de déb. avr. à fin sept.) ✂ – 2 🚐 – 1 🏠 Sem. 360 à 770€ – frais de réservation 20€
Pour s'y rendre : quartier de la Garenne (au nord du bourg, accès près de la poste)

Nature : 🌳
Loisirs : ✗ snack 🏛 🏸
🎱 🏊
Services : 🚿 ⚡ 🚐 🍴 🏪
🍴 🏖 ♨

Longitude : 4.76228
Latitude : 44.82525

ST-LAURENT-DU-PONT

38380 – **333** H5 – 4 519 h. – alt. 410

🛈 *place de la Mairie &* 0476062255

▶ Paris 560 – Chambéry 29 – Grenoble 34 – La Tour-du-Pin 42

▲ **Municipal les Berges du Guiers** de mi-juin à mi-sept.
& 0476552063, *tourisme.st-laurent-du-pont@wanadoo.fr,* Fax 0476062121, *www.chartreuse-tourisme.com*
1 ha (45 empl.) plat, herbeux
Tarif : (Prix 2010) 17€ ★★ ⇔ 🅴 🄵 (5A) – pers. suppl. 5€ – frais de réservation 10€
Pour s'y rendre : sortie nord par D 520, rte de Chambéry et à gauche, au bord du Guiers Mort - passerelle pour piétons reliant le village

Nature : ≤ 🌳
Services : 🚿 ⚡ 🏖 🍴 🏪
À prox. : 🏸 🎱 🏊

Longitude : 5.73483
Latitude : 45.38746

ST-LAURENT-EN-BEAUMONT

38350 – **333** I8 – 394 h. – alt. 900

▶ Paris 613 – Le Bourg-d'Oisans 43 – Corps 16 – Grenoble 51

▲▲▲ **Belvédère de l'Obiou** de mi-avr. à mi-oct.
& 0476304080, *info@camping-obiou.com,*
Fax 0476304486, *www.camping-obiou.com*
1 ha (45 empl.) plat, peu incliné, terrasses, herbeux
Tarif : 24€ ★★ ⇔ 🅴 🄵 (10A) – pers. suppl. 6€ – frais de réservation 15€
Location : (de déb. mai à fin sept.) – 5 🚐 – 2 ⛺.
Nuitée 42 à 72€ – Sem. 294 à 504€ – frais de réservation 15€
🚐 borne artisanale 5€ – 3 🅴 19€
Pour s'y rendre : lieu-dit : Les Égats (1,3 km au sud-ouest par N 85)

Nature : ≤ 🌳
Loisirs : snack 🏛 🏸 🚲 🏊
(petite piscine découverte l'été)
Services : 🚿 ⚡ 🏛 🏖 🍴 🏪
♨
À prox. : 🍷

Longitude : 5.83779
Latitude : 44.87597

ST-LAURENT-LES-BAINS

07590 – **331** F6 – 157 h. – alt. 840

🛈 *le village &* 0466466994

▶ Paris 603 – Aubenas 64 – Langogne 30 – Largentière 52

▲ **Le Ceytrou** de déb. avr. à mi-nov.
& 0466460203, *campingleceytrou@wanadoo.fr,*
Fax 0466460203, *campingleceytrou.free.fr*
2,5 ha (60 empl.) plat et peu incliné, terrasses, pierreux, herbeux
Tarif : 14€ ★★ ⇔ 🅴 🄵 (10A) – pers. suppl. 3€
Location : (de déb. avr. à mi-nov.) – 12 🏠. Nuitée 40 à 80€ – Sem. 250 à 420€
Pour s'y rendre : 2,1 km au sud-est par D 4
À savoir : agréable situation au cœur des montagnes du Vivarais Cévenol

Nature : 🏊 ≤ 🌳
Loisirs : 🏛 🎱 🔭 🛶 🏊
Services : 🚿 ⚡ 🚐 🏖 🏪

Longitude : 3.97029
Latitude : 44.60682

ST-MARTIN-D'ARDÈCHE

07700 – **331** I6 – 834 h. – alt. 46

◨ *place de l'Église* ℰ *0475987091*

◪ Paris 641 – Bagnols-sur-Cèze 21 – Barjac 27 – Bourg-St-Andéol 13

⋀ **Le Pontet** de déb. avr. à fin sept.
  ℰ 0475046307, *contact@campinglepontet.com*,
  www.campinglepontet.com
  1,8 ha (100 empl.) plat et terrasse, herbeux
  Tarif : (Prix 2010) 23€ **★★ ⇌ 回 ⚡** (10A) – pers.
  suppl. 5€ – frais de réservation 9€
  Location : (Prix 2010) (de déb. avr. à fin sept.) – 5 ⟨⟩
  – 10 ⌂. Sem. 200 à 495€ – frais de réservation 26€
  ⛗ borne artisanale 3€ – 4 回 7€ – ⛴ 7€
  Pour s'y rendre : lieu-dit : Le Pontet (1,5 km à l'est par
  D 290, rte de St-Just et chemin à gauche)

Nature : 〜 ᵕᵕ	
Loisirs : 🍴 snack 🏠 ᴸ	
🚲 ⛵	
Services : ♿ ⚬ᵣ ♨ ᵞ 回 ⚗	

Longitude : 4.56733
Latitude : 44.3011

⋀ **Les Gorges** de déb. avr. à mi-sept.
  ℰ 0475046109, *info@camping-des-gorges.com*,
  Fax 0475046109, *www.camping-des-gorges.com*
  1,2 ha (92 empl.) plat, terrasses, herbeux, pierreux
  Tarif : (Prix 2010) 34€ **★★ ⇌ 回 ⚡** (10A) – pers.
  suppl. 6€ – frais de réservation 30€
  Location : (Prix 2010) (de déb. avr. à mi-sept.)
  – 25 ⟨⟩. Nuitée 45 à 128€ – Sem. 315 à 896€ – frais
  de réservation 30€
  ⛗ borne artisanale
  Pour s'y rendre : chemin de Sauze (1,5 km au nord-
  ouest)

Nature : ≤ ᵕᵕ	
Loisirs : 🍴 🍴 🏠 ᴸ ⛲	
⛱	
Services : ♿ ⚬ᵣ 🏛 ♨ 回	
⚗ ⚗	

Longitude : 4.56733
Latitude : 44.3011

⋀ **Indigo le Moulin** de mi-avr. à déb. oct.
  ℰ 0475046620, *moulin@camping-indigo.com*,
  Fax 0475046012, *www.camping-indigo.com*
  6,5 ha (200 empl.) plat, peu incliné, sablonneux, herbeux
  Tarif : (Prix 2010) 25€ **★★ ⇌ 回 ⚡** (10A) – pers.
  suppl. 5€ – frais de réservation 10€
  Location : (Prix 2010) (de mi-avr. à déb. oct.)
  – 6 roulottes – 30 tentes. Nuitée 41 à 90€ – Sem.
  200 à 630€ – frais de réservation 10€
  ⛗ borne autre 4€
  Pour s'y rendre : . (sortie sud-est par D 290, rte de St-
  Just et à dr. (D 200), au bord de l'Ardèche)

Nature : ᵠ	
Loisirs : snack, pizzeria 🏠	
⛱ ᴸ ⛲	
Services : ♿ ⚬ᵣ ♨ 回 ⚗	

Longitude : 4.57131
Latitude : 44.30084

734

Verwar niet :
⋀... tot ... ⋀⋀⋀: MICHELIN indeling
en
★ ... tot ... ★★★★★ : officiële classificatie

ST-MARTIN-DE-CLELLES

38930 – **333** G8 – 150 h. – alt. 750

◪ Paris 616 – Lyon 149 – Grenoble 48 – Saint-Martin-d'Hères 49

⋀ **La Chabannerie** de déb. mai à fin sept.
  ℰ 0476340038, *direction@camping-isere.net*, *www.
  camping-isere.fr*
  2,5 ha (49 empl.) en terrasses, plat, peu incliné, pierreux,
  herbeux
  Tarif : 19€ **★★ ⇌ 回 ⚡** (10A) – pers. suppl. 4€
  ⛗ borne autre 16€
  Pour s'y rendre : Lotissement La Chabannerie

Nature : 〜 ≤ ▱ ᵕᵕ	
Loisirs : 🏠 ᴸ	
Services : ⚬ᵣ ✂ 🏛 ♨ 回 ⚗	

Longitude : 5.62487
Latitude : 44.85119

ST-MARTIN-EN-VERCORS

26420 – **332** F3 – 355 h. – alt. 780

▶ Paris 601 – La Chapelle-en-Vercors 9 – Grenoble 51 – Romans-sur-Isère 46

⚠ **La Porte St-Martin** de déb. mai à fin sept.
℘ 04 75 45 51 10, *infos@camping-laportestmartin.com*,
www.camping-laportestmartin.com
1,5 ha (66 empl.) plat et en terrasses, incliné, herbeux,
gravier, pierreux
Tarif : 18€ ✳✳ ⇚ 🗉 (4) (16A) – pers. suppl. 7€
Location : (permanent) 🕸 – 3 🏠. Sem.
350 à 600€
🚐 borne artisanale 8€
Pour s'y rendre : sortie nord par D 103

Nature : ≤ ♀
Loisirs : 🛖 ⊰⊱ 🛝 (petite piscine)
Services : 🗲 ⚬── 🗋 🍴 🖥

Longitude : 5.44282
Latitude : 45.0215

ST-MAURICE-D'ARDÈCHE

07200 – **331** I6 – 295 h. – alt. 140

▶ Paris 639 – Aubenas 12 – Largentière 16 – Privas 44

⚠ **Le Chamadou** de déb. avr. à fin oct.
℘ 08 20 36 61 97, *infos@camping-le-chamadou.com*,
Fax 04 75 37 08 04, *www.camping-le-chamadou.com*
✉ 07120 Balazuc
1 ha (86 empl.) peu incliné, plat, herbeux
Tarif : 25€ ✳✳ ⇚ 🗉 (4) (10A) – pers. suppl. 6€ – frais
de réservation 14€
Location : (de déb. avr. à fin oct.) – 20 🏠. Nuitée
30 à 160€ – Sem. 210 à 1 100€ – frais de réservation
14€
Pour s'y rendre : au lieu-dit : Mas de Chaussy (3,2 km
au sud-est par D 579, rte de Ruoms et chemin à gauche,
à 500 m d'un étang)

Nature : 🍃 ≤ 🏕 ♀
Loisirs : 🍷 pizzeria, snack 🛖 🏊 🛝
Services : 🗲 ⚬── ⚘ 🍴 🖥
À prox. : 🏊

Longitude : 4.4039
Latitude : 44.50782

ST-MAURICE-D'IBIE

07170 – **331** I6 – 193 h. – alt. 220

▶ Paris 636 – Alès 64 – Aubenas 23 – Pont-St-Esprit 63

⚠ **Le Sous-Bois** de déb. mai à fin sept.
℘ 04 75 94 86 95, *camping.lesousbois@wanadoo.fr*,
Fax 04 75 94 86 95, *www.le-sous-bois.fr*
2 ha (50 empl.) non clos, plat, herbeux, pierreux
Tarif : 24€ ✳✳ ⇚ 🗉 (4) (10A) – pers. suppl. 7€
Location : (de déb. mai à fin sept.) – 13 🏠
– 2 studios – 3 bungalows toilés. Nuitée 35 à 76€
– Sem. 240 à 530€
Pour s'y rendre : au lieu-dit : Les Plots (2 km au sud par
D 558, rte de Vallon-Pont-d'Arc, puis chemin empierré
à dr.)
À savoir : au bord de l'Ibie, agréable cadre sauvage

Nature : 🍃 ♀♀
Loisirs : 🍷 pizzeria, (dîner seulement) 🚣 🛝 terrain multisports
Services : 🗲 ⚬── (juil.-août) ⚘ 🖥 🏕

Longitude : 4.47487
Latitude : 44.49038

ST-NAZAIRE-EN-ROYANS

26190 – **332** E3 – 703 h. – alt. 172

▶ Paris 576 – Grenoble 69 – Pont-en-Royans 9 – Romans-sur-Isère 19

⚠ **Municipal** de déb. mai à fin sept.
℘ 04 75 48 41 18, *mairie-stnazaire@wanadoo.fr*,
Fax 04 75 48 44 32
1,5 ha (75 empl.) plat et peu incliné, herbeux
Tarif : (Prix 2010) 8€ ✳✳ ⇚ 🗉 (4) (6A) – pers. suppl. 3€
Pour s'y rendre : 700 m au sud-est, rte de St-Jean-en-
Royans
À savoir : au bord de la Bourne (plan d'eau)

Nature : 🏕 ♀♀
Loisirs : 🛖 🏊
Services : 🗲 ⚬── 🗋 🖥

Longitude : 5.24809
Latitude : 45.05909

ST-PAUL-DE-VÉZELIN

42590 – **327** D4 – 293 h. – alt. 431
▶ Paris 415 – Boën 19 – Feurs 30 – Roanne 26

Arpheuilles de déb. mai à déb. sept.
℘ 0477634343, arpheuilles@wanadoo.fr, www.
camping-arpheuilles.com – croisement difficile pour
caravanes
3,5 ha (80 empl.) peu incliné, en terrasses, herbeux
Tarif : (Prix 2010) 23€ ★★ ⟞ 🗉 🐾 (6A) – pers.
suppl. 5€

Location : (Prix 2010) (de déb. mai à déb. sept.)
– 2 🚐. Sem. 424 à 530€ – frais de réservation 20€
Pour s'y rendre : 4 km au nord, à Port Piset, près du
fleuve (plan d'eau)

À savoir : belle situation dans les gorges de la Loire

| Nature : 🦢 ≤ ⚲ ⛲ |
| Loisirs : 🍴 🏛 🚣 ♒ 🛶 ⚓ |
| canoë, catamaran |
| Services : ♿ ⟝ ⌗ ⚟ ⚿ ⚡ |
| 🅿 🚿 |

| Longitude : 4.0663 |
| Latitude : 45.91163 |

ST-PIERRE-DE-CHARTREUSE

38380 – **333** H5 – 901 h. – alt. 885 – Sports d'hiver : 900/1 800 m 🚡1🚠13🚵
🛈 place de la Mairie ℘ 0476886208
▶ Paris 571 – Belley 62 – Chambéry 39 – Grenoble 28

De Martinière de déb. mai à mi-sept.
℘ 0476886036, camping-de-martiniere@orange.fr,
Fax 0476886910, www.campingdemartiniere.com
1,5 ha (100 empl.) non clos, plat et peu incliné, herbeux
Tarif : 26€ ★★ ⟞ 🗉 🐾 (10A) – pers. suppl. 6€ – frais
de réservation 8€

Location : (de mi-mai à mi-sept.) ⌀ – 4 🚐. Sem.
245 à 500€ – frais de réservation 8€
🚐 borne artisanale – 2 🗉 19€ – 🎣 11€
Pour s'y rendre : rte du Col de Porte (3 km au sud-
ouest par D 512, rte de Grenoble)

À savoir : site agréable au cœur de la Chartreuse

| Nature : ≤ ⚲ |
| Loisirs : 🏛 🚣 ♒ |
| Services : ⟝ ⚏ ⛺ 🐾 |
| À prox. : ✗ |

| Longitude : 5.79717 |
| Latitude : 45.32583 |

ST-PRIVAT

07200 – **331** I6 – 1 570 h. – alt. 304
▶ Paris 631 – Lyon 169 – Privas 26 – Valence 65

Le Plan d'Eau de fin avr. à mi-sept.
℘ 0475354498, info@campingleplandeau.fr,
Fax 0475354498, www.campingleplandeau.fr
3 ha (100 empl.) plat, pierreux, herbeux
Tarif : 31€ ★★ ⟞ 🗉 🐾 (8A) – pers. suppl. 6€ – frais de
réservation 20€

Location : (de fin avr. à mi-sept.) ⌀ – 7 🚐
– 16 🏠. Sem. 215 à 550€ – frais de réservation 20€
Pour s'y rendre : rte de Lussas (2 km au sud-est par
D 259)

| Nature : 🦢 ⚲⚲ |
| Loisirs : 🍴 snack 🚣 ♒ 🏊 |
| ♒ |
| Services : ♿ ⟝ ⛺ 🐾 laverie |

| Longitude : 4.43296 |
| Latitude : 44.61872 |

ST-REMÈZE

07700 – **331** J7 – 826 h. – alt. 365
▶ Paris 645 – Barjac 30 – Bourg-St-Andéol 16 – Pont-St-Esprit 27

Carrefour de l'Ardèche de déb. avr. à fin sept.
℘ 0475041575, carrefourardeche@yahoo.fr,
Fax 0475043505, www.ardechecamping.net
1,7 ha (90 empl.) plat, peu incliné, herbeux, pierreux
Tarif : 26€ ★★ ⟞ 🗉 🐾 (10A) – pers. suppl. 7€ – frais
de réservation 18€

Location : (de déb. avr. à fin sept.) – 15 🚐. Nuitée
48 à 80€ – Sem. 270 à 620€ – frais de réservation 18€
Pour s'y rendre : sortie est, par D 4,

| Nature : ≤ 🛖 |
| Loisirs : 🍴 snack 🏛 🚣 ♒ |
| Services : ♿ ⟝ 🐾 🅿 ♒ |
| À prox. : canoë |

| Longitude : 4.51079 |
| Latitude : 44.39109 |

◭ **La Résidence d'Été** de déb. avr. à mi-oct.
℘ 04 75 04 26 87, *mail@campinglaresidence.net*, *www. campinglaresidence.net*
1,6 ha (60 empl.) peu incliné à incliné, en terrasses, herbeux, pierreux, verger
Tarif : 25€ ✱✱ ⬅ 🅴 ⚡ (5A) – pers. suppl. 9€ – frais de réservation 10€
Location : (de déb. avr. à mi-oct.) – 19 🏚. Nuitée 70 à 90€ – Sem. 450 à 630€ – frais de réservation 10€
Pour s'y rendre : r. de la Batteuse (vers sortie est, rte de Bourg-St-Andéol)

Nature :	⩽ ♀			
Loisirs :	✗	🛶	🏊	
Services :	🚿	⚬	⚐	🛒 🚲
À prox. :	canoë			

Longitude : 4.50011
Latitude : 44.39144

◭ **Domaine de Briange** de déb. mai à mi-sept.
℘ 04 75 04 11 43, *briange@free.fr*, *www. campingdebriange.com*
4 ha (80 empl.) plat, peu incliné, herbeux, sablonneux, pierreux
Tarif : (Prix 2010) 24€ ✱✱ ⬅ 🅴 ⚡ (6A) – pers. suppl. 7€
Location : (Prix 2010) (permanent) – 18 🏠 – 5 bungalows toilés. Nuitée 40 à 131€ – Sem. 270 à 890€
Pour s'y rendre : rte de Gras (2 km au nord par D 362)

Nature :	🌲 ♀			
Loisirs :	✗ snack	🛶	🏓	🏊
Services :	🚿	⚬	🛒	
À prox. :	canoë			

Longitude : 4.50011
Latitude : 44.39144

ST-SAUVEUR-DE-CRUZIÈRES

07460 – **331** H8 – 533 h. – alt. 150
▶ Paris 674 – Alès 28 – Barjac 9 – Privas 81

◭ **La Claysse** de déb. avr. à fin sept.
℘ 04 75 35 40 65, *camping.claysse@wanadoo.fr*, Fax 04 75 36 68 65, *www.campingdelaclaysse.com* – Pour caravanes et camping-cars, accès par le haut du village.
5 ha/1 campable (60 empl.) plat et terrasses, herbeux
Tarif : (Prix 2010) 23€ ✱✱ ⬅ 🅴 ⚡ (10A) – pers. suppl. 5€ – frais de réservation 15€
Location : (Prix 2010) (de déb. avr. à fin sept.) 🚫 – 13 🏚. Nuitée 60 à 85€ – Sem. 220 à 575€ – frais de réservation 15€
Pour s'y rendre : au lieu-dit : La Digue (au nord-ouest du bourg, au bord de la rivière)

Nature :	♀			
Loisirs :	snack	🏠	🛶	🚴 🏊
	🏊 🎣			
Services :	⚬	🚽	🛒	
À prox. :	site d'escalade			

Longitude : 4.25365
Latitude : 44.29961

737

Donnez-nous votre avis sur les terrains que nous recommandons. Faites-nous connaître vos observations et vos découvertes par mail à l'adresse : leguidecampingfrance@fr.michelin.com.

ST-SAUVEUR-DE-MONTAGUT

07190 – **331** J5 – 1 154 h. – alt. 218
🛈 *quartier de la Tour* ℘ 04 75 65 43 13
▶ Paris 597 – Le Cheylard 24 – Lamastre 29 – Privas 24

◬ **L'Ardéchois** de fin avr. à fin sept.
℘ 04 75 66 61 87, *ardechois.camping@wanadoo.fr*, Fax 04 75 66 63 67, *www.ardechois-camping.fr*
37 ha/5 campables (107 empl.) en terrasses, herbeux
Tarif : 29€ ✱✱ ⬅ 🅴 ⚡ (10A) – pers. suppl. 7€ – frais de réservation 23€
Location : (de fin avr. à fin sept.) – 19 🏚 – 8 🏠. Sem. 310 à 675€ – frais de réservation 23€
🚐 borne autre
Pour s'y rendre : 8,5 km à l'ouest par D 102, rte d'Albon
À savoir : au bord de la Glueyre

Nature :	🌲 ⩽ ♀♀			
Loisirs :	🍽 ✗	🏠	🛶	🚴
	🏊 🏊 🎣			
Services :	🚿	⚬	🛁 ⚐	🛒 🚲
À prox. :	canoë			

Longitude : 4.52294
Latitude : 44.82893

ST-SAUVEUR-EN-RUE

42220 – **327** F8 – 1 111 h. – alt. 780
▶ Paris 541 – Annonay 22 – Condrieu 39 – Montfaucon-en-Velay 24

▲ **Municipal Les Régnières** Permanent
    ℘ 0477392471, *bonocamping@orange.fr*,
    Fax 0477392533 – places limitées pour le passage
    1 ha (40 empl.) en terrasses, plat, herbeux, pierreux
    Tarif : 17€ ✹✹ ⇌ 🅴 🅹 (10A) – pers. suppl. 5€ – frais
    de réservation 30€

    Location : (permanent) 🏠 (de déb. mars à fin oct.)
    – 2 🛏. Nuitée 70 à 80€ – Sem. 300 à 350€ – frais de
    réservation 30€
    🛒 5 🅴 14€
    Pour s'y rendre : 29 rte de Tracol (800 m au sud-ouest
    par D 503, rte de Monfaucon, près de la Deôme)

Nature : ≤ 🏕	
Loisirs : 🍴 snack 🏊 🔲 (découverte en saison) 🏊 (bassin) 🏊	
Services : ⚬⇥ 🚿 🗑	
À prox. : 🏇	

Longitude : 4.51119
Latitude : 45.27742

ST-SYMPHORIEN-SUR-COISE

69590 – **327** F6 – 3 428 h. – alt. 558
▶ Paris 489 – Andrézieux-Bouthéon 26 – L'Arbresle 36 – Feurs 30

▲ Intercommunal Centre de Loisirs de
    Hurongues
    ℘ 0478484429, *camping-hurongues@orange.fr*,
    Fax 0478484429, *www.camping-hurongues.com*
    3,6 ha (120 empl.) peu incliné et en terrasses, pierreux
    🛒 borne artisanale
    Pour s'y rendre : 3,5 km à l'ouest par D 2, rte de
    Chazelles-sur-Lyon, à 400 m d'un plan d'eau

    À savoir : agréable cadre boisé autour d'un parc de
    loisirs

Nature : 🏞 🏕 ⚏	
Loisirs : 🏊	
Services : ⚬⇥ 🗑 ♨ 🖼	
À prox. : 🏇 ✖ 🔲 🎣	

Longitude : 4.45445
Latitude : 45.63229

738

ST-THÉOFFREY

38119 – **333** H8 – 419 h. – alt. 936
▶ Paris 595 – Le Bourg-d'Oisans 44 – Grenoble 33 – La Mure 10

▲ Au Pré du Lac
    ℘ 0476839134, *info@aupredulac.nl*, Fax 0476308764,
    www.aupredulac.com

    Location : 3 🛏 – 2 🏠 – Huttes. – frais de
    réservation 12,50€
    Pour s'y rendre : au Hameau Pétichet

Nature : ♀ ▲	
Loisirs : ✖ 🏊 🏊 🏊 🎣 🐟	
Services : ♿ ⚬⇥ 🗑 ♨ laverie 🚿	
À prox. : 🛒	

Longitude : 5.77197
Latitude : 44.98332

ST-VALLIER

26240 – **332** B2 – 4 010 h. – alt. 135
🅱 *avenue Désiré Valette* *℘* 0475234533
▶ Paris 526 – Annonay 21 – St-Étienne 61 – Tournon-sur-Rhône 16

▲ **Municipal les Îsles de Silon** de mi-mars à mi-nov.
    ℘ 0475232217, *camping.saintvallier@orange.fr*, *www.
    saintvallier.com*
    1,35 ha (92 empl.) plat, herbeux, pierreux
    Tarif : (Prix 2010) ✹ 2€ ⇌ 3€ 🅴 2€ – 🅹 (10A) 2€

    Location : (Prix 2010) (de mi-mars à mi-nov.) 🏠 (de
    mi-mars à mi-nov.) – 4 🛏. Nuitée 55 à 70€ – Sem.
    260 à 400€
    Pour s'y rendre : Les Iles (au nord, près du Rhône)

Nature : ≤ 🏕 ⚏	
Loisirs : 🏊	
Services : ⚬⇥ 🗑 🖼	
À prox. : ✖ 🏊	

Longitude : 4.81593
Latitude : 45.17864

STE-CATHERINE

69440 – **327** G6 – 926 h. – alt. 700
▶ Paris 488 – Andrézieux-Bouthéon 38 – L'Arbresle 37 – Feurs 43

△ Municipal du Châtelard
 𝄢 0478818060, *mairie-ste-catherine@wanadoo.fr*,
 Fax 0478818773, *www.cc-paysmornantais.fr* – alt. 800
 – places limitées pour le passage
 4 ha (61 empl.) en terrasses, herbeux, gravier
 Pour s'y rendre : au lieu-dit : le Châtelard (2 km au sud)

| Nature : ⌖ ⩽ Mont Pilat et Monts du Lyonnais ⌂ |
| Loisirs : 🎦 |
| Services : 🖥 |

Longitude : 4.57025
Latitude : 45.59953

SALAVAS

07150 – **331** I7 – 534 h. – alt. 96
▶ Paris 668 – Lyon 206 – Privas 58 – Nîmes 77

⚏ **Le Péquelet** de fin mars à fin sept.
 𝄢 0475880449, *info@lepequelet.com*,
 Fax 0475371846, *lepequelet.com*
 2 ha (60 empl.) plat, herbeux
 Tarif : 29€ ★★ ⇌ 🔲 (10A) – pers. suppl. 8€ – frais
 de réservation 10€

 Location : (de fin mars à fin sept.) – 15 🛖 – 9 🏠
 – 2 appartements. Nuitée 50 à 90€ – Sem. 350 à 650€
 – frais de réservation 10€
 🚐 borne artisanale 5€ – 🔋 15€
 Pour s'y rendre : au lieu-dit : Le Cros (sortie sud par
 D 579, rte de Barjac et 2 km par rte à gauche)
 À savoir : au bord de l'Ardèche (accès direct)

| Nature : ⌖ ⌂ 〰 ⚏ |
| Loisirs : 🎦 ✂ ⌇ 〰 canoë |
| Services : 🚿 ⛓ 🏕 ♨ |

Longitude : 4.39806
Latitude : 44.39075

SALLANCHES

74700 – **328** M5 – 15 495 h. – alt. 550
🛈 *32, quai de l'Hôtel de Ville* 𝄢 0450580425
▶ Paris 585 – Annecy 72 – Bonneville 29 – Chamonix-Mont-Blanc 28

⚏ **Village Center Les Îles** de mi-mai à mi-sept.
 𝄢 0825002030, *resa@village-center.com*,
 Fax 0467516389, *www.village-center.fr/C22*
 4,6 ha (260 empl.) plat, herbeux, pierreux
 Tarif : (Prix 2010) 18€ ★★ ⇌ 🔲 (10A) – pers. suppl. 4€

 Location : (Prix 2010) (de mi-mai à mi-sept.) – 47 🛖
 – 10 🏠. Nuitée 39 à 101€ – Sem. 192 à 707€ – frais de
 réservation 30€
 Pour s'y rendre : 245 chemin de la Cavettaz (2 km au
 sud-est, au bord d'un ruisseau et à 250 m d'un plan
 d'eau)

| Nature : ⩽ ⌂ 〰 |
| Loisirs : 🍽 🕑 diurne |
| Services : 🚿 ⛓ 🏕 🛁 ♨ 🖥 🛒 |
| À prox. : 🏊 〰 ⚓ 🐎 (centre équestre) |

Longitude : 6.65103
Latitude : 45.92404

739

LA SALLE-EN-BEAUMONT

38350 – **333** I8 – 276 h. – alt. 756
▶ Paris 614 – Le Bourg-d'Oisans 44 – Gap 51 – Grenoble 52

⚏ **Le Champ Long** de déb. avr. à mi-oct.
 𝄢 0476304181, *champlong38@orange.fr*,
 Fax 0476304721, *www.camping-champlong.com*
 – accès aux emplacements par forte pente, mise en
 place et sortie des caravanes à la demande
 5 ha (97 empl.) non clos, en terrasses, plat, vallonné,
 accidenté, herbeux, pierreux
 Tarif : 20€ ★★ ⇌ 🔲 (10A) – pers. suppl. 4€ – frais
 de réservation 11€

 Location : (permanent) – 4 🛖 – 13 🏠 – 3 🏚. Nuitée
 53 à 95€ – Sem. 350 à 660€ – frais de réservation 11€
 🚐 borne artisanale 5€ – 5 🔲 16€ – 🔋 13€
 Pour s'y rendre : lieu-dit : Le Champ-Long (2,7 km au sud-
 ouest par N 85, rte de la Mure et chemin à gauche, mise en
 place des caravanes pour les empl. à forte pente)

| Nature : ⌖ ⩽ Vallée et lac ⌂ 〰 |
| Loisirs : 🍽 snack 🎦 ⚓ 🚲 ⌇ |
| Services : 🚿 ⛓ ♨ 🖥 🛒 |

Longitude : 5.83184
Latitude : 44.86393

SAMOËNS

74340 – **328** N4 – 2 368 h. – alt. 710
🚉 *Gare Routière* ℰ 0450344028
▶ Paris 598 – Lyon 214 – Annecy 82 – Genève 63

⛰ **Le Giffre** Permanent
ℰ 0450344192, *camping.samoens@wanadoo.fr*,
Fax 0450349884, *www.camping-samoens.com*
7 ha (312 empl.) plat, herbeux, pierreux
Tarif : (Prix 2010) 15€ ✶✶ ⇔ ▣ ⛽ (10A) – pers.
suppl. 4€

Location : (Prix 2010) (permanent) ⌁ – 1 🛖
– 6 🏠 – 6 studios – 3 tentes. Nuitée 35 à 60€ – Sem.
170 à 560€
🚐 borne flot bleu 5€ – 14 ▣ 12€ – 🔵⛽ 11€
Pour s'y rendre : au lieu-dit : La Glière

À savoir : dans un site agréable, près d'un lac et d'un
parc de loisirs

Nature : ❄ ≤ ♀	
Loisirs : 🎣 🎿	
Services : ⛒ ⚷ ▥ 🛁 ⚘ ♻	
▥	
À prox. : 🍷snack 🏇 🎣 💈	
🏊 🛶 🛼 ⚓ patinoire, practice	
de golf, parcours sportif, parc	
aventure, base de rafting	

Longitude : 6.71917
Latitude : 46.07695

*Ce guide n'est pas un répertoire de tous les terrains de camping
mais une sélection des meilleurs campings dans chaque catégorie.*

SAMPZON

07120 – 213 h. – alt. 120
▶ Paris 660 – Lyon 198 – Privas 56 – Nîmes 85

⛰ **Yelloh! Village Soleil Vivarais** ♣♦ – de mi-avr. à
mi-sept.
ℰ 0475396756, *info@soleil-vivarais.com*,
Fax 0475396469, *www.soleil-vivarais.com*
12 ha (350 empl.) plat, herbeux, pierreux
Tarif : 44€ ✶✶ ⇔ ▣ ⛽ (10A) – pers. suppl. 8€

Location : (de mi-avr. à déb. sept.) – 214 🛖 – 5 🏠.
Nuitée 39 à 209€ – Sem. 273 à 1 463€
Pour s'y rendre : rte de Vallon Pont d'Arc

À savoir : au bord de l'Ardèche, sur la presqu'île de
Sampzon, bel espace aquatique

Nature : ≤ ♀♀ ⚠
Loisirs : 🍷 ✗ pizzeria 🎣
nocturne 🏃 massages et soins
esthétiques 🏇 🚲 💈 🏊
⚓ 🎿

Services : ⛒ ⚷ ▥ 🛁 ⚘ ♻
▥ 🛁 ⚘ 🚿
À prox. : canoë

Longitude : 4.35528
Latitude : 44.42916

⛰ **Sun Camping** de fin avr. à mi-sept.
ℰ 0475397612, *sun.camping@wanadoo.fr*,
Fax 0475397612, *www.suncamping.com*
1,2 ha (70 empl.) plat, terrasses, herbeux
Tarif : 30€ ✶✶ ⇔ ▣ ⛽ (10A) – pers. suppl. 5€ – frais
de réservation 8€

Location : (de fin mars à mi-sept.) – 12 🛖
– 2 bungalows toilés. Nuitée 25 à 92€ – Sem. 175 à 640€
– frais de réservation 13€
Pour s'y rendre : 10 chemin des Piboux (200 m de
l'Ardèche)

À savoir : sur la presqu'île de Sampzon

Nature : ♀♀
Loisirs : 🍷 pizzeria 🏇 🎿
Services : ⛒ ⚷ (juil.-août) 🛁
▥ ▥
À prox. : ⚓ ✗ 🚿 ⚓

Longitude : 4.35515
Latitude : 44.4288

⛰ **Le Mas de la Source** de déb. avr. à fin sept.
ℰ 0475396798, *camping.masdelasource@wanadoo.fr*,
Fax 0475396798, *www.campingmasdelasource.com*
1,2 ha (30 empl.) en terrasses, plat, herbeux
Tarif : (Prix 2010) 31€ ✶✶ ⇔ ▣ ⛽ (6A) – pers.
suppl. 6€ – frais de réservation 15€

Location : (Prix 2010) (de déb. avr. à mi-sept.) ⌁
– 4 🛖. Sem. 270 à 690€ – frais de réservation 15€
Pour s'y rendre : chemin des Vignes

À savoir : sur la presqu'île de Sampzon, au bord de
l'Ardèche (accès direct)

Nature : 🌊 🌲 ♀♀ ⚠
Loisirs : 🏇 🎿 🎣
Services : ⛒ ⚷ 🛁 ⚘ ♻
▥ ▥
À prox. : canoë

Longitude : 4.34621
Latitude : 44.42255

SATILLIEU

07290 – **331** J3 – 1 606 h. – alt. 485
▣ Paris 542 – Annonay 13 – Lamastre 36 – Privas 87

⚲ **Municipal le Grangeon** de fin mars à fin oct.
℘ 0475349641, *camping.grangeon@orange.fr, www.
mairie-satillieu.fr*
1 ha (52 empl.) en terrasses, herbeux
Tarif : (Prix 2010) 👤 3€ ⟺ 2€ 回 3€ – (ᚖ) (5A) 4€
Location : (Prix 2010) (permanent) ⚡ – 5 🏠.
Nuitée 80 à 160€ – Sem. 210 à 380€
Pour s'y rendre : rte de Lalouvesc (1,1 km au sud-ouest
par D 578a, rte de Lalouvesc et à gauche)

À savoir : au bord du Ay

Nature : ≤ 🗆	
Loisirs : 🔲	
Services : ⅊ ⌀ 🗑 ⚘ 🖙 回	
À prox. : ≋ (plan d'eau amé- nagé)	

Longitude : 4.61498
Latitude : 45.1506

SCIEZ

74140 – **328** L3 – 5 056 h. – alt. 406
🛈 *Capitainerie Port de Sciez* ℘ 0450726457
▣ Paris 561 – Abondance 37 – Annecy 69 – Annemasse 24

⚲ **Le Chatelet** de déb. avr. à mi-oct.
℘ 0450725260, *info@camping-chatelet.com*,
Fax 0450723767, *www.camping-chatelet.com* – places
limitées pour le passage
2,5 ha (121 empl.) plat, herbeux, pierreux
Tarif : 21€ 👤👤 ⟺ 回 (ᚖ) (10A) – pers. suppl. 6€ – frais
de réservation 8€
Location : (de déb. mars à fin nov.) ⅊ (1 chalet)
– 12 🏠. Nuitée 54 à 91€ – Sem. 335 à 637€ – frais de
réservation 12€
🚐 borne artisanale 4€
Pour s'y rendre : 658 chemin des Hutins Vieux (3 km au
nord-est par N 5, rte de Thonon-les-Bains et rte du port
de Sciez-Plage à gauche, à 300 m de la plage)

Nature : 🐟	
Loisirs : 🏓 🚲	
Services : ⅊ ⌀ 🗒 ♨ 🍴 laverie	
À prox. : 🗙 ≋ 🐟 pédalos	

Longitude : 6.39705
Latitude : 46.34079

741

Do not confuse :
⚲... to ... ⚲⚲⚲ : *MICHELIN classification*
and
★ ... to ... ★★★★★ : *official classification*

SÉEZ

73700 – **333** N4 – 2 305 h. – alt. 904
🛈 *25, rue Célestin Freppaz* ℘ 0479410015
▣ Paris 638 – Albertville 57 – Bourg-St-Maurice 4 – Moûtiers 31

⚲ **Le Reclus** Permanent
℘ 0479410105, *contact@campinglereclus.com*,
Fax 0479410105, *www.campinglereclus.com*
1,5 ha (108 empl.) peu incliné et en terrasses, herbeux,
pierreux
Tarif : (Prix 2010) 18€ 👤👤 ⟺ 回 (ᚖ) (10A) – pers.
suppl. 4€ – frais de réservation 10€
Location : (permanent) – 1 roulotte – 6 🚐 – 1 🏠
– 1 gîte. Nuitée 50 à 90€ – Sem. 300 à 590€ – frais de
réservation 10€
🚐 borne artisanale 4€ – 6 回 13€ – 🚱 12€
Pour s'y rendre : rte de Tignes (sortie nord-ouest par
N 90, rte de Bourg-St-Maurice, au bord du Reclus)

Nature : ❄ 🌿	
Loisirs : snack 🔲	
Services : ⅊ ⌀ 🗒 🍴 laverie	

Longitude : 6.78529
Latitude : 45.62577

SERRIÈRES-DE-BRIORD

01470 – **328** F6 – 1 083 h. – alt. 218 – Base de loisirs
▶ Paris 481 – Belley 29 – Bourg-en-Bresse 57 – Crémieu 24

⚠ **Le Point Vert** de déb. avr. à déb. oct.
  𝄞 0474361345, *nelly@camping-ain-bugey.com*,
  Fax 0474367166, *www.camping-ain-bugey.com*
  – places limitées pour le passage
  1,9 ha (137 empl.) plat, herbeux
  Tarif : (Prix 2010) 23 € ✚✚ ⇌ 🅔 ⚡ (6A) – pers.
  suppl. 6 €

  Location : (Prix 2010) 🚫 – 8 🏚. Sem. 400 à 550 €
  Pour s'y rendre : rte du Point Vert (2,5 km à l'ouest, à la
  base de loisirs)

  À savoir : au bord d'un plan d'eau

| Nature : ≤ ♀ ⚑ |
| Loisirs : 🎬 🏊 🤽 |
| Services : ♿ ⚷ 🚿 ⚙ 🗑 🚮 |
| À prox. : 🍽 ✕ 🛒 🍴 🏊 |
| (plage) 🛶 |

Longitude : 5.45357
Latitude : 45.80704

SÉVRIER

74320 – **328** J5 – 3 855 h. – alt. 456
🛈 *Mairie* 𝄞 0450524056
▶ Paris 541 – Albertville 41 – Annecy 6 – Megève 55

⚠ **Le Panoramic** de fin avr. à fin sept.
  𝄞 0450524309, *info@camping-le-panoramic.com*,
  www.camping-le-panoramic.com
  3 ha (209 empl.) plat, incliné, herbeux
  Tarif : (Prix 2010) 25 € ✚✚ ⇌ 🅔 ⚡ (10A) – pers.
  suppl. 4 € – frais de réservation 10 €

  Location : (de fin avr. à fin sept.) – 18 🏚 – 17 🏠.
  Sem. 260 à 710 € – frais de réservation 22 €
  🛢 borne artisanale 6 €
  Pour s'y rendre : 22 chemin des Bernets (3,5 km au
  sud, en deux parties distinctes)

  À savoir : situation surplombant le lac

| Nature : ≤ ♀ |
| Loisirs : 🍽 ✕ snack 🎬 🍸 |
| diurne 🏊 🚲 🏊 |
| Services : ♿ ⚷ 🚿 ⚙ 🧺 laverie |
| 🚮 🛒 |
| À prox. : 🐎 |

Longitude : 6.1417
Latitude : 45.84308

⚠ **Au Cœur du Lac** de déb. avr. à fin sept.
  𝄞 0450524645, *info@aucoeurdulac.com*,
  Fax 0450190145, *www.campingaucoeurdulac.com*
  1,7 ha (100 empl.) en terrasses et peu incliné, herbeux,
  gravillons
  Tarif : 26 € ✚✚ ⇌ 🅔 ⚡ (10A) – pers. suppl. 4 €
  Location : (de mi-mai à fin sept.) 🚫 – 10 🏚. Sem.
  270 à 610 €
  🛢 borne flot bleu
  Pour s'y rendre : 3233 rte d'Albertville (1 km au sud)

  À savoir : situation agréable près du lac (accès direct)

| Nature : ≤ 🏞 ♀ |
| Loisirs : 🎬 🍸 diurne 🏊 🚲 |
| kayak |
| Services : ♿ ⚷ 🏛 🚿 🧺 |
| laverie 🚮 |
| À prox. : 🛒 ✕ 🐟 🐎 |

Longitude : 6.14399
Latitude : 45.85487

*En juin et septembre les campings sont plus calmes, moins fréquentés
et pratiquent souvent des tarifs " hors saison ".*

SEYSSEL

01420 – **328** H5 – 917 h. – alt. 258
▶ Paris 517 – Aix-les-Bains 33 – Annecy 41 – Genève 52

⚠ **L' International**
  𝄞 0450592847, *camp.inter@wanadoo.fr*,
  Fax 0450592847, *www.camp-inter.fr*
  1,5 ha (45 empl.) en terrasses, herbeux
  Pour s'y rendre : chemin de la Barotte (2,4 km au sud-
  ouest par D 992, rte de Culoz et chemin à dr.)

| Nature : 🏞 ≤ 🏞 ♀ |
| Loisirs : snack 🏊 🚲 🏊 |
| Services : ⚷ 🗑 |

Longitude : 5.831
Latitude : 5.831

SEYSSEL

74910 – **328** I5 – 2 069 h. – alt. 252
🏢 2, chemin Fontaine 🗩 0450592656
▶ Paris 517 – Aix-les-Bains 32 – Annecy 40

⚠ **Le Nant-Matraz**
🗩 0450590368, camping-nant-matraz@orange.fr,
Fax 0450590368
1 ha (74 empl.) plat et peu incliné, herbeux
Location : – 1 🏠.
Pour s'y rendre : sortie nord par D 992

Nature : ≤ 🛏 00
Loisirs : 🍸
Services : o🔲 🖼
À prox. : 🍽

Longitude : 5.83574
Latitude : 45.96339

TAIN-L'HERMITAGE

26600 – **332** C3 – 5 740 h. – alt. 124
🏢 place du 8 mai 1945 🗩 0475080681
▶ Paris 545 – Grenoble 97 – Le Puy-en-Velay 105 – St-Étienne 76

⚠ **Municipal les Lucs** de mi-mars à mi-oct.
🗩 0475083282, camping.tainlhermitage@wanadoo.fr,
Fax 0475083282, www.campingleslucs.fr – ℞
2 ha (98 empl.) plat, herbeux, pierreux
Tarif : (Prix 2010) 18€ 🚶🚶 🚐 🅴 🕃 (20A) – pers.
suppl. 3€
🚰 borne artisanale – 20 🅴 18€ – 🚽🕃 18€
Pour s'y rendre : 24 av. Roosevelt (sortie sud-est par
N 7, rte de Valence, près du Rhône)

Nature : 🛏 00
Loisirs : 🏊 🎣
Services : ♿ o🔲 🔲 🖼
À prox. : 🍽 snack ✂ 🎿

Longitude : 4.85471
Latitude : 45.06564

TANINGES

74440 – **328** M4 – 3 441 h. – alt. 640
🏢 avenue des Thézières 🗩 0450342505
▶ Paris 570 – Annecy 68 – Bonneville 24 – Chamonix-Mont-Blanc 51

⚠ **Municipal des Thézières** Permanent
🗩 0450342559, camping.taninges@wanadoo.fr,
Fax 0450343978, www.taninges.com
2 ha (113 empl.) plat, herbeux, pierreux
Tarif : 14€ 🚶🚶 🚐 🅴 🕃 (10A) – pers. suppl. 3€
🚰 borne artisanale 5€ – 3 🅴 10€
Pour s'y rendre : les Vernays-sous-la-Ville (sortie sud,
rte de Cluses, au bord du Foron et à 150 m du Giffre)

Nature : 🐟 ≤ 00
Loisirs : 🎣
Services : ♿ o🔲 🔲 🐾 laverie
À prox. : 🛏 🏊 ✂

Longitude : 6.58837
Latitude : 46.09866

743

*To visit a town or region : use the **MICHELIN Green Guides.***

TERMIGNON

73500 – **333** N6 – 428 h. – alt. 1 290
🏢 place de la Vanoise 🗩 0479205167
▶ Paris 680 – Bessans 18 – Chambéry 120 – Lanslebourg-Mont-Cenis 6

⚠ **Les Mélèzes** Permanent
🗩 0479205141, arnaud.michelle@orange.
fr, Fax 0479205141, www.camping-termignon-
lavanoisecom
0,7 ha (66 empl.) plat, herbeux
Tarif : 15€ 🚶🚶 🚐 🅴 🕃 (10A) – pers. suppl. 3€
Location : (permanent) – 2 🚎. Nuitée 60 à 65€
– Sem. 360 à 450€
🚰 borne artisanale 5€ – 🚽 10€
Pour s'y rendre : rte du Doron (au bourg, au bord d'un
torrent)

Nature : 🐟 ≤ 00
Loisirs : 🎮 🎣
Services : ♿ o🔲 (de mi-juin à mi-sept.) 🛏 🔲 🐾 🖼

Longitude : 6.81535
Latitude : 45.27815

THEYS

38570 – **333** I6 – 1 905 h. – alt. 615

🚩 *Le Bourg* ℰ *04 76 71 05 47*

▶ Paris 595 – Allevard 18 – Le Bourg-d'Oisans 75 – Chambéry 38

⛰ **Les 7 Laux** de déb. juin à mi-sept.
ℰ 04 76 71 02 69, *camping.les7laux@wanadoo.fr*,
Fax 04 76 71 08 85, *www.camping-7-laux.com* – alt. 920
1 ha (61 empl.) plat, peu incliné, en terrasses, herbeux,
pierreux
Tarif : 24 € ★★ ⇔ 🅴 🅷 (10A) – pers. suppl. 6 € – frais
de réservation 8 €

Location : (de déb. juin à mi-sept.) ⚡ – 2 🛖
– 1 🏠. Sem. 310 à 640 €
🚐 borne artisanale 6 €
Pour s'y rendre : Le Clapier (3,8 km au sud, à 400 m du
col des Ayes)

À savoir : agréable structure fleurie et soignée, belle
situation dominante

Nature :	🏞 ← ⛰ 🌿		
Loisirs :	🏛 🚴 🏊		
Services :	👤 ⚡ 🍴 laverie		
🚿			

Longitude : 5.98667
Latitude : 45.2775

TOURNON-SUR-RHÔNE

07300 – **331** L3 – 10 571 h. – alt. 125

🚩 *2, place Saint-Julien* ℰ *04 75 08 10 23*

▶ Paris 545 – Grenoble 98 – Le Puy-en-Velay 104 – St-Étienne 77

⛰ **Les Acacias** de déb. avr. à fin sept.
ℰ 04 75 08 83 90, *info@acacias-camping.com*,
Fax 04 75 08 83 90, *www.acacias-camping.com*
2,7 ha (80 empl.) plat, herbeux
Tarif : 22 € ★★ ⇔ 🅴 🅷 (6A) – pers. suppl. 5 € – frais de
réservation 10 €

Location : (de déb. avr. à fin sept.) – 12 🛖 – 4 🏠.
Nuitée 80 à 100 € – Sem. 280 à 590 €
🚐 borne eurorelais
Pour s'y rendre : 190 rte de Lamastre (2,6 km à l'ouest
par D 532, accès direct au Doux)

Nature :	🌳🌳		
Loisirs :	pizzeria 🏛 🚴 ⛵		
	🏊		
Services :	👤 ⚡ 🍴 🖥 ♨		

Longitude : 4.80805
Latitude : 45.06687

Ihre Meinung über die von uns empfohlenen Campingplätze interessiert uns.
Teilen Sie uns Ihre Erfahrungen mit und schreiben Sie uns auch,
wenn Sie eine gute Entdeckung gemacht haben.

LA TOUSSUIRE

73300 – **333** K6 – alt. 1 690

▶ Paris 651 – Albertville 78 – Chambéry 91 – St-Jean-de-Maurienne 16

⛰ **Caravaneige du Col** de mi-déc. à fin avr. et de mi-
juin à fin août
ℰ 04 79 83 00 80, *campingducol@free.fr*,
Fax 04 79 83 03 67, *www.camping-du-col.com* – alt. 1 640
0,8 ha (40 empl.) plat, herbeux
Tarif : (Prix 2010) 23,35 € ★★ ⇔ 🅴 🅷 (10A) – pers.
suppl. 5 € – frais de réservation 60 €

Location : (Prix 2010) – 4 🛖 – 2 appartements. Sem.
200 à 740 € – frais de réservation 60 €
🚐 borne artisanale 6 €
Pour s'y rendre : 1 km à l'est de la station, sur la rte de
St-Jean-de-Maurienne, navette gratuite pour la station

À savoir : navette gratuite pour la station

Nature :	❄ 🏞 ← Les Aiguilles		
d'Arves			
Loisirs :	🍷 snack 🏛 🍽 diurne		
(thématiques) 🚴			
Services :	👤 ⚡ 🏛 ♨ laverie		

Longitude : 6.25684
Latitude : 45.25612

TREPT

38460 – **333** E3 – 1 717 h. – alt. 275 – Base de loisirs
▶ Paris 495 – Belley 41 – Bourgoin-Jallieu 13 – Lyon 52

▲▲▲ **Les 3 Lacs du Soleil** de fin avr. à mi-sept.
℘ 04 74 92 92 06, *les3lacsdusoleil@hotmail.fr*,
Fax 04 74 83 43 81, *www.camping-les3lacsdusoleil.com*
25 ha/3 campables (160 empl.) plat, herbeux
Tarif : 33 € ★★ ⇔ 🔲 (2) (6A) – pers. suppl. 7 €
Location : (de déb. avr. à mi-sept.) – 20 🛖 – 7 🏠
– 20 bungalows toilés. Nuitée 43 à 115 € – Sem.
301 à 740 €
Pour s'y rendre : au lieu-dit : La Plaine Serrière (2,7 km
à l'est par D 517, rte de Morestel et chemin à dr., près de
deux plans d'eau)

> Nature : 🏖 ♀ ⚠
> Loisirs : ♟ snack 🎱 ⚒ diurne
> 🏹 🚣 ⚒ 🏸 🚤 (plage)
> 🎿 🚵
> Services : ♿ ⛽ 🍴 laverie
>
> Longitude : 5.3214
> Latitude : 45.68718

TULETTE

26790 – **332** C8 – 1 877 h. – alt. 147
🅱 *place des Tisserands* ℘ *04 75 98 34 53*
▶ Paris 648 – Avignon 53 – Bollène 15 – Nyons 20

▲ **Les Rives de l'Aygues** de déb. mai à fin sept.
℘ 04 75 98 37 50, *camping.aygues@wanadoo.fr*,
Fax 04 75 98 37 50, *www.lesrivesdelaygues.com*
3,6 ha (100 empl.) plat, pierreux, herbeux
Tarif : (Prix 2010) 19 € ★★ ⇔ 🔲 (2) (6A) – pers.
suppl. 5 € – frais de réservation 10 €
Location : (Prix 2010) (de déb. mai à fin sept.) 🚫
– 2 🛖 – 6 🏠. Sem. 350 à 584 € – frais de réservation
10 €
Pour s'y rendre : rte de Cairanne (3 km au sud par
D 193 et chemin à gauche)
À savoir : cadre sauvage au milieu des vignes

> Nature : 🏖 🏕 ♀♀
> Loisirs : ♟ snack 🎱 🚣 🏸
> Services : ♿ ⛽ 🚿 🍴 🔳 🛁
>
> Longitude : 4.933
> Latitude : 44.2648

UCEL

07200 – **331** I6 – 1 891 h. – alt. 270
▶ Paris 626 – Aubenas 6 – Montélimar 44 – Privas 31

▲▲▲ **Domaine de Gil** de fin avr. à fin sept.
℘ 04 75 94 63 63, *info@domaine-de-gil.com*,
Fax 04 75 94 01 95, *www.domaine-de-gil.com*
4,8 ha/2 campables (80 empl.) plat, herbeux, pierreux
Tarif : 36 € ★★ ⇔ 🔲 (2) (10A) – pers. suppl. 6 € – frais
de réservation 20 €
Location : (de fin avr. à fin sept.) – 42 🛖. Sem.
235 à 799 € – frais de réservation 20 €
Pour s'y rendre : rte de Vals (sortie nord-ouest par
D 578b)
À savoir : au bord de l'Ardèche

> Nature : ⩱ 🏕 ♀♀ ⚠
> Loisirs : ♟ ✗ 🎱 ⚒ nocturne
> terrain multisports 🚣 ⚒ 🏸
> 🚤 ⛳ golf (8 trous)
> Services : ♿ ⛽ 🛁 🚿 🧺 🍴
> laverie 🛁
>
> Longitude : 4.38321
> Latitude : 44.64153

VAGNAS

07150 – **331** I7 – 520 h. – alt. 200
▶ Paris 670 – Aubenas 40 – Barjac 5 – St-Ambroix 20

▲ **La Rouvière-Les Pins** de mi-avr. à mi-sept.
℘ 04 75 38 61 41, *rouviere07@aol.com*, *www.
rouviere07.com*
2 ha (100 empl.) plat et peu incliné, terrasses, herbeux
Tarif : (Prix 2010) 19 € ★★ ⇔ 🔲 (2) (6A) – pers.
suppl. 5 € – frais de réservation 15 €
Location : (Prix 2010) (de mi-avr. à mi-sept.) – 1 🛖
– 3 bungalows toilés. Sem. 220 à 680 € – frais de
réservation 15 €
Pour s'y rendre : au lieu-dit : La Rouvière (sortie sud par
rte de Barjac puis 1,5 km par chemin à dr.)

> Nature : 🏖 ♀
> Loisirs : ♟ pizzeria, snack 🎱
> 🚣 🏸
> Services : ⛽ 🛁 🚿 🍴 🔳
>
> Longitude : 4.34194
> Latitude : 44.3419

VALLIÈRES

74150 – **328** I5 – 1 356 h. – alt. 347

▸ Paris 533 – Lyon 132 – Annecy 30 – Genève 59

⛰ **Les Charmilles** de déb. avr. à fin oct.
  𝄞 0450621060, *les.charmilles.camping@wanadoo.fr*,
  Fax 0450621945, *www.campinglescharmilles.com*
  3 ha (81 empl.) plat, herbeux
  Tarif : 16€ ✶✶ 🚐 ▣ 𝄚 (6A) – pers. suppl. 4€ – frais de
  réservation 10€
  Location : (de déb. avr. à fin oct.) – 10 🚐 – 13 🏠.
  Nuitée 53 à 100€ – Sem. 220 à 590€ – frais de
  réservation 10€
  🔧 borne artisanale 10€ – 5 ▣ 12€

Nature : ⩽ 🌳🌳	
Loisirs : 🍸 snack 🎱 🏄	
🎯 🏊	
Services : 🚿 🔑 🛁 🍴 laverie	

Longitude : 5.93451
Latitude : 45.90018

VALLOIRE

73450 – **333** L7 – 1 293 h. – alt. 1 430 – Sports d'hiver : 1 430/2 600 m 🎿2🚠31🎿

🗓 *rue des Grandes Alpes* 𝄞 0479590396

▸ Paris 664 – Albertville 91 – Briançon 52 – Chambéry 104

⛰ Ste Thècle
  𝄞 0479833011, *camping-caravaneige@valloire.net*,
  Fax 0479833513, *www.valloire.net*
  1,5 ha (81 empl.) plat, peu incliné, terrasses, herbeux,
  pierreux
  🔧 borne flot bleu – 11 ▣
  Pour s'y rendre : rte des Villards (au nord de la localité,
  au confluent de deux torrents)

Nature : ❄ 🦌 ⩽	
Loisirs : 🎱 🏄	
Services : 🚿 🔑 🏧 🔲	
À prox. : patinoire, bowling 🎯	
🏊 ⛷ terrain omnisports	

Longitude : 6.42975
Latitude : 45.16565

746

Informieren Sie sich über die gültigen Gebühren,
bevor Sie Ihren Platz beziehen. Die Gebührensätze
müssen am Eingang des Campingplatzes angeschlagen sein.
Erkundigen Sie sich auch nach den Sonderleistungen.
Die im vorliegenden Band gemachten Angaben
können sich seit der Überarbeitung geändert haben.

VALLON-PONT-D'ARC

07150 – **331** I7 – 2 424 h. – alt. 117

🗓 *1, place de l'ancienne gare* 𝄞 0475880401

▸ Paris 658 – Alès 47 – Aubenas 32 – Avignon 81

⛰ **"Les Castels" L'Ardéchois** ♣♦ – de mi-avr. à fin
  sept.
  𝄞 0475880663, *ardecamp@bigfoot.com*,
  Fax 0475371497, *www.ardechois-camping.com*
  5 ha (244 empl.) plat, herbeux
  Tarif : 55€ ✶✶ 🚐 ▣ 𝄚 (10A) – pers. suppl. 8€ – frais
  de réservation 40€
  Location : (de mi-avr. à fin sept.) – 24 🚐. Nuitée
  89 à 185€ – Sem. 445 à 1 295€ – frais de réservation
  40€
  🔧 borne autre 7€
  Pour s'y rendre : rte Touristique des Gorges de
  l'Ardèche (1,5 km au sud-est par D 290)
  À savoir : accès direct à l'Ardèche

Nature : ⩽ 🏞 🌳🌳 ⛰	
Loisirs : 🍸 ✗ snack 🎱 🎲	
🎯 🏄 🎯 🏊 🛶 balnéo,	
canoë, terrain multisports	
Services : 🚿 🔑 ✗ 🛁 🔄	
🍴 laverie 🏧 ♨	
À prox. : ⛪	

Longitude : 4.39485
Latitude : 44.40696

"Les Casteis" L'Ardéchois *(voir page précédente)*

Camping familial, il est idéalement situé au bord de l'Ardèche, à l'entrée des gorges du même nom et proche du pont d'Arc. L'accueil y est particulièrement cordial. Les sanitaires modernes et de grand confort offrent la possibilité de réserver sa propre salle de bains. Espaces pour camper et hébergements locatifs sont de qualité. On trouve l'ensemble des services à l'entrée du camping : bar-restaurant, épicerie, boutique presse et souvenirs. En saison, des activités, encadrées par du personnel diplômé, sont proposées aux campeurs les plus jeunes (au sein d'un club enfants) comme aux plus âgés (lors de soirées à thème). Terrain multisport et espace aquatique complètent les activités sur le site. L'accès direct à la rivière offre la possibilité de descendre les gorges de l'Ardèche en canoë (parcours de 3 à 35 km).

M. Chaput/MICHELIN

747

Mondial-Camping – de déb. avr. à fin sept.
0475880044, *reserv-info@mondial-camping.com*,
Fax 0475371373, *www.mondial-camping.com*
4 ha (240 empl.) plat, herbeux
Tarif : (Prix 2010) 41€ ★★ ⟷ 回 (10A) – pers.
suppl. 9€ – frais de réservation 30€
Location : (Prix 2010) (permanent) – 23
Sem. 380 à 750€ – frais de réservation 30€
borne artisanale 5€
Pour s'y rendre : rte des Gorges de l'Ardèche (1,5 km
au sud-est)
À savoir : accès direct à l'Ardèche

Nature :
Loisirs : snack, pizzeria canoë
Services : laverie
À prox. :

Longitude : 4.40139
Latitude : 44.39695

La Roubine – de fin avr. à mi-sept.
0475880456, *roubine.ardeche@wanadoo.fr*,
Fax 0475880456, *www.camping-roubine.com*
7 ha/4 campables (135 empl.) plat, herbeux, sablonneux
Tarif : 45€ ★★ ⟷ 回 (10A) – pers. suppl. 9€ – frais
de réservation 30€
Location : (de mi-avr. à mi-sept.) – 25 . Nuitée
50 à 150€ – Sem. 350 à 1 050€ – frais de réservation
30€
Pour s'y rendre : rte de Ruoms (1,5 km à l'ouest)
À savoir : au bord de l'Ardèche (plan d'eau)

Nature :
Loisirs : snack, pizzeria terrain multisport
Services : laverie
À prox. : canoë

Longitude : 4.37835
Latitude : 44.40636

Le Provençal de mi-avr. à mi-sept.
℘ 0475880048, *contact@camping-le-provencal.fr*,
Fax 0475880200, *www.camping-le-provencal.fr*
3,5 ha (200 empl.) plat, herbeux
Tarif : (Prix 2010) 37 € ★★ ⇐ 🅴 (♣) (8A) – pers.
suppl. 7 €
Location : (Prix 2010) – 24 ⟅⟆. Nuitée 66 à 80 € – Sem.
350 à 740 €
⟅⟆ borne artisanale
Pour s'y rendre : rte des Gorges de l'Ardèche (1,5 km
au sud-est)
À savoir : accès direct à l'Ardèche

| Nature : ⋖ ⌑ 00 ⚠ |
| Loisirs : 🍷 ✕ snack 🛋 ☺ |
| diurne 🚗 ✂ 🎿 canoë |
| Services : 🚿 🚽 ⚗ ▥ 🖪 🖾 |
| 🛁 �;̇ |
| À prox. : ⚹ |

Longitude : 4.39485
Latitude : 44.40696

International de fin avr. à fin sept.
℘ 0475880099, *inter.camp@wanadoo.fr*,
www.internationalcamping07.com
2,7 ha (130 empl.) plat, peu incliné, herbeux, sablonneux
Tarif : (Prix 2010) 32 € ★★ ⇐ 🅴 (♣) (6A) – pers.
suppl. 7 € – frais de réservation 15 €
Location : – 8 ⟅⟆. Sem. 235 à 690 € – frais de
réservation 15 €
⟅⟆ borne 21 €
Pour s'y rendre : La Plaine Salavas (1 km au sud-ouest)
À savoir : bord de l'Ardèche

| Nature : ⋖ ⌑ 00 ⚠ |
| Loisirs : 🍷 snack 🚗 🎿 |
| Services : 🚿 🔑 ⚗ 🖪 🖾 |
| 🛁 🚿 |

Longitude : 4.38108
Latitude : 44.39345

La Rouvière ♣♦ – de fin mars à fin sept.
℘ 0475371007, *ardbat@yahoo.fr*, Fax 0475880399,
www.campinglarouviere.com
3 ha (152 empl.) en terrasses, peu incliné et plat,
sablonneux, pierreux, herbeux
Tarif : (Prix 2010) 25,70 € ★★ ⇐ 🅴 (♣) (6A) – pers.
suppl. 6,50 € – frais de réservation 10 €
Location : (Prix 2010) (de fin mars à fin sept.)
– 18 ⟅⟆. Nuitée 52 à 70 € – Sem. 338 à 730 € – frais de
réservation 15 €
Pour s'y rendre : rte des Gorges Chames (6,6 km au
sud-est par D 290, à Chames)
À savoir : accès direct à l'Ardèche

| Nature : 🐟 ⚠ |
| Loisirs : snack 🚵 🚗 🎿 |
| canoë, terrain omnisports |
| Services : 🔑 🖪 🛁 |

Longitude : 4.39486
Latitude : 44.39859

Le Midi de déb. avr. à fin sept.
℘ 0475880678, *info@camping-midi.com*,
Fax 0475880678, *www.camping-midi.com*
1,6 ha (52 empl.) en terrasses, peu incliné, herbeux,
sablonneux
Tarif : (Prix 2010) 26 € ★★ ⇐ 🅴 (♣) (10A) – pers.
suppl. 7 € – frais de réservation 10 €
Location : (Prix 2010) – 4 ⟅⟆. Nuitée 60 € – Sem.
350 à 650 € – frais de réservation 10 €
Pour s'y rendre : rte des Gorges de l'Ardèche (6,5 km
au sud-est par D 290, à Chames)
À savoir : accès direct à l'Ardèche

| Nature : 🐟 ⋖ ⌑ 00 ⚠ |
| Loisirs : 🚗 |
| Services : 🚿 🔑 🚽 🖪 🛁 |

Longitude : 4.39485
Latitude : 44.40696

L'Esquiras de déb. avr. à fin sept.
℘ 0475880416, *esquiras@wanadoo.fr*,
Fax 0475880416, *www.camping-esquiras.com*
2 ha (105 empl.) plat, peu incliné, herbeux, pierreux
Tarif : (Prix 2010) 26 € ★★ ⇐ 🅴 (♣) (6A) – pers.
suppl. 6 € – frais de réservation 10 €
Location : (Prix 2010) (de déb. avr. à fin sept.) – 24 ⟅⟆
– 2 ⟐. Nuitée 45 à 110 € – Sem. 240 à 750 €
⟅⟆ borne artisanale 3 € – 5 🅴 8 €
Pour s'y rendre : chemin du Fez (2,8 km au nord-ouest
par D 579, rte de Ruoms et chemin à dr. apr. la station-
service Intermarché)

| Nature : 🐟 ⋖ |
| Loisirs : snack 🛋 🚗 🎿 |
| Services : 🚿 🔑 🚽 🍴 🖪 |
| À prox. : accrobranches |

Longitude : 4.38586
Latitude : 44.41278

VALLORCINE

74660 – **328** O4 – 416 h. – alt. 1 260 – Sports d'hiver : 1 260/1 400 m 🚡 2 🎿
🚩 *Maison du Betté* 🖉 0450546071
▶ Paris 628 – Annecy 115 – Chamonix-Mont-Blanc 19 – Thonon-les-Bains 96

⚐ **Les Montets** de déb. juin à mi-sept.
🖉 0450546045, *camping.des.montets@wanadoo.fr*,
www.camping-montets.com – alt. 1 300
1,7 ha (75 empl.) non clos, plat, terrasse, peu incliné,
herbeux, pierreux
Tarif : (Prix 2010) ♦ 4€ ⮔ 1€ 🅴 2€ – 🔌 (6A) 3€
Pour s'y rendre : au lieu-dit : Le Montet (2,8 km au
sud-ouest par N 506, accès par chemin de la gare, au
lieu-dit le Buet)

À savoir : site agréable au bord d'un ruisseau et près de
l'Eau Noire

Nature : 〰 ⩽ 🌳
Loisirs : snack, (dîner seulement)
Services : 🚿 ⊶ 🅿 (tentes) 🚮
📷
À prox. : ✂ 🎣

Longitude : 6.92376
Latitude : 46.02344

LES VANS

07140 – **331** G7 – 2 820 h. – alt. 170
🚩 *place Ollier* 🖉 0475372448
▶ Paris 663 – Alès 44 – Aubenas 37 – Pont-St-Esprit 66

⚐ **Le Pradal** de déb. avr. à fin sept.
🖉 0475372516, *camping.lepradal@free.fr*, *www.
camping-lepradal.com*
1 ha (36 empl.) en terrasses, peu incliné, herbeux,
pierreux
Tarif : 20€ ♦♦ ⮔ 🅴 🔌 (6A) – pers. suppl. 6€
Location : (permanent) – 2 🚐. Nuitée 50 à 600€
– Sem. 200 à 600€
🚰 borne artisanale 12€ – 1 🅴 12€ – 🔌 🔌 20€
Pour s'y rendre : 1,5 km à l'ouest par D 901

Nature : 〰 🌳
Loisirs : 🍷 🏓 🎣
Services : 🚿 ⊶ 🚮 ⁓

Longitude : 4.11023
Latitude : 44.40809

VERCHAIX

74440 – **328** N4 – 647 h. – alt. 800
🚩 *Le Forum* 🖉 0450901008
▶ Paris 580 – Annecy 74 – Chamonix-Mont-Blanc 59 – Genève 52

⚐ **Municipal Lac et Montagne** Permanent
🖉 0450901012, *accueil@mairie-verchaix.fr*,
Fax 0450901012 – alt. 660
2 ha (107 empl.) non clos, plat, herbeux, pierreux
Tarif : 9€ ♦♦ ⮔ 🅴 🔌 (10A) – pers. suppl. 3€
Pour s'y rendre : 1,8 km au sud par D 907, au bord du
Giffre

Nature : ⩽ 🌳
Loisirs : 🏓 ✂ 🎣
Services : 🚿 ⊶ 🚮 🏧 laverie
À prox. : 🍷 ✕ 🔆

Longitude : 6.67527
Latitude : 46.09001

VERNIOZ

38150 – **333** C5 – 1 097 h. – alt. 250
▶ Paris 500 – Annonay 38 – Givors 25 – Le Péage-de-Roussillon 12

⚐ **Le Bontemps** de fin mars à déb. oct.
🖉 0474578352, *info@camping-lebontemps.com*,
Fax 0474578370, *www.camping-lebontemps.com*
6 ha (175 empl.) plat, herbeux, étangs
Tarif : 30€ ♦♦ ⮔ 🅴 🔌 (6A) – pers. suppl. 7€ – frais de
réservation 10€

Location : (de fin mars à déb. oct.) – 8 🚐 – 3 🏠.
Nuitée 60 à 102€ – Sem. 40 à 80€ – frais de réservation
10€
🚰 borne artisanale
Pour s'y rendre : 5 imp.du Bontemps (4,5 km à l'est par
D 37 et chemin à dr., au bord de la Varèze, à St-Alban-
de-Varèze)

Nature : 〰 ⛱ ♒
Loisirs : 🍷 snack 🏓 🎱 🎣
salle d'animation 🏌 ⛳ ✂ 🔆
🏊 🎣 poneys
Services : 🚿 ⊶ 💧 ⛺ 🚾 ⁓
laverie 🍴

Longitude : 4.92181
Latitude : 45.42386

VILLARD-DE-LANS

38250 – **333** G7 – 4 023 h. – alt. 1 040 – Sports d'hiver : 1 160/2 170 m 2 27

2 *101, place Mure Ravaud* 08 11 46 00 15

▶ Paris 584 – Die 67 – Grenoble 34 – Lyon 123

L'Oursière de mi-déc. à fin sept.
0476 95 14 77, *info@camping-oursiere.fr*,
Fax 0476 95 58 11, *www.camping-oursiere.fr*
4 ha (186 empl.) plat, peu incliné, pierreux, gravier,
herbeux
Tarif : 27€ ★★ ⚏ 🅴 🗗 (10A) – pers. suppl. 5€ – frais
de réservation 8€

Location : (de mi-déc. à fin sept.) – 23 🛏
– 3 🛖. Nuitée 63 à 94€ – Sem. 294 à 630€ – frais de
réservation 12€
🚐 borne artisanale 5€ – 22 🅴 19€
Pour s'y rendre : av. du Gal de Gaulle (sortie nord par
D 531, rte de Grenoble, chemin piétonnier reliant le
village)

| Nature : ❄ ≤ |
| Loisirs : 🎮 🏓 🛶 🎣 🎠 ♨ |
| Services : 👤 ⚡ 🔧 ≡ 🕯 🍴 🧺 |
| À prox. : 🏊 🎿 ⛷ bowling, patinoire |

| Longitude : 5.55639 |
| Latitude : 45.0775 |

VILLAREMBERT

73300 – **333** K6 – 258 h. – alt. 1 296

2 *Tripode le Corbier* 0479 83 04 04

▶ Paris 647 – Aiguebelle 49 – Chambéry 87 – St-Jean-de-Maurienne 12

Municipal la Tigny de déb. juil. à fin août
0479 56 74 65, *mairie.villarembert@wanadoo.fr*,
Fax 0479 83 03 64
0,3 ha (27 empl.) non clos, plat et peu incliné, terrasses,
gravier, herbeux
Tarif : (Prix 2010) ★ 3,40€ ⚏ 2,30€ 🅴 2,90€ – 🗗 2,90€
Pour s'y rendre : sortie sud par D 78 et chemin à
gauche

À savoir : cadre verdoyant près d'un ruisseau

| Nature : ≤ ♀ |
| Loisirs : 🛶 |
| Services : 🚿 ⚡ ≡ ⚓ |

| Longitude : 6.28012 |
| Latitude : 45.24264 |

750

Om een reisroute uit te stippelen en te volgen,
om het aantal kilometers te berekenen,
om precies de ligging van een terrein te bepalen
(aan de hand van de inlichtingen in de tekst),
*gebruikt u de **Michelinkaarten** ,*
een onmisbare aanvulling op deze gids.

VILLARS-LES-DOMBES

01330 – **328** D4 – 4 317 h. – alt. 281

2 *3, place de l'Hôtel de Ville* 0474 98 06 29

▶ Paris 433 – Bourg-en-Bresse 29 – Lyon 37 – Villefranche-sur-Saône 29

Municipal les Autières de déb. avr. à fin oct.
0474 98 00 21, *autieres@campingendombes.fr*,
Fax 0474 98 05 82, *http://www.campingendombes.fr*
– places limitées pour le passage
5 ha (238 empl.) plat, peu incliné, herbeux
Tarif : 17€ ★★ ⚏ 🅴 🗗 (6A) – pers. suppl. 4,50€
Location : – 2 🛖. Sem. 185 à 350€
🚐 borne flot bleu
Pour s'y rendre : av. des Nations (sortie sud-ouest, rte
de Lyon et à gauche, près de la piscine)
À savoir : cadre agréable au bord de la Chalaronne

| Nature : 🌳 ♀ |
| Loisirs : 🍸 snack 🎮 🏓 |
| Services : 👤 ⚡ ≡ |
| À prox. : 🎿 🎣 🎿 ⛷ |

| Longitude : 5.03039 |
| Latitude : 45.99749 |

VINSOBRES

26110 – **332** D7 – 1 093 h. – alt. 247
place de la Mairie ℰ 0475273663
▸ Paris 662 – Bollène 29 – Grignan 24 – Nyons 9

Franceloc Le Sagittaire ♣♣ – Permanent
ℰ 0475270000, *camping.sagittaire@wanadoo.fr*,
Fax 0475270039, *www.le-sagittaire.com*
14 ha/8 campables (274 empl.) plat, herbeux, gravillons
Tarif : (Prix 2010) 37,70€ ♣♣ ⊶ 🅴 (2) (10A) – pers.
suppl. 8€ – frais de réservation 26€

Location : (permanent) – 3 roulottes – 70 🚐
– 60 🏠 – 4 tipis. Nuitée 31 à 94€ – Sem. 182 à 1 225€
– frais de réservation 26€
🚐 borne raclet
Pour s'y rendre : au lieu-dit : le Pont de Mirabel (angle
des D 94 et D 4, près de l'Eygues (accès direct))

À savoir : bel ensemble aquatique et ludique

Nature : ≤ 🛏 ♨♨	
Loisirs : 🍸 ✗ snack 🎱	
🏇 🎠 🏊 🎯 🏓	
🏊 (plan d'eau) ⛷ terrain	
multisports	
Services : 🛁 ⊶ ▥ 🧺 🚿	
🚽 laverie 🚗	
Longitude : 5.08002	
Latitude : 44.22661	

Municipal Chez Antoinette de mi-mars à fin oct.
ℰ 0475276165, *camping-municipal@club-internet.fr*,
Fax 0475276165
1,9 ha (70 empl.) plat, pierreux, herbeux
Tarif : ♣ 3€ ⊶ 2€ 🅴 2€ – (2) (8A) 3€

Location : (de mi-mars à mi-oct.) – 1 🚐. Nuitée
30 à 40€ – Sem. 330 à 430€ – frais de réservation 99€
Pour s'y rendre : quartier Champessier (au sud du
bourg par D 190, au stade)

Nature : ≤ ♨♨	
Loisirs : 🏊	
Services : 🛁 ⊶ (mai-oct.) ✗	
🧊 réfrigérateurs	
Longitude : 5.06132	
Latitude : 44.33318	

VION

07610 – **331** K3 – 866 h. – alt. 128
▸ Paris 537 – Annonay 30 – Lamastre 34 – Tournon-sur-Rhône 7

L'Iserand de mi-avr. à mi-sept.
ℰ 0475080173, *iserand@sfr.fr*, Fax 0475085582,
www.iserandcampingardeche.com
1,3 ha (60 empl.) en terrasses, pierreux, herbeux
Tarif : 20€ ♣♣ ⊶ 🅴 (2) (10A) – pers. suppl. 6€
Location : (de mi-avr. à mi-sept.) ✗ – 8 🏠. Sem.
300 à 500€
🚐 borne artisanale 17€ – 10 🅴 17€
Pour s'y rendre : 1307 r. Royale (1 km au nord par N 86,
rte de Lyon)

Nature : ≤ ♀	
Loisirs : snack, pizzeria 🏊 🚴	
🏛 🎯	
Services : 🛁 ⊶ ✗ 🚽 🧊 🚿	
Longitude : 4.8	
Latitude : 45.1212	

751

*The classification (1 to 5 tents, **black** or red) that we award to
selected sites in this Guide is a system that is our own.
It should not be confused with the classification (1 to 5 stars) of official organisations.*

VIVIERS

07220 – **331** K7 – 3 869 h. – alt. 65
5, place Riquet ℰ 0475527700
▸ Paris 618 – Montélimar 12 – Nyons 50 – Pont-St-Esprit 30

Rochecondrie Loisirs de déb. avr. à mi-oct.
ℰ 0475527466, *campingrochecondrie@wanadoo.fr*,
Fax 0475527466, *www.campingrochecondrie.com*
1,5 ha (80 empl.) plat, herbeux
Tarif : 23€ ♣♣ ⊶ 🅴 (2) (6A) – pers. suppl. 6€
Location : (de déb. avr. à mi-oct.) ✗ – 10 🚐. Sem.
230 à 510€
Pour s'y rendre : quartier Rochecondrie (1,5 km
au nord-ouest par N 86, rte de Lyon, accès direct à
l'Escoutay)

Nature : 🛏 ♀	
Loisirs : 🍸 🎱 🏊 ⛷ prome-	
nades aves des lamas	
Services : ⊶ 🧊	
À prox. : 🚣	
Longitude : 4.67667	
Latitude : 44.48972	

VIZILLE

38220 – **333** H7 – 7 714 h. – alt. 270

🛈 *place du Château* 𝄢 04 76 68 15 16

▶ Paris 582 – Le Bourg-d'Oisans 32 – Grenoble 20 – La Mure 22

⚠ **Le Bois de Cornage** de mi-avr. à déb. oct.
𝄢 06 83 18 17 87, *campingvizille@wanadoo.fr*, *www.campingvizille.com*
2,5 ha (128 empl.) peu incliné, en terrasses, herbeux
Tarif : 16€ ⚹⚹ 🚗 🅔 (10A) – pers. suppl. 5€ – frais de réservation 10€

Location : (permanent) – 16 🚐. Nuitée 50 à 80€ – Sem. 290 à 490€
🚰 borne artisanale 3€ – 🚽 11€
Pour s'y rendre : chemin du Camping (sortie nord vers N 85, rte de Grenoble et av. de Venaria à dr.)

À savoir : en partie ombragé d'arbres centenaires

Nature : 🐟 ≤ 🌳🌳	
Loisirs : pizzeria, le soir uniquement 🚲 🛝	
Services : 🔑 🏧 🚿 🧺 🚮	

Longitude : 5.76948
Latitude : 45.08706

VOGÜÉ

07200 – **331** I6 – 886 h. – alt. 150

🛈 *quartier de la gare* 𝄢 04 75 37 01 17

▶ Paris 638 – Aubenas 9 – Largentière 16 – Privas 40

⚠⚠⚠ **Domaine du Cros d'Auzon** de déb. avr. à mi-sept.
𝄢 04 75 37 04 14, *camping.auzon@wanadoo.fr*,
Fax 04 75 37 01 02, *www.domaine-cros-auzon.com*
18 ha/6 campables (170 empl.) plat, pierreux, sablonneux, herbeux
Tarif : 30€ ⚹⚹ 🚗 🅔 (6A) – pers. suppl. 7€ – frais de réservation 29€

Location : (de déb. avr. à fin sept.) – 36 🚐 – 4 🏠 – 37 🏚. Nuitée 27 à 130€ – Sem. 189 à 910€ – frais de réservation 29€
🚰 borne eurorelais 2€ – 🚽 13€
Pour s'y rendre : 2,5 km au sud par D 579 et chemin à dr.

À savoir : site et cadre agréables, au bord de l'Ardèche

Nature : 🐟 🏕 🌳🌳	
Loisirs : 🍽 ✗ snack, pizzeria 🎯 🎲 nocturne 🏕 🎣 🚲 ✂ 🅿 🏊 🛶 🏖 🛝 ♨ parcours sportif	
Services : ♿ 🔑 🚮 ♨ 🚿 laverie 🚮	
À prox. : canoë	

Longitude : 4.41378
Latitude : 44.55116

⚠⚠ **Les Peupliers** de déb. avr. à fin sept.
𝄢 04 75 37 71 47, *girard.jean-jacques@club-internet.fr*,
Fax 04 75 37 70 83, *www.campingpeupliers.com*
3 ha (100 empl.) plat, herbeux, sablonneux, pierreux
Tarif : 27€ ⚹⚹ 🚗 🅔 (6A) – pers. suppl. 6€ – frais de réservation 19€

Location : (de déb. avr. à fin sept.) – 10 🚐 – 9 🏠. Nuitée 40 à 93€ – Sem. 280 à 650€ – frais de réservation 19€
🚰 borne autre 4€
Pour s'y rendre : au lieu-dit : Gourgouran (2 km au sud par D 579 et chemin à dr., à Vogüé-Gare)

À savoir : au bord de l'Ardèche

Nature : 🐟 🌳🌳	
Loisirs : 🍽 snack 🎣 ♨ 🛝 🏖 ♨	
Services : 🔑 🚮 🚿 🧺 🚮	
À prox. : canoë	

Longitude : 4.40996
Latitude : 44.53714

⚠⚠ **L'Oasis des Garrigues** de déb. avr. à fin oct.
𝄢 04 75 37 03 27, *oasisdesgarrigues@wanadoo.fr*,
Fax 04 75 37 16 32, *www.oasisdesgarrigues.com*
1,2 ha (61 empl.) plat, herbeux, pierreux
Tarif : (Prix 2010) 24€ ⚹⚹ 🚗 🅔 (10A) – pers. suppl. 5€

Location : (Prix 2010) (permanent) – 8 🚐 – 5 🏠. Nuitée 50 à 81€ – Sem. 500 à 570€ – frais de réservation 20€
🚰 borne artisanale 5€
Pour s'y rendre : quartier Brugière (2 km au sud par D 579, au rd-pt. et à dr.)

Loisirs : 🍽 🛝	
Services : ♿ 🔑 🚮 🧺 🖼	
À prox. : 🏖 🛶 canoë	

Longitude : 4.41379
Latitude : 44.55115

⚠ **Les Roches** de déb. juin à fin août
℘ 0475377045, *hm07@free.fr*, Fax 0475377045,
www.campinglesroches.fr
2,5 ha (120 empl.) accidenté, plat, herbeux, rocheux
Tarif : 29€ ⚹⚹ ⇔ 🅴 🔌 (10A) – pers. suppl. 7€
Location : (de déb. juin à fin août) 🚫 – 8 🚐. Sem.
245 à 600€
🚮 borne artisanale 4€
Pour s'y rendre : quartier Bausson (1,5 km au sud par
D 579, à Vogüé-Gare, à 200 m de l'Auzon et de l'Ardèche)
À savoir : cadre sauvage

Nature :	🐚 ♤♤			
Loisirs :	🍸 🏠	🛶	✂	🎿
Services :	👤	🔦	🚿	🛏 ♨
laverie réfrigérateurs				
À prox. :	🏊			

Longitude : 4.41406
Latitude : 44.542

⚠ **Les Chênes Verts** de déb. avr. à fin sept.
℘ 0475377154, *chenesverts2@wanadoo.fr*, *www.
camping-chenesverts.com* – accès aux emplacements
par forte pente, mise en place et sortie des caravanes à
la demande
2,5 ha (42 empl.) en terrasses, pierreux, herbeux
Tarif : (Prix 2010) 19€ ⚹⚹ ⇔ 🅴 🔌 (0A) – pers.
suppl. 4€
Location : (Prix 2010) (de déb. avr. à fin sept.) – 26 🏠.
Sem. 270 à 710€ – frais de réservation 30€
Pour s'y rendre : Champ Redon (1,7 km au sud-est par
D 103)

Nature :	♤♤			
Loisirs :	snack	🛶	🎿	
Services :	👤	🔦	🚿	🛏 🖼
À prox. :	✂			

Longitude : 4.42038
Latitude : 44.54547

CANILLO

AD100 – **343** H9 – 4 633 h. – alt. 1 531
▶ Andorra-la-Vella 13

⚠ **Santa-Creu** de déb. juin à mi-sept.
𝒫 (00-376)851462, *elsmeners@andorra.ad*,
Fax (00-376)751455, *www.elsmeners.com*
0,5 ha peu incliné et terrasse, herbeux
Tarif : ⚹ 4€ ⛢ 4€ ▣ 4€ (⚡) (3A)
Pour s'y rendre : au bourg (au bord du Valira-del-Orient
(rive gauche))

> Nature : ≤ ♀
> Loisirs : ⚑
> Services : ⚐ ⚐ ⚐ ⚐ ⚐
>
> *Longitude : 1.5967*
> *Latitude : 42.56609*

⚠ **Jan-Ramon** de mi-juin à mi-sept.
𝒫 (00-376)751454, *elsmeners@andorra.ad*,
Fax (00-376)751455, *www.elsmeners.com*
0,6 ha plat, herbeux
Tarif : ⚹ 4€ ⛢ 4€ ▣ 4€ (⚡) (3A)
Location : (de déb. juin à mi-oct.) ⚑ – 5 🛖. Sem.
559€ – frais de réservation 99€
Pour s'y rendre : ctra. General (400 m au nord-est par
rte de Port d'Envalira, au bord du Valira del Orient (rive
gauche))

> Nature : ≤ ♀
> Loisirs : ⚑ ✗
> Services : ⚐ ⚐ ⚐ ⚐ ⚐
>
> *Longitude : 1.5967*
> *Latitude : 42.56609*

LA MASSANA

AD400 – **343** H9 – 9 276 h. – alt. 1 241
🛈 *avenue Sant-Antoni* 𝒫 *(00-376)825693*
▶ Andorra-la-Vella 6

⚠⚠⚠ **Xixerella** fermé oct.
𝒫 (00-376)738613, *c-xixerella@campingxixerella.
com*, Fax (00-376)839113, *www.campingxixerella.com*
– alt. 1 450
5 ha plat, peu incliné, en terrasses, pierreux, herbeux
Tarif : ⚹ 6€ ⛢ 6€ ▣ 6,30€ – (⚡) (5A) 6€
Pour s'y rendre : ctra. de Pal (3,5 km au nord-ouest par
rte de Pal, au bord d'un ruisseau)

> Nature : ≤ ♀
> Loisirs : ⚑ ✗ snack 🎦 ⚐
> ♣ ⚐
> m ⚐
> Services : ⚐ ⚐ ⚐ ⚐ ⚐ ⚐ ⚐
> ⚐ ⚐
>
> Longitude : 1.48465
> Latitude : 42.55319

755

ORDINO

AD300 – **343** H9 – 3 309 h. – alt. 1 304
▶ Andorra-la-Vella 8

⚠⚠⚠ **Borda d'Ansalonga** fermé oct. et de déb. mai à
mi-juin
𝒫 (00-376)850374, *campingansalonga@andorra.ad*,
Fax (00-376)850374
3 ha plat, herbeux
Tarif : ⚹ 6,75€ ⛢ 4,75€ ▣ 5,60€ – (⚡) (10A) 5,60€
Pour s'y rendre : 2,3 km au nord-ouest par rte du
Circuit de Tristaina, au bord du Valira del Nord

> Nature : ≤ ♀
> Loisirs : ⚑ snack 🎦 ⚐ ⚐
> Services : ⚐ ⚐ ⚐ ⚐ laverie
> ⚐
>
> *Longitude : 1.5333*
> *Latitude : 42.55546*

SANT-JULIA-DE-LORIA

AD600 – **343** G10 – 9 207 h. – alt. 909
▶ Andorra-la-Vella 7

⚠ **Huguet**
𝒫 (00-376)843718, *campinghuguet@hotmail.com*,
Fax (00-376)843803
1,5 ha plat, terrasses, herbeux, gravillons
Pour s'y rendre : sortie sud, au bord du Gran Valira -
rive droite

> Nature : ≤ ♀♀
> Loisirs : 🎦 ⚐ ⚐
> Services : ⚐ ⚐
> À prox. : ⚑ snack
>
> *Longitude : 1.49115*
> *Latitude : 42.46487*

Légende	Key
Vous trouverez dans le tableau des pages suivantes un classement par région de toutes les localités citées dans la nomenclature.	You will find in the following pages a classification by "region" of all the localities listed in the main body of the guide.

BRETAGNE	Nom de la région	**BRETAGNE**	Name of the region
56 – **MORBIHAN**	Numéro et nom du département	*56* – **MORBIHAN**	Number and name of a département
Carnac	(Localité en rouge) Localité possédant au moins un terrain agréable sélectionné (⚠ ... ⚠⚠⚠)	Carnac	(Name of the locality printed in red) Locality with at least one selected pleasant site (⚠ ... ⚠⚠⚠)
👥	Localité possédant au moins un camping "famille"	👥	Locality with at least one selected "family" site
✍	Localité possédant au moins un terrain très tranquille	✍	Locality with at least one selected very quiet, isolated site
P	Localité possédant au moins un terrain sélectionné ouvert toute l'année	P	Town with at least one selected camping site open all the year round
L – M	Localité dont le camping propose exclusivement la location de mobile homes, chalets ou autres habitations légères – Localité dont un terrain au moins propose, outre des empl. traditionnels, la location de mobile homes, chalets, caravanes ou autres habitations légères	L – M	Locality with a campsite offering only mobile home, chalet and other light recreational dwelling rental – Locality with at least one site offering mobile home, chalet, caravan and other light recreational dwelling rental, in addition to traditional camping spaces
🚐	Localité possédant au moins un terrain avec une aire de service ou des emplacements réservés aux camping-cars	🚐	Locality with at least one selected site with a service bay for campervans or areas reserved for camper vans
🎭	Localité dont un terrain au moins propose des animations	🎭	Locality with at least one selected site offering some form of activities

- **Se reporter à la nomenclature pour la description complète des campings sélectionnés.**

- **Refer to the body of the guide for a complete description of the selected camping sites.**

756

Zeichenerklärung

Verklaring van de tekens

Im folgenden Ortsregister werden alle im Führer erwähnten Orte nach Region geordnet aufgelistet.

In deze lijst vindt u alle in de gids vermelde plaatsnamen, indeling in streken.

BRETAGNE	Name der Region
–	Nummer und Name des
MORBIHAN	Departements
Carnac	(Ortsname in Rotdruck) Ort mit mindestens einem besonders schönen Campingplatz (△ ... ⚠⚠⚠)
≛≛	Ort mit mindestens einem Familien-Campingplatz
⅏	Ort mit mindestens einem sehr ruhigen Campingplatz
P	Ort mit mindestens einem ganzjährig geöffneten Campingplatz
L – M	Ort, dessen Campingplatz ausschliesslich Mobil-Homes, Chalets oder andere Unterkünfte in Leichtbauweise vermietet – Ort mit mindestens einem Campingplatz, der außer traditionellen Stellplätzen auch Mobil-Homes, Chalets, Wohnwagen oder andere Unterkünfte in Leichtbauweise vermietet
🚐	Ort mit mindestens einem Campingplatz mit Service-Einrichtungen für Wohnmobile oder Stellplätzen, die nur für Wohnmobile reserviert sind
🎭	Mindestens ein Campingplatz am Ort mit Animation

BRETAGNE	Naam van de streek
–	Nummer en naam van het
MORBIHAN	departement
Carnac	(Plaatsnaam rood gedrukt) Plaats met minstens één geselecteerd fraai terrein (△ ... ⚠⚠⚠)
≛≛	Plaats met minstens één Kampeerterrein voor families
⅏	Plaats met minstens één zeer rustig terrein
P	Plaats met tenminste één gedurende het gehele jaar geopend kampeerterrein
L – M	Plaats waar van de camping uitsluitend stacaravans, huisjes of andere eenvoudige accomodaties verhuurt – Plaats waar minstens één kampeerterrein niet alleen staplaatsen verhuut maar ook stacaravans, huisjes, caravans of andere eenvoudige accomodaties
🚐	Plaats met minstens één terrein met een serviceplaats voor campers of met plaatsen die alleen bestemd zijn voor campers
🎭	Plaats met minstens één kampeerterrein met animatie-programna.

757

● **Die vollständige Beschreibung der ausgewählten Plätze befindet sich im Hauptteil des Führers.**

● **Raadpleeg het deel met gegevens over de geselecteerde terreinen voor een volledige beschrijving.**

AUVERGNE

773

PROVENCE-ALPES-CÔTE D'AZUR

779

783

785

791

Manufacture française des pneumatiques Michelin

Société en commandite par actions au capital de 304 000 000 EUR.
Place des Carmes-Déchaux – 63 Clermont-Ferrand (France)
R.C.S. Clermont-Fd B 855 200 507

Compogravure : Nord Compo, Villeneuve d'Ascq

Impression et brochage : G. Canale & C.S.p.a. à Borgaro Torinese

Maquette : Jean-Luc Cannet

Dépôt légal : Janvier 2011

Imprimé en Italie 12/2010

Sur du papier issu de forêts gérées durablement